Répertoire International des Sources Musicales

# RÉPERTOIRE INTERNATIONAL DES SOURCES MUSICALES

Publié par la Société Internationale de
Musicologie et l'Association Internationale des
Bibliothèques Musicales

## INTERNATIONALES QUELLENLEXIKON DER MUSIK

Herausgegeben von der
Internationalen Gesellschaft für Musikwissenschaft und der
Internationalen Vereinigung der Musikbibliotheken

## INTERNATIONAL INVENTORY OF MUSICAL SOURCES

Published by the International
Musicological Society and the International
Association of Music Libraries

A/I/1

# EINZELDRUCKE VOR 1800

## REDAKTION
### KARLHEINZ SCHLAGER

BAND 1
AARTS – BYRD

BÄRENREITER KASSEL BASEL TOURS LONDON

1971

Commission Internationale Mixte du RISM

Ouvrage préparé avec l'aide de l'UNESCO,
de la Ford Foundation,
de la Stiftung Volkswagenwerk,
et sous les auspices du Conseil International de la Philosophie
et des Sciences Humaines

Im Bärenreiter-Verlag erscheinen alle Teile und Bände des RISM,
die den alphabetischen Autorenkatalog umfassen.

Im G. Henle Verlag erscheinen alle Teile und Bände des RISM,
die geschlossene Quellengruppen umfassen.

# INHALT · CONTENTS
## TABLE DES MATIÈRES

# VORWORT

Mit dem vorliegenden Bande eröffnet das *Internationale Quellenlexikon der Musik* (*Répertoire International des Sources musicales; International Inventory of Musical Sources;* stehende Abkürzung ,,RISM'') die Serie A seiner Publikationen, den alphabetischen Katalog sämtlicher zwischen 1500 und 1800 gedruckten Musikwerke, die heute irgendwo in der Welt aufbewahrt werden. Die Serie A, die später noch um einen alphabetischen Katalog der Handschriften vor 1800 (A/II) erweitert werden wird, ist also im engeren Sinne der eigentliche ,,neue Eitner'', als welcher RISM ursprünglich geplant und bisher mit verschiedenen Bänden der Serie B ausgeführt worden ist. Der vorliegende alphabetische Katalog soll mithin alle Individualdrucke von Musikwerken irgendwelcher Art enthalten, die innerhalb der genannten drei Jahrhunderte irgendwo unter dem Namen eines einzelnen Autors jemals in Umlauf gebracht worden sind. Voraussetzung ist, daß das betreffende Druckwerk unter einem Eigennamen katalogisierbar und daß es heute noch nachweislich vorhanden ist. Ausgeschlossen blieben Sammeldrucke (die Kataloge der Sammeldruckwerke von 1500 bis 1800 sind von François Lesure bereits in zwei Bänden der Serie B des RISM veröffentlicht worden) sowie Veröffentlichungen in Periodica, Schulen, Lehrbücher, Abhandlungen und ähnliche Kategorien gedruckter Musik. Einzelheiten zu dieser Auswahlfrage siehe unten in der *Einleitung* von K. Schlager (S. 29* ff.). Insgesamt wird dieser alphabetische Katalog der Druckwerke mehr als 200000 Titelaufnahmen aus etwa 1100 Bibliotheken, Archiven, Privatsammlungen, Museen, Klöstern, Kirchen usf. von etwa 8000 Komponisten in etwa 6–8 Bänden umfassen.

Das Material zu einem Katalog von so riesigen Ausmaßen zu sammeln, bedurfte es eines Zeitraumes von annähernd zwanzig Jahren und einer entsprechenden weltweiten Organisation. Hierüber wird weiter unten noch einiges zu sagen sein. Beim Erscheinen dieses ersten Bandes darf mit Genugtuung festgestellt werden, daß die Gesamtheit des Titelmaterials für sämtliche Bände des alphabetischen Katalogs heute (1970) in der Zentralredaktion Kassel des RISM fertig gesammelt vorliegt, soweit bei einem drei Jahrhunderte umfassenden und aus 29 Ländern der Erde zusammengetragenen Material von ,,fertig'' jemals die Rede sein kann. Das schließt nicht aus, daß während der redaktionellen Fertigstellung und während der Drucklegung weitere Entdeckungen an Titelmaterial oder Fundorten gemacht werden, die je nach technischer Möglichkeit noch aufgenommen oder in einem Supplement-Band zusammengefaßt werden. Da der vorliegende erste Band dieser Serie A in den ersten Monaten des Jahres 1971 ausgeliefert werden soll, während das ,,fertig gesammelte'' Material für alle folgenden Bände weiterhin laufend zur Druckreife vorbereitet werden kann, ist damit zu rechnen, daß – falls nicht unvorhergesehene Störungen eintreten – die Auslieferung aller Bände des alphabetischen Katalogs bis Mitte der siebziger Jahre erfolgen kann.

Die Serie B des RISM, die Einzelkataloge über in sich geschlossene Quellengruppen vorlegt, konnte mit ihrem ersten Bande *Recueils Imprimés XVIe–XVII siècles*, herausgegeben unter der Leitung von François Lesure, schon 1960 in das Licht der Öffentlichkeit treten, während die Serie A erst zehn Jahre später ihren ersten Band erscheinen lassen kann. Die Ursache liegt auf der Hand: Während zu einem Einzelkatalog über eine geschlossene Quellengruppe (wie etwa *Manuscripts of Polyphonic Music ca. 1320–1400*, herausgegeben von Gilbert Reaney, oder *Handschriftlich überlieferte Lauten- und Gitarren-Tabulaturen des 16.–18. Jahrhunderts*, herausgegeben von Wolfgang Boetticher, z. Z. in Vorbereitung befindlich) in vielen (nicht allen) Fällen ein Spezialforscher oder auch eine kleine Gruppe von Spezialisten ausreicht und jeder dieser Kataloge nach wissenschaftlicher und redaktioneller Fertigstellung ohne Abhängigkeit von anderen Bänden in Druck genommen und veröffentlicht werden kann, hing die Drucklegung des alphabetischen Katalogs davon ab, wann die mindestens 200000 Titel, die er präsentieren wird, aus 29 Ländern zusammengetragen und überprüft sein würden. Erst dann konnte mit der Redaktion und der Drucklegung begonnen werden. War es infolge dieser Umstände nötig, die Drucklegung des ersten Bandes der Serie A bis zum Jahre 1970 zurückzustellen, so kann nunmehr, umgekehrt als bei der Serie B, der alphabetische Katalog in einem Zuge innerhalb der nächsten Jahre vorgelegt werden, während die Einzelkataloge der Serie B späterhin bis zu ihrem endlichen Abschluß noch eine geraume Reihe von Jahren benötigen werden.

Der Aufbau des Gesamtunternehmens RISM ist im wesentlichen derselbe geblieben, wie von Anfang an geplant, wenn auch in Einzelheiten oft verändert, je nach Bedürfnissen und Notwendigkeiten (vgl. zu allem folgenden das Vorwort zu dem Katalogband *Recueils Imprimés XVIᵉ–XVIIᵉ siècles* von 1958; es paßt trotz des Abstands von 12 Jahren noch immer). Die Einteilung in die beiden großen Serien A und B hat sich bewährt. Die wechselweise Zusammenarbeit zwischen nationalen Arbeitsgruppen und internationaler Zentralredaktion, wie in dem soeben zitierten Vorwort beschrieben, bürgt für Einheitlichkeit und Richtigkeit der Ergebnisse. Von der Serie B liegen heute (1970) sieben Bände im Druck vor (G. Henle Verlag); vier weitere befinden sich in verschiedenen Stadien der Herstellung. Dem Generalplan nach wären in Serie B darüber hinaus noch zehn bis fünfzehn weitere Bände zu erwarten; ob sie alle erscheinen werden, hängt nicht allein von den Trägern der Arbeit sondern von mannigfachen Umständen ab. Der erste Teil von Serie A (Bärenreiter-Verlag) wird mit den oben erwähnten Bänden des alphabetischen Katalogs abgeschlossen werden; der zweite Teil, umfassend die alphabetisch katalogisierbaren Handschriften, muß später nachfolgen. Eine Ausnahme macht der Katalog der deutschsprachigen Gesangbücher, der sich in der Herstellung befindet und aus Zweckmäßigkeitsgründen im Bärenreiter-Verlag statt im Henle-Verlag erscheinen wird.

Neu in die Planung von RISM eingerückt ist eine Serie C, die voraussichtlich nur in einem oder zwei Bänden bestehen wird. Es hat sich nämlich in den Jahren, seit RISM zu erscheinen begonnen hat, bei den Benutzern dieser Kataloge das Bedürfnis herausgestellt, über die Fundorte, in denen die in RISM, Serie A oder B, nachgewiesenen Quellen aufbewahrt werden, über ihre Bestände, ihre Organisation, ihren Charakter usw. genauere Auskunft zu bekommen. Um diesen Wünschen zu genügen, hat dankenswerterweise die *Internationale Vereinigung der Musikbibliotheken (Association Internationale des Bibliothèques Musicales; International Association of Music Libraries;* Abkürzung meist „AIBM") im Jahre 1967 ihre bereits bestehende *Commission of Research Libraries* unter der Leitung von Dr. Rita Benton, University of Iowa, beauftragt, in enger Anlehnung an RISM ein *Directory of Music Research Libraries* zu kompilieren, das nach Möglichkeit Namen und Anschriften der in aller Welt verstreuten Bibliotheken, die für musikalische Forschung relevant sind und deren Titel in RISM katalogisiert werden, mit charakterisierenden Kurzangaben zum Druck zu bringen. Dieses höchst wichtige Handbuch erscheint unter dem Titel *Directory of Music Research Libraries, Including Contributors to the International Inventory of Musical Sources (RISM) . . . compiled by Rita Benton*, in der Presse der Universität Iowa, und zwar zunächst in einer Art Probeauflage, an Hand deren im Laufe der Zeit die Angaben und Beschreibungen verbessert, vervollständigt und überprüft werden sollen. Wenn dieser Zustand erreicht ist, dann wird dieses Werk als für sich stehender Katalog in einem oder zwei Bänden als Serie C in RISM inkorporiert werden. Die ursprüngliche Absicht, das *Directory* als ersten Band der Serie A in RISM einzugliedern, hat sich nicht verwirklichen lassen. Sinn und Zweck dieses zusätzlichen Unternehmens kann man nicht besser ausdrücken, als es die Herausgeberin in der Einleitung zum Heft 1 dieses *Directory* getan hat: *,,When completed, the RISM will be the major tool for locating primary source material in the field of music. For those seeking information about the institutions contributing to the RISM, this directory provides an ideal auxiliary."*

Stoff und Grenzen, die das Gesamtunternehmen RISM bisher innegehalten hat und weiterhin innehalten muß (,,muß", weil bei jeder Überschreitung der zeitlich-räumlichen Grenzen die Gefahr der Zersplitterung, des Sichverlierens im Grenzenlosen besteht, nicht zu reden von dem Mangel an Arbeitskräften und finanziellen Mitteln), sind im oben mehrfach zitierten Vorwort zu dem Bande *Recueils Imprimés* S. 13 bzw. 20 bzw. 26 von dem Unterzeichneten dargestellt worden, und François Lesure hat in demselben Bande (S. 29, 39 bzw. 50) die Arbeitstechnik im damaligen Anfangszustand, eine Definition des Ausdrucks ,,Sammelwerk" und einige Hinweise auf die Technik der bibliographischen Arbeit, wie sie für viele Bände der Serie B gilt, hinzugefügt. Dementsprechend läßt Karlheinz Schlager im vorliegenden Band A/I/1 des alphabetischen Katalogs einige Ausführungen über die Frage folgen, was als ,,musikalisches Druckwerk" im Sinne dieses Katalogs zu betrachten ist, wie die Anordnung, die sprachliche Form und die Formulierung der einzelnen Titel gehandhabt werden wird, um Zuverlässigkeit zu verbürgen, dabei aber die Umfänge der einzelnen Titelangaben nicht ins Uferlose wachsen zu lassen. Überdies wird diesem Band eine neugefaßte, gegenüber der in den Einzelbänden der Serie B von RISM verwendeten stark erweiterte Sigelliste vorausgestellt. Sie mußte neu bearbeitet werden, weil für die im alphabetischen Katalog verzeichneten Titel der Serie A eine weitaus größere Anzahl von Fundorten nachzuweisen war als für die Kataloge der Serie B.

In dem mehrfach zitierten Vorwort zu dem Band *Recueils Imprimés XVIe–XVIIe siècles* ist die damalige Arbeitstechnik beschrieben worden. Das dort gezeigte Schema ist im wesentlichen unverändert geblieben. Auf Einzelheiten einzugehen ist hier nicht der Platz. Stattdessen sei an dieser Stelle den zahlreichen Arbeitsgruppen Dank abgestattet dafür, daß sie im Laufe der Jahre von 1952 bis 1969 die fast unglaubhafte Leistung bewältigt haben, mehr als 200000 Werktitel in der Form von Karten oder Zetteln zu verzeichnen und an die Zentralredaktion von RISM in Kassel zu liefern; fast unglaublich um so mehr, als der seit langem festgesetzte Schlußtermin Ende 1969 tatsächlich eingehalten werden konnte.

Zu den nationalen teams ist die stattliche Anzahl von etwa vierzig Einzelforschern getreten, die für den alphabetischen Katalog z. T. Ergebnisse eigener Forschung zur Verfügung gestellt, z. T. die Kompilationen der Werkverzeichnisse für besonders „schwierige" Komponisten mit sehr zahlreichen Individualdrucken (etwa Boccherini, Lasso, Haydn, Koželuch) verfaßt haben, die von den nationalen Arbeitsgruppen nicht innerhalb der gegebenen Frist bewältigt werden konnten. Als schwaches Zeichen des Dankes mögen die nationalen teams und die beteiligten Einzelforscher es verstehen, wenn einige Namen im folgenden mitgeteilt werden: Jarmila Brožovská-Pacltová, Dragotin Cvetko, Kurt Dorfmüller, Hellmut Federhofer, Paule Guiomar, Cari Johansson, Helmut Kallmann, Santiago Kastner, Alexander Hyatt King, Karl-Heinz Köhler, René B. M. Lenaerts, François Lesure, Janina Mendysowa, Miguel Querol, Hans-Peter Schanzlin, Erich Schenk, Unity Sherrington, Nanna Schiødt, Marie Svobodová, Jutta Theurich, Liesbeth Weinhold, Alexander Weinmann. Die *Commission Mixte* (CM) des RISM bittet um Verständnis dafür, daß aus der großen Menge der Mitarbeiter nur einige wenige genannt werden können. Von den Mitgliedern der CM selbst, die über viele Jahre hinweg Mühe und Zeit in RISM investiert haben, soll hier nicht die Rede sein; das Verzeichnis ihrer Namen ist auf der Rückseite des Titels zu finden.

Das ehemalige Zentralsekretariat von RISM in Paris, das im Mai 1953 errichtet und unter die Leitung von François Lesure gestellt wurde, hat seine Aufgabe erfüllt, indem es die Kataloge der Sammeldruckwerke des 16.–17. Jahrhunderts (1960) und des 18. Jahrhunderts (1964) veröffentlicht und den Katalog der *Ecrits imprimés concernant la musique* von 1500–1800, vorbereitet hat, der sich z. Z. in der Herstellung befindet. Dieses Zentralsekretariat hat sich nach Abwicklung seiner Arbeiten planmäßig aufgelöst. Es ist dem Unterzeichneten eine gern erfüllte Pflicht, Herrn F. Lesure für seine unschätzbare Arbeit an RISM, eine Arbeit, die sich auch auf die Vorbereitung einiger weiterer Kataloge der Serie B sowie auf die Anlaufsarbeiten für Serie A erstreckt hat, den aufrichtigen Dank der Commission Mixte abzustatten.

Mit diesen Anlaufsarbeiten und der Redaktion des alphabetischen Katalogs wurde die Errichtung einer zweiten Zentrale erforderlich, deren Aufgabe es sein sollte, das allmählich zu großen Mengen von Titeln anwachsende Material, das die nationalen Arbeitsgruppen und die Einzelforscher lieferten, zu sammeln, zu prüfen, zu verbessern, zu koordinieren und schließlich zur Druckreife zu redigieren. Die Leitung dieser neuen Zentralredaktion in Kassel lag vom 1. April 1960 bis Ende des Jahres 1967 in den Händen von Herrn Dr. F. W. Riedel, der mit Beginn des Jahres 1968 an die Universität Mainz überging und durch den gegenwärtigen Leiter, Herrn Dr. Karlheinz Schlager, abgelöst wurde. Vom 1. April 1964 an bis in den Sommer 1968 hat Herr Dr. Ernst Hilmar in der Kasseler Zentrale gearbeitet, der einem Ruf an die Wiener Stadtbibliothek gefolgt ist. Allen genannten Personen schuldet die *Commission Mixte* des RISM Dank für ihre gewissenhafte Mitarbeit und für die Zähigkeit, mit der sie es verstanden haben, die an und für sich so trockene Materie in die Form wissenschaftlicher Kataloge von bedeutendem Rang zu verwandeln. An den Leitern der Zentralredaktionen, an den nationalen teams und den Einzelforschern hing und hängt der gesamte Erfolg von RISM. Den Leitern und Mitarbeitern der Zentralsekretariate sei hier der gebührende Dank gesagt. Gleichzeitig aber sei der Dank der *Commission Mixte* allen den Bibliotheken, Archiven, Klöstern, Kirchen, Seminaren, Privatsammlungen usw. ausgesprochen, die die Katalogisierung ihrer Bestände für RISM ermöglicht haben. Das ganze Unternehmen hätte schon in seinen ersten Anläufen scheitern müssen, hätten nicht alle diese Institutionen, ihre Leiter und Mitarbeiter den Mitarbeitern. Kompilatoren und Redaktoren von RISM ein hohes Maß an Verständnis und Entgegenkommen bewiesen, das ihrem Sinn für musikalische Bibliographie alle Ehre macht. Jeden Versuch, sie einzeln zu nennen, verbietet die Zahl von rund 1100 Eigentümern musikalischer Quellen. Aus den Sigellisten geht hervor, welche Sammlungen der Welt Titelmaterial zu RISM beigesteuert haben.

Was nicht im Katalog steht, das ist die große Menge unsichtbarer Arbeit „hinter der Szene", die den Mitarbeitern von RISM längst zur täglichen Routine geworden ist und ohne die auch der bescheidenste Katalog nicht zustande kommen kann: die Beauftragungen, Anfragen und Rückfragen, Mahnungen und Beratungen, der Briefwechsel mit Tausenden von „stillen Compagnons". Was ferner nicht im Katalog steht und was vielleicht mancher Benutzer auf den ersten Blick vermißt, das sind die vielen biographischen Notizen und Beschreibungen, die Eitner enthält und die von dem Gesamtumfang seines *Quellenlexikons* schätzungsweise die Hälfte des Raumes verbrauchen. Eitner zielte noch auf Personen, die Musiker und Musikgelehrten, während RISM sich nur auf die Sache, d. h. die Quellen bezieht. Teils aus diesem Grunde, teils weil es heute viel mehr Nachschlagwerke als zu Eitners Zeiten gibt, aus denen der Neugierige biographische Daten entnehmen kann, teils weil für allzuviele Eigennamen bis heute die biographische Kenntnis sehr mager ist, wurde noch in letzter Stunde vor der Drucklegung auf alles verzichtet, was über Namen und Vornamen der Verfasser, den Titel des betreffenden Werkes mit Impressum, Ort und Jahr des Erscheinens, Drucker und Verleger hinausreicht. Nur so war es möglich, den gedruckten Katalog in einer vernünftigen Begrenzung zu halten. Karlheinz Schlager hat in der *Einleitung* zu dem vorliegenden Band darüber genauere Auskunft gegeben.

Dürfte diese Entscheidung auf weitgehendes Verständnis der Benutzer stoßen, so ist eine andere der Gegenstand langjähriger Überlegungen, Debatten, Korrespondenzen und Diskussionen gewesen, das Grenzjahr 1800. Es bedarf keiner besonderen Erklärung, warum jedes wie auch immer gewählte Grenzdatum einen Kompromiß mit unerfreulichen Nebenwirkungen bedeutet. Nach endlosen Erörterungen ist schließlich bei dem Kongreß der *Internationalen Gesellschaft für Musikwissenschaft* in Ljubljana (1967) der Beschluß gefaßt worden, die Grenze nicht auf biographische oder sonstige historische Fakten sondern ausschließlich auf das datierte oder datierbare Werk zu beziehen: alle um 1800 wirkenden Autoren, deren gedruckte Werke zum größten Teil bis 1800 erschienen sind, werden in den alphabetischen Katalog aufgenommen, auch wenn ein Teil ihres Schaffens erst nach 1800 gedruckt worden ist (z. B. J. Haydn); dagegen werden Autoren, deren Werke vorwiegend erst im 19. Jahrhundert gedruckt worden sind, nicht aufgenommen, auch nicht, wenn ein Teil ihrer Werke bereits im 18. Jahrhundert gedruckt worden ist (z. B. Beethoven). Ideal ist diese Grenzziehung gewiß nicht, aber unter den zahlreichen möglichen Kompromissen scheint dieser der erträglichste zu sein. Auch hierzu siehe genauere Auskunft in der folgenden *Einleitung*.

Die Zentralredaktion in Kassel arbeitet mit dem geringstmöglichen Aufwand. Außer dem Leiter werden ein technischer Assistent, eine Sekretärin und bei Bedarf zeitweilig weitere gelegentliche Hilfskräfte beschäftigt. Für die Beschleunigung der Arbeit hat es sich als sehr förderlich erwiesen, daß die beiden in Kassel ansässigen Mitglieder der *Commission Mixte*, die Herren Dr. Harald Heckmann und Dr. Wolfgang Rehm, etwa zweimal im Monat Arbeitsbesprechungen mit dem Leiter und den Mitarbeitern abhalten, bei denen jeweils die aktuellen Fragen der Weiterarbeit paritätisch auf der Basis gegenseitigen Vertrauens behandelt werden.

Hierdurch werden viele Einzelfragen und redaktionelle Probleme rasch und wirkungsvoll geregelt, die sonst den Leiter unnötig belasten würden. Übrigens ist durch diese Arbeitsbesprechungen die Gewähr dafür gegeben, daß der Vorstand der CM jederzeit und unmittelbar über alle Vorgänge unterrichtet bleibt. Den beiden genannten Mitgliedern der *Commission Mixte* sei besonderer Dank ausgesprochen dafür, daß sie zu einem ohnehin gerüttelten Maß beruflicher und sonstiger Arbeiten auch diese Verpflichtung noch auf sich genommen haben.

Die weltweite Organisation von RISM ist im wesentlichen unverändert geblieben. Die *Internationale Gesellschaft für Musikwissenschaft* hat den Beschluß zur Einleitung des großen Unternehmens bereits im Oktober 1949 nach einem Referat von Hans Albrecht (siehe unten) gefaßt. 1951 entschloß sie sich, zusammen mit der *Internationalen Vereinigung der Musikbibliotheken* das Werk gemeinsam durchzuführen. Die von den beiden Gesellschaften eingesetzte Kommission, die *Commission Mixte* (CM), begann bereits 1952 mit ihren Arbeiten und legte noch in demselben Jahre einen Generalplan vor (siehe oben), auf dem die gesamte Arbeit bis heute beruht. Ihrer Verantwortung ist die gesamte internationale Organisation (die nationalen Arbeitsgruppen organisieren und finanzieren sich grundsätzlich selbst), die Finanzierung auf supranationaler Basis und die wissenschaftlich-bibliographische Planung bis in die Einzelheiten hinein anvertraut worden (vgl. das Vorwort zu dem Bande *Recueil Imprimés XVIe–XVIIe siècles*). Außer den auf der Impressum-Seite aufgeführten derzeitigen Mitgliedern der CM haben François Lesure und Claudio Sartori zeitweilig ihre Arbeitskraft und ihren Rat in den Dienst des gemeinsamen Vorhabens gestellt. Die CM beklagt den Verlust von Higinio Anglés († 1970) und Albert Smijers († 1957), die in den Anfangsstadien aktive Vorkämpfer des Unternehmens gewesen sind. Den Vorständen der *Internationalen Gesellschaft für Musikwissenschaft* und der *Internationalen Vereinigung der Musikbibliotheken* stattet die CM ihren aufrichtigen Dank dafür ab, daß sie in den seit der Gründung vergangenen achtzehn Jahren der CM ihr uneingeschränktes Vertrauen erwiesen haben.

Aus Gründen, die oben dargelegt worden sind, konnte von der gesamten Planung des RISM bisher nur eine Anzahl von Katalogen der Serie B herausgegeben werden. Die abgeschlossenen Manuskripte wurden vertragsgemäß dem G. Henle Verlag übergeben, der sie publiziert hat und auch die weiteren Bände dieser Reihe publizieren wird. Dem Verleger, Herrn Dr. Dr. Günther Henle, und seinen Mitarbeitern, insbesondere Herrn Friedrich Carl Schaefer, sei der Dank der CM für sorgfältige und peinlich genaue Arbeit ausgesprochen. Mit dem ersten Bande der Serie A tritt nunmehr der zweite Verlagspartner von RISM, der Bärenreiter-Verlag, in die Publikation ein. Herrn DDr. h. c. Karl Vötterle, dem eigentlichen „Urheber" des Gedankens, einen „neuen Eitner" zu schaffen, und dem verstorbenen Professor Dr. Hans Albrecht, der als erster die Idee vorgetragen hat (1949), sei gleichfalls der Dank der CM ausgesprochen. Beiden Verlegern wünscht die CM eine glückliche Weiterarbeit an dem begonnenen Werk.

Auch die finanzielle Grundlage der internationalen Arbeit hat sich seit 1963/64 nicht wesentlich verändert. Dank gebührt der Ford Foundation, der Stiftung Volkswagenwerk, dem Magistrat der Stadt Kassel, dem Conseil International de la Philosophie et des Sciences Humaines (UNESCO), dem Conseil International de la Musique (UNESCO), der Bibliothèque Nationale Paris, dem Council of Library Resources, der Martha Baird Rockefeller Foundation und der American Musicological Society für ihre tatkräftige Unterstützung des RISM, sei es mit größeren oder kleineren, sei es mit laufenden oder gelegentlichen Subventionen. Ohne sie wäre RISM nie in Gang gekommen. Die zur Verfügung stehenden Mittel reichen aus, um den Katalog der Drucke (Serie A/I) zum Abschluß zu bringen und die geplanten Einzelkataloge der Serie B vollständig zu publizieren. Mit denselben und mit anderen Donatoren steht die CM z. Z. in Verhandlungen, um zur Serie A den zweiten großen Teil, den alphabetischen Katalog der Handschriften, voranzutreiben, an dessen wissenschaftlich-bibliographischer Vorbereitung z. Z. gearbeitet wird. Um die Verhandlungen mit amerikanischen Foundations hat sich Donald J. Grout, Mitglied der CM, große Verdienste erworben.

Das Vorwort zu dem mehrfach zitierten Katalogband *Recueils Imprimés XVIe– XVIIe siècles*, datiert im November 1958, schloß mit dem Wunsch, daß die friedfertige, gemeinschaftliche Arbeit aller Wohlgesinnten an dem gewaltigen Kulturerbe der musikalischen Quellen zur Sicherung und Bewahrung dieser Schätze für alle Zukunft beitragen möge. Einige kleine Schritte in dieser Richtung glaubt die CM in den zehn Jahren seit dem Erscheinen des ersten Bandes getan zu haben. *Vivant sequentes.*

Schlüchtern, im Juli 1970

Die Gemischte Kommission zur Herausgabe
des Internationalen Quellenlexikons der Musik

Der Vorsitzende
Friedrich Blume

# PREFACE

With the present volume, the *International Inventory of Musical Sources (Répertoire International des Sources Musicales; Internationales Quellenlexikon der Musik;* generally abbreviated to *RISM*) starts Series A of its publications, the alphabetical catalogue of all music printed between 1500 and 1800 which is now preserved anywhere in the world. Series A will eventually be enlarged with a catalogue of pre-1800 manuscripts (A/II). It is thus, in the narrower sense, the real 'new Eitner', which was the original plan for RISM and which has already been put into effect with various volumes of Series B. The present alphabetical catalogue is therefore intended to comprise all individual editions of printed musical works of whatever kind, which were in circulation at any time within these three centuries under the name of a single composer. It is presupposed that any work is cataloguable under a personal name, and that it is recorded as available today. Collections are excluded (the catalogues of printed collections from 1500 to 1800, by François Lesure, have already been published in two volumes of Series B). So too is music published in periodicals, methods, textbooks, treatises and other kinds of printed music. For details about this problem of selection reference should be made to K. Schlager's introduction. Altogether, this alphabetical catalogue of printed compositions will comprise more than 200,000 entries from some 1,100 libraries, archives, private collections, museums, monasteries, churches, etc., by some 8,000 composers, in about 6–8 volumes.

It has taken nearly twenty years, with a correspondingly world-wide organisation, to collect the material for a catalogue of such gigantic proportions. A little more will be said about this later. With the appearance of the first volume, it may be stated with satisfaction that all the titles for all the volumes have now (1970) been collected complete at the editorial centre in Kassel, so far as the notion of 'completeness' can be applied to material spanning three centuries and assembled from 29 countries all over the world. This does not exclude the likelihood that during the processes of editing and printing discoveries of new titles and locations will be made: these will be added if it is technically possible, or else assembled in a supplementary volume. The present volume of this Series A is intended to be delivered early in 1971, and meanwhile the material which is 'collected and ready' for all subsequent volumes can be prepared. We may thus expect that, unless unforeseen difficulties arise, delivery of all the volumes of the alphabetical catalogue can follow by the mid-1970s.

Series B of RISM comprises individual catalogues of groups of self-contained sources. It was possible to issue the first of them, *Recueils Imprimés XVIe–XVIIe siècles*, edited under the direction of François Lesure, as long ago as 1960. Yet the first volume of Series A appears ten years later. The reason is simple. In many – though not all – cases, a specialist or a group of specialists can cope with an individual catalogue of a self-contained group of sources (such as *Manuscripts of Polyphonic Music ca. 1320–1400*, edited by Gilbert Reaney, or *Handschriftlich über-*

*lieferte Lauten- und Gitarren-Tabulaturen des 16. bis 18. Jahrhunderts*, edited by Wolfgang Boetticher, now in preparation). After scholarly editorial preparation, each of these catalogues can be printed and published independently of other volumes. On the other hand, the printing of the alphabetical catalogues depended on the completion of the collection (from 29 countries) and examination of the 200,000 or more entries which it will contain. Only then could editing and printing begin. These circumstances made it necessary to delay the printing of the first volume of Series A until 1970. Thus, contrary to Series B, the alphabetical catalogue can now be carried on in one continuous flow over the next few years, but the individual catalogues of Series B will still require quite a number of years until they are finally completed.

In essentials, the structure of the general undertaking of RISM has remained the same as it was originally planned, although many changes have been made in details according to particular needs and requirements (cf. in all that follows, the preface to the volume *Recueils Imprimés XVIe–XVIIe siècles* of 1958, which, even after 12 years, is still valid). The division into the two great series A and B has been justified. The reciprocal collaboration between the national working groups and the international editorial centre, as described in the above-mentioned preface, assures the unity and correctness of the results. Seven volumes of Series B have now (1970) been published (G. Henle-Verlag); four more are in various stages of production. According to the general plan, there are still between 10 and 15 volumes of Series B to be expected; whether they will all appear depends not only on those who carry out the work, but also on a variety of circumstances. The first portion of Series A (Bärenreiter-Verlag) will be completed with the above-mentioned volumes of the alphabetical catalogues; the second portion, comprising the manuscripts which can be alphabetically catalogued, will have to follow later. An exception is the catalogue of German language hymnals which is in preparation and will for practical reasons be issued not by Henle-Verlag but by Bärenreiter-Verlag.

A new insertion into the scheme of RISM is Series C, which will probably have only one or two volumes. For during the time since RISM began to appear, it has become clear that its users felt the need for more precise information about the locations in which the sources referred to in the Inventory were preserved – their holdings, organisation, character and the like. We are greatly obliged to the *International Association of Music Libraries (Internationale Vereinigung der Musikbibliotheken; Association Internationale des Bibliothèques Musicales)* for meeting this need. It requested its *Commission of Research Libraries* (in existence since 1956 under the chairmanship of Dr. Rita Benton of the University of Iowa) to compile, in close association with RISM, a *Directory of Music Research Libraries* which would publish as far as possible the names and addresses of those libraries, scattered throughout the world, which are relevant to musical research and whose contents have been catalogued for RISM, adding a summary account of their nature.

This highly important handbook will appear under the title *Directory of Music Research Libraries, including contributors to the International Inventory of Musical Sources (RISM)* ... compiled by Rita Benton, from the press of the University of Iowa, and did so, to begin with, in a kind of trial edition, the use of which may help to improve the informations and descriptions completed and scrutinised. When this has been achieved, then this work will be incorporated into RISM as Series C, as an independent catalogue in one or two volumes. The original intention of inserting the *Directory* as Vol. 1 into Series A of RISM could not be realised. The idea and purpose of this additional undertaking cannot be better expressed than in the words used by the editor in her introduction to Vol. 1 of the *Directory*: *When completed, the RISM will be the major tool for locating primary source material in the field of music. For those seeking information about the institutions contributing to the RISM, this directory provides an ideal auxiliary.*

Material and limits – these have hitherto controlled the whole undertaking of RISM and must continue to control it ('must', because in every infringement of the limits of time and area lies the danger of fragmentation, of getting lost in infinity, not to mention the lack of personnel and financial resources). The problems of material and limits have been explained by the under-signed in the oft-cited preface to the *Recueils Imprimés*, p. 13, or 20, or 26. In the same volume (p. 29, or 39, or 50), François Lesure added an account of the working method as at that initial stage, a definition of the expression 'collection', and some remarks on the technique of the bibliographical work as it applied to many volumes of Series B. Similarly, in the present volume of the alphabetical catalogue, Karlheinz Schlager provides an exposition on what is to be considered, in the spirit of this catalogue, as a 'printed' musical work; and how arrangement, language and transcription of individual titles will be treated in order to ensure reliability without, however, allowing the extent of the separate entries to swell beyond control. In addition, there is prefixed to this volume a new list of sigla which is very much expanded compared to that in the single volumes of Series B of RISM. It had to be devised, because the entries listed in the alphabetical catalogue of Series A have to indicate a far greater number of locations than is the case in the catalogues of Series B.

In the much-quoted preface to the volume *Recueils Imprimés XVe–XVIIe siècles* the working procedure then in force was described. The scheme which was described there has remained unchanged in essentials. This is not the place to go into details. Instead, thanks may be expressed here to the numerous working groups because, in the course of the years from 1952 to 1969, they achieved the almost incredible task of listing more than 200,000 titles on cards or slips and transmitting them to the editorial centre of RISM in Kassel. All the more was this 'almost incredible' in that, though the end of 1969 was set so long ago as the terminal date, it did in the event prove possible to keep to it.

The national teams were joined by the respectable number of some forty specialists of whom some made available to the alphabetical catalogue the results of their own research and others compiled the lists of works for specially "difficult" composers (such as Boccherini, Lasso, Haydn, Koželuch) with very numerous separate editions; a task which the national groups could not have achieved within the specified time-limit. Let the national teams and the participating specialists accept it as an inadequate token of gratitude if the following names are mentioned: Jarmila Brožovská-Pacltová, Dragotin Cvetko, Kurt Dorfmüller, Hellmut Federhofer, Paule Guiomar, Cari Johansson, Helmut Kallmann, Santiago Kastner, Alexander Hyatt King, Karl-Heinz Köhler, René B. M. Lenaerts, François Lesure, Janina Mendysowa, Miguel Querol, Hans-Peter Schanzlin, Erich Schenk, Unity Sherrington, Nanna Schiødt, Marie Svobodová, Jutta Theurich, Liesbeth Weinhold, Alexander Weinmann. The joint committee hopes it will be appreciated that only a very few of the great mass of collaborators can be mentioned. There need be no account here of the members of the Joint committee itself who have devoted trouble and time to RISM throughout so many years: the list of their names is printed on the verso of the titlepage.

The former central secretariat of RISM in Paris was set up in May 1953 and placed under the direction of François Lesure. It completed its task by publishing the catalogue of the collections of the 16th and 17th centuries (1960) and of the 18th century (1964), and by preparing the catalogue of the *Ecrits imprimés concernant la musique* 1500–1800 which is now in production. This editorial centre was dissolved, as planned, after its work had been fulfilled. The undersigned has the happy duty to express the Joint committee's sincere thanks to François Lesure for his inestimable work on RISM, work which has ranged from preparing some further catalogues in Series B to the preliminary work for Series A.

This preliminary work and the editing of the alphabetical catalogues required the setting up of a second centre, whose task it was to be to collect, examine, correct, co-ordinate and finally make ready for the press, the material sent in by the national groups and the specialists as it gradually grew to a great multitude of entries. From 1 April 1960 to the end of 1967 the direction of this new editorial centre in Kassel was in the hands of Dr. F. W. Riedel who transferred to the University of Mainz early in 1968, and was succeeded by the present director Dr. Karlheinz Schlager. From 1 April 1964 Dr. Ernst Hilmar worked in the centre at Kassel until the summer of 1968, when he was appointed to a post in the city library in Vienna. To all these gentlemen the joint committee of RISM owes gratitude for their conscientious collaboration and for the tenacity which they commanded in order to transmute such inherently drab material into the form of a scholarly catalogue of significant quality. The entire success of RISM depends, and depended, on the directors of the editorial centres, on the national teams and the individual researchers. Due thanks must be expressed to the directors and collaborators of the central secretariats. At the same time the Joint committee must express its gratitude to all the libraries, archives, monasteries, churches, seminaries, private collectors, etc., which have made it possible for their holdings to be catalogued for RISM. The entire undertaking would have come to grief even in its earliest stages had not all these institutions, their directors and assistants shown the collaborators, compilers and editors of RISM a high degree of understanding and co-operation which does great honour to their feeling for musical bibliography. Any attempt to name each one is precluded by the number – about 1,100 – of the owners of musical sources. The list of sigla shows which collections, anywhere in the world, have contributed entries to RISM.

What the catalogue does not mention is the great quantity of invisible work "behind the scenes" which long ago became the daily routine for RISM's collaborators, and without which even the most simple catalogue cannot come to pass: instructions, questions, requests for further information, reminders and consultations, correspondence with thousands of sleeping partners. Another thing not in the catalogue, which perhaps some users will miss at first glance, are the numerous biographical notices and descriptions given in Eitner, which at a rough estimate use up half the entire space of his *Quellenlexikon*. Eitner still aimed at people, musicians and musical scholars: RISM applies only to facts, that is, the sources. Partly for this reason, partly because we now have many more reference books than there were in Eitner's time from which the enquirer can extract biographical data, partly again because biographical knowledge is still so limited for far too many names, we rejected, at the very last moment before going to press, everything except the surname and christian names of the composer and the title of the relevant work, with imprint, place and year of publication, printer and publisher.

Only thus could the printed catalogue be contained within reasonable limits. Karlheinz Schlager gives fuller information about this in the introduction to the present volume.

While this decision may count on most users' understanding, another – the terminal year 1800 has been the subject of protracted deliberations, arguments, correspondence and discussions. It need hardly be explained that any limiting date, however chosen, implies a compromise with unsatisfactory repercussions. After endless discussions, the final decision was taken at the Ljubljana (1967) congress of the *International Musicological Society*. It was this – to relate the limit not to biographical or other historical facts, but exclusively to dated or datable works. Thus all composers who were active around 1800 and most of whose printed works appeared up to 1800, were included in the alphabetical catalogue, even if (as in the case of F. J. Haydn) part of their production was not printed until after 1800. On the other hand, composers whose works were predominantly first printed in the nineteenth century were not included, not even if (as in the case of Beethoven) part of their work had already been printed in the eighteenth century. The drawing of this limit is certainly not ideal, but seems to be the most tolerable of the numerous compromises that were possible. On this point, too, fuller information is given in the following introduction.

The editorial centre in Kassel operates as economically as possible. Besides the director, one technical assistant, a secretary, and occasionally further temporary helpers, are employed there. Two members of the joint committee, Dr. Harald Heckmann and Dr. Wolfgang Rehm, being resident in Kassel, are holding regular meetings about twice a month to discuss progress with the editor and the other staff. This has proved to be very helpful in expediting the work, for at these meetings practical questions concerning work in progress are discussed on an equal footing and on the basis of mutual confidence. By this means many individual questions and editorial problems are dealt with quickly and effectively which otherwise would burden the director unnecessarily. Besides, these meetings ensure that the board of the joint committee is always kept directly informed of all events. The Joint committee is especially grateful to its two members for taking on themselves this responsibility in addition to the already full measure of their professional and other work.

The world-wide organisation of RISM has remained essentially unchanged. Already in October 1949, after a report by Hans Albrecht (see below), the *International Musicological Society* resolved to introduce the great undertaking. In 1951 it decided to carry out the work in collaboration with the *International Association of Music Libraries*. A Joint committee set up by these two bodies began its labours in 1952 and issued in the same year the general plan (see above) on which the entire work has been founded until now. It was entrusted with responsibility for all the international organisation (the national working groups, as a matter of principle, organise and finance themselves), finance on a supra-national basis, and all the details of the scholarly and bibliographical planning (cf. the preface to the volume *Recueils Imprimés XVIe–XVIIe siècles*). Besides the then members of the joint committee mentioned on the verso of the titlepage, François Lesure and Claudio Sartori temporarily placed their capacity and advice at the service of the common purpose. The Joint committee laments the loss of Higinio Anglès (d. 1970) and of Albert Smijers (d. 1957), who were active protagonists of the enterprise in its early stages.

To the councils of the *International Musicological Society* and of the *International Association of Music Libraries*, the Joint committee expresses its sincere thanks for having received their unlimited confidence during the eighteen years that have passed since its establishment.

For reasons already stated, only some of the catalogues of Series B in the general plan of RISM have so far been published. The completed manuscripts were sent, as contracted, to G. Henle-Verlag, which has published them and will publish further volumes in this series. The Joint committee expresses its thanks to Dr. Günther Henle and his collaborators, especially to Herr Friedrich Carl Schaefer, for painstaking and meticulously exact work. Now Bärenreiter-Verlag, the second publishing partner of RISM, enters with the first volume of Series A. The Joint committee likewise expresses its gratitude to Dr. Karl Vötterle, the true "originator" of the idea of creating a "new Eitner", and to the late Professor Dr. Hans Albrecht, who first brought this idea forward in 1949. To both publishers the Joint committee wishes a prosperous continuation of the work they have begun.

In essentials, the financial basis of the international work has also remained unchanged since 1963/64. Thanks are due to the Ford Foundation, the Volkswagen Foundation, the Municipal Council of the City of Kassel, the International Council for Philosophy and the Humane Sciences (UNESCO), the International Music Council (UNESCO), the National Library in Paris, the Council of Library Resources, the Martha Baird Rockefeller Foundation, and the American Musicological Society for their energetic support of RISM, with subventions large or small, continuous or occasional. Without them, RISM would never have been started. Available resources suffice to conclude the catalogue of printed music in Series A, and to complete publication of the individual catalogues of Series B as planned. The Joint committee is at present in negotiation with the same donors and with others in order to press on with the second part of Series A, the alphabetical catalogue of manuscripts, for which the scholarly and bibliographical preparation is at present going on. Donald J. Grout, a member of the Joint committee, deserves much credit for his negotiations with American foundations.

The preface to the catalogue volume *Recueils Imprimés XVIᵉ–XVIIᵉ siècles*, dated November 1958, ended with the wish that the peaceable task shared by all who are well disposed towards the vast cultural heritage of musical sources, might contribute to the protection and preservation of these treasures for all time to come. The Joint committee believes it has gone a little way in this direction during the ten years since the appearance of the first volume. *Vivant sequentes.*

Schlüchtern, July 1970.        The Joint Committee for the Publication of the
                               International Inventory of Musical Sources.

                                        Chairman
                                     Friedrich Blume

## AVANT-PROPOS

Avec le présent volume le *Répertoire International des Sources Musicales (Internationales Quellenlexikon der Musik; International Inventory of Musical Sources;* abréviation courante: RISM) inaugure la série A de ses publications, à savoir le catalogue alphabétique de l'ensemble des œuvres musicales imprimées entre 1500 et 1800 qui soient encore conservées un peu partout dans le monde. Cette série A, qui sera augmentée plus tard d'un catalogue alphabétique des manuscrits antérieurs à 1800 (A/II), est donc au sens propre le véritable «nouvel Eitner» que le projet de RISM à son origine et sa réalisation dans les différents volumes de la série B ont voulu constituer. Le présent catalogue alphabétique doit donc contenir toutes les œuvres musicales de tous genres qui aient été imprimées où que ce soit sous un nom d'auteur, au cours des trois siècles susdits. La seule condition est que l'imprimé considéré puisse être catalogué sous un nom d'auteur et que son existence soit encore attestée. Restent exclus les recueils (le catalogue des recueils imprimés de 1500 à 1800 a déjà été publié dans le RISM en deux volumes, par François Lesure) et les œuvres publiées dans des périodiques, méthodes, manuels, traités et catégories analogues de musique imprimée. Pour plus de détails sur cette question du choix, se reporter à l'introduction de K. Schlager qui fait suite à cet avant-propos. En tout, ce catalogue des ouvrages imprimés comprendra plus de 200.000 entrées provenant d'environ 1100 bibliothèques, archives, collections privées, musées, cloîtres, églises, etc. et concernant environ 8000 auteurs, en 6 à 8 volumes.

Pour rassembler les matériaux destinés à un catalogue d'une telle ampleur, il n'a pas fallu moins d'une vingtaine d'années et une organisation mondiale en rapport. Nous y reviendrons plus loin. Au moment où paraît ce premier volume, nous pouvons constater avec satisfaction que l'ensemble des matériaux pour tous les volumes du catalogue alphabétique sont aujourd'hui réunis et prêts à l'impression au Secrétariat central du RISM à Cassel – autant qu'on puisse jamais qualifier de «prêt» un matériel qui s'étend sur trois siècles et provient de 29 pays du monde. Ceci n'exclut pas qu'au cours de la dernière mise au point pour la rédaction, ou au cours de l'impression, on ne puisse faire des découvertes de nouveaux titres ou de nouveaux dépôts; elles seront, suivant les possibilités techniques, incluses dans les volumes en cours, ou réunies dans un supplément. Le premier volume de la série A paraîtra dans les premiers mois de 1971, tandis qu'on continuera à préparer pour l'impression le matériel déjà réuni des volumes suivants; on peut donc estimer que – sauf empêchement imprévu – l'ensemble des volumes du catalogue alphabétique aura paru d'ici 1975.

La série B du RISM, qui présente des catalogues séparés pour des groupes délimités de sources musicales, a pu commencer à paraître dès 1960, avec le catalogue des *Recueils imprimés, XVIe–XVIIe siècles* publié sous la direction de François Lesure, tandis qu'il aura fallu attendre dix ans pour voir paraître le premier tome de la série A. La raison en est évidente: pour un catalogue particulier relatif à un groupe précis de sources (comme par exemple *Manuscripts of Polyphonic Music ca 1320–1400*, édité par Gilbert Reaney, ou *Handschriftlich überlieferte Lauten- und Gitarren-Tabulaturen des 16. bis 18. Jahrhunderts*, actuellement en préparation sous la direction de Wolfgang Boetticher) un spécialiste, ou du moins un petit groupe de spécialistes, suffit dans de nombreux cas (pas tous), et chaque volume peut être imprimé et publié dès que le travail de contrôle et de rédaction est achevé, indépendamment des autres volumes; mais l'impression du catalogue alphabétique ne pouvait commencer qu'une fois réunies et vérifiées les 200.000 entrées en provenance de 29 pays qu'il devait comprendre. S'il a donc fallu remettre à 1970 l'impression du premier volume de la série A, en revanche, et à l'inverse de ce qui se passe pour la série B, on peut désormais poursuivre d'une traite l'impression dans les prochaines années du catalogue alphabétique, tandis qu'il faudra encore un bon nombre d'ans pour amener à sa fin la publication des volumes séparés de cette série B.

La structure générale du RISM est restée pour l'essentiel telle qu'elle avait été projetée dès le début, même si elle fut souvent modifiée dans les détails selon les besoins et les nécessités (cf. pour tout ce qui va suivre l'avant-propos au volume des *Recueils imprimés, XVIe–XVIIe siècles* de 1958; bien qu'il date de douze ans, il est toujours actuel). La division en deux grandes séries A et B s'est avérée satisfaisante. Le travail collectif accompli en alternance par des groupes de travail nationaux et la rédaction centrale internationale, tel qu'il est décrit dans l'avant-propos cité précédemment, garantit l'unité et l'exactitude des résultats. Aujourd' hui, en 1970, sept volumes de la série B sont déja publiés (Éd. G. Henle); quatre autres se trouvent à différents stades d'élaboration. Selon le plan général on devrait attendre encore dix à quinze volumes dans la série B. Paraîtront-ils tous ? Cela ne dépend pas seulement des responsables du travail, mais aussi de toutes sortes de circonstances. La première partie de la série A (aux Éditions Bärenreiter) sera close avec les volumes du catalogue alphabétique dont nous avons parlé plus haut. La seconde suivra plus tard, et comprendra les manuscrits pouvant être catalogués par noms d'auteurs. Fait exception le catalogue des recueils de cantiques et chorals de langue allemande qui se trouve en chantier et qui paraîtra, pour des raisons d'ordre pratique, aux Éditions Bärenreiter, et non aux Éditions Henle.

Une série C a été nouvellement introduite dans le plan du RISM; elle ne comprendra vraisemblablement qu'un ou deux volumes. En effet, depuis que le RISM a commencé à paraître, les usagers de ces catalogues ont senti le besoin d'avoir des renseignements plus précis sur les dépôts où sont consignés les ouvrages mentionnés dans le RISM, série A et B, leurs fonds, leur organisation, leur caractère, etc. Pour satisfaire à ces désirs, l'*Association internationale des bibliothèques musicales (Internationale Vereinigung der Musikbibliotheken; International Association of Music Libraries*, abréviation courante: AIBM) a, et nous lui en sommes reconnaissants, chargé sa *Commission of Research Libraries*, qui existe depuis 1956 et qui est actuellement présidée par le Dr. Rita Benton, de l'Université de Iowa, de constituer en étroite liaison avec le RISM un *Directory of Music Research Libraries*. Ce répertoire donnera le nom exact et l'adresse, accompagnés de courtes notices, de toutes les bibliothèques de quelque importance pour la recherche musicale, dispersées dans le monde, dont les ouvrages figurent au RISM. Ce manuel de grande importance paraît sous le titre *Directory of Music Research Libraries, Including Contributors to the International Inventory of Musical Sources (RISM)... compiled by Rita Benton* aux presses de l'Université de Iowa, pour l'instant sous forme d'édition provisoire, à laquelle on apportera au cours des années les corrections et compléments nécessaires. Lorsque l'ouvrage aura atteint un niveau de correction suffisant, on l'incorporera au RISM comme série C, où il formera un catalogue indépendant d'un ou deux volumes. A l'origine on avait eu l'intention de faire du *Directory* le premier tome de la série A du RISM, mais ce projet n'a pas été réalisé. Le sens et le but de cette entreprise complémentaire ne sauraient être mieux exprimés que par l'éditeur même, dans son introduction au premier fascicule du *Directory*: «When completed, the RISM will be the major tool for locating primary source material in the field of music. For those seeking information about the institutions contributing to the RISM, this directory provides an ideal auxiliary.»

La matière à laquelle l'entreprise du RISM s'est consacrée dans son ensemble, et les limites auxquelles elle s'est tenue jusqu'ici, et devra se tenir (nous disons «devra», car chaque fois que l'on dépasse les limites fixées de temps et d'espace on risque de s'éparpiller, de se perdre dans l'illimité, sans parler du manque de collaborateurs et de moyens financiers), cette matière et ces limites, nous les avons indiquées dans la préface déjà citée des *Recueils imprimés*, p. 12, 20, 26. Dans le même volume, François Lesure a exposé aussi (p. 29, 39, 50) la technique suivie alors dans le travail, une définition du terme «recueil», et quelques indications sur les procédés du travail bibliographique, qui sont valables pour plusieurs volumes de la série B. Dans le même esprit, Karlheinz Schlager, dans le présent volume A/I/1 de la série alphabétique, donne quelques indications sur ce qu'on doit entendre par «imprimé musical» dans ce catalogue, sur ce que doit être l'ordre des notices, leur terminologie et leur formulation pour assurer la sûreté de l'information, tout en empêchant le libellé de ces notices de prendre des proportions exagérées. En outre on trouvera dans ce volume une nouvelle liste des sigles, considérablement plus vaste que celle des volumes particuliers de la série B. Il a fallu, en effet, la remanier, car le nombre des dépôts pour les ouvrages répertoriés dans la série A était bien plus considérable que celui des ouvrages de la série B.

Dans l'avant-propos plusieurs fois cité des *Recueils imprimés, XVIᵉ–XVIIᵉ siècles*, nous avons décrit la méthode suivie alors dans le travail: ce schéma est resté, pour l'essentiel, inchangé. Ce n'est pas le lieu de s'attacher aux détails, mais que soient remerciés ici les nombreux groupes de travail pour la tâche à peine concevable qu'ils ont accomplie en inventoriant plus de 200.000 ouvrages sur cartes ou fiches, et en envoyant ces inventaires à la rédaction centrale du RISM à Cassel; tâche d'autant plus inconcevable que le délai fixé à la fin de 1969 depuis longtemps a bien été observé.

Aux équipes nationales il faut ajouter le chiffre imposant de près de 40 musicologues isolés: ils ont soit mis à la disposition du catalogue alphabétique les résultats de leurs propres recherches, soit établi les catalogues de certains compositeurs particulièrement «difficiles» à cause du grand nombre de leurs œuvres (par ex. Boccherini, Lassus, Haydn, Koželuch). Ce n'est qu'un mince témoignage de gratitude envers ces groupes nationaux et ces musicologues que de citer ici quelques noms: Jarmila Brožovská-Pacltová, Dragotin Cvetko, Kurt Dorfmüller, Hellmut Federhofer, Paule Guiomar, Cari Johansson, Helmut Kallmann, Santiago Kastner, Alexander Hyatt King, Karl-Heinz Köhler, René B. M. Lenaerts, François Lesure, Janina Mendysowa, Miguel Querol, Hans-Peter Schanzlin, Erich Schenk, Unity Sherrington, Nanna Schiødt, Marie Svobodová, Jutta Theurich, Liesbeth Weinhold, Ae xander Weinmann. Qu'on veuille bien excuser la *Commission mixte* de ne pouvoir nommer qu'une faible partie de la grande foule de ses collaborateurs. Nous ne parlerons pas ici des membres de la C. M. elle-même, qui ont donné leur temps et leur peine au RISM pendant tant d'années, mais on trouvera la liste de leurs noms au verso du titre du présent volume.

L'ancien secrétariat central du RISM, à Paris, fondé en mai 1953 et placé sous la direction de François Lesure, a accompli sa tâche en publiant les catalogues des recueils imprimés des XVIe et XVIIe siècles (1960), et du XVIIIe siècle (1964), et a préparé le catalogue des *Ecrits imprimés concernant la musique* de 1500 à 1800 qui est actuellement sous presse. Comme prévu, ce secrétariat central a été dissous à l'achèvement de ses travaux. C'est un agréable devoir pour le signataire de ces lignes de présenter à M. F. Lesure les sincères remerciements de la *Commission mixte* pour son inestimable travail, travail qui s'est également étendu à la préparation de quelques autres catalogues de la série B, ainsi qu'aux tâches de mise en route de la série A.

Ces tâches de mise en route et la rédaction du catalogue alphabétique ont rendu nécessaire la création d'une seconde centrale pour réunir, vérifier, corriger, coordonner et livrer enfin à l'impression le matériel toujours croissant que les groupes nationaux et les musicologues isolés lui transmettaient. La direction de cette nouvelle centrale, à Cassel, fut confiée du 1er avril 1960 à la fin de 1967 au Dr F. W. Riedel, nommé à l'Université de Mayence au début de 1968, et remplacé alors par l'actuel directeur, le Dr Karlheinz Schlager. Le Dr Riedel eut comme collaborateur le Dr Ernst Hilmar du 1er avril 1964 jusqu'à l'été 1968, date de la nomination de celui-ci à la Stadtbibliothek de Vienne. A toutes ces personnes la Commission mixte du RISM doit ses remerciements pour leur collaboration consciencieuse et pour la ténacité avec laquelle elles ont su transformer une matière en soi si sèche en un catalogue scientifique de premier ordre. C'est des dirigeants des centrales, des équipes nationales et des musicologues individuels que dépendait, et dépend encore, tout le succès du RISM. Que les directeurs et les collaborateurs des secrétariats centraux trouvent ici l'expression de notre gratitude. Mais en même temps nous exprimons les remerciements de la *Commission mixte* à toutes les bibliothèques, archives, couvents, églises, séminaires, collections privées, etc., qui ont permis le catalogage de leurs fonds pour le RISM. L'entreprise tout entière aurait pu échouer dès ses débuts, si toutes ces institutions, leurs dirigeants et leurs collaborateurs n'avaient témoigné aux collaborateurs, compilateurs et rédacteurs du RISM une profonde compréhension et une grande complaisance, qui font honneur à leur sens de la bibliographie musicale. Nous ne pouvons songer à nommer séparément les quelques 1100 possesseurs de fonds musicaux du monde qui ont fourni des notices au RISM, mais la liste des sigles des dépôts permet d'en établir le relevé.

Ce qui ne se trouve pas dans le catalogue, c'est tout le travail invisible «dans les coulisses» qui fait partie depuis longtemps de la routine quotidienne des collaborateurs du RISM, et sans lequel même le plus modeste catalogue ne peut prendre forme: missions, questions et contre-questions, avertissements et conseils, échanges de lettres avec des milliers de «compagnons silencieux».

Ce qui ne se trouve pas non plus dans le catalogue, et ce que peut-être certains usagers regretteront au premier abord, ce sont les nombreuses notices biographiques qu'ils trouvaient dans le *Quellenlexikon* de Eitner et qui occupaient approximativement la moitié de cet ouvrage. Eitner s'attachait encore aux personnes, aux musiciens et aux théoriciens de la musique, tandis que le RISM ne s'occupe plus que de la matière elle-même, c'est-à-dire des sources. C'est en partie pour cette raison, en partie parce qu'il y a aujourd'hui beaucoup plus d'instruments de travail qu'au temps de Eitner d'où le curieux puisse tirer des renseignements biographiques, en partie aussi parce que, pour bien trop de noms, la connaissance biographique est restée jusqu'ici très mince, qu'à la dernière heure avant la mise sous presse, nous avons renoncé à tout ce qui n'est pas nom et prénom de l'auteur, titre de l'ouvrage considéré, adresse, lieu et date de parution, imprimeur et éditeur. Ainsi seulement fut-il possible de maintenir le catalogue imprimé dans des limites raisonnables. Karlheinz Schlager donne de plus amples indications à ce sujet dans l'introduction au présent volume.

Si cette décision doit, sans doute, recontrer une large compréhension de la part des usagers, il en est une autre qui fut, durant des années, l'objet de réflexions, de débats, d'échanges de lettres et de discussions, à savoir la date limite de 1800. Inutile de dire que toute date choisie ne peut être qu'un compromis qui entraîne des conséquences souvent désagréables. Après d'interminables examens, il fut en fin de compte décidé au congrès de la *Société internationale de musicologie* à Ljubljana en 1967 de fonder la date limite non sur des données biographiques ou historiques, mais uniquement sur l'ouvrage daté ou datable d'avant 1800; cependant tous les auteurs qui écrivaient vers 1800 dont les œuvres ont paru en majeure partie avant 1800 seraient inclus dans le catalogue alphabétique, même si une partie de leur production n'a paru qu'après 1800 (par ex. J. Haydn); à l'inverse, les auteurs dont les œuvres n'ont été principalement publiées qu'au XIXe siècle ne seraient pas inclus, même si une partie de leur œuvre avait été publiée déjà au XVIIIe siècle (par ex. Beethoven). Cette délimitation n'est évidemment pas l'idéal, mais de tous les compromis possibles, celui-ci paraît le plus acceptable. Pour de plus amples renseignements se reporter encore une fois à l'introduction qui suit.

La centrale de Cassel travaille avec les moyens les plus réduits. Outre le directeur, un assistant technique et une secrétaire y sont occupés, et au besoin d'autres aides occasionnels temporaires. Le travail a été considérablement accéléré par le fait que les deux membres de la *Commission mixte* domiciliés à Cassel, les Drs Harald Heckmann et Wolfgang Rehm, tiennent environ deux fois par mois des réunions de travail avec le directeur et ses collaborateurs, au cours desquelles les questions à l'ordre du jour sont traitées de façon paritaire sur la base d'une confiance mutuelle. De nombreuses questions particulières et des problèmes de rédaction sont ainsi réglés rapidement et efficacement, au lieu d'accabler inutilement le directeur. En outre, ces discussions de travail permettent au Bureau de la *Commission mixte* de rester informé en tout temps et directement de tout ce qui se passe. Que soient remerciés tout particulièrement ces deux membres de la *Commission mixte* d'avoir ajouté cet engagement au fardeau, par ailleurs assez lourd, de leurs travaux d'ordre professionnel et personnel.

Pour l'essentiel, l'organisation internationale du RISM n'a pas subi de changements. Dès octobre 1949, à la suite d'un rapport de Hans Albrecht (voir plus bas) la *Société internationale de musicologie* décidait de lancer cette grande entreprise. En 1951 elle prenait la résolution d'accomplir la tâche en collaboration avec l'*Association internationale des bibliothèques musicales*. Une commission fondée par les deux sociétés, dite *Commission mixte* (C. M.) commença ses travaux dès 1952 et présenta la même année un plan général (voir plus haut) sur lequel repose encore aujourd'hui l'ensemble du travail. A sa responsabilité furent confiés l'ensemble de l'organisation internationale (les groupes nationaux s'occupent eux-mêmes, en principe, de leur organisation et de leur financement), le financement au niveau international, et la planification bibliographique et scientifique jusque dans les détails (cf. l'avant-propos du volume des *Recueils imprimés, XVIe–XVIIe siècles*).

Outre les membres actuels de la C. M. nommés au faux-titre, François Lesure et Claudio Sartori ont mis pendant quelque temps leur compétence et leurs conseils au service de la tâche commune. La C. M. déplore la perte de Mgr Higinio Anglès († 1970) et de Albert Smijers († 1957), actifs pionniers de l'entreprise à son premier stade. Aux Présidents de la *Société internationale de musicologie* et de l'*Association internationale des bibliothèques musicales* vont les remerciements sincères de la C. M., pour la confiance illimitée qu'ils lui ont témoignée au cours des dix-huit années écoulées depuis sa fondation.

Pour les raisons déjà invoquées, on n'a pu publier jusqu'ici qu'un certain nombre des volumes prévus pour la série B par le plan général du RISM. Les manuscrits achevés ont été confiés, comme convenu, aux éditions G. Henle, qui les ont publiés et publieront aussi les volumes à venir de cette série. Que soient ici remerciés l'éditeur, le Dr Günther Henle, et ses collaborateurs, en particulier M. Friedrich Carl Schaefer, pour leur travail soigné et scrupuleusement précis. Avec le premier volume de la série A, le second des deux éditeurs du RISM, les éditions Bärenreiter, prend place dorénavant dans la publication. Nous exprimons également les remerciements de la C. M. au Dr Karl Vötterle, véritable instigateur de l'idée d'un «nouvel Eitner», ainsi qu'au regretté Prof. Hans Albrecht, qui fut le premier, en 1949, à en exposer la pensée. Aux deux éditeurs la C. M. souhaite une heureuse continuation de leur entreprise.

Les assises financières du travail international ne se sont guère modifiées, elles non plus, depuis 1963–64. Les remerciements en reviennent à la Ford Foundation, à la Stiftung Volkswagenwerk, à la municipalité de la ville de Cassel, au Conseil international de la philosophie et des sciences humaines (UNESCO), au Conseil international de la musique (UNESCO), à la Bibliothèque nationale de Paris, au Council of Library Resources, à la Martha Baird Rockefeller Foundation et à l'American Musicological Society pour leur soutien efficace au RISM, par leurs subventions plus ou moins importantes, régulières ou occasionnelles. Sans eux, le RISM n'aurait jamais été mis en train. Les moyens dont nous disposons actuellement suffisent à mener à bien le catalogue des imprimés de la série A et à publier complètement les différents catalogues de la série B projetés. La *Commission mixte* est actuellement en pourparlers avec ces mêmes donateurs, et d'autres encore, pour faire avancer dans la série A la seconde partie, le catalogue alphabétique des manuscrits, dont la préparation bibliographique et scientifique est en chantier. Dans nos négociations avec les fondations américaines, Donald J. Grout, membre de la C. M., a joué un rôle très efficace.

L'avant-propos du volume souvent cité des *Recueils imprimés, XVIᵉ–XVIIᵉ siècles*, daté de novembre 1958, concluait en souhaitant que le travail pacifique et collectif de tous les hommes de bonne volonté sur l'immense héritage culturel que constituent les sources musicales contribuât à assurer la conservation de ces trésors. La C. M. pense avoir fait quelques modestes pas dans cette direction au cours des dix années qui ont suivi la parution du premier volume. *Vivant sequentes.*

Schlüchtern, juillet 1970

La Commission mixte chargée de la publication du
Répertoire International des Sources Musicales
Le Président:
Friedrich Blume

# EINLEITUNG

Die Zusammenstellung eines musikalischen Quellenlexikons aufgrund von einigen hunderttausend Titelaufnahmen, die von Mitarbeitern in 29 Ländern angefertigt wurden, ist ein Unternehmen, das irgendwo zwischen Wunsch und Wirklichkeit eine Form annimmt, die mindestens ebensosehr vom vorhandenen Material wie von den Zielvorstellungen der Initiatoren bestimmt wird. Die Forderungen, die an dieses Lexikon gestellt wurden, und die Möglichkeiten, die der Stoff in der gegebenen Form bieten konnte, standen nicht selten im Widerspruch. Die folgenden Anmerkungen zeigen deshalb in erster Linie die verzweigten Grenzen auf, die der Arbeit gesetzt waren, und in denen sich die Erwartungen des Benutzers bewegen sollten.

## I. Voraussetzungen

Das vorliegende Quellenlexikon setzt sich zusammen aus Titelaufnahmen von Musikdrucken aus Bibliotheken, Archiven und Sammlungen in 29 Ländern. Der Weg dieser Titelaufnahmen zur Zentralredaktion in Kassel führte in der Regel über eine nationale Arbeitsgruppe (vgl. Liste der Ländergruppen, ihrer Mitarbeiter und Institutionen, S.47*), die ihren Mitarbeitern gezielte Aufträge zur Katalogisierung von bestimmten Beständen oder zur Auswertung neuer Kataloge erteilte und die Ergebnisse gesammelt nach Kassel weiterleitete. In den Ländern, in denen die detaillierte Katalogisierung der Musikalien erst begonnen hat und die Möglichkeit für das koordinierte Zusammenwirken mehrerer Mitarbeiter nicht gegeben war, bot sich der unmittelbare Kontakt mit einzelnen bedeutenden Bibliotheken als Ausweg dar. Wenn auch diese Bemühungen erfolglos waren, mußte auf zumeist ältere unvollkommene Kataloge zurückgegriffen werden, wobei selbstverständlich nur solche Bestände aufgenommen wurden, von denen mit großer Sicherheit anzunehmen ist, daß sie unverändert erhalten geblieben sind, nicht zu den Kriegsverlusten zählen oder sonstwie abhanden gekommen sind.

Die Titelaufnahmen, die auf diesen drei Wegen in die Zentralredaktion gelangt sind, geben dem Redakteur unterschiedliche Informationen. Das Gefälle reicht von einer kompletten Titelaufnahme mit einem vollständigen diplomatischen Titel, einem ungekürzten Impressum (einschließlich aller Verleger-Adressen und der Platten-Nummer) und der Aufzählung aller Stimmen, bis zu einem willkürlich gewählten Kurztitel, dem vielleicht noch der Erscheinungsort beigefügt ist.

Obwohl auch unvollständige Titelaufnahmen weitgehend berücksichtigt worden sind, kann man auch von diesem Lexikon nicht erwarten, was Robert Eitner noch im Vorwort zu seinem 1900 erschienenen Quellenlexikon aussprach: „. . . daß mein Nachfolger, wenn er in gleicher Weise das Material heranschafft, wohl schließlich in gewisser Weise es erschöpfen kann." Zu viele Musikalien liegen noch verkannt oder unbekannt in kleineren Bibliotheken und Archiven, ganz abgesehen von den Drucken in Antiquariaten und Privatsammlungen, die mit wenigen Ausnahmen

y

29 *

für dieses Lexikon nicht erfaßt werden konnten. Aus einigen Ländern (z. B. aus der ČSSR) sind noch beträchtliche Nachträge zu erwarten; auch die zentrale Katalogisierung der reichen italienischen Bestände hat erst begonnen. Das Quellenlexikon kann in diesen Fällen nur den gegenwärtigen Stand der Arbeit spiegeln; mit dem geplanten Supplement-Band werden sicher noch einige Lücken geschlossen werden. Schließlich muß in diesem Zusammenhang auch noch auf die Schwierigkeit hingewiesen werden, den vielschichtigen Stoff so eindeutig abzugrenzen, daß alle Mitarbeiter die Auswahl nach den gleichen Prinzipien trafen. Von der Abgrenzung des Stoffes wird deshalb zunächst zu sprechen sein.

## II. Inhaltliche Abgrenzung

Das vorliegende Quellenlexikon verzeichnet die Fundorte von *Einzeldrucken* praktischer Musik, d. h. von Drucken mit Kompositionen *eines* Autors. Sammeldrucke sind nur aufgenommen worden, wenn der Titel einen Einzeldruck vermuten ließ. Dies kann der Fall sein, wenn nur einer von mehreren Autoren genannt ist oder kein anderer Hinweis auf verschiedene Autoren gegeben wird. Soweit es sich dabei um identifizierte Sammeldrucke handelt, die bereits in den entsprechenden RISM-Bänden der Serie B erfaßt sind, steht unter dieser Ausgabe der Hinweis SD (= Sammeldruck), wobei eine Jahreszahl mit Index auf den Band *Recueils imprimés XVIᵉ–XVIIᵉ siècles* (B[I]), eine Seitenzahl auf den Band *Recueils imprimés XVIIIᵉ siècle* (B II) verweist. Da der Redaktion aber nur Katalogzettel der Titel ohne Aufschlüsselung des Inhalts vorgelegen haben, kann es vorkommen, daß verschiedene, noch nicht identifizierte Sammeldrucke nicht als solche erkannt wurden und keine Kennzeichnung erhalten haben.

Da sich die Zielsetzung auf Einzeldrucke richtete, entfielen alle Herausgeber von Werken verschiedener Autoren. Dagegen wurden Herausgeber, die auch als Autoren von Einzeldrucken bekannt sind, mit möglichst vielen ihrer Drucke aufgenommen, wobei im Grenzbereich der Werke, die der betreffende Autor nur gesammelt, bearbeitet und herausgegeben hat, keine Vollständigkeit erwartet werden darf.

*Arrangements* von Werken verschiedener Autoren sind im allgemeinen nicht als Sammeldrucke eingestuft worden. Sie stehen unter dem Namen des Bearbeiters. Arrangements von Werken eines Autors stehen dagegen überwiegend unter dem Namen dieses Autors, nicht unter dem des Bearbeiters. Da die Praxis der Titelaufnahmen von Arrangements bei den einzelnen Ländergruppen uneinheitlich war, schwankt auch die Art der Zitierung in den vorliegenden Bänden. Auch konnten keine durch alle Bände laufenden Verweise vom Bearbeiter auf den Autor und umgekehrt gegeben werden.

Ein weithin ungelöstes Problem bilden in diesem Zusammenhang auch die *Pasticcio-Opern* die, soweit sie als solche identifiziert sind, mit dem Hinweis pasticcio unter dem Namen des ersten Autors oder den Namen mehrerer der bekannten Autoren stehen.

In der Regel sind nur Drucke mit *mehrstimmiger* Musik berücksichtigt worden. Bei vielen Tänzen, Bühnenliedern oder Liederbüchern ist es jedoch ohne Einsicht in das jeweilige Werk unsicher, ob die Melodie oder Gesangsstimme mit oder ohne Begleitung notiert ist. In Zweifelsfällen ist der jeweilige Druck aufgenommen worden.

Eine Ausnahme und einen weiteren Grenzbereich bilden die *Gesangbücher*, *Psalmvertonungen* und dergleichen. Auch hier schwankte die Praxis der Titelaufnahme in den einzelnen Ländern. Bei deutschsprachigen Titeln wird der Benutzer die Bände des *Deutschen Kirchenliedes* konsultieren können, Gesangbuchkataloge in anderen Sprachen werden im Rahmen des RISM vorbereitet.

Auch die Aufnahme von *Schulwerken* lag weitgehend im Ermessen der Mitarbeiter in den einzelnen Ländern, so daß Vollständigkeit in bezug auf Titel und Fundorte nicht zu erwarten ist. Für diesen Bereich empfiehlt es sich, den Band *Ecrits imprimés concernant la musique* heranzuziehen.

Und schließlich sind auch *Periodica* oder Musikbeilagen in Zeitschriften gelegentlich berücksichtigt worden, ohne daß man für diese Fälle eine Regel aufstellen könnte.

## III. Zeitliche Abgrenzung

Besonders problematisch war und bleibt die zeitliche Abgrenzung dieses Lexikons. Der ursprüngliche Plan, präzis mit dem Jahr 1800 abzuschließen, scheiterte daran, daß die meisten Drucke der zweiten Hälfte des 18. Jahrhunderts nicht datiert sind, und die Datierungsversuche in Intervallen bis zu zwanzig Jahren schwanken. Ein weiterer Versuch, mit dem Geburtsjahr 1770 einen festen Anhaltspunkt für die Auswahl der Drucke bzw. der Autoren zu finden, schlug fehl, weil das Lexikon eine Fülle von Autoren enthält, deren Lebensdaten nur in Jahrhundert-Hälften angegeben werden könnten. Als man schließlich einen Kompromiß fand, der die endgültige Auswahl der Autoren und Drucke bestimmen sollte, war die Katalogisierung in einigen Ländern schon beendet. So blieb es der Redaktion vorbehalten, auf der Basis der zuletzt gegebenen Empfehlungen das nach unterschiedlichen Gesichtspunkten von den Ländergruppen eingesandte Material zu sichten und auszuwählen. Maßgebend wurden schließlich zwei Überlegungen:

1. Grundsätzlich sollten alle Autoren berücksichtigt werden, deren Werke zum überwiegenden Teil *vor 1800* im Druck erschienen sind. Damit wurde für die Auswahl wieder primär die Datierung des Druckes und nicht die Lebenszeit des Autors bestimmend, und man wird folglich in diesem Lexikon manchen Autor vermissen, der schon in der ersten Hälfte des 18. Jahrhunderts geboren wurde, für seine Werke jedoch erst um oder nach 1800 einen Verleger fand.

2. Die nach diesem Kompromiß ermittelten Autoren sollten mit möglichst vielen ihrer Erst- und Frühdrucke vertreten sein. Das Jahr 1800, soweit es in Datierungen in Erscheinung tritt, bildet deshalb keine starre Grenze. Obwohl das vorliegende Lexikon rein bibliographischer Natur ist und nicht den Anspruch erheben kann, vollständige Werkverzeichnisse zu bieten, erschien es doch sinnvoll, eine mögliche vollständige Reihe von Erst- und Frühdrucken eines Autors nicht mit dem Jahr 1800 abreißen zu lassen, auch wenn die Fundorte für die Zeit nach 1800 nur unvollständig zitiert werden können, da einige Ländergruppen (u. a. die französische und englische) ihre Katalogisierung auf diese Grenze ausgerichtet haben.

## IV. Gliederung der einzelnen Verzeichnisse

Die in Frage kommenden Autoren sind alphabetisch geordnet (vgl. die jedem Band vorangestellte Liste der Autoren, Band 1: S. 93*ff.). Gewählt wurde in der Regel die *Namensform*, die der Orthographie im Geburtsland des Autors entspricht; an anderer Stelle stehen Verweise.

Die Redaktion konnte die *Zuordnung* vieler noch unbekannter Werke zu den jeweils genannten Autoren nicht nachprüfen, doch erscheint die Zuweisung im allgemeinen als gesichert – mit Ausnahme von Werken aus Komponisten-Familien, die oft nur mit dem Familien-Namen gezeichnet sind. Die Zuordnung dieser Werke zu den einzelnen Mitgliedern der Familie muß deshalb in Frage gestellt werden, obwohl sich im Überblick über mehrere Titelaufnahmen oft gute Gründe für die vorliegende Zuschreibung ergeben haben.

Die *Reihenfolge* der gedruckten Werke eines Autors richtet sich nach der Zahl und der Bezeichnung der Werke. Ist eine Werkreihe überwiegend datiert, wie häufig im 16. und 17. Jahrhundert, oder mit Opuszahlen versehen, wie häufig im 18. Jahrhundert, dann ordnen sich die Werke nach dieser Reihenfolge. Ist dies nicht der Fall, dann steht geistliche vor weltlicher Musik, Vokal- vor Instrumentalmusik, die größere vor der kleineren Besetzung. Bei umfangreicheren Werkverzeichnissen dienen Zwischentitel zur Orientierung. Sie sind meist nur nach Kenntnis der Titelaufnahmen und ohne Einblick in die jeweiligen Werke gesetzt. Auch Singspiele, Opern- und Oratorien-Titel sind als getrennte Überschriften ausgesetzt. Nachfolgend stehen Partituren vor Klavierauszügen, Sammlungen, Bearbeitungen, Ouvertüren und Einzelstücken, letztere alphabetisch nach Textanfängen. Der Textanfang und nicht der Titel bestimmt auch im allgemeinen die Einordnung der Einzelgesänge, die nicht aus Bühnenwerken stammen.

Alle Nachdrucke, Titelauflagen, Neuauflagen oder Teile der Auflage eines Werkes stehen unmittelbar nach der vermutlichen Erstausgabe und sind vor dem Titel mit — gekennzeichnet. In diesem Verfahren liegt zweifellos eine Fehlerquelle, denn nach den vorliegenden Titelaufnahmen war es ohne Einsicht in den jeweiligen Druck in vielen Fällen weder möglich, zwischen Nachdruck, Titelauflage und Neuauflage mit gleichem oder verändertem Inhalt zu unterscheiden, noch konnte bei einer Reihe undatierter Auflagen die korrekte Reihenfolge des Erscheinens bestimmt werden. Die inzwischen mit Verlagskatalogen und Verlegerlexika vorliegenden Hilfsmittel versagten, wenn das Impressum nicht vollständig angegeben war. In Fällen, in denen Instrumentalwerke ohne Tonarten gemeldet wurden, erschien sogar die Identität vieler Ausgaben fraglich, zumal dann, wenn verschiedene Verleger verschiedene Opuszahlen für das gleiche Werk verwendeten. Auch Umfang und Inhalt von Teilauflagen oder von Nachdrucken aus verschiedenen Sammlungen blieben oft unbekannt. In dieser Hinsicht bleibt dem Benutzer des Lexikons, der sich dem einzelnen Autor näher widmet, noch ein weites Arbeitsfeld.

## V. Form der Titelaufnahmen

### V.1 Titel

Eine korrekte diplomatische Zitierung des Titels mit der Orthographie, den Großbuchstaben, der Interpunktion und der Zeilengliederung des Originals konnte nicht zur gewünschten Norm werden, da zu viele Titelaufnahmen in dieser Hinsicht unvollständig waren. Die vorliegende Form ist ein Kompromiß, in dem einerseits versucht wurde, kennzeichnende Eigenheiten des Originals beizubehalten, andererseits sind offensichtliche Druckfehler korrigiert und die Schreibung in Grenzen normalisiert worden. In deutschen Texten wurde die Groß- und Kleinschreibung oft dem heutigen Gebrauch angenähert, bei nichtdeutschen Texten ist mit Ausnahme von Titeln und besonderen Bezeichnungen grundsätzlich die Kleinschreibung bevorzugt worden. Für Zusätze, die in diesem Zusammenhang entbehrlich erschienen (z. B. Widmungen, Titel, Namen von Ausführenden usw.) stehen ... Bei Einzelgesängen jeder Art sind in der Regel die Textanfänge vorgezogen worden; im übrigen blieb die Reihenfolge des Originals erhalten.

### V.2 Zusätze zum Titel

In Kursivschrift sind dem Titel Jahreszahlen oder Opuszahlen vorausgesetzt, wenn sich eine größere Werkreihe nach diesen Angaben ordnen läßt. Innerhalb einer chronologischen Reihe stehen mit → Verweise auf die Jahreszahl der Erstausgabe, unter der die jeweilige Neuauflage ausführlich zitiert ist. In runden Klammern stehen Textanfänge, Zeitschriften-Titel, Sammlungen u. a. m.; in eckigen Klammern stehen Tonarten und Hinweise zur Besetzung oder zum Inhalt, wenn der Titel darüber keine genaue Auskunft gibt und der Redaktion nähere Angaben bekannt waren.

### V.3 Impressum

Das Impressum erscheint in einer normalisierten Form. So stehen z. B. für lateinische Namen die heutigen Bezeichnungen der Städte, Genitive von Verlegernamen sind in den Nominativ gesetzt. Verleger-Adressen blieben ausgeschlossen, Erscheinungsorte, Verlegernamen und Datierungen sind so vollständig wie möglich wiedergegeben. Soweit bekannt, sind nach den Verlegernamen auch Namen von Druckern oder Stechern in runden Klammern angegeben. Auch Platten- und Verlagsnummern werden zitiert (No.), obwohl sie offensichtlich nicht mit allen Ausgaben gemeldet worden sind. Datierungen, die in Klammern stehen, sind den Druckprivilegien, Widmungen, Wasserzeichen oder anderen indirekten Quellen entnommen, die häufiger die Entstehungszeit der Komposition als das Jahr des Drucks angeben.

Die dem Impressum folgende Bezeichnung der Form, in der das jeweilige Werk überliefert ist, kann nur darüber informieren, ob die Komposition als ganzes oder in Stimmen vorliegt. Der Sprachgebrauch (etwa zwischen Chorbuch, Partitur, Klavierauszug, partition, score, skeleton score etc.) schwankt zwischen den einzelnen Ländern, und auf vielen Karten fehlten die Angaben.

### V.4 Fundorte

Die Fundorte des jeweiligen Druckes sind alphabetisch geordnet. Eine Liste der Länder- und Bibliothekssigel ist jedem Band beigegeben (Band 1: S. 51*ff.). Zu dieser Liste ist zu bemerken, daß nicht alle der genannten Bestände erschöpfend katalogisiert worden sind. Einige Bibliotheken und Privatsammlungen waren nur den Autoren bestimmter Verzeichnisse (vgl. V. 6) bekannt und zugänglich. Andere Bibliotheken und Archive enthielten Musikalien, die nicht für das vorliegende Lexikon verwendet werden konnten. Zu einigen Bibliotheken (z. B. zur Mehrzahl der unter der U.S.S.R. angeführten) bestand bei Drucklegung dieses ersten Bandes noch keine Verbindung.

### V.5 Stimmenangaben

Von einem in Stimmen überlieferten Werk sind, soweit möglich, nach dem ersten Fundort, an dem das Werk komplett vorliegt, alle Stimmen einzeln angegeben, unabhängig davon, ob die Besetzung aus dem Titel hervorgeht. Weitere komplette Exemplare sind nicht bezeichnet. In allen anderen Fällen sind entweder die vorhandenen oder die fehlenden Stimmen angezeigt, zumindest steht der Zusatz: unvollständig. Bei mehrchörigen Werken bedeuten die römischen Ziffern die Chöre, die arabischen Ziffern die Stimmen (z. B. I: S, A, T, B, 5, 6; II: S, A, T, B). Die Continuo-Bezeichnungen (b, bc, org, part usw.) richten sich im allgemeinen nach dem Titel. Instrumente, die nicht im Abkürzungsverzeichnis (vgl. S. 92*) stehen, wurden ausgeschrieben.

Auch über die Anzahl der Stimmen war nicht immer Klarheit zu gewinnen. Einfache oder doppelte Zählung von partiturmäßig notierten Bläserstimmen oder die Einbeziehung einer nachträglich hinzukomponierten Generalbaß- oder Instrumentalstimme konnten beispielsweise unterschiedliche Angaben auf den Titelaufnahmen zur Folge haben.

## VI. Autoren einzelner Verzeichnisse

Eine Reihe besonders umfangreicher und problematischer Verzeichnisse (z. B. Haydn, Mozart, Pleyel u. a.) ist Mitarbeitern übertragen worden, die sich mit dem Werk des jeweiligen Autors bereits längere Zeit befaßt haben (vgl. Liste der Autoren einzelner Verzeichnisse, S. 50*). Obwohl diese Verzeichnisse in der Form der redaktionellen Praxis angeglichen wurden, können sie sich in Einzelheiten von den übrigen Beiträgen unterscheiden. Sie sind mit dem Namen des Bearbeiters gezeichnet und unterliegen inhaltlich seiner Verantwortung. Viele Autoren haben sich bemüht, unvollständige Angaben mit Rückfragen bei den betreffenden Bibliotheken zu vervollständigen und nicht gemeldete Fundorte aus eigenem Wissen nachzutragen. Grundsätzlich standen jedoch alle Mitarbeiter vor der gleichen Aufgabe wie die Redaktion: ein für die Zeit nach 1800 lückenhaftes Quellenmaterial von unterschiedlichem Informationswert in die Form möglichst genauer und vollständiger Druck-Verzeichnisse zu bringen. Für ihr verständnisvolles Eingehen auf dieses Risiko, für die Unterordnung des eigenen wissenschaftlichen Ehrgeizes unter die Gesetze der vorliegenden bibliographischen Dokumentation, und für viele wertvolle Ergänzungen und Hinweise sei ihnen an dieser Stelle gedankt.

Kassel, im Juli 1970

RISM Zentralredaktion

Karlheinz Schlager

# INTRODUCTION

The compilation of a musical source catalogue on the basis of some 100,000 entries prepared by collaborators in 29 countries is an undertaking which assumes a form somewhere between ideal and reality, a form which is dictated at least as much by the available material as by the intentions of its planners. There have been not a few contradictions between the demands which were made on this catalogue and the possibilities which the material could offer in its given form. The following notes, therefore, define primarily the divergent limits which were imposed on the work and which should govern the expectations of the user.

## I. Pre-conditions

The present source catalogue comprises entries for printed music from libraries, archives and collections in 29 countries. The channel through which these entries reached the editorial centre in Kassel was, generally speaking, the national working group (cf. the list of national groups, their collaborators and institutions on page 47 *). The national groups gave their collaborators definite instructions for cataloguing particular holdings, or for the exploitation of new catalogues, and passed on the accumulated results to Kassel. In countries where detailed cataloguing of music has barely begun, and where there was no possibility of co-ordinating the work of various collaborators, the best solution was seen as direct contact with separate, important libraries. If this method also proved fruitless, then recourse was necessarily had to mostly obsolete catalogues, from which obviously only those holdings were taken over which could be fairly safely assumed to have survived unchanged and were not destroyed in the war or otherwise lost.

The entries which reached the editorial centre by these three channels gave the editor information of varying quality. From complete titles with full transcription, an unabridged imprint (including all publishers' addresses and the plate number) and the enumeration of all parts, it declined to arbitrarily selective, short titles with perhaps the place of publication added.

Although even incomplete titles were included as far as possible, it should not be expected from this catalogue that, as Robert Eitner said in the preface to his source catalogue of 1900, *"my successor, if he procures material by a similar method, may well finish off the job almost completely in a way"*. A large number of musical publications still lie either misunderstood or unknown in smaller libraries and archives, quite apart from editions in the collections of antiquarian dealers and private owners. With few exceptions these could not be obtained for this catalogue. From some countries (for instance, Czechoslovakia) we may expect important supplementary material: again, the centralised cataloguing of the rich holdings of Italy has only just begun. In such cases the source catalogue can only reflect the current position of the work; undoubtedly some gaps will be filled by the supplementary volume which is planned. Finally something must be said in this connection of the difficulty of delimiting such diverse material so uniformly that all the collaborators made their selection according to the same principles. Therefore something must now be said about the delimitation of the material.

## II. Delimitation of contents

The present source catalogue lists the location of single printed editions of practical music, that is, editions of works by one composer. Collections are only included if the title suggests a single printed work. Such is the case when only one of several composers is mentioned, or no other reference is made to several composers. For known printed collections which are already included in the corresponding volumes of RISM (Series B) the symbol SD (= Sammeldruck, i. e. collection) is used. This is given a year with a number referring to the volume of *Recueils Imprimés XVIe–XVIIe siècles* (B[I]) or a page reference referring to the volume *Recueils Imprimés XVIIIe siècle* (B II). But since the editor in general received the catalogue card for only a title, without disclosure of the contents, it may be that some collections have not been recognised as such and have not had the symbol added to them.

Because the catalogue was concerned with single printed works, all editors of works by several composers were omitted. On the other hand, editors who are also known as composers of single printed works were included with as many as possible of their editions. But, in the marginal field of works which the composer concerned has only collected, arranged and edited, completeness is not to be expected.

*Arrangements* of works by several composers have generally not been treated as collections, but are entered under the name of the arranger. Arrangements of works of one composer, on the other hand, are as a rule entered under his name, and not under that of the arranger. Because the practice in the choice of heading differed between the various national groups, there is no consistency either in the entries in the present volumes. Nor could references be made from arranger to composer, and vice versa, to run from one end of the alphabet to the other, through all the volumes.

In this connection the *pasticcio operas* also pose a hitherto unsolved problem. When they are identified as such, they are entered under the name of the first composer or under the name of several of the known composers with the information "pasticcio".

Generally, only editions of *polyphonic music* have been taken into account. With many dances, songs in plays or songbooks, it is uncertain, without examining each work, whether the melody or voice part is printed with or without accompaniment. In doubtful cases, the relevant edition has been included.

*Hymn books, psalm settings* and the like are an exception and another doubtful area. Here too the practice of making entries varied in various countries. For titles in the German language the user will be able to consult the volumes of the *Deutsches Kirchenlied*, while catalogues of hymn books in other languages will be prepared within the framework of RISM.

The inclusion of *didactic works* was left largely to the judgement of the collaborators in individual countries, so that completeness in regard to title and location should not be expected. For these categories it is recommended that reference be made to the volume *Ecrits imprimés concernant la musique*.

Finally, *periodicals* or music supplements in periodicals have occasionally been included, although no hard and fast rule could be claimed for such cases.

## III. Chronological limits

The chronological limits of this catalogue presented, and still present, a special problem. The original plan, namely to end exactly with the year 1800, came to grief because most editions from the second half of the eighteenth century are not dated, and attempts to date them vary by up to twenty years. A further attempt to establish a decisive date for the selection of pieces by demanding that they, or rather their composers, should have been born no later than 1770, came to nothing because the catalogue contains a mass of composers whose biographical dates could only be stated as falling within a half-century. When at last a compromise was found which could establish a definite choice of composers and editions, cataloguing was already completed in some countries. Thus it was left to the editor to examine and select, on the basis of the latest recommendations, the material which had been sent in by the national groups according to varying points of view. In the end two considerations were decisive:

1. In principle all composers should be included whose works appeared in print for the greater part *before 1800*. Thus again the dating of the edition, and not the lifetime of the composer, was the primary factor in selection, and consequently in this catalogue many a composer will be missing who, while born in the first half of the eighteenth century, did not find a publisher for his works until about 1800 or later.

2. The composers who were included according to this compromise were to be represented by as many as possible of their first and other early editions. The year 1800, as far as it appears in datings, does not therefore constitute a rigid limit. Although the present catalogue is of a purely bibliographical nature and does not claim to provide complete lists of works, it seemed reasonable not to break off a possibly complete series of the first and early editions of a composer at the year 1800, even if locations for the period after 1800 could only be given incompletely. This is because various national groups (among them the French and the English) had arranged their cataloguing on this chronological limit.

## IV. Internal arrangement of headings

The composers concerned are arranged alphabetically (see the list of them prefixed to each volume, Vol. 1, page 93*). Generally, *the form of name* chosen is that used in the composer's country of origin, with references from other forms.

The editor could not check all the instances where *hitherto unknown works* were ascribed to a particular named composer, but on the whole the ascriptions seem safe enough – with the exception of compositions by one of a family of composers, often designated only with the surname. The allocation of these works to the separate members of the family must, therefore, remain uncertain, although when several entries were read together it was often found that there were very good reasons for the attribution made.

The *order* of a composer's printed works is arranged according to their number and character. When the works in a sequence are predominantly dated, as often in the sixteenth and seventeenth centuries, or provided with opus numbers, as often in the eighteenth century, these factors determine the arrangement. In other cases sacred music precedes secular, vocal music precedes instrumental, and works for a larger number of performers precede smaller works. In the more extensive lists of works sub-headings provide guidance. They are mostly supplied only from the evidence of the entries and without examination of the works in question. Again, entries for musical plays, operas and oratorios are put under separate headings. Similarly, full scores precede vocal scores, collections, arrangements, overtures and separate numbers, the latter being alphabetically arranged according to the first lines of the text. Generally also the first lines of the text and not the titles establish the order of single songs not derived from dramatic works.

All reprints, re-issues, new editions or partial editions of a work immediately follow the presumed first edition and are indicated by a dash in front of the title. This procedure undoubtedly leads to some error, because in many cases it was not possible, from the available entries and without examining the individual pieces, to know whether a piece was a reprint, a re-issue or a new edition with the same or changed contents. Nor could the correct order of publication always be established for a series of undated editions. Existing tools such as publishers' lists and dictionaries of publishers were useless for pieces for which the imprint had not been fully transcribed. In cases in which no keys were given on the entries for instrumental works, even the identity of many editions seemed doubtful, especially when different publishers used different opus numbers for the same work. Also, both size and contents of extracts or of pieces reprinted from various collections often remained undisclosed. In this respect the user of the catalogue who studies a particular composer more closely has a wide field of research still left to him.

## V. Form of entries

### V.1 Title

An exact verbatim transcription of the titlepage with the spelling, capitalisation, punctuation and line divisions of the original was normally impracticable because so many entries were incomplete in these respects. The form of entry given is a compromise, in which, on the one hand, we attempted to preserve characteristic peculiarities of the original, while on the other hand obvious misprints were corrected and the orthography was formalised within certain limits. For German titlepages, capitals and lower case were often approximated to modern usage, while in other languages lower case was preferred, with the exception of titles and special designations. Such elements as seemed dispensable in this connection (dedications, titles, names of performers and so on) are represented by . . . Single songs of all kinds are usually preceded by the text incipit; generally the sequence of the original has been preserved.

### V.2 Additions to the title

The year or opus number is printed in italics before the title when it proved the basis of arrangement in a long sequence of works. Within a chronological sequence, an → refers to the year of the first edition, under which all new editions are extensively described. Text incipits, titles of periodicals, collections and so on are given in round brackets; keys and instrumentation or information about contents are given in square brackets when the title gives imprecise information and the editor had knowledge of further particulars.

### V.3 Imprint

The imprint is given in a conventional form. Thus, for example, the names of towns originally in Latin are given in their modern designation and the genitive of the names of publishers is put into the nominative. Publishers' addresses are excluded; the place of publication, the name of the publisher and the date are given as completely as possible. After the names of publishers the names of printers or engravers are given in round brackets when known. Plate numbers and publication numbers are also cited (No.), although they were obviously not communicated for all editions. Dates in round brackets are taken from the privilege, the dedication, the watermark or other indirect sources, which more often provide the time of origin of a composition than the year of printing.

The description following the imprint of the form in which the particular work is transmitted can only supply information as to whether the composition is present as a whole or in parts. Usage of technical terms (such as Chorbuch, Partitur, Klavierauszug, partition, score, skeleton score, etc.) varies from one country to another and this information was missing on many cards.

## V.4 Locations

The locations of a particular edition are arranged alphabetically. A list of the sigla for countries and libraries is prefixed to each volume (Vol. 1: page 51*). With regard to this list, it should be noted that not all the collections mentioned have been exhaustively catalogued. Some libraries and private collections were known and accessible only to the authors of certain lists (cf. V.6). Other libraries and archives contained music which could not be utilised for the present catalogue. When this first volume was going to press, no communication had as yet been established with some libraries (e. g. most of those entered under U.S.S.R.).

## V.5 Information about parts

For a work existing in parts, all parts are individually entered as far as possible after the first location for the complete set, whether or not the instrumentation is clear from the title. Other complete copies are not indicated as such. In all other cases, either the parts which are present or those which are lacking are specified, or, at least, a copy is described as incomplete. In the case of polychoral works, Roman figures denote the chorus, and Arabic figures the parts (for instance, I: S, A, T, B, 5, 6; II: S, A, T, B). Continuo indications (b, bc, org, part. etc.) are generally taken from the title. Instruments which are not given in the list of abbreviations (page 92*) are written out in full.

Nor was it always possible to obtain exact information on the number of parts. Single or double numeration of wind parts printed in score, or the inclusion of a figured bass part (or an instrumental part) added as a supplement could, for example, lead to varying ways of description in the entries.

## VI. Authors of special lists

A number of specially big, difficult headings (for instance, Haydn, Mozart, Pleyel, etc.) were entrusted to collaborators who had specialised for some time in the music of a particular composer (see the list of authors of separate headings on page 50*). Although these headings were assimilated to the form of general editorial practice, they may differ in detail from the other contributions. They are signed with the names of the contributors, who bear responsibility for their contents. Many contributors made an effort to complete incomplete information by sending questionnaires back to the relevant libraries, and also to add from their own knowledge locations which were not reported. In principle, however, all collaborators had the same task as the editor: to shape source material which was defective for the period after 1800 and of variable reliability, into the form of lists of editions which were as complete and exact as possible. They must be thanked here for their unselfish acceptance of this hazard and for the subordination of their personal scholarly ambition to the rules of the present bibliographical documentation and for much valuable supplementary information.

Kassel, July 1970
RISM editorial centre
Karlheinz Schlager

# INTRODUCTION

Etablir un répertoire de sources musicales en partant de quelques centaines de milliers de notices rédigées par des collaborateurs appartenant à 29 pays était une entreprise difficile. Sa forme définitive se situe nécessairement entre désir et réalité, imposée qu'elle fut tout autant par la rédaction des notices reçues que par le but idéal que s'étaient fixé les promoteurs de l'entreprise. Entre les normes qu'on aurait voulu respecter, et les possibilités qu'offraient les fiches adressées par les différents collaborateurs, il y eut en effet bien souvent contradiction. Les remarques qui suivent montrent donc les doubles limites qui ont été imposées au travail et dont l'usager du Répertoire sera obligé de tenir compte.

## I. Données préalables

Le présent répertoire de sources est composé de notices d'imprimés musicaux conservés dans les bibliothèques, archives et collections de 29 pays. Avant de parvenir à la rédaction centrale de Cassel, ces notices sont passées, en règle générale, par un groupe de travail national (cf. la liste des groupes nationaux, de leurs collaborateurs et des organismes participants, p. 47*) qui confiait à ses collaborateurs le soin de cataloguer tel ou tel fonds ou d'utiliser des catalogues récents et qui dirigeait ensuite le résultat de ce travail sur Cassel. Dans les pays où le catalogage détaillé de la musique n'a fait que commencer et où la possibilité d'un travail coordonné en équipe n'existait pas, on a eu recours aux contacts directs avec les principales bibliothèques. Lorsque ces démarches n'ont pas eu de succès, on a dû utiliser des catalogues, généralement anciens et incomplets. Naturellement, on n'a retenu que des fonds dont on pouvait supposer qu'ils subsistaient inchangés, qu'ils n'avaient pas été détruits pendant la guerre ou qu'ils n'avaient pas disparu d'une manière ou d'une autre.

Les notices parvenues par ces trois voies à la rédaction centrale ont fourni au rédacteur des informations de nature différente. Celles-ci vont de la notice complète au titre intégral transcrit «diplomatiquement» et accompagné d'une adresse non abrégée (y compris toutes les adresses d'éditeurs figurant au titre, et le cotage), ainsi que du dépouillement des parties, jusqu'au titre abrégé, choisi arbitrairement, et auquel on a parfois joint le lieu d'édition.

Bien que même les notices incomplètes aient été largement retenues, on ne peut considérer que ce répertoire réponde à ce que Robert Eitner disait dans l'avant – propos de son *Quellen-Lexikon* paru en 1900: «. . . *que mon successeur, s'il se procure les matériaux de la même manière que moi, puisse à la fin, en quelque sorte les épuiser.*» Il y a encore trop d'œuvres musicales méconnues ou inconnues dans les petites bibliothèques ou les archives, sans parler des imprimés appartenant à des libraires de livres d'occasion et à des collections privées, qui n'ont pu – sauf exception – être catalogués dans ce répertoire. Nous attendons de quelques pays (par ex. de Tchécoslovaquie) des suppléments importants. De même le catalogage sous une forme centralisée des riches fonds italiens vient à peine de commencer. Dans ces conditions, ce répertoire de sources ne peut que refléter l'état actuel du travail entrepris. Le volume de suppléments prévu permettra sûrement de combler encore quelques lacunes. Enfin, il convient de souligner ici la difficulté de délimiter une matière aussi diversifiée de façon suffisamment claire pour que tous les collaborateurs puissent faire leur choix selon les mêmes critères. En conséquence, c'est de cette délimitation que nous parlerons en premier lieu.

## II. Délimitation du contenu

Le présent répertoire de sources recense les lieux de dépôt des *éditions d'œuvres musicales individuelles*, c'est-à-dire de compositions dues à un seul auteur. Les recueils n'y ont été inclus que lorsque leur titre laissait supposer qu'il s'agissait d'œuvres d'un auteur unique; dans certains cas cette supposition peut toutefois être erronée (lorsqu'un seul auteur parmi plusieurs est nommé, lorsqu'aucune indication ne montre que le recueil contienne des œuvres de différents auteurs). S'il s'agit de recueils imprimés identifiés qui ont déjà été répertoriés dans les volumes du RISM correspondants de la série B, on trouvera l'indication SD (= Sammeldrucke = recueils) suivie soit d'une année dotée d'un chiffre en exposant, renvoyant au volume des *Recueils imprimés, XVIe – XVIIe siècles* (B[I]), soit d'une mention de page renvoyant au volume des *Recueils imprimés, XVIIIe siècle* (B II). Mais comme la rédaction de Cassel n'a reçu, en principe, que des notices dépourvues de dépouillement, il a pu arriver que des recueils encore non identifiés n'aient pas été reconnus comme tels et n'aient, par conséquent, pas été suivis de la mention SD.

Comme on ne devait inclure dans le Répertoire que les éditions d'œuvres d'un seul auteur, les noms des éditeurs d'œuvres de différents auteurs n'ont pas été retenus. En revanche, on a inclus les éditeurs qui sont aussi connus comme auteurs d'œuvres personnelles, en donnant le plus grand nombre possible de leurs œuvres imprimées, et même les recueils, les éditions ou les arrangements qu'ils ont publiés, sans toutefois prétendre pour cette catégorie à l'exhaustivité.

Les *recueils d'arrangements* d'œuvres de différents auteurs ne sont pas en général considérés comme des recueils proprement dits, mais figurent sous le nom de l'arrangeur. En revanche, les recueils d'arrangements d'œuvres d'un auteur unique figurent la plupart du temps sous le nom de cet auteur, et non sous celui de son arrangeur. Comme les règles pour le catalogage des arrangements ne sont pas les mêmes dans tous les pays, on trouvera dans les présents volumes des variantes dans le libellé des notices correspondant à ces arrangements. Pour la même raison il n'a pas été possible de faire figurer de façon systématique à travers tous les volumes du répertoire les renvois de l'arrangeur à l'auteur ou vice versa.

Dans un même ordre d'idées, les «*pasticcio*» constituent un problème qui est loin d'être résolu. Dans la mesure où ils ont pu être identifiés comme tels, ils figurent ici, avec la mention: pasticcio, sous le nom du premier auteur ou sous les noms de plusieurs des autres, s'ils sont connus.

En règle générale, seuls les imprimés de *musique à plusieurs parties* ont été retenus. Cependant, pour un grand nombre de danses, d'airs de théâtre ou de recueils de chansons, il est difficile, si on n'a pas consulté les ouvrages, de savoir si les mélodies sont ou non notées avec accompagnement. Dans le doute, on les a retenus.

Les recueils de *cantiques et chorals, les psaumes en musique* et autres œuvres du même genre constituent une exception et un domaine à part. Ici aussi, les règles de catalogage divergeaient selon les pays. Pour les titres en langue allemande le lecteur pourra consulter les volumes du *Deutsches Kirchenlied*; des répertoires analogues sont en préparation dans le cadre du RISM pour les recueils de cantiques non allemands.

De même le choix des *ouvrages didactiques* a dépendu pour une bonne part du jugement des collaborateurs de chaque pays, si bien qu'on ne peut s'attendre dans ce domaine à une quelconque exhaustivité tant au point de vue des titres d'ouvrages qu'à celui des lieux de dépôt. On se reportera pour les ouvrages de ce genre au volume des *Écrits imprimés concernant la musique*.

Enfin, nous avons parfois retenu des *périodiques* ou des suppléments musicaux à des périodiques, sans que l'on puisse établir, pour ce cas, une règle.

## III. Délimitation dans le temps

Les limites dans le temps imposées à ce répertoire constituent un problème particulièrement difficile à résoudre. Le projet initial de s'arrêter exactement à l'année 1800 a échoué du fait que la plupart des imprimés de la seconde moitié du XVIIIe siècle ne sont pas datés et que les essais de datation font apparaître des divergences allant jusqu'à vingt ans. La tentative de prendre pour point de repère l'année 1770 comme date de naissance limite des compositeurs dont les œuvres devraient être prises, se révéla impraticable elle aussi, le répertoire contenant quantité d'auteurs dont les dates de naissance et de mort ne peuvent être fixées qu'à un demi-siècle près. Lorsque finalement on trouva une solution de compromis, permettant de déterminer le choix définitif des auteurs et des imprimés, le catalogage était déjà achevé dans certains pays. Ainsi, c'est à la rédaction du répertoire qu'incomba la tâche, à partir de cette dernière solution, de trier les notices que les groupes nationaux avaient rassemblées selon des critères variables, et d'en faire un choix. Deux critères nous ont guidé:

1. En principe devaient être retenus tous les auteurs dont les œuvres avaient été imprimées en majeure partie *avant 1800*. De ce fait, c'est la date de l'imprimé et non l'époque où vivait l'auteur qui redevenait déterminante. Aussi constatera-t-on l'absence dans ce répertoire de maints auteurs nés dès la première moitié du XVIIIe siècle, mais dont les œuvres n'ont trouvé un éditeur que vers ou après 1800.

2. Il fallait que les auteurs désignés selon cette solution de compromis soient représentés par le plus grand nombre possible de premières éditions. L'année 1800, pour autant qu'elle apparaisse dans les datations, ne constitue donc pas une limite rigide. Bien que le présent répertoire soit bibliographique et ne puisse prétendre offrir des listes d'œuvres complètes, il a semblé raisonnable de ne pas interrompre à l'année 1800 les premières éditions d'un auteur, même si les lieux de dépôt n'étaient cités qu'incomplètement après cette date, certains groupes nationaux (en particulier les groupes français et anglais) s'étant fixé la date de 1800 pour limite.

## IV. Cadre de classement

Les auteurs sont classés dans l'ordre alphabétique des noms (cf. la liste des auteurs au début de chaque volume, tome 1: p. 93*). En règle générale, nous avons choisi la *forme du nom* correspondant à l'orthographe usuelle dans le pays natal de l'auteur; les autres formes du nom font l'objet de renvois.

La rédaction n'a pas été en mesure de vérifier les *attributions* de nombreuses œuvres faites à tel ou tel auteur; cependant les attributions proposées semblent en général sûres, à l'exception des œuvres provenant de dynasties de compositeurs et qui ne sont signées que du seul nom de famille. L'attribution à l'un ou à l'autre membre de ces dynasties ne peut donc être qu'incertaine, bien qu'une vue d'ensemble des différentes notices nous ait souvent fourni des raisons sérieuses en faveur des attributions proposées.

L'*ordre* des œuvres imprimées d'un auteur tient compte du nombre et de la désignation des œuvres. Si une série d'œuvres est en grande partie datée, comme il est fréquent aux XVIe et XVIIe siècles, ou si elle est dotée de numéros d'opus comme souvent au XVIIIe siècle, ces œuvres ont été classées selon ces données chronologiques et numériques. Sinon, les œuvres sont classées systématiquement, la musique religieuse précédant la musique profane, la musique vocale la musique instrumentale, la distribution la plus importante la distribution la plus restreinte. Pour les listes d'œuvres plus développées, des inter-titres facilitent la consultation. Ceux-ci ont été donnés, la plupart du temps, d'après les notices reçues et sans qu'il ait été possible de voir les ouvrages eux-mêmes. Les titres d'opéras-comiques, d'opéras et d'oratorios figurent séparément. Puis viennent les partitions, les réductions chant et piano, les arrangements, les ouvertures et les morceaux séparés, ceux-ci dans l'ordre alphabétique de leurs incipits. C'est aussi l'incipit et non le titre qui sert au classement des airs isolés ne provenant pas d'œuvres théâtrales.

Les réimpressions, retirages, rééditions ou éditions partielles d'une œuvre sont placés immédiatement après la première édition (ou supposée telle) et sont précédés d'un tiret: —. Il y a sans aucun doute dans cette manière de procéder une source d'erreurs, car il n'a pas été possible dans bien des cas ni de distinguer, à partir des seules notices, sans avoir pu consulter les ouvrages, entre réimpression, retirage et réédition avec ou sans modifications, ni de déterminer l'ordre correct des différentes éditions non datées d'une même œuvre. Et les instruments de recherche tels que catalogues et dictionnaires d'éditeurs ne pouvaient servir à rien lorsque l'adresse ne figurait pas en entier dans la notice. Bien plus, lorsque des oeuvres instrumentales ont été cataloguées sans que la tonalité ait été mentionnée, même l'identité d'un certain nombre d'éditions devenait incertaine, et en particulier quand des éditeurs différents attribuaient des numéros d'opus différents à la même œuvre. De même il n'a pas toujours été possible de déterminer l'ampleur et le contenu d'éditions partielles ou de retirages d'œuvres extraites de divers recueils. Aussi reste-t-il à l'usager de ce répertoire qui voudrait se consacrer à un auteur particulier de nombreuses occasions de recherches.

## V. Rédaction de la notice

### V.1 *Titre*

Il n'était pas possible d'imposer comme norme la transcription fidèle (diplomatique) du titre tel qu'il se présentait, en respectant l'orthographe, les majuscules, la ponctuation et la longueur des lignes de l'original, car un trop grand nombre de notices étaient, à ce point de vue, incomplètes. La forme adoptée ici est un compromis où l'on a essayé d'une part de conserver les particularités caractéristiques de l'original, et d'autre part de corriger des fautes d'impression évidentes et où l'orthographe a été dans une certaine limite normalisée. Dans les textes en allemand, l'emploi des majuscules et des minuscules a souvent été adapté à l'usage actuel. Pour les textes en langues autres qu'allemande, nous avons en principe préféré les minuscules, à l'exception des titres et de certaines indications. Les mentions qui ne semblaient pas indispensables (dédicaces, titres et fonctions, noms des exécutants, etc.) ont été remplacées par des points de suspension: . . . Pour les airs ou chansons isolés de quelque sorte qu'ils soient, nous avons préféré l'incipit au titre; ceci excepté, nous avons respecté l'ordre de l'original.

### V,2 *Compléments au titre*

Les titres sont précédés des années d'édition ou des numéros d'opus en italiques, lorsqu'une série importante d'œuvres peut être classée selon ces critères. A l'intérieur d'une série chronologique, on trouve des renvois signalés par une flèche → renvoyant à l'année de la première édition sous le titre de laquelle figure la notice détaillée de la réédition en question. Les incipits, titres de périodiques, collections, etc. sont placés entre parenthèses, les tonalités et indications de distribution ou de contenu entre crochets carrés, lorsque le titre ne fournit pas ces renseignements et que la rédaction a pu se les procurer par ailleurs.

### V,3 *Adresse bibliographique*

L'adresse apparaît sous une forme normalisée. Ainsi par exemple pour les noms de lieux latins qui ont été remplacés par les noms de villes actuels, ou pour les génitifs des noms d'éditeurs qui ont été remis au nominatif. Nous avons éliminé les adresses d'éditions, mais les lieux d'éditions, les noms d'éditeurs et les dates de publication ont été reproduits aussi complètement que possible. Lorsqu'ils étaient connus, nous avons placé les noms des imprimeurs ou graveurs entre parenthèses à la suite des noms d'éditeurs. De même nous avons cité les cotages (No.), bien qu'ils n'aient pas toujours été mentionnés explicitement sur toutes les fiches. Les dates entre crochets carrés ont été établies à l'aide de privilèges, dédicaces, filigranes ou autres sources secondaires qui fournissent d'ailleurs plus souvent la date de composition de l'œuvre que celle de son impression. La mention, à la suite de l'adresse, de la forme sous laquelle l'œuvre se présente indique seulement si l'œuvre est en partition ou en parties séparées. La terminologie (par ex. pour les mots tels que: Chorbuch, Partitur, Klavierauszug, partition, score, skeleton score, etc.) varie d'un pays à l'autre et ces indications manquaient sur beaucoup de fiches.

### V,4 *Lieux de dépôt*

Les lieux de dépôt de chaque imprimé sont indiqués dans l'ordre alphabétique. Une liste des sigles de pays et de bibliothèques est jointe à chaque volume (tome 1: p. 51*). Il est à noter que les fonds cités dans cette liste n'ont pas toujours été catalogués dans leur totalité. Quelques bibliothèques et collections privées n'étaient accessibles qu'aux auteurs de certains catalogues (cf. V,6). D'autres bibliothèques et archives contenaient des œuvres musicales qui ne pouvaient être utilisées pour le présent répertoire. Enfin, il n'a pas été possible d'entrer en relation avec certaines bibliothèques (par ex. pour ce qui est de la plupart des bibliothèques citées pour l'URSS) avant l'impression de ce premier volume.

### V,5 *Parties séparées*

Lorsqu'une œuvre est éditée en parties séparées, on a, dans la mesure du possible, donné la nomenclature de ses parties à la suite du premier lieu de dépôt où cette œuvre est conservée en son entier, indépendamment du fait que la distribution figure ou non dans le titre. Les autres exemplaires complets ne portent pas de mentions particulières. Dans tous les autres cas, nous avons indiqué ou bien les parties existantes ou bien les parties manquantes; ou, à tout le moins, la mention: incomplet. Dans les œuvres pour deux ou plusieurs chœurs, les chiffres romains désignent les chœurs, les chiffres arabes les parties séparées (par ex.: I: S, A, T, B, 5, 6; II: S, A, T, B). Les indications de basse continue (b, bc, org, part, etc.) ont été en général reproduites d'après les indications mêmes du titre. Les noms des instruments qui ne figurent pas dans la liste des abréviations (cf. p. 92*), ont été tarnscrits en entier.

Il n'a pas été toujours possible d'établir le nombre exact des parties séparées. Des parties d'instruments à vent notées en partition deux par deux ont été considérées tantôt comme une tantôt comme deux parties; ou bien c'est une partie de basse continue ou une partie instrumentale ajoutée par la suite qui a entraîné des divergences dans le libellé des notices.

## VI. Auteurs des catalogues particuliers du répertoire

La rédaction d'une série de catalogues d'œuvres spécialement développés et posant des problèmes (par ex. ceux de Haydn, Mozart, Pleyel, etc.) a été confiée à des collaborateurs depuis longtemps spécialisés dans l'étude des œuvres de tel ou tel compositeur (cf. la liste de ces catalogues spéciaux, p. 50*). Bien que la rédaction de ces catalogues ait été unifiée dans sa présentation et ramenée à la norme commune de l'ensemble du répertoire, il a pu arriver qu'elle se différencie par quelques détails du reste des notices. Ces catalogues sont signés du nom de leurs auteurs qui restent responsables de leur contenu. Beaucoup d'entre eux se sont efforcés de combler certaines lacunes, soit en s'adressant directement aux bibliothèques correspondantes, soit en ajoutant certains lieux de dépôt qui n'avaient pas été indiqués et qu'ils connaissaient par ailleurs. Cependant, tous les collaborateurs se sont trouvés devant la même tâche que la rédaction centrale: établir pour la période après 1800, et à l'aide de sources lacunaires et de valeurs diverses, un répertoire d'imprimés aussi précis et complet que possible. Pour avoir accepté ce risque dans un esprit de compréhension, pour avoir fait passer leur légitime ambition musicologique après les règles du présent travail bibliographique, pour avoir apporté nombre de compléments et d'indications précieux, qu'ils soient ici remerciés.

Cassel, juillet 1970                                    RISM Rédaction centrale

Karlheinz Schlager

# LISTE DER LÄNDERGRUPPEN,
## IHRER MITARBEITER UND INSTITUTIONEN

*national groups*
*their collaborators*

**Belgique**

Bernard Huys
René B. M. Lenaerts
Philippe Mercier
Guido Persoons
Josef Robÿns
Katholieke Universiteit Leuven, Seminarie voor Muziekwetenschap
Bibliothèque royale de Belgique Bruxelles

**Brasil**

Cleofe Person de Mattos
Mercedes Reis Pequeño
Escola Nacional de Música da Universidade Federal de Rio de Janeiro
Biblioteca Nacional Seção de Música Rio de Janeiro

**Canada**

Helmut Kallmann
Canadian Broadcasting Corporation Music Library Montreal
Canadian Music Council

**ČSSR**

Jarmila Brožovská-Pacltová
Vladimír Dvořák
Emil Hradecký
Karel Kozelek
Darina Múdra
Emanuel Muntág
Oldřich Pulkert
Theodora Straková
Marie Svobodová
Maria Terray
Jana Terrayová
Anna Török
Státní knihovna ČSSR – Universitní knihovna Praha
Hudobné oddělenie Slovenského národného múzea Bratislava
Univerzitná knižnica Bratislava
Ústav hudobnej vedy SAV Bratislava
Matica slovenská Martin

**Danmark**

Palle Birkelund
Jens Peter Larsen
Sven Lunn †
Marie Noske
Nanna Schiødt
Nils Schiørring
Søren Sørensen
Det Kongelige Bibliotek Musikafdelingen København

**Deutschland (BRD)**

Hans Baumann
Ernst-Ludwig Berz
Kurt Dorfmüller
Imogen Fellinger
Doris Finke-Hecklinger
Hella Gensbaur
Hans Haase
Gertraud Haberkamp
Hans Halm †
Karl-Günther Hartmann
Edith Peters
Hanna Schmid-Auerbach
Renate Söhnen
Reinhart Strohm
Hans Ueckert
Gert Völkl
Liesbeth Weinhold
Frieder Zaminer
RISM Deutsche Arbeitsgruppe Sitz München

**Deutschland (DDR)**

Ingeborg Dähne
Eva-Renate Blechschmidt
Jürgen Howitz
Eva-Maria Koch
Karl-Heinz Köhler
Harald Kümmerling
Ortrun Landmann
Wolfgang Reich
Leonore Schmidt
Jutta Theurich
RISM Deutsche Arbeitsgruppe Sitz Berlin

## España

Higino Anglés †
José Climent
José Romeu Figueres
José Mª Llorens
Jaime Moll
Miguel Querol
Lola de la Torre

Instituto Español de Musicología Barcelona

## France

Anik Devriès
Vladimir Fédorov
Paule Guiomar
François Lesure

Bibliothèque nationale Paris

## Great Britain

Alexander Hyatt King
O. W. Neighbour
Unity Sherrington
Edith B. Schnapper
Uta Henning (Dolmetsch-Library)

RISM United Kingdom Committee
Royal Musical Association
British Museum London

## Israel

Israel Adler
Bathja Bayer

The Jewish National and University Library Music Department Jerusalem

## Italia

Maria Adelaide Bacherini Bartoli
Lorenzo Bianconi
Renato di Benedetto
Marie-Thérèse Bouquet
Piero Damilano
Mariangela Doná
Gilda Grigolato
Agostina Zecca Laterza
Friedrich Lippmann
Oscar Mischiati
Anna Bossarelli Mondolfi
Giorgio Pestelli
Sergio Paganelli
Claudio Sartori
Emilia Zanetti

Ufficio Ricerca Fondi Musicali Milano

Biblioteca del Conservatorio di Musica „Giuseppe Verdi" Milano
Biblioteca del Conservatorio di Musica S. Pietro a Majella Napoli
Biblioteca Musicale Governativa del Conservatorio di Musica „S. Cecilia" Roma

## Magyarorszag

Zoltan Falvy
István Kecskeméti
Iván Pethes
Benjamin Rajeczky
A. Varhelyi
Veronika Vavrinecz
Jenö Vecsey

Országos Széchényi Könyvtár Budapest
Bartók Archivum Budapest

## Nederland

Alfons Annegarn
Marie H. Charbon
Clemens Christoph von Gleich
Frits Noske

Instituut voor Muziekwetenschap der Rijksuniversiteit te Utrecht
Gemeentemuseum Den Haag

## New Zealand

F. A. Sandall

University of Auckland

## Norge

Øystein Gaukstad
Universitetsbiblioteket Oslo

## Österreich

Hellmut Federhofer
Franz Grasberger
Altmann Kellner
Leopold Nowak
Friedrich Wilhelm Riedel
Erich Schenk
Walter Senn
Hubert Steppan
Alexander Weinmann
Othmar Wessely
Ambros Wilhelmer

Musikwissenschaftliches Institut der Universität Wien
Musiksammlung der Österreichischen Nationalbibliothek Wien

## Polska

Barbara Gołębiewska
Danuta Idaszak
Hanna Jędrzejowska
Lena Jędrzejowska
Zofia Lissa
Janina Mendysowa
Adam Mrygoń
Maria Przywecka-Samecka
Biblioteka Uniwersytecka w Warszawie

## Portugal

Santiago Kastner
Maria Fernanda Cidrais Rodrigues
Fundaçao Calouste Gulbenkian

## Romania

Angela Popescu Brädiceni
M. Tomescu
Biblioteca Centralá de Stat Bucuresti

## Schweiz

Max Baumann
Werner Christen
Hans-Rudolf Dürrenmatt
Erwin R. Jacobi
Viktor Ravizza
Hans-Peter Schanzlin
Schweizerische Musikforschende Gesell-
schaft

## Suomi

Alfhild Forslin
Marita Holm
Sibeliusmueum Åbo

## Sverige

Ferenc Belohorszky
Göran Blomberg

Birgitta Dahl
Ingalill Hagberg
Bonnie Hammar
Anna-Lena Holm
Cari Johansson
Anna Johnson
Erling Lomnäs
Jan-Olof Rudén
Kungl. Musikaliska Akademiens Bibliotek
Stockholm

## USA

Richard S. Hill †
Donald Mintz
Paul Henry Lang
Gustave Reese
Wayne D. Shirley
Harold Spivacke
American Musicological Society
Music Library Association
Library of Congress Washington DC

## USSR

Jurij V. Keldyš
Galina Borisovna Koltypina
Vera Dmitrievna Magnickaja
Irina Andreevna Medvedeva
Gosudarstvennaja biblioteka SSR im V. I.
Lenina Moskva

## Yugoslavia

Josip Andreis
Dragotin Cvetko
Albe Vidaković

*list of authors of separate headings*

# LISTE DER AUTOREN
## EINZELNER VERZEICHNISSE

Rudolph Angermüller (Salieri, Antonio)
Irmgard Becker-Glauch (Haydn, Franz Joseph)
Rita Benton (Pleyel, Ignaz)
Oswald Bill (Naumann, Johann Gottlieb; Schulz, Johann Abraham Peter; Steibelt, Daniel)
Bathia Churgin (Sammartini, Giuseppe; Sammartini, Giovanni Battista)
Gerhard Croll (Gluck, Christoph Willibald)
Renate Federhofer-Königs (Lully, Jean-Baptiste; Purcell, Henry)
Vladimir Fédorov (Rameau, Jean-Philippe)
Yves Gérard (Boccherini, Luigi)
Ernst Hilmar (Palestrina, Giovanni Pierluigi da)
Helmut Hucke (Pergolesi, Giovanni Battista)
Newell Jenkins (Sammartini, Giovanni Battista)
Fritz Kaiser (Stamitz, Anton; Stamitz, Carl; Eichner, Ernst)
Ilse Kindermann (v. Winter, Peter)
Jürgen Kindermann (Zumsteeg, Johann Rudolf)
Horst Leuchtmann (Lasso, Orlando di; Pichl, Wenzeslaus; Webbe, Samuel)
Franz Lorenz (Benda, Franz; Benda, Friedrich Ludwig; Benda, Friedrich Wilhelm Heinrich; Benda, Georg; Benda, Karl Hermann Heinrich)
Hans-Joachim Marx (Corelli, Arcangelo)
Herbert Mayerhofer (Kreutzer, Rodolphe)
John A. Parkinson (Arne, Michael; Arne, Thomas Augustine; Dibdin, Charles; Hook, James; Shield, William)
Walter Piel (Bach, Johann Christian; Dalayrac, Nicolas; Monsigny, Pierre Alexandre; Reichardt, Johann Friedrich)

Milan Poštolka (Koželuch, Leopold; Wanhall (Vanhal), Johann Baptist; Wranitzky, Anton; Wranitzky, Paul)
Walter Reckziegel (Vogler, Georg Joseph)
Martin Ruhnke (Telemann, Georg Philipp)
Peter Ryom (Vivaldi, Antonio)
Claudio Sartori (Arcadelt, Jakob)
Wolf-Dieter Schäfer (Martin y Soler, Vicente; Martini, Jean Paul Egide; Müller, Wenzel; Paisiello, Giovanni; Philidor, François André Danican; Piccini, Niccolo; Righini, Vincenzo; Sacchini, Antonio Maria Gaspare)
August Scharnagl (Sterkel, Johann Franz Xaver)
Ingo Schultz (Grétry, André Ernest Modeste; Méhul, Etienne Nicolas)
Boris Schwarz (Viotti, Giovanni Battista)
Kurt Stephenson (Romberg, Andreas; Romberg, Bernhard)
Theodora Straková (Dussek, Johann Ladislaus; Gelinek, Joseph; Gyrowetz, Adalbert; Krommer, Franz)
Ernst Suchalla (Bach, Carl Philipp Emanuel)
Lutz Trimpert † (Cambini, Giovanni Giuseppe)
Alan Tyson (Clementi, Muzio)
Alexander Weinmann (Mozart, Wolfgang Amadeus)
Aristide Wirsta (Jarnowick, Giovanni Mane)
Eugene K. Wolf (Stamitz, Johann)
Neal Zaslaw (Leclair, Jean-Marie (l'aîné); Leclair, Jean-Marie (le cadet); Saint-Sevin, Joseph Barnabé (L'abbé le fils); Gaviniès, Pierre; Saint-Georges, Joseph Boulogne, Chevalier de; Mahoni Le Breton; Rodolphe, Jean Joseph; Petit)

*Index of libraries*

# BIBLIOTHEKSSIGEL

## A – ÖSTERREICH

| | |
|---|---|
| Ee | Eisenstadt, Esterházy-Archiv |
| Eh | — Haydn-Museum |
| F | Fiecht, Benediktinerordensstift St. Georgenberg |
| Gd | Graz, Bibliothek des Bischöflichen Seckauer Ordinariats (Diözese Graz-Seckau) |
| Gk | — Akademie für Musik und Darstellende Kunst und Landesmusikschule (ehem. Steiermärkisches Landeskonservatorium) |
| Gl | — Steiermärkische Landesbibliothek (am Joanneum) |
| Gmi | — Musikwissenschaftliches Institut der Universität |
| Gu | — Universitätsbibliothek |
| GÖ | Göttweig, Benediktinerstift Göttweig, Musikarchiv |
| GÜ | Güssing, Franziskaner-Kloster |
| H | Herzogenburg, Chorherrenstift Herzogenburg, Bibliothek und Musikarchiv |
| HE | Heiligenkreuz, Zisterzienserstift |
| Imf | Innsbruck, Museum Ferdinandeum (ehem. Tiroler Landesmuseum Ferdinandeum) |
| Imi | — Musikwissenschaftliches Institut der Universität Innsbruck |
| Iu | — Universitätsbibliothek |
| Iw | — Prämonstratenser-Chorherrenstift Wilten, Archiv und Bibliothek |
| KN | Klosterneuburg, Augustiner-Chorherrenstift |
| KR | Kremsmünster, Benediktiner-Stift Kremsmünster, Regenterei oder Musikarchiv |
| L | Lilienfeld, Zisterzienser-Stift, Musikarchiv und Bibliothek |
| LA | Lambach, Benediktiner-Stift Lambach |
| LEx | Leoben , Pfarrbibliothek St. Xaver |
| LIm | Linz, Oberösterreichisches Landesmuseum (ehem. Museum Francisco-Carolinum |
| LIs | — Bundesstaatliche Studienbibliothek |
| M | Melk an der Donau, Benediktiner-Stift Melk |
| MB | Michaelbeuren, Benediktiner-Abtei Michaelbeuren, Bibliothek und Musikarchiv |
| MÖ | Mödling, Pfarrkirche St. Othmar, Bibliothek |
| MZ | Mariazell, Benediktiner-Priorat, Bibliothek und Archiv |
| N | Neuberg, Pfarrarchiv |
| R | Rein, Zisterzienserstift, Bibliothek |
| Sca | Salzburg, Salzburger Museum Carolino Augusteum, Bibliothek |
| Sd | — Dom-Musikarchiv |
| Sk | — Kapitelbibliothek |
| Sm | — Mozarteum (Internationale Stiftung Mozarteum & Akademie für Musik und Darstellende Kunst Mozarteum), Bibliotheca Mozartiana |
| Smi | — Musikwissenschaftliches Institut der Universität Salzburg |
| Sn | — Nonnberg (Benediktiner-Frauenstift) |

| | |
|---|---|
| Ssp | — St. Peter (Erzstift oder Benediktiner-Erzabtei), Musikarchiv |
| SCH | Schlägl, Prämonstratenser-Stift Schlägl |
| SE | Seckau, Benediktiner-Abtei |
| SEI | Seitenstetten, Stift |
| SH | Solbad Hall, Franziskaner-Kloster Solbad Hall in Tirol, Archiv und Bibliothek |
| SF | St. Florian, Augustiner-Chorherrenstift |
| SL | St. Lambrecht, Benediktiner-Abtei |
| SP | St. Pölten, Diözesanarchiv |
| ST | Stams, Zisterzienserstift |
| TU | Tulln, Katholisches Pfarramt Tulln (Pfarrkirche St. Stephan) |
| Wdo | Wien, Zentralarchiv des Deutschen Ordens |
| Wdtö | — Gesellschaft zur Herausgabe von Denkmälern der Tonkunst in Österreich |
| Wgm | — Gesellschaft der Musikfreunde in Wien |
| Wh | — Pfarrarchiv Hernals |
| Whb | — Hauptverband des österreichischen Buchhandels, Archiv |
| Wk | — Pfarramt St. Karl, (Karlskirche, Pfarrkirche St. Karl Borromäus) |
| Wkann | — Sammlung Prof. Hans Kann |
| Wkh | — Kirche am Hof |
| Wl | — Archiv für Niederösterreich (Landesarchiv) |
| Wm | — Minoritenkonvent, Klosterbibliothek und Archiv |
| Wmg | — Pfarre, Maria am Gestade |
| Wmi | — Musikwissenschaftliches Institut der Universität |
| Wmk | — Akademie für Musik und Darstellende Kunst |
| Wn | — Österreichische Nationalbibliothek (ehem. K. K. Hofbibliothek), Musiksammlung |
| Wögm | — Österreichische Gesellschaft für Musik |
| Wp | — Musikarchiv, Piaristenkirche Maria Treu |
| Wph | — Wiener Philharmoniker, Archiv & Bibliothek |
| Ws | — Schottenstift (Benediktiner-Abtei Unserer Lieben Frau zu den Schotten) |
| Wsp | — St. Peter, Musikarchiv |
| Wst | — Stadtbibliothek, Musiksammlung |
| Wu | — Universitätsbibliothek |
| Ww | — Pfarrarchiv Währing |
| Wweinmann | — Privatbibliothek Dr. Alexander Weinmann |
| Wwessely | — Privatbibliothek Prof. Dr. O. Wessely |
| WIL | Wilhering, Zisterzienserstift, Bibliothek und Musikarchiv |
| Z | Zwettl, Zisterzienser-Stift, Bibliothek und Musikarchiv |

## B – BELGIQUE/BELGIE

| | |
|---|---|
| Aa | Antwerpen (Anvers), Stadsarchief |
| Aac | — Archief en Museum voor het Vlaamse Culturleven |
| Ac | — Koninklijk Vlaams Muziekconservatorium (ehem. Vlaamsche Muziekschool) |
| Ak | — O. L. Vrouw-Kathedraal, Archief |
| Amp | — Museum Plantijn-Moretus |
| Apersoons | — Privatbibliothek Guido Persoons |
| As | — Stadsbibliotheek |
| Asa | — Kerkebestuur St. – Andries, Archief |
| Asj | — Collegiale en Parochiale Kerk Sint-Jacob, Bibliotheek & Archief |

| | |
|---|---|
| Averwilt | — Privatbibliothek F. Verwilt |
| Ba | Bruxelles (Brussel), Archives de la Ville |
| Bc | — Conservatoire Royal de Musique, Bibliothèque |
| Bcdm | — CeBeDeM (Centre Belge de Documentation Musicale) |
| Br | — Bibliothèque Royale Albert 1er |
| BRc | Brugge (Bruges), Stedelijk Muziekconservatorium, Bibliotheek |
| D | Diest, St. Sulpitiuskerk, Archief |
| Gar | Gent (Gand), Stadsarchief |
| Gc | — Koninklijk Muziekconservatorium, Bibliotheek |
| Geb | — St. Baafsarchief mit Bibliotheek Van Damme |
| Gu | — Rijksuniversiteit, Centrale Bibliotheek |
| K | Kortrÿk, St. Martinskerk |
| Lc | Liège (Luik), Conservatoire Royal de Musique, Bibliothèque |
| Lu | — Université de Liège, Bibliothèque |
| LIc | Lier (Lierre), Bibliothèque du Conservatoire |
| LIg | — St. Gummaruskerk, Archief |
| LV | Leuven (Louvain), Dominikanenklooster, Bibliotheek |
| M | Mons (Bergen), Conservatoire Royal de Musique, Bibliothèque |
| MA | Morlanwelz-Mariemont, Musée de Mariemont, Bibliothèque |
| MEa | Mechelen (Malines), Archief en Stadsbibliotheek |
| MEs | — Stedelijke Openbare Bibliotheek |
| Tc | Tournai (Doornik), Chapitre de la Cathédrale, Archives |
| Tv | — Bibliothèque de la Ville |
| Z | Zoutleeuw, St. Leonarduskerk, Archief |
| ZI | Zienen, St. Germanuskerk |

## BR – BRASIL

| | |
|---|---|
| Rem | Rio de Janeiro, Escola Nacional de Musica da Universidade do Brasil |
| Rn | — Biblioteca Nacional |

## C – CANADA

| | |
|---|---|
| E | Edmonton (Alberta), University of Alberta |
| Fc | Fredericton (New Brunswick), Christ Church Cathedral |
| Ku | Kingston (Ontario), Queens University, Douglas Library |
| Lu | London (Ontario), University of Western Ontario, Lawson Memorial Library |
| Mc | Montreal (Québec), Conservatoire de Musique et d'Art Dramatique |
| Mfisher | — Sidney T. Fisher, private collection |
| Mm | — McGill University, Faculty & Conservatorium of Music Library (Redpath Library) |
| On | Ottawa (Ontario), National Library of Canada |
| Qul | Québec (Québec), Université Laval |
| Qc | — Cathédrale de la Sainte-Trinité |
| SAu | Sackville (New Brunswick), Mount Allison University Library |
| SJm | Saint John (New Brunswick), New Brunswick Museum Library |
| Tb | Toronto (Ontario), Canadian Broadcasting Corporation (ehem. Canadian Radio Broadcasting Commission), Music Library |
| Tm | — Royal Ontario Museum Library |
| Tolnick | — Harvey J. Olnick, private collection |
| Tp | — Toronto Public Library, Music Branch |

| | |
|---|---|
| Tu | — University of Toronto, Faculty of Music (ehem. Royal Conservatory of Music) Library |
| Vmclean | Vancouver (British Columbia), Hugh J. McLean, private collection |
| Vu | — University of British Columbia Library, Fine Arts Division |
| W | Winnipeg (Manitoba), University of Manitoba |

## CH – SCHWEIZ (CONFÉDÉRATION HELVÉTIQUE / SUISSE)

| | |
|---|---|
| A | Aarau, Aargauische Kantonsbibliothek |
| AShoboken | Ascona, Privatbibliothek Anthony Van Hoboken |
| Bchristen | Basel, Privatbibliothek Werner Christen |
| Bm | — Musikakademie der Stadt Basel, Bibliothek |
| Bmi | — Bibliothek des Musikwissenschaftlichen Instituts (ehem. Musikwissenschaftliches Seminar) der Universität Basel |
| Bu | — Öffentliche Bibliothek der Universität Basel, Musiksammlung |
| BA | Baden, Historisches Museum (Landvogtei-Schloß) |
| BEk | Bern, Konservatorium (ehem. Berner Musikschule), Bibliothek |
| BEl | — Schweizerische Landesbibliothek (Bibliothèque Nationale Suisse) |
| BEms | — Musikwissenschaftliches Seminar der Universität Bern |
| BEsu | — Stadt- und Universitätsbibliothek (Bürgerbibliothek) |
| BI | Biel (Bienne), Stadtbibliothek Biel (Bibliothèque de Bienne) |
| C | Chur, Kantonsbibliothek Graubünden |
| D | Disentis, Stift Disentis, Musikbibliothek |
| E | Einsiedeln, Kloster Einsiedeln, Musikbibliothek |
| EN | Engelberg, Stift Engelberg, Musikbibliothek |
| Fcu | Fribourg (Freiburg), Bibliothèque Cantonale et Universitaire (mit: Séminaire de Musicologie de l'Université de Fribourg) |
| Ff | — Franziskaner-Kloster |
| Fk | — Kapuziner-Kloster |
| Fsn | — Kapitel St. Nikolaus, Kapitelbibliothek |
| FF | Frauenfeld, Thurgauische Kantonsbibliothek |
| Gamoudruz | Genève (Genf), Collection M. Emile Amoudruz |
| Gc | — Bibliothèque du Conservatoire de Musique |
| Gpu | — Bibliothèque publique et universitaire de Genève |
| GLtschudi | Glarus, Ae. Tschudi |
| Ls | Luzern, Stiftsarchiv St. Leodegar |
| Lz | — Zentralbibliothek (früher Kantonsbibliothek und Bürgerbibliothek) |
| LAc | Lausanne, Bibliothèque du Conservatoire de Musique |
| LAcu | — Bibliothèque Cantonale et Universitaire |
| LU | Lugano, Biblioteca Cantonale |
| Mbernegg | Maienfeld, Privatbibliothek Sprecher von Bernegg |
| MO | Morges, Bibliothèque de la Ville |
| MÜ | Müstair, Frauenkloster |
| N | Neuchâtel (Neuenburg) Bibliothèque Publique de la Ville de Neuchâtel |
| R | Rheinfelden, Bibliothek des ehemaligen Chorherrenstiftes zu St. Martin |
| S | Sion (Sitten), Bibliothèque Cantonale du Valais (Wallische Kantonsbibliothek) |
| Sa | — Staatsarchiv |
| Sk | — Kathedrale Sitten |
| SA | Sarnen, Bibliothek des Kollegiums |
| SAf | — Frauenkloster |

| | |
|---|---|
| SCH | Schwyz, Kantonsbibliothek |
| SGs | St. Gallen, Stiftsbibliothek |
| SGv | — Stadtbibliothek (Vadiana) |
| SH | Schaffhausen, Stadtbibliothek (früher: Ministerialbibliothek) |
| SM | St. Maurice, Bibliothèque de l'Abbaye |
| SO | Solothurn, Zentralbibliothek, Musiksammlung |
| TH | Thun, Stadtbibliothek |
| W | Winterthur, Stadtbibliothek |
| Wpeer | — Privatbibliothek Peer |
| Zjacobi | Zürich, Privatbibliothek Erwin R. Jacobi |
| Zk | — Konservatorium und Musikhochschule, Bibliothek |
| Zma | — Schweizerisches Musik-Archiv (früher: Zentralarchiv Schweizerischer Tonkunst) |
| Zms | — Bibliothek des Musikwissenschaftlichen Seminars der Universität |
| Zp | — Pestalozzianum |
| Zz | — Zentralbibliothek, Kantons-, Stadt- und Universitätsbibliothek |
| ZG | Zug, Stadtbibliothek |
| ZO | Zofingen, Stadtbibliothek |
| ZU | Zuoz, Gemeindearchiv |

## CO – COLOMBIA

| | |
|---|---|
| B | Bogotà, Musikarchiv der Kathedrale |

## CS – ČSSR (CZECHOSLOVAKIA)

| | |
|---|---|
| Bm | Brno, Moravské múzeum-hud. hist. odděleni |
| Bu | — Státní vědecká knihovna Universitní knihovna |
| BA | Bakov nad Jizerou (pobočka Stát. archívu v Mladé Boleslavi) |
| BEL | Bělá pod Bezdězem, Městské múzeum |
| BER | Beroun, Okresný archív |
| BRa | Bratislava, Okresný Archív |
| BRe | — Evanjelícka a. v. cirkevná knižnica |
| BRhs | — Knižnica hudobného seminára Filozofickej fakulty univerzity Komenského |
| BRnm | — Slovenské národné múzeum, hudobné oddělenie (mit den Beständen aus Kežmarok und Svedlár) |
| BRsa | — Státný slovensky ústredný archív |
| BRu | — Universitní knihovna |
| BSk | Banská Štiavnica, farský rím.-kat. kostol, archív chóru |
| CH | Cheb, Okresný archív |
| CHOd | Choceň, Děkanský úřad |
| CHOm | — Městské múzeum |
| H | Hronov, Múzeum Aloise Jiráska |
| HK | Hradec Králové, Státní vědecká knihovna |
| J | Jur pri Bratislave, Okresný archív, Bratislava-vidiek |
| JIa | Jindřichův Hradec, Státní archív (Kolovratská sbírka) |
| JIm | — Městské múzeum |
| K | Český Krumlov, póbočka Stát. archívu Třeboň Hudební sbírka Schwarzenberg-Oettingen Svozy |
| KL | Klatovy, Okresný archív |

| | |
|---|---|
| KO | Košice, Městský archív |
| KOL | Kolín, Děkanský chrám |
| KRa | Kroměříž, Zámecký hudební archív |
| KRm | — Umělecko-historické múzeum |
| KRA | Králíky, Děkanský úřad |
| KRE | Kremnica, Městský archív |
| KU | Kutná Hora, Okresný vlastivědné múzeum |
| KVd | Karlovy Vary, Děkanský úřad |
| KVso | — Karlovarský symfonický orchestr |
| L | Levoča, Rímsko-katolícky farský kostol |
| LIa | Česká Lípa, Okresný archív |
| LIT | Litoměřice, pracoviště Stát. archívu Žitenice Loretánská sbírka |
| LO | Loukov, Farní úřad |
| Mms | Martin, Matica slovenská, Literárny archív |
| Mnm | — Slovenské národné múzeum, archív |
| MB | Mladá Boleslav, Okresný archív |
| ME | Mělník, Okresné vlastivědné múzeum |
| MH | Mnichovo Hradiště, Okresné múzeum |
| N | Nítra, Štátní archív |
| ND | Nové Dvory, Farní úřad |
| NM | Nové Mesto nad Váhom, Rimsko-katolícky farský kostol |
| OLa | Olomouc, Státní archív – Arcibiskupská sbírka |
| OLu | — Státní vědecká knihovna – Universitní knihovna |
| OP | Opava, Slezské múzeum |
| OS | Ostrava, Československý rozhlas – hudební archív |
| Pak | Praha, Kancelář presidenta republiky Archív metropolitní kapituly |
| Pdobrovského | — Nostická knihovna, nyni knihovna J. Dobrovského |
| Ph | — Československá církev Holešovice |
| Pis | — Českosl. hud. informační středisko |
| Pk | — Archív Státní konservatore v Praze |
| Pnm | — Národní múzeum – hud. oddělení |
| Pp | — Archív pražského hradu |
| Pr | — Československý rozhlas – hudebni archív Různá provenience |
| Pra | — Rodinný archív Karla Kovařovice |
| Psj | — Sv. Jakub – Minoritsky klášter |
| Pu | — Státní knihovna ČSR – Universitní knihovna Různá provenience |
| PLa | Plzeň, Městský archív |
| PLm | — Západočeské múzeum |
| PLA | Plasy, Okresný archív |
| POa | Poděbrady, pobočka Stát. archívu Nymburk |
| POm | — Helichovo múzeum |
| PR | Příbram, Okresné múzeum |
| PRE | Prešov, Rímsko-katolícky farský kostol |
| RA | Rakovník, Státní archív |
| RO | Rokycany, Okresné múzeum |
| ROZ | Rožnava, Biskupský archív |
| RY | Rychnov N. Kn., Múzeum Orlicka |
| Sk | Spišská Kapitula, Katedrálny rímsko-katolícky kostol-Knižnica Spišskej Kapituly |
| SNV | Spišská Nová Ves , Rimsko-katolícky farský kostol |
| SO | Sokolov, Státní archív |
| TR | Trnava, Dóm sv. Mikuláša |
| TRE | Třebǒn, Statní archív |
| TU | Turnov, Okresné múzeum |

| | |
|---|---|
| VE | Velenice, Farní úřad |
| VM | Vysoké Mýto, Okresný múzeum |
| ZA | Zámrsk, Státní archív |

## D-brd – BUNDESREPUBLIK DEUTSCHLAND

| | |
|---|---|
| Ahk | Augsburg, Heilig-Kreuz-Kirche, Dominikanerkloster, Bibliothek |
| As | — Staats- und Stadtbücherei (ehem. Kreis- und Stadtbibliothek |
| AAd | Aachen, Bischöfliche Diözesanbibliothek |
| AAg | — Kaiser Karl-Gymnasium, Lehrerbibliothek |
| AAm | — Münsterarchiv (Domarchiv, Stiftsarchiv) |
| AAst | — Stadtbibliothek |
| AB | Amorbach, Fürstlich Leiningische Bibliothek |
| AD | Adolfseck bei Fulda, Schloß Fasanerie, Bibliothek der Kurhessischen Hausstiftung |
| AM | Amberg (Bayern), Staatliche Provinzialbibliothek |
| AN | Ansbach, Regierungsbibliothek (ehem. Kgl. Schloßbibliothek) |
| AÖ | Altötting, Kapuziner-Kloster St. Konrad (ehem. Kloster St. Anna), Bibliothek |
| ASh | Aschaffenburg, Hofbibliothek |
| ASm | — Stadtbücherei (Städtische Musikschulbibliothek) |
| ASsb | — Stiftsbibliothek (ehem. Stiftsarchivbibliothek) |
| B | Berlin, Staatsbibliothek (Stiftung Preußischer Kulturbesitz) |
| Ba | — Amerika-Gedenkbibliothek (Berliner Zentralbibliothek) |
| Bch | — Musikbücherei Charlottenburg |
| Bhbk | — Staatliche Hochschule für Bildende Kunst, Bibliothek |
| Bhm | — Staatliche Hochschule für Musik und Darstellende Kunst (ehem. Kgl. Akademische Hochschule für Musik) |
| Bim | — Staatliches Institut für Musikforschung (Stiftung Preußischer Kulturbesitz), Bibliothek |
| Bk | — Staatliche Museen Preußischer Kulturbesitz, Kunstbibliothek |
| Blk | — Bezirks-Lehrerbibliothek Kreuzberg |
| Bmi | — Musikwissenschaftliches Institut der Freien Universität, Bibliothek |
| Bp | — Pädagogisches Zentrum (ehem. Pädagogische Arbeitsstelle Berlin; Hauptstelle für Erziehungs- und Schulwesen), Bibliothek |
| Bst | — Stadtbücherei, Hauptstelle Berlin-Wilmersdorf |
| Btu | — Universitätsbibliothek der Technischen Universität |
| Btum | — Lehrstuhl für Musikgeschichte der Technischen Universität Berlin |
| Bu | — Universitätsbibliothek der Freien Universität |
| BAa | Bamberg, Staatsarchiv |
| BAf | — Franziskaner-Kloster |
| BAs | — Staatsbibliothek (ehem. Kgl. Bibliothek, Staatliche Bibliothek) |
| BAR | Bartenstein, Fürst zu Hohenlohe-Bartensteinsches Archiv |
| BB | Benediktbeuern, Pfarrkirche, Bibliothek |
| BDH | Bad Homburg v. d. Höhe, Stadtbibliothek |
| BDRp | Bad Rappenau, Pfarrbibliothek |
| BE | Berleburg, Fürstlich Sayn-Wittgenstein-Berleburgsche Bibliothek |
| BEU | Beuron, Bibliothek der Benediktiner-Erzabtei |
| BEV | Bevensen, Superintendantur, Ephoratsbibliothek und Bibliothek Sursen |
| BFa | Burgsteinfurt, Gymnasium Arnoldinum |
| BFb | — Fürstlich Bentheimsche Bibliothek (nach MÜu übernommen) |

| | |
|---|---|
| BG | Beuerberg über Wolfratshausen, Stiftskirche, Bibliothek |
| BGD | Berchtesgaden, Stiftskirche, Bibliothek |
| BH | Bayreuth, Stadtbücherei |
| BI | Bielefeld, Städtisches Ratsgymnasium, Bibliothek |
| BIR | Birstein über Wächtersbach, Fürst von Ysenburgisches Archiv und Schloßbibliothek |
| BK | Bernkastel-Kues, Cusanusstift / St. Nikolaus-Hospital |
| BMek | Bremen, Bücherei der Bremer Evangelischen Kirche (ehem. Landeskirchliche Bücherei) |
| BMs | — Staatsbibliothek und Universitätsbibliothek |
| BNba | Bonn, Wissenschaftliches Beethovenarchiv |
| BNek | — Gemeindeverband der Evangelischen Kirche |
| BNms | — Musikwissenschaftliches Seminar der Universität |
| BNu | — Universitätsbibliothek |
| BOCHb | Bochum, Bergbaumuseum |
| BOCHmi | — Musikwissenschaftliches Institut der Ruhr-Universität |
| BOCHs | — Stadtbibliothek, Musikbücherei (ehem. Städtische Musikbibliothek) |
| BS | Braunschweig, Stadtarchiv und Stadtbibliothek |
| BÜ | Büdingen (Hessen), Fürstlich Ysenburg- und Büdingisches Archiv und Schloßbibliothek |
| BW | Burgwindheim über Bamberg, Katholisches Pfarramt |
| Cl | Coburg, Landesbibliothek |
| Cm | — Moritzkirche, Pfarrbibliothek |
| Cv | — Kunstsammlung der Veste Coburg, Bibliothek |
| CA | Castell, Fürstlich Castell'sche Bibliothek |
| CZ | Clausthal-Zellerfeld, Kirchenbibliothek (Calvörsche Bibliothek) |
| CZu | — Universitätsbibliothek der TU |
| DB | Dettelbach über Kitzingen, Bibliothek des Franziskanerklosters |
| DI | Dillingen/Donau, Kreis- und Studienbibliothek |
| DIp | — Bischöfliches Priesterseminar, Bibliothek |
| DIN | Dinkelsbühl, Bibliothek des Katholischen Pfarramts St. Georg |
| DM | Dortmund, Stadt- und Landesbibliothek, Musikabteilung |
| DO | Donaueschingen, Fürstlich Fürstenbergische Hofbibliothek |
| DÖF | Döffingen über Böblingen, Pfarrbibliothek |
| DS | Darmstadt, Hessische Landes- und Hochschulbibliothek (ehem. Großherzoglich Hessische Hofmusik-Bibliothek, Großherzoglich Hessische Hof- und Landesbibliothek, Musikabteilung) |
| DSim | — Internationales Musikinstitut Darmstadt, Informationszentrum für Zeitgenössische Musik (ehem. Kranichsteiner Musikinstitut), Bibliothek |
| DSk | — Kirchenleitung der Evangelischen Kirche in Hessen und Nassau |
| DT | Detmold, Lippische Landesbibliothek |
| DÜgg | Düsseldorf, Staatliches Görres-Gymnasium (ehem. Hohenzollern-Gymnasium), Lehrerbibliothek |
| DÜha | — Hauptstaatsarchiv |
| DÜk | — Goethe-Museum (Anton und Katharina Kippenberg-Stiftung) |
| DÜl | — Landes- und Stadtbibliothek (ehem. Kgl. Landesbibliothek) |
| DÜmb | — Stadtbüchereien Düsseldorf, Musikbücherei |
| DÜR | Düren (Nordrhein-Westfalen), Stadtbücherei, Leopold-Hoesch-Museum |
| Ek | Eichstätt, Kapuzinerkloster, Bibliothek |
| Es | — Staats- und Seminarbibliothek (mit Bibliothek Schlecht im Bischöflichen Ordinariatsarchiv) |
| Ew | — Benediktinerinnen-Abtei St. Walburg, Bibliothek |

| | |
|---|---|
| EB | Ebrach, Katholisches Pfarramt, Bibliothek |
| EBS | Ebstorf (Niedersachsen), Kloster, Bibliothek |
| EIHp | Eichtersheim, Pfarrbibliothek |
| EM | Emden, Bibliothek der Großen Kirche |
| EMM | Emmerich, Staatliches Gymnasium, Bibliothek |
| EN | Engelberg, Franziskanerkloster, Bibliothek |
| ERms | Erlangen, Musikwissenschaftliches Seminar der Universität Erlangen-Nürnberg |
| ERu | — Universitätsbibliothek |
| ES | Essen, Musikbücherei der Stadtbücherei Essen |
| EU | Eutin, Kreisbibliothek (ehem. Großherzogliche Öffentliche Bibliothek; Eutiner Landesbibliothek) |
| F | Frankfurt/Main, Stadt- und Universitätsbibliothek, Musik- und Theaterabteilung Manskopfisches Museum |
| Fkm | — Museum für Kunsthandwerk, Bibliothek (ehem. Kunstgewerbemuseum) |
| Fmi | — Musikwissenschaftliches Institut der Johann Wolfgang von Goethe-Universität |
| Fsg | — Philosophisch-Theologische Hochschule Sankt Georgen, Bibliothek |
| Fsm | — Bibliothek für Neuere Sprachen und Musik |
| FLa | Flensburg, Stadtarchiv (mit Theater- und Musikarchiv) |
| FLs | — Staatliches Gymnasium (ehem. Kgl. Gymnasium), Bibliothek (Flensburger Schulbibliothek) |
| FRcb | Freiburg im Breisgau, Collegium Borromaeum |
| FRms | — Musikwissenschaftliches Seminar der Universität |
| FRu | — Universitätsbibliothek |
| FRIs | Friedberg (Hessen), Stadtbibliothek |
| FRIts | — Bibliothek des Theologischen Seminars der Evangelischen Kirche in Hessen und Nassau |
| FS | Freising, Dombibliothek |
| FUf | Fulda, Bibliothek des Klosters Frauenberg |
| FUl | — Hessische Landesbibliothek |
| FUp | — Bischöfliches Priesterseminar, Bibliothek der Philosophisch-Theologischen Hochschule |
| Ga | Göttingen, Staatliches Archivlager (Zerbster Bestände) |
| Gb | — Johann Sebastian Bach – Institut, Göttingen |
| Gms | — Musikwissenschaftliches Seminar der Universität |
| Gs | — Niedersächsische Staats- und Universitätsbibliothek |
| GAH | Gandersheim, Stiftsbibliothek |
| GAM | Gau-Algesheim, Stadtarchiv |
| GAR | Gars/am Inn, Philosophisch-Theologische Ordenshochschule der Redemptoristen, Bibliothek |
| GD | Gaesdonck über Goch, Collegium Augustinianum (Bibliothek des ehemaligen Augustiner-Chorherren-Stifts) |
| GI | Giessen, Justus Liebig-Universität, Bibliothek |
| GL | Goslar, Marktkirchenbibliothek |
| Ha | Hamburg, Staatsarchiv |
| Hch | — Gymnasium Christianeum |
| Hhm | — Harburg, Helmsmuseum |
| Hj | — Gelehrtenschule des Johanneum |
| Hkm | — Kunstgewerbemuseum (Museum für Kunst und Gewerbe), Bibliothek |
| Hmb | — Musikbücherei der Hamburger öffentlichen Bücherhallen |
| Hmg | — Museum für Hamburgische Geschichte |

| | |
|---|---|
| Hmi | — Musikwissenschaftliches Institut der Universität |
| Hs | — Staats- und Universitätsbibliothek, Musikabteilung |
| Hth | — Universität Hamburg, Theatersammlung |
| HB | Heilbronn, Stadtbücherei, Musiksammlung, mit Gymnasialbibliothek |
| HCHs | Hechingen, Stiftskirche, Bibliothek |
| HEk | Heidelberg, Evangelisches Kirchenmusikalisches Institut |
| HEms | — Musikwissenschaftliches Seminar der Universität |
| HEu | — Universitätsbibliothek |
| HIb | Hildesheim, Beverin'sche Bibliothek |
| HIm | — St. Michaelskirche |
| HIp | — Bischöfliches Priesterseminar, Bibliothek |
| HL | Haltenbergstetten, Schloß über Niederstetten (Baden-Württemberg), Fürst zu Hohenlohe-Jagstberg'sche Bibliothek |
| HLN | Hameln, Stadtbücherei (Lehrbücherei) des Schiller-Gymnasiums |
| HN | Herborn/Dillkreis, Bibliothek des Evangelischen Theologischen Seminars |
| HO | Hof/Saale (Oberfranken), Jean Paul-Gymnasium |
| HOr | — Stadtarchiv, Ratsbibliothek |
| HOG | Hofgeismar, Predigerseminar |
| HOR | Horst, Kreis Neustadt am Rübenberge, Evangelisch-lutherisches Pfarramt |
| HR | Harburg über Donauwörth, Fürstlich Öttingen-Wallerstein'sche Bibliothek, Schloß Harburg |
| HSj | Helmstedt, Juleum (ehemalige Universitätsbibliothek) |
| HSk | — Bibliothek des Kantorats zu St. Stephani (übernommen nach W) |
| HSm | — Kloster Marienberg |
| HSwandersleb | Bibliothek Pastor Wandersleb |
| HVh | Hannover, Staatliche Hochschule für Musik und Theater |
| HVk | — Kirchenmusikschule der Evangelisch-Lutherischen Landeskirche Hannovers |
| HVl | — Niedersächsische Landesbibliothek |
| HVs | — Stadtbibliothek, Musikabteilung (Sammlung Kestner) |
| HVth | — Bibliothek der Technischen Hochschule |
| HX | Höxter, Kirchenbibliothek St. Nikolaus |
| IN | Indersdorf über Dachau (Bayern), Katholisches Pfarramt (mit Bibliothek des ehem. Augustiner-Chorherrenstiftes) |
| Iek | Isny/Allgäu, Evangelische Kirche St. Nikolai (Evangelisches Pfarramt), Bibliothek |
| Iq | — Fürstlich Quadt'sche Bibliothek |
| JE | Jever, Marien-Gymnasium, Bibliothek |
| Kl | Kassel, Murhard'sche Bibliothek der Stadt Kassel und Landesbibliothek |
| Km | — Musikakademie (ehem. Konservatorium und Musikseminar), Bibliothek |
| KA | Karlsruhe, Badische Landesbibliothek, Musikabteilung |
| KAu | — Universitätsbibliothek (ehem. Technische Hochschule Fridericiana) |
| KAL | Kaldenkirchen Pfarrbibliothek |
| KBs | Koblenz, Stadtbibliothek |
| KBEk | Koblenz – Ehrenbreitstein, Provinzialat der Kapuziner |
| KFm | Kaufbeuren, Stadtpfarrkirche St. Martin |
| KFs | — Stadtbücherei |
| KIl | Kiel, Schleswig-Holsteinische Landesbibliothek |

| | |
|---|---|
| KImi | — Musikwissenschaftliches Institut der Universität |
| KIu | — Universitätsbibliothek |
| KNd | Köln, Erzbischöfliche Diözesanbibliothek (und Dombibliothek) |
| KNh | — Staatliche Hochschule für Musik (ehem. Conservatorium der Musik), Bibliothek |
| KNhi | — Joseph Haydn-Institut |
| KNmi | — Musikwissenschaftliches Institut der Universität |
| KNu | — Universitäts- und Stadtbibliothek (mit der ehemaligen Gymnasialbibliothek) |
| KPk | Kempten (Allgäu), Kirchenbibliothek, Evangelisch-Lutherisches Pfarramt St. Mang |
| KPs | — Stadtbücherei |
| KPsl | — Stadtpfarrkirche St. Lorenz |
| KU | Kulmbach, Stadtarchiv, Bibliothek |
| KZa | Konstanz, Stadtarchiv |
| KZr | — Rosgarten-Museum, Bibliothek |
| KZs | — Städtische Wessenberg-Bibliothek |
| Lr | Lüneburg, Ratsbücherei und Stadtarchiv der Stadt Lüneburg, Musikabteilung |
| LA | Landshut (Bayern), Bibliothek des Historischen Vereins für Niederbayern |
| LAU | Laubach, Kreis Gießen (Hessen), Gräflich Solms-Laubach'sche Bibliothek |
| LB | Langenburg (Württemberg), Fürstlich Hohenlohe-Langenburg'sche Schloßbibliothek |
| LCH | Lich, Kreis Gießen, Fürstlich Solms-Lich'sche Bibliothek |
| LFN | Laufen an der Salzach (Oberbayern), Stiftsarchiv Laufen (Kollegiatstift Maria Himmelfahrt), Bibliothek |
| LI | Lindau/Bodensee, Stadtbibliothek |
| LIM | Limbach/Main, Pfarramt Limbach |
| LM | Leitheim über Donauwörth, Schloßbibliothek Freiherr von Tucher |
| LO | Loccum über Wunstorf (Niedersachsen), Klosterbibliothek |
| LR | Lahr (Baden-Württemberg), Lehrerbibliothek des Scheffel-Gymnasiums |
| LÜh | Lübeck, Bibliothek der Hansestadt Lübeck (ehemals Stadtbibliothek der Freien und Hansestadt Lübeck), Musikabteilung |
| Ma | München, Franziskanerkloster St. Anna, Bibliothek |
| Mb | — Benediktinerabtei St. Bonifaz, Bibliothek |
| Mbm | — Bibliothek des Metropolitankapitels (Erzbischöfliches Ordinariat mit den Beständen der Frauenkirche) |
| Mbn | — Bibliothek des Bayerischen Nationalmuseums |
| Mbs | — Bayerische Staatsbibliothek (ehemals Königliche Hof- und Staatsbibliothek), Musiksammlung |
| Mcg | — Bibliotheca Collegii Georgiani Monacensis (Georgianum, Herzogliches Priesterseminar) |
| Mdm | — Deutsches Museum, Bibliothek |
| Mh | — Staatliche Hochschule für Musik, Bibliothek (ehemals Akademie der Tonkunst) |
| Ml | — Evangelisch-Lutherisches Landeskirchenamt |
| Mmb | — Städtische Musikbibliothek |
| Mms | — Musikwissenschaftliches Seminar der Universität |
| Msl | — Süddeutsche Lehrerbücherei |
| Mth | — Bibliothek des Theatermuseums (Clara Ziegler-Stiftung) |

| | |
|---|---|
| Mu | — Universitätsbibliothek |
| Mwg | — Wilhelms-Gymnasium, Lehrerbibliothek |
| MB | M a r b a c h / Neckar, Schiller-Nationalmuseum, Deutsches Literaturarchiv, Musikaliensammlung |
| MBG | M i l t e n b e r g am Main, Franziskanerkloster, Bibliothek |
| MCH | M a r i a  L a a c h über Andernach, Benediktinerabtei, Bibliothek |
| MEL | M e l d o r f (Holstein), Jochimsche Bibliothek, Dithmarsches Landesmuseum |
| MFL | M ü n s t e r e i f e l, Bibliothek des St. Michael-Gymnasiums |
| MGmi | M a r b u r g / Lahn, Musikwissenschaftliches Institut der Philipps-Universität, Abteilung Hessisches Musikarchiv |
| MGs | — Staatsarchiv und Archivschule |
| MGu | — Universitätsbibliothek der Philipps-Universität |
| MH | M a n n h e i m, Wissenschaftliche Stadtbibliothek (ehemals Städtische Schloßbücherei; Öffentliche Bibliothek) |
| MHR | M ü l h e i m (Ruhr), Stadtbibliothek |
| MI | M i c h e l s t a d t / Odenwald, Evangelisches Pfarramt West, Kirchenbibliothek |
| MMm | M e m m i n g e n (Schwaben), Bibliothek des Evangelisch-Lutherischen Pfarramts St. Martin |
| MMs | — Stadtbibliothek |
| MÖ | M ö l l n, Kreis Lauenburg (Schleswig-Holstein), Evangelisch-Lutherische Kirchengemeinde St. Nikolai, Bibliothek |
| MOSp | M o s b a c h (Neckar), Pfarrbibliothek |
| MS | M ü n s t e r s c h w a r z a c h über Kitzingen/Main, Abtei, Bibliothek |
| MT | M e t t e n über Deggendorf (Bayern), Abtei Metten, Bibliothek |
| MÜd | M ü n s t e r (Westfalen), Bischöfliches Diözesanarchiv (Generalvikariat) |
| MÜms | — Musikwissenschaftliches Seminar der Universität |
| MÜp | — Bibliothek des Bischöflichen Priesterseminars und Santini-Sammlung, Bibliothek |
| MÜrt | — Seminar für reformierte Theologie |
| MÜs | — Santini-Bibliothek (übernommen in die Bibliothek des Bischöflichen Priesterseminars) |
| → MÜu | — Universitätsbibliothek |
| MWR | M a r i e n w e i h e r über Kulmbach, Franziskanerkloster, Bibliothek |
| MZfederhofer | M a i n z, Bibliothek Prof. Dr. H. Federhofer |
| MZgm | — Gutenberg-Museum mit Gutenberg-Bibliothek |
| MZgottron | — Bibliothek Prälat Professor Dr. Adam Gottron |
| MZmi | — Musikwissenschaftliches Institut der Universität (mit Mainzer Liedertafel, Archiv) |
| MZp | — Bischöfliches Priesterseminar, Bibliothek |
| MZs | — Stadtbibliothek |
| MZsch | — Musikverlag B. Schott's Söhne, Verlagsarchiv |
| MZu | — Universitätsbibliothek der Johannes-Gutenberg-Universität, Musikabteilung |
| Ngm | N ü r n b e r g, Bibliothek des Germanischen National-Museums |
| Nla | — Bibliothek beim Landeskirchlichen Archiv |
| Nst | — Stadtbibliothek |
| NBsb | N e u b u r g / Donau, Staatliche Bibliothek (Provinzialbibliothek) |
| NBss | — Studienseminar, Bibliothek |
| NEhz | N e u e n s t e i n, Kreis Öhringen (Württemberg), Hohenlohe-Zentralarchiv |
| NEschumm | — Privatbibliothek Karl Schumm |
| NERk | N e u e n r a d e, Kirchenbibliothek |

| | |
|---|---|
| NEZp | Neckarelz (Baden-Württemberg), Pfarrbibliothek |
| NGp | Neckargemünd, Pfarrarchiv |
| NIw | Nieheim über Bad Driburg (Westfalen), Weberhaus |
| NL | Nördlingen (Schwaben), Stadtarchiv, Stadtbibliothek und Volksbücherei |
| NM | Neumünster (Schleswig-Holstein), Schleswig-Holsteinische Musiksammlung der Stadt Neumünster (übernommen in KIl) |
| NS | Neustadt an der Aisch (Mittelfranken), Evangelische Kirchenbibliothek |
| NSg | — Gymnasialbibliothek |
| NT | Neumarkt-St. Veit, Pfarrkirche |
| NW | Neustadt an der Weinstraße, Heimatmuseum |
| OB | Ottobeuren (Allgäu), Bibliothek der Benediktiner-Abtei |
| OF | Offenbach am Main, Verlagsarchiv André |
| OLl | Oldenburg, Landesbibliothek (ehemals Großherzogliche Öffentliche Bibliothek) |
| OLns | — Niedersächsisches Staatsarchiv |
| OSa | Osnabrück, Niedersächsisches Staatsarchiv |
| OSm | — Städtisches Museum, Bibliothek |
| Pk | Passau, Bischöfliches Klerikalseminar (oder Priesterseminar), Bibliothek |
| Po | — Bischöfliches Ordinariat (mit den Beständen aus Dom und Mariahilf) |
| Ps | — Staatliche Bibliothek (ehemals Königliche Kreis- und Studienbibliothek) |
| PA | Paderborn, Akademische Bibliothek |
| Rim | Regensburg (Bayern), Institut für Musikforschung (übergegangen in die Universitätsbibliothek: Ru) |
| Rp | — Proske – Musikbibliothek |
| Rs | — Staatliche Bibliothek (ehemalige Kreisbibliothek) |
| Rtt | — Fürstlich Thurn und Taxissche Hofbibliothek |
| Ru | — Universitätsbibliothek |
| RAd | Ratzeburg (Schleswig-Holstein), Domarchiv |
| RB | Rothenburg ob der Tauber, Stadtarchiv und Rats- und Konsistorialbibliothek |
| RE | Reutberg bei Schaftlach (Oberbayern), Franziskanerinnen-Kloster |
| RH | Rheda (Nordrhein-Westfalen), Fürst zu Bentheim-Tecklenburgische Bibliothek (übernommen nach Universitätsbibliothek Münster) |
| RL | Reutlingen (Baden-Württemberg), Stadtbücherei |
| RMmarr | Ramelsloh über Winsen/Luhe, Privatsammlung Pastor G. Marr, Probst a. D. (im Tresor des Pfarramts) |
| ROT | Rotenburg (Niedersachsen), Predigerseminar, Bibliothek (mit Predigerbibliothek Stade) |
| ROTTd | Rottenburg/Neckar, Diözesanbibliothek |
| ROTTp | — Bischöfliches Priesterseminar |
| RT | Rastatt, Bibliothek des Friedrich-Wilhelm-Gymnasiums (ehemals Großherzogliches Lyzeum) |
| RÜ | Rüdenhausen über Kitzingen (Bayern), Fürst Castell-Rüdenhausen, Bibliothek |
| Seo | Stuttgart, Bibliothek und Archiv des Evangelischen Oberkirchenrats |
| Sh | — Staatliche Hochschule für Musik und Darstellende Kunst, Bibliothek (ehemals Königliches Konservatorium) |
| Sl | — Württembergische Landesbibliothek (ehemals Königliche Hofbibliothek) |

| | |
|---|---|
| SAAmi | Saarbrücken, Musikwissenschaftliches Institut der Universität des Saarlandes |
| SAAu | — Universitätsbibliothek |
| SBg | Straubing (Niederbayern), Johannes Turmair-Gymnasium, Bibliothek |
| SBj | — Kirchenbibliothek St. Jakob |
| SBk | — Karmeliter-Kloster |
| SCHhv | Schwäbisch-Hall, Bibliothek des Historischen Vereins für Württembergisch-Franken |
| SCHm | — Archiv der St. Michaelskirche |
| SCHr | — Ratsbibliothek im Stadtarchiv |
| SCHEY | Scheyern über Pfaffenhofen (Oberbayern), Benediktinerabtei, Bibliothek |
| SCHWherold | Schwabach (Bayern), Sammlung Herold |
| SCHWk | — Kirchenbibliothek |
| SDF | Schlehdorf (Oberbayern), Katholische Pfarrkirche |
| SF | Schweinfurt-Oberndorf (Bayern), Kirchen- und Pfarrbibliothek des Evangelisch-Lutherischen Pfarramts |
| SFsj | — Pfarramt St. Johannis, Sakristei-Bibliothek |
| SI | Sigmaringen, Fürstlich Hohenzollernsche Hofbibliothek |
| SO | Soest (Nordrhein-Westfalen), Stadtbibliothek im Stadtarchiv |
| SÖNp | Schönau b. Heidelberg, Pfarrbibliothek |
| SPlb | Speyer, Pfälzische Landesbibliothek, Musikabteilung |
| SPlk | — Bibliothek des Protestantischen Landeskirchenrats der Pfalz |
| ST | Stade (Niedersachsen), Predigerbibliothek (übernommen nach Rotenburg/Niedersachsen, Predigerseminar) |
| Tes | Tübingen, Evangelisches Stift, Bibliothek |
| Tl | — Schwäbisches Landesmusikarchiv (übergegangen in das Musikwissenschaftliche Institut der Universität) |
| Tmi | — Musikwissenschaftliches Institut der Universität (mit dem Schwäbischen Landesmusikarchiv) |
| Tu | — Universitätsbibliothek der Eberhard-Karls-Universität |
| Tw | — Bibliothek des Wilhelmstiftes |
| TEG | Tegernsee (Oberbayern), Pfarrkirche, Katholisches Pfarramt, Bibliothek |
| TEI | Teisendorf (Oberbayern), Katholisches Pfarramt |
| TIT | Tittmoning (Oberbayern), Kollegiatstift, Archiv |
| TRb | Trier, Bistumarchiv |
| TRp | — Priesterseminar, Bibliothek |
| TRs | — Stadtbibliothek |
| Us | Ulm, Stadtbibliothek mit Stadtarchiv |
| Usch | — Von Schermar'sche Familienstiftung, Bibliothek |
| Ü | Überlingen/Bodensee, Leopold-Sophien-Bibliothek |
| V | Villingen (Baden-Württemberg), Städtische Sammlung (Stadtarchiv) |
| W | Wolfenbüttel (Niedersachsen), Herzog-August-Bibliothek, Musikabteilung |
| WB | Weißenburg (Bayern), Stadtbibliothek |
| WBB | Walberg, Kreis Bonn, Bibliothek St. Albert, Albertus-Magnus-Akademie |
| WD | Wiesentheid (Bayern), Musiksammlung des Grafen von Schönborn – Wiesentheid |
| WE | Weiden (Bayern), Pfannenstiel'sche Bibliothek, Evangelisch-Lutherisches Pfarramt |
| WEH | Weierhof, Post Marnheim (Pfalz), Mennonitische Forschungsstelle |

| | |
|---|---|
| WEL | Weltenburg, Kreis Kelheim (Niederbayern), Bibliothek des Benediktinerklosters |
| WERk | Wertheim/Main, Evangelisches Pfarramt, Kirchenbibliothek |
| WERl | — Fürstlich Löwenstein'sche Bibliothek |
| WEY | Weyarn (Oberbayern), Pfarrkirche, Bibliothek |
| WH | Windsheim (Bayern), Stadtbibliothek |
| WIbh | Wiesbaden, Breitkopf & Härtel, Verlagsarchiv |
| WId | — Dilthey-Schule (Gymnasium), Bibliothek |
| WIl | — Hessische Landesbibliothek (ehemals Nassauische oder Königliche Landesbibliothek) |
| WILd | Wilster (Schleswig-Holstein), Stadtarchiv (Doos'sche Bibliothek) (ehemals Bücherei der Stadt) |
| WL | Wuppertal, Wissenschaftliche Stadtbibliothek |
| WO | Worms, Stadtbibliothek |
| WS | Wasserburg/Inn, Chorarchiv St. Jakob, Pfarramt |
| WÜms | Würzburg, Musikwissenschaftliches Seminar der Universität |
| WÜu | — Universitätsbibliothek der Julius-Maximilians-Universität |
| X | Xanten, Stifts- und Pfarrbibliothek |
| ZL | Zeil (Bayern), Fürstlich Waldburg-Zeil'sches Archiv |
| ZW | Zweibrücken (Rheinland-Pfalz), Bibliotheca Bipontina, Wissenschaftliche Bibliothek am Herzog-Wolfgang-Gymnasium |

## D-ddr — DEUTSCHE DEMOKRATISCHE REPUBLIK

| | |
|---|---|
| ABG | Annaberg/Buchholz, Erzgebirge (Sachsen), Pfarramt, Kirchenbibliothek |
| ABGa | — Kantoreiarchiv St. Annen |
| AG | Augustusburg, Erzgebirge (Sachsen), Pfarrarchiv |
| ALa | Altenburg (Thüringen), Landesarchiv (Historisches Staatsarchiv) (ehem. Thüringisches Staatsarchiv), Bibliothek |
| ALs | — Stadtarchiv, Musikarchiv |
| ALt | — Bibliothek des Landestheaters |
| ARk | Arnstadt (Thüringen), Kirchenbibliothek |
| ARsk | — Stadt- und Kreisbibliothek |
| ARsm | — Schloßmuseum, Bibliothek |
| Ba | Berlin, Deutsche Akademie der Künste |
| Bdhm | — Deutsche Hochschule für Musik „Hanns Eisler" |
| Bds | — Deutsche Staatsbibliothek (ehem. Kgl. Bibliothek; Preußische Staatsbibliothek; Öffentliche Wissenschaftliche Bibliothek), – Musikabteilung |
| Bdso | — Bibliothek der Deutschen Staatsoper |
| Be | — Institut für Musikerziehung der Humboldt-Universität (Hauptstelle für Erziehungs- und Schulwesen; Zentralinstitut für Erziehung und Unterricht), Bibliothek |
| Bgk | — Bibliothek der Streit'schen Stiftung (Berlinisches Gymnasium zum Grauen Kloster zu Berlin) – (übernommen nach Berliner Stadtbibliothek) |
| Bhesse | — Privatbibliothek A. Hesse |
| Bko | — Komische Oper |
| Bm | — Marienkirche, Bibliothek |
| Bmb | — Internationale Musikbibliothek, Verband Deutscher Komponisten und Musikwissenschaftler |
| Bmi | — Bibliothek des Musikwissenschaftlichen Instituts der Humboldt- |

65*

|      | Universität (ehem. Musikhistorisches Seminar der Humboldt-Universität) |
|------|------|
| Bmm  | — Märkisches Museum, Bibliothek |
| Bn   | — Nikolaikirche, Bibliothek |
| Br   | — Deutscher Demokratischer Rundfunk, Notenarchiv |
| Bs   | — Berliner Stadtbibliothek, Musikbibliothek |
| Buh  | — Universitätsbibliothek der Humboldt-Universität (ehem. Kgl. Universitätsbibliothek) |
| BAL  | Ballenstedt (Sachsen-Anhalt), Stadtbibliothek |
| BAUd | Bautzen (Sachsen), Domstift und Bischöfliches Ordinariat, Bibliothek |
| BAUk | — Stadt- und Kreisbibliothek (ehem. Allgemeine Öffentliche Bibliothek) |
| BD   | Brandenburg/Havel (Brandenburg), Domstift, Bibliothek (Archiv der Katharinenkirche) |
| BIT  | Bitterfeld (Sachsen-Anhalt), Kreismuseum, Bibliothek (ehem. Stadtmuseum) |
| BKÖ  | Bad Köstritz (Thüringen), Pfarrarchiv |
| BO   | Bollstedt (Thüringen), Pfarramt, Bibliothek |
| BORp | Borna (Sachsen), Bibliothek der Pfarrkirche |
| BTH  | Barth (Mecklenburg), Kirchenbibliothek |
| CD   | Crottendorf, Kantoreiarchiv |
| CR   | Crimmitschau (Sachsen), Kirchenbibliothek, Stadtkirche St. Laurentius |
| Dhm  | Dresden (Sachsen), Hochschule für Musik „Carl Maria von Weber" (ehem. Kgl. Konservatorium), Bibliothek |
| Dkh  | — Katholische Hofkirche, Notenarchiv |
| Dla  | — Staatsarchiv (ehem. Sächsisches Landeshauptarchiv) |
| Dlb  | — Sächsische Landesbibliothek, Musikabteilung (ehem. Kgl. Öffentliche Bibliothek) |
| Dmb  | — Musikbibliothek (ehem. Städtische Musikbücherei) |
| Ds   | — Staatstheater (ehem. Hoftheater), Archiv |
| DEl  | Dessau (Sachsen-Anhalt), Universitäts- und Landesbibliothek Sachsen-Anhalt (ehem. Anhaltische Landesbücherei; Landesbibliothek) |
| DEs  | — Stadtarchiv, Rathaus |
| DIP  | Dippoldiswalde (Sachsen), Kirchenbibliothek und Musikbibliothek des Evangelisch-Lutherischen Pfarramtes |
| DL   | Delitzsch (Sachsen-Anhalt), Museum, Bibliothek (Schloß) (ehem. Heimatmuseum) |
| DÖ   | Döbeln (Sachsen), Pfarrbibliothek Sankt Nikolai |
| EF   | Erfurt (Thüringen), Wissenschaftliche Bibliothek der Stadt Erfurt (ehem. Universitätsbibliothek Erfurt; Kgl. Bibliothek; Stadtbibliothek, Stadt- und Hochschulbibliothek), Musiksammlung |
| EFd  | — Dombibliothek |
| EFs  | — Stadt- und Bezirksbibliothek, Musikbibliothek (ehem. Städtische Volksbücherei) |
| EIa  | Eisenach (Thüringen), Stadtarchiv, Bibliothek |
| EIb  | — Bachhaus (Bachmuseum, Bibliothek) |
| EIl  | — Landeskirchenrat, Bibliothek |
| EL   | Eisleben (Sachsen-Anhalt), Andreas-Bibliothek |
| FBa  | Freiberg (Sachsen), Stadtarchiv |
| FBb  | — Bergakademie, Bücherei |
| FBo  | — Geschwister-Scholl-Oberschule (ehem. Gymnasium Albertinum; Markgraf Otto-Schule), Historische Bibliothek |
| FBsk | — Stadt- und Kreisbibliothek |

| | |
|---|---|
| FF | Frankfurt/Oder (Brandenburg), Stadt- und Bezirksbibliothek, Musikbibliothek |
| FG | Freyburg/Unstrut (Sachsen-Anhalt), Pfarrarchiv |
| GA | Gaussig bei Bautzen (Sachsen), Schloßbibliothek |
| GBB | Großbrembach (Thüringen), Pfarrarchiv |
| GBR | Großbreitenbach bei Arnstadt (Thüringen), Pfarrbibliothek |
| GE | Gelenau/Erzgebirge (Sachsen), Pfarrarchiv |
| GERk | Gera (Thüringen), Kirchenarchiv (übernommen nach Stadt- und Bezirksbibliothek) |
| GERs | — Stadtmuseum |
| GERsb | — Stadt- und Bezirksbibliothek, Musikbibliothek (mit Kirchenarchiv) |
| GEY | Geyer (Sachsen), Kirchenbibliothek |
| GHk | Geithain (Sachsen), Evangelisch-Lutherisches Pfarramt, Kirchenarchiv |
| GHNa | Großenhain (Sachsen), Archiv |
| GHNk | — Kirche, Bibliothek |
| GLA | Glashütte (Sachsen), Pfarrarchiv |
| GM | Grimma (Sachsen), Göschenhaus (Privatsammlung Dr. Johannes Sturm) |
| GO | Gotha (Thüringen), Bibliothek der Evangelisch-Lutherischen Stadtkirchengemeinde |
| GOa | — Augustinerkirche |
| GOg | — Gymnasium, Bibliothek |
| GOl | — Landesbibliothek (ehem. Herzogliche Bibliothek) |
| GOs | — Stadtarchiv, Bibliothek |
| GOsk | — Stadt- und Kreisbibliothek „Heinrich Heine-Bibliothek", Musikbibliothek |
| GÖp | Görlitz (Sachsen), Bibliothek des Evangelischen Parochialverbandes |
| GÖs | — Stadtbibliothek (Oberlausitzische Bibliothek der Wissenschaften in den Städtischen Kunstsammlungen) |
| GÖsp | — Pfarramt St. Peter, Bibliothek |
| GOL | Goldbach bei Gotha (Thüringen), Pfarrarchiv |
| GRim | Greifswald (Mecklenburg), Institut für Musikwissenschaft |
| GRk | — Konsistorialbibliothek |
| GRu | — Universitätsbibliothek der Ernst-Moritz-Arndt-Universität (ehem. Bibliotheca Academica; Kgl. Universitätsbibliothek), Musiksammlung |
| GRÜ | Grünhain (Sachsen), Pfarramt |
| GÜ | Güstrow (Mecklenburg), Heimatmuseum Güstrow, Bibliothek |
| GZ | Greiz (Thüringen), Stadt- und Kreisbibliothek (ehem. Stadtschulbibliothek) |
| GZbk | — Staatliche Bücher- und Kupferstichsammlung, Bibliothek |
| GZmb | — Städtische Musikbibliothek |
| GZsa | — Historisches Staatsarchiv |
| HAf | Halle/Saale (Sachsen-Anhalt), Hauptbibliothek und Archiv der Franckeschen Stiftungen (übernommen nach Universitäts- und Landesbibliothek) |
| HAh | — Händel-Haus |
| HAmi | — Institut für Musikwissenschaft der Martin-Luther-Universität Halle-Wittenberg, Historisch-Systematische Abteilung |
| HAmk | — Marienbibliothek |
| HAs | — Stadt- und Bezirksbibliothek, Musikbibliothek |
| HAu | — Universitäts- und Landesbibliothek Sachsen-Anhalt, Musiksammlung |

| | |
|---|---|
| HAI | Hainichen, Heimatmuseum (Gellert-Gedenkstätte) |
| HD | Hermsdorf, Kreis Stadtroda (Thüringen), Pfarrarchiv |
| HER | Herrnhut (Sachsen), Archiv der Brüder-Unität |
| HEY | Heynitz (Sachsen), Pfarrbibliothek |
| HG | Havelberg (Mecklenburg), Museum, Bibliothek |
| HHa | Hildburghausen (Thüringen), Stadtarchiv |
| HOE | Hohenstein-Ernstthal, Kantoreiarchiv der Christophorikirche |
| HTa | Halberstadt (Sachsen-Anhalt), Stadtarchiv (Sammlung Augustin) |
| HTd | — Dombibliothek |
| HTg | — Das Gleimhaus, Bibliothek |
| ILk | Ilmenau (Thüringen), Kirchenbibliothek (Notensammlung) |
| ILs | — Stadtarchiv |
| Jmb | Jena (Thüringen), Ernst Abbe-Bücherei (ehem. Öffentliche Lesehalle und Bibliothek), Musikbücherei |
| Jmi | — Musikwissenschaftliches Institut (ehem. Musikwissenschaftliches Seminar oder Institut für Musikerziehung) der Friedrich-Schiller-Universität |
| Ju | — Universitätsbibliothek der Friedrich-Schiller-Universität |
| JA | Jahnsdorf bei Stollberg, Erzgebirge (Sachsen), Pfarrarchiv |
| KARr | Karl-Marx-Stadt (Chemnitz) (Sachsen), Ratsarchiv (oder Stadtarchiv) |
| KARj | — Jacobi-Kirche, Bibliothek |
| KARs | — Stadt- und Bezirksbibliothek (ehem. Stadtbücherei Chemnitz) |
| KIN | Kindelbrück / Kreis Sömmerda (Thüringen), Pfarrarchiv, Evangelisches Pfarramt |
| KMk | Kamenz (Sachsen), Evangelisch-Lutherische Hauptkirche, Bibliothek |
| KMl | — Lessingmuseum, Bibliothek (Kreisbibliothek „Lessingbibliothek") |
| KMs | — Stadtarchiv |
| KÖ | Köthen (Sachsen-Anhalt), Heimatmuseum, Bibliothek |
| KR | Kleinröhrsdorf über Bischofswerda (Sachsen), Pfarrkirchenbibliothek |
| KT | Klingenthal (Sachsen), Kirchenbibliothek |
| LEb | Leipzig (Sachsen), Bach-Archiv |
| LEbh | — Breitkopf & Härtel, Verlagsarchiv |
| LEdb | — Deutsche Bücherei, Musikaliensammlung |
| LEm | — Musikbibliothek der Stadt Leipzig (Musikbibliothek Peters und verschiedene Sammlungen in der Leipziger Stadtbibliothek) |
| LEmh | — Bibliothek der Hochschule für Musik (ehem. Staatliche Hochschule für Musik) |
| LEmi | — Musikwissenschaftliches Institut (Institut für Musikwissenschaft und Musik-Instrumenten-Museum) der Karl-Marx-Universität, Bibliothek |
| LEsm | — Museum für Geschichte der Stadt Leipzig (ehem. Stadtgeschichtliches Museum), Bibliothek |
| LEst | — Städtisches Theater, Bibliothek |
| LEt | — Thomasschule (Alumnat), Bibliothek |
| LEu | — Universitätsbibliothek der Karl-Marx-Universität, Fachreferat Musik |
| LHD | Langhennersdorf über Freiberg (Sachsen), Pfarramt, Bibliothek |
| LL | Langula über Mühlhausen (Thüringen), Pfarramt, Bibliothek |
| LÖ | Lössnitz, Erzgebirge (Sachsen), Pfarrarchiv |
| LST | Lichtenstein, Kantoreiarchiv von St. Laurentius |
| LUC | Luckau (Brandenburg), Archiv der Nikolaikirche |
| MAk | Magdeburg (Sachsen-Anhalt), Kulturhistorisches Museum, Klosterbibliothek |

| | |
|---|---|
| MAkon | — Konsistorialbibliothek |
| MAl | — Landeshauptarchiv |
| MAs | — Stadt- und Bezirksbibliothek, Musikabteilung |
| ME | Meißen (Sachsen), Stadt- und Kreisbibliothek |
| MEIk | Meiningen (Thüringen), Bibliothek der Evangelisch-Lutherischen Kirchengemeinde |
| MEIl | — Staatsarchiv (ehem. Landesarchiv) |
| MEIo | — Opernarchiv |
| MEIr | — Staatliche Museen mit Reger-Archiv (ehem. Meininger Museen); Abteilung Musikgeschichte |
| MERa | Merseburg (Sachsen-Anhalt), Domstift Merseburg, Archiv und Bibliothek |
| MERr | — Regierungsbibliothek |
| MERs | — Stadt- und Kreisbibliothek |
| MERz | — Deutsches Zentral-Archiv, Historische Abteilung |
| MK | Markneukirchen (Sachsen), Gewerbemuseum, Musikinstrumentensammlung |
| MLHb | Mühlhausen (Thüringen), Blasiuskirche, Archiv |
| MLHr | — Ratsarchiv im Stadtarchiv |
| MR | Marienberg (Sachsen), Kirchenbibliothek |
| MÜG | Mügeln, Pfarrarchiv |
| NA | Neustadt/Orla (Thüringen), Pfarrarchiv |
| NAUs | Naumburg Bez. Halle (Sachsen-Anhalt), Stadtarchiv |
| NAUw | — Wenzelskirche |
| NO | Nordhausen/Harz, Humboldt-Oberschule |
| OH | Oberfrankenhain, Pfarrarchiv |
| OLH | Olbernhau, Bez. Karl-Marx-Stadt (Chemnitz) (Sachsen), Pfarrarchiv |
| ORB | Oranienbaum, Bez. Halle (Sachsen-Anhalt), Landesarchiv–Historisches Staatsarchiv |
| OS | Oschatz, Bez. Leipzig (Sachsen), Ephoralbibliothek |
| PI | Pirna, Bez. Dresden (Sachsen), Stadtarchiv |
| PR | Pretzschendorf über Dippoldiswalde (Sachsen), Pfarrarchiv |
| PU | Pulsnitz (Sachsen), Nikolaikirche |
| PW | Pesterwitz bei Dresden (Sachsen), Pfarrarchiv |
| Q | Quedlinburg (Sachsen-Anhalt), Stadt- und Kreisbibliothek |
| QUh | Querfurt (Sachsen-Anhalt), Heimatmuseum, Bibliothek |
| QUk | — Stadtkirche |
| REU | Reuden, Pfarrarchiv |
| RIE | Riesa (Sachsen), Heimatmuseum, Bibliothek |
| ROmi | Rostock (Mecklenburg), Institut für Musikwissenschaft (ehem. Musikwissenschaftliches Seminar) der Universität |
| ROs | — Stadt- und Bezirksbibliothek (Willi-Bredel-Bibliothek) |
| ROu | — Universitätsbibliothek |
| RÖ | Röhrsdorf über Meißen (Sachsen), Pfarrbibliothek |
| RÖM | Römhild, Bez. Suhl (Thüringen), Pfarrarchiv |
| RUh | Rudolstadt (Thüringen), Hofkapellarchiv (im Staatsarchiv) |
| RUl | — Staatsarchiv (Landeshauptarchiv) |
| SAh | Saalfeld (Thüringen), Heimatmuseum, Bibliothek |
| SCHM | Schmölln, Archiv der Stadtkirche |
| SCHMI | Schmiedeberg bei Dresden, Pfarramt |
| SGh | Schleusingen (Thüringen), Heimatmuseum (mit Bibliothek der Oberschule) |
| SHk | Sondershausen (Thüringen), Stadtkirche, Bibliothek |
| SHs | — Stadt- und Kreisbibliothek (ehem. Thüringische Landesbibliothek) |

| | |
|---|---|
| SHsk | — Schloßkirche, Bibliothek |
| SLk | Salzwedel (Sachsen-Anhalt), Katharinenkirche, Kirchenbibliothek |
| SLm | — J. F. Danneil-Museum, Bibliothek |
| SLmk | — Marienkirche, Bibliothek |
| SNed | Schmalkalden (Thüringen), Evangelisches Dekanat, Bibliothek |
| SNh | — Heimatmuseum Schloß Wilhelmsburg |
| SPF | Schulpforta (Sachsen-Anhalt), Heimoberschule Pforta, Bibliothek (ehem. Landesschule Pforta) |
| SSa | Stralsund (Mecklenburg), Bibliothek des Stadtarchivs |
| SUa | Sulzenbrücken (Thüringen), Pfarrarchiv |
| SUH | Suhl (Thüringen), Stadt- und Bezirksbibliothek „Martin Andersen Nexö", Musikabteilung |
| SWl | Schwerin (Mecklenburg), Mecklenburgische Landesbibliothek (ehem. Mecklenburgische Regierungsbibliothek), Musikabteilung |
| SWs | — Stadt- und Bezirksbibliothek, Musikabteilung |
| SWsk | — Schloßkirchenchor (Evangelisch-Lutherische Pfarre der Schloß-kirche, Pfarrarchiv) |
| SWth | — Mecklenburgisches Staatstheater (ehem. Großherzogliches Hof-theater; Mecklenburgisches Landestheater), Bibliothek |
| SZ | Schleiz (Thüringen), Stadtkirche, Bibliothek |
| TAB | Tabarz (Thüringen), Pfarrarchiv, Evangelisch-Lutherisches Pfarramt |
| TH | Themar (Thüringen), Pfarramt, Bibliothek |
| TO | Torgau (Sachsen-Anhalt), Johann-Walter-Kantorei, Bibliothek |
| TOek | — Evangelische Kirchengemeinde, Bibliothek |
| TOs | — Stadtarchiv |
| UDa | Udestedt über Erfurt (Thüringen), Pfarrarchiv, Evangelisch-Luthe-risches Pfarramt |
| VI | Viernau (Thüringen), Pfarramt, Bibliothek |
| WA | Waldheim (Sachsen), Stadtkirche St. Nikolai, Bibliothek |
| WAB | Waldenburg, Kirchenmus. Bibl. von St. Bartholomäus |
| WER | Wernigerode (Sachsen-Anhalt), Heimatmuseum, Harzbücherei |
| WF | Weißenfels (Sachsen-Anhalt), Heimatmuseum, Bibliothek (mit Bibliothek des Vereins für Natur- und Altertumskunde) |
| WFg | — Heinrich-Schütz-Gedenkstätte, Bibliothek |
| WGk | Wittenberg (Sachsen-Anhalt), Stadtkirche |
| WGl | — Lutherhalle, Reformationsgeschichtliches Museum |
| WGp | — Evangelisches Predigerseminar |
| WM | Wismar, Bez. Rostock (Mecklenburg), Stadtarchiv, Bibliothek |
| WRdn | Weimar (Thüringen), Archiv des Deutschen Nationaltheaters (ehem. Großherzogliches Hoftheater) |
| WRgm | — Goethe-National-Museum, Bibliothek |
| WRgs | — Goethe-Schiller-Archiv |
| WRh | — Bibliothek der Franz-Liszt-Hochschule (ehem. Staatliche Hoch-schule für Musik) |
| WRhk | — Herderkirche, Bibliothek |
| WRiv | — Institut für Volksmusikforschung (ehem. Volksliedforschung) |
| WRl | — Landeshauptarchiv (ehem. Thüringisches Landeshauptarchiv oder Staatsarchiv), Bibliothek |
| WRs | — Stadtbücherei, Musikbücherei |
| WRtl | — Thüringische Landesbibliothek (ehem. Großherzogliche Biblio-thek), Musiksammlung |
| WRz | — Zentralbibliothek der deutschen Klassik |
| Z | Zwickau (Sachsen) Ratsschulbibliothek |
| Zmk | — Domkantorei der Marienkirche |

| | |
|---|---|
| Zsch | — Robert-Schumann-Haus, Bibliothek |
| ZE | Zerbst (Sachsen-Anhalt) Stadtarchiv |
| ZEo | — Bücherei der Erweiterten Oberschule (Francisceum) |
| ZGh | Zörbig (Sachsen-Anhalt), Heimatmuseum, Bibliothek |
| ZGsj | — Pfarramt St. Jacobi, Bibliothek |
| ZI | Zittau (Sachsen), Stadt- und Kreisbibliothek „Christian-Weise-Bibliothek" |
| ZIa | — Stadtarchiv |
| ZZ | Zeitz (Sachsen-Anhalt), Heimatmuseum (Städtisches Museum) |
| ZZs | — Stiftsbibliothek |

## DK-DANMARK

| | |
|---|---|
| A | Åarhus, Statsbiblioteket i Åarhus |
| Dschoenbaum | Dragor, Privatbibliothek Dr. Camillo Schoenbaum |
| Hfog | Hellerup, Dan Fog private music collection |
| Kc | København, Carl Claudius' Musikhistoriske Samling |
| Kh | — Københavns Kommunes Hovedbiblioteket |
| Kk | — Det kongelige Bibliotek |
| Kmk | — Det kongelige danske Musikkonservatorium |
| Km(m) | — Musikhistorisk Museum |
| Ks | — Samfundet til Udgivelse af Dansk musik |
| Kt | — Teaterhistorisk Museum |
| Ku | — Universitetsbiblioteket 1. afdeling |
| Kv | — Københavns Universitets Musikvidenskabelige Institut |
| Ol | Odense, Landsarkivet for Fyen, Karen Brahes Bibliotek |
| Ou | — Odense Universitetsbibliotek (mit Herlufsholm Kostskoles Bibliotek, Naestved, und Centralbiblioteket, Stiftsbiblioteket, Odense) |
| Rk | Ribe, Ribe Stifts- og Katedralskoles Bibliotek |
| Sa | Sorø, Sorø Akademis Bibliotek |

## E — ESPAÑA

| | |
|---|---|
| AL | Alquezar, Colegiata (Huesca) |
| ALB | Albarracin, Archivo de la Colegiata |
| Bc | Barcelona, Biblioteca Central |
| Bim | — Instituto Español de Musicologia |
| Boc | — Biblioteca Orfeó Catalá |
| BA | Badajoz, Archivo capitular de la Catedral |
| BUa | Burgos, Archivo de la Catedral |
| BUm | — Museo Arqueológico de Burgos |
| BUp | — Biblioteca Provincial |
| C | Cordoba, Archivo de la Catedral |
| CAL | Calatayud, Colegiata de Santa Maria |
| CU | Cuenca, Archivo capitular de Cuenca |
| CZ | Cadiz, Archivo capitular de Cadiz |
| E | Escorial, El, Real Monasterio de El Escorial |
| G | Gerona, Archivo musical de la Catedral |
| GRc | Granada, Archivo capitular de la Catedral |
| GRcr | — Archivo musical de la Capilla Real |
| J | Jaca, Archivo musical de la Catedral |
| JA | Jaen, Archivo capitular de la Catedral |

| | |
|---|---|
| LEc | Lérida, Catedral |
| LEm | — Museo Diocesano |
| Ma | Madrid, Archivo de Música, Real Academia de Bellas Artes de San Fernando |
| Mah | — Archivo historico nacional |
| Mc | — Conservatorio Superior de Música |
| Mm | — Biblioteca municipal |
| Mmc | — Biblioteca de la Casa Ducal de Medinaceli |
| Mn | — Biblioteca nacional |
| Mp | — Biblioteca del Palacio real |
| MA | Málaga, Archivo capitular de la Catedral |
| MO | Montserrat, Monasterio de Montserrat |
| P | Plasencia, Archivo de música de la Catedral de Plasencia |
| PAp | Palma de Mallorca, Biblioteca provincial |
| PAS | Pastrana (Guadalajara), Archivo de la Iglesia parroquial |
| Sc | Sevilla, Archivo capitular de la Catedral |
| Sco | — Biblioteca capitular Colombina |
| SA | Salamanca, Archivo musical de la Catedral |
| SD | Santo Domingo de la Calzada, Archivo de Santo Domingo de la Calzada |
| SE | Segovia, Archivo capitular |
| SEG | Segorbe, Archivo de la Catedral |
| Tc | Toledo, Archivo capitular |
| TU | Tudela, Archivo capitular |
| TZ | Tarazona, Archivo capitular |
| V | Valladolid, Archivo musical de la Catedral |
| VAc | Valencia, Archivo de la Catedral |
| VAcp | — Colegio y capilla del Corpus Christi |
| Zac | Zaragoza, Archivo de música del Cabildo |
| Zcc | — Biblioteca del Colegio Calasanci |
| Zsc | — Seminario de San Carlos |

## EIRE – EIRE (IRELAND)

| | |
|---|---|
| C | Cork, University College, Music Library |
| Da | Dublin, Royal Irish Academy |
| Dam | — Royal Irish Academy of Music |
| Dcc | — Christ Church Cathedral, Library |
| Dm | — Marsh's Library (Archbishop Marsh's Library, Library of St. Sepulchre) |
| Dn | — National Library and Museum of Ireland |
| Dpc | — St. Patrick's Cathedral |
| Dtc | — Trinity College Library |
| Duc | — University College, Music Library (National University of Ireland) |

## F – FRANCE

| | |
|---|---|
| A | Avignon, Bibliothèque du Musée Calvet |
| AG | Agen, Archives départementales |
| AI | Albi, Bibliothèque municipale |
| AIXm | Aix-en-Provence, Bibliothèque municipale, Bibliothèque Méjanes |
| AIXmc | — Bibliothèque de la maîtrise de la cathédrale |
| AIXc | — Bibliothèque du Conservatoire |

| | |
|---|---|
| AM | Amiens, Bibliothèque municipale |
| AR | Arles, Bibliothèque municipale |
| AS | Arras, Bibliothèque municipale |
| AU | Auxerre, Bibliothèque municipale |
| B | Besançon, Bibliothèque municipale |
| BER | Bernay, Bibliothèque municipale |
| BG | Bourg-en-Bresse, Bibliothèque municipale |
| BGma | — Musée de l'Ain |
| BO | Bordeaux, Bibliothèque municipale |
| C | Carpentras, Bibliothèque Inguimbertine et Musée de Carpentras |
| CAH(CS) | Cahors, Bibliothèque municipale |
| CH | Chantilly, Bibliothèque du Musée Condé |
| CN | Caen, Bibliothèque municipale |
| CO | Colmar, Bibliothèque municipale |
| CV | Charleville, Bibliothèque municipale |
| Dc | Dijon, Bibliothèque du Conservatoire |
| Dm | — Bibliothèque municipale |
| DO | Dôle, Bibliothèque municipale |
| E | Epinal, Bibliothèque municipale |
| G | Grenoble, Bibliothèque municipale |
| Lc | Lille, Bibliothèque du Conservatoire |
| Lm | — Bibliothèque municipale |
| LG | Limoges, Bibliothèque municipale |
| LH | Le Havre, Bibliothèque municipale |
| LM | Le Mans, Bibliothèque municipale |
| LYc | Lyon, Conservatoire national de musique |
| LYm | — Bibliothèque municipale |
| Mc | Marseille, Bibliothèque du Conservatoire |
| Mm | — Bibliothèque municipale |
| MD | Montbéliard, Bibliothèque municipale |
| MEL | Melun, Bibliothèque municipale |
| MH | Mulhouse, Bibliothèque municipale |
| ML | Moulins, Bibliothèque municipale |
| MO | Montpellier, Bibliothèque de l'Université |
| Nd | Nantes, Bibliothèque du Musée Dobrée |
| Nm | — Bibliothèque municipale |
| NAc | Nancy, Bibliothèque du Conservatoire |
| NAm | — Bibliothèque municipale |
| NO | Noyon, Bibliothèque municipale |
| NS | Nîmes, Bibliothèque municipale |
| O | Orléans, Bibliothèque municipale |
| Pa | Paris, Bibliothèque de l'Arsenal |
| Pc | — Bibliothèque du Conservatoire national de musique (übergegangen in Paris, Bibliothèque nationale) |
| Pgérard | — Collection Yves Gérard |
| Pi | — Bibliothèque de l'Institut |
| Pm | — Bibliothèque Mazarine |
| Pmeyer | — Collection André Meyer |
| Pn | — Bibliothèque nationale |
| Po | — Bibliothèque–Musée de l'Opéra |
| Ppincherle | — Collection Marc Pincherle |
| Prothschild | — Collection Germaine de Rothschild (baronne Edouard de) |
| Psg | — Bibliothèque Sainte-Geneviève |
| Pshp | — Bibliothèque de la Société d'histoire du protestantisme |

| | |
|---|---|
| Pthibault | — Bibliothèque G. Thibault |
| R(m) | Rouen, Bibliothèque municipale |
| Rc | — Bibliothèque du Conservatoire |
| RS | Reims, Bibliothèque municipale |
| Sc | Strasbourg, Bibliothèque du Conservatoire |
| Sg(sc) | — Bibliothèque du Grand Séminaire (Séminaire catholique) |
| Sim | — Institut de musicologie de l'Université |
| Sn | — Bibliothèque nationale et universitaire |
| Ssp | — Bibliothèque du Séminaire protestant |
| SA | Salins, Bibliothèque municipale |
| SEL | Sélestat, Bibliothèque municipale |
| T | Troyes, Bibliothèque municipale |
| TLc | Toulouse, Bibliothèque du Conservatoire |
| TLd | — Musée Dupuy |
| TLm | — Bibliothèque municipale |
| V | Versailles, Bibliothèque municipale |
| VE | Vesoul, Bibliothèque municipale |

## GB — GREAT BRITAIN

| | |
|---|---|
| A | Aberdeen, University Library, King's College |
| AB | Aberystwyth (Cards.), Llyfryell Genedlaethol Cymru (National Library of Wales) |
| AM | Ampleforth, Abbey & College Library, St. Lawrence Abbey |
| Bp | Birmingham, Public Libraries |
| Bu | — University of Birmingham, Music Library, Barber Institute of Fine Arts |
| BA | Bath, Municipal Library |
| BEas | Bedford, Bedfordshire Archaeological Society Library |
| BEp | — Bedford Public Library Music Department |
| BENcoke | Bentley (Hampshire), Gerald Coke private Collection |
| BO | Bournemouth (Hampshire), Central Library |
| BRb | Bristol, Baptist College Library |
| BRp | — Public Libraries; Central Library |
| BRu | — University of Bristol Library |
| Ccc | Cambridge, Corpus Christi College |
| Cchc | — Christ's College Library |
| Cclc | — Clare College Library |
| Cfm | — Fitzwilliam Museum |
| Cjc | — St. John's College |
| Cjec | — Jesus College |
| Ckc | — Rowe Music Library, King's College |
| Cmc | — Magdalene College |
| Cp | — Peterhouse College Library |
| Cpc | — Pembroke College Library |
| Cpl | — Pendlebury Library of Music |
| Ctc | — Trinity College Library |
| Cu | — University Library |
| Cumc | — University Musical Club |
| Cus | — Cambridge Union Society |
| CA | Canterbury, Cathedral Chapter Library |
| CDp | Cardiff, Public Libraries, Central Library |
| CDu | — University College of South Wales and Monmouthshire |

| | |
|---|---|
| DRc | Durham, Cathedral Library |
| DRu | — University Library |
| DU | Dundee, Public Libraries |
| En | Edinburgh, National Library of Scotland |
| Enc | — New College Library |
| Ep | — Public Library, Central Public Library |
| Er | — Reid Music Library of the University of Edinburgh |
| Es | — Signet Library |
| Eu | — University Library |
| EL | Ely, Cathedral Library |
| Ge | Glasgow, Euing Music Library |
| Gm | — Mitchell Library |
| Gtc | — Trinity College Library |
| Gu | — Glasgow University Library |
| GL | Gloucester, Cathedral Library |
| H | Hereford, Cathedral Library |
| HAdolmetsch | Haslemere, Carl Dolmetsch Library |
| Lam | London, Royal Academy of Music |
| Lbbc | — British Broadcasting Corporation, Music Library |
| Lbc | — British Council Music Library |
| Lbm | — British Museum |
| Lcm | — Royal College of Music |
| Lco | — Royal College of Organists |
| Lcs | — Vaughan Williams Memorial Library (Cecil Sharp Library) |
| Ldc | — Dulwich College Library |
| Lgc | — Gresham College (Guildhall Library) |
| Lkc | — King's College Library |
| Llp | — Lambeth Palace Library |
| Lmic | — British Music Information Centre |
| Lsc | — Sion College Library |
| Lsm | — Royal Society of Musicians of Great Britain |
| Lsp | — St. Paul's Cathedral Library |
| Ltc | — Trinity College of Music |
| Lu | — University of London, Music Library |
| Lwa | — Westminster Abbey Library |
| LEbc | Leeds, Brotherton Collection |
| LEc | — Leeds Public Libraries, Music Department, Central Library |
| LF | Lichfield, Cathedral Library |
| LI | Lincoln, Cathedral Library |
| LVp | Liverpool, Public Libraries, Central Library |
| LVu | — Liverpool University, Music Department |
| Mch | Manchester, Chetham's Library |
| Mcm | — Royal College of Music |
| Mp | — Central Public Library (Henry Watson Music Library) |
| Mr | — John Rylands Library |
| Mrothwell | — Evelyn Rothwell private collection |
| Mu | — University of Manchester Library Department of Music |
| Ob | Oxford, Bodleian Library |
| Obc | — Brasenose College |
| Och | — Christ Church Library |
| Ojc | — St. John's College Library |
| Olc | — Lincoln College Library |
| Omc | — Magdalen College Library |
| Onc | — New College Library |

| | |
|---|---|
| Ooc | — Oriel College Library |
| Oqc | — Queen's College Library |
| Ouf | — Oxford University, Faculty of Music Library |
| Oumc | — Oxford University Music Club and Union Library |
| P | Perth, Sandeman Public Library |
| R | Reading, Reading University, Music Library |
| RI | Ripon (Yorkshire), Cathedral Library |
| RO | Rochester (Kent), Cathedral Library |
| SA | St. Andrews (Fife), University Library |
| SH | Sherborne (Dorset), Sherborne School Library |
| STb | Stratford-on-Avon (Warwickshire), Shakespeare's Birthplace Trust Library |
| STm | — Shakespeare Memorial Library |
| T | Tenbury (Worcestershire), St. Michael's College Library |
| W | Wells (Somerset), Cathedral Library |
| WB | Wimborne (Dorset), Wimborne Minster Chain Library |
| WC | Winchester (Hampshire), Chapter Library |
| WI | Wigan (Lancashire), Public Library |
| WO | Worcester, Worcester Cathedral, Music Library |
| WRch | Windsor (Berkshire), Chapter Library |
| WRec | — Eton College Library |
| Y | York, Minster Library |

## H – MAGYARORSZÁG

| | |
|---|---|
| Bb | Budapest, Bartók Béla Zenemüvészeti Szakközepiskola Könyvtára (Béla-Bartók-Konservatorium) |
| Ba | — Magyar Tudományos Akadémia Könyvtára (Akademie der Wissenschaften) |
| Bl | — Liszt Ferenc Zenemüvészeti Föiskola Könyvtára (Bibliothek der Musikhochschule „Ferenc Liszt") |
| Bn | — Országos Széchényi Könyvtár (Nationalbibliothek Széchényi) |
| Bu | — Egyetemi Könyvtár (Universitätsbibliothek) |
| BA | Bártfa, Bártfa (Depositum in der Nationalbibliothek Budapest) |
| Em | Esztergom, Keresztény Múzeum Könyvtára (Bibliothek des Christlichen Museums) |
| EG | Eger (Erlau), Föegyházmegyei Könyvtár (Diözesanbibliothek) |
| Gc | Györ (Raab), Püspöki Papnevelö Intézet Könyvtára (Bischöfliche Bibliothek) |
| Gm | — „Xántus János" Múzeum |
| KE | Keszthely, Országos Széchényi Könyvtár, „Helikon"-Könyvtára |
| KÖ | Köszeg, Plébániatemplon (Pfarrkirche) |
| P | Pécs (Fünfkirchen),Pécsegyházmegyei Könyvtár-volt Pécsi Papnevelöintezeti Könyvtár (Diözesanbibliothek) |
| PA | Pápa, Dunántuli Református Egyházkerület Könyvtára |
| PH | Pannonhalma, Musicotheca Jesuitica |
| Sg | Sopron (Ödenburg), Gimnaziumi Könyvtár |
| Sl | — Liszt Ferenc Múzeum Sopron |
| Sp | — Plébániatemplon (Pfarrkirche) |
| SD | Szekszárd, Balogh Adám Múzeum Könyvtára |
| SFk | Székesfehérvár (Stuhlweißenburg), Székésfehérvári Püspöki, Könyvtára (Bischöfliche Bibliothek) |

| | |
|---|---|
| SFm | — István Király Múzeum Könyvtára (König-Stephan-Museum) |
| SG | Szeged, Somogyi Könyvtár |
| SGu | — Szegedi Orvostudományi Egyetem Könyvtára (Universitätsbibliothek) |
| SY | Szombathely, Egyházmegyei Könyvtár (Diözesanbibliothek) |
| T | Tata, Plébániatemplon (Pfarrkirche) |
| V | Vác, Egyházmegyei Könyvtár (Diözesanbibliothek) |
| VE | Veszprém, Veszprémi Püspöki Káptalani és Szeminariumí Könyvtár (Bischöfliche Bibliothek) |

## I – ITALIA

| | |
|---|---|
| Ac | Assisi, Biblioteca comunale |
| Ad | — Duomo (San Rufino) |
| Af | — Archivio di San Francesco |
| AGI | Agira, Biblioteca comunale |
| AL | Albenga, Cattedrale |
| AN | Ancona, Biblioteca comunale „Benincasa" |
| ANcap | — Biblioteca capitolare |
| ARc | Arezzo, Biblioteca consorziale |
| ARd | — Archivio del Duomo |
| ASc(d) | Asti, Archivio capitolare (Duomo) |
| ASs | — Biblioteca del seminario vescovile |
| Baf | Bologna, Accademia filarmonica |
| Bam | — Biblioteca della Cassa di Risparmio, (Biblioteca Ambrosini) |
| Bc | — Civico Museo Bibliografico-Musicale (ehem. Liceo Musicale „G. B. Martini") |
| Bca | — Biblioteca Comunale dell' Archiginnasio |
| Bof | — Biblioteca dell' Oratorio dei Filippini |
| Bsf | — Archivio del Convento di San Francesco |
| Bsp | — Archivio di San Petronio |
| Bu | — Biblioteca universitaria |
| BAc(n) | Bari, Biblioteca consorziale (Biblioteca nazionale) |
| BAcp | — Biblioteca del Conservatorio „N. Piccini" |
| BDG | Bassano del Grappa, Biblioteca civica |
| BE | Belluno, Biblioteca del seminario (Biblioteca „Gregoriana") |
| BGc | Bergamo, Biblioteca civica „Angelo Mai" |
| BGi | — Istituto musicale „Donizetti" |
| BRd | Brescia, Archivio del Duomo |
| BRq | — Civica Biblioteca Queriniana |
| BRs | — Archivio musicale del Seminario vescovile |
| BRE | Bressanone (Brixen), Seminario Vesc. „Vincentinum"-Biblioteca |
| CARc(p) | Castell' Arquato, Archivio capitolare (Archivio parrocchiale) |
| CC | Città di Castello, Archivio capitolare del duomo |
| CCc | — Biblioteca comunale |
| CEb(sm) | Cesena, Badia Santa Maria del Monte |
| CEc | — Biblioteca comunale Malatestiana |
| CEN | Cento, Archivio di San Biagio |
| CF | Cividale del Friuli, Archivio capitolare |
| CMac | Casale Monferrato, Archivio capitolare (Duomo) |
| CMbc | — Biblioteca civica |
| COc | Como, Biblioteca comunale |
| COd | — Archivio musicale storico del Duomo |

| | |
|---|---|
| CORc | Correggio, Biblioteca comunale |
| CR | Cremona, Biblioteca governativa |
| CZorizio | Cazzago S. Martino, Biblioteca privata Orizio |
| E | Enna, Biblioteca comunale |
| Fc | Firenze, Biblioteca del Conservatorio di Musica „L. Cherubini" |
| Fa | — Archivio dell'Annunziata |
| Fd | — Archivio del Duomo |
| Ffabbri | — Biblioteca privata M. Fabbri |
| Fl | — Biblioteca Mediceo-Laurenziana |
| Fm | — Biblioteca Marucelliana |
| Fn | — Biblioteca Nazionale Centrale |
| Folschki | — Biblioteca privata Olschki |
| Fr | — Biblioteca Riccardiana |
| FA | Fabriano, Biblioteca comunale |
| FEbonfigliuoli | Ferrara, Biblioteca privata Bonfigliuoli |
| FEc | — Biblioteca comunale Ariostea |
| FEd | — Biblioteca capitolare (duomo) |
| FEmichelini | — Biblioteca privata Bruto Michelini |
| FELc | Feltre Biblioteca comunale |
| FELd | — Archivio del Duomo |
| FERc | Fermo, Biblioteca comunale |
| FERd | — Cappella del Duomo |
| FOc | Forlì, Biblioteca comunale „Aurelio Saffi" (Fondo Carlo Piancastelli) |
| FOd | — Archivio del Duomo |
| FOSc | Fossano, Biblioteca Civica |
| FZac(d) | Faenza, Archivio capitolare (Duomo) |
| FZc | — Biblioteca comunale |
| Gi(l) | Genova, Istituto musicale (Biblioteca del Liceo Musicale „Paganini") |
| Gu | — Biblioteca universitaria |
| GE | Gemona, Archivio del Duomo |
| GUBsp | Gubbio, Biblioteca comunale Sperelliana |
| Lg | Lucca, Biblioteca governativa |
| Li | — Istituto musicale (mit Fondo Bottini) |
| Ls | — Biblioteca del seminario arcivescovile |
| LA | L'Aquila, Biblioteca provinciale „S. Tommasi" |
| LOc | Lodi, Biblioteca capitolare (Duomo) |
| LOcl | — Biblioteca comunale Laudense |
| LT | Loreto, Archivio Storico della Cappella Lauretana |
| Ma | Milano, Biblioteca Ambrosiana |
| Mb | — Biblioteca nazionale Braidense |
| Mc | — Biblioteca del Conservatorio „Giuseppe Verdi" |
| Mcap(d) | — Cappella musicale del Duomo (im Archivio della Veneranda Fabbrica) |
| Mdonà | — Biblioteca privata M. Donà |
| Msartori | — Biblioteca Cl. Sartori |
| Mt | — Biblioteca Trivulziana e Archivio Storico Civico |
| MAc | Mantova, Biblioteca comunale (mit Archivio Gonzaga) |
| MAC | Macerata, Biblioteca comunale „Mozzi-Borgetti" |
| MC | Montecassino, Biblioteca dell' Abbazia |
| ME | Messina, Biblioteca universitaria governativa |
| MOd | Modena, Archivio capitolare (Duomo) |
| MOe | — Biblioteca Estense |
| MOf | — Archivio Ferni |
| MOl | — Liceo Musicale O. Vecchi |

| | |
|---|---|
| MOs | — Archivio di Stato |
| MTventuri | Montecatini-Terme, Biblioteca privata Antonio Venturi |
| Nc | Napoli, Biblioteca del Conservatorio di Musica S. Pietro a Maiella |
| Nf | — Biblioteca Oratoriana dei Filippini (o Gerolamini) |
| Nn | — Biblioteca nazionale „Vittorio Emanuele III" (mit: Bibl. Lucchesi-Palli) |
| NOVd | Novara, Archivio Musicale Classico del Duomo |
| NOVc | — Biblioteca civica |
| NOVg | — Archivio e Biblioteca di San Gaudenzio |
| NT | Noto, Biblioteca comunale |
| Oc | Orvieto, Biblioteca comunale „Luigi Fumi" |
| Od | — Biblioteca dell' Opera del Duomo |
| OS | Ostiglia, Fondazione Greggiati |
| Pbonelli | Padova, Biblioteca privata Prof. E. Bonelli |
| Pc | — Biblioteca capitolare |
| Pca | — Archivio musicale privata della Veneranda Arca del Santo (Bibl. Antoniana) |
| Pi(l) | — Istituto musicale „Cesare Pollini" (Biblioteca del Liceo musicale) |
| Ppapafava | — Biblioteca privata Novello Papafava dei Carreresi |
| Ps | — Biblioteca del seminario vescovile |
| Pu | — Biblioteca universitaria |
| PAc | Parma, Sezione Musicale della Biblioteca Palatina presso il Conservatorio „Arrigo Boito" |
| PAL | Palestrina, Biblioteca comunale Fantoniana |
| PCa | Piacenza, Collegio Alberoni |
| PCc | — Biblioteca comunale Passerini Landi |
| PCd | — Archivio del Duomo |
| PEc | Perugia, Biblioteca comunale Augusta |
| PEd | — Biblioteca Dominici, chiostro della Cattedrale |
| PEl | — Biblioteca del Conservatorio di musica „F. Morlacchi" |
| PEsp | — Archivio Storico di San Pietro |
| PESc | Pesaro, Biblioteca del Conservatorio „Gioacchino Rossini" |
| PEScerasa | — Biblioteca privata Cerasa (seit 1970 in Viterbo) |
| PESd | — Archivio del Duomo |
| PESo | — Biblioteca comunale Oliveriana |
| PIa | Pisa, Archivio di Stato |
| PIp | — Archivio musicale dell' opera della Primaziale (Duomo) |
| PIr | — Biblioteca Raffaelli |
| PIs | — Fondo Simoneschi |
| PIu | — Biblioteca universitaria |
| PLa | Palermo, Archivio di Stato |
| PLcom | — Biblioteca comunale |
| PLcon | — Biblioteca del Conservatorio „V. Bellini" |
| PLd | — Duomo (Bibl. capitolare) |
| PLm | — Teatro Massimo |
| PLn | — Biblioteca nazionale |
| PLpagano | — Biblioteca privata Roberto Pagano |
| PLs | — Biblioteca privata Barone Sgadari di Lo Monaco (aufbewahrt: Casa di Lavoro e Preghiera Padre Messina) |
| PLsd | — Archivio storico Diocesano |
| POd | Potenza, Archivio del Duomo |
| PS | Pistoia, Archivio capitolare della Cattedrale |
| Ra | Roma, Biblioteca Angelica |

| | |
|---|---|
| Raf | — Biblioteca dell' Accademia Filarmonica Romana |
| Ras | — Archivio di Stato |
| Rc | — Biblioteca Casanatense |
| Rchristoff | — Biblioteca privata Christoff |
| Rdp | — Archivio Doria Pamphilj |
| Rf | — Archivio dei Filippini |
| Ria | — Biblioteca dell' Istituto nazionale di Archeologia e Storia dell' Arte |
| Rla | — Biblioteca Lancisiana |
| Rli | — Biblioteca dell' Accademia dei Lincei e Corsiniana |
| Rn | — Biblioteca nazionale centrale ,,Vittorio Emanuele II⁰'' |
| Rp | — Biblioteca Pasqualini (übergegangen in Rsc) |
| Rsc | — Biblioteca Musicale Santa Cecilia (Conservatorio) |
| Rsg | — Archivio di San Giovanni in Laterano |
| Rsgf | — Archivio dell' Arciconfraternita di San Giovanni dei Fiorentini |
| Rslf | — Chiesa S. Luigi de' Francesi |
| Rsm | — Archivio capitolare di Santa Maria Maggiore (in: Rvat) |
| Rsmt | — Archivio capitolare di Santa Maria in Trastevere |
| Rv | — Biblioteca Vallicelliana |
| Rvat | — Biblioteca Apostolica Vaticana |
| RA | Ravenna, Archivio capitolare (Duomo) |
| REas | Reggio-Emilia, Archivio di Stato |
| REd | — Archivio capitolare (Duomo) |
| REm | — Biblioteca municipale |
| REsp | — Archivio capitolare di San Prospero |
| RIM | Rimini, Biblioteca civica ,,Gambalunga'' |
| Sac | Siena, Biblioteca dell' Accademia Musicale Chigiana |
| Sas | — Archivio di Stato |
| Sc | — Biblioteca comunale degli Intronati (Museo etrusco) |
| Sd | — Archivio Musicale dell' opera del Duomo (mit Bibl. Piccolomini) |
| Smo | — Biblioteca annessa al Monumento Nazionale di Monte Oliveto Maggiore |
| SA | Savona, Biblioteca civica A. G. Barrili |
| SAL | Saluzzo, Archivio del Duomo |
| SPd | Spoleto, Archivio del Duomo |
| SPc | — Biblioteca comunale |
| SPE | Spello, Santa Maria Maggiore |
| ST | Stresa, Biblioteca Rosminiana |
| Ta | Torino, Archivio di Stato |
| Tb | — Convento di Benevagienna |
| Tci | — Biblioteca civica musicale ,,A. della Corte'' |
| Tco | — Biblioteca del Conservatorio Statale di Musica ,,Giuseppe Verdi'' |
| Td | — Archivio Musicale del Duomo |
| Tf | — Accademia filarmonica |
| Tn | — Biblioteca nazionale universitaria |
| Tr | — Biblioteca reale |
| TE | Terni, Istituto Musicale ,,G. Briccialdi'' |
| TI | Termini-Imerese, Biblioteca Liciniana |
| TRc | Trento, Biblioteca comunale |
| TSci(com) | Trieste, Biblioteca civica (Biblioteca comunale ,,Attilio Hortis'') |
| TScon | — Biblioteca del Conservatorio di Musica ,,Tartini'' |
| TSmt | — Civico Museo Teatrale di fondazione Carlo Schmidl |
| TSsc | — Fondazione Giovanni Scaramangá de Altomonte |
| TVca(d) | Treviso, Biblioteca capitolare (Archivio del Duomo) |
| TVco | — Biblioteca comunale |

| | |
|---|---|
| Us | Urbino, Cappella del Sacramento (Duomo) |
| Usf | — Archivio di S. Francesco (in: Uu) |
| Uu | — Biblioteca universitaria |
| UD | — Udine, Archivio del Duomo |
| UDc | — Biblioteca comunale Vincenzo Soppi |
| URBc | Urbania, Biblioteca comunale |
| URBcap | — Biblioteca capitolare (Cattedrale) |
| Vas | Venezia, Archivio di Stato |
| Vc | — Biblioteca del Conservatorio „Benedetto Marcello" (fondo primitivo, fondo Correr, fondo Giustiniani, fondo dell' Ospedaletto, fondo Carminati) |
| Vcg | — Casa di Goldoni, Biblioteca |
| Vgc | — Biblioteca e Istituto di Lettere, Musica e Teatro della Fondazione „Giorgio Cini" (S. Giorgio Maggiore), (mit Fondo Malipiero) |
| Vlevi | — Biblioteca della Fondazione Ugo Levi |
| Vmarcello | — Biblioteca privata Andrighetti Marcello |
| Vmc | — Museo Civica Correr, Bibl. d'arte e storia veneziana |
| Vnm | — Biblioteca nazionale Marciana |
| Vqs | — Biblioteca dell' Accademia Querini-Stampalia |
| Vs | — Biblioteca del Seminario Patriarcale |
| Vsm | — Archivio della Procuratoria di San Marco |
| Vsmc | — S. Maria della Consolazione detta „della Fava" |
| VCd | Vercelli, Archivio del Duomo (Biblioteca capitolare) |
| VCs | — Biblioteca del seminario vescovile |
| VD | Viadana, Biblioteca civica |
| VEaf | Verona, Società Accademia filarmonica |
| VEas | — Archivio di Stato |
| VEc | — Biblioteca civica |
| VEcap | — Biblioteca capitolare (Cattedrale) |
| VIb | Vicenza, Biblioteca civica Bertoliana |
| VId | — Archivio e Bibl. capitolare del Duomo |
| VIs | — Biblioteca del seminario vescovile |
| VO | Volterra, Biblioteca Guarnacci |
| VTc | Viterbo, Biblioteca comunale degli Ardenti |
| VTs | — Biblioteca del Seminario Diocesano (mit: Bibl. provinciale A. Anselmi) |

## IL – ISRAEL

| | |
|---|---|
| J | Jerusalem, The Jewish National & University Library |

## J – JAPAN

| | |
|---|---|
| Tm | Tokyo, Musashino Ongaku Daigaku |
| Tma (Tmc) | — Bibliotheca Musashino Academia Musicae (Musashino College of Music Library) |
| Tn | — The Ohki Collection, Nanki Music Library |

## N – NORGE

| | |
|---|---|
| Bo | Bergen, Bergen Offentlige Bibliotck |
| Bu | — Universitetsbiblioteket (University of Bergen Library) |

| | |
|---|---|
| Oic | Oslo, Norwegian Music Information Centre, c/o Tono |
| Oim | — Institutt for Musikkvitenskap, Universitet i Oslo |
| Ok | — Musik-Konservatoriets Bibliotek |
| Onk | — Norsk Komponistforening |
| Or | — Norsk Rikskringkastings (Norwegian Broadcasting Corporation), Bibliotek |
| Ou | — Universitetsbiblioteket i Oslo |
| Oum | — Universitetsbiblioteket i Oslo, Norsk Musikksamling |
| T | Trondheim, Det Kongelige Norske Videnskabers Selskab (Royal Norwegian Scientific Society), Biblioteket |
| Tmi | — Musikkvitenskapelig Institutt |

## NL – NEDERLAND

| | |
|---|---|
| Ad | Amsterdam, Stichting Donemus (Donemus Foundation) |
| At | — Toonkunst-Bibliotheek |
| Au | — Universiteitsbibliotheek |
| Avnm | — Bibliotheek der Vereeniging voor Nederlandse Muziekgeschiedenis (Depositum in der Toonkunst-Bibliotheek) |
| AN | Amerongen, Archief van het Kasteel der Graven Bentinck |
| D | Deventer, Stadsbibliotheek (Athenaeum-Bibliotheek), Stadhuis |
| DHa | Den Haag, Koninklijk Huisarchief |
| DHgm | — Gemeente Museum |
| DHk | — Koninklijke Bibliotheek |
| DHmw | — Rijksmuseum Meermanno-Westreenianum (Museum Van Het Boek) |
| G | Groningen, Universiteitsbibliotheek |
| Hs | Haarlem, Stadsbibliotheek |
| HIr | Hilversum, Radio Nederland |
| L | Leiden, Gemeentearchief |
| Lt | — Bibliotheca Thysiana |
| Lu | — Universiteitsbibliotheek |
| Lw | — Bibliothèque Wallonne |
| LE | Leeuwarden, Provinciale Bibliotheek van Friesland |
| R | Rotterdam, Gemeente Bibliotheek |
| 'sH | 'S Hertogenbosch, Archief van de Illustre Lieve Vrouwe Broederschap |
| Uim | Utrecht, Instituut voor Muziekwetenschap der Rijksuniversiteit |
| Usg | — St. Gregorius Vereniging, Bibliotheek (als Leihgabe in Uim) |
| Uu | — Universiteitsbibliotheek |

## NZ – NEW ZEALAND

| | |
|---|---|
| Ap | Auckland, Public Library |
| Au | — University College Library |
| Dp | Dunedin, The Dunedin Public Library |
| Wt | Wellington, The Alexander Turnbull Library |

## P – PORTUGAL

| | |
|---|---|
| C | Coimbra, Biblioteca Geral da Universidade |
| EVc | Evora, Archivo Cathedral |

| | |
|---|---|
| EVp | — Biblioteca Pública |
| La | Lisboa, Biblioteca do Palácio nacional da Ajuda |
| Lf | — Fábrica da Sé Patriarcal |
| Ln | — Biblioteca Nacional de Lisboa |
| Pm | Porto, Biblioteca Pública Municipal |

## PL – POLSKA

| | |
|---|---|
| B | Bydgoszcz (Bromberg), Biblioteka Miejska |
| Cb | Cieszyn, Biblioteka Śląska, Oddział Cieszyn |
| Cp | — Biblioteka Parafii ewang. /Tschammera/ |
| GD | Gdansk (Danzig), Biblioteka Polskiej Akademii Nauk |
| Kz | Kraków (Krakau), Biblioteka Czartoryskich |
| Kcz | — Biblioteka Czapskich |
| Kj | — Biblioteka Jagiellónska |
| Kp | — Biblioteka Polskiej Akademii Nauk |
| KA | Katowice (Kattowitz), Biblioteka Śląska |
| KO | Kornik (Kurnik), Polska Akademia Nauk, Biblioteka Kornicka |
| Lk | Lublin, Biblioteka Katolickiego Uniwersytetu |
| Lw | — Biblioteka Wojewódzka i Miejska im.H.Łopacińskiego |
| ŁO | Łowicz, Biblioteka Seminarium |
| Pa | Poznań, (Posen) Biblioteka Archidiecezjalna |
| Pr | — Miejska Biblioteka Publiczna im.Edwarda Raczyńskiego |
| Pu | — Biblioteka Uniwersytecka |
| PŁp | Płock, Biblioteka Tow.Naukowego |
| Tu | Torun (Thorn), Biblioteka Uniwersytecka |
| Wm | Warszawa, (Warschau) Biblioteka Muzeum Narodowego |
| Wn | — Biblioteka Narodowa |
| Wp | — Biblioteka Publiczna |
| Ws | — Biblioteka Synodu Augsb. Ewangelickiego |
| Wu | — Biblioteka Uniwersytecka |
| WL | Wilanów, Biblioteka, oddizał Muzeum Nar. Warszawy |
| WRu | Wrocław (Breslau), Biblioteka Uniwersytecka |

## R – ROMANIA

| | |
|---|---|
| Ab | Aíud, Biblioteca Documentará „Bethlen" |
| Bc | Bucureşti, Biblioteca Centralá de Stat |
| Sb | Sibiu (Hermannstadt), Muzeul Brukenthal |
| TMt | Târgu Mureş (Neumarkt), Biblioteca Documentará Teleki |

## S – SVERIGE

| | |
|---|---|
| A | Arvika, Folkliga Musikskolan |
| E | Enköping, S: T Iliansskolan, Biblioteket (Samrealskolans Arkiv or Högre Allmänna Läroverket) |
| ES | Eskilstuna, Stadsbiblioteket |
| Gem | Göteborg, Etnografiska Museet, Biblioteket |
| Ghl | — Hvitfeldtska Högre Allmänna Läroverket (ehem. Latinläroverk or Högre Elementarläroverket, Göteborgs Kgl. Gymnasium), Biblioteket |

83*

| | |
|---|---|
| Gu | — Universitetsbiblioteket (ehem. Stadsbibliotek) |
| GÄ | Gävle, Vasaskolan (ehem. Högre Allmänna Läroverket), Biblioteket |
| Hfryklund | Hälsingborg, D. Daniel Fryklunds samling (übernommen nach Skma) |
| Hs | — Stadsbiblioteket |
| J | Jönköping, Per Brahegymnasiet (ehem. Högre Allmänna Läroverket) Biblioteket |
| K | Kalmar, Gymnasie- och Stiftsbiblioteket (Stifts- och Läroverksbiblioteket) |
| KA | Karlstad, Stifts- och Läroverksbiblioteket |
| KAT | Katrineholm, Stadsbiblioteket |
| KH | Karlshamn, Karlshamns Museums Biblioteket |
| L | Lund, Universitetsbiblioteket |
| Lbarnekow | — Bibliothek der Akademischen Kapelle (Sammlung Barnekow) |
| LB | Leufsta Bruk (Privatsammlung De Geer) |
| LI | Linköping, Stifts- och Landsbiblioteket Institut (ehem. Stifts- och Läroverksbiblioteket) |
| M | Malmö, Stadsbiblioteket |
| N | Norrköping, Stadsbiblioteket |
| Ö | Örebro, Karolinska Skolan Biblioteket (Karolinska Läroverket) |
| ÖS | Östersund, Jämtlands Läns Biblioteket |
| Sdt | Stockholm, Drottningholms Teatermuseum, Biblioteket |
| Sic | — Swedish Music Information Center |
| Sk | — Kungliga Biblioteket |
| Skma | — Kungliga Musikaliska Akademiens Bibliotek |
| Sm | — Musikhistoriska museet, Biblioteket |
| Sn | — Nordiska museet (ehem. Skandinavsk-Etnografiska Samlingen), Biblioteket |
| Ssr | — Sveriges Radio, Musikbiblioteket |
| St | — Kungliga Teaterns Biblioteket |
| SK | Skara, Stifts- och Landsbiblioteket (mit: Läroverkets Musikbibliotek) |
| STd | Strängnäs, Domkyrkobiblioteket |
| STr | — Roggebiblioteket (ehem. Stifts-och Läroverksbiblioteket) |
| Uifm | Uppsala, Institutionen för Musikforskning vid Uppsala Universitet, Biblioteket |
| Uu | — Universitetsbiblioteket |
| V | Västerås, Stifts-och Landsbiblioteket (ehem. Librarium Cathedralis, Bibliotheca Templi et Consistorii Cathedralis, Stifts-och Läroverksbiblioteket und Västerås Gamla Gymnasiebibliboteket) |
| VII | Visby (Gotland), Landsarkivet |
| VIs | — Stadsbiblioteket |
| VX | Växjö, Stifts-och Landsbiblioteket (ehem. Stifts-och Gymnasiebiblioteket) |

## SF – SUOMI

| | |
|---|---|
| A | Åbo (Turku), Sibeliusmuseum Musikvetenskapliga Institutionen vid Åbo Akademi, Bibliotek & Arkiv |
| Aa | — Åbo Akademis (Åbo Academy or Swedish University of Åbo), Bibliotek |
| Hko | Helsinki, Helsingin Kaupunginorkester (Helsinki Philharmonic Orchestra), Bibliotek |

| | |
|---|---|
| Hmt | — Musiikin Tiedotuskeskus (Music Information Centre) |
| Hr | — Oy Yleisradio AB, Nuotisto (Finnish Broadcasting Company), Bibliotek |
| Hs | — Sibelius-Akatemian Kirjasto |
| Hy | — Helsingin Yliopiston Kirjasto (Helsinki University Library) |
| Hyf | — Helsingin Yliopiston Kirjasto (Helsinki University Library, Department of Finnish Music) |
| TA | Tampere, Tampereen Yliopiston Kansanperinteen Laitos (University of Tampere), Bibliotek |

## US – UNITED STATES OF AMERICA

| | |
|---|---|
| AA | Ann Arbor (Mich.), University of Michigan, Music Library |
| AB | Albany (N.Y.), New York State Library |
| AL | Allentown (Pa.), Muhlenberg College, John A. W. Haas Library |
| AM | Amherst (Mass.), Amherst College, Robert Frost Building |
| AU | Aurora (N.Y.), Wells College Library |
| AUS | Austin (Tex.), University of Texas – Music in: main library, music library, and rare book collection (Miriam Lutcher Stark Library) |
| Ba | Boston (Mass.), Boston Athenaeum Library |
| Bbs | — The Bostonian Society Library |
| Bc | — The New England Conservatory of Music |
| Bco | — The American Congregational Association, Congregational Library |
| Bfa | — Boston Fine Arts Museum |
| Bge | — School of Fine Arts, General Education Library |
| Bh | — Harvard Musical Association |
| Bhh | — Handel and Haydn Society |
| Bhs | — Massachusetts Historical Society Library |
| Bl | — Grand Lodge of Masons in Massachusetts, A. F. & A. M. Library |
| Bm | — Boston University, Mugar Memorial Library |
| Bp | — Boston Public Library – Music Department |
| Bth | — Boston University, School of Theology Library |
| BAep | Baltimore (Md.), Enoch Pratt Free Library, Fine Arts and Music Department |
| BAhs | — Maryland Historical Society Library |
| BApi | — Peabody Institute of the City of Baltimore Library |
| BAu | — John Hopkins University Libraries |
| BAw | — Walters Art Gallery Library |
| BAT | Baton Rouge (La.), Louisiana State University Library |
| BE | Berkeley (Cal.), University of California, Music Library |
| BER | Berea (Ohio), Baldwin-Wallace College, Ritter Library of the Conservatory |
| BETm | Bethlehem (Pa.), Archives of the Moravian Church in Bethlehem (Northern Province Archives) |
| BETu | — Lehigh University, Lucy Packer Linderman Memorial Library |
| BG | Bangor (Me.), Bangor Public Library |
| BK | Brunswick (Me.), Bowdoin College, Department of Music (Nathaniel Hawthorne – Henry Wadsworth Longfellow Library) |
| BLl | Bloomington (Ind.), Indiana University, Lilly Library |
| BLu | — Indiana University, School of Music Library |
| BO | Boulder (Col.), University of Colorado, Music Library |
| BRc | Brooklyn (N.Y.), Brooklyn College Music Library |
| BRp | — Brooklyn Public Library |

| | |
|---|---|
| BU | Buffalo (N.Y.), Buffalo and Erie County Public Library |
| Charding | Chicago (Ill.), N. H. Harding private collection |
| Chs | — The Chicago Historical Society Library |
| Cn | — Newberry Library |
| Cu | — University of Chicago, Music Library |
| CA | Cambridge (Mass.), Harvard University, Music Libraries (Eda Kuhn-Loeb, Houghton, Harvard College, Theatre Collection) |
| CAR | Carlisle (Pa.), Dickinson College Library |
| CDhs | Concord (N. H.), New Hampshire Historical Society Library |
| CDs | — New Hampshire State Library |
| CG | Coral Gables (Fla.), University of Miami, Music Library |
| CHua | Charlottesville (Va.), University of Virginia, Alderman Library |
| CHum | — University of Virginia (mit: Jefferson Family-Monticello Music Collection) |
| CHH | Chapel Hill (N. C.), University of North Carolina, Music Library |
| CIhc | Cincinnati (Ohio), Hebrew Union College Library |
| CIu | — University of Cincinnati College – Conservatory of Music (formerly Cincinnati Conservatory of Music and Cincinnati College of Music), Music Library |
| CLp | Cleveland (Ohio). Cleveland Public Library, Fine Arts Department |
| CLwr | — Western Reserve University, Freiberger Library and Music House Library |
| COu | Columbus (Ohio), Ohio State University, Music Library |
| CR | Cedar Rapids (Iowa), Iowa Masonic Library |
| Dp | Detroit (Mich.), Detroit Public Library, Music and Performing Arts Department (formerly Music & Drama Department) |
| DE | Denver (Col.), Denver Public Library, Art & Music Division |
| DB | Dearborn (Mich.), Henry Ford Museum and Greenfield Village |
| DM | Durham (N. C.), Duke University Libraries |
| DN | Denton (Tex.), North Texas State University (formerly North Texas State College), Music Library |
| DO | Dover (N. H.), Dover Public Library |
| Eg | Evanston (Ill.), Garrett Theological Seminary Library (formerly Garrett Biblical Institute) |
| Eu | — Northwestern University Libraries |
| ECstarr | Eastchester (N. Y.), Saul Starr private collection |
| EXd | Exeter (N. H.), Phillips Exeter Academy, Davis Library |
| EXp | — Exeter Public Library |
| FW | Fort Worth (Texas), Southwest Baptist Theological Seminary |
| G | Gainesville (Fla.), University of Florida Library, Rare Book Collection |
| GA | Gambier (Ohio), Kenyon College Divinity School, Colburn Library |
| GB | Gettysburg (Pa.), Lutheran Theological Seminary |
| GR | Granville (Ohio), Denison University Library (William Howard Doane Library) |
| GRE | Greenville (Del.), Eleutherian Mills Historical Library |
| Hhs | Hartford (Conn.), Connecticut Historical Society Library |
| Hm | — Case Memorial Library, Hartford Seminary Foundation |
| Hp | — Public Library, Art & Music Department |
| Hs | — Connecticut State Library |
| Hw | — Watkinson Library, Trinity College |
| HA | Hanover (N. H.), Dartmouth College, Baker Library |
| HB | Harrisonburg (Va.), Eastern Mennonite College, Menno Simons Historical Library and Archives |
| HG | Harrisburg (Pa.), Pennsylvania State Library |

| | |
|---|---|
| HO | Hopkinton (N. H.), New Hampshire Antiquarian Society |
| HU | Huntingdon (Pa.), Juniata College, L. A. Beechly Library |
| I | Ithaca (N. Y.), Cornell University Music Library |
| IO | Iowa City (Ia.), University of Iowa (formerly State University of Iowa), Music Library |
| K | Kent (Ohio), Kent State University Library |
| Lu | Lawrence (Kans.), University of Kansas Libraries |
| LAuc | Los Angeles (Cal.), University of California, William Andrews Clark Memorial Library |
| LAusc | — University of Southern California, School of Music Library |
| LB | Lewisburg (Pa.), Bucknell University, Ellen Clarke Bertrand Library |
| LChs | Lancaster (Pa.), Lancaster County Historical Society |
| LCm | — Lancaster Mennonite Historical Library and Archives |
| LCts | — Lancaster Theological Seminary of the United Church of Christ Library (formerly Theological Seminary of the Evangelical & Reformed Church) |
| LEX | Lexington (Ky.), University of Kentucky, Margaret I. King Library |
| LOs | Louisville (Ky.), Southern Baptist Theological Seminary, James P. Boyce Centennial Library |
| LOu | — University of Louisville, School of Music Library |
| LU | Lincoln University (Pa.), Lincoln University, Vail Memorial Library |
| M | Milwaukee (Wisc.), Milwaukee Public Library, Art & Music Department |
| MI | Middletown (Conn.), Wesleyan University, Olin Memorial Library |
| MORduncan | Morgantown (W. Va.), Dr. Richard E. Duncan private collection |
| MSp | Minneapolis (Minn.), Minneapolis Public Library |
| MSu | — University of Minnesota, Music Library |
| MV | Mount Vernon (Va.), Mount Vernon Ladies' Association of the Union Collection |
| Nf | Northampton (Mass.), Forbes Library |
| Nsc | — Smith College, Werner Josten Music Library |
| NAZ | Nazareth (Pa.), Moravian Historical Society, Library and Museum |
| NBs | New Brunswick (N. J.), New Brunswick Theological Seminary, Gardner A. Sage Library |
| NBu | — Rutgers University Library (The State University) |
| NEm | Newark (N. J.), Newark Museum |
| NEp | — Newark Public Library |
| NH | New Haven (Conn.), Yale University, The Library of the School of Music |
| NORts | New Orleans (La.), New Orleans Theological Seminary Library |
| NORtu | — Tulane University, Howard Tilton Memorial Library |
| NP | Newburyport (Mass.), Newburyport Public Library |
| NYcc | New York (N. Y.), City College Library, Music Library |
| NYcu | — Columbia University, Music Library |
| NYfo | — Fordham University Library |
| NYfuld | — James J. Fuld private collection |
| NYgo | — New York University, Gould Memorial Library |
| NYgr | — The Grolier Club Library |
| NYhc | — Hunter College Library |
| NYhs | — New York Historical Society Library |
| NYhsa | — Hispanic Society of America, Library |
| NYj | — Juilliard School of Music Library (mit: Institute of Musical Art) |
| NYlateiner | — Jacob Lateiner private collection |

| | |
|---|---|
| NYma | — Mannes College of Music, Clara Damrosch Mannes Memorial Library (formerly Mannes School) |
| NYmc | — Museum of the City of New York, Theatre & Music Department |
| NYmm | — Metropolitan Museum of Art, Thomas J. Watson Library |
| NYp | — New York Public Library at Lincoln Center |
| NYpm | — Pierpont Morgan Library |
| NYq | — Queens College of the City University, Paul Klapper Library, Music Library |
| NYts | — The Union Theological Seminary Library |
| OA | Oakland (Col.), Oakland Public Library |
| OB | Oberlin (Ohio), Oberlin College Conservatory of Music |
| Pc | Pittsburgh (Pa.), Carnegie Library of Pittsburgh |
| Pfinney | — Theodore M. Finney private library (übernommen nach Pu) |
| Ps | — Theological Seminary, Clifford E. Barbour Library |
| Pu | — University of Pittsburgh, Music Library (mit: Theodore M. Finney private library) |
| PD | Portland (Me.), Maine Historical Society Library |
| PER | Perryville (Miss.), St. Mary's Seminary Library |
| PHbo | Philadelphia (Pa.), St. Charles Borromeo Theological Seminary Library |
| PHbs | — William Bacon Stevens Library |
| PHchs | — American Catholic Historical Society of Philadelphia Library |
| PHci | — The Curtis Institute of Music Library |
| PHem | — The Eric Mandell Collection of Jewish Music |
| PHf | — Free Library of Philadelphia, Music Department |
| PHhs | — Historical Society of Pennsylvania Library |
| PHkm | — Lutheran Theological Seminary at Philadelphia, Krauth Memorial Library |
| PHlc | — Library Company of Philadelphia |
| PHma | — Musical Academy Library |
| PHphs | — The Presbyterian Historical Society Library |
| PHps | — American Philosophical Society Library |
| PHr | — The Philip H. and A. S. W. Rosenbach Foundation |
| PHtr | — Trinity Lutheran Church of Germantown |
| PHts | — Westminster Theological Seminary Library |
| PHu | — University of Pennsylvania Music Library |
| PIlevy | Pikesville (Md.), Lester A. Levy private collection |
| PL | Portland (Oregon), Library Association of Portland, Music Department |
| PO | Poughkeepsie (N. Y.), Vassar College, Music Library |
| PRs | Princeton (N. J.), Princeton Theological Seminary, Speer Library |
| PRu | — Princeton University Library |
| PROhs | Providence (R. I.), Rhode Island Historical Society Library |
| PROu | — Brown University Libraries |
| R | Rochester (N. Y.), Sibley Music Library, Eastman School of Music, University of Rochester |
| RI | Richmond (Va.), Virginia State Library |
| Sp | Seattle (Wash.), Seattle Public Library |
| Su | — University of Washington, Music Library |
| SA | Salem (Mass.), Essex Institute Library |
| SB | Santa Barbara (Cal.), University of California at Santa Barbara, Library |
| SFp | San Francisco (Cal.), San Francisco Public Library, Fine Arts Department, Music Division |

| | |
|---|---|
| SFs | — Sutro Library |
| SFsc | — San Francisco State College Library, Col. Frank V. de Bellis Collection |
| SHE | Sherman (Tex.), Austin College, Arthur Hopkins Library |
| SLc | Saint Louis (Miss.), Concordia Seminary Library |
| SLf | — Fontbonne College Library |
| SLkrohn | — Ernst C. Krohn private collection |
| SLug | — Washington University, Gaylord Music Library |
| SLC | Salt Lake City (Utah), University of Utah Library |
| SM | San Marino (Cal.), Henry E. Huntington Library & Art Gallery |
| STu | Stanford (Cal.), Stanford University, Music Library, Division of Humanities & Social Sciences |
| SW | Swarthmore (Pa.), Swarthmore College Library |
| SY | Syracuse (N. Y.), Syracuse University Music Library |
| Tm | Toledo (Ohio), Toledo Museum of Art Library |
| TA | Tallahassee (Fla.), Florida State University, Robert Manning Strozier Library |
| U | Urbana (Ill.), University of Illinois, Music Library |
| Ufraenkel | — Collection Fraenkel |
| UP | University Park (Pa.), The Pennsylvania State University Library (formerly Pennsylvania State College) |
| Wc | Washington (D. C.), Library of Congress, Music Division |
| Wca | — Washington Cathedral Library |
| Wcu | — Catholic University of America, Music Library |
| Wgu | — Georgetown University Libraries |
| Ws | — Folger Shakespeare Library |
| Wsc | — Scottish Rite Masons, Supreme Council, Library |
| Wsi | — Smithsonian Institution, Music Library |
| WA | Watertown (Mass.), Perkins School for the Blind |
| WC | Waco (Tex.), Baylor University, Music Library (F. L. Carroll Library) |
| WE | Wellesley (Mass.), Wellesley College Library |
| WELhartzler | Wellman (Iowa), J. D. Hartzler private collection |
| WGc | Williamsburg (Va.), College of William and Mary, Earl Gregg Swem Library |
| WGw | — Colonial Williamsburg Research Department, historical collection |
| WI | Williamstown (Mass.), Williams College, Chapin Library |
| WM | Waltham (Mass.), Brandeis University Library, Music Library, Goldfarb Library |
| WOa | Worcester (Mass.), American Antiquarian Society Library |
| WS | Winston-Salem (N. C.), Moravian Music Foundation, Peter Memorial Library |

## USSR – SOWJETUNION (vorläufige Liste)

| | |
|---|---|
| Kan | Kiev, Biblioteka Ukrainskoj akademii nauk |
| Kk | — Biblioteka Gosudarstvennoj konservatorii im. P. I. Čajkovskogo |
| KA | Kaliningrad (Königsberg), Oblastnaja biblioteka |
| KI | Kišinev, Biblioteka Gosudarstvennoj konservatorii im. G. Muzyčesku |
| Lan | Leningrad, Biblioteka Akademii nauk SSSR |
| Lit | — Naučnaja biblioteka Gosudarstvennogo instituta teatra, muzyki i kinematografii |

| | |
|---|---|
| Lk | — Biblioteka Gosudarstvennoj konservatorii im. N. A. Rimskogo-Korsakova |
| Lph | — Muzykal'naja biblioteka Leningradskoj gosudarstvennoj filarmonii |
| Lsc | — Gosudarstvennaja publičnaja biblioteka im. M. E. Saltykova-Ščedrina |
| Lt | — Gosudarstvennaja teatral'naja biblioteka im. A. A. Lunačarskogo |
| Ltob | — Central'naja muzykal'naja biblioteka Teatra opery i baleta im. S. M. Kirova |
| LV | L'vov (Lemberg), Biblioteka Gosudarstvennoj konservatorii im. N. V. Lysenko |
| Mcl | Moskva, Gosudarstvennyj central'nyj literaturnyj arhiv |
| Mcm | — Gosudarstvennyj central'nyj muzej muzykal'noj kul'tury im. M. I. Glinki |
| Mk | — Naučnaja muzykal'naja biblioteka im. S. I. Taneeva, Gosudarstvennaja konservatorija im. P. I. Čajkovskogo |
| Ml | — Gosudarstvennaja biblioteka SSSR im. V. I. Lenina |
| Mt | — Gosudarstvennyj teatral'nyj muzej i. A. Bahrušina |
| MI | Minsk, Biblioteka Belorusskoj gosudarstvennoj konservatorii |
| O | Odessa, Biblioteka Gosudarstvennoj konservatorii im. A. V. Neždanovoj |
| R | Riga, Biblioteka Gosudarstvennoj konservatorii Latvijskoj SSR im. J. Vitola |
| TAu | Tartu, Universitetskaja biblioteka |
| TAL | Tallin, Biblioteka Gosudarstvennoj konservatorii |
| TB | Tbilisi, Biblioteka Gosudarstvennoj konservatorii im. V. Saradžisvili |
| V | Vilnius, Biblioteka Gosudarstvennoj konservatorii Litovskoj SSR |
| TAL | Tallin, Biblioteka Gosudarstvennoj konservatorii |
| TB | Tbilisi, Biblioteka Gosudarstvennoj konservatorii im. V. Saradžisvili |
| V | Vilnius, Biblioteka Gosudarstvennoj konservatorii Litovskoj SSR |

## YU – YUGOSLAVIA

| | |
|---|---|
| Dsd | Dubrovnik, Knjižnica samostana Dominikanaca |
| Dsmb | — Mala braća ili Mala Braća Akademija za glasbo knjižnica |
| La | Ljubljana, Knjižnica Akademije za glasbo |
| Lf | — Knjižnica frančiskanškega samostana |
| Ls | — Škofijski arhiv in biblioteka |
| Lsa | — Biblioteka slovenske akademije znanosti in umetnosti |
| Lsk | — Arhiv stolnega kora |
| Lu | — Narodna in univerzitetna knjižnica |
| MAk | Maribor, Katedrala Maribor, glazbeni arhiv |
| MAs | — Knjižnica Škofijskega arhiv |
| NM | Novo Mesto, Frančiskanski samostan, Knjižnica |
| Ssf | Split, Knjižnica samostana sv. Frane |
| Za | Zagreb, Knjižnica Jugoslavenske akademije znanosti i umjetnosti |
| Zda | — Državni arhiv |
| Zha | — Hrvatski glazbeni zavod (zbirka Don Nikole Udina Algarotti) |
| Zk | — Glazbeni arhiv katedrale |
| Zs | — Glazbeni arhiv bogoslovnog sjemeništa |
| Zu | — Nacionalna sveučilišna biblioteka |

list of abbreviations

# VERZEICHNIS DER ABKÜRZUNGEN

| | | | | |
|---|---|---|---|---|
| ad lib. | ad libitum | | 5 | 5. Stimme (Quintus) |
| conc. | concertando | | vag | Vagans |
| Chb. | Chorbuch, choirbook, livre de chœur | | | |
| Ex. | Exemplar, copy, exemplaire | | vl | violino |
| fasc. | fasciculus | | vla | viola |
| f. | folio | | a-vla | alto-viola |
| KLA. | Klavierauszug, vocal score or piano reduction, réduction pour chant et piano | | vlc | violoncello |
| | | | vlne | violone |
| kpl. | komplett | | | |
| No. | Platten-(oder Verlags-)Nummer, plate number or publisher's number, cotage | | clno | clarino |
| | | | tr | tromba |
| | | | cnto | cornetto |
| obl. | obligato | | trb | trombone |
| P. | Partitur, score, partition | | fag | fagotto |
| p. | pagina | | fl | flauto |
| rip. | ripieno | | ob | oboe |
| s. l. | sine loco | | cl | clarinetto |
| s. n. | sine nomine | | cor | corno |
| s. d. | sine dato | | | |
| St. | Stimme(n), seperate part, partie séparée | | | |
| SD | Sammeldruck, printed collection, recueil imprimé | | cemb | cembalo |
| | | | clav | clavecin |
| | | | kl | Klavier |
| | | | hpcd | harpsichord |
| v | vox | | hf | Harfe |
| S | Sopran (Discantus, Superius) | | pf | Piano Forte |
| A | Alt | | org | organo |
| T | Tenor | | bc | basso continuo |
| B | Baß | | timp | timpani |

92*

*index of composers included in vol 1.*

# VERZEICHNIS DER IN BAND 1
# ENTHALTENEN AUTOREN

AARTS Franciscus
ABBATESSA Giovanni Battista
ABBATINI Antonio Maria
ABEILLE Johann Christian Louis
ABEL Clamor-Heinrich
ABEL Karl Friedrich
ABELL John
ABINGDON Willoughby Bertie
 (Earl of)
ABINGTON William
ABONDANTE Giulio
ABOS Girolamo
ABUNDANTE Giulio
ABRAMS Harriet
ABREU Antonio
ACCADEMICO BIZZARO CAPRIC
 CIOSO
ACCADEMICO FORMATO (De Castro)
 Francesco Giuseppe
ADAM Johann (Jean)
ADAM J. A.
ADAM Johann Ludwig (Louis)
ADAMI H.
ADAMI Michelangelo
ADAMS Abraham
ADAMS James B.
ADDISON John
ADGATE Andrew
ADIMARI Bernardo
ADOLFATI Andrea
ADORNO Bresciano
ADRIANI Francesco
ADRIEN Martin Joseph (l'aîné)
ADSON John
AEBEL David
AGAZZARI Agostino
AGAZZI Gaetano
AGINCOUR d' François
AGLIONE Alessandro
AGNANINO Spirito
AGNELETTI Giovanni Battista
AGNELLI Don Lorenzo
AGOSTINI Lodovico
AGOSTINI Paolo

AGRELL Johann Joachim
AGRESTA Agostino
AGRICOLA Alexander
AGRICOLA Christian Johannes
AGRICOLA Johann Friedrich
AGRICOLA Martin
AGRICOLA Wolfgang Christoph
AGTHE Karl Christian
AGUILERA DE HEREDIA Sebastián
AGUS Joseph (Giuseppe)
AHLE Johann Georg
AHLE Johann Rudolph
AHLEFELDT Maria Theresia Gräfin von
ÅHLSTRÖM Olof
AHNESORGE Christian Gottlieb
AICH Gottfried
AICHINGER Gregor
AITKEN John
ALA Giovanni Battista
ALAY Mauro d'
ALBANESE Egidio Giuseppe Ignazio
 Antonio
ALBANO Marcello
ALBERGATI CAPACELLI Pirro
ALBERGHETTI Bernardino
ALBERT Heinrich
ALBERT Peter
ALBERTI Domenico
ALBERTI Francesco
ALBERTI Gasparo
ALBERTI Giuseppe Matteo
ALBERTI Innocenzo
ALBERTI Pietro
ALBERTINI Antonio
ALBERTINI Gioacchino
ALBERTINI Giuseppe
ALBERTINO Ignazio
ALBERTO DA RIPA (Alberto da Man-
 tova)
ALBICASTRO Henrico del Biswang
ALBINI Filippo
ALBINONI Tommaso
ALBRECHT Dionysius
ALBRECHT Johann Georg

ALBRECHT Johann Lorenz
ALBRECHT Wolfgang Bartholomaeus
ALCAROTTI Giovanni Francesco
ALCOCK John (Doctor in Music)
ALCOCK John jr.
ALDAY F. (le jeune)
ALDAY François (père)
ALDAY Paul (l'aîné)
ALDERINUS Cosmas
ALDRICH Henry
ALDROVANDINI Giuseppe
ALEOTTI Raffaella
ALEOTTI Vittoria
ALESSANDRI Felice
ALEXANDER B.
ALEXANDER ... (PASQUIER Alexandre)
ALEXANDRE Charles Guillaume
ALGHISI Paris Francesco
ALISON Richard
ALLEGRI Domenico
ALLEGRI Giovanni Battista
ALLEGRI Gregorio
ALLEGRI Lorenzo
ALLEVI Giuseppe
ALLNOTT John
ALMERI Giovanni Paolo
ALMEYDA Carlos Francisco de
ALOYSI (ALOYSIUS) Giovanni Battista
ALPY B. d'
ALTENBURG Michael
ALTHERR Jacob
ALVERI Giovanni Battista
AMADEI Michelangelo
AMBLEVILLE Charles d'
AMBROGIO Carlo
AMBROSCH Joseph Karl
AMBROSE John
AMBROSIO CREMONESE
AMBRUIS d' Honoré
AMÉ Jean Baptiste
AMMERBACH Elias Nikolaus
AMMON Blasius
AMNER John
AMODEI Cataldo
AMON Johann Andreas
AMOS G. B.
ANAGNINO Spirito
ANCHORS William
ANCINA Giovenale
ANDERS Hendrik
ANDING Georg
ANDING Johann Georg
ANDRÉ Abbé Charles-Louis-Joseph

ANDRÉ Johann
ANDREA DA MODENA
ANDREA[E] Johann Valentin
ANDREOLI Giovanni
ANDROUX Johann Jakob
ANELLO Antignano
ANERIO Felice
ANERIO Giovanni Francesco
ANET Jean-Baptiste
ANFOSSI Pasquale
ANGEBER Joseph Anton
ANGELERI Giuseppe Maria
ANGELINI Carlo Antonio
ANGELINI Orazio
ANGELINI Romano
ANGIER J. H.
ANGIOLINI Gasparo
ANGKISTRO G.
ANGLEBERT Jean Henry d'
ANGLESI Domenico
ANGLESIO Andrea
ANGLUS Petrus Philippus
ANGRISANI Carlo
ANIMUCCIA Giovanni
ANIMUCCIA Paolo
ANNA AMALIA von Sachsen-Weimar
ANNIBALE Pado(v)ano
ANSALONE Giacinto
ANSCHÜTZ Christoph
ANSELL James Knottesford
ANTEGNATI Costanzo
ANTES John
ANTONELLI Abbondio
ANTONIOTTI Giorgio
ANTONIUS Christoph
APELL David A. von
APELLES Paul
APOLLONI Giovanni
APPENZELLER Benedictus
APRILE Giuseppe
AQUINUS David
ARAGONA Paolo d'
ARANIES Juan
ARCHADELT Jacobus
ARCHER Benjamin
ARDESI Carlo
ARENA Stefano Candeloro
ARENBERG Paul d'
ARGENS E. d'
ARGILLIANO Roggerio
ARIETULUS Kilianus
ARIOSTI Attilio
ARIOSTI Giovanni Battista
ARNAUD Pierre

ARNE Michael
ARNE Thomas Augustin
ARNOLD Georg (I)
ARNOLD Georg (II)
ARNOLD Johann
ARNOLD Johann Georg
ARNOLD John
ARNOLD Samuel
ARNOLDUS Flandrus
ARNONE Guglielmo
ARRESTI Giulio Cesare
ARRIGONI Carlo
ARRIGONI Giovanni Giacomo
ARROWSMITH D.
ARSILLI Sigismondo
ARTUSI Giovanni Maria
ARTUSINI Antonio
ARUNDALL Robert Monckton
ASIOLI Francesco
ASOLA Giovanni Matteo
ASPELMAYR Franz
ASQUINESSA Antoine
ASSANDRA Caterina
ASSLIDL André
ASSMUSS Johann Karl Gottfried
ASTIER
ASTORGA Emanuele Gioacchino d'
ASTORGA Giovanni Oliviero
ASUNI Ghillini di
ATH Andreas d'
ATTERBURY Luffman
ATTEY John
ATTWOOD Thomas
ATYS
AUBAT de St. Flour d'
AUBERLEN Samuel Gottlob
AUBERT
AUBERT Jacques le Vieux
AUBERT Louis
AUBERT Pierre François Olivier
AUDINOT Nicolas-Médard
AUENBRUGG Marianna d'
AUFFDIENER
AUFFMANN Joseph Anton
AUFSCHNAITER Benedict Anton
AUGUSTE
AULETTA Pietro
AUMANN Diederich Christian
AURELIA Schwester
AURNHAMMER Josephine
AUTRIVE Jacques François d'
AUVRAY J. B.
AUX-COUSTEAUX Artus
AVANZINI Giovanni Giacomo

AVANZOLINI Girolamo
AVENARIUS Philippus
AVENARIUS Thomas
AVIANUS Johann
AVISON Charles
AVITRANO Giuseppe Antonio
AVOLIO J.
AVONDANO Giovanni Battista Andrea
AVONDANO Pietro Antonio
AVOSANI Orfeo
AYLWARD Theodore
AYRTON Edmund
AZAÏS Pierre-Hyacinthe
AZENHOFER Johannes
AZZAIOLO Filippo
BAAL Johann
BABB Samuel
BABBINI Matteo
BABCOCK Samuel
BABELL William
BABTICOCHI Domenico
BACCELLI Domenico
BACCHINI Giovanni Maria
BACCINETTI Giovanni Battista
BACCUSI Ippolito
BACH Carl Philipp Emanuel
BACH Johann Christian
BACH Johann Christoph Friedrich
BACH Johann Ernst
BACH Johann Ludwig
BACH Johann Michael
BACH Johann Sebastian
BACH Wilhelm Friedemann
BACH Wilhelm Friedrich Ernst
BACHINI Gislamerio
BACHMANN Michael
BACHMANN Sixtus
BACHOFEN Johann Caspar
BACILIERI Giovanni
BACILLY Bénigne de
BACKOFEN Johann Georg Heinrich
BACQUOY-GUÉDON Alexis
BADALLA Rosa Giacinta
BADENHAUPT Hermann
BADI Antonio
BADIA Carlo Agostino
BADIOLI
BÄHR Nicolaus
BAGATTI Francesco
BAGGE Karl Ernst von
BAGLIONI Girolamo
BAGNI Benedetto
BAHN T. G.

BAILDON Joseph
BAILEY Edward
BAILEY John
BAILLEUX Antoine
BAILLIE Alexander
BAILLIE R. of Mellerstane
BAILLION
BAKER George
BAKER John
BAKFARK Valentin
BAKKER J. J.
BALAND L.
BALBASTRE Claude
BALBI Lodovico
BALBI Lorenzo
BALBI Luigi (Aloysius)
BALDAN Angelo
BALDASSINI Antonio Luigi
BALDE Jacobus
BALDENECKER Udalrich
BALDERONY
BALDINI
BALDRATI Bartolomeo
BALESTRA Raimundo
BALICOURT Simon
BALL J.
BALL S.
BALLAROTTI Francesco
BALLETTI Bernardino
BALLIS Oliviero
BALOCHI Luigi
BALSAMINO Simone
BAMBINI Felice
BAMBINI J. B.
BAMFI Alfonso
BAN Joan Albert
BANCHIERI Adriano
BANCI Giovanni
BANCK Johann Carl Heinrich
BANDIERA Lodovico
BANWART Jakob
BAPTISTE Albert Ludwig Friedrich
BARBANDT Charles
BARBARINO Bartolomeo
BARBARINUS LUPUS Manfredus
BARBELLA Emanuele
BARBER Robert of Newcastle
BARBETTA Giulio Cesare
BARBICCI
BARBIERI C.
BARBIERI Lucio
BARERA Rodiano
BARETTI (BARRETTE) Antonio
BARGES Antonio

BARGNANI Ottavio
BARIOLI Ottavio
BARJONA MADELKA Simon
BARKER John of Coventry
BARMAN Johann Baptist
BARMANN Johann Friedrich
BARNI Camille
BARONI Filippo
BARONVILLE
BARRE Antonio
BARRETT John
BARRIERE (BARRIER) Etienne-Bernard-Joseph
BARRIERE Jean
BARRON George
BARROW John
BARRY Richard Earl of Barrymore
BARSANTI Francesco
BART Wilhelm (Guilleaume)
BARTA Joseph
BARTEI Girolamo
BARTH Henry
BARTH F. Philipp Karl Anton
BARTHELEMON Cecilia Maria
BARTHELEMON François-Hippolyte
BARTHELEMON Maria
BARTHELEMY
BARTLET John
BARTOLI Giovanni Battista
BARTOLINI Francesco
BARTOLINI Orindio
BARTOLOMEO de Selma e Salaverde
BARTOLOTTI Angiolo Michele
BARWICK John
BARYPHONUS Heinrich
BASELLI Constantino
BASEO Francesco Antonio
BASILE Donato
BASILE Lelio
BASILI Andrea
BASSANESI Giovanni Battista
BASSANI Giovanni Battista
BASSANI Paolo Antonio
BASSANO Christopher
BASSANO Giovanni
BASSENGIUS Aegidius
BASSI Dionisio
BASTINI Vincentio
BASTON John
BATELLO
BATES William
BATESON Thomas
BATHENUS Petrus
BATI Luca

BATON Charles
BATTAGLIONI Orazio
BATTIFERRI Luigi
BATTINO
BATTISHILL Jonathan
BATTISTINI Giacomo
BAUCK Matthias Andreas
BAUDREXEL Philipp Jakob
BAUDRON Antoine-Laurent
BAUER Georg Christoph
BAUER Joseph
BAUER Peter
BAUERSCHMIDT
BAUERSCHMITT Franz Ludwig
BAUMANN Erasmus
BAUMBACH Friedrich August
BAUMBERG J. C.
BAUMER Friedrich
BAUMGÄRTNER Johann Baptist
BAUMGARTEN C. Gotthilf von
BAUMGARTEN Georg
BAUMGARTEN Karl Friedrich
BAUR Barthélemy (dit le fils)
BAUR Jean (père)
BAUSSET Alexandre de
BAUSTETTER Johann Konrad
BAYART Konstanz
BAYERDÖRFFER Adam Friedrich
BAYLEY Daniel, the elder
BAYLEY Daniel, the younger
BAYON-LOUIS Mme
BAZIAVELLI
BAZIN Mlle
BAZYLIK Cyprian
BAZZINI Natale
BEARD Richard
BEAULAIGUE Barthélemy
BEAULIEU Girard de
BEAUMARCHAIS Pierre Augustin Ca-
  ron de
BEAUMESNIL Henriette Adelaide Vil-
  lard de
BEAUMONT John
BEAUPRÉ de
BEAURANS
BEAUVARLET-CHARPENTIER Jean
  Jacques
BEAUVARLET-CHARPENTIER Jac-
  ques Marie
BECCARI Fabio
BECCATTELLI Giovanni Francesco
BECCHI Antonio
BECK Franz
BECK Friedrich August

BECK Johann Hector
BECK Paul
BECKER Dietrich
BECKER Johann
BECKER Johann Wilhelm
BECKER Karl Ludwig
BECKER Paul
BECKETT J.
BECKMANN Johann Friedrich Gottlieb
BECKWITH John Christmas
BECOURT
BECZWARZOWSKY Anton Franz
BEDARD Jean Baptiste
BEECKE Notker Ignaz Franz von
BEER Johann
BEFFROY DE REIGNY Louis Abel
  (Cousin Jacques)
BEHM Martin
BEILBY Thomas
BELCHER Supply
BELIN Julien
BELISI Filippo Carlo
BELITZ Joachim
BELLA Domenico dalla
BELLAMY John
BELLAMY Richard
BELLANDA Lodovico
BELLANTE Dionisio
BELLASIO Paolo
BELLAZZO Francesco
BELLEVAL Charles
BELLHAVER Vincenzo
BELLI Domenico
BELLI Girolamo
BELLI Giulio
BELLING Karl Daniel
BELLINZANI Paolo Benedetto
BELLMAN Carl Michael
BELLONI Giuseppe
BELLONI Pierre
BEM Venceslav
BENASSI Giovanni Maria
BENAUT
BENDA Franz
BENDA Friedrich Ludwig
BENDA Friedrich Wilhelm Heinrich
BENDA Georg
BENDA Karl Hermann Heinrich
BENDINELLO Agostino (I)
BENDINELLO Agostino (II)
BENDUSI Francesco
BENEDETTI Pietro (I)
BENEDETTI Pietro (II)
BENEDICTUS a Sancto Josepho (Buns)

BENEGGER Antonio
BENEKEN Friedrich Burchard
BENEVENTO DI SAN RAFFAELLO
BENGRAF Joseph
BENHAM Asahel
BENN Johann
BENNET John
BENNETT Charles
BENNETT John
BENNETT William
BENNIGER Josephus
BENOSI Laurent
BENSER J. D.
BERANGER Louis
BERARDI Angelo
BERAULT
BERCHEM Jachet
BERCKELAERS Johannes
BERCKENHOFF Theodor Albertus
BERENGERUS F.
BERENS Johann
BERESCIOLLO
BERETTA Bonaventura
BERETTA Lodovico
BERETTARI Aurelio
BERETTI Pietro
BERG George
BERGER Andreas
BERGER Joseph
BERGMANN Liborius von
BERGNA Antonio
BERGONZI Giuseppe
BERIA Giovanni Battista
BERLIN Johan Andreas
BERLIN Johann Daniel
BERLS Johann Rudolph
BERNABEI Ercole Giuseppe
BERNABEI Giuseppe Antonio
BERNARD
BERNARDI Bartolomeo
BERNARDI Steffano
BERNARDY DE VALERNES Edouard
  Joseph
BERNDES J. A.
BERNHARD Christoph
BERNHARD Wilhelm Christoph
BERNIER Nicolas
BERTANI Lelio
BERTEAU Martin
BERTEZÈN Salvatore
BERTHEAUME Isidore
BERTHOLDO Sperindio
BERTI Caroli
BERTI Giovanni Pietro

BERTIN G. J.
BERTIN Servais
BERTIN Thomas de la Doué
BERTOLA Giovanni Antonio
BERTOLDO da Castell Vetro
BERTOLI Giovanni Antonio
BERTOLOTTI Bernardino
BERTOLUSI Vincenzo
BERTON Henri Montan
BERTON Pierre Montan
BERTONI Ferdinando Giuseppe
BERTRAND Antoine de
BERZENI
BESCHORT Jonas Friedrich
BESLER Samuel
BESLER Simon
BESOZZI Alessandro
BESSEGHI Angelo Michele
BESSEL A. M. S. E. von
BESSER Theodor Gottlieb
BESSON G.
BETHIZY Jean Laurent de
BETTELLA Paolo
BETTELLI Cesare
BETTI Martino
BETTINO Geronimo
BETTS Edward
BEUTLER Johann Georg Bernhard
BEVILLE W.
BEWLAY Henry
BEYER Johann Christian
BEYER Johann Samuel
BIANCHI Andrea
BIANCHI Antonio
BIANCHI Caterino
BIANCHI Francesco (III)
BIANCHI Gioacchino
BIANCHI Giovanni
BIANCHI Giovanni Battista (I)
BIANCHI Giovanni Battista (II)
BIANCHI Pietro Antonio
BIANCHINI Dominico detto Rosetto
BIANCIARDI Francesco
BIANCO Giovanni Battista
BIANDRA' Giovanni Pietro
BIBER Heinrich Ignaz Franz
BIDELLI Matteo
BIECHTELER Benedictus
BIELING Franz Iganz
BIERBAUM Chrysanth Joseph
BIEREIGEN Johann
BIFERI (fils aîné)
BIFETTO Francesco
BIFFI Gioseffo

BIGAGLIA Diogenio
BIGNETTI Emilio
BIHLER Gregor
BILDSTEIN Hieronymus
BILLE P. J.
BILLI Lucio
BILLINGS William
BILLINGTON Elizabeth
BILLINGTON Thomas
BINAGHI (BINAGO) Benedictus (Bene-
detto)
BINDER Christlieb Siegmund
BIONDI (CESENA) Giovanni Battista
BIRCH John
BIRCH William
BIRCKENSTOCK Johann Adam
BIRD William Hamilton
BIRNBACH Karl Joseph
BIRO Françoise de
BISCHOFF I. C.
BISCHOFF Melchior
BISEGHINI Giovanni
BISHOP Henry
BISHOP John
BISHOP S. M.
BISSONI Giovanni Ambrogio
BITTI Martino
BITTNER Jacques
BIUMO Giacomo Fillippo
BLADWELL C. D.
BLAINVILLE Charles-Henri
BLAISE Adolphe
BLAKE Benjamin
BLAKE Richard
BLANC
BLANCK Nicholaus
BLAND Maria Theresa
BLANDFORD George Spencer
BLANKENBURG Quirinus Gerbrandt
BLASCO DE NEBRA Manuel
BLASIUS Matthäus
BLATTMAN P. P.
BLAVET Michel
BLAZE Henri-Sébastien
BLEOAPS Joan
BLEWITT Jonas
BLEYER Georg
BLEYER Nikolaus
BLIESENER Johann
BLOCKWITZ Johann Martin
BLOIS Charles-Gui-Xavier van Gronnen-
rade
BLONDEL Louis Nicolas
BLONDEL Mlle

BLONDET Abraham
BLOW John
BLUMENTHAL Christian Adolph Gott-
fried
BLUMHOFER Maximilian
BLUNDELL James
BLYMA Franz Xaver
BOCCALETTI Ippolito
BOCCHERINI Luigi
BOCCHI Lorenzo
BODÉ
BODE Johann Joachim Christoph
BODÉ Johann Joseph
BODENBURG Christophorus
BODENSCHATZ Erhard
BODEO Giovanni
BODINUS Sebastian
BOECK F. I. de
BOECK Gebrüder (Anton und Ignaz)
BOECKLIN Franz Friedrich Siegmund
August von
BOEDDECKER Philipp Friedrich
BOEHM C. G.
BOEHM Gottfried
BOEHMER Tobias
BOEHNER Johann Heinrich
BÖSCH Johann Kaspar
BÖSELIUS Christian
BOESSET Antoine
BOETTICHER Joseph
BOETZELAER Josina Anna Petronella
BOHDANOWICZ Basilius von
BOHDANOWICZ Michael von
BOHEMUS Eusebius
BOHLIUS J. F.
BOIGELET Charles von
BOISMORTIER Joseph Bodin de
BOLHAMER Gerrit
BOLIS Angelo
BOLOGNINI Bernardo
BOLTON Thomas
BON Anna
BON Girolamo
BONA Valerio
BONACCHELLI Giovanni
BONAFFINO Filippo
BONAGA Paolo
BONARDO Francesco Perissone
BONARDO Iseppo
BOND Capel
BOND Hugh
BONDIOLI Giacinto
BONEFONT Simon de
BONELLI Aurelio

BONESI Benedetto
BONETTI Angelo
BONETTI Carlo
BONFILIO Paolo Antonio
BONGARD
BONHOMME Pierre
BONI Giovanni
BONI Guillaume
BONI Pietro Giuseppe Gaetano
BONIFACIUS Pastor di Galatone
BONINI Pietro Andrea
BONINI Severo
BONIZZI Vicenzo
BONIZZONI Eliseo
BONJOUR Charles
BONNAY François
BONNAY Mlle
BONNEAU Antonio
BONNET Jean Baptiste
BONNET Pierre
BONNOR
BONO Guglielmo
BONOMUS Petrus
BONONCINI Antonio Maria
BONONCINI Giovanni Battista
BONONCINI Giovanni Maria
BONPORTI Francesco Antonio
BONTEMPI Giovanni Andrea
  Angelini
BONUS Joachim
BONZANINI Giacomo
BORBONI Nicolò
BORCHGREVINCK Melchior
BORDERY P. F.
BORDERY (fils)
BORDET
BORDIER Louis Charles
BORELLI Francesco Maria
BORGETTI Innocenzo
BORGHESE Antonio
BORGHI Giovanni Battista
BORGHI Luigi
BORGIA Giorgio
BORGIANI Domenico
BORGO Cesare
BORGO Domenico
BORLASCA Bernardino
BORNET l'aîné
BORNKESSEL J. G.
BORNONG-BROS
BORNTRÄGER
BORRA
BORREMANS Guillaume
BORRI Giovanni Battista

BORRONI Antonio
BORRONO Pietro Paolo
BORSARO Archangelo
BORSETTI Carlo
BOSCHETTI Giovanni Boschetto
BOSCHETTI Girolamo
BOSCOOP Cornelis
BOSSI Carlo
BOSSO Lucio
BOTTACCIO Paolo
BOTTAZZARI Giovanni
BOTTI Antonio
BOUIN
BOUIN François
BOULERON
BOURDANI
BOURGOIN le cadet
BOURGEOIS Loys
BOURGEOIS Louis Thomas
BOURNONVILLE Jacques de
BOURNONVILLE Jean de
BOUSSET Jean Baptiste de
BOUSSET René Drouard de
BOUTARD
BOUTMONT F.
BOUTMY Charles Joseph Judocus
BOUTMY Guillaume
BOUTMY Jean Baptiste Joseph
BOUTROY Zosime
BOUTRY Innocent
BOUVARD François
BOUVARD Comte de Saint-Jean de
  Latran
BOVICELLI Giovanni Battista
BOVIO Alfonso
BOWIE John
BOWMAN Henry
BOWMAN Thomas
BOYCE William
BOYD Henry
BOYER
BOYER Jean
BOYLEAU Simon
BOYTON William
BOYVIN Jacques
BOŽAN Jan Jozeff
BOZI Didimo
BOZI Paolo
BRACHROGGE Hans
BRADE William
BRAETEL Ulrich
BRAIBANZI Francesco da Lonzano
BRANCHE Charles-Antoine
BRANCOVIUS Simon

BRAND Aloys Carl
BRANDAU Johann Georg
BRANDENSTEIN Caroline von
BRANDES Minna
BRANDI Gaetano
BRANDL Johann
BRANDSTETTER Johann
BRANDT Jobst vom
BRANT Sebastian
BRASSAC René de Bearn
BRASSART Oliviero
BRASSICANUS Johannes
BRASSOLINI Domenico
BRATT Henric
BRAUN (I)
BRAUN (II)
BRAUN C. W.
BRAUN F. C.
BRAUN Jean Daniel
BRAUN Johann
BRAUN Johann Georg Franz
BRAUN Ludwig Freiherr von
BRAYSSING Gregor
BRECHT Erhard
BRECHTEL Franz Joachim
BRECHTOLD Gottfried Ernst
BREDE Samuel Friedrich
BREIDENBACH
BREIDENSTEIN Johann Philipp
BREITENDICH Christian Friedrich
BREITKOPF Bernhard Theodor
BREITKOPF Christoph Gottlob
BREMNER Robert
BRENGERI Luigi
BRENI Tomaso
BRENTNER Joseph
BRESCA Ludovico
BRESCIANELLO Giuseppe Antonio
BREUNICH Johann Michael
BREUNIG Konrad
BREVAL Jean Baptiste
BREVI Giovanni Battista
BREWER Thomas
BREWSTER Henry
BREYMANN Anton
BRIDAULT Theodore
BRIDE Richard
BRIEGEL Wolfgang Carl
BRILLAT
BRILLE Joachim
BRILLIAUD Peter
BRINZINY J.
BRIOSCHI Antonio
BRIOU B. de

BRIVIO DELLA TROMBA Giuseppe
 Fernando
BROCHE Charles
BROCKLAND Cornelius
BRODECZKY (BRODSKY) Johann
 Theodor
BRODERIP John
BRODERIP Robert
BROGNONICO Orazio
BRONNEMÜLLER Elias
BRONNER Georg
BROOKS James
BROSCHI Carlo (Farinelli)
BROSSARD Sebastian de
BROU
BROUCK Jacob de
BROWN John
BROWN Richard
BROWN T.
BROWN Thomas
BROWN William (I)
BROWN William (II)
BROWNSON Oliver
BRUCE Thomas
BRÜCKNER Wolfgang
BRÜGGEMANN J. F.
BRÜHL Le Comte de
BRÜNINGS Johann David
BRUHIER Joseph
BRUHNS Friedrich Nicolaus
BRUININGK Axel Heinrich von
BRUINSMA Ybe Ages
BRULART
BRUMBEY Karl Wilhelm
BRUMEL Antoine
BRUNELLI Antonio
BRUNELLI Lorenzo
BRUNET DE MOLAND
BRUNET Luigi
BRUNETTI Domenico
BRUNETTI Gaetano
BRUNETTI Giovanni
BRUNI Antonio Bartolomeo
BRUNI Domenico
BRUNINGS C.
BRUNNEMANN Petrus
BRUNNER Adam Heinrich
BRUSCHI
BRUSCHI Giulio
BRYAN Cornelius
BRYAN Joseph
BRYAN M. A.
BUCCELLENI Giovanni Nicola
BUCCIANTI Giovanni Pietro

BUCCIONI Francesco
BUCCIONI Giuseppe
BUCENUS Paulus
BUCHNER Adam
BUCHNER Philipp Friedrich
BUCHWIESER Balthasar
BUCQUET Pierre
BUDD Thomas
BUEL Christoph
BÜRCKHOFFER J. G.
BÜTNER Crato
BÜTTNER Erhard
BUEX August
BUINI Giuseppe Maria
BULEMACHUS M. C.
BULL Amos
BULLANT Antoine
BULLE
BUMANN Georg
BUNDSCHUH Martin
BUNTE Johann Friedrich
BUONAMENTE Giovanni Battista
BUONAVITA Antonio
BUONI Giorgio
BURBIDGE R.
BURCK Joachim a
BURCKHARD Georg
BURETTE Bernard
BURGDORFF Zacharias
BURGESS Henry (the elder)

BURGESS Henry
  (the younger)
BURGH Cornelius
BURKA F. E.
BURLINI Antonio
BURMANN Gottlob Wilhelm
BURMEISTER Joachim
BURNETT William
BURNEY Charles
BURNEY Charles Rousseau
BURSIO Filippo
BURTON John
BURY Bernard de
BURY F. J.
BUSATTI Cherubino
BUSBY Thomas
BUSCA Lodovico
BUSCH Peter Georg
BUSCHE Ernst von dem
BUSSE Godefridus
BUSSONI Arcangelo
BUSTIJN Pieter
BUTERNE
BUTLER Charles
BUTLER Thomas Haml(e)y
BUTTEN Jacob
BUTTSTETT Johann Heinrich
BUUS Jacob
BUXTEHUDE Dietrich
BYRD William

# AARTS – BYRD

# A

## AARTS Franciscus

Dirk Raphaëlsz. Kamphuizens Liederen, op nieuw Italiaans musiek gecomponeert, cantus of tenor. – *Amsterdam, Pieter Arentz.* [A 1
NL Uim

— Italiaansch Musiek-Boek, over de Liederen van Dirk Raphaëlsz. Kamphuysen . . . cantus of tenor. – *ib., voor den autheur, 1705.* [A 2
GB Lbm

## ABACO Evaristo Felice dall' → DALL'-ABACO

## ABACO Joseph Clemens Ferdinand dall' → DALL'ABACO

## ABBATESSA Giovanni Battista

Corona di vaghi fiori overo nuova intavolatura di chitarra alla spagnola . . . coretta & di nova agiunta accresciuta. – *Venezia, stampa del Gardano, appresso Bartholomeo Magni, 1627.* [A 3
GB Lbm

Cespuglio di varii fiori. Overo intavolatura di chitarra spagnola . . . et il modo d'accordare, con alcune canzonette da cantarsi à una, due, e tre voci sopra il cimbalo hò altri istromenti, con l'alfabeto del[l]a chitarra spagnola. – *Orvieto, Giovanni Battista Robletti, 1635.* [A 4
GB Lbm

— *Firenze, Zanobi Pignoni, 1637.* [A 5
F Pthibault – I Bc

Intessitura di varii fiori, overo intavolatura di chitara alla spagnola. – *Roma-Lucca, Bernardino Pieri & Giacinto Paci, 1652.* [A 6
I Bc

Ghirlanda di varii fiori, overo intavolatura di ghitarra spagnuola, dove che da se stesso ciascuno potrà imparare con grandissima facilità, e brevità. – *Milano, Lodovico Monza, s. d.* [A 7
B Br – GB Lbm – US R

## ABBATINI Antonio Maria

Missa sexdecim vocibus concinenda. – *Roma, Paolo Masotti, 1627.* – St. [A 8
I Rslf (IV: S, A, T, B; org)

Il pianto di Rodomonte . . . dato alle stampe da Pietro Antonio Ubaldoni. – *Orvieto, Rinaldo Ruuli, 1633.* – P. [A 9
I Bc

Il terzo libro di sacre canzoni a due, tre, quattro, cinque, e sei voci. – *Orvieto, Rinaldo Ruuli, 1634.* – St. [A 10
I Oc (S I)

Il quinto libro di sacre canzoni a due, tre, quattro, e cinque voci . . . opera nona. – *Roma, stamperia di Lodovico Grignani, appresso Vincenzo Bianchi, 1638.* – St. [A 11
D-brd MÜs (S I, S II, B,bc)

Il sesto libro di sacre canzoni a due, tre, quattro, e cinque voci . . . opera decima. – *Roma, Vitale Mascardi, 1653.* – St. [A 12
E VAcp (S II, bc) – GB Lbm (S I, S II, B,bc) – I Rsc (S II), Sac (T [unvollständig])

Antifone a dodici bassi, e dodici tenori reali . . . fatta dall' istesso, a otto chori,

1

il giorno di S. Domenico l'anno 1661, date
in luce da D.Domenico da'l Pane. – *Roma,
successore del Mascardi, 1677.* – P.    [A 13
I Bc, Rvat-capp. giulia


**ABEILLE Johann Christian Louis**

Amor und Psyche

Amor und Psyche. Ein Singspiel in 4 Aufzügen von F. K. Hiemer, in Musik gesetzt,
und für das Klavier eingerichtet. – *Augsburg, Gombart, No. 318.* – KLA.    [A 14
**A** Wst – **CH** Bu, Zz – **D-brd** Mbs, Mmb, Rp –
**D-ddr** Dlb – **GB** Lcm – **H** Gc – **S** Skma

Peter und Aennchen

Peter und Aennchen. Singspiel in einem
Aufzuge. – *Leipzig, Breitkopf & Härtel,
No. 1453.* – KLA.    [A 15
**A** Wgm – **CH** Bu (fehlt Titelblatt) – **D-brd** Mbs,
Sl – **S** Skma


Du    schmückst    mein    Ruheplätzchen.
Duett aus Peter und Aennchen. – *Mün-
chen, Falter.* – KLA.    [A 16
**CH** Bu – **D-brd** Mbs


Fern im Haine. Arie aus ... Peter und
Aennchen ... mit Guitarre und willkühr-
licher Flöten-Begleitung. – *Mainz, Bernhard Schott, No. 840.* – P.    [A 17
**D-brd** MZsch


Hannchen trug zu Markte Eyer. Aria aus
... Peter und Aennchen. – *München,
Falter.* – KLA.    [A 18
**CH** Bu – **D-brd** Mbs


Jung und noch unerfahren. Aria aus dem
Singspiele Peter und Aennchen. – *Mün-
chen, Falter.* – KLA.    [A 19
**CH** Bu

Acht Lieder mit Begleitung des Piano-
forte in Musik gesetzt. – *Leipzig, Breitkopf & Härtel.*    [A 20
**A** Wgm – **D-brd** B, DÜgm, Sl


Sechs neue Lieder von Friedrich Haug mit
Begleitung des Pianoforte in Musik ge-

setzt. – *Leipzig, Breitkopf & Härtel, No.
1896.*    [A 21
**D-brd** B, MB, Sl

Gedichte von L. H. C. Hölty in Musik
gesetzt mit Begleitung des Pianoforte. –
*Stuttgart, Carl Eichele.*    [A 22
**D-brd** MB, Sl

Vermischte Gedichte von Eberhard Fried-
rich Hübner ... mit Claviermelodien. –
*Stuttgart, Gebrüder Mäntler, 1788.*  [A 23
**US** Bp

Zwei Hirten Lieder, aus Florians Estelle
von Louise Schwan der Übersezerin zugeeignet. – *Heilbronn, Johann Andreas
Amon, No. 71.*    [A 24
**CH** EN – **D-ddr** WRz

Frühlingslied, von Louise P. nach Florian.
– *s. l., s. n.* – KLA.    [A 25
**CS** K

Hoffnung und Erinnerung von Tiedge ...
mit Begleitung des Fortepiano. – *Stuttgart, s. n.*    [A 26
**D-brd** Sl

Jacobi's Aschermittwoch Lied in Musik
gesetzt [4 St. u. pf] ... opus XI. – *Augsburg, Gombart, No. 222.* – P.    [A 27
**D-ddr** Bds – **GB** Lbm – **H** Gc

Der Jüngling am Bache von Friedr.
Schiller mit Begleitung des Pianoforte. –
*Leipzig, Breitkopf & Härtel, No. 1665.*
    [A 28
**A** Wgm – **CH** Bu – **D-brd** LÜh, Mbs

Komm stiller Abend nieder. Abendgesang
auf der Flur [4st.]. – *s. l., s. n.* – P.  [A 29
**S** Skma

Mich ergreift, ich weiß nicht wie. Tisch-
lied. – *s. l., s. n.* – KLA.    [A 30
**D-brd** DO

Zu dir! zu dir! Gesang mit Begleitung des
Pianoforte. – *Leipzig, Breitkopf & Härtel,
No. 1733.*    [A 31
**CS** Pk

Grand concerto à 4 mains pour le clavecin, ou piano forté, avec accompagnement

de plusieurs instruments . . . oeuvre 6$^{me}$.
– *Offenbach, Johann André, No. 590.* –
St.                                                    [A 32
**D-brd** HL (kpl.: 15 St.), LB, OF (9 St.) –
**DK** Kmk – **GB** Ckc

Concerto [B] pour le clavecin ou piano-
forté, avec l'accompagnement de 2 violons, 2 hautbois, 2 cors, alto et basse . . .
oeuvre 5$^{me}$. – *Offenbach, Johann André,*
*No. 587.* – St.                                       [A 33
**A** Wn (fehlt cor II) – **D-brd** HL (kpl.: 9 St.),
LB – **DK** Kk

Grand trio [C] pour le piano-forte avec
violon et violoncelle . . . oeuvre 20$^{me}$. –
*Offenbach, Johann André, aux adresses*
*ordinaires, No. 1114.* – St.                          [A 34
**D-brd** BNba – **D-ddr** SWl

Deux sonates [A, C] pour le clavecin avec
l'accompagnement d'un violon. – *Nürn-*
*berg, Johann Michael Schmidt.* – St. [A 35
**D-brd** Rt (2 Ex.)

Sonate [C] à quatre mains pour le forte
piano . . . oeuv: 22. – *Heilbronn, Johann*
*Amon, No. 242.*                                       [A 36
**A** Wgm – **D-brd** F (Etikett: Frankfurt, Gayl &
Hedler), Sl

Six walses pour le pianoforte à quatre
mains à l'usage de commençans . . . liv. 1
[D, G, C, g, B, Es] (2 [F, C, G, D, Es, a]). –
*Leipzig, Breitkopf & Härtel, No. 3133*
*(3134)*                                               [A 37
**D-brd** B

Six walscs [C, e, G, D, B, Es] pour le
pianoforte à quatre mains à l'usage des
commençans. – *Leipzig, Breitkopf & Här-*
*tel, No. 1701.*                                       [A 38
**D-brd** B

IV Sonates [F, G, B, Es] pour le clavecin
ou forte piano. – *Heilbronn, Johann Amon;*
*Stuttgart, auteur; Wien, Franz Anton*
*Hoffmeister, No. 16.*                                 [A 39
**D-brd** B, HL

Sonate [Es] et neuf variations dans le goût
de Mozart pour le clavecin ou forte
piano. – *Heilbronn, Johann Amon; Wien,*
*Franz Anton Hoffmeister, No. 11.*         [A 40
**CH** Zz

Fantasie pour le forte piano . . . opera IV.

– *Heilbronn, Johann Amon; Wien, Franz*
*Anton Hoffmeister, No. 18(81).*           [A 41
**D-brd** Mbs, Sl – **D-ddr** Dlb

Polonoise [C] pour le pianoforte, No. I. –
*Leipzig, Ambrosius Kühnel, bureau de*
*musique, No. 522.*                                    [A 42
**D-brd** BE

II Rondeaux [As, F] pour le pianoforte. –
*Leipzig, Breitkopf & Härtel, No. 2447.* [A 43
**A** Wgm – **D-brd** B, LÜ (2 Ex.)

Six walses pour le pianoforte . . . liv. I
[G, C, F, d, B, Es] (II [H, E, A, D, G, C],
III [F, B, Es, As, Des, Ges], IV [h, D, B, g,
Es, C]). – *Leipzig, Breitkopf & Härtel, No.*
*1535 (1536, 1537, 1700).*                             [A 44
**A** Wgm (I, II, III), Wn (III) – **D-brd** B, KIl
(III)

Deux walses en forme de rondeaux agré-
ables pour le piano forte. – *Rotterdam,*
*Ludwig Plattner.*                                     [A 45
**US** Wc

Leichte gemüthliche Tänze verschiedener
Art für's Forte-Piano . . . 1$^{tes}$ Heft. –
*Stuttgart, Carl Eichele.*                            [A 46
**D-brd** Sl

Les charmes de la marche pour le forte-
piano . . . contenant trois grandes marches de divers caractéres. – *Stuttgart,*
*Rathfelder.*                                          [A 47
**D-brd** Sl

## ABEL Clamor-Heinrich

Erstlinge musicalischer Blumen, bestehend in Sonatinen, Allemanden. Corran-
ten, Sarabanden und Giquen, nebst vor-
hergehenden Praeludiis mit vier Instrumenten und Basso continuo . . . pars prima.
– *Frankfurt/Main, Thomas Heinrich Hau-*
*enstein (Balthasar Christoph Wust), 1674.*
– St.                                                  [A 48
**D-ddr** KMs

— . . . pars secunda. – *ib., Thomas Hein-*
*rich Hauenstein (Johann Görlin), 1676.* –
St.                                                    [A 49
**D-ddr** KMs

Dritter Theil Musicalischer Blumen bestehend in Allemanden, Correnten, Sara-

banden, und Giquen nebst ihren Variationen. Mit einer Violin, theils mit einer verstimbten Viola da gamba und Violin, mit ihrem Basso pro Clavicimbalo. – *Frankfurt/Main, Thomas Heinrich Hauenstein (Johann Görlin), 1677.* – St.    [A 50
**A** Wn (fehlt vla da gamba)

## ABEL Karl Friedrich

SINFONIEN, OUVERTÜREN, KONZERTE

VI Symphonies [B, C, D, Es, F, G] à 4 parties deux violons, alt-viole & basse continue con les haubois et cornes de chasse . . . oeuvre première. – *Amsterdam, Johann Julius Hummel, No. 18.* – St.        [A 51
**D-brd** MÜu (bc [2x]) – **D-ddr** SWl – **GB** Lcm – **S** Skma, Uu

— Six overtures in eight parts for violins, french-horns, hautboys, one tenor with a thorough bass for the harpsicord or violoncello . . . opera prima. – *London, John Johnson.*        [A 52
**D-brd** Mbs – **GB** Cpc (unvollständig), Lam, Lbm, Lcm, Mp, Ob – **US** BE, Wc

— *ib., Thompson & son.*        [A 53
**D-brd** Hs (vl II, vla, ob II, bc) – **GB** Er, Lbm (2 Ex.), Mp (unvollständig) – **S** Skma – **US** Bp, I (vl I), NH (bc [2 Ex.]), R (bc [2 Ex.]), Wc

— *ib., Charles & Samuel Thompson.* [A 54
**GB** Ckc, Lbm – **US** CA

— Six overtures . . . adapted for the harpsichord or piano forte by the author. – *ib., Robert Bremner.*        [A 55
**C** Tu – **D-ddr** WRtl – **GB** Ckc, Lbm (2 Ex.), Lcm – **I** Rsc – **NL** DHgm – **S** Skma – **US** BE, Bp, PRu, Ws

— Six favorite overtures. Adapted for the harpsichord or organ. – *ib., Longman, Lukey & Co.*        [A 56
**GB** Ckc, LVp, Lbm, T – **US** Bp, CHum, Wc, WBw

— Six overtures, composed and adapted for the piano forte. – *ib., Harrison & Co., No. 44 (45).*        [A 57
**D-brd** Mbs

— *[Op. I. No. 3]* A favourite grand overture, for the piano forte or harpsichord. – *ib., T. Gladman.*        [A 58
**GB** Lbm

Six overtures [D, B, Es, C, G, D] in eight parts for two violins, two hoboys, two french horns, one tenor with a thorough bass for the harpsicord or violoncello . . . opera 4. – *London, author (Caulfield).* – St.        [A 59
**D-ddr** Bds – **GB** Lbm (2 Ex., 2. Ex. unvollständig), Mp, Ob – **S** Uu – **US** NH, Wc (2 Ex.)

— *ib., Robert Bremner, for the author.* [A 60
**D-brd** B, Mbs – **D-ddr** KÖ, SWl – **GB** Ckc, Cpl, Cu (unvollständig), Lam, Lbm, Lcm – **S** Skma – **US** CA, NH, Wc (2 Ex.)

— *ib., Robert Bremner.*        [A 61
**GB** Lbm – **US** Wc

— Six sinfonies à deux violons, deux hautbois . . . oeuvre IV. – *Paris, aux adresses ordinaires.* – St.        [A 62
**D-brd** Mbs (vl I, vl II, vla)

— Sei sinfonie a VIII. voci . . . opera IV. – *Leipzig, Breitkopf & Sohn, 1762.* – St.        [A 63
**S** Uu

— Sinfonia III [Es] a VIII voci, II corni, II oboi, II violini, viola, e basso, del opera IV. – *s. l., s. n.* – St.        [A 64
**DK** Kh

— Sinfonia V [G] a VIII voci, II corni, II oboi, II violini, viola e basso, del opera IV. – *s. l., s. n.* – St.        [A 65
**DK** Kk

Six simphonies [G, B, D, F, C, Es] à deux violons, taille & basse, deux hautbois & deux corns de chasse . . . oeuvre VII. – *Amsterdam, Johann Julius Hummel, No. 86.* – St.        [A 66
**D-ddr** Bds (kpl., [b 2x]) – **F** Pc – **S** Skma, SK (2 Ex.)

— Six simphonies à huit parties . . . oeuvre 7 me . . . mises au jour par Mr. Huberty. – *Paris, Huberty.*        [A 67
**F** Pc (fehlen ob I, ob II)

— Six simphonies à deux violons, deux hautbois, deux cors de chasse, alto viola

e basse . . . oeuvre VII. – *London, Robert Bremner, for the author.*                [A 68
**D-ddr** KÖ (fehlen cor I, cor II) – **GB** Cpl (unvollständig), Cu (unvollständig), Lbm (2 Ex.), Lcm, Mp, Ob – **S** Skma – **US** BE, CHH, NH, NYp, Wc

— *ib., Robert Bremner, for the author.*                                             [A 69
**GB** Lbm – **US** NYcu, R

— *ib., Preston & son.*                    [A 70
**GB** Lam – **US** AA

Six simphonies [E, B, Es, C, D, A] à deux violons, taille & basse, deux hautbois & deux cors de chasse, ad libitum . . . oeuvre X. – *Amsterdam, Johann Julius Hummel, No. 253.* – St.                             [A 71
**D-brd** Rtt – **DK** Kk (2 Ex. mit folgenden St.: vl I [5 Ex., davon 4 handschriftlich], vl II [6 Ex., davon 3 handschriftlich], vla [3 Ex., davon 1 handschriftlich], bc [3 Ex.], b [3 Ex., handschriftlich], ob I/II [2 Ex.], fag [handschriftlich], cor I, cor II [2 Ex.]) – **S** Skma, L – **US** Wc

— *Paris, de La Chevardière.*             [A 72
**F** Pc

— *London, Robert Bremner, pour l'auteur.*                                          [A 73
**D-brd** B – **D-ddr** Bds – **GB** Ckc, Lbm (3 Ex.), Lcm (2 Ex.), Lu, Mp, Ob (2 Ex.) – **I** Vc (fehlt ob II) – **US** NYp, NYcu, PRu, Wc

Six simphonies [C, Es, D, B, G, Es] à deux violons, taille & basse, deux hautbois ou flutes & deux cors de chasse ad libitum . . . oeuvre XIV. – *Berlin-Amsterdam, Johann Julius Hummel, No. 388.* – St.                                              [A 74
**DK** Kk (vl I 2 Ex. [davon 1 handschriftlich]), vl II 3 Ex. [davon 2 handschriftlich], vla 2 Ex. [davon 1 handschriftlich], bc, b [handschriftlich], ob I, ob II, cor I, cor II) – **GB** Lbm – **US** Wc

— Six overtures in eight parts; with a thorough base for the harpsichord . . . opera XIV. – *London, Robert Bremner, printed for the author.*                    [A 75
**D-brd** Hs (b) – **D-ddr** SWl (vl I, vl II, vla, cor II; die fehlenden Stimmen handschriftlich) – **GB** Lam, Lbm, Lcm, Ob

— *ib., Robert Bremner.*                    [A 76
**US** CA, WBw

— *ib., Preston & son.*                    [A 77
**US** NYp

Six overtures [Es, B, D, C, B, G] in eight parts . . . op. XVII. – *London, Robert Bremner.* – St.                          [A 78
**GB** Lbm, Lcm, Ob – **US** PRu, Wc (2 Ex.)

— *ib., Preston & son.*                    [A 79
**GB** Lbm, Mp

The periodical overture in 8 parts (No. XVI of Bremner's monthly series of periodical overtures). – *London, Robert Bremner.* – St.                              [A 80
**GB** Er, Lbm – **US** BE

Simphonie concertante [B] à plusieurs instruments obligés . . . libro I. – *Amsterdam-Berlin, Johann Julius Hummel, No. 516.* – St.                                [A 81
**D-ddr** SWl

— Simphonies concertante à plusieurs instruments. – *Paris, Sieber.*        [A 82
**NL** DHgm

Simphonie périodique [B] a piu stromenti . . . No. IX. – *Paris, de La Chevardière; Lyon, les frères Le Goux.* – St.      [A 83
**F** AG, Pc

Simphonie périodique [Es] a piu stromenti . . . No. 14. – *Paris, de La Chevardière; Lyon, les frères Le Goux.* – St.      [A 84
**CH** Bu (vl I) – **F** Pc

[*The Summer's Tale*] The overture . . . for two violins, 2 hoboys, 2 french horns, a tenor, with a bass for the harpsicord, & violoncello. – *London, John Walsh.* – St.                                              [A 85
**GB** Er, Lbm, Lcm – **S** Skma

Six concerts [F, B, Es, D, G, C] pour le clavecin ou piano forte, avec l'accompagnement de deux violons et violoncelle . . . oeuvre XI. – *London, Robert Bremner, pour l'auteur.* – St.                    [A 86
**A** Wgm (clav) – **C** Tu (clav [2 Ex., 2. Ex. mit anderem Titelblatt]) – **D-brd** Mbs (clav) – **D-ddr** KÖ (clav), WRtl – **GB** Ckc, Lbm (3 Ex. [davon 2 Ex. unvollständig]), Lu (unvollständig), Ob (unvollständig) – **NZ** Wt – **US** Cn, Pu, Wc (clav [2 Ex.])

5

— *Amsterdam, Johann Julius Hummel,
No. 318.*                                            [A 87
SF A

— *Paris, de La Chevardière.*                       [A 88
**D-brd** HR – **F** Mc (clav), Pc (clav)

WERKE FÜR 4 INSTRUMENTE

Six quartettos [F, B, Es, D, A, F] for two
violins, a tenor, and a violoncello obligati
. . . opera VIII. – *London, Robert Bremner,
for the author.* – St.                             [A 89
**D-ddr** KÖ (fehlt vla) – **DK** Kk – **E** Mn – **GB** Ckc,
Er, Lam, Lbm (2 Ex.), Lcm, Ltc, Lu – **US** AA,
BE, NH, NYcu, R, Wc

— *ib., Robert Bremner.*                            [A 90
**GB** Lbm

— Six quatuor à deux violons, taille, et
basse obligée . . . oeuvre VIII. – *London,
Robert Bremner.*                                    [A 91
**S** Skma (kpl.; vl I ohne Titelblatt) – **US** BE
(vlc)

— *Amsterdam, Johann Julius Hummel;
Den Haag, Burchard Hummel; Paris, de
La Chevardière (London, Robert Bremner).*
                                                    [A 92
**S** SK

— *Amsterdam, Johann Julius Hummel,
No. 135.*                                           [A 93
**D-brd** MÜu – **D-ddr** SWl – **S** Skma, SK, Uu

— Six quartettes à deux violons, alto
viola, et violoncello obligato . . . opera
VIII. – *ib., S. Markordt.*                         [A 94
**GB** Lam, Lbm (2 Ex.) – **I** Vc

— Six quatuor pour deux violons, alto et
basse . . . oeuvre 8. – *Paris Bouin, aux
adresses ordinaires (gravé par Bouin pour
l'auteur); Lyon, Castaud; Toulouse, Bru-
net.*                                               [A 95
**F** Pa (fehlt vlc), Pc (2 Ex.), Pn (kpl., vla 2 Ex.)
– **I** Gl – **US** BE

— *ib., de La Chevardière.*                         [A 96
**E** Zac – **F** Lm (fehlt vlc)

A second sett of six quartettos [C, A, F, D,
B, G] for two violins, a tenor, and violon-
cello obligato . . . op. XII. – *London,
Robert Bremner, for the author.* – St.  [A 97

**GB** Ckc (3 Ex.), Er, Lbm – **US** AA, NYp, PRu,
Wc

— *ib., Robert Bremner, for the author.*
                                                    [A 98
**F** Pc – **GB** Lbm – **I** Vc – SF A

— Six quator à deux violons ou (une flûte,
un violon) taille & violoncelle . . . oeuvre
XII. – *Berlin, Johann Julius Hummel;
Amsterdam, au grand magazin de musique,
No. 345.*                                           [A 99
**CS** Pnm (fehlt vlc) – **S** Skma, SK

— Six quators pour deux violons, alto, et
basse . . . oeuvre XIIᵉ. – *Paris, Sieber.*
                                                    [A 100
**US** BE

Six quatuors concertants [E, C, Es, G, F,
A] à deux violons, alto et violoncello . . .
oeuvre XV. – *Berlin-Amsterdam, Johann
Julius Hummel, No. 413.* – St.       [A 101
**A** Wgm – **CS** Pnm (fehlt vlc) – **H** KE – SF A
(vl II) – **S** Skma

— Six quatuors pour deux violon, alto,
et violoncello obligés. – *London, author.*
                                                    [A 102
**A** Wgm – **D-ddr** Bds (fehlt vl I) – **E** Mn – **GB** Er,
Lam (unvollständig), Lbm (2 Ex.), Ltc, Mp – **US**
BE, CA, NYp, WC

— . . . oeuvre 16. – *Paris, Bailleux.* [A 103
**PL** WRu

— Six quartettos for two violins, a tenor,
and violoncello obligato, with a thorough
bass for the harpsichord . . . opera 15ᵗʰ. –
*London, William Napier.*             [A 104
**GB** Ltc – **I** Vc – **US** CHua

WERKE FÜR 2 UND 3 INSTRUMENTE

Six sonates [C, F, D, B, G, Es] for the
harpsicord with accompanyments for a
violin or german flute, and violoncello . . .
opera II. – *London, author.* – P. und St.
                                                    [A 105
**C** Tu (P.) – **CH** Gpu – **D-ddr** Bds (fehlt hpcd) –
**F** Pc (P.) – **I** Rsc (vlc) – **US** Su

— *ib., Robert Bremner, for the author.*
                                                    [A 106
**GB** Bu, Cu (unvollständig), CA (unvollständig),
Lbm (2 Ex., von denen 1 Ex. kpl. ist), Lu (un-

vollständig), Mp, Ob, Ooc, T (unvollständig), –
US Bp, (P.), NYp (P., vl, vlc), WBw (P., vlc)

— *ib., Robert Bremner.* [A 107
**D-brd** Mbs (St.) – **D-ddr** WRtl (St.) – **GB** Er
(St.), Lbm (St.), Mp (St.) – **US** CA (P.), Wc

— Six sonatas pour le clavecin avec
l'accompagnement d'un violon ou flûte
traversière et d'un violoncelle … oeuvre
II. – *Paris, aux adresses ordinaires de la
musique.* – P. [A 108
**F** Pc – **GB** Cpl

Six sonatas [G, C, B, D, A, Es] for two
violins, or a german flute and violin, with
a thorough bass for the harpsichord …
opera III. – *London, author (Alderman).*
– St. [A 109
**CH** BEk – **D-brd** B – **GB** Ckc (2 Ex.), Cu, Lbm,
Lu, Mp, Ooc – **US** CA, CHua, R, Wc

— *ib., Robert Bremner, for the author.*
[A 110
**E** Mn – **GB** Ckc, CDp, Lam, Lbm (4 Ex.), Lcm
– **NL** DHgm – **S** Skma – **US** AA, I, NH, NYp,
(kpl., vl I 2 Ex.)

— *ib., Robert Bremner.* [A 111
**US** WBw (2 Ex.)

— Sei sonate a tre, due violini o vero
flauto traverso, violino e basso. – *Leipzig,
Gottlob Immanuel Breitkopf, 1762.* [A 112
**D-brd** B

— Six sonates à deux violons et basse …
oeuvre III. – *Paris, aux adresses ordinaires
(Alderman).* [A 113
**F** Pn

— Six trios [Es, A, G, C, B, D] à deux
violons et basse continue … op. III. –
*Amsterdam, Johann Julius Hummel; Den
Haag, Burchard Hummel.* [A 114
**I** Nc (b) – **S** SK (kpl.; vl I in 2 Ex.)

Six sonates [B, G, E, C, A, F] pour le
clavecin avec l'accompagnement d'un
violon ou flûte traversière et d'un violoncelle … oeuvre V. – *London, author.* –
P. und St. [A 115
**D-ddr** GOl (clav, vl) – **F** Pc (P.) – **GB** Lbm (St.)
– **S** Skma (P.) – **US** NH (P.), PHu, R

— *ib., author.* [A 116
**GB** Ckc (unvollständig), Lbm

— *ib., Robert Bremner, for the author.*
[A 117
**CS** Pu (P.) – **D-brd** Mbs (P.) – **DK** Kk (P. und
St.) – **GB** Ckc, En (unvollständig), Lbm (un-
vollständig), Lcm (unvollständig), Lu (unvoll-
ständig), Mp, Ob (unvollständig) – **US** AA (P.
und 1 St.), BE (P. und 2 St.), CA (vl, vlc), Wc
(P.)

— … [andere Ausgabe]. – *ib., Robert
Bremner, for the author.* [A 118
**GB** Lbm

— *Amsterdam, Johann Julius Hummel.*
[A 119
**S** Ll, Sm – **US** Wc

— … or flute traversière … – *London,
Robert Bremner, for the author.* – P. und St.
[A 120
**D-ddr** WRtl – **US** CA (P.), CHH (P.)

— … avec l'accompagnement d'un violon ou flûte traversière et d'un violoncelle
… oeuvre V. – *Paris, aux adresses ordinaires.* – St. [A 121
**S** Skma

— Six sonatas for the piano forte with an
accompaniment for a violin. – *London,
Harrison & Co.* – P. [A 122
**CTu** – **D-brd** Mbs – **GB** Bu, Lbm – **US** Wc

Sei sonate [C, G, e, E, F, G] a solo per il
flauto traverso e basso … opera sesta. –
*London, author.* – P. [A 123
**GB** Lbm

— *ib., Robert Bremner, for the author.*
[A 124
**GB** Cfm, Ckc, Lbm (2 Ex.), Mp – **US** Wc

Six sonatas for a violin, a violincello, &
base, with a thorough base for the harpsichord … opera IX. – *London, author.*
– St. [A 125
**GB** Ckc, Lbm (2 Ex., davon 1 Ex. unvollständig)

— *ib., author, Robert Bremner.* [A 126
**E** Mn – **US** CHua, Wc

— Six sonates à violon & basse … oeuvre
IX. – *Amsterdam, Johann Julius Hummel.
No. 252.* – P. [A 127
**S** Skma – **SF** A

— Three trios for a violin, violincello, and bass figur'd for the organ or harpsicord. – *London, Longman, Lukey & Co.* – St. [A 128
**GB** Lbm – **US** NYp, Wc

— Trois trios pour le violon, violoncello, et basso. – *Amsterdam, S. Markordt.* – St. [A 129
**GB** Cu

— Les suites des trois premières trios [F, G, D] pour le violon, violoncelle et basso. – *ib.* – St. [A 130
**GB** Ckc (unvollständig)

Six sonatas [G, F, A, B, C, Es] pour le clavecin, ou piano forte, avec accompagnement d'un violon ... oeuvre XIII. – *London, Robert Bremner, for the author, 1777.* – P. [A 131
**D–brd** Mbs – **GB** Ckc, Cu, Gc, Lam, Lbm (2 Ex.), Lu – **US** CHH, NH, Wc, WBw

— *ib., J. Betz.* – St. [A 132
**GB** Lbm

— *Den Haag, Burchard Hummel & fils.* – P. [A 133
**D–ddr** Wtl – **S** Skma

Six sonates [C, Es, F, B, G, A] pour le clavecin ou le piano-forte avec accompagnement d'un violon ad libitum ... oeuvre XV. – *Paris, Le Menu & Boyer (gravées par Mme Lobry).* – St. [A 134
**F** Pn (cemb)

Six trios [G, D, C, A, D, G] for a violin, tenor & violoncello, op. XVI. – *London, Robert Bremner.* – St. [A 135
**E** Mn – **GB** Ckc, Lbm (3 Ex.) – **US** R, Wc

— IV Trios [G, D, C, G] pour la flûte violon & violoncelle oeuvre XVI. – *Amsterdam, J. Schmitt.* [A 136
**D–brd** Tu

— Quatre trios, deux pour deux flûtes, et basse, et deux pour flûte, violon, et basse ... oeuvre XVI. – *Berlin-Amsterdam, Johann Julius Hummel.* [A 137
**GB** Gu

— Four trios, two for two flutes and a bass, and two for a flute, violin and bass

... opera XVI. – *London, John Preston.* [A 138
**GB** Ckc (unvollständig), Lbm (2 Ex.), Lcm – **US** NYp, R, Wc

Six sonates pour le clavecin ou piano forte, avec l'accompagnement d'un violon ... oeuvre XVIII. – *London, S. A. & P. Thompson.* – P. [A 139
**GB** Cu, Gu, Lbm, LVp, Ob – **US** CA, Wc

VI Sonate [C, F, a, B, G, Es] a clavicembalo obligato con violino o flauto traverso. – *Leipzig, Johann Gottlob Immanuel Breitkopf, 1762.* – St. [A 140
**D–ddr** LEm

Sonate [C, F, D, B, g, Es] a cembalo obligato, violino o flauto. – *s. l., s. n.* – P. [A 141
**D–ddr** LEm (vl)

A duetto [D] for two violoncellos. – *London, Birchall & Andrews.* – P. [A 142
**GB** Cu, Gu, Lbm, Ob

## ABELL John

A collection of songs, in several languages. – *London, William Pearson, for the author, 1701.* [A 143
**GB** Ckc, DRc, Ge, Lbm, Lcm, Y – **US** Wc

A collection of songs, in English. – *London, William Pearson, 1701.* [A 144
**GB** Lcm – **US** NYp

A choice collection of Italian ayres, for all sorts of voices, violin and flute: Printed in the English cliff, and sung to the Nobility and Gentry in the North of England; and at both theatres in London. – *London, William Pearson, 1703.* [A 145
**GB** Lbm

[II] Airs (Soyons toujours inéxorable; Quoy que l'amour paroisse [1 v & bc]) pour le concert de mercredy, le 12 decembre. – *s. l., s. n.* – P. [A 146
**S** N

Aloud proclaim the cheerful sound. A song on Queen Ann's Coronation, the words by Mr. Tate. – *s. l., s. n. (engraved by T. Cross).* [A 147
**GB** Lbm (2 verschiedene Ausgaben), Mc – **US** Wc

## ABINGDON Willoughby Bertie Earl of

A selection of twelve psalms and hymns, set to music according to the rules laid down for the Church ... to which is prefixed a print ... the drawing and engraving by ... Rigaud and Gardiner. – *London, Theobald Monzani, Thomas Skillern (1793).*                    [A 148
**D-brd** Rp – **GB** BA, En, Lbm – **H** Bn

The glorious armies. A hymn to the praise and glory of God, the words by Rowe. – *[London]*, *Theobald Monzani.* – P. [A 149
**GB** BA

Twenty-one vocal pieces for several voices with a piano forte accompaniment. Selected from various English poets. Also seven sonnets extracted from the late very ingenious specimens of Oriental poetry by I. D. Carlyle. – *[London]*, *Theobald Monzani, 1797.* – P.        [A 150
**GB** Lbm (2 verschiedene Ausgaben) – **US** CA

Six of the last vocal pieces ... arranged, with a pianoforte accompaniment ... by T. Monzani. – *London, Monzani & Cimador.*                    [A 151
**GB** Lbm

Six songs & a duet for voice, two flutes, two violins, a bass, harpsichord, or piano forte. – *[London]*, *Theobald Monzani.* – P.                    [A 152
**GB** BA, Lbm – **US** Wc

A representation of the execution of Mary Queen of Scot's in seven views, the music composed for and adapted to each view. – *London, Theobald Monzani (engraved by W. N. Gardiner after J. F. Rigaud).* – P.
                    [A 153
**D-brd** Rtt – **GB** Ge, Lbm – **H** Bn

— *ib.*                    [A 154
**EIRE** Dn – **US** Cn

Mentre dormi. Duetto italiano [with accompaniment for flutes and strings]. – *London, Theobald Monzani.* – P.    [A 155
**GB** BA, Lbm

Twelve country dances and three capriccios for two flutes and a bass, with three minuets for two flutes, two violins, horns and bass. – *London, Theobald Monzani* – P.                    [A 156
**GB** BA, Lbm

— *ib., Theobald Monzani, Longman & Broderip, George Smart.*        [A 157
**US** NYp

Nine country dances and three minuets for the year 1789. – *London, Theobald Monzani, Ball, 1789.* – P.        [A 158
**GB** BA

The Union. Country dance. – *[London]*, *Theobald Monzani.* – P.        [A 159
**GB** BA

Adieu, ye jovial youths. A song. – *[London]*, *Theobald Monzani.* – P.        [A 160
**GB** BA

The Amorous Rencountre. A song. – *s. l., Ball.* – P.        [A 161
**GB** BA

Corydon. A pastoral ... for three voices. – *[London]*, *Theobald Monzani (engraved by J. Cooper).* – P.        [A 162
**GB** BA

Gentle love. Song. – *s. l., s. n.*        [A 163
**GB** BA

I did but look. Song. – *s. l., s. n.* – P. [A 164
**GB** BA

The Kiss. A song. – *[London]*, *Theobald Monzani.* – P.        [A 165
**GB** BA

The Love-sick Maid [Song]. – *[London]*, *Theobald Monzani.* – P.        [A 166
**GB** BA

Musick and Beauty [Song]. – *[London]*, *Theobald Monzani.* – P.        [A 167
**GB** BA

The Political Rationalist. – *s. l., s. n.*
                    [A 168
**GB** Lbm

Saw you the nymph. A song. – *s. l., s. n.* – P.                    [A 169
**GB** BA

9

The Swains lamentation over the tomb [Song]. – *[London], Theobald Monzani.* – P.                                    [A 170
GB BA

Ultrum horum [and] Mavis accipe. Two songs. – *[London], Theobald Monzani.* – P.                                    [A 171
GB BA

The Wakefull Night. Song. – *s. l., s. n.* – P.                                    [A 172
GB BA

The wav'ring state of love. A song. – *[London], Theobald Monzani.* – P. [A 173
GB BA

Ye fair married dames. A song. – *s. l., s. n.* – P.                                    [A 174
GB BA


**ABINGTON William**

Six favorite canzonets for the piano forte, with an accompaniment for a violin ... opera I$^{mo}$. – *[London], author (engraved by Thomas Skillern).*                                    [A 175
GB Gu, Lbm, Ob

The Jew. A favorite song. – *London, Culliford, Rolfe & Barrow.*                                    [A 176
GB Gu, Lbm, Ob

The Royal East India quick march, for a trumpet, horns, clarinets, and bassoons, also adapted for the piano forte. – *London, Culliford, Rolfe & Barrow.* – P.                                    [A 177
GB Lbm, Ob

The Royal East India slow march, for a trumpet, horns, clarinets and bassoons, also adapted for the piano forte. – *London, Culliford, Rolfe & Barrow.* – P.                                    [A 178
GB Lbm


**ABONDANTE Giulio**

Intabolatura ... sopra el lauto de ogni sorte de balli ... libro primo. – *Venezia, Antonio Gardano, 1546.*                                    [A 179
A Wn

Intabolatura di lautto libro secondo. Madrigali a cinque, & a quattro, canzoni

franzese a cinque & a quattro. Mottetti a cinque, & a quattro, recercari di fantasia, napolitane a quattro intabulati & accomodati per sonar di lautto. – *Venezia, Girolamo Scotto, 1548.*                                    [A 180
SD 1548$^{12}$
A Wn


**ABOS Girolamo**

The favourite songs in the opera call'd Tito Manlio. – *London, John Walsh.* – P.                                    [A 181
US I


**ABUNDANTE Giulio**

Il quinto libro de tabolatura da liuto ... nella qual si contiene fantasie diverse, pass'e mezi & padoane. – *Venezia, Angelo, Gardano, 1587.*                                    [A 182
A Wn – I Bc


**ABRAMS Harriet**

A collection of Scotch songs harmonized for 2 & 3 voices with an accompaniment for the piano forte or harp. – *London, J. Dale.* – P.                                    [A 183
GB En, Gu

— *ib., Lewis Lavenu.*                                    [A 184
GB DU

— *ib., Lavenu & Mitchell.*                                    [A 185
US Wc

Eight Italian and English canzonets for one or two voices, with an accompanyment for the harpsichord or piano forte. – *London, author.* – P.                                    [A 186
GB CDp, Lbm

A second sett of Italian and English canzonets, for one, two, and three voices; with an accompaniment for the piano forte or harp. – *London, Longman & Broderip, for the author.* – P.                                    [A 187
GB Lbm, Mp

— *ib., Lewis Lavenu, for the author.*                                    [A 188
GB Lbm

— *[Second sett of canzonetts. No. 1].* And must we part for ever. A favorite duett for two voices. – *[London]*, s. n.
[A 189
GB Gu

The shade of Henry ... song ... with an accompaniment for the harp or piano forte. – *London, Lewis Lavenu.* – P. [A 190
GB AB, Cu, Lbm

— *London, Lewis Lavenu.*          [A 191
GB Lbm (2 Ex.)

The birks of Aberfeldy; a favorite Scotch air, to which is added a movement. – *London, Lewis Lavenu.* – P.          [A 192
GB Gu, Lbm – US Wc

Crazy Jane (Why fair maid in ev'ry feature). A favorite song ... with an accompaniment for the harp or piano forte. – *London, Lewis Lavenu.* – P.          [A 193
D-brd B – GB AB, Cfm, Cpl, Lbm – P Ln – US Wc (2 Ex.)

— *ib., G. Walker.*          [A 194
US Wc

— *Dublin, Hime.*          [A 195
GB Lbm

— *Philadelphia, G. Willig.*          [A 196
US AS

Dite che peno ma dite ancor. Duettino with a piano forte accompaniment. – *London, Monzani & Hill, No. 286.* – P.          [A 197
I BAn

The Emigrant, a favorite song. – *London, Lewis Lavenu.*          [A 198
GB Lbm

Female Hardship ... song ... with an accompaniment for the harp or piano forte. – *London, Lewis Lavenu.* – P. [A 199
GB Lbm

The Friend of my Heart ... song ... set to music with an accompaniment for the harp or piano forte. – *London, Lewis Lavenu.* – P.          [A 200
GB Lbm (2 Ex.)

The Gamester, favorite song. – *New York.* s. n.          [A 201
US PROu

Gniancora non se stuffa. A Venetian melody. Trio with accompaniment for pianoforte. – *[London], Monzani & Co., No. 261.* – P.          [A 202
I BAn

If silent oft you see me pine ... song ... with an accompaniment for the harp or piano forte. – *London, Robert Birchall.* – P.          [A 203
GB Lbm (2 verschiedene Ausgaben)

The last time I came o'er the moor. A favorite duett ... with an accompaniment for the harp or piano forte. – *London, Lewis Lavenu.* – P.          [A 204
GB Cfm

Little boy blue ... glee, for three voices. – *London, Lewis Lavenu.* – P.          [A 205
GB Lbm, Lcm – US NYfuld, NYp

O memory thou fond deceiver. A favorite song, with an accompaniment for the piano forte or harp. – *London, Longman & Broderip.* – P.          [A 206
GB Gu, Lbm (2 Ex.), Ob

The orphan's prayer (The frozen streets in moonshine glitter) ... ballad ... set to music with an accompaniment for the harp or piano forte. – *London, Lewis Lavenu.* – P.          [A 207
GB Bp, Cu, Ckc, Lbm – US NYp, PHu

— ... a pathetic new song. – *New York, I. & M. Paff.*          [A 208
US PHu

Ye silvan pow'rs that rule the plain ... duett for two voices, with an accompaniment for the harp or piano forte. – *London, Lewis Lavenu.* – P.          [A 209
GB Lbm

— *Philadelphia, G. Willig.*          [A 210
US PHu

A smile and a tear ... song. – *London, Lewis Lavenu.*          [A 211
GB Lbm

— *Dublin, M. Hime.*          [A 212
GB Lbm

The soldier's grave. A favorite song . . . with an accompaniment for the harp or piano forte. – *London, Lewis Lavenu.* – P.
[A 213
**GB** Lbm – **US** AA

Tom Halliard . . . song . . . with an accompaniment for the harp or piano forte. – *London, Lewis Lavenu.* – P.       [A 214
**GB** Lbm

The White Man. A favorite ballad with an accompaniment for the piano forte or harp. – *Dublin, M. Hime.* – P.       [A 215
**GB** Lbm

The Ballad of William and Nancy, written to commemorate an interesting incident which happened on the embarkation of the 85th Regt. August 10th, 1799 at Ramsgate . . . composed and arranged for the harp or piano forte. – *London, Lewis Lavenu.*       [A 216
**GB** Lbm – **US** NYp, Wc

## ABREU Antonio

Escuela para tocar con perfección la guitarra de cinco y seis ordenes, con reglas generales de mano izqierda y derecha. Trata de las cantorías y pasos dificiles que se pueden ofrecer, con método fácil de executarles. – *Salamanca, imprenta de la calle del Prior, 1799.*       [A 217
**E** Mn

## ACCADEMICO BIZZARO CAPRICCIOSO

Trastulli estivi concertati a due, tre et quattro voci con il basso continuo per sonar, libro primo . . . opera prima. – *Venezia, Alessandro Vincenti, 1620.* – St.
SD 1620[15]       [A 218
**I** Bc (S II)

Il secondo libro de trastulli estivi concertati à due, tre, et quattro voci con il basso continuo. – *Venezia, Alessandro Vincenti, 1621.* – St.       [A 219
SD 1621[18]
**A** Wn (kpl.: S I, S II, B, bc) – **I** Bc

Motetti a cinque voci concertati con il basso per sonar nell' organo . . . libro

primo, opera terza. – *Venezia, Alessandro Vincenti, 1623.* – St.       [A 220
**D-brd** F (kpl.: S, A, T, B, 5, org) – **I** Bc, FEc

## ACCADEMICO FORMATO (De Castro) Francesco Giuseppe

Trattenimenti armonici da camera a tre, due violini, violoncello, o cembalo . . . opera prima. – *Bologna, Pier Maria Monti, 1695.* – St.       [A 221
**GB** Ob – **I** Bc

Concerti accademici a quattro, cioe un'oboe, due violini e violone con la parte per il cembalo . . . op. 4. – *Bologna, li Peri, 1708.* – St.       [A 222
**I** Bc

## ADAM Johann (Jean)

Recueil d'airs à danser execute's sur le Théâtre du Roi à Dresde accommode's pour le clavecin. – *Leipzig, Johann Gottlob Immanuel Breitkopf, 1756.*       [A 223
**D-brd** KIl – **D-ddr** GOl, SWl – **US** Wc

## ADAM J. A.

Six quatuors [D, G, C, D, G, C], trois à flûte, violin, alto et basse et trois à flûte, deux violons et basse . . . œuvre premier. – *Berlin-Amsterdam, Johann Julius Hummel, No. 528.* – St.       [A 224
**D-ddr** Dlb – **SF** A – **S** Skma

## ADAM Johann Ludwig (Louis)

INSTRUMENTALWERKE

*Op. 1.* Trois sonates [C, Es, B] dans le genre de simphonies concertantes pour le clavecin ou le forté piano avec un accompagnement de violon . . . œuvre 1er. – *Paris, Le Marchand (gravé par G. Magnian).* – St.       [A 225
**F** Pc (2 verschiedene Ausgaben), Pn

— Deux simphonies concertantes [C, Es] pour le clavecin ou forte piano et harpe obligée avec un accompagnement de vio-

lon ad libitum . . . seconde édition. – *ib.,*
*Le Duc (gravé par Mlle Marquis), No.*
*682.* – St.                                    [A 226
**DK** Kk (vl, hf) – **F** Pn (cemb, hf)

— Trois sonates pour le clavecin ou
piano-forte avec accompagnement de violon . . . op. 1er. – *ib., Le Duc.* – St.  [A 227
**F** Pn (clav, vl)

— Sonate [C] pour le clavecin ou le
piano-forte avec accompagnement de
violon . . . (No. 9 du Journal de pièces
de clavecin par différens auteurs). – *ib.,*
*Boyer, (1784).*                                [A 228
**F** Pc (kpl., pf 2 Ex.)

*Op. 2.* Six sonates [A, G, E, F, Es, B] pour
le clavecin ou le forté piano avec un accompagnement de violon . . . œuvre II. –
*Paris, auteur, Mme Le Marchand (gravé*
*par G. Magnian).* – St.                        [A 229
**F** Pc (vl, 2 Ex.)

— *ib., M. Boyer (gravées par G. Magnian).*
                                                [A 230
**GB** Lbm (vl)

— *ib., Jean Henri Naderman (gravées par*
*G. Magnian).*                                  [A 231
**I** Mc

*Op. 3.* III Sonates en trio [G, D, e] pour
le clavecin ou forté piano avec un accom-
pagnement de violin et basse . . . œuvre
III. – *Paris, s. n. (gravé par G. Magnian).*
– St.                                          [A 232
**GB** Lbm (pf)

— *ib., Jean Henri Naderman (gravé par*
*G. Magnian), No. 792.*                         [A 233
**US** Wc

— *ib., Jean Henri Naderman (gravé par*
*G. Magnian), s. No.*                           [A 234
**I** Mc

— *ib., auteur, Mme Le Marchand (gravé*
*par G. Magnian).*                              [A 235
**F** Pc

— *ib., M. Boyer, Mme Le Menu.*    [A 236
**US** I (pf)

— *Offenbach, Johann André, No. 62.*
                                                [A 237
**S** Sm (pf)

*Op. 4.* Trois sonates [Es, F, Es] pour le
clavecin ou le piano-forte avec un accom-
pagnement de violon . . . œuvre IVe. –
*Paris, auteur, Mme L'Esprit (gravé par*
*Mme Oger).* – St.                              [A 238
**F** Pc (vl), Pn (pf)

— *ib., Jean Henri Naderman, Mme Le*
*Menu (gravé par Mme Oger).*        [A 239
**F** Pc

— *ib., Jean Henri Naderman (gravé par*
*Mme Oger).*                                    [A 240
**I** Mc

*Op. 5.* Simphonie concertante [F] pour le
forté-piano à quatre mains ou pour deux
piano-forte . . . œuvre Ve. – *Paris, Jean*
*Henri Naderman, Mme Le Menu (gravé*
*par Mme Oger), No. 953.* – P.      [A 241
**F** Pc

*Op. 6.* Trois sonates [Es, A, B] pour le
forte-piano, la seconde sonate est avec
accompagnement de violon obligé . . .
œuvre VIe. – *Paris, Boyer.* – St.  [A 242
**F** Pn

— *ib., Jean Henri Naderman, No. 946.*
                                                [A 243
**F** Pc

— *ib., Jean Henri Naderman, s. No.*
                                                [A 244
**F** Pc

*Op. 7.* Trois sonates [A, g, As] pour le
piano forte avec accompagnement de
violon non obligé pour les deux premières
et la troisième sans accompagnement . . .
œuvre 7. – *Paris, Jean Henri Naderman.*
– St.                                          [A 245
**D-brd** Sl

— *ib., Boyer.*                                [A 246
**F** BO, Pn (2 Ex.)

*Op. 8.* Trois grandes sonates pour le forte
piano . . . op. 8. – *Paris, Pleyel, No. 10.*
                                                [A 247
**I** Mc, Tn

— Sonate pour le forte piano . . . œuvre
8e. – *ib., No. 374.*                          [A 248
**I** Mc (2e, 3e livraison), PS, Nc (3e livraison) –

S Skma (2e livraison) – US R (3e livraison, Etikett: Janet & Cotelle), Wc (2e livraison)

*Op. 9.* Grande sonate [H] pour le forté piano … œuvre 9. – *Paris, Pleyel, No. 826.*        [A 249
A Wgm

*Op. 12.* Grande sonate [D] pour le forte-piano … op. 12 … l'auteur vient d'ajouter à cette sonate un accompagnement de violon et basse … ad libitum. – *Paris, J. Frey.* – St.        [A 250
US Wc (Etikett: Janet et Cotelle)

*Op. 13.* Grande sonate [B] pour le pianoforte … œuv. 13. – *Leipzig, Breitkopf & Härtel, No. 2945.*        [A 251
A M, Wgm – **D-brd** Bhm, Sl – I Sac

Werke ohne Opuszahlen

Recueil de romances et chansons avec accompagnement de piano-forte ou harpe. – *Paris, Jean Henri Naderman.* – P. [A 252
F Pc

Polonaise en rondo [Es]. (Musikalischer Sammler für das Piano-Forte, Heft No. [hs.:] 12). – *Wien, Pietro Mechetti qm. Carlo, No. 264.*        [A 253
**D-brd** Bhm

Air [F] Du bon Roi Dagobert avec douze variations, précédé d'un prélude ou introduction. – *Paris, Duhan, No. 261.* [A 254
A Wgm (Etikett: Imbault) – **CH** LAcu – I Nc

— *ib., P. Porro, No. 261*        [A 255
H KE

Arrangements

Ouverture des Danaïdes arrangée pour le forte-piano ou clavecin avec accompagnement de violon. – *Paris, Des Lauriers.* – St.        [A 256
F Pn

Ouverture de la Frascatana arrangée pour le clavecin ou forte-piano avec accompagnement de violon ad libitum. – *Paris, Frère.* – St.        [A 257
F Pn

Romance [C] arrangée pour cor et piano-

forte. – *Leipzig, Breitkopf & Härtel, No. 3020.* – St.        [A 258
**D-brd** DO – S Skma

Sonno allegra sono allegra. Aria [nella astuzie feminili] … arrangé pour le forte piano (Ariettes italiennes … del Signore Cimarosa … No. 25). – *Paris, Mlle Erard; Lyon, Garnier, No. 287.*        [A 259
**CH** Gpu

Un dolce foco per te mi nacque in seno. Aria … arrangé pour le piano forte (Ariettes italiennes del Signore Nasolini … No. 36). – *Paris, Mlle Erard; Lyon, Garnier, No. 342.*        [A 260
**CH** Gpu (unvollständig)

Pupille amabili. Cavatine … arrangé pour le piano forte (Ariettes italiennes del Signore Giordanello … No. 44). – *Paris, Mlle Erard; Lyon, Garnier, No. 380.*        [A 261
**CH** Gpu

Schulwerke

Méthode ou principe général du doigté pour le forté-piano, suivie d'une collection complète de tous les traits possibles avec le doigté en commençant par les plus aisés jusqu'aux plus difficiles: terminée par un dictionnaire de passage aussi doigtés, tirés des auteurs les plus célèbres par … et Lachnith, … augmentés dans la première partie lettre A, d'un tableau général du clavier à cinq et demie et à six octaves, d'une addition d'instruction, la seconde partie lettre B est augmentée de beaucoup de nouveaux passages et particulièrement pour le grand piano. – *Paris, Sieber & fils.*        [A 262
C Qu – CS BRu

— Lettre D, quatrième partie formant suite à la méthode ou principe général du doigté pour le forté-piano. – *ib., Sieber & fils, No. 1822.*        [A 263
I Mc

— Lettre C, troisième partie. – *Milano, Artaria.*        [A 264
I Mc

Méthode de piano du conservatoire. – *Paris, Imprimerie du conservatoire im-*

périal de musique (gravée par Mme Le
Roy), No. 5.                       [A 265
CH Bu – I Mc, Nc – S Skma


— ib., 1802.                       [A 266
I CORc


Méthode de piano forté du Conservatoire
. . . Ire (IIde, IIIme) partie. Pianoforte-
schule des Conservatoriums der Musik in
Paris . . . I. (II., III.) Abtheilung. – Bonn-
Köln, N. Simrock, No. 1173 a (b, c).
                                   [A 267
A Wgm (I, II) – D-brd DO (I, II, III) KNh (I,
II nouvelle édition) – NL At (II, III)


— XII Leçons doigtées en douze variations. Extrait de la Méthode de piano-
forte, adoptée pour servir à l'enseigne-
ment des élèves du Conservatoire de Musique à Paris. – ib., No. 1173 B.    [A 268
D-brd Bhm, KNh


— Wien, Tobias Haslinger, No. 6731
(6732, 6733).                      [A 269
A Gk


— Pianoforteschule des Conservatoriums
der Musik in Paris . . . erste (zweite)
Abteilung. – Leipzig, Breitkopf & Härtel.
                                   [A 270
CS BRu (I) – D-brd KNh (I, II), LÜh (II)


— . . . erste Abteilung. – ib., No. 3146.
                                   [A 271
D-brd Sl


— . . . 3. Abteilung. – ib., No. 326. [A 272
D-brd KNh – S Skma


— . . . 1. (–3.) Abtheilung. – Prag, Marco
Brera.                             [A 273
CS Pu


— Metodo per il piano-forte . . . diviso in
tre parti. – Milano, Giovanni Ricordi, No.
6800 (6801, 6802).                 [A 274
A Wgm – I Mc (I, III; fehlt II)


— Metodo per il pianoforte, vol. 1°: Cinquanta lezioni progressive diteggiata per
le piccole mani, vol. 2°: Scelta di suonate
in differenti caratteri e mouvimenti. –
s. l., s. n. (Della Bella).        [A 275
I Bsf


— Metodo di piano forte . . . 2a parte:
50 lezioni progressive con portamento per
le piccole mani; 3a parte: scelta di sonate
in diversi caratteri e movimenti. – Napoli,
Giuseffo Girard, No. 304-2 (304-3).
                                   [A 276
I Mc, MOl, Nc, Rc


Supplément à la Methode de piano. –
Bonn, N. Simrock, No. 2872.        [A 277
A Wgm


Fünfzig Uebungs-Stücke des Conser-
vatoriums der Musik in Paris, für das
Piano-Forte bey dem Unterrichte in die-
sem Institute eingeführt . . . Heft 2. –
Wien, Mathias Artaria, No. 748.    [A 278
A Wgm


XXI Sonatine . . . per gli allievi di piano-
forte ed adottate dal Real Conservatorio
di Parigi. – Milano, Giovanni Canti, No. 1.
                                   [A 279
A Wgm


Sistema armonico per il pianoforte ad uso
del liceo musicale di Parigi. – Firenze,
Giuseppe Lorenzi.                  [A 280
I Bc, FOc, Mc, Nc, VEc


## ADAMI H.

XII Taenze verschiedener Art mit voll-
stimmiger Musik und passenden Figuren.
– Braunschweig, Musikalisches Magazin
auf der Höhe, No. 413. – St.       [A 281
D-brd Mbs


## ADAMI Michelangelo

Motecta singulis, binis, ternis, quaternis
quinisque vocibus, liber secundus. – Venezia, Bartolomeo Magni, 1615. – St. [A 282
I Fn (S I, S III, B)


## ADAMS Abraham

The Psalmist's new companion, containing an introduction to the grounds of
musick . . . also forty-one psalm tunes,
and twenty-five anthems . . . to which
is added a funeral hymn, the whole is
composed in three and four parts . . .

being chiefly intended for the use of
country choirs, the sixth edition. – *London, Thompson & son.*                    [A 283
GB Cu, Lbm, Y

— . . . forty-three psalm tunes & twenty-
three anthems . . . the tenth edition. –
*ib., Charles & Samuel Thompson.*    [A 284
GB Ge, Lbm – US FW, Pu (2 Ex.), Ps

— . . . the eleventh edition. – *ib., S. A. & P. Thompson.*                          [A 285
GB Lbm, Lcm, Mp (unvollständig) – US NH, WC

— *ib., printed for Messrs. Thompson.*
                                                          [A 286
GB Lbm (2 verschiedene Ausgaben)

— . . . the twelfth edition. – *ib., printed for Messrs Thompson.*              [A 287
GB Lbm

— *ib., printed for Henry Thompson.* [A 288
GB Lbm

## ADAMS James B.

VOKALWERKE

A collection of songs. – *London, J. Fentum.*
                                                          [A 289
GB Lbm (Nr. 1, 2, 5, 7 auch in Einzelausgaben)

A new air (Ode to may. the words by Miss
Whately) for the voice and harpsichord
with other accompanyments Nº 2. – *London, Longman & Broderip for the author.*
                                                          [A 290
GB Gu, Lbm, Ob

A new air (L'Amour timide, the words by
Sir John Moore) for the voice and harpsichord with other accompanyments. Nº
3. – *London, Longman & Broderip, for the author.*                                [A 291
GB Gu, Lbm, Ob

A new air (Lovely seems the moon's fair
lustre, the words . . . from Percy's collection) for the voice and harpsichord with
other accompanyments Nº 4. – *London, Longman & Broderip, for the author.*
                                                          [A 292
GB Gu, Lbm, Ob

A new air (Invocation to the nightingale,
the words by Miss Hays) for the voice and
harpsichord with other accompanyments
. . . Nº 5. – *London, Longman & Broderip, for the author.*                          [A 293
GB Gu, Lbm

A new air (The Death of Daphne, the
words . . . from Pope's pastorals) for the
voice and harpsichord with other accom-
panyments . . . Nº 6. – *London, Longman & Broderip, for the author.*              [A 294
GB Gu, Lbm, Ob

Select songs . . . No. 13 (The Nightingale,
a canzonet). – *London, author.*         [A 295
GB Ob

Select songs . . . No. 14 (Wine and war,
or Military conviviality). – *London, author.*
                                                          [A 296
GB Ob

Select songs . . . No. 15 (Come peace re-
pose with me. A canzonet). – *London, author.*                                     [A 297
GB Ob

Select songs . . . No. 16 (Let the thrush
awake my love, a valentine). – *London, author.*                                   [A 298
GB Ob

(Weitere Einzelgesänge in **GB** Lbm)

INSTRUMENTALWERKE

Three sonatas [F, C, B] for the piano forte
or harpsichord with an accompanyment
for a german flute or violin . . . op. 4. –
*London, Longman & Broderip, for the author.*                                     [A 299
GB Gu, Lbm, Ob

A familiar introduction to the first principles of music. – *London, author.* [A 300
D–ddr Bds

## ADDISON John

My Jamie is a bonny lad. A favorite
Scotch song. – *London, A. Bland & Weller.*
                                                          [A 301
GB Lbm, Ob

Six sonatas or duets [D, C, D, G, F, a] for two violins, or two german flutes ... opera prima. – *Edinburgh, James Johnson, 1772.* – P.                    [A 302
GB Gu, Lbm


## ADGATE Andrew

Philadelphia harmony, or, a collection of psalm tunes, hymns, and anthems, selected by Adgate and Spicer, together with The rudiments of music, on a new and improved plan, by A. Adgate. – *Philadelphia, Westcott & Adgate, for the author (weitere Auflagen: ib., John M'Cullock; ib., Mathew Carey).*                    [A 303
US GRE, Hm, NYp, Ps, PHphs, PRs, PROu, Wc, WEL, WOa

A selection of sacred harmony: containing lessons explaining the gamut, keys, and characters used in vocal music; and a rich variety of tunes. – *Philadelphia, s. n., 1789.*                    [A 304
US Ps


— ... 5th ed. – *ib., W. Young*, Mills & son, *1797.*                    [A 305
US PROu


## ADIMARI Bernardo

Canzonette spirituali divise in tre parti. – *Firenze, s. n., 1703.* – P.                    [A 306
I Rvat-casimiri


## ADOLFATI Andrea

Sei sonate [g, F, Es, E, G, F] a due violini, flauti, corni da caccia, basson e basso, a tre, cinque e sei parti, nuovamente composte ... opera prima. – *Paris, Mme Boivin, Le Clerc, Mlle Castagnery (gravé par Mme Brouet).* – St.                    [A 307
F Pn (vl I, fag/vlc/vla, cor da caccia/fl, bc) – I Gl (vl I, cor I, II, fl I/II, fag/vlc/vla, b)


## ADORNO Bresciano

Completorium totius anni iuxta romanum curiam, pleno ac pari modo quatuor canendum vocibus, at permutato cantu in tenorem, adiectis etiam quibusdam sacris cantionibus corporis Christi, ac hymno nec non etiam falsis bordonis ex plano cantu deductis. – *Milano, eredi di Francesco e Simon Tini, 1593.* – St.  [A 308
I FZac

Sacrosancta regii prophetae psalmodia, quibus S. R. E. in solemnitatibus per anni circulum ad vespertinas utitur horas; quae quatuor vocibus tùm plena, tùm pari concini possunt formula, variato tamen supero in tenorem. Unàq; cum duplici Virginis cantico, ac nonnullis falsis bordonis super cantum planum formatis. – *Milano, eredi di Francesco e Simon Tini, 1593.* – St.                    [A 309
I FZac, VCd


## ADRIANI Francesco

Il primo libro de madrigali a sei voci. – *Venezia, Girolamo Scotto, 1568.* – St.
[A 310
I VEaf (B)

Il primo libro de madrigali a cinque voci. – *Venezia, Girolamo Scotto, 1570.* – St.
[A 311
GB Lbm (B)

Il secondo libro de madrigali a cinque voci. – *Venezia, Girolamo Scotto, 1570.* – St.
[A 312
GB Lbm (B)


## ADRIEN Martin Joseph (l'aîné)

[Recueil de romances]. – *Paris, Imbault*, No. 274. – P.                    [A 313
S Skma (fehlt Titelblatt)

Troisième recueil de romances avec accompagnement de piano-forté. – *Paris, Imbault, No.* # *281 et 521.* – P.    [A 314
F Pn (2 Ex.) – S Skma (Ex. No. 521)

[Recueil de romances]. – *Paris, Imbault*, No. 452. – P.                    [A 315
S Skma (fehlt Titelblatt)

17

*Adrien, Martin Joseph (l'aîné)*                    *A 316–A 334*

Cinquième recueil de romances, paroles de divers auteurs. – *Paris, Imbault, No. A.* # *475.* – P.                    [A 316
F Pn (2 Ex.)

[Recueil de romances]. – *Paris, Pleyel.* – P.                    [A 317
S Skma (fehlt Titelblatt)

Aux martyrs de la liberté. – *Paris, Imbault, No. A* # *302.*                    [A 318
F Pn (2 verschiedene Ausgaben)

Avec Iseult et les amours. Triolet de Tristan. – *s. l., s. n.*                    [A 319
S Skma (Etikett: Paris, Le Duc)

La bonne fille, paroles de M. Reynier ... avec accomagnement de guitarre. – *Paris, Imbault.*                    [A 320
GB Lbm (2 Ex.)

Dis moi ce que j'éprouve. La déclaration (in: La muse du jour, journal de nouveautée pour le forte piano, première année). – *Paris, Cochet, No. 23.*                    [A 321
I OS

L'heure avance ou je vais mourir. Complainte de Montjourdain. – *[Paris], Ozi.*                    [A 322
DK Kv – S Skma

Invocation à l'Être suprême. [5 v et orchestre], paroles du citoyen de La Porte. – *Paris, Imbault, No. 499.* – P.                    [A 323
F Pn (2 Ex.)

L'Evacuation du territoire de la république (Où sont-ils ces rois furieux [1 v et bc]), chanson de guerre, par La Combe. – *[Paris], magazin de musique à l'usage des fêtes nationales.*                    [A 324
GB Lbm – US Wc

Si la raison ramène la justice. Pétition d'une jeune infortunée. – *[Paris], Cochet.*                    [A 325
DK Kv

## ADSON John

Courtly masquing ayres, composed to 5. and 6. parts, for violins, consorts, and

cornets. – *London, T. Snodham, for John Browne, 1621.* – St.                    [A 326
EIRE Dm (unvollständig) – GB Lbm (unvollständig), Lcm (unvollständig), Ob, Och

## AEBEL David

Epitalamion (Tota pulchra es amica mea [à 6 v]), in honorem ... Joachimi Engelberti ... nec non ... Catharinae ... Rungii. – *Rostock, Johann Richels Erben, 1624.*                    [A 327
D-ddr GRu

Et tibi cum Schuppi (à 3) in: Honoribus ... viri Dn. Johannis Balthasaris Schuppii ... cum is ... philosophiae magister ac doctor ... crearetur ... precantur professores. – *Rostock, Joachim Pedanus, 1631.* – P.                    [A 328
D-ddr ROu

*entfällt*                    [A 329

## AGAZZARI Agostino

GEISTLICHE WERKE

*1602.* Sacrarum cantionum quae quinis, senis, septenis octonisque vocibus concinuntur, liber primus. – *Roma, Aloysio Zannetti, 1602.* – St.                    [A 330
D-brd Rp (S, A, T, B, 5) – GB Cu (S, T, B, 5, 6) – I Bc, Rli, Rsgf (S, A, T, B, 5)

— *ib., 1605.*                    [A 331
I Bc (org)

— ... cum basso ad organum. – *Venezia, Ricciardo Amadino, 1608.*                    [A 332
D-brd As, ERu (org), Rp (S, T, 5, 6) – GB Lbm (b, org) – I Bc (A, B,), Sd (S, B, 5, 6, org), Vc (S, A, T, B, 5, org) – PL WRu (S, A, T, 5, 6)

— *ib., 1616.*                    [A 333
GB Lbm (S) – I Bof

*1603a.* Sacrae laudes de Iesu, B. Virgine, angelis, apostolis, martyribus, confessoribus, virginibus, quaternis, quinis, senis, septenis, octonisque vocibus, cum basso ad organum, & musica instrumenta, liber secundus. – *Roma, Aloysio Zannetti, 1603.* – St.                    [A 334
D-brd Rp (2 Ex., im 2. Ex. fehlen T und org) – GB Cu (S, T, B, 5, 6) – I Bc (S, A, T, B, 5, 6, org), Sd (S, B, 5, 6, org)

18

— *Venezia, Ricciardo Amadino, 1608.*
[A 335
**D-brd** As, ERu (org), Rp (S, T, 5, 6, 7, 8) – **GB**
Lbm (6) – **US** SFsc (org)

— *ib., 1615.*                              [A 336
**GB** Lbm (S) – **I** Nc (8), Rvat (8), Sac (8)

*1603b.* Sacrarum cantionum quae quinis,
senis, septenis, octonisque vocibus concinuntur, liber tertius. – *Roma, Aloysio
Zannetti, 1603.* – St.               [A 337
**D-brd** Rp (S, A, T, B, 5, 6) – **GB** Cu (S, T, B, 5,
6) – **I** Bc (S, A, T, B, 5, 6, org), PCd (S, A, T, B,
5, 6), Sd (S [unvollständig], B, 5, 6, org)

— . . . cum basso ad organum. – *Venezia,
Ricciardo Amadino, 1608.*           [A 338
**D-brd** As, Rp (S, T, 5, 6, 7, 8) – **GB** Lbm (T, 6) –
**I** Ac (S, B [unvollständig]), Bc (T)

— *ib., 1616.*                              [A 339
**GB** Lbm (S) – **I** Bc, Nc (8)

*1605* → *1602*

*1606a.* Sacrae cantiones, binis, ternisque
vocibus concinendae, liber quartus, cum
basso ad organum. – *Roma, Aloysio Zannetti, 1606.* – St.                  [A 340
**D-brd** Rp (org) – **I** Ac (S)

— *Venezia, Ricciardo Amadino, 1606.*
[A 341
**A** Wn (S I, S II, B) – **GB** Lbm (S II) – **I** Bc, LA
(org), Mc (B)

— Motetti à 2. e 3. voci libro quarto con
il basso principale per l'organo. – *Milano,
eredi di Simon Tini & Filippo Lomazzo,
1606.*                              [A 342
**I** Md (S I, S II, B), VCd (S II, B)

— Sacrae cantiones, binis, ternisque vocibus concinende. Liber quartus. Cum
basso ad organum. Editio tertia. – *Venezia, Ricciardo Amadino, 1608.*       [A 343
**D-brd** Rp (2 Ex.: S I, B, org; S I, S II, B, org) –
**I** Bc (S I, S II, org)

— *ib., 1609.*                              [A 344
**D-brd** As, Mbs (org) – **I** Bc (org), Rsc (B), Sc
(S I, S II, org) – **P** C (S II)

— *ib., 1612.*                              [A 345
**I** Bc (B), Bsp, FEc, Rsc (S I, org), Rslf (S, org),
Rvat (S) – **P** C (B, unvollständig)

— *ib., 1614.*                              [A 346
**D–brd** Rp (org) – **GB** Lbm (S I, org) – **I** MOd (S I)

— . . . editio quarta, erroribus noviter
espurgata. – *Roma, Giovanni Battista
Robletti, 1614.*                     [A 347
**GB** Lbm – **I** Bc (S I)

— *ib., Bartolomeo Zannetti, 1618.* [A 348
**I** Bc (S II, B, org)

— *ib., Lucca Antonio Soldi, 1620.* [A 349
**I** Sac (B)

— *Venezia, sub signo Gardani, appresso
Bartolomeo Magni, 1620.*            [A 350
**I** Bc (S I, B [S. 9–16 gehören zu einer späteren
Ausgabe], org)

— *Roma, Paolo Masotti, 1633.*      [A 351
**F** Pc

*1606b* → *1606a*
*1606c* → *1606a*

*1607.* Sacrarum cantionum, quae binis,
ternis, quaternisque vocibus concinuntur,
liber II, opus V. motectorum, cum basso
ad organum. – *Milano, eredi di Simone
Tini & Filippo Lomazzo, 1607.* – St. [A 352
**D-brd** Rp – **I** PCd (S I, S II [unvollständig], B,
bc)

— *Venezia, Ricciardo Amadino, 1608.*
[A 353
**D-brd** Rp – **I** Bc (S II, bc), Ac (bc), Rvat-chigi

— *ib., 1609.*                              [A 354
**D-brd** As – **I** Bc, Bsp, Rli (bc), Sc (S I, bc)

— *ib., 1613.*                              [A 355
**D-brd** Mbs (bc) – **GB** Lbm (S I) – **I** Ac (S I, S II
[unvollständig], bc), Rsc (S I, B, bc) – **P** C (S II,
B [beide unvollständig])

— *[Auswahl aus mehreren Bänden:]*
Cantiones, motectae vulgo appellatae,
quae IV. V. VI. VII. & VIII. vocibus
concinuntur, & instrumentis apprimè ad-
plicantur; nunc primùm in Germania
excusae & publicatae. – *Frankfurt/Main,
Nikolaus Stein (Wolfgang Richter),* 1607.
– St.                               [A 356
**D-brd** Kl (2 Ex.: S, A, T, B, 5, 6, 7, 8; T, 6, 7, 8),
Rp. (2 Ex.: A, 5, 8; T, 8), W (B) – **GB** Lbm (S,
A, T, B, 5, 6, 7, 8) – **PL** WRu (S, A, T, B, 5, 6, 8)

19

1608a → 1602
1608b → 1603a
1608c → 1603b
1608d → 1606a
1608e → 1607

*1609a.* Psalmi sex, qui in vesperis ad concentum varietatem interponuntur, ternis vocibus, eosdem sequitur completorium quaternis vocibus, cum basso ad organum . . . opus duodecimum. – *Venezia, Ricciardo Amadino, 1609.* – St.          [A 357
**D-brd** BAs (S II), Rp – **GB** Lbm (S I, T, B, org) – **I** Bc (S, B, org), Mb (B), Sd

— *ib., 1613.*                              [A 358
**I** Bc (S I, B, org), Sd (S I, S II, B, org)

— . . . noviter impressi, et à multis erroribus expurgati. – *ib., Bartolomeo Magni, 1618.*                              [A 359
**I** Bc

— *ib., 1620.*                              [A 360
**I** Nc (org), Sac (org)

1609b → 1606a
1609c → 1607

*1611a.* Psalmi, ac Magnificat, qui in vesperis solemnioribus decantantur, quinis simplicibus vocibus, cum organo . . . opus decimum tertium. – *Venezia, Ricciardo Amadino, 1611.* – St.          [A 361
**D-brd** BAs (A) – **I** Nc (S, A, T, 5), Rc

— *ib., 1615.*                              [A 362
**D-brd** F

*1611b.* Sertum roseum ex plantis Hiericho . . . singulis, binis, ternis, & quaternis vocibus decantandum, cum basso ad organum, opus decimum quartum. – *Venezia, Ricciardo Amadino, 1611.* – St. SD          [A 363
**A** Wn (S, A, T, org) – **D-brd** Rp (S, A, T, org) – **I** Bc (S, A, T, org), Bsp (2 Ex.), Sc (org)

— *ib., 1612.*                              [A 364
**D-brd** Mbs (bc) – **I** Bc, Rsc (A), Rslf (S, A) – **P** C (T)

— *ib., 1614.*                              [A 365
**GB** Lbm (S, org) – **I** Fn (S, A, T, org), Rsc (S, org), Sac (org), Sd (T) – **US** AA

*1611c.* Psalmorum ac Magnificat quorum usus in vesperis frequentior est octo vocibus . . . opus decimum quintum. – *Venezia, Ricciardo Amadino, 1611.* – St. [A 366
SD 1611$^2$
**D-brd** MÜs, Rp (I: S, T) – **E** TZ (I: S, T, B; II: T, B) – **GB** Lbm – **I** Nc (II: B)

— *ib., 1615.*                              [A 367
SD 1615$^4$
**D-brd** F – **E** JA (A I, S II) – **F** Pn (I: T; II: A) – **US** LOs (I: S, B)

1612a → 1606a
1612b → 1611b

*1613a.* Dialogici concentus, senis, octonisque vocibus . . . nunc primum in lucem editi, opus decimumsextum. – *Venezia, Ricciardo Amadino, 1613.* – St.          [A 368
**GB** Lbm (S) – **I** Bc (S, A, T, 5, 6, org), Rc (A), Rsg (S, A, T, B, 5, 6), VEcap (S, A, T, B, 5, org)

— *ib., 1616.*                              [A 369
**D-brd** Mbs (T)

— *ib., 1617.*                              [A 370
**D-brd** Mbs (S, A, B, 5, 6, bc) – **I** Nf (?)

— *ib., Bartolomeo Magni, signum Gardani, 1618.*                              [A 371
**S** Skma (6)

1613b → 1607
1613c → 1609a

*1614a.* Missae quattuor tam organis, quam pleno choro accommodatae, quarum duae quattuor vocibus, altera quinque, postrema vero octo concinuntur. Cum basso ad organum, opus decimum septimum. – *Venezia, Ricciardo Amadino, 1614.* – St.          [A 372
**I** Bc (A), Ls, Nc (II: B [ = 8]), Sac (bc)

— *ib., 1617.*                              [A 373
**D-brd** Mbs – **I** Ac (A, org), Bc, BRd, Nc (8), VCd – **PL** GD (S, T, B, org)

— *ib., Bartolomeo Magni, 1625.* [A 374
**D-brd** Mbs (T, 5) – **I** Rsmt (S, A, T, B, bc; fehlen 5 und II: S, A, T, B)

1614b → 1606a
1614c → 1606a
1614d → 1611b

*1615a*. Sacrae cantiones quae tum unica, tum duabus ac quattuor vocibus concinuntur ... opus decimum octavum. – *Venezia, Ricciardo Amadino, 1615.* – St.
SD 1615⁵                   [A 375
**A** Wn (S, T, org) – **GB** Lbm (S) – **I** Bc (S, T, org)

1615b → 1603a
1615c → 1611a
1615d → 1611c

1616a → 1602
1616b → 1603b
1616c → 1613a

1617a → 1613a
1617b → 1614a

1618a → 1606a
1618b → 1609a
1618c → 1613a

*1620a*. Stille soavi di celeste aurora, a 3. 4. 5. voci col basso per sonare, opera decima nona. – *Venezia, stampa del Gardano, appresso Bartolomeo Magni, 1620.* – St.
                               [A 376
**D-brd** Rp (S I, S II, A, B), Rtt (S I) – **I** Rv (kpl.: S I, S II, A, B, bc)

1620b → 1606a
1620c → 1609a
1620d → 1606a

1625a. Eucharisticum melos, tum singularibus, tum variis vocibus degustandum ... opus vigesimum. – *Roma, Luca Antonio Soldi, 1625.* – St.      [A 377
**D-brd** MÜs (S I, S II, B, org)

1625b → 1614a

1633 → 1606a

*1639*. Litaniae Beatissimae Virginis quaternis, quinis, senis, octonisque vocibus in varium melos concinendae, opus vigesimum primum. – *Roma, Vincenzo Blanco, 1639.* – St.          [A 378
**GB** Lbm (5) – **I** Rv (6), Sd (kpl.: S, A, T, B, 5, 6, org)

*1640*. Musicum encomium, divini nominis, simplicibus, binis, ternis, quinisque vocibus. – *Roma, Vincenzo, Blanco 1640.* – St.
                               [A 379
**D-brd** MÜs (S/T I, S/T II, A, B, org)

WELTLICHE WERKE

*1596*. Il primo libro de madrigali à sei voci. – *Venezia, Angelo Gardano, 1596.* – St.                   [A 380
**A** Wn (B) – **D-brd** Rp (S, T, B, 5, 6) – **I** Bc, Sc (A [unvollständig], T, 5)

— Madrigali harmoniosi e dilettevoli a sei voci. – *Antwerpen, Pierre Phalèse, 1600.*                  [A 381
**B** Gu (A, B, 6) – **D-brd** DS (T), W (S, T, B) – **GB** Lbm, Och – **P** C

*1600a*. Il primo libro de madrigali a cinque voci con un dialogo a sei, & un' Pastorale a otto, a l'ultimo. – *Venezia, Angelo Gardano, 1600.* – St.       [A 382
**GB** Lbm (B) – **I** Bc, Fm (5) – **PL** GD

— Madrigali a cinque voci con un dialogo à sei & un' pastorale à otto, à l'ultimo. – *Antwerpen, Pierre Phalèse, 1602.* [A 383
**GB** Lbm (unvollständig), Och – **D-brd** W (S, T, B)

— Il primo libro de madrigali. – *Venezia, Alessandro Raverii, 1608.*        [A 384
**A** Wn (A, B, 5) – **I** FEc, Sac (S, A, B)

— Madrigali à cinque voci. *Frankfurt, Nikolaus Stein, 1608.*           [A 385
**GB** Lbm (T, B, 5)

1600b → 1596

1602 → 1600a

*1606a*. Il secondo libro de madrigali à cinque voci. – *Venezia, Ricciardo Amadino, 1606.* – St.          [A 386
**A** Wn (S, B, 5) – **F** Pn – **I** Sac (S, A, B)

— *ib., 1613.*                    [A 387
**I** Bc, Rsc (B, 5)

*1606b*. Eumelio. Dramma pastorale recitato in Roma nel seminario romano nei giorni del carnovale. – *Venezia, Ricciardo Amadino, 1606.* – P.      [A 388
**I** Rsc

*1607a*. Il primo libro de madrigaletti, a tre voci. – *Venezia, Ricciardo Amadino, 1607.* – St.          [A 389
**D-brd** As (S, S II, B)

— *ib., 1615.*                    [A 390
**I** Fn

*1607b.* Il secondo libro de madrigaletti, a tre voci. – *Venezia, Ricciardo Amadino, 1607.* – St.                          [A 391
I Bc (S I), Sc

1608a → 1600b
1608b → 1600b

1613  → 1606a

1615  → 1607a

## AGAZZI Gaetano

Six sonates [C, G, A, D, B, Es] à violoncelle et basse . . . œuvre première. – *Amsterdam, S. Markordt.* – P.        [A 392
D-brd B – D-ddr Dlb – F Pc – GB Lbm

Trois duos [D, G, B] à violon et violoncelle . . . œuvre première. – *Berlin, Johann Julius Hummel; Amsterdam, grand magazin de musique, No. 457.* – St.        [A 393
S J

## AGINCOUR d'

Pièces de clavecin, dédiées à la reine. – *Paris, Boivin, 1733.*                          [A 394
F Pc, Pn (2 Ex.)

## AGLIONE Alessandro

Canzonette spirituali a tre voci. – *Venezia, Giacomo Vincenti, 1599.* – St.        [A 395
I Bc (S)

Il quinto libro de' motetti a una, due, tre, e quattro voci, con una messa, e vespero. – *Venezia, Alessandro Vincenti, 1621.* – St.
                          [A 396
I Bc (org)

## AGNANINO Spirito

Sacro convito celeste adorno di varie armonie sacre . . . opera sesta. – *Orvieto, Michael'Angelo Fei & Rinaldo Ruuli, 1625.* – St.        [A 397
I CEc (T), Rsc (T)

## AGNELETTI Giovanni Battista

Sacri canti et hinni a voce sola, parte de'quali con sinfonia ad libitum, et parte puonno servire interamente per sonate. – *Venezia, stampa del Gardano, 1673.* – P.
                          [A 398
I Bc

## AGNELLI Don Lorenzo

Salmi, e messa a quattro voci in concerto con alcuni motetti. – *Venezia, Alessandro Vincenti, 1637.* – St.        [A 399
I Bc – PL WRu

Il secondo libro de motetti. – *Venezia, Alessandro Vincenti, 1638.* – St.        [A 400
I Bc (S, A, bc) – PL WRu (S, T, bc)

## AGOSTINI Lodovico

*1567.* Musica di . . . sopra le rime bizarre di M. Andrea Calmo, & altri autori a 4. voci. – *Milano, Cesare Pozzo, 1567.* – St.
                          [A 401
I Tn

*1570.* Musica di . . . il primo libro de madrigali a cinque voci. – *Venezia, li figliuoli di Antonio Gardano, 1570.* – St.
                          [A 402
A Wn – I Bc

*1571.* Enigmi musicali . . . il primo libro a sei con dialoghi a sette otto et dieci. – *Venezia, li figliuoli di Antonio Gardano, 1571.* – St.        [A 403
I MOe (S, A, T, B), Rsc (T, B, 5, 6) – US BE (S)

*1572a.* Musica di . . . libro secondo de madrigali à quattro voci. – *Venezia, li figliuoli di Antonio Gardano, 1572.* – St.
SD 1572[7]                          [A 404
GB Lcm – I Bc, Vnm (S, T, B)

*1572b.* Canones, et echo sex vocibus . . . eiusdem dialogi, liber primus. – *Venezia, li figliuoli di Antonio Gardano, 1572.* – St.
SD 1572[13]                          [A 405
D-brd As

*1574.* Canzoni alla napolitana a cinque voci . . . libro primo. – *Venezia, li figliuoli di Antonio Gardano, 1574.* – St.        [A 406
I Bc (S, T), MOe

*1581.* L'echo, et enigmi musicali a sei voci . . . libro secondo. – *Venezia, Alessandro Gardano, 1581.* – St.          [A 407
SD 1581⁵
I Bc, FEc (5), MOe, VEaf

*1582.* Madrigali . . . libro terzo, a sei voci. – *Ferrara, eredi di Francesco Rossi & Paolo Tottorino, 1582.* – St.          [A 408
I MOe, VEaf

*1583.* Il nuovo echo a cinque voci . . . libro terzo, opera decima. – *Ferrara, Vittorio Baldini, 1583.* – St.          [A 409
SD
I MOe, Tn

*1586.* Le lagrime del peccatore a sei voci . . . libro quarto, opera XII. – *Venezia, Giacomo Vincenti & Ricciardo Amadino, 1586.* – St.          [A 410
I MOe

## AGOSTINI Paolo

Salmi della Madonna, Magnificat a 3. voci, hinno Ave Maris Stella, antifone a una, 2. & 3. voci, et motetti tutti concertati . . . con il basso continuo per sonare, divisa in due parti, libro primo. – *Roma, Luca Antonio Soldi, 1619.* – St.          [A 411
F Pthibault (B) – I Bc, Rc (org)

Liber secundus missarum . . . Missa ad canones pro vigilijs, ac ferijs, quator vocibus. – *s. l., s. n., 1626 (1625).* – St. [A 412
I Fd (fehlt Titelblatt), Rsg (unvollständig), Rvat-capp. giulia

Spartitura delle messe del primo libro. – *Roma, Giovanni Battista Robletti, 1627.* – P.          [A 413
D-brd MÜs – I Bc, Mc, Rvat-capp. giulia

Spartitura del secondo libro delle messe e motetti a quattro voci con alcuni oblighi de canoni. – *Roma, Giovanni Battista Robletti, 1627.* – P.          [A 414
D-brd MÜs – I Bc, Fd, MC, Rsg, Rvat-capp. giulia

Libro quatro delle messe in spartitura. – *Roma, Giovanni Battista Robletti, 1627.* – P.          [A 415
D-brd MÜs – I Bc, MC, Rvat-capp. giulia

Partitura del terzo libro della messa sine nomine, a quattro. Con due Resurrexit, il secondo tutto in canone à 4. & il basso fa resolutione con l'alto di 8. 7. 6. 5. 4. 3. 2. & I. li doi Soprani, sempre cantano ad unisono; & l'Agnus à 7. in canone, con obligo di trè parte, sopra la sol, fa, mi, re, ut. di due battute; con un' ottava parte si placet. – *Roma, Giovanni Battista Robletti, 1627.* – P.          [A 416
D-brd MÜs – I Bc, MC, Rsg, Rvat-capp. giulia

Spartitura della messa et motetto Benedicam Dominum ad canones, a quattro voci. E la resolutione delle ligature à 4. di Gio. Maria Nanino; accomodata per un motetto; con una quinta parte aggionata. – *Roma, Giovanni Battista Robletti, 1627.* – P.          [A 417
D-brd MÜs – I Bc, Mc, Rvat

Partitura delle messe et motetti, a quattro et cinque voci, con 40 esempi di contrapunti, all' ottava, decima et duodecima. – *Roma, Giovanni Battista Robletti, 1627.* – P.          [A 418
B Br – I Rvat-capp. giulia

Missarum liber posthumus. – *Roma, Giovanni Battista Robletti, 1630.* – P. [A 419
I FERd, Rvat-barberini (fehlt Titelblatt)

## AGRELL Johann Joachim

VI. Sinfonie [D, C, A, B, G, F] a quattro cioè violino primo, violino secondo, alto viola, e cembalo o violoncello, con corni da caccia, trombe, oboe, flauti dolci e traversi ad lib: come anche la Iᵐᵃ e IIᵈᵃ sinfonia con timpani . . . opera prima. – *Nürnberg, Johann Ulrich Haffner, No. 27.* – St.          [A 420
S Skma (7 St., fehlen vla und cemb/vlc), SK (kpl. in 9 St., zum Teil in 2 Ex.), V (vl II)

— Sei sinfonie a quattro cioè violino primo, violino secondo, alto viola e cembalo o violoncello . . . opera prima. – *ib., No. 27.* – St.          [A 421
S Skma (vla, cemb/vlc, fehlen vl I und vl II)

Sei sonate [B, G, F, e, D, g] per il cembalo solo, accompagnate da alcune ariette, polonesi e menuetti . . . opera seconda. –

*Nürnberg, Johann Ulrich Haffner, No. 36.*
[A 422
**D-brd** Mbs – **D-ddr** LEm – **NL** DHgm – **S** Skma

— *London, John Walsh.*                    [A 423
**D-brd** B – **GB** Ckc, CDp, Lbm – **I** Rsc – **S** Skma,
Uu – **US** AA, Ws, Wc

III Concerti [F, D, A] a cembalo obligato,
violino I<sup>mo</sup>, violino II<sup>do</sup>, alto viola e
violoncello ... opera III<sup>za</sup>. – *Nürnberg,
Johann Ulrich Haffner, No. 55.* – St.
[A 424
**DK** Kk (cemb) – **S** SK (fehlt cemb)

III Concerti [A, h, G] a cembalo obligato,
traverso o violino concertato, violino I<sup>mo</sup>,
violino II<sup>do</sup>, alto viola, violoncello e basso
ripieno ... opera IV<sup>ta</sup>. – *Nürnberg, Johann Ulrich Haffner, No. 67.* – St. [A 425
**DK** Kk (cemb) – **S** Skma

Concerto [B] a cembalo obligato con dui
violini e violon-cello, tal maniera di po-
terlo suonare anche a cembalo solo senza
gli altri stromenti. – *Nürnberg, Balthasar
Schmid's Witwe, No. 39.* – St.        [A 426
**S** SK (kpl.: cemb, vl I, vl II, vlc)

Concerto [D] a cembalo obligato con dui
violini, viola e violoncello ... anche a
cembalo solo senza gli altri stromenti. –
*Nürnberg, Balthasar Schmids Witwe, No.
55.* – St.                              [A 427
**DK** Kk

Six sonatas [G, G, C, G, G, G] for two
german flutes or violinis with a thorough
bass for the harpsicord or violoncello ...
opera terza. – *London, John Walsh.* – St.
SD                                      [A 428
**D-brd** Mbs – **GB** Gu, Lbm

A collection of easy genteel lessons for the
harpsicord ... book II, to which is added
Vivaldi's celebrated 5<sup>th</sup> concerto set for
the harpsicord. – *London, Randall & Abell.*
SD, S. 64                               [A 429
**B** Bc – **C** Tu – **GB** Ckc, CDp, Lbm – **S** Skma –
**US** Wc, WGw

## AGRESTA Agostino

Madrigali a sei voci ... libro primo. –
*Napoli, Costantino Vitale, 1617.* – St. [A 430
**F** Pthibault – **I** Nc

## AGRICOLA Alexander

Misse ... Le serviteur. Je ne demande.
Mal heur me bat. Primi toni. Secundi toni.
– *Venezia, Ottaviano Petrucci, 1504.* – St.
[A 431
**A** Wn (S, A, T) – **B** Br (S, A, B) – **GB** Lbm (B) –
**I** Ac, Bc, Fm (B), Rsc, Rvat-capp. sistina

## AGRICOLA Christian Johannes

Motetae novae pro praecipuis in anno
festis decantandae, 4, 5, 6, 8. pluribusque
vocibus compositae. – *Nürnberg, Konrad
Agricola (Katharina, Alexander Theodo-
richs Witwe), 1601.* – St.            [A 432
**D-brd** Rp (S, A, T, B, 5), W (S, A, T, B, 5, 6) –
**D-ddr** SAh (S, A) – **GB** Lbm (S, A, T, B, 5, 6) –
**I** Rsc (S, A, T, B) – **PL** GD (T, B, 5, 6), Wu (S, A)

Ein neuwes lied zu bitten umb Glauben
Liebe und Hoffnung unnd umb ein seliges
leben, gmacht durch Jon Eyßleben. –
*s. l., s. n.*                          [A 433
**A** Wn

## AGRICOLA Johann Friedrich

Der ein und zwanzigste Psalm, nach der
... Uebersetzung des ... Iohann Andreas
Cramer (Der König jauchzt, von Dir ent-
zückt). – *Berlin, George Ludwig Winter,
1759.* – P.                             [A 434
**A** GÖ – **CH** E – **CS** Bm – **D-brd** Bhm, Hs –
**D-ddr** BD, Dlb, GOa, LEm, RUh, SWl – **F** Pc –
**GB** Lbm

Sonata [F] per il cembalo solo (in: Musi-
kalisches Mancherley, drittes Vierteljahr).
– *(Berlin, s. n., 1762).*             [A 435
**I** Mc

## AGRICOLA Martin

Ein kurtz Deutsche Musica. Mit LXIII
schonen lieblichen Exempeln yn vier
stymmen verfasset. Gebessert mit VIII.
Magnificat, nach ordnung der VIII. Thon.
– *Wittenberg, Georg Rhau.*            [A 436
**A** Wn (2 Ex.) – **US** NYp

Hymni aliquot sacri veterum patrum una
cum eorundem simplici paraphrasi, brevi-

bus argumentis, singulis carminum gene-
ribus, et concinnis melodijs . . . collectore
Georgio Thymo. – *s. l., s. n., 1552.* [A 437
SD 1552[1]
**D-ddr Z**

Melodiae scholasticae sub horarum inter-
vallis decantandae, in quibus Musica
Martino Agricolae, hymni suis autoribus,
distributio cum alijs nonnullis Godescalco
Praetorio debentur. In usum Scholae
Magdeburgensis. – *Wittenberg, Georg
Rhaus Erben, 1557.* – St.          [A 438
**D-brd HVl, W – D-ddr HAu** ( ?, S, Titelblatt
fehlt)

— *Magdeburg, Wolfgang Kirchner, 1567.*
[A 439
**D-brd HB**

— *ib., 1575.*                     [A 440
**D-brd W**

Deutsche Musica und Gesangbüchlein der
Sontags Evangelien artig zusingen . . .
etwa in deutsche reim verfasset . . . mit
schönen gesengen [für 2 und 3 Stimmen]
und gebetlin zugerichtet. Durch Wolf-
gangum Figulum. – *s. l., s. n., (1563).*
[A 441
**D-ddr Bds** (Impressum fehlt), **SGh** (am Ende:
Nürnberg, Johann vom Berg & Ulrich Neuber)

## AGRICOLA Wolfgang Christoph

Fasciculus musicalis octo missarum, super
octo cantionibus Henrici Pfendneri. –
*Würzburg, Heinrich Pigrinus, 1647.* – St.
[A 442
**PL Wu** (I: S, A, T, B; II: S, A, T)

Geistliches Wald-Vögelein, das ist : Unterschiedliche Geistliche und in drey Theil
verordnete Gesänglein [für 4 Stimmen]
von Gott seiner werthen Mutter und Heil.
Gottes nebens andern mehr Musicalischen
Materien in Processionen, Walltägen und
sonsten von der lieben Jugend und zu
Aufferbauung Christliebende Seelen zu
gebrauchen. Editio secunda. So mit unterschiedlichen neuen Gesänglein vermehret. – *Neustadt-Mellerstadt, Johann
Heinrich Utt, Johann Zirckenbach (Würzburg, Hiob Hertz), 1664.*          [A 443
**D-brd WÜu**

— . . . hierbey seynd nebst denen Sirenis
auch gantz neu-componirte Gesänger anjetzo beygedruckt, verbessert und vermehrt. – *ib., 1719.*              [A 444
**D-brd As**

— . . . hiebey seynd jetz auch noch ange-
druckt alle Sirenis-Gesänger. – *Würzburg,
Martin Franz Hertz, 1711*         [A 445
**D-brd WÜu**

Keusche Meer-Fräulein oder Geistliche
Gesäng [S mit bc] Christo Jesu, unserm
Seeligmacher: Mariae, seiner gebenedey-
ten Mutter zu Ehren auß lateinischer in
teutsche Sprach zu sonderem Gefallen
christliebenden Seelen übersetzt. Anjetzo
mit vielen neuen Gesängern, so noch nie-
malen in Druck kommen, vermehrt. –
*Würzburg, Martin Franz Hertz, 1718.*
[A 446
**D-brd As**

## AGTHE Karl Christian

Lieder eines leichten und fließenden Gesangs für das Clavier dem Durchlauchtigsten Erbprinzen Alexius Friedrich Christian zu Anhalt-Bernburg . . . gewidmet.
– *Ballenstedt, Autor; Dessau, Buchhandlung der Gelehrten, 1782*         [A 447

**D-brd DT, F**

Der Morgen, Mittag, Abend und Nacht,
vom Herrn Professor Sander als ein Aus-
zug zum Singen beym Klavier. – *Ballenstedt, Autor; Dessau, Buchhandlung der
Gelehrten, 1784.*                 [A 448
**D-brd F – D-ddr Bds – US NH, Wc**

Drey leichte Sonaten fürs Clavier oder
Pianoforte. – *Ballenstedt, Autor; [Leip-
zig], Breitkopf, (1790).*         [A 449
**D-ddr Dlb, HAu – CH Gpu**

## AGUILERA DE HEREDIA Sebastián

Liber canticorum Magnificat beatissimae
virginis Deiparae Mariae octo modis seu
tonis compositum, quaternis vocibus,
quinis, senis et octonis concinendum. –
*Zaragoza, Petrus Cubarte, 1618.* – Chb.
[A 450

CO B – E AL, ALB, Bc (unvollständig), CAL, J (unvollständig), Mn, MA, Sc (2 Ex., unvollständig), SD, SE (unvollständig), TZ, VAc (unvollständig), VAcp, VIT, Zac – P EVc

## AGUS Joseph (Giuseppe)

VOKALWERKE

Twelve duets for the voice and harpsichord. – *London, Welcker.*    [A 451
GB Lbm

Six Italian duetts for two voices, with a thorough bass for the piano forte . . . op. 9. – *London, J. Dale.*    [A 452
GB Gu, Lbm, Ob

INSTRUMENTALWERKE (mit Opuszahlen)

Six solos [A, B, C, G, F, E] for a violin with a thorough bass for the harpsichord . . . (op. 1). – *London, John Johnson.* – P.    [A 453
CS KR – **D-brd** KNh – F Pc – GB Lbm, Ob – US Wc, WGw

— Sonate a violino solo e basso . . . [op. 1]. – *s. l., s. n.*    [A 454
GB Lbm, Lcm

Six solos [Es, B, A, C, G, E] for a violin with a thorough bass for the harpsichord. Opera seconda. – *London, John Johnson.* – P.    [A 455
CS KR – **D-brd** KNh – GB Lbm – S Skma – US Wc

Sei trii per due violini e violoncello . . . opera III. – *s. l., s. n.* – St.    [A 456
GB Lbm, Lu – US Wc, WGw

— *London, Robert Bremner.*    [A 457
GB Lbm (2 Ex.)

Six notturnos [G, B, D, Es, A, F] for two violins and a violoncello obligato . . . opera IV – *London, Welcker (1770).* – St.    [A 458
**D-brd** B – GB Ckc, Lbm, LVp, Ooc – I Nc – S Skma – US Wc

Six sonatas, two for a violin, tenor and violoncello, two for two violins and a thorough bass, two for one flute, a violin

and thorough bass . . . opera sesta. – *London, Welcker.* – St.    [A 459
GB Lbm – US CHua

— *London, Longman & Broderip.* [A 460
US R

Sei trio [Es, B, D, F, A, G] per due violini e basso . . . opéra IX. – *Paris, auteur, aux adresses ordinaires (Le Roy).* – St.    [A 461
**D-brd** B

INSTRUMENTALWERKE (ohne Opuszahlen), ARRANGEMENTS . . .

Six duetts for two violins. – London, *James Blundell, No. 56.* – St.    [A 462
GB Lbm – US NYp

Six duo concertans pour deux violons [irrtümlich:] composés par L. Boccherini, œuvre 37e. – *Paris, Barbieri.* – St. [A 463
US Wc

The allemands danced at the King's Theatre . . . to which is added Mr. Slingsby's hornpipe, set for the german flute, violin or harpsichord. – *London, Welcker.*    [A 464
GB Cpl, Lbm (2 Ex.) – US R

The Ballet Champêtre, a comic dance [for the pianoforte], as danced at the King's Theatre. – *London, William Napier.*    [A 465
GB Lbm

The Opera Dances both serious and comic, danced at the King's Theatre . . . for the german flute, violin or harpsichord, book V. – *London, Longman & Broderip.*    [A 466
GB Lbm

A choice collection of catches and glees, adapted for a violin and violoncello, to which are added some favorite airs with variations. – *London, Fentum.* – P. [A 467
SD S. 59
GB Lbm (2 Ex.)

— *ib., Birchall & Andrews.*    [A 468
GB Lcm

A second set of glees and airs adapted for a violin, a violoncello or piano forte. – *London, L. Lavenu.*      [A 469
GB Lcm

**AHLE Johann Georg**

(Ach! Ach! ihr Augen, Ach! [à 5], in:) Der Gläubigen . . . Adel und Würde . . . bey Beerdigung des . . . Johann Rudolph Ahlen . . . den 11. Julij lauffendes 1673. Iahrs. – *Mühlhausen, Johann Hüter, (1673).*      [A 470
D-ddr MAl

Unstrutische Clio oder Musicalischer Mayenlust erster Theil. – *Mühlhausen, Johann Hüter, 1676.*      [A 471
D-brd B

Unstrutische Calliope oder Musicalischer Mayenlust zweyter Theil. – *ib., 1677.*      [A 472
D-brd B

Unstrutische Erato oder Musicalischer Mayenlust dritter Theil. – *ib., Johann Hüters Erben, 1677.*      [A 473
D-brd B

Unstrutische Euterpe oder Musicalischer Mayenlust vierdter und letzter Theil. – *ib., 1678.*      [A 474
D-brd B

Unstrutische Melpomene, begreiffend XII. neue vierstimmige Beht- Buß und Sterbelieder. – *ib., Reinhart Gruneschneiter, 1678.* – P.      [A 475
NL DHk

Unstruhtischer Apollo begreiffend X. sonderbahre Fest-Lob-Dank und Freudenlieder. – *ib., Johann Hüters Witwe, 1681.* [A 476
D-brd B

Göttliche Friedensverheissung (Ach, wenn wird in unsern Landen) welche mit singenden und klingenden stimmen ausgezieret und . . . bei dem den 8. Jenners dieses anscheinenden 1679sten Heiljahres gehaltenem Kirchgange mit frohem be-

wunschseeligen überreicht und angestimmet. – *Mühlhausen, Johann Hüters Witwe, 1679.* – St.      [A 477
D-brd B (S, A, T, B, vl I, vl II, vla I, vla II, vla III, vlne, bc)

Drej neue vierstimmige Behtlieder [mit bc] an den Drei Einigen Gott um gnädige beschirmung für der zu dieser zeit hin und wieder sich einschleichenden grausamen Pest. – *Mühlhausen, Johann Hüters Witwe, 1681.*      [A 478
D-ddr Bds

Als der . . . Herr Sebastian Vokkerod . . . und die . . . Jungfer Eve Marie . . . ihr hochzeitliches Ehrenfest, den 20. des Brachmohndes itzlauffenden 1681 Jahres, frölich begingen, stimmete folgendes Sing- und Klingestüklein (Wohl dem, der ein tugendsam Weib hat) glükwünschend an. – *Mühlhausen, Johann Hüters Witwe, (1681).* – St.      [A 479
D-brd B (S, tr, vla I, vla II, bc)

Als die . . . zum zweiten mahl aufgehende Herren Bürgermeister dieser . . . Stadt Mühlhausen . . . Herr Kunrath Mekbach . . . und . . . Herr Benjamin Rülke, benebst den sämtlichen ihres Rathes groß- und wohlansehnlichen Mitgliedern, die den 9 des Jenners itz begonnenen 1682 Jahres in unserer Lieben Frauen Kirche gehaltene Rahtspredigt hatten angehöret, lies darauf hiesigen in Reime gebrachten und mit Sing- und Klingstimmen bezierten 91 Psalmen (Wer gnädig wird beschützet) glükwundschend erschallen. – *Mühlhausen, Johann Hüters Witwe, (1682).* – St.      [A 480
D-brd B (S, A, T, B, vl I, vl II, vla I, vla II, vlne, bc)

**AHLE Johann Rudolph**

*1647.* Harmonias protopaideumata in quibus monadum seu uniciniorum sacrorum decas prima. – *Erfurt, Christian von Saher (Spangenberger), 1647.* – St. [A 481
DK Kk (S/T)

*1648a.* Himmel-süsse Jesus-Freude, genommen auss dem Jubilo B. Bernhardi, durch schöne Concertlein und liebliche Arien in zweyen Stimmen, nechst dem

Basso Continuo cum Textu, auch nach Belieben ohne fundament . . . componirt. – *Erfurt, Autor (Friedrich Melchior Dedekind), 1648.* – St. [A 482
**GB** Lbm (bc)

*1648b.* Erster Theil Geistlicher Dialogen deren etliche aus denen durchs Jahr über gewöhnlichen Sonn- und Fest Tags Evangelien, theils aber aus anderen Orthern heiliger Schrifft, zusammen getragen, und mit 2. 3. 4. oder mehr Stimmen in die Music übersetzet: Neben einer anmuthigen Zugabe. – *Erfurt, Christian von Saher (Friedrich Melchior Dedekind), 1648.* – St. [A 483
**A** Wgm (1, 2, 3, bc) – **D-brd** Hs (bc) – **D-ddr** GOl (3), HAu (1), Q (2) – **GB** Lbm (1, 2, 3, bc)

*1650.* Dreyfaches Zehn allerhand newer Sinfonien, Paduanen, Balleten, Alemanden, Mascharaden, Arien, Intraden, Couranten und Sarabanden mit 3. 4. und 5. Stimmen auff unterschiedlichen Instrumenten gesetzt. – *Erfurt, Johann Birckner (Friedrich Melchior Dedekind), 1650.* – St. [A 484
**S** VX (S I, S II, T, B; die übrigen St. fehlen)

*1657.* Neu-gepflanzter Thüringischer Lustgarten, in welchen XXVI. Neue geistliche musicalische Gewächse mit 3. 4. 5. 6. 7. 8. 10. und mehr Stimmen . . . mit und ohne Instrumenten, mit und ohne Capellen, auch theils mit und ohne General Bass zu brauchen versetzet. – *Mühlhausen, Johann Birkner (Johann Hüter), 1657.* – St. [A 485
**A** Wgm – **D-brd** Kl, W – **D-ddr** Bds (3), BD, Dlb (1, 2, 3, 7, 8), EII (1, 2, 3), FBsk (2, 3, 5, bc), GOL (2, 4, 5, 6), MLHr, SAh (1, 2, 3, 4, 5, bc), UDa (2, 7) – **GB** Lbm, Lcm (unvollständig) – **PL** Tu (1), WRu (2, 4, 5, 6, 7, 8, bc) – **S** Uu – **US** NYp (8)

—— Neu-gepflantzten Thüringischen Lust-Gartens Ander Theil, in welchen XXX. Neue geistliche musicalische Gewächse mit 1. 2. 3. 4. 5. 6. 7. 8. 9. 10. und mehr Stimmen . . . – *ib., 1658.* – St. [A 486
**A** Wgm – **D-brd** W – **D-ddr** Bds (3), BD, Dlb (1, 2, 3, 7, 8), FBsk (2, 3, 5, bc [unvollständig]), GOL (2, 4, 5, 6), MLHr, UDa (2, 7) – **GB** Lbm (1, 2, 3, 4, 6, 7, 8, bc) – **PL** WRu (1 [unvollständig], 2 [dgl.], 3, 4, 5, 8, bc [unvollständig]) – **S** Uu – **US** NYp (8)

— Neugepflantzten Thüringischen Lustgartens dritter und letzter Theil, in welchen zehen neue geistliche Musikalische Concert-Gewächse, mit 3. 4. 5. 6. 7. 8. 9. 10. 11. 12. 13. 15. 20. und mehr Stimmen . . . zum Basso Continuo gesetzet. – *ib., 1665.* – St. [A 487
**A** Wgm – **D-brd** W – **D-ddr** Bds (fehlt 1, 3, 5, 8, bc unvollständig), Dlb (1, 2, 3, 7, 8) – **GB** Lbm (3, 4, 7, 8) – **PL** WRu (2 [unvollständig], 3, 4, 5, 6, 7, 8)

— Neugepflantzten Thüringischen Lustgartens Nebengang, in welchen X neue geistliche musikalische Concertgewächse, mit 3. 4. 5. 6. 7. 8. 10 und mehr Stimmen zu dem Basso Continuo . . . versetzet. – *Mühlhausen, Autor (Johann Hüter); Erfurt, Johann Birckner, 1663.* – St. [A 488
**D-ddr** Dlb (1, 2, 3, bc), EII (1, 2, 3), MLHr (1, 2, 4, 5, 6, bc), SAh (1, 2, 3, 4, 5) – **PL** WRu (1, 2, 3, 5, 6, bc) – **S** Uu (1, 2/3, 4/5, instrumentum 1, 2 und bc)

*1660.* Erstes Zehn neuer geistlicher Arien, so mit 1. 2. 3. oder 4. Stimmen, mit oder ohne Fundament, sampt beygefügten Ritornellen auff 4. Violen nach belieben zu brauchen. – *Mühlhausen, Franz Mohr (Johann Hüter), 1660.* – St. [A 489
**D-brd** Lr

— Anderes Zehn neuer geistlicher Arien, so mit 1. 2. 3. 4. und mehr Stimmen . . . – *Mühlhausen, Johann Hüter, 1660.* [A 490
SD 1660²
**D-brd** Lr

— Drittes Zehn neuer geistlicher Arien so mit 1. 2. 3. 4. 5. 6. und mehr Stimmen . . . – *Sondershausen, Andreas Möckert, (Mühlhausen, Johann Hüter), 1662.* – P. [A 491
**D-ddr** MLHb

— Vierdtes Zehn neuer geistlicher Arien so mit 1. 2. 3. 4. 5. und mehr Stimmen . . . – *ib., 1662.* – P. [A 492
**D-ddr** MLHb

*1662a.* Neue Geistliche auf die hohen Festtage durchs gantze Jahr gerichtete Andachten, mit 1. 2. 3. 4. und 8. Stimmen, mit oder ohne Fundament, sampt beygefügten Ritornellen auff 4. Violen nach belieben zu brauchen. – *Mühlhausen, Autor (Johann Hüter), 1662.* – P. [A 493
**D-ddr** MLHb

— Neue Geistliche auf die Sontage durchs gantze Jahr gerichtete Andachten mit 1. 2. 3. 4. und mehr Stimmen mit oder ohne Fundament, sampt beygefügten Ritornellen auf 3 Violen nach Belieben zu brauchen. – *Sondershausen, Sebastian Erdmann (Mühlhausen, Johann Hüter), 1664.* – P.                                    [A 494
**D-ddr** MLHb

*1663.* Neue geistliche Chorstücke mit 5. 6. 7. und 8. Stimmen (wobey auch der General Baß nicht aus Nothwendigkeit sondern Gewohnheit zu finden) in einem leichten stylo abgefasset. – *Mühlhausen, Franz Mohr (Johann Hüter), 1663 ([vox I und bc] 1664).* – St.                    [A 495
**D-brd** B (kpl.; 7, 8, bc unvollständig), W (1, 2, 3, 4, 5, bc) – **D-ddr** Dlb (1, 2, 4 [2 Ex.], 6 [unvollständig], 7), Ell (1 [unvollständig], 3), ZZ (7 [unvollständig]) – **PL** WRu

*1664a.* Verlangter Liebster, aus dem 3. Cap. des Salomonischen Hochliedes, begehrter massen gesuchet, mit 2. Sing- und 2. Geigen-Stimmen zur Grund-Stimm . . . gesetzet, und an dem . . . Ehe-Feste des . . . Herrn Andreas Schultzens . . . mit der . . . Dorothea Öhmin . . . überreichet. – *Mühlhausen, Johann Hüter, 1664.* – St. [A 496
**D-ddr** Bds

*1666.* Musikalische Frühlings-Lust, in welcher zwölf neue geistliche Concertlein, mit 1. 2. 3. und mehr Stimmen zu dem Basso Continuo gesetzet. – *Mühlhausen, Autor (Johann Hüter); Erfurt, Johann Birckner, 1666.* – St.               [A 497
**D-brd** BÜ – **GB** Lbm (1, 3)

*1668a.* Neuverfassete Chor-Music, in welcher XIV. geistliche Moteten enthalten, so mit 5. 6. 7. 8. und 10. Stimmen, benebenst dem Basso Continuo, in einem leichten und anmuthigen stylo gesetzet . . . opus decimum tertium. – *Erfurt, Johann Birckner (Mühlhausen, Johann Hüter), 1668.* – St.               [A 498
**D-brd** B (bc), F (fehlt 7) – **D-ddr** BD, MLHr – **PL** WRu (1, 6)

*1668b.* Neue geistliche Communion und Haupt Fest-Andachten, mit 1. 2. 3. 4. oder mehr Vocal- und 2. 3. 4. und 5. Instrumental-Stimmen zugerichtet . . .

opus 14. – *Mühlhausen, Autor (Johann Hüter), 1668.* – St.               [A 499
**PL** WRu (fehlt A) – **R** Sb

*1669.* Letzter Traur- und Ehren-Dienst (Siehe, der Gerechte kömt umb [a 6]), welchen . . . dem Laurentio Helmsdorffen abstatten . . . wollen. – *Mühlhausen, Iohann Hüter, 1669.* – P.               [A 500
**D-ddr** MLHr

*s. d.* Psalmus CXXXVIII. Confitebor tibi Domine. – *s. l., s. n.* – St. [9 gedruckte Stimmen in einem handschriftlichen Umschlag mit dem Titelblatt: Ms. Appelmann]               [A 501
**D-ddr** Bds (T I, T II, B, vl I, vl II, vla I, vla II, vlne, bc)

## AHLEFELDT Maria Theresia Gräfin von

Telemak på Calypsos Øe. En Opera-ballet i fire acter af balletmester Galeotti, sadt i musik og indrettet for klaveret. – *København, S. Sønnichsen.*               [A 502
**CH** Bu (Ausgabe mit deutschem Titel) – **D-brd** KII, Sl (Ausgabe mit deutschem Titel) – **DK** Kc, Kk, Ou – **GB** Lbm (Ausgabe mit deutschem Titel) – **N** Ou (Ausgabe mit deutschem Titel)

## ÅHLSTRÖM Olof

Arier ut comedien Tand-doctorn. – *Stockholm, Kongl. privilegierade Not-Tryckeriet.* – KLA.               [A 503
**S** L, Sk, Skma

Helena (Långt från dessa berg [Singstimme und pf]), Elegie. – *Stockholm, Kongl. privilegierade Not-Tryckeriet.*               [A 504
**DK** Kk – **S** Skma

Min Ven. hvad nytter det. Uhrforagteren. En drikkesang. – *(København, S. Sønnichsen).* – KLA.               [A 505
**S** Skma

Trois sonates [C, F, A] pour le clavecin avec l'accompagnement d'un violon ad libitum . . . œuvre première. – *Stockholm, [auteur], 1783.* – St.               [A 506
**S** Skma, Sk, Sm

Quatre sonates [B, C, d, Es] pour le clavecin ou pianoforte avec l'accompagnement d'un violon ... œuvre II. – *Stockholm, [auteur ], 1784.* – St.          [A 507
DK Kk – S Sk, Skma

Trois sonates [D, F, Es] pour le clavecin
... œuvre troisième. – *Stockholm, [au-
teur ], 1786.*                         [A 508
S Skma, Uu

Tre sonatiner [B, G, a] för claver ...
opera 4. – *Stockholm, [autor ], 1786.* [A 509
S Skma, Sm – US Wc

Små clavers stycken [C, D, C, G, C] för
nybörjare. – *[Stockholm, kongl. privilegierade Not Tryckeriet, 1786].*        [A 510
S Sm

Några underrättelser jemte öfnings exempel och lätta stycken för begynnare uti
klaver spelning. – *Stockholm, kongl. privilegierade Not Tryckeriet.*           [A 511
S Skma

— Underrättelser jemte öfnings... andra
uplagan. – *ib.*                       [A 512
S Skma, Sm

Fortsättning af Underrättelser jemte öfnings exempel och lätta stycken i alla
ton-arter för begynnare uti klaver och
forte piano spelning, andra häftet. –
*Stockholm, kongl.privilegierade Not Trycke-
riet.*                                 [A 513
S Skma

Ouverturen till Frigga. Lämpad för Claver. – *Stockholm, [autor ], 1787.*    [A 514
N Ou – S Skma, Sm, Ssr

## AHNESORGE Christian Gottlieb

Sechs Sonatinen [B, G, D, C, A, E], denen
Liebhabern des Claviers zur Übung und
zum Vergnügen. – *Hamburg, Michael
Christian Bock.*                       [A 515
D-ddr SWl

## AICH Gottfried

Fructus ecclesiastici a. 3. 4. 5. vocibus,
2. vel 3. instrum: cum 2^{do} choro. –

*Augsburg, Adam Neumayr (Andreas Erf-
furt), 1663.* – St.                    [A 516
D-brd IN (T II), Mbs (II: A, B) – D-ddr Dlb
(1, 3; II: A, T, vl 2)

## AICHINGER Gregor

*1590.* Sacrae cantiones, quatuor, quinque,
sex, octo, et decem vocum, cum quibus-
dam alijs quae vocantur madrigali. –
*Venezia, Angelo Gardano, 1590.* – St.
                                       [A 517
D-brd As (2 Ex.), Mbs, Rp (A, T, B, 5, 6) –
GB Lbm (5) – US Wc (5)

*1595.* Liber secundus sacrarum cantionum
(quas vulgo motettas vocant) tum festis
praecipuis, tum cuivis tempori accommodatae 6. 5. & 4. vocum. His quoque acce-
dunt missa, & Magnificat, nec non dialogi
aliquot octo, & decem vocum. – *Venezia,
Angelo Gardano, 1595.* – St.           [A 518
A Wn (S, B, 5, 7, 8) – D-brd Kl, Rp (S, A, T,
B, 5, 8)

*1597a.* Liber sacrum cantionum, quinque,
sex, septem & octo vocum. – *Nürnberg,
Paul Kaufmann, 1597.* – St.            [A 519
B Br – D-brd B, Mbs – F Pc – GB Lbm – PL
WRu (5)

— Liber tertius sacrarum cantionum ...
– *ib., 1597.*                         [A 520
GB Lbm (S, A, T, B)

1597b → 1597a

*1598.* Tricinia Mariana, quibus antiphonae, hymni, Magnificat, litaniae, et variae
laudes ex officio Beatiss. Virginis suavissimis modulis decantantur. – *Innsbruck,
Johannes Agricola, 1598.* – St.        [A 521
A Wn (S, T, B) – D-brd Rp (S, T, B)

— ... secunda ... impressa. – *Dillingen,
Adam Meltzer, 1609.*                   [A 522
SD 1609²
D-brd Rp (S, B)

*1601.* Odaria lectissima ex melitiss. D.
Bernardi iubilo delibata. Modisqu: musi-
cis partim quatuor partim et tribus voci-
bus expressa. – *Augsburg, Dominicus
Custos (Officina Praetoriana), 1601.* –
St.                                    [A 523
A Wn – F Pc, Sgs (S II, A, B)

— ... nunc denuo excusa et aucta. – *ib.*, *Elias Willer (Officina Praetoriana)*, *1611.* – St.                              [A 524
**D-brd** Rp (S II, B)

*1602.* Divinae laudes ex floridis Iacobi Pontani potissimum decerptae, modisque musicis ad voces ternas factae. – *Augsburg, Dominicus Custos (Officina Praetoriana)*, *1602.* – St.                              [A 525
**PL** Wu (S, A, B)

— Divinarum laudum ... decerptarum ... factarum ... pars prima, nunc denuo et secunda vice ... impressae. – *Dillingen, Adam Meltzer, 1609* – St.                              [A 526
**D-brd** Mbs (B)

— Divinarum laudum: ternis vocibus concinendarum, pars II. – *Dillingen, Adam Meltzer, 1608.* – St.                              [A 527
**A** Wn – **D-brd** As (B)

*1603a.* Liturgica sive sacra officia, ad omnes dies festos Magnae Dei Matris per annum celebrari solitos, quarternis vocibus ad modos musicos facta. – *Augsburg, Johannes Praetorius, 1603.* – St.  [A 528
**D-brd** Rp (S [2 Ex.], A, T, [2 Ex.], B) – **F** Sgs (A, T, B) – **S** Uu

*1603b.* Vespertinum Virginis canticum sive Magnificat quinis vocibus varie modulatur. – *Augsburg, Dominicus Custos (Johannes Praetorius)*, *1603.* – St. [A 529
**D-brd** Rp (S, A, 5), W (S, T, 5, jeweils mit handschriftlichen Noten am Schluß) – **D-ddr** NA – **F** Sgs (A, T, B, 5) – **GB** Lbm (S)

*1603c.* Ghirlanda. Di canzonette spirituali a tre voci. – *Augsburg, Johannes Praetorius, 1603.* – St.                              [A 530
**D-brd** MZs (B), Rp (S, T [unvollständig], B) – **PL** Wu

*1604.* Lacrimae D. Virginis et Ioannis in Christum à cruce depositum, modis musicis expressae. – *Augsburg, Johannes Praetorius, 1604.* – St.                              [A 531
**A** Wn (S, A, T, B) – **D-brd** FÜf (T [unvollständig]), Rp (S, A [3Ex.], T [2 Ex.], B, 5 [2 Ex.]), W [alle Stimmen unvollständig]

*1605.* Psalmus I. Miserere mei Deus, musicis modis ad IIX. IX. X. XI. XII. voces variè compositus. – *München, Nicolaus Heinrich, 1605.* – St.                              [A 532
**D-brd** FRu (S, T), Mbs (S, B, 6, 7)

*1606a.* Solennia Augustissimi Corporis Christi, in sanctissimo sacrificio missae & in eusdem festi officijs, ac publicis supplicationibus seu processionibus cantari solita. – *Augsburg, Johannes Praetorius, 1606.* – St.                              [A 533
**D-brd** Rp (S, 5)

*1606b.* Vulnera Christi, a D. Bernardo salutata, et nunc quaternis et tribus vocibus musice defleta. – *Dillingen, Adam Meltzer, 1606.* – St.                              [A 534
**A** Wgm – **D-brd** Rp (S), W (B) – **PL** Tu (A, T), WRu

— *ib.*, *1607.*                              [A 535
**D-brd** Rp

*1606c.* Fasciculus sacrarum harmoniarum quatuor vocum. – *Dillingen, Adam Meltzer, 1606.* – St.                              [A 536
**D-brd** Kl (A, T, B [unvollständig]), Rp (S, A, T, B [unvollständig]) – **PL** Wu (S, T)

— *ib.*, *1609.*                              [A 537
**D-ddr** LEm

*1607a.* Cantiones ecclesiasticae, trium et quatuor vocum cuivis cantorum sorti accomodatae, cum basso generali & continuo in usum organistarum. – *Dillingen, Adam Meltzer, 1607.* – St.                              [A 538
**A** Wn (S, A, bc) – **D-brd** Rp (S, A, T, bc)

*1607b.* Virginalia: laudes aeternae Virginis Mariae, Magnae Dei Matris complexa, et quinis vocibus modulata. – *Dillingen, Adam Meltzer, 1607.* – St.                              [A 539
**D-brd** DI (T [unvollständig]), Rp (S, A, T [unvollständig], B, 5) – **GB** Lbm (B)

1607 c → 1606 b

1608 → 1602

*1609a.* Sacrae Dei laudes sub officio divino concinendae, quarum pars prior V. VI. VII. VIII. posterior verò II. III. IV. & V. vocum. – *Dillingen, Adam Meltzer, 1609.* – St.                              [A 540
**D-brd** As (T), DI (T, B, 8 [alle unvollständig]), Mbs (T, B, 7)

31

— Altera pars huius operis. Cantiones nimirum 2. 3. 4. 5. vocum, una cum basso generali seu partitura ad organum, quam invenies in octava parte. – *ib., 1609.* – St.
[A 541
**D-brd** As (T), Mbs (T, B)

*1609b.* Teutsche Gesenglein: auss dem Psalter dess H. Propheten Davids, sambt andern noch mehr geistlichen Liedern zu drey Stimmen componiert. – *Dillingen, Adam Meltzer, 1609.* – St.          [A 542
**GB** Lbm (B)

1609 c → 1598
1609 d → 1602
1609 e → 1606 c

1611 → 1601

*1613.* Zwey Klaglieder vom Tod und letzten Gericht . . . mit 4. Stimmen componiert. – *Dillingen, Gregor Hänlin, 1613.* – St.          [A 543
**GB** Lbm (S, A, B)

*1616.* Triplex liturgiarum fasciculus e tribus ac diversis optimorum musicorum modulis concinnatus, et quaternis, quinis & senis vocibus concinendus, cum basso continuo seu generali ([bc:] Bassus continuus pro tribus minis IV. V. et VI. vocum). – *Augsburg, Johannes Praetorius, 1616.* – St.          [A 544
**D-brd** Mbs

*1617a.* Officium angeli custodis à S. Romana Ecclesia approbatum & concessum quaternis vocibus ad modos musicos concinatum . . . cum basso ad organum ubi opus erit. – *Dillingen, Gregor Hänlin, 1617.* – St.          [A 545
**D-brd** Rp

*1617b.* Encomium verbo incarnato, eiusdemque matri augustissimae reginae coelorum musicis numeris decantatum. – *Ingolstadt, Gregor Hänlin, 1617.* – St.          [A 546
**D-brd** Mbs (bc), Rp

*1619.* Quercus Dodonae cuius vocales glandes suavitate cycnea saporatas. – *Augsburg, Johann Praetorius, 1619.* – St.          [A 547
**D-brd** Hs (S II), Rp (kpl.: S I, S II, B, bc)

*1621.* Corolla eucharistica, ex variis flosculis et gemmulis pretiosis musicarum sacrarum, binis ternisque vocibus contexta. Cui etiam aeternae Virginis uniones quidam de tessera salutis affixi. – *Augsburg, Johannes Praetorius, 1621.* – St.
[A 548
**D-brd** F (T I), Rp (kpl.: T I, T II cum bc, B, bc)

*1626.* Flores musici ad mensam SS. convivii quinque & sex vocibus concinendi. – *Augsburg, Johann Ulrich Schönigk, für Kaspar Flurschütz, 1626.* – St.
SD 1626[6]                              [A 549
**A** Wn (bc) – **D-brd** Rp

## AITKEN John

A compilation of the litanies and vesper hymns and anthems as they are sung in the Catholic Church: adapted to the voice and organ . . . to which is prefixed a new introduction to the grounds of music. – *Philadelphia, Thomas Dobson, 1787.* – P.          [A 550
**US** PROu, Wgu

— *ib., 1791.*                              [A 551
**US** PROu

## ALA Giovanni Battista

Primo libro di concerti ecclesiastici a una, due, tre, e quattro voci con partitura per organo. – *Milano, Filippo Lomazzo, 1618.* – St.          [A 552
**I** VCd (B, T, org)

Secondo libro de' concerti ecclesiastici a 1. 2. 3. e 4. voci . . . op. 3. – *Milano, Filippo Lomazzo, 1621.* – St.          [A 553
**I** VCd (org [unvollständig])

## ALAY Mauro d'

Cantate a voce sola e suonate a violino solo col basso. – *s. l., s. n., (1728).* – P.
[A 554
**GB** Ckc, Lbm – **I** Bc, Nc – **US** Wc

## ALBANESE Egidio Giuseppe Ignazio Antonio

Recueil de chansons avec accompagnement de violon et basse. – *Paris, Le Duc, No. 102.* – P.                    [A 555
F Pc

— Premier recueil de chansons . . . – *ib., Huberty, No. 102.*                    [A 556
F Pc (5 Ex.), Pn – **GB** Lbm – **US** Cn, Wc

— *ib., Huberty, s. No.*                    [A 557
F Pc (2 Ex., 2 verschiedene Ausgaben)

— *ib., aux adresses ordinaires (gravé par Mlle Vendôme).*                    [A 558
F Pc, Pn

Recueil de chansons avec accompagnement de violon et basse. – *Paris, Le Duc, No. 103.* – P.                    [A 559
F Pc

— Second recueil de chansons . . . – *ib., Huberty, No. 103.*                    [A 560
F Pc (4 Ex.), Pn – **GB** Lbm (unvollständig) – **US** Wc

— *ib., Huberty (gravée par Mme Vendôme), s. No.*                    [A 561
F Pc (2 Ex.)

— *ib., Mme Vendôme et M. Oblé (M. Montulay).* – P.                    [A 562
F Pc

IIIe Recueil d'ariettes avec accompagnement. – *Paris, Le Menu; Lyon, Casteau & Le Goux (gravé par Bouré).* – P.        [A 563
F BO (unvollständig), Pc (5 Ex., davon 2 Ex. mit anderem Titelblatt), Pn (2 Ex.) – **GB** Lbm – **US** Wc (andere Ausgabe?)

Recueil d'ariettes et duos avec la basse continue, part. III. – *Amsterdam, S. Markordt.*                    [A 564
**NL** Uim

Recueil des pettits airs et duos avec la basse continue, Nr. 4. – *Amsterdam, S. Markordt.*                    [A 565
**NL** Uim

Les amusements de Melpomène ou IVe recueil d'airs mêlés d'accompagnement de violon, de guitarre et des pièces de guitarre . . . par Mrs. Albanèse et Cardon. – *Paris, de La Chevardière.* – P.
SD S. 405                    [A 566
F Pa, Pc (4 Ex.) – **US** Cn, Wc

— . . . les accompagnements par M. Cardon. – *ib.*                    [A 567
F Pc

Ve. Recueil de duo à voix égales, romances, brunettes, ariettes françaises et italiennes et une cantate de Gio: Battista Pergolese tant avec accompagnement de clavecin, que de violons, alto et basse chiffrée. – *Paris, Le Menu.* – P.                    [A 568
**DK** Kk – F Pc (3 Ex.), Pn, TLc – **US** Wc

Sixième recueil de chansons avec accompagnement de violon et la basse continue. – *Paris, Huberty, No. 149.* – P.        [A 569
F Pc (2 Ex.: 2 verschiedene Ausgaben), TLc – **GB** Lbm

— . . . mis au jour par Mr. Huberty. – *ib., Preudhomme (Ribière), No. 149.*                    [A 570
**US** Wc

L'Arrivée du piano-forté . . . avec accompagnement d'un violon et violoncelle ad libitum . . . œuvre VII, mis au jour par Mr Sieber et compagnie. – *Paris, éditeur, aux adresses ordinaires de musique; Lyon, Castaud; Dunkerque, Goddaerdt, No. 151.* St.                    [A 571
F Pc (2 Ex.: 2 verschiedene Ausgaben), TLc – **GB** Lbm (Ausgabe ohne No.) – **US** Wc (pf)

VIII. Recueil d'airs avec accompagnement de violon et basse. – *Paris, de La Chevardière.* – P.                    [A 572
F Pc (3 Ex.), Pn – **US** Wc

La soirée du Palais-Royal. Nouveau recueil d'airs, à une, deux et trois voix de dessus et de basse-taille, avec accompagnement de forte-piano ou de harpe, la basse chiffrée . . . œuvre IX. – *Paris, auteur, Cousineau.*                    [A 573
F Pc, Pn – **US** NYp

33

Recueil de duo et d'airs à voix seule avec symphonie ou sans accompagnement . . . œuvre X. – *Paris, de La Chevardière.* – St.                                              [A 574
F Pn (kpl.: Singstimme mit bc, vl I, vl II, cor I, cor II)

XI. Recueil d'airs et duo à voix égales pour être exécutés sans accompagnement. – *Paris, de La Chevardière.* – P.        [A 575
F Pn – US Wc

— *ib.; Lyon, Castaud; en province, tous les marchands de musique.*        [A 576
US Wc

Les soirées du Bois de Boulogne, nouveau recueil d'airs, de chansons et de duo pour le forté-piano avec une ariette à grand orchestre et une pièce en pantomine . . . œuvre XII. – *Paris, bureau d'abonnement musical (gravé par Mercier).* – P.  [A 577
F Pc, Pn – US Wc

Recueil de différents morceaux de musique, arriettes, chansons, et duo, avec accompagnement de violons, basse, et alto obligé, ou de piano-forte, et harpe . . . par Messieurs Albanese et Mongenot [œuvre 13]. – *Paris, bureau d'abonnement musical (gravé par Mercier).* – P. SD S. 325                                            [A 578
F Pc (3 Ex.) – US Wc

Les petits riens, nouveau recueil de chansons et de romances avec accompagnement de forte piano ou de harpe . . . œuvre XIV. – *Paris, de Roullède de La Chevardière.* – P.                    [A 579
F Pc, Pn – US Wc

Nouveau recueil de romances, airs et dialogues avec accompagnement de piano et violon [et vlc pour le No. 2] . . . œuvre 19e. – *Paris, Lemoine.* – St.        [A 580
F Pn (2 Ex.)

Recueil des petits airs et duos avec la basse continue. Part. I (II, III) – *Den Haag, Burchard Hummel.*        [A 581
GB Lbm (I) – I MOe (II, III) – NL AN (I), DHk (I, II)

— *Amsterdam, S. Markordt.*        [A 582
B Br (I, III, IV) – NL Uim

[Ariettes et duos d'Albanèse]. – *s. l., s. n.* – P.                                                        [A 583
F V

Le Baiser. Ode anacréontique [Duet]. – *s. l., s. n.*                                          [A 584
GB Lbm

Le Bouquet refusé, duo avec accompagnement de deux violons et basse. – *Paris, bureau du journal de musique.* – P.  [A 585
F Pc

(Buvon Tircis). La Double Ivresse. Duo. – *s. l., s. n.*                                          [A 586
CH BEl – GB Lbm

Chantés petits oyseaux [Duo]. – *s. l., s. n.*                                                        [A 587
GB Lbm

Comment voulez vous qu'on vous aime [Air] . . . avec accompagnement de guithare par Mr. Guichard. – *s. l., s. n., 1779.*                                          [A 588
GB Lbm

La Comtesse de Saulx. Romance . . . avec accompagnement de guithare par Mr. Tissier. – *s. l., s. n., 1779.*        [A 589
GB Lbm

Dans notre heureux azile. Air . . . mis en duo à voix égales. – *s. l., s. n.*        [A 590
GB Lbm

Duo du piquet. – *s. l., s. n.* – P.        [A 591
F Pn (fehlt Titelblatt)

Je voyois dans le village (Ariette du Fermier Géneral). – *s. l., s. n.*        [A 592
F Pn (fehlt Titelblatt) – GB Lbm

Les 4 parties du jour [air à 2 v]. – *s. l., s. n.* – P.                                          [A 593
F Po

Rose est des dieux la fleur. Air. – *s. l., s. n.*                                                        [A 594
F Psg

(Trop parler nuit). Les Proverbes. Duo dialogue. – *Den Haag, Burchard Hummel.* – P.                                          [A 595
D-ddr Dlb

— *s. l., s. n.*            [A 596
**CH** BEl

La Toilette, duo avec l'accompagnement des deux violons et basse. – *Den Haag, Burchard Hummel.* – St.      [A 597
**D-ddr** Dlb

(Viens dans ce verger). Duo. – *s. l., s. n.*
                         [A 598
**CH** BEl

## ALBANO Marcello

Madrigali à cinque voci . . . libro primo. – *Napoli, Costantino Vitale, 1616.* – St.
                         [A 599
**I** Bc (S, T, B)

Il primo libro di canzoni, e madrigaletti, à tre, & à quattro voci. – *Napoli, Giovanni Giacomo Carlino, 1616.* – St.
SD 1616[11]           [A 600
**I** Bc (S I, S II)

## ALBERGATI CAPACELLI Pirro

*Op. 1.* Balletti, correnti, sarabande, e gighe, a violino e violone, con il secondo violino a beneplacito . . . opera prima. – *Bologna, Giacomo Monti, 1682.* – St. [A 601
**I** Bc (kpl.: vl I, vl II, vlne)

—— . . . opera prima, nuovamente ristampata. – *ib., 1685.*      [A 602
**GB** Lbm, Ob – **I** Bc

*Op. 2.* Suonate a due violini col suo basso continuo per l'organo, & un' altro à beneplacito per tiorba, ò violoncello . . . opera seconda. – *Bologna, Giacomo Monti, 1683.* – St.            [A 603
**GB** Ob – **I** Bc

*Op. 3.* Cantate morali a voce sola . . . opera terza. – *Bologna, Giacomo Monti, 1685.* – P.          [A 604
**I** Bc, Rli – **US** R

*Op. 4.* Messa e salmi concertati à una, due, trè, è quattro voci con strumenti obligati, e ripieni à beneplacito . . . opera quarta. – *Bologna, Giacomo Monti, 1687.*     [A 605
**D-brd** Mbs (org), OB (S, A, T, B, vl I, vl II, org) – **I** Bc (kpl.: S, A, T, B; S, A, T, B [rip.]; vl I, vl II, a-vla, vlc, tiorba/vlne, org), Bof, Ls

*Op. 5.* Pletro armonico composto di dieci sonate da camera à due violini, e basso con violoncello obligato, opera quinta. – *Bologna, Giacomo Monti, 1687.* – St.
                         [A 606
**D-brd** Mbs (vl II; Partitur handschriftlich) – **GB** Lbm – **I** Bc, Bsp (2 Ex.), MOe

*Op. 6.* Cantate da camera a voce sola . . . opera sesta. – *Bologna, Giacomo Monti, 1687.* – P.      [A 607
**I** Bc, Bsp, MOe, Rli

*Op. 7.* Motetti et antifone della B. Vergine à voce sola con strumenti . . . opera settima. – *Bologna, Gioseffo Micheletti, 1691.* – St.           [A 608
**I** Bc (kpl.: parte che canta, vl I, vl II, a-vla, t-vla, vlc, bc, vlne, tiorba, org), Bof

*Op. 8.* Concerti varii da camera, a tre, quattro e cinque . . . op. 8. – *Modena, Fortuniano Rosati, 1702.* – St.    [A 609
**I** Bc (kpl.: vl I, vl II, a-vla, vlc, cemb)

*Op. 9.* Cantate spirituali a una, due, e trè voci con strumenti . . . opera nona. – *Modena, Fortuniano Rosati, 1702.* – St.
                         [A 610
**D-brd** WD (S, A, T, B, vl I, vl II [unvollständig], a-vla I, a-vla II, vlne, tiorba, cemb) – **I** Bc (kpl.: S, A, T, B, vl I, vl II, a-vla I, a-vla II, vlne I, vlne II, tiorba, cemb)

*Op. 10.* Cantate et oratorii spirituali a una, due, e tre voci con strumenti . . . opera decima. – *Bologna, fratelli Silvani, 1714.* – St.          [A 611
**I** Bc (kpl.: S/A, T, B, vl I, vl II, a-vla, vlne/ tiorba, cemb)

*Op. 11.* Hinno et antifone della B. Vergine a voce sola, con strumenti unissoni . . . opera undecima. – *Bologna, fratelli Silvani, 1715.* – St.      [A 612
**CH** Zz (kpl.: parte che canta, vl, a-vla, vlne/ tiorba, org) – **I** Bc

*Op. 12.* Motetti con il responsorio di S. Antonio di Padoa a una, e tre voci, con strumenti . . . opera duodecima. – *Bologna, Giuseppe Antonio Silvani, 1717.* – St.
                         [A 613
**CH** Bu (fehlen vla und vlne) – **I** Bc (kpl.: S, A, T, B, vl I, vl II, a-vla, vlne/tiorba, org)

*Op. 13.* Corona de pregi die Maria. Cantate a voce sola, opera XIII. – *Bologna, Giuseppe Antonio Silvani, 1717.* – P. [A 614
I Bc

*Op. 14.* Capricj varj da camera a tre … op. 14. – *Venezia, Antonio Bortoli, 1721.* – St. [A 615
I Bc (cemb)

*Op. 15.* Messa, litanie della B. V., Tantum ergo, & c. a 4. pieno … opera XV. – *Venezia, Antonio Bortoli, 1721.* – St. [A 616
I Bc (kpl.: S, A, T, B, vlne, org)

## ALBERGHETTI Bernardino

Missarum octo vocum … opus primum. – *Venezia, Alessandro Vincenti, 1649.* – St. [A 617
I Bc, Mc (I: S, A, T, B; II: A, B; org) – PL WRu (I: S, A, T, B; II: S, T, B; org)

## ALBERT Heinrich

SAMMLUNGEN VON LIEDERN

Erster Theil der Arien oder Melodeyen etlicher theils Geistlicher theils Weltlicher, zu gutten Sitten und Lust dienender Lieder. In ein Positiv, Clavicimbel, Theorbe oder anders vollstimmiges Instrument zu singen. – *Königsberg, Autor (Segebads Erben), 1638.* [A 618
D-brd Mbs – D-ddr Bds – GB Lbm

— … zur Andacht, guten Sitten, keuscher Liebe und Ehren-Lust … zum Singen und Spielen gesetzet … – *ib., Paschen Mense, 1646.* [A 619
D-brd Tu – NL DHgm – US Cn, Wc

— *ib., Autor (Johann Reussner), 1652.* [A 620
CH SH – D-brd Us – D-ddr LEm – GB Lbm – PL WRu

Ander Theil der Arien … – *Königsberg, Autor (Segebads Erben), 1640.* [A 621
D-brd Mbs – D-ddr Bds, GOl (unvollständig)

— *ib., Paschen Mense, 1643.* [A 622
D-brd Tu – GB Lbm – NL DHgm – US Cn

— *ib., Autor (Johannes Reussner), 1651.* [A 623
CH SH – D-brd Us – D-ddr LEm – GB Lbm – PL WRu – US Wc

Dritter Theil der Arien … – *Königsberg, Segebads Erben, 1640.* [A 624
D-brd Mbs – D-ddr Bds, GOl (unvollständig)

— *ib., Cornelius Mohrmann (Paschen Mense), 1643.* [A 625
D-brd Tu – GB Lbm – NL DHgm – US Cn

— *ib., Autor (Johannes Reussner), 1651.* [A 626
CH SH – D-brd AN, Us – D-ddr LEm – GB Lbm – US Wc

Vierter Theil der Arien … nach unterschiedlichen Arthen zu singen und spielen gesetzet … – *Königsberg, Autor (Segebads Erben), 1641.* [A 627
D-brd Mbs – D-ddr Bds, GOl (unvollständig)

— *ib., Paschen Mense, 1645.* [A 628
D-brd Tu – GB Lbm – NL DHgm – US Cn

— *ib., Autor (Johannes Reussner), 1651.* [A 629
CH SH – D-brd Us – D-ddr LEm – GB Lbm – PL WRu – US Wc

Fünffter Theil der Arien … – *Königsberg, Paschen Mense, 1642.* [A 630
D-brd Mbs

— *ib., 1644* [A 631
D-ddr Bds

— *ib., 1645.* [A 632
D-brd Tu – GB Lbm – NL DHgm – US Cn, Wc

— *ib., Autor (Johann Reussner), 1651.* [A 633
CH SH – D-brd AN, Us – D-ddr LEm – GB Lbm – PL WRu

Sechster Theil der Arien … – *Königsberg, Autor (Paschen Mense), 1645.* [A 634
D-brd Mbs, Tu – D-ddr Bds – GB Lbm – NL DHgm – US Cn, Wc

— *ib., Autor (Johann Reussner), 1652.* [A 635
CH SH – D-brd Us – D-ddr LEm – GB Lbm – PL WRu

Siebender Theil der Arien, etlicher theils geistlicher: sonderlich zum Trost in allerhand Creutz und Widerwertigkeit, wie auch zur Erweckung seeligen Sterbens Lust; teils weltlicher: zu geziemenden Ehren-Freuden und keuscher Liebe dienender Lieder, zu singen gesetzet. – *Königsberg, Autor (Paschen Mense), 1648.* [A 636
**D-brd** Mbs, Tu, Us – **D-ddr** Bds – **GB** Lbm – **NL** DHgm – **US** Wc

— *ib., Autor, 1648.* [A 637
**A** Wgm, Wn – **D-brd** Mbs, Gs – **D-ddr** Bds, GOl – **GB** Lbm (unvollständig)

— *ib., Witwe des Autors (Johann Reussner), 1654.* [A 638
**CH** SH – **D-brd** AN – **D-ddr** LEm – **GB** Lbm – **US** Cn

Achter Theil der Arien, etlicher theils geistlicher, viel schöner lehr- und trostreicher; theils weltlicher, zu ehrlicher Liebe und geziemender Ergetzlichkeit dienender Lieder. – *Königsberg, Paschen Mense, 1650.* [A 639
**CH** SH – **D-brd** Mbs, Tu, Us – **D-ddr** LEm – **GB** Lbm (2 Ex.) – **NL** DHgm – **PL** WRu – **US** Cn, Wc

Poetisch-Musicalisches Lust Wäldlein das ist Arien oder Melodeyen etlicher theils Geistlicher, theils Weltlicher, zur Andacht, guten Sitten, keuscher Liebe und Ehren-Lust dienender Lieder. In ein Positiv, Clavicimbel, Theorbe oder anders vollstimmiges Instrument zu singen. – *Königsberg, s. n., [1648, Raubdruck].* [A 640
**A** Wgm, Wn – **D-brd** Gs, Mbs – **GB** Lbm

Heinrich Albert, Arien erster Theil, darinnen die jenige Geistliche Lieder, so in seinen 6. unterschiedenen Theilen vorhin in Folio gedruckt: jetzo aber zu besserem Nutz und Brauch sampt dem Basso Continuo in solche kleinere Form als ein Vade Mecum zum Druck befördert und verleget von Ambrosio Profe. – *Leipzig, Christoph Cellarius (Friedr. Lanckisch), 1657.* [A 641
**D-brd** B, HVl (2 Ex.), Tu – **D-ddr** Dlb, GOl – **GB** Lbm – **PL** WRu

— Heinrich Albert, Arien ander Theil . . . – *Brieg, Christoph Tschorn, 1657.* [A 642
**D-brd** B, HVl (2 Ex.), Tu – **D-ddr** GOl – **PL** WRu

Musicalische Kürbs-Hütte, welche uns erinnert menschlicher Hinfälligkeit, geschrieben und in 3. Stimmen gesetzt [2. Titelblatt: Partitura oder Tabulatur musicalischer Kürbs-Hütten mit 3 Stimmen, worauß selbige Stücklein auff einem Positif oder Instrument nach Beliebung können mit musiciret und gespielet werden]. – [am Ende:] *Königsberg, Paschen Mense, 1645.* – P. [A 643
**A** Wn – **D-brd** Gs, Mbs (2 Ex.), Tu – **F** Pc – **GB** Lbm (3 Ex.) – **NL** DHgm

GELEGENHEITSKOMPOSITIONEN

Partitura de Music, so Herrn Doctor Ahasverus Schmitnern von denen Hn. Studiosis praesentiret worden, alß Er Verlöbniß hatte mit Jungfrau Catharina Lubnauin den 5. May Anno 1644. – *[Königsberg], s. n.* [A 644
**D-brd** Gs

Auf den erfreulichen Namens-Tag Herrn Johann Schmeissen, vornehmen Bürgers und Handelsmanns zu Breßlau, anjetzo zu Königsberg in Preussen . . . zu Bezeigung schuldiger Ehr- und Dienst-Erweisung von seinen daselbst studirenden Landsleuten praesentiret den 24. Junij 1645. – *[Königsberg], s. n.* [A 645
**D-brd** Gs

Freude dem Edlen, Wol-Ehrnvesten, Namhafften und Hochweysen Herrn Johanni Koyen, als derselbe am Sontag Reminiscere 1645. auffm Alstädtischen Rahthause zum Bürgermeister-Ampt der löblichen Alten-Stadt Königsberg einhellig bestellt ward, von seinen Herren Landsleuten musicalisch bezeuget, zum Singen gesetzt. – *Königsberg, Paschen Mense, (1645).* [A 646
**D-brd** Gs

Hirten-Liedchen zu vermehrung der Hochzeitlichen Ehren-Freuden Herrn Johann Fauljochs Churfl. Durchl. zu Brandenburg . . . Registratoris, und der Ehr- und Tugendreichen Frauen Maria Fischerin, Herrn Matthias Heuschkels . . . hinterlassenen Witben . . . eines vom Hrn. Eccardo mit 4. Stimmen verfertigten und dem Herrn Bräutigamb wolbekandten Liedes fünffstimmig componiret . . . den

9. Hornung 1649. – *Königsberg, Paschen Mense, (1649).* [A 647
**D-brd** Gs

Hochzeit-Lied zu Ehren und sonderbarem Gefallen dem Ehrnvesten und Vornehmgeachten Herrn Heinrich Krumteich, Bräutigamb, und seiner vielgeliebten Braut ... Anna des ... Herrn Hans Steinen ... ehleiblichen Tochter. – *Königsberg, Johann Reussner, 1649.* [A 648
**D-brd** Gs

Rechte Heyrats-Kunst, bey Hochzeitlichen Ehren-Freuden des Ehrenvesten, Achtbarn und Wolgelahrten Herrn Christoff Pohlen ... und der ... Jungfrauen Ursulen, des ... Herrn Christophori Stangenwaldes ... ehleiblichen Tochter, in 5. Stimmen gesetzt. – *Königsberg, Paschen Mense, 1650.* [A 649
**D-brd** Gs, Mbs

Braut- und Ehren-Tantz, bey Hochzeitlichem Freuden-Fest, des Ehrenvesten, Achtbarn und wolgelarten Herrn Christophori Kerstein &c. Bräutigams und seiner hertzgeliebten Braut, der Edlen, viel Ehr- und Tugendreichen Jungfrauen, Maria, des Weiland Edlen, Groß Achtbarn und Wolweisen, Herrn Georg von Weinbeer, vornehmen Raths-Verwandten der Churfürstl. Altstad Königsberg &c. ehleiblichen Tochter nach vorgegebenem Text componirt ... den 9. Januarij 1651. – *Königsberg, Paschen Mense, (1651).* [A 650
**D-brd** Mbs

## ALBERT Peter

Hochzeitgesang (Du bist aller ding schöne) ... zu besonderer Glückwündschung ... dem ... Herrn Iohann Stambergern ... so dann der ... Jungfrauen Barbarn Susannen ... mit 8. Stimmen componirt, in zween unterschiedene Choros distribuirt und musicirt. – *Coburg, Johann Forckel, 1628.* [A 651
**D-ddr** Dlb (B I)

## ALBERTI Domenico

Chere Amante, ombre que j'adore. XV<sup>e</sup> Ariette [Es]. – *s. l., s. n.* – St. [A 652

**D-ddr** LEbh (Gesangsstimme mit unbezeichnetem bc, vl I, vl II, vla, fl I, fl II, cor I, cor II, bc [unbezeichnet]) – **F** Pa

VIII Sonate [G, F, C, G, A, G, F, g] per Cembalo, opera prima. – *London, John Walsh.* [A 653
**CH** Gpu – **D-brd** BNba – **D-ddr** LEm, LEmi – **F** Pc (fehlt Titelblatt) – **GB** Bu, Cfm, Ckc (2 Ex.), Er (2 Ex.), Lam (2 Ex.), Lbm (2 Ex.), Lcm, LVp, Mp, T – **I** Vc-giustiniani – **NL** DHgm – **US** Bp, BE CA, Cn (Etikett: Welcker), R, U, Wc

— *ib., H. Wright.* [A 654
**US** Bp

— VIII Sonate di cembalo ... opera prima. – *Paris, Le Clerc, aux adresses ordinaires (gravé par le Sr. Hue).* [A 655
**F** Pn

— *ib., Le Clerc, Bayard, Mlle Castagnery.* [A 656
**F** Pn

— VIII Sonate [G, F, C, g, A, G, F, G] per cembalo, opera prima [falsch zugeschrieben:] da Giuseppe Jozzi. – *Amsterdam, Johann Friedrich Groneman (A. Olofsen).* [A 657
**GB** Lbm, Lcm – **US** NYcu

— Huit sonates [G, F, C, G, A, G, F, g] pour le clavecin, composées [falsch zugeschrieben:] par M<sup>r</sup>. Jozzi, eléve d'Alberti, œuvre premier (NB. Revue de nouveau & transporté au clefs de G.). – *Amsterdam, Johann Julius Hummel, No. 80.* [A 658
**D-ddr** Dlb (fehlt Titelblatt), SWl – **F** Pc – **S** Sm (fehlt Titelblatt)

## ALBERTI Francesco

L'amante infidelle ou les regrets superflus. Romance avec accompagnement de guitare. – *Paris [Impressum unleserlich].* [A 659
**D-brd** DÜk

Les charmes de Colin. Chanson nouvelle avec accompagnement de guitare. – *Paris, Camand.* [A 660
**GB** Lbm

La Maladie Amoureuse. Ariette nouvelle avec accompt. de guitare. – *Paris, Camand.* [A 661
**GB** Lbm

Air nouveau (Oiseaux de ce bocage) avec accompt. de guitare ... No. 29. – *Paris, Camand.*                                    [A 662
F Pc

Nouvelle méthode de guitarre dans laquelle on y trouve différentes variations, une sonate, 12 menuets et 6 ariettes. – *Paris, Camand, 1786.*                    [A 663
F Pn

## ALBERTI Gasparo

Il primo libro delle messe ... dal proprio authore novamente poste in luce. – *Venezia, Girolamo Scotto, 1549.* – St.    [A 664
D-brd Mbs (kpl.: S, A, T, B, 5, 6) – E MO (T) – I CAR, Rsg (S, A, T, B, 5)

## ALBERTI Giuseppe Matteo

Concerti per chiesa, e per camera, ad uso dell' accademia, eretta nella sala del Sig. Co. Orazio Leonardo Bargellini ... opera prima. – *Bologna, fratelli Silvani, 1713.* – St.                                       [A 665
D-brd WD (kpl.: vl I obligato, vl I di rinforzo, vl II, a-vla, vlne/tiorba, org) – D-ddr Bds (vl I obligato, vl II, vlne), Dlb – F Pc (fehlt a-vla) – I Bam (vl II, a-vla, vlne/tiorba), Bc, Bsp, Bu – US NYp

— Concerti per chiesa e per camera a violino di concertino, due violini, alto viola e basso continuo ... opera prima. – *Amsterdam, Estienne Roger, No. 415.* – St.
                                              [A 666
CS Bm – D-ddr Bds (a-vla, bc) – F Pn – GB Lbm – S Skma

— *ib., Estienne Roger & Michel Charles Le Cène, No. 415.*            [A 667
D-brd MÜu – GB Cpl (unvollständig) – I Bc – NL DHgm (M. C. Le Cène später hinzugefügt)

— Concerto's for three violins, an alto viola, and a through bass for the harpsicord or bass violin ... opera prima. – *London, John Walsh & Joseph Hare.*
                                              [A 668
D-brd Mbs (vl conc., vl I, vl II, org/vlc; fehlt a-vla) – GB Cu, Ckc, Lbm, Lcm – NL Uim – US U

— *ib., John Walsh, No. 344.*        [A 669
GB CDp (unvollständig), Lam, Lbm, Ooc – S

Skma – US CA, CHH, NYp, PHu, PROu, Wc (2 Ex.)

XII Sinfonie [B, G, F, G, D, F, F, D, D, B, C, F] a quattro, due violini, alto, organo e violoncello, opera seconda, libro primo (secondo). – *London, John Walsh & Joseph Hare.* – St.        [A 670
D-brd Mbs (fehlt a-vla) – GB Lam, Lbm, Mp – NL Uim – US Wc

— *ib., John Walsh.*                    [A 671
GB Lam – US R

— *Amsterdam, Michel Charles Le Cène, No. 518 (519).*                    [A 672
F Pc (libro primo: vla, libro secondo: kpl.) – GB Lbm – S St

Sonate a violino e basso dedicate al Sig. Marchese Leonido Maria Spada ... l'anno 1721 ... opera seconda. – *(Bologna), s. n., 1721 (Privileg: 1720).* – P.        [A 673
GB Cu, Lbm – I Bc, Fc, MAC (fehlt Titelblatt)

XII Solos for a violin with a thorough bass for the harpsicord or bass violin ... opera terza. – *London, John Walsh & Joseph Hare.* – P.                    [A 074
GB Bu, Cu, LVu – US Wc

— *ib., No. 347.*                        [A 675
F Dc – GB Lbm – I Vnm

## ALBERTI Innocenzo

Salmi penitentiali, armonizzati ... a sei voci, libro primo. – *Ferrara, Vittorio Baldini, 1594.* – St.                    [A 676
GB Lbm (6) – I FEc (S, T, B), MOe (kpl. : S, A, T, B, 5, 6)

Motteti à sei voci ... libro secondo. – *Ferrara, Vittorio Baldini, 1594.* – St.
                                              [A 677
D-brd Rp (S, A, T, B, 6) – I Bc, Mc

Primo libro de madrigali a quattro voci. – *Venezia, Giacomo Vincenti, 1603.* – St.
                                              [A 678
D-brd W (T) – I Nc (kpl.: S, A, T, B)

Il secondo libro de madrigali a quattro voci. – *Venezia, Giacomo Vincenti, 1604.* – St.                                       [A 679
D-brd W (T)

Il terzo libro de' madrigali a quattro voci. – *Venezia, Giacomo Vincenti, 1607.* – St.          [A 680
**B** Br (A) – **D-brd** As (kpl.; T beschädigt) – **I** Bc

## ALBERTI Pietro

XII Suonate a tre, duoi violini e violone col basso per l'organo . . . opera prima. – *Amsterdam, Estienne Roger.* – St.    [A 681
**S** L – **US** CHua

## ALBERTINI Antonio

Sonata [A] per il cembalo o piano-forte e violino obligato. – *Lyon, Castaud, aux adresses ordinaires.* – St.      [A 682
**F** Pc (pf)

## ALBERTINI Gioacchino

La mia sposa, sung by Sigr. Rubinelli in the opera of Virginia. – *London, Longman & Broderip.* – P.        [A 683
**GB** Gu, Lbm, Ob – **S** Skma – **US** R

## ALBERTINI Giuseppe

Six sonatas or notturnas for two violins and bass. – *London, Robert Bremner.* – St.          [A 684
**GB** Lbm

— ib., *A. Hummel.*        [A 685
**US** CHua, Wc

## ALBERTINO Ignazio

Sonatinae XII. violino solo [col bc]. – *Wien, Philipp Fievet, 1692.* – P.    [A 686
**F** Pn

## ALBERTO DA RIPA (Alberto da Mantova)

Premier (-sixiesme) livre de tabulature de leut, contenant plusieurs chansons et fantasies. – *Paris, Michel Fezandat, 1553 (–1558).*
SD 1552³⁶          [A 687
**B** Br (1, 3, 4, 5, 6) – **F** Pc (1), Pthibault (2) – **GB** Lbm (1)

Premier (-cinquiesme) livre de tabelature contenant plusieurs fantasies [livre 1], chansons [livre 2, 3], . . . et pavanes [livre 4], motetz . . . [livre 5]. – *Paris, Adrian Le Roy & Robert Ballard, 1562 [livre 4: 1553].*
SD 1562²⁵          [A 688
**B** Br (4) – **D-brd** Mbs (1, 2, 3, 4, 5) – **D-ddr** ROu (1, 2, 3, 4, 5)

## ALBICASTRO Henrico del Biswang

*Op. 1.* XII Suonate à tre, due violini et violoncello col basso per l'organo . . . opera prima. – *Amsterdam, Estienne Roger.* – St.          [A 689
**CH** Zz – **GB** Lcm – **S** L

*Op. 3.* XII Sonates a violino e violone col basso continuo . . . opera terza. – *Amsterdam, Estienne Roger.* – St.        [A 690
**F** Pc

— Il giardino armonico sacro profano di dodici suonate in due parti, parte I dell'opera terza continente VI suonate a tre stromenti col basso per l'organo. – *Bruges, Francesco van Heurck, 1696.* – St.        [A 691
**NL** Lu (vl I)

*Op. 4.* XII Suonate à tre, due violini e violoncello col basso per l'organo . . . opera quarta. – *Amsterdam, Estienne Roger.* – St.        [A 692
**F** Pn – **US** CHua

*Op. 5.* Sonate a violino solo col basso continuo . . . opera quinta. – *Amsterdam, Estienne Roger.* – P.        [A 693
**D-ddr** Dlb

*Op. 8.* Sonate da camera à tre, due violini, e violone col basso per l'organo . . . opera ottava. – *Amsterdam, Estienne Roger.* – St.        [A 694
**GB** Y

*Op. 9.* XII Sonate a violino solo col violone o basso continuo . . . opera IX. – *Amsterdam, Estienne Roger.* – P.   [A 695
**F** Pmeyer

## ALBINI Filippo

Musicali concenti . . . a una, due, & quattro voci . . . opera seconda. – *Milano,*

*Filippo Lomazzo, 1623.* – P.          [A 696
I Tn, Tr

Il secondo libro dei musicali concenti da
cantarsi nel cembalo tiorba, ò arpa dop-
pia, ad una, e due voci . . . opera quarta.
– *Roma, Giovanni Battista Robletti, 1626.*
– P.                                    [A 697
I Bc


## ALBINONI Tommaso

*Op. 1.* Suonate a tre, doi violini, e violoncello col basso per l'organo . . . opera
prima. – *Venezia, Giuseppe Sala, 1694.* –
St.                                    [A 698
A Wn – I Bc (vl I, org)


— *ib., 1704.*                          [A 699
D-brd WD, PA


— *Amsterdam, Estienne Roger, No. 67*
                                        [A 700
GB Ckc, Lbm, Lcm – F Pn – S LB


— *ib., Estienne Roger, s. No.*         [A 701
GB Lcm – F Pc


— *ib., Estienne Roger & Michel Charles
Le Cène, No. 67.*                       [A 702
F Pc – US Wc


*Op. 2.* Sinfonie [G, C, A, c, B, g] e concerti [F, e, B, G, C, D] a cinque, due violini, alto, tenore, violoncello, e basso . . .
opera seconda. – *Venezia, Giuseppe Sala,
1700.* – St.                            [A 703
A Wn (vl I, vl II, vlc [andere Titelvignette,
1702]; die übrigen Stimmen handschriftlich) –
I Bc (vl I, vl II) – US BE


— *ib., 1707.*                          [A 704
D-brd WD (vl de concerto, a-vla, t-vla, vlc,
org) – I Bc


— *ib., Estienne Roger, s. No.*         [A 705
D-ddr Dlb (fehlt bc) – NL DHgm – US Wc


— *Amsterdam, Estienne Roger, No. 7.*
                                        [A 706
CH Zz – D-brd Rtt (vl de concerto, bc) – F Pc
(2 Ex.), Pn – GB Ckc, Cu, Lbm – NL DHgm –
S LB – US BE


— Concertos [F, e, B, G, C, D] in seven
parts for three violins, tenors and bass

violin with a thorough bass for the harp-
sicord . . . opera secunda. – *[London]*,
John Walsh, P. Randall & Joseph Hare. –
St.                                    [A 707
D-brd Mbs – GB Cpc, Lbm (2 Ex.), Mp (unvoll-
ständig) – US U


— *ib., John Walsh & P. Randall.*       [A 708
S Skma


*Op. 3.* Balletti a tre, due violini, violon-
cello e cembalo . . . opera terza. – *Venezia,
Giuseppe Sala, 1701.* – St.             [A 709
I Bc, Rli


— *ib., 1704.*                          [A 710
A Wn (kpl., vlne handschriftlich) – I Pn


— *ib., 1706.*                          [A 711
D-brd WD, PA


— *Amsterdam, Estienne Roger, No. 260.*
                                        [A 712
F Pc, Pn – S LB


— *ib., Estienne Roger, s. No.*         [A 713
GB Ckc – US Wc


— *ib., Estienne Roger & Michel Charles
Le Cène.*                               [A 714
GB Ob


— *ib., Pierre Mortier.*                [A 715
GB Lbm, LVu (unvollständig) – S Skma


— Albinoni's balletti's in 3 parts for two
violins and a thorow bass consisting of
preludes, alemands, sarabands, corants,
gavots and jiggs . . . opera terza. – *London, John Walsh & Joseph Hare.* [A 716
GB Cu


— *ib., John Walsh.*                    [A 717
GB Lbm, T – I Vnm – US CHua


*Op. 4.* Sonate da chiesa a violino solo e
violoncello o basso continuo . . . opera
quarta. – *Amsterdam, Estienne Roger,
No. 12.* – P.                           [A 718
F Pn – US Wc


— *ib., Estienne Roger, s. No.*         [A 719
S Uu


— *London, John Walsh & Joseph Hare.*
                                        [A 720
D-ddr LEm

— *ib., John Walsh, P. Randall & Joseph Hare.*                                    [A 721
**GB** Lcm

*Op. 5.* Concerti a cinque, due tre violini, alto, tenore, violoncello e basso per il cembalo ... opera quinta. – *Venezia, Giuseppe Sala, 1707.* – St.                [A 722
**D-brd** WD – **I** Bc (fehlt a-vla), Vc-correr (fehlt a-vla)

— *ib., 1710.*                                    [A 723
**CH** Zz – **I** Bc

— *Amsterdam, Estienne Roger, No. 278.*
[A 724
**F** Pc – **GB** Lbm, Ob – **US** AA

— *ib., Estienne Roger, s. No.*        [A 725
**F** Pc (fehlen vla II, vlc, cemb), Pn (kpl.; vl I 2 Ex.) – **US** LAuc

— ... n[ouvelle] edition exactement corrigée. – *ib., Michel Charles Le Cène, No. 278.*                                    [A 726
**F** Pc (2 Ex., im 2. Ex. fehlen vl de concerto, vl I, vl II, bc) – **NL** DHgm

— *ib., Michel Charles Le Cène, s. No.*
[A 727
**GB** Ob – **US** Wc

— *ib., Pierre Mortier.*                [A 728
**GB** Ckc, Y (unvollständig) – **S** L, LB – **US** R

*Op. 6.* Trattenimenti armonici per camera; divisi in dodici sonate à violino, violone e cembalo ... opera sexta. – *Amsterdam, Estienne Roger, No. 3.* – P.        [A 729
**D-ddr** ROu – **S** Skma

— *ib., Estienne Roger, s. No.*        [A 730
**F** Pc, Pn – **GB** Cu – **I** Bc – **US** BE

— Trattenimenti armonici per camera ... opera sexta. An entertainment of harmony. Containing twelve solos ... for a violin with a through bass for the harpsicord or bass violin. – *London, John Walsh & Joseph Hare.*                [A 731
**GB** Ckc, Lbm – **US** NH, CG

— *ib., John Walsh.*                    [A 732
**F** Pmeyer – **US** Wc

*Op. 7.* Concerti a cinque con violini, oboè, violetta, violoncello e basso continuo ...

opera settima, libro primo (secondo). – *Amsterdam, Estienne Roger, No. 361 (362).* – St.                                    [A 733
**CH** Zz – **D-brd** WD – **F** Pn (libro primo: vl I; libro secondo: vl I, vl II, vla, vlc, b) – **S** LI (vl I, vl II, ob I), L, LB

— *ib., Estienne Roger, s. No.*        [A 734
**GB** Cu

— *ib., Estienne Roger & Michel Charles Le Cène, No. 361 (362)*                [A 735
**D-ddr** Bds – **F** Pc – **US** AA, Wc

*Op. 8.* Baletti, e sonate a tré, à due violini, violoncello, e cembalo, con le sue fughe tiratte à canone ... opera ottava. – *Amsterdam, Estienne Roger & Le Cène, No. 493.* – St.                        [A 736
**A** Wgm – **D-ddr** Bds – **GB** Lbm – **S** LI (fehlt vl II) – **US** Wc

— *ib., Jeanne Roger, No. 493.*        [A 737
**D-ddr** Dlb – **F** Pn (vl I, vl II) – **S** Skma (vl I, vl II, vlc)

*Op. 9.* Concerti a cinque, con violini, oboe, violetta, violoncello e basso continuo ... opera nona, libro primo (secondo). – *Amsterdam, Michel Charles Le Cène, No. 494 (495).* – St.                        [A 738
**F** Pc – **GB** Cu, Lbm (fehlt violetta) – **I** Nc (libro primo: vl I) – **S** L, St

— *ib., Jeanne Roger, No. 494 (495)* [A 739
**D-brd** MÜs – **I** Nc (vl I principale)

*Op. 10.* Concerti a cinque con violini, violetta, violoncello e basso continuo, opera decima. – *Amsterdam, Michel Charles Le Cène, No. 581.* – St.                    [A 740
**F** Pmeyer (kpl.: vl I, principale, vl I di concerto, vl II, vla, vlc, org) – **NL** Uim – **S** LB

Sonate a violino solo e basso continuo ... e uno suario ò capriccio di otto battute a l'imitazione del Corelli del Sig. Tibaldi. – *Amsterdam, Jeanne Roger, No. 439.* – P.
SD S. 367                                    [A 741
**B** Bc – **GB** Lbm – **US** BE, Wc

Sonata in B for violins in 3 parts ... as also a solo for a violin by Carlo Ambrogio Lonati ... to be continu'd monthly with the best and choicest sonatas and solos ... for the year 1704. – *s. l., s. n., 1704.* – St.
SD                                            [A 742
**GB** Ltm (fehlt Komposition von Lonati)

Albinoni's aires in 3 parts for two violins and a through bass, containing almand's, saraband's, corrant's, gavots, and jiggs &c., collected out of the choicest of his works with the aprobation of our best masters the whole carefully corrected and fairly engraven. – *London, John Walsh & Joseph Hare.* – St.                    [A 743
GB Ckc, Cu, DRc, Lbm (fehlt bc)

(Cantate à voce sola, opera sesta). – *s. l., s. n.* – P.                                            [A 744
GB Cfm (fehlt Titelblatt)

## ALBRECHT Dionysius

Anführungen der Wahlfarter auf den Heiligen Odilien-Berg . . . vorgestellet durch Ermahnungen, Anmerckungen, Gebetter und Gesänge [zu 2 St.]. – *Straßburg, Melchior Pauschinger, [1735].* – P.    [A 745
CH E

## ALBRECHT Johann Georg

Trost-Gedicht (Wollet Ihr dann ewig trauren) auf den früzeitigen, doch seeligen Hintritt und Absterben der edlen . . . Frauen Susanna, des edlen . . . Herrn Johann Georg Schnepfen aeltern Bürgermeisters in des H. Reichs Statt Rotenburg auf der Tauber vielgeliebten Haus-Ehr: . . . mit 4. stimmen übersetzet (in: Christliche Leichpredigt . . .). – *Rothenburg o. T., Martin Wachenhäuser, 1648.* – P.                                              [A 746
D-brd Rp

## ALBRECHT Johann Lorenz

Der Gesang: Herr Gott dich loben wir, wie solcher mit Beybehaltung seiner überall bekannten Melodie unter Trompeten- und Paucken-Schall . . . aufzuführen. – *Berlin, Friedrich Wilhelm Birnstiel, 1768.* – P.                                            [A 747
CH E – D-brd BNu – D-ddr HAu, LEm, Z

## ALBRECHT Wolfgang Bartholomaeus

Musicalischer Freuden- und Glück-Wunsch (Ich freue mich im Herren), mit welchem des . . . Hn. Carol Gosens . . . seines . . . Patrons Nuhmero zur 57sten Iahres-Zeit . . . Anno 1652 . . . gleichsam überlaut anschrihe . . . gesatzt in 1. Tenor, 2 Violin, 1. Viol. di Gamben, cum Basso continuo & Basso pro Violone. – *Leipzig, Quirinus Bauch, (1652).* – St.               [A 748
D-ddr Z

## ALCAROTTI Giovanni Francesco

Lamentationes Ieremiae, cum responsoriis, antiphonis, et cantico Zachariae, psalmoque Miserere . . . quinque vocum. – *Milano ([Kolophon:] Paolo Gottardo Pontio), 1570.* – St.                 [A 749
D-ddr ROu (5)

Il primo libro de madrigali a cinque et a sei voci. – *Venezia, Antonio Gardano, 1567.* – St.                                            [A 750
I VEaf (6)

Il secondo libro di madrigali a cinque et a sei voci, con doi dialoghi a otto . . . libro secondo. – *Venezia, Antonio Gardano, 1569.* – St.                                       [A 751
D-brd Mbs (S, A, T, B, 5) – I VEaf (S)

## ALCOCK John (Doctor in Music)

GEISTLICHE VOKALWERKE

Psalmody: or a collection of psalm tunes . . . with several festival hymns . . . set . . . for one, two, three, and four voices, with choruses . . . to which are added, canons for three, four, five, and six voices, with a thorough bass. – *Reading, author.* – P.                                        [A 752
GB Lbm

Divine Harmony; or a collection of the fifty-five double and single chants, for four voices, as they are sung at the Cathedral of Lichfield. – *Birmingham, author, M. Broome, 1752.* – P.               [A 753
GB Lbm

— The Pious Soul's Heavenly Exercise; or Divine Harmony: being a choice selection of . . . psalm-tunes . . . set for four voices . . . with proper graces to each part, in an easy familiar taste . . . the whole figur'd for the organ . . . to which are

added a chaunt for Te Deum, Jubilate, &c. and a short hymn. – *Lichfield, author, (1765).* – P.                                    [A 754
GB En, Lcm

A morning and evening service, consisting of a Te-Deum, Jubilate, Kyrie-eleison, Nicene creed, Magnificat and Nunc dimittis: for three, four, five and six voices. – *London, author, 1753.* – P.
[A 755
US NYp

— *ib., author, John Johnson, 1753.* [A 756
GB Cu (2 Ex.), Ge, Lam, Lbm, Lcm, Mp, WO

— *ib., author, Mr. Johnson, 1753.* [A 757
GB CDp

— *ib., Harp & Crown. 1753.*          [A 758
US Wc

Six and twenty select anthems in score: for one, two, three, four, five, six & eight voices, to which are added a burial service, for four voices; and part of the 150th Psalm in Latin, for eight voices & instruments, in twenty one parts. – *s. n. s. l., 1771.* – P.                                    [A 759
EIRE Dcc – GB Cfm, Ctc (2 Ex.), Cu, DRc, Lbm, Lgc, Mp (2 Ex.), Omc, WO (2 Ex.) – US Cn, Pu

— Twenty six select anthems in score . . . in three books, in which are a burial service and part of the last verse of the 150th psalm. – *London, Charles & Samuel Thompson (Thomas Baker).*          [A 760
GB Bu, Lcm – US PHci

Miserere, or the 51st psalm, in Latin, for four voices. – *Lichfield-London, author, 1771.* – P.                                    [A 761
GB Cfm, Lbm – US Pf

The Harmony of Sion, or a collection of . . . psalm-tunes . . . for four voices, to which are added, nine . . . hymns, and a chant . . . the contra-tenor, tenor, and bass parts composed by Dr. Alcock . . . the whole selected by F. Roome. – *London, editor.* – P.                                    [A 762
GB Lbm (2 Ex.), Lcm

WELTLICHE VOKALWERKE

Twelve English songs, with a recitativo & duet out of the opera of Rosamond. –

*London, author.*                              [A 763
GB Lbm – US Wc

Harmonia festi or a collection of canons, cheerful & serious glees, & catches: for four & five voices. – *Lichfield, author, 1791.* – P.                                    [A 764
GB Ge, Lbm, Lcm – US Bp, CA, NYp, Wc

The Toper (Of all the occupations [Singstimme, bc, 1st. Chor, fl]). – *London, Mess^rs Thompson.* – P.          [A 765
I Rsc

Venison and Claret, a cantata, in honor of Nimrod, the illustrious founder of the most noble Order of Bucks, the words by Brother Riley. – *London, Charles & Samuel Thompson.*                    [A 766
GB Lbm

INSTRUMENTALWERKE

Six concerto's [D, B, g, e, B, d] in seven parts, for four violins, a tenor, a violoncello & a thorough bass for the harpsichord. – *London, author, 1750.* – St. [A 767
GB Ckc, Lbm, LV, T – NL Uim – US CHua, Wc

Six suites of easy lessons for the harpsicord or spinnet, with a trumpet pierce. – *London-Plymouth, author, Mr. Walsh, Mr. Pierce, all the music-shops, 1741.*
[A 768
GB Ckc, Lbm, T – US BE, Wc

— *Reading, author.*                    [A 769
GB Lbm (unvollständig) – US NYp

Ten voluntaries for the organ or harpsichord . . . book I. – *London, Charles & Samuel Thompson.*                    [A 770
GB Ckc, Lbm – US NYp, Pu, Wc

Twelve divertimentis for the guitar, harpsichord or piano forte . . . book 2^d. – *London, John Rutherford.*          [A 771
GB En

A familiar lesson for the harpsichord or piano forte. – *London, Charles & Samuel Thompson.*                    [A 772
GB Lbm

A favorite lesson for the harpsichord or forte piano. – *[London], G. Gardom.*
[A 773
GB Lbm

## ALCOCK John jr.

GEISTLICHE VOKALWERKE

A collection of anthems [für 4 St., bc und Instrumente] for . . . Christmas, Easter & Whitsuntide, with a hymn for the Nativity and a Christmas Carol. – *London, Charles & Samuel Thompson.* – P. [A 774
GB Lbm – US NH

Parochial Harmony, or a collection of divine music in score. – *London, F. Roome, 1777.* – P. [A 775
GB Lbm, Mp

Awake up my glory, a new anthem for Easter Day 1775 for one, two, three and four voices. – *London, Charles & Samuel Thompson, (1775).* – P. [A 776
GB BA, Lcm

Behold God is my salvation. A new Christmas anthem for one, two, three and four voices. – *London, Charles & Samuel Thompson.* – P. [A 777
GB Lcm

Hark! the herald angels sing. A favourite hymn for the nativity. – *[London], Charles & Samuel T[hompson], (1776).* – P. [A 778
GB Lcm

Let all that are to mirth inclin'd. A new Christmas carol for voices and instruments. – *London, Charles & Samuel T[hompson].* – P. [A 779
GB Lcm

O clap your hands together. A new anthem for Easter Day 1776. – *London, Charles & Samuel Thompson, (1776).* – P. [A 780
GB Lcm – US DB

O Lord our Governor. A new anthem for Christmas Day 1775 for one, two, three and four voices. – *London, Charles & Samuel Thompson, (1775).* – P. [A 781
GB Lcm

Rejoice in the Lord. A new anthem for Christmas Day 1773 for one, two, three and for voices. – *London, Charles & Samuel Thompson, (1773).* – P. [A 782
GB Lcm

This is the day which the Lord has made. A new anthem for Christmas Day 1774 for one, two, three and four voices. – *[London], Charles & Samuel Thompson, (1774).* – P. [A 783
GB Lcm

Thy throne o God is for ever and ever. Anthem for the New Year for 1, 2, 3 & 4 voices. – *London, Longman, Lukey & Co.* [A 784
GB Lbm, T

WELTLICHE VOKALWERKE

A cantata and six songs. – *London, author.* [A 785
GB Lbm, Lgc, Ob

Six canzonets or glees in three parts. – *London, Longman, Lukey & Co.* – P. [A 786
GB Cfm, Lbm (2 Ex.) – US CA, Wc

Twelve songs for the guittar. – *London, Charles & Samuel Thompson.* [A 787
GB Cu

The chace. A hunting cantata. – *London, Charles & Samuel Thompson.* – P. [A 788
US U

INSTRUMENTALWERKE

Three sonatas for two violins & a violoncello with a thorough bass for the harpsichord. – *London, John Preston.* – St. [A 789
GB Lbm – US Wc (vl I)

A favorite duett for two bassoons or violoncello's. – *London, Richard Bride.* – P. [A 790
GB CDp – I Rsc

Eight easy voluntaries for the organ. – *London, Longman, Lukey & Co.* [A 791
GB Cfm, Lbm

Six easy solos for the german flute or violin also for the harpsichord and piano forte. – *London, Charles & Samuel Thompson.* [A 792
GB Lbm

45

The Chace. A favorite lesson for the harpsichord or piano forte. – *London, Charles & Samuel Thompson.*                [A 793
GBm Cu, Lb

### ALDAY F. (le jeune)

Simphonie concertante [C] à deux violons principaux, deux violons, alto e basse, deux hautbois, deux cors. – *Paris, Sieber.* – St.                [A 794
**D-brd** MÜu (kpl.: 10 St.) – **F** Pc (vl I, vl II) – US Wc

Premier concerto [D] à violon principal, second dessus, alto et basse, deux hautbois, deux cors, ad libitum; dedié à M. Viotti . . . œuvre II. – *Paris, Bailleux (gravé par Mme Thurin).* – St.        [A 795
**GB** Lbm (vl principale) – **I** Vc (kpl.: 9 St.) – US Wc

Deuxième concerto à violon principal, premier et second violons, alto et basse, deux hautbois, deux cors. – *Paris, Sieber.* – St.                [A 796
**F** BO (kpl.: 7 St.) – **GB** Lbm (vl principale)

IIIme Concerto à violon principal, premier et second violons, alto et basse, deux hautbois, deux cors. – *Paris, Sieber.* – St.                [A 797
**F** BO (kpl.: 10 St.) – **GB** Lbm (vl principale)

Quatrième concerto [d] à violon principal, premier second dessus, alto, basse, deux hautbois et deux cors. – *Paris, Bailleux (Ribière).* – St.                [A 798
**GB** Lbm (vl principale) – **I** Nc (vl I, vl II, vla, b, ob I, ob II, cor) – **S** Skma (vl principale)

— Concert [d] pour le violon principal accompagnée des plusieurs instrumens . . . œuvre IV. – *Berlin, Johann Julius Hummel; Amsterdam, grand magazin de musique, No. 1423.* – St.        [A 799
**D-brd** DO (kpl.: 9 St.)

Vingt-huit études pour le violon . . . op. 4, livre I (II). – *Leipzig, H. A. Probst, No. 210.*                [A 800
**A** Wgm – **CS** Bu – **I** Mc

Recueil d'airs variés pour le violon. – *Paris, Imbault.*                [A 801
**F** Dc

### ALDAY François (père)

Trois quatuors pour deux violons, alto et violoncelle, œuvre 2 [No. 1]. – *Lyon, Lefebure.* – St.                [A 802
US R

Trois quatuors pour deux violons, alto & basse . . . œuvre 8e, 1. livraison, 3me livre de quatuor [B]. – *Lyon, Lefebure.* – St.                [A 803
**I** Mc

Polonaise pour violon avec accompagnement d'un second violon, alto et basse . . . œuvre 17. – *Paris, chez tous les marchands de musique; Lyon, Arnaud, No. 152.* – St.                [A 804
**F** Pn (2 Ex., 2. Ex. mit No. 152A) – **I** Nc

Trois grands duos concertants pour alto viola et violon . . . œuvre 23. – *Paris, chez tous les marchands de musique; Lyon, Rousset (gravé par Mme Carpentier), No. 142.* – St.                [A 805
**I** Mc (2 Ex., das 2. Ex. mit No. 142R)

### ALDAY Paul (l'ainé)

Ir Concerto [Es] à violon principale, premier et second dessus, alto et basse, deux hautbois, deux cors ad libitum. – *Paris, Bailleux (gravé par Mlle Michaude).* – St.                [A 806
**A** Wgm (kpl.: 9 St.) – **D-ddr** SWl

Six quatuors concertans. – *Paris, Durieux.* – St.                [A 807
**CS** Bm (kpl.: vl I, vl II, vla, b)

Trois quatuors [B, C, h] pour deux violons, alto et violoncelle. – *Paris, Pleyel (gravé par Richomme), No. 238.* – St.                [A 808
**F** Pc – **GB** Cpl, Lbm – **S** VII (vla, b) – US R

Three quartettos for two violins, tenor & violoncello. – *London-Oxford, s. n.* – St.                [A 809
**GB** Lbm (2 Ex., davon 1 Ex. unvollständig), Mp, Ob

A grand pastoral overture . . . arranged by the author for the piano forte with an

accompaniment for a violin and violoncello ad libitum. – *s. l., author.* – St. [A 810
EIRE Dn – GB Lbm, Lu

God save the king. With variations for
two violins. – *Oxford-London, for Philip
Young.* – St.                              [A 811
GB Gu, Ob

## ALDERINUS Cosmas

Hymni sacri numero LVII. quorum usus
in ecclesia esse consuevit, iam recens
castigati: & eleganti planè modulatione
concinnati. – *Bern, Mathias Apiarius,
1553.* – St.                               [A 812
A Wn (kpl.: S , A, T, B) – D-brd Rp – D-ddr
HAu (T)

## ALDRICH Henry

Dr. Aldrich his service in G. – *s. l., s. n.*
                                           [A 813
GB Lam, Lbm, Och (7 Ex.)

God is our hope and strength, anthem for
5 voices, in the key of C with the greater
third (No. 45 of a serial issue of Page's
„Harmonia Sacra"). – *s. l., s. n.*   [A 814
GB Lbm

## ALDROVANDINI Giuseppe

Armonia sacra concertata in motetti a
due, e trè voci, con violini, e senza . . .
opera prima. – *Bologna, Marino Silvani,
1701.* – St.                               [A 815
CH Zz (kpl.: S/A, B, vl I, vl II, vlne/tiorba, org)
– D-brd Ngm (vl I, vl II, vlne/tiorba) – I Bam
(vl I, vl II, vlne/tiorba), Bc, Bsp, LOc, Rsg

Cantate a voce sola . . . opera seconda. –
*Bologna, Marino Silvani, 1701.* – P. [A 816
GB Lbm – I Bc, Rli

Concerti sacri a voce sola con violini . . .
opera terza. – *Bologna, Marino Silvani,
1703.* – St.                               [A 817
D-brd MÜs (kpl.: parte che canta, vl I, vl II,
vlne/tiorba, org) – F Pc (fehlt org) – I Ac, Bc,
Bof, Bsp

Concerti a due, violino e violoncello o
tiorba . . . opera quarta. – *Bologna,
Marino Silvani, 1703.* – St.        [A 818
CH Zz – I Bc

Sonate a tre, due violini e violoncello col
basso per l'organo . . . opera quinta. –
*Bologna, Marino Silvani, 1706.* – St. [A 819
I Bc, Rli (kpl.; org in 2 Ex.)

— X Sonate a tre . . . – *Amsterdam,
Pierre Mortier.*                       [A 820
F Pc

## ALEOTTI Raffaella

Sacrae cantiones quinque, septem, octo,
& decem vocibus . . . liber primus. –
*Venezia, Ricciardo Amadino, 1593.* – St.
SD                                     [A 821
D-brd Kl (S, A, T, B, 5) – I Vnm (T)

## ALEOTTI Vittoria

Ghirlanda de madrigali a quatro voci. –
*Venezia, Giacomo Vincenti, 1593.* – St.
                                       [A 822
D-ddr WRtl – I Bc, Nc

## ALESSANDRI Felice

VOKALMUSIK

A favourite rondo [1st. mit pf] sung by
Signora Castini in the comic opera La
Contadina in Corte. – *[Dublin], Anne
Lee.*                                  [A 823
F Pn

The favorite songs in the opera La Moglie
fedele (La Sposa fedele). – *London, Robert
Bremner.* – P.                         [A 824
GB CDp, Lbm, Lcm, Mp – US Cn, U, Wc

The favourite songs in the opera Il Re
alla Caccia. – *London, Robert Bremner.* –
P.                                     [A 825
D-brd DS, Hs, Mbs – GB Lbm, Lcm, Mp

Air chanté par Agathe dans le proverbe
de la matinée de l'amateur. – *s. l., s. n.* –
P.                                     [A 826
F Pa

47

INSTRUMENTALWERKE

Sei sinfonie [F, C, A, g, d, Es] a 8, due violini, viola, due oboe, due corni, e basso . . . opera sesta (in: Racolta dell'Harmonia. Colectione sesta del Magazino Musicale). – *Paris, bureau musical, Cousineau, Vve Daullé.* – St.                               [A 827
**D-brd** DS – **F** AG (vla, cor I, cor II, b), Pn – **GB** Lbm – **I** Rvat – **S** Skma

Six concertos [C, A, B, G, c, F] for the harpsichord with accompanyments for two violins and a violoncello. – *London, Welcker.* – St.                         [A 828
**F** Pc (hpcd) – **GB** Lbm (vl I, vlc) – **US** Wc

Six sonatas for two violins and a thorough bass for the harpsichord. – *London, Welcker.* – St.                              [A 829
**E** Mn – **GB** Ckc (2 Ex.), Lbm (2 Ex.), Ooc – **US** AA, R

## ALESSANDRO Romano → MERLO

## ALEXANDER B.

Twenty-four easy duetts for two violins, selected from the best authors; and arrang'd to bring forward juvenile performers . . . sett 1st. – *London, John Bland.*
                                          [A 830
**US** Wc

## ALEXANDRE . . . (PASQUIER Alexandre)

Concert françois Europe et Jupiter, à deux voix avec symphonie et la basse continue. – *Paris, auteur, Foucault (gravé par F. du Plessy), (1715).* – P.     [A 831
**F** Pa, Pc, Pn

I. Livre d'airs sérieux, tendres et à boire à une et à deux voix avec la basse continue. – *Paris, auteur, 1715.* – P.   [A 832
**F** Pn

## ALEXANDRE Charles Guillaume

MUSIK ZU BÜHNENWERKEN

Georget et Georgette

Georget et Georgette, opéra comique en un acte . . . représenté sur le théâtre de l'Opéra Comique à la foire St. Laurent, le 28. juillet 1761. – *Paris, Huberty.* – P.
                                          [A 833
**D-ddr** Bds – **I** Tn – **US** AA, Wc

— *ib., Huberty; Lyon, les frères Le Goux (gravé par le Sr. Hue).* – P.      [A 834
**F** AG, Dc, Lm, Pa (2 Ex.), Pc (3 Ex.), R

— *ib., Le Duc.*                            [A 835
**F** Pn – **GB** Lbm

Airs détachés [à 1 v] de l'acte de Georget et Georgette. – *s. l., s. n. (gravé par Mlle Vendôme).*                             [A 836
**F** V – **GB** Ckc

Air (Non la femme n'est point méchante) de Georget et Georgette. – *s. l., s. n.* – P.
                                          [A 837
**F** Pc

Le petit-maître en Province

Le Petit-Maître en Province. Comédie, en un acte et en vers, avec des ariettes . . . représentée pour la première fois par les comédiens italiens ordinaires du roi, le 7 octobre 1765. – *Paris, Vve Duchesne, 1765.* – (Libretto mit Melodien zu einigen Airs).                              [A 838
**D-brd** B – **GB** Lbm – **US** Wc

— *ib., Le Clerc.*                          [A 839
**D-ddr** SWl – **DK** Kk – **US** BE, Wc

— *ib., Le Clerc, aux adresses ordinaires; Lyon, Castaut (gravée par Gerardin).* [A 840
**D-brd** Rtt – **D-ddr** SWl – **F** AG, Lm, Pa, Pc (3 Ex.), Pn – **NL** DHgm – **S** Skma

Airs, ariettes et vaudeville du Petit-Maître en Province, comédie en un acte (in: Recueil d'ariettes, no. 1). – *Paris, Le Clerc.*                                [A 841
**US** CHH

Romance (Les dehors les plus séduisans) du Petit Maître en Province, No. 23. – *s. l., s. n., 1771.* – P.               [A 842
**F** Pc

ARRANGEMENTS

Concerto [I–IV] d'airs choisis à sept parties, violon principal, violon premier, violon second, deux hautbois ou flûtes,

alto viola, basse et deux cors ad libitum.
– *Paris, auteur.* – St.                    [A 843
F Pc (I: 2 Ex., II: 4 Ex. [davon 2 unvollstän-
dig], III: 2 Ex., IV: 2 Ex.), Pn (I, II, III
[fehlen cor I, cor II], IV)

— Concerto [V–VI] . . . – *ib., de La Che-
vardière.* – St.                            [A 844
**D-ddr** WRl (V: mit Impressum: Paris, de La
Chevardière; Lyon, Castaut) – F Pc (V), Pn
(V, VI)

Les beaux airs ou simphonies chantantes
. . . pour deux violons, deux hautbois ou
flûte, basso fagotto et cors à volonté,
1ere. (–3eme.) suite. – *Paris, Alexandre,
Miroglio, Cousineau, Vve Daullé (gravées
par Mme Vendôme).* – St.                     [A 845
F Pn – S Skma

Concert [I–VI] d'airs en quatuor, pour
deux violons, alto et basse ou une flutte
en place du premier violon. – *Paris, auteur
(gravées par Mme Annereau).* – St. [A 846
F AG (I–VI: vl II), Pc (I, III [2 Ex.], IV [2 Ex.])

— Concert [I–IX] d'airs en quatuor . . .
– *ib., Mme Berault.*
SD S. 143                                    [A 847
F Pc (basso) – **D-brd** MÜu (VII, VIII)

XXVIIIe Suite d'airs d'opéra comiques
en quatuor concertants avec l'ouverture
pour deux violons, alto et basse; choisis
dans l'opéra de Nina [de Dalayrac]. –
*Paris, Le Duc.* – St.                       [A 848
**D-brd** Mbs

Douze duos d'airs connus arrangés pour
deux violons . . . œuvre 1er. – *Paris, Mme
Benaut [1776].* – St.                        [A 849
SD S. 162
F Pc

Six duetto pour deux violons . . . œuvre
VIII. – *Paris, auteur, aux adresses ordi-
naires (gravés par Mme Annereau).* – St.
                                            [A 850
F Pc

## ALFONSO della VIOLA → VIOLA

## ALGHISI Paris Francesco

Sonate da camera a tre, due violini, e violoncello, ò cembalo . . . opera prima. –

Modena, Christoforo Canobi, 1693. – St.
                                            [A 851
**GB** Lbm (vl II, vlne, cemb)

## ALISON Richard

The psalmes of David in meter, the plaine
song, being the common tunne to be sung
and plaide . . . the singing part to be
either tenor or treble to the instrument
. . . or for foure voyces. – *London, William
Barley, the assigne of Thomas Morley,
1599.*                                       [A 852
**GB** En, Lbm

An howres recreation in Musicke, apt for
instrumentes and voyces . . . all for the
most part with two trebles, necessarie for
such as teach in private families, with a
prayer for the long preservation of the
King. – *London, John Windet, the assigne
of William Barley, 1606.* – St.             [A 853
**GB** Lbm (kpl.: S, S, T, B, 5), Lcm, Mp (unvollständig), Ob – **US** BE (S I, B)

## ALLEGRI Domenico

Modi quos expositis in choris. – *Roma,
Giovanni Battista Robletti, 1617.*          [A 854
**I** Bc, Fc, Rc, Rsc (2 Ex.), Rvat-barberini

## ALLEGRI Giovanni Battista

Motetti a voce sola con due violini, e violoncello, col basso per l'organo . . . libro
primo, opera prima. – *Venezia, Giuseppe
Sala, 1700.* – St.                          [A 855
**D-brd** OB

— *ib., 1710.*                              [A 856
**D-brd** WD (fehlt vl II)

— *Amsterdam, Estienne Roger.*              [A 857
**GB** Lwa

## ALLEGRI Gregorio

Concertini a due, a tre, et a quattro voci
. . . con il basso continuo, libro secondo. –
*Roma, Luca Antonio Soldi, 1619.* – St.
                                            [A 858
SD 1619¹²
**D-brd** Rp – **I** Bc, Ls (fehlt B), Rsc

Motecta binis, ternis, quaternis, quinis, senisque vocibus. – *Roma, Luca Antonio Soldi, 1621.* – St.                              [A 859
**D-brd** MÜs (S, T, B, org), Rp(S, T, B, org) – **I** Bc (S, T, B, org), Ls (S I, S II, org)

Il Salmo Miserere mei Deus [a 9 v], espresso in musica . . . si canta in Roma nella Settimana Santa in Cappella Sistina. – *Milano, Giovanni Battista Giussani.* – P.
[A 860
**A** Wn

The 51st psalm. – *s. l., s. n.* – P.     [A 861
**US** NYp


**ALLEGRI Lorenzo**

Il primo libro delle musiche. – *Venezia, stampa de Gardano, appresso Bartolomeo Magni, 1618.* – P.               [A 862
**I** Fn, MOe, PIu


**ALLEVI Giuseppe**

Compositioni sacre a due, tre, quattro voci, con il basso per l'organo. – *Venezia, Alessandro Vincenti, 1654.* – St.    [A 863
**I** Bc (S, S II/T, B, bc) – **PL** WRu (kpl.: S, A, S II/T, B, bc)

— *Rotterdam, Jan van Geertsom, 1656.*
[A 864
**GB** Lbm

Compositioni sacre a due, trè, quattro voci, parte con violini, messa de morti da capella à quattro, agiontovi una sequenza, & offertorio à quattro in concerto, con il basso per l'organo, libro secondo. – *Venezia, Francesco Magni detto Gardano, 1662.* – St.                              [A 865
SD 1662³
**I** Bc

Terzo libro delle compositioni sacre a due, tre, e quattro voci, accompagnata parte da violini, con sonate à tre, e le letanie della Beatissima Vergine à quattro voci con il basso continuo. – *Bologna, Giacomo Monti, 1668.* – St.               [A 866
**F** Pn – **I** Bc, Baf, Bsp, COd, FEc, Md, NOVd (fehlt B), SAL


**ALLNOTT John**

Musick made for yᵉ play call'd Phaedra & Hyppolitus. – *[London], s. n.* – St.
[A 867
**GB** Lbm (first treble, second treble, tenor, b)


**ALMERI Giovanni Paolo**

Motetti à voce sola. – *Venezia, stampa del Gardano, appresso Francesco Magni, 1654.* – P.                              [A 868
**B** Br – **I** Fc

— *ib., 1655.*                                [A 869
**PL** WRu

Motteti sagri à due, e tre voci . . . opera seconda. – *Bologna, Gioseffo Micheletti, 1689.* – St.                           [A 870
**GB** Lbm (kpl.: S, S II, B, bc) – **I** Bam (bc), Bc (S II, bc)


**ALMEYDA Carlos Francisco de**

Six quatuors pour deux violons, alto et basse . . . op. 2, livraison [1; G, D, A]. – *Paris, Pleyel, No. 137.* – St.        [A 871
**D-brd** B


**ALOYSI (ALOYSIUS) Giovanni Battista**

Coelestis Parnasus, in quo novem musae tum duae, tum tres, tum quatuor simul concertantes . . . opus primum. Secundo impressum. – *Venezia, Bartolomeo Magni, 1628.* – St.                              [A 872
**GB** Och (kpl.: S, A, T, B, bc)

— . . . tertium impressum. – *ib., 1644.*
SD 1644¹                                    [A 873
**I** BRs (org), SPd (A, T, org) – **PL** WRu

Celeste Palco . . . solo . . . opera seconda. – *Venezia, Bartolomeo Magni, 1628.* – P.
[A 874
**GB** DRc

Harmonicum coelum, sub quo missae harmonicis arte haud simili compactae numeris quatuor vocibus musicis exprimuntur notis . . . opus tertium. – *Venezia, sub signo Gardani, appresso Bartolomeo Magni, 1628.* – St.               [A 875
**I** Bc (kpl.: S, A, T, B, org)

Contextus musicarum proportionum, quo concertuum varietate binis, ternis, quaternis, quinis, & senis vocibus ... opus quartum. – *Venezia, Bartolomeo Magni, 1637.* – St.      [A 876
**GB** Och (kpl.: S, A, T, B, 5, 6, org) – **I** Bc – **PL** WRu

Corona stellarum duodecim antiphonis Beatae Virginis ter ductis binis, ternis, & quaternis vocibus stylo musico promendis, contexta, gemmisque encomiorum, que in litanijs ei tribuuntur, adornata ... opus quintum. – *Venezia, stampa del Gardano, appresso Bartolomeo Magni, 1637.* – St.      [A 877
**GB** Och (kpl.: S, A, T, B, org) – **PL** WRu (fehlt T)

Vellus aureum Sacrae Deiparae Virginis litanijs 4. 5. 6. 7. & 8. vocibus decantandis exornatum insignitum ... opus sextum. – *Venezia, Bartolomeo Magni, 1640.* – St.      [A 878
**PL** WRu (I: S [unvollständig], A[unvollständig], B; II: S, A, T; bc)

## ALPY B. d'

Thema with variations for the piano forte ... opera I$^{st}$. – *s. l., G. G. Ferrari.* [A 879
**GB** LVu

— Air varié pour le piano ... opera I$^{er}$. – *Zürich, Johann Georg Nägeli, No. 298.*      [A 880
**F** Pc

## ALTENBURG Michael

*1608.* Das 53. Capitel des geistreichen Propheten Esaiae, das ist das bittere Leiden und Sterben sampt der frölichen ... Aufferstehung unseres Herrn ... auch der ... Passion-Spruch ... Bernhardi ... mit 6. Stimmen componiret. – *Erfurt, Jacob Singe, 1608.* – St.      [A 881
**D-ddr** NA (S, A I, A II, T II)

*1613.* Adams hochzeitliche Freude zu ... hochzeitlichen Ehren ... Johann Rappolds ... und der ... Frauen Annen, des ... Hans Gläsers Withwen ... mit 6.

Stimmen, neben dem Symbolo, Fidenti Separata cedunt, mit 7. Stimmen componiret. – *Erfurt, Martin Wittel, 1613.* – St.      [A 882
**GB** Lbm (kpl.: S I, S II, A, T I, T II, B)

*1618.* Musicalischer Schild und Schirm der Bürger und Einwohner der Stadt Gottes, das ist, der 55. Psalm des königlichen Propheten Davids mit 6. Stimmen componiret. – *Erfurt, Philipp Wittel, (1618).* – St.      [A 883
**D-brd** Ngm (B) – **D-ddr** Dlb (kpl.: S I, S II, A [2 Ex.], T I, T II, B [2 Ex.]), EIl (S I, A, T II), NA (S I)

*1620a.* Hochzeitliche musikalische Freude ... darein zugleich ein Choral Stimme, beneben 2. Clareten und 1. Trombet, gerichtet ist, doch also daß die Claret und Trombet (wo mans nicht haben kan) mögen außgelassen werden. Zu sonderlichen hochzeitlichen Ehren deß erbarn und wohlgelahrten Dn. Valentini Ritters ... und der ... Jungfrauen Margarethae, deß ... Christophori Ullen ... ehelcibliche Tochter Braut ... Anno 1620. – *Erfurt, Johann Röhbock, 1620.* – St. [A 884
**D-brd** Ngm (B), HVl (S I) – **D-ddr** UDa (A II) – **GB** Lbm (kpl.: S, A, T, B; S, A, T, B) – **NL** At (T I)

*1620b.* Erster Theil. Neuer lieblicher und zierlicher Intraden, mit sechs Stimmen. Welche zu förderst auff Geigen Lauten Instrumenten und Orgelwerck gerichtet sind, darein zugleich eine Choralstimm aus dem Gesangbuch ... kan mit gesungen werden. – *Erfurt, Johann Röhbock, 1620.* – St.      [A 885
**D-ddr** Dlb (kpl.; A und B [2 Ex.]), LEm (S II, T I, T II), NA, SAh (B)

*1620c.* Cantiones de Adventu Domini ac Salvatoris nostri Jesu Christi, 5. 6. & 8. voc. – *Erfurt, Johann Birckner (Philipp Wittel), 1620.* – St.      [A 886
**D-brd** Ngm (B I), W (kpl.: S, A, T, B; S, T, 6, B) – **D-ddr** Dlb (fehlt B II), EIl (S I, A I, T I [bei A und T fehlen die Titelblätter]), LEm (S II, T I, T II) – **PL** WRu

*1620d.* Erster Theil. Christlicher lieblicher und andechtiger, neuer Kirchen und Haußgesänge, so auff alle Festage, und auch sonsten zu jederzeit können ge-

braucht werden . . . mit 5. Stimmen componiret. – *Erfurt, Johann Röhbock, 1620.*
– St.　　　　　　　　　　　[A 887
**D-brd** HVl (S), Ngm (B), W (kpl.: S, A, T, B, 5)
– **D-ddr** Dlb, EIl (S, A, T), LEm (T, 5), MLHb (S, B), SAh (B) – **GB** Lbm (kpl.; A, B, 5 ohne Titelblatt) – **PL** WRu (S, B, 5)

*1620e.* Der ander Theil. Christlicher, lieblicher und andechtiger neuer Kirchen und Haußgesenge von Ostern biß auff das Advent, so auff alle Festtage und auch sonsten zu jederzeit . . . können gebraucht werden . . . mit 5. 6. und 8. Stimmen componiret. – *Erfurt, Johann Röhbock, 1620.*
– St.　　　　　　　　　　　[A 888
**D-brd** HVl (S), Ngm (B), W (kpl.: S, A, T, B, 5, 6, 7, 8) – **D-ddr** Dlb (S, A [2 Ex.], T, B, [2 Ex.], 5, 6, 7), EIl (S, T, A), LEm (T, 5, 6), MLHb (S, B), SAh (B) – **PL** Tu (A, T, 6, 8)

*1620f.* Der dritte Theil. Christlicher, lieblicher und andächtiger neuer Kirchen und Haußgesänge . . . beneben einem Generaldiscant vor die Schulmägdlein mit 5. 6. und 8. Stimmen. Deßgleichen: Zweene Neue Intraden 10. Voc. zu 2. Choren, da der erste auff Geigen, der ander auff Zincken und Posaunen gerichtet, oder nur auff das Orgelwerck, darein ein Choral Stimm . . . kan gesungen werden. – *Erfurt, Johann Röhbock, 1620.* – St.　　[A 889
**GB** Lbm (S)

— *ib., 1621.*　　　　　　　　　[A 890
**D-ddr** SAh (B)

*1621a.* Vierdter Theil der Fest Gesänge, darinnen begrieffen liebliche, andechtige und christliche Gesänge, die auff Himmelfahrt, Pfingsten, Trinitatis . . . gesungen, werden. – *Erfurt, Johann Birckner (Philipp Wittel), 1621.* – St.　　[A 891
A Wgm (kpl.: S, A, T, B, 5, 6, 7, B II, Disc. gen.) – **D-brd** Ngm (B), W (S, A, T, B, 5, 6, 7, 8), W (S, A, T, B, 5, 6, 7, 8) – **D-ddr** Dlb (S, A, T, B, 5, 6, 7), EIl (S, A, T [ohne Titelblatt]), UDa (6) – **PL** WRu (A, T, B, 5, 6, 7, B II, Disc. gen.)

*1621b.* Musicalische Weyhnacht- und Neu Jahrs Zierde. Das ist christliche, liebliche, andächtige Weyhnacht- und Neu Jahrs Gesänge zu 4. 5. 6. 8. und 9. Stimmen. – *Erfurt, Johann Birckner (Philipp Wittel), 1621.* – St.　　　　　　[A 892
**D-brd** Ngm (B), W (S, A, T, B, 5, 6, 7, 8) – **D-ddr** Dlb (S, A, T, B, 5, 6, 7), EIl (S, A, T), UDa (6) – **PL** WRu (fehlt S)

1621c → 1620f

*1622.* Dritter Theil Musicalischer Fest Zierde, das ist christliche . . . Festgesänge auff Mariae Reinigung, Mariae Verkündigung, zur zeit der Passion, auff Ostern und jederzeit zugebrauchen, mit 5. 6. 8. 12. und 14. Stimmen. – *Erfurt, Johann Birckner (Philipp Wittel), 1622.* – St.　　　　　　　　　　　[A 893
**D-brd** W (S, A, T, B, 5, 6, 7, 8) – **D-ddr** EIl (S, A, T [ohne Titelblatt]), UDa (S, A, T)

## ALTHERR Jacob

Gesangbuch, darinnen die Psalmen, Lobgesäng und geistliche Lieder, so in den Christlichen Kirchen und Schulen aller Reformirten Kirchen gemeinlich am gebräuchlichesten gesungen werden. Durch Doct. Martin Luther, D. Ambrosium Lobwasser . . . in teutsche Reimen gestellt . . . nach jhren gewohnlichen Melodeyen zu vir Stimmen contrapuncts weiß außgesetzt und zubereitet. – *s. l., Georg Basthart der Jüngere, 1627.*　　　[A 894
**D-ddr** LEm

## ALVERI Giovanni Battista

Cantate a voce sola da camera . . . opera prima. – *Bologna, Gioseffo Micheletti, 1687.*
– P.　　　　　　　　　　　[A 895
I Bc

Arie italiane amorose e lamentabili con il basso continuo. – *Antwerpen, Hendrik Aertssens, 1690.* – St.　　　　[A 896
F Pn (v, fehlt P. mit bc)

## AMADEI Michelangelo

Motecta . . . singulis, binis, ternis, quaternis, quinis, senisque vocibus, una cum gravi voce ad organi sonitum accomodata, liber primus. – *Venezia, stampa del Gardano, appresso Bartolomeo Magni, 1614.* –
St.　　　　　　　　　　　[A 897
I Fn (S I, S II, S III, org)

Motecta singulis, binis, ternis quaternis, quinisque vocibus, una cum gravi voce ad organi sonitum accommodata . . . liber

secundus. – *Venezia, stampa del Gardano, appresso Bartolomeo Magni, 1615.* – St.
SD                                    [A 898
I Fn (S I, S III, org)

## AMBLEVILLE Charles d'

Airs [à 4 voix] sur les hymnes sacrez, odes, et noels, pour chanter au catéchisme, le premier dessus comme estant le sujet sert pour chanter seul avec plusieurs excellens faux-bourdons sur les huict-tons. – *Paris, Pierre Ballard, 1623.* – P.        [A 899
F Pa

Octonarium sacrum, seu canticum B. Virginis per diversos ecclesiae tonos decantatum. – *Paris, Pierre Ballard, 1634.* – P.                                    [A 900
F V

Harmonia sacra, seu vesperae in dies tum dominicos, tum festos totius anni, una cum missa ac litaniis beatae virginis cum sex vocibus. – *Paris, Pierre Ballard, 1636.* – St.                                    [A 901
F BO (S, T, B), Psg (S, A [2 Ex.], B) – GB Lbm (S, A, T, 5, 6)

## AMBROGIO Carlo

A solo in G$^b$ for a violin (Teil einer Monatspublikation). – *[London], s. n.* [ A 902
GB DRc

## AMBROSCH Joseph Karl

Sechs Lieder mit Veraenderungen für die Sing-Stimme. – *Zerbst, s. n. (Menzel).* – P.                                    [A 903
CS K – D-brd F – D-ddr Dlb – US Wc

Deutsche und italienische Lieder, mit Variationen für die Singstimme und Begleitung des Pianoforte ([hs.:] II) Heft. – *Berlin, Schlesinger, No. 191.*        [A 904
D-brd LÜh

Zwey Arien (Ich klage hier; Als ich auf meiner Bleiche) mit Veränderungen, für die Singstimme. – *Hamburg, Günther & Böhme.*                            [A 905
CH E

Als ich auf meiner Bleiche, Lied mit Veränderungen für eine Singstimme, N°. 1. – *Hamburg, Günther & Böhme, No. 33.*                                    [A 906
CS Pk – D-brd BNms

Ich klage hier! dir Echo dir. Lied mit Veränderungen für eine Singstimme, N°. 2. – *Hamburg, Günther & Böhme, No. 34.*                                    [A 907
CS Pk – D-brd F

Alte und neue Zeit (Man hat auf Erden weit und breit). Lied mit Begleitung des Pianoforte oder der Guitarre. – *Hamburg, Johann August Böhme.* – P.        [A 908
D-brd LÜh (2 Ex.)

— [am unteren Rand von S. 2:] *Leipzig, A. Kühnel, No. 633.*                        [A 909
D-brd LÜh

Nur gesehn von meiner Lampe Schimmer. Lied . . . gesetzt für's Forte Piano. – *Hamburg, Johann August Böhme.*        [A 910
D-brd LÜh (2 verschiedene Ausgaben) – S Skma

— *Hamburg-Altona, L. Rudolphus.* [A 911
D-brd Hmb

## AMBROSE John

Address to Cynthia, a favorite rondo. – *London, Edward Riley.*                    [A 912
GB Cpl, Lbm, Ob – US Wc

The Captive Negroe [Song]. – *London, Edward Riley.*                            [A 913
GB Cpl, Lbm, Ob

The earth is a toper [Song, with accompaniment for strings and pf]. – *London, Edward Riley.* – P.                    [A 914
GB Lbm

Farewell the beams of early day, a new song. – *[London], Edward Riley.* [A 915
GB Lbm

Go chaunt ye sweet warblers along, a new song, sung at the public gardens. – *London, Edward Riley.*                    [A 916
GB Lbm, Ob

Great God to thee my voice I raise, a duett for juvenile improvement. – *London, Edward Riley.*                        [A 917
GB Lbm

I'll wait a little longer, a favorite ballad. – *London, W. Cope.*                     [A 918
GB Gu, Lbm, Ob

Innocent amusement (Abroad in the meadows), a moral song for juvenile improvement. – *London, Edward Riley.* [A 919
US NYp

Jessey, a favorite sonnet. – *London, Edward Riley.*                              [A 920
GB Cpl, Lbm, Ob

My cottage in the lowly dell [Song]. – *London, Edward Riley.*                    [A 921
GB Lbm

My Laura sighs [Song]. – *London, Edward Riley.*                                 [A 922
GB Lbm

My own fire side [Song]. – *[London]*, *Edward Riley.*                            [A 923
GB Lbm

Nannette (If thou, Nannette, wilt share my cot [pf, vl, fl]), a favorite song. – *London, Edward Riley.*             [A 924
US NYp, Wc

The Negro's Revels [Song]. – *London, Edward Riley.*                             [A 925
GB Lbm

Slinging the bowl [Song]. – *London, Edward Riley.*                              [A 926
GB Cpl, Lbm, Ob

The Sympathizing Sigh [Song]. – *London, Edward Riley.*                          [A 927
GB Cpl, Lbm, Ob

Their groves of sweet myrtles, a Scotch ballad. – *London, Edward Riley.* [A 928
GB Lbm

To me a smiling infant came, a favorite song. – *London, Edward Riley.* [A 929
GB Lbm

When love and truth together play'd [Song]. – *London, Edward Riley.* [A 930
GB Lbm, Ob

William's Return, a favorite sea song [2 v and pf]. – *London, Edward Riley.*
[A 931
GB Lbm, Ob – US Wc

The Wish, a favorite canzonet. – *London, Edward Riley.*                          [A 932
GB Lbm

## AMBROSIO CREMONESE

Madrigali concertati a 2. 3. 4. 5. 6. voci . . . libro primo, opera prima. – *Venezia, Bartolomeo Magni, 1636.* – St.        [A 933
GB Och (S I, S II, A, T, B, bc)

## AMBRUIS d'

Livre d'airs . . . avec les seconds couplets en diminution mesuréz sur la basse continue. – *Paris, auteur, Pierre Le Monier (gravée par Lhulier), 1685.* – P. [A 934
B Aa – F Pc (2 Ex.) – USSR Mk – US NH, Cn

## AMÉ Jean Baptiste

[Ier] Concerto à flûte traversière, premier et second violon, alto et basse, arrangé sur des morceaux connus. – *Paris, Bignon, No. 1.* – St.                         [A 935
US Wc

Nouvelles variations du menuet de Ficher et du menuet d'Exaudet. – *Paris, Bignon, 1778.*                                    [A 936
F Pc

## AMMERBACH Elias Nikolaus

Orgel oder Instrument Tabulatur. Ein nützlichs Büchlein in welchem notwendige Erklerung der Orgel oder Instrument Tabulatur, sampt der Application, auch fröliche deutsche Stücklein unnd Muteten, etliche mit Coloraturn abgesatzt, desgleichen schöne deutsche Tentze, Galliarden unnd welsche Passometzen zubefinden . . . in Druck vorfertiget durch Eliam Nicolaum sonst Ammerbach genandt Organisten zu Leipzig in S. Thomas. – *Leipzig, J. Berwalds Erben, 1571.*            [A 937
SD 1571[17]

A Wgm (fehlt Titelblatt) – **D-ddr** HAu, LEm, ROu – **DK** Kk – **GB** Cu, Lbm (unvollständig)

Ein new kunstlich Tabulaturbuch, darin sehr gute Moteten und liebliche deutsche Tenores jetziger Zeit vornehmer Componisten auff die Orgel unnd Instrument abgesetzt, beydes den Organisten unnd der Jugendt dienstlich. Mit gantzem Fleis zusammen gebracht, auffs beste colorirt uberschlagen corrigirt und in Druck vorfertiget durch Eliam Nicolaum Ammorbach. – *Leipzig, J. Beyer (Nürnberg, D. Gerlach)*, *1575*.
SD 1575[17]                        [A 938
**D-brd** Mbs – **GB** Lbm

Orgel oder Instrument Tabulaturbuch in sich begreiffende eine notwendige unnd kurtze Anlaitung, die Tabulatur unnd Application zuverstehen, auch dieselbige auss gutem Grunde recht zu lernen. Darnach folgen auffs allerleichtest gute deutsche lateinische welsche und frantzösische Stücklein neben etlichen Passomezen, Galliarden Repressen unnd deutschen Dentzen dessgleichen zuvor in offnem Druck nie aussgangen ... zusammengebracht und in Druck verfertigt, durch Eliam Nicolaum Ammerbach. – *Nurnberg, Gerlach, (1583)*.
SD 1583[22]                        [A 939
A Wgm – **D-brd** Mbs – **PL** WRu

## AMMON Blasius

Liber sacratissimarum (quas vulgo introitus appellant) cantionum selectissimus, singulis diebus festivis, pro ecclesiae catholicae utilitate, cultusque, divini honore non minus accommodatus, quam necessarius, quinque vocibus. – *Wien, Stephan Creuzer, 1582*. – St.        [A 940
**GB** Lbm (S, A, T, B) – **PL** WRu (T, 5) – **YU** Lu (A, T, B, 5 [außer A unvollständig])

Missae quatuor, vocibus quaternis in divino dei cultu decantandae, quibus unica quatuor etiam vocum pro fidelibus defunctis est adiecta. – *Wien, Michael Apffl, 1588*. – St.        [A 941
A Wst (A) – **S** Uu (S, A, T)

— Patrocinium musices, missae cum breves tum quatuor vocum laudatissime con-

cinnatae. – *München, Adam Berg, 1591.* – Chb.                        [A 942
A Wn, Imf, KR (fehlt Titelblatt) – **D-brd** As, Mbs, Mh, Mu, Rp (unvollständig) – **D-ddr** LEm

Sacrae cantiones, quas vulgo moteta vocant, quatuor quinque et sex vocum, quibus adiuncti sunt ecclesiastici hymni de nativitate, resurrectione & ascensione Domini. – *München, Adam Berg, 1590.* – St.                        [A 943
**D-brd** As, KNu (S), Mbs, Rp (2 Ex.; I: S, A, 5, 6; II: S, T, B, 5, 6) – **D-ddr** Bds (S) – **F** Pc (S, 5) – **GB** Lbm – **PL** Wu (A, T)

Breves et selectae quaedam motetae, quatuor, quinque et sex vocum, pro certis, quibusdam sanctorum festis concinnatae. – *München, Adam Berg, 1593.* – St. [A 944
**D-brd** KNu (A), Mbs (5, 6 [S, A, T, B in Fotokopie]), W – **F** Pc (5) – **GB** Lbm (S, A, T, B, 5)

Introitus dominicales per totum annum, secundum ritum Ecclesiae Catholicae, suavitate et brevitate quatuor vocibus exculti ... collecti et ad laudem Dei omnipotentis in lucem aediti, per authoris fratrem germanum Stephan: Amon. – *Wien, Leonhardt Formica, (1601).* – St.                        [A 945
**D-brd** Mbs (A, T)

## AMNER John

Sacred hymnes of 3. 4. 5. and 6. parts for voyces and vyols. – *London, Edw. Allde, 1615.* – St.                        [A 946
**GB** Cu (unvollständig), Lbm, Lcm, Ob, T, Y – **US** R, Ws (T)

## AMODEI Cataldo

Primo libro de' mottetti a due, tre, quattro e cinque voci ... opera prima. – *Napoli, Novello de Bonis, 1679.* – St.                        [A 947
**I** Nc (S II, vl II)

Cantate à voce sola, libro primo, opera seconda. – *Napoli, Novello de Bonis, 1685.* – P.                        [A 948
**GB** Lbm – **I** Nc (2 Ex.), MC

**AMON Blasius → AMMON Blasius**

**AMON Johann Andreas**

VOKALWERKE

Sechs Lieder für's Klavier mit Begleitung
einer Guitarre ... 26. Werk. – *Offenbach,
Johann André, No. 1890.*          [A 949
**CH SO – D-brd LCH**

Sechs Lieder mit Begleitung des Klaviers
oder der Guitarre ... 32. Werk. – *Offenbach, Johann André, No. 2082.*     [A 950
**D-brd Mbs**

Sechs Lieder für's Clavier mit Begleitung
einer Guitarre ... op. 36. – *Bonn, Nikolaus Simrock, No. 454.*            [A 951
**D-brd B – S VIl**

Sechs Lieder mit Begleitung des Klaviers
oder der Guitarre, 38tes Werk (No. 1: Was
ists was ich verhehle. Pedro's Klagen). –
*Augsburg, Gombart, No. 452.*       [A 952
**CH Bu**

Trois chansons italiennes avec paroles
allemandes accompagné du piano-forte,
ou de la guitarre ... œuvre 41. – *Bonn,
Nikolaus Simrock, No. 500. – P.*   [A 953
**D-brd B, F**

Sechs Lieder mit Begleitung des Klaviers
oder der Guitarre ... 43. Werk, 6. Sammlung. – *Offenbach, Johann André, No.
2250.*                              [A 954
**D-brd Tl**

Sechs Lieder mit Begleitung des Klaviers
oder der Guitarre ... 53. Werk, 8. Sammlung. – *Offenbach, Johann André. No.
2968.*                              [A 955
**D-brd Ngm**

Sechs Lieder mit Begleitung des Klaviers
oder der Guitarre componirt ... 54tes
Werck, 9te Sammlung. – *Offenbach, Johann André, No. 2774.*             [A 956
**CH Bu**

Sechs deutsche Lieder mit Begleitung des
Piano-Forte oder der Guitarre ... 62.
Werck. – *Mainz, B. Schott's Söhne, No.
219.*                               [A 957
**D-brd MZsch**

Sechs deutsche Lieder mit Begleitung des
Piano-Forté oder der Guitarre ... 64.
Werk, 11. Liedersammlung. – *Mainz, B.
Schott, No. 725.*                   [A 958
**D-brd MZsch**

Neun leichte deutsche Lieder mit Begleitung des Piano Forte oder der Guitarre ...
89. Werk, 13. Liedersammlung. – *Augsburg, Gombart & Co., No. 690.*      [A 959
**D-brd B**

Sechs kleine deutsche Lieder für Gesang
und Klavier oder der Guitarre ... opus
102, 17. Lieder Sammlung. – *Wallerstein,
J. Amon.*                           [A 960
**YU Zha**

Adelaiden (Du herrschest ewig, Adelaide),
Auswahl von Arien mit Begleitung des
Piano-Forte oder der Guitarre, No. 68. –
*Mainz, B. Schott, No. 725.*        [A 961
**D-brd MZsch**

An den Tod, mit Begleitung einer obligaten Flöte und Piano-Forte, oder Guitarre. – *Bonn, Nikolaus Simrock, No. 449. –
P.*                                 [A 962
**A Wgm – D-brd B, F**

Das Gärtnermädchen (Schöne Damen,
feine Herrn), Auswahl von Arien mit Begleitung des Piano-Forte oder der Guitarre, No. 69. – *Mainz, B. Schott, No. 725.*
                                    [A 963
**D-brd MZsch**

Das Gebet des Herrn, für eine Singstim-
me, mit Begleitung des Klaviers. 56.
Werck. – *s. l., s. n., No. 291.*   [A 964
**CH EN, SO** (mit einer hs. Singstimme), Zz –
**D-brd B, DO, HR**

Das Leben ist der Welle gleich [Lied],
(in: Apollo's Tempel des Gesanges, Nr. 31).
– *Braunschweig, Musikalisches Magazin
auf der Höhe, No. 316.*             [A 965
**D-brd MÜu**

Der Wachtelschlag (Ach wie schallts dor-
ten [f. Singstimme und pf]) – *Hamburg,
Johann August Böhme.*              [A 966
**S Skma**

INSTRUMENTALWERKE

Sinfonien, Konzerte u. a.

Trois sinfonies à grand orchestre ...
œuvre X, livre I. – *Heilbronn, Johann
Amon & Co., No. 210.* – St.       [A 967
CH Lz – D-brd MÜu, Rtt – H P

Sinfonie [C] à grand orchestre composée
au sujet de la fête celebrée à Heilbronn
le 29. Juillet 1803 ... œuvre 25. – *Heilbronn, Johann Amon, No. 275.* – St.
                                    [A 968
D-brd B, MÜu, Rtt, Sl, Tes – H P

Simphonie [B] à grand orchestre dédiée
à ... le prince héréditaire de Tour et
Tassis ... œuvre 30. – *Bonn, Nikolaus
Simrock, No. 435.* – St.       [A 969
D-brd AAm, HR, MÜu – D-ddr HAmi – H P

Sinfonie périodique [Es] pour deux violons, deux altos, flûte, deux hautbois,
deux bassons, deux cors, deux trompettes, timbales, violoncelle et basse ...
œuvre 60. – *Eltville/Rheingau, Georg Zulehner, No. 207.* – St.       [A 970
A GÖ (fehlen vla, b) – D-brd B, DS (vl I, vl II,
vlne, b), HR, Mbs, Tes – NL Uim – S L

Concerto [A] pour l'alto viola principale
avec accompagnement de deux violons,
deux flûtes, deux cors, baßons, viola,
violoncello & contre baße ... œuvre X. –
*Paris, Pleyel (gravés par Richomme), No.
223.* – St.       [A 971
D-ddr Dlb – I Nc (vl I, vl II, vla, vlc) – S SK, V

Concerto [A] pour le forte-piano avec accompagnement de deux violons, deux
flûtes, deux cors, deux altos et basse,
op. 34. – *Mainz, Karl Zulehner, No. 72.* –
St.       [A 972
D-brd MÜu, LB

Concert [G] pour la flûte, avec accompa-
gnement de grand orchestre [op. 44]. –
*Offenbach, Johann André, No. 2376.* – St.
                                    [A 973
A Wgm – CH EN – D-brd MÜu – I MOe – S
VII (fl principale, vl I, vl II, vla, vlc, b)

VI Pièces [Es] pour musique turque, op.
40. – *Offenbach, Johann André, No. 2233.*
– St.       [A 974
D-brd MÜu – H KE

Sept pièces pour musique turque ...
œuvre 57. Suite de l'œuvre 40. – *Offenbach, Johann André, No. 3170.* – St.
                                    [A 975
A Wgm – D-brd AM

Thème [C] avec six variations pour alto
obligée, avec accompagnement de deux
violons, alto et basse, deux hautbois et
deux cors ad lib. ... œuvre 50. – *Offenbach, Johann André, No. 2593.* – St. [A 976
D-brd BE, MÜu

Sextuor [F] pour flûte & basson ou alto
principales, violon, deux altos et violoncelle. – *Kassel, W. Wöhler, No. 92.* – St.
                                    [A 977
D-brd Tu

Für 5 Instrumente

III Quintetti [C, D, G] ... op. 19. –
*Kassel, W. Wöhler, No. 65–65a.* – St.
                                    [A 978
CS Pnm (kpl.: fl, vl, vla I, vla II, vlc)

Premier quintetto [D] pour flûte (ou flûte
en fa) & cor obligés, violon, alto & violon-
celle, contre-basse ad lib: ... œuvre 110.
– *Offenbach, Johann André, No. 4865.* –
St.       [A 979
A Wgm

Für 4 Instrumente

Trois quatuors [B, Es, A] concertans pour
l'alto, violon, viola & violoncelle ...
œuvre XV. – *Offenbach, Johann André,
No. 1603.* – St.       [A 980
CS Pnm – D-brd Mbs, MÜu – D-ddr Bds, WRl –
GB Lbm – I Mc (vla, vla obl) – S Uu

Divertissement [C] pour la guitarre, violon, alto ou second violon et violoncelle
... œuvre 16. – *Offenbach, Johann André,
No. 2466.* – St.       [A 981
D-brd F, OB

Trois quators [C, D, G] concertans pour
l'alto, violon, viola et violoncelle, œuvre
18. – *Kassel, W. Wöhler; Frankfurt, Gayl
& Hedler, No. 65.* – St.       [A 982
I Mc (vla principale, vla)

Trois quators [F, F, f] concertants pour cor, violon, alto & violoncelle . . . œuvre 20. – *Offenbach, Johann André, No. 1769.* – St.                    [A 983
**D-brd** WERl (Etikett: Frankfurt, J. C. Gayl) – **DK** Kk – **S** Skma

Trois quatuors [G, F, A] pour flûte, violons, alto & violoncelle . . . œuvre 39. – *Augsburg, Gombart & Co., No. 462.* – St.                    [A 984
**NL** Uim – **YU** Zha

Trois quatuors [C, G, D] pour flûte, violon, alto et violoncelle concertans . . . œuvre 42 (3^me. œuvre des quatuors pour la flûte). – *Offenbach, Johann André, No. 2285.* – St.                    [A 985
**A** HE – **CH** Zz – **H** SFm

Quatuor [D] pour flûte, violon, alto & violoncelle obligés . . . œuvre 84 (10^me. œuvre des quatuors pour la flûte). – *Offenbach, Johann André, No. 4840.* – St.                    [A 986
**A** Wgm

Trois quatuors concertans pour hautbois, violon, alto & violoncelle . . . op. 92. – *Bonn-Köln, Nikolaus Simrock, No. 2337.* – St.                    [A 987
**CS** Pk

Deux quatuors [B, Es] concertans pour clarinette, violon, alto & violoncelle . . . œuvre 106. – *Offenbach, Johann André, No. 4839.* – St.                    [A 988
**A** Wgm – **I** Bc – **S** Skma

Trois quatuors concertans pour cor, violon, alto & violoncelle . . . œuvre 109, 2^me œuvre des quatuors pour le cor. – *Offenbach, Johann André, No. 4841.* – St.                    [A 989
**DK** Kk

Trois quatuors [D, e, C] concertans pour flûte, violon, alto et violoncelle . . . No. 1 (2. 3). – *Wien, Bureau des arts et d'industrie, No. 304 (342, 343).* – St.                    [A 990
**A** HE (2), M (1), Wgm (2 Ex.), Wst (1, 2) – **CH** Zz – **CS** Pk (1), Pu (2) – **D-brd** Mbs – **H** SFm

## Für 3 Instrumente

Trio [A] pour violon, alto et basse . . .

œuvre VII. – *Heilbronn, Autor, No. 2.* – St.                    [A 991
**D-brd** F

Trois trios concertants pour violon, alto et basse . . . op. 8. – *Paris, Pleyel.* – St.                    [A 992
**GB** Ckc – **P** Ln

Trois sonates [D, e, C] pour le piano-forte avec accompagnement de flûte et violoncelle obligés . . . œuv. 48. – *Zürich, Johann Georg Nägeli & Co.* – St.                    [A 993
**A** Wgm – **CH** W

—— *Hamburg, Johann August Böhme.*                    [A 994
**D-brd** LÜh (2: pf, fl [2 Ex.], vlc [2 Ex.], 3: kpl.), Sl (3), WERl (1: pf [unvollständig], fl, vlc)

—— *Altona, L. Rudolphus.*                    [A 995
**D-brd** KIl (1: pf)

Trois sonates [Es, f, A] pour le piano-forté avec accompagnement de violon et violoncelle obligés . . . œuvre 58. – *Bonn, Nikolaus Simrock, No. 898.* – St.                    [A 996
**A** Wgm, Wkann – **D-brd** Mmb (pf)

Trois sonates [G, F, B] pour le piano forte avec accompagnement de violon & violoncelle obligés . . . œuvre 76 (10^me œuvre des sonates p: piano-forté). – *Mainz, Bernhard Schott, No. 1060.* – St.                    [A 997
**A** Wgm – **D-brd** MZsch, Mmb

## Für 2 Instrumente

Trois sonates [D, G, B] pour le forte-piano avec accomp. d'un violon . . . op. 11. – *Paris, Pleyel, No. 222.* – St.                    [A 998
**D-brd** Mbs (pf) – **D-ddr** Bds

—— *Offenbach, Johann André, No. 2707.*                    [A 999
**A** Wgm

—— *København, C. C. Lose.*                    [A 1000
**DK** Kk – **S** Skma (pf)

—— . . . seconde edition. – *ib., C. C. Lose.*                    [A 1001
**S** Skma, Ssr, Uu (pf von Nr. 1)

Trois sonates [B, Es, A] pour piano-forté, accompagné de violon . . . œuvre 19. –

*Offenbach, Johann André, No. 1785.* –
St.                                    [A 1002
**D-brd** MÜu (fehlt Titelblatt, vorhanden ist nur
S. 31 der Kl-st) – **D-ddr** GOl – **S** Skma

Six walzes [C, C, C, C, F, C) à quatre mains
pour le piano-forté avec guitarre obligée
. . . œuvre 52. – *Offenbach, Johann André,*
*No. 2671.* – St.                      [A 1003
**A** Wgm – **D-brd** HEms, LCH

Sonate périodique [C] pour le piano-forté,
accompagné de flute ou violon . . . œuvre
55. – *Offenbach, Johann André, No. 2824.*
– St.                                  [A 1004
**CS** Bm

Troisième sonate périodique [D] pour
piano-forté, avec flûte, ou violon obligé
. . . œuvre 71 ( Suite de l'œuvre 57). –
*Offenbach, Johann André, No. 3639.* –
St.                                    [A 1005
**A** Wgm – **D-brd** MÜu

Sonate concertante [F] pour le piano
forté, basson ou flûte . . . œuvre 88. –
*Wallerstein, Johann Amon, No. 31.* – St.
                                       [A 1006
**D-brd** DO

Deux sonates [C, G] pour le piano forte
et flûte ou hautbois ou violon obligé (11^me
œuvre des sonates pour le piano). –
*Bonn-Köln, Nicolaus Simrock, No. 2245.*
– St.                                  [A 1007
**CH** Bu (pf, fl/ob/vl [2 Ex.])

Trois sonates pour le pianoforte avec
flûte obligée . . . œuvre 92, No. I (–III),
(12^me œuvre des sonates pour le piano-
forte). – *Hannover, C. Bachmann, No. 210.*
– St.                                  [A 1008
**DK** Kk

Sonate [Es] pour la harpe à pedale ou
le pianoforte avec flûte ou violon obligé
. . . op: 95. – *Bonn-Köln, Nikolaus Sim-*
*rock, No. 1966.* – St.                [A 1009
**A** Wgm

Trois sonates [C, G, D] pour le pianoforte
avec flûte obligée. – *Kassel, W. Wöhler,*
*No. 73.* – St.                        [A 1010
**CS** Pnm (pf) – **D-brd** Bhm

IV Walzes, deux eccossaises et une mar-
che pour le piano-forté et guitarre. –
*Bonn, Nikolaus Simrock, No. 946.* [A 1011
**A** Wgm

Six duos [C, G, D, A, Es, B] pour violon
& viola. – *Berlin, Johann Julius Hummel;*
*Amsterdam, grand magazin de musique,*
*No. 1010.* – St.                      [A 1012
**D-brd** MÜu – **S** Skma

Trois grandes sonates [Es, C, A] pour
piano-forté et violon, arrangées d'après
les trois quatuors, œuvre 9. de F. Fraen-
zel, par J. Amon. – *Offenbach, Johann*
*André, No. 334 (Ed.-No. 2155).* – St.
                                       [A 1013
**DK** Kk

Für Klavier

Recueil de dix-huits cadences ou points
d'orgue faciles pour piano-forte, œuvre
22. – *Offenbach, Johann André, No. 1970.*
                                       [A 1014
**CS** Bu – **D-brd** LB – **I** Tn

Recueil de dix-huits cadences ou points
d'orgue faciles . . . œuvre 33 (Suite de
l'œuvre 22). – *Offenbach, Johann André,*
*No. 329 (Ed.-No. 2081).*              [A 1015
**CS** Bu

— *ib., No. 2080.*                     [A 1016
**A** Wst – **D-brd** AM

Trois sonates [C, B, F] pour le piano forté
. . . œuvre 63 (7^me œuvre des sonates pour
le piano-forté). – *Mainz, Bernhard Schott,*
*No. 647.*                             [A 1017
**CH** W – **D-brd** KNh, Sl – **US** Wc

Sonate [F] à quatre mains pour le piano-
forté . . . œuvre 67. – *Mainz, Bernhard*
*Schott, No. 790.*                     [A 1018
**D-brd** MZsch

Trois sonatines [C, G, F] très faciles pour
le piano forte . . . œuvre 68. – *Bonn-Köln,*
*Nikolaus Simrock, No. 1151.*          [A 1019
**D-brd** B

Trois sonates [G, C, D] pour piano-forté,
avec guitarre ad libitum . . . œuvre 69. –
*Offenbach, Johann André, No. 3638.* – St.
                                       [A 1020
**A** Wgm – **D-brd** BNba (pf)

Sonate périodique [C] très facile pour le piano forté ... œuvre 70. – *Mainz, Bernhard Schott, No. 758.*                    [A 1021
**D-brd** MZsch

— ... (Classe III de la Bibl. de Musique moderne Année III). – *Milano, Giovanni Ricordi, No. 1346.*                    [A 1022
**A** Wgm

Douze petites pièces très faciles pour piano forte ... œuvre 72. – *Mainz, Bernhard Schott, No. 823.*                    [A 1023
**A** Wkann

Walze Bavarois varié pour piano forté ... œuvre 73. – *Mainz, Bernhard Schott, No. 824.*                    [A 1024
**D-brd** MZsch

Air Nationale Suabe, varié pour le pianoforte, composé et dédié à Mlle Frédérique Kiderlin ... œuv. 78. – *Köln-Bonn, Nikolaus Simrock, No. 1403.*                    [A 1025
**D-brd** B

Fünf Walzer [F, F, F, C, A] zu 4 Hände für das Piano Forte ... opus 87 (7tes Heft Walzer). – *Wallerstein, Johann Amon.*
                    [A 1026
**D-brd** B

Sonate [B] pour le piano forte à 4 mains ... op. 100, No. 6. – *Bonn-Köln, Nikolaus Simrock, No. 2004.*                    [A 1027
**A** Wgm

Six variations sur un air de Conr. Kreutzer „Nur wer die Sehnsucht kennt" pour le pianoforte à quatre mains ... 5me air varié, œuvre 119. – *Hannover, C. Bachmann, No. 207.*                    [A 1028
**DK** Kk – **I** MOl

Fränkischer National Tanz ... für das Forte Piano. – *Heilbronn, Johann Amon, No. 145.* – KLA.                    [A 1029
**D-brd** Sl

### AMOS G. B.

No I of a set of sonatas in a pleasing and familiar stile for the piano forte or harp. – *London, Edward Riley, for the author.*
                    [A 1030
**GB** Lbm

### ANAGNINO Spirito

Nova sacra cantica in Dei, B. Virginis, aliorumque sanctorum festivitatibus decantanda, singulis, binis, ternis, quaternisque vocibus, una cum parte organica ... liber secundus. – *Napoli, Constantino Vitale, 1617.* – St.                    [A 1031
**D-brd** MÜs

Sacro convito celeste ... ove si contengono mottetti, dialoghi, echi, messe, salmi, hinni, litanie, & altri cantici spirituali à 2. 3. 4. 5. 6. & 8. voci con il basso continuo per l'organo, opera sesta. – *Orvieto, Michel 'Angelo Fei & Rinaldo Ruuli, 1625.* – St.
                    [A 1032
**I** CEc (T II)

### ANCHORS William

A choice collection of psalm-tunes, hymns & anthems ... taught by W. Anchors. – *London, Cluer.* – P.                    [A 1033
**GB** Ge, Lbm – **US** Pu

### ANCINA Giovenale

Tempio armonico della Beatissima Vergine ... prima parte a tre voci. – *Rom, Nicolo Mutii, 1599.* – St.                    [A 1034
SD 1599[6]
**A** Wn (unvollständig) – **D-brd** MÜs (S II) – **F** Pc (S I) – **GB** Lbm – **I** Bc, Fc (B), Rc (S I), Rsc (B), Rv (5 Ex., davon 2 Ex. kpl.), Vnm (S I), V levi (S II)

### ANDERS Hendrik

[12] Symphoniae introductoriae trium & quatuor instrumentorum. – *Amsterdam, auteur, Willem de Coup (1698).* – St.
                    [A 1035
**NL** Lt

Trioos, allemande, courante, sarabande, gighe &c. – *[Amsterdam] s. n. (1696).* – St.                    [A 1036
**GB** DRc, Lbm ([BUC:] Utrecht, Klaas Klaase Knot) – **NL** Lt

## ANDING Georg

Tänze für das Piano Forte. – *Hamburg,*
*Johann August Böhme.*                    [A 1037
A Wgm

## ANDING Johann Georg

Sechszehn Lieder mit Begleitung des Claviers . . . erste Sammlung. – *Rinteln, An-*
*ton Heinrich Bösendahl.* – P.            [A 1038
F Pc – GB Lbm

## ANDRÉ Abbé Charles-Louis-Joseph

Le siège et bombardement de Valencien-
nes, pour le piano-forté ou harpe, avec
accompagnement d'un violon obligé. –
*Bruxelles, Godefroy.* – St.              [A 1039
NL At

Trois sonates pour le piano-forté ou harpe
concertantes avec un violon, oeuvre II. –
*Bruxelles, Godefroy.* – St.              [A 1039a
B Bc

3 Pots-pourris, op. 4. – *s. l., s. n.*   [A 1040
B Bc

## ANDRÉ Johann

SINGSPIELE

Der Bräutigam in der Klemme

Aria, aus der Oper: Der Bräutigam in der
Klemme. – *Offenbach, Johann André, No.*
*1447.* – KLA.                            [A 1041
CS K

Rondo (Leichten Morgenliedes), aus: Der
Bräutigam in der Klemme (in: Arien und
Duetten aus den neuesten deutschen
Opern, Nr. 7). – *Offenbach, Johann André,*
*No. 1239.* – St.                         [A 1042
D-brd MÜu (fag II)

Claudine von Villa Bella

Alle Freuden, alle Gaben, aus: Claudine
von Villa Bella, (in: Theater-Kalender,
auf das Jahr 1778). – *Gotha, C. W. Ettin-*
*ger, (1778).*                            [A 1043
US NH

Es war ein Bube frech genung, Romanze
aus: Claudine von Villa Bella (in: Theater-Kalender, auf das Jahr 1778). – *Gotha,*
*C. W. Ettinger, (1778).*                 [A 1044
US NH

Elmine

Gesang zur Elmine, einem Singspiel in
drey Aufzügen, vom Freiherrn von Drais.
– *Berlin, Friedrich Maurer, 1782.* – KLA.
                                          [A 1045
D-brd Bhm, Hs, Mbs, Ngm – D-ddr LEm – F
Pc, Sim – GB Lbm – US Wc

Erwin und Elmire

Erwin und Elmire, ein Schauspiel mit
Gesang, von Goethe; in Musik gesetzt und
. . . dem . . . Fürsten von Isenburg und
Büdingen . . . zugeeignet. – *Offenbach,*
*Johann André, (1776), No. 11.*           [A 1046
und St.
CH Zz (KLA., vl I, vl II, vla, b, ob I, ob II, fag,
cor I, cor II) – D-brd DÜk (KLA.) – D-ddr Dlb
(KLA.)

Laura Rosetti

Laura Rosetti, ein Schauspiel mit Gesang.
– *Offenbach, Johann André, No. 34.* –
KLA.                                      [A 1047
D-brd MÜu (2 Ex.) – F Pc – US Bp

Romanze (Bey kriegrischer Trompeten-
klang) aus: Laura Rosetti (in: Theater-
Journal fuer Deutschland vom Jahre 1777,
viertes Stück). – *Gotha, C. W. Ettinger.*
                                          [A 1048
D-brd DT

Der Toepfer

Der Toepfer, eine komische Oper in
einem Aufzuge . . . auf dem Fürstlichen
Theater zu Hanau, am 22. Jaenner 1773
zum erstenmale aufgeführt. – *Offenbach,*
*Johann André.* – P.                      [A 1049
A Wgm – CH SO – D-brd Rtt, Sl – D-ddr Dlb,
RUl (P. und handschriftlich S, T, B) – GB Lbm
– US Wc

LIEDER

Auserlesene scherzhafte und zärtliche Lieder; in Musik gesetzt . . . mit willkür-
lichem Accompagnement von einer Flöte,

61

Geige und Baß, erster Theil. – *Offenbach,*
*Johann André; Mannheim, J. M. Götz,*
*1774, No. 7.* – St.       [A 1050
**D-ddr** WRz

Lieder und Gesänge beym Klavier, herausgegeben von Johann André, erstes
(-viertes) Heft. – *Berlin, Christian Fried-*
*rich Himburg, 1779(–1780).* – KLA.
                          [A 1051
**DK** Kv

Lieder am Clavier. – *Berlin, Rellstab.* P.
                          [A 1052
**GB** Lbm

Lieder, in Musick gesetzt, und seinem
Freunde . . . Herrn Rosenstiel gewidmet
. . . erster Theil. – *Offenbach, Johann An-*
*dré, No. 442.* – P.        [A 1053
**D-ddr** LEmi – **US** Wc

— Willkührliche Begleitung von Flöthe,
Bratsche und Violonschell zu den Liedern
in Musik gesetzt, erster Theil. – *ib., No.*
*555.* – St.             [A 1054
**D-brd** OF – **GB** Lbm – **US** Wc

— . . . und seinem Freunde, dem . . .
Herrn Willemer gewidmet . . . zweyter
Theil. – *ib., No. 558.* – P.    [A 1055
**D-brd** F, Tu, OF

— Willkührliche Begleitung von Flöthe,
Bratsche und Violonschell, zu den Liedern in Musik gesetzt, Th. 2. – *ib., No.*
*570.* – St.             [A 1056
**D-brd** MÜu, Tu, OF

— . . . und seinem Freunde, Herrn Frisch
. . . gewidmet . . . dritter Theil. – *ib., No.*
*652.* – P.             [A 1057
**D-brd** Hmb, OF

Neue Sammlung von Liedern . . . erster
(– zweyter und letzter Theil). – *Berlin,*
*Georg Jacob Decker (Georg Friedrich*
*Starcke).* – P.         [A 1058
**A** Wn (II) – **CH** Zz – **D-brd** F (II), MB (I) –
**D-ddr** Dlb – **GB** Lbm, Lcm (unvollständig) –
**US** Wc

Scherzhafte Lieder von Herrn Weisse. –
*Offenbach, Johann André.* – P.    [A 1059
**D-brd** DS – **GB** Lbm – **US** Wc

Neue Theatergesänge, herausgegeben von
Johann André, [11]$^{\text{ter}}$ Theil. – *Offenbach,*
*Johann André, No. 1351 (Ed.-No.: 1322,*
*1326, 1350–52).* – KLA.    [A 1060
**DK** Kv

Melodien von Pleyel, mit unterlegten Liedern, herausgegeben von Johann André,
erster (-zweyter) Theil. – *Offenbach, Jo-*
*hann André, No. 578/596(–579/597).* –
KLA.                        [A 1061
**D-brd** Tu, OF (1. Tl.)

— . . . [hs.:] 3$^{\text{r}}$ Theil. – *Züllichau, From-*
*mann's Buchhandlung, No. 620.* [A 1062
**D-brd** LB, OF, Tu

Lenore von Gottfried August Bürger, in
Musik gesetzt. – *Offenbach, Johann André,*
*No. 10.* – KLA.        [A 1063
**CH** BEsu – **D-brd** Ngm, OF – **DK** A, Kk –
**GB** Lbm

— . . . zweyte, verbesserte Auflage. –
*Berlin, Friedrich Maurer, 1782.* – KLA.
                          [A 1064
**A** Wgm (2 Ex.) – **D-brd** DO, Gs, WIl – **F** Pc,
Sim – **GB** Lbm – **US** CA

— Lenore in Musik gesetzt und seinem
Freunde Herrn Peter Bernard gewidmet.
– *Offenbach, Johann André, No. 263.* –
P.                           [A 1065
**A** Wgm – **CH** E – **D-brd** OF, Rtt – **F** Pc – **NL**
DHgm – **US** AA

— Lenore in Musick gesetzt und der Frau
Baronnesse von Vrintz . . . zugeeignet . . .
vierte Auflage. – *ib., No. 372.* – KLA.
                          [A 1066
**A** Wgm – **CS** K – **D-brd** Rp – **D-ddr** Dlb – **DK**
A – **NL** At

— Lenore von G. A. Bürger, in Musik ge-
setzt . . . fünfte Auflage. – *ib., No. 2115.*
– KLA.                 [A 1067
**D-brd** Kbv – **US** Wc

— *Worms, Johann Michael Götz, No. 637.*
                          [A 1068
**CH** Bu

INSTRUMENTALWERKE (Arrangements)

Deux quintettes [es, F] arrangés en quatuors pour le clavecin ou piano forte, avec

violon, alto et basse (aus: Etrennes pour les dames). – *Offenbach, Johann André.* – St.                                                    [A 1069
E Ma

Deux quintettes [G, b] arrangés en quatuors pour le clavecin ou piano forte, avec violon, alto et basse (aus: Etrennes pour les dames). – *Offenbach, Johann André.* – St.                                                    [A 1070
E Ma

Trois quatuors . . . arrangés pour le piano forte avec accompagnement de violon, viola et violoncelle. – *Offenbach, Johann André.* – St.                                    [A 1071
E Ma

Deux quatuors . . . arrangés en sonates pour le forte-piano avec violon et violoncelle. – *Offenbach, Johann André.* – St.                                                    [A 1072
E Ma

Petits airs et rondos tirés des compositions de J. Pleyel et arrangés pour pianoforte avec violon ad libitum (livre 7, seconde édition; livre 9; livre 13, seconde édition). – *Offenbach, Johann André, (No. 1863–1866; 618; 1872).* – St.     [A 1073
I Mc

## ANDREA DA MODENA

Canto harmonico in cinque parti diviso, col quale si puo arrivare alle perfetta cognitione del canto fermo. – *Modena, eredi Cassiani, 1690.*                     [A 1074
C E – GB Ckc, Lbm, Lcm, T – I MOe, Bc, Bsf, CEc, CORc, Fc, LA, Mc, MOe, OS (2 Ex.), PAc, PCa, Rc (2 Ex.), Rli, Rsc (2 Ex.), Vc, Vnm

## ANDREA[E] Johann Valentin

Memoria Threnodica mei desideratissimi Enrici. Willkomm war uns der Ehrenhold [a 4 voc.], in: Adenlicher Zucht Ehrenspiegel. – *Straßburg, L. Zetzners Erben, 1623.*                                       [A 1075
D-brd W

## ANDREOLI Giovanni

Salmi con litanie, op. I. – *Venezia, Vincenti, 1636.* – St.                              [A 1076
I Bam (S I, B)

## ANDROUX Johann Jakob

Six trios [G, e, A, D, C, F] for two german flutes or two violins with a thorough bass for the harpsichord. – *London, Georg Terry.* – St.                                 [A 1077
D-ddr Bds – GB A, Lbm (2 Ex.), Lcm, Ooc – US Wc

— *ib., Peter Welcker.*                          [A 1078
GB Lbm – US CHua

## ANELLO ANTIGNANO

Sacrae cantiones quae duabus, tribus, quator, et cinque vocibus, una cum basso ad organum concini possunt . . . opus tertium. – *Napoli, Ottavio Beltrano, 1620.* – St.                                                    [A 1079
I Sac (T [unvollständig])

## ANERIO Felice

GEISTLICHE WERKE

*1596.* Sacri hymni, et cantica, sive motecta musicis notis expressa, & octonis vocibus canenda, liber primus. – *Venezia, Giacomo Vincenti, 1596.* – St.          [A 1080
I Bc, Rc, Rvat-casimiri (S II, A II), PEc (A I)

*1602.* Sacri hymni et cantica, sive motecta musicis notis expressa, quinis, senis, octonis vocibus canenda, liber secundus. – *Roma, Aloysio Zannetti, 1602.* – St. [A 1081
D-brd Rp (S, 5) – E TZ (A, T, B, 6) – P La (S, A, T, B, 5, 6) – US SFsc (B)

*1606.* Responsoria [a 4 v] ad lectiones divini officii feriae quartae, quintae, et sextae sanctae hebdomadae. – *Roma, Aloysio Zannetti, 1606.* – St.        [A 1082
E CU (A) – I Bc (A), Ls, Rsg (kpl.; T unvollständig), Rsc, Rvat-capp. giulia

WELTLICHE WERKE

*1585a.* Madrigali spirituali . . . a cinque voci . . . libro primo. – *Roma, Alessandro Gardano, 1585.* – St.      [A 1083
A Wn (fehlt 5) – I Rsc

*1585b.* Madrigali . . . a cinque voci . . . secondo libro. – *Roma, Alessandro Gardano, 1585.* – St.      [A 1084
S Skma (B) – US Wc

*1586.* Canzonette a quattro voci . . . libro primo. – *Venezia, Giacomo Vincenti e Ricciardo Amadino, 1586.* – St.    [A 1085
D-brd Rp (kpl.: S I, S II, A, B) – I VEcap – NL Uim (S II)

— *Milano, Francesco & eredi di Simon Tini, 1590.*      [A 1086
F Pc – NL At (S II)

— *Venezia, Giacomo Vincenti, 1592.*      [A 1087
D-brd Kl – US BE (S II), Cn (unvollständig)

— *ib., 1597.*      [A 1088
B Bc (S I) – I PS (S II)

— *ib., 1607.*      [A 1089
GB Lbm – I Bc (S II, B) – S Skma (A)

*1587.* Il primo libro de madrigali a cinque voci [mit 1 Madrigal a 8 v]. – *Venezia, Giacomo Vincenti, 1587.* – St.      [A 1090
D-brd KNu (S, A, 5) – GB Lbm – I Ac (A, T, 5 [unvollständig]), Vnm (5) – NL At (S, T) – US Wc

*1590a.* Primo libro de madrigali a sei voci. – *Venezia, Ricciardo Amadino, 1590.* – St.      [A 1091
GB Ge (A, T, 5, 6) – I PAc (S, A, T, B)

— Madrigali a sei voci. – *Antwerpen, Pierre Phalèse, 1599.* – St.      [A 1092
D-brd Rp (A, B) – DK Kk (T) – F Psg (T, B, 5) – GB Lwa

1590b → 1586
1592 → 1586
1597 → 1586

*1598.* Madrigali a tre voci. – *Venezia, Giacomo Vincenti, 1598.* – St.      [A 1093
I Bc (kpl.: S, T, B)

1599 → 1590a

*1602.* Madrigali a sei voci, libro secondo. – *Roma, Luigi Zannetti, 1602.* – St. [A 1094
I PAc (S, A, T, B)

1607 → 1586

## ANERIO Giovanni Francesco

GEISTLICHE WERKE

*1600.* Dialogo pastorale al presepio di nostro signore . . . a tre voci, con l'intavolatura del cembalo et del liuto. – *Roma, Simone Verovio, 1600.* – P.      [A 1095
I REm

*1609.* Motecta singulis, binis, ternisque vocibus concinenda, una cum basso ad organum accomodata. – *Roma, Giovanni Battista Robletti, 1609.* – St.      [A 1096
A Wn (S, B, org) – D-brd Mbs (B), MÜs (kpl.: S, T, B, org) – I Ac (T, B, org), Bc (B, org), Rli (org), Rf (S, T, B), Rsc (org), Rvat-chigi (S)

*1611a.* Motectorum singulis, binis, ternis, quaternis, quinis, senisque vocibus, liber secundus. – *Roma, Bartolomeo Zannetti, 1611.* – St.      [A 1097
I Bc (B, org), PAL (B, org)

— *Venezia, Ricciardo Amadino, 1612.* – St.      [A 1098
D-brd Rp (T, B) – I Bc (S, T, B, org), Rsc (org), PAL (B, org), Rf (S, T, B), VEcap (S, T, B, org) – PL WRu (S, T, B, org [unvollständig])

*1611b.* Litaniae deiparae virginis, septem, octonisque vocibus decantandae, una cum quatuor illis antiphonis, quae pro varietate temporum post completorium cani solent . . . a Christophoro Margarina in unum collectae, & in lucem editae. – *Roma, Bartolomeo Zannetti, 1611.* – St.      [A 1099
GB Lbm (S II) – I Bc (fehlt T I), Rc, Rf (fehlt org), Rsc (2 Ex., vom 2. Ex. fehlt A II), Rvat-capp. giulia

— *Roma, Paolo Masotti, 1619.*      [A 1100
I Rc (fehlt org)

— Litaniae deiparae virginis, maiores de ea antiphone temporales, & motecta septem, octonisq vocibus, una cum aliis sacris cantionibus varie modulatis. – *ib., Paolo Masotti, ad instanza d'Antonio Poggioli,*

*all'insegna del Martello, 1626.* – St. [A 1101
**D-brd** MÜs, Rp (B I [unvollständig]) – I Bc,
Md, Rc (fehlt B II und org; S II [unvollstän-
dig]), Rsmt

1612 → 1611a

*1613a.* Motectorum singulis, binis, ternis,
quaternis, quinis, senisque vocibus; una
cum litaniis Beatae Virginis quatuor voci-
bus, cum basso ad organum, liber tertius.
– *Roma, Giovanni Battista Robletti, 1613.*
– St.                                     [A 1102
**D-brd** Mbs (B) – **GB** Lbm (S I, B, org) – **I** Bc
(B, org), Rsc (org), Rf (S I, S II, B), Rsg (kpl.:
S I, S II, B, org), PAL (B, org)

— *ib., 1620.*                            [A 1103
**I** Bc (S I, S II, B, org), Ls (2 Ex., im 2. Ex.
fehlt B)

*1613b.* Antiphonae, seu sacrae cantiones,
quae in totius anni vesperarum ac completorii solemnitatibus decantari solent; in
tres partes distributae . . . binis, ternis,
& quaternis vocibus concinendae, una
cum basso ad organum . . . prima (secunda, tertia pars). – *Roma, Giovanni Battista
Robletti, 1613.* – St.                    [A 1104
**D-brd** Rp (I: S, T [unvollständig]; II: S, T [un-
vollständig]; III: S, T) – **I** Bc (I: S, A, T, org;
II: S, T, B, org; III: S, A, T, org), Nf (III kpl.),
Rc (I [unvollständig]), Rsc (I kpl.; II kpl.),
Rsgf (A I, B II), Rvat-casimiri (A I), Rvat-
chigi (T I, T II, T III), Sac (S II, B II, S III,
A III)

*1613c.* Sacri concentus quaternis, quinis,
senisque vocibus, una cum basso ad organum . . . liber primus. – *Roma, Giovanni Battista Robletti, 1613.* – St. [A 1105
SD 1613[4]
**D-brd** MÜs – **I** Bc (A, T, B, 5, org), COd (org),
PAL (5, org [unvollständig]), Rsc (S, A, T, B,
5, org)

*1614a.* Responsoria Nativitatis Domini,
una cum invitatorio, et psalmo Venite
exultemus, ac Te Deum laudamus, ternis,
quaternis, octonis vocibus. – *Roma, Giovanni Battista Robletti, 1614.* – St. [A 1106
**A** Wn (org) – **I** Rsc (kpl.: S, A, T, B, org), Rsmt

— Responsorii della natività di nostro
Signore Giesu Christo, con l'invitatorio;
salmo Venite exultemus, & Te Deum laudamus, a tre, quattro, e otto voci . . . di
novo corretti, e dati in luce con una messa

à 4. & Motettini a due, del Sig. Abundio
Antonelli, et il basso continuo per l'or-
gano. – *Roma, Giovanni Battista Robletti,
1629.* – St.                              [A 1107
SD
**D-brd** Rp (A, T, B, org) – **I** Rslf (B), Rsmt
(kpl.: S, A, T, B, org) – **P** La (S, A, T, B, org) –
**US** BE (T, B, org)

*1614b.* Psalmi vesperarum, qui in totius
anni solemnitatibus decantari solent, ternis quaternisq; vocibus, nec non duo cantica Beatae Virginis quatuor vocibus, cum
basso ad organum. – *Roma, Giovanni Battista Robletti, 1614.* – St.               [A 1108
**I** Rc (S, A, T, org), Rsgf (org)

— *ib., 1620.*                            [A 1109
**I** AN (S, B), Bc, Rsc – **US** MSu (A, T)

*1614c.* Missarum quator, quinque et sex
vocibus, missa quoque pro defunctis una
cum sequentia, et responsorium Libera
me domine, quatuor vocibus, liber primus . . . cum basso ad organum. – *Roma,
Giovanni Battista Robletti, 1614.* – St.
                                          [A 1110
**I** PCd, Rsmt

— Missa pro defunctis, cum sequentia, &
resp. Libera me domine, quatuor vocibus.
– *Roma, Paolo Masotti, 1630.* – St. [A 1111
**D-brd** HVl – **I** Rvat-capp. giulia (S, A, B [je
3 Ex.])

— *Roma, Ludovico Grignani, 1649.* [A1112
**I** Rvat-capp. giulia (A, org), Rsmt (kpl.: S, A,
T, B, org)

— *Roma, Giacomo Fei, 1677.*             [A 1113
**I** Ls, Rf (2 Ex.), Rsc (2 Ex.: S, A, T, B, org;
A, B), Rvat-capp. giulia, Rsg (S, A, B, org)

*1617.* Sacri concentus, singulis, binis, ternis, quaternis, quinis, senisq; vocibus,
una cum basso ad organum . . . liber
quartus. – *Roma, Giovanni Battista Robletti, 1617.* – St.                        [A 1114
**I** Bc (S, T, B, org), Bof (S, T, B, org), Rsc (org),
Rf (S, T, B)

*1618.* Sacrarum cantionum, quae singulis,
binis, ternis, quaternis, quinisque vocibus
concinuntur, liber quintus. – *Roma, Giovanni Battista Robletti, 1618.* – St. [A 1115
**D-brd** Rp (kpl.: S I, S II, B, org) – **I** Bc, Rv
(S I, org)

1619 → 1611b

*1620a.* Rime sacre concertate a doi, tre, et quattro voci. – *Roma, Giovanni Battista Robletti, 1620.* – St.          [A 1116
**I** Bc (S I, B/T/S II, bc)

1620b → 1613a
1620c → 1614b
1626  → 1611b
1629  → 1614a
1630  → 1614c
1649  → 1614c
1677  → 1614c

*s. d.* Missa Paumina Burghesia ad canones quinque vocibus. – *s. l., s. n.* [A 1117
**I** Rc (mit 5 handschriftlichen St.)


WELTLICHE WERKE

*1599.* Il primo libro de madrigali a cinque voci. – *Venezia, Ricciardo Amadino, 1599.* – St.          [A 1118
**A** Wn (S, B) – **I** Bc (A), Rvat-chigi (B)

*1608.* Madrigali a cinque et a sei voci con uno a otto ... libro secondo. – *Venezia, Giacomo Vincenti, 1608.* – St.          [A 1119
**D-brd** Mbs – **I** Bc (A, 6), Sd (T)

*1611.* Recreatione armonica. Madrigali a una et doi voci. – *Venezia, Angelo Gardano & fratelli, 1611.* – St.          [A 1120
**GB** Lbm (T, B) – **I** Bc (bc)

*1617.* Diporti musicali, madrigali a 1. 2. 3. & 4. voci. – *Roma, Giovanni Battista Robletti, 1617.* – St.          [A 1121
**I** Rsc (S [2 Ex.], T, B, [2 Ex.], org)

*1617.* Selva armonica, dove si contengono motetti, madrigali, canzonette, dialoghi, arie à una, doi, tre, & quattro voci. – *Roma, Giovanni Battista Robletti, 1617.* – St.          [A 1122
**I** Rsc (S, T, B, org), Rv (unvollständig), Sac (T, B)

*1619a.* Teatro armonico spirituale di madrigali a cinque, sei, sette, & otto voci concertati con il basso per l'organo. – *Roma, Giovanni Battista Robletti, 1619.* – St.          [A 1123
**D-brd** Rp (T, 6, 7) – **F** Pc (S I, S II, A, T, B, 6, 8, org) – **I** Rc (S II, T, 6, 7, org), Rsc, Sac (7)

*1619b.* La bella clori armonica, arie, canzonetti, e madrigali, à una, due & tre voci ... con il basso continuo per sonare. – *Roma, Luca Antonio Soldi, 1619.* – St.          [A 1124
**A** Wn – **I** Bc

*1619c.* Ghirlanda di sacre rose musicalmente contesta, & concertate a cinque voci. – *Roma, Luca Antonio Soldi, 1619.* – St.          [A 1125
SD 1619[8]
**I** Bc, Rc – **S** Skma (A)

*s. d.* Gagliarde a quattro voci ... intavolate per sonare sul cimbalo et sul liuto, libro primo. – *s. l., s. n.*          [A 1126
**D-ddr** Bds – **I** Fn


## ANET Jean-Baptiste

Premier livre de sonates à violon seul et la basse continue. – *Paris, auteur, Boivin (gravé par L. Hue), 1724.* – P.          [A 1127
**D-brd** Rtt – **F** Pc, Pn – **GB** Lbm

Deuxième œuvre de M[r]. Baptiste, contenant deux suittes de pièces à deux musettes qui conviennent à la flûte traversière, haubois, violons, comme aussi aux vielles. – *Paris, auteur, 1726.* – P.          [A 1128
**F** Pn – **US** Wc

— Deuxième œuvre de M[r]. Baptiste Anet ... – *ib., 1726.*          [A 1129
**F** Pn

[10] Sonates à violon seul et basse ... œuvre IIIe. – *Paris, auteur, 1729.* – P.          [A 1130
**F** Pn

— Sonates à violon seul et basse continue ... œuvre IIIe. – *ib., auteur, Boivin, Le Clerc, 1729.* – P.          [A 1131
**F** Pc, Pmeyer

Premier œuvre de musettes corrigé et augmenté par Mr. Baptiste. – *Paris, Boivin, Le Clerc (gravé par L. Hue), 1730.* – P.          [A 1132
**F** Pc

Second œuvre de musettes. – *Paris, Boivin, 1730.* – P.          [A 1133
**F** Pn

IIIe Oeuvre de musettes pour les violons, flûtes-traversières et vielles. – *Paris, Vve Boivin, 1734.* – P.                    [A 1134
F Pn

## ANFOSSI Pasquale

GEISTLICHE WERKE

Carmina sacra canenda in nosocomio pauperum derelictorum diebus 25–26 Julii 1773. – *Venezia, s. n., (1773).*      [A 1135
I Vcr

Jerusalem eversa, modi sacri recinendi a piis virginibus choristis in nosocomio nuncupato pauperum derelictorum recurrente die festo deiparae in coelum assumptae. – *Venezia, s. n. (Domenico Battifoco), 1774.*
                                    [A 1136
I Vcr

OPERN

Antigono

Sinfonia con oboe, e corni di ripieno … nell' Antigono, eseguita in Venezia … dell' Anno 1773. – *Venezia, Luigi Marescalchi, Innocente Alessandri & Pietro Scataglia.* – St.        [A 1137
D-brd MÜu – D-ddr Dlb – GB Lbm – I Vqs

— *ib., Luigi Marescalchi & Carlo Canobbio.*                      [A 1138
I MOl

Parti cantanti di tutte le arie e duetti dell' Antigono. – *Venezia, Innocente Alessandri & Pietro Scataglia, 1773.* – P.
                                    [A 1139
GB Lbm – I Mc, PLcon

Contra il destin, che freme. Aria seria … nell' Antigono. – *Venezia, Luigi Marescalchi, Innocente Alessandri & Pietro Scataglia (1773).* – P.       [A 1140
D-ddr SWl – I Bc, MOl – S Skma

(Negli Elisi ombra onorata). Rondó nell' Antigono. – *Venezia, Luigi Marescalchi, Innocente Alessandri & Pietro Scataglia (1773).* – P.       [A 1141
CH E – D-ddr SWl – I Vnm, Vc-giustiniani (unvollständig)

— *ib., Luigi Marescalchi & Carlo Canobbio.*                      [A 1142
I MOl, Vnm, Vc-giustiniani

— Negli elisi ombra onorata. A favorite song. – *s. l., s. n.* – P.       [A 1143
GB Lbm, Lgc, LEbl

— *[London], John Bland.*         [A 1144
GB Ltc, Mp

Non temer non son piú amante. Duetto con oboe, e corni di ripieno staccati … nell' Antigono. – *Venezia, Innocente Alessandri & Pietro Scataglia (1773).* – P. und St.                          [A 1145
D-ddr HAu (P.; ob I, ob II), SWl (P.; ob I, ob II, cor I, cor II) – F Pc (P.; 2 Ex.) – I Rsc (Impressum: Luigi Marescalchi; P.) – S Skma (P.)

— *s. l., s. n.*                  [A 1146
I Msartori, MOl, PAc

Penso al duol d'un padre amante. Aria seria … nell' Antigono. – *Venezia, Innocente Alessandri & Pietro Scataglia (1773).* – P.                          [A 1147
D-ddr SWl – F Pc – I Nc, Bc

— *ib., Luigi Marescalchi.*       [A 1148
CH Zz – I MOl, Rsc

Perché se tanti siete. Aria seria con recitativo instrumentato … nell' Antigono. – *Venezia, Innocente Alessandri & Pietro Scataglia (Luigi Marescalchi & Carlo Canobbio).* – P.               [A 1149
F Pc – YU Zha

Two grand duetts (Questo amplesso eterni dei; Non temer non son più amante) as sung by Sigr. Rauzzini & Miss Harrop at the Concert Rooms Hanover Square. – *London, Babb.* – P.               [A 1150
D-brd Hs – D-ddr RUl – GB Lbm

Armida

Lasciami il caro bene. Air de l'Armide abandonnée (Abonnement, année 1780. Journal d'ariettes italiennes, dédié à la Reine, No. XXV). – *Paris, Bailloux (1780).* – St.               [A 1151
D-brd Tl – US Cn

Gl'Artegiani

Cavatina nell'opera degli Arteggiani ... avec accompagnement de piano par Delphilippi. – *Paris, s. n.* – P.      [A 1152
N Ou

La contadina incivilita

Sinfonia N. 13 nella Contadina incivilita, in Venezia, nel teatro nobile di S. Samuele il carnovale 1775. – *Venezia, Luigi Marescalchi & Carlo Canobbio.*      [A 1153
F Pc (fehlt Titelblatt) – I MOl

Il curioso indiscreto

[Ouverture d'Il Curioso indiscreto ... pour deux violons, alto, basse, deux bassons, deux hautbois et deux cors]. – *Paris, Bailleux.* – St.      [A 1154
F Pc (ohne gedrucktes Titelblatt)

— *ib., de La Chevardière; Lyon, Castaud; Bruxelles, Godefroy; Bordeaux, Bouillon, Noblet & Saulmer.*      [A 1155
F Lm (kpl., ob I, ob II, cor I, cor II, b je 2 Ex.)

— The favorite duett for a violin and violoncello in the overture to Il Curioso indiscreto. – *London, John Preston.* – P.      [A 1156
GB Lbm

Didone abbandonata

Se il ciel mi divide (Abonnement 1779. Journal d'ariettes italiennes, Nr. XV). – *Paris, Bailleux.* – P. und St.      [A 1157
D-brd MÜu, HL

La finta giardiniera

Ouverture, opéra bouffon, representé sur le théâtre de l'Académie royale de musique, à huit parties pour deux violons, alto viola, basse, deux hautbois et deux cors de chasse. – *Paris, de La Chevardière; Lyon, Castaud; Bruxelles, Godefroy; Bordeaux, Bouillon, Noblet et Saulmer.* – St.      [A 1158
D-brd MÜu – F Lm (kpl., vla, ob I, ob II, cor I, cor II, b je 2 Ex.), Pn (pf)

— Ouverture ... arrangée pour le clavecin ou le forte-piano avec accompagnement d'un violon et violoncelle ad libitum par Benaut. – *Paris, auteur, Mlle Castagnery (gravée par Mlle Demarle).* – P.      [A 1159
F Pc

— Ouverture ... arrangée pour le clavecin ou le piano forte avec accompagnement de violon ad libitum par M. Neveu. – *Paris, de La Chevardière; Lyon, Castaud; Bruxelles, Godefroy; Bordeaux, Bouillon.* – St.      [A 1160
F Pc

— [Ouverture de la Finta Giardiniera. – *Paris, de La Chevardière*]. – St.      [A 1161
D-brd AD (fehlt Titelblatt; pf, vl)

Air della finta giardiniera per amore (Journal d'ariettes italiennes, No. 380). – *Paris, Bailleux.* – P. und St.      [A 1162
US BE

La forza delle donne

Sol tre di le femmine. Finale nel dramma intitolato La Forza delle donne. – *Venezia, s. n.* – P. und St.      [A 1163
CS Pnm (St.) – GB Lbm – H Bn (P., 3 Ex.)

— *ib., Marescalchi.*      [A 1164
I Tn

Il geloso in cimento

Ouverture, opéra bouffon, représenté sur le théâtre de l'Académie royal de musique, à huit parties pour deux violons, alto viola, basso, deux haubois et deux cors de chasse. – *Paris, de La Chevardière; Lyon, Castaud; Bruxelles, Godefroy; Bordeaux, Bouillon, Noblet & Saulmer.* – St.      [A 1165
D-brd AM, MÜu ( ?, fehlt Titelseite) – F Lm (kpl.; ob I, ob II, cor I, cor II, b je 2 Ex.), Pc (fehlt vl II)

— *Paris, Bailleux.*      [A 1166
F Pc

— ... arrangée pour le clavecin ou forte piano avec accompagnement de violon par M. Bambini. – *Paris, Frère.* – St.      [A 1167
F Pn (pf)

— ... arrangé pour le clavecin ou le piano-forte par M. Bambini. – *Paris, auteur.*      [A 1168
F Pc (3 Ex.)

— Ouverture du Jaloux à l'épreuve, arrangée pour le clavecin ou le forte-piano avec accompagnement d'un violon et violoncelle (ad libitum) par M. Benaut. –

Paris, auteur, Mlle Castagnery (gravé par Mlle Demarle). – P. und St.          [A 1169
F Pc (P.; 2. Ex.: St.)

Si geloso e l'idol mio. A favourite song. – [London], Longman & Broderip. [A 1170
GB Lbm

Si mio ben saro. – [Dublin], Anne Lee.
                                            [A 1171
GB Ckc

L'incognita perseguitata

L'inconnue persécutée; comédie-opéra en trois actes ... représentée pour la première fois, par l'Académie royale de musique, le vendredi, 21. septembre 1781, et remise au théâtre le dimanche, 12. mai 1782, et le dimanche, 14. decembre 1783, donnée depuis en province ... sans récitatif. – Paris, bureau général de la correspondance des spectacles de province. – P.                                          [A 1172
F G, Dc – NL DHgm – US AA, NYp, Wc

— ib., De Roullède, Lawalle, l'Ecuyer, Houbaut.                                    [A 1173
F Lc, Pn, R

— ib., De Roullède, Lawalle, l'Ecuyer, Houbaut (Basset).                       [A 1174
C Tu – D-brd HR – F Pc (2 Ex.) – GB Lbm

— ib., Lawalle.                          [A 1175
I Rvat

— Bruxelles, Weissenbruch. – P.     [A 1176
US Cn

— L'Inconnue persécutée, comédie en trois actes et en vers, mêlée d'ariettes. – Paris, Jean-François Bastien, 1781. – P.                                            [A 1177
F Po – GB Lbm

Ouverture et petits airs arrangés pour le clavecin et le forte-piano ou pour la harpe par Mr Lasceux. – Paris, Mlle Girard, Dubois, auteur.                          [A 1178
F Pn

Gentilles fillettes. Air de l'Inconnue persécutée (Mercure de France, Oct. 1781, p. 60). – [Paris], s. n. (1781).    [A 1179
GB Lbm

Issipile (Pasticcio)

The favourite songs in the opera call'd Issipile. – London, John Walsh. – P.
                                            [A 1180
GB Ob

— ib., John Preston.                  [A 1181
GB Gu, Lbm – US Wc

Lucio Silla

Sinfonia N. 4, con viole, oboe e corni obbligati nel Lucio Silla, eseguita a Venezia ... anno 1774. – Venezia, Luigi Marescalchi. – St.                                (A 1182
I Vqs

Sinfonia N. 10 con viole, oboe e corni obbligati ... nel Lucio Silla. – Venezia, Luigi Marescalchi & Carlo Canobbio (Alessandri & Scattaglia). 1774. – St.
                                            [A 1183
I Mc (7 St.), PAc (8 St.), Vc (10 St.), Vqs (9 St.)

Ah non sai che l'idol mio. Rondò N°. XI nel Lucio Silla, per la Signora Francesca Brambilla detta la Farinella in Venezia nel Nobilissimo Teatro di S. Samuele per la fiera dell' Ascensione dell' anno 1774. – Venezia, Innocente Alessandri & Pietro Scataglia (Luigi Marescalchi & Carlo Canobbio). – P.                       [A 1184
CH Zz – D-brd Tu

Dei pietosi in questo istante. Duetto e terzetto ... eseguiti ... in Venezia ... per la fiera dell'Ascensione dell'anno 1774. – Venezia, Innocente Alessandri & Pietro Scattaglia. – P.                       [A 1185
I Bc, PAc, Rsc

— Duetto e terzetto del Lucio Silla. – s. l., s. n. – P. und St.              [A 1186
D-ddr WRtl (Singst. und vl, ob I, ob II, cor I, cor II) – I Nc (P., ob I, ob II, cor I, cor II)

Questo amplesso. Duettino ... nel Lucio Silla. – Venezia, Luigi Marescalchi & Carlo Canobbio. – P.            [A 1187
F Pc (2. Titel: Venezia, Innocente Alessandri) – GB Lbm

La Nitteti

Deh vien meco amato. The favorite rondo, sung by Sigr. Crescentini, in the new serious opera Nitteti. – London, John Preston. – P.                             [A 1188
US R

Il trionfo della costanza

The favourite songs in the opera called Il Trionfo della Costanza. – *London, Robert Bremner*. – P.                    [A 1189
**GB** Cu, Lbm

Le tuteur avare (von Anfossi und Cambini)

Le tuteur avare. Opéra bouffon en 3 actes. – *Paris, Lavalle, L'Ecuyer*. – P.    [A 1190
**I** Rvat – **NL** DHgm

I viaggiatori felici

Ouverture de I Viaggiatori felici, arrangée pour clavecin ou forte-piano avec violon ad libitum. – *Paris, Boyer*. – St.    [A 1191
**GB** Lbm (cemb)

— Cimarosa's [falsch zugeschrieben] celebrated overture in the opera of I Viaggotore felici, arranged for the piano forte or harpsichord by Karl Kambra. – *London, A. Bland & Weller's, Music Warehouse*.
[A 1192
**EIRE** Dn – **GB** Cu, Gu, Ob

The favourite songs in the opera I viaggiatori felici. – *London, Robert Bremner*, – P.    [A 1193
**D-brd** Mbs – **US** NYp

Di questo se no siete l'amore. – *[Dublin], Anne Lee*.    [A 1194
**EIRE** Dn

Zenobia in Palmira

Moriamo mia vita. A favorite song sung by Madame Banti (A collection of periodical italian songs, No. 79). – *London, Longman & Broderip*. – P.    [A 1195
**GB** Lbm

Einzelne Stücke aus nicht genannten Opern

A celebrated overture, arranged for the pianoforte with an accompaniment for a flute or violin (ad libitum). – *London, Goulding, Phipps & D'Almaine*.    [A 1196
**US** Wc

Dall affanno ho il core. A periodical Italian song, No. (18). – *[London], John Bland*. – P.    [A 1197
**GB** Cpl, Lgc

— *London, Lewis, Houston & Hyde*.
[A 1198
**GB** Lbm

Deh con servate (Abonnement, année 1784. Journal d'ariettes italiennes, dédié à la Reine, No. 141). – *Paris, Bailleux, (1784)*. – St.    [A 1199
**D-brd** Mbs

Non ho il core all'arte avvezzo. Aria (Année 1785. Journal d'ariettes italiennes ... No. 147). – *Paris, Bailleux, (1785)*. – St.    [A 1200
**I** Nc

Si non siete co codrilli (La muse boufonne, suite d'ariettes italiennes pour la taille et la basse taille, No. 1). – *Paris, Bailleux*. – P. und St.    [A 1201
**I** Pc (P. und 7 St.: vl I, vl II, vla, b, ob I/II, cor I, cor II)

## ANGEBER Joseph Anton

Missa solennis ab organo, 4 vocibus cantantibus, II violinis, II clarinettis, II cornibus, II clarinis et violone ... opus I. – *Augsburg, Johann Jacob Lotter & Söhne*. – St.    [A 1202
**CH** EN – **D-brd** Mbs (alle Instrumentalstimmen 2 Ex., außer cor I, cor II, org), Pd, Tl – **YU** Zha

Te deum solenne pro choribus tam civilibus quam ruralibus a organo, canto, alto, tenore, basso, II violinis, viola, II clarinettis, II hautbois, II fagottis, II cornibus, II clarinis, tympanis et violone ... opus I [Es]. – *Augsburg, Andreas Böhm, No. 258*. – St.    [A 1203
**CH** EN (insgesamt 19 St. vorhanden)

Vesperae solennes pro choris tam civilibus, quam ruralibus ab organo, canto, alto, tenore, basso, II violinis, II clarinettis, II cornibus, II clarinis, tympanis et violone ... opus II. – *Kempten, Tobias Dannheimer*. – St.    [A 1204
**CH** EN – **D-brd** Mbs

Veni creator (mit deutschem und lateinischem Text) pro choribus tam civilibus quam ruralibus a canto, alto, tenore, baßo, II violinis, II clarinettis, II cornibus, tympanis, violone et organo ... opus

V. – *Kempten, Tobias Dannheimer.* – St.
[A 1205
**D-brd Mbs**

Offertorium pastorale à 4 vocibus, 2 violinis, 2 clarinettis, 2 cornibus, clarino vel büffel in C, organo et violone. – *Augsburg, Andreas Böhm, No. 338.* – St.    [A 1206
**A Wn – CH EN**

Asperges und Vidi aquam für 4 Singstimmen, 2 Violinen, Viola, Flöte, 2 Clarinetten, 2 Hörnern, 2 Trompeten, Pauken, Violon und Orgel . . . opus VIII. – *Augsburg, Andreas Böhm, No. 379.* – St. [A 1207
**CH EN** (17 St.)

## ANGELERI Giuseppe Maria

Messe tre à due, & à trè voci, con un Magnificat, & un Tantum ergo à voce sola . . . opera prima. – *Milano, stampa de fratelli Camagni alla Rosa, (1678).* – St.   [A 1208
**CH Zz**

Messe quattro, la prima à trè, & à quattro voci, con sinfonia obligata, la seconda con sinfonia, se piace, la terza à quattro voci à capella, la quarta messa per li defonti . . . opera seconda. – *Milano, Francesco Vigone, 1691.* – St.      [A 1209
**US R** (A, T, B, vl I, vl II, org; fehlt S)

## ANGELINI Carlo Antonio

Six sonatas or duets for two german flutes or two violins . . . op: I<sup>ma</sup>. – *London, Richard Duke, Charles Foresman.* – P.
[A 1210
**GB Lbm**

— *ib., H. Thorowgood & R. Duke.* [A 1211
**GB Lbm**

A favourite solo for the violin and harpsicord, book II. – *London, Charles & Samuel Thompson.* – P.     [A 1212
**GB Lbm – US R** (2 Ex.)

## ANGELINI Orazio

Il primo libro di madrigali a cinque voci. – *Venezia, eredi di Girolamo Scotto, 1583.* – St.        [A 1213
**I Vnm**

Il secondo libro de' madrigali a cinque voci. – *Venezia, Angelo Gardano, 1585.* – St.            [A 1214
**I Bc** (T, 5)

Il primo libro de madrigali a sei voci. – *Venezia, Ricciardo Amadino, 1592.* – St.
[A 1215
**A Wn** (B)

## ANGELINI Romano

Concerti, a due, tre, quatro e cinque alcuni con doi violini. – *Venezia, Alessandro Vincenti, 1650.* – St.       [A 1216
**PL WRu** (fehlt B)

## ANGIER J. H.

Six hymns, in score. – *[London], William Hodsoll, for the author.* – P.    [A 1217
**GB Lbm**

Sweet month of may. A pastoral duet. – *London, William Hodsoll, for the author.* – P.            [A 1218
**GB Cu, Lbm**

## ANGIOLINI Gasparo

La partenza d'Enea, o sia Didone abbandonata, ballo tragico pantomimico, eseguito in Venezia . . . teatro di S. Benedetto il carnovale dell'anno 1773. – *Venezia, Innocente Alessandri & Pietro Scataglia (Luigi Marescalchi & Carlo Canobbio), (1773).* – P. und St.      [A 1219
**CH Bu** (9 St.: vl I, vl II, vla, b/fag, ob I/II, cor e tromba I/II, timp) – **I Mc** (17 St.), **MOe** (9 St.)

Minuetto per due violini, due oboe, viola e basso. – *Venezia, Luigi Marescalchi.* – St.            [A 1220
**I MOe**

## ANGKISTRO G.

A grand sonata, for the harpsichord or piano forte, with an accompaniment for a violin & violoncello. – *London, Preston.* – St.            [A 1221
**GB Lbm** (pf) – **US BE** (pf)

## ANGLEBERT Jean Henry d'

Pièces de clavecin . . . avec la manière de
les jouer, diverses chaconnes, ouvertures,
et autres airs de Monsieur de Lully mis
sur cet instrument, quelques fugues pour
l'orgue, et les principes de l'accompagnement, livre premier. – *Paris, auteur
(1689).*                         [A 1222
SD [1689]⁸
A Wn – B Br – F Pc, Pmeyer, Pn, T – GB Lbm
– I Bc – NL DHgm – US NYp, Wc

— *ib., Christophe Ballard, 1703.* [A 1223
SD S. 287
US R

— *Amsterdam, Estienne Roger.*    [A 1224
D-brd Mbs – NL DHgm (fehlt Titelblatt) – US
NH

## ANGLESI Domenico

Libro primo d'arie musicali per cantarsi
nel gravicimbalo, e tiorba, a voce sola. –
*Firenze, Giovanni Battista Landini, 1635.*
– P.                             [A 1225
I Bc

## ANGLESIO Andrea

Responsorii della settimana santa con i.
passio nella domenica delle palme a 4.
voci con falsi bordoni à 4. & à 8. per il
Miserere & Benedictus, con il basso continuo . . . opera terza. – *Venezia, Bartolomeo Magni, 1623.* – St.        [A 1226
I Bc (T)

Il primo libro de madrigali concertati a
quattro, & a cinque voci . . . con il suo
basso continuo, per sonare col chittarone
clavicembalo, overo spinetta, e simili
altri strumenti. – *Venezia, Ricciardo Amadino, 1617.* – St.              [A 1227
I MOe (T)

## ANGLUS Petrus Philippus

Cantiones sacrae pro praecipuis festis totius anni et communi sanctorum quinis
vocibus. – *Antwerpen, Pierre Phalèse,
1612.* – St.                    [A 1228
E V (A, T, B; fehlen S und 5)

Cantiones sacrae . . . octonis vocibus.
– *Antwerpen, Pierre Phalèse, 1613.* – St.
                                 [A 1229
F Pthibault (kpl.; I: S, A, B, T; II: S, A, T, B)

Basso continuo gemmulae sacrae binis et
ternis vocibus. – *Antwerpen, Pierre Phalèse, 1613.*                     [A 1230
E V

Basso continuo deliciae sacrae binis et
ternis vocibus. – *Antwerpen, Pierre Phalèse, 1616.* – P.               [A 1231
E V (bc enthält alle St. in P.)

## ANGRISANI Carlo

Sei notturni [B, G, C, Es, A, B] a tre voci
coll' accompagnamento del clavicembalo
. . . opera Iᵐᵃ. – *s. l., s. n., (1797).* – P.
                                 [A 1232
CS Pu – GB Lbm – I Baf, Pca, Nc – US Wc

Sei notturni [B, G, E, C, G, D] a sole tre
voci . . . opera 2ᵈᵃ. – *Wien, Artaria & Co.,
No. 775.* – P.                  [A 1233
A Wn, Wst – CS Pu – I Nc

## ANIMUCCIA Giovanni

GEISTLICHE WERKE

Il primo libro de i motetti a cinque voci. –
*Roma, Valerio & Aloisio Dorico, 1552.* –
St.                              [A 1234
GB T

Il primo libro delle laudi . . . composte per
consolatione, et a requisitione di molte
persone spirituali, et devote, tanto reli-
giosi, quanto secolari. – *Roma, Valerio
Dorico, 1563.* – St.            [A 1235
GB Lcm

Missarum liber primus [a 4, 5 et 6 v.]. –
*Roma, eredi di Valerio & Aloisio Dorico,
1567.* – Chb.                   [A 1236
B Br – E SEG – F Pn – GB Lbm, Lu – I Bc,
Fn, LT, MOd, Pc, Od, Rc (2 Ex., davon 1 Ex.
ohne Titelblatt), Rsc (2 Ex., davon 1 Ex. un-
vollständig), Rvat-giulia, Rvat-sistina, Rsg,
Rsm, Uu

Canticum B. Mariae Virginis . . . ad omnes
modos factum. – *Roma, eredi di Valerio &
Aloisio Dorico, 1568.* – Chb.   [A 1237

**B** Br – **D-ddr** LEm – **F** Pthibault – **GB** Lbm – **I** AL, Bc, CC (fehlen Titel- und Schlußblatt), Fn, LT, MOd, NOVd, Od, Pc, PS (unvollständig), RA, Rc, Rsg, Rsc (2 Ex.), Rsm, Rvatgiulia, Rvat-sistina (unvollständig), Uu, Vnm

Il secondo libro delle laudi, dove si contengono motteti, salmi et altre diverse cose spirituali vulgari, et latine. – *Roma, eredi di Antonio Blado (Camerali), 1570.* – St.             [A 1238
**D-brd** Rp (S I) – **E** VAcp (I: S, A, T, B) – **I** FA (S I), Rsc (B II), Rv (I: A, T, B; II: S, A, T) – **P** C (S I, S II)

Il terzo libro delle laudi spirituali stampate ad instantia delli reverendi padri della Congregatione. – *Roma, eredi di Antonio Blado, 1577.* – Chb.     [A 1239
SD 1577³ᵃ
**I** Bc, Rv (2 Ex.)

Magnificat a 8 voci [fragmentarisch]. – *Roma, s. n.*                     [A 1240
**I** PS

WELTLICHE WERKE

Primo libro di madrigali a quatro, a cinque & a sei voci . . . libro primo. – *Venezia, Antonio Gardano, 1547.* – St.     [A 1241
**GB** Lbm – **I** Af (A, T), VEaf, VEcap

Il secondo libro de i madrigali, à cinque voci. – *[am Ende:] Roma, Antonio Blado, 1551.* – St.           [A 1242
**I** Bc (A), PS (B), VEaf (T)

Madrigali a 5 voci. – *Roma, Valerio & Luigi Dorico, 1554.* – St.        [A 1243
**I** Rsc (A, T, B)

Il primo libro de madrigali, a tre voci . . . con alcuni motetti, et madrigali spirituali. – *Roma, Valerio Dorico, 1565.* – St. [A 1244
**I** Fn, Rsc – **S** Uu

## ANIMUCCIA Paolo

Responsoria hebdomadae sanctae ac natalis domini, liber primus et secundus, 4 vocibus. – *Venezia, Francesco Rampazetto.* – St.                 [A 1245
**I** Fn (S, A, B; fehlt T)

## ANNA AMALIA von Sachsen-Weimar

Divertimento [B] per il piano-forte, clarinetto, viola e violoncello. – *Weimar, Ambrosius & Zahn.* – St.       [A 1246
**D-ddr** WRgs, WRtl – **GB** Lbm

## ANNIBALE Pado(v)ano

GEISTLICHE WERKE

Liber motectorum quinque et sex vocum nuperrime maxima diligentia in lucem aeditorum . . . liber primus. – *Venezia, Antonio Gardano, 1567.* – St.     [A 1247
**GB** Lbm (B) – **I** PS (S, A [unvollständig], T [unvollständig], B)

Missarum quinque vocum nunc primum in lucem aeditarum, liber primus. – *Venezia, li figliuoli di Antonio Gardano, 1573.* – St.                 [A 1248
**GB** Lbm (B) – **I** Bc (S, A, T, 5)

WELTLICHE WERKE

Il primo libro de madrigali a cinque voci. – *Venezia, Antonio Gardano, 1564.* – St.                       [A 1249
**F** Pmeyer (S, A, 5) – **GB** Lbm, Lwa – **I** VEaf (S, A, 5), Fn

Il primo libro de ricercari a quattro voci, nuovamente da lui composti. – *Venezia, Antonio Gardano, 1556.* – St.     [A 1250
**GB** Lcm – **I** Rvat-chigi (A, B)

— ib., *Angelo Gardano, 1588.*       [A 1251
**I** Bc (A, T)

Toccate et ricercari d'organo. – *Venezia, Angelo Gardano, 1604.*        [A 1252
**I** Bc

## ANSALONE Giacinto

Psalmi de vespere a quattro voci, con un Laudate pueri alla venetiana . . . con il basso continuo per l'organo, opera terza. – *Napoli, Ottavio Beltrano, 1635.* – St.                      [A 1253
**I** Bc (kpl.: S, A, T, B, org)

## ANSCHÜTZ Christoph

Trauer-Aria (Werthes Rotenburg beweine [f. Singstimme, 2 violette, bc]), welche nach ... Hintritt ... Herrn Sebastian Kirchmajers ... schrieb ... M. Johann Balthasar Beyschlag. – *Rothenburg o. T., Noah von Millenau, 1701.* – P.    [A 1254
D-ddr MAl

## ANSELL James Knottesford

La paix, a favorite air, with variations for the piano-forte. – *London, Walter Turnbull.*       [A 1255
F Pc

The Princess of Brazil's minuet, arranged with variations for the piano forte, with or without additional keys. – *London, Wilkinson & Co.*       [A 1256
F Pc

A divertimento for the piano-forte, in which is introduced the popular airs of Trafalgar, Tekeli, etc. – *London, Lewis Lavenu.*       [A 1257
F Pc

The hereditary prince of Orange's grand march for the piano forte. – *London, Goulding, d'Almaine, Potter & Co.* [A 1258
NL Uim

## ANTEGNATI Costanzo

Sacrarum cantionum [a 5 v] liber primus. – *Venezia, li figliuoli di Antonio Gardano, 1575.* – St.       [A 1259
A Wn (B, 5)

Liber primus missarum sex et octo vocum. – *Venezia, Angelo Gardano, 1578.* – St.       [A 1260
I Bc, Pd

— *ib., 1587.*       [A 1261
I Bc (S), MOd (B, 5) – PL GD (A)

Sacrae cantiones, vulgo motecta, paribus vocibus cantandae ... quatuor vocum. – *Brescia, Vicenzo Sabbio, 1581.* – St. [A 1262
I Bc (B)

Liber secundus missarum sex, & octo vocum. – *Venezia, Angelo Gardano, 1589.* – St.       [A 1263
A Wn (A I, B I) – PL GD

Salmi a otto voci. – *Venezia, Angelo Gardano, 1592.* – St.       [A 1264
D-brd Rp (I: S, A [2 Ex.], T [2 Ex.], B; II: S, A, T [2 Ex.], B [2 Ex.]) – I Ac (kpl.; A II unvollständig), Bc

Liber XIIII. in quo habentur Missa Borromea, Mottecta, Cantionesque gallicae tribus choris. – *Venezia, Angelo Gardano, 1603.* – St.       [A 1265
SD 1603²
D-brd ERu (III: S, A, T, B) – I PCd – USSR Lsc (I: A, T; II: S, T, B; III: S, T, B)

— Spartitura de bassi dei concerti a tre chori. – *Venezia, Angelo Gardano, 1603.*       [A 1266
I PCd

Il primo libro de madrigali a quattro voci con uno dialogo à otto. - *Venezia, li figliuoli di Antonio Gardano, 1571.* – St. [A 1267
I Vnm (S, T, B)

L'Antegnata, intavolatura de ricercari d'organo ... con una nuova regola ch'insegna a suo figliuolo di suonar, & registrar l'organo, con l'indice degl'organi fabricati in casa sua, opera decima sesta. – *Venezia, Angelo Gardano et fratelli, 1608.* [A 1268
D-brd As – GB Lbm – I Bc

## ANTES John

Tre trii per due violini e violoncello obligato ... composti ... dal ... dillettante americano, op. 3. – *London, John Bland.* – St.       [A 1269
US R (vl II, vlc)

## ANTONELLI Abbondio

Sacrarum cantionum quae & quaternis, & quinis, ac senis vocibus concinuntur ... cum basso ad organum, liber primus. – *Roma, Bartolomeo Zannetti, 1614.* – St.
SD 1614⁴       [A 1270
D-brd Rp (T) – I Bc (S I, S II, A, B, org), Ls (S I, A, T, B, org), Od (S I, S II, A, T, org), Rc (S II, org [beide St. unvollständig]), Rsg (S I, S II, A, T, org), Rsmt (kpl.: S I, S II, A, T, B, org)

Liber primus diversarum modulationum binis, ternis, quaternis, quinis, senis, ac septenis vocibus. – *Roma, Bartolomeo Zannetti, 1615.* – St.                    [A 1271
**D-brd** MÜs (kpl.: S I, S II, T, B, org) – I LOc (S II [unvollständig]), Ls (S I, S II, T, B, org), Oc (T [unvollständig]), Rc, Rv (org), Sac (B)

Liber secundus diversarum modulationum binis, ternis, quaternis ac quinis vocibus. – *Roma, Bartolomeo Zannetti, 1616.* St.                    [A 1272
I AN (A, org), Ls (S I, S II, A, org), Rv (org), Sac (A)

Liber tertius diversarum modulationum binis, ternis, quaternis ac quinis vocibus. – *Roma, Bartolomeo Zannetti, 1616.* – St.                    [A 1273
I Ls (S I, S II, S III, org; 2. Ex.: S I, S II, org), Rv (org), Sac (S III)

Madrigali a cinque voci . . . con il basso ad organo per sonare, libro primo. – *Roma, Bartolomeo Zannetti, 1614.* – St.    [A 1274
I Bc (A, T), PAc (S, A, T, B), PEScerasa (T)

## ANTONIOTTI Giorgio

XII Sonate, le prime cinque a violoncello solo e basso, e le altre sette a due violoncelli overo due viole di gamba, opera prima. – *Amsterdam, Michel Charles Le Cène, No. 569.* – P.                    [A 1275
F Pn – NL DHgm

## ANTONIUS Christoph

Erster Theil Weltliche Liebes-Gesänge, mit einer Vocal Stimme benebenst dem General Bass darunter gesetzt. – *Freiberg, Georg Beuther, 1643.* – P.        [A 1276
GB Lbm

Daphnis wohl eingerathene Liebeserwehlung (Daphnis hat jhm außerkohren [a 3 v mit bc]) auff das hochzeitliche Ehren- und Freuden Fest des . . . Herrn David Müllern . . . und . . . Margarethen Dorotheen des . . . Herrn Dam Müllers von Berneck . . . nachgelassenen Tochter Braut . . . mit 3 Stimmen auffgesetzt . . . den 12. Martii 1644. – *Freiberg, Georg Beuther, (1644).* – St.                    [A 1277
**D-ddr** LEm

## APELL David A. von

### GEISTLICHE WERKE

Ave corpus [a 4 v]. – *[Bologna], s. n.* – St.                    [A 1278
CH E (Impressum überklebt mit: Milano, Giovanni Ricordi)

Benedictus per soprano, contralto e coro con stromenti . . . saggio secondo della sua messa. – *[am Ende:] Erfurt, Uckermann.* – P.                    [A 1279
**D-brd** Mbs

Crucifixus per quatro voci cantanti e stromenti . . . saggio della sua missa pontificale. – *[Erfurt, Uckermann].* – P. [A 1280
A Wgm – **D-brd** Mbs (fehlt Titelblatt)

Laudamus a 2 voci e stromenti . . . saggio della sua messa pontificale. – *[Erfurt, Uckermann].* – P.                    [A 1281
A Wgm

Psalmus LXVI. modulis musicis accommodatus. – *s. l., s. n.* – P.        [A 1282
A Wgm

Te Deum laudamus [a 4 v und orch] zur Feyer des glorreichen Feldzugs gegen Frankreich 1815, in Musik gesetzt und Jhro Majestäten, den erhabenen verbündeten Monarchen Alexander, Franz und Friedrich Wilhelm . . . zugeeignet. – *Mainz, Bernhard Schott, No. 921.* – P.                    [A 1283
**D-brd** B, Lr

### WELTLICHE WERKE

Il trionfo della musica. Cantata composta ed umilissamente dedicata a Sua Maesta Massimiliano Re di Baviera. – *Mainz, Bernhard Schott, 1787.* – P.        [A 1284
A Wgm – **D-brd** Hs, KNh, Mbs – **D-ddr** B, GOl, GOa – F Pc (2 Ex.) – I Baf – **NL** At – S Skma – **US** Wc

La canzonette di Metastasio poste in musica. – *Kassel, s. n. (J. C. Müller), 1784.*                    [A 1285
GB Lbm – NL DHgm

La Partenza. Canzonetta a due voci. –
*s. l., s. n., [am Ende: Erfurt, J. I. Ucker-
mann.]*                    [A 1286
D-brd Mbs – GB Lbm

Scena (No temer tu non dei) e duetto (Si
ti credo) per soprano e contralto. – *Offenbach, Johann André, No. 2397.* – KLA
und St.                    [A 1287
D-brd BNba (KLA), MÜu – H SFm

Duetto (Frena quel rio timore) con recita-
tivo (Paventi invano). – *Offenbach, Johann
André.* – P.                    [A 1288
D-ddr LEm

## APELLES Paul

Den ... Johann Scholtzen ... mit der
... Maria Elisabeth ... an seinem Hoch-
zeit-Tage, den 28. Jenners, im 1681. Jahr
begangen, wolte das Löbl. Collegium
Musicum in Ohlau, als ein Mit-Glied,
hiermit beehren. – *Brieg, Johann Christoph Jacob, 1681.* – P.                    [A 1289
PL WRu

## APOLLONI Giovanni

Il primo libro de madrigali a quattro voci.
– *Venezia, Ricciardo Amadino, 1600.* –
St.                    [A 1290
I Bc (S)

## APPENZELLER Benedictus

Chansons a quattre parties. – *Antwerpen,
Henry Loys & Iehan de Buys, 1542.* – St.
                    [A 1291
GB Lbm

## APRILE Giuseppe

The modern Italian method of singing,
with a variety of progressive examples,
and thirty six solfeggi. – *London, Robert
Birchall.*                    [A 1292
GB Lam, Lbm (unvollständig) – US Wc

—– *London, Goulding, d'Almaine, Potter
& Co.*                    [A 1293
D-brd LÜh

Trentasei solfeggi per soprano col basso
numerato. – *Napoli, Luigi Marescalchi,
No. 298.*                    [A 1294
D-ddr WRz – GB Lcm, Mp

36 Solfeggi o esercizj per voce di soprano
... con accompagnamento di piano forte.
– *Milano, Francesco Lucca, No. 3099.*
                    [A 1295
A Wn

Trentasei solfeggi per voce di soprano ...
libro 1 (2, 3). – *Milano, Giovanni Ricordi,
No. 10676 (10677, 10678).*                    [A 1296
A Wn

Venti solfeggi per voce di basso. – *Milano,
Giovanni Ricordi, No. 3700.*                    [A 1297
A Wn – CH EN

Solfèges à l'usage du Conservatoire de
Musique de Naples. – *Paris, de La Sirène.*
                    [A 1298
I Mc (unvollständig)

Exercices pour la vocalisation à l'usage
du Conservatoire de Naples ... avec accompagnement de pianoforte d'après la
basse chiffrée de l'auteur par J. Consul. –
*Paris, Bernard Latte, No. 6.*                    [A 1299
H KE

—– ... avec accompagnement de piano
forte de l'auteur. – *Leipzig, Breitkopf &
Härtel, No. 4180.*                    [A 1300
I Mc

Six favorite Italian duos for two voices.
– *London, S. Babb.* – P.                    [A 1301
EIRE Duc – GB Lbm

Twelve favorite canzonets ... set with
accompanyments for the piano forte or
pedal harp ... by P. Seybold, op. IV. –
*Brighthelmstone, for the author.*                    [A 1302
GB Lbm (2 Ex.)

Six canzonets with an accompaniment for
the great or small harp, piano forte or
harpsichord. – *London, Longman & Broderip.*                    [A 1303
GB Lbm, Ob – I Sac

## AQUINUS David

Revelatio Esaiae Prophetae ... quatuor
vocibus composita ... item: precatio

contra turcicum tyrannum, quatuor vocibus composita. – *Wittenberg, s. n., 1557.* – St.                                                    [A 1304
**D-ddr** ROu

Versus ex hymno de passione Christi, germanice redditus a . . . M. Ioanne Spangenbergio piae memoriae & quinque vocibus compositus. – *[am Ende der Tenor-Stimme:] Jena, Donatus Richtzenhain, 1561.* – St.                                              [A 1305
**D-brd** HB (S, T, B, vagans) – **D-ddr** Ju (T)

Psalmus centesimus trigesimus tertius Davidis . . . compositus quatuor vocibus Clemente Stephani Buchauiense selectore. – *Nürnberg, Ulrich Neuber, 1571.* – St.
                                                    [A 1306
**D-ddr** ROu – **DK** Kk

**ARANDA**→ **SESSA d'Aranda**

**ARAGONA Paolo d'**

Amorose querele, canzonette a tre voci, segnate con le lettere dell'alfabeto per la chitarra alla spagnolo, sopra la parte del basso, e canto . . . parte seconda. – *Napoli, Lucretio Nucci, 1616.*        [A 1307
**I** Bc

**ARANIES Juan**

Libro segundo de tonos y villancicos a una dos tres y quatro voces, con la zifra de la guitarra espannola a la usanza romana. – *Roma, Giovanni Battista Robletti, 1624.* – P.                                              [A 1308
**I** Bc

**ARAUXO** → **CORREA de Arauxo, Francisco**

**ARCHADELT Jacobus**

MADRIGALE

3st. Madrigale
*1542.* Primo libro di madrigali . . . a 3 voci, insieme alcuni di Const. Festa, con la gionta di dodese canzoni francese et

sei motteti novissimi. – *Venezia, Antonio Gardano, 1542.* – St.                     [A 1309
SD 1542[18]
**I** VEaf

*1543.* Primo libro di madrigali a 3 voci con la gionta di dodese canzoni francese et sei motteti novissimi. – *Venezia, Antonio Gardano, 1543.* – St.               [A 1310
SD 1543[21]
**A** Wn – **E** Mm (T)

— . . . novamente ristampato. – *ib., 1559.*
SD 1559[21]                                    [A 1311
**D-brd** Mbs – **I** Bc (S, B), Pu (B)

Il primo libro de madrigali, motetti et canzoni francese a 3 voci, novamente ristampati. – *ib., erede di Girolamo Scotto, 1587.* – St.                                    [A 1312
SD 1587[8]
**F** Pc (B), Pn (S, T)

1559 → 1543

1587 → 1543

*1601.* Livre des trios . . . imprimé en trois volumes. – *Paris, Vve R. Ballard & son fils Pierre Ballard, 1601.* – St.    [A 1313
**GB** Lbm (S)

4st. Madrigale, 1. Buch

*1539.* Il primo libro di madrigali . . . a quatro con nuova gionta impressi. – *[am Ende:] Venezia, Antonio Gardano, 1539.* – St.                                    [A 1314
SD 1539[22]
**D-brd** Mbs – **I** Vnm (A, T, B)

*1541a.* Il primo libro de i madrigali a quatro, con nuova gionta impressi. – *Venezia, Antonio Gardano, 1541.* – St.
SD 1541[9]                                    [A 1315
**A** Wn – **GB** Lbm – **I** Bc (A)

— Del primo libro de i madrigali . . . nuovamente ampliato, et con ogni diligentia coretto, a 4 voci. – *ib., Girolamo Scotto, 1541.* – St.                                    [A 1316
SD 1541[10]
**D-ddr** Ju (B)

— Il primo libro de i madrigali a quatro voci, con nova agiunta ampliato, et nova-

mente impresso. – *ib.*, *Girolamo Scotto,*
*1543.* – St.                              [A 1317
SD 1543[19a]
**D-ddr** Ju (S) – **E** Mmc (unvollständig)

— Del primo libro de i madrigali . . .
nuovamente ampliato, et con ogni diligentia coretto, a 4 voci. – *ib.*, *1543.* – St.
SD                                        [A 1318
**D-ddr** Ju (A, T)

— Il primo libro di madrigali . . . a quatro
voci con nuova gionta ultimamente impressi. – *ib.*, *1544.* – St.              [A 1319
SD 1544[15]
**I** Fc

— *ib.*, *1545.*                          [A 1320
SD
**US** Cn (A)

— *ib.*, *s. n.*, *1546.*                 [A 1321
SD 1546[16]
**GB** Lbm

— *ib.*, *Antonio Gardano, 1546.*    [A 1322
SD 1546[17]
**I** Bc (B) – **US** Bp (A)

— Primo cinquanta et sei madrigali a
quatro voci . . . ultimamente ristampati
et corretti, libro primo. – *ib.*, *s. d.* [A 1323
SD [c. 1551[12]]
**I** Vnm (A)

— . . . ristampati et corretti, libro primo.
– *ib.*, *1550.*                          [A 1324
SD 1550[16]
**GB** Lbm (S) – **US** SFsc (A, B)

— *ib.*, *1551.*                          [A 1325
SD 1551[11]
**I** Bc (T, B [unvollständig]), Rcs (A)

— Libro primo delli madrigali cinquanta
e sei a 4 voci . . . ristampati et corretti. –
*ib.*, *Girolamo Scotto, 1553.*          [A 1326
SD 1553[27]
**I** VCd (B)]

— Primo cinquanta et sei madrigali a
4 voci . . . ristampati et corretti, libro
primo. – *ib.*, *Antonio Gardano, 1553.*
SD                                        [A 1327
**F** Pthibault (A)

— *ib.*, *Girolamo Scotto, 1556.*        [A 1328
SD 1556[24]
**I** Bc

— . . . riveduti et con somma diligentia
corretti, libro primo. – *ib.*, *Plinio Pietra-*
*santa, 1557.*                            [A 1329
SD 1557[21]
**F** Pc (S) – **GB** Cu (T, B), Lbm (T)

1541b  → 1541a

1543a  → 1541a
1543b  → 1541a

1544   → 1541a

1545   → 1541a

1546a  → 1541a
1546b  → 1541a

1550   → 1541a

[c. 1551]  → 1541a

1551   → 1541a

1553a  → 1541a
1553b  → 1541a

1556   → 1541a

1557   → 1541a

*1558.* Di Archadelt il primo libro de madrigali a 4 voci novamente con ogni diligentia ristampato et corretto. – *Venezia,*
*Antonio Gardano, 1558.*                  [A 1330
SD 1558[14]
**D-brd** Mbs – **I** Bc (A [unvollständig]), PEc (S
[fehlt Titelblatt])

— *ib.*, *Girolamo Scotto, 1559.*        [A 1331
SD
**I** Rvat-steinmann (A)

— *ib.*, *Girolamo Scotto, 1561.*        [A 1332
SD 1561[12]
**GB** Och – **YU** MAs

— *ib.*, *Francesco Rampazzetto, 1566.*
SD 1566[25]                               [A 1333
**I** Fr (A), Rvat-casimiri (S [unvollständig])

— ... nuovamente ristampato; et per Claudio Merulo da Correggio ... ricorretto. – *ib., Giorgio Angelieri, 1572.* [A 1334
NL At (S)

— ... con ogni diligentia ristampato. – *ib., s. n. (Cl. Merulo), 1579.* [A 1335
US Cn (A)

— *ib., Alessandro Gardano, 1581.* [A 1336
SD 1581⁶
F Pthibault

— *Firenze, Giorgio Marescotti, 1585.*
[A 1337
F Pthibault

— *Venezia, Angelo Gardano, 1603.* [A 1338
SD 1603⁹
I Bc (S, A, B)

1559 → 1558

1561 → 1558

*1566a.* Il primo libro de madrigali a 4 voci, novamente ristampati et in più luoghi corretti. – *Milano, Francesco Moschenio, 1566.* – St. [A 1339
SD 1566²⁶
F Pmeyer

1566b → 1558

*1568a.* Il primo libro di madrigali a 4 voci, di nuovo ristampato, et con ogni diligenza coretto. – *Venezia, Girolamo Scotto, 1568.* – St. [A 1340
SD 1508¹⁴
I Bc (A, T)

— *ib., Francesco Rampazzetto, 1568.*
SD 1568¹⁵          [A 1341
F Pc (B)

— *ib., Girolamo Scotto.* [A 1342
SD 1570²²
D-brd W

1568b → 1568a

1570 → 1568a

1572 → 1558

*1575.* Il primo libro de madrigali a 4 voci nuovamente ristampato et con ogni dili-

genza corretto. – *Venezia, Giuseppe Guglielmo, 1575.* – St. [A 1343
SD 1575¹³
F Pc (S, A [unvollständig], T) – PL WRu (S)

1579 → 1558

1581 → 1558

*1585a.* Primo libro de madrigali a 4 voci, novamente ristampato. – *Venezia, Giacomo Vincenti & Ricciardo Amadino, 1585.* – St. [A 1344
SD 1585²⁰
E V – GB Och (S, A, B), Lcm (T)

— *ib., 1586.* [A 1345
SD 1586¹⁴
EIRE Dm (B)

— *ib., Giacomo Vincenti, 1597.* [A 1346
SD 1597¹⁷
GB Lbm (S, A, B) – S Uu (S, A)

— *ib., Giacomo Vincenti, 1601.* [A 1347
SD 1601⁹
D-ddr LEm – US Wc

— *ib., erede di Girolamo Scotto, 1606.*
SD 1606⁹          [A 1348
I Bc (A, T, B)

— *ib., Giacomo Vincenti, 1608.* [A 1349
SD 1608¹⁶
I Bc (S [unvollständig])

— ... novamente ristampato et coretto. – *ib., Ricciardo Amadino, 1608.* [A 1350
SD 1608 ¹⁵
I FA (T)

— *ib., 1615.* [A 1351
SD
I Rn (T)

— ... novamento con ogni diligentia ristampati. – *ib., Giacomo Vincenti, 1617.*
SD 1617¹¹          [A 1352
B Br (B) – I Rsc (S)

— *ib., Ricciardo Amadino, 1617.* [A 1353
SD 1617¹⁰
I Bc (B)

— *Bracciano, Giovanni Domenico Franzini (Andrea Fei), 1620.* [A 1354
SD
D-brd MÜs (A)

1585b → 1558

1586　→ 1585a

*1592.* Il primo libro di madrigali a 4 voci, novamente ristampati con una gionta di diversi autori. – *Palermo, Giovanni Antonio de Franceschi, 1592.* – St.　[A 1355
SD 1592[17]
**B** Br (A, T, B)

*1597a.* Il primo libro de madrigali a 4 voci nuovamente con diligenza ristampato. – *Milano, eredi di Francesco & Simon Tini (Pacifico Pontio, 1596), 1597.* – St.[A 1356
SD 1597[18]
**I** VCd (B)

1597b → 1585a

1601　→ 1585a

*1603a.* Il primo libro de madrigali a 4 voci, aggiuntovi di novo il modo di legger le note et prattica per far le mutationi. – *Perugia, Pietroiacomo Petrucci, 1603.* – St.　　　　　　　　　　　　　[A 1357
SD 1603[10]
**D-brd** MÜs (S) – **I** Bc (B), Sc (T)

1603b → 1558

1606　→ 1585a

*1608a.* Il primo libro de' madrigali a 4 voci, novamente ristampati. – *Napoli, Giovanni Battista Sottile per Scipione Bonino, 1608.* – St.　　　　　[A 1358
SD 1608[14]
**I** Nc (S, T, B)

1608b → 1585a
1608c → 1585a

1615　→ 1585a

1617a → 1585a
1617b → 1585a

1620　→ 1585a

*1625.* Il primo libro de madrigali a 4 voci, novamente ristampato con la giunta di alcuni di Giovanni Domenico di Nola; et de più la presente mano per più comodità.

– *Napoli, Ottavio Beltrano (Pietro Paolo Riccio), 1625.* – St.　　　　　　[A 1359
SD 1625[7]
**GB** Lcm (S)

– *ib., 1628.*　　　　　　　　　　　　[A 1360
SD 1628[13]
**GB** Lcm (A, T, B)

—...  e con diligenza revisti e corretti. – *ib., Gioseffo Ricci (Honofrio Cepollaro), 1654.*　　　　　　　　　　[A 1361
SD 1654[6]
**I** Nc (A)

*1627.* Madrigali a 4 di Giahes Archadelt di nuovo ristampato e coretto in Venetia da Claudio Monteverde. – *Roma. Paolo Masotti (Giuseppe Cesareo), 1627.* – St.
SD 1627[7]　　　　　　　　　　　[A 1362
**I** Bc

1628 → 1625

*1630.* Il primo libro de madrigali a 4 voci novamente corretti, ristampati et accresciuti di maggior numero con scielta di più vaghi, che per lo innanzi non erano. – *Roma, Paolo Masotti (Antonio Poggioli), 1630.* – St.　　　　　　[A 1363
SD
**I** Rsc (T)

*1632.* Il primo libro de' madrigali a 4 voci novamente ristampato con giunta di alcuni di Giovanni Domenico di Nola. – *Napoli, Ottavio Beltrano (Honofrio Cepollaro), 1632.* – St.　　　　　　[A 1364
SD
**I** MC (S, A)

*1640.* Il primo libro de madrigali a 4 voci dedicati al molto illustre signore il signor Francesco Vigna. – *Roma, Vincenzo Bianchi, 1640.* – St.　　　　　[A 1365
SD 1640[7]
**B** Br – **D-brd** MÜs (T, B) – **I** Bc (A), Rvat-chigi (T)

—...  da D. Florido Canonico de Silvestris da Barbarano emendato. – *Bracciano, Andrea Fei (Giovanni Domenico Franzini), 1642 (T, B: 1643).* – St.
SD 1642[5]　　　　　　　　　　　[A 1366
**I** Bc – **US** Bp

1642 → 1640

1654 → 1625

s. d. [Fragments I<sup>er</sup> Livre de Madrigaux].
– s. l., s. n. – St.                          [A 1367
B Bc

4st. Madrigale, 2. Buch

1539a. Il secondo libro de madrigali . . .
novamente stampati, et con somma diligentia corretti. – s. l., s. n., 1539. – St.
                                             [A 1368
US Charding (S)

1539b. Il vero secondo libro di madrigali
. . . novamente stampato. – [am Ende:]
Venezia, Antonio Gardano, 1539. – St.
                                             [A 1369
D-brd Mbs – I Bc (B), Vnm (A, T, B)

1541. Il secondo libro di madrigali . . .
novamente ristampato. – Venezia, Antonio Gardano, 1541. – St.        [A 1370
A Wn – GB Lbm

— ib., 1543.                                 [A 1371
GB Lbm (T) – US Bp (A), Cn (A)

— ib., 1552.                                 [A 1372
SD 1552²¹
I Bc – US Cn (S)

— ib., 1560.                                 [A 1373
SD 1560¹⁵
D-brd Mbs – I Bc (T)

1543 → 1541

1552 → 1541

1560 → 1541

4st. Madrigale, 3. Buch

1539a. Terzo libro de i madrigali novissimi . . . a quattro voci insieme con alchuni
di Constantio Festa, et altri dieci bellissimi a voci mudate, novamente con ogni
diligentia stampati et corretti. – Venezia,
Girolamo Scotto, 1539. – St.      [A 1374
SD 1539²³
D-brd Mbs – I Vnm (A, T, B)

— [am Ende:] Venezia, Girolamo Scotto,
(1539). – St.                     [A 1375
SD [c. 1556]²³
I Vnm (A, T, B)

1539b → 1539a

1541. Il terzo libro de i madrigali novissimi . . . a quattro voci insieme con alchuni
di Constantio Festa et altri dieci bellissimi
a voci mudate, novamente ristampati con
nova gionta et nova corretione. – Venezia,
Antonio Gardano, 1541. – St.     [A 1376
SD 1541¹¹
A Wn – GB Lbm

1543. Il terzo libro d'i madrigali . . . a
quattro voci insieme alcuni di Const. Festa
et altri dieci a voci mudate, novamente
ristampato et coretto. – Venezia, Antonio
Gardano, 1543. – St.             [A 1377
SD 1543²⁰
B Br (T) – GB Ge – I Bc (T, B) – US Bp (A),
Cn (A)

1556. Il terzo libro di madrigali . . . a
quattro voci con alcuni de altri autori
novamente ristampato, et corretto. –
Venezia, Antonio Gardano, 1556. – St.
SD 1556²²                          [A 1378
D-brd Mbs – I Bc

4 st. Madrigale, 4. Buch

1539. Il quarto libro di madrigali . . . a
quattro voci composti ultimamente insieme con alcuni madrigali de altri autori,
novamente con ogni diligentia stampati
et corretti. – [am Ende:] Venezia, Antonio Gardano, 1539. – St.       [A 1379
SD 1539²⁴
D-brd Mbs – I Vnm (A, T, B)

— ib., 1541.                     [A 1380
SD 1541¹²
A Wn – GB Lbm, Och (B)

1541 → 1539

1545. Quatro libro di madrigali a quattro
voci . . . insieme alcuni di altri autori novamente ristampato et corretto. – Venezia, Antonio Gardano, 1545. – St. [A 1381
SD 1545¹⁸
I Bc – US Bp (A), BE (T), Cn (A)

4st. Madrigale, 5. Buch

1544. Il quinto libro di madrigali . . . a
quattro voci novamente stampato. – Vene-

*zia, Antonio Gardano, 1544.* – St. [A 1382
SD 1544[16]
F Pmeyer (A, B) – I Bc (B), Sac (B), VEaf (A,
B) – US Bp (A)

— *ib., 1550.*                                    [A 1383
SD 1550[17]
D-brd Mbs (2 Ex.) – GB Lbm (S, T) – I Bc

1550 → 1544

MESSEN

Missae tres ... nunc primum in lucem
aeditae, cum quatuor et quinque vocibus. –
*Paris, Le Roy & Robert Ballard, 1557.* –
St.                                            [A 1384
CS Pnm – D-brd As, MÜd – I Rslf, Td – S Uu
(S, A, T, T II, B)

CHANSONS

Tiers livre de chansons nouvellement com-
posé à quatre parties par M. Arcadet &
autres autheurs, imprimé en quatre vo-
lumes. – *Paris, Adrian Le Roy & Robert
Ballard, 1567.* – St.                           [A 1385
SD 1567[4]
F BG (A, T), Pi (S) – GB Lbm (T) – I Bc (B) –
NL DHgm (T)

Quatrième livre de chansons nouvellement
composé à quatre parties par M. Arcadelt
& autres autheurs, imprimé en quatre volumes. – *Paris, Adrian Le Roy & R. Bal-
lard, 1567.* – St.                              [A 1386
SD 1567[5]
F BG (A, T), Pi (S) – GB Lbm (T) – I Bc (B) –
NL DHgm (T)

Cinqième livre de chansons nouvellement
composé à quatre parties par M. Arcadet
& autres autheurs, imprimé en quatre
volumes. – *Paris, Adrian Le Roy & Robert
Ballard, 1567.* – St.                           [A 1387
SD 1567[6]
F BG (A, T), Pi (S) – GB Lbm (T) – I Bc (B) –
NL DHgm (T)

Sisième livre de chansons à quatre & cinq
parties de I. Arcadet & autres, imprimé
en quatre volumes. – *Paris, Adrian Le

*Roy et Robert Ballard, 1569.* – St.  [A 1388
SD 1569[13]
B Br (S, B) – F BG (A, T), E (A), Pi (S), R (B) –
GB Lbm (A, T) – I Bc (B) – NL DHgm (T) –
S Uu (S, A)

Neuvième livre de chansons à quatre,
cinq, & six parties de L. Arcadet & autres,
imprimé en quatre volumes. – *Paris,
Adrian Le Roy et Robert Ballard, 1569.* –
St.                                            [A 1389
SD 1569[14]
F BG (T, A), E (A), Pi (S) – GB Lbm (T) – I Bc
(B) – NL DHgm (T) – S Uu (S, A)

Quatorsiesme livre de chansons nouvellement composés en musique à quatre, cinq,
et six parties par M. Iaques Arcadet, &
autres autheurs, imprimé en quatre vol-
lumes. – *Paris, Adrian Le Roy et Robert
Ballard, 1561.* – St.                           [A 1390
SD 1561[6]
F Pc (T) – I Bc (T)

                                    *Claudio Sartori*

**ARCHER Benjamin**

Six sonatas for two violins and a violoncello with a thorough bass for the harpsichord. – *London, James & John Simpson,
for the author.* – St.                          [A 1391
GB Ckc

**ARDESI Carlo**

Il primo libro di madrigali a quattro voci.
– *Venezia, Giacomo Vincenti, 1597.* – St.
SD 1597[19]                                     [A 1392
A Wn (S, A) – D-brd Kl

**ARENA Stefano Candeloro**

[12] Sonate a violino solo col basso ...
opera prima. – *Venezia, s. n.* – P. [A 1393
GB Lbm – US BE

**ARENBERG Paul d'**

Sonatine [E] pour le piano-forté, avec accompagnement de violon ... œuvre premier. – *[Paris], A. Leduc.* – P.    [A 1394
D-brd Mbs

**ARETINO Paolo → PAOLO Aretino**

**ARGENS E. d'**

Cansonetta italiana, con accompagnamento di arpa o cembalo e ghitarra franceze. – *Toulouse, s. n. (gravé par Mercadier)*. – P.                    [A 1395
F Pc

**ARGILLIANO Roggerio**

Responsoria hebdomadae sanctae, psalmi, Benedictus, et Miserere, una cum Missa, ac Vesperis Sabbati Sancti in octo vocum concentum redacta, simulque basso generali pro organo ... partim composita, partim collecta. – *Venezia, Giacomo Vincenti, 1612*. – St.               [A 1396
D-brd Rp – I Bc

**ARIETULUS Kilianus**

Cantilena sex vocum (Te quia prae reliquis) in honorem ... Adami Hameli Pomerani, cum in inclyta Argentoratensium Academia Philosophiae magister renunciaretur 2. Novemb. anno 1581. – *Straßburg, Nikolaus Wyriot, (1581)*. – St.                                        [A 1397
GB Lbm

**ARIOSTI Attilio**

OPERN

Aquilio

The favourite songs in the opera call'd Aquilio, publish'd for september. – *London, John Walsh, [1724]*. – KLA. [A 1398
A Wn (Etikett: John Barret)

Artaserse

The favourit songs in the opera call'd Artaxerxes, publish'd for december. – *London, music shops, [1724]*. – KLA
[A 1399
A Wn – D-brd Hs – F Pc – GB Lam, Lbm – US LAuc

T'amo tanto. A favourite minuet ... in Artaxerxes, with English words. – *s. l., s. n.*                                        [A 1400

GB Ckc (2 verschiedene Ausgaben), CDp, Ge, Lbm, Ob – US Ws

Son come navicella. A favourite song ... in Artaxerxes. – *[London, John Walsh]*. – P.                                        [A 1401
F Pn (fehlt Titelblatt)

Il Coriolano

Il Coriolano. Opera, representata nel regio teatro d'Hay Market. – *London, author, Richard Meares (T. Cross)*. – P.  [A 1402
D-brd Hs – F Pn – GB Ckc, Lam, Lbm, Ob – I MOe – US Bh, Bp, LAuc, Wc, Ws

The favourite songs in the opera call'd Coriolanus. – *London, John Walsh & In⁰. & Joseph Hare*. – KLA.       [A 1403
US Ws

Coriolanus for a flute, containing the favourite songs and symphonys curiously transpos'd and fitted to the flute in a compleat manner. – *London, John Walsh & In⁰. & Joseph Hare*.       [A 1404
GB Lbm

Piu benigno par che arrida. A favourite minuet ... in the opera call'd Coriolanus. – *s. l., s. n.*                          [A 1405
GB Bp, Ckc, Ge, Lbm (2 verschiedene Ausgaben) – US Ws

Dario

The favourite songs in the opera call'd Darius. – *London, music shops*. – KLA.
[A 1406
A Wn (Etikett: John Barret) – GB Ckc, Lbm, Lcm, T – US LAuc

S'ho lasso il pie ... in Darius. – *s.l., s. n.*
[A 1407
GB Lbm – US Ws

Lucio Vero

The favourite songs in the opera call'd Lucius Verus. – *London, John Walsh & Joseph Hare*. – P.                          [A 1408
A Wn (Etikett: John Barret) – D-brd Hs – F Pc – GB Ckc, Lbm

Vespasiano

Vespasian, an opera as it was perform'd at the King's Theatre for the Royal Academy. – *London, author, John Walsh & In⁰. & Joseph Hare*. – P.        [A 1409

D-brd Hs, Mbs – F Pn – GB Ckc (2 Ex.), Lbm, Lcm – US LAuc, Wc

The favourite songs in the opera call'd Vespasian. – *London, John Walsh & Jn⁰. & Joseph Hare.* – KLA.                    [A 1410
A Wn (Etikett: John Barret) – D-brd Hs – US LAuc

— *ib., Benjamin Cooke.*                    [A 1411
GB Lgc

— *ib., John Young.*                    [A 1412
F Pc

The choicest aires in the opera of Vespasian. – *London, Richard Meares (Thomas Cross).* – P.                    [A 1413
D-brd Hs – F Pc

Vespasian for a flute, containing the favourite songs and symphonys curiously transpos'd and fitted to the flute in a compleat manner. – *London, John Walsh & In°. & Ioseph Hare.*                    [A 1414
GB Ckc, Lbm

Con forza ascosa. A favourit minuet in the opera of Vespasian in English and Italian. – *s. l., s. n.* - (3 verschiedene Ausgaben).                    [A 1415
GB Gm, Lam, Lbm (2 verschiedene Ausgaben), Mch, Ob

Fly me not Silvia. New words to a favourite air in the opera of Vespasiano. – *s. l., s. n.* – (3 verschiedene Ausgaben). [A 1416
GB Lam, Lbm (3 Ex., 2 verschiedene Ausgaben), Mch, Ob – US Ws

Lasso ch' io t'ho perduto . . . opera of Vespasiano. – *s. l., s. n.*                    [A 1417
GB Lbm

The first (last) air of the . . . cantata Diana on Mount Latmos. – *[London]* s. n.                    [A 1418
GB Lbm – US Ws

— *[ib.], Richard Meares.*                    [A 1419
F Pc

Alla Maesta di Giorgio Re della Gran Britagna [6 Cantatas – La rosa, L'amor onesto, L'olno, Libertà acquistata in Amore, Naufragio vicino, La Gelosia – e 6 lezioni per la viola d'amore]. – *s. l., s. n.* – P.                    [A 1420
D-brd HVl – D-ddr Dlb – F Pa, Pc – GB Gm, Ge, Lam (2 Ex.), Lbm (3 Ex.), Lcm, Lu, Ob, T – I Bc (fehlt Titelblatt) – US Bp, NH, NYp, R, Wc

INSTRUMENTALWERKE

Divertimenti da camera a violino e violoncello. – *Bologna, Carlo Maria Fagnani, 1695.* – St.                    [A 1421
I Bc, Bsp

## ARIOSTI Giovanni Battista

Modo facile di suonare il sistro, nomato il timpano. – *Bologna, eredi del Peri, 1686.*                    [A 1422
GB Lbm

— *ib., per li Peri, 1695.*                    [A 1423
I Bc

— *ib., Pier Maria Monti, 1702.*    [A 1424
I Bc

## ARNAUD Pierre

Six quatuors concertans [D, Es, B, F, C, G] pour deux violons, alto et basse. Oeuvre Ier. – *Paris, Le Menu; Lyon; Serriere; Genève; Marseille; Rouen; Metz; Strasbourg; Nancy; Avignon; Bordeaux, auteur.* – St.                    [A 1425
NL Uim

Trois quatuors [g, B, Es] à deux violons, alto et basse . . . œuvre Ier. – *Paris, Sieber, No. 1230.* – St.                    [A 1426
D-brd B (Etikett: Sieber) – US R

## ARNE Michael

OPERN, SINGSPIELE UND LIEDER IN ANDEREN BÜHNENWERKEN

Almena

The overture, songs and duets in the opera of Almena . . . adapted for the

voice & harpsichord. – *London, author.*
[A 1427
**D-ddr** Dlb – **GB** Cfm, Ge, Lbm, Lcm, Mp – **US**
Bp, NH, Wc, WGw

The belle's stratagem

Wake thou son of dulness. The favorite
airs sung by Miss Young in the Belle's
Stratagem, to which is added the . . . mi-
nuet perform'd at the masquerade scene.
– *London, Longman & Broderip.* [A 1428
**GB** Lbm, Lcm – **US** Wc

— . . . sung by Mrs. Daly. – *Dublin, Elizabeth Rhames.* [A 1429
**EIRE** Dn

The capricious lady

Now jolly we're met. A new favourite glee,
in the comedy of the capricious lady. –
*London, Longman & Broderip, for the
author.* [A 1430
**GB** Lbm

The choice of Harlequin

The overture, songs, duetts, catch, choruses & comic-tunes, with the marches and
dances in the procession of the new pantomime called the Choice of Harlequin or
the Indian Chief . . . adapted for the
harpsichord, and a violin accompanyment
added. – *London, Longman & Broderip.*
[A 1431
**GB** Lbm – **US** Wc

— *Dublin, John Lee.* [A 1432
**GB** Lbm

As you mean to set sail. The favorite song.
– *London, Longman & Broderip.* [A 1433
**EIRE** Dn – **GB** CDp, Lbm, Lcm – **US** U, Wc

Brave boys let us go. – *London, Longman
& Broderip.* [A 1434
**D-brd** Hs – **GB** Lcm

Ye scamps, ye pads, ye divers. Mr. Ed-
win's favorite song. – *London, Longman
& Broderip.* [A 1435
**GB** BA, Lbm

Cymon

Cymon. A dramatic romance. – *London,
author, John Johnston.* [A 1436
**C** Tu – **D-brd** KII – **GB** Ckc, Lbm (2 Ex.), Lcm,
Lgc – **NZ** Ap – **US** Cn

— *ib., John Johnston.* [A 1437
**GB** Lcm, Mp – **US** AA, Bp, BE, NYp, Ws

— *ib., John Johnston, Longman, Lukey &
Co.* [A 1438
**GB** Mp (unvollständig)

— *ib., Longman & Broderip.* [A 1439
**C** Tp – **GB** Bu – **US** CA, I, Wc

— *ib., Longman, Clementi & Co.* [A 1440
**US** Bp, Wc

— *ib., Harrison & Co., No. 40–43.* [A 1441
**D-brd** Mbs – **GB** Gu, Lbm

Three additional songs in Cymon. – *London, John Johnston.* [A 1442
**GB** Lbm, Lcm – **US** AA, Wc

The songs &c in Cymon, adapted for one
and two german flutes. – *London, John
Johnston.* [A 1443
**GB** Lam, Lbm (Impressum: John Johnston,
Longman, Lukey & Co.)

Comely swain why sit'st thou so. The favourite air. – *London, Thompson.* [A 1444
**S** Ssr

If pure are the springs of the fountain.
A favorite song. – *London, Longman &
Broderip.* [A 1445
**GB** Gu, Lbm, Lcm

Oh why should I sorrow. A favorite song.
– *London, Longman & Broderip.* [A 1446
**EIRE** Dn

Oh, why will you call me again? Song. –
*London, Longman & Broderip.* [A 1447
**GB** Lcm

Sweet passion of love (This cold flinty
heart). Song. – *London, Longman &
Broderip.* [A 1448
**GB** Lcm – **I** Rsc

— . . . sung by Miss Cateley. – *Dublin,
Benjamin Rhames.* [A 1449
**EIRE** Dn

— . . . sung by Miss Hagley. – *London,
H. Andrews.* [A 1450
**GB** Lcm – **S** Skma, Ssr

— *ib., Henry Fougt.* [A 1451
**S** Sk

— *Boston, s. n.*                    [A 1452
US PROu

— *New York, John & Michael Paff.*
                                     [A 1453
US Wc

Take this nosegay, gentle youth. Duet.
– *London, Longman & Broderip.* [A 1454
GB Lcm

These flow'rs like our hearts. – *s. l., s. n.*
                                     [A 1455
GB LEc

— . . . a favourite song. – *London, The London Magazine, Dec. 1772.*    [A 1456
GB Lbm

Yet awhile sweet sleep deceive me. – *s. l., s. n.*                       [A 1457
GB Lbm, LEc

— *London, Longman & Broderip.* [A 1458
GB Lcm – I Rsc

— *ib., John Bland.*                 [A 1459
US Pu

— . . . a favorite song, sung by Miss Hagley. – *London, Anne Bland.*    [A 1460
US Pu

— *ib., H. Andrews.*                 [A 1461
GB Lcm

— . . . sung by Miss Ashmore. – *Dublin, Samuel Lee.*                    [A 1462
EIRE Dn

— . . . in the opera of Cymon. – *Dublin, Benjamin Rhames.*              [A 1463
GB Ckc

A favorite song in the opera of Cymon. – *Dublin, W. Gibson.*            [A 1464
US Ws

The fairy tale

The favourite new songs & duet in the Fairy Tale . . . with the favorite airs & duets of the . . . interlude call'd Hymen. – *London, for the author.*                  [A 1465
GB Lcm – US I, R, Wc

— *ib., Charles & Samuel Thompson.*
                                     [A 1466
EIRE Dn – GB Ckc, Gm, Lbm, Lu – US Wc

The fathers

While the sweet blushing spring. The favorite song in the new comedy of the Fathers. – *London, Longman & Broderip.*
                                     [A 1467
GB Gm, Lbm, Lcm

Harlequin's invasion

Old women we are. The old woman's song, in Harlequin's invasion. – *London, Universal Museum, Jan., 1768.*        [A 1468
GB Lbm (3 verschiedene Ausgaben)

— *ib., Henry Fougt.*                [A 1469
S Sk

Linco's travels (Arne und Vernon)

Linco's Travels as perform'd by Mr. King at the Theatre Royal Drury Lane . . . the music by Mr. Arne and Mr. Vernon. – *s. l., s. n.*                              [A 1470
GB Lbm – US Wc (2 verschiedene Ausgaben)

The maid of the mill

I am young and I am friendless. Sung by Mrs. Kennedy. – *London, Longman & Broderip.*                       [A 1471
GB Lbm

The positive man

Cupid's drum. Sung by Mrs. Martyr in the Positive man. – *London, Longman & Broderip.*                        [A 1472
GB Lbm, Lcm

Dear Thomas ah cease. The prelude to Sweet Poll of Plymouth. – *London, John Welcker.*                          [A 1473
US Pu

Sweet Poll of Plymouth, sung by Mrs. Kennedy. – *London, Longman & Broderip.*
                                     [A 1474
GB Lbm, LEc – US Cu, U

— . . . the words by Mr. O'Keefe. – *London, Longman & Broderip.*       [A 1475
GB Cu, Lbm, Lcm – S Ssr

— . . . a favourite song. – *Glasgow, James Aird.*                       [A 1476
GB LEc

— *Dublin, Anne Lee.*                [A 1477
GB Lbm

Tristram Shandy

Let eloquence boast of her pow'r. The
favorite epilogue song, sung by Mrs. Kennedy in Tristram Shandy. – *London,
Longman & Broderip.*                    [A 1478
**GB** Lbm, Lcm

What tho my tongue did never move.
A favorite song, sung by Mrs. Kennedy in
Tristram Shandy. – *London, Longman &
Broderip.*                              [A 1479
**EIRE** Dn – **GB** Lbm (2 Ex.), Lcm

The winter's tale

Come, come my good shepherds. The new
sheep-shearing song in the Winter's tale,
sung by Mrs. Cibber. – *London, The
London Magazine, 1765, p. 84.*      [A 1480
**GB** Lbm

— *ib., The Universal Magazine, 1756, Vol.
18, p. 126.*                            [A 1481
**GB** Lbm

— *ib., Feb., 1769.*                     [A 1482
**GB** Lbm

— . . . sung in the Winter's tale. – *London,
Thomas Skillern.*                       [A 1483
**GB** Lbm

VOKALWERKE

Sammlungen

A favourite collection of English songs
sung by Mr. Beard & Miss Young &c. at
the publick gardens and both theatres . . .
No. 1. – *London, John Walsh, 1757.*
                                        [A 1484
**GB** DU

— . . . sung by Mr. Beard, Miss Young &c.
at Ranelagh Gardens. – *ib., 1757.* [A 1485
**US** NH

— . . . book III. – *ib., s. d.*          [A 1486
**GB** Bu, Ckc (2 Ex.), Lbm – **NL** At

A collection of favourite songs which were
sung by Mrs. Arne at Ranelagh and Vaux-
hall . . . with the new Scots ballad, Pitty
Patty. – *London, Charles & Samuel
Thompson, for the author.*             [A 1487
**GB** CD, Lbm, Lcm

The flow'ret. A new collection of English
songs sung at the publick gardens. –
*London, John Walsh.*                   [A 1488
**GB** Ckc, Lbm, Lcm (2 Ex.), Lco – **US** NH, NYp,
Wc, Ws

Ranelagh songs, 1780, sung by Miss Mor-
ris. – *London, Ab. Portal, (1780).* [A 1489
**EIRE** Dn (2 Ex.) – **GB** DU, Lbm, Lcm

The new songs and ballads sung by Miss
Brent, Miss Wright & Mr. Vernon at
Vaux-Hall, containing the favourite song
of Thro' the wood laddie. – *London, Char-
les & Samuel Thompson, for the author.*
                                        [A 1490
**GB** Cu, Lbm – **US** BE, NH, Wc

— *ib., Jonathan Fentum.*               [A 1491
**GB** Ckc

The violet. A collection of XII. English
ballads . . . book II. – *London, John
Walsh.*                                 [A 1492
**GB** Lbm, Lcs – **US** Wc, Ws

Einzelgesänge

All the blessings of mankind. A dialogue,
between a gypsie boy and girl. – *London,
Henry Waylett.*                         [A 1493
**GB** Lbm (2 Ex.), Ob

The Amazon. Sung by Mrs. Kennedy at
Vauxhall, 1783. – *London, Longman &
Broderip, (1783).*                      [A 1494
**GB** Lbm (2 Ex.), Lcm

Bacchus and Mars. Sung by Mr. Arrow-
smith at Vauxhall Gardens. – *London,
Longman & Broderip.*                    [A 1495
**C** Qu

Bacchus discarded. Sung by Mr. Arrow-
smith at Vauxhall. – *London, Harrison &
Co.*                                    [A 1496
**GB** Lcm

The balloon. A favorite song, sung by Mr.
Arrowsmith at Vauxhall Gardens. – *Lon-
don, Longman & Broderip.*               [A 1497
**GB** Gu, Lbm

Beauty, wit and wine. Sung by Mr.
Arrowsmith at Vauxhall. – *London, Har-
rison & Co.*                            [A 1498
**GB** Lcm

The bonny Scotman. A new . . . Scotch song. – *Dublin, John Lee.*     [A 1499
**GB** Lbm

The brink of the riv'let. A favorite ballad, sung by Mrs. Kennedy at Vauxhall Gardens. – *London, Longman & Broderip.*     [A 1500
**D-brd** Hs

— *Dublin, Elizabeth Rhames.*     [A 1501
**GB** Lbm

Chloe's power. – *London, H. Waylett.*     [A 1502
**GB** Lbm, Ob

The cottage on the lawn. As sung by Mrs. Farrell. – *London, Longman & Broderip.*     [A 1503
**F** Pc – **GB** Lbm (2 Ex.), Lcm (2 Ex.), LEc, Mp

— . . . a very favourite new song. – *Dublin, John Lee.*     [A 1504
**GB** Lbm

The cuckoo. A pastoral ballad . . . sung at Vauxhall by Mrs. Weichsell. – *London, Longman & Broderip.*     [A 1505
**D-brd** Hs – **GB** Lcm

Cupid confin'd . . . sung by Mr. Vernon. – *London, H. Waylett.*     [A 1506
**GB** CDp, Lbm

Dear Mary; or the farewell to old England. A favourite new song, sung . . . by Mr. Incledon. – *London, Mrs. Arne.*     [A 1507
**GB** LEc – **I** Rsc

— *ib., Harrison & Co.*     [A 1508
**GB** Lcm

— . . . or, adieu to old England. – *New York, J. Hewitt.*     [A 1509
**US** Wc (2 Ex.)

The delusions of hope. Sung by Mr. Arrowsmith at Vauxhall. – *London, Harrison & Co.*     [A 1510
**GB** Lbm

Every one's liking. Sung by Mr. Arrowsmith, at Vauxhall . . . the accompaniment adapted for the harpsichord. – *London, Harrison & Co.*     [A 1511
**GB** Lbm, Lcm

The foes of old England. Song in praise of His Royal Highness Prince William, sung by Mrs. Kennedy at Vauxhall Gardens. – *London, Longman & Broderip.*     [A 1512
**F** Pc – **GB** Lam, Lcm – **US** Wc

— . . . sung at Vauxhall by Mrs. Kennedy. – *Dublin, Hibernian Magazine, Appendix, 1781.*     [A 1513
**GB** Lbm

— *ib., Walker's Hibernian Magazine, March, 1788.*     [A 1514
**GB** Lbm

— A song . . . in praise of . . . Prince William [and] The Devonshire minuet for the guittar [and] Dances by Sig[r] Vestris at the Opera House, London. – *Dublin, Elizabeth Rhames.*     [A 1515
**EIRE** Dn

The foes of old England, France, Holland & Spain. Duncan's victory or British valor triumphant, a favorite song on that memorable event. – *London, Preston & Son.*     [A 1516
**GB** Lbm

The fox chace. An admir'd new hunting song. – *Dublin, John Lee.*     [A 1517
**D-ddr** GZl

The gift of the gods. Sung by Mr. Arrowsmith at Vauxhall. – *London, Longman & Broderip.*     [A 1518
**GB** BA, Ckc, Lbm, Lcm – **US** Pu

Hark forward my boys, a favorite hunting song sung by Mr. Wilson. – *London, Longman & Broderip.*     [A 1519
**GB** Ckc, Lbm

He winna do for me . . . Scotch song, sung by Mrs. Kennedy at Vauxhall Gardens. – *London, Longman & Broderip.*     [A 1520
**GB** Lcm

The Highland laddie. Set by Ma[r] Arne and sung by M[r] Mattocks. – *s. l., s. n.* [A 1521
**GB** CDp, Ge, Gm, Lbm (2 Ex.)

— . . . written by Allan Ramsay, and now sung at Ranelagh and all the other

gardens. – *London, Gentleman's Magazine, 1750, Vol. 20., p. 325.*     [A 1522
**GB** Lbm

– *London, Universal Magazine, 1750, Vol. 7, p. 25.*     [A 1523
**GB** Lbm

— . . . sung by Mr. Mattocks. – *s. l., s. n.*
    [A 1524
**US** Wc

— *Glasgow, A. Mᶜ Goun.*     [A 1525
**GB** A

The hint. A favorite ballad sung by Mrs. Kennedy at Vauxhall Gardens. – *London, Longman & Broderip.*     [A 1526
**D-brd** Hs

Homeward bound. Sung by Mr. Arrowsmith. – *Dublin, John Lee.*     [A 1527
**GB** Lbm

— . . . a particularly admir'd sea song. – *[ib.], Anne Lee.*     [A 1528
**F** Pn

— *ib., Elizabeth Rhames.*     [A 1529
**EIRE** Dn (2 Ex.)

— . . . the words by Captⁿ Thompson. – *London, Harrison & Co.*     [A 1530
**GB** Lbm, Lcm, LEc – **US** Bp, Pu

— *New York-Philadelphia, B. Carr; Baltimore, J. Carr.*     [A 1531
**US** WOa

How court Dorinda. The female tyrant . . . sung at the publick gardens. – *London, H. Waylett.*     [A 1532
**GB** Lbm – **S** Ssr

Jamie gay. Sung by Mrs. Kennedy at Vauxhall. – *London, Harrison & Co.*
    [A 1533
**GB** Lbm

— . . . sung at Ranelagh. – *s. l., s. n.*
    [A 1534
**US** Cu

The lass of Dee . . . ballad, sung at Vauxhall by Mrs. Martyr. – *London, Mrs. Arne.*
    [A 1535
**GB** Lcm

The mistress, or the force of beauty . . . sung at the publick gardens. – *London, H. Waylett.*     [A 1536
**GB** Lbm (2 Ex.), Ob

My grandmother's cot. A new ballad, sung by Mrs. Yates at Sadler's Wells. – *s. l., s. n.*     [A 1537
**GB** Lbm (3 Ex.)

— . . . sung at the publick gardens. – *s. l., s. n.*     [A 1538
**GB** Lbm

The new Highland laddie. An admired Scotch song. – *Dublin, Elizabeth Rhames.*
    [A 1539
**EIRE** Dn

The new tally-ho! . . . sung at Vauxhall by Mrs. Martyr. – *London, Harrison & Co.*     [A 1540
**GB** Lcm

Oh Sandy why leav'st thou. Thro' the wood laddie, Sung by Miss Wright at Vauxhall. – *s. l., s. n.*     [A 1541
**GB** A, Lbm, T – **S** Sk

— . . . as sung by Miss Wright at Vauxhall. – *London, Royal Magazine, 1765, Vol. 13, p. 101.*     [A 1542
**GB** Lbm, LEc

— *ib., London, Magazine, 1765, pp. 426–7.*
    [A 1543
**GB** Lbm, LEc

— Oh Sandy why leav'st thou thy Nelly to mourn. – *Dublin, Benjamin Rhames.*
    [A 1544
**EIRE** Dn – **GB** Lbm (andere Ausgabe)

— . . . in the compass of the german flute. – *s. l., s. n.*     [A 1545
**GB** Lbm

— Thro' the wood lassie, or Swany's return [A parody of the song „Oh Sandy why leaves thou thy Nelly"]. – *s. l., s. n.*
    [A 1546
**GB** Cfm

Pitty-Patty . . . sung by Mrs. Weichsell at Vauxhall.   *London, London Magazine, Jan. 1774.*     [A 1547
**GB** Lbm

— . . . a new song introduc'd . . . in Cymon. – *Dublin, John Lee.*          [A 1548
GB Lbm

— . . . a favourite new song introduc'd
. . . in Cymon. – *s. l., s. n.*          [A 1549
GB Lbm

The playthings of life. A . . . new song,
sung at Vauxhall by Mrs. Wrighten. –
*London, Mrs. Arne.*          [A 1550
GB Lcm

The roses . . . sung by Mr. Vernon. – *London, H. Waylett.*          [A 1551
GB Lbm (2 Ex.)

The roses of thirty-one. Sung by Mr. Arrowsmith at Vaux-Hall. – *London, Longman & Broderip.*          [A 1552
GB Lbm, Lcm

The seasons of love. Sung by Mrs. Kenne-
dy at Vauxhall. – *London, Harrison & Co.*
[A 1553
GB Lbm, Lcm

The silent fair. – *s. l., s. n.*          [A 1554
GB Lbm (2 Ex.), Ob

The silver ton'd trumpet. Sung by Mr.
Arrowsmith at Vauxhall. – *London, Long-
man & Broderip.*          [A 1555
US Wc

Sweet thrush that makes. The thrush.
Sung by Miss Wright at Vauxhall. – *Lon-
don, John Simpson.*          [A 1556
EIRE Dn – GB Cfm, Lbm

— *ib., Henry Fougt.*          [A 1557
S Sk

Tax on old maids. A favourite song, sung
by Mrs. Kennedy at Vauxhall Gardens. –
*London, Longman & Broderip.*          [A 1558
GB Gu, Lbm, LEc, Ob

The topsails shiver in the wind. Sung by
Mr. Arrowsmith at Vauxhall. – *London,
Longman & Broderip.*          [A 1559
GB Cu (2 Ex.), Lbm, Lcm, LEc – S Ssr – US U,
Wc, Ws

Twelve of the one and a dozen of t'other.
Sung by Mr. Arrowsmith at the Rotunda.
– *Dublin, John Lee, for Mr. Arrowsmith.*
[A 1560
GB Lbm

— *Dublin, John McCalley.*          [A 1561
EIRE Dn

What tender passions. A favorite song
sung at Vauxhall by Mr. Incledon. –
*London, Longman & Broderip.*          [A 1562
GB Gu, Lbm

When join'd in the chace. A new hunting
song, sung by Mr. Arrowsmith at Vauxhall. – *London, Longman & Broderip.*
[A 1563
GB Lbm – US U

When the night and the mid-watch. The
mid-watch. A favorite song, sung by Mr.
Arrowsmith at Vauxhall Gardens. – *London, Longman & Broderip.*          [A 1564
GB Gu, Lbm – S Ssr – US Wsc

The winter its desolate train. A favourite
song, sung by Mrs. Arne at Vauxhall. –
*s. l., s. n.*          [A 1565
US U

With consent of one's friends. A favorite
song, sung by Miss Newman at Vauxhall.
– *London, Longman & Broderip.*  [A 1566
GB Gu, Lbm

Young Molly who lives at. The lass with
the delicate air. Sung by Mr. Corry. –
*s. l., s. n.*          [A 1567
GB Cfm, LEc, Lbm (andere Ausgabe), T (andere Ausgabe, 2 Ex.) – S Ssr

— . . . a new song. – *London, Universal
Magazine, 1762, Vol. 31, p. 95.*   [A 1568
GB Lbm

*John A. Parkinson*


## ARNE Thomas Augustin

ORATORIEN, OPERN, KANTATEN u. a.

A selection from the much admired works
of the late Dr. Arne, consisting of airs,
songs, duets, overtures &c., adapted for
the voice, harpsichord, ger^n-flute, & guitar, vol. 1. – *London, Charles Wheatstone.*
[A 1569
GB Lbm

Abel

How chearful along the gay mead. The

favourite hymn of Eve, in the oratorio
of Abel. – *s. l., s. n.*                          [A 1570
GB Lbm (2 Ex.) – US Cn

— . . . a pastoral hymn. – *London, Literary Magazine, 1765, Vol. 1, p. 102.* [A 1571
GB Lbm

— . . . the favourite hymn of Eve, in Abel.
– *London, The London Magazine, 1758,
p. 144.*                                           [A 1572
GB Lbm

— . . . a celebrated hymn. – *London, Christian's Magazine, April 1762, p. 178.*
                                                   [A 1573
GB Lbm

— The hymn of Eve from the oratorio
of Abel. – *London, Edward Riley.* [A 1574
GB Lbm

— . . . arranged by Dr. John Clarke. –
*London, Birchall & Co.*                           [A 1575
D-brd B

Achilles in petticoats

The overture, songs &c. in the opera of
Achilles in Petticoats. – *London, Welcker.*
– KLA.                                             [A 1576
GB Ckc, Ge, Lbm    US BE, CA, NH, R

Alfred

The masque of Alfred [without ,,Rule Britannia"]. – *London, John Walsh.* – P.
                                                   [A 1577
D-brd Hs – GB Lbm, Lcm – US NH, Wc

— [including ,,Rule Britannia"]. – *ib.,
John Walsh.* – P.                                  [A 1578
D-brd Hs – F Pc – GB Lam, Lbm (2 Ex.), Lcm,
Mp (2 Ex.) – I Nc – IL J – NL DHgm

Songs in the masque of Alfred. – *London,
John Walsh.* – P.                                  [A 1579
GB Cu, Lbm, Lcm, Ouf, Ob – US Pu, R

(A second set of songs in) The masque of
Alfred. – *London, John Walsh.* – P. [A 1580
GB Er

Alfred, a masque . . . for the voice, harp-
sichord and violin. – *London, Harrison &
Co., No. 67–69.* – P.                              [A 1581
D-brd Hs – GB Bu, Ckc, Cu, Ge, Lam, Lbm,
Lcm (2 Ex.), Mp (2 Ex.), Ob, Ouf – US Cn, CA
(2 Ex.), CHH, NYp, Wc, Ws

The favourite songs with the march, and
celebrated chorus song of Rule Britannia
in the masque of Alfred. – *London, s. n.*
                                                   [A 1582
✓ C Mm

O peace, &c. – *London, John Phillips.*
                                                   [A 1583
GB Ckc, Lbm, Lcm – S Ssr

— *s. l., s. n.*                                   [A 1584
GB Ckc, Lbm (2 verschiedene Ausgaben)

If those who live in shepherd's bower.
A favourite song. – *London, The Lady's
Magazine, July 1789.*                              [A 1585
GB Lbm

The score of the celebrated ode in honour
of Great Britain call'd Rule Britannia. –
*s. l., s. n.* – P.                                [A 1586
A Wgm – GB A, Ckc (2 verschiedene Ausgaben),
Lbm (2 verschiedene Ausgaben), Lcm (2 verschiedene Ausgaben), LEc (2 verschiedene Ausgaben) – US Wc, Ws

— Rule Britannia, Verse and chorus. –
*s. l., s. n.*                                     [A 1587
GB Lbm

— Rule Britannia. Verse and chorus. –
*[London]*, H. Andrews.                            [A 1588
A Wn

— Rule Britannia. A favorite song [follow-
ed by an accompaniment for the guitar].
– *London, Preston & Son.*                         [A 1589
GB Lbm, LEc

— Rule Britannia. – *ib., John Dale.*
                                                   [A 1590
A Wgm

— Rule Britannia. A favorite song. –
*ib., H. Andrews.*                                 [A 1591
GB Lcm – US Bp, Wc

— Rule Britannia. A favorite song. –
*Dublin, Hime.*                                    [A 1592
GB Lbm

— Rule Britannia. Grand national air
with an accompaniment for the piano
forte. – *London, W. Wybro.*                       [A 1593
D-brd BEU

— Rule Britannia [with pf-accompani-
ment]. – *Philadelphia, B. Carr's musical*

repository; Baltimore, J. Carr's; New York,
J. Hewitt's.                              [A 1594
US NYp, Wsc

— Rule Britannia. Set to music [with an
arrangement for the guitar]. – Dublin,
John Lee.                                 [A 1595
D-ddr GZl – F Pn

— Rule Britannia. A favorite song. – London, Cahusac & sons.                      [A 1596
US Pu

— Rule Britannia, adapted for the harpsichord, violin & ger$^n$. flute, with the
chorus harmoniz'd. – London, Charles
Wheatstone. – P.                          [A 1597
GB Lbm, LEc

— Rule Britannia [pf]. – [fol. 1v.: Amsterdam, J. B. Nolting].                  [A 1598
D-ddr MEIr

— Rule Britannia [with an arrangement
for the guitar]. – s. l., s. n.           [A 1599
A Wgm

— ... the celebrated ode in the masque
called Alfred ... arranged by Dr. John
Clarke. – London, Robert Birchall.[A 1600
A Wgm – D-brd Mbs

— Rule Britannia (When Britain first at
heaven's command). Song. – London,
Gentleman's Magazine, Vol. XXV, p. 131,
(1755).                                   [A 1601
GB Lbm

— ... Britannia rule the waves. – s. l.,
s. n.                                     [A 1602
GB En

— Britannia rule the waves, for 3 voices.
– Edinburgh, J. Brysson.                  [A 1603
A Wgm

— Columbia and liberty. A new patriotic
song ... adapted to Rule Britannia (in:
A collection of new & favorite songs). –
New York, J. Hewitt's musical repository.
                                          [A 1604
US NYfuld, Wc

— England's guardian (Hail, Britain,
Hail [adapted from „Rule Britannia"]). –
[London], William Randall.                [A 1605
GB Lbm

— An occasional ode (And shall the muse
[adapted to Rule Britannia]), sung ... on
the fifth of December, 1760. – s. l., s. n.
                                          [A 1606
GB Lbm

— Rise Columbia (When first the sun
o'er ocean glowed) song, adapted from
Rule Britannia. – Boston, P. A. von Hagen
& Co.                                     [A 1607
US Bh

— Rule Brittania. – Herrsch' Britannia
[Gesang und pf, englisch/deutsch]. – Ham-
burg, Johann August Böhme.                [A 1608
H KE

— Tippoo's defeat, duet and chorus ...
1792 ... the music [Rule Britannia] by
Dr. Arne. – [London], J. Dale. – P.
                                          [A 1609
GB Gu, Lbm

— While Gallia's sons their shores regain.
Victoria Augustus Keppel ... Formidable
Sir Hugh [i. e. Sir H. Palliser] ... Song.
Tune, Britannia. – s. l., s. n.           [A 1610
GB Lbm

— Rule Britannia! A favorite song ...
with variations for the piano forte or
harpsichord, by J. Casson. – London,
author.                                   [A 1611
GB Lbm, Mp, Ob

— Rule Brittania, a favorite air, with
variations for the harpsichord or piano
forte by T. Latour. – London, A. Bland
& Wellers.                                [A 1612
US Pu

The Arcadian nuptials

Colin & Phillis. A pastoral dialogue. –
s. l., s. n.                              [A 1613
GB CDp, Lbm, LEc, P

— ... sung by Mr. Beard and Miss Hal-
lam. – s. l., s. n.                       [A 1614
GB Lbm

Artaxerxes

Artaxerxes, an English opera as it is performed at the Theatre Royal in Covent
Garden. – London, author (Philips); [2.
u. 3. Akt:] John Johnson. – P.   [A 1615

**D-brd** Hs – **GB** Cu, Gm (unvollständig), Lam, Lbm, Lcm, Ltm, Mp – **S** Ssr – **US** BE, NYcu, WGw

— ib., *John Johnson*.                          [A 1616
**D-brd** F – **D-ddr** Bds – **DK** Kk – **EIRE** Dtc – **GB** Bu, Cfm, Ckc, Cpl, Lam, Lbm, Lgc, Ltc, Mp, Ob, Ooc, Ouf, T, WI – **I** Mc – **NL** AN – **S** Skma – **US** Bh (unvollständig), PO, R

— ib., *William Warrell*.                        [A 1617
**GB** Cu – **US** CA, Wc

— ib., *S. A. & P. Thompson*.              [A 1618
**GB** Lam, Lcm – **US** Cn, Wc

— ... for the voice, harpsichord and violin. – ib., *Harrison & Co.* – KLA.
                                                 [A 1619
**D-brd** Hs – **F** Pn

Artaxerxes, a serious opera, as it is performed at the Theatres Royal in Covent-Garden and Drury-Lane. – *London, Harrison & Co. (Piano-Forte Magazine, Vol. II, No. 8)*. – KLA.               [A 1620
**D-brd** Mbs – **GB** Lbm – **US** Wgu

— (Act I). – ib. – KLA.                        [A 1621
**GB** BA, DU, LVu – **US** Wc

— ib., *S. A. & P. Thompson*.              [A 1622
**GB** Lam, LEbc – **US** CHua

The overture, songs & duetts in the opera of Artaxerxes ... properly dispos'd for the voice and harpsichord. – *London, John Johnson*. – KLA.               [A 1623
**CS** Pu – **D-ddr** Dlb – **EIRE** Dn – **F** Pc – **GB** BA, Ckc, Gm, Lbm, Lu, LVu, Mp – **US** AUs, BE, BRp, LAuc, NH, NYp, PHu, PO, R, Wc

The overture, songs & duets in the opera of Artaxerxes. – ib. – KLA.               [A 1624
**GB** Gm, Lbm

— ... properly dispos'd for the voice, harpsichord, violin, german-flute or guittar. – *London, at the music shops*. – KLA.
                                                 [A 1625
**D-ddr** LEm – **GB** Cu – **US** BE

The airs with all the symphonies in the opera of Artaxerxes, correctly transpos'd for the german flute, violin & guittar. – *London, John Johnson*. – P.        [A 1626
**EIRE** Dn – **GB** Lbm (andere Ausgabe, unvollständig) – **US** CA

The airs in the opera of Artaxerxes, set for the german-flute, violin & guittar. – *London, Henry Thorowgood*.               [A 1627
**GB** Gm, Lbm

— ib., *S. A. & P. Thompson*.              [A 1628
**GB** Gm

The overture and airs in the opera of Artaxerxes set for one & two german flutes, violins or guittars. – *London, Longman, Lukey & Co.*               [A 1629
**GB** Lam

A new edition of Artaxerxes ... for the voice, harpsichord and violin. – *London, S. A. & P. Thompson*. – KLA.       [A 1630
**GB** Cu, Gu, Lbm, Lcm, Mp, Ob – **US** NYp, Ws

— ib., *Longman & Broderip*.              [A 1631
**GB** Ckc – **US** Cn, Wc

A new edition of Artaxerxes ... for the voice, harpsichord and violin. – *London, S. A. & P. Thompson*. – KLA.       [A 1632
✓**C** Tu – **GB** Cu, Gu, Lbm, Lcm, Mp, Ob – **US** NYp, Ws, I

— ib., *Robert Birchall*.                        [A 1633
**GB** Gm – **US** NYp, Wc

— ib., *Muzio Clementi & Co.*              [A 1634
**D-brd** Hs – **US** NYp, R

Artaxerxes, a grand opera... for the voice & piano forte. – *London, George Walker*.
                                                 [A 1635
**US** NYp

Dale's new edition of Artaxerxes ... for the voice, harpsichord and violin. – *London, J. Dale*.               [A 1636
**GB** Cu, Lam, Lbm, Mp, Ob, Ouf

Artaxerxes: Ouverture

The overture in Artaxerxes, in all its parts. – *London, John Johnson*. – St.
                                                 [A 1637
**D-brd** Hs – **GB** Ob – **S** Skma (vl I, vla, ob)

The overture in Artaxerxes for violins &c. in all its parts. – *London, Thorowgood & Horne*. – St.               [A 1638
**GB** Lam, LEc, Lbm – **S** Ssr (fehlt ob II)

— ... with all its parts. – ib., *James Longman & Co.* – St.               [A 1639
**EIRE** Dn – **GB** Er, Lbm – **US** NH, NYp

The favorite overture in Artaxerxes for a grand orchestra. – *London, John Preston & son.* – St.                    [A 1640
**GB** Lcm – **US** BE

— *ib., William Forster.* – St.        [A 1641
**GB** Lbm

Artaxerxes, an English opera [overture]. – *London, John Johnson.* – P.    [A 1642
**US** Wgu

Overture in Artaxerxes. – *London, John Longman & Co.* – KLA.        [A 1643
**F** Pc (fehlt Titelblatt) – **US** NH

— *ib., Charles & Samuel Thompson.*
                                    [A 1644
**GB** Gc, Lbm, LEc (2 verschiedene Ausgaben)

Overture to Artaxerxes. – *London, John Bland.* – KLA.            [A 1645
**DK** Kk – **GB** Cu, Lbm – **US** CHum

Overture in the opera of Artaxerxes. – *s. l., s. n.* – KLA.        [A 1646
**GB** Gu, Lbm

Overture in Artaxerxes. – *London, Robert Falkener.* – KLA.        [A 1647
**C** Tu - **US** U

Overture to Artaxerxes for the pianoforte or harpsichord. – *Dublin, Edmund Lee.*                    [A 1648
**F** Pn

The favorite overture in the opera of Artaxerxes, adapted for two performers on one harpsichord or piano forte. – *London, Longman & Broderip.*    [A 1649
**GB** Ckc, Lbm – **US** BApi, Cn, Wc, WC

Overture Artaxerxes, duett (Bland's Collection ... of duetts for two performers on one harpsichord or piano-forte ... no. 9., adapted by B. J. Richardson). – *London, Robert Birchall.*        [A 1650
**US** BE

Dr. Arne's celebrated overture ... with an accompaniment for the harp, arranged by J. Mazzinghi. – *London, Goulding, D'Almaine, Potter & Co.*    [A 1651
**CH** Bu

Anthem (O be joyful unto the Lord), adapted to the ... overture of Artaxerxes, by Dr. Arnold. – *London, editor.*    [A 1652
**GB** Lbm

A Masonic hymn to a favorite movement of Dr. Arne's [Overture, Larghetto]. – *London, John Fentum.*        [A 1653
**GB** Lbm

Artaxerxes: Einzelgesänge

Adieu, thou lovely youth. Sung by Miss Brent in Artaxerxes. – *[London], S. Phillips.*                    [A 1654
**GB** Lbm

— *s. l., s. n.*                    [A 1655
**GB** Cfm, Lbm, LEc

— ... a much admired song as sung by Madam Mara. – *Dublin, Hime.*    [A 1656
**F** Pn – **GB** Lbm

Fair Aurora prithee stay, a duet. – *London, Robert Birchall.*        [A 1657
**GB** Lbm

— *ib., S. Phillips.*                [A 1658
**GB** Cfm

— *s. l., s. n.*                    [A 1659
**GB** Lbm

— ... a much admired duett. – *Dublin, Edmund Lee.*            [A 1660
**GB** Lbm

— *Philadelphia, G. Willig.*        [A 1661
**US** PHf

— Fair Aurora. A celebrated duett in Artaxerxes. – *Philadelphia, Trisobio.*
                                    [A 1662
**US** PHchs, Wc

Fair Semira. Sung by Mr. Peretti in Artaxerxes. – *s. l., s. n.*    [A 1663
**GB** Lbm, P, T – **S** Ssr

Fly soft ideas fly. As sung by Madam Mara. – *Dublin, Hime.*        [A 1664
**GB** Lbm

For thee I live my dearest. The celebrated duet. – *Dublin, Anne Lee.*    [A 1665
**EIRE** Dn

— ... the favorite duet. – *Dublin, Henry Mountain.* [A 1666
GB Lbm

(Hush to peace) ... a favourite air in Artaxerxes, set for three voices. – *s. l., s. n.* [A 1667
US CA

— Hush to peace. Glee a 4 voci ... [with additions] by the Earl of Kelly. – *s. l., s. n.* [A 1668
GB Gu

If o'er the cruel tyrant love. A favourite song. – *London, The London Magazine, 1763, p. 42.* [A 1669
GB Er, Lbm

— ... sung by Miss Brent. – *[London], S. Phillips.* [A 1670
GB Mp

— *ib., Henry Fougt.* [A 1671
S Sk

— *[ib.], s. n.* [A 1672
GB Lbm, LEc (2 Ex.) – S Skma – US NYp, Wsc

— *s. l., s. n.* [A 1673
I Rsc

— *Dublin, Benjamin Rhames.* [A 1674
EIRE Dn – F Pn

— ... a much admired song as sung by Madam Mara. – *Dublin, Henry Mountain.* [A 1675
GB Lbm – US Wc

In infancy our hopes and fears. A new song. – *London, The Lady's Magazine, 1762, Vol. IV, p. 129.* [A 1676
GB Lbm

— *ib., The London Magazine, 1762, p. 669.* [A 1677
GB Lbm

— *ib., Royal Magazine, (1762), Vol. VII, p. 97.* [A 1678
GB Lbm

— *ib., The Universal Magazine, (1764), Vol. XXXIV, p. 43.* [A 1679
GB Lbm

— *ib., Henry Fougt.* [A 1680
S Sk

— ... sung by Mr. Jagger at Vauxhall. – *s. l., s. n.* [A 1681
GB Cfm, Ckc, Lbm (2 Ex.) – S Skma – US BAcp, Cu

— ... a favorite song. – *s. l., s. n.* [A 1682
GB LEc – US Pu

— ... sung by Mr. Peretti. – *Dublin, Samuel Lee.* [A 1683
EIRE Dn

— ... sung by M^r Peretti. – *s. l., s. n.* [A 1684
S Skma

— ... Air ... arranged by Dr. John Clarke. – *London, Robert Birchall & Co., No. 1080.* [A 1685
D-ddr WRgs

— ... as sung by Madam Mara. – *Dublin, Henry Mountain.* [A 1686
GB Lbm

— Infancy. – *s. l., s. n.* [A 1687
GB Lbm

— Psalm xxi. The king, O Lord, with songs of praise. – *London, Christian's Magazine, July 1762, p. 324.* [A 1688
GB Lbm

— The Queen of hearts she made some tarts. – *[London, W. Bailey].* [A 1689
GB Lbm

— In rip'ning age, the female breast. The progress of love, a parody on the song of Infancy. – *London, P. Hodgson.* [A 1690
GB En, Lbm

Let not rage. Sung by Miss Brent. – *s. l., s. n.* [A 1691
GB Ckc (2 verschiedene Ausgaben), Lbm (3 verschiedene Ausgaben), Lcs, LEc, T – I Rsc

— *[London], H. Andrews.* [A 1692
S Skma

— ... arranged with an accompaniment for the piano forte from the original score by D. D^r Busby. – *ib., W. Rolfe.* [A 1693
I Rsc

— . . . a much admired song. – *Dublin, Hime.*                                    [A 1694
GB Lbm

The soldier tir'd, sung by Miss Brent in Artaxerxes. – *s. l., s. n.*                    [A 1695
GB DU, Gu, Lbm (2 verschiedene Ausgaben), Lcs – I Rsc – US Wc

— *Dublin, Anne Lee.*                          [A 1696
EIRE Dn – GB Lbm

— *ib., Hime*                                  [A 1697
GB Mp – US Wc

— *ib., Rhame's.*                              [A 1698
GB Lbm

— . . . sung by Mrs. Billington. – *London, G. Walker.*                              [A 1699
US Pu

— . . . sung by Miss Brent. – *ib.*     [A 1700
GB Gu, LEc – US Pu

— . . . sung by Madame Mara. – *ib., S. A. & P. Thompson.*                        [A 1701
GB LEc – S Ssr

— . . . sung by Mrs. Billington and by Madame Mara. – *ib., H. Andrews.* [A 1702
S Skma – US R

— *[ib.], John Dale.*                          [A 1703
S Skma

— *ib., Edward Riley.*                         [A 1704
GB Lbm

— *Philadelphia, A. Reinagle.*          [A 1705
US Wc

— *New York, J. Hewitt's Musical Repository.*                                    [A 1706
US Wc

— . . . a favorite song, as sung by Miss Wilson. – *London, G. Shade.*        [A 1707
D-brd BEU

— . . . a celebrated song . . . arrang'd as a lesson for the harpsichord by . . . Domenico Corri. – *Edinburgh, Corrie & Sutherland.*                          [A 1708
GB Cu, Mp

Thy father, away. Sung by M$^r$ Beard. – *s. l., s. n.*                              [A 1709
GB Cfm, Lbm, T

— *London, Henry Fougt.*                    [A 1710
S Sk

To sigh and complain. Sung by Mr. Fawcett at Ranelagh. – *London, R. Duke*
                                                    [A 1711
GB Lcm

Water parted from the sea. Sung by M$^r$ Tenducci. – *s. l., s. n.*                [A 1712
GB Ckc, Lbm, LEc, Mp (andere Ausgabe) – US Cn

— *Dublin, Samuel Lee.*                      [A 1713
EIRE Dn

— *s. l., s. n.*                                    [A 1714
GB Ckc, En, Lbm, Lcs

— *London, Corri, Dussek & Co.*      [A 1715
GB Lcm

— *[ib.], S. Phillips.*                          [A 1716
S Ssr

— *[ib.], H. Andrews.*                        [A 1717
S Skma

— *ib., Henry Fougt.*                          [A 1718
S Sk

— *ib., Robert Falkener.*                    [A 1719
US U

— . . . adorned with Italian graces by Mr. Trisobio. – *Philadelphia, s. n.*      [A 1720
US PHchs, PHf, Wc

— . . . air . . . arranged by Dr. John Clarke. – *London, Robert Birchall & Co.*
                                                    [A 1721
A Wgm

As you like it

[The songs in As you like it]. – *London, John Walsh.* – [Titelblatt handschriftlich].
                                                    [A 1722
GB Mp – US CHH

The musick in the comedy of As you like it; in score. – *London, Harrison & Co. No. 144.*                              [A 1723
GB Lbm – N Ou – US NH, Ws, U

Blow, blow thou winter wind. Sung by Mrs. Clive. – *s. l., s. n.*                  [A 1724
GB Lbm

— ... sung by Mr. Low. – *s. l., s. n.*
                                    [A 1725
GB Lbm, P

— ... a song in Shakespear's As you like
it. – *London, 1774, The Gentleman's Ma-*
*gazine, Vol. XIV, p. 98.*        [A 1726
GB Lbm

— *s. l., s. n.*                  [A 1727
GB Lbm, LEc

— *London, Robert Falkener.*       [A 1728
GB Bp, Lbm, LEc

— ... a favourite song, sung by Mr. Dig-
num. – *London, S. A. & P. Thompson.*
                                    [A 1729
GB Bp

— ... a favorite song. – *ib., Edward*
*Riley.*                           [A 1730
GB Lcm

— ... a song in ... As you like it. –
*Dublin, Francis Rhames.*          [A 1731
US Lu

Under the greenwood tree. A favorite song
in As you like it. – *s. l., s. n.*   [A 1732
US Ws

— ... arranged by Dr. John Clarke. –
*London, Robert Birchall & Co.*    [A 1733
US Ws

When daisies pied. The Cuckow ... sung
by Mrs. Clive. – *s. l., s. n.*    [A 1734
GB CDp, Lbm

— ... sung by Mrs. Baddeley in As you
like it. – *s. l., s. n.*          [A 1735
GB Lbm, LEc, P – S Ssr – US R, Wc

— ... a favorite song, sung by Mrs. Jor-
dan, in As you like it. – *London, Anne*
*Bland.*                           [A 1736
US Cn

— ... sung in the character of Celia. –
*London, s. n.*                    [A 1737
US PHu

— When daisies pied and violets blew,
sung by Mrs. Jordan. – *London, S. A. &*
*P. Thompson.*                     [A 1738
GB Lbm

— *ib., Broderip & Wilkinson.*     [A 1739
DK Kv

The beggar's opera (→ John Gay)

The beggar's opera, as it is performed at
both theatres, with the additional alterations ... for the voice, harpsichord and
violin. – *London, Thomas Straight & Skil-*
*lern.* – P.                       [A 1740
F Pn – US Wc

— *ib., Longman, Clementi & Co.*   [A 1741
US Wc

A new edition of the Beggar's opera ...
for the piano forte, voice and violin ...
with the additional alterations by Dr.
Arne. – *London, J. Dale.* – P.    [A 1742
D-brd W

Overture to the Beggar's opera. – *London,*
*George Walker.* – KLA.            [A 1743
GB Lbm

Britannia

Britannia. A masque. – *London, John*
*Walsh.* – KLA.                    [A 1744
F Pc – GB Bu, Cu, Ge, Lam, Lbm, Lcm, Lgc,
Ob – US CA, LB, NH, NYp, Wc, Ws

Comus

The musick in the masque of Comus,
written by Milton ... opera prima. –
*London, William Smith.* – P.      [A 1745
GB Cu, Ge, Lbm, Lcm, Lco, Lgc, Ltc, LEc, Mp,
Ob – US Cn, NH, LAuc, R, Wc, Ws, U (2 Ex.)

— *ib., John Simpson.*             [A 1746
D-brd BOCHmi – F Pc – GB Cfm, Cu, Lbm
(2 Ex.), Lcm, LEc – NL DHgm – US AUS, CA,
I, MSu, NH, PHu, U, Wc

— *ib., John Walsh.*               [A 1747
D-ddr Bds – GB Ckc, Cu, Er, Lbm, Lcm, Ouf –
US Bp, NYp

A collection of yᵉ favourite songs out of
the celebrated masque of Comus ... and
ye oratorio of Athalia ... with several of
yᵉ choicest balat songs. – *Dublin, Neale*
*and Mainwaring.*                  [A 1748
EIRE Dn

Comus. A masque ... for the voice,
harpsichord and violin. – *London, Har-*
*rison & Co.*                      [A 1749

✓ **C** Tu – **D-brd** Hs, Mbs – **D-ddr** LEm – **GB** Bp, Bu, BA, BRp, Ckc (2 Ex.), Cu, Ep, Gu, Lam, Lbm, Lcm, Ltc, LVu, Mp, Ouf – **IL** J – **US** Bh, Bp, BE, CA, LAuc, NH, NYp, SLkrohn, Wc

— *ib., The Piano-Forte Magazine, Vol. III, No. 2.*      [A 1750
**D-brd** Mbs – **GB** Lbm

Comus, a grand masque . . . for the voice & piano . . . transposed with new bases & accompaniments. – *London, George Walker.*      [A 1751
**US** NYp

A second collection of yᵉ celebrated songs out of the masque of Comus, with several of the choicest balat songs sung by Mʳˢ Clive &c. – *Dublin, William Neale & William Mainwaring.*      [A 1752
**EIRE** Dn

The songs, duetto and trio in the masque of Comus . . . dispos'd properly for a harpsichord & voice, and may be accompanied with a violin or german flute & violoncello. – *London, William Smith.*    [A 1753
**GB** Lbm, Lgc – **US** BE, Ws

— *ib., John Cox.*      [A 1754
✓ **C** Mm – **D-ddr** Dlb – **GB** Ckc, Cu, Lbm – **I** Gl – **NZ** Wt

— *ib., James & John Simpson.*    [A 1755
**GB** LVu

The songs, duet & trio with the overture in the masque of Comus, set for the violin, german flute and harpsichord. – *London, Henry Thorowgood.*      [A 1756
**GB** Cjc, Ckc, Lbm – **US** Wc

— *ib., Mrs. Johnson.*      [A 1757
**US** U, Wc

— *ib., S. & A. Thompson.*      [A 1758
**GB** Lbm, Lcm

— *ib., Longman & Broderip.*      [A 1759
**EIRE** Dn (2 Ex.), Dam – **GB** Bu, Gm – **US** NYp

— *ib., s. n.*      [A 1760
**GB** Lbm

The music in the masque of Comus, adapted for the german flute. – *London, Straight & Skillern.*      [A 1761
**GB** Ckc

Comus, a masque . . . for the german flute. – *London, Harrison & Co.*      [A 1762
**GB** Gm

By dimpl'd brook. Sung by Mrs. Clive. – *s. l., s. n.*      [A 1763
**GB** Cu, Lbm, Mp, Ob – **US** Ws

— . . . sung by Miss Miller. – *s. l., s. n.*      [A 1764
**GB** Lbm

By the gayly circling glass. Sung by Mr. Beard. – *s. l., s. n.*      [A 1765
**GB** Lbm, Mp (2 Ex.), Ob

— . . . a bacchanalian song. – *London, Robert Falkener.*      [A 1766
**GB** Lbm, Lcs – **US** U

— . . . sung by Mr. Reinhold. – *ib., The London Magazine, Nov. 1774.*      [A 1767
**GB** Lbm

— . . . a favorite song in Comus. – *London, H. Andrews.*      [A 1768
**US** U

Fly swiftly ye minutes. Sung by Mr. Beard. – *s. l., s. n.*      [A 1769
**GB** Ge, Lbm, Mp, Ob – **US** Ws

How gentle was my Damon's air. Sung by Mrs. Arne. – *s. l., s. n.*      [A 1770
**GB** CDp, Lbm (2 Ex.), Mp, Ob – **US** Cn, Wc, Ws

— . . . set to notes. – *London, The Gentleman's Magazine, 1753, Vol. XXIII, p. 41.*      [A 1771
**GB** Lbm

— . . . sung by Mrs. Arne in Comus. – *s. l., s. n.*      [A 1772
**GB** Lbm

Now Phoebus sinketh in yᵉ west. Sung by Mr. Beard. – *s. l., s. n.*      [A 1773
**GB** Cu, Lbm (2 verschiedene Ausgaben), Mp – **US** Ws

— . . . a favorite song in Comus. – *London, W. Boag.*      [A 1774
**US** U

Preach not me your musty rules. Sung by Mrs. Clive in Comus. – *s. l., s. n.* [A 1775
**GB** Ckc, Lbm, Mp

— ... a song in Comus. – *London, Robert Falkener.*     [A 1776
GB Lbm

Sweet Echo. Sung by Miss Brent in ... Comus. – *s. l., s. n.*     [A 1777
GB Lcs

— ... sung by Miss Catley. – *s. l., s. n.*
    [A 1778
EIRE Dn – GB Lbm

— ... sung by Miss Stephens. – *London, Goulding, D'Almaine, Potter & Co.* [A 1779
D-brd LÜh

The wanton god who pierces hearts. Sung by Mrs. Clive in Comus. – *s. l., s. n.* [A 1780
GB Lbm (5 Ex.), Mp

Wou'd y$^u$ taste y$^e$ noontide air. Sung by Mrs. Arne in Comus. – *s. l., s. n.*   [A 1781
GB Lbm, Mp – US Cu, Wc

— ... sung by Mrs. Arne. – *s. l., s. n.*
    [A 1782
GB Cfm, Ep, Ge

— ... as sung by Miss Brent in the Masque of Comus. – *London, Maurice Whitaker.*     [A 1783
GB Lbm

— ... sung by Mrs. Pinto in ... Comus, with graces by Dr. Arne. – *s. l., s. n.*
    [A 1784
GB Lbm, Lcm

— ... as sung by Miss Catley ... newly set by Dr. Arne. – *London, Straight & Skillern.*     [A 1785
GB Lbm

The cooper

The cooper. A comic opera. – *London, William Napier.* – KLA.     [A 1786
GB Lbm, Mp (2 Ex.) – US NH, Wc

The crusade (Pasticcio)

The songs, dialogue, duetts, trios and marches in the historical romance of the Crusade ... composed by Dr. Arne. – *London, Longman & Broderip.*  [A 1787
SD S. 370
GB Ckc, Cu, Er, Ge, Lbm, Lcm, Lgc

Cymbeline

To fair Fidele's grassy tomb. The favorite song, sung in Cymbeline. – *s. l., s. n.*
    [A 1788
GB Lcm

— ... a favourite dirge in Cimbeline. – *London, Thomas Skillern.*     [A 1789
GB Gu, Lbm, Lcm

— ... a favourite dirge in Cymbeline, written by Mr. Collins. – *London, S. A. & P. Thompson.*     [A 1790
GB Bp

— *ib., Broderip & Wilkinson.*     [A 1791
DK Kv

Cymon and Iphigenia

Cymon and Iphigenia. A cantata ... sung by Mr. Lowe at Vaux Hall Gardens. – *London, Elizabeth Hare.* – KLA.  [A 1792
US Wc

— *[ib.], s. n.*     [A 1793
GB CDp, Er, Lbm (2 Ex.), Lam, Lcm, (2 Ex.), Lgc, LEc (2 Ex.) – I Nc – US Bp, I (fehlt Titelblatt), Ws

— *[ib.], John Cox.*     [A 1794
C Vm

— *[ib.], s. n.*     [A 1795
GB Bu (unvollständig), Ckc, Lgc

— *ib., John Johnson.*     [A 1796
F Pc – GB Cfm, Ge, T – US AUS

— *ib., John Johnson.*     [A 1797
GB Lcs – US BE, CHH, U

— *ib., Thompson & son.*     [A 1798
GB Bu, Ckc – US Cu, NH, NYp

— *ib., Welcker.*     [A 1799
US Bh

— *ib., Charles & Samuel Thompson.*
    [A 1800
EIRE Dn – F Pc – GB CDp, Lbm, Lgc, LEc, Ob – S Sk

— *[ib.], s. n.*     [A 1801
US Cn, CA, Pu – S Ssr

— *ib., Longman, Lukey & Co.*   [A 1802
GB Ckc, Lcm (unvollständig)

— . . . for the voice, harpsichord and violin. – *ib., Harrison & Co., No. 128.* [A 1803
**D-ddr** Dlb – **GB** Cpl

The desert island

What tho'his guilt. Mrs. Scott's song in The desert island. – *London, G. Kearsley.*
[A 1804
**GB** Lcm

Elfrida

The songs duets and chorusses in the tragedy of Elfrida . . . with the overture adapted for the harpsi[d]. – *London, John Johnston & Longman, Lukey & Co.* – KLA.                                    [A 1805
**F** Pc – **GB** Bu, Cfm, Lbm, Lcm, LEbc, Mp – **US** BO, Cu, NH, R, Wc

The overture, songs and duets in Elfrida . . . adapted for two german flutes or violins. – *London, Longman, Lukey & Broderip & John Johnston.*          [A 1806
**D-brd** Hs

A select overture, in 8 parts . . . for Elfrida, No. 11. – *London, John Johnston; Longman, Lukey & Co.* – St.     [A 1807
**GB** Lbm (unvollständig)

Eliza

Eliza, an English opera. – *London, John Walsh.* – P.                          [A 1808
**D-brd** F, BOCHmi – **F** Dc, Pc – **GB** Cfm, Ckc, Lam, Lbm, LEc, R – **NL** DHgm – **US** BE, NH, U, Wc

— . . . for the voice, harpsichord and violin. – *ib., Harrison & Co. (New Musical Magazine, No. 27–29).* – P.     [A 1809
**A** Wn – **D-brd** Hs – **D-ddr** Dlb (2 Ex.) – **GB** AB, Bu (2 Ex.), CDp (unvollständig), Ckc (2 Ex.), Cpl, Ge, Lbm, Lcm, Mp (2 Ex.), Ob, Ouf – **NZ** Ap – **US** Bp, Cu, I, NH, NYp, PHu, R, Wc

— . . . for the german flute. – *London, Harrison & Co.*                    [A 1810
**GB** Ge

Songs in the new English opera call'd Eliza. – *London, John Walsh.* – KLA.
[A 1811
**F** Pmeyer – **GB** Cu (unvollständig) – **US** Ws (unvollständig)

Overture in the opera of Eliza. – *London, G. Goulding.* – KLA.               [A 1812
**GB** Wc

Come Britannia shake thy lance. – *[London], John Carr.*                       [A 1813
**GB** Lbm

— *ib., The Lady's Magazine, Aug. 1789.*
[A 1814
**GB** Lbm

My fond shepherds. Sung by Sig[ra] Frasi. – *s. l., s. n.*                          [A 1815
**GB** Lbm – **US** Cu

— *s. l., s. n.*                                [A 1816
**GB** Lbm, LEc

— *London, Henry Fougt.*           [A 1817
**S** Sk

— *ib., The London Magazine, 1757, p. 556.*
[A 1818
**GB** Lbm

We've fought, we have conquer'd. Sung by Mr. Beard. – *s. l., s. n.*          [A 1819
**GB** Lbm

When all the Attic fire was fled. Sung by Mrs. Vernon. – *s. l., s. n.*         [A 1820
**GB** Lbm, P – **US** Pu

The woodlark. – *London, Robert Falkener.*
[A 1821
**GB** Lbm – **US** U

Epithalamium

Epithalamium. Cantata. Opera secunda. – *London, s. n. (Thomas Straight).* [A 1822
**US** Wc

The fairy prince

The fairy prince, a masque. – *London, Welcker.* – P.                          [A 1823
**D-ddr** Dlb – **F** Pc – **GB** Ckc, Ge, Lbm, Lcm, LVu, R – **US** Cn, NH, Wc

— *ib., Robert Falkener.* – KLA.    [A 1824
**GB** Lbm

— . . . for the voice, harpsichord and violin. – *ib., Harrison & Co., No. 140–142.*
[A 1825
**GB** Lcm – **N** Ou – **US** Ws

— *ib., Harrison, Cluse & Co. (Pianoforte Magazine, Vol. X, No. 4).*     [A 1826
**D-brd** Mbs – **US** Wc

— . . . for the german flute. – *ib., Harrison & Co.*     [A 1827
**NZ** Wt

The overture to the Fairy prince in eight parts. – *London, Welcker.* – St.     [A 1828
**GB** Er (unvollständig), Ob

The new overture to the Fairy prince, adapted for the harpsichord or piano forte. – *London, Welcker.*     [A 1829
**GB** Lbm

The foundling

For a shape and a bloom. A new song in the Foundling. – *London, London Magazine, 1748, p. 180.*     [A 1830
**GB** Lbm

— . . . the new song in the Foundling. Sung by Mrs. Cibber. – *London, J. Oswald (S. Phillips).*     [A 1831
**GB** Ge, Lbm, Mp, T – **US** BRc, Wc

The golden pippin (Pasticcio)

The golden pippin. – *London, Longman, Lukey & Co.* – KLA.     [A 1832
**US** BE, Wc

The guardian outwitted

The overture, songs and duets in the opera call'd The guardian outwitted, for the voice and harpsichord. – *London, Robert Bremner.*     [A 1833
**F** Pc – **GB** Cfm, Ge, Lbm (2 Ex.), Lcm, Lgc, Mp, Ob (unvollständig) – **US** NH, R, Wc

The periodical overture, in 8 parts . . . No. XXVII. – *London, Robert Bremner.*     [A 1834
**S** Ssr – **US** NH

Overture [pf]. – *s. l., s. n.*     [A 1835
**I** Rsc

Harlequin mercury

The beer drinking Briton. A new song . . . sung by Mr. Beard. – *London, The Literary Magazine, 1757, Vol. 2, p. 45.*     [A 1836
**GB** Lbm

— . . . sung by Mr. Beard in the new pantomime call'd Harlequin Mercury. – *ib., s. n.*     [A 1837
**GB** Lbm

— . . . sung by Mr. Beard in yᵉ new pantomime call'd Harlequin Mercury. – *ib., New Universal Magazine, May 1757.*     [A 1838
**GB** Gm, Lbm

— . . . sung by Mr. Beard. – *ib., The Gentleman's Magazine, 1757, Vol. XXVII, p. 229.*     [A 1839
**GB** Lbm

Harlequin sorcerer

The comic tunes in the celebrated entertainment call'd Harlequin sorcerer . . . for the harpsicord, violin, &c. – *London, John Walsh.*     [A 1840
**GB** Lbm, Lcm – **US** AA, NH (2 Ex.), WGw

Harvest home. Sung by Mr. Lowe in Harlequin Sorcerer. – *s. l., s. n.*     [A 1841
**GB** T

— . . . in the entertainment of Harlequin Sorcerer. – *London, The London Magazine, 1752, p. 521.*     [A 1842
**GB** Lbm

An hospital for fools

An hospital for fools. A dramatic fable . . . to which is added the songs with their basses and symphonies and transposed for the flute. – *London, John Watts.* [A 1843
**EIRE** Dn – **F** Pa – **GB** Gm, Lbm (2 Ex.) – **US** AUS (2 Ex.), LAuc, NYp, Ps

The judgment of Paris

The music in the Judgment of Paris, consisting of all the songs, duettos and trio, with the overture in score . . . to which . . . are added the celebrated ode . . . call'd Rule Britannia, and Sawney & Jenny, a favourite dialogue, in yᵉ Scotch stile . . . opera sesta. – *London, Henry Waylett.*     [A 1844
**DK** Kk – **EIRE** Dn – **GB** Cfm (unvollständig), Ge, Lcm, Lgc, T – **US** Cn, NH, NYfuld, Wc (2 Ex.)

Distracted I turn. Sung by Mr. Beard in the Judgment of Paris. – *s. l., s. n.* [A 1845
**GB** Lbm

Nature fram'd thee sure for loving. Sung by Mrs. Arne in the Judgment of Paris. – *s. l., s. n.*                                    [A 1846
**GB** Lbm

— ... a new song. Sung by Mrs. Arne, in the Judgment of Paris. – *London, The London Magazine, 1753, p. 235.* [A 1847
**GB** Lbm

Judith

Judith, an oratorio. – *London, John Walsh.* – P.                                    [A 1848
**D-brd** B, Hs – **F** Pc – **GB** Cfm, Cpl, Cu, Ge, Lbm, Lam (2 Ex.), Lcm, Lwa, LEc, Mp (2 Ex.), Ob – **NL** DHgm – **US** Bp, Cn, NH, NYp, Wc

Conquest is not to bestow. – *London, John Bland.*                                    [A 1849
**D-ddr** HER – **GB** Ckc – **US** Wc

Hail, hail, immortal Bacchus. – *s. l., s. n.*                                    [A 1850
**GB** Wc

Vain is beauty's gaudy flower. A favourite song in Judith, sung by Miss Brent. – *s. l., s. n.*                                    [A 1851
**GB** Cfm, Lbm, Lcm, LEc – **US** Cu, U

— ... sung by Mrs. Pinto in Judith. – *s. l., s. n.*                                    [A 1852
**GB** Lbm, Lcm, LEc – **I** Rsc – **US** U (2 Ex.)

— *s. l., s. n.*                                    [A 1853
**GB** Ckc (andere Ausgabe), Cpl, Lbm, LEc

King Arthur (von Arne und Henry Purcell)

A select overture in 8 parts ... No. 10, King Arthur. – *London, John Johnston.* – St.                                    [A 1854
**GB** Lbm (2 Ex.), Lcm

— *ib., Longman, Lukey & Co.*                                    [A 1855
**US** Wc

— ... adapted to the harpsichord by the author. – *ib., Longman, Lukey & Co.*                                    [A 1856
**GB** Lbm

Love in a village (Pasticcio)

Love in a village. A comic opera ... the musick by Handel, Boyce, Arne ... for the harpsicord, voice, german flute, or

violin. – *London, John Walsh.* – P. [A 1857
SD S. 226
**A** Wn – **D-brd** KIl (unvollständig) – **GB** Ckc (2 Ex.), Cu (2 Ex.), CDp, En, Gm (3 Ex.), Lam, Lbm, Lcm, LEc, LVu (2 Ex.), Mp (2 Ex.), Ob, R – **US** BE, CA, LAuc, NYp, Pu, PHu, PRu, Wc, Ws, WC, WGw

— ... for a german flute, hoboy or violin. – *ib., John Walsh.*                                    [A 1858
SD S. 226
**GB** Gm, Lbm (unvollständig)

— ... for the harpsichord, voice, german flute, violin, or guittar. – *ib., J. Longman & Co.*                                    [A 1859
SD S. 226
**EIRE** Dn (2 Ex.) – **GB** Ckc (2 Ex.), Gm – **US** CA, LAuc, PHu

— ... for the harpsichord, voice, german flute or guittar. – *ib., Longman & Broderip.*                                    [A 1860
SD S. 226
**GB** Gu, Lcm – **US** CA, Wc

— ... for the harpsichord, voice, german-flute or guitar. – *ib., H. Wright.* [A 1861
SD
**US** PO

— ... for the piano-forte, voice, german flute or guitar. – *ib., Harrison & Co.*
SD S. 227                                    [A 1862
**GB** Lbm – **NL** At

— ... a new edition ... to which is added the celebrated Bravura song introduced by Mrs. Billington, composed by Sgr. Giordani. – *ib., Robert Birchall.* [A 1863
SD S. 227
**EIRE** Dn – **GB** Lbm, Mp

— ... a new edition ... for the piano forte. – *ib., John Dale.*                                    [A 1864
SD
**US** Wc

Gentle youth, ah tell me why. Sung by Miss Brent in Love in a village. – *London, S. Phillips.*                                    [A 1865
**US** Wc

— *ib., Henry Fougt.*                                    [A 1866
**S** Sk, Skma

— . . . a song, sung by Miss Brent. – *s. l., s. n.*                                    [A 1867
US BAcp

— . . . sung by Miss Brent in Love in a village. – *s. l., s. n.*                    [A 1868
D-brd Hs

My heart's my own, my will is free. Sung by Miss Brent in Love in a village. – *London, S. Phillips.*                    [A 1869
US Cu

The traveller benighted, sung by Mrs. Billington. – *[London], H. Andrews.*
[A 1870
S Skma

When we see a lover languish. – *London, Polyhymnian company.*                    [A 1871
I Rsc

May day

May day, or The little gypsy . . . dispos'd for the voice, organ, harpsichord and piano forte. – *London, P. Hodgson.*[A 1872
GB Lbm – US BE, NH, Wc

— . . . for the voice, harpsichord and piano forte. – *ib., P. Hodgson.*    [A 1873
GB BA, Lcm – US Wc

How can my heart rest. Sung by Mr. Vernon. – *London, P. Hodgson.*          [A 1874
GB En, Lbm

What's a poor simple clown to do. Sung by Mr. Bannister. – *London, P. Hodgson.*
[A 1875
GB Gu, Lbm

Wou'd women do as I do. – Sung by Mrs. Wrighten. – *London, P. Hodgson.* [A 1876
GB En, Lbm

Yes I'll give my heart away. Sung by Mr. Vernon. – *London, P. Hodgson.*    [A 1877
GB Lbm

The merchant of Venice

[The songs in the Merchant of Venice]. – *London, John Walsh.*                    [A 1878
GB Mp (Titelblatt handschriftlich)

To keep my gentle Jessy. A favourite song in The merchant of Venice. – *s. l., s. n.*
[A 1879
GB DU

— *London, Robert Falkener.*          [A 1880
GB Lcs – US U

— *ib., Henry Fougt.*                    [A 1881
S Sk

— *s. l., s. n.*                    [A 1882
GB Ckc, Lbm, Lcm – US Bp, U

— Jessy, a ballad in The merchant of Venice . . . as sung by Mr. Phillips. – *Dublin, Smollet Holden.*          [A 1883
US Ws

— Quartetto from a favourite song of Dr. Arne's, harmonized by R. Langdon. – *London, Broderip & Wilkinson.* [A 1884
GB Lbm

My bliss too long my bride denies. The serenade, sung by Mr. Mattocks in the Merchant of Venice. – *s. l., s. n.*    [A 1885
GB Bp, Lbm

The miller of Mansfield

How happy a state does y$^e$ miller possess. A song in The miller of Mansfield. – *s. l., s. n.*                    [A 1886
GB AB, Gm, Lbm (4 Ex., 2 verschiedene Ausgaben), Lcm, Ob – US Ws

Miss in her teens

When I was a child. Miss in her teens. A ballad. Sung by Miss Jameson at Vauxhall. – *London, John Bland.*          [A 1887
GB Lbm

Ode upon dedicating a building to Shakespeare

An ode upon dedicating a building to Shakespeare. – *London, John Johnston.* – KLA.                    [A 1888
GB Bu, Cu, Ge, Gm, Lbm, Lcm, Ob, Ouf, STb (2 Ex.) – US Bp, Cn, CA, PHu, R (2 Ex.), Ws

— *ib., Longman, Lukey & Co.; John Johnston.*                    [A 1889
GB Bp, Lbm – US Bp, R, Ws

Thou soft flowing Avon. – *London, John Johnston.*                    [A 1890
GB Bp, Lbm, LEc

— *Dublin, Elizabeth Rhames.*          [A 1891
EIRE Dn

— *London, Longman & Broderip.* [A 1892
**GB** Bp, Cu, Lbm, Ouf

— . . . a favorite song. – *London, Anne
Bland.* [A 1893
**GB** Bp

— *ib., G. Walker.* [A 1894
**GB** Cu – **US** Ws

— . . . a favorite song in the ode to
Shakespeare. – *s. l., s. n.* [A 1895
**US** Ws (2 verschiedene Ausgaben)

— . . . a favorite song. – *London, Goulding,
D'Almaine, Potter & Co.* [A 1896
**N** Ou

— . . . with variations for the harpsichord
or piano forte, also for the german flute or
violin. – *London, Welcker.* [A 1897
**D-brd** Mbs – **GB** Lbm

Reffley spring

Reffley spring, a cantata. Composed for
the dedication of the water to the deities
of love and social enjoyment. – *London,
Charles & Samuel Thompson.* [A 1898
**GB** Lbm, Lgc – **US** Wc

Romeo and Juliet

A compleat score of the solemn dirge in
Romeo and Juliet as perform'd at the
Theatre Royal in Covent Garden. – *London, Henry Thorowgood.* [A 1899
**GB** Lbm, Lcm – **US** Ws

Rosamond

Rise, glory, rise. Sung by Mrs. Vincent at
Marybone. – *s. l., s. n.* [A 1900
**GB** Lbm, Lcm (2 Ex.), Lcs – **US** Lu, Wc

Was ever nymph like Rosamond so fair.
Sung by Miss Arne in Rosamond. – *s. l.,
s. n.* [A 1901
**GB** Gm, Lbm

The rose

A select overture in 8 parts . . . for the
comic opera of The rose. No. XII. –
*[London ], John Johnson; Longman, Lukey & Co.* – St. [A 1902
**GB** Lbm

The sacrifice of Iphigenia

How sweet are the flowers. A favourite
song in The sacrifice of Iphigenia. – *London, The London Magazine, 1751, p. 420.*
[A 1903
**GB** Gm, Lbm

— *ib., New Universal Magazine, 1754,
Vol. 6, supplement.* [A 1904
**GB** Lbm

— *ib., J. Phillips.* [A 1905
**GB** En, Lbm, T

— *s. l., s. n.* [A 1906
**GB** Cfm, Lbm

— . . . within compass of the german flute.
– *s. l., s. n.* [A 1907
**GB** Lbm – **US** Cn

Summer amusement or An adventure at
Margate (Pasticcio)

Summer amusement or An adventure at
Margate. A comic opera . . . the music by
Dr. Arne . . . for the voice, harpsichord or
violin. – *London, S. A. & P. Thompson.*
SD S. 377 [A 1908
**I** Mc – **US** CA

To ease my heart. Aria . . . for the voice,
harpsichord or violin. – *London, S. A. &
P. Thompson.* [A 1909
**I** Mc

What means that downcast look. Aria . . .
for the voice, harpsichord or violin. –
*London, S. A. & P. Thompson.* [A 1910
**I** Mc

The tempest

Where the bee sucks. Sung by Mrs. Clive
in The tempest, or The enchanted island.
– *s. l., s. n.* [A 1911
**US** Wc

— . . . Ariel's song in The tempest. – *London, William Randall.* [A 1912
**GB** Lbm

— *s. l., s. n.* [A 1913
**GB** A, Bp (andere Ausgabe), Lbm

— . . . german flute in the symphonies
and solo part of the song. – *s. l., s. n.*
[A 1914
**GB** Lbm – **US** R

— *London, Anne Bland.*          [A 1915
GB Mp

— ... sung by Miss Romanzini in the
character of Ariel. – *London, S. A. & P.
Thompson.*                         [A 1916
GB Lbm

— ... a favorite song. – *London, H.
Andrews.*                          [A 1917
GB Lcm

— ... song of Ariel, in the Tempest. –
*London, G. Walker.*               [A 1918
US Ws

— ... as sung by Miss M. Tree. – *ib., G.
Walker.*                           [A 1919
US WS

— ... arranged by Dr. John Clarke. –
*London, Lonsdale & Mills.*        [A 1920
A Wgm

— ... harmoniz'd by B. J. Richardson.
No. 16. – *London, J. Bland.*      [A 1921
GB Bp

— ... harmonized by W. Jackson of Exe-
ter. – *s. l., s. n.*              [A 1922
US Ws

— ... 3 voices [No. 28 of a collection
with binder's title: Songs]. – *s. l., s. n.*
                                   [A 1923
US Cu

Thomas and Sally

Thomas and Sally, or The sailor's return,
a dramatic pastoral, with the overture in
score, songs, dialogues, duettos and dance-
tunes. – *London, author (J. Phillips),
1761.*                             [A 1924
GB Bu, Ckc, Cu, Gm (2 Ex.), Lam, Lbm (unvollständig), Ob – US BE, Lu, MSu, Wc

— ... with the overture in score. – *ib.,
John Walsh.*                       [A 1925
D-ddr Dlb – F Pc – GB Bu, Cfm, Lbm (3 Ex.),
Lcm, Lgc, LEbc, Mp – US Bp, CA, I, NH, NYp,
PHu, STu, Wc, Ws

— ... for the harpsichord, voice, german
flute, or violin. – *ib., John Walsh.* [A 1926
GB Ckc, Gm, Lbm, Mp – US AA, CA

— ... for the voice, harpsichord, and
violin. – *ib., Harrison & Co., No. 71 (72).*
                                   [A 1927
✓C Tp – D-brd Hs – F Pc – GB Bu, Cu, Lcm, Ltc,
Mp, Ouf – US Bp, I, MSu, NH, Wc, WGw

— ... a musical entertainment ... set
for a german flute, violin, or guitar. –
*ib., John Johnson.*               [A 1928
EIRE Dn – GB DUp, Lbm – US CA, Hw

— ... a musical entertainment. – *ib.,
John Phillips.*                    [A 1929
EIRE Dn – GB DU, Lbm

— ... for the german flute. – *ib., Harrison
& Co., No. 11.*                    [A 1930
GB Gm

The overture with the songs in Thomas
and Sally. – *London, Henry Thorowgood.*
– KLA.                             [A 1931
GB Ckc, Gm – S Skma – US Pu, R

The overture to Thomas and Sally in 8
parts. – *London, Wright & Wilkinson.*
                                   [A 1932
US NH

— Overture in Thomas and Sally (The
spinning wheel, a favourite air in the
overture). – *Dublin, John Lee.* – KLA.
                                   [A 1933
EIRE Dn – US Wc

— Overture in Thomas and Sally (The
Scotch air in the overture ... sung by
Mr. Tenducci and Miss Brent). – *London,
Robert Falkener.*                  [A 1934
US Cu, U, Wc

— *ib., John Rutherford.*          [A 1935
GB Lam, Lcs

— *ib., William Gawler.*           [A 1936
GB Lbm

— *ib., T. Williamson.*            [A 1937
GB Lbm

— *ib., Goulding & Co.*            [A 1938
US Bp

— *Dublin, John Lee.*              [A 1939
EIRE Dn

*s. l., s. n.*                     [A 1940
✓C Tu

105

— The Scotch air in the overture to Thomas and Sally . . . sung by Mr. Tenducci and Miss Brent. – *London, J. Phillips.*
[A 1941

GB LEc, T – S Ssr

— *ib., Goulding & Co.*                    [A 1942
US Wc

— *s. l., s. n.*                              [A 1943
S Sk

The echoing horn. – *London, S. Phillips.*
[A 1944

GB A, T

— *ib., s. n.*                              [A 1945
GB Cpl, Lbm (andere Ausgabe)

Th' happy news at length is come. Sung by Mr. Beard in Thomas and Sally. – *London, Royal Magazine, 1762, Vol. 7, p. 189.*                              [A 1946
GB Lbm

— *s. l., s. n.*                              [A 1947
S Skma

Let fops pretend. The last dialogue in Thomas and Sally. – *London, Longman, Lukey & Broderip.*              [A 1948
GB Cpl

Squire and Sally. A dialogue. – *London, Robert Falkener.*                [A 1949
US U

Tom's return, an additional favourite song . . . sung by Mr. Beard. – *London, Universal Magazine, 1767, Vol. XLI, p. 204.*                              [A 1950
GB Lbm

— *s. l., s. n.*                              [A 1951
GB Lcm

When late I wander'd o'er the plain. – *s. l., s. n.*                              [A 1952
GB Cfm, En, LEc, T – US BE

— . . . a favourite song. – *s. l., s. n.* [A1953
GB Lbm

— *London, London Magazine, 1761, p.324.*
[A 1954
GB Lbm

— . . . a new song. – *London, Universal Magazine, 1763, Vol. 32, p. 322.* [A 1955
GB Lbm

The way to succeed with a lass. A new song, sung by Mrs. Vernon. – *London, Universal Magazine, 1761, Vol. 28, p. 96.*
[A 1956

GB Lbm

— *London, Lady's Magazine, 1761, Vol. 2, p. 273.*                              [A 1957
GB Lbm

— . . . sung by Mrs. Vernon in the new entertainment of Thomas and Sally. – *s. l., s. n.*                              [A 1958
GB Lbm

When I was a young one. A favourite song, sung by Mrs. Vernon. – *London, Universal Magazine, 1760, Vol. 27, p. 375.*
[A 1959

GB Lbm, Lcs

— *s. l., s. n.*                              [A 1960
GB Cfm

Tom Thumb

The most celebrated aires in the opera of Tom Thumb. – *London, Benjamin Cooke (Cross).*                              [A 1961
GB Lbm, Lcm

To have my bold actions. – *London, John Simpson.*                              [A 1962
GB Lbm

— *s. l., s. n.*                              [A 1963
GB CDp, Ge

The trip to Portsmouth (Pasticcio)

The music in The trip to Portsmouth . . . the overture and dances composed by Dr. Arne, and the songs by Charles Dibdin, with transpositions for the german flute & guitar. – *London, Longman & Co.* [A 1964
SD
US Bp, R

— *ib., Longman, Lukey & John Johnston.*
SD                              [A 1965
C Tu

Twelfth night

The musick in the comedy of Twelfth night; in score. – *London, Harrison & Co., No. 144.* [A 1966
**D-brd** B – **GB** Lbm – N Ou – **US** NH, U, Wc, Ws

The way to keep him

Ye fair marri'd dames. The new song, sung by Mrs. Cibber. – *s. l., s. n.* [A 1967
**GB** Lbm, LEc

— *s. l., s. n.* [A 1968
**GB** Lbm – **US** Ws

— . . . a song, sung by Mrs. Cibber. – *s. l., s. n.* [A 1969
**GB** Lbm

— . . . sung by Mrs. Cibber. – *s. l., s. n.* [A 1970
**GB** Cfm – **US** Cu

— . . . a new song. – *London, Royal Magazine, 1763, Vol. 8, p. 100.* [A 1971
**GB** Lbm

— *s. l., s. n.* [A 1972
**GB** Lbm (2 verschiedene Ausgaben), Lcm (2 verschiedene Ausgaben), P

— *London, Henry Fougt.* [A 1973
S Sk

Ye fair, possess'd of every charm. Instruction for the fair, a new song. – *London, London Magazine, 1761, p. 666.* [A 1974
**GB** Lbm

— *London, Universal Magazine, 1769, Vol. 44., p. 208.* [A 1975
**GB** Lbm

— *London, Henry Fougt.* [A 1976
S Sk, Skma

GEISTLICHE VOKALWERKE

A second collection of psalms and hymns used at the Magdalen chapel . . . the musick . . . by Dr. Arne, Mr. W. Selby and Mr. A. Smith . . . set for the organ, harpsichord, voice, violin, german flute and guittar. – *London, Henry Thorowgood.*
SD S. 70 [A 1977
**GB** En, Lbm, Lcm, Oumc

WELTLICHE VOKALWERKE

Sammlungen

Amusement for the ladies, being a selection of the favorite catches, canons, glees and madrigals. – *London, Broderip & Wilkinson.* [A 1978
SD S. 88
**GB** Ge, Lbm – **US** IO

British amusement, a favourite collection of songs sung at the publick gardens. Book 1(–3). – *London, Thompson & sons.*
SD S. 117 [A 1979
**GB** Lbm (2), Ltc (1 [unvollständig]), Mp (1), R (3) – **US** NH (1, 2)

Two English cantatas for a voice and instruments. – *London, John Walsh.* [A 1980
**C** Mm – **GB** Ckc, Lam, Lbm, Ob – **US** Bp, CHua, Wc

A book of two English cantatas for a voice and instruments. – *London, John Walsh.* [A 1981
**GB** Cu, Lgc

A 2$^d$ set of two English cantatas for a voice and instruments. – *London, John Walsh.* [A 1982
**GB** Lgc

A 2$^{nd}$ book of two English cantatas. – *London, John Walsh.* [A 1983
**GB** Lcm (unvollständig)

Six cantatas for a voice and instruments. – *London, John Walsh.* [A 1984
**D-brd** Hs – **EIRE** Dn – **GB** Bu, Ckc, Cu, DU, Ge (unvollständig), Lam (unvollständig), Lbm, Lgc, Mu (unvollständig) – **US** Bp, BE, NH, R, Wc

Six cantatas . . . for the voice, harpsichord and violin. – *London, Harrison & Co., No. 97 (98).* [A 1985
**GB** Cu, Lbm, Ou (2 Ex.) – **US** NYp, PHf, SFp

— The school of Anacreon. A cantata. – *London, J. Longman & Co.* [A 1986
**US** Wc

A collection of songs and glees for two, three and four voices composed for the

Catch-club at Almack's. – *London, Welcker.*
SD S. 405                                    [A 1987
US Wc

[A choice collection of songs sung at Vauxhall Gardens by Miss Brent & Mr. Lowe
... book XII. – *London, John Walsh*].
[A 1988
S Sk (fehlt Titelblatt)

A favourite collection of English songs
sung by Mr. Beard, Miss Young &c. at
Ranelagh Gardens. – *London, John Walsh,
1757.*                                    [A 1989
GB Lbm – S Sk – US BE, Wc

[Six glees for three voices, also] adapted
for a single voice and harpsichord. – *s. l.,
s. n.*                                    [A 1990
GB Bu (fehlt Titelblatt)

Lyric harmony, consisting of eighteen
entire new ballads with Colin and Phaebe
in score ... opera quarta. – *London, William Smith, for the author.*             [A 1991
GB Bu, Ge, Gm, Lam (2 Ex.), Lbm, Lcm, Lgc,
Ltc, Ouf – US CHua, NYp, Ws

— *ib., John Simpson.*                   [A 1992
GB Lgc, Ob – US AUs, CA (2 Ex.), R, U

The second volume of Lyric harmony ...
opera quinta. – *London, William Smith,
for the author.*                         [A 1993
EIRE Dn – US NH, NYp

— *ib., John Simpson.*                   [A 1994
GB Gm, Lam, Lbm, Lcm, Ob – US R, U, Wc

Lyric harmony. Part I (II) ... for the
voice, harpsichord and violin. – *London,
Harrison & Co., No. 20 (23).*            [A 1995
D-brd Hs – GB Bu (unvollständig), Cfm, Ckc
(unvollständig), CDp (unvollständig), Lbm,
Lcm, Mp, Ouf – US BE, I, NH, Ws

Lyric harmony. Part I (II) ... for the
german flute. – *London, Harrison & Co.*
[A 1996
GB Gm, Lco

The monthly melody, or polite amusement
for gentlemen and ladies. – *London, G.
Kearsly, 1760.*                          [A 1997
SD
D-brd Hs, Mbs – GB Bp, Ckc, CDp, En (unvoll-
ständig), Ge, Lam, Lbm, Lcm, Lgc, Ob – US

Bp, BE, Cn, NH, NYp, PHu, UP, Wc, Ws,
WGc

New favourite songs as sung by Mrs. Arne
at Ranelagh House. – *London, author.*
[A 1998
GB Lbm, Lcm

The new songs sung at Vaux-Hall by Mr.
Gilson, with favorite Scots air sung by
Miss Brent. – *London, Robert Bremner.*
[A 1999
GB En, Lbm – US U, Wc

The songs and duetto in the Blind Beggar
of Bethnal-Green ... with the favourite
songs ... in the Merchant of Venice ...
to which will be added, a collection of new
songs and ballads, the words ... selected
from the best poets. – *London, author,
William Smith.*                          [A 2000
GB Bp, Cfm, Lam, Lbm, Lcm, Mp (2 Ex.), Ob
– NL DHgm – US AUS, Bp, CA, Cn, NH,
LAuc, Wc (3 Ex.), Ws

— *ib., John Cox (Simpson's Musick
Shop).*                                  [A 2001
GB Ge, Lbm – US AA

The songs in the comedies called As you
like it, and Twelfth night, written by
Shakespear; with a favourite air in the
Fall of Phaeton; another in the Tender
husband; and the scene of the ghosts of
Darius and Statira in the Rival Queens,
or the Death of Alexander the great. For
two voices. – *London, author, William
Smith.*                                  [A 2002
D-brd B, Hs – GB Bp, Lbm, Lcm, LEc, Mp,
Ob, Ouf – NL DHgm – US Cn, NYp, R, Wc,
Ws (4 Ex.)

The songs in As you like it, with the duet
in the Rival queens; to which are added,
the songs in Twelfth night, with a song
in the Fall of Phaeton and the Tender
husband. – *London, John Cox.*           [A 2003
GB Lbm – US AUS, CA

Summer amusement. A collection of lyric
poems, with the favourite airs set to them
... with the new cantata called Love and
resentment. – *London, author.*          [A 2004
GB Cfm, Lbm, Lcm – US NH, Wc

The syren. A new collection of favorite songs sung by Mrs. Farrell. – *London, Longman & Broderip.* [A 2005
**D-brd** Hs – **GB** Cfm, Lbm, Lcm (2 Ex.), LEbc – **US** Bp, NH, Wc, Ws

The vocal grove, being a collection of favorite songs sung ... at Vaux-Hall Gardens. – *London, Longman, Lukey & Co., 1774.* [A 2006
**F** Pc (2 Ex.) – **GB** Lbm, Lcm (2 Ex.) – **US** Bp, NH, Wc

— *ib., 1775.* [A 2007
**GB** Cfm

Vocal melody. [Book I(–II):] An entire new collection of English songs and a cantata ([III:] A favourite collection of songs and dialogues; [IV:] A favourite collection of English songs ... with the songs in Harlequin Sorcerer, and the Oracle). – *London, John Walsh.* [A 2008
**EIRE** Dn (unvollständig) – **GB** Bu, Cpl, CDp, DU, Gm, Ge, Lam, Lbm (2 Ex.), Lcm, Lco, Lgc, Ob [Exemplare unvollständig, außer Lbm und Ob] – **US** AUS, Bh, Bc, BRc, Cu, CA (unvollständig), NH, NYp (unvollständig), Wc, Ws (unvollständig), WC (unvollständig), WGw (unvollständig)

— [Book V:] The agreeable musical choice. An entire new collection of English songs with the duet in Harlequin Sorcerer. ([VI:] A favourite collection of English songs. [VII:] A pastoral collection of songs; [VIII:] A favourite collection of English songs). – *ib., John Walsh.* [A 2009
**C** Vm – **GB** Bu, Ckc, DU, En, Gm, Lam, Lbm (2 Ex.), Lcm, Mp, Ob, R, T [Exemplare unvollständig, außer Bu und Lbm] – **US** AUS (unvollständig), Bp, BRp, Cu (unvollständig), NH, Wc, Wsc

— [Book IX:] A collection of songs ... in which are the new songs ... in the Jovial crew. – *ib., John Walsh.* [A 2010
**GB** Bp, Ckc, Lam, Lbm (2 Ex.) – **US** Wc

— [Book XI:] British melody. A favourite collection of English songs and a cantata. – *ib., John Walsh.* [A 2011
**GB** Bu, Cfm, Ckc, DU, Lbm (2 Ex.), Lcm, Ob – **US** Wc

— [Book XII:] A choice collection of songs sung at Vaux-Hall Gardens by Miss Brent and Mr. Lowe. – *ib., John Walsh.* [A 2012
**F** Pu – **GB** Ckc, Lbm, Lcm, Mp – **US** NH

— [Book XIII:] The winter's amusement. Consisting of favourite songs and cantatas. – *London, author.* [A 2013
**GB** Lbm, Lcm, Ob – **US** NH, Wc

— A collection consisting of favourite songs and cantatas performed by Mr. Tenducci, Mr. Lowe, Mr. Mattocks, Mrs. Lampe, Miss Stevenson and Miss Brent. – *London, John Walsh.* [A 2014
**F** Pc – **GB** Cfm, Lgc – **US** Cu, Wc

— [Book XIV:] A favourite collection of songs with the dialogue in the Arcadian nuptials. – *London, John Walsh.* [A 2015
**C** Tp – **F** Pc – **GB** Cfm, Ckc, DU, Lam, Lbm, Lcm, Mp – **US** BRp, U, Wc

Six favourite songs for the voice and piano forte. – *London, Harrison.* – P. SD [A 2016
**C** Tu

Einzelgesänge

At length too soon. The contest between love and glory, a favorite song – *London, Riley & Willis.* [A 2017
**GB** Lbm

Bacchus god of mirth and wine. A Bacchanalian song. – *s. l., s. n.* [A 2018
**GB** Cu, Lcm

Behold the sweet flowers around. – *London, Clementi, Banger, Hyde, Collard & Davis.* [A 2019
**I** BAn

Blith Jockey. – *Dublin, J. and S. Exshaw, 1752; The London Magazine, Jan. 1752.* [A 2020
**GB** Lbm

The blooming vale. – *London, G. Kearsly.* [A 2021
**GB** Lbm

The caution. – *s. l., s. n.* [A 2022
**GB** Lbm

The charming object of my care. The Norwich toast. – *London, The Universal Magazine, 1764, Vol. 35, p. 262.* [A 2023
**GB** Lbm

— *ib., Royal Magazine, 1764, Vol. 11, p. 321.*                                       [A 2024
GB Lbm

— *s. l., s. n.*                              [A 2025
GB Lcm

Cloe's way. Written by a young lady. – *London, G. Kearsly.*                    [A 2026
GB Lbm

Come, come, live with me. The new Scotch song. Sung by Miss Catley at the Rotunda. – *Dublin, T. Walker.*                    [A 2027
GB Ckc, Lbm

— *ib., John Lee.*                          [A 2028
EIRE Dn

— ... a new Scotch song. – *ib., John Mc Calley.*                              [A 2029
EIRE Dn

Come live with me & be my love. Glee. – *London, John Bland.*              [A 2030
GB CDp

The comparison [printed from one of the plates of "British Amusement"]. – *s. l., s. n.*                                          [A 2031
GB Lbm

A dawn of hope. A new song. – *s. l., s. n.*                                        [A 2032
GB Cfm, En, Lbm – US Cu

— ... within compass of the german flute. – *s. l., s. n.*                    [A 2033
GB Cfm, Lbm, Lcm

— ... a new song. – *London, The London Magazine, 1752, p. 424.*        [A 2034
GB Lbm

— *ib., The Universal Magazine, 1755, Vol. 17, p. 33.*                              [A 2035
GB Lbm

— *ib., The Universal Magazine, 1758, Vol. 22, p. 360.*                            [A 2036
GB Lbm

— ... a favourite song. – *s. l., s. n.* [A 2037
GB Lbm

The dusky night. – *s. l., s. n.*        [A 2038
GB Lbm

— ... a favorite hunting song, sung by Mrs. Kennedy in the Beggar's opera. – *London, Samuel, Ann & Peter Thompson.*
[A 2039
GB Lbm – US Wc

Elegy on the death of Mr. Shenstone [Four-part song]. – *London, John Bland.*
[A 2040
S Ssr – US Pu

— *ib., John Dale.*                         [A 2041
GB Cfm

Fair aurora. A favourite duett. – *Dublin, Gough's musical circulating library.* [A 2042
I Rsc

Gentle youth, ah tell me why. The fond appeal. Quartetto ... harmonized by R. Langdon. – *London, Broderip & Wilkinson.*                                          [A 2043
GB Lbm

Great god to thee. Hymn from Habakkuk (Kap. 3, Vs. 17). – *s. l., s. n.*    [A 2044
I Rsc

Heigh ho. A song. – *s. l., s. n.*      [A 2045
GB Lbm

He who a virgin's heart would win. Advice. Sung by Mr. Morgan. – *London, Henry Fougt.*                                    [A 2046
S Sk, Skma

— Advice. Sung by Mr. Morgan. – *s. l., s. n.*                                        [A 2047
GB Cpl, Lbm, Mp

The honest fellow. – *s. l., s. n.*     [A 2048
GB Lcm

— ... a favourite drinking song. – *Dublin, Joseph Hill, 1787.*                [A 2049
EIRE Dn

How blest was I each morn to see. The bonny broom. – *London, The Gentleman's Magazine, 1752, Vol. 22, p. 471.* [A 2050
GB Lbm

— *Dublin, J. and S. Exshaw; The London Magazine, Feb. 1752.*                    [A 2051
GB Lbm

Ianthe and Iphis. – *s. l., s. n.*    [A 2052
GB Lbm

— . . . a song. – *London, The London Magazine, 1753, p. 37.*    [A 2053
GB Lbm

In a small pleasant village. Nan of the vale. – *s. l., s. n.*    [A 2054
GB Lbm

— *s. l., s. n.*    [A 2055
GB Lbm

— . . . sung at the New Spring Gardens, Greenwich. – *s. l., s. n.*    [A 2056
GB Lbm, Mp, Ob, T

— . . . a new song. – *London, The Universal Magazine, 1751, Vol. 9, p. 224.* [A 2057
GB Lbm

The Inconstant. – *London, Longman, Lukey & Co.*    [A 2058
GB Lbm

Jemmy and Nanny. Sung by Mrs. Arne . . . at Ranelagh and Master Brown at Marybone Gardens. – *s. l., s. n.*    [A 2059
GB Gu, Lbm

— *London, The London Magazine, Jan. 1772.*    [A 2060
GB Lbm

Let others to London go roam. – *Dublin, John Lee.*    [A 2061
GB Lbm

Long time I serv'd young Rosalind. Sung by Mr. Jagger at Vauxhall. – *s. l., s. n.*    [A 2062
GB Lbm

— *London, The Lady's Magazine, 1762, Vol. 4, p. 271.*    [A 2063
GB Lbm

— *London, Royal Magazine, 1762, Vol. 7, p. 259.*    [A 2064
GB Lbm

Love and wine in alliance. – *London, Robert Falkener.*    [A 2065
GB LEc

The love rapture . . . song. – *s. l., s. n.*    [A 2066
GB Lcm

Love relaps'd. – *s. l., s. n.*    [A 2067
GB Ckc, CDp, Gm, Lbm

Love's true object. – *s. l., s. n.*    [A 2068
GB Lbm

The lover's petition. – *s. l., s. n.*    [A 2069
GB Lbm

The lucky fall. – *s. l., s. n.*    [A 2070
GB Lcm, LEc

Make haste to meet the generous wine. An universally admir'd glee. – *Dublin, Anne Lee.*    [A 2071
EIRE Dn – GB Lam

The mutual symtoms, wrote by a lady. – *London, G. Kearsly.*    [A 2072
GB Lbm

My banks they are furnish'd. The words by W. Shenstone. – *London, Robert Falkener.*    [A 2073
EIRE Dn – GB Lbm, LEc

— *London, Henry Fougt.*    [A 2074
S Sk, Skma

— *s. l., s. n.*    [A 2075
GB Cfm, Lbm, Lcm, LEc – US Cu

My dear mistress has a heart. The fickle fair. A new song, sung by Mr. Lowe at Marybon-Gardens. – *London, London Magazine, 1751, p. 36.*    [A 2076
GB Lbm

— . . . a new french horn song. – *s. l., s. n.*    [A 2077
GB Lbm, Lcm

— *s. l., s. n.*    [A 2078
GB Lbm (2 Ex.)

New blessings, new life, a favorite air. – *London, Bland & Weller.*    [A 2079
GB Lbm

No move shall the tinkling guitar. – *London, Henry Waylett.*    [A 2080
GB Lbm, Ob – S Ssr – US Wsc

— . . . sung at Sadler's Wells. – *ib., Henry Waylett.*                     [A 2081
GB Lbm

Now the happy knot is ty'd. Colinet. A new song, sung by Mr. Lowe and Mrs. Lampe. – *London, London Magazine, 1759, p. 549.*                     [A 2082
GB Lbm

— *ib., Universal Magazine, 1759, Vol. 25, p. 256.*                     [A 2083
GB Lbm

— *ib., The Lady's Magazine, November 1759.*                     [A 2084
GB Lbm

— *s. l., s. n. (Phillips).*                     [A 2085
GB Lbm

— *s. l., s. n.*                     [A 2086
GB Ckc, Lbm (2 verschiedene Ausgaben) – US Wc

Nymphs and shepherds. Sung by Miss Brent at Ranelagh. – *s. l., s. n.*     [A 2087
GB Ckc, Lbm, Lcm, LEc (2 Ex.) – US Wc

— *London, Robert Falkener.*          [A 2088
GB Lbm – US U (2 Ex.)

— *[ib.], J. Phillips.*                     [A 2089
I Rsc

— . . . sung by Miss Brent at Ranelagh, and by M$^{rs}$ Vincent at Vauxhall Gardens. – *s. l., s. n.*                     [A 2090
GB Lbm – S Ssr

An ode to love. – *London, G. Kearsly.*
                                    [A 2091
GB Lbm (2 Ex.)

Oh – the same is intitled Strephon and Molly. An excellent new Ball-it as sung by Bess Tatter. – *s. l., s. n.*     [A 2092
GB Lbm (3 Ex.), Ob

One morning young Roger. A ballad. – *s. l., s. n.*                     [A 2093
GB Lbm

— . . . a ballad in the modern taste. – *London, The Universal Magazine, 1763, Vol. 32, p. 96.*                     [A 2094
GB Lbm

Peggy or the fickle fair. – *London, G. Kearsly.*                     [A 2095
GB Lcm

Peggy Wynne. – *London, G. Kearsly.*
                                    [A 2096
GB Lbm

Phillis, a pastoral. The words by Mr. Pott, sung by Mr. Vernon at Vauxhall. – *London, John Fentum.*                     [A 2097
GB Lbm

Pitty Patty. A favourite Scotch song, as altered from the tune of the Yellow-hair'd laddie. – *London, London Magazine, 1750, p. 515.*                     [A 2098
GB Lbm

— *ib., The Gentleman's Magazine, 1751, Vol. 21, p. 83.*                     [A 2099
GB Lbm, Lcm

— . . . with the addition of instrumental parts. – *London, Henry Waylett.* [A 2100
GB Ckc, Lbm, Lcm, Ob

— *s. l., s. n.*                     [A 2101
GB Lbm (2 verschiedene Ausgaben)

Platonic love. – *London, G. Kearsly.*
                                    [A 2102
GB Lbm

The pride of May. – *London, G. Kearsly.*
                                    [A 2103
GB Lbm

The retort . . . sung by Mr. Lowe at Vauxhall. – *s. l., s. n.*                     [A 2104
GB Lbm, Lcm

The shepherd's invitation. A favorite Scotch air, sung by Miss Catley. – *London, Longman & Broderip.*                     [A 2105
GB Lbm

The shepherdess. – *London, G. Kearsly.*
                                    [A 2106
GB Lcm – US BAcp

Soft pleasing pains. To Delia (Vocal Melody, Book VII). – *s. l., s. n.*     [A 2107
GB Lbm (2 verschiedene Ausgaben) – US Pu

— *London, Robert Falkener.*          [A 2108
GB Lbm (2 Ex.) – US U

— *ib., Henry Fougt.*                    [A 2109
S Sk

— Trio from a favorite song of Dr. Arne's,
harmonized by R. Langdon. – *London,
Broderip & Wilkinson.*              [A 2110
GB Lbm, Ob

Spring, an ode. Set by Dr. Arne. – *s. l.,
s. n.*                                    [A 2111
GB En – US Cu

— *London, The London Magazine, 1763,
p. 269.*                                  [A 2112
GB Lbm

The street intrigue. Catch a 3 voci, adapt-
ed for the piano forte or harpsichord. –
*London, S. Babb.*                        [A 2113
GB Lbm

Strephon and Phoebe. – *London, G.
Kearsly.*                                 [A 2114
GB Lbm

— *ib., Longman, Lukey & Co.*      [A 2115
GB Lbm, LEc

Strephon of the hill. – *s. l., s. n.*  [A 2116
GB Lcm, P – US Cu

The Sussex toast. A ballad. – *s. l., s. n.*
                                          [A 2117
GB Lbm (2 Ex.) – US Ws

Sweetest of pretty maids. Take me,
Jenny. Sung at Marybone. – *London,
Henry Fougt.*                             [A 2118
S Sk, Skma

— Take me, Jenny. Sung by Mrs. Arne at
Ranelagh. – *s. l., s. n.*                [A 2119
GB Lbm

— ... sung by Mrs. Hutton at the New
Garden & Ranelagh. – *s. l., s. n.*  [A 2120
GB Lbm

The sycamore shade. Sung at Vauxhall. –
*s. l., s. n.*                            [A 2121
GB Lbm, LEc

Timely caution, sung by Mr. Fawcett at
Ranelagh. – *London, Richard Duke.*
                                          [A 2122
GB Lbm

— *ib., John Bland.*                      [A 2123
GB Lbm

The timely warning. – *s. l., s. n.*[A 2124
GB Lbm

To the words that I sing. The new subscription song ... sung by Mr. Lowe at
the Theatre Royal in Drury Lane. – *s. l.,
s. n.*                                    [A 2125
GB Lbm

Vainly now ye strive to charm me. Lotha-
ria. – *London, The Universal Magazine,
1749, Vol. 5, p. 222.*                    [A 2126
GB Lbm

— The morning conversation. A new song
[a parody of the above], by Samuel Foot,
Esq. – *ib., Universal Magazine, 1750,
Vol. 6, p. 270.*                          [A 2127
GB Lbm

— *ib., London Magazine, 1754, p. 372.*
                                          [A 2128
GB Lbm

— *ib., Chloe or the Musical Magazine,
No. 65.*                                  [A 2129
GB Lbm, Ob

— *s. l., s. n.*                          [A 2130
GB Cfm, En, Lbm (2 Ex.), Mp – S Ssr

What means that tender sigh. Excuse for
a love slip. – *London, Henry Fougt.* [A 2131
S Skma, Sk

— Excuse for a love slip. – *s. l., s. n.*
                                          [A 2132
GB Cfm, Lbm (2 Ex.)

When forc'd from dear Hebe to go. Hebe.
A new song. – *London, Universal Maga-
zine, 1764, Vol. 35, p. 205.*             [A 2133
GB Lbm

— *ib., Royal Magazine, 1764, Vol. 10,
p. 213.*                                  [A 2134
GB Lbm

— *ib., Robert Falkener.*                 [A 2135
GB Lbm, LEc

— *ib., Henry Fougt.*                     [A 2136
S Sk, Skma, Ssr

When morn with purple streaks. A favorite Scotch song, sung at Vauxhall. – *Dublin, Elizabeth Rhames.*          [A 2137
EIRE Dn (2 Ex.)

— . . . and the new Scotch air. – *Dublin, Anne Lee.*                        [A 2138
EIRE Dn

Which is the properest day to drink. A favorite glee. – *London, S. Babb.* [A 2139
GB Lbm

— . . . a favourite glee for four voices. – *ib., Robert Falkener.*             [A 2140
GB Lbm

— *s. l., s. n.*                        [A 2141
GB Lbm

— *London, John Bland.*             [A 2142
GB Lcm

— *ib., J. Lawson, No. 305.*         [A 2143
S Uu

— . . . a prize medal glee. – *Dublin, Anne Lee.*                           [A 2144
EIRE Dn

With us alike each season. The seasons. – *London, P. Hodgson.* – [Zuschreibung fraglich].                        [A 2145
S Ssr

Why Caelia this constant upbraiding. Sung by Mr. Jagger at Vauxhall. – *s. l., s. n.*                           [A 2146
GB Lbm

The Wicklow lass. By Mr. A. C., set to the music of Dr. Arne's song of "Affectation a cure of love", with that song also. – *Dublin, Joseph Hill.*    [A 2147
EIRE Dn

Ye fair, from man's infidious love. The retort. Sung by Mr. Lowe at Vauxhall. – *London, London Magazine, 1753, p. 432.*
                                    [A 2148
GB Lbm

Ye sheperds so chearful & gay. Music for Shenstone's pastoral ballad. – *s. l., s. n.*
                                    [A 2149
US Cu

Ye verdant woods. The complaint. The words by a young lady. – *London, G. Kearsly.*                        [A 2150
GB Lbm

You ask me dear Jack. Punch an emblem of the medium of life. – *London, S. Babb.*
                                    [A 2151
GB Lbm, Ouf

INSTRUMENTALWERKE

Six favourite concertos, for the organ, harpsichord, or piano forte: with instrumental parts. – *London, Harrison & Co.* – St.                        [A 2152
D-ddr Dlb – GB Cu, Cfm (unvollständig), Lam, Lbm, Lcm, Ob – US Wc (2 Ex.)

— *s. l., s. n.*                        [A 2153
GB Lbm

Eight overtures in 8 parts, four for violins, hoboys or german flutes, and four for violins, french horns, &c. with a bass for the violoncello & harpsicord. – *London, John Walsh.* – St.             [A 2154
D-brd Hs, Mbs – F Pc – GB Bu, Ckc, Lam, Lbm (3 Ex.), Lcm, Mp – S Skma – US AA, CHH, NH, R, Wc

A fourth book of hornpipes in which is that celebrated hornpipe danc'd by Mrs. Vernon in the Beggars opera . . . for the harpsichord, violin or german flute. – *London, John Walsh.*             [A 2155
GB Lbm

Twenty four minuets in three parts . . . selected . . . by Mr. Settree. – *London, Settree, Rutherford.*             [A 2156
SD S. 237
E Mn

Six medley or comic overtures in seven parts, for violins and hoboys with a bass for the harpsichord and violoncello. – *London, John Walsh.* – St.       [A 2157
SD S. 229
GB Lam, Lbm (2 Ex.) – US U

Four new overtures or symphonies in eight and ten parts for violins, tenors, oboes, horns, flutes, &c. – *London, John Johnston.* – St.                     [A 2158
GB Lbm – S Skma

VII Sonatas for two violins, with a thorough bass for the harpsicord or violoncello ... opera terza. – *London, John Walsh.* – St.                    [A 2159
**GB** Lam, Lbm, Mp – **US** BE, CHua, LAuc, NH, R, Wc

VIII Sonatas or lessons for the harpsichord. – *London, John Walsh.*    [A 2160
**F** Pc (2 Ex.) – **GB** Cu (unvollständig), Ckc, Er, Lbm, Lcm, Lu, LEbl – **I** Rsc – **NL** DHgm – **S** Skma – **US** Bp, NH (2 Ex.), U, Wc (2 Ex.)

*John A. Parkinson*

# ARNOLD Georg (I)

*1651.* Liber primus sacrarum cantionum de tempore ct sanctis a 2. 3. 4. & 5. vocibus ac instrumentis concertantibus. – *Nürnberg, Autor, Michael Endter, 1651.* – St.                    [A 2161
**D-ddr** Dlb (1, 4/5) – **S** STd (kpl.: 1, 2, 3, 4/5, bc; Stimmen sind beschädigt)

*1656.* Operis secundi liber I. missarum: psalmorum: et Magnificat a quinque vocibus & duobus violinis, e viola in concerto: trombonis aut violis pro libitu ad concertantes voces quatuor ... cum speciali basso pro organo. – *Innsbruck, Michael Wagner, 1656.* – St.                    [A 2162
SD
**D-brd** Rp (A I) – **GB** Lbm (A, T I, T II, B I, B II, vl I, vlne) – **S** Uu (S I, S II, A, T I, B I, vl I, vl II, A I rip., T I rip., T II rip., B II rip., cnto I, cnto II, vlne)

*1659.* Canzoni ariae ct sonatae una, duabus, tribus & quatuor violis, cum basso generali ... opus tertium. – *Innsbruck, Michael Wagner, 1659.* – St.                    [A 2163
**F** Pn (vl I, vl II, org) – **GB** Lbm (vla) – **S** Uu (kpl.: vl I, vl II, vl III/vla, vla/fag, org)

*1661.* Lib. II. opus IV. sacrarum cantionum de tempore et sanctis a 4. 5. 6. & 7. vocibus ac instrumentis concertantibus. – *Innsbruck, Michael Wagner, 1661.* – St.                    [A 2164
**D-brd** Mbs (S II, vl I, vl II, 6, 7, bc)

*1662.* Psalmi de Beata Maria Virgine cum Salve Regina, Ave Regina, Alma Redemptoris Mater, et Regina Coeli à 5. vel 6. 3. vocibus & 2. violinis concertantibus, cum viola ad libitum ... opus secundum. – *Innsbruck, Michael Wagner, 1662.* – St.                    [A 2165
**GB** Lbm (S I, B, bc)

*1663.* Psalmi vespertini, a 4., 2. vocibus & 2. violinis concertantibus, vel 7. 10. aut etiam 15. ad placitum. – *[Bamberg], Johannes Elias Höffling (Wolfgang Eberhard Felsecker), 1663.* – St.                    [A 2166
SD 1663²
**D-brd** BAs (S I, S II, A, T, B, vl II, vla, violetta, org) – **D-ddr** Dlb (S I [unvollständig], S II, A, T [unvollständig], vl I) – **PL** WRu (kpl.: S I, S II, A, T, B, vl I, vl II, violetta, vla da braccia, vla, org) – **S** Uu (kpl.)

*1665.* Opus sextum. Tres missae pro defunctis et alia missa laudativa à 4. 5. 7. & 3. vel 4., Viol. ad placitum. – *Bamberg, Autor. 1665.* – St.                    [A 2167
**D-ddr** Dlb (S I, T, vl II, violetta [nur S I vollständig]) – **F** Pn (S I, S II, A, T, B, vl I, vl II, violetta, vla, org)

*1672a.* Prima pars. Quatuor missae à 6. o. 9. Cant, Alt, Tenor & Baß cum 2. Violini concert: & 3. Viola ad placitum. – *Bamberg, Autor (Wolfgang Eberhard Felsecker), 1672 (einige Stimmen 1673; org [Titel: Missarum quaternio ... ] 1675).* – St.                    [A 2168
**A** Wgm (fehlt violetta), Wn – **D-ddr** Dlb (S) – **F** Pn (fehlt vla da braccia I)

*1672b.* Mottetae tredecim selectissimae de nomine Jesu, ejusque sacratissima Virgine Matre Maria ... olim unâ & solâ voce, nunc verò duobus aut quatuor instrumentis ad libitum exornatae. – *Kempten, Rudolf Dreher (Typographia Ducalis Monasterii), 1672.* – St.                    [A 2169
**GB** Lbm (violetta, viola da braccia)

# ARNOLD Georg (II)

Seelen-Artzney (Unser keiner lebet ihm selber) bey ansehnlichem Leichbegängnis Johann Jacobs Herrn Johann Weissens ... hertzlieben Söhnleins, in musicalischer Form zugerichtet mit 4. Stimmen. – *Mühlhausen, Johann Hüter, 1661.* – P.                    [A 2170
**D-brd** Gs

## ARNOLD Johann

Dem Durchlauchtigsten Hochgebohrnen Churfuersten zu Sachsen und Burggraffen zu Magdeburg, Herrn Herrn Johann Georgen &c. dem Ersten, an dem Hochfuerstlichen Altenburgischen Beylager, so gehalten in Dreßden, den 11. Octob. Anno 1652. Zu sonderbahrer hohen Lust- und Freuden-Erweckung, in aller Unterthaenigkeit in eine Sonada gesetzt, geblasen, und mit hier angehengten Wunsche allerdemuetigst uebergeben. – *Dresden, Wolfgang Seyfert, (1652).* – P. (f. 5 Bläser)                            [A 2171
**D-brd** Mbs

## ARNOLD Johann Georg

Deux concerts pour le clavessin avec le violon. – *Nürnberg, Balthasar Schmids Witwe, No. 56.* – St.                [A 2172
**GB** Lbm

## ARNOLD John

The Compleat Psalmodist. In four books. Containing I. An Introduction to . . . musick . . . II. Great variety of chanting-tunes, together with eighteen anthems . . . III. The whole book of psalms, containing near two hundred . . . tunes, collected from the best authors . . . with above fifty new tunes never before in print . . . IV. A select number of divine hymns . . . with several canons . . . the whole is composed in four parts . . . for either voice or organ. – *London, A. Pearson, for the author, 1741 (book II/III: 1740).* – P.
                                    [A 2173
**GB** Lbm

— The Compleat Psalmodist . . . Containing I. An introduction to . . . music. II. A set of services, commonly called chanting-tunes; together with four and twenty . . . anthems . . . III. The whole book of psalm-tunes . . . with several new tunes . . . IV. A set of divine hymns. . . . with several canons . . . the whole is composed for one, two, three, four, and five voices . . . the second edition, with large additions. – *ib., Robert Brown, for the author, 1750 (book II/IV: 1749).* – P.    [A 2174
**D-brd** B – **GB** Lbm, Mp, Ob – **US** NYp, BRc

— The Compleat Psalmodist . . . Containing I. An introduction to the grounds of music . . . To which is added, a new alphabetical dictionary, explaining . . . all such Greek, Latin, Italian and French words as are generally made use of in music. II. A set of services, commonly called chanting-tunes; together with four and twenty . . . anthems . . . III. The whole book of psalm-tunes; containing near two-hundred different tunes . . . IV. A set of divine hymns . . . with several canons . . . the third edition, with large additions. – *ib., Robert Brown, C. Hitch, 1753.* – P.                    [A 2175
**GB** Cu, Gtc, Lbm, Mp – **US** FW, Hm, Pu, Ps

— . . . the fourth edition corrected with large additions. – *ib., Robert Brown, 1756.* – P.                            [A 2176
**GB** En, Gm, Mp(unvollständig) – **US** FW, NH, Ps

— The Compleat Psalmodist: or the organist's, parish-clerk's and psalm-singer's companion. Containing I. A new and compleat introduction to the grounds of music . . . II. A set of services, commonly called chanting-tunes; together with five-and-thirty . . . anthems . . . III. A set of grave and solemn psalm-tunes . . . containing near one hundred different tunes . . . IV. A set of divine hymns . . . with several canons . . . the fifth edition, corrected, with large additions. – *ib., C. Hitch & L. Hawes (Robert Brown), 1761.* – P.
                                    [A 2177
**GB** Lbm, Lcm, Mp, Ob – **US** Hm, NH, Ps, PRs

— . . . the sixth edition, corrected, with large additions. – *ib., Dryden Leach, for J. Buckland, 1769.* – P.        [A 2178
**GB** Gm, Ge, Lbm, Lcm, Mp – **US** Ps, SA

— . . . the seventh edition, with large and new additions. – *ib., J. Buckland, J. F. & C. Rivington, S. Crowder, T. Longman & B. Law (G. Bigg), 1779.* – P.    [A 2179
**GB** Gtc, Lbm, Lsc – **B** Br – **US** Ps, PRs

— A supplement to the Complete Psalmodist; containing a new sett of capital anthems . . . to which are added a new sett of psalm tunes . . . composed by several eminent masters. – *ib., Longman & Broderip, for the author.* – P.    [A 2180
**GB** Lcm

The Psalmist's Recreation. Containing select portions of the psalms, properly adapted to a set of psalm-tunes entirely new, composed for four voices . . . for the use of country choirs, to which is added, an excellent anthem, composed for four voices, with a thorough bass for the organ or bassoon. – *London, C. Hitch & L. Hawes (Robert Brown), for the author, 1757.* – P.                    [A 2181
GB Lbm

The Leicestershire harmony. Containing a set of excellent psalm-tunes and anthems, entirely new, also, two new chanting-tunes for Te Deum and Magnificat, the whole composed, in modern taste, for four voices. – *London, C. Hitch & L. Hawes (Robert Brown), for the author, 1759.* – P.
[A 2182
GB Gtc, Lbm (2 Ex.), Ob – US Eg, NYp, Ps

— . . . the second edition. – *ib., J. Purser, 1767.*                                             [A 2183
GB GLc, Lbm, Ob – US NH, HO

Church Music Reformed: or the Art of Psalmody universally explained unto all people. Containing, I. A new introduction to the grounds of music . . . To which is prefixed a prefatory discourse on the present use of psalmody . . . II. Select portions of the psalms of David, properly adapted to a set of grave and solemn psalm-tunes, both ancient and modern . . . with three . . . hymns. – *London, Robert Brown, for the author, 1765.* [A 2184
B Br – GB Lbm (2 Ex.) – US Hm

The Essex harmony: being a choice collection of the most celebrated songs and catches, for two, three, four and five voices: from the works of the most eminent masters . . . the third edition with large additions . . . by J. Arnold [Vol. 1]. – *London, Robert Brown, 1767.*      [A 2185
SD S. 166
C SA – GB BENcoke, Ckc, Lbm – US Cu, CHH, U

— . . . Vol. I, the third edition, with additions by John Arnold. – *ib., J. Buckland, B. Law & S. Crowder (A. Rivington & J. Marshall), 1786.*                          [A 2186
SD S. 166

GB Cfm, Ckc (2 Ex.), Cu, En, Gm, Ouf – US BE, LAuc, Pu, R

— . . . Vol. 1. the fourth edition, with large additions by John Arnold. – *ib., Robert & M. Brown, 1774.*         [A 2187
SD S. 167
GB Ckc, Ge, Lbm, Lcm, LVp – NL DHk

— The Essex Harmony . . . being an entire new collection of . . . songs and catches, canzonets, canons, and glees, for two, three, four, five, and nine voices . . . Vol. II. – *ib., Robert & M. Brown, 1769.*
SD S. 166                                     [A 2188
GB BENcoke, Ckc (2 Ex.), Gm, Ge, Lbm, Ouf – US Cu, PHu, U, Wc

— *ib., J. Buckland, 1791.*            [A 2189
SD S. 167
US LAuc (2)

— *ib., Bland & Wellers.*              [A 2190
SD S. 167
GB DU, Eu, Gm, Lbm, LVu, Mp, Ob – US CA, IO, Wc

— . . . Vol. II., the second edition with large additions by John Arnold. – *London, J. Buckland & S. Crowder (G. Bigg), 1777.*                                     [A 2191
SD S. 167
GB Cfm, Ckc, Gm, Lbm, LVp, LVu, Mp – NL DHk – US BE, Pu, R

— . . . the third edition, with additions. – *ib., J. Buckland, B. Law & S. Crowder (A. Rivingston & J. Marshall).* [A 2192
SD
GB Bp (unvollständig) – US Pu, R

Catch Club harmony, being an entire new set of catches &c. for three and four voices. – *London, Longman, Lukey & Co.*
[A 2193
DK Kk

## ARNOLD Samuel

MUSIK ZU BÜHNENWERKEN

The agreeable surprise

The agreeable surprise. A comic opera in two acts . . . for the voice, harpsichord, or violin, op. XVI. – *London, J. Bland.* – P.
[A 2194

117

✓ C Tu – **GB** Bp, Ckc (2 Ex.), Cpl, Lbm, Lcm, Mp, Ob – **US** Bp, BO, CA, I, Wc

— ... a comick opera in two acts (in: Piano-Forte Magazine, vol. I, Nr. 1). – *ib., Harrison & Co.* – KLA.     [A 2195
✓ C Tu – **D-brd** Mbs – **NL** At – **US** Cn, CA, Wc

Airy pleasure is inviting. The favourite rondo. – *Dublin, Elizabeth Rhames.* [A 2196
**EIRE** Dn

Amo, Amas [Song]. – *[London ], P. Evans.*                            [A 2197
**GB** Lbm – **US** U

— *Dublin, John Lee.*         [A 2198
**GB** Lbm

— *s. l., R. Ross.*           [A 2199
**GB** Lbm

Bustle & stir in my shop [Song]. – *Dublin, John Lee.*               [A 2200
**EIRE** Dn (unvollständig) – **GB** Lbm

The charming fellow [Song]. – *Dublin, John Lee.*              [A 2201
**GB** Lbm

What posies and roses [Song]. – *Dublin, Joshua Stokes.*           [A 2202
**GB** Lbm

Auld Robin Gray

Auld Robin Gray. A pastoral entertainment ... the music ... selected and composed by Dr. Arnold ... opera 36. – *London, Preston & son.* – KLA.     [A 2203
**GB** En, Gm, Lbm, Lcm, Ob – **US** Bp, Bc, BE, Cn, Wc

The cries of London, a favorite song. – *London, Goulding.*         [A 2204
**US** Cn

— The London cries. – *ib., Preston & son.*                        [A 2205
**US** PL

'Twas on a Christmas day. A favorite song. – *London, Goulding.*     [A 2206
**US** Pu

Bannian day

Bannian day [A musical entertainment] ... op. 39. – *London, Longman & Broderip.*           [A 2207
**GB** Gu, Lbm, Lcm, Ob

The battle of Hexham, or Days of Old

The battle of Hexham, or Days of Old ... opera XXXII. – *London, Longman & Broderip.* – KLA.       [A 2208
**US** Wc

— *ib., Clementi & Co.*       [A 2209
**US** Wc

The overture, songs, chorusses ... opera XXXII. – *London, Longman & Broderip.*                [A 2210
✓C Tu – **EIRE** Dn – **GB** Gu, Gm (2 Ex.), Lbm, Ob – **US** Bp, BE, R (unvollständig), Ws

The admired Glee and Catch. – *Dublin, Hime.*           [A 2211
**GB** Lbm

Moderation and alteration [Song in: Walker's Hibernian Magazine, Appendix, 1789]. – *Dublin, 1789.*     [A 2212
**GB** Lbm

— *ib., Elizabeth Rhames.*     [A 2213
**EIRE** Dn

The two marches [pf]. – *Dublin, John Lee.*           [A 2214
**EIRE** Dn

— *ib., Elizabeth Rhames.*     [A 2215
**EIRE** Dn

A beggar on horseback

Who wou'd not up to London come. The favourite song. – *London, Harrison & Co.*          [A 2216
**GB** Lbm

The birth day, or The Prince of Arragon

The birth-day, or The Prince of Arragon. An opera in two acts ... opera XXI. – *London, author.* – KLA.     [A 2217
**GB** Lbm (2 Ex.) – **US** Wc

Britain's glory, or A trip to Portsmouth
Hopes, doubts, & fears. The bells are

begun . . . in the entertainment of Britain's glory. – *London, Preston & son.*
[A 2218
US NYp, Pu

Cambro Britons

Cambro Britons. An historical play . . . op. 45. – *London, Longman & Broderip.* – KLA.                          [A 2219
GB Lbm, Lcm, Mp, Ob – US R (2 Ex.), Wc (2 Ex.), I

The castle of Andalusia (Pasticcio)

The castle of Andalusia. A comic opera . . . the overture, chorusses, new airs . . . composed by Dr. Arnold . . . op. XX. – *London, J. Bland.* – KLA.        [A 2220
SD S. 122
C Tu – F Pc – GB Ckc, CDp, Ge, Lbm, Lcm, Mp, Ob – US Bp, BE, Cn, NYp, Wc

— *ib., G. Goulding.*                       [A 2221
SD
D-ddr Dlb – GB Lcm, Mp

— . . . (in: Piano-Forte Magazin, vol. VII, Nr. 10). – *ib., Harrison, Cluse & Co., No. 108–112.*                              [A 2222
SD
D-brd Mbs

— *Dublin, John Lee.*                       [A 2223
SD
EIRE Dn

— . . . adapted for the german flute or violin. – *London, J. Bland.*        [A 2224
SD
NL DHgm

Songs, duets, trios, &c. . . . II[th] edition. – *London, T. Cadell.*             [A 2225
SD S. 371
US U

Flow thou regal purple stream. A favorite song. – *Dublin, Hime.*             [A 2226
GB Mp

The hardy sailor braves the ocean. A favorite song. – *London, J. Bland.* [A 2227
GB Lbm – US Bh, Pu, Wc, Ws

The children in the wood

The children in the wood. A comic opera in two acts for the piano-forte, harpsi-chord, violin, &c. . . . op. 35. – *London, Longman & Broderip.* – KLA.    [A 2228
GB Bu, Ckc, Cu, Lbm, Lcm, Mp, Ob – US BE, CA, NH, NYp, R, Wc

— . . . adapted for the german flute. – *ib.*
[A 2229
D-brd Hs – GB Ep, Gm (unvollständig)

Overture. – *New York, G. Gilfert.* [A 2230
US PHf

Love makes toil a pleasure. A favorite duett. – *Dublin, Hime.*             [A 2231
GB Lbm

O, my love, my love! [Song]. – *Dublin, Elizabeth Rhames.*                [A 2232
EIRE Dn

See, brother, see. The favorite bird song . . . arranged for the piano forte. – *Dublin, Hime.*                            [A 2232a
GB Lbm

— . . . a favorite song. – *New York, G. Gilfert.*                            [A 2233
US Wc (2 Ex.)

Soft spirit of my love. The favorite air. – *London, G. Goulding.*          [A 2234
US Pu

There was Dorothy Dump. A favorite song. – *London, Longman & Broderip.*
[A 2235
US Pu

When first to Helen's lute [Song]. – *Dublin, Edmund Lee.*             [A 2236
GB Lbm

When love gets you fast in her clutches. – *[London], Longman & Broderip.* [A 2237
US PL

Young Simon in his lovely Sue. The favorite duett. – *New York, G. Gilfert & Co.*
[A 2238
US PHf

The corsair, or The Italian nuptials

The grand march [G]. – *London, Wigley & Bishop.*                            [A 2239
S Skma

119

The dead alive

See a nymph so brisk and witty. Motley's
song. – *Dublin, John Lee.*        [A 2240
**GB** Lbm

The enchanted wood

The enchanted wood ... op. 35. – *London,
Smart.* – KLA.                     [A 2241
**GB** Gu, Lbm, Lcm, Mp – **US** Bp, NYp, Wc

O let me in those ringlets stray. A favorite
song. – *London, Smart.*           [A 2242
**US** Pu

The enraged musician

The enraged musician. A musical enter-
tainment founded on Hogarth ... op.
XXXI. – *London, Longman & Broderip.*
                                   [A 2243
**GB** Gu, Lbm, Ob – **US** BE, PHu

Fairies revels, or Love in the Highlands

Fairies revels. or Love in the Highlands
(in: Arnold's works, vol. 14). – *London,
s. n., 1766 ff.* – KLA.            [A 2244
**US** Wc

False and true

False and true [Musical comedy ...] for
the voice, piano forte, harpsichord, violin,
&c. ... opera 46. – *London, author.*
                                   [A 2245
**GB** Lbm, Mp

Fatal curiosity

Cease, cease hearteasing tears. Air. –
*London, Longman & Broderip.*    [A 2246
**GB** Lbm

Fire and water

Cast my love, thine eyes around. The
much admir'd new medley ... in the
comic opera. – *[London]*, Straight. [A 2247
**GB** Lbm

Sure t'would make a dismal story. A favourite song. – *s. l., s. n.*     [A 2248
**GB** Lbm

— *Dublin, Elizabeth Rhames.*      [A 2249
**EIRE** Dn

The genius of nonsense

The genius of nonsense. An original, whimsical, operatical, pantomimical, farcical,

electrical, naval and military extravagan-
za ... for the voice, harpsichord and violin ... [opera XXVIII]. – *London, Harrison & Co., for the author, 1784.* – KLA.
                                   [A 2250
**GB** Gu, Lbm, Ob, Ouf – **US** Bp

— ... for the german flute. – *ib.*  [A 2251
**GB** Gm

Oh follow then where nonsense points
[Song] (in: The European Magazine, Aug.,
1782). – *London, J. Fielding, (1782).*
                                   [A 2252
**GB** Lbm

The gnome

Smiling Nan. A favourite sea song ...
in the entertainment of the Gnome. –
*London, Harrison & Co.*           [A 2253
**GB** Lbm

Gretna Green

Gretna Green. A comic opera ... con-
sisting of Italian, French, Irish, English
& Scotch music, the overture by Dr. Ar-
nold. ... opera XXII. – *London, John
Preston.* – KLA.                   [A 2254
**C** Tu – **GB** Er, Lbm, Lcm (2 Ex.), Ob – **US** Cn,
Wc

Harlequin Dr. Faustus

The songs, tunes, and dances ... for the
harpsichord, german-flute or violin. –
*London, Welcker.*                 [A 2255
**GB** Lbm, Lcm – **US** AUS, Bp, Wc

Harlequin Teague, or The giant's cause-
way

The overture, songs, duet, chorusses,
comic-tunes & glee in the speaking pantomime ... opera XIX. – *London, Samuel,
Anne & Peter Thompson.* – KLA. [A 2256
**GB** Lbm – **EIRE** Dn – **US** CA

Fal de ral tit. A favourite song. – *London,
Samuel, Anne & Peter Thompson.* [A 2257
**GB** BA, DU, Lbm – **US** Pu

— *Dublin, J. Lee.*                [A 2258
**GB** Lbm

How to be happy

Rude the wind unkind the shower [Song]

. . . in the new comedy. – *London, Preston & son.*                                    [A 2259
**GB** Lbm, Mp

Hunt the slipper

Hunt the slipper. A musical farce . . . for the voice, harpsichord, and violin, opera XXVI. – *London, Harrison & Co., for the author, 1784.*                          [A 2260
**GB** Gu, Lbm, Lcm, Ob

Inkle and Yarico

Inkle and Yarico. A comick opera . . . adapted for the voice, harpsichord, piano forte &c. . . . opera XXX^th. – *London, Longman & Broderip.* – KLA.     [A 2261
**D-ddr** LEm – **GB** Ckc (2 Ex.), Cpl, CDp, Eu, Gm, Gu, Lbm, Lcm, Mp, Ob (unvollständig) – **EIRE** Dn – **US** Bp, BE, CA, NH, NYp, R, Wc

– . . . adapted for the german flute. – *ib.*                                        [A 2262
**GB** Gm

– . . . adapted for the guitar. – *ib.* [A 2263
**GB** Lbm, Ob

Overture [pf]. –  *London, Longman & Broderip.*                             [A 2264
**GB** CDp

Ah will no chance of clime. A favorite song. – *Philadelphia, G. Willig.* [A 2265
**US** Wc

Come let us dance and sing. The favourite finale (in: Walker's Hibernian Magazine, Feb., 1788). – *[Dublin], s. n., (1788).*                                        [A 2266
**GB** Lbm

– . . . the admired finale. – *[Dublin], Elizabeth Rhames.*                    [A 2267
**EIRE** Dn

Fresh and strong the breeze is blowing. A much admires and justly favorite song. – *London, Longman & Broderip.* [A 2268
**US** Cn, U

– *Philadelphia, G. Willig.*             [A 2269
**US** PHf

– *[Baltimore, J. Carr].*               [A 2270
**US** Wc, WOa

Oh say simple maid have you form'd any notion. A favourite ballad. – *London, Longman & Broderip.*             [A 2271
**A** Wn – **I** Rsc

– *ib., Longman, Clementi & Co.* [A 2272
**GB** Lbm

– . . . a favorite dialogue and duet. – *Dublin, Elizabeth Rhames.*          [A 2273
**EIRE** Dn – **US** Wc

– . . . the much admir'd duetto. – *ib., Hime.*                                     [A 2274
**GB** Lbm

Our grotto was the sweetest place. A . . . song. – *Dublin, H. Mountain.*     [A 2275
**EIRE** Dn

Remember when we walked alone. A . . . song. – *[London], Longman & Broderip.*                                    [A 2276
**GB** BA – **I** Rsc

Simplicity, thou fav'rite child. An additional song. – *[London], Longman & Broderip.*                             [A 2277
**GB** Gu, Lbm, Mp – **I** Rsc

What citadel so proud can say. An additional song. – *[London], Longman & Broderip.*                             [A 2278
**GB** Gu, Lbm – **US** Pu

When thirst of gold enslaves the mind. The negro boy. – *[Baltimore], B. Carr.*                                       [A 2279
**US** Wc

White man don't leave me. A favorite ballad. – *[London], Longman & Broderip.*                                     [A 2280
**GB** Lbm

White man never go away. An admired ballad. – *s. l., s. n.*                     [A 2281
**GB** Lbm

The Italian monk

The overture to [and songs in] . . . adapted for the piano forte and the harpsichord, op. 43. – *Westminster, author.*    [A 2282
**GB** Lbm, Lcm (2 Ex.) – **US** Pu

Lilliput

The overture, song and airs (in: Arnold's works, vol. 1). – *London, s. n., 1766 ff.* – KLA.                                                       [A 2283
US Wc

Love and money, or The fair Caledonian

Love and money, or The fair Caledonian . . . composed and selected by Dr. Arnold, op. 38. – *London, Preston & son.*     [A 2284
GB Gm, Lbm, Ob

Macbeth

The favourite Scotch airs in score, for two violins, two hautboys, two french horns, a viola & violoncello with a thorough bass for the harpsichord or the piano forte, as they are perform'd in . . . Macbeth . . . to which is added the march in Bonduca. – *London, W. Warrell.* – P.
[A 2285
GB Lbm

The maid of the mill (Pasticcio)

The maid of the mill. A comick opera . . . for the voice, harpsichord or violin. – *London, Robert Bremner.*          [A 2286
SD S. 228
C Tu – D-brd KIl (unvollständig) – EIRE Dn – F BO, Pn (unvollständig) – GB Ckc, Cu, Gm, Gu, Lam, Lbm (2 Ex.), Lcm (3 Ex.), Lcs, Lgc, LVu, Mp, Ob – US BE, I, NYp, U, Wc (2 Ex.), Ws

— *ib., Preston & son.*                    [A 2287
SD S. 228
A Wn – GB Bp, Lcm, LEc, Mp – US Wc

— *ib., Harrison, Cluse, No. 80–83.* [A 2288
SD S. 228
GB Lbm (unvollständig) – US BE

— *[London ], s. n.*                        [A 2289
SD
US BE, NYp

Hist, hist I hear my mother call (in: A select collection of the most admired songs . . .). – *Edinburgh, John Corri.*     [A 2290
I Mc

Mother Shipton

The overture, songs and comic tunes in the pantomime entertainment. – *London, Welcker.*                                     [A 2291
GB Cpl, Lbm, Lcm – D-ddr GOl – US Wc

The mountaineers

The mountaineers . . . the music selected and composed by Dr. Arnold, opera 34. – *London, Preston & son.* – KLA.     [A 2292
C Tu – GB Cu, Lbm, Lcm, LVu, Mp (3 Ex.), Ob – EIRE Dn – NL Uim – US Bp, BE, PHu, R (2 Ex.), U, Wc, I

— *ib., Joseph Dale.*                     [A 2293
US CA, Wc

— . . . adapted for the german flute. – *ib., Preston & son.*                     [A 2294
GB Ckc

Bewailing. A favorite song. – *Dublin, Hime.*                                       [A 2295
US Wc

Faint and wearily the way-worn traveller [Duet]. – *London, Preston & son.* [A 2296
GB BA, Cfm, Lbm (2 Ex.) – US U

— *Dublin, J. Kearns.*                    [A 2297
US Ws

— *New York, I. C. Moller.*             [A 2298
US NYmc

— . . . [with accompaniment for pianoforte and two flutes]. – *Philadelphia, Carr & Co.*                                    [A 2299
US AUS, Bp, PHf, R, Wc

— arranged as a rondo for the piano forte by Clement Smith. – *London, Preston & son.*                                          [A 2300
US Pu

— . . . for two flutes (in: The gentleman's amusement . . .). – *[Philadelphia ], s. n., (1796).*                                     [A 2301
US NYfuld

Moorish march. – *Boston, s. n., [1796 ].*
[A 2302
US PHf

The Muleteer's glee. A much admired glee. – *Dublin, Hime.*                        [A 2303
GB Lbm

Oh happy tawny moor [Duet]. – *London, Preston & son.*                             [A 2304
GB Lbm – I Nc

— *Dublin, Benjamin Cooke.*           [A 2305
US Ws

— *New York, G. Gilfert.*          [A 2306
US Wc

— *New-York – Philadelphia-Baltimore,*
*J. Carr.*                          [A 2307
US Wc

When the busy toil of day is done. And
little birds sing cheerily. The favorite air.
– *London, G. Goulding.*            [A 2308
GB Lbm – US PL

When the hollow drum. A favorite song. –
*London, Preston & son.*            [A 2309
US Pu, U

— *New-York, G. Gilfert.*           [A 2310
US PHf

— *New-York – Philadelphia-Baltimore,*
*J. Carr.*                          [A 2311
US Wc (2 Ex.)

— *Dublin, Edmund Lee.*             [A 2312
F Pn

— *s. l., s. n.*                    [A 2313
D-brd W

New Spain, or Love in Mexico

New Spain, or Love in Mexico. An opera
. . . the music intirely new, composed &
adapted for the harpsichord, piano-forte
or violin . . . op. XXXIII. – *London, Long-*
*man & Broderip.* – KLA.           [A 2314
GB Ckc, Gu, Lbm, Ob – US BE, Cn, Wc

Obi, or Three-fingered Jack

The overture, songs, chorusses & appropriate music in the grand pantomimical
drama . . . with selections from the most
eminent masters, arranged for the voice
& piano forte, op. 48. – *London, Longman,*
*Clementi & Co.* – KLA.            [A 2315
GB Lbm, Lcm, Mp – US Cu, Wc

The Spanish guitar [Song]. – *London, T.*
*Jones.*                            [A 2316
GB Lbm, Gm (ohne Impressum, Teil einer grö-
ßeren Sammlung)

Peeping Tom of Coventry

Peeping Tom of Coventry. A comick opera
in two acts . . . for the voice, harpsichord

and violin, opera XXV. – *London, Harri-*
*son & Co, for the author, 1784.* – KLA.
                                    [A 2317
C Tu – D-brd Mbs – GB Cu, Gu, Lbm, Lcm, Mp
(2 Ex.), Ob – EIRE Dn – US Bp, BE, CA,
Wc, Ws

— *London, s. n.*                   [A 2318
US LAuc

The favorite overture . . . adapted for the
harpsichord or piano forte. – *Edinburgh,*
*Stewart.*                          [A 2319
GB Gu

— *London, Bland & Weller.*         [A 2320
GB Lbm

The rush-light, an additional song. –
*London, Thomas Skillern, for B. Wood.*
                                    [A 2321
GB Lbm, Gu – US Wc

— *Dublin, Joseph Hill.*            [A 2322
EIRE Dn

— *[Dublin], Edmund Lee.*           [A 2323
GB Lbm

— *Philadelphia, Carr & Co.*        [A 2324
US PHf

The portrait

The portrait. A burletta. – *London, Jo-*
*seph Welcker.* – KLA.              [A 2325
GB Lbm – US BE, NH, Wc

The review, or The wags of Windsor

The review, or Wags of Windsor. A comic
opera . . . op. 52. – *London, J. & H. Caul-*
*field.* – KLA.                     [A 2326
US CA

The shipwreck

The shipwreck. A comic opera in two acts.
. . . op. 40. – *London, Longman & Bro-*
*derip.* – KLA.                     [A 2327
C Tu – GB Gu, Lbm, Lcm, Ob – US Bp, BE, ✓
CA, Wc, WGw

— *ib., s. n.*                      [A 2328
US NH

Come buy who'll buy. Come buy poor Sally's wooden ware. Little Sally. A favorite

ballad. – *London, Longman & Broderip.*
[A 2329
**GB** Lbm

— *s. l., for the author.* [A 2330
**US** AUS

— *Dublin, Gough.* [A 2331
**US** Lu

— *New-York, Hewitt; Philadelphia-Baltimore, Carr.* [A 2332
**US** Bp, Wc (4 Ex.)

— *New-York, George Gilfert.* [A 2333
**US** Wc

In dear little Ireland. A favorite duett. –
*New-York, G. Gilfert.* [A 2334
**US** Wc (2 Ex.)

On board the valiant. And hear her sigh
Adieu! A favorite song. – *New-York, J.
Hewitt; Philadelphia-Baltimore, Carr.*
[A 2335
**US** PRO, Wc (2 Ex.)

— *New-York, G. Gilfert.* [A 2336
**US** Wc

When on the ocean we plough'd the salt
sea. – *New-York, George Gilfert.* [A 2337
**US** Wc

The siege of Curzola

The siege of Curzola. A comic opera ...
adapted for the voice & harpsichord ...
opera XXIX. – *London, Longman &
Broderip.* – KLA. [A 2338
**GB** Ckc, Gu, Lbm, Lcm, Ob – **US** Wc

Your wise men all declare. The "Je ne sçai
quoi". A favourite song. – *London, Longman & Broderip.* [A 2339
**GB** Lbm, Ob, Gu

— *Dublin, J. Hill.* [A 2340
**EIRE** Dn (2 Ex.)

— *ib., Elizabeth Rhames.* [A 2341
**EIRE** Dn

The sixty-third letter

The sixty-third letter ... op. 53. – *London,
Bland & Weller.* – KLA. [A 2342
**US** Wc

The son-in-law

The son-in-law. A ... comic opera ...
for the voice & harpsichord, or violin,
op. 14. – *London, James Blundell.* – KLA.
[A 2343
**C** Vm – **GB** BA – **US** CA, NYp, Wc

— *ib., John Preston.* [A 2344
**C** L – **US** CA, Wc

— ... (in: Piano-Forte Magazine, vol.
VII, Nr. 9). – *ib., Harrison, Cluse & Co.,
No. 106–107.* [A 2345
**D-brd** Mbs

Alla stagion novella. The favourite song
... (adapted for the guittar, in: Hibernian Magazine, July, 1781). – *[Dublin],
s. n., (1781).* [A 2346
**GB** Lbm

Goddess of the magic Cestus. A favourite
song. – *Dublin, John Lee.* [A 2347
**GB** Lbm

My true love far away. A favourite song.
– *London, John Preston.* [A 2348
**GB** Lbm

— ... the first favourite song. – *Dublin,
John Lee.* [A 2349
**EIRE** Dn – **GB** Lbm

Signor Cranky addio. – *Dublin, John
Lee.* [A 2350
**GB** Lbm

When hairs are gray [Song]. – *Dublin,
John Lee.* [A 2351
**EIRE** Dn – **GB** Lbm

The Spanish barber

The Fandango overture, airs, &c. ... op.
XVII [mit einigen Gesangsstücken von
Monsigny]. – *London, J. Bland.* – KLA.
[A 2352
**GB** Cfm, Ckc, Gm, Lbm, Ob – **US** Bp

— ... (in: Piano-Forte Magazine, vol.
VIII, Nr. 5). – *ib., Harrison, Cluse & Co.,
No. 122–123.* [A 2353
**D-brd** Mbs

— . . . a new comic opera . . . for the german flute. – *ib., 1784.*                    [A 2354
GB Gm

Spring the soul firing. A favorite song. – *London, Longman & Broderip.*        [A 2355
GB Lbm

Tell tale eyes. A favourite French air. – *Dublin, John Lee.*                       [A 2356
GB Lbm

— . . . (in: The European Magazine, June, 1782). – *London, J. Fielding, (1782).*
                                                                        [A 2357
GB Lbm

When with tenderness. – *Dublin, John Lee.*                                     [A 2358
GB Lbm

Summer amusement, or An adventure at Margate (Pasticcio)

Summer amusement, or An adventure at Margate. – *London, Samuel, Anne & Peter Thompson.* – KLA.        [A 2359
SD S. 377
0 Vm – US CA, Wc

Overture [pf]. – *s. l., s. n.*        [A 2360
US NYp (fehlt Titelblatt)

— *London, Samuel, Anne & Peter Thompson.*                                 [A 2361
I Mc

Hawl, hawl away. Chorus of the fishermen. – *London, Samuel, Anne & Peter Thompson.*                        [A 2362
I Mc

How hard our hapless. Aria. – *London, Samuel, Anne & Peter Thompson.* [A 2363
I Mc

If husbands wish for happy lives. Duetto. – *London, Samuel, Anne & Peter Thompson.*                                        [A 2364
I Mc

If I'm the happy man. Aria. – *[London], Samuel, Anne & Peter Thompson.* [A 2365
GB A, Lbm, Lcm – I Mc

In the pratting hours of youth . . . a favourite song. – *London, Samuel, Anne & Peter Thompson.*                     [A 2366
GB Lbm – I Mc – US Wc

Ladies and Gentlemen. Finale. – *London, Samuel, Anne & Peter Thompson.* [A 2367
I Mc

The wand'ring sailor. – *London, Samuel, Anne & Peter Thompson.*             [A 2368
I Mc – US Wc

— *s. l., s. n.*                                    [A 2369
GB Lbm, Lcm, BA (2 Ex.) – US Cu, Pu

When a lady of ton. – *London, Samuel, Anne & Peter Thompson.*             [A 2370
I Mc

Without a man to take the lead. Aria. – *London, Samuel, Anne & Peter Thompson.*
                                                                        [A 2371
I Mc

The surrender of Calais

The surrender of Calais . . . op. XXXIII. – *London, Preston & son.* – KLA. [A 2372
GB Ckc, Lbm, Lcm, Mp – US CA, Bp, BE, Cn, CHH, NH, R, Wc – S Sk

— . . . adapted for the german flute. – *ib., Preston & son.*                     [A 2373
GB Ckc

Cou'd you to battle march away. Pauvre Madelon. A favorite song and duett. – *London, Preston & son.*                 [A 2374
I Rsc – US NYp

— *Philadelphia, Carr & Co.*        [A 2375
US PHf (2 Ex.), Wc

— *New-York, G. Gilfert & Co.*        [A 2376
US Wc

I tremble to think. When we are married [Song]. – *London, Preston & son.* [A 2377
I Rsc

— *Dublin, Hime.*                    [A 2378
GB Lbm – US Wc

Lira, lira. A favorite song. – *London, Preston & son.*                          [A 2379
I Nc – US Bp

— *Dublin, H. Mountain.*                [A 2380
GB Ckc, Lbm

Little think the townsmans wife. A favorite song. – *Dublin, Hime.*        [A 2381
GB Lbm – US Wc

Oh the moment was sad. A favorite song. – *London, Preston & son.*        [A 2382
US NYp

— *New-York, J. Hewitt.*                [A 2383
US BAhs, Wc

Savourna delish shighan oh [Song]. – *Dublin, John Lee.*                [A 2384
EIRE Dn

— . . . a favorite song. – *ib., Hime.* [A 2385
US Wc

When I was at home I was merry and frisky. – *London, Preston & son.*   [A 2386
F Pn

— *Dublin, Hime.*                       [A 2387
GB Lbm

Wine cannot cure. From night till morn I take my glass. A favorite duett. – *London, A. Bland.*                     [A 2388
GB Lbm

— *ib., Lewis, Houston & Hyde.*     [A 2389
GB Gu

— *ib., J. Dale.*                       [A 2390
GB Lbm

— *ib., H. Andrews.*                    [A 2391
GB Lcm

— *Dublin, John Lee.*                   [A 2392
EIRE Dn

— *ib., Elizabeth Rhames.*              [A 2393
EIRE Dn

— *s. l., s. n.*                        [A 2394
GB Gu

Turk, and no Turk

Turk, and no Turk. A comic opera . . . for the voice, harpsichord, violin or german flute . . . opera XXVIII. – *London, Thomas Skillern, 1785.* – KLA.  [A 2395
GB Lbm, Ob – US Bp

Two to one

Two to one. A comic opera . . . for the voice, harpsichord, and violin . . . opera XXIV. – *London, Harrison & Co., No. 30–33, 1784.* – KLA.        [A 2396
A Wn – GB Bu, Cpc, Cpl, Gm, Gu, Lbm, Lcm, Mp, Ob, Ouf – EIRE Dn – NZ Wt – US Bp, BE, NH, NYfuld, NYp, R (2 Ex.), Wc

— . . . a new comic opera . . . for the german flute. – *ib., 1784.*        [A 2397
GB Gm, Lbm

Johnny with his shoulder knot [Song]. – *Dublin, John Lee.*                [A 2398
EIRE Dn

Little Tippet. A favorite song. – *Dublin, Edmund Lee.*                    [A 2399
US Wc

Zorinski

Zorinski . . . the music selected & composed by Dr. Arnold . . . op. 37. – *London, Preston & son.* – KLA.        [A 2400
GB Cu, Gu, Lbm, Ob – US Wc

— . . . adapted for the german flute. – *ib.*
                                        [A 2401
GB Ckc

An address to sleep . . . air. – *London, G. Goulding.*                    [A 2402
GB Lbm – US Pu

A piper o'er the meadows straying. – *London, Preston & son.*             [A 2403
I Nc – US R

— *ib., Polyhymnian Company.*         [A 2404
I Rsc

At the dead of the night. – *Philadelphia – New-York – Baltimore, J. Carr.*  [A 2405
US Wc

Donald. The favorite Scotch air. – *[London], H. Andrews.*                 [A 2406
GB Wc

Katty Flaningan. A favorite song. – *London, Preston & son.*             [A 2407
GB Ckc

Than envied monarchs happier still. A favorite song. – *London, Preston & son.*
                                        [A 2408
GB Lbm

SAMMLUNGEN UND EINZELGESÄNGE

The psalms of David for the use of parish churches ... the music selected, adapted, and composed by Dr. Arnold ... assisted by J. W. Callcott. – *London, J. Stockdale & G. Goulding.*                    [A 2409
SD
H Bn – US NH, R, Pu, WC

Anacreontic songs for 1, 2, 3 & 4 voices. – *London, J. Bland, 1785.*            [A 2410
SD S. 89
GB Cpl, Cu (unvollständig), Gu, Lbm, Ob – US Wc

A collection of the favourite songs sung at Vaux-Hall. – *London, Welcker.* – P.
                                              [A 2411
GB Lam, Lbm – US BE, Cu, Ws

A collection of songs and a cantata sung at Vaux-Hall ... book II. – *London, Welcker.* – P.                    [A 2412
GB Lbm, Ouf – US Wc

A third collection of songs sung at Vaux-hall & Marybone Gardens with the favorite cantata call'd the Milk Maid ... opera IX. – *London, Welcker.* – P.        [A 2413
GB Lbm – US BE, Cu, Wc

Six canzonets, with an accompaniment for the piano forte, or the harp, opera XIII. – *[London ], C. D. Piquenit, (I. Lockington).* – P.                [A 2414
US NH

The favorite cantata and songs sung this season at Vaux-Hall Garden. – *London, Longman & Broderip.*            [A 2415
US Wc

Absence. A favourite pastoral song. – *London, Samuel, Anne & Peter Thompson.*                                [A 2416
GB Gu, Lbm (2 Ex.)

Alcanzor. A Moorish Tale, serious glee, from the Spanish, for two trebles & a bass. – *s. l., s. n.*                        [A 2417
GB Lam

Blithsome Cherry ... Ballad. – *London, Preston.*                            [A 2418
GB Lbm

The Blue Bells of England. A favorite ballad. – *London, Preston.*        [A 2419
GB Lbm

The British Volunteers [Song]. – *London, Longman & Broderip.*        [A 2420
GB Lbm

Come hope thou queen of endless smiles. A favourite song. – *London, Samuel, Anne & Peter Thompson.* – P.        [A 2421
D-brd Hs – US Wc

— *Dublin, J. Rice.*                    [A 2422
GB Lbm

— ... arranged for the pianoforte by A. Reinagle. – *Philadelphia, H. Rice.* [A 2423
US NYfuld, PHf

Festivity. A favourite song. – *London, Samuel, Anne & Peter Thompson.* [A 2424
GB Gu, Lbm

From Earth to Heaven. Music [for four voices] ... performed at the ceremony of depositing the heart of the late Paul Whitehead in the Mausoleum ... at High Wycombe (in: The European Magazine, vol. V, S. 373). – *[London ], s. n., (1781).*
                                              [A 2425
GB Lbm

If'tis joy to wound a lover [Song]. – *[Dublin ], Samuel Lee.*            [A 2426
GB Ckc

— *ib., Benjamin Rhames.*        [A 2427
EIRE Dn

— *London, Samuel, Anne & Peter Thompson.*                            [A 2428
GB P – US Pu

— *ib., Welcker.*                    [A 2429
US U

— *Edinburgh, John Corri.*        [A 2430
I Mc

— *s. l., s. n.*                        [A 2431
GB LEc, P – US Pu, U, Cn

In summer's cool shade. A glee for four voices. – *Westminster, author.*    [A 2432
GB Lam, Lbm

Jockey was a braw young lad. A favorite Scotch ballad. – *London, Longman & Broderip.*                    [A 2433
**GB** Gu, Lbm

Let's of time make the best. An Anacreontic song. – *[London]*, *Bland.*    [A 2434
**US** Wc

Little Bess the Ballad Singer [Song]. – *London, author.*                    [A 2435
**EIRE** Dn – **GB** Cu, Mp – **US** Wc

— . . . a favourite song. – *Dublin, Hime.*
[A 2436
**F** Pn – **GB** Lbm

No sport to the chace can compare. A favorite hunting song. – *London, Longman & Broderip.*              [A 2437
**D-brd** Hs – **F** Pc – **GB** Lbm

— *Dublin, Elizabeth Rhames.*    [A 2438
**GB** Lbm

Ode for the Anniversary of the London-Hospital MDCCLXXXV. – *s. l., s. n., 1785.* – P.                    [A 2439
**GB** Lbm, Lam

The poor little gypsey. A favorite song. – *s. l., author.*                    [A 2440
**GB** Lbm

— A poor little gypsy. – *Philadelphia, Trisobio.*                    [A 2441
**US** PHchs

The Prince of Arcadia. A pastoral elegy, occasioned by the King's melancholly indisposition. – *London, Harrison & Co.*
[A 2442
**GB** Gu, Lbm

The princess Elizabeth, occasioned by a story recorded of her when she was a prisoner at Woodstock 1554. – *London, Longman & Broderip.*         [A 2443
**D-brd** Hs

The Royal British Tar [Song]. – *London, Birchall & Beardmore, for the author.* [A 2444
**GB** Gu, Lbm, Ob

Shepherd, would'st thou here obtain. Advice [Song]. – *[London]*, *G. Smart.*
[A 2445
**GB** Lbm

— *[Edinburgh]*, *R. Ross.*        [A 2446
**GB** P

Silent I tread. A celebrated new song. – *Dublin, Henry Mountain.*        [A 2447
**EIRE** Dn – **GB** Lbm

— *ib., John & Edmund Lee.*        [A 2448
**EIRE** Dn

To heal the wound. The new bee. A particular favourite song. – *[Dublin]*, *Samuel Lee.*                    [A 2449
**GB** Ckc

What should sailors do on shore? Smiling Nan. – *London, Harrison & Co.*    [A 2450
**US** PL

When Chloe was by Damon seen. A song for two voices. – *London, Robert Falkener.*
[A 2451
**GB** Lbm

When first to Helen's lute. O 'tis love. – *[New-York, B. Carr].*            [A 2452
**US** WOa

When the chace of day is done [Song]. – *[London]*, *Longman & Broderip.* [A 2453
**GB** Lbm

The Woodland Laddie. A favorite Scotch song. – *London, Thomas Skillern.* [A 2454
**GB** Lbm

Ye mortals whom trouble & sorrow attend. Anacreontic song. – *[London]*, *Bland.* – P.                    [A 2455
**US** Wc

INSTRUMENTALWERKE

Eight lessons for the harpsichord or piano forte . . . opera VII. – *London, Welcker.*
[A 2456
**GB** Ckc – **US** NYp, R, Wc, WGw (2 Ex.)

— *ib., James Blundell.*            [A 2457
**GB** Lbm

— *ib., Longman & Broderip.*        [A 2458
**GB** Lbm – **US** U

Six overtures for the harpsichord or piano forte . . . opera VIII. – *London, Welcker.*
[A 2459
**GB** Lbm, Lgc – **US** WGw

— Six overtures in eight parts . . . opera 8th. – *ib.*, *Longman & Broderip.* – St. [A 2460
**GB** Lbm (vl I, vl II, vla, b, ob I, ob II, cor I; fehlt cor II)

A second sett of eight lessons for the harpsichord or piano forte . . . opera X. – *London, Welcker.* [A 2461
**GB** Ckc, Lbm, Lcm – **US** Bp

— *ib.*, *Longman & Broderip.* [A 2462
**GB** Lgc

— Huit sonates pour le clavecin ou le forte-piano . . . œuvre X. – *Paris, Bailleux (gravées par Mme Olivier).* [A 2463
**F** Pc (4 Ex.)

A third sett of eight sonatas for the harpsichord or piano forte with an accompaniment for a violon . . . opera XI. – *London, Welcker.* – P. [A 2464
**US** NH

— *ib.*, *James Blundell, No. 51.* [A 2465
**GB** Lam, Lgc – **US** CHH, Wc

— *ib.*, *Longman & Broderip.* [A 2466
**GB** Lbm, Mp

A set of progressive lessons for the harpsichord, or the piano forte expressly calculated for the ease of beginners . . . opera XII, 2 books. – *[London]*, *Welcker, for the author.* [A 2467
**GB** Ckc, Cpl, Lbm, Lgc, LEc, LEbc (unvollständig) – **US** Bp (1), NH (unvollständig), NYp, IO, R, U, Wc, WGw (2)

— . . . [book 1: Nachdruck; book 2: Erstauflage]. – *ib.*, *Longman & Broderip, for the author.* [A 2468
**GB** CDp, Gu, Lbm, Ouf (unvollständig), T (unvollständig) – **NL** DHgm – **US** Pu, I

— *Dublin, Hime.* [A 2469
**US** PHu

Three concerto's [C, F, D] for the harpsichord, the piano forte or the organ, with accompanyments for two violins, a tenor & a violoncello, in an easy familiar stile . . . opera XV. – *[London]*, *author.* – St. [A 2470
**GB** Lbm (kpl.: hpcd, vl I, vl II, vla, vlc), Lgc (fehlt hpcd) – **US** WGw (fehlt vlc)

Three grande sonatas for the harpsichord or the piano forte . . . opera XXIII. – *London, author.* [A 2471
**GB** Gu, Lbm, Lgc

Twelve minuets . . . for the harpsichord, violin, or german flute. – *London, Welcker.* [A 2472
**GB** Lbm

A favourite lesson for the harpsichord or forte piano. – *London, Welcker.* [A 2473
**GB** Cpl, Lbm – **US** Wc

La chasse, or The hunters medley. A favorite sonata for the piano-forte or harpsichord, composed, arr. & selected by Doctor Arnold. – *London, Longman & Broderip.* [A 2474
**US** Wc

Ally Creaker, with Variation for the piano forte or harpsichord. – *[London]*, *author.* [A 2475
**US** Pu

Dr. Arnold's new instructions for the german flute . . . with easy directions for playing . . . also a plain and concise description of Mr. Potter's, new-invented patent german-flute, accompanied by a very curious large, compleat scale, on an entire new plan, fully explaining the use of all the additional keys, to which is added, a variety of favourite tunes and other easy lessons. – *London, Harrison & Co., 1787.* [A 2476
SD S. 100
**GB** Lbm – **NZ** Wt – **US** Wc

## ARNOLDUS Flandrus

Sacrae cantiones . . . quatuor vocibus decantandae, liber primus. – *Venezia, Angelo Gardano, 1595.* – St. [A 2477
**D-brd** KNu (B)

Missa solenne a sette voci intitulata si fortuna favet. – *Dillingen, Adam Meltzer, 1608.* – St. [A 2478
**D-brd** DI (T [unvollständig]) – **GB** Lbm (B)

Madrigali a cinque voci . . . libro primo. – *Dillingen, Adam Meltzer, 1608.* – St. [A 2479

**D-brd** DI (S, A, T, B, 5 [unvollständig]), Mbs (S, A, T, B, 5 [unvollständig])

## ARNONE Guglielmo

Partitura del secondo libro delli motetti à cinque, & otto voci. – *Milano, erede di Simon Tini e Giovanni Francesco Besozzi, 1599.* – P.        [A 2480
**GB** Lbm – **I** Bc

Missa una, motecta, Magnificat, Litaniae B. Mariae Virginis, falsis bordonis et Gloria Patri qui octonis vocibus concinentur cum basso ad organum, opus sextum. – *Venezia, signum Gardani, apud Bartholomeum Magni, 1625.* – St.     [A 2481
**I** Mb, Md

Il primo libro de madrigali a sei voci. – *Venezia, Ricciardo Amadino, 1600.* – St.          [A 2482
**A** Wn (B) – **F** Pn

## ARRESTI Giulio Cesare

Messa e vespro della B. V. con l'inno a otto voci reali composti di trè figure cantandosi senza battutta, & organo se piace . . . opera prima. – *Venezia, Francesco Magni, 1663.* – St.     [A 2483
**I** Bc, Rsg

Messe a tre voci, con sinfonie, e ripieni à placito, accompagnate da motetti, e concerti . . . opera seconda. – *Venezia, Francesco Magni, 1663.* – St.    [A 2484
**I** Bc (kpl.: S I, S II, B, vl I, vl II, org), Od (B) – **PL** WRu (kpl.)

Gare musicali. – *Venezia, Francesco Magni detto Gardano, 1664.* – P.     [A 2485
**D-brd** MÜs – **I** Bc

Sonate a 2, & a tre, con la parte del violoncello a beneplacido, opera quarta. – *Venezia, Francesco Magni detto Gardano, 1665.* – St.       [A 2486
**GB** Ob – **PL** WRu (vl II, vlc; fehlt vl I, bc)

Partitura di modulationi precettive sopra gl'Hinni del canto fermo gregoriano con le risposte intavolate in sette righe per l'organo . . . opera VII. – *s. l., s. n.* [A 2487
**I** Bc

## ARRIGONI Carlo

[10] Cantate da camera [à 1 v con bc) dedicate alla Sacra Maesta la Regina della Gran Bretagna. – *London, s. n. (Thomas Atkins), 1732.* – P.     [A 2488
**D-brd** Hs, MÜs – **D-ddr** Dlb – **F** Pc – **GB** Er, Lbm, Lcm, T – **I** Bc – **NL** DHgm

## ARRIGONI Giovanni Giacomo

Sacrae cantiones binis, ternis, quaternis, ac quinis vocibus concinendae, una cum basso ad organo . . . liber secundus. – *Venezia, Alessandro Vincenti, 1632.* – St.     [A 2489
**I** Sac (A, T, B)

Concerti di camera a 2. 3. 4. 5. 6. 7. 8. 9. – *Venezia, Bartolomeo Magni, 1635.* – St.     [A 2490
**D-brd** Hs (kpl.: S, A, T, B, 5, 6, bc) – **GB** Lbm (S, 5, 6, bc) – **PL** WRu (S, A, B [unvollständig], 5, 6, bc)

Salmi a tre voci concertate et alquanti con li ripieni ad libitum, con un Magnificat a cinque voci concertate & due violini . . . opera IX. – *Venezia, Francesco Magni, 1663.* – St.     [A 2491
**PL** WRu (S I, S II, B; S rip., A rip., B rip; org; fehlt T rip.)

## ARROWSMITH D.

The British Sailor. A favourite new song, written, composed and sung by Mr. Arrowsmith. – *London, Harrison & Co.* [A 2492
**GB** Lbm

Charming Sue. A favorite ballad, written, composed and sung by Mr. Arrowsmith. – *London, S. A. & P. Thompson.* [A 2493
**EIRE** Dn – **GB** Gu, Lbm – **I** Rsc

— *[Dublin], Elizabeth Rhames.* [A 2494
**GB** Lbm

The Charms of Nanny. A favorite ballad. – *London, S. A. & P. Thompson.* – P. u. St. (fl).     [A 2495
**F** Pn

The Heart of Oak. A favourite new song, written, composed and sung by Mr. Arrowsmith. – *London, Harrison & Co.*                                    [A 2496
GB Lbm

The Sprig of Myrtle. A favourite new ballad [for voice, 2 vl and b, followed by accompaniments for the german flute and guitar] . . . the words by I. Radcliffe. – *London, S. A. & P. Thompson. – P.*                                    [A 2497

GB Lbm

William and Mary. Composed and sung by Mr. Arrowsmith. – *[Dublin ], Elizabeth Rhames.*                     [A 2498
EIRE Dn

## ARSILLI Sigismondo

Messa, e vespri della Madonna, a quattro voci concertati co'l basso continuo. – *Roma, Giovanni Battista Robletti, 1621. –* St.                                    [A 2499
D-brd MÜs (S, A [unvollständig], T [fehlt Titelblatt], B [unvollständig], org)

## ARTUSI Giovanni Maria

Canzonette a quattro voci . . . libro primo. – *Venezia, Giacomo Vincenti, 1598. –* St.                                    [A 2500
DK Kk – I Bc, Bsp

## ARTUSINI Antonio

Il primo libro de madrigali a cinque voci. – *Venezia, Angelo Gardano, 1598. –* St.                                    [A 2501
I Bc

## ARUNDALL Robert Monckton (Gallway, the right honorable Lord Viscount)

Two favorite minuets . . . for clarinetts, horns & bassoon: also adapted for the harpsichord, or piano forte. – *London, George Smart.*                     [A 2502
GB Lbm

## ASIOLI Francesco

Primi scherzi di chitarra. – *Bologna, Giacomo Monti, 1674.*                     [A 2503
I MOe

Concerti armonici per la chitarra spagnuola . . . opera terza. – *Bologna, Giacomo Monti, 1676.*                     [A 2504
F Pc

## ASNE de Rilpe → SPEER Daniel

## ASOLA Giovanni Matteo

GEISTLICHE WERKE

*1570a.* Missae tres ad voces quinque, quarum nomina sunt. Dum complerentur. Reveillez. Standomi un giorno . . . liber primus. – *Venezia, li figliuoli di Antonio Gardano, 1570. –* St.                     [A 2505
I FZac (kpl.: S, A, T, B, 5), FZd (S, A, B, 5), PS (S, A, T [alle unvollständig]), PIp (T)

*1570b.* Missae tres senis vocibus decantandae, quarum nomina sunt. Primi toni. Andreas Christi famulus. Escoutez . . . liber secundus. – *Venezia, li figliuoli di Antonio Gardano, 1570. –* St.        [A 2506
GB Lbm (S, A) – I CEc (T [unvollständig], 6), VEaf (T)

*1573.* Completorium per totum annum quatuorque illae B. Virginis antiphonae quae in fine pro anni tempore secundum Romanam curiam decantantur, cum sex vocibus. – *Venezia, erede di Girolamo Scotto, 1573. –* St.                     [A 2507
I MOd (5)

— *ib., 1576.*                     [A 2508
A Wn (S, A, B, 5, 6; fehlt T) – D-brd KNu (S, B) – I Bc

— *ib., 1585.*                     [A 2509
E SEG (S, B) – GB Lbm (T) – I Bc, Rsc

*1574a.* Le messe a quattro voci pari . . . sopra li otto toni della musica. Insieme con dui altre, l'una de S. Maria a voce piena, l'altra pro defunctis, divise in dui libri delle quali, cinque sono nel presente libro primo lib. le rimanenti saranno nel secondo . . . libro primo. – *Venezia, li figliuoli di Antonio Gardano, 1574. –* St.                     [A 2510
I FEc, Bc (B [nur Titelblatt und Widmung])

— *ib., Angelo Gardano, 1580.*    [A 2511
I Bc (S, B), Ls – F Pa (T)

— *Milano, Francesco & eredi di Simon Tini, 1586.*        [A 2512
GB Lbm (T)

—*Venezia, Giacomo Vincenti & Ricciardo Amadino, 1586.*      [A 2513
B Br (S, A) – **D-brd** Mbs

— *ib., Giacomo Vincenti, 1588.*    [A 2514
I MOe (S, A, T), Tr (B)

— *Venezia, Ricciardo Amadino, 1590.*
A Wn                  [A 2515

— *ib., 1607.*             [A 2516
I TRc (B)

*1574b.* Psalmodia ad vespertinas omnium solemnitatum horas octonis vocibus infractis decantanda: canticaɋ duo B. Virginis Mariae, unum primi toni integrum, alterum quinti toni in versiculos divisum. – *Venezia, erede di Girolamo Scotto, 1574.* – St.          [A 2517
B Br – E Mc (A, T, B, 5) – I Bc, Bsp (z. Tl. def. u. ohne Titelblatt), Rsg, Sac (B II, T II)

— *ib., 1582.*           [A 2518
**D-brd** Rp (I: A, T, B; II: A, T, B) – **D-ddr** Dlb (I: T, B; II: S, T, B [z. Tl. unvollständig]) – GB Lbm (I: T) – I Ac, Mc (I: T), TRc (I: S; II: B) – US BE (I: T; II: S, B)

— *ib., Ricciardo Amadino, 1608.* [A 2519
I BRd (I: S, A, T)

*1575.* Falsi bordoni per cantar salmi, in quattro ordini divisi, sopra gli otto tuoni ecclesiastici . . . & alcuni di M. Vincenzo Ruffo. Et anco per cantar gli hymni secondo il suo canto fermo. A quattro voci. – *Venezia, li figliuoli di Antonio Gardano, 1575.* – St.        [A 2520
SD 1575[1]
I Bc, BRE

— *ib., Angelo Gardano, 1582.*    [A 2521
SD 1582[1]
I Bc

— . . . in miglior forma ampliati, & ristampati. Aggiontovi ancora il modo di cantar letanie communi, & della B. Vergine, et Lauda Sion salvatorem, per can-

tar nelle proceßioni del Santißimo Sacramento, con alcuni versi a choro spezzato, a quattro voci. – *ib., Giacomo Vincenti & Ricciardo Amadino, 1584.*      [A 2522
I Bc (B)

— *Milano, eredi di Simon Tini, 1587.*                  [A 2523
I Bc (fehlt A)

— *Venezia, Giacomo Vincenti, 1587.*                  [A 2524
I FEc

— *Venezia, Ricciardo Amadino, 1592.*                  [A 2525
I Ac, Tr (B)

*1576a.* Vespertina maiorum solennitatum psalmodia senis vocibus decantanda, canticaɋ; duo B. Virginis, unum primi toni integrum, alterum vero sexti toni, pro commoditate cantorum in versiculos divisum. – *Venezia, erede di Girolamo Scotto, 1576.* – St.       [A 2526
**D-brd** Rp (S, A, T, 5, 6) – I Bc (kpl.: S, A, T, B, 5, 6), Rsg (A, T, 5, 6)

— *ib., 1581.*           [A 2527
E Boc (5) – I Bc, FEc, PCd, Rsg (S)

— *ib., 1590.*           [A 2528
**D-brd** Rp (A, T, B) – F Pc (A, T, B, 5, 6) – I Ac (S, B, 5, 6), BRd (5, 6), Bc, Rsc, Rsg (B) – US CHH (S, A, B)

*1576b.* Messa pro defunctis a quattro voci pari . . . novamente stampata & data in luce, si vis etiam alterum canere chorum in secundo volumine quaerito, a quattro voci. – *Venezia, Angelo Gardano, 1576.* – St.          [A 2529
I Bc

— Messa per i morti a quattro voci . . . novamente ristampata. – *ib., Giacomo Vincenti & Ricciardo Amadino, 1585.* – St.          [A 2530
SD
F Pn – GB Lbm (S, A) – I Bc, MOe, VIb (B)

— Messa pro defunctis, a quattro voci. – *Milano, Francesco & eredi di Simon Tini, 1590.*          [A 2531
SD 1590[3]
GB Lbm (T)

1576c → 1573

*1578a.* Vespertina omnium solemnitatum psalmodia, iuxta decretum sacrosancti Tridentini concilij, duoǫ; B. Virginis cantica primi toni, cum quatuor vocibus ... primus chorus extat etiam secundus chorus, ad pares voces concinendus. – *Venezia, Angelo Gardano, 1578.* – St.
[A 2532
GB Lbm (T) – I Bc (S, T, B), FEc

— *ib., 1582.*                                    [A 2533
D-ddr Dlb – GB Lbm (S, A) – I Bc

— *ib., Giacomo Vincenti & Ricciardo Amadino, 1586.*                    [A 2534
GB Lbm (B)

— *ib., Giacomo Vincenti, 1590.*    [A 2535
GB Lbm (T) – I PS (T I, B I)

— ... vocibus quatuor paribus concinendus. – *ib., Ricciardo Amadino, 1596.*
[A 2536
I Tr (B II)

— *ib., 1598.*                                    [A 2537
I BRd, Tr (B I, B II)

*1578b.* Secundus chorus vespertinae omnium solemnitatum psalmodiae, iuxta sacrosancti Tridentini concilij decretum, duoq; B. Virginis cantica, primi toni, vocibus quator paribus concinendus. – *Venezia, Angelo Gardano, 1578.* – St.
[A 2538
I Bc, FEc

— *ib., 1583.*                                    [A 2539
E Bc (A, B) – GB Lbm (S, A) – I Bc (S), FEc

*1580a.* Il secondo libro delle messe a quattro voci pari ... composti sopra li toni rimanenti al primo libro insieme con una messa pro defunctis accommodata per cantar à dui chori (si placet). – *Venezia, Angelo Gardano, 1580.* – St.    [A 2540
F Pa (T) – I Bc

— Secondo libro delle messe ... novamente in miglior forma ristampate. – *ib., Giacomo Vincenti & Ricciardo Amadino, 1586.*    [A 2541
D-brd Mbs – I MOe (S, A [unvollständig]) – US Cn (S)

— ... nuovamente ristampate. – *ib., Ricciardo Amadino, 1596.*        [A 2542
I Tr (B)

1580b → 1574a

*1581a.* Secundus liber in quo reliquae missae [a 4 v] octonis compositae tonis. Videlicet, quinti, sexti, septeni, & octavi continentur. Ad facilitatem, brevitatem, mentemque sanctorum Tridentini concilij patrum accommodatae. – *Venezia, Angelo Gardano, 1581.* – St.    [A 2543
I Bc (S, T)

— *ib., Giacomo Vincenti & Ricciardo Amadino, 1586.*                    [A 2544
I Mc

— *ib., Angelo Gardano, 1601.*    [A 2545
I Bc (S, B)

1581b → 1576a

1582a → 1574b
1582b → 1575
1582c → 1578a

*1583a.* Introitus missarum omnium solemnitatum totius anni, & alleluia, ac musica super cantu plano ... psalmi immutatis, adiectisǫ introitu cum alleluia missae seraphici Francisci necnon divina cantione in laudem D. Raph. Arch., quattuor vocum. – *Brescia, Thomas Bozzola, 1583.* – St.                                    [A 2546
I Bc (B), BGc (S, A, B)

— Introitus et alleluia missarum omnium solennitatum totius anni. Musica super cantu plano cum quatuor vocibus. – *Venezia, Francesco Rampazetto, s. d.* – St.                                    [A 2547
GB Lbm (B)

*1583b.* In passionibus quatuor evangelistarum Christi locutio, cum tribus vocibus. – *Venezia, Angelo Gardano, 1583.* – St.                                    [A 2548
I Bc (kpl.: S, T, B), Bsp, FEc

— *ib., Ricciardo Amadino, 1595.* [A 2549
I FA (S), Rsc

*1583c.* Duplex completorium romanum unum communibus, alterum vero paribus vocibus decantandum. Quibus etiam adiunximus quatuor illas antiphonas que pro temporum varietate in fine officij ad honorem B. Virginis modulantur. Chorus primus cum quatuor vocibus. – *Venezia, Giacomo Vincenti & Ricciardo Amadino, 1583.* – St.                     [A 2550
F Pa (T) – I Bc (kpl.: S, A, T, B)

— *Milano, Francesco & eredi di Simon Tini, 1586.*                              [A 2551
F VE (B)

*1583d.* Prima pars musices continens officium hebdomadae sanctae, videlicet benedictionem palmarum & alia missarum solemnis ... cum quatuor vocibus. – *Venezia, Angelo Gardano, 1583.* – St.
                                                    [A 2552
I Bc (S, B), VIb (A, T, B [unvollständig]),
Fn (A)

1583e → 1578b

*1584a.* Secunda pars continens officium hebdomadae sanctae, idest lamentationes, responsoria, et alia quae in officiis matutinalibus, ac in processione feriae sextae concinuntur, cum quatuor vocibus. – *Venezia, Angelo Gardano, 1584.* – St.
                                                    [A 2553
I Bc, Bsp, Ls, PCd

*1584b.* Secundi chori, quibusdam respondens cantilenis, quae in secunda parte musices maioris hebdomadae concinuntur, videlicet cantico Benedictus dominus Deus Israel, & psalmo Miserere mei Deus, atque versiculis Heu heu domine. In processione feriae sextae concinendis [cum 4 vocibus]. – *Venezia, Angelo Gardano, 1584.* – St.                     [A 2554
I Bc, Ls, PS (B)

*1584c.* Sacrae cantiones in totius anni solennitatibus paribus quaternis vocibus decantandae. – *Venezia, Giacomo Vincenti & Ricciardo Amadino, 1584.* – St.
                                                    [A 2555
I Sac (S, T, B)

— *ib., Ricciardo Amadino, 1586.* [A 2556
I Tr (B)

— *ib., 1587.*                                       [A 2557
GB Lbm (T) – I MOe – PL GD

— *ib., 1591.*                                       [A 2558
I Ac

— *ib., 1596.*                                       [A 2559
I Ls

1584d → 1575

*1585a.* Completorium romanum duae B. Virginis antiphonae, scilicet Salve Regina, & Regina coeli quatuorą alia motetta, musica octonis vocibus infractis decantanda. – *Venezia, erede di Girolamo Scotto, 1585.* – St.                     [A 2560
E TZ – GB Lbm (T I) – I Ac, Bc

*1585b.* Hymni ad vespertinas omnium solennitatum horas decantandi. Ad breviarii cantique plani formam restituti. Pars prima. Ab adventu usque ad festam sanctissimae trinitatis. Quatuor vocibus. – *Venezia, Giacomo Vincenti & Ricciardo Amadino, 1585.* – St.               [A 2561
I Ac, FEc, FZac (S [def.], A, T, B)

*1585c.* Secunda pars hymnorum vespertinis omnium solennitatum horis deserventium: a festo sanctissimae trinitatis usque ad adventum. Accedent etiam hi qui in commune sanctorum concinuntur. Quatuor vocibus. – *Venezia, Giacomo Vincenti & Ricciardo Amadino, 1585.* – St.                                       [A 2562
I Ac, Bc

1585d → 1573
1585e → 1576b

*1586a.* Psalmi ad tertiam secundum usum s. romanae ecclesiae cum hymno Te Deum laudamus. Chorus primus. Quatuor vocibus ... extat etiam chorus secundus, ad pares voces canendus. – *Venezia, Ricciardo Amadino, 1586.* – St.               [A 2563
E Bc (S I, S II) – I Ac (I: S, A, T, B; II: S, T, B),
Bc (I: A; II: S, A), Tr (B I, B II)

*1586b.* Missae octonis compositae tonis quarum quatuor, primi, secundi, tertii & quarti toni, in hoc primo libro ... continentur, facilitati, brevitati mentique sanctorum concilii Tridentini patrum ac-

comodatae ... cum quatuor vocibus. – *Venezia, Giacomo Vincenti & Ricciardo Amadino, 1586.* – St.     [A 2564
E TZ (T [fehlt Titelblatt], B) – I Mc

*1586c.* Officium defunctorum quatuor vocibus. – *Venezia, Giacomo Vincenti & Ricciardo Amadino, 1586.* – St.   [A 2565
I Ma (S, A, B)

1586d → 1574a
1586e → 1574a
1586f → 1578a
1586g → 1580a
1586h → 1581a
1586i → 1583c
1586k → 1584c

*1587a.* Secundus chorus duplicis completorii romani, quorum primum paribus, alterum vero communibus decantantur vocibus. – *Venezia, Ricciardo Amadino, 1587.* – St.     [A 2566
E Bc (S) – I Ac, Bc (S, A, T), VCd (T)

— *ib., 1596.*                 [A 2567
I Bc, Tr (B)

*1587b.* Nova vespertina omnium solemnitatum psalmodia, cum cantico Beatae Virginis. Octonis vocibus. – *Venezia, Ricciardo Amadino, 1587.* – St.     [A 2568
GB Lbm (T I) – I Bc, FEc, Fd (I: A, T; II: A, T, B), Ls

— *ib., 1599.*                 [A 2569
I Bc – YU Lu (B I)

1587c → 1575
1587d → 1575
1587e → 1584c

*1588a.* Missae tres octonis vocibus liber primus. – *Venezia, Ricciardo Amadino, 1588.* – St.         [A 2570
I Ac, Bc, PEc (A I), Vnm (II: S, A, T, B) – US BE (7 St. [unvollständig], fehlt B II)

*1588b.* Liber secundus missas tres, duasq. sacras cantiones continens. Octonis vocibus. – *Venezia, Ricciardo Amadino, 1588.* – St.     [A 2571
I Ac, Vnm, PEc (A I)

*1588c.* Missae quatuor ad voces quinque. – *Venezia, Giacomo Vincenti, 1588.* – St.                   [A 2572
A Wn (A, B) – I Bc (A, T, 5)

*1588d.* Missae duo decemque sacrae laudes, tribus vocibus concinendae ... secunda impressio. – *Venezia, Ricciardo Amadino, 1588.* – St.     [A 2573
I Bc (kpl.: S, T, B)

— ... quarta impressio. – *ib., 1593.*     [A 2574
I Bc, Tr (B)

— ... nona impressio. – *ib., 1612.* [A 2575
US CHH (T)

— ... cum additione partis ad organum. – *ib., sub signo Gardani, appresso Bartolomeo Magni, 1620.*     [A 2576
D-brd Rp (S)

— *ib., 1624.*                 [A 2577
GB Lbm (org) – I Bc (kpl.: S, T, B, org)

— ... cum basso ad organum. – *Roma, Paolo Masotti, 1634.*     [A 2578
I PAL (S)

*1588e.* Officium defunctorum quatuor vocibus. – *Venezia, Giacomo Vincenti, 1588.* – St.     [A 2579
I Bc (S, A [unvollständig])

*1588f.* Lamentationes improperia et aliae sacrae laudes, in hebdomada maiori decantande. Tribus vocibus. – *Venezia, Ricciardo Amadino, 1588.* – St.     [A 2580
I Bc (kpl.: S, T, B)

1588g → 1574a

*1590a.* Vespertina omnium solemnitatum psalmodia, canticum B. Virginis duplici modulatione, primi videlicet & octavi toni, Salve Regina, missa, et quinque divinae laudes. Omnia duodenis vocibus, ternis variata choris, ac omni instrumentorum genere modulanda. – *Venezia, Ricciardo Amadino, 1590.* – St.     [A 2581
I Ac, Bc (fehlt chorus III), FZd, MOd

1590b → 1574a
1590c → 1576a
1590d → 1576b
1590e → 1578a
1590f → 1578a

*1591a.* Missae tres totidemque sacrae laudes. Quinis vocibus ... liber secundus. – *Venezia, Ricciardo Amadino, 1591.* – St.
[A 2582
I Ac (S, A, T, 5), Bc (kpl.: S, A, T, B, 5)

*1591b.* Missae tres sacraq. ex canticis canticorum cantio. Senis vocibus. – *Venezia, Ricciardo Amadino, 1591.* – St.   [A 2583
I Ac (S, B, 5, 6), Ls (A, T, B, 5, 6)

1591c → 1584c
1591d → 1587c

*1592a.* Canto fermo sopra messe, hinni, et altre cose ecclesiastiche appartenenti à' sonatori d'organo per giustamente rispondere al choro. – *Venezia, Giacomo Vincenti, 1592.*                    [A 2584
I Vnm

— ... nuovamente ristampato et corretto. – *ib., 1603.*                            [A 2585
I Bc

— ... nuovamente ristampato et corretto. – *ib., 1596.*                            [A 2586
I Bc

— ... nuovamente ristampato & corretto. – *ib., 1615.*                            [A 2587
**D-brd** Rp – I Bc

— *Milano, Filippo Lomazzo, 1616.* [A 2588
**F** Pc

*1592b.* Sacra omnium solemnitatum psalmodia vespertina cum cantico B. Virginis. A diversis in arte musica praestantissimis viris notulis musicis exornata. Quinque vocibus. – *Venezia, Ricciardo Amadino, 1592.* – St.                    [A 2589
SD 1592³
I Bc, CE (A, B, 5), Ls, Mc, PCd

1592c → 1575

*1593a.* Sacra omnium solemnitatum vespertina psalmodia cum B. Virginis cantico. Alternis versiculis concinenda. Sex vocibus. – *Venezia, Ricciardo Amadino, 1593.* – St.                            [A 2590
I Ac (S, B, 5, 6), Mc (kpl.: S, A, T, B, 5, 6)

*1593b.* Officium defunctorum addito cantico Zachariae. Quatuor vocibus. – *Venezia, Ricciardo Amadino, 1593.* – St.
[A 2591
I Bc (B), Vnm (B)

— *ib., 1599.*                            [A 2592
I Bc (S, T, B), Rsg (S)

— *ib., 1603.*                            [A 2593
**F** Pthibault – I Bc, VIb (S, A, B), Vnm (B)

— *ib., 1610.*                            [A 2594
I Rsg (A, T, B), Vmc (S)

— Officium, psalmi et missa defunctorum, addito canticum Zacharie, quatuor vocibus.– *ib., Bartolomeo Magni, 1621.* [A 2595
I VIc (B), Bc (S, T), BRd

1593c → 1588d

*1595a.* Officium maioris hebdomadae, videlicet benedictio palmarum, atq; missarum solemnia: Et que in quatuor evangelistarum passiones concinuntur. Quatuor paribus decantanda vocibus. Et in eisdem passionibus, Christi locutio, ternis vocibus. – *Venezia, Ricciardo Amadino, 1595.* – St.                            [A 2596
I Bc, Ls, PCd, Rsc

1595b → 1583b

1596a → 1578a
1596b → 1580a
1596c → 1584c
1596d → 1587a
1596e → 1592a

*1597.* Vespertina omnium solemnitatum psalmodia ad voces quatuor pares, cui eodem modo iam pridem extat secundus chorus ... nunc primum in lucem editus. – *Venezia, Ricciardo Amadino, 1597.* – St.                            [A 2597
I Tr (B I) – **YU** Lu (B I)

*1598a.* Introitus in dominicis diebus totius anni, et ad aspersionem aque benedicte. Videlicet, Asperges me & Vidi aquam egredientem. Musica super cantu plano restituto. Quatuor vocibus. – *Venezia, Ricciardo Amadino, 1598.* – St. [A 2598
**D-brd** Rp (A, T) – **I** Rvat – capp. giulia (S I, S II, A, T, B), Tr (B)

*1598b.* Completorium romanum primus et secundus chorus, Alma Redemptoris, Ave Regina coelorum, omnia ternis vocibus . . . nuper editum. – *Venezia, Ricciardo Amadino, 1598.* – St. [A 2599
**I** Tr (B)

*1598c.* In omnibus totius anni solemnitatibus Introitus et Alleluia ad Missalis Romani formam ordinati, musica super cantu planu restituto, quatuor vocibus. – *Venezia, Ricciardo Amadino, 1598.* – St. [A 2600
**I** Tr (B)

*1598d.* → *1578a*

*1599a.* Nova omnium solemnitatum vespertina psalmodia. Senis vocibus canenda. – *Venezia, Ricciardo Amadino, 1599.* – St. [A 2601
**I** Bc (S, A, T, B, 5)

*1599b.* Secundi chori vespertinae omnium solemnitatum psalmodiae, vocibus ternis paribus canende. – *Venezia, Ricciardo Amadino, 1599.* – St. [A 2602
**I** Bc (S, T, B)

— *ib., 1603.* [A 2603
**I** Bc (S, T, B)

*1599c* → *1587b*

*1599d* → *1593b*

*1600a.* Divinae Dei laudes, a 2 voci. – *Venezia, Ricciardo Amadino, 1600.* – St. [A 2604
**I** Fr (T)

*1600b.* Sacro sanctae dei laudes, octonis vocibus infractis decantandae. – *Venezia, Ricciardo Amadino, 1600.* – St. [A 2605
SD 1600³
**D-brd** ERu (bc), Mbs (fehlt bc)

*1601* → *1581a*

*1602a.* Psalmi ad vespertinas omnium solemnitatum horas. Una cum cantico B. Virginis Salve Regina & Regina coeli. Omnia ternis vocibus canenda. – *Venezia, Ricciardo Amadino, 1602.* – St. [A 2606
**I** Bc (T)

*1602b.* Hymnodia vespertina in maioribus anni solemnitatibus octonis vocibus infractis. Organico etiam modulatui accomodata. – *Venezia, Ricciardo Amadino, 1602.*–St. [A 2607
**A** Wn (S I) – **D-brd** Mbs (org) – **I** TRc (S I, B I)

*1602c.* Lamentationes Ieremiae Prophetae . . . nec non & Zachariae canticum, B. V. Mariae planctus, senis vocibus. – *Venezia, Ricciardo Amadino, 1602.* – St. [A 2608
**GB** Lcm (S)

1603a → 1592a
1603b → 1593b
1603c → 1599b

1607 → 1574a

1608 → 1574b

1610 → 1593b

1612 → 1588d

1615 → 1592a

1616 → 1592a

1620 → 1588d

1621 → 1593b

1624 → 1588d

1634 → 1588d

*s. d.* Missa defunctorum tribus vocibus. – *s. l., s. n.* – St. [A 2609
**F** Pc (kpl.: S, T, B) – **I** Bc – **US** SFsc (S, B)

WELTLICHE WERKE

*1571.* Le Vergini, a tre voci . . . libro primo. – *Venezia, figliuoli di Antonio Gardano, 1571.* – St. [A 2610
**D-brd** Rtt (S, T) – **I** Pu (B)

— *ib., Angelo Gardano, 1576.* [A 2611
**I** Bc, Rvat-casimiri

— *ib., 1582.* [A 2612
**A** Wn – **I** Bc (S), Bsp, Fn (T)

— *ib., Giacomo Vincenti, 1588.*     [A 2613
**I** Bc (T), Rvat-rossiano


— *ib., Ricciardo Amadino, 1596.* [A 2614
**F** Pthibault (B [fehlt Titelblatt]) – **I** Bc


— *ib., Angelo Gardano, 1603.*     [A 2615
**I** Bc (S, B)


— *ib., Alessandro Raverii, 1607.*  [A 2616
**I** Bc (B)


1576 → 1571

1582 → 1571


*1587a.* [Le] Vergini, a tre voci ... libro
secondo. – *Venezia, Giacomo Vincenti,
1587.* – St.                          [A 2617
**A** Wn – **I** Rvat-rossiano


— ... novamente ristampate et ... co-
rette et ampliate. – *ib., 1603.*    [A 2618
**I** Bc (T)


*1587b.* Madrigali a due voci accomodati
da cantar in fuga diversamente sopra una
parte sola. – *Venezia, Giacomo Vincenti,
1587.*                                [A 2619
**A** Wn – **F** Pc – **I** Bc


— *ib., 1600.*                        [A 2620
**GB** Lbm


— *ib., 1604.*                        [A 2621
**D-brd** As – **I** Bc


— *ib., Alessandro Vincenti, 1624.* [A 2622
**I** Bc, Vnm


— *ib., 1665.*                        [A 2623
**I** Bc


1588  → 1571

1596  → 1571

1600  → 1587b

1603a → 1571
1603b → 1587a

1604  → 1587b


*1605.* Madrigali a sei voci. – *Venezia,
Ricciardo Amadino, 1605.* – St.   [A 2624
**A** Wn (B)


1607 → 1571

1624 → 1587b

1665 → 1587b


## ASPELMAYR Franz

Sei serenade per flauto traverso o vero
violino, due corni di caccia, violoncello
e basso o vero fagotti ... opera Iª. –
*Lyon, Guera, No. 12.* – St.          [A 2625
**DK** Kk


Six quatuors concertantes à deux violons,
alto et basse ... œuvre 2e. – *Paris. Huberty (Imprimerie de Récoquilliée).* – St.
                                      [A 2626
**US** AA


— *ib., Huberty (gravé par Mlle Godé).*
                                      [A 2627
**F** Pc (2 Ex.)


Six trio modernes [F, A, B, D, C, Es] pour
deux violons ou deux pardessus de viole
avec la basse ... œuvre 1er. – *Paris, Huberty (gravé par Ceron).* – St.     [A 2628
**A** Wgm – **I** Gl – **US** AA


— *ib., Auguste le Duc; Lyon, les frères
le Goux; Rouen; Marseille (gravé par
Ceron), No. 39.* – St.                [A 2629
**F** Pn – **I** Gl


Six trio à deux violons et basse ... œuvre
5e. – *Paris, Huberty.* – St.        [A 2630
**GB** Lbm


Sei sonate o sia dilettamenti tra due violini e violoncello ... opera VIIe. – *Paris,
bureau d'abonnement musicale (gravé par
Mlle Fleury).* – St.                  [A 2631
**GB** Lam, Lbm


Six duo pour deux violons ou deux par-
dessus de viole ... œuvre II. – *Paris,
Bailleux; Lyon, Casteaud; Dunkerque,
Gaudardt (gravé par Bouré).* – St. [A 2632
**F** Pc


Six duos pour un violon et violoncel ...
œuvre 3e. – *Paris, Huberty, No. 89.* – St.
                                      [A 2633
**F** Pc (vlc)

— *ib., s. No.* [A 2634
D-brd MÜu

Six duets [D, G, B, C, F, A] for a violin
and violoncello. – *London, Longman,
Lukey & Co.* – St. [A 2635
S Skma – US Cu, NYp

## ASQUINESSA Antoine

Trois quintetti concertants pour deux vio-
lons, deux altos et un violoncelle. – *Paris,
Imbault, ([hs.:] 1790).* – St. [A 2636
F Pc

## ASSANDRA Caterina

Motetti a due & tre voci, per cantar
nell'organo con il basso continuo …
opera seconda, aggiontovi una canzon
francesa a 4. et le letanie della B. V. a 6
del Rever. Don Benedetto Re. – *Milano,
erede di Simon Tini & Filippo Lomazzo,
1609.* – St. [A 2637
SD 1609³
D-brd Rp (B) – I Bc

## ASSLIDL André

Six trio concertantte, violino o flauto,
violino secundo et basso … œuvre IIe. –
*Paris, (Heyna).* – St. [A 2638
F Pn

## ASSMUSS Johann Karl Gottfried

Lieder für Gesellschaft und Einsamkeit in
Musik gesetzt. – *Riga, Wilhelm Christian
Andreas Müller ([am Ende:] Leipzig,
Breitkopfische Notendruckerey).* [A 2639
B Bc – D-brd MB – D-ddr Dlb – GB Lbm – US
Cn, NH, Wc

## ASTIER …

[6] Motets a I. II. III. voix, avec et sans
instruments et basse-continue (livre I). –
*Paris, Christophe Ballard, 1712.* – P.
[A 2640
F Pc (2 Ex.), Pn

## ASTORGA Emanuele Gioacchino d'

Cantadas humanas a solo … cantate da
camera a voce sola. – *Lisboa occidental,
en la imprenta de musica, 1726.* – P.
[A 2641
GB Lbm – I Bc

## ASTORGA Giovanni Oliviero

Six sonates à violon et basse … œ[u]vre I.
– *London, author.* – P. [A 2642
GB Lbm

— *ib., Welcker.* [A 2643
D-brd Rp – GB Lcm

Twelve Italian songs and duets for voice
and harpsichord, with an accompanyment
for a guitar, with an explanation of the
words in English … opera II. – *London,
Welcker.* – P. [A 2644
GB Lbm (2 Ex.) – US Cn, IO

Six sonatas [C, G, D, F, B, F] for two
german flutes or two violins and a bass
… opera III. – *[London], author.* – St.
[A 2645
GB Gu

— *ib., Robert Bremner, for the author.*
[A 2646
CH BEk – D-ddr Dlb – GB Ckc, Cu, Lbm (2
Ex.), Mp – US CHua, Pu, WGw

— *ib., Preston & son.* [A 2647
GB Lbm (fl I, fl II) – US Wc

## ASUNI Ghillini di

Twelve songs for two german flutes and
harpsichord. – *London, Welcker.* – P.
[A 2648
US Wc

Twenty four favorite minuets for the german flute, violin or harpsichord. – *London, John Preston.* [A 2649
GB Lbm

Six duets [D, A, D, G, C, G] for two ger-
man flutes, hautboys or violins. – *London,
Welcker.* – P. [A 2650
GB Lbm

Six duets [G, a, h, C, D, e] for two german flutes, hautboys or violins. – *London, Welcker*. – P.                    [A 2651
S Skma

Six easy duetts for two german flutes to which are annexed several of the most favorite airs with variations . . . op. XVII. – *London, John Preston*. – P.        [A 2652
SD S. 163
GB Lbm – US SA

Seven preludes [G, F, E, D, C, B, A] for the german flute. – *s. l., s. n.*        [A 2653
GB Lbm

## ATH Andreas d'

Prolusiones musicae binis, ternis, quaternis, quinis vocibus comprehensae, et ad organum bassi continui interventu accomodatae. – *Douai, Jean Bogard, 1622.* – St.                    [A 2654
F Psg (S II, A, T, bc)

Tomus secundus. Prolusionum musicarum ter. quat. quin. sen. vocib. cum basso continuo ad organum, vel chelym, vel aliud istius modi instrumentum. – *Douai, Jean Bogard, 1626.* – St.        [A 2655
F Psg (kpl.: S, A/T, B/bc, 5, 6)

## ATTERBURY Luffman

SAMMLUNGEN

A collection of catches & glees for three and four voices. – *London, Charles & Samuel Thompson*.        [A 2656
GB Ckc, Cpl, Gm (def.), Ge, H, Lam, Lbm – US Bp, CA, Wc (3 Ex., 2 versch. Ausg.)

A collection of twelve glees, rounds &c. for three, four & five voices . . . op$^a$ 2$^{nd}$. – *London, G. Goulding*.        [A 2657
GB Lbm, Lcm – US Cn, Wc (2 Ex.)

A collection of glees, canzonets and rounds, for two, three, four voices . . . opera 3$^d$. – *London, Thomas Skillern, for Mrs. Atterbury*.        [A 2658
✓ C Mm – GB Ckc, Lbm

EINZELGESÄNGE

Caroline of Gosport. As sung by Mr. Mahon at Vauxhall, and Mr. Sedgwick at the Anacreontic Society, and Mr. Matthews at the Rooms at Oxford. – *[London]*, John *Fentum*. – P.        [A 2659
GB Lbm

Come fill the board, a sentiment glee for 4 voices. – *London, John Bland*. – P.
[A 2660
US PL

Come let us all a maying go, a favorite glee. – *London, Preston & son*. – P. [A 2661
GB Gu, Lbm – US PL

Come mount your fleet coursers brave boys, a favorite round. – *London, John Dale*.        [A 2662
GB Cu, Gu, Lbm, Ob

Come ye rural nymphs & swains, a favorite round. – *London, Preston & son*.
[A 2663
GB Gu, Lbm, Ob – US PL

The cottagers, a glee for three voices. – *London, Lewis, Houston & Hyde*. – P.
[A 2664
A Wn – C Mm – GB Gu, Lbm, Ob

Happy we who thro' the meadows rove, a favorite glee. – *London, John Dale*. – P.
[A 2665
GB Cu, Gu, Lbm, Ob

Lads and lasses hither come, a favorite new round for three voices. – *London, John Dale*. – P.        [A 2666
GB Gu, Lbm, Ob – US Wc (2 Ex.)

Let's banish strife & sorrow, a favorite round. – *London, Preston & son*. [A 2667
GB Gu, Lbm, Ob – US PL

Mark the sweet rosebud, a favorite song. – *London, John Dale*.        [A 2668
GB Gu, Lbm

Say why a blush o'erspreads the rose, a favorite song. – *London, John Dale*.
[A 2669
GB Gu, Lbm, Ob

Smiling health, a favorite glee. – *London, John Dale.*                              [A 2670
**GB** Cu, Gu, Lbm, Ob

The undaunted Britons, a favorite loyal song. – *London, John Dale.*      [A 2671
**GB** Lbm – **US** Pu

The favorite roundelay (When the farmer has fallow'd), sung by Mr. Townsend at the Theatre Royal, Covent Garden. – *London, Preston & son.*              [A 2672
**US** U

The victorious tars of 1794. Sung . . . by Mr. Leek at Ranelagh. – *London, John Bland.*                              [A 2673
**US** Pu

Will you go the fair. A new catch. – *London, John Dale.*                    [A 2674
**GB** Gu, Lbm, Ob

## ATTEY John

The first booke of ayres of foure parts, with tableture for the lute: So made, that all the parts may be plaide together with the lute, or one voyce with the lute and basevyoll. – *London, Thomas Snodham, 1622.*                          [A 2675
**GB** Lbm – **US** Ws

## ATTWOOD Thomas

OPERN, SINGSPIELE u.a.

The adopted child

The Adopted Child. A musical drama in two acts. – *London, Longman & Broderip.* – KLA.                          [A 2676
**D-brd** Mbs – **GB** Cu, Ckc, Lbm, Lcm, Mp, Ob – **H** Bn – **US** BE (andere Ausgabe?), Bp, Cn, PHu, U, Wc

— . . . adapted for the german flute. – *ib.*                              [A 2677
**D-brd** Hs

(Thro' forests drear I once did stray). The favorite carol, sung by Master Welsh in the Adopted Child. – *London, Longman & Broderip.* KLA.              [A 2678
**US** Pu

Il Bondocani (composed by T. Attwood and J. Moorehead)

Il Bondocani, a musical drama; performed with unbounded applause at the Theatre Royal Covent Garden. – *London, Goulding, Phipps & D'Almaine.* [A 2679
SD
**GB** Lbm, Lcm – **NZ** Ap

Each coming day; sung in Il Bondocani. – *London, Goulding.* – KLA.      [A 2680
**US** Wc

Britain's brave tars

Brave Betty was a maiden . . . song, sung in Briton's brave tars, or All for Saint Pauls . . . arranged by T. Attwood. – *London, Longman, Clementi & Co., 1797.* – KLA.                        [A 2681
**GB** Lbm

Caernarvon castle, or The birth of the Prince of Wales (Pasticcio)

Caernarvon Castle, as performed with the utmost applause at the Theatre Royal Haymarket. – *London, Preston & son.* – KLA.                          [A 2682
SD
**D-brd** Mbs – **GB** Gu, Lbm (3 Ex.), Lcm, Ob – **US** Bp, BE, NYp, Wc

The castle of Sorrento (Pasticcio)

The Castle of Sorrento, a comic opera. – *London, Goulding, Phipps & D'Almaine.* – KLA.                          [A 2683
SD
**D-brd** B – **GB** Lbm (2 Ex.) – **US** Bp

The curfew

The music as performed at the Theatre Royal Drury Lane in The Curfew. – *London, Monzani & Co., No. 129, 130.* – KLA.                              [A 2684
**D-brd** Hs

Hark! Hark! Curfew's solemn sound, glee for three voices. – *London, Monzani & Hill.*                          [A 2685
**A** Wgm

— . . . the Curfew's solemn sound, glee for three voices. – *ib., Monzani & Co., No. 129.*                              [A 2686
**D-brd** B

David Rizzio (Pasticcio)

Benlomond, a ballad, sung by Miss Carew, in the favorite opera of David Rizzio. – *London, the Royal Harmonic Institution, No. 494.* – KLA.                    [A 2687
**D-brd** B


The dominion of fancy (John Moorehead und Thomas Attwood)

The overture, songs . . . in . . . the Dominion of Fancy, or Harlequins Tour. – *London, Thomas Jones.*                    [A 2688
SD
**GB** Lcm


The fairy festival

Ah where were the charms. The favorite song sung by Miss Leak, in the Fairy Festival. – *London, Longman & Broderip.*                    [A 2689
**GB** Ckc, Lbm, Ob


From the Lynx eye. Incantation. – *London, Lewis Lavenu.*                    [A 2690
**GB** Lbm


In liquid notes. The favorite trio sung by M^rs Bland, Master Welsh & Miss Weatly in the Fairy Festival. – *London, Longman & Broderip.*                    [A 2691
**GB** Ckc, Lbm, Ob


Just at your age. The favorite song sung by Master Welsh in the Fairy Festival. – *London, Longman & Broderip.*    [A 2692
**GB** Ckc, Lbm, Ob


When fogs round the brim of the moon. The favorite song sung by Miss Wentworth in the Fairy Festival. – *London, Longman & Broderip.*                    [A 2693
**GB** Ckc, Lbm, Ob


Fast asleep

Ah! once when I was a very little maid. A favorite song sung in the farce of Fast Asleep. – *London, Longman & Broderip.* – KLA.                    [A 2694
**GB** Gu, Lbm, Ob – **US** Cn, Pu, Wc


— *New York, James Hewitt.* – KLA.
                    [A 2695
**US** Wc

At early dawn from humble cot. A favorite song sung by Mrs. Bland in the farce Fast Asleep. – *London, Longman & Broderip.* – KLA.                    [A 2696
**GB** Ckc (2 Ex.), Lbm, Ob – **US** Cn, Pu


— . . . a song in the farce Fast asleep. – *ib., Goulding & Co.* – KLA.    [A 2697
**US** Bp


Guy mannering, or The gipsey's prophecy (Thomas Attwood and Henry R. Bishop)

The overture, songs, duett, glees, choruses, in the musical play of . . . arranged for the piano forte. – *London, Goulding, D'Almaine, Potter & Co.* – KLA. [A 2698
SD
**D-brd** Mbs


Lalla Rookh

The song of the fire-worshipper, from Lalla Rookh. – *London, J. Power, No. 337.* – KLA.                    [A 2699
**D-brd** Mbs


The magic oak, or Harlequin Woodcutter

The Magic Oak, or Harlequin Woodcutter [Pantomime]. – *London, Goulding, Phipps & D'Almaine.* – KLA.                    [A 2700
**GB** Lbm, Lcm – **US** Bp


In defence of the blessings true freedom bestows. The favorite volunteers' song. – *London, Goulding & Co.*                    [A 2701
**GB** Lbm


The mariners (Pasticcio)

The mariners, a musical entertainment in two acts, as performed at the Kings Theatre, Hay Market. – *London, Longman & Broderip.* – KLA.                    [A 2702
SD
**D-brd** Mbs (Etikett: Calkin & Budd) – **GB** Ckc (2 Ex.), Gm, Lbm, Lcm, Mp – **US** Bp, BE, Cn, NYp, Wc


— . . . a favorite entertainment . . . adapted for the german flute. – *London, Longman & Broderip.*                    [A 2703
SD
**D-brd** Hs


The additional song, duett and trio in the Mariners. – *London, Longman & Broderip.* – KLA.                    [A 2704
**GB** Gu, Lbm, Ob

Dear vale whose green retreats. A favorite song ... sung by Mrs. Crouch. – *Dublin, Hime.*                          [A 2705
**GB** Lbm

The sea boys pillow (As frowning o'er the troubled deep). A favorite ballad in the new opera of The Mariners. – *Philadelphia, Carr & Co.*                          [A 2706
**US** Wc

The mouth of the Nile

The mouth of the Nile. A favorite musical entertainment. – *London, Goulding, Phipps & D'Almaine.* – KLA.   [A 2707
**GB** Lbm, Lcm – **US** Bp, Wc

Overture ... arranged for the harp or piano forte. – *London, Goulding, Phipps & D'Almaine.*                          [A 2708
**GB** Lbm

In the midst of the sea; sung in the musical entertainment The mouth of the Nile. – *New York, G. Gilfert.* – KLA.   [A 2709
**US** Wc

The old cloaths-man

The old cloaths-man. A comic opera. – *London, Goulding, Phipps & D'Almaine.* – KLA.                          [A 2710
**GB** Lcm – **US** Bp

The poor sailor, or Little Ben and little Bob

The poor sailor, or Little Ben and Little Bob; a musical drama in two acts. – *London, Longman & Broderip.* – KLA. [A 2711
**GB** Ckc, Ge, Gu, Lbm, Lcm, Mp, Ob – **US** Bp, Wc

— ... adapted for the german flute. – *ib.*                          [A 2712
**D-brd** Hs

The poor sailor boy. – *New York, James Hewitt.* – KLA.                          [A 2713
**US** Wc (2 Ex.)

To fortune lost, my native shore. – *London, Longman & Broderip.*                          [A 2714
**EIRE** Dn – **GB** Lbm

The prisoner (Pasticcio)

The prisoner, a musical romance as performed at the Theatre-Royal, Hay-Market. – *London, Longman & Broderip.* – KLA.                          [A 2715
SD
**GB** Ckc, Cu, Gm, Gu, Lbm (2 Ex.), Ltm, Mp, Ob – **US** Bp, BE, NYp, PHu, Wc

— *ib., s. n.*                          [A 2716
SD
**GB** Lbm

— ... adapted for the german flute. – *ib., Longman & Broderip.*                          [A 2717
SD
**GB** Gm

Hope as a gleam that shoots its ray. A favorite new song sung by Miss Leak, in the Prisoner. – *London, Longman & Broderip.*                          [A 2718
**GB** Lbm, Ob

How charming a camp is. A favorite song in the Prisoner. – *Philadelphia, G. Willig.*                          [A 2719
**US** PHf, PHu

— *[London], Longman & Broderip.*                          [A 2720
**GB** Ckc

Oh! how wild with pride and joy. A favorite new song sung by Mrs. Bland in the Prisoner. – *London, Longman & Broderip.*                          [A 2721
**GB** Lbm, Ob

Tears that exhale. A favorite song. – *London, Longman & Broderip.*                          [A 2722
**GB** Lbm – **US** Ws

— *Dublin, Hime.*                          [A 2723
**GB** Mp – **US** Wc

The red cross knights (Pasticcio)

The music of the Red Cross Knights, a play, as performed at the Theatre Royal Haymarket. – *London, Goulding, Phipps & D'Almaine.* – KLA.                          [A 2724
SD
**D-brd** B

St. David's day (Pasticcio)

St. David's Day, a favorite comic opera ... arranged for the harp or piano forte.

*– London, Goulding, Phipps & D'Almaine.* [A 2725
SD
**D-brd** B, Mbs – **GB** Lam, Lbm, Lcm

Poor Mary sigh'd and dropt a tear ('Twas spring, all nature gaily smiling). *– New York, G. Gilfert. – KLA.* [A 2726
US NH

The smugglers (Pasticcio)

The Smugglers, a musical drama in two acts. *– London, Longman & Broderip. – KLA.* [A 2727
SD
**GB** CDp, Gu, Lbm (2 Ex.), Lcm, Mp (2 Ex.), Ob – **US** Bp, BRc, Cn, Cu, Wc

Hapless primrose. A favorite ballad, sung by Master Welsh. *– [London], Longman & Broderip.* [A 2728
**GB** BA, Lbm

Nancy, sung in the opera of The smugglers. *– New York, James Hewitt. – KLA.* [A 2729
US Bp

The waves retreating from the chore. A favorite duet sung by Miss Leak, & Master Welsh. *– London, Longman & Broderip.* [A 2730
**GB** Lam

—. . . an admired duett . . . arranged with an accompaniment for the piano forte by W. West. *– ib., J. Duncombe & Co.* [A 2731
**D-brd** B

The Adieu. Ballad. *– London, Monzani & Hill, No. 171.* [A 2732
**D-brd** Hs

Come ye fairy footed hours, song with an accompaniment for the harp or piano forte. *– London, Monzani & Hill, No. 180.* [A 2733
**D-brd** B

The Convent Bell. A favorite song. *– London, Lewis, Houston & Hyde.* [A 2734
**GB** Ckc, Gu, Lbm, Ob – **US** Wc

*— ib., G. Goulding.* [A 2735
**GB** Cpl

*— Dublin, Edmund Lee.* [A 2736
F Pn

*— New York, G. Gilfert.* [A 2737
US Wc (2 Ex.)

*— London, Francis Linley.* [A 2738
**D-brd** B

Fair Nancy pin'd in sorrow. A favorite song, sung by Mr. Incledon at the Readings Freemasons Hall. *– London, Lewis, Houston & Hyde.* [A 2739
US PL

The First of May, or Awake the Lute, the Fife, the Flute. Glee, for three voices, with an accompaniment for piano forte & harp, or two performers on one piano forte. *– London, Monzani & Hill, No. 157.* [A 2740
**D-brd** B

The Genealogy of the British kings. *– London, Longman & Broderip.* [A 2741
**GB** CD, Gu, Lbm, Ob

The harp's wild notes. Glee, for four voices. *– London, Monzani & Co., No. 109.* [A 2742
**D-brd** Hs

In Peace Love tunes the Shepherd's Reed. Glee for three voices. *– London, Monzani & Co., No. 108.* [A 2743
**D-brd** B (Etikett: C. Mitchell) – **I** Nc

In tatter'd Weed from Town to Town. A favorite ballad as sung by M^rs. Vaughan at the Vocal Concerts. *– London, Phipps & Holloway.* [A 2744
**D-brd** B

Now the Merry Bugle Horn. Ballad, with a piano forte or harp accompaniment. *– London, Monzani & Hill, No. 166.* [A 2745
**D-brd** B

O! Thou who thro' the silent Air. A duett with an accompaniment for the harp or piano forte. *– London, Theobald Monzani, No. 105.* [A 2746
**D-brd** Hs

Qual silenzio, bella pace! Terzetto with a double accompaniment, for the piano forte, performed at the Philharmonic

Concert. – *London, the Regent's Harmonic Institution, No. 174.* – P.          [A 2747
**D-brd** Hs

— *ib., No. 181.*                              [A 2748
**D-brd** B

Reflections of Marie Antoinette. – *London, Preston & son.*                    [A 2749
**GB** Lbm, Ob

The Soldier's Dream. – *London, Monzani & Cimador, for the author.* – KLA. [A 2750
**D-brd** Hs (2 verschiedene Ausgaben), Mbs

— *New York, s. n.*                            [A 2751
**US** PROu

Sweet Charity. Glee, for five voices. – *London, Monzani & Hill.*             [A 2752
**D-brd** B

Thro' forests drear. Song. – *London, the Royal Harmonic Institution, No. 467.*
                                               [A 2753
**D-brd** B

Young William. A favorite ballad sung & composed by Mr. Incledon, arranged by Thomas Attwood. – *London, G. Goulding & Co.*                            [A 2754
**D-brd** W

INSTRUMENTALWERKE

Three trios for the piano forte or harpsichord, with accompaniments for a violin and violoncello obligato ... op. I^{ma}. – *London, Longman & Broderip.* – St.
                                               [A 2755
**GB** Cu, Lbm (2 Ex.), Mp, Ob

Three sonatas for the piano forte or harpsichord; with accompanyments for a violin and violoncello ad libitum ... op. II^a. – *London, Longman & Broderip.* – St.
                                               [A 2756
**GB** Cu, Gu (unvollständig), Lbm, Ob (unvollständig)

— *ib., F. Linley.*                            [A 2757
**GB** Lbm

The third regiment of Royal East India Volunteers slow and quick marches, adapted for the piano-forte. – *London, Goulding & Co.*                            [A 2758
**GB** Lbm

Easy progressive lessons fingered for young beginners on the piano forte or harpsichord. – *London, Longman & Broderip.*                          [A 2759
**GB** Gu, Lbm, Ob

— *ib., Longman, Clementi & Co.* [A 2760
**GB** Gu

## ATYS ...

Première suitte de menuets en symfonies a sept parties y compris un basson obligé ou violoncelle. – *Paris, auteur.* – St.
                                               [A 2761
**F** Pn (vl I, vl II, vla, fag/vlc, b)

Six sonates en duo en forme de conversation pour deux flûtes traversières qui peuvent facilement exécuter sur le violon et le pardessus de viole ... œuvre I. – *Paris, auteur, Prudhomme, aux adresses ordinaires (gravées par J. Renou).* – P.
                                               [A 2762
**F** Pn – **US** Wc

Six sonates en duo, travaillées pour six instruments differens, flûte, haut-bois, pardessus de viole à cinq cordes sans aucun démanchement, violon, basson, et violoncelle ... œuvre IV. – *Paris, auteur (gravées par J. Renou).* – P.        [A 2763
**GB** Lbm

## AUBAT de St. Flour d'

Cent contredanses en rondeaux propres à executer sur toutes sortes d'instrumens avec les basses chiffrées pour le clavecin. – *Gand, s. n. (gravé par P. Wauters).*
                                               [A 2764
**NL** DHgm

## AUBERLEN Samuel Gottlob

VOKALMUSIK

Christliche Festgesänge mit vierstimmigen Choral-Melodien. [Fortsetzung:] Geistliche Lieder mit vierstimmigen Choral-Melodien. Den Freunden religiöser Ge-

sänge und christlicher Erbauung gewid-
met. – *Schaffhausen, s. n., 1816.* – Chb.
[A 2765
**CH SH** – **D-brd** Bmi, Sl

Christliche Festgesänge und Lieder mit
neuen und alten vierstimmigen Choral-
Melodien von verschiedenen Dichtern mit
Noten und Text. [2. Titelblatt:] Herr Gott
dich loben wir! Ein vierstimmiger Festgesang in zwey abwechselnden Chören,
den Freunden religiöser Gesänge und
christlicher Erbauung gewidmet, mit
einer erklärenden Einleitung. – *Schaffhausen, s. n., 1816 ([1. Titel:] 1817).* –
Chb.                                          [A 2766
**D-brd** Bmi, Sl

— Herr Gott dich loben wir! Ein vierstimmiger Festgesang in zwey abwechselnden Chören. – *ib. 1816.* – Chb. [A 2767
**CH SH** (3 Ex.)

Versuch einer kurzen leichtfaßlichen Anleitung zum vierstimmigen Choralgesang
mit besonderer Rücksicht auf das allge-
meine Bedürfniss in den Schulen, enthält
zahlreiche „Praktische Uebungsstücke"
und „Zwey vierstimmige Festgesänge in
zwey abwechselnden Chören". – *Schaffhausen, Alexander Beck, 1817.* [A 2768
**CH SH**

C. F. Gellerts geistliche Oden und Lieder,
mit neuen vierstimmigen Choral-Melodien,
mit Noten und Text. [2. Titelblatt:] Geistliche Oden und Lieder von C. F. Gellert,
mit vierstimmigen Choral-Melodien. –
*Schaffhausen, Alexander Beck, 1817.* –
Chb.                                          [A 2769
**CH SH** (nur 2. Titelblatt) – **D-brd** Bmi, Sl

Lieder fürs Clavier und Gesang. – *St. Gal-
len, Reutiner jun., 1784.*          [A 2770
**CH** Lz, SGv – **D-brd** Sl – **GB** Lbm (2 Ex.)

24 deutsche Lieder von verschiedenen
Dichtern bey'm Klavier zu singen. –
*Heilbronn, I. Amon & Co., No. 168.*
[A 2771
**H** Gc

Euterpens Opfer am Altar der Grazien.
Eine musicalischperiodische Blumenlese,
für die Liebhaber des Gesangs am Clavier,

in Musik gesetzt . . . erstes Heft. – *Tübin-
gen, Ludwig Friedrich Fues.*        [A 2772
**D-brd** Sl

Gedichte von J. M. Armbruster, erstes
Bändchen [mit drei Liedern]. – *Kempten,
Typographische Gesellschaft, 1785.* [A 2773
**GB** Lbm

KLAVIERWERKE

Sechs moderne charakteristische Walzer
fürs Clavier . . . dritte Sammlung, op. 7.
– *[Augsburg, s. n., 1799].*        [A 2774
**D-brd** Sl

Douze allemandes pour le piano-forte . . .
œuvre 8. – *Leipzig, Hoffmeister & Kühnel,
No. 314.*                            [A 2775
**D-brd** Sl

Second recueil des allemandes et des con-
tredances pour le clavecin. – *Zürich,
Autor; Basel, J. C. Gombart.*        [A 2776
**A** Wn – **CS** Bm

**AUBERT . . .**

Premier recueil d'airs, romances et duo
avec accompagnement de piano ou harpe
. . . œuvre I^er. – *Paris, auteur, Cochet
(gravé par Mlle Veraté).* – P.       [A 2777
**F** Pn (2 Ex.)

Six petits airs nouveaux avec accompagnement de harpe ou de piano-forte . . .
œuvre V. – *Paris, Kolikers (gravé par Mlle
Vankeersberghen).* – P.              [A 2778
**F** Pn (2 Ex.)

Romance de Robert le brave . . . accom-
pagnement de piano ou harpe. – *Paris,
Imbault, No. A # 440.* – P.          [A 2779
**F** Pn (2 Ex.), V

**AUBERT Jacques le Vieux**

OPERN UND BALLETTE

Le Ballet de Chantilly, représenté devant
S.M. le 5 novembre 1722. – *Paris, auteur,
1723.* – P.                          [A 2780
**F** LYm, Pn

La Reine des Péris, comédie persane. – *Paris, auteur, Boivin, 1725.* – P. [A 2781 **D-ddr** Dlb – F Pa (v, pf; 2 Ex., davon 1 Ex. unvollständig), Pc (v, pf), Pn (v, pf; 2 Ex.), TLc (v, pf), V – **GB** T – **US** BE, Wc

Festes champestres et guérieres, balet dansé a l'Académie royale de musique . . . œuvre XXXe. – *Paris, auteur, Mme Boivin, Le Clerc (gravé par Mlle Bertin).* – St.                                     [A 2782 F AG (3 St.), Pc (2 Ex.: 1er dessus, 2e dessus, b; vl I, vl II) – **US** Wc (1er dessus, 2e dessus, b [2 Ex.])

INSTRUMENTALWERKE

Concert de simphonies pour les violons, flûtes, et hautbois . . . suite première. – *Paris, Mme Boivin, Le Clerc, Mlle Castagnerie (gravés par Mlle Bertin).* – St.                                        [A 2783 **A** Wn (kpl.: 1er dessus, 2e dessus, b) – **US** Wc

— *ib., auteur, Mme Boivin, Le Clerc (gravés par De Gland).*             [A 2784 F Pc (6 Ex., davon 2 Ex. unvollständig), Pn (2 Ex.; 2. Ex.: 1er dessus)

— *ib., auteur, Mme Boivin, Le Clerc (gravés pur Mlle Roussel).*         [A 2785 F Pa (b)

— . . . IIe suite. – *ib., auteur, Boivin, Le Clerc (gravés par Le Clair).*       [A 2786 **A** Wn – F Pa (b), Pc (5 Ex., davon 1 Ex. unvollständig), Pn – **US** Wc

— . . . IIIe suite . – *ib., auteur, Boivin, Le Clerc (gravés par Mme Le Clair).*                                     [A 2787 **A** Wn – F Pa (b), Pc (5 Ex., davon 1 Ex. unvollständig), Pn – **US** Wc

— . . . IVe suite . – *ib., auteur, Boivin, Le Clerc (gravés par Mme Leclair).* [A 2788 **A** Wn – F Pa (b), Pc (5 Ex., davon 1 Ex. unvollständig), Pn (2 Ex.; 2. Ex.: 1er dessus) – **US** Wc

— . . . Ve suite. – *ib., auteur, Boivin, Le Clerc (gravés par Mme Leclair).* [A 2789 **A** Wn – F AG, Pa (b), Pc (5 Ex., davon 1 Ex. unvollständig), Pn – **US** Wc

— Concert de simphonie pour les muzettes, vielles, violons, flûtes, et hautbois . . .

VI suite. – *ib., auteur, Boivin, Leclerc (gravé par Mme Leclair).*         [A 2790 **A** Wn – F Pa (b), Pc (5 Ex., davon 1 Ex. unvollständig), Pn – **US** Wc

— Concert de simphonies pour les violons, flûtes et hautbois . . . VIIe suite. – *ib., auteur, Vve Boivin, Leclerc (gravé par De Gland).*                                    [A 2791 **A** Wn – F Pa (b), Pc (5 Ex., davon 1 Ex. unvollständig) – **US** Wc

— . . . VIII suite. – *ib., auteur, Vve Boivin, Le Clerc (gravés par Degland).*   [A 2792 **A** Wn – F Pa (b), Pc (5 Ex., davon 1 Ex. unvollständig) – **US** Wc

— . . . IX suite. – *ib., auteur, Vve Boivin, Le Clerc (gravés par Degland).*   [A 2793 **A** Wn – **D-brd** Bhm (1er dessus) – F Pc (6 Ex., davon 1 Ex. unvollständig). – **US** Wc

— . . . Xe suite. – *ib., auteur, Vve Boivin, Le Clerc (gravés par De Gland).*   [A 2794 **A** Wn – **D-brd** Bhm (1er dessus) – F Pc (6 Ex., davon 1 Ex. unvollständig) – **US** Wc

— . . . XI suite. – *ib., auteur, Vve Boivin, Le Clerc (gravés par Degland).*   [A 2795 **A** Wn – **D-brd** Bhm (1er dessus) – F Pc (6 Ex., davon 1 Ex. unvollständig) – **US** Wc

— . . . XII suite. – *ib., auteur, Mme Boivin, Le Clerc (gravés par Degland).* [A 2796 **A** Wn – **D-brd** Bhm – F Pc (5 Ex., davon 1 Ex. unvollständig) – **US** Wc

Concerto à quatre violons, violoncello et basse continue . . . œuvres XVII. – *Paris, auteur, Vve Boivin, Leclerc (gravé par Mme Leclair).* – St.               [A 2797 F Pa, Pc, Pn

— . . . IIe livre. – *ib., (gravé par De Gland).*                          [A 2798 F Pc

Le Carillon, concerto à quatre violons, violoncello et basse continue. – *Paris, auteur, Mme Boivin, Le Clerc (gravé par De Gland).* – St.                       [A 2799 F Lm

Premier livre de sonates à violon seul avec la basse-continue. – *Paris, auteur, Foucault (gravé par Chevillard), 1719.* – P.                              [A 2800 **D-ddr** Dlb – F B, Mc, Pc (2 Ex.) – **GB** Lbm – **NL** DHgm

— *ib., auteur, Le Clerc, Boivin, 1719.*
[A 2801
F Pc

— Sonates à violon seul et basse continue
. . . livre I. – *ib., auteur, Le Clerc, Boivin.*
[A 2802
CH Gpu – F Pn

— . . . nouvelle édition corrigée et augmentée et les basses ajustées à la portée du
violoncelle et du basson. – *ib., auteur,*
*Boivin, Leclerc.*                    [A 2803
D-ddr Dlb – F Pc (4 Ex.) – US NYp, Wc

Sonnates à violon seul et basse continue
. . . livre IIᵉ. – *Paris, auteur, [Foucault].*
*1721.* – P.                    [A 2804
F Pc (3 Ex.) – NL DHgm – US NYp

— *ib., auteur, Boivin, Le Clerc, 1721.*
[A 2805
F Pc

— *ib., auteur, Boivin, Le Clerc.* [A 2806
CH Gpu – F AG, Pn

— . . . nouvelle édition corrigée et augmentée et les basses ajustées à la portée du
violoncelle et du basson. – *ib., auteur, Boi-*
*vin, Leclerc (gravés par De Gland).* [A 2807
D-ddr Dlb – F Pa – US AA, Wc

Sonates à violon seul et basse-continue
. . . livre IIIᵉ. – *Paris, auteur, Boivin,*
*Le Clerc, 1723.* – P.                    [A 2808
F G, Pc, Pn – NL DHgm

— *ib., auteur, Boivin, Le Clerc.* [A 2809
F Pn

— . . . nouvelle édition corrigée et augmen-
tée et les basses ajustées à la portée du
violoncelle et du basson. – *ib., auteur,*
*Mme Boivin, Le Clerc (gravées par De*
*Gland).*                    [A 2810
F Pc – US Wc

Sonates à violon seul et basse continue . . .
livre IV. – *Paris, auteur, Boivin, Leclerc*
*(gravées par Mme Leclair).* – P. [A 2811
F Pc (3 Ex.), Pn – US NYp, Wc

Sonates à violon seul et basse continue . . .
livre V. – *Paris, auteur, Mme Boivin, Le*
*Clerc (gravées par De Gland).* – P. [A 2812
A Wn – F Pc (2 Ex.) – GB Lbm – US AA, Wc

Menuets nouveaux avec la basse. – *Paris,*
*auteur, Mme Boivin, Le Clerc (gravées par*
*Degland).* – P.                    [A 2813
F Pa

Les Amuzettes, pièces pour les vielles,
muzettes, violons, flûtes et hautbois . . .
œuvre XIVᵉ. – *Paris, auteur, Boivin,*
*Leclerc (gravé par Mme Leclair).* – P.
[A 2814
F Pa, Pc (2 Ex.) – GB Lbm

Les petits concerts, duo pour les musettes,
vielles, violons, flûtes et hautbois . . .
œuvre XVI. – *Paris, auteur, Vve Boivin,*
*Leclerc (gravés par Mme Leclair).* – P.
[A 2815
A Wn – F Pc – GB Lbm

Pièces à deux violons ou à deux flûtes . . .
œuvre XV. – *Paris, auteur, Vve Boivin,*
*Leclerc.* – P.                    [A 2816
F Pa, Pc, Pn

Pièces à deux flûtes traversières ou à deux
violons . . . Iᵉʳᵉ suitte. – *Paris, auteur,*
*Boivin, 1723.* – P.                    [A 2817
F LYm, Pc

Sonates à deux violons . . . œuvre XXIIII.
– *Paris, auteur, Mme Boivin, Le Clerc*
*(gravées par De Gland).* – St. [A 2818
A Wn – F Pc, Pn (vl II) – US Wc

Les jolies airs ajustez à deux violons avec
des variations par Mr. Aubert . . . 1ᵉʳ (–3ᵉ
livre), œuvre XXVII (–XXIX). – *Paris,*
*auteur, Mme Boivin, Le Clerc (gravées par*
*Mlle Bertin [2ᵉ livre: De Gland]).* – St.
SD S.202                    [A 2819
A Wn – F Pc, Pn, V – US Wc (1ᵉʳ–2ᵉ livre)

— Quatrième (– sixième) livre . . . œuvre
XXXI (– XXXIII). – *ib., auteur, Mme*
*Boivin, Le Clerc.*                    [A 2820
SD S.202
F Pc (2ᵉ dessus), V

## AUBERT Louis

Six simphonies à quatre, trois violons
obligés avec la basse continue . . . œuvre
IIᵉ. – *Paris, auteur, Le Clerc, Bayard*
*(gravé par Labassée).* – St.            [A 2821
F Pa (bc), Pc (2 Ex.), Pn (kpl.; vl I: 2 ×)

Six trio pour deux violons et violoncelle obligé. – *Paris, Huguet.* – St.     [A 2822
F Pc

Sonates à violon seul avec la basse-continue ... œuvre I$^{er}$ ... quelquesunes de ces sonates peuvent se jouer sur la flûte traversière. – *Paris, auteur, Boivin, Le Clerc, Castagnerie (gravées par Mme Leclair).* – P.     [A 2823
F Pc (2 Ex.), Pn, V

**AUBERT Pierre Francois Olivier**

*Op. 1.* Sei sonate per violoncello o sia violino e basso ... opera prima. – *Paris, bureau d'abonnement musical; Lyon, Castaud.* – P.     [A 2824
I Gl

*Op. 3.* Trois duo pour deux violons ou deux violoncelles ... œuvre III$^e$. – *Paris, auteur.* – St.     [A 2825
F Pn

— *ib., Imbault, No. 157.*     [A 2826
F Pn

*entfällt*     [A 2827

*Op. 6.* Trois duo pour deux violoncelles ... 2d livre de duo, il peuvent aussi s'exécuter sur le violon, œuvre 6$^{me}$. – *Paris, Imbault (gravé par Gautier Dargonne), No. 158.* – St.     [A 2828
F Pn

*Op. 7.* Trois duo concertans pour deux violoncelles ... 3$^{eme}$ livre de duo, œuvre 7$^{eme}$, ils peuvent s'exécuter sur le violon. – *Paris, Imbault (gravé par Gauthier d'Argonne), No. 159.* – St.     [A 2829
F Pn

*Op. 8.* Études pour le violoncelle suivies de trois duos et de trois sonates ... pour cet instrument ... œuvre 8. – *Paris, Imbault.* – P.     [A 2830
GB Lbm

*Op. 9.* Trois duo faciles pour deux violoncelles faisant suite à l'étude du violoncelle ... œuvre 9$^{me}$. (4$^{me}$. livre de duo). – *Paris, Janet & Cotelle.* – St.     [A 2831
US Wc

*Op. 11.* Méthode ou nouvelles études pour le violoncelle ... œuvre XI$^e$. – *Paris, Janet & Cotelle, No. 21.*     [A 2832
A Wgm

*Op. 13.* Les Marchandes de Plaisirs d'Artichauds, de Pommes de Terres et de Gateaux de Nauterre, quatre duos [C, A, e, d] pour deux violoncelles ... œuvre 13 (6$^{me}$ livre de duo). – *Paris, Mme Duhan & Co., No. 65.* – St.     [A 2833
A Wgm

*Op. 30.* Trois duetti [d, C, D] pour deux violoncelles ... œuvre XX$^{me}$ (9$^{me}$ livre de duo). – *Paris, auteur.* – St.     [A 2834
A Wgm

*Op. 34.* Trois duetti pour deux guitares, œuv. 34. – *Paris, auteur.* – P.     [A 2835
D-brd Mbs

Etudes pour le violoncelle d'une difficulté progressive. – *Wien, Johann Traeg, No. 100.*     [A 2836
D-brd Bhm

— *ib., Cappi & Diabelli, No. 100.* [A 2837
A Wn

— *Offenbach, Johann André, No. 1474.*     [A 2838
D-brd B

Etudes doigtées pour le Violoncelle. – *Wien, Joseph Czerný, No. 2641.* [A 2839
A Wn

Kurze Anweisung zum Violoncellspiel welche nebst dem Theoretischen, viele praktische Übungen und die ersten Anfangsgründe zum Flageoletspiel enthält. – *Wien, Artaria & Co., No. 2543.* [A 2840
A Wn

**AUDIENCIER→ MICHEL Guillaume**

**AUDINOT Nicolas-Médard**

Le Tonnelier (Pasticcio)

Le Tonnelier, opéra comique en un acte ... représenté pour la première fois sur le Théâtre des Comédiens italiens ordinaires du Roy, le 16 mars 1765. – *Paris,*

*de La Chevardière (gravé par Gerardin).*
– P.                                        [A 2841
SD S.391
A Wn – B Bc, Br – F AI, G, TLc, – GB Lbm –
I MOe – US NH, PHu, Wc

— *ib., Le Clerc, aux adresses ordinaires.*
SD S.391                                    [A 2842
B Gc – **D-ddr** Bds, Dlb – **DK** Kk – F AM, BO,
Dc, LM, LYm, Pa, Pc, Pn (2 Ex.), R, V – **GB** Lbm
(unvollständig) – IL J – NL DHgm – US Bp, Cn

— *ib., Le Duc, No. 58 A.*                  [A 2843
SD
A Wn – **D-ddr** Bds (Etikett: Lyon, Garnier)

— *... opéra comique, mêlé d'ariettes. –*
*ib., Duchesne, 1765.*                      [A 2844
SD
GB Lbm

— *... nouvelle édition augmentée. – ib.,*
*Vve Duchesne.*                             [A 2845
SD
GB Lbm

Je suis la marchande d'amour. Air: Tra-
vaillez bon tonelier. – *s. l., s. n.*   [A 2846
GB Lbm (2 Ex.)

Lisette ne possedait rien. – *Paris, Rayer.*
                                            [A 2847
GB Lbm

Loin des soucis, des allarmes. – *s. l., s. n.*
                                            [A 2848
GB Lbm

Quand je vois Fanchette. – *s. l., s. n.*
                                            [A 2849
GB Lbm

Un tonnelier vieux et jaloux. – *s. l., s. n.*
                                            [A 2850
GB Lbm

**AUENBRUGG Marianna d'**

Sonata per il clavicembalo o forte piano
... con ode d'un amico & ammiratore delle
di lei rare virtudi, messa in musica dal ...
Anton Salieri. – *Wien, Artaria & Co., No.*
*14.*                                       [A 2851
SD S.362
A Wgm (2 Ex.), Wst – **DK** Kk – US Wc

**AUERNHAMMER Josephine →**
**AURNHAMMER Josephine**

**AUFFDIENER ...**

Pot-pouri pour le clavecin ou le forte-
piano ... œuvre 2^me. – *Paris, adresse*
*ordinaire.*                                [A 2852
F Pc

**AUFFMANN Joseph Anton**

Triplex concentus organicus, seu III. concerti organici à octo instrumentis, organo
principale, violino primo, violino secundo,
alto viola, violoncello con violone obliga-
tis, cornu primo, cornu secundo ad libitum ... opus I. – *Augsburg, Johann Jakob*
*Lotter, 1754.* – St.                       [A 2853
CH Lz (org, cor I, cor II) – **D-brd** Mbs

**AUFSCHNAITER Benedict Anton**

Concors discordia amori et timori augusti
et serenissimi Romanorum regis Josephii
[6 Suiten: G, F, g, a, F, B]. – *Nürnberg,*
*Christian Sigismund Froberg, 1695.* – St.
                                            [A 2854
CH Zz (kpl.: vl I, vl II, vla I, vla II, vlne) –
S Uu

Dulcis fidium harmonia, symphoniis ecclesiasticis concinnata. – *Augsburg, An-*
*dreas Maschenbauer & Daniel Walder,*
*1703.* – St.                               [A 2855
S L (vl I conc., vl II conc., vl II ad lib., vla, vlne,
org; fehlt vl I ad lib.)

Memnon sacer ab oriente animatus, seu
vesperae solennissimae a 4. vocibus concertantibus, 2. violinis, & 2. violis necessariis, 4. rip. pro pleno choro, violone, cum
duplici basso continuo ... opus quintum.
– *Augsburg, Andreas Maschenbauer, 1709.*
– St.                                       [A 2856
A GÖ (fehlt vl II, alle St. def.), KR – **D-brd**
NBsb (vl I), OB

Alaudae V ad aram purpurati honoris
Victimae sive Sacra V ... op. 6 [5 Messen:
Missa S. Francisci, Missa S. Antonii, Missa
Renovata S. Benedicti, Missa S. Josephi,
Missa S. Caeciliae]. – *s. l., s. n., 1712.* –
St.                                         [A 2857

A KR – **D-brd** OB (fehlt Titelblatt; kpl.: S, A, T, B concert., vl I, vl II, vla I, vla II, clno I, clno II, clno III [hs.], trb I, trb II, trb III, timp)

Aquila clangens, exaltata supra domum domini, sive duodena offertoria . . . a 4. vocibus, 2. violinis, & 2. violis concertantibus, cum duplici basso continuo & 2. trombonis ad libitum . . . opus septimum. – *Passau, Autor, Maria Margaretha Höller, 1719.* – St.       [A 2858
CS Pp – **D-brd** Mbs (fehlt S, A, trb II), NBbs (fehlt A, vl I, vla II, trb I, trb II), Rp (fehlt S, trb II, org)

Cymbalum Davidis vespertinum seu vesperae pro festivitatibus Domini, B. Mariae V. et sanctorum a 4. vocibus, 2. violinis, 2. violis, cum duplici basso continuo. Ad psalmum Dixit Dominus, & canticum Magnificat, 2. clarinis, aut in eorum defectu, 2. hautbois in tono gallico, qui tamen in festivitatibus B.M.V. sunt ad libitum . . . opus octavum. – *Passau, Autor, Gabriel Mangold, 1728.* – St.       [A 2859
A KR (fehlt trb I, trb II, vlne) – **D-brd** OB (fehlt vlne), Pd (fehlt vla I, vlne, org)

— *ib., 1720.*        [A 2860
CS N (trb II, org) – **D-brd** Mbs (fehlt trb I, trb II, vlne, org), WEY – **D-ddr** Dlb (fehlt trb I, trb II) – **PL** Wu (fehlt vl II, clno II, trb I, trb II)

## AUGUSTE . . .

La Bermesse [dance, 2 vl]. – *[Paris]*, *Jouve.*        [A 2861
GB Lbm

La Bossomanie [dance, 2 vl]. – *[Paris]*, *Jouve.*        [A 2862
GB Lbm

La Molière [dance, 2 vl]. – *[Paris], Jouve.*        [A 2863
GB Lbm

Le Pantaléon Grec, 3e pot-pourri [dance, 2 vl]. – *[Paris], Jouve.*     [A 2864
GB Lbm

Le Pantaléon de l'amour, 4e pot-pourri [dance, 2 vl]. – *[Paris], Jouve.*     [A 2865
GB Lbm

La Vanhecke [dance, 2 vl]. – *[Paris]*, *Jouve.*        [A 2866
GB Lbm

La Zelia [dance, 2 vl]. – *[Paris], Jouve.*        [A 2867
GB Lbm

## AULETTA Pietro

Il giocatore

Les ariettes du Joueur, opéra bouffon italien del Sig. Doletti, représenté à l'opéra de Paris, en 1752. – *Paris, Mme Boivin, Le Clerc, Mlle Castagnery.* – P.        [A 2868
F Pc (3 Ex.), Pn, Po (2 Ex.) – US Wc – **CH** Gpu

Il maestro di musica

Le maitre de musique, comédie mellé d'ariettes, parodiées de l'italien, représentée pour la première fois . . . le 28. mai 1755. – *Paris, de La Chevardière; Lyon, les frères Le Goux.* – P.        [A 2869
S Skma

## AUMANN Diederich Christian

Choralbuch für das neue Hamburgische Gesangbuch. – *Hamburg, Gottlieb Friedrich Schniebes, 1787.*        [A 2870
**D-brd** Hmb

Oster-Oratorium mit einem doppelt Heilig, im Klavier-Auszuge. – *Hamburg, Gottlieb Friedrich Schniebes, 1789.* – KLA.        [A 2871

**D-brd** Hs

## AURELIA Schwester

Wie's hergieng bey der höchst schauervollen Exekution, welche im Monath Hornung dieses Jahrs an einigen Hundert eingesperrten Schwestern, und besonders an der ehrwürdigen Mutter Anastase, die nun schon vor Gram gestorben seyn wird, in Wien vollzogen worden . . . (Lied) mit Musik fürs Klavier. – *Leipzig, s. n., 1782.*        [A 2872
A Wn (2 Ex.), Wst

**AURNHAMMER Josephine**

VI. Variazioni dell' aria – Der Vogelfänger bin ich ja, nel opera – Die Zauberflöte, del Sig.r Mozart, per clavicembalo o piano forte. – *Wien, Artaria & Co., No. 373.*
[A 2873
CS Pnm – **D-brd** DO – **D-ddr** HAu – **I** Nc – YU Zha

— Six variations de l'air: der Vogelfänger bin ich ja, de M<sup>r</sup> Mozart (Journal de musique pour les dames N° 49). – *Offenbach, Johann André, No. 603.*        [A 2874
CS Pu – **DK** Kk – **S** Sm

VIII. Variazioni per il clavicembalo o piano forte sopra la contradanza del ballo intitolato La Figlia mal Custodita. – *Wien, Artaria & Co., No. 507.*        [A 2875
**A** Wgm, Wst – **D-brd** DO

VI Variazione per il clavicembalo della opera Molinara, Nel cor piu non mi Sento. – *Speyer, Bossler, No. 226.*        [A 2876
**A** Wgm

Dix Variations . . . dediées à Madame la Baronne de Braun . . . op. 63. – *Wien, Magazin de Musique des Théâtres No. 63.*
[A 2877
**D-brd** BNba, Mbs

VI Variazioni per il forte piano. – *Wien, Tranquillo Mollo & Co., No. 160.* [A 2878
**A** Wst

Variations pour le piano-forte . . . dediées a Madame la Comtesse de Migazzi née Comtesse de Thürheim. – *Wien, Ludwig Maisch, No. 386.*        [A 2879
**A** Wgm

Six variations sur un thême hongrois pour le piano-forte. – *Wien, Chemische Druckerey, No. 1409.*        [A 2880
**A** Wn

**AUTRIVE Jacques-Francois d'**

[I<sup>e</sup>] concerto [D] à violon principale, deux violons, alto et basse, deux flûtes et cors adlibitum. – *Paris, Sieber.* – St. [A 2881
**S** Skma

**AUVERGNE Antoine d'** →
**D'AUVERGNE Antoine**

**AUVRAY J. B.**

Six nouvelles romances avec accompagnement de forte-piano. – *Paris, Imbault, No. 651.* – P.        [A 2882
**F** Pn (2 Ex.)

Air della Nina de Paisiello, varié et précédé d'un grand prélude pour le forte-piano . . . œuvre 35. – *Paris-Bordeaux, les marchands de musique.* – P.        [A 2883
**F** Pn

L'Amour, marchand de coeurs. – *Paris-Bordeaux, aux adresses ordinaires de musique.* – P.        [A 2884
**F** Pn (2 Ex.)

Charmant avec simplesse l'objet qui m'intéresse . . . arrangé pour piano ou harpe [2 Singstimmen und pf, G, Andante con moto]. – *s. l., à la nouveauté, chez les frères Feydeau, No. 12 (13).*        [A 2885
**CH** Gpu (fehlt Titelblatt)

L'Echo de Prague, heroïde. – *Paris, les marchands de musique; Bordeaux, Felix Parizot.*        [A 2886
**F** Pn (2 Ex.)

Marche des Marseillois, variée pour le forte-piano. – *Paris, Imbault, No. A # 293.*        [A 2887
**F** Pn

**AUX-COUSTEAUX Artus**

*1631.* Psalmi aliquot ad numeros musices IIII. V et sex vocum redacti. – *Paris, Pierre Ballard, 1631.* – St.        [A 2888
**F** Pn (S, A, 5)

*1641.* Octo cantica Divae Mariae Virginis secundum octo modos seu tonos in templis decantari solitos singula quaternis vocibus constantia. – *Paris, Robert Ballard, 1641.* – Chb.        [A 2889
**C** Qu – **F** V

*1643.* Les quatrains de Mr. Mathieu, mis en musique à trois parties selon l'ordre des douze modes. – *Paris, Robert Ballard, 1643.* – St.        [A 2890
**F** Pa (Haute), Pn, Psg (Haute) – **GB** Lbm (B)

— Suite de la première partie des quatrains de Mr. Mathieu, mis en musique à trois voix, selon l'ordre des douze modes. – *Paris, Robert Ballard, 1652.* – St. [A 2891
F G (Haute), Pn – GB Lbm

*1644.* Meslanges de chansons [à 3, 4, 5, 6 v]. – *Paris, Robert Ballard, 1644.* – St. [A 2892
F Pn (dessus, haute-contre, 5) – GB Och (kpl.: dessus, haute-contre, 5, 6, taille, basse-contre)

*[1644]* Noëls et cantiques spirituels [à 2 v], sur les mystères de la naissance de nostre Seigneur, et sur les principales festes de la Vierge. – *Paris, Robert Ballard.* [A 2893
F Pn (2 Ex.), T – GB Lbm

*1644.* Second livre de nöels et cantiques spirituels. – *Paris, Robert Ballard, 1644.* [A 2894
GB Lbm

— *ib., 1655.*                                    [A 2895
F Pn (2 Ex.), T

→ *1647. Missa Vvocum ad imitationem mo* †

*1651.* Missa quinque vocum ad imitationem moduli: quelle beauté, ô mortels. – *Paris, Robert Ballard, 1651.* – Chb. [A 2896
F Pc

1652 → 1643

*1655a.* Canticum Virginis Deiparae, iuxta octo ecclesiae tonos, cui additi sunt hymni communiores diei dominicae & natalis domini vesperae, nec-non alia quaedam opuscula. – *Paris, Robert Ballard, 1655.* – St.                                    [A 2897
GB Lbm (T, Contra, B)

1655b → 1644

*1726.* Missa quatuor vocum, ad imitationem moduli, secundi toni ... novissima editio. – *Paris, Jean Baptiste Christophe Ballard, 1726.* – Chb.                [A 2898
F Pthibault – GB Lbm

## AVANZINI Giovanni Giacomo

Sinfonia per violini, oboe, viola, basso e corni obbligati. – *Venezia, Antonio Zatta & figli.* – St.                    [A 2899
F Pmeyer – I PAc, Vqs

## AVANZOLINI Girolamo

Salmi a otto voci con il basso per l'organo ... opera prima. – *Venezia, Alessandro Vincenti, 1623.* – St.                [A 2900
I Bc, VCd

Messe a 4 e 5 voci concertate ... op. 2. – *Venezia, Alessandro Vincenti, 1623.* – St.                                    [A 2901
I VCd (A, T, B, 5, org; fehlt S)

Messe e motetti a tre voci variate, con il basso per sonar nell' organo ... opera terza. – *Venezia, Alessandro Vincenti, 1623.* – St.                            [A 2902
I Bc (parte superiore, parte mezzana, parte inferiore; fehlt bc)

## AVENARIUS Philippus

Cantiones sacrae quinque vocum, accommodatae ad omnes usus, tam viva voce, quam omnis generis instrumentis cantatu iucundae. – *Nürnberg, Ulrich Neubers Witwe & Erben, 1572.* – St. [A 2903
D-brd Bhm (T, B, Vag), Mbs, Rp

Devota acclamatio novis honoribus, clarissimi et consultissimi viri, Dn. Josephi Avenarii cum ipsi summus in utroque jure gradus insignia ac privilegia in illustri Salanâ XVI. augusti anno 1608, solenni ritu conferrentur, 6. voc. composita. – *Jena, Lippold, 1608.* – St.        [A 2904
D-brd Rp (S inf., 6)

## AVENARIUS Thomas

Convivium musicale, in welchen etzliche neue Tractamenta, als gar schöne und fröliche Paduanen, Galliarden, Couranden, Intraden, und Balletten sonderlicher Art offeriret werden ... mit 4. und 5. Stimmen. – *Hamburg, Michael Hering (Hildesheim, Joachim Gössel), 1630.* – St. [A 2905
D-brd Hs (kpl.: S I, S II, A, T, B)

Viridarium musicum. In welchen etzliche sonderliche Flores Musicales, als schöne Apophtegmata, Symbola, und andere außerlesene Dicta gefunden und mit 3. oder 4. Stimmen vocaliter und instrumen-

† *duli: grata sunt harmonia. Paris: Ballard 1647 – Chb.*

taliter, können gebraucht werden. – *Hildesheim, Autor (Joachim Gössel), 1638.* –
St.                  [A 2906
**D-brd** HVl (S mit Basis)

Fugae musicales inter fugas martiales.
Über etliche fürstliche und andere heroische Symbola, Apophtegmata, und sonst
schöne Dicta, so mit 3. oder 4. Stimmen
musicalischer Art, vocaliter und instrumentaliter gar artig können gebraucht
werden. – *Hildesheim, Autor (Joachim Gössel), 1638.* – St.      [A 2907
**D-brd** HVl (S mit Basis), W

Curae curarum, das ist etliche sehr schöne
bewegliche Dicta und Apophtegmata . . .
welche mit anmutigen musicalischen Harmonien gezieret, und mit 3. oder 4. Stimmen vocaliter und Instrument: können
gebraucht und exerciret werden. – *(s. l.,
s. n.).* – P.        [A 2908
**GB** Lbm (Titelblatt mit Impressum beschädigt)

**AVESNE d' → D'AVESNE**

**AVIANUS Johann**

(Die Feder ziert mit kunst formirt [a4v]).
Delphica & vera pennae literatae nobilitas. Das ist warhaffter der Gelerthen
Feder Adel. – *Erfurt, Georg Baumann,
1595.* – P.       [A 2909
**D-ddr** Z

**AVISON Charles**

VOKALMUSIK

Glory to God. Christmas hymn. – *s. l., s. n.*
– P.         [A 2910
**GB** Cu – **US** Ws

Sae merry as we twa ha'been. A favorite
Scotch tune, with variations for piano
forte or harpsichord. – *London, Longman
& Broderip.*      [A 2911
**GB** Gu, Lbm

INSTRUMENTALWERKE (mit Opuszahlen)

*Op. 1.* Six sonatas [dorisch-chromatisch,
g, g, dorisch, e, D] for two violins and a
bass . . . opera prima. – *London, John
Johnson.* – St.      [A 2912
**D-brd** B – **GB** Ckc, Lbm, Mp (2 Ex.) – **US** Cn,
CHua, R

— *ib., Benjamin Cooke.*     [A 2913
**GB** Lbm (vl I)

*Op. 2.* Six concerto's [g, B, e, D, B, D] in
seven parts . . . opera secunda. – *Newcastle, Joseph Barber; London, Benjamin
Cooke, 1740.* – St.     [A 2914
**D-brd** B – **GB** DRc, Lam (2 Ex.), Lbm – **S**
Skma – **US** Wc, WGw

*Op. 3.* Six concertos [D, e, g, B, D, G] in
seven parts for four violins one alto viola,
a violoncello and a thorough bass for the
harpsichord, with general rules for playing instrumental compositions in parts . . .
opera terza. – *London, John Johnson,
1751.* – St.     [A 2915
**D-brd** B – **D-ddr** Dlb – **F** Pn – **GB** Bu, Ckc (2
Ex.), DRc, Gm (unvollständig), Ge, Lbm, Mp,
Ob – **NL** Uim (2 Ex.) – **S** Skma – **US** AA, CA,
NYp, Pf, R, Wc (2 Ex.), WGw

— *ib., Preston & son.*     [A 2916
**GB** Lam, Mp (unvollständig)

*Op. 4.* Eight concertos [d, A, D, g, B, G,
D, c] in seven parts for four violins, one
alto-viola, a violoncello and a thorough
bass for the harpsichord . . . opera quarta.
– *London, John Johnson. 1755.* – St.
        [A 2917
**D-brd** Hs (vl II concert., vl II rip., a-vla, b
rip.) – **GB** Ckc, EL, Cu (unvollständig), Lbm
(5 Ex., davon 4 Ex. unvollständig, 1 Ex. andere
Ausgabe mit gleichem Impressum), Mp,
Ob (2 Ex.) – **NL** Uim (2 Ex.) – **S** Skma – **US**
AA, Bp, NH, Pu, Wc (2 Ex.), WGw

— *ib., John Welcker.*     [A 2918
**GB** Lcm – **S** Skma

— *ib., Preston & son.*     [A 2919
**D-brd** B – **GB** Lam, Lcm (2 Ex.), Mp (unvollständig)

*Op. 5.* Six sonatas [G, C, B, Es, G, A] for
the harpsichord with accompanyments for
two violins and violoncello . . . opera
quinta. – *London, John Johnson, 1756.* –
St.     [A 2920
**D-brd** B(cemb) – **GB** Cu (unvollständig), DRc,
Lbm – **US** Pu, Wc

*Op. 6.* Twelve concertos in seven parts for four violins, one alto-viola, a violoncello, and a thorough-bass for the harpsichord . . . opera sesta. – *London, John Johnson; Newcastle, for the author, 1758.* – St. [A 2921
**GB** Ge, Lbm, Mp (unvollständig), Ob – **NL** Uim – **S** Skma – **US** AA, Wc (2 Ex.)

— *London, Preston & son.* [A 2922
**GB** Lam – **US** Cn

*Op. 7.* Six sonatas [G, g, B, d, a, A] for the harpsichord, with accompanyments for two violins, & a violoncello . . . opera settima. – *London, John Johnson; Edinburgh, Robert Bremner; Newcastle, for the author, 1760.* – St. [A 2923
**D-brd** F – **GB** Ckc (unvollständig), Cu, Lbm (unvollständig) – **US** Cn (hpcd), Pu (vl I, hpcd), Wc (hpcd)

— *ib., Robert Bremner.* [A 2924
**GB** Lbm – **US** CA (fehlt hpcd), NH, Pu (hpcd), Wc

— *ib., Preston & son.* [A 2925
**GB** Cu – **US** NYp (hpcd)

*Op. 8.* Six sonatas for the harpsichord with accompanyments for two violins and a violoncello, opera ottava. – *London, author, 1764.* – St. [A 2926
**GB** Ckc (unvollständig), Lbm, Mp (unvollständig), Ojc (unvollständig) – **NL** Uim (hpcd, vl I)

— *ib., s. d.* [A 2927
**GB** Lcm

— *ib., Robert Johnson, John Walsh for the author; Edinburgh, Robert Bremner, 1764.* [A 2928
**US** NYp, Wc

*Op. 9.* Twelve concertos [I: G, D, A, g–G, C, e; II: Es, B, c, F, A, D] (divided into two sets) for two violins, one alto viola, and a violoncello. This work is also adapted to the practice of the organ or harpsichord alone, or these to serve as an accompanyment to the parts in concert . . . opera nona. Set I (II). – *London, Robert Johnson, for the author, 1766.* – St./KLA. [A 2929
**D-brd** B – **GB** Cu (unvollständig), Cfm (unvollständig), Gm (unvollständig), Lam, Lbm (unvollständig), Lu (unvollständig), Ob – **NL**

DHgm (org) – **US** CA, MORduncan (I: org), NH (org), NYp (II: fehlt org), Pu (I: org, a-vla; II: a-vla), Wc (3 Ex.), WGw

— *ib., Robert Bremner, for the author, 1766.* [A 2930
**D-brd** B – **F** Pc (org) – **GB** Cfm (unvollständig), Ckc (unvollständig), Cpl (unvollständig), Lbm (2 Ex., beide unvollständig), Mp, Ob – **S** Skma – **US** BE (II: kpl.), Pu (I: vl II, vlc; II: vl II [2 Ex.]), vlc [2 Ex.], PHci (I: kpl.), Wc

— *ib., Preston & son, 1766.* [A 2931
**GB** Lam, Lcm, Mp (unvollständig) – **US** BE (org), Cn, NH

*Op. 10.* Six concertos [d, F, c, C, Es, d] in seven parts for four violins, one alto viola, a violoncello, and a thorough bass for the harpsichord, opera decima. – *London, Robert Bremner, 1769.* – St. [A 2932
**E** Mn (kpl.; vl I, vl II, vla, vlc [je 2 Ex.]) – **GB** Bu, Lbm, Mp (2 Ex.) – **S** Skma – **US** Cn, Wc, WGw

INSTRUMENTALWERKE (ohne Opuszahlen)

Two concerto's, the first for an organ or harpsicord, in eight parts, the second for violins, in seven parts. – *Newcastle, Joseph Barber, 1742.* – St. [A 2933
**GB** Lbm (org)

Eight concertos for the organ or harpsicord. – *London, John Walsh.* [A 2934
**GB** Lbm, T (andere Ausgabe)

Twenty-six concertos composed for four violins, one alto-viola, a violoncello, and ripieno-bass, divided into four books in score, for the use of performers, on the harpsichord, book I[–IV]. – *London, John Johnson, John Walsh; Edinburgh, Robert Bremner; Newcastle, for the author, 1758.* – P. [A 2935
**D-brd** Hs (IV, ohne Titelblatt), Mbs (III, IV) – **D-ddr** Dlb (I–IV) – **F** Pc (I–IV) – **GB** Bu (unvollständig), Lbm (I–IV) – **US** NH (III), NYp (I–IV)

## AVITRANO Giuseppe Antonio

Cantate per soprano e bc (Che si peni; Già che sei; Selve squalide; Amor più non; Pera chi d'onestate; Il sereno d'un bel

volto; Non più non più mio core). – *s. l.,
s. n.* – P.                    [A 2936
I Mc

[10] sonate a tré, due violini, e violone col
basso per l'organo, op.prima. – *Napoli,
M. L. Mutio, 1697.* – St.          [A 2937
I Mc

[10] sonate a trè, due violini, e violone col
basso per l'organo, op.seconda. – *Napoli,
M. L. Mutio, 1703.* – St.          [A 2938
I Mc

Sonate a quattro, tre violini col basso per
l'organo . . . op. 3. – *Napoli, M. L. Mutio,
1713.* – St.                    [A 2939
I Nc

## AVOLIO J.

Sei duetti per due violini . . . mis au jour
par M. Venier, seul éditeur des dits ouvrages . . . opera IIa. – *Paris, Venier et aux
adresses ordinaires; Lyon, les frères Le
Goux, Castaud (imprimés par Richaume,
gravés par Mme Leclair).* – St.  [A 2940
F Pa, Pc, Pn

Sei duetti per due violini . . . mis au jour
par M. Venier seul éditeur des dits ouvrages . . . opera IIIa. – *Paris, Venier et aux
adresses ordinaires; Lyon, les frères Le goux,
Castaud (imprimés par Richaume, gravés
par Mme Leclair).* – P.          [A 2941
F Pc, Pn

Six sonates à violon seul et basse . . .
œuvre IV. – *Paris, aux adresses ordinaires
de musique (imprimé par Montulay, gravé
par Mme de Lusse).* – P.          [A 2942
F Pc, Pn – GB Lbm – NL Uim

Airs connus, mis en variations pour le
violon avec accompagnement de basse . . .
œuvre V. – *Paris, Durieu.* – P.  [A 2943
US R

Six quatuors concertans pour deux violons, alto et basse . . . œuvre VI. – *Paris,
aux adresses ordinaires (gravés par Mlle
Philippe).* – St.                [A 2944
F Pc

Six duo [D, B, A, C, G, g] à deux violons
ou pardessus de viole . . . mis au jour par
Mr de La Chevardière. – *Paris, de La Chevardière et aux adresses ordinaires; Lyon,
les frères Le Goux.* – P.          [A 2945
F Pc – S Skma

## AVONDANO Giovanni Battista Andrea

Quattro sonate e due duetti per due violoncelli (Raccolta dell'harmonia, collezzione cinquantesima nona del magazino
musicale). – *Paris-Lyon, bureau d'abonnement musicale et aux adresses ordinaires de
musique, Castaud.* – P.          [A 2946
D-ddr Bds

## AVONDANO Pietro Antonio

A collection of Lisbon minuets for two
violins or two german flutes and a bass.
– *London, Charles & Samuel Thompson.*
– P.                    [A 2947
GB Lbm

Eighteen entire new Lisbon minuets for
two violins and a bass, selected out of
the book of minuets composed for, and
play'd at the British factory ball. – *London, Charles & Samuel Thompson.* – P.
[A 2948
GB Lbm

— *ib., Maurice Whitaker.*        [A 2949
US Wc

A second sett of twenty-two Lisbon mi-
nuets for two violins and a bass. – *London,
John Cox.* – P.                [A 2950
GB Lbm

A favourite lesson for the harpsichord. –
*London, Charles & Samuel Thompson.*
[A 2951
GB Lbm

## AVOSANI Orfeo

Compieta concertata a cinque voci . . .
opera prima. – *Venezia, Alessandro Vincenti, 1641.* – St.              [A 2952
I Bc (kpl.: S, A, T, B, 5, bc), FEc

Messa e salmi e tre voci . . . opera seconda.
– *Venezia, Alessandro Vincenti, 1645.* –
St.                                    [A 2953
I Bc (kpl.: S I, S II, B, bc) – **PL** WRu


## AYLWARD Theodore

VOKALMUSIK

Sammlungen und Einzelgesänge

Elegies and glees . . . op. 2. – *London, for
the author.* – P.                      [A 2954
**GB** Ge – **US** Bp, Wc


— *ib., Robert Birchall, Wright, for the
author.*                               [A 2955
**D-brd** Hs – **US** Wc (2 Ex.), Ws


Eight canzonets for two soprano voices
. . . op. 3. – *London, Preston & sons, for
the author.* – P.                      [A 2956
**GB** Lbm


Six songs in Harlequin's Invasion, Cym-
beline, and Midsummer Night's Dream,
&c . . . for the voice and harpsichord. –
*London, Robert Bremner, for the author.* –
P.                                     [A 2957
**GB** Bp, CDp, Ge, Lbm, Lcm


Come nymphs and fawns. A glee for 3
voices perform'd at the Jubilee . . . at
Stratford upon Avon . . . 1769 in honour
of . . . Shakespear. – *s. l., s. n.*   [A 2958
**GB** Bp, Ob


Ode on the dawn of peace. – *London,
Maurice Whitaker.*                     [A 2959
**GB** Lbm


Oft have I seen at early morn. A favourite
sonnet. – *London, Longman & Broderip.*
                                       [A 2960
**GB** Lbm


Sweet tyrant love. A new song. – *s. l., s. n.*
                                       [A 2961
**GB** Lbm


Welcome sun and southern show'rs, a new
song wrote by a lady on leaving the town
for the summer season. – *s. l., s. n.* [A 2962
**GB** CDp


INSTRUMENTALWERKE

Six lessons for the harpsichord, organ or
piano forte . . . opera prima. – *London,
author.*                               [A 2963
**GB** Ckc, Gu, Lbm


Six quartettos for two violins, tenor and
violoncello . . . op. 4. – *Windsor, author.* –
St.                                    [A 2964
**GB** Ckc, Lbm


## AYRTON Edmund

An anthem (Begin unto my God with tim-
brels) for voices and instruments in score
. . . perform'd at . . . Cambridge, as an
exercise previous to his being admitted
to the degree of Doctor in Music . . . and
afterwards at St. Paul's Cathedral . . . on
the 29th of July, 1784. – *[London]*, author,
*(1788).* – P.                         [A 2965
**GB** Cfm, Ckc, Cpl, Ep, Ge, Lam, Lbm, Lcm (2
Ex.), Lgc (2 Ex.) – **US** NH, NYp, Wc, WC


An ode to harmony (When music with
th'inspiring bowl [Glee for four voices]). –
*London, Edward Riley, for the author.* – P.
                                       [A 2966
**GB** Lbm (2 verschiedene Ausgaben), Ob


Canon, five in two. – *London, for the
author.*                               [A 2967
**GB** Gu, Lbm (2 verschiedene Ausgaben)


The Prize Carnation. Song. – *[London]*,
*John Preston.*                        [A 2968
**GB** Lbm


## AZAÏS Pierre Hyacinthe

Six simphonies [Es, g, D, B, F, c] à grand
orchestre . . . mis au jour par Mr Hugard
de St Guy. – *Paris, Borrelly et aux adresses
ordinaires; Lyon; Rouen; Bordeaux; Toulouse; Dunkerque; Bruxelles.* – St. [A 2969
**CH** Bu (vl I, vla, b, fl I, fl II, cor I), Gpu (vl I,
vl II, vla, b, fl I, fl II, cor I) – **F** Pc (2 Ex.; I:
vl I, vl II, vla, bc; II: fl I, fl II) – **US** Wc (fl I)


— *Paris, Borrelly, Mlle Castagnery; Versailles, Blaizot.*                     [A 2970
**F** Pc (kpl.: vl I, vl II, vla, bc, fl I, fl II, cor I,
cor II) – **GB** Lbm

— [Simphonies, No. I, II, IV. – *s. l., s. n.*].
                            [A 2971
**F** Pc (vl I, vl II, vla, fl I, fl II, cor I; fehlt Titelblatt)

Six trio en quatre parties, un violon, un violoncelle et un cor, ou un violon, un violoncelle et une clarinette. – *Sorèze, auteur; Paris, Bignon et aux adresses ordinaires.* – St.       [A 2972
**F** Pc (2 Ex.)

XII Sonates [C, a, G, G, D, A, E, F, B, Es, C, F] pour le violoncelle [et basse continue]. – *Sorèze, Revel, auteur; Paris, Bignon.* – P.      [A 2973
**US** R

— *Paris, Bignon.*            [A 2974
**F** Pa, Pc, Pn

Six duo pour deux violoncelles . . . servant de suite au 12 sonates qui ont paru dernièrement. – *Paris, Bignon.* – P. [A 2975
**F** Pa, Pc (3 Ex.), Pn

Menuet d'Exaudet, varié pour le violoncelle. – *[Paris, Bignon].* – P.    [A 2976
**F** Pc

## AZENHOFER Johannes

Graduale et Te Deum laudamus, opus III et IV. – *s. l., s. n.* – St.     [A 2977
**D-brd** IN (13 St.: S, T [unvollständig], B, vl I, vl II, vla, fl, cl I, cl II, due corni, due trombe, org, vlc, timp)

VI. leichte solenne Messen, opus V. – *s. l., s. n.* – St.        [A 2978
**D-brd** IN (14 St.: S, A, T, B, vl I, vl II, vla, fl, cl I, cl II, due corni, due trombe, org, vlc, timp)

## AZZAIOLO Filippo

Il primo libro de villotte alla padoana con alcune napolitane a quatro voci intitolate villotte del fiore. – *Venezia, Antonio Gardano, 1557.* – St.    [A 2979
SD 1557[18]
**D-brd** Rp – **I** Bc

— *ib., Girolamo Scotto, 1560.*   [A 2980
SD 1560[11]
**D-brd** Mbs

— *ib., Antonio Gardano, 1564.*   [A 2981
SD 1564[14]
**GB** Lbm (A, T, B)

— *ib., Girolamo Scotto, 1564.*   [A 2982
SD 1564[14a]
**D-brd** Mbs (A)

— Villotte alla padoana con alcune napolitane . . . nuovamente ristampate et corrette. – *ib., Francesco Rampazetto, 1566.*        [A 2983
SD 1566[4]
**I** Tn (S, A, B)

Il secondo libro de villotte del fiore alla padoana con alcune napolitane e madrigali a quatro voci. – *Venezia, Antonio Gardano, 1559.* – St.    [A 2984
SD 1559[19]
**I** Bc (T, B)

— Il secondo libro de villotte alla padoana, a quattro voci con alcune napolitane e madrigali intitolate villotte del fiore. – *ib., Girolamo Scotto, 1564.* – St. [A 2985
SD 1564[15]
**A** Wn (S, A, T) – **D-brd** Mbs (A) – **D-ddr** Z (S, T)

Il terzo libro delle villotte del fiore alla padoana con alcune napolitane e bergamasche a quatro voci et uno dialogo a otto. – *Venezia, Antonio Gardano, 1569.* – St.        [A 2986
SD 1569[24]
**I** Bc (T, B)

# B

**BAAL Johann**

Argumentum et inscriptiones ... opus primum [am Ende: 4 Motetten für 1v und bc, 1 Sonate für vl und bc]. – *[Titelbild:] Bamberg, Autor (Weygant), 1677.* – P. [B 1
F Pn

**BABB Samuel**

Six sonatas for the piano forte or harpsichord with an accompanyment for a violin ad libitum ... *op. I. – London, author.* – P. [B 2
GB Lbm – US Wc

**BABBINI Matteo**

Six romances avec accompagnement de piano forte ... dédiées à Madame Debelle. – *Paris, Mlles Erard; Lyon, Garnier, No. 39.* – P. [B 3
D-ddr Dlb – GB Lbm

*entfällt* [B 4

**BABCOCK Samuel**

The Middlesex harmony. Being an original composition of sacred music, in three and four parts. – *Boston, Isaiah Thomas & Ebenezer T. Andrews, 1795.* – P. [B 5
US Bhs, Bu, CA, CDhs, Hm, PRs, PROu, Wc, WOa

**BABELL William**

Babell's concertos in 7 parts: the first four for violins and one small flute and the two last for violins and two flutes ... opera terza. – *London, John Walsh & Joseph Hare.* – St. [B 6
GB Y (unvollständig) – S Skma (6 St., fehlt vl II ripieno)

Chamber Music. XII. solos [B, c, f, g, Es, F, B, Es, B, Es, g, c] for a violin or hautboy, with a bass, figur'd for the harpsicord. With proper graces adapted to each adagio, by the author ... part the first of his posthumous works. – *London, John Walsh & Jun. & Joseph Hare.* – P. [B 7
GB Ckc, Lbm – S Skma – US Wc

— *ib., No. 357.* [B 8
GB Lbm

XII Solos [g, Es, g, B, G, c, F, Es, c, B, c, B] for a violin, hoboy or german flute, with a bass figur'd for the harpsicord, with proper graces adapted to each adagio by ye author, part the second of his posthumous works. – *London, John Walsh & Jun., Joseph Hare.* – P. [B 9
GB Lbm – US Wc

The 3ᵈ book of the Ladys Entertainment or Banquet of Musick, being a choice collection of ... airs & duets in the opera's of Pyrrhus & Clotilda, curiously set and fitted to the harpsicord or spinnet: with their symphonys introduc'd in an compleat manʳ. – *London, John Walsh, Peter Randall, Joseph Hare.* [B 10
SD S. 216
GB Cfm, Gu – I Rsc – NL DHgm – US LAuc

— *ib., John Walsh, Joseph Hare.* [B 11
GB Ckc, Lbm (2 verschiedene Ausgaben), Ob

159

The 4th book of the Ladys Entertainment
or Banquet of Musick, being a choice collection of . . . aires & duets in the opera's
of Hydaspes & Almahide, curiously set
and fitted to the harpsicord or spinnet. –
*London, John Walsh, Joseph Hare.* [B 12
SD S. 216
**GB** Cfm, Lbm (2 verschiedene Ausgaben), Ob,
Och – **I** Rsc – **NL** DHgm – **US** LAuc

Suits of harpsicord and spinnet, lessons,
collected from the most celebrated masters
works, to which is added a great variety of
passages. – *London, Richard Meares.* [B 13
SD S. 377
**GB** Cfm, Lbm, Ob

— The celebrated grand lesson as adapted
for the harpsichord or piano forte . . . from
a favorite air (Vò far guerra) out of the
opera of Rinaldo, composed by Mr. Handel. – *ib., S. Babb.* [B 14
**GB** En, Lbm (2 verschiedene Ausgaben)

Suits of the most celebrated lessons, collected and fitted to the harpsichord or
spinnet . . . with variety of passages by
the author. – *London, John Walsh & Joseph Hare, No. 174.* [B 15
SD S. 377
**F** Pc – **GB** Bu, Ckc (2 Ex.), En, Gu – **I** Bc –
**S** Skma – **US** NH, NYp, Wc

— *[ib.], John Young.* [B 16
**GB** Cfm

— *ib., John Walsh.* [B 17
**GB** Cfm, Ep, Lbm (andere Ausgabe), Lcm (andere Ausgabe, def.), LVp


**BABTICOCHI Domenico**

A lesson for the harpsichord or piano forte.
– *London, Mrs. Johnson, for the author.*
[B 18
**GB** Lbm (2 Ex.)


**BACCELLI Domenico**

Les Nouveaux Mariés, ou Les Importuns.
Opéra-comique en un acte. – *Paris, Vve
Duchesne, 1770.* – [Libretto mit Musik-
beilagen]. [B 19
**A** Wn – **CH** Zz


**BACCHINI Giovanni Maria**

Missarum quinque et sex vocum, liber
primus. – *Venezia, Ricciardo Amadino,
1589.* – St. [B 20
**I** Mc (kpl.: S, A, T, B, 5, 6)


**BACCINETTI Giovanni Battista**

Sacrae cantiones quae binis, ternis, quaternisque vocibus concinuntur, cum basso
ad organum, liber primus, nunc primum
in lucem aeditus. – *Venezia, Giacomo Vincenti, 1616.* – St. [B 21
SD 1616³
**I** Bc (S, S II, B, org)


**BACCUSI Ippolito**

GEISTLICHE VOKALMUSIK

*1570.* Missarum cum quinque et sex voci-
bus liber primus. – *Venezia, Girolamo
Scotto, 1570.* – St. [B 22
SD 1570¹ᵃ
**GB** Lbm

*1579.* [25] Motectorum cum quinque sex
et octo vocibus liber primus. – *Venezia,
erede di Francisco Rampazetto, 1579.* – St.
[B 23
**I** Bc, CEc (S, A, T, 5, 6), Rsc (A)

— *ib., 1580.* [B 24
**D-brd** Kl (kpl.; B und 5 unvollständig) – **GB**
Lbm (T) – **I** CEc (T, 6), Rsc (S, T, B, 5,6)

1580 → 1579

*1585.* Missarum cum quinque, sex et octo
vocibus, liber secundus. – *Venezia, Giacomo Vincenti & Ricciardo Amadino, 1585.*
– St. [B 25
**I** CEc (A, 5), Mc (S, A, T, B, 5), Rsc (S, A, T, B,
5, 6)

— *ib., Giacomo Vincenti, 1588.* [B 26
**I** Mc (6)

*1588a.* Il primo libro delle messe a quattro
voci. – *Venezia, Angelo Gardano, 1588.* –
St. [B 27
**I** Mc, MOe, Rsc

1588b → 1585

*1589.* Missarum cum quinque et sex voci-
bus, liber tertius. – *Venezia, Ricciardo
Amadino, 1589.* – St.      [B 28
I Mc, Rsc

*1593.* Missarum cum quinque, & novem
vocibus, liber quartus. – *Venezia, Angelo
Gardano, 1593.* – St.      [B 29
**GB** Lbm (S, A, A, T, B, 5) – I Bc (A II, fehlt
Titelblatt), Mc, PCd (kpl.: S, A, T, B, 5; S II,
A II, T II, B II), VEcap, VCd

*1594a.* Psalmi omnes qui in vesperis a
Romana Ecclesia decantantur, cum cantico B. Virginis, quator vocibus conci-
nendo, liber secundus. – *Venezia, Ricciardo Amadino, 1594.* – St.      [B 30
I Rsc

*1594b.* Psalmorum qui a Santa Romana
Ecclesia, ut plurimum in vesperis decantantur, triplici distinctorum ordine, cum
Cantico B. Virginis, quator concinendorum vocibus, liber III. – *Verona, Francisco a Donnis, 1594.* – St.      [B 31
I Rsc

*1596a.* Sacrae cantiones psalmi videlicet,
et omnia quae ad completorium pertinent,
quinque vocibus. – *Venezia, Ricciardo
Amadino, 1596.* – St.      [B 32
I Rsc

*1596b.* Misse tres tum viva voce, tum
omni instrumentorum genere cantatu
commodissime, cum octo vocibus. –
*Venezia, Ricciardo Amadino, 1596.* – St.
     [B 33
**D-ddr** WRh (A II) – I Mc, Rsc, PEc (A I)

*1597.* Psalmi omnes qui a S. Romana
Ecclesia in solemnitatibus ad vesperas
decantari solent, cum duobus Magnificat,
tum viva voce, tum omni instrumentorum
genere, cantatu commodissimi, cum octo
vocibus. – *Venezia, Ricciardo Amadino,
1597.* – St.      [B 34
I Bc (I: S, T, B), Mc, Rsc (3 Ex.), PCd

*1602.* Psalmi qui diebus festivis a Sancta
Romana Ecclesia in vesperis decantari
solent, quinque vocibus. – *Venezia, Ricciardo Amadino, 1602.* – St.      [B 35
I Mc, PCd, Rsc

WELTLICHE VOKALMUSIK

*1570.* Il primo libro de madrigali a cinque
& a sei voci, con doi a sette & otto. –
*Venezia, li figliuoli di Antonio Gardano,
1570.* – St.      [B 36
I VEaf (A, T, 6)

*1572a.* Il secondo libro dei madrigali a
cinque voci, con una canzone nella gran
vittoria contra i Turchi. – *Venezia, Girolamo Scotto, 1572.* – St.      [B 37
SD 1572[9]
I VEaf (T)

*1572b.* Il secondo libro de madrigali à sei
voci, con una canzone nella gran vittoria
contra i Turchi. – *Venezia, Girolamo Scotto,
1572.* – St.      [B 38
SD 1572[8]
I Bc, VEaf (S, A, B, 6)

*1579.* Madrigali . . . libro terzo a sei voci.
– *Venezia, Angelo Gardano, 1579.* – St.
     [B 39
**D-brd** Mbs (6) – I Rsc, Vnm, VEaf (S, T)

*1587.* Il quarto libro de madrigali à sei
voci. – *Venezia, Angelo Gardano, 1587.* –
St.      [B 40
I MOe, Rsc – **PL** GD

*1594.* Il primo libro de madrigali a tre
voci. – *Venezia, Ricciardo Amadino, 1594.*
– St.      [B 41
SD 1594[10]
I Rsc (kpl.: S, T, B)

*1605.* Le vergini . . . madrigali a tre voci,
libro secondo. – *Venezia, Ricciardo Amadino, 1605.* – St.      [B 42
SD 1605[11]
I Rsc

**BACFARC Valentin → BAKFARK Valen-
tin**

**BACH Carl Philipp Emanuel**

*(Wq: A. Wotquenne, Thematisches Ver-
zeichnis der Werke von C. Ph. E. Bach,
Leipzig 1905)*

INSTRUMENTALWERKE

Sinfonien und Konzerte

*Wq 2.* Concerto [Es] pour le clavecin, avec accompagnement de deux violons, alto viola et basse. – *Paris, Antoine Huberty (gravé par Ceron).* – St.          [B 43
**GB** Lbm – **S** Skma

*Wq 11.* Concerto [D] per il cembalo concertato accompagnato da 2 violini, violetta e basso. – *Nürnberg, Balthasar Schmid, No. XXVII.* – St.          [B 44
**D-brd** KIl – **D-ddr** Bds, HAu, MEIr – **DK** Kk – **GB** Lbm – **N** Ou – **US** Wc

— *Wq 11 (25, 14).* Concertos [D, B, E] for the harpsicord, or organ, with accompanyments for violins ... op. 3ª. – *London, John Walsh.* – St.          [B 45
**GB** Ckc (hpcd, vl I), Ge (hpcd, vl I), Lbm (hpcd, vl I)

*Wq 14.* Concerto III [E] per il cembalo concertato, accompagnato da II violini, violetta e basso. – *Berlin, G. L. Winter, 1760.* – St.          [B 46
**D-brd** KIl, Mbs – **D-ddr** LEIr – **DK** Kk – **F** Pc – **GB** Lbm

— *Wq (11, 25) 14.* Concertos [D, B, E] for the harpsicord, or organ. With accompanyments for violins ... op. 3ª. – *London, John Walsh.* – St.          [B 47
**GB** Ckc (hpcd, vl I), Ge (hpcd, vl I), Lbm (hpcd, vl)

*Wq 18 (34, 24).* A second sett of three concertos [D, G, e] for the organ or harpsichord with instrumental parts. – *London, Longman, Lukey & Co.* – St.   [B 48
**GB** Lbm (org) – **S** Skma

*Wq (18, 34) 24.* A second sett of three concertos [D, G, e] for the organ or harpsichord with instrumental parts. – *London, Longman, Lukey & Co.* – St.   [B 49
**GB** Lbm (org) – **S** Skma

*Wq 25.* Concerto [B] per il cembalo concertato accompagnato da II violini, violetta e basso. – *Nürnberg, Balthasar Schmid, No. XXXVII.* – St.          [B 50
**D-brd** B, Mh – **D-ddr** Bds, MEIr – **DK** Kk – **F** Pc – **GB** Ckc, Lbm

— *Wq (11) 25 (14).* Concertos [D, B, E] for the harpsicord, or organ, with accompanyments for violins ... op. 3ª. – *London, John Walsh.* – St.          [B 51
**GB** Ckc (hpcd, vl I), Ge (hpcd, vl I), Lbm (hpcd, vl I)

*Wq (18) 34 (24).* A second sett of three concertos [D, G, e] for the organ or harpsichord with instrumental parts. – *London, Longman, Lukey & Co.* – St.   [B 52
**GB** Lbm (org) – **S** Skma

*Wq 43.* Sei concerti [F, D, Es, c, G, C] per il cembalo concertato accompagnato da due violini, violetta e basso; con due corni e due flauti per rinforza. – *Hamburg, Autor, 1772.* – St.          [B 53
**A** Wgm (fehlt fl I, fl II; cemb 3 ×) – **D-brd** Gs (cor II, b, cemb; fl I hs.), Sh (fehlt fl I, fl II) – **D-ddr** Dlb – **DK** Kk – **F** Pc – **GB** Lbm – **I** Vc (vl II, vla, b, cor I, cor II, cemb) – **N** Ou (fehlt fl I, fl II) – **US** AA, Wc

*Wq 177.* Sinfonia [e] a II violini, violetta e basso. – *Nürnberg, Balthasar Schmid, [1759].* – St.          [B 54
**US** CA

*Wq 183.* [Vier] Orchester-Sinfonien [D, Es, F, G] mit zwölf obligaten Stimmen: 2 Hörnern, Bratsche, 2 Flöten, Violoncell, 2 Hoboen, Fagott, 2 Violinen, Flügel und Violon. – *Leipzig, Schwickert, 1780.* – St.          [B 55
**A** ST – **D-brd** Bhm, Gs, Mbs, Rtt – **D-ddr** LEm, SWl – **F** Pc, Sim – **GB** Lbm – **I** MOe – **US** AA, NH

Sonatinen für Klavier und verschiedene Instrumente

*Wq 106.* Sonatina I [C] a cembalo concertato, II flauti traversi, II violini, violetta e basso. – *Berlin, Georg Ludwig Winter, 1764.* – St.          [B 56
**A** Wgm (3 Ex.), Wst – **CS** Pk – **D-ddr** Bds – **DK** Kk – **F** Pmeyer (cemb) – **GB** Lbm – **N** Ou

*Wq 107.* Sonatina II [F] a cembalo concertato, II flauti traversi, II violini, violetta e basso. – *Berlin, Georg Ludwig Winter, 1764.* – St.          [B 57
**A** Wgm (3 Ex.) – **CS** Pk – **D-ddr** Bds – **DK** Kk – **F** Pc, Pmeyer (cemb) – **GB** Lbm – **N** Ou

*Wq 108.* Sonatina III [Es] a cembalo concertato, II flauti traversi, II violini, violetta e basso. – *Berlin, Georg Ludwig Winter, 1766.* – St.        [B 58
**A** Wgm (3 Ex.) – **CS** Pk – **D-ddr** Bds – **DK** Kk – **F** Pc, Pmeyer (cemb) – **GB** Lbm – **N** Ou

## Trios

*Wq 89.* Six sonatas [B, C, A, Es, e, D] for harpsichord or piano-forte [with accompaniments for violin & violoncello]. – *London, Robert Bremner, 1776.* – St.                          [B 59

**DK** Kmk – **GB** Ckc, Lbm, Ob

— *Berlin-Amsterdam, Johann Julius Hummel, No. 155.*           [B 60
**CH** Gpu, SO – **D-brd** F – **D-ddr** WRtl – **N** Ou

*Wq 90.* Claviersonaten [a, G, C] mit einer Violine und einem Violoncell zur Begleitung, erste Sammlung. – *Leipzig, Autor (Bernhard Christoph Breitkopf & Sohn), 1776.* – St.            [B 61
**A** Wgm (3 Ex.) – **CH** E (2 Ex.), Gpu (cemb) – **D-brd** Kl, KII, Mbs – **D-ddr** Bmi, Dlb, LEm, SWl – **DK** Kv, Kk (cemb) – **F** Sim – **GB** Ckc, Lbm (2 Ex.), Lcm – **N** Ou – **PL** WRu – **US** AA, BE (cemb)

*Wq 91.* . . . Claviersonaten [e, D, F, C] mit einer Violine und einem Violoncell zur Begleitung, zweyte Sammlung. – *Leipzig, Autor (Johann Gottlob Immanuel Breitkopf), 1777.* – St.        [B 62
**A** Wgm (3 Ex.) – **CH** E (2 Ex.), Gpu (Nr. 3 und 4; cemb) – **CS** Pk, Pnm – **D-brd** Bim, KII, Mbs – **D-ddr** Bmi, Dlb, LEm, SWl – **F** Sim – **GB** Ckc, Lbm (2 Ex.), Lcm – **H** KE – **N** Ou – **US** AA

*Wq 158.* Sonata [B] a II violini e basso. – *Berlin, Georg Ludwig Winter, 1763.* – St.                            [B 63

**US** Wc (2 Ex.)

*Wq 161.* Zwey Trio [c, B], das erste für zwo Violinen und Bass, das zweyte für 1 Querflöte, 1 Violine und Bass, bey welchen beyden aber die eine von den Oberstimmen auch auf dem Flügel gespielet werden kann. – *Nürnberg, Balthasar Schmids Witwe, No. XXXIII.* – P. [B 64
**A** Wn – **D-ddr** LEm, MEIr (2 Ex.) – **GB** Lbm – **N** Ou – **S** Skma – **US** R, Wc

## Werke für Klavier

*Wq 48.* Sei sonate [F, B, E, c, C, A] per cembalo. – *Nürnberg, Balthasar Schmid, No. 20.*                  [B 65
**CH** Gpu – **D-brd** BNms, F, Kl, Mbs, Rp (3 Ex.) – **D-ddr** Bds, Dlb, HAu, LEIr (2 Ex.) – **DK** Kk (2 Ex.) – **F** Sim – **GB** Ckc, Lbm (2 Ex.) – **N** Ou – **US** AA, NH, Wc

*Wq 49.* Sei sonate [a, As, e, B, Es, h] per cembalo . . . opera IIᵈᵃ. – *Nürnberg, Johann Ulrich Haffner, No. XV.*       [B 66
**A** Wgm, Wn – **CH** E, Gpu – **D-brd** B, BNms, Mbs, Mdm, Tes – **D-ddr** Bds, BKÖ, HAu, LEIr – **DK** Kc, Kk, Kmm – **GB** Lbm – **S** Skma

— *Wien und Pesth, bureau des arts et d'industrie, No. 212.*          [B 67
**A** Wgm – **CS** Bm

— *Nürnberg, Johann Wilhelm Winter, No. XV.*                           [B 68
**CH** E – **D-brd** Mbs – **D-ddr** Dlb, EIb, HAs – **F** Pc – **PL** WRu – **R** Sb – **US** Wc

— *Berlin-Amsterdam, Johann Julius Hummel, No. 155.*           [B 69
**D-brd** KII

*Wq 50.* Sechs Sonaten [F, G, a, d, B, c] fürs Clavier mit veränderten Reprisen. – *Berlin, Georg Ludwig Winter, 1760.* [B 70
**A** Wgm, Wn – **CH** Bu, E, Gpu, Lz – **D-brd** Bhm, B, BNms, Hs, KII, LÜh, Ngm, Sh – **D-ddr** Bds, Bmi, Dlb, GM, Ju, LEb, LEm (2 Ex.), LEmi, LEt, SWl (fehlt letzte Sonate), ZI – **F** Pc, Sim – **GB** Ckc, Ep, Er, Lbm (3 Ex.), Ob – **N** Ou – **NL** Uim – **US** AA, NH, PO, Wc

— *ib., Johann Karl Friedrich Rellstab.*                          [B 71
**CH** E – **D-brd** Hmb, KII, Mbs – **D-ddr** BKÖ – **DK** Kk – **F** Pc – **GB** Er, Lbm – **S** Skma – **US** Wc

— *Leipzig, Johann Gottlob Immanuel Breitkopf, 1785.*             [B 72
**D-ddr** WRh – **US** R

— *London, John Walsh.*           [B 73
**GB** Ckc, Lbm (2 Ex.), Ouf – **I** Rsc – **US** BE, NH, Wc

— *ib., William Randall.*              [B 74
**F** Sim – **GB** Lbm – **US** Bp

*Wq 51.* Fortsetzung von sechs Sonaten [C, B, c, d, F, g] fürs Clavier. – *Berlin, Georg Ludwig Winter, 1761.*    [B 75
A M, Sca, Wgm – CH Gpu, E – **D-brd** AAst, BNms, Kll, LÜh, Mbs (2 Ex.), Ngm, Sh – **D-ddr** BKÖ, Bds, Bmi, Dlb, GM, Ju, LEb, LEm, LEmi – **DK** Kk – **F** Pc, Sim – **GB** Ckc, Ep, Er, Lbm (2 Ex.) – **N** Ou – **S** Skma – **US** AA, BE, NH, PO, Wc

— *ib., 1761.* – (Nachdrucke mit französischem Titel).    [B 76
**GB** Ckc – **NL** DHgm

— *London, John Walsh.*    [B 77
**GB** Ckc, Lbm, Ouf – **I** Rsc – **US** NH, Wc, WGw

— *Leipzig, Johann Gottlob Immanuel Breitkopf, 1785.*    [B 78
**GB** Er, Lbm (unvollständig) – **US** R, Wc

*Wq 52.* Zweyte Fortsetzung von sechs Sonaten [Es, F, g, fis, E, e] fürs Clavier. – *Berlin, Georg Ludwig Winter, 1763.*    [B 79
A Wgm – CH Bu, E, Gpu – **D-brd** BNms, Gs, Hs, Kll, LÜh, Mbs, Ngm, Sh – **D-ddr** BKÖ, Bds, Bmi, Dlb, Ju, LEb, LEm, LEmi (2 Ex., davon 1 Ex. unvollständig) – **DK** Kmk, Kk – **F** Pc – **GB** Ckc (2 Ex.), Ep, Er, Lbm (3 Ex.) – **N** Ou – **NL** DHgm – **US** IO, NH, NYp, PO, R, Wc – **USSR** TAu

— *London, William Randall.*    [B 80
**US** NH

*Wq 53.* Sechs leichte Clavier Sonaten [C, B, a, h, C, F]. – *Leipzig, Bernhard Christoph Breitkopf & Sohn, 1766.* – St.    [B 81
A Wgm, Wn – CH Gpu – **D-brd** F, Hmb, Kll, Mbs – **D-ddr** Bds, GM, HAu, Mdm – **DK** Kk – **F** Pmeyer – **GB** Cu, Ckc, Ep, Lbm (2 Ex.), Lcm – **I** Bc – **N** Ou – **US** R, Wc

— *London, Longman, Lukey & Co.* [B 82
**GB** Ckc, Lbm (2 Ex.) – **US** AA, CHum, NYp, Wc

*Wq 54.* Six sonates [F, C, d, B, D, A] pour le clavecin, à l'usage des dames . . . œuvre premier. – *Amsterdam, Johann Julius Hummel, No. 138.*    [B 83
A Wgm – B Br – **D-brd** Kll – **D-ddr** Bds, Dlb – **GB** Ckc – **N** Ou – **S** Skma

— *Riga, Johann Friedrich Hartknoch, 1773.*    [B 84
A M – CH Gpu – **D-ddr** LEm, WRtl – **GB** Lbm (2 Ex.) – **I** Nc – **PL** WRu – **US** Bh

*Wq 55.* Sechs Clavier-Sonaten [C, F, b, A, F, G] für Kenner und Liebhaber . . . erste Sammlung. – *Leipzig, Autor, 1779.* [B 85
A M, Wgm – B Br – BR Rn – CH E – CS Bm – **D-brd** Bhm, Bim, BNba, Hmb, Kll (3 Ex.), Ngm, Mbs (2 Ex.), Rp – **D-ddr** Dlb, EIb, Ju, LEm (2 Ex.) – **DK** Kmk, Kk (3 Ex.) – **F** Pc, Sim – **GB** Cu, Ep, Er, Lbm (2 Ex.), Lcm, Ob – **N** Ou – **NL** DHgm – **H** KE – **PL** WRu – **S** Skma – **US** AA, BE, Cn, I, PHma, R, U, Wc

— *Wq 55, 4.* A favorite sonate [A] for the harpsichord or piano-forte. – *Edinburgh-London, Corri.*    [B 86
**F** Pc

*Wq 56.* Clavier-Sonaten [G, F, A] nebst einigen Rondos [C, D, a] fürs Forte-Piano für Kenner und Liebhaber, . . . zweyte Sammlung. – *Leipzig, Autor, 1780.* [B 87
A Wgm (2 Ex.) – B Br – BR Rn – CH E (2 Ex.) – CS Bm – **D-brd** Bhm, Bim, BNms, Hmb, Kll (2 Ex.), Mbs (2 Ex.), Ngm, Rp – **D-ddr** Dlb, EIb, Ju (2 Ex.), LEm – **DK** Kmk Kk (4 Ex.) – **F** Pc, Sim – **GB** Ep, Er, Lbm (2 Ex.), Lcm, Ob – **N** Ou – **NL** DHgm – **PL** Pr, WRu – **S** Skma – **US** AA, I, NH, R, Wc

*Wq 57.* Clavier-Sonaten [a, d, f] nebst einigen Rondos [E, G, F] fürs Forte-Piano für Kenner und Liebhaber . . . dritte Sammlung. – *Leipzig, Autor, 1781.* [B 88
A Wgm (2 Ex.), Wn – B Br – BR Rn – CH Bu, E – CS Bm – **D-brd** B, Bhm, Bim, F, Hmb, Kll (3 Ex.), Mbs (2 Ex.), Ngm, Rp – **D-ddr** Dlb, EIb, Ju, LEm, SWl – **DK** Kk (4 Ex.) – **F** Pc (2 Ex.) – **GB** Ckc, Ep, Er, Lbm (2 Ex.), Lcm Ouf – **H** Bn – **N** Ou – **NL** DHgm – **PL** WRu – **S** Skma – **US** AA, I, R, U, Wc

— Sonate [f] für Piano Forte. – *Berlin, F. S. Lischke, No. 1838.*    [B 89
**CH** Bu

*Wq 58.* Clavier-Sonaten [G, e] und freye Fantasien [Es, A] nebst einigen Rondos [A, E, B] fürs Forte-Piano für Kenner und Liebhaber . . . vierte Sammlung. – *Leipzig, Autor, 1783.*    [B 90
A Wgm (2 Ex.), Wn – B Br – BR Rn – **CH** Gpu, E (2 Ex.) – **D-brd** Bhm, Bim, BNba, BNms, ERu, Hmb, Hs, Kll (3 Ex.), Mbs (2 Ex.), MÜs, Ngm, Rp, WL – **D-ddr** Dlb, EIb,

Ju (2 Ex.), LEm – **DK** Kk (2 Ex.) – **F** Pc
(2 Ex.), Sim – **GB** Ep, Er, Lbm (2 Ex.), Lcm,
Ouf – **N** Ou – **NL** DHgm – **PL** WRu – **S** Skma –
**US** AA, I, R, U, Wc – **USSR** TAu

*Wq 59.* Clavier-Sonaten [e, B] und freye
Fantasien [F, C] nebst einigen Rondos
[G, c] fürs Forte-Piano für Kenner und
Liebhaber . . . fünfte Sammlung. – *Leip-*
*zig, Autor, 1785.*                          [B 91
**A** Wgm (2 Ex.), Wn – **B** Br – **BR** Rn – **D-brd**
Bhm, Bim, BNms, F, Hmb, Kll (3 Ex.), Mbs
(2 Ex.), MÜs, Ngm, Rp, WL – **D-ddr** Dlb, Elb,
Ju (2 Ex.), LEm (2 Ex.) – **DK** Kk (3 Ex.) – **GB**
Ckc, Ep, Er, Lbm (2 Ex.) – **H** Bn – **N** Ou – **NL**
DHgm – **PL** WRu – **S** Skma – **US** AA, I, R, U,
Wc

*Wq 60.* Una sonata [c] per il cembalo solo.
– *Leipzig-Dresden, Johann Gottlob Imma-*
*nuel Breitkopf, 1785.*                       [B 92
**A** Wgm – **D-brd** BNms – **GB** Er, Lbm

*Wq 61.* Clavier-Sonaten [D, e] und freye
Fantasien [B, C] nebst einigen Rondos
[Es, d] fürs Forte-Piano für Kenner und
Liebhaber . . . sechste Sammlung. – *Leip-*
*zig, Autor, 1787.*                           [B 93
**A** Wgm (2 Ex.), Wn – **B** Br – **CH** E (2 Ex.) –
**D-brd** Bhm, BNba, BNms, ERu, Hmb, Kll
(3 Ex.), Mbs, MÜs, Ngm, Rp, WL – **D-ddr**
Dlb, Elb, Ju, LEm – **DK** Kk (3 Ex.) – **GB** Ep,
Er, Lbm, Lcm – **N** Ou – **NL** DHgm – **PL** WRu
– **S** Skma – **US** AA, I, PHu, R, U, Wc

— *[Wq 61 und Wq 59:]* Trois rondeaux
[Es, c, d] pour le clavecin ou piano forte. –
*Wien, Magazin de musique.*                   [B 94
**H** Bn

*Wq 62,8 (65,10; 65,22; 62,13; 65,9;*
*65,18).* Six sonates [F, A, G, D, B, F]
pour le clavecin . . . œuvre 1er. – *Paris,*
*éditeur; Lyon, les frères le Goux; Rouen,*
*les marchands de musique (gravées par*
*Ceron).*                                     [B 95
**S** Skma

*Wq 81.* Zwölf kleine Stücke mit zwey und
drey Stimmen für die Flöte oder Violine
und das Clavier. – *Berlin, Georg Ludwig*
*Winter, 1758. –* St.                         [B 96
**D-ddr** SWl (unvollständig)

— *ib., 1759.*                                [B 97
**B** Br (cemb, fl I, fl II) – **D-ddr** LEm (unvoll-
tändig)

*Wq 82.* Zwölf zwey- und dreystimmige
kleine Stücke für die Flöte oder Violine
und das Clavier. – *Hamburg, Friedrich*
*Schönemann. –* St.                           [B 98
**GB** Br – **B** Lbm

*Wq 112.* Clavierstücke verschiedener Art
. . . erste Sammlung. – *Berlin, Georg Lud-*
*wig Winter, 1765. –* St.                     [B 99
**A** Wn – **CH** Gpu, E – **D-brd** BNms, BNu, Kll,
Mbs, Rp (2 Ex.) – **D-ddr** Bds, Dlb, Elb, Ju –
**DK** Kk – **GB** Ep, Lbm – **N** Ou – **S** Skma – **US**
AA, Wc

— A favorite concerto for the harpsichord
or piano forte. – *London, Longman, Lukey*
*& Co.*                                       [B 100
**GB** Lbm

*Wq 113.* Kurze und leichte Clavierstücke
mit veränderten Reprisen und beygefüg-
ter Fingersetzung für Anfänger. – *Berlin,*
*Georg Ludwig Winter, 1766. –* St.            [B 101
**A** Wn – **D-brd** Mbs – **D-ddr** SWl

— *ib., 1780.*                               [B 102
**D-brd** Mbs – **D-ddr** Elb – **DK** Kk

*Wq 114.* Kurze und leichte Clavierstücke
mit veränderten Reprisen und beygefüg-
ter Fingersetzung für Anfänger, zweyte
Sammlung. – *Berlin, Georg Ludwig Win-*
*ter, 1768. –* St.                            [B 103
**A** Wn – **D-brd** Mbs – **DK** Kk – **GB** Lbm (2 Ex.)

*Wq 117,2.* Solfeggio [c] für's Forte-Piano.
[Teildruck aus: Wq 117. Sammlung von
Solfeggios, Fantasien und charakteristi-
sche Stücke fürs Clavier, die in verschie-
denen Sammlungen einzeln gedruckt
stehen, nebst einigen ungedruckten]. –
*Stockholm, (C. Müller).*                     [B 104
**S** Skma

*Wq 118,1.* Canzonette (Ich schlief, da
träumte mir) with variations [Teildruck
aus: Wq 118. Sammlung verschiedener
Clavierstücke mit Veränderungen, die in
verschiedenen Sammlungen einzeln gedruckt stehen, nebst einigen ungedruck-
ten]. – *London, Welcker.*                    [B 105
**GB** Lbm

*Wq 119.* Six fugues [d, g, Es, A, F, c] pour
le piano-forte. – *Bonn-Köln, Nikolaus*
*Simrock, No. 2013.*                          [B 106
**A** Wst – **D-ddr** HAu, LEb – **NL** At

VOKALMUSIK

Oratorien und Kantaten

*Wq 232.* Phillis und Thirsis, eine Cantate.
– *Berlin, Georg Ludwig Winter, 1766.* – P.
[B 107
**A** Wgm – **D-brd** EU, Mbs – **D-ddr** LEm – **DK**
Kv – **F** Pc – **GB** Lbm – **N** Ou – **US** Bp, NH

*Wq 233.* Passions-Cantate . . . geliefert v.
A. J. Steinfeld. – *Hamburg, Hermann
(Leipzig, Christian Gottlob Täubel), 1789.*
– KLA. [B 108
**CH** Gpu – **D-brd** AAst – **D-ddr** Bds, ROu – **DK**
Kmm, Kv – **F** Pc – **GB** Lbm – **US** AA, NH

*Wq 238.* Die Israeliten in der Wüste, ein
Oratorium. – *Hamburg, Autor, 1775.* – P.
[B 109
**A** Wgm, Wn – **B** BRc – **CH** Bu, Zz – **CS** Pk –
**D-brd** Bhm, Hs, Km, KIl, LÜh, Mbs, Tes – **D-
ddr** Bds (2 Ex.), Bmi, BD, Dlb, EIb, HER,
LEm, WRtl – **DK** A, Kk (2 Ex.) – **F** Pc – **GB**
Ckc, Er, Ge, Lbm (2 Ex.), Lcm – **I** Bc, Nc –
**N** Ou – **NL** At, Uim – **H** Bn, KE – **PL** GD –
**S** Skma, Uu – **US** AA, Cn, NH, NYp, PO, PRu,
R, Wc, WS – **USSR** Mk

— *Wien, Johann Thomas v. Trattner,
1777.* – St. [B 110
**R** Sb

— *Paris, Anam. Choron, No. 134.* – KLA.
[B 111
**CH** BEl

*Wq 239.* Klopstocks Morgengesang am
Schöpfungsfest. – *Leipzig, Autor, 1784.* –
P. und KLA. [B 112
**A** Gk (2 Ex.), Wgm (4 Ex.), Wn – **CH** SO – **CS**
Pnm (2 Ex.) – **D-brd** DÜk, F, Gs, Hs, KIl,
LÜh, Mbs – **D-ddr** BD, Dlb, LEmi, LEm, (2
Ex.), ROu, SPF, SWl, WRh – **DK** Kk, Kv –
**F** Pc, Sim – **GB** Bu, Lbm, Lcm – **N** Ou – **H** KE
– **S** Skma – **US** AA, NH, Wc (2 Ex.)

— *Speyer, Bossler, 1785, No. 45.* – KLA.
[B 113
**D-brd** MB – **US** Wc

— *Wien, Artaria & Co. (Mᵉ. Richter).* –
P. und KLA. [B 114
**D-brd** DS – **GB** Lbm

*Wq 240.* Karl Wilhelm Rammlers Auf-
erstehung und Himmelfahrt Jesu. – *Leip-*

zig, *Johann Gottlob Immanuel Breitkopf,
1787.* – P. [B 115
**A** Wgm, Wn – **CH** Gpu – **D-brd** Bhm, DT, Gs,
KIl, LÜh, Lr, MZsch, Mbs, Ngm, Rp – **D-ddr**
Dlb, EIb, HAu, LEm (2 Ex.), SWl (P. u. St.),
WRh – **DK** A, Kk (2 Ex.) – **F** Pc (3 Ex.) – **GB**
Lbm (2 Ex.), Lcm (2 Ex.) – **I** Fc – **H** Bn – **NL**
DHgm – **PL** Wu – **S** Skma, Uu – **US** AA, Bp,
CA, Cn, NH, U, Wc – **USSR** Mk

Choräle, Chöre und Arien

*Wq 203.* Neue Melodien zu einigen Lie-
dern des neuen Hamburgischen Gesang-
buchs, nebst einigen Berichtigungen. –
*[Hamburg], Heroldsche Buchhandlung
(Gottlieb Friedrich Schniebes), 1787.*
[B 116
**A** Wgm (3 Ex.) – **CS** KR – **D-brd** Hmb, KIl –
**D-ddr** EIb, HAu, LEm, ROu – **GB** Lbm – **I**
Rsc – **N** Ou – **US** AA, Bp, NH, NYcu, PO, Wc

*Wq 204.* Zwey Litaneyen aus dem Schles-
wig-Holsteinischen Gesangbuche mit ihrer
bekannten Melodie für acht Singstimmen
in zwey Chören und dem dazu gehörigen
Fundament. – *København, Chr. Gottlieb
Proft, Niels Schiørring (Aug. Fr. Stein),
1786.* – P. [B 117
**A** Wn – **D-brd** F, Hmb, KIl, LÜh, Mbs, Mu,
ST – **D-ddr** Dlb (2 Ex.), HER, ROu – **DK** A,
Kk (2 Ex.), Sa – **F** Pc – **GB** Lbm, Lcm – **PL**
Tu – **S** St – **US** NH, Wc

— *Wien, s. n., 1792.* [B 118
**A** Wgm – **GB** Lbm

*Wq 215.* Magnificat a 4 voci, 3 trombe e
timpani, 2 corni, 2 flauti, 2 oboi, 2 violini,
viola e continuo. – *Bonn, Nikolaus Simrock, No. 2758.* – P. [B 119
**A** Wgm, Wn – **B** BRc – **CH** Bu, E – **D-brd** KIl –
**D-ddr** RUl

*Wq 217.* Heilig, mit zwey Chören und
einer Ariette zur Einleitung. – *Hamburg,
Autor (Leipzig, Breitkopfische Buchdrucke-
rey), 1779.* – P. [B 120
**A** KR, Wgm (2 Ex.), Wn – **B** Bc, Br – **CS** Pnm
– **D-brd** DO, F, Gs, KIl, KNu, LÜh, MZsch,
Mbs – **D-ddr** Bds, BD (2 Ex.), HAu, LEm,
ROu, SWl – **DK** Kk – **F** Pc, Sim – **GB** Lbm
(2 Ex.), Lcm, Y – **N** Ou – **NL** DHgm – **PL** WRu
– **S** Skma, Uu – **US** AA, NH, NYp, PO, R, Wc

*Wq 227.* Chor (Leite mich nach deinem
Willen; ducas me, quocunque velis) für
4 Singstimmen, 2 Violinen, 2 Hoboen,

2 Hörnern, Bratsche und Bass. – *Wien,*
*S. A. Steiner & Co., No. 2881.* – P. [B 121
A M, Wgm (2 Ex.), Wn, Wst – CS BS, Bm, Pk
(P. und St.) – D-brd KIl, LÜh, Mbs (2 Ex.),
MÜs – D-ddr LEm, RUl

Oden und Lieder

*Wq 194.* Herrn Prof. Gellerts geistliche
Oden und Lieder. – *Berlin, Georg Ludwig*
*Winter, 1758.* [B 122
A Wgm – CS Pu – D-brd BNu, KIl, Mbs –
D-ddr Bds (2 Ex.), Dlb, LEmi – US NYp, R,
Wc

— *ib., 1759.* [B 123
CH Bu, N – CS Bm – D-brd KIl, WO – D-ddr
Bds, Dlb, EIb – DK Kk (2 Ex.) – F Pc – US
Eu, NYcu, R, SLug, UP, Wc

— *ib., 1764.* [B 124
C Tu – CH SO – D-brd Bim, F, W – D-ddr
Bds, Dlb, LEm, Q, SWl – DK A, Kk, Kmk –
F Pmeyer – GB Ckc, Lbm – N Ou – PL WRu –
US AA, Bp, Cn, NH, PO, Wc

— *ib., 1771.* [B 125
A Wn, Wst – CH Bu, Gpu – CS Pk – D-brd
AAst, Bim, BNms, DO, Hmb, Hs, KIl, Mbs,
Mu, Rp, WL – D-ddr Bds, Bmm, WRtl – DK
Kk (2 Ex.) – GB Lbm (2 Ex.) – NL At – US AA,
BE, NH, Wc

— *Leipzig, Johann Gottlob Immanuel*
*Breitkopf, 1784.* [B 126
A Wgm – D-brd BNms, DO, F, ST – D-ddr
HAmi, LEm – DK Kmm, Kv – F Pc – GB Ckc,
Lbm – H KE – I Rsc – NL DHgm – PL WRu –
S Sk, Skma – US NYj, Wc

— Bitten (Gott, deine Güte reicht so weit)
von Gellert, für vier Singstimmen mit
Orgel- oder Clavier-Begleitung. – *Bonn-*
*Köln, Nikolaus Simrock, No. 2083.* –
KLA. und St. [B 127
A Wgm, Wst – CH Bu – D-brd DS

*Wq 195.* Zwölf geistliche Oden und Lieder
als ein Anhang zu Gellerts geistlichen
Oden und Liedern. – *Berlin, Georg Lud-*
*wig Winter, 1764.* – St. [B 128
CH Bu, SO – D-brd F, Hmb, Mbs, WL – D-ddr
Bds, LEm, SWl – DK A, Kk (2 Ex.) – F
Pmeyer – GB Lbm (2 Ex.) – N Ou – PL WRu
– US AA, Bp, NH, UP, PO, Wc

— *ib., 1771.* [B 129
A Wn, Wst – CS Pk – D-brd Bim, DO, Hs, KIl,
MÜu, Rp – D-ddr Bds – DK Kk (2 Ex.) – NL
At – US AA, NH, Wc

— *Leipzig, Johann Gottlob Immanuel*
*Breitkopf, 1784.* [B 130
A Wgm – D-brd BNms, DO, ST – D-ddr HAmi,
LEm – DK Kmm – F Pc – GB Ckc – H KE –
I Rsc – NL DHgm – PL WRu – US NYj, Wc

*Wq 196.* Herrn Doctor Cramers übersetzte
Psalmen mit Melodien zum Singen bey
dem Claviere. – *Leipzig, Autor (Bernhard*
*Christoph Breitkopf & Sohn), 1774.* – St.
[B 131
A M, Wgm, Wmi, Wn – CH Gpu, N – D-brd
BNba, DO, Hs, KIl, LÜh, MÜu, ST, W –
D-ddr Bds, Dlb, EIb, LEb, LEm (2 Ex.), ROu,
SWl – DK Kk (2 Ex.), Kmm, Kv – GB Lam,
Lbm – H KE – N Ou – NL DHgm (2 Ex.) –
PL WRu – S Sm – US AA, Bh, BE, CA, NH,
Wc

*Wq 197.* Herrn Christoph Christian Sturms
… geistliche Gesänge mit Melodien zum
Singen bey dem Claviere. – *Hamburg,*
*Johann Henrich Herold (Johann Gottlob*
*Immanuel Breitkopf), 1780.* [B 132
A Wgm (3 Ex.) – CH SO – D-brd DO, Hs (2
Ex.), Hmb, KIl (2 Ex.), LÜh, WO – D-ddr
Bds, HAmi, LEm – DK Kk, Kmm, Kv – GB
Ckc, Ctc, Lbm (2 Ex.), Lcm – I Rsc – N Ou –
NL DHk – PL GD – US AA, Wc

— *ib., 1781.* [B 133
A Wgm (2 Ex.), Wn – D-brd BNba, DO, Hj,
Mbs, OLl (2 Ex.) – D-ddr EIb, HAmi, LEm –
US HN

— *ib., 1792.* [B 134
A Wgm – D-brd Bim, ST – US Wc

— *Wq 197,1 und 12.* Demüthigung vor
Gott (Betet an), Beschleunigung der Buße
(Christ sey achtsam). – *s. l., s. n.* [B 135
D-ddr WRiv (fehlt Titelblatt)

*Wq 198.* Herrn Christoph Christian Sturms
… geistliche Gesänge mit Melodien zum
Singen bey dem Claviere, zweyte Samm-
lung. – *Hamburg, Johann Henrich Herold*
*(Johann Gottlob Immanuel Breitkopf),*
*1781.* [B 136
A Wgm (2 Ex.) – CH Gpu, N – D-brd BNba,
BNms, Hmb, Hs, KIl, ST, WO – D-ddr BAUd,
Bds, EIb, LEm, WRiv – DK Kk (2 Ex.) – GB
Ckc, Ctc, Lbm (2 Ex.), Lcm – I Rsc – N Ou –
NL DHk – H Bn – PL GD – US AA, U, Wc
(2 Ex.)

— *ib., 1792.* [B 137
**D-brd** Bim, Gs – **DK** Kmm, Kv

*Wq 199. Oden mit Melodien. – Berlin, Arnold Wever (Leipzig, Johann Gottlob Immanuel Breitkopf), 1762.* [B 138
**CH** Bu (2 Ex.) – **D-ddr** LEm – **DK** Kk (2 Ex.) – **F** Pc – **GB** Lbm – **NL** DHgm – **US** Wc

— *ib., 1774.* [B 139
**A** Wgm – **D-brd** HEms – **F** Sim

*Wq 200. Neue Lieder-Melodien nebst einer Kantate zum Singen beym Klavier. – Lübeck, Christian Gottfried Donatius (Leipzig, Christian Gottlob Täubel), 1789.* [B 140
**A** Wgm – **D-brd** Hs – **D-ddr** EIb, LEm (2 Ex.) – **GB** Ckc, Lbm

*Wq 201. Der Wirth und die Gäste. Eine Singode vom Herrn Gleim. – Berlin, Georg Ludwig Winter, 1766.* [B 141
**D-brd** Mbs – **F** Pc – **N** Ou

— *ib., (Karl Friedrich) Rellstab.* [B 142
**GB** Lbm

Theoretische Schriften
*Wq 254. Versuch über die wahre Art das Clavier zu spielen, mit Exempeln und achtzehn Probe-Stücken in sechs Sonaten erläutert. – Berlin, Autor (Georg Ludwig Winter), 1753.* [B 143
**US** Wc

— *ib., 1759.* [B 144
**PL** Wu, WRu – **S** Skma – **US** BER, CHH, Wc

— *Leipzig, Schwickert, 1787.* [B 145
**A** Sca – **C** E – **CH** Bu (fehlt Titelblatt) – **CS** BRe – **S** Skma (ohne Beispiele) – **SF** Hs – **US** R, Wc (2 Ex., 2. Ex. ohne Beispiele)

— Exempel nebst 18 Probestücken in 6 Sonaten zu C.P.E.Bachs Versuche über die wahre Art das Clavier zu spielen auf XXVI Kupfer-Tafeln. – *Berlin, Autor (Christian Friedrich Henning), 1753.*
[B 146
**GB** Lbm – **PL** Wu

— *ib., (Georg Ludwig Winter), 1759–62.*
[B 147
**GB** Cu, Ckc, Lbm (2 Ex.), Mp

— ... (zweite Aufl.). – *Leipzig, Schwickert, 1780.* [B 148
**GB** Lbm

— ... das Clavier zu spielen mit sechs neuen Clavier-Stücken vermehrt auf XXXI Kupfer-Tafeln, dritte mit Zusätzen ... vermehrte Aufl. – *Leipzig, Schwickert, 1780.* [B 149
**NL** DHgm (2 Ex.)

— *ib., 1787.* [B 150
**GB** Cu, Er, Lbm (2 Ex.), LVu – **NL** At

— ... zu spielen auf XXVI Kupfer-Tafeln. – *s. l., s. n.* [B 151
**A** M, Wgm (2 Ex.) – **B** Br – **CH** Gpu – **D-ddr** LEm – **H** Bn – **US** Bh

— ... zu spielen mit sechs neuen Clavier-Stücken vermehrt auf XXXI Kupfer-Tafeln. – *s. l., s. n.* [B 152
**A** Sca, Wgm – **CH** Gpu, SO – **D-ddr** LEmi – **F** Pmeyer

*Wq 255. Versuch über die wahre Art das Clavier zu spielen. Zweyter Theil, in welchem die Lehre von dem Accompagnement und der freyen Fantasie abgehandelt wird. – Berlin, Autor (Georg Ludwig Winter), 1762.* [B 153
**PL** Wu – **S** Skma – **US** BER, CHH, Cn, R, Wc

— *Leipzig, Schwickert, 1797.* [B 154
**A** Sca – **S** Skma – **US** R, Wc (2 Ex., 2. Ex. ohne Beispiele)

Posthum veröffentlichte Werke
*Wq 259. C.P.E.Bachs Anfangsstücke mit einer Anleitung den Gebrauch dieser Stücke, die Bachsche Fingersetzung, die Manieren und den Vortrag betreffend von Johann Carl Friedrich Rellstab. Dritte Aufl. – Berlin, Johann Karl Friedrich Rellstab.* [B 155
**CH** Bu, E – **D-brd** Mbs – **GB** Lbm – **NL** DHgm

*Wq 262. Fünf kleine leichte Klavierstücke mit der Fingersetzung für Anfänger. – Linz, Akademische Buchhandlung, 1795.*
[B 156
**D-brd** Mmb

*Wq 265. Preludio e sei sonate pel organo. – Berlin, Johann Karl Friedrich Rellstab, (1790).* [B 157
**B** Br – **CH** E – **D-brd** Bhm, BNms, Hs – **F** Pc – **GB** Ckc, Lbm – **US** NH, PO

Wq 266. Œuvres posthumes de C.P.E.
Bach. Trois sonates pour le clavecin ou
pianoforte. – Berlin, Johann Karl Friedrich Rellstab, (1792).                    [B 158
B Br – D-brd BNms

Wq 267. Neue Sammlung kleiner leichter
Klavierstücke mit Bezeichnung der Fingersetzung, zur Übung für Anfänger.
(Neueste in den Violin-Schlüssel übersetzte Aufl.) – Wien, Johann Georg Binz,
1799.                                     [B 159
A M

— Kleine leichte Klavierstücke mit der
Fingersetzung, für Anfänger . . . erste
Sammlung. (Neueste in den Violin-Schlüs-
sel übersetzte Aufl.). – Wien, Musikalisch-
Typographische Verlagsgesellschaft, 1799.
                                          [B 160
A Wgm

— . . . zweyte Sammlung. – Wien, Karl
Friedrich Täubel der Jüngere, 1799. [B 161
A Wgm

Wq 268. Grande Sonate [B] pour le Clavecin ou Fortepiano . . . œuvres posthumes No. I. – Wien, Hoffmeister & Co.;
Leipzig, Hoffmeister & Kühnel, No. 126.
                                          [B 162
D-brd Gs, Mbs – D-ddr BDk

Wq 269. Menuet de Locatelli avec 21
variations pour le fortepiano. – Wien,
Johann Traeg, No. 216.               [B 163
A Wst

Wq 272. Sonata pour le clavecin . . . qui
représente la Bataille de Bergen. – Mannheim, Götz, No. 37.                   [B 164
DK Kk – NL DHgm

— Paris, Huberty.                     [B 165
F Pc

*Ernst Suchalla*

## BACH Johann Christian

OPERN UND ORATORIEN

Adriano in Siria

The favourite songs in the opera Adriano
in Siria. – London, John Welcker. – P.
                                          [B 166

EIRE Dam – F Pc – GB Lbm (4 Ex.), Lgc – I
Bc, MC, Nc – NL AN – US AA, NH, Wc (2 Ex.).

Amadis des Gaules

Amadis des Gaules. Tragédie lirique . . .
en trois actes. – Paris, Sieber. – P. [B 167
A Wn – CH Zz – D-ddr Bds – F Lm, Pc – GB
Lbm (2 Ex.) – US AA, BE, Wc

Artaserse

A favourite song, sung by Mr. Tenducci
in the opera of Artaxerxes. – London,
J. Blundell.                          [B 168
US Wc

Carattaco

The favourite songs in the opera Carattaco. – London, John Welcker. – P. [B 169
GB Ckc, Bu (unvollständig), Lbm (2 Ex.), Lcm,
Mp, Ob (unvollständig) – I Bc – US AA, I (unvollständig), NH, NYp, R (unvollständig), Wc
(3 Ex.)

— ib.                                 [B 170
GB Lbm

Cara sposa [Aria, Nr. 2]. – [London],
Longman & Broderip. – P.             [B 171
GB Lcm

Ariette italienne (Non è ver ch'assise in
trono), accompagnées de deux violons,
alto & basse, deux flûtes trav: & deux
cornes de chasse. – Amsterdam, J. J. Hummel. – KLA und St.                    [B 172
D-ddr SWl (2 Ex.) – I MOe

While Cecilia we admire. The London
Lass. To a favourite rondeau in the opera
of Carattaco . . . compleatly fitted for two
german flutes. – [London], P. Welcker.
– P.                                  [B 173
GB Lbm, Lcm – US U

Catone in Utica

Deh in vita ti serba. Quartetto [Nr. 19].
– s. l., s. n. – P.                   [B 174
US AA

La clemenza di Scipione

La clemenza di Scipione . . . a favorite
opera . . . opera XIV. – London, John
Welcker. – P.                         [B 175
F Pc – GB Ckc, Cu, Lam (unvollständig), Lbm
(2 Ex.), Lcm – I Mc – US AA, R, Wc

Deh quel pianto. The favorite duett sung
by Mrs. Billington & Sig^r. Viganoni. –
*London, R. Birchall.* – P.            [B 176
GB Lcm

Infelice in van m'affanno [Song, Nr. 14].
– *London, J. Dale.* – P.              [B 177
GB Lbm

Nel partir bell' idol mio. A favorite Italian
air, sung by Miss Chanu at Bath. –
*[London], J. Dale.* – P.              [B 178
GB Lbm, Ob – F Pc

— En quittant l'objet que j'aime. Rondeau. – *Paris, Baillon, 1781.*        [B 179
F Pn

Marcia [2 Märsche (G, D) aus Ouverture
und Akt III der Oper La Clemenza di
Scipione, arr. für cemb und fl oder vl]. –
*London, J. Dale.*                     [B 180
GB Cu, Gu, Lbm

Gioas

The favourite songs and the duett in the
oratorio Gioas ... opera IX. – *London,
Welcker.* – P.                         [B 181
GB Ckc, Lbm (3 Ex.), Lcm – F Pc

Orione o sia Diana vendicata

The favourite songs in the opera call'd
Orione o sia Diana vendicata. – *London,
John Walsh.* – P.                      [B 182
A Wgm – **D-brd** Hs (2 Ex.), DS – **GB** Lbm (3
Ex.), Lcm (unvollständig), Lgc, Mp – **I** Bc –
**US** AA, Cn, NH, NYhc, R, Wc

Zanaida

The favourite songs in the opera call'd
Zanaida. – *London, John Walsh.* – P.
                                       [B 183
**D-brd** Hs – **GB** Ckc, Lbm (2 Ex.), Lcm, Lgc,
Ouf – **I** Bc – **US** Cn, NH, NYhc, Wc

ENGLISCHE LIEDER

Let the solemn organ blow. An anthem
(in: The Christian's Magazine, 1765). –
*[London], (1765).* – P.               [B 184
GB Lbm – US NH

A collection of favourite songs sung at
Vaux Hall by M^rs Weichsell. – *London,
Welcker.* – P.                         [B 185

GB Lbm (2 Ex.) – I Bc – **NL** AN – **US** BE, Cn,
NH, NYp, Wc

— *ib., S. & A. Thompson.* – P.        [B 186
GB Lbm – US Wc

A second collection of favourite songs
sung at Vaux Hall by M^rs Pinto & M^rs
Weichsell. – *London, s. n.* – P.      [B 187
GB Ckc, Lam, Lbm, Lgc

— *ib., Welcker.*                      [B 188
✔ C Vm – I Bc – US BE, CA, CHua, Cn, NYp,
PHci, R, Wc

— *ib., Longman & Broderip.*           [B 189
GB Lbm

A third collection of favourite songs, sung
at Vaux Hall by Miss Cowper. – *London,
Welcker.* – P.                         [B 190
GB Ckc, Cpl, Gu, Lam (3 Ex.), Lbm, Ob – US
NYp, Wc

— *ib., Longman & Broderip.*           [B 191
GB Lbm – US NH

Blest with thee my soul's dear treasure.
A favorite song. – *London, Longman &
Broderip.* – P.                        [B 192
GB Bu, Lam, Lbm – US Cn, NYp

Braes of Ballanden, as sung by M^r. Tenducci ... in ... 1779 [mit ob, vl, vla, vlc,
pf]. – *[London], Longman & Broderip.* –
P.                                     [B 193
GB Lbm

The Broom of Cowdenknows. A favorite
Scotch song ... the instrumental parts
by ... M^r Bach. – *London, T. Cahusac.* –
P.                                     [B 194
GB Lbm – US Pu

Cease a while ye winds to blow. A favorite
rondo. – *[London], Longman & Broderip.*
                                       [B 195
GB Mp, Lbm

— *ib., Longman, Clementi & Co.*       [B 196
GB Lbm

— *ib., R. Falkener.*                  [B 197
GB Lbm, Lcs – US U (2 Ex.)

— *[Philadelphia], G. Willig.*         [B 198
US Wc

Cruel Strephon, A favourite rondo. – *[Dublin], Anne Lee.*                         [B 199
US Wc

I'll never leave thee. A favorite Scotch song sung by M^r. Tenducci. – *London, Thomas Cahusac.* – P.        [B 200
GB BA

The Intercession (Smiling Venus). Sung by Mrs. Weichsell at Vauxhall. – *s. l., s. n.*                                        [B 201
GB Lcm

In this shady blest retreat. Sung by M^rs Weichsell. – *[London], P. Welcker.* – P.                                        [B 202
GB Lbm – US PHu, U (2 Ex.)

— ib., *R. Falkener.*                    [B 203
GB Lbm, Lcs

— *Edinburgh, John Corri.*        [B 204
I Mc

Lochaber. A favorite Scotch song . . . the instrumental parts by . . . M^r Bach. – *London, Longman & Broderip.* – P. [B 205
GB Lbm

— ib., *Thomas Cahusac.*        [B 206
F Pc

No more with unavailing woe. A favorite air. – *London, Bland & Weller.*        [B 207
GB Lbm

No, 'twas neither shape nor feature, sung . . . in [Shield's opera] The Flitch of Bacon. – *London, G. Goulding.*        [B 208
GB Lbm

— *[Philadelphia], G. Willig.*        [B 209
US PHu

— . . . adapted for the piano-forte and harp, with accompaniments. – *London, J. Dale.*                                        [B 210
US U

See the kind indulgent gales. A favourite song sung by M^rs Weichsell, at Vaux Hall Gardens. – *London, Longman & Broderip.* – P.                                [B 211
GB Lbm

Tender virgins [Song]. – *London, R. Falkener.*                                        [B 212
US U

When an angry woman's breast. Neptune. Composed for the satisfaction of Dido, to the addition of news. – *London, Longman, Lukey & Co.*                                [B 213
GB Lbm – US PHu

ITALIENISCHE KANTATEN UND ARIEN

So che a te spiace. Cantate. – *s. l., s. n., 1778.* – P.                                        [B 214
A KR

Ebben si vada. The favorite rondeau [aus der Kantate Rinaldo ed Armida]. – *London, s. n.* – P.                                        [B 215
D-brd B – D-ddr WRgs – US NYp

— The first favorite rondeau . . . adapted for the harpsichord & an occasional accompanyment for the flute with English words. – *London, Thomas Cahusac.* [B 216
US NYp

Sei canzonette a due . . . opera IV. – *London, s. n.*                                        [B 217
A Wgm – GB Ckc, Cu, CDp, Er, Lbm (2 Ex.), Ouf – I Bc – US AA, Wc

— ib., *Welcker.*                        [B 218
D-ddr Dl (unvollständig), LEm – GB En, Er – I Fc – US NYp

— Gia la notte s'avvicina. Duettino a 2 voci con bc. realizzato [op. 4, Nr. 1]. – *Edinburgh, John Corri.* – P.        [B 219
I Mc

Sei canzonette a due . . . opera VI. – *s. l., s. n.*                                        [B 220
GB CDp, Lam, Lbm – I Bc – US NYp

— Six canzonets . . . [op. 6]. – *London, Welcker.*                                        [B 221
GB Lbm

Al mio bene a lei che adoro. Rondeau per voce, vl. 1°, vl. 2°, fl., bc. realizzato. – *Edinburgh, John Corri.* – P.        [B 222
I Mc

Infelice in van mi lagno. A favorite scene and rondo on the Duke of Nirvenois' air . . . for two performers on one piano forte. – *London, Longman & Broderip.*        [B 223
GB Lbm

Sɪɴғoɴɪᴇɴ ᴜɴᴅ Oᴜᴠᴇʀᴛüʀᴇɴ

Six simphonies [D, C, Es, B, F, G] à deux
violons, deux hautbois, deux cors de
chasse, alto viola et basse . . . œuvre III.
– *London, printed for the author.* – St. [B 224
**GB** Cu (unvollständig), Lbm, Lcm, Ob – **US**
BE, Cn, NH, Wc – **F** Pc – **I** Vc, Gl

— Six simphonies . . . œuvre troisième. –
*Amsterdam, J. J. Hummel.* – St.   [B 225
**CH** FF – **DK** Kk – **F** Pc – **GB** Lbm (unvoll-
ständig) – **NL** At (vl I), DHgm

— Six simphonies à huit parties . . .
œuvre III . . . une double basse y est
compris. – *Paris, Huberty.* – St.   [B 226
**B** Geb (vl I, vl II, vla, b [2 Ex.]) – **D-brd** AB
(vl I, vl II, vla, b, ob I, cor I, cor II) – **F** Pc
(kpl.: vl I, vl II, vla, b [2 Ex.], ob I, ob II, cor I,
cor II, cl I/II handschriftlich; 2 Ex., davon
1 Ex. mit No. 110)

— Six overtures in eight parts . . . opera
III. – *London, John Welcker.* – St. [B 227
**GB** Lbm – **D-brd** Mbs, WD – **D-ddr** LEm – **US**
Bp, BE (fehlen ob I und cor II), PRu (ob I und
II unvollständig)

— *ib.*                                       [B 228
**GB** Lcm, Lbm (2 Ex.), Mp

— *ib., R. Bremner.*                          [B 229
**GB** Lbm – **US** NH, PRu

— *ib., Preston & son.*                       [B 230
**US** AA, Wc

Six simphonies [G, D, Es, B, Es, g] à deux
violons, alto viola et basse, deux hautbois
& deux cors de chasse . . . œuvre VI. –
*Amsterdam, J. J. Hummel, No. 113.* – St.
                                              [B 231
**DK** Kk (15 St., zum Teil handschriftlich) – **I**
Vc, MOe – **US** AA

— Six simphonies [G, Es, C, Es, D, g] à
huit parties . . . œuvre 6. – *Paris, Le Duc
(Ollivier), No. 125.*                         [B 232
**A** Wgm

— [Trois symphonies (Es, B, Es), op. 6. –
*s. l., s. n.*]                               [B 233
**F** Pc (Titelblatt fehlt)

— A favorite overture in eight parts
[op. 6, Nr. 5 bzw. op. 8, Nr. 6]. – *London,
John Welcker.*                                [B 234
**GB** Ckc, Lbm (2 Ex.)

— Six simphonie periodique . . . opera 8.
– *ib.*                                       [B 235
**GB** Lbm (2 Ex.), Lcm – **US** PRu (2 Ex. unvollständig), CHH (unvollständig)

Six simphonies [Es, G, D, F, B, Es] à 8
instruments, deux violons, taille, & basse,
deux hautbois, et deux cors de chasses . . .
œuvre huitième. – *Amsterdam, S. Mar-
kordt.* – St.                                 [B 236
**B** Br – **GB** Mp, Ob

— Simphonie périodique à 8 instruments
[op. 8. Nr. 6 bzw. op. 6, Nr. 5]. – *ib.* [B 237
**GB** Lbm

Trois simphonies [B, Es, B] à deux violons, taille & basse, deux flûtes ou hautbois et deux cors de chasse – ad libitum
. . . œuvre neuvième. – *Den Haag, B. Hummel.* – St.                                   [B 238
**GB** Lbm

— Three simphonys in eight parts . . .
[op. 9]. – *London, Longman, Lukey & Co.*
                                              [B 239
**CH** E – **GB** Lcm, Ob

— Three favorite symphonies in eight
parts . . . op. 21 [op. 9]. – *ib., Longman &
Broderip.*                                    [B 240
**US** R (kpl.; vl I [Andante] handschriftlich)

— Three favorite overtures in eight parts
. . . Opera XXI [op. 9]. – *ib., Longman &
Broderip.*                                    [B 241
**GB** Lbm (2 Ex.) – **I** Vc

Six grand overtures [Es, B, D, D, E, D],
three for a single and three for a double
orchestre for violins, hautboys, flutes,
clarinetts, horns, tenor and bass . . . opera
XVIII. – *London, William Forster.* – St.
                                              [B 242
**D-ddr** Bds – **GB** Lbm (3 Ex.)

— Two grand overtures . . . opera XVIII
[op. 18, Nr. 2 u. 4]. – *ib.*                 [B 243
**GB** Ob – **US** R, Wc

— Deux simphonies, la première à grand
orchestre, la seconde à double orchestre
. . . [op. 18, Nr. 1 u. 2]. – *Berlin-Amsterdam, J. J. Hummel, No. 508 u. 509.* [B 244
**A** Wgm – **CH** Lz – **D-brd** B – **H** Bn – **I** MOe –
**US** AA

— Sinfonie périodique à plusieurs parties
... N° IX [op.18, Nr.2]. – *Amsterdam,
J. Schmitt.*                          [B 245
CH Zz – **D-ddr** RUh (kpl., vl I unvollständig) –
**GB** Lbm – **SF** A

— Simphonie [D] à grand orchestre ...
opera XIX [op.18]. – *Berlin-Amsterdam,
J. J. Hummel, No. 440.* – St.        [B 246
A Wgm – **D-ddr** HER – **DK** Kk (2 Ex.)

Deux sinfonies [D, D] à grande orchestre
... oeuvre XVIII [Ouv. La clemenza di
Scipione u. op.18, Nr.4]. – *Amsterdam,
Joseph Schmitt.*                     [B 247
**B** Br – **CH** E (fehlt tr I) – **D-brd** Tes, Tu –
**D-ddr** RUh – **GB** Lbm (kpl., vl I unvollständig)
– **SF** A

Six favourite overtures [Orione; La Calamità; Artaserse; Il tutore; La Cascina;
Astarto] in VIII parts, for violins, hoboys,
french horns, with a bass for the harpsichord and violoncello. – *London, I.
Walsh.* – St.                        [B 248
**D-ddr** LEm – **I** Gl – **US** AA, CA, NH, Wc

   *ib., William Randall.*           [B 249
**US** NYp

Simphonie [Es] périodique à deux violons, taille, & basse, flûtes ou hautbois &
cornes de chasse, No. XXVIII. – *Amsterdam, J. J. Hummel.* – St.            [B 250
**US** BE (unvollständig)

— The periodical overture in 8 parts ...
number XLIV [Es]. – *London, R. Bremner.*                                [B 251
**GB** Er, Lbm, Mp (unvollständig) – **I** Gl

An overture [D] in eight parts. – *London,
John Welcker.* – St.                 [B 252
**GB** Lbm – **I** Gl – **US** Cn, R

— The periodical overture in 8 parts ...
number XV [D]. – *London, R. Bremner.*
– St.                                [B 253
**GB** Lbm (2 Ex.), Mp, Ob

A favourite overture [La Calamità, Pasticcio mit der Ouvertüre von J. C. Bach] in
8 parts. – *London, I. Walsh.* – St. [B 254
**GB** Lbm

The favourite overture in the opera of
Carattaco, in eight parts. – *London, Long-
man & Broderip.* – St.               [B 255
**GB** Er, Lbm

[Ouverture (Zanaida). – *s. l., s. n.*] – St.
                                     [B 256
**GB** Lam (Titelblätter fehlen)

The periodical overture in 8 parts ...
number I [D]. – *London, R. Bremner.* –
St.                                  [B 257
**GB** Mp, Ob

— *ib., Preston & son.*              [B 258
**US** AA

Sei sinfonia [F, C, F, C, F, C] pour deux
clarinettes, deux cors de chasse et basson.
– *London, Longman & Broderip.* – St.
                                     [B 259
**GB** Lbm (2 Ex.)

Symphonie concertante [A] à plusieurs
instruments. – *Paris, Sieber.* – St. [B 260
**GB** Lbm – **H** Bn – **I** Gl

— Concertirende Sinfonien ... N° I [A]
... mit obligater Violine und Violonschell. – *Offenbach, Johann André, No. 13.*
                                     [B 261
**D-brd** Bhm – **US** Wc

Simphonie concertante [Es] à plusieurs
instruments. – *Paris, Sieber, 1773.* – St.
                                     [B 262
**GB** Lbm

Concert ou symphonie [Es] à deux violons
obligés, deux violons ripiens, deux flûtes,
deux cors de chasse, taille & basse. –
*Amsterdam, J. J. Hummel, No. 327.* – St.
                                     [B 263
**CH** E

KLAVIERKONZERTE

Six concerts [B, A, F, G, C, D] pour le
clavecin, deux violons & un violoncelle
... œuvre premier. – *London, s. n.* – St.
                                     [B 264
**CH** N (clav) – **GB** Ckc (unvollständig), Cu (unvollständig), Lbm (3 Ex.) – **US** Wc (clav)

— *ib., Welcker.*                    [B 265
**CH** Gpu – **GB** Ckc, Ob (unvollständig)

— *Amsterdam, J. J. Hummel.*         [B 266
**A** Wgm – **D-brd** B, Km – **D-ddr** WRtl (fehlt
vlc) – **NL** DHa, Uim

173

— Six concerti ... œuvre premier. – *London, R. Bremner.* [B 267
**GB** EL (unvollständig), Lbm (2 Ex.), Lcm (unvollständig) – **US** U(hpcd)

— *ib., John Welcker.* [B 268
**C** Tu – **D-brd** Mbs (clav) – **F** Pc – **GB** Bu (unvollständig), Ckc (unvollständig) – **I** Gl – **US** BE, NYp (clav), PHu, Wc

— *ib., Preston & son.* [B 269
**D-ddr** LEm

— *London, s. n.* [B 270
**D-brd** B – **US** NH, STu

— *Paris, s. n.* [B 271
**A** Sca (clav [unvollständig]) – **F** BO, Pc, Pn (clav, vl I, vl II [unvollständig])

— Six concertos ... œuvre 1er. – *ib., Huberty, No. 99.* [B 272
**CH** Zz – **CS** KR – **F** Pc (s. No.), Pn (clav, vl II [2 Ex.])

— *ib., Le Duc, No. 99.* [B 273
**F** Pc – **US** AA

— *London, s. n.* [B 274
**US** R

Six concerts [C, F, D, B, Es, G] pour le clavecin avec l'accompagnement des deux violons & violoncelle ... œuvre VII. – *Amsterdam, J. J. Hummel, No. 116.* – St. [B 275
**A** Wgm – **CH** E – **D-brd** Mbs – **D-ddr** Bds, Dlb, LEm, WRtl – **GB** Lbm

— Six concerti pour le clavecin, deux violons et une violoncelle. – *London, John Welcker.* [B 276
**P** Ln

— Six concerto pour le clavecin ou le piano forte avec accompagnement de deux violons et violoncelle ... opera VII. – *Paris, de La Chevardière (Gerardin).* [B 277
**D-brd** Mbs (fehlt vl II) – **F** Pc, Pn (fehlt vl I)

— Sei concerti per il cembalo o piano e forte con due violini e violoncello d'accompagnamento ... op. VII. – *London, John Welcker.* [B 278
**D-brd** Mbs (pf) – **D-ddr** EIb (pf [ohne Titelblatt]) – **F** Pmeyer (pf) – **GB** Lbm – **US** Wc (pf)

— Sei concerti ... op. VII. – *ib., Longman & Broderip.* [B 279
**CS** Pk (pf) – **D-ddr** HAu – **GB** EL (unvollständig), Lbm (3 Ex.) – **US** AA, NYcu, Wc

— Trois concertes pour le clavecin o piano forte ... deuxième édition [op. 7, Nr. 1–3]. – *Wien, Christoph Torricella, No. 9.* [B 280
**D-ddr** Dlb (unvollständig) – **GB** Lbm – **US** AA

— A second sett of six concertos for the harpsichord or piano forte with accompanyments for two violins & a violoncello ... opera VII. – *London, John Welcker.* [B 281
**A** Wgm (hpcd) – **C** On (vlc), Tu – **CH** Gpu – **F** Pc (hpcd), Pn (vlc), Pmeyer – **GB** Bu (unvollständig), Cu, Ckc, Er, Lbm, Lu (unvollständig), Ob (unvollständig), T – **P** Ln (hpcd) – **US** BE (2 Ex.), CA, IO (hpcd), NH, NYp (hpcd), Wc

A third sett of six concertos [C, D, F, B, G, Es] for the harpsichord, or piano forte, with accompaniments for two violins and a bass, two hautboys and two french horns ad libitum ... opera XIII. – *London, John Welcker.* – St. [B 282
**CH** Gpu (vl I, b) – **D-brd** Mbs – **GB** Cu (unvollständig) EL (unvollständig), Lam (unvollständig), Lbm, Ob (unvollständig) – **US** R, Wc

— *ib.* [B 283
**GB** Ckc (unvollständig), Er, Lbm (2 Ex.) – **US** BE, NYp (hpcd)

— *ib., J. Dale.* [B 284
**D-brd** Bim – **F** Pn – **GB** Lbm (2 Ex.) – **US** BE (hpcd), NH, U (hpcd), Wc (hpcd)

— Six concertos pour clavecin ... opera XIII. – *Paris, Sieber.* [B 285
**CH** Gpu (clav) – **D-brd** Mbs (clav) – **F** Pc (2 vollständige Ex. und weitere St.), Pn (1 vollständiges Ex. und weitere St.) – **GB** Lbm – **I** Vc (vl I, vl II, b, clav)

— Trois concerts pour le clavecin ou le piano forte avec l'accompagnement des deux violons et basse, deux hautbois et cors de chasse ad libitum ... œuvre XIIme [op. 13, Nr. 1–3]. – *Den Haag, B. Hummel & fils.* [B 286
**CH** E – **D-brd** B, Km – **D-ddr** WRtl – **GB** Lbm (clav, vl I, vl II, b) – **NL** DHa (fehlen ob I/II)

— Trois concertos ... œuvre XIII [op. 13, Nr. 4–6]. – *Berlin, J. J. Hummel, No. 373.* [B 287

CH E, SO – **D-brd** B (fehlt clav), Km – **D-ddr** WRtl, SWl (ob I/II, cor I/II) – **DK** Kk (fehlen cor I/II) – **GB** Lbm

— Trois concerts . . . œuvre XI [op. 13, Nr. 4–6]. – *Amsterdam, Joseph Schmitt.* [B 288
**D-brd** Tu (kpl.; vl I und vl II unvollständig) – **D-ddr** Bds, Dlb (fehlen vl I und vl II), LEm – **NL** DHgm, Uim

— A favorite concerto for the harpsichord, or piano-forte . . . [op. 13, Nr. 4]. – *London, Longman, Lukey & Co.* [B 289
**GB** WO

— *ib., Preston.* [B 290
**GB** Lbm

— *ib., A. Bland & Weller.* [B 291
**GB** Lbm – **US** NYp (hpcd)

— *ib., Paine & Hopkins.* [B 292
**D-brd** Mbs (hpcd)

— *ib., Goulding, Phipps & D'Almaine, No. 119.* [B 293
**A** Wn (hpcd)

— Bach's concerto for the harpsichord, a piano-forte with accompaniments . . . [op. 13, Nr. 4]. – *ib., J. Dale.* [B 294
**GB** Ltc (hpcd [unvollständig])

— Concerto for the harpsichord or piano-forte . . . with accompaniments [op. 13, Nr. 4]. – *ib., J. Dale.* [B 295
**US** Wc

— Bach's celebrated concerto for the piano forte . . . (in: Piano-Forte Magazin, vol. III, Nr. 6) [op. 13, Nr. 4]. – *ib., Harrison & Co.* [B 296
**B** Bc – **D-brd** Mbs

— Ier Concerto [Es] pour le clavecin avec accompagnement de deux violons, un alto viola, et une basse . . . œuvre XIV [op. 13, Nr. 6]. – *Paris, Bailleux (Annereau); Lyon, Castaud; Toulouse, Brunet.* [B 297
**A** Wgm – **F** Pmeyer (clav) – **GB** Lbm (fehlen vl I, vl II, cor II) – **US** AA, Wc (clav)

Concerto [Es] per il clavicembalo, due violini, viola e basso. – *Riga, G. F. Hartknoch.* – St. [B 298
CH E, Gpu – **D-brd** Mbs – **D-ddr** LEm, WRtl (fehlen vl II, vla) – **GB** Lbm – **NL** Uim – **US** AA, Wc

Concerto II [A] per il clavicembalo, due violini, viola e basso. – *Riga, G. F. Hartknoch.* – St. [B 299
CH E, Gpu – **D-brd** Mbs – **D-ddr** Bds, LEm, WRtl – **GB** Lbm – **NL** Uim – **US** AA

WERKE FÜR 6 INSTRUMENTE

Sestetto [C] à cembalo ò piano forte, oboe, violino, violoncello e due corni . . . opera III. – *Offenbach, Johann André, No. 68.* – St. [B 300
**A** Wgm – **D-ddr** Bds (vlc, cor II)

WERKE FÜR 5 INSTRUMENTE

Six quintettos [C, G, F, Es, A, D] for a flute, hautboy, violin, tenor and bass . . . [op. 11]. – *London, John Welcker.* – St. [B 301
**A** Wmi – **E** Mn – **GB** Lbm (2 Ex.), Mp (unvollständig) – **US** BE (unvollständig), Wc

— *ib., Preston & son.* [B 302
**GB** Gu

— Six quintetto . . . œuvre XI. – *Amsterdam, J. J. Hummel, No. 328.* [B 303
**D-brd** B – **DK** Kk – **US** NYp

— Six quintetti a une flute, oboe, violon, alto et violoncelle . . . [op. 11]. – *Paris, Sieber; Lyon, Casteau; Bruxelles, Godfroy.* – St. [B 304
**A** Wgm – **D-brd** B – **F** Pc (kpl.; 2. Ex.: fl, ob, vl, vlc)

— *Paris, Sieber père, No. 27.* [B 305
**NZ** Ap

Deux quintettos [D, F] pour le clavecin ou piano forte accompagnés d'un violon, flûte, hautbois, viola et violoncelle . . . œuvre XXII. – *Berlin-Amsterdam, J. J. Hummel, No. 470.* – St. [B 306
**D-brd** B, Kl

— Two quintets for the harpsichord or piano forte accompanied with a violin, oboe, flute, tenor and violoncello obligato. – *London, Longman & Broderip.* [B 307
**F** Pn (kpl.; hpcd unvollständig) – **GB** Gu (fehlt hpcd)

WERKE FÜR 4 INSTRUMENTE

Six quartettos [C, D, Es, F, G, B] for a
german flute, violin, tenor and violon-
cello ... opera VIII. – *London, John
Welcker.* – St.                              [B 308
**F** Pn – **GB** Ckc (3 Ex.), Lam, Lbm (2 Ex.), Lcm,
Mp (2 Ex.) – **US** BE, NH, NYp, Wc, WGw

— Six quatuor à deux violons, ou une
flutte, un violon, taille, et basse ... œuvre
IX [op. 8]. – *Den Haag, s. n., (gravé pour
le Comte d'Antoine Stechwey).* – St. [B 309
**D-brd** Mbs (2 Ex.) – **GB** Er, Lam (2 Ex.), Lbm,
Mp – **US** AA, R, Wc

— Six quatuor à une flûte, violon, alto
et basse ... œuvre huitième. – *Amsterdam, J. J. Hummel, No. 216.*      [B 310
**A** Wgm – **I** MOe

— Six quartetto concertante à deux violons ou un hautbois, un violon, alto &
basse ... œuvre 8. – *Paris, Sieber; Lyon,
Castaud.* – St.                    [B 311
**F** Pc (3 Ex.), Pn

— III Quartettos pour une flûte, violon,
taille et basse ... œuvre huitième [op. 8,
Nr. 2, 5, 6]. – *Mannheim, M. Götz, Nr. 7.*
                                    [B 312
**A** Wgm – **CH** E

Sei quartetti [C, G, D, B, A, F] a due violini, alto e basso ... œuvre XVII. – *Paris,
de La Chevardière.* – St.          [B 313
**A** Wgm – **I** MOe

Four quartettos [C, D, G, C], two for two
flutes, a tenor and violoncello, one for two
flutes, a violin and violoncello, and one
for a flute & hoboy, or two flutes, a tenor
& violoncello ... opera XIX. – *London,
John Preston.* – St.               [B 314
**GB** Ckc, Cu, Lcm, Lbm (2 Ex.) – **US** AA, NYp,
Wc

— IV. Quatuor, deux pour deux flûtes,
alto et violoncelle, et deux pour deux
flûtes, violon et violoncelle ... œuvre
XVIII [op. 19]. – *Frankfurt, W. B. Haueisen.* – St.                      [B 315
**D-brd** Tu – **GB** Lbm – **SF** A – **US** Wc

Quatre quatuors pour violon, hautbois ou
flûte, alto et basse. – *Paris, Sieber,* – St.
                                    [B 316
**I** MOe

Three favorite quartetts [D, C, F] and one
quintett [G] for the harpsichord, violin,
flute, hautboy, tenor and violoncello. –
*[London], printed for Mr. J. C. Luther.* –
St.                                 [B 317
**GB** Lbm (3 Ex.), Lgc, Ob – **US** AA

— Quartetto [Nr. 4] per il cembalo obligato,
violino, e violoncello primo e secondo ...
opera II. – *Offenbach, Johann André,
No. 66.*                            [B 318
**GB** Lbm (fehlt vlc II)

Sei quartetti a due violini, alto et basso
... œuvre XVII [= Arrangement von
op. 10]. – *Paris, de La Chevardière.* – St.
                                    [B 319
**US** AA, Wc (2 Ex.)

WERKE FÜR 3 INSTRUMENTE

Six sonates [F, G, D, C, D, Es] pour le
clavecin, accompagnées d'un violon ou
flûte traversière et d'un violoncelle ...
œuvre II. – *London, author, (1763).* P.
(clav mit vl/fl) und St. (vlc).      [B 320
**A** Sca – **CH** N (P.) – **D-ddr** Elb (P.) – **F** Pc (P.) –
**GB** Bu (P.), Cu (P.), Lbm (P. [2 Ex.]) – **US** IO
(P.), NH, Wc (P.)

— *London, Welcker.*               [B 321
**C** Tu (P.) – **CH** Gpu – **D-brd** KNmi (P.) – **GB**
Ckc (unvollständig), Lbm (clav, vl/fl, vlc) – **I**
Gl – **US** AA (P.), BE (P.)

— *Amsterdam, J. J. Hummel.*       [B 322
**US** BLu (P. und St.)

— *Paris, s. n.*                   [B 323
**F** Pc (P. und St.)

— Six trios pour le clavecin et violon ou
flûte ... œuvre 22 [op. 2]. – *ib., Huberty.*
                                    [B 324
**A** SF (P.)

— Six trio ... œuvre 2e. – *ib., No. 100.*
                                    [B 325
**D-ddr** LEm (fehlt vlc), WRtl (P. und vl) – **F** Pc
(P. [2 Ex.], vl)

Six trio [B, A, Es, G, D, C] pour deux violons et alto viola ou basse obligé ... œuvre IIᵉ [op. 4]. – *Paris, Huberty.* – St.
CH E – **D-brd** B – F Pc – **GB** Lbm
[B 326

— Six sonates or notturnos for two violins with a thorough bass for the harpsichord ... opera 2ᵈᵃ [op. 4]. – *London, A. Hummel.* [B 327
**GB** Ckc (unvollständig), Lbm (vl I, vl II, b)

— Six sonatas or trios for two violins and a bass ... [op. 4]. – *ib., James & John Simpson.* [B 328
**GB** Ckc, Lam – **US** AA

— Six sonates à deux violons & basse, œuvre 4. – *Amsterdam, J. J. Hummel, No. 88.* [B 329
**US** CHua

— Six sonates pour deux violons et basso ... *ib., J. Mol & Co.* [B 330
**US** CA, Wc

— Quattro sonate notturne a due violini e basso, ò puittosto viola [op. 4, Nr. 1–4]. – *ib., Markordt.* [B 331
F Pn – **GB** Ckc (unvollständig) – **US** R

Four sonatas, for the harpsichord or piano forte, with accompaniments for a german flute & violoncello ... – *London, Preston.* – St. [B 332
**US** Wc (pf)

WERKE FÜR 2 INSTRUMENTE

Six sonatas [B, C, G, E, F, D] for the harpsichord or piano forte: with an accompagnement for a violin ... opera X. – *London, John Welcker.* – P. [B 333
✓ C Tu – **GB** Cu, Lbm (2 Ex.) – **US** AA (unvollständig), CA, CHH, NH, NYcu (unvollständig), U, WGw, Wc

— *ib., S. A. & P. Thompson.* [B 334
**GB** Ckc, Lbm

— *s. l., s. n.* [B 335
B BRc – F Pc – **US** B

— *Printed and sold at the music shops in England, Scotland and Ireland.* [B 336
CH Gpu – F Pn – **GB** Lbm

— Six sonates pour le clavecin ... œuvre X. – *Paris, Mme Berault; Metz, Kar.* [B 337
F Pmeyer – **US** Cn, NH

— *ib., Sieber.* – St. [B 338
**D-brd** Mbs (clav) – **D-ddr** WRtl – F Pc (2 Ex.; 2. Ex.: clav) – **US** BApi

— *Amsterdam, J. J. Hummel, No. 307.* [B 339
**D-brd** Mbs – **NL** At, Uim – **US** PHu

— Six trios pour le clavecin, ou le piano forté accompagnéz d'un violon ... œuvre 7ᵉ [op. 10]. – *Wien, Huberty, No. 4.* – St. [B 340
A Wgm (fehlt vl)

— Six sonattes per il clavicembalo ... con l'accompagnamento d'un violino. – *ib., Christoph Torricella, No. 4.* [B 341
H Bn – **NL** DHgm

— Sei sonate per il clavicembalo o piano forte con l'accompagnamento d'un violino. – *Wien, Artaria & Co, No. 181.* [B 342
A Wgm

Four sonatas and two duetts [C, A, D, B, G, C] for the piano forte or harpsichord with accompaniments ... opera XV. – *London, John Welcker.* – St. [B 343
**D-brd** Mbs (pf) – **D-ddr** LEm (kpl.: pf I, vlc/pf II, vl) – **GB** Ckc (2 Ex.), LEc, Lbm (3 unvollständige Ex.) – **US** BE, CA, CHH, NH, PO, Wc

— *ib.* [B 344
**GB** Ckc, Cu (unvollständig)

— *ib., J. Dale.* [B 345
F Pn (pf) – **GB** Lcm (unvollständig)

— Six sonates pour le clavecin ou piano forte ... œuvre XV. – *Berlin-Amsterdam, J. J. Hummel, No. 395.* [B 346
A Wgm (kpl.: clav, vl, clav II, vlc) – CH E – **D-brd** Mbs (clav II, vl) – **D-ddr** Dlb – **NL** Uim – **US** BE (clav), Bp (clav II)

— *Paris, Sieber.* [B 347
F Lm (vl), BO (pf, vlc/pf II), Pc (pf [3 Ex.]), Pn – **US** CHum (pf, vlc [unvollständig], pf II [unvollständig])

— Sonata [G; op. 15, Nr. 5] pour deux clavecins ou pianoforte. – *Amsterdam, J. Schmitt.*            [B 348
**NL** At

— Sonata [C; op. 15, Nr. 6] à quatre mains sur un clavecin. – *ib.*       [B 349
**D-brd** MÜu – **D-ddr** Dlb – **GB** Lbm – **US** AA

Six sonatas [D, G, C, A, D, F] for the harpsichord or piano forte with an accompaniment for a german flute or violin . . . opera XVI. – *London, John Welcker.* – P.       [B 350
**GB** Lbm – **US** CHua

— *ib., John Welcker, for the proprietor.*       [B 351
**CH** Gpu – **D-ddr** SWl – **GB** Cu (2 Ex.) – **US** R, Wc

— *ib., Joseph Dale.*       [B 352
**GB** Lbm – **US** Wc

— *s. l., s. n.*       [B 353
**B** Bc – **D-brd** Hmb – **GB** Lbm, Ob, R – **US** CA, Wc

— Six sonatas pour le clavecin ou pianoforte, avec accompagnement d'un violon ou flûte . . . œuvre XVI. – *Berlin-Amsterdam, J. J. Hummel.*       [B 354
**D-brd** Kl, Mbs (pf [mit vl]) – **D-ddr** Dlb (pf) – **F** Pn (pf) – **GB** T

— *Amsterdam, J. Schmitt.*       [B 355
**D-brd** Tu (pf) – **US** AA (pf)

— *ib., s. n.*       [B 356
**US** CHH, NH

— *Paris, Sieber.*       [B 357
**CH** E (kpl.: pf, vl/fl) – **F** Pc (pf [2 Ex.]), Pn (3 Ex.)

Quatre sonatas [C, D, Es, G] et deux duo [A, F] pour le clavecin ou piano-forte avec accompagnement de violin ou flutte . . . opera XVIII. – *Paris, de Roullède, de La Chevardière; Lyon, Castaud; Bruxelles, Godefroid; Bordeaux, Bouillon; Toulouse, Brunet.* – P.       [B 358
**B** Bc – **CH** Gpu – **F** Pc (4 Ex.), Pn – **GB** Lbm – **US** Wc

— Quatre sonates et deux duos. – *Paris, de La Chevardière.*       [B 359
**F** Pc

— Quatre sonates pour le clavecin . . . et deux duo . . . œuvre XX [op. 18]. – *Paris, Boüin, Mlle Castagnery; Versailles, Blaisot.*       [B 360
**F** Psg, Pc

— Quatre sonates et deux duos . . . œuvre XVI [op. 18]. – *ib., Bailleux.*       [B 361
**F** Pc (2 Ex.)

— Four sonatas and two duetts . . . opera 18. – *London, Welcker.*       [B 362
**D-brd** Mbs – **D-ddr** SWl – **F** Pn – **GB** BA, Cu (2 Ex.), Lbm – **US** AA (mit vl-St.), CHH, Cn, NH, R, Wc

— Six sonates pour le clavecin . . . quatre avec accompagnement d'un violon et deux à quatre mains . . . op. 18. – *Berlin-Amsterdam, J. J. Hummel, No. 501.*       [B 363
**A** Wgm (kpl.: pf, vl) – **D-brd** LB – **D-ddr** Dlb, WRtl – **NL** DHa – **P** Ln (pf) – **US** Wc

Six sonatas [C, G, D, A, Es, B] for the piano forte or harpsichord, with an accompaniment for a german flute or violin . . . op. 19. – *London, James Cooper, 1783.* – P.       [B 364
**GB** Ckc

— *ib., James Freeman.*       [B 365
**CH** Gpu – **GB** Cpl, Lbm – **US** Wc

Three sonatas [C, D, F] for the harpsichord or piano forte, with an accompanyment for a violin . . . op. XX [Nr. 1–3]. – *London, William Campbell.* – P.       [B 366
**D-ddr** HAu – **GB** Ge, Lbm – **US** AA, BE, CA, Wc

— *ib., J. Dale.*       [B 367
**GB** Lbm – **US** Wc

— *Sold at the music-shops in England, Scotland and Ireland.*       [B 368
**CH** Gpu – **D-brd** Mbs – **GB** Lbm

— *London, J. Bland.*       [B 369
**US** AA

a 2ᵈ. Three sonatas [G, A, B] for the harpsichord or piano forte, with an accompanyment for a violin ... op. XX [Nr. 4–6]. – *London, W. Campbell.*        [B 370
**D-ddr** HAu – **GB** Lbm – **US** BE, NH

— *ib., J. Bland.*        [B 371
**US** I, AA

— Trois sonates pour le clavecin ou piano forte avec l'accompagnemend de violon ... œuvre XXI [op. 20, Nr. 4–6]. – *Amsterdam, Joseph Schmitt.*        [B 372
**CH** SO (kpl.: clav, vl) – **D-brd** Tu

— Six sonatas ... opera 20 (in: Piano-Forte Magazine, vol. XIII, Nr. 2). – *London, Harrison & Co., No. 199–200.* [B 373
**D-brd** Mbs – **GB** Mp

Trois sonates [Es, B, D] pour le clavecin ou pianoforte avec accompagnement de violon ... œuvre XXI. – *Paris, Boüin, Mlle Castagnery.* – St.        [B 374
**F** Pc

Six sonates pour le clavecin ou le piano forte accompagnées d'un violon ou flûte traversière. – *s. l., s. n.*   St.        [B 375
**CS** Pk (pf [Impressum beschädigt])

Four sonatas originally composed as quartetts ... adapted for the harpsichord or piano forte, with a single accompaniment for a violin, by J. C. Luther. – *London, the proprietor.* – P.        [B 376
**A** Wn – **GB** BA, Cu, EL, Lam, Lbm, Lgc, Ob

Three favorite quartetts and one quintett ... adapted for the harpsichord or the pianoforte with a single accompaniment for a violin by John Christian Luther. – *[London], printed for Mʳ. Luther.* – St.        [B 377
**GB** Cu

Six duetts [D, G, Es, B, A, C] for two violins. – *London, Longman, Lukey & Co.* – St.        [B 378
**GB** Ckc, Lbm

— Six duos pour deux violons ... œuvre XIII. – *Paris, Huberty, No. 21.*        [B 379
**F** R (vl II) – **I** Vc-giustiniani – **US** Wc

A sonata for the guitar with an accompaniment for a violin. – *London, Longman, Lukey & Co.*        [B 380
**GB** Gm

Ouverture et airs de ballet détachés de la partition d'Amadis ... arrangés pour le clavecin ou piano forte et harpe par N. J. Hüllmandel. – *Paris, Sieber.*        [B 381
**D-ddr** WRtl

KLAVIERWERKE
(Sonaten und Variationen)

Six sonates [B, D, G, Es, E, c] pour le clavecin ou le piano forte ... œuvre V. – *s. l., s. n.*        [B 382
**GB** Ckc, Cu, Lbm (3 Ex.) – **F** Pc, Pn – **NL** AN – **US** CHH, NYcu, NYp, R, Wc

— *Amsterdam, J. J. Hummel, No. 95.*        [B 383
**B** Bc – **D-brd** Bim, Kll, Mbs – **D-ddr** Dlb – **GB** Lbm – **S** LI – **US** Wc

— *Paris, Le Duc ( Mlle Vendôme, Sʳ Moria ), No. 124.*        [B 384
**F** Pa (fehlen Titelblatt und S. 1/2), Pc – **US** CHum, NH, U

— *Paris, s. n., No. 124.*        [B 385
**F** Pc (4 Ex.) – **US** BApi, CA, Wc

— Six sonatas for the piano forte or harpsichord ... opera 5. – *London, R. Bremner.*        [B 386
**US** AA

— *ib., John Welcker.*        [B 387
**A** Wgm – **D-ddr** WRtl – **GB** Cfm, Lbm – **I** Bc – **US** BE, WGw

Six sonatas [G, c, Es, G, A, B] for the harpsichord or piano forte ... opera XVII. – *London, John Welcker.*        [B 388
**GB** Ckc, Lbm – **NL** DHgm

— Six sonates pour le clavecin ... œuvre XVII. – *Berlin-Amsterdam, J. J. Hummel, No. 407.*        [B 389
**B** Bc – **D-ddr** Dlb, WRtl – **GB** Lcm – **US** AA

— Six sonates ... op. XII [op. 17]. – *Paris, Sieber; Lyon, Casteau.*        [B 390
**D-ddr** WRtl – **F** Pc (3 Ex.) – **I** OS – **US** AA, Cn, CA, CHH

— Six sonates . . . œuvre VI [op. 17]. –
*[Wien], Huberty, No. 6.*          [B 391
**A** Wgm

— Sei sonate per il cembalo ò il forte
piano . . . con un violino ad libitum . . .
opera prima [op. 17]. – *Offenbach, Johann
André, No. 25.* – St.          [B 392
**CH** E (cemb) – **D-brd** BNms (cemb), Gs –
**D-ddr** Dlb – **DK** Kk – **US** Wc

Sechs leichte Sonaten [C, F, E, D, A, Es]
fürs Clavier oder Pianoforte. – *Leipzig,
Buchhandlung der Gelehrten, 1785.* [B 393
**CH** Gpu

Sonate à 4 mains pour le pianoforte [C]. –
*Leipzig, A. Kühnel, bureau de musique,
No. 789.*          [B 394
**D-brd** KNmi

Canzonette with variations [pf]. – *[Lon-
don], Welcker.*          [B 395
**GB** Lbm

— *[London], A. Hummell.*          [B 396
**GB** Ckc

God save the King, with variations [pf]. –
*Edinburgh. N. Stewart & Co.*          [B 397
**GB** Lbm

— *London, G. Shade.*          [B 398
**I** Nc

— *ib., J. Fentum.*          [B 399
**US** AA

— *s. l., s. n.*          [B 400
**US** Pu

Fuge für das Pianoforte oder die Orgel,
komponirt von Christian Bach über die
Buchstaben seines Namens .– *Leipzig,
C. F. Peters; A. Kühnel, No. 793.* [B 401
**A** Wgm, Wn – **CS** Bm – **D-brd** Bhm, LÜh, Mbs
– **D-ddr** Bds, BD, LEm

— Fûgue pour le forté-piano. – *Paris,
Sieber fils, No. 150.*          [B 402
**CH** Gpu

Six favourite opera ouvertures [Orione;
Zanaida; Artaserse; La Cascina; Astarto]
set for the harpsichord or organ. – *London, J. Walsh.*          [B 403
**SD** S. 174

**B** Bc – **CH** Gpu – **D-ddr** LEm – **GB** Ckc, Lbm,
Mp – **I** Mc

*[6 symphonies, op. 3; arr.]* Six overtures
. . . adapted for the harpsichord. – *London, Welcker.*          [B 404
**C** Tu – **CH** Gpu – **F** Pc – **GB** Lbm (2 Ex.) – **US**
CHH, IO, NH, R, Wc, WGw

— *ib., Preston.*          [B 405
**GB** Lbm

— *ib., R. Bremner, No. 52.*          [B 406
**D-brd** Hs – **D-ddr** Bds

— Six Ouvertures avec tous les solos,
reduites par l'auteur pour le clavecin ou
orgue . . . œuvre IIIᵉ. – *Paris, Huberty
(Gaudet), No. 71.*          [B 407
**A** Wn (Etikett: Leduc) – **F** Pc

— Six overtures [arr.] pour le clavecin. –
*Amsterdam, S. Markordt.*          [B 408
**GB** Ckc

A favorite overture [Es; op. 18, Nr. 1] composed for two orchestres . . . adapted for
two performers on one piano-forte or
harpsichord by C. F. Baumgarten. – *London, William Forster, No. 29.*          [B 409
**F** Pn – **GB** Ckc

The yellow hair'd laddie, a favorite
Scotish air with variations. – *London,
Preston & son.*          [B 410
**GB** Lbm

— *Dublin, Hime.*          [B 411
**GB** Cu – **US** Wc

MILITÄRMUSIK

Military pieces for two clarinetts two
horns and a bassoon. – *Dublin, B. Cooke.*
– St.          [B 412
**EIRE** Dn

SCHULWERKE

Four progressive lessons for the harpsichord or piano forte, and two duetts for
two performers on one harpsichord or
piano forte. – *London, Longman & Broderip.*          [B 413
**GB** Lbm – **US** AA, NH

Six progressive lessons for the harpsichord or piano forte in different keys. – *London, William Forster.*                    [B 414
F Pc – US BU

*Walter Piel*

## BACH Johann Christoph Friedrich

VOKALMUSIK

Die Amerikanerinn, ein lyrisches Gemähl-de von Herrn von Gerstenberg. – *Riga, Johann Friedrich Hartknoch, 1776.* – P.
[B 415
A Wgm – CH Bu, Zz – D-brd Bhm, DT, Gs, Kll, Mbs – D-ddr Dlb, LEm (2 Ex.) – DK Kk (2 Ex.) – F Pc, Sim – GB Lbm (2 Ex.) – US NYp, NH, Wc

Ino. Eine Cantate vom Herrn Professor Rammler, in Musik gesetz und im Clavier-auszuge herausgegeben. – *Dresden-Leipzig, Johann Gottlob Immanuel Breitkopf, 1786.* – KLA.               [B 416
A Wn – D-brd Bhm, HR, Mbs – GB Lbm – NL DHgm – US Wc

D. Balthasar Münters . . . zweite Samm-lung geistlicher Lieder, mit Melodien von Johann Christian Friedrich Bach. – *Leipzig, Johann Gottfried Dyck, 1774.* [B 417

CH Bu, SGv – D-brd BFb, Km, LÜh (2 Ex.), Mbs, MÜu – D-ddr HAu, LEm – DK Kmm, Kv – F Pc, Sn – US CA, Wc

INSTRUMENTALWERKE

Six quatuor's à deux violons, taille et violoncelle . . . opera I^ma. – *London, John Welcker.* – St.                    [B 418
GB Lbm – US NH, Wc

Sei quartetti [D, G, C, A, F, B] a flauto traverso, violino, viola e basso. – *Hamburg, Michael Christian Bock.* – St. [B 419
D-brd Bhm – S Skma

Sechs Sonaten [d, D, D, C, A, C] für das Clavier mit Begleitung einer Flöte oder Violine. – *Riga, Johann Friedrich Hart-knoch, 1777.* – St.                    [B 420
BR Rem – CH Zz – NL Uim (clav) – US R (clav), Wc

Sechs leichte Sonaten [C, F, E, D, A, Es] fürs Clavier oder Pianoforte, Ihro hoch-fürstl. Durchl. Juliane, regierenden Für-stin zu Schaumburg-Lippe . . . gewidmet. – *Leipzig, Verlag der Buchhandlung der Gelehrten, 1785.*                    [B 421
A Wn – D-brd Gs, HR, Mbs – D-ddr Bds, Dlb

Drey leichte Sonaten [D, A, E] fürs Kla-vier oder Piano Forte. – *Rinteln, Anton Heinrich Bösendahl, 1789.*             [B 422
D-ddr Bds – US Wc

## BACH Johann Ernst

Sammlung auserlesener Fabeln mit darzu verfertigten Melodeyen, I. Theil. – *Nürn-berg, Johann Ulrich Haffner, (1749), No. 42.*                    [B 423
D-brd Mbs – D-ddr LEm – GB Lbm

Drey Sonaten [D, F, G] für das Clavier und eine Violine . . . erster Theil. – *Eisenach, Michael Gottlieb Grießbachs Söhne, 1770.* – P.                    [B 424
CH E – D-brd F – D-ddr Dlb, EIb, HAu – US AA, NYp, Wc

—— . . . erster Theil, zweite Auflage. – *ib., 1775.*                    [B 425
D-ddr LEm – PL Tu – US AA

Drey Sonaten [g, A, C] für das Clavier und eine Violine . . . zweyter Theil. – *Eisenach, Michael Gottlieb Grießbachs Söhne, 1772.* – P.                    [B 426
CH E – D-brd F (unvollständig) – D-ddr Ju, LEm – GB Lbm – US NYp

## BACH Johann Ludwig

Messa a 8 voci reali e 4 ripiene coll' accom-pagnamento di due orchestre. – *Leipzig, Breitkopf & Härtel, No. 262.* –       [B 427
A KR, Wgm, Wn – D-brd Bhm, Mbs, Mcg, MÜs, MZsch – D-ddr LEm – DK Kk – S Skma – US Wc

## BACH Johann Michael

Six concerts [C, G, D, F, D, B] pour le clavecin avec l'accompagnement des deux violons, taille & violoncelle, deux corns de chasse ad libitum . . . œuvre première.

181

– *Amsterdam, Johann Julius Hummel, No.
84.* – St.                                          [B 428
**D-ddr** Dlb – **S** SK (vla)

XII Menuets a deux violons et basse,
deux clarinettes et deux cors de chasse. –
*Amsterdam, Johann Julius Hummel, No.
82.* – KLA.                                         [B 429
**D-brd** B

## BACH Johann Sebastian

*(Gruppierung der Werke entsprechend dem
Artikel Bach, Joh. Seb., in MGG I, Sp.
962ff. – Bei den nach 1800 erschienenen
Drucken sind die Fundortangaben unvollständig)*

ORATORISCHE WERKE

Messe [h-moll] ... nach dem Autographum gestochen, erste Lieferung. – *Zürich,
Hans Georg Nägeli; Bonn, Nikolaus Sim-
rock, No.6.* – P.                                   [B 430
**A** Wgm – **CH** BEk, Zz – **CS** Bu (fehlt Titelblatt)
– **D-ddr** SWl, RUl (fehlt Titelblatt) – **US** BER
(fehlt Titelblatt)

— Die hohe Messe in H-moll ... nach
dem Autographum gestochen, Partitur,
II. Lieferung. – *Bonn, Nikolaus Simrock;
Zürich, Hans Georg Nägeli, No.4377.* –
P.                                                  [B 431
**A** Wgm – **CH** BEk

— Die Hohe Messe in H-Moll für zwei
Sopran, Alto, Tenor und Bass, im Clavierauszuge. – *Bonn, Nikolaus Simrock; Zürich, Hans Georg Nägeli, No.3038.* – KLA.
                                                    [B 432
**I** Mc

Missa [A] à 4 voci, due flauti, due violini,
viola ed organo ... N°. I. – *Bonn-Köln,
Nikolaus Simrock, No.1580.* – P.  [B 433
**A** Wgm – **D-brd** B, Bhm, LÜh, Lr, Mbs – **D-ddr**
HAu, RUl – **S** Skma

Missa [G] quatuor vocibus cantanda co-
mitante orchestra ... N°. II. – *Bonn,
Nikolaus Simrock, No.2604.* – P.  [B 434
**A** LA, Wgm, Wn – **CH** E – **D-ddr** RUl – **US** U

Magnificat à cinque voci, due violini, due
oboe, tre trombi, tamburi, basson, viola
e basso continuo. – *Bonn, Nikolaus Sim-
rock, No.770.* – P.                                 [B 435
**A** Wgm, Wn – **CS** Bu – **D-brd** Bhm, Lr, Mbs,
Müs – **D-ddr** Bds, RUl, SWl – **S** Skma

Große Passionsmusik nach dem Evan-
gelium Matthaei ... vollständiger Klavierauszug von Adolph Bernhard Marx.
– *Berlin, Schlesinger, 1830, No.1571.* – P.
                                                    [B 436
**A** Wgm, Wn (2 Ex.), Wst – **CH** Zz

Grosse Passionsmusik nach dem Evan-
gelium Johannis. – *Berlin, T. Trautwein,
1831, No.370.* – P.                                 [B 437
**A** Wn

— Grosse Passions Musik nach dem Evan-
gelium Johannis ... vollständiger Klavierauszug von L. Hellwig. – *ib., No.365.*
– KLA.                                              [B 438
**A** Wgm

KANTATEN

Glückwünschende Kirchen Motetto, als
bey solennen Gottesdienste in der Haupt-
Kirchen B.M.V. der gesegnete Raths-
Wechsel am 4. Februarii dieses M.D.C.C.
VIII. Jahres geschach. – *Mühlhausen, To-
bias David Brückner, (1708).* – St. [B 439
**D-ddr** Bds – **GB** Lbm – **NL** DHgm

Kirchen-Musik von Joh. Sebast. Bach ...
herausgegeben von Adolph Bernhard
Marx. – *Bonn, Nikolaus Simrock, No.
2745, 2765, 2857.* – P.                             [B 440
**A** Wn – **D-ddr** Dlb (nur Nr. 3: Ihr werdet
weinen)

— Kirchen Musik von Joh. Seb. Bach,
herausgegeben von Adolph Bernhard
Marx, Clavierauszug, I<sup>ter</sup> Band (N° 1:
Litaney von Martin Luther [Nimm von
uns Herr du treuer Gott]; N° 2: Herr!
deine Augen sehen nach dem Glauben;
N° 3: Ihr werdet weinen und heulen [no-
tiert jeweils für 4 St. und pf]). – *ib., No.
2890, 2891, 2892.* – KLA.                           [B 441
**A** Wgm, Wst (nur N° 2) – **CS** Bu – **D-ddr** BD,
SWl

— ... die vier Singstimmen vom 1<sup>ten</sup>
Band. – *ib., No.2990.*                             [B 442
**D-ddr** SWl

Kirchen-Musik von Joh. Sebast. Bach . . . herausgegeben von Adolph Bernhard Marx. – *Bonn, Nikolaus Simrock, No. 2884, 2885, 2886.* – P.    [B 443
A Wn – **D-ddr** Bds

— Kirchenmusik von Joh. Seb. Bach, herausgegeben von Adolph Bernhard Marx, Clavierauszug, II^ter Band (N° 4; Du Hirte Israel! höre; N° 5; Herr! gehe nicht in's Gericht; N° 6: Gottes Zeit ist die allerbeste Zeit [notiert jeweils für 4 St. und pf]). – *ib., No. 2893, 2894, 2895.* – KLA.    [B 444
A Wgm, Wst – CS Bu – **D-ddr** BD, SWl (N° 5: 2 Ex.)

— . . . die vier Singstimmen vom 2^ten Band. – *ib., No. 2991.*    [B 445
**D-ddr** SWl

Eine feste Burg ist unser Gott. Cantate für 4 Singstimmen mit Begleitung des Orchesters . . . nach J. S. Bach's Original-Handschrift. – *Leipzig, Breitkopf & Härtel, No. 3513.* – P.    [B 446
A Wgm (2 Ex.), Wn – CS Pk – **D-brd** LÜh – **D-ddr** Bds, LEm, EIb, MLHb – S Skma

MOTETTEN, CHORÄLE, LIEDER

Joh. Seb. Bach's Motetten in Partitur Erstes Heft enthaltend drey achtstimmige Motetten: Singet dem Herrn ein neues Lied . . . Fürchte dich nicht, ich bin bey dir . . . Ich lasse dich nicht, du segnest mich . . . (zweites Heft enthaltend eine fünf- und zwei achtstimmige Motetten: Komm, Jesu, komm, mein Leib . . . Jesu! meine Freude, meines . . . Der Geist hilft unsrer Schwachheit). – *Leipzig, Breitkopf & Härtel.* – P.    [B 447
A KR, Wgm (3 Ex.), Wn (2 Ex.) – CH Bu, BEk, E (Heft 1), EN, Zz (Heft 1) – **D-brd** BEU, F, Gs, MZl, MZsch, Mbs, Tes – **D-ddr** Dlb, EIb, GÖs, LEm, WRgs, SWsk – I Rc (Heft 1) – F Pc – US CA, U

Johann Sebastian Bachs vierstimmige Choralgesänge, gesammlet von Carl Philipp Emanuel Bach, erster Theil (-zweyter Theil). – *Berlin-Leipzig, Friedrich Wilhelm Birnstiel, 1765 (-1769).* – KL. – P.    [B 448

A Wgm – **D-brd** B, BNms, HEms, LÜh (1. Teil), MZsch, OLl – **D-ddr** Bds, Dlb, EIb (1. Teil), LEm (1. Teil) – DK A (1. Teil), Kmk – GB Lbm (2 Ex.), Lcm – NL Uim (1. Teil) – US AA, BER, R, Wc

— Johann Sebastian Bachs vierstimmige Choralgesänge, erster (bis vierter Theil) [herausgegeben von Carl Philipp Emanuel Bach und Johann Philipp Kirnberger]. – *Leipzig, Johann Gottlob Immanuel Breitkopf, 1784 (1785, 1786, 1787).* – KL. – P.    [B 449
A Wgm, Wn – B Br – CH (2. und 3. Teil) – **D-brd** AAst (1. Teil), Bhm, BNu, F, Hs, HR (1., 2. und 3. Teil, davon 1. und 2. Teil unvollständig), HIb (1. Teil), Kl, LÜh (1. Teil), MZsch Mbs, Mh, Rp (2., 3. und 4. Teil), W – **D-ddr** Bds, Dlb, HAmi (1. Teil [2 ×], 2., 3. und 4. Teil), LEm – F Pc, Pn – GB En, Lbm (2 verschiedene Ausgaben) – NL DHgm – PL Tu (1. und 2. Teil) – US BER, NH, PHlc, PRu, Wc, Ws

— 371 vierstimmige Choralgesänge von Johann Sebastian Bach, dritte Auflage. – *ib., Breitkopf & Härtel, No. 5089.* [B 450
A Wn

Zwölf Choräle . . . umgearbeitet von Vogler, zergliedert von Carl Maria von Weber. – *Leipzig, A. Kühnel, No. 843.*    [B 451
CS Bu – **D-brd** LÜh

— *ib., C. F. Peters, No. 843.*    [B 452
A Wgm – CS Pu – **D-brd** Bhm – I Mc

Musicalisches Gesang-Buch, darinnen 954 [davon 67 Melodien von Joh. Seb. Bach] geistreiche, sowohl alte als neue Lieder und Arien, mit wohlgesetzten Melodien, in Discant und Basz, befindlich sind . . . herausgegeben von George Christian Schemelli. – *Leipzig, Bernhard Christoph Breitkopf, 1736.*    [B 453
NL At

KAMMERMUSIK

Clavier Sonaten [h, A, E, c, f, g] mit obligater Violine von Johann Sebastian Bach (in: Musikalische Kunstwerke im Strengen Style von J. S. Bach u. andern Meistern). – *Zürich, Hans Georg Nägeli, No. 6.* – St.    [B 454
A Wgm – **D-brd** Mmb

— *ib., s. No.* – St.                                       [B 455
**A** Wgm, Wn – **CH** BEk, E (fehlt vl), W – **D-brd**
Mmb (vl)

— *ib., s. No.* – P.                                        [B 456
**B** Br (2 Ex.) – **D-brd** AAst, Mbs – **D-ddr** Bds
(2 Ex.) – **I** Mc

— Six grandes sonates entremêlées de
fûgues pour le clavecin ou piano forté
avec violon concertant. – *Zürich, Hans
Georg Nägeli; Paris, Naderman.* – St.
                                                            [B 457
**CH** Zz (Etikett: Paris, Porro) – **F** Pn

Studio o sia tre [6] sonate per il violino
solo senza basso. – *Bonn, Nikolaus Sim-
rock, No. 169.*                                             [B 458
**D-brd** Bhm, DS, Mmb, MÜs – **D-ddr** HAu – **S**
Skma – **US** Wc

— . . . nuova editione. – *ib., No. 169.*
                                                            [B 459
**A** Wgm – **CS** Pk

— Tre sonate [g, a, C] per il violino solo
senza basso. – *ib., No. 169.*          [B 460
**A** Wgm, Wn – **I** Nc – **S** Skma

— Trois sonates pour le violon seul sans
basse . . . édition gravée sur le manuscrit
original de l'auteur. – *Paris, Decombe.*
                                                            [B 461
**GB** Lbm

Six solos ou études [G, d, C, Es, c, D] pour
le violoncelle . . . avec le doigter et les
coups archet indiqués par J. J. F. Dotz-
auer. – *Leipzig, Breitkopf & Härtel, No.
4346.*                                                      [B 462
**A** Wgm

— Six sonates ou etudes pour le violoncelle. – *Paris, Janet & Cotelle, No. 1497.*
                                                            [B 463
**S** Skma

ORGELWERKE

Sechs Choräle von verschiedener Art auf
einer Orgel mit 2. Clavieren und Pedal
vorzuspielen. – *Zella, Johann Georg Schübler; Leipzig, Autor; Berlin, Karl Philipp
Emanuel Bach; Halle, Wilhelm Friede-
mann Bach.*                                                 [B 464
**D-ddr** LEm – **GB** Lbm – **NL** DHgm

Einige canonische Veränderungen über
das Weynacht-Lied, Vom Himmel hoch
da komm ich her, vor die Orgel mit 2
Clavieren und dem Pedal. – *Nürnberg,
Balthasar Schmid, No. 28.*              [B 465
**D-brd** Bhm – **D-ddr** Bds (2 Ex.), LEb, LEm –
**DK** Kk – **F** Pc – **GB** Lbm – **NL** DHgm – **US**
BER, NH, R, Wc

**J. S. Bachs Choral-Vorspiele für die Orgel
mit einem und zwey Klavieren und Pedal.
Erstes (– viertes) Heft.** – *Leipzig, Breit-
kopf & Härtel.*                                             [B 466
**A** Wgm (1, 2, 3), Wn – **CH** E (1, 2, 3), SO – **CS**
Bm – **D-brd** Bmi, DS, Kl (1, 2), LÜh (2), Mbs
(4), OLl (1, 2) – **D-ddr** Bds, LEm – **F** Pc (1–3 [je
2 ×], 4 [3 ×]) – **S** Skma (1, 2) – **US** Wc

Sechs Praeludien und sechs Fugen für
Orgel oder Pianoforte mit Pedal. – *Wien,
Johann Riedl, No. 724.*                 [B 467
**CH** BEk – **CS** Bm – **D-ddr** HAu

— *Wien-Pesth, Kunst- und Industrie-
Comptoir, No. 724.*                     [B 468
**CS** Pk – **A** Wgm, Wn

— *Wien, S. A. Steiner & Co., No. 4085.*
                                                            [B 469
**A** Wst – **D-brd** AAst, HSw – **I** VIb

— . . . neue correcte Ausgabe. – *ib., Tobias
Haslinger, No. 4085.*                   [B 470
**A** Wgm – **CS** Pk

Fuge [g-moll] für die Orgel, N°. 2. – *Leipzig, Breitkopf & Härtel, No. 3664.*     [B 471
**CH** E – **D-ddr** LEm – **I** Mc

Passacaglia [c]. – *Frankfurt, Fr. Philipp
Dunst, No. 216.*                        [B 472
**CH** BEk

Practische Orgelschule enthaltend Sechs
Sonate für zwey Manuale und durchaus
obligates Pedal. – *Zürich, Hans Georg
Nägeli & Co., No. N. u. C. 2.*          [B 473
**A** Wgm – **CH** W, Zz – **CS** Bu – **D-brd** DS, Mbs

Johann Sebastian Bach's noch wenig be-
kannte Orgelcompositionen (auch für
Pianoforte von einem oder zwei Spielern
ausführbar) gesammelt und herausgegeben von Adolph Bernhard Marx, 1s(–3s)
Heft. – *Leipzig, Breitkopf & Härtel, No.
5469 (5470, 5471).*                     [B 474
**A** Wgm (1, 2) – **B** Br – **D-ddr** BD

Sämmtliche Orgel-Werke von Joh. Seb.
Bach. N° I(–II). – *Wien, Tobias Haslinger,*
*No. 5801 (5802).*           [B 475
A Wgm, Wn (I)

KLAVIERWERKE

Clavier Übung bestehend in Präludien,
Allemanden, Couranten, Sarabanden, Gi-
guen, Menuetten, und andern Galante-
rien; denen Liebhabern zur Gemüths Er-
gözung verfertiget . . . Partita I. – *[Leip-*
*zig ], Autor, 1726.*         [B 476
NL DHgm – US NH

— . . . Partita II. – *ib., 1727.*     [B 477
D-brd Mbs – D-ddr LEm – US PRu (unvollständig)

— . . . Partita III. – *ib., 1727.*    [B 478
GB Lbm

— . . . Partita V. – *ib., 1730.*     [B 479
A Wgm – US PRu (unvollständig)

— Klavier Übung . . . opus I [Partita
I–VI]. – *ib., 1731.*          [B 480
CH Bu (I, II) – D-brd Mbs – D-ddr Bds, Dlb,
LEm – DK Kk – F Pmeyer – GB Cu, Lbm
(2 Ex.) – I Bc, Vnm  NL DHgm – US BER,
NH, U (unvollständig), Wc

— Exercices pour le clavecin . . . œuvre I,
Partie 1 (in: Oeuvres complettes de Jean
Sebastien Bach, Cah. III). – *Wien, Hoff-*
*meister & Co.; Leipzig, Bureau de musi-*
*que, No. 66.*           [B 481
A KR, M, Wgm, Wn (2 Ex.) – B Br – CH EN –
CS K – D-brd AAst, B, Bhm, Bmi, DS, LÜh,
Mbs, WIl – D-ddr HAu, WRtl – H Bn – NL At
– US BER

— . . . Partie 2. – *ib., No. 67.*     [B 482
A M, Wgm (2 Ex.) – B Br – CH EN – CS K –
D-brd AAst, B (unvollständig), Bmi, LÜh, DS,
Mbs, WIl – D-ddr HAu, Ju, WRtl – H Bn –
NL At – US BER

— . . . Partie 3. – *Wien, Hoffmeister &*
*Co.; Leipzig, Bureau de musique, No. 68.*
           [B 483
A M, Wgm (2 Ex.), Wn (2 Ex.) – B Br – CH EN
– CS K – D-brd AAst, B, Bmi, DS, LÜh, Mbs,
WIl – D-ddr Ju, WRtl – H Bn – NL At – US
BER

— . . . [hs] Partie 4. – *ib., No. 71.* [B 484
A Wgm (2 Ex.), Wn (2 Ex.) – B Br – CH EN –
CS K – D-brd AAst, B, Bhm, Bmi, DS, LÜh.
Mbs. WIl – D-ddr WRtl – H Bn – NL At –
US BER

— . . . Partie 5. – *ib., No. 72.*     [B 485
A M, Wgm (2 Ex.), Wn (2 Ex.) – B Br – CH EN
– D-brd AAst, B (2 Ex.), Bhm, Bmi, DS, LÜh,
Mbs, WIl – D-ddr WRtl – H Bn – NL At

— . . . Partie 6. – *ib., No. 73.*    [B 486
A M, Wgm, Wn – B Br – CH EN – D-brd
AAst, Bhm, DS, LÜh, Mbs, WIl – D-ddr WRtl
H Bn – NL At

Zweyter Theil der Clavier Übung, bestehend in einem Concerto nach italiänischen Gusto, und einer Overture nach
Französischer Art, vor ein Clavicymbel
mit zweyen Manualen. Denen Liebhabern
zur Gemüths-Ergötzung verfertiget. –
*Leipzig, Christoph Weigel jun.*    [B 487
B Br. – D-brd B, Bhm – D-ddr LEm – DK Kk –
GB Lbm (3 verschiedene Ausgaben mit gleichem Impressum) – NL DHgm – US NH

Dritter Theil der Clavier Übung, beste-
hend in verschiedenen Vorspielen über die
Catechismus- und andere Gesaenge vor
die Orgel: Denen Liebhabern, und beson-
ders denen Kennern von dergleichen Ar-
beit, zur Gemüths Ergezung verfertiget. –
*Leipzig, Autor.*          [B 488
A Wn – CH Zjacobi – D-brd B, Mbs – D-ddr
LEm – F Pn – GB Lbm (2 Ex., das 2. Ex. def.)
– NL DHgm – US CA, NH, PRu, R, Wc

— Exercices pour le clavecin . . . œuvre
II. – *Wien, Hoffmeister & Co.; Leipzig,*
*Bureau de musique, No. 185.*    [B 489
A Wgm, Wn – D-brd LÜh, Mbs – D-ddr WRtl

— Exercices pour le clavecin . . . œuvre
III. – *Wien, Hoffmeister & Co.; Leipzig,*
*Bureau de musique, No. 307.*    [B 490
A Wgm (2 Ex.), Wn – B Br – CH E, Zjacobi –
D-brd B, DS, LÜh, Mbs – D-ddr HAu, WRtl –
H Bn

Clavier Übung, bestehend in einer Aria
mit verschiedenen Veraenderungen vors
Clavicimbal mit 2 Manualen. – *Nürnberg,*
*Balthasar Schmid, No. 16.*     [B 491
D-ddr Bds, Dlb, LEm (2 Ex.), WRgs – GB
Lbm (2 Ex.) – NL DHgm – US BER, NH, PRu,
R, Wc

— *Leipzig, C. F. Peters, No. 1621.* [B 492
**CH** EN (unvollständig) – **CS** Bu – **D-brd** B, DS,
Kl, WII – **DK** Kk

— Trente variations fuguées pour clavecin
ou piano-forte (in: Musikalische Kunstwerke im Strengen Style von Johann Sebastian Bach und andern Meistern). –
*Zürich, Hans Georg Nägeli.*      [B 493
**A** M, Wgm, Wmi, Wn – **CH** BEk, W, Zz –
**D-brd** B, W – **D-ddr** BD – **GB** Lbm

XV Inventions pour le clavecin. – *Wien,
Hoffmeister & Co.; Leipzig, Bureau de
musique, No. 51.*      [B 494
**A** KR (2 versch. Ausgaben, die 2. Ausgabe mit
N° 52), Wgm, Wn, Wst – **CH** Zjacobi – **CS** K
(Ausgabe mit N° 51 und 52), Pu – **D-brd** AAst,
B, Bhm, LÜh, Mbs (2 verschiedene Ausgaben),
WII – **D-ddr** EIb, WRtl – **NL** At, Uim – **PL**
Wu – **US** BER

— XV Simphonies pour le clavecin (in:
Oeuvres complettes de Jean Sebastien
Bach, Cah. II). – *Wien, Hoffmeister & Co.;
Leipzig, Bureau de musique, No. 56.* [B 495
**A** KR, M, Wgm (3 Ex., 2 verschiedene Aus-
gaben), Wn, Wst (unvollständig) – **CH** Zjacobi
– **CS** Pu, K – **D-brd** AAst, B, Bhm, LÜh (2 ver-
schiedene Ausgaben), Mbs (2 verschiedene Aus-
gaben) Sl – **D-ddr** EIb, LEm – **NL** Uim

Six preludes [C, c, d, D, E, e] à l'usage
des commençants pour le clavecin. – *Leip-
zig, C. F. Peters, Bureau de musique, No
89.*      [B 496
**CH** Gpu – **D-brd** AAst, B, LÜh, Mbs, WII –
**D-ddr** Ju (Impr.: Hoffmeister & Kühnel . . .),
LEm, WRtl (Impr.: Ambrosius Kühnel . . .) –
**H** Bn

Preludes et fugues pour le forte-piano
dans tous les tons, tant majeurs que mi-
neurs. – *Paris, aux adresses ordinaires;
Bonn, Nikolaus Simrock, No. 138.* [B 497
**D-ddr** Bds (Teil I [2 Ex.], Teil II) – **D** KKmk –
**NL** At (Teil II) – **S** Skma (Teil II) – **US** BER
(Teil II unvollständig)

[1801]

— 48. Préludes et fugues dans tous les
tons, tant majeurs, que mineurs, pour le
clavecin ou piano forté. – *Paris, aux
adresses ordinaires; Bonn, Nikolaus Simrock, No. 166.*      [B 498
**A** Wn (Teil I) – **CH** E – **D-ddr** Bds (Teil I), EIb
– **DK** Kmk – **NL** At (Teil I), DHgm (Teil II) –
**PL** Wu (Teil I, 3 Ex., 2 verschiedene Ausgaben) – **S** Skma (Teil I)

[1802]

— Das wohltemperierte Clavier oder Prä-
ludien und Fugen durch alle Töne . . . 1.,
2. Theil (in: Musikalische Kunstwerke, im
Strengen Style von J. S. Bach u. andern
Meistern). – *Zürich, Hans Georg Nägeli.*
      [B 499
**A** Wgm (3 Ex.), Wkann (1. Teil), Wn – **CH** Bu
(2. Teil), BEl (1. Teil), BEk (2. Teil), E, Zz – **B**
Br – **D-brd** Mbs – **D-ddr** Bds, Dlb – **DK** Kv –
**F** Pc (1. Teil, 3 Ex., davon 1 Ex. unvollständig)
– **I** Nc (1. Teil) – **US** PRu

— Vingt-quatre préludes et fugues dans
tous les tons et demi-tons du mode majeur, et mineur, pour le clavecin ou piano-
forte. – *Zürich, Hans Georg Nägeli (gravé
par Richome).*      [B 500
**CH** BEl

— Le clavecin bien tempéré ou Préludes
et fugues dans tous les tons et demitons
du mode majeur et mineur . . . I. (II.)
Parthie. – *Wien, Hoffmeister & Co.; Leip-
zig, Bureau de musique, No. 53 (91).*
      [B 501
**A** M (1. Teil, 2. Teil unvollständig), Wgm (1.
Teil), Wn, Wst (1. Teil) – **CH** BEk, SO – **CS** K
(1. Teil), Pu (1. Teil, unvollständig), Pk (1.
Teil) – **D-brd** DS, HSw (1. Teil, unvollständig),
LÜh (2. Teil), Mbs (unvollständig) – **D-ddr** Bds
(2. Teil), Dlb (1. Teil), RUh (1. Teil), WRtl (2.
Teil), WRiv (2. Teil) – **H** Bn – **I** Nc (2. Teil)

— . . . édition nouvelle et corrigée. – *Leipzig, C. F. Peters, Bureau de musique, No.
53 (91).*      [ B 502
**A** Wgm (2. Teil), Wn (1. Teil), Wst (1. Teil) –
**CS** Bu (2. Teil) – **D-brd** Bhm (1. Teil, 2. Teil
[2 ×]), Km (1. Teil), Mbs (1. Teil, unvollständig), WII – **D-ddr** Bds, Dlb, LEm

— Préludes et fugues pour le forte-piano.
– *London, John Preston.*      [B 503
**CS** Pu – **US** Bp

— S. Wesley and C. F. Horn's new and
correct edition of the Préludes and fugues
of John Sebastian Bach, book 1 (–4). – *London, Robert Birchall.*      [B 504
**US** Wc

— Préludes et fugues [= Teil 2] pour le
forte-piano . . . dediés au Conservatoire
de Musique par l'éditeur. – *London, Broderip & Wilkinson.*      [B 505
**GB** BA, Lbm

— Le Clavecin bien tempéré, ou 48 préludes et fugues dans tous les tons majeurs
et mineurs pour le clavecin ou pianoforte
. . . 1ère partie. – *Leipzig, Breitkopf &
Härtel, No. 2900.*                        [B 506
**A** Wgm, Wst – **D-ddr** Bds (Teil II)

Grandes suites dites suite angloises pour
le clavecin, N° 2 (4, 5, 6). – *Berlin, T.
Trautwein, No. 246 (247, 350, 353).* [B 507
**A** Wgm, Wst (6) – **CS** Pu (3, ohne Angabe einer
Platten-Nummer).

— Grandes suites dites suites angloises
pour le clavecin . . . Nr. I [g] (Nr. II [d]).
– *Leipzig, Hoffmeister & Kühnel, C. F.
Peters, Bureau de musique, No. 412 (1009).*
                                          [B 508
**A** Wgm, Wst – **D-brd** Bhm, Bmi, BEU (I), Gs,
LÜh, MÜms (II), WIl – **D-ddr** EIb (I), WRtl,
(I) – **H** Bn

VI Suites pour le clavecin . . . N° I [d]. –
*Leipzig, Bureau de musique (Hoffmeister
& Kühnel), No. 138.*                      [B 509
**A** Wn – **CS** Bu – **D-brd** AAst, B, Bmi, Bhm,
DS, LÜh (2 Ex.) – **D-ddr** EIb, WRtl – **H** Bn

— . . . N° 2 [c]. – *ib., No. 161.*        [B 510
**A** Wn, Wweinmann – **CS** Bu – **D-brd** AAst, B,
Bmi, Bhm, DS, LÜh (2 Ex.), Mbs – **D-ddr** EIb,
WRtl – **H** Bn

— . . . N° 3 [h]. – *ib., No. 186.*        [B 511
**A** Wn – **CS** Bu – **D-brd** AAst, B, Bmi, Bhm,
DS, LÜh (2 Ex.), Mbs – **D-ddr** EIb, WRtl –
**H** Bn

— . . . N° 4 [Es]. – *ib., No. 227.*       [B 512
**A** Wn – **D-brd** AAst, B, Bmi, Bhm, DS, LÜh
(2 Ex.), Mbs – **D-ddr** EIb, WRtl – **H** Bn

— . . . N° 5 [G]. – *ib., No. 246.*        [B 513
**A** Wn – **D-brd** AAst, B, Bmi, Bhm (2 Ex.),
DS, LÜh (2 Ex.), Mbs – **D-ddr** EIb, WRtl –
**H** Bn – **I** Rvat

— . . . N° 6 [E]. – *ib., No. 247.*        [B 514
**A** Wgm, Wn – **D-brd** AAst, B, Bhm, Bmi, DS,
LÜh – **D-ddr** EIb, WRtl – **H** Bn

Fantaisie chromatique (in: Oeuvres com-
plettes de Jean Sebastien Bach, Cah.
VIII). – *Wien, Hoffmeister & Co.; Leip-
zig, Bureau de musique, No. 74.*          [B 515
**A** M, Wgm – **D-brd** AAst, Bhm, DS, LÜh,
Mbs (2 Ex.) – **D-ddr** BD, EIb, LEsm, RUl,
WRtl

— Chromatische Fantasie für das Piano-
forte . . . neue Ausgabe mit einer Bezeichnung ihres wahren Vortrags, wie derselbe
von J. S. Bach auf W. Friedemann Bach,
von diesem auf Forkel und von Forkel auf
seine Schüler gekommen. – *Leipzig, C. F.
Peters. No. 1512.*                         [B 516
**A** Wn, Wst – **CH** Bu – **D-brd** Bmi, Bhm, WIl –
**D-ddr** LEm (2 Ex.)

Toccata per clavicembalo . . . N° 1. –
*Wien, Hoffmeister & Co.; Leipzig, Bureau
de musique, No. 52.*                       [B 517
**A** M, Wgm, Wn, Wst – **CH** Zjacobi – **CS** K, Pk,
Pu – **D-brd** AAst, Bmi, LÜh, Mbs (3 Ex.) –
**D-ddr** EIb, LEm, LEb, WRtl – **NL** At, Uim –
**US** BER

Fantaisie [c] pour le Clavecin N° I. [Echt-
heit bestritten]. – *Leipzig, Hoffmeister &
Kühnel, N°. 137.*                          [B 518
**A** Wgm – **D-brd** AAst, Bhm (2 Ex.), Bmi, DS,
LÜh, Mbs, WIl – **D-ddr** BD, LEm, WRtl – **H**
Bn

Praeludium und Fuge [B] über den Na-
men Bach für das Pianoforte oder die
Orgel [Echtheit bestritten]. – *Leipzig,
Breitkopf & Härtel, No. 3539.*             [B 519
**A** Wgm, Wst – **D-brd** Bmi – **D-ddr** BD – **DK**
Kk – **I** Mc

MUSIKALISCHES OPFER

Musicalisches Opfer Sr. Königlichen Majestät in Preußen &. allerunterthänigst gewidmet. – *s. l., s. n. (J. G. Schübler),
(1747).*                                   [B 520
**D-brd** FUl, Mbs (Sonata . . . [in Stimmen]) –
**D-ddr** Bds (mit Sonata . . . [in Stimmen]), LEm
– **GB** Lbm – **NL** DHgm – **US** R, Wc

— Musikalisches Opfer . . . neue Ausgabe
mit einer Vorrede über die Entstehung
dieses Werks. – *Leipzig, Breitkopf & Härtel, No. 5153.*                            [B 521
**A** Wgm – **D-ddr** LEm – **US** PO

DIE KUNST DER FUGE

Die Kunst der Fuge durch Herrn Johann
Sebastian Bach, ehemaligen Capellmeister
und Musikdirector zu Leipzig [herausge-
geben von Marpurg]. – *s. l., s. n., (1752).* –
**P.**                                      [B 522

**D-brd** B (2 Ex., Originalausgabe und Titelauflage), MZsch – **D-ddr** Dlb, Elb, LEm (2 Ex. der 2. Ausgabe), WRtl (unvollständig) – **DK** Kk – **GB** Lbm (2 Ex. eines Nachdruckes der 1. Ausgabe, Titel und Vorwort: Leipzig, Breitkopf & Härtel) – **NL** DHgm (2 Ex., 1. und 2. Auflage) – **US** BER, R, Wc

— Die Kunst der Fuge . . . (in: Musikalische Kunstwerke im Strengen Style von J.S. Bach und andern Meistern). – *Zürich, Hans Georg Nägeli.* – P.    [B 523
**A** KR, Wgm (3 Ex.), Wn – **B** Br – **C** W – **CH** E, BEk, Bu, BEl, Zz – **D-brd** KIl, Mbs, Sh – **D-ddr** BD – **DK** Kv, Kmk – **F** Pn (2 Ex., 1 Ex. mit französischem Titel) – **I** Nc

— L'art de la fugue à quatre parties. – *Paris, Vogt.* – P.      [B 524
**A** Wn – **D-brd** Mbs – **H** Bn (Etikett: Zürich, Nägeli & Co., No. 1167) – **P** Ln (mit Stimmen) – **US** BER

## BACH Wilhelm Friedemann

Sonate [Es] pour le clavecin. – *Halle, Autor; Leipzig, Johann Sebastian Bach; Berlin, Karl Philipp Emanuel Bach, 1739.*      [B 525
**A** Wn – **D-ddr** LEm – **NL** DHgm – **US** CA (Titelblatt handschriftlich)

Sei sonate [N. 1: D] per il cembalo. – *Dresden, Autor; Leipzig, Johann Sebastian Bach; Berlin, Karl Philipp Emanuel Bach, (1745).*      [B 526
**D-ddr** BIT – **GB** Lbm – **US** Wc

Zwölf Polonoisen für das Pianoforte . . . mit einer Beschreibung und Bezeichnung des wahren Vortrags, wie derselbe von Friedemann Bach auf Forkel und von Forkel auf seine Schüler übertragen worden. – *Leipzig, Bureau de musique, C. F. Peters, No. 1505, (1819).*      [B 527
**A** Wgm (2 Ex.) – **B** Br – **CH** E (2 Ex.) – **D-brd** Bim, Sl – **D-ddr** Bds

## BACH Wilhelm Friedrich Ernst

Westphalens Freude, ihren vielgeliebten König Friedrich Wilhelm bey sich zu sehen, eine Cantate in Musik gesetzt und in Minden vor Sr. Majestät dem Könige aufgeführt, auch in einem Clavierauszug

gebracht. – *Rinteln, Anton Heinrich Bösendahl, 1791.* – KLA.      [B 528
**D-brd** Kl – **GB** Lbm

Auswahl deutscher und französischer Lieder und Arietten mit Begleitung des Pianoforte. – *Berlin, Autor (Hummel).*      [B 529
**D-ddr** Bds

Berlinade oder Lindenlied von L. Monti. – *Berlin, Rudolph Werckmeister, No. 128.*      [B 530
**A** Wgm

Rheinweinlied von C. Müchler. – *Berlin, Rudolph Werckmeister, No. 131.*      [B 531
**A** Wgm

Six sonatas for the harpsichord or piano forte, with an accompaniment for a violin and violoncello. – *London, John Preston.* – St.      [B 532
**GB** Ckc, Gu (unvollständig), Lbm, Ob – **US** BE (P. und vlc)

Six sonates pour le clavecin ou piano forte, accompagnées d'un violon, op. 1. – *Berlin, Johann Julius Hummel, No. 479.* – St.      [B 533
**D-brd** MÜu

Trois sonates [C, B, Es] pour le clavecin ou piano forte accompagnées d'un violon . . . œuv.: II. – *Berlin-Amsterdam, Johann Julius Hummel, No. 655.* – St.      [B 534
**D-brd** F – **SF** A

Five sonatas [D, F, B, c, Es] and one duett [G]. – *London, William Napier.*      [B 535
**GB** Lbm

XII Grandes variations sur un air allemand populaire (Gestern Abend war Vetter Michel da) pour le piano-forte. – *Berlin, Adolf Moritz Schlesinger, No. 1174.*      [B 536
**D-ddr** LEm

## BACHINI Gislamerio

Il primo libro delle messe a tre, quattro concertate, et a nove il primo choro concertato . . . la messa a tre si può cantare senza organo com più piace, con il basso

per sonar nell' organo. – *Venezia, Alessandro Vincenti, 1627.* – St.     [B 537
**I** Bc (S I, S II, A, 5; S, A, T, B; org)

## BACHMANN Michael

(Perge bonis avibus [a 4 v, in:]) Carmina gratulatoria in honorem ... Balthasaris Borschij Bruckebellani. – *Straßburg, Nikolaus Wyriot (1581).*     [B 538
**GB** Lbm

## BACHMANN Sixtus

Sonate [g] pour le piano forte ... œuvre I, livre 1. – *München, Macarius Falter.*
                                    [B 539
**D-brd** Mbs – **US** Wc

Sonata [C] per il fortepiano, ô cembalo. – *Wien, Franz Anton Hoffmeister, No. 96.*
                                    [B 540
**A** Wgm – **CH** E – **D-brd** KNh – **D-ddr** Dlb – **US** Wc

— Fugha per clavicembalo o piano-forte. – *ib., Artaria & Co., No. 571.*    [B 541
**B** Br

Sonata [D] per il fortepiano, ô cembalo. – *Wien, Franz Anton Hoffmeister, No. 120.*
                                    [B 542
**A** Wn – **CH** BEl, Zz – **D-brd** Mbs – **F** Pn – **GB** Lbm – **I** Mc, Nc – **US** Wc

## BACHOFEN Johann Caspar

Musicalisches Hallelujah, oder Schöne und Geistreiche Gesänge, mit neuen und anmuthigen Melodeyen begleitet. – *Zürich, Johann Heinrich Bürckli, 1727.* – P.
                                    [B 543
**CH** BEl – **D-ddr** GRu

— ... zweyte und vermehrte Auflage. – *ib., 1733.*           [B 544
**CH** SH, Zz – **US** BETm

— ... dritte und privilegierte Auflage ([mit Zwischentitel:] Vermehrter Zusatz von Morgen-Abend-Fäst-Zeit- und geistlichen Gesängen). – *ib., 1739.*   [B 545
**CH** Bu (nur der Zusatz), BEl (nur der Zusatz), BEsu, Zz – **D-brd** Hs, Mcg – **D-ddr** Bds

— ... vierte und privilegierte Auflag. – *ib., 1743.*           [B 546
**CH** A, Bu, BEs, Zz – **D-brd** Sl

— ... 5. und privilegirte Auflag. – *ib., Bürcklische Druckerei, 1750.*   [B 547
**A** Wn – **CH** Bu, BEsu, Gpu, Zz – **D-brd** Mbs, WO – **D-ddr** GRu – **US** PRu

— ... sechste und privilegirte Auflag. – *ib., 1754.*           [B 548
**CH** Zz – **D-brd** DM, SPlb

— ... sibende und privilegirte Auflag.– *ib., 1759.*           [B 549
**CH** BEk, BEl, SGv, Zz – **D-brd** EM – **F** Pc – **GB** Lbm – **US** Wc

— ... achte und privilegirte Auflag. – *ib., 1767.*           [B 550
**CH** BEsu, E, SGv, Zz – **D-brd** Mbs, WL – **NL** DHk – **US** Hm, Cn

— ... neunte und privilegirte Auflag. – *ib., 1776.*           [B 551
**CH** Bu, BEl, C, SGv, Zz – **US** GB

— ... zehnte und privilegirte Auflage. – *ib., 1786.*           [B 552
**CH** A (unvollständig), Bu, BEl, BEsu, SGv, SH, Zz – **D-brd** MMs – **D-ddr** Bds – **US** R

— *ib., David Bürkli, 1803.*       [B 553
**CH** Bu, BEsu, Gpu, SGv, Zz

Die Psalmen Davids, samt etlichen alten Psalmen, Fast- und Kirchen-Gesängen, mit dem General-Bass versehen: nebst einer Fundamentalischen Handleitung zu dem General-Bass, und grundlichen Underweisung eine Spineten oder Instrument zustimmen. – *Zürich, Johann Heinrich Bürckli, 1734.*       [B 554
**CH** Zz – **D-brd** As

— Die CL. Psalmen Davids ... neue, verbesserte Auflage. – *ib., Bürgklische Druckerei, 1759.*       [B 555
**D-brd** B – **D-ddr** LEm

— *ib., 1782.*       [B 556
**CH** Zz

Musicalisch-monatliche Aussgaaben, bestehende in teutschen, geistlichen Arien; concerts-weis vorgestellet: theils zu zweyen, theils zu dreyen Stimmen, samt einem

General-Bass und Violoncello . . . zweyte
Auflag. – *Zürich, Johann Heinrich Bürckli,*
*1737.* – St.        [B 557
**CH** Zz

— . . . dritte Auflag. – *ib., 1740.* [B 558
**GB** Lbm (org)

— . . . vierte Auflag. – *ib., Bürgklische*
*Druckerei, 1755.*       [B 559
**CH** Zz – **D-brd** Mbs – **GB** Lbm

Hrn. B. H. Brockes . . . Irdisches Ver-
gnügen in Gott, bestehend in physicalisch-
und moralischen Gedichten, mit musicali-
schen Compositionen begleitet. – *Zürich,*
*Johann Heinrich Bürckli, 1740.*    [B 560
**A** Wn – **CH** Bu, BEk, BEl, BEsu, C, Fk, SGv,
Zz – **D-brd** As, Hs, Mbs – **D-ddr** Dlb, Ju – **GB**
Ge, Lbm – **NL** DHk – **US** BLu, Wc

Musicalisch-Wöchentliche Aussgaaben [f,
2 v und bc]. – *Zürich, Bürcklische Drucke-*
*rei, 1748 (1749, 1750).*      [B 561
**CH** Bu (Teil II und III) – **GB** Ge (N° I–XXVII,
XXX–LXXII) – **US** NYp

Musicalische Ergezungen, bestehende in
angenehmen Arien; concerts-weis vorge-
stellt, meistens zu zwei Stimmen, ohne
und mit Violinen ad libitum, samt einem
General-Bass. – *Zürich, Bürgklische Druk-*
*kerei, 1755.* – St.       [B 562
**CH** W (S II, vl I, org), Zz (kpl.: S I, S II,
vl I, vl II, org) – **D-brd** Mbs – **GB** Cpl (unvollständig), Lbm (fehlt **S I**)

Der für die Sünden der Welt gemarterte
und sterbende Jesus, aus den vier Evangelisten, in gebundener Rede vorgestellet
von Hrn. B. H. Brockes . . . nebst einem
Anhang etlicher kleinen Soli. – *Zürich,*
*Bürcklische Druckerei, 1759.* – P. [B 563
**CH** Gpu, W – **F** Pc

## BACILIERI Giovanni

Lamentationes, Benedictus et Evangelia,
quae publicè in ecclesijs diebus Dominicis
Palmarum, & Feriae sextae leguntur, ad
novum musicae concentum quinque voc.
redacta . . . opus primum. – *Venezia, An-*
*gelo Gardano & fratelli, 1607.* – St. [B 564
**I** Bc (A, T, B), FEc (5)

Vesperae octonis vocibus, unà cum parte
organica concinendae . . . opus secundum.
– *Venezia, Angelo Gardano, 1610.* – St.
           [B 565
**D-brd** BAs (A) – **D-ddr** Bds (S, A, T) – **I** Bc
(I: S, A, T, B; II: S, A, T, B; org)

Totum defunctorum officium ex Pauli V.
Pon. Max. rituali recentiori modulatione
quinque vocum musicè redditum . . . opus
tertium. – *Venezia, sub signo Gardani, ap-*
*presso Bartolomeo Magni, 1619.* – St.
           [B 566
**I** Bc, FEc (B)

## BACILLY Benigne de

GEISTLICHE LIEDSAMMLUNGEN

*1672.* Les airs spirituels . . . sur les stances
chrestiennes de Monsieur l'Abbé Testu . . .
avec la basse continue, & les seconds couplets en diminution. – *Paris, Guillaume*
*de Luyne, 1672.*       [B 567
**GB** Lbm (mit einem zweiten Titelblatt und
handschriftlichen Eintragungen)

*1677.* Les airs spirituels . . . avec la basse
continue, les chifres pour l'accompagnement, & les seconds couplets en diminution, seconde partie. – *Paris, Guillaume*
*de Luyne, 1677.*       [B 568
**GB** Lbm (mit handschriftlichen Eintragungen

*1688.* Les airs spirituels . . . dans un plus
grand nombre et une plus grande perfec-
tion que dans les précédentes éditions,
première(-seconde) partie. – *Paris, Guil-*
*laume de Luyne, 1688.*     [B 569
**F** Pa (I), Pc (II) – **US** Wc

*1692.* Premier(-second) livre d'airs spiri-
tuels . . . à deux parties, seconde édition.
– *Paris, Christophe Ballard, 1692.* [B 570
**F** Pn – **US** AA

*1693.* Premier(-second) livre d'airs spirituels . . . nouvelle édition. – *Paris, Chri-*
*stophe Ballard, 1693 (1703).*    [B 571
**F** Pc – **US** Wc

## WELTLICHE LIEDSAMMLUNGEN

*[1661]*. Recueil des plus beaux vers mis en chant. 3me partie. – *Paris, Robert Ballard*. [B 572
US Cu

*Bibl. du l'arsenal, PARis. 8° B.L .11362 1-2 11363 1-2-3*

*1661*. Nouveau livre d'airs. – *Paris, Ch. de Sercy, 1661*. [B 573
F Pthibault

*1663*. XXII Livre de chansons pour danser et pour boire. – *Paris, Robert Ballard, 1663*. [B 574
B Br – F Pn (2 Ex.), Pthibault – GB Lbm – US Wc

*1664a*. Second livre de chansons pour danser et pour boire. – *Paris, Robert Ballard, 1664*. [B 575
B Br – GB Lbm – F Pc, Pn – US Wc

*1664b*. Second livre d'airs . . . dédié a son Altesse Mademoiselle de Nemours.–*Paris, rue des petits champs, proche de la croix au bain royal (gravé par Richer), 1664*.[B 576
F Pc

*1665*. III. Livre de chansons pour danser et pour boire. – *Paris, Robert Ballard, 1665*. [B 577
B Br – F Pn, Psg – GB Lbm – US Wc

*1666*. IIII. Livre de chansons pour danser et pour boire. – *Paris, Robert Ballard, 1666*. [B 578
B Br

*1667a*. V. Livre de chansons pour danser et pour boire. – *Paris, Robert Ballard, 1667*. [B 579
B Br

*1667b*. Capilotade bachique à deux parties contenant 4 alphabets de fragmens choisis des meilleures chansons à boire. – *Paris, Robert Ballard, 1667*. [B 580
F Pn, Psg (unvollständig, fehlt u. a. das Titelblatt)

*1668*. Les trois livres d'airs regravez de nouveau en deux volumes, augmentez de plusieurs airs nouveaux, de chiffres pour le théorbe et d'ornemens pour la méthode de chanter, première partie. – *Paris, rue des petits-champs, vis à vis la croix chez un chandelier, 1668*. [B 581
F Pc, Pthibault

*1671*. Meslanges d'airs à deux parties, d'airs à boire & autres chansons. – *Paris, Robert Ballard, 1671*. [B 582
F Pn, Pthibault – US Wc

*1674*. II. Livre des meslanges, de chansons, airs sérieux et à boire, à 2. & 3. parties. – *Paris, Christophe Ballard, 1674*. [B 583
US Wc

*1677*. Second livre d'airs bachiques . . . contenant plusieurs récits de basses et autres airs à deux et à trois parties avec une seconde édition du premier recueil corrigée et augmentée de plusieurs changements mesme de quelques contreparties. – *Paris, Guillaume de Luyne, 1677*. [B 584
F Pn

## BACKOFEN Johann Georg Heinrich

### INSTRUMENTALWERKE

Concertante [A] pour deux clarinettes avec accompagnement de 2 violons, 2 altos, 2 hautbois, 2 bassons, 2 cors et basse . . . œuv. 10. – *Leipzig, Breitkopf & Härtel, No. 157*. – St. [B 585
A Wgm (13 St.), Wn (12 St.) – CH E (12 St.)

Concerto [Es] pour la clarinette avec accompagnement de grand orchestre (œuvre 16). – *Leipzig, Breitkopf & Härtel, No. 618*. – St. [B 586
A Wgm (17 St.) – D-brd Rtt (17 St.)

Concerto [Es] pour la clarinette principale avec accompagnement de grand orchestre . . . œuv. 24. – *Leipzig, Breitkopf & Härtel, No. 3587*. – St. [B 587
A Wgm (15 St.) – S J (16 St.)

Concerto [B] pour la Clarinette. – *Bonn, Nikolaus Simrock, No. 676*. – St. [B 588
CS Pk (17 St.) – D-ddr Dlb (17 St.)

Concerto [F] pour cor principal en fa, avec accompagnement de deux violons, viola et violoncelle obligés, flûte, 2 hautbois, 2 cors, 2 bassons, 2 trompettes, basse & timballes ad libitum. – *Leipzig, Breitkopf & Härtel*. – St. [B 589
D-brd DS

191

Quintetto [F] pour cor de bassette, 2 violons, alto et violoncelle . . . œuvre 9. – *Leipzig, Breitkopf & Härtel, No. 134.* – St. [B 590
CH EN, Zz – S KA (kpl., vlc handschriftlich)

Quintetto [B] pour clarinette, violon, deux altos et violoncelle . . . œuv. 15. – *Leipzig, Breitkopf & Härtel, No. 238.* – St. [B 591
**D-ddr** Bds

Concertante [F] pour harpe et cor de bassette avec l'accompagnement d'un violoncelle . . . œuvre 7. – *Leipzig, Breitkopf & Härtel, No. 123.* – St. [B 592
GB Lbm

Sonate facile [F] pour harpe ou pianoforte avec accompagnement de violon ou flute. – *Mainz, Bernhard Schott's Söhne, No. 1858.* – St. [B 593
I Vc

Trois duos [C, G, B] pour deux clarinettes. – *Wien, Chemische Druckerei, No. 886.* – St. [B 594
A M

Grand duo [G] pour deux flûtes . . . œuvre 37. – *Mainz, Bernhard Schott, No. 766.* – St. [B 595
**D-brd** F, Sl – S Skma

Grand duo [g] pour deux flutes . . . œuvre 38. – *Mainz, Bernhard Schott, No. 767.* – St. [B 596
**D-brd** F, B – S Skma

Sonate [F] pour la harpe à crochets. – *Leipzig, Breitkopf & Härtel, No. 28.* – St. [B 597
**D-brd** Rp – S Skma

Recueil pour la harpe à crochets . . . cahier 1 (2). – *Leipzig, Breitkopf & Härtel, No. 37 (73).* [B 598
CH Zz (2) – **D-brd** AAm (2), Mbs (2) – **D-ddr** HAu (1)

Treize variations [C] pour la harpe à crochets sur l'air: „Ey du mein lieber Augustin" . . . œv. 4. – *Hamburg, Johann August Böhme.* [B 599
S Skma – US NYp

– *Mainz, Bernhard Schott, No. 78 [Titelblatt], 378 [innen].* [B 600
**D-brd** MZsch

Douze waltzes pour piano forte . . . liv. 1. – *Augsburg, Gombart & Co., No. 319.* [B 601
**D-ddr** LEmi

SCHULEN

Anleitung zum Harfenspiel, mit eingestreueten Bemerkungen über den Bau der Harfe. – *Leipzig, Breitkopf & Härtel.* [B 602
A Wn – H Bn – S Skma

– . . . neue Ausgabe. – *ib.* [B 603
CH E

– . . . dritte, umgearbeitete und vermehrte Ausgabe. – *ib., No. 3486.* [B 604
A Wgm – CH Bu

Anweisung zur Klarinette nebst einer kurzen Abhandlung über das Basset-Horn. – *Leipzig, Breitkopf & Härtel.* [B 605
A Wgm (2 Ex.) – S Skma

Suite de l'étude pour la harpe . . . 10 Vorspiele oder Uebungen für die Pedal-Harfe und 10 Vorspiele oder Uebungen nebst Variationen für die Haken-Harfe als Anhang zur Harfenschule. – *Leipzig, Breitkopf & Härtel, No. 4622.* [B 606
A Wgm

Neue theoretisch-praktische Klarinett Schule nebst einer kurzen Abhandlung über das Basset-Horn. – *Wien, Johann Cappi, No. 1544.* [B 607
A Wgm, Wn

Scala für das Basset Horn. – *Wien, Chemische Druckerei, No. 884.* [B 608
A Wgm

**BACQUOY-GUEDON Alexis**

Méthode pour exercer l'oreille à la mesure dans l'art de la danse, [2. Teil:] Airs de différens mouvemens, pour exercer l'oreille à la mesure, dans le menuet & dans la contradanse. – *Amsterdam, s. n.* [B 609
GB Lbm

Recueil de menuets avec la basse chiffrée. – *Paris, auteur, Mlle Castagnery, Bignon.* – P.                                            [B 610
**F Pc**

Recueil de menuets nouveaux avec la basse chiffrée. – *Paris, auteur, Mondhar, Mlle Castagnery, aux adresses ordinaires (gravé par Mme Croisey).* – P.        [B 611
**F Pa**

Recueil de Menuets nouveaux et de Contredanses françaises et allemandes avec la basse chiffrée. – *Paris, auteur (gravé par Mme Croisey).* – P.               [B 612
**I MOe**

Recueil de contre-danses françaises et allemandes avec la basse chiffrée. – *Paris, auteur, Mondhar, Mlle Castagnery, aux adresses ordinaires (gravé par Mme Croisey).* P.            [B 613
**F Pa**

L'Adonis, contredanse françoise. – *Paris, auteur (gravée par Coulubrier).*        [B 614
**US Wc**

L'aimable jeunesse, contredanse françoise. – *Paris, auteur (gravée par Coulubrier).*                          [B 615
**US Wc**

La cour de Paphos, contredanse françoise. – *Paris, auteur (gravée par Coulubrier).*                          [B 616
**US Wc**

La fidélité, contredanse françoise. – *Paris, auteur (gravée par Mme Croisey).* [B 617
**GB Lbm**

La Marseilloise, contredanse nouvelle. – *Paris, Mlle Castagnery.*        [B 618
**F Po** (2 Ex.)

Les plaisirs de Flore, contredanse allemande. – *Paris, auteur (gravé par Coulubrier).*                          [B 619
**US Wc**

Les plaisirs grecs, contredanse nouvelle. – *Paris, Mlle Castagnery; Orléans, Robert.*                                            [B 620
**F Po**

Les quatre-vents, contredanse nouvelle. – *Paris, Mlle Castagnery.*        [B 621
**F Po**

Les talents, contredanse nouvelle. – *Paris, auteur (gravé par Mme Croisey).* [B 622
**GB Lbm**

La vertu, contredanse allemande. – *Paris, auteur (gravé par Coulubrier).*        [B 623
**US Wc**

**BADALLA Rosa Giacinta**

Motetti a voce sola. – *Venezia, Giuseppe Sala, 1684.*                         [B 624
**B Br**

**BADENHAUPT Hermann**

Choragium melicum, bestehend in 7 Büchern als: violin. 1, violin. 2, cant. 1, cant. 2, bass. vocal., bass. instrumental. vel violon, & bass. contin, worinnen 40 Danck- und Lob-Communion- und Buss-Fest- und Sontages Music mit 1. 2. 3. Vocal- und 2. 3. Instrumental-Stimmen sampt dem General Bass. pro Organis verhanden. – *Glückstadt, Melchior Koch, 1674.* – St.                             [B 625
**DK Kc**

**BADI Antonio**

Il primo libro de concerti a dua, tre e quattro voci per cantare su l'organo o altri strumenti con il basso continuo. – *Venezia, erede di Girolamo Scotto, 1510.* – St.                                            [B 626
**F Pn** (S, T, B, org)

**BADIA Carlo Agostino**

Tributi armonici [12 Kantaten für 1 Singstimme und bc]. – *[Nürnberg], s. n., (Johann Christoph Weigel).* – P. [B 627
**D-brd W** – **D-ddr Dlb** – **GB Lbm** – **I Bc, Rsc**

**BADIOLI . . .**

Quintetto [Nr. 3] per violino, viola, violoncello e 2 corni. *s. l., s. n.* – St. [B 628
**I Vc** (Nr. 3 von Nr. 1–6; fehlt Titelblatt)

## BÄHR Nicolaus

Murnerische Nacht-Music. Musa nocturna Murneriana . . . ad nocturnam concinnati musicam juxta melodiam & harmoniam, vocibus trinis, violinis binis, & bassibus imis. – *Bremen, s. n. (1685).*  [B 629
A Wn – GB Lbm

## BAGATTI Francesco

Il primo libro de sacri concenti a due, tre, e quattro voci, con una messa, e letanie della B. V. . . . opera prima. – *Milano, Giovanni Francesco & fratelli Camagni, (1658).* – St.  [B 630
GB Lbm

Messa e salmi brevi con motetti, Te Deum laudamus, e letanie della B. V. a 4 voci concertati . . . opera II. – *Milano, S. F. Rolla, 1659.* – St.  [B 631
I ASc (A, T, B, org), COd (kpl.: S, A, T, B, org)

Il secondo libro de concerti ecclesiastici a due, tre, e quattro voci . . . opera terza. – *Milano, Giovanni Francesco & fratelli Camagni, (1662).* – St.  [B 632
GB Lbm

Il terzo libro de concerti ecclesiastici a due, tre, e quattro voci con istromenti con una messa concertata a 4 [op. 4]. – *Milano, Giovanni Francesco & fratelli Camagni, 1667.* – St.  [B 633
I COd (A, T, B, org)

Motetti, messa, e salmi brevi, e pieni per li vesperi di tutte le solennità dell'anno, e letanie della Madonna, à otto voci, con il basso à beneplacito per il secondo organo . . . opera quinta. – *Milano, Giovanni Francesco & fratelli Camagni, 1672.* – St.  [B 634
CH Zz (I: S, A, T, B; II: S, A, B; fehlen T II und bc) – I COd (fehlt bc), UD (bc)

Il quarto libro de concerti ecclesiastici con una messa, magnificat, e letanie . . . a due, tre, e quattro voci . . . opera sesta. – *Milano, fratelli Camagni, (1676).* – St.  [B 635
CH Zz (kpl.: S I, S II, A, B, org)

## BAGGE Karl Ernst von

3. Sinfonie a due violini, due flauti, due oboi, due fagotti, due corni obligati, due viole, violoncello e contrabasso. – *Paris, s. n., (gravée par Mme Moria), (1788).* – St.  [B 636
D-ddr Bds (10 St.) – H Bn (11 St.)

I$^{re}$. Concerto de violon à plusieurs instruments. – *Paris, s. n.* – St.  [B 637
I Vc (9 St.)

II$^{me}$. Concerto de violon [D] à plusieurs instruments. – *Paris, s. n.* – St.  [B 638
GB Lbm (9 St.) – I Vc (9 St.), Rvat (9 St.)

Concerto [F] de violon à plusieurs instruments. – *Paris, s. n.* – St.  [B 639
CS Pn (8 St.)

Concerto [C] de violon à plusieurs instruments. – *Paris, s. n. (C. N. Cochin).* – St.  [B 640
D-brd HR (10 St.) – F Pn (10 St.) – I Vc (10 St.)

Six quatuors concertants pour deux violons, alto e basse . . . œuvre I$^{er}$. – *Paris, s. n. (gravées par Richomme).* – St. [B 641
F Pn – GB Lbm – I MOe

Six trio [B, A, G, G, E, D] pour deux violons et basse. – *Paris, s. n. (gravé par Mme Moria).* – St.  [B 642
I Vc

Air de Malbrough, varié pour le clavecin ou forte piano avec l'accompagnement d'un violon. – *Paris, s. n. (gravé par Mme Moria).* – St.  [B 643
D-ddr Bds – H Bn

## BAGLIONI Girolamo

Sacrarum cantionum, quae una, binis, ternis, quatuor, quinque, & sex vocibus concinuntur, liber primus, & opus secundum. – *Milano, eredi di Simon Tini & Filippo Lomazzo, 1608.* – St.  [B 644
I Bc (S, A, T, B, 5, 6)

## BAGNI Benedetto

Motectorum octonis vocibus . . . una cum basso generali pro organo, liber primus. –

*Venezia, Giacomo Vincenti 1608. –* St. [B 645
**D-brd** Kl (fehlt A I) – **I** Bc – **PL** WRu (fehlen
S I, A II, org) – **US** Wc


## BAHN T. G.

Six sonates [C, F, G, D, A, Es] pour le
clavecin, accompagnées d'un violon. –
*Berlin-Amsterdam, Johann Julius Hum-
mel, No. 163. –* St.                    [B 646
**GB** Lbm – **S** Skma (cemb)


## BAILDON Joseph

SAMMLUNGEN

The Laurel. A new collection of English
songs [1–2 v, vl I, vl II, hpcd] sung by Mr.
Lowe and Miss Falkner at Marybone-
Gardens (book I, II). – *London, John
Walsh. –* P.                            [B 647

**F** Pc, Pn – **GB** Ckc (unvollständig), Cu (unvollständig), Lbm, Lcm (unvollständig), Lco
(unvollständig) – **US** Bh, CHua (book II), Wc,
Ws

— . . . for the voice, harpsichord and violin (book I, II). – *ib., Harrison & Co.*
[book I umfaßt beide Bände der Edition
von Walsh, book II ist ein Nachdruck der
Ausgabe A collection of new songs bei
Johnson mit 6 weiteren Liedern]. [B 648
**C** Vm – **D-brd** Hs – **GB** Gm, Lbm, T (unvollständig) – **US** Cn, Wc (book II), WC

— . . . for the german flute. – *ib.* [B 649
**NZ** Wt

A favourite collection of English songs
sung by Mr. Lowe and Miss Stevenson at
Vaux-Hall Gardens 1757 . . . book III. –
*London, John Walsh, 1757.*          [B 650
**US** Wc

A collection of glees and catches for three
and four voices. – *London, Randall &
Abell (T. Straight). –* P.            [B 651
**F** Pc – **GB** Ge, Lam, Lbm, Lcm – **US** Wc
(2 Ex.)

A collection of new songs sung by Mr.
Beard, Miss Stevenson & Miss Formantel

at Ranelagh. – *London, John Johnson.* –
P.                                      [B 652
**GB** Ckc, Lbm, Ob

A new favourite cantata and two songs
. . . sung by Mr Lowe at Vauxhall. – *London, John Phillips. –* P.             [B 653
**GB** Lbm – **S** Uu

EINZELGESÄNGE

Adieu to the village delights. A favorite
glee [for three voices], sung in the First
of June. – *s. l., s. n.*             [B 654
**GB** Lbm – **US** NYp

— . . . glee for three voices (in: The Lady's
Magazine, December 1755). – *[London],
Bigg & Cox, (1755).*                  [B 655
**GB** Lbm – **US** UP

— . . . (in: The Ladies Companion, p. 72).
– *London, John Bland.*               [B 656
**US** Pu

— . . . adapted for a single voice, with
an accompaniment for the forte-piano, by
B. J. Richardson. – *London, John Bland.*
[B 657
**GB** Lbm – **US** Pu

— . . . adapted for the voice & piano-
forte. – *London, H. Andrews.*        [B 658
**GB** Lcm

— . . . a pastoral elegiac glee. – *s. l., s. n.*
[B 659
**GB** BA, Cu, Lbm – **US** Wc, Ws

— *[Dublin], Anne Lee.*               [B 660
**EIRE** Dn

As Chloe plied her needle's art. [Song]. –
*s. l., s. n.*                        [B 661
**GB** Lbm

Attend ye nymphs. A favourite song . . .
sung by Miss Stevenson (in: The London
Magazine, 1766, p. 261). – *[London], s. n.,
(1766).*                              [B 662
**GB** Lbm

— *s. l., s. n.*                      [B 663
**GB** A, Lbm

Epitaph on a blacksmith. A favourite catch for three voices. – *London, Robert Falkener.*                              [B 664
**GB** Lbm

The fairest of the fair. A favourite Scotch song, sung at Ranelagh. – *s. l., s. n.*
[B 665
**GB** Lbm

Gentle air, thou breath of lovers. Song (in: The Lady's Magazine, March 1788). – *[London], s. n., (1788).*         [B 666
**GB** Lbm

Hark the horn calls away. A hunting song. – *s. l., s. n.*                        [B 667
**GB** Lbm

Haste Lorenzo, haste away. Jessica's song in the Merchant of Venice. – *s. l., s. n.*
[B 668
**GB** CDp, Lbm (2 verschiedene Ausgaben)

— *London, H. Fougt.*                    [B 669
**S** Sk

How pleasing is beauty [Song, No. 3 of book I. of Baildon's "The Laurel"]. – *s. l., s. n.*                          [B 670
**GB** Lbm (2 Ex.), Ouf – **US** Ws, Wsc

If love's a sweet passion. [Song from J. Baildon's "The Laurel", book I]. – *s. l., s. n.*                                [B 671
**EIRE** Dn – **GB** Cfm, Lbm (3 Ex., 2 versch. Ausgaben), LE, Ouf – **US** Wsc

Mirtilla was handsome. [Song in: Universal Visiter and Monthly Memorialist, July, 1756]. – *[London], s. n., (1756).* [B 672
**GB** Lbm

An ode to contentment . . . sung by Mr. Beard at Ranelagh. – *London, John Johnson.*                                    [B 673
✓ **C** Vm – **GB** Eu, Lam, Lbm – **US** Cu, Wc

On a dram . . . catch a 4 voci. – *[London], Samuel Babb.*                       [B 674
**GB** CDp, Lbm

On pleasure's smooth wings. Sung by Mr. Dearle at Ranelagh. – *s. l., s. n.*
[B 675
**GB** En, Lbm, Mp (andere Ausgabe) – **US** Ws

— . . . (in: London Magazine, 1763). – *[London], s. n., (1763).*             [B 676
**GB** Lbm

— . . . (in: Universal Magazine, Vol. XXXIV). – *[London], s. n., (1764).*
[B 677
**GB** Lbm

Paloemon loved Pastora. [Song]. – *s. l., s. n.*                                    [B 678
**GB** Lbm

Prithee friend. (Glee, in: The Ladies Companion). – *London, John Bland.*    [B 679
**US** Pu

The slighted maid. [Song] (in: Universal Visiter and Monthly Memorialist, Oct. 1756). – *[London], s. n., (1756).*  [B 680
**GB** Lbm

The spinning wheel. [Song] (in: Universal Visiter and Monthly Memorialist, March, 1756). – *[London], s. n., (1756).*
[B 681
**GB** Lbm

Stern winter has left us. A dialogue. [No. 4 of book I of J. Baildon's "The Laurel"]. – *s. l., s. n.*                   [B 682
**GB** Lbm (2 verschiedene Ausgaben), T

— . . . (in: Universal Magazine, VII). – *[London], s. n., (1750).*             [B 683
**GB** Lbm

When gay Bacchus. Glee. – *London, Samuel Babb.*                            [B 684
**GB** Lbm (andere Ausgabe), Lcm

With woman & wine, I defy ev'ry care. Sung by Mr. Lowe at Vauxhall. – *London, s. n.*                                  [B 685
**GB** Cfm, Lbm (3 verschiedene Ausgaben), Lcm (2 verschiedene Ausgaben) – **US** Pu

— *ib., H. Fougt.*                        [B 686
**S** Skma, Sk

Ye heav'ns. Catch for three ladies (in: The Ladies Companion). – *London, John Bland.*                                  [B 687
**US** Pu

## BAILEY Edward

Adieu my fair. A favorite ballad. – *London, Broderip & Wilkinson.*          [B 688
GB Gu, Lbm, Ob

Descend sweet patience. A duet. – *London, John Bland.*          [B 689
GB AB

Ella and Edwin. A sonnet. – *[London], John Bland.*          [B 690
GB Lcm – US Wc

## BAILEY John

Victory [Song]. – *London, Longman & Broderip.*          [B 691
GB Gu, Lbm, Ob

The Christian's consolation. A hymn (in: Bland's Collection of Divine Music, No. 7). – *London, John Bland.*   [B 692
GB AB, Lbm – EIRE Dn

## BAILLEUX Antoine

VOKALMUSIK

Les petits concerts de Paris. I$^e$. recueil d'airs à une, deux, et trois voix, dont plusieurs sont avec accompagnement de violons ou flûte, et la basse chiffrée pour le clavecin ou pour la harpe. – *Paris, auteur; Lyon, Casteaud; Dunkerque, Goddaert (gravé par le S$^r$. Hue).* – St.          [B 693
F Pn (v/bc, vl I, vl II)

Borée et Orithie. II$^{eme}$. cantatille [pour voix et bc] dans le goût italien. – *Paris, aux adresses ordinaires (imprimerie de Lorraine fils d'Auguste).* – P. und St.          [B 694
US Cn (P.)

Le Bouquet de l'amitié. Cantatille [pour 1 voix et orchestre] dans le goût italien. – *Paris, Bayard.* – P. und St.          [B 695
F Pn (P.)

— ... 2. édition [pour voix et bc]. – *ib., (gravé par Mlle Vendôme).* – P. und St.          [B 696
US Cn (P.; Etikett: Emile Lombard)

Ode patriotique sur la prise de Toulon par les Français, et deux romances avec accompagnement de forte-piano. – *Paris, Bailleux.*          [B 697
DK Kmm, Kv

Pigmalion. VI$^e$. cantatille dans le goût italien. – *Paris, auteur; Lyon, chez les marchands; Dunkerque, Goddaerdt (gravé par Bouré).* – P. und St.          [B 698
F Pc (1 v/bc; vl I, vl II, fl, cor I/cor II/vla)

Le prix de la beauté. III$^e$. cantatille [pour voix et bc] dans le goût italien. – *Paris, aux adresses ordinaires (gravée par Mme Berault).* – P. und St.          [B 699
F Pthibault (P.) – US Cn (P.)

La vengeance de l'amour. IV$^e$. cantatille [pour voix et orchestre] dans le goût italien. – *Paris, auteur (gravé par le S$^r$. Hue).* – P. und St.          [B 700
F Pthibault (P.) – US Cn (P.; cor I, cor II)

INSTRUMENTALWERKE

Six simphonies [D, G, F, Es, B, C] à grande orchestre ... XI$^e$ œuvre. – *Paris, auteur.* – St.          [B 701
CS KR (vl I, vl II, vla, b, ob I, ob II, cor I, cor II)

Sei sinfonie [F, A, B, G, c, D] a quatro, due violini, alto viola e basso. – *Paris, Bayard.* – St.          [B 702
F Pn

— *ib., de La Chevardière (gravé par Mlle Vendôme).* – St.          [B 703
GB Ckc (unvollständig)

UNTERRICHTSWERKE

Méthode pour apprendre facilement la musique vocale et instrumentale ... et cent leçons dans le goût nouveau à une et deux parties, ce qui enseigne en très peu de tems à solfier sur toutes les clefs, toutes les mesures et tous les tons. – *Paris, auteur, (1770).*          [B 704
F Psg – US Wc

— Solfèges pour apprendre facilement la musique vocale et instrumentale ... 3$^e$ édition. – *ib., (1770).*          [B 705
F Pn – GB Lbm (unvollständig) – US NYp

Nouveaux solfèges d'Italie avec la basse . . . ouvrage pour servir de suite aux Solfèges de M. Bailleux. – *Paris, auteur.*
[B 706
S Skma

**BAILLIE Alexander**

Airs for the flute, with a thorough bass for the harpsichord. – *[Edinburgh], s. n., (1735).*
[B 707
US Nf

**BAILLIE R. of Mellerstane**

A favorite march & quick step . . . for the Edinburgh volunteers . . . performed . . . 1794. – *[Edinburgh], Neil Stewart & Co., (1794).* – P.
[B 708
GB En, Gu – US NYp

**BAILLION**

Ariette (Dieu bienfaisant, âme de la nature) avec simphonie. – *Paris, auteur, Jolivet (gravé par Mme Annereau).* – St.
[B 709
F AG (v/b; vl I/ob, vl II), Pn

**BAKER George**

Dear is my little native vale. A favorite glee. – *London, Broderip & Wilkinson.*
[B 710
GB Cu, Lbm, Ob

The Genius of Britain [Song for voice and continuo] (in: The Universal Magazine, Vol. XXVII). – *[London], s. n., (1760).*
[B 711
GB Lbm – US Wc

God save the King, adapted for the harpsichord, or as a trio for voices or instruments, to which is added new variations for the german flute. – *London. G. Goulding.* – P.
[B 712
D-ddr SWl

— God save the King, and with variations for the piano forte. – *ib., Goulding, D'Almaine, Potter & Co.*
[B 713
CH N

Hail flowery meads. A . . . quartetto for four voices. – *London, Broderip & Wilkinson.* – P.
[B 714
GB Cu, Lbm, Ob

How blest the sympathizing heart. A new song. – *London, George Astor & Co.* – KLA.
[B 715
US Lu

Say lovely peace, a favorite glee for three voices. – *London, Thomas Jones & Co.* – P.
[B 716
US Wc

Who'd know the sweets of liberty. A favorite glee. – *London, Broderip & Wilkinson.*
[B 717
GB Cu, Lbm, Ob

**BAKER John**

Catches, glees, rounds & duetts. – *London, Longman & Broderip.*
[B 718
GB Ob

A new edition of catches, glees, rounds & duetts. – *London, Longman & Broderip, for the author, (1795).*
[B 719
GB Lbm

Darby and Joan (Old Darby with Joan by his side). A glee for three voices. – *London, Broderip & Wilkinson.*
[B 720
GB Cu, Lbm, Ob – US Wc (2 verschiedene Ausgaben)

A glee (Love's a tyrant) and catch for 3 voices with an accompaniment for the piano forte or harp by T. Essex. – *London, s. n., for T. Essex.*
[B 721
GB Gu, Lbm, Ob

**BAKFARK Valentin**

Intabulatura Valentini Bacfarc transilvani coronensis liber primus. – *Lyon, Jacques Moderne, (1552).*
[B 722
SD 1552^{30}
F VE

Premier livre de tabelature de luth contenant plusieurs fantasies, motetz, chansons françoises, et madrigalz. – *Paris,*

*Adrian Le Roy & Robert Ballard, 1564.* – [Teilweiser Nachdruck der Ausgabe 1552]
[B 723
SD 1564²²
**B** Br [fehlt Titelblatt] – **D-brd** Mbs

*Valentini Greffi Bakfarci pannonii, harmoniarum musicarum in usum testudinis factarum, tomus primus.* – *Krakau, Lazarus Andrea, 1565.*                    [B 724
SD 1565²²
**D-brd** Mbs – **I** Bc

*— Antwerpen, Vve Jean Laet, 1569.*
SD 1569³⁶                                         [B 725
**A** Wn


## BAKKER J. J.

De CL Psalmen Davids, en de lof-zangen, op twee stemmen gestelt, met bovenzangh en bas. – *Amsterdam, Paul Matthysz, 1700.* – St.                    [B 726
**D-brd** Sl

*— ib., 1720.*                                    [B 727
**GB** Lbm – **NL** At, Lu


## BALAND L.

Twaalf contredansen voor de viool en dwars fluyt als mede met desselfs figuren om se op een gemakelyke wysen de selven te dansen . . . vyfde deel. – *Amsterdam, S. Markordt.*                              [B 728
**NL** DHgm

*— . . . sesde deel. – ib.*                        [B 729
**NL** DHgm


## BALBASTRE Claude

Sonates en quatuor pour le clavecin ou le forte piano avec accompagnement de deux violons, une basse, et deux cors ad libitum . . . œuvre III^e. – *Paris auteur et aux adresses ordinaires (gravées par Mme Vendôme, imprimé par Basset).* – St.
[B 730
**F** Pc (2 Ex.), Pn – **GB** Lbm (fehlt b) – **US** CHum

Recueil de Noëls, formant quatre suittes, avec des variations, pour le clavecin et le forte piano. – *Paris, auteur et aux adresses ordinaires (gravé par Mme Vendôme, imprimé par Montulay).*          [B 731
**CH** Zjacobi – **F** Dm, Pc (3 Ex.), Pn – **US** NYp, Wc

Pièces de clavecin, premier livre. – *Paris, auteur et aux adresses ordinaires (gravé par Mlle Vendôme, imprimé par Montulay), (1759).*                              [B 732
**CH** Zjacobi – **F** Pc (5 Ex.), Pn (3 Ex.) – **NL** DHgm – **US** Wc

*— ib., (gravé par Mme Vendôme, imprimé par Basset).*                          [B 733
**F** Pc – **GB** Lbm, Lcm – **US** CHum

Marche des Marseillois et l'air Ça ira arrangés pour le forté-piano. – *s. l., s. n., (1792).*                                    [B 734
**CH** Bu – **F** Pc


## BALBI Lodovico

*1570.* Il primo libro de madrigali a quatro voci. – *Venezia, figliuoli di Antonio Gardano, 1570.* – St.                     [B 735
SD 1570²³
**I** Bc (A)

*1576.* Madrigali a quatro voci, libro 2°. – *Venezia, Angelo Gardano, 1576.* – St.
[B 736
**I** Ps (A)

*1578.* Ecclesiasticarum cantionum quatuor vocum omnibus Adventus dominicis, nec non Septuagesimae, Sexagesimae, Quinquagesimae, simul atque quibuscunque totius anni opportunitatibus deservientium. – *Venezia, Angelo Gardano, 1578.* – St.                     [B 737
**D-brd** WILd – **GB** Lbm (S) – **I** Bc (S, A, T, B)

*1580.* Missae quatuor quinque vocum. Una ex quibus alternatim canitur, nuper in lucem edditae, & impressae, quarum nomina sunt haec, Missa Ecce mitto angelum meum, Missa Fuggite il sonno, Missa duodecim toni, Missa Alternatim canenda. – *Venezia, Angelo Gardano, 1580.* – St.                     [B 738
**I** Bc (S, A, B, 5)

— Missae quinque, cum quinque vocibus
. . . Missa defunctorum. – *ib., 1595.*
[B 739
I FEc (S, A, T, B, 5)


*1586.* I capricci . . . a sei voci. – *Venezia,
Angelo Gardano, 1586.* – St.        [B 740
GB Lbm – I MOe – PL GD


*1587.* Ecclesiasticarum cantionum in sacris totius anni Sanctorum sollemnitatibus
quatuor vocum parium et plena voce si
tenorem in diapason intensum dixeris. –
*Venezia, Angelo Gardano, 1587.* – St.
[B 741
PL GD


*1589.* Musicale essercitio . . . a cinque voci.
– *Venezia, Angelo Gardano, 1589.* – St.
SD 1589[12]                              [B 742
I FEc, Vnm – PL GD


1595 → 1580


*1605.* Messe et motetti con il Te Deum laudamus, a otto voci . . . nuovamente poste
in luce dal Girolamo Griti. – *Venezia, Angelo Gardano, 1605.* – St.        [B 743
PL WRu


— Il basso continuo per l'organo delle
messe, mottetti et Te Deum laudamus, a
otto voci. – *ib., 1605.*        [B 744
I Sac


*1609.* Completorium . . . duodecim vocum,
tribus choris distinctum, cum suis versiculis, responsoriis, hymno, antiphonis,
una cum motectis, quae in toto anno decantari solent. – *Venezia, Alessandro Raverii, 1609.* – St.        [B 745
PL WRu (12 St. vorhanden, zum Teil unvollständig)


## BALBI Lorenzo

Sonate a tre, due violini, violoncello obli-
gato e cembalo . . . opera terza. – *Venezia,
Giuseppe Sala, 1710.* – St.        [B 746
D-brd WD


— *Amsterdam, Jeanne Roger, No. 426.*
[B 747
GB Lbm


## BALBI Luigi (Aloysius)

Ecclesiastici concentus canendi una, duabus, tribus, & quatuor vocibus, aut
organo, aut alijs quibusvis instrumentis
eiusdem generis, & alij quinque, sex, septem, & octo, tum ad concertandum, tum
ad vocibus canendum accommodati . . .
liber primus. – *Venezia, Alessandro Raverii, 1606.* – St.        [B 748
D-brd As (S, A, T, 5, 6, 8) – GB Lbm (A) – I Bc
(S, A, T, B, 5, 6, 7, 8), CEc (A, T [unvollstän-
dig])


— Partitura delli concerti ecclesiastici a
una, doi, tre, quattro, cinque, sette et
otto voci, per sonare nell'organo ò altri
instrumenti, con una canzone a quattro
. . . libro primo. – *ib., 1606.*        [B 749
I Ac


## BALDAN Angelo

Sei sinfonie con oboe, corni, due violini,
violetta, e basso. – *Venezia, Innocente
Alessandri & Pietro Scattaglia.* – St.
[B 750
I Raf – US Wc


Sinfonia quarta [B] per due violini, viola, oboe, corni e basso. – *Venezia, Antonio Zatta & figli, No. 141.* – St.  [B 751
D-brd MÜu (vl I [ unvollständig], vl II, violetta, b, ob I, ob II, cor I)


## BALDASSINI Antonio Luigi

Sonate [a, B, e, C, D, G, A, F, g, a, b, E] a
tre, doi violini, e violone, ò arcileuto col
basso per l'organo . . . opera prima. – *Roma,
Giovanni Giacomo Komarek, 1691.* – St.
[B 752
D-brd MÜs (vl II) – I Bc


— *Amsterdam, Estienne Roger.*        [B 753
GB Lbm (vl I, vl II)


Sonate à tre, due violini, e violone, col
basso per l'organo . . . opera seconda. –
*Roma, Giovanni Giacomo Komarek, 1699.*
– St.        [B 754
GB Ob – I Bc

— XII sonate a tre . . . opera seconda. – *Amsterdam, Estienne Roger, No. 76.*
[B 755
S Skma

## BALDE Jacobus

Ehrenpreiss der allerseeligsten Jungfrauen und Mutter Gottes Mariae, auff einer schlechten Harpffen ihres unwürdigen Dieners gestimbt und gesungen. – *s l., s. n., 1640 [Nachdruck].* – [2 Seiten mit 2-st. Melodien]. [B 756
CH E

— *Konstanz, Johann Geng, 1641.* [B 757
CH E

— *München, Johann Wagner, 1647.*
[B 758
A Wn

Teutscher Poeten eyferig und lustiges nachsinnen über das trostreiche ehren Lied, Agathyrs genannt, vom Lob und Wolstand der dürr oder mageren Gesellschafft, anfänglich lateinisch beschriben. – *München, Johannes Wagner (Lucas Straub), 1647.* – [enthält 4 Melodien mit bc]. [B 759
D-brd Ngm, W

Jephtias. Tragoedia. – *Amberg, Georg Haugenhofer, 1654.* – [mit 1–2 stimmigen Gesängen im Anhang]. [B 760
CH Bu, Fcu – D-brd MT – D-ddr Dlb

## BALDENECKER Udalrich

Six trios [F, B, C, G, d, Es] à un violon, taille & violoncello concertans . . . œuvre I. – *Frankfurt/Main, Wilhelm Nikolaus Haueisen; Amsterdam, van Dyk.* – St. [B 761
GB Lbm – S L, Skma – US R

Deux grands duos pour deux violons . . . œuvre 5. – *Bonn, Nikolaus Simrock, No. 596.* – St. [B 762
D-brd NBsb

## BALDERONY

La blotière, contre-danse françoise [à 1v]. – *Paris, Landrin, Mlle Castagnery.* [B 763
F Po

La casino, contre-danse françoise [à 2v]. *Paris, Landrin, Mlle Castagnery.* – P.
[B 764
F Po

Les contre-tems, contre-danse françoise [à 1v]. – *Paris, Landrin, Mlle Castagnery.*
[B 765
F Po

## BALDINI

Six Italian canzonets, with an accompaniment for the piano forte or harp, composed at Rome in the year 1797. – *London, Pio Cianchettini, (1797).* – P.
[B 766
GB Lbm

## BALDRATI Bartolomeo

Messe a quattro voci da capella . . . opera prima. – *Bologna, Giacomo Monti, 1678.* – St. [B 767
B Br (T, B, org) – GB Lbm (S, A, T) – I Ac, Bam, Bc, CEs (S, org), FOc (S, A, T, org), Ls, Rn (S), Sac

— *Roma, per il Mascardi, 1694.* [B 768
B Br (S, A) – D-brd Rp (S, B) – F Pc – GB Lbm (org) – I Ac (org), Bam, Bc, Bsp, FOc, Ls, PAc (B), Rsg (A, T, B, org), Sd – US BE, Pu

## BAL[L]ESTRA Raimondo

Sacrae symphoniae . . . septem, octo, decem, duodecim vocibus, liber primus, editio nova. – *Venezia, Angelo Gardano & fratelli, 1611.* – St. [B 769
D-brd Kl (I: S, T, B; II: 5, 6, 7, 9, 10; bc)

## BALICOURT Simon

Eight solos for a german flute and a bass. – *London, author.* – P. [B 770
GB Ckc

A second set of solos [h, C, F, c, D, E, D, D] for a german flute and a bass. – *London, John Johnson.* – P. [B 771
GB Cu, Lbm

## BALL J.

Come, sing a song. A glee for three voices.
– *London, Broderip & Wilkinson.* [B 772
GB Lbm, Ob

The Puzzle. A glee. – *London, Broderip &
Wilkinson.* [B 773
GB Lbm, Ob

## BALL S.

Drink boys in hopes of a peace. – *London,
Broderip & Wilkinson.* [B 774
GB Lbm

Loyal volunteers [Song]. – *London, Broderip & Wilkinson.* [B 775
GB Lbm

## BALLAROTTI Francesco

Balletti, arie, gighe, correnti, alemande a
3 strumenti, 2 violini e violone. – *Milano,
Camagni, 1681.* – St. [B 776
I BGi (vl I)

## BALLETTI Bernardino

Intabolatura de lauto . . . di varie sorte
de balli . . . libro primo. – *Venezia, Antonio Gardano, 1554.* [B 777
SD
A Wn

## BALLIS Oliviero

Canzonette amorose spirituali a tre voci
. . . libro primo. – *Venezia, Alessandro
Raverii, 1607.* – St. [B 778
D-brd As, Hs

Sacri hymni cantiones, et litaniae Deiparae Virginis Mariae, octo vocibus decantandae. – *Venezia, Alessandro Raverii,
1609.* – St. [B 779
GB Lbm (A I, S II)

— ib., *1612.* [B 780
I Rdp (S I, T I)

## BALOCHI Luigi

Trois nouvelles cavatine amorose avec
paroles italienes et françaises et accompagnement de forte-piano. – *Paris, aux
adresses ordinaires, (gravées par Soulier).–
P.* [B 781
F Pa

Trois nouvelles romances avec accompagnement de piano où harpe . . . œuvre
5. – *Paris, Mme Duhan & Co.; Lyon, Garnier, No. 113, 135, 136.* [B 782
NL At

L'Amandier, romance à deux voix . . .
accompagnement de piano ou harpe. –
*Paris, Mme Duhan & Co., No. 245.*
[B 783
D-ddr SWl

L'Ermite de Saint Avelle. Romance [für
Singstimme mit pf]. – *Paris, Carli &
Co. (Tablettes de Polymnie . . . 20 février.
1811).* [B 784
D-brd Mbs

## BALON → LALANDE Michel Richard de

## BALSAMINO Simone

(Novellette) [Madrigali] . . . a sei voci. –
*Venezia, Ricciardo Amadino, 1594.* – St.
[B 785
D-brd Kl, W (T)

## BALTAZARINI → SALMON Jacques

## BAMBINI Felice

VOKALMUSIK

Les amans de village. Comédie en deux
actes mêlée de musique, représentée par
les comédiens italiens ordinaires du roi, au
mois de juillet 1764. – *Paris, Duchesne,
1764.* – [enthält 8 Seiten mit 1- und 2-
stimmigen Airs]. [B 786
F Pc

Nicaise. Opera comique en un acte, représenté par les comédiens italiens le
15. juillet 1767 . . . œuvre II. – *Paris,
bureau d'abonnement musical, Cousineau,
la Vve Daullé, Ponce.* – P. und St. [B 787
DK Kk (P.; St.: vl II, vla, ob I, ob II, cor I,
cor II) – F Pc (P.), Tlc (P.) – NL DHgm (P.)

Un feu me trouble et m'agite. Ariette nouvelle. – *Paris, Cousineau, Vve Daullé
(gravé par Mme Vendôme)*. – St.   [B 788
**F** Pc (S/b; vl I, vl II, vla)

INSTRUMENTALWERKE

Sei sinfonie [Es, D, g, Es, A, G] a quattro
per due violini, alto viola e basso . . .
opera Iª. – *Paris, bureau d'abonnement
musical, Cousineau, Vve Daullé*. – St.
                                    [B 789
**F** Pc (kpl.: vl I, vl II, vla, b) **Pn** – **S** Skma

Simphonie périodique [Es] a piu stromenti . . . N°. 60. – *Paris, de La Chevardière; Lyon, les frères le Goux*. – St.
                                    [B 790
**F** Pc (vl I, vl II, vla, b, ob I/II) – **GB** Ckc (unvollständig) – **S** Skma ( vl I, vl II, vla, b, ob I/
ob II)

Sei sonate per il cembalo e accompagna-
mento di violino a volonta . . . opera IVᵉ.
– *Paris, bureau d'abonnement musical.* –
St.                                 [B 791
**GB** Lbm (cemb, vl)

Six sonates pour clavecin avec accompagnement de violon . . . œuvre V. – *Paris,
bureau d'abonnement musical (gravé par
Mme Lobry)*. – P.                   [B 792
**F** Pthibault

Trois sonates [B, A, F] pour le forte-
piano avec accompagnement d'un violon.
– *Paris, auteur*. – St.            [B 793
**F** Pn (cemb, vl)

Douze petits airs pour le clavecin ou le
forte-piano avec accompagnement de violon. – *Paris, auteur, Mlle Castagnery*. – St.
                                    [B 794
**F** Pn

Six sonates pour le clavecin. – *Paris,
Bailleux; Lyon, s. n.; Bordeaux, s. n.; Tou-
louse, s. n. (gravé par Mlle Fleury)*.
                                    [B 795
**F** Pc

**BAMBINI J. B.**

Sei sinfonie [Es, D, g, Es, A, G] a quattro
per due violini, alto viola e basso (Raccolta

dell'harmonia, collettione una decima
del magazino musicale). – *Paris, bureau
d'abonnement musical, Cousineau, la Vve
Daulle*. – St.                      [B 796
**CH** EN

**BAMFI Alfonso**

Selva de sacri, et ariosi concerti a una,
due, tre, e quattro voci, con una Messa
brevissima, Magnificat, Salve Regina, è
Lettanie della B. V. M., con il basso continuo, libro primo. – *Milano, eredi di Carlo
Camagno, 1655*. – St.              [B 797
**I** Bc (S)

**BAN Joan Albert**

Zangh-bloemzel . . . dat is staeltjes van
den zinroerenden zangh met dry stemmen
en den gemeene grondtstem, neffens een
kort zangh-bericht. – *Amsterdam, Paul
Matthysz, 1642*. – St.             [B 798
**GB** Lbm (bc) – **NL** At (S [unvollständig]) Lu
(A)

**BANCHIERI Adriano**

*(Die Redaktion dankt Herrn Dr. Oscar
Mischiati für seine Beratung)*

GEISTLICHE VOKALMUSIK

*1595*. Concerti ecclesiastici à otto voci . . .
aggiuntovi nel primo choro la spartitura
per sonare nell' organo. – *Venezia, Giacomo Vincenti, 1595*. – St.        [B 799
**D-brd** Kl (I: S, A, T, B; II: S A, T, B) – **I** Bc
(S I, B II, org), FEc (I: S, A, T, B; II: S, A, T,
B), PEc (A I)

*1598*. Salmi a cinque voci, nuovamente
composti, & accomodati a i vespri di tutte
le feste, & solennità dell' anno; & nel fine
dui cantici della B. V. Maria. – *Venezia,
Ricciardo Amadino, 1598*. – St.    [B 800
**I** Vnm (S, A, T, B, 5)

*1599*. Messa solenne a otto voci, dentrovi
variati concerti all' introito, graduale,
offertorio, levatione e comunione, et nel
fine l'hinno de gli gloriosiss. S. S. Ambrogio & Agostino . . . libro terzo de gli suoi
concerti. – *Venezia, Ricciardo Amadino,
1599*. – St.                       [B 801

**D-brd** Rp (S I, T I) – **PL** GD (I: S, A, T, B; II: S, A, T, B)

*1607.* Eclesiastiche sinfonie dette canzoni in aria francese, a quattro voci, per sonare, et cantare, et sopra un basso seguente, concertare entro l'organo, opera sedicesima. – *Venezia, Ricciardo Amadino, 1607.* – St. [B 802
**D-brd** As (kpl.: S, A, T, B, B seguente), F, Rp –
**I** Bc

*1609.* Gemelli armonici che avicendevolmente concertano duoi voci in variati modi. Parto ventesimo primo. – *Venezia, Ricciardo Amadino, 1609.* – St. [B 803
**I** Bc

— Gemelli armonici, che concertano nell' organo una, e due voci . . . con nuova aggiunta di tre concerti, e dui dialoghi. – *ib., stampa del Gardano, appresso Bartolomeo Magni, 1622.* [B 804
**D-brd** Rp

*1610.* Vezzo di perle musicali modernamente conteste alla regia sposa effigiata nella sacra cantica; opera ventesima terza . . . accomodata, che sopra il basso seguente si può variare, un' istesso concerto in sei modi, con una & dui parti cosi voci, come stromenti. – *Venezia, Ricciardo Amadino, 1610.* – St. [B 805
**D-brd** Rp (org) – **I** Bc

— Vezzo di perlle musicali . . . con una & piu parti cosi voci, come stromenti. – *ib., 1616.* [B 806
**D-brd** Rp (fehlt letztes Blatt)

*1613a.* Salmi festivi intieri, coristi, allegri, et moderni da recitarsi à battuta larga in concerto di quattro voci, & organo, et nel fine tre variate armonie sopra il Magnificat, opera trentesima terza. – *Venezia, Ricciardo Amadino, 1613.* – St. [B 807
**D-brd** Mbs (B, org) – **I** Bc (A), Nf

*1613b.* Terzo libro di nuovi pensieri ecclesiastici, da cantarsi con una, et due voci in variati modi nel clavicembalo, tiorba, arpichitarrone, et organo; opera trentesima quinta. – *Bologna, eredi di Giovanni Rossi, 1613.* – P. [B 808
**F** Pc – **I** Bc, Bu

*1614.* Due ripieni in applauso musicale, con otto parti, distinte in due chori di voci stromenti, & organo appropriati al nome, & all' ingresso di qual si voglia prelato, in grado di superiorità maggiore. – *Bologna, eredi di Giovanni Rossi, 1614.* – St. [B 809
**I** Bc (fehlt B II)

1616 → 1610

*1619.* Sacra armonia a quattro voci e suono dell' organo, Opera XLI. – *Venezia, stampa del Gardano, 1619.* – St. [B 810
**PL** GD (S, T, B, org)

*1620.* Primo libro delle messe e motetti concertato con basso e due tenori nell' organo, opera XXXXII. – *Venezia, Alessandro Vincenti, 1620.* – St. [B 811
**I** Bc

1622 → 1609

*1625.* Dialoghi, concerti, sinfonie e canzoni da cantarsi con due voci in variati modi nell'organo, opera XLVIII. – *Venezia, stampa del Gardano, 1625.* – St. [B 811a
**GB** Lbm (S/T, B, org)

— Dialogi, concertus, et symphoniae II. vocibus decantandae . . . una cum Salve Regina à 3. vocibus. – *Ingolstadt, Gregor Haenlin, 1629.* – St. [B 811b
**D-brd** Rp (S, B, org) – **D-ddr** MLHb (S, org)

WELTLICHE VOKALMUSIK
UND BÜHNENWERKE

*1597a.* Canzonette a tre voci [libro I], novamente, sotto diversi capricci, composte . . . hora prima di recreatione. – *Venezia, Ricciardo Amadino, 1597.* – St. [B 812
**D-brd** Usch

— *ib., 1603.* [B 813
**I** Bc (S, fehlt Titelblatt)

*1597b.* La nobilissima anzi asinissima compagnia delli briganti della bastina . . . compositione di Camillo Scaglieri dalla Fratta [mit 3 Stücken a 4 v]. – *Vicenza, Barezzo Barezzi (eredi di Perin), 1597.* [B 814
**A** Wn – **B** Br – **D-brd** Gs – **GB** Lbm – **I** Fu, Ra, Rli [unvollständig], Rsc, Vnm

— *Milano, Pacifico Pontio, 1598.* [B 815
**A** Wn – **F** Pn – **I** Mt

*1598.* La pazzia senile. Ragionamenti
vaghi, et dilettevoli . . . libro secondo, a
tre voci. – *Venezia, Ricciardo Amadino,
1598.* – St.                                    [B 816
**B** Br

— *ib., 1599* [2. revidierte Ausgabe].
                                                [B 817
**D-brd** Usch (unvollständig) – **I** VEaf (B)

— *ib., 1601.*                                  [B 818
**D-brd** MZs (B)

— *Köln, Gerhard Grevenbruch, 1601* [Neu-
auflage der Ausgabe von 1598].
                                                [B 819
**D-brd** PA (S), W

— *Venezia, Ricciardo Amadino, 1604.*
                                                [B 820
**F** Pc (S)

— *ib., 1607.*                                  [B 821
**D-brd** As – **I** Bc

— *ib., 1611.*                                  [B 822
**GB** Lbm – **I** Ac

— *ib., stampa del Gardano, appresso Bartolomeo Magni, 1621.*                           [B 823
**I** Bc (S)

1599 → 1598

*1600.* [Il Studio dilettevole a 3 voci nuo-
vamente con vaghi argomenti e spasse-
voli intermedii fioriti dal Amfiparnasso.
– *Milano, Giovanni Francesco Besozzi &
Co., 1600*]. – St.                              [B 824
**I** Bc (fehlt Titelblatt u. S. 29-32)

*1601a.* Il metamorfosi musicale, quarto
libro delle canzonette a tre voci . . . con
spassevoli trattenimenti, diviso in epilo-
gati, & vaghi discorsi. – *Venezia, Ricciardo
Amadino, 1601.* – St.                           [B 825
**GB** Lbm (S I, S II [unvollständig])

— *ib., 1606.*                                  [B 826
**D-brd** As – **F** Pc (S I, S II) – **I** Bc (S I [unvoll-
ständig], S II [unvollständig])

1601b → 1598

1601c → 1598

1603 → 1597a

*1604a.* Il zabaione musicale, inventione
boscareccia, et primo libro di madrigali
a cinque voci. – *Milano, erede di Simon
Tini & Filippo Lomazzo, 1604 ([S:]
1603).* – St.                                   [B 827
**D-brd** As

1604b → 1598

*1605.* Barca di Venetia per Padova dentrovi la nuova mescolanza . . . libro secondo de madrigali à cinque voci . . .
opera duodecima. – *Venezia, Ricciardo
Amadino, 1605.* – St.                           [B 828
**D-brd** As – **GB** Lbm (S I, S II, B)

— Barca di Venetia per Padova, dilettevoli madrigali à cinque voci . . . & aggiuntovi il basso continuo (piacendo) per lo
spinetto, ò chitarrone. – *ib., stampa del
Gardano, appresso Bartolomeo Magni,
1623.*                                          [B 829
**I** Bc

1606 → 1601a

*1607a.* Virtuoso ridotto tra signori, e
dame, entr' il quale si concerta recitabil-
mente in suoni & canti una nuova comedia detta prudenza giovenile, quinto libro
de gli terzetti, & opera quindicesima. –
*Milano, erede di Simon Tini & Filippo
Lomazzo, 1607.* – St.                           [B 830
**F** Pc (S, fehlt Titelblatt) – **GB** Lbm (S)

—Saviezza giovenile, ragionamenti comici
vaghi, e dilettevoli concertati nel clavicembalo con tre intremedi, & argomenti,
opera prima, e IV impressione. – *Venezia,
stampa del Gardano, appresso Bartolomeo
Magni, 1628.* – St.                             [B 831
**I** Bc

1607b → 1598

*1608.* Festino nella sera del giovedi grasso
avanti cena, genio al terzo libro madrigalesco con cinque voci, & opera à diverse
deciottesima. – *Venezia, Ricciardo Ama-
dino, 1608.* – St.                              [B 832
**A** Wn (S, S II, A, B, fehlt T) – **B** Br – **D-brd**
As, Kl – **I** Bc

1611 → 1598

1621 → 1598

*1622.* Vivezze di flora e primavera. Cantate recitate e concertate con cinque voci nello spinetto, o chitarrone, opera XLIV. – *Venezia, Bartolomeo Magni, 1622.* – St.
[B 833
**GB** Lbm

1623 → 1605

1628 → 1607a

*1630.* Trattenimenti da villa, concertati in ordine seguente nel chitarrone con cinque voci in variati modi. – *Venezia, Alessandro Vincenti. 1630.* – St.        [B 834
**I** Bc

INSTRUMENTALWERKE

*1596.* Canzoni alla francese a quattro voci per sonare . . . in fine una battaglia a otto & dui concerti fatti sopra lieto godea . . . libro secondo. – *Venezia, Ricciardo Amadino, 1596.* – St.        [B 835
**I** Bc

*1603.* Fantasie overo canzoni alla francese per suonare nell'organo et altro stromenti musicali, a quattro voci . . . vovamente revista e ristampate. – *Venezia, Ricciardo Amadino, 1603.* – St.
[B 836
**B** Br – **D-brd** Rtt (A)

*1612.* Moderna armonia di canzoni alla francese, opera vigesima sesta . . . con l'aggiunta in fine di doi fantasie a quatro stromenti, et uno Magnificat in concerto a quatro voci. – *Venezia, Ricciardo Amadino, 1612.* – P.        [B 837
**I** Bc

*entfällt*        [B 838

*entfällt*        [B 839

*1626.* Il virtuoso ritrovo academico del dissonante, publicamente practicato con variati concerti musicali a 1. 2. 3. 4. 5. voci ò stromenti . . . opera XLIX. – *Venezia, Bartolomeo Magni, 1626.* – St.        [B 840
**GB** Lbm

1629 → 1625

AUS THEORETISCHEN WERKEN

L'Organo Suonarino . . . [Erstausgabe]. – Venezia, Ricciardo Amadino, 1605.
[B 841
**A** Wgm – **CS** Pnm – **I** Bc, MOe, Rli – **NL** DHgm

— L'Organo Suonarino. Opera ventesima quinta . . . nuovamente in questa seconda impressione, accordata in tuono corista, con gli cerimoniali, messali, brevarij, & canti fermi romani; & compartito in cinque registri. – *Venezia, Ricciardo Amadino, 1611.*        [B 842
**GB** Lbm – **I** Rsc

— Organo Suonarino . . . in questa terza impressione accordato con ogni diligenza, e diviso in cinque registri, libro utilissimo à qual si voglia organista per alternare in voce chorista alli canti fermi di tutto l'anno. – *ib., Alessandro Vincenti, 1622.*
[B 843
**D-brd** Mbs (mit anderem Titelblatt: 1627), B, Bmi – **I** Bc, Fc

— . . . quarta impressione . . . opera XXXXIII. – *ib., 1638.*        [B 844
**GB** Er – **F** Pn – **I** Baf, Bc, Fm, Mc – **US** Wc

Duo in contrapunto sopra ut, re, mi, fa, sol, la, utile a gli figliuoli, & principianti, che desiderano praticare le note cantabili, con le reali mutationi semplicemente, & con il maestro (in: Cartella musicale . . . ¹1601, ²1610, ³1614). – *Venezia, Giacomo Vincenti, 1613.*        [B 845
**I** Bu, Rc, Sc, Rsc

Duo spartiti al contrapunto in corrispondenza tra gli dodeci modi, & otto toni, sopra gli quali si pratica il metodo di fugare le cadenze con tutte le resolutioni di seconda, quarta, quinta diminuita, & settima, con le di loro duplicate; come si trasportano gli modi per voci & stromenti cosi acuti come gravi; & per fine il modo di leggere ogni chiave di tutte le parti (in: Cartella musicale . . .). – *Venezia, Giacomo Vincenti, 1613.*        [B 846
**I** Rc (spätere Auflage), Rsc (spätere Auflage), Sc

Canoni musicali a quattro voci (in: Cartella musicale . . .). – *Venezia, Giacomo Vincenti, 1613.*        [B 847
**I** Rc (spätere Auflage), Sc

*1625.* La sampogna musicale . . . rappresentata sotto il di 14 novembre 1625 nel virtuoso ridotto. – *Bologna, Girolamo Mascheroni, 1625.*                    [B 847a
I Bc

STUDIENWERK

Il principiante fanciullo a due voci, che sotto la disciplina d'autori illustri impara solfizare note e mutationi, e parole solo, & asuefar l'orecchio in compagnia, opera quarantesima sesta. – *Venezia, stampa del Gardano, appresso Bartolomeo Magni, 1625.* – St.                    [B 848
GB Lbm (S, T)

**BANCI Giovanni**

Il primo libro de sacri concerti a due, tre, quattro, e cinque voci, con il basso per sonar nell'organo, et nel fine le letanie della Beatissima Vergine Maria, a tre, a cinque, & a sei. – *Venezia, stampa del Gardano, appresso Bartolomeo Magni, 1619.* – St.                    [B 849
I Bc

**BANCK Johann Carl Heinrich**

Sechs Lieder fürs Clavier oder Pianoforte. – *Leipzig, Breitkopf & Härtel.* – P.
                                            [B 850
CS K

**BANDIERA Lodovico**

Psalmi vespertini dominicales una cum quatuor Antiphonis, post Officium recitari solitis Litanijs Beatae Mariae Virginis, & Respon. D. Antonii, quatuor vocibus concinendi, eidem D. Antonio gratiarum actionem dicati. – *Roma, Jacopo Fei, 1663.* – St.                    [B 851
D-brd MÜs (S, A, B, org; fehlt T) – I Bc, Bsp, Ls

**BANWART Jakob**

Liber primus sacrorum concentuum duarum, trium, et quatuor vocum. – *Konstanz, Johannes Geng, 1641.* – St.    [B 852
A Wn

Teutsche mit new componierten Stucken und Couranten gemehrte kurtzweilige Tafel Music von Gesprächen, Dialogen, Quodlibeten und andern doch erbarn einlauffenden Schnitzen unnd Schnacken auff jetzt im Schwung gehende newe italianische Manier mit zwoen, dreyen und vier Stimmen. – *Konstanz, Johannes Geng, 1652.* – St.            [B 853
SD 1652⁴
CH Zz – S VX (fehlt A)

Pars secunda missarum a IV. V. vocibus addita una à X.ò verò XVIII. cum triplici basso ad organum . . . opus primum posthumum, alias quintum. – *Konstanz, Johannes Geng 1657.* – St.        [B 854
B Aa (A II) – D-brd Mbs (S II, S III, A, A III, T, 6, 8; vl I, org, II) – F Pn (I: S, A, T, B, 5, 6, 7, 8 org; II: S, A, T, B, org; III: S, A, T/B org; vl I, vl II, vla) – GB Lbm (T II)

Missa unica, alias decima quinta, super motetam Congratulamini eiusdem authoris, a V. vocibus, & duobus violinis necessariis cum basso pro organo & violone, adiunctis quatuor vocibus ad libitum. – *Konstanz, Johannes Geng, 1662.* – St.
                                            [B 855
S Uu (I: S, S, A, T, B; II: A, T, T, B; vl I, vl II, vlne, bc)

**BAPTISTE Albert Ludwig Friedrich**

XXIV Menuets nouveaux à II. violons, II. cors de chasse et la basse . . . œuvre I. – *Nürnberg, Johann Ulrich Haffner, No. LVIII.* – St.                    [B 856
A Wgm

VI Sonate da camera [D, a, d, g, e, G] à flauto traverso ò violino solo, è cembalo, o violoncello . . . opera seconda. – *Augsburg, Johann Christian Leopold.* – P.
                                            [B 857
D-brd As – GB Ckc – S Skma

**BARBANDT Charles**

Hymni sacri, antiphonae & versiculi [a 2, 3, 4 v], divino cultui, tum matutino tum vespertino, per annum inservientes . . . excerpti ex . . . sanctae ecclesiae liturgia, & notis musicis . . . suppositi . . . Sacred

hymns, anthems, and versicles . . . Les hymnes, antiennes, & versets, en usage au service divin. – *London, author, 1766.* – P.                                                        [B 858
F BO – GB Ge, Lbm, Lcm, T, Y – US FW, Wc, WC

Four favourite Italian songs accompany'd with violins, german flute and hautboy, to which are added two sonatas for the harpsicord . . . opera terza. – *London, William Smith.* – P.            [B 859
GB Lbm

VI Symphonie's for two violins, two french horns, tenor, violoncello, and a thorough bass . . . opera VI. – *London, author (William Smith).* – St.       [B 860
US Wc

— *ib., John Johnson.*                        [B 861
GB Lbm

A quartetto for three violins, german flutes, or oboes, & harpsicord or violoncello. – *London, author.* – St.        [B 862
GB Ckc (unvollständig)

Six sonatas [G, g, c, C, B, c] for two violins, two german flutes or two hautboys with a bass for the violoncello or harpsicord . . . opera I^{ma}. – *[London]*, *s. n.* – St.                                                      [B 863
GB Lbm – I Nc – US CHua, R, Wc

Six sonatas for the harpsichord . . . opera quinta. – *London, author (I. Caulfield).*
[B 864
GB Ckc – US Wc

A sonata [A] for the harpsichord composed for and dedicated to his present Majesty. – *London, Welcker, 1764.*
[B 865
GB Lbm – S Skma

Lady Powis's minuet with variations [for harpsichord]. – *[London], John Johnson.*
[B 866
GB Lbm – US Wc (ohne Titel)

Mr. Barbandt's yearly subscription of new [vocal and instrumental] music to be delivered monthly. – *[London], 1759 (–60).* – P. (und St.).            [B 867
GB Lbm (12 Nummern, vl einzeln, fehlt cor), Ob (12 Nummern) – US NYp (6 Nummern: 2, 4, 6, 8, 10, 12)

**BARBARINO Bartolomeo**

*1606.* Madrigali di diversi autori . . . per cantare sopra il chitarrone, clavicembalo, o altri stromenti da una voce sola, con un'aria da cantarsi da due tenori, novamente ristampati. – *Venezia, Ricciardo Amadino, 1606.*                        [B 868
I Gu

— *ib., 1609.*                                [B 869
GB Och

*1607.* Il secondo libro de madrigali de diversi auttori . . . per cantare sopra il chitarrone ò tiorba, clavicembalo, ò altri stromenti da una voce sola, con un dialogo di Anima e Caronte. – *Venezia, Ricciardo Amadino, 1607.*             [B 870
I Bc, Gu

— *ib., 1611.*                                [B 871
GB Och

1609 → 1606

*1610a.* Il terzo libro de madrigali de diversi autori . . . per cantare sopra il chitarrone ò tiorba, clavicimbalo, ò altri stromenti da una voce sola, con alcune canzonette nel fine. – *Venezia, Ricciardo Amadino, 1610.*             [B 872
GB Lbm – I Gu

*1610b.* Il primo libro de mottetti . . . decantarsi da una voce sola, ò in soprano, ò in tenore come più il cantante si compiacerà. – *Venezia, Ricciardo Amadino, 1610.* – P. (und St.)               [B 873
I Bc (St. [parte da cantare])

1611 → 1607

*1614a.* Il secondo libro delli motetti . . . da cantarsi à una voce sola, ò in soprano, ò in tenore come più il cantante si compiacerà. – *Venezia, stampa del Gardano, appresso Bartolomei Magni, 1614.* – St.
[B 874
I Bc (parte da cantare)

— Spartitura con la parte passegiata del secondo libro delli motetti . – *ib, 1615.*
[B 875
I Bc

*1614b.* Il quarto libro de madrigali de diversi auttori . . . per cantare sopra il chitarrone ò tiorba, clavicembalo, ò altri stromenti da una voce sola, con un dialogo fra Tirsi, & Aminta. – *Venezia, Ricciardo Amadino, 1614.* [B 876
GB Och

1615 → 1614a

*1616.* Canzonette a una e due voci, con alcuni sonetti da cantarsi da una voce sola nel chitarrone ò altro instromento, in soprano, overo in tenore. – *Venezia, Ricciardo Amadino, 1616.* [B 877
GB Och

*1617.* Madrigali a tre voci da cantarsi nel chitarrone o clavicembalo, con il basso continuo a ciascuna parte per potere sonare volendosi piu di un chitarrone, & con alcuni madrigali da cantar solo. – *Venezia, Ricciardo Amadino, 1617.* – St. [B 878
GB Och (T I, T II, B)

## BARBARINUS LUPUS Manfredus

[Tenor:] Symphoniae, seu insigniores aliquot ac dulcisonae quinque vocum melodiae super D. Henrici Glareani panegyrico de Helvetiarum tredecim urbium laudibus. – *Basel, Heinrich Petri (Hieronymus Curio), 1558.* – St. [B 879
D-brd As, Mbs – D-ddr ROu

Cantiones sacrae, quatuor vocum, quae vulgo muteta vocantur. – *Augsburg, Philipp Ulhard, 1560.* – St. [B 880
D-brd Mbs

## BARBELLA Emanuele

Six sonatas for two violins and a violoncello, with a thorough bass for the harpsichord . . . opera prima. – *London, for the author.* – St. [B 881
GB Lbm

— ib., *James Oswald, for the author.* [B 882
US R

Six trios [B, A, C, Es, G, F] for two violins and a violoncello. – *London, Welcker.* – St. [B 883
GB Ckc, Lbm – I Mc, Nc – US R

Six duos pour deux violins ou deux mandolines avec une basse ad libitum lorsqu'on voudra en faire des trios, mais il faudra exécuter la basse sur un alto. – *Paris, Bailleux (gravé par Mme Annereau).* – St. [B 884
F Pc (vl I, vl II)

Six solos [A, F, D, g, B, G] for a violin and bass, or two violins . . . dedicated to Arch^d. Menzies of Culdares. – *London, Robert Bremner.* – P. [B 885
CS KR – D-brd KNh – E Ma, Mn – GB Ckc, Lbm, Lcm – S Skma – US Cn, NYp, Wc, WGw

A second sett of six solos for a violin [mit bc]. – *London, Welcker.* – P. [B 886
GB Lbm – US Wc

Six duos [G, C, F, D, C, G] pour deux violons très faciles. – *Paris, Boivin.* – St. [B 887
F Pn

— . . . à l'usage de S. A. R. Infant d-Espagne . . . œuvre 1. *ib., Le Roy le jeune.* – St. [B 888
US NYp

Six duo pour deux violons . . . œuvre III. – *Paris, Boivin.* – St. [B 889
US NYp

— Sei duetti per due violini . . . opera III^a. – *ib., Bailleux.* – P. [B 890
F Pc (unvollständig)

— ib., *Leone.* – P. [B 891
US Wc

— Six duets for two violins. – *London, Gabriel Leone.* – P. [B 892
F Pc – GB Lbm – US Wc

Six duets for two violins composed in an easy stile for the use of the Duke of Parma. – *London, Robert Bremner.* – St. [B 893
GB Ckc, Lbm – US CHua, WGw

Six duets for two violins. – *London, Welcker.* – St. [B 894
GB Lbm – US Wc

Sei duo per violino e violoncello . . . opera
IV. – *Paris, Mme Berault; Metz*, Kar. –
St.                                          [B 895
F Pc

— Six duettos for the violin and violoncello. – *London, G. Gardom.*        [B 896
US R


**BARBER Robert of Newcastle**

Thomson's hymn to the season in score
. . . opera IV. – *London, John Preston.* – P.
                                             [B 897
US R

— *ib., G. Goulding.*                    [B 898
GB Lbm, Lcm

A favorite concerto [Es] for the harpsichord or piano forte, with accompaniments. – *London, John Preston.* – St.
                                             [B 899
GB Lbm (hpcd)

Six trios [A, C, G, B, E, Es] for a harpsichord, violin obligato and bass . . .
opera 2^da. – *London, William Napier.* – St.
                                             [B 900
D-ddr SWl – GB Lbm (hpcd) – US R, Wc

Six sonatas for piano forte or harpsichord
with an accompaniment for a violin and
violoncello . . . opera prima. – *London,
Longman, Lukey & Co., for the author.* –
St.                                          [B 901
GB Lbm (pf) – US R (mit einer 7. Sonata am
Schluß)

A favorite sonata for the forte piano or
harpsichord with accompanyment for a
violin and a violoncello. – *London, Longman & Broderip.* – P. und St.        [B 902
GB Ckc (unvollständig)


**BARBERINI** → **BARBARINUS LUPUS
Manfredus**


**BARBETTA Giulio Cesare**

Il primo libro dell' intavolatura de liuto. –
*Venezia, Girolamo Scotto, 1569.*   [B 903
F Pthibault – GB Lbm – I Vnm

Il terctio libro de intavolatura de liuto
. . . accomodato per sonar con sei et sette
ordeni de corde secondo l'uso antico e
moderno. – *Straßburg, Bernhart Jobin,
1582.*                                       [B 904
E Zcc

Novae tabulae musicae testudinariae
hexachordae et heptachordae . . . Neu
Lautenbuch auff 6 und 7 Chorseyten ge-
stellt. – *Straßburg, Bernhart Jobin, 1582.*
SD 1582^15                                   [B 905
D-brd DO – PL WRu – US Wc

Intavolatura de liuto . . . dove si contiene
padoane, arie, baletti, pass'e mezi saltarelli per ballar à la italiana, & altre cose
dilettevoli secondo l'uso di questi tempi,
accomodato per sonar con sei e sette ordeni de corde. – *Venezia, Angelo Gardano,
1585.*                                       [B 906
GB Lbm

Intavolatura di liuto delle canzonette a
tre voci. – *Venezia, Giacomo Vincenti,
1603.*                                       [B 907
B Br


**BARBICCI**

Sei quartetti [Es, B, C, F, A, B] per due
violini, alto viola e basso . . . opera I^a (in:
Raccolta dell'Harmonia. Collezzione tren-
tezima quinta del Magazino musicale).
– *Paris, bureau d'abonnement musical et
aux adresses de musique (imprimerie de
Récoquilliée).* – St.                    [B 908
D-brd B – S Sk (fehlt vl II)


**BARBIERI C.**

Ouverture et trois airs de ballet pour le
piano-forte . . . opera XIII. – *London,
Longman & Broderip, for the author.*
                                             [B 909
GB Gu, Lbm, Ob

Six sonatas pour le piano forte ou pour la
harpe . . . opera 14. – *London, s. n.*
                                             [B 910
GB Ep

Miss Mary Helen Campbell's delight for
harp, or piano forte with variations. –
*London, G. Goulding & Co.*           [B 911
GB DU

New German waltz. – *London, Goulding & Co.*                    [B 912
US Pu

Fly ye moments, a favorite duett (in: The Ladies Companion). – *London, John Bland.*                    [B 913
US Pu

The favorite Venetian air of Sly cupid ever roving . . . the piano forte accompaniment by C. Barbieri. – *London, Robert Wornum.*                    [B 914
US Pu


**BARBIERI Lucio**

Il primo libro de motetti a cinque, sei, sette, & otto voci, con il basso per l'organo occorrendo. – *Venezia, Alessandro Vincenti, 1620.* – St.        [B 915
I Bc (kpl.: S, A, T, B, 5, 6, 7, 8, org), Bsp, CEc (S, T, 7, 8)


**BARERA Rodiano**

Il primo libro de madrigali a cinque voci. – *Venezia, Angelo Gardano, 1596.* – St.
                    [B 916
D-brd Kl – GB Lwa – US NH (T, 5)

Laudes in honorem B. V. Mariae, quae octo vocibus variisque musicis instrumenti organo pulsanti partes inferiores, et superiores concini possunt. – *Venezia, Bartolomeo Magni, 1620.* – St.        [B 917
I Pd (I: A, T, B; II: A, T)

Sacra omnium solemnitatum vespertina psalmodia cum Beatae Virginis Marie cantico, quatuor vocibus canenda. – *Venezia, sub signo Gardani, appresso Bartolomeo Magni, 1622.* – St.        [B 918
GB Lbm


**BARETTI (BARETTE) Antonio**

Six divertissements à deux basse (à l'usage des commençans.) . . . œuvre première. – *Amsterdam, Johann Julius Hummel, No. 250.* – St.        [B 919
DK Kk – NL At, DHgm – PL WRu

— Six divertimentos or duets for two violoncellos, for beginners. – *London, Robert Wornum.* – St.        [B 920
GB Lbm – US CHH

Six duets for two bassoons or violoncellos. – *London, Longman, Lukey & Co.* – St.
                    [B 921
US BE


**BARGES Antonio**

Il primo libro de villotte a quatro voci con un'altra canzon della galina. – *Venezia, Antonio Gardano, 1550.* – St.
SD 1550[18]        [B 922
D-brd W


**BARGNANI Ottavio**

Canzonette, arie, at madrigali a tre, & a quattro voci. – *Venezia, Ricciardo Amadino, 1599.* – St.        [B 923
SD 1599[12]
A Wn (S, A)

Madrigali a 5 voci, libro I°. – *Venezia, Angelo Gardano, 1601.* – St.        [B 924
I VEcap (S, T, B, 5)

Canzoni da suonare a 4, 5 e 8 voci, libro 2°. – *Milano, eredi di Simone Tini & Filippo Lomazzo, 1611.* – St.        [B 925
I VEcap (kpl.: S, A, T, B, 5, bc)


**BARIOLI Ottavio**

Capricci, overo canzoni a quatro . . . libro terzo. – *Milano, eredi di Francesco & Simone Tini, 1594.* – St.        [B 926
I Bc (S, A)


**BARIONA MADELKA Simon**

Canticum Beatissimae Virginis Mariae exornatum quatuor vocibus . . . psalmus XX.: Exaltare Domine in virtute tua: Cantabimus et psallemus virtutes tuas. – *Prag, Georg Nigrinus, 1581.* – St.    [B 927
PL Wu (T)

Septem psalmi poenitentiales, quinque vocibus exornati. – *Altdorf, Nikolaus Knorr, 1586.* – St.       [B 928
**D-brd** Mbs

### BARKER John of Coventry

Twelve songs; three for two voices; with symphonies for the violin, or german flute. – *Coventry, J. Jopson (M. Broome), 1741.* – P.       [B 929
**GB** Bp, Ckc – **US** Wc

### BARMAN Johann Baptist

Christ-Catholisches Kirchen-Gesang-Buch, nach dem Gedancken des gecroenten Propheten am fuenf und neunzigsten Psalmen ersten Vers auf alle Jahrs-Zeiten und verschiedene Gelegenheiten zur Vermehrung der Liebe gegen Gott, und seinen Heiligen, wie auch zur Til-gung der fleischlichen Geluesten in an-muthigen Melodien angestimmet. – *Augsburg, Max. Simon Pingitzer, 1760.*
      [B 930
**D-brd** As, BEU, DO, KZs, MÜu, Rs, Sl, Tu

### BARMANN Johann Friedrich

*Op. 2.* Trois duos [A, F, D] pour deux flûtes . . . op. 2. – *Leipzig, Breitkopf & Härtel, No. 33.* – St.     [B 931
**S** Skma

*Op. 4.* Trois duos [C, B, Es] pour violon et violoncelle . . . op. IV. – *Leipzig, Breitkopf & Härtel, Nr. 40.* – St.    [B 932
**D-brd** B – **S** Skma – **YU** Zha

*Op. 6.* Trois duos [A, G, B] pour violon & viola . . . œuvre 6me. – *Offenbach, Johann André, No. 1399.* – St.    [B 933
**D-brd** F, OF – **I** Mc – **S** M, Skma

*Op. 7.* Trois duos [C, F, Es] pour violon et alto . . . œuvre 7me. – *Offenbach, Johann André, No. 1569.* – St.    [B 934
**I** Mc – **S** M

*Op. 14.* Trois duos [C, F, G] pour deux violons concertans, formés des idées de Mr Rode . . . œuvre 14. – *Berlin, Rudolph Werckmeister, No. 155.* – St.    [B 935
**D-brd** B (beide St. unvollständig) – **S** Skma

*Op. 16.* Trois duos [D, G, e] pour deux flûtes . . . œuv. 16. – *Leipzig, Breitkopf & Härtel, No. 1326.* – St.    [B 936
**S** Skma

*Op. 17.* Trois duos [C, F, G] pour deux violons . . . œuv. 17. – *Leipzig, Breitkopf & Härtel, No. 1327.* – St.    [B 937
**S** Skma

### BARNI Camille

Trois ariettes italiennes avec accompagne-ment de piano ou harpe, paroles de Méta-stase . . . œuvre 18 et 3e. des ariettes. – *Paris, auteur.* – P.    [B 938
**D-brd** Mbs

Huit nocturnes en canons à deux voix . . . paroles de Métastase, mis en musique avec accompagnement de piano ou harpe . . . œuvre 19 et 5me. de duo. – *Paris, auteur.* – P.    [B 939
**I** Mc

Trois grands quatuors [G, C, Es] pour deux violons, alto et violoncelle . . . 1ere œuvre. – *Paris, auteur (gravé par Mlle Marie).* – St.    [B 940
**F** Pn, Pc (zum Teil handschriftlich) – **I** Mc (2 Ex.)

— Trois quatuors . . . (2e. édition revue et corrigée par l'auteur). – *Paris, Sieber, No. 1832.* – St.    [B 941
**US** Wc

Trois quatuors pour deux violons, alto et violoncello . . . oeuvre 4ème, 2ème livre de quatuors. – *Paris, Sieber, No. 1727.* – St.
      [B 942
**F** Pc – **US** R, Wc

Trois trios [B, F, g] pour violon, alto et violoncelle . . . œuvre 6 (Ier livre de trios). – *Paris, Pierre Auguste Le Duc.*
      [B 943
**I** Mc

Six duos concertans [g–G, B, D, C, E, A] pour violon et violoncelle . . . œuvre 7 [hs:] 1re (–2ème) partie. – *Paris, Sieber père, No. 1816 (1818).* – St.    [B 944
**D-brd** B (1. Teil), F – **GB** Lbm (vlc) – **S** Skma

Airs variés pour violon et basse. – *Paris,*
*Benoit Pollet.* – St.                    [B 945
**D-brd** Mbs

## BARONI Filippo

Canoni a 2 voci parte all'unisono chiusi,
et altri risoluti . . . op. 1. – *Bologna, delli*
*Peri, 1704.*                             [B 946
**I** Bc

Psalmodia vespertina totius anni, duplici choro perbreviter concinenda . . . opus
secundum. – *Bologna, Marino Silvani,*
*1710.* – St.                             [B 947
**CH** Zz – **D-brd** WD – **D-ddr** Dlb – **GB** Lbm –
**I** Ac, Bam, Bc, Bof, Ls (2 Ex., vom 2. Ex.
fehlen S I, B II), NOVg, Od, Pca, Rf – **US** Pu

Salmi a 8 voci. – *Bologna, Marino Silvani,*
*1716.* – St.                             [B 948
**I** Ls

## BARONVILLE

Nouvelles batteries de l'ordonnance des
dragons de France. – *s. l., s.n. (gravées par*
*Mme Berault).* – P.                      [B 949
**F** Pa

La nouvelle ordonnance des dragons . . .
corrigé et composé de plusieurs airs. –
*Paris, Bayard, Le Clerc, Mlle Castagnerie,*
*1756.* – P.                              [B 950
**F** Pa

## BAROZAI Gui → LA MONNOYE
**Bernard de**

## BARRE Antonio

Madrigali a 4 voci . . . lib. I. – *Roma, Va-*
*lerio & Aloisio Dorico, 1552.* – St.   [B 951
**I** Vnm (S, T, B, fehlt A)

## BARRETT John

Einzelgesänge und Instrumentalmusik zu Bühnenwerken

The city ramble

Bumpers lull our cares to rest. A song
[with bc] in the new play call'd The City
Ramble. – *s. l., s. n.*                  [B 952
**GB** Lbm, Ouf – **US** Wc

The custom of the manor

He that marrys a lass. [Song with bc].
Sung by Mr. Raynton in . . . The Custom
of the Manor. – *s. l., s. n.*            [B 953
**D-brd** Hs – **GB** Lbm

The sheep sheering ballad [with bc]. Sung
by Mr. Burkhead. – *s. l., s. n.*         [B 954
**GB** Lbm (2 verschiedene Ausgaben) – **US** Wc

Esquire brainless

Come hither ye fools. A song [with bc] in
the play call'd Esquire Brainless. – *s. l.,*
*s. n.*                                   [B 955
**D-brd** Hs

The generous conqueror

Mr. Barretts ayres in the tragedy call'd
the Generous Conqueror or the Timely
Discovery. – *s. l., s. n.* – St.          [B 956
**GB** Lbm (unvollständig: 1st treble, b), Lcm
(unvollständig: 2nd treble, t, b)

The lady's fine airs

Mr Barretts musick in the comedy call'd
the Ladys fine Aires, for violins and hoboys. – *s. l., s. n.* – St.               [B 957
**GB** Lbm (kpl.: 1st treble, 2nd treble, t, b), Och

How happy are we. A new song [with bc]
in the play call'd the Ladys fine Aires. –
*s. l., s. n.*                            [B 958
**D-brd** Hs – **GB** Gm, Lbm (2 verschiedene Ausgaben) – **US** Wc, Ws

Mary Queen of Scots

Mr. Barretts musick in the play call'd
Mary Queen of Scotts. – *s. l., s. n.* – St.
                                          [B 959
**GB** Lbm (unvollständig), Lcm (kpl.: 1st treble,
2nd treble, t, b)

The pilgrim

Mr. Barretts aires in the comedy call'd
the Pilgrim. – *s. l., s. n.* – St.        [B 960
**GB** Lcm (unvollständig: 2nd treble, t, b), Lbm
(unvollständig: 1st treble, b)

Oh happy groves. A song [with bc] call'd
The Pilgrim. – *s. l., s. n.*             [B 961
**GB** Gm, Lbm (3 verschiedene Ausgaben), Mch,
T – **US** Wc, Ws (4 Ex., 2 versch. Ausgaben)

The successful strangers

May the eyes of my mistress. A saranading song [with bc], sung by M^r Burkhead in the Successfull Strangers. – *s. l., s. n.*
[B 962

**D-brd** Hs

Tunbridge walks

Mr. Barretts musick in the comedy call'd Tunbridge walks or the Yeoman of Kent. – *s. l., s. n.* – St.        [B 963
**GB** Lbm (unvollständig: 1st treble, b), Lcm (kpl.: 1st treble, 2nd treble, t, b)

The wife of Bath

The maiden and the batchelor Pardie. A song [with bc] in the comedy call'd The wife of Bath. – *s. l., s. n.*      [B 964
**D-brd** Hs – **US** Wc

Then who wou'd not be. Song [with bc] in the new comedy call'd The wife of Bath. – *s. l., s. n.*        [B 965
**D-brd** Hs – **US** Wc

There was a swain full fair. A song [with bc] in the comedy call'd y^e wife of Bath. – *s. l., sn.*         [B 966
**D-brd** Hs – **GB** [verschiedene Ausgaben:] CDp, Ge, Lbm, Mc – **US** Wc

Einzelne gesänge

Ah! dearest Jockey. A Scotch song [with bc]. – *s. l., s. n. (T. Cross).*      [B 967
**GB** Lgc – **US** Wc

Begon thou too propitious. A song [with bc]. – *s. l., s. n.*        [B 968
**D-brd** Hs

Caelia hence with affectation. A song [with bc], sung by M^rs. Lindsey at York Buildings. – *s. l., s. n.*      [B 969
**D-brd** Hs – **GB** Mch – **US** Wc

Celinda's beauty voice. A song [with bc]. – *s. l., s. n.*        [B 970
**D-brd** Hs – **GB** Eu, Lbm, Lgc – **US** Ws

Charming creature look more kindly. A song [with bc] – *s. l., s. n.*      [B 971
**US** Wc, Ws

Clarinda . . . cou'd you once but see. A song. – *s. l., s. n. (Thomas Cross).* [B 972
**GB** Lgc

Come, come my mates. A sea song. – *s. l., s. n.*        [B 973
**GB** Lbm

Cruell charmer do not grieve me. A song [with bc.] – *s. l., s. n.*      [B 974
**GB** Lbm – **US** Wc

Custom a lass. A song [with bc]. – *s. l., s. n. (Thomas Cross).*      [B 975
**D-brd** Hs

E'ry man his sceptre take. [Tune by Barrett, adapted to new words]. – *[London]*, *Daniel Wright.*      [B 976
**US** Wc

Fair lovely nymph. A song . . . sung by Mrs. Hodgson at the theatre. – *s. l., s. n.*
[B 977
**US** Wc

Give us noble ale. A song [with bc] in praise of Burton ale. – *s. l., s. n.*     [B 978
**D-brd** Hs – **GB** Lbm, Mch (andere Ausgabe) – **US** Wc

Gloriana is engaging fair, A song [with bc]. – *[London]*, *John Walsh.*     [B 979
**D-brd** Hs – **GB** Eu, Lbm – **US** Ws

The Happy Pair. A song [with bc]. – *s. l., s. n.*        [B 980
**GB** Gm, Lbm (3 verschiedene Ausgaben), Mch – **US** Wc, Ws

How vain and false a woman is. A song [with bc]. – *s. l., s. n.*      [B 981
**D-brd** Hs – **GB** Eu, Lbm, Lgc, Mch – **US** Ws

How wretched is our fate. A song [with bc]. – *s. l., s. n.*       [B 982
**GB** Eu, Lbm – **US** Ws

— . . . a new song. – *[London]*, *Henry Playford, No. 3.*      [B 983
**D-brd** Hs – **GB** Ob

In the pleasant month of May. Words to a tune of M^r. Barretts call'd the Catherine. – *s. l., s. n.*      [B 984
**D-brd** Hs – **GB** Lbm (3 Ex., 2 verschiedene Ausgaben)

— . . . An old pastoral song (in: The London Magazine, April 1772). – *(London), s. n., (1772).*          [B 985
GB Lbm

Leave, leave the drawing room: The three Goddesses or the Glory of Tunbridge Wells . . . within ye compas of ye flute. – *s. l., s. n.*          [B 986
D-brd Hs – GB Bp, Lbm, Mch

Liberia's all my thought and dream. A song [with bc]. – *s. l., s. n.*          [B 987
GB Ckc, Lbm (5 Ex., 3 verschiedene Ausgaben), Mch – US Wc, Ws (2 verschiedene Ausgaben)

Love and folly were at play. [Song with bc]. – *s. l., s. n.*          [B 988
GB Lbm (2 verschiedene Ausgaben), Ob (2 Ex.) – US Wc, Ws

Love is now become a trade. A song [with bc]. – *s. l., s. n.*          [B 989
D-brd Hs – GB Lbm

Love is now out of fashion grown. A song. – *s. l., s. n.*          [B 990
GB Lbm – US Ws

Love's a distemper. A new song [with bc]. – *s. l., s. n.*          [B 991
D-brd Hs – GB Lbm, Mch

Martilla like time is allways flying. A new song. – *s. l., s. n.*          [B 992
GB Lbm (2 verschiedene Ausgaben)

Melinda cou'd I constant prove. A song [with bc] . . . sung by Mrs. Hudson. – *s. l., s. n.*          [B 993
D-brd Hs – GB Eu, Lbm – US Ws

Mistake not nymph, I am no more. A song [v, vl I, vl II, bc] . . . sung by Mrs. Linsey. – *s. l., s. n.* – P.          [B 994
D-brd Hs – GB Eu, Lbm – US Wc, Ws

A mournful lover. A song [with bc] . . . sung by M^rs. Haynes. – *s. l., s. n. (Thomas Cross).*          [B 995
D-brd Hs – GB Lgc

Neptune frown, and Boreas roar. The Duke of Ormonds health. [Song with bc]. – *s. l., s. n.*          [B 996
D-brd Hs – GB Lbm – US Ws

No longer Damon. A song . . . sung by Mr. Trevers. – *s. l., s. n.*          [B 997
US Wc

Not more to feature, shape or air. A new song [with bc]. – *s. l., s. n.*          [B 998
D-brd Hs – GB Bp, Lbm

Pretty, pretty Phillis. A song . . . sung by M^rs. Bradshaw. – *s. l., s. n. (Thomas Cross).*          [B 999
GB Lgc

A psalm of thanksgiving to be sung by the children of Christs-Hospital, on Monday, Tuesday and Wednesday, in Easter Week . . . 1704 . . . the words by S[amuel] C[obb]. – *London, Fr. Leach, 1703.*          [B 1000
GB Lbm

— *ib., 1706.*          [B 1001
GB Lbm (2 Ex.)

Reason and virtue. A new song [with bc]. – *s. l., s. n.*          [B 1002
D-brd Hs

Three nymphs glad Damons heart reviv'd. A new song [with bc]. – *s. l., s. n.* [B 1003
D-brd Hs – GB Mch

Unkind Dorinda shall disdain. A song [with bc] . . . sung by Mr. Magnus's boy at the Theatre Royal in Drury Lane. – *s. l., s. n. (Thomas Cross).*          [B 1004
D-brd Hs – US Wc

Warr, warr and battle. A song, sung at Holmes's Booth in Bartholomew Fair. – *s. l., s. n. (Thomas Cross).*          [B 1005
GB Lgc, Mch

While Celia. A song [with bc]. – *s. l., s. n. (Thomas Cross).*          [B 1006
D-brd Hs – GB Lgc

Whilst I fondly view the charmer. A new song. – *s. l., s. n.*          [B 1007
GB Gm, Lbm (2 verschiedene Ausgaben), Mch – US Ws (2 verschiedene Ausgaben)

You fly and yet you love. A song. – *s. l., s. n.*          [B 1008
D-brd Hs – GB Lbm – US Ws

A youth who fondly did expose. A song [with bc]. – *s. l., s. n. (Thomas Cross).*
[B 1009

**D-brd** Hs – **GB** Lgc

You the glorious sons of honour. Prince Eugene's Health . . . [song with bc]. – *s. l., s. n. (Thomas Cross).* [B 1010
**D-brd** Hs – **GB** Ckc, Lbm (andere Ausgabe), Mch – **US** Ws

**BARRETTE → BARETTI Antonio**

**BARRIÈRE Etienne-Bernard-Joseph**

*Op. 1.* Six quatuors [B, A, g, D, d, C] concertans pour deux violons, alto et basse . . . œuvre 1er. – *Paris, Le Duc; Lyon, Castaud; Bordeaux; Toulouse; Rouen; Lille (gravés par Mme Lobry), No. II.* – St. [B 1011
**D-brd** B (kpl.; vl I mit Etikett: Mlle Castagnery) – **F** Pn, Pc – **GB** Lbm – **I** MOe, Tn – **US** Wc

— *ib., Le Duc le jeune; Lyon, Castaud; Bordeaux; Toulouse; Rouen; Lille (gravés par Mme Lobry).* [B 1012
**D-brd** Mbs, MÜu – **F** Pc

— *ib., aux adresses ordinaires; Strasbourg, Henry; Lyon, Castaud.*
[B 1013

**F** Pthibault

*Op. 2.* Deux simphonies concertantes [F, A], la première pour deux violons principaux, et un alto viola recitans, deux violons ripieno, un second alto et une basse obligés, les hautbois et les cors ad libitum, la seconde pour deux violons principaux et deux hautbois obligés, deux violons ripieno, alto et basse, les cors ad libitum . . . œuvre IIe. – *Paris. Le Duc le jeune (gravées par Mme Lobry).* – St. [B 1014
**D-brd** MÜu – **GB** Lbm

— *ib., éditeur [Le Duc], (gravées par Mme Lobry).* [B 1015
**GB** Lbm (fehlt vl I princip.)

— *ib., Henry (gravées par Mme Lobry).*
[B 1016

**I** Nc

*Op. 3.* Second œuvre de six quatuors concertants, [D, C, g, F, C, A], pour deux violons, alto et basse . . . œuvre IIIe. – *Paris, Henry (gravées par Mme Lobry).* – St. [B 1017
**D-brd** MÜu – **F** Pn – **I** MOe – **US** NYp

— *ib., Le Duc (gravées par Mlle Ollivier).* – St. [B 1018
**D-brd** B – **F** Pc – **GB** Lbm

*Op. 4.* Six airs variés dont trois en duo et trois pour le violon avec accompagnement de basse . . . œuvre IV. – *Paris, aux adresses ordinaires de musique; Lyon, près de la Comédie.* – P. [B 1019
**F** Pc – **US** Wc

— *ib., Le Duc et aux adresses ordinaires (gravés par Mme Lobry).* [B 1020
**E** Mn

*Op. 5.* Concerto [A] pour le violon . . . œuvre Ve. – *Paris, Le Duc, No. 57.* – St. [B 1021
**F** Pc (vl I, vl II, vla, b, ob I, ob II, cor I, cor II)

— *ib., Henry.* [B 1022
**D-brd** MÜu (vl princip., vl I, vl II, vla, b, ob I, ob II, cor I, cor II)

*Op. 8.* Troisième œuvre de six quatuors concertans [C, F, A, B, C, A] pour deux violons, alto, et basse . . . œuvre VIIIe. – *Paris, Le Duc (gravés par Mlle Ollivier).* – St. [B 1023
**D-brd** Mbs – **F** Lm – **I** MOe – **US** Wc

— *ib., No. 7.* [B 1024
**D-brd** B

— *ib., No. 286.* [B 1025
**F** Pc

*Op. 9.* Six duos [D, A, g, G, F, Es] dont trois pour deux violons et trois pour violon et alto . . . œuvre IX. – *Paris, Le Duc.* – St. [B 1026
**F** Pc – **NL** DHgm

*Op. 11.* Deux simphonies concertantes, la première [F] pour deux violons principaux, et un alto viola recitans, deux violons ripieno, un second alto et une basse obligés, les hautbois et les cors ad libitum, la seconde [A] pour deux violons princi-

paux et deux hautbois obligés, deux violons ripieno, alto et basse, les cors ad libitum . . . œuvre IIe. – *Paris, Le Duc le jeune; Lyon; Toulouse; Rouen; Lille.* – St.                                    [B 1027
**D-brd** B

*Op. 12.* Trois grands duos [B, G, d] concertans pour deux violons . . . dediés à M. J. Pleyel . . . 3me livre de duo, œuvre 12. – *Paris, Pleyel, No. 540.* – St.       [B 1028
**I** Vnm

*Op. 18.* Trois trios concertans [A, F, D] pour deux violons et alto . . . la partie d'alto peut être remplacée par une basse, qui est imprimée séparément, op. 18. – *Paris, Sieber père, No. 1817.* – St.                                    [B 1029
**D-brd** B

Concerto [D] à violon principal, premier et second violons, alto et basse, deux flûtes, deux cors. – *Paris, Sieber.* – St.                                    [B 1030
**F** BO (vl princip., vl I, vl II, vla, b, cor I, cor II), Pc (vl I, vl II, vla, b, fl I, fl II, cor I, cor II)

## BARRIERE Jean

[6] Sonates ⌊h, g, e, D, F, A] pour le violoncelle, avec la basse continue . . . livre Ier. – *Paris, auteur, Boivin, Leclerc (gravées par Mme Leclair, imprimées par Montulay), (1733),* – P.       [B 1031
**CH** Bu – **F** Pc, Pn (2 Ex.) – **GB** Lbm

Sonates [a, fis, d, E, G, c] pour le violoncelle avec la basse-continue . . . livre IIe. – *Paris, auteur, Vve Boivin, Leclerc (gravées par Mme Leclair), (1733).* – P.                                    [B 1032
**CH** Zz (ohne Titelblatt) – **F** Pn (2 Ex.)

Sonates pour le violoncelle avec la basse continue . . . livre IIIe. – *Paris, auteur, Vve Boivin, Leclerc (gravées par Mme Leclair), (1733).* – P.       [B 1033
**F** Pn

Sonates pour le violoncelle avec la basse continue . . . livre IV. – *Paris, auteur, Vve Boivin, Leclerc (gravées par Mme Leclair), (1739),* – P.       [B 1034
**F** Pc, Pn – **NL** Uim – **US** Wc

Sonates pour le pardessus de viole avec la basse continue . . . livre Ve. – *Paris, auteur, Vve Boivin, Leclerc (gravées par Mme Leclair), (1739).* – P.       [B 1035
**F** Pc (2 verschiedene Ausgaben), Pn

Sonates et pièces pour le clavecin . . . livre VI. – *Paris, auteur, Vve Boivin, Leclerc (gravées par Mme Leclair), (1739).*
                                    [B 1036
**F** Pc, Pn – **GB** Lbm – **US** Wc

## BARRON George

The german spa. A favorite country dance, adapted as a rondo for the piano forte or harpsichord. – *s. l., s. n.*       [B 1037
**US** U

## BARROW John

The psalm-singer's choice companion, or an imitation of heaven on earth, and the beauty of holiness; being a compleat composition of church musick . . . set in four musical parts . . . the second edition. – *London, A. Pearson, for the author.*
                                    [B 1038
**GB** Bu, Lbm – **US** (Auflagen unbestimmt:) Ps, RI

— . . . the third edition . . . with large additions. – *ib., Robert Brown.*       [B 1039
**GB** Lbm, Lcm – **US** FW, Ps

A new book of psalmody, with chanting tunes for Te Deum, Jubilate Deo. Magnificat, Nunc dimittis, five hymns and twelve anthems, all set in four parts. – *London, William Pearson, for the author, 1730.*                                    [B 1040
**GB** Lbm (unvollständig)

## BARRY Richard, Earl of Barrymore

Three celebrated duetts for two voices, with an accompanyment for the pianoforte . . . published by Thomas Carter. – *s. l., s. n.*                                    [B 1041
**GB** Lcm

## BARSANTI Francesco

VOKALMUSIK

Sei antifone . . . opera quinta. – *[London, Welcker ].* – P.                    [B 1042
GB Lam, Lbm, Lcm, Lwa, T – US NYp, Wc

A collection of old Scots tunes, with the bass for violoncello or harpsichord. – *Edinburgh, Alexander Baillie.*
[B 1043
GB En, Gm, Gu, Lam, Lbm, LE, P

INSTRUMENTALWERKE

Concerti grossi. Parte prima, con duoi corni, duoi violini, viola, basso, e timpani, parte seconda, con duoi oboe, una tromba, duoi violini, viola, basso, e timpani . . . opera terza. – *Edinburgh, author, (1742).* – St.                             [B 1044
D-ddr LEm (vl I, vl II, vla, b [2 Ex.], cor I, cor II, trb, timp) – F Pc (vl I, vl II, vla, cor I/ob I, cor II/ob II, trb, bc) – GB Lbm (vl I, vl II, vla, vlc/bc, bc, ob I, ob II, cor I, cor II, trb, timp) – US AA (9 St.)

Nove overture a quattro, due violini, viola e basso . . . opera quarta. – *s. l., s. n. (1742).* – St.                          [B 1045
GB Lbm

[6] Sonatas of three parts for two violins, a violoncello and thorough bass made out of Geminiani's solos. – *London, John Walsh.* – St.                       [B 1046
I Vnm (vl I, vl II, b)

— *ib., Benjamin Cooke.*             [B 1047
GB Lbm – US R

Six sonatas for two violins and a bass . . . opera sesta. – *London, s. n.* – St. [B 1048
GB Lbm

VI Sonate per la traversiera, o german flute, con basso per violone o cembalo . . . opera seconda. – *London, Benjamin Cooke, (1728).* – P.                     [B 1049
GB Lbm, LEc

Solos [D, h, G, e, C, a] for a german flute, a hoboy, or violin, with a thorough bass for the harpsicord or bass violin . . . opera

terza. – *London, John Walsh & Joseph Hare.* – P.                          [B 1050
US Wc

— *ib., John Walsh, No. 355.*        [B 1051
GB Lbm

Sonatas or solos for a flute with a thorough bass for the harpsicord or bass violin. – *London, John Walsh & Joseph Hare.* – P.                          [B 1052
GB DRc, Lbm

Sonate a flauto, o violino solo con basso, per violone, o cembalo. – *[London ], s. n.* – P.                                 [B 1053
GB Lbm

Four sonatas for the german flute, with an accompaniment for the violoncello or harpsichord. – *London, Harrison & Co.* – P.                                 [B 1054
NZ Wt

## BART Wilhelm (Guillaume)

Philomela sacra seu cantiones sacrae unius, duarum et trium vocum cum instrum. – *Antwerpen, héritiers de Pierre Phalèse, 1671.* – St.                          [B 1055
S Uu (S, A, T, B; vl I, vl II, fag, bc)

Missae et motetta III. IV. V. vocum cum instrum. – *Antwerpen, héritiers de Pierre Phalèse, 1674.* – St.                    [B 1056
A Wgm (S I, S II, A, T, B; vl I, vl II, fag, bc) – NL Usg

## BARTA Joseph

Sei quartetti [E, F, C, D, d, B] per due violini, viola e violoncello . . . opera I. – *Lyon, Guera; Paris et en province, aux adresses ordinaires (gravé par Charpentier fils), No. 21.* – St.                     [B 1057
CH Bu – US Wc

Sei sonate [A, G, D, C, F, f] per il forte piano o cembalo solo . . . opera II. – *Lyon, Guera; Paris et en province (gravé par Mlle Ferriere), No. 25.*            [B 1058
D-ddr Dlb

## BARTEI Girolamo

*1592.* Il primo libro di madrigali a cinque voci. – *Venezia, Ricciardo Amadino, 1592.* – St.                                             [B 1059
I Vnm

*1607.* Responsoria omnia, quintae ac sextae feriae, sabbatique maiores hebdomadae, paribus vocibus . . . iuxta breviarij romani formam, una cum Zachariae cantico, ac Davidis psalmo, ipsis ferijs accomodata. – *Venezia, Ricciardo Amadino, 1607.* – St.                              [B 1060
I Bc, CEc

*1608.* Missae octonis vocibus, liber primus. – *Roma, Bartolomeo Zannetti, 1608.* – St.
                                             [B 1061
I Rsc (kpl. ; I:S, A, T, B; II: S, A, T, B; bc)

*1609.* Liber primus sacrarum modulationum quae vulgo, motecta appellantur, duabus vocibus, cum basso ad organum accomodato. – *Roma, Giovanni Battista Robletti, 1609.* – St.                    [B 1062
SD 1609$^4$
F Pc – I Bc

*1618a.* Litaniarum liber cum motectis nonnullis, ut aiunt concertatis et non concertatis, cum basso continuo ad organum, decimum tertium opus. – *Roma, Bartolomeo Zannetti, 1618.* – St.  [B 1063
E V (A, T, B)

*1618b.* Il primo libro de ricercari à due voci . . . opera duodecima. – *Roma, Bartolomeo Zannetti, 1618.* – St.       [B 1064
I Bc, Rsc

— *Ancona, Claudio Percimineo, 1674.*
                                             [B 1065
I Bc

*1618c.* Il secondo libro delli concerti a due voci . . . accomodati per sonare con qualsivoglia stromento, con la parte continua per l'organo, opera undicesima. – *Roma, Bartolomeo Zannetti, 1618.* – St.   [B 1066
I Rsc (kpl.: S, B, bc)

*s. d.* Libro dei madrigali a 6 voci. – *Venezia, Angelo Gardano, s. d.* – St.       [B 1067
I PS (B [unvollständig])

## BARTH Henri

Deux concerts vocals en françois, à trois voix, sçavoir, deux dessus & une basse, avec toutes sortes d'instruments obligés, le premier intitulé Le retour de la paix, et le deuxième Les plaisirs réunies. – *Gent, auteur.* – St.                    [B 1068
B Acp (vl I/II)

Six mottets à grand choeur [4 v], et six duettes pour deux dessus avec instrumens. – *s. l., s. n.* – St.                    [B 1069
B LIg – D-brd AAm (T I, B I) – NL At

## BARTH F. Philipp Karl Anton

Første musikaliske Forsøg i Sange for Klaveret. – *København, S. Sønnichsen, (1793).*                                       [B 1070
DK Sa

— Erste musikalische Versuche in Liedern für's Klavier. – *ib., (1793).* [B 1071
DK Sa

## BARTHELEMON Cecilia Maria

Three sonatas for the piano-forte, or harpsichord, the second with an accompaniment for the violin . . . opera prima. – *[London], author & all the music shops.* – P.                                           [B 1072
GB Gu, Lbm (2 Ex.), Ob – H Bn – US NYp

Two sonatas for the piano-forte or harpsichord, with accompaniments for the violin, german flute & violoncello . . . opera seconda. – *s. l., s. n.* – St. [B 1073
GB Gu, Lbm, Ob

Sonata for the piano-forte or harpsichord . . . dedicated to J. Haydn . . . op. 3. – *London, John Bland.*                    [B 1074
GB Gu, Lbm, Ob

A sonata for the piano-forte or harpsichord, with an accompaniment for a violin . . . op. IV. – *London, Longman & Broderip, for the authoress.* – St. [B 1075
GB Gu (unvollständig), Lbm, Ob

The Capture of the Cape of Good Hope, for the piano forte or harpsichord, concluding with a song & chorus. – *[London]*, *Lewis Lavenu.* – KLA.                    [B 1076
GB Lbm

## BARTHELEMON François-Hippolyte

MUSIK ZU OPERN UND ANDEREN BÜHNENWERKEN

Belphegor or the wishes

Belphegor or the Wishes, a comic-opera ... for the voice, harpsichord, or violin. – *London, Samuel & Ann Thompson.* – KLA.                          [B 1077
GB Gm, Lbm – US Bp

Overture to Belphegor or the Wishes. – *s. l., s. n.* – KLA.                      [B 1078
GB Lbm

The country girl

Tell me not of your roses. [Song in the comedy of the Country Girl] (in: Thalia ... a collection of six songs). – *s. l., s. n.*
                                            [B 1079
GB Lbm

Duenna

Oh! Had my love ne'er smil'd on me. A ... favourite air in the opera of Duenna with an accompaniment & variations for the pedal harp. – *[Dublin], Benjamin Cooke.*                             [B 1080
EIRE Dn

The election

The songs in the Election, an interlude. – *London, John Johnston.* – KLA. [B 1081
GB Gm (andere Ausgabe), Lbm, Lcm – US LAuc, Wc

Love in the city (Pasticcio)

Tell me cruel cupid. A favourite song in Love in the City. – *[Dublin], Samuel Lee.*
                                            [B 1082
GB Ckc

— Tell me cruel cupid. A favorite Rondo. – *s. l., s. n. (J. Aitken).*         [B 1083
US MV

The maid of the oaks (Pasticcio)

The Maid of the Oaks. – *London, Longman, Lukey & Co., John Johnston.* – KLA.
                                            [B 1084
SD
GB Ckc, CDp, Lbm, Lcm – US BE, Wc

The songs in the pastoral entertainment, call'd The Maid of the Oaks. – *[London]*, *Longman, Lukey & Co., John Johnston.*
SD                                          [B 1085
GB Gm

[Pastoral overture from the opera Maid of the Oaks and Pastoral symphony end of act III and Minuet]. – *s. l., s. n.* – KLA.
                                            [B 1086
S Ssr (fehlt Titelblatt)

Come rouse from your trances. Miss Catley's new hunting song. – *[Dublin], printed for Exshaw's Gentlemen's and London Magazine.*                          [B 1087
EIRE Dn – GB Ckc

Old city manners

Push the jovial bowl about. The favorite laughing song, sung ... in the comedy called [Old] City Manners. – *[London]*, *P. Hodgson.*                         [B 1088
GB Lbm

Pelopida

The favourite songs in the opera of Pelopida. – *London, Welcker.* – P.     [B 1089
D-brd Mbs – GB Lbm (2 Ex.), Lcm (unvollständig) – NL AN – US Wc

SAMMLUNGEN UND EINZELGESÄNGE

A collection of new songs sung at Ranelagh. – *London, author.*             [B 1090
GB Gm, Lam, Lbm

A collection of favourite songs ... sung ... at Vaux Hall and Marybone in the years 1773 & 1774. – *London, William Napier.* – P.                        [B 1091
GB Lbm – US Wc

Orpheus. An English burletta. Introduced in the farce called A New Rehearsal, or A Peep behind the Curtain. – *London, Welcker.* – KLA.                       [B 1092
GB Lbm – US Bp, Wc

The portrait; a burletta. – *Dublin, Samuel Powell, 1772.*                    [B 1093
US CA

Glee for the anniversary of the Philanthropic Society. – *London, Robert Wornum, for the author.* – P.        [B 1094
H Bn

The African's pity on the white man. [Song] with an accompaniment for the harp or piano forte. – *London, Edward Riley.*                              [B 1095
GB Lbm

Come faith divine. A favorite duet, sung at the Asylum. – *Lambeth, William Gawler.*                                    [B 1096
GB Gu, Lbm

Durandarte and Belerma, a pathetic Scotch ballad, with an accompanyment for the harp. – *London, Longman & Broderip.*                            [B 1097
GB Lbm, Ob

— *ib., John Dale.*                    [B 1098
GB Lbm

— *ib., Longman, Clementi & Co.* [B 1099
GB BA – US NYp

— *ib., Robert Birchall.*             [B 1100
GB Lbm

Father of light and life. Glee (from Thompson's Season). – *s. l., for the author.* [B 1101
GB Lbm

Gentle Damon. A rondeau . . . sung by Mrs. Weichsell. – *London, Robert Falkener.*                              [B 1102
GB Lbm – US U

Poor stolen Mary . . . with an accompaniment for the harp or piano forte. – *London, Purday & Button.*         [B 1103
D-brd Hs

Summer's Treasures. [Song] – *London, Edward Riley.*                    [B 1104
GB Lbm

Under sweet friendship's name. A canon, sung by Mr. Vernon at Vauxhall (in: The European Magazine, Vol. IV., p. 470). – *[London], s. n., (1783).*        [B 1105
GB Lbm

INSTRUMENTALWERKE

Six sinfonies pour deux violons, deux hautbois, deux cors, alto et basse, op. 3. – *Paris, Boivin; London, auteur.* – St. [B 1106
D-brd MÜu

Six concertos for three violins, a tenor & violoncello to which may be added ad libitum two ripieno violins & a thorough bass for the harpsichord . . . opera III$^d$. – *London, Welcker.* – St.        [B 1107
E Mn – GB Bu (unvollständig), Lam, Lbm – US Wc

Two favourite solo concertos for the violin. – *London, Longman, Lukey & Broderip.* – St.                              [B 1108
D-ddr LEm (vl princip., vl I, vl II, vla, fl I, fl II, cor I, cor II, b) – GB Lbm (2 Ex.; vl princip., vl I, vl II, vla, b) – US AA (10 St.)

Six overtures for two violins, two oboes or flutes, two french horns, a tenor, and a bass for the harpsicord . . . opera VI$^{ta}$. – *London, author.* – St.        [B 1109
GB Er (overture No. 1)

— *ib., John Welcker.*                [B 1110
GB Lbm – US Pu, Wc

The Princess of Wales's minuet, in score, also adapted for the piano-forte, harpsichord & harp . . . by Mr., Mrs. & Miss Barthelemon. – *London, Lewis, Houston & Hyde, for the authors.* – P.        [B 1111
US NYp (2 Ex.)

The Prince of Wales's minuet. – *London, James Blundell.* – P.        [B 1112
GB Lbm

The Prince of Wirtemberg's march. – *London, Longman & Broderip.* – P. [B 1113
GB Lbm, Ob

Six quartettos for two violins, a tenor and violoncello . . . op. IX. – *London, William Napier, No. 135.* - St.        [B 1114
GB Ckc – US Wc

Six quartetts for two violins, tenor and violoncello, the 4$^{th}$ being an orchestre quartett, and the 5$^{th}$ for the hautboy, violin tenor and violoncello, obligated . . . opera 12. – *London, Robert Wornum.* – St.        [B 1115
GB Ckc (No. 1, in anderer Ausgabe), Lbm

221

The favorite dance of Robin Gray ... adapted for the harpsichord, piano forte, flute and violin. – *London, Longman & Broderip, 1785.* – P.      [B 1116
**GB** Cu, Lbm (2 Ex.), Lcm

The opera dances for 1784. Composed & properly adapted for the piano forte, harpsichord, flute & violin. ... book I. – *London, Longman & Broderip, for the author.* – P.      [B 1117
**GB** Lbm – **NL** DHgm

Six sonatas for two violins or german flutes, with a thorough bass for the harpsichord ... opera I^{ma}. – *London, Welcker.* – St.      [B 1118
**F** Pn – **GB** Ckc (2 Ex.), Lbm (2 Ex.) – **NL** AN – **S** Skma – **US** AA, CHua

Six sonates à violon seul et basse ... second œuvre. – *London, Welcker.* – P.      [B 1119
**E** Mn – **F** Pc – **GB** Ckc, Lbm – **US** AA, BE, NYp

Six solos for a violin, and a thorough bass for the harpsichord ... opera X. – *London, Longman & Broderip.* – P.    [B 1120
**GB** Lbm

Six lessons with a favourite rondo in each for the forte piano or harpsichord with an accompanyment for a violin ad libitum ... opera V. – *London, Welcker.* [B 1121
**GB** Lbm – **US** CA, Wc, Ws

A favourite Irish air made a rondeau, sett for the violin & harpsichord. – *[Dublin]*, *Samuel Lee.* – P.      [B 1122
**GB** Ckc

Six duetts [D, C, A, G, F, Es] for two violins ... opera IV. – *London, Charles & Samuel Thompson.* – St.      [B 1123
**GB** Lbm – **I** Vc (vl I) – **US** U

Six duettos [C, A, B, D, F, G] two for two violins, two for a violin and tenor, and two for a violin and violoncello ... opera VIII. – *London, John Welcker.* – St.      [B 1124
**GB** Lbm – **S** Skma (fehlt vl I)

Six duets, two for two violins, two for a violin and tenor, and two for a violin and

violoncello. – *London, John Fentum.* – St.      [B 1125
**GB** Lbm – **US** Wc

Three favorite duetts in a familiar stile, two for two violoncellos and one for a violin & violoncello. – *London, Culliford, Rolfe & Barrow.* – P.      [B 1126
**GB** Gu, Lbm, Ob – **US** Dp

Six voluntaries or easy sonatas for the organ ... op. II. – *London, Longman & Broderip.*      [B 1127
**GB** Cu, Gu, Lbm – **US** Wc

Six petites sonates pour le piano forte ou pour le clavecin. – *London, Peter Welcker.*      [B 1128
**F** Pc – **GB** Lbm (2 Ex.) – **US** Wc (2 Ex.), Ws

Preludes for the violin. – *London, author.*      [B 1129
**GB** Lbm

SCHULWERKE

A new tutor for the harpsichord or piano forte, wherein the first principles of music are fully explained with an easy method for fingering in a set of progressive lessons in which is introduced two easy methods for tuning. – *[London]*, *author.*   [B 1130
**GB** Lbm – **US** Wc

A new tutor for the violin, in which is introduced principal rules ... of music, a set of ... examples and six cappriccios. – *London, author.*      [B 1131
**GB** Lcm, Ob

## BARTHELEMON Maria

Six English and Italian songs [S or T, with accompaniment for violins and pf] ... opera 2^{da}. – *Vauxhall [London]*, *author; Harrison & Co., Longman & Broderip, Thompson, Napier, Holland.* [B 1132
**F** Pc – **GB** Gu, Lbm (2 Ex.) – **US** Bp

Three hymns, and three anthems [for 2 voices, with accompaniment for organ] composed for the Asylum and Magdalen Chapels ... op. 3. – *London, John Bland, for the authoress.*      [B 1133
**GB** En, Lbm (2 Ex.), Ob – **H** Bn – **US** Wc

An ode on the late providential preservation of our ... Gracious Sovereign ... op. 5. – *London, Culliford, Rolf & Barrow.* [B 1134
GB Lbm (2 Ex.), Ob

The Weavers' Prayer [Song]. – *London, Preston & son.* [B 1135
GB Lbm

Six sonatas for the harpsichord or piano forte with an accompanyment for violin. – *London, William Napier, for the authoress.* – P. [B 1136
GB Lbm (2 Ex.) – US R, Wc

## BARTHELEMY

Le Siège de St. Malo et la Bataille de St. Cast, près St. Malo, cantatilles à voix seule avec symphonie. – *Paris, de La Chevardière, Bayard, Mlle Castagnery, Le Menu (gravées par Ceron).* – P. [B 1137
F AG

## BARTHOLINUS → BARTOLINI Orindio

## BARTHOLOMEI El Conte → EL CONTE Bartholomei

## BARTLET John

A booke of ayres with a triplicitie of musicke, whereof the first part is for the lute or orpharion, and the viole da gambo, and 4. partes to sing, the second part is for 2. trebles to sing to the lute and viole, the third part is for the lute and one voyce, and the viole da gambo. – *London, John Windet, for John Browne, 1606.* [B 1138
GB Lbm

## BARTOLI Giovanni Battista

Il primo libro de madrigali a cinque voci. – *Firenze, Zanobi Pignoni, 1617.* – St. [B 1139
I Bc (A, T), Rc (S, B, 5)

## BARTOLINI Francesco

Concerti ecclesiastici a due, tre, quatro, et cinque voci, con le letanie della B. Vergine. – *Venezia, Alessandro Vincenti, 1633.* [B 1140
D-brd Ngm (S I, T, B, org) – GB Lbm (T) – PL WRu (S, I, B, org)

## BARTOLINI Orindio

Il primo libro de madrigali a cinque voci. – *Venezia, Alessandro Raverii, 1606.* – St. [B 1141
A Wn (A, B, 5) – GB Och (kpl.: S, A, T, B, 5)

Canzonette et arie alla romana, a tre voci, per cantar come hoggi di si costuma ... libro primo. – *Venezia, Alessandro Raverii, 1606.* – St. [B 1142
A Wn (kpl.: S I, S II, B) – D-brd Kl

Compieta con le littanie della B. Vergine a otto voci ... con il suo basso continuo per l'organo. – *Venezia, Bartholomeo Magni, 1613.* – St. [B 1143
D-brd Mbs (kpl.; I: S, A, T, B; II: S, A, T, B; bc)

Messe concertate a otto voci & messa per li morti con un motetto, & il Te Deum laudamus, con il basso continuo per l'organo ... opera quarta. – *Venezia, Bartholomeo Magni, 1633.* – St. [B 1144
PL WRu (S I, A I, B II, bc; fehlen T I, B I, S II, A II, T II)

Messe concertate a 5, 8, & 9 voci, & motteti a 1, 2, 3, & 8 col basso continuo per l'organo ... opera quinta. – *Venezia, Bartholomeo Magni, 1634.* – St. [B 1145
A KR

## BARTOLOMEO de Selma e Salaverde

Primo libro, canzoni fantasie et correnti da suonar ad una 2. 3. 4. con basso continuo. – *Venezia, Bartholomeo Magni, 1638.* – St. [B 1146
PL WRu (fehlt bc, 2. Stb. def.)

## BARTOLOTTI Angiolo Michele

Libro p°. di chitarra spagnola. – *Firenze, s. n., (1640).* [B 1147
F Pthibault – GB Lbm – I Bc

Secondo libro di chitarra. – *Roma, s. n.* [B 1148
GB Lbm – I Nc

## BARWICK John

Harmonia cantica divina, or The Kentish divine harmonist, being a new set of psalm tunes and anthems, all in four parts . . . to which is prefixed, a short introduction to singing. – *London, Thomas Skillern, for the author.*                    [B 1149
GB Lbm (fehlen S. 67/68)


## BARYPHONUS Heinrich

Melos genethliacum oder Weihenacht Gesang (Ein Engel schon vons Himmels Thron) mit 6. Stimmen gesatzt. – *Magdeburg, s. n., 160[9].* – St.          [B 1150
D-ddr Q (Fotokopie)


## BASELLI Constantino

Il primo libro delle canzonette a tre voci. – *Venezia, Ricciardo Amadino, 1600.* – St.
                                              [B 1151
I Vgc (S)

Grati, gratiosi, giocondi, gioiosi et graditi canti sopra il nascimento del gran mottor dell'universo, et della regina del cielo Maria Vergine . . . con l'aggionta di due sonore canzoni . . . a una, due, tre e quattro voci, con il basso continuo per il clavicembalo, over altro stromento, opera quinta. – *Venezia, Alessandro Vincenti, 1640.* – St.                          [B 1152
GB Lbm (T)


## BASEO Francesco Antonio

Il primo libro de madrigali a cinque voci. – *Venezia, Angelo Gardano, 1582.* – St.
SD                                            [B 1153
PL GD

Il [p]rimo libro delle canzoni villanesche alla napolitana à quattro voci. – *Venezia, Girolamo Scotto, 1573.* – St.        [B 1154
SD 1573[17]
D-brd HEms (T) – D-ddr Z (S, T) – GB Cu (B)


## BASILE Donato

Vilanelle [con alcuni dialoghi a dui soprani, per cantar con instrumenti] . . . il primo libro a tre, & a quattro voci. – *Napoli, Giovanni Giacomo Carlino, Costantino Vitale, 1610.* – St.              [B 1155
SD
F Pc (T; [dialoghi:] T, B)


## BASILE Lelio

Il primo libro de madrigali a cinque voci. – *Venezia, stampa del Gardano, appresso Bartolomeo Magni, 1619.* – St.       [B 1156
I Vnm (A)


## BASILI Andrea

Musica universale armonico pratica dettata dall'istinto, e dalla natura illuminata dai veri precetti armonici opera utile per istudiosi di contrapunto, e per i suonatori di grave cembalo, ed organo esposta in ventiquattro esercizi. – *Venezia, Innocente Alessandri & Pietro Scattaglia.*    [B 1157
A Wgm, Wn – F Pc (2 Ex.) – GB Ckc, Lbm – I CEb, Mc, Nc, Rc, Rsc, Vnm

[Salmi in testo parafrastico italiano. – *s. l., s. n.*]                              [B 1158
I Nc (ohne Titelblatt)

Liberty regain'd. An ode to Daphne, imitated from ye Italian. – *s. l., s. n.* [B 1159
GB Lbm, Mp – US Ws


## BASSANESI Giovanni Battista

Ariette e duettini. – *London, Welcker.*
                                              [B 1160
GB Cu, Lbm


## BASSANI Giovanni Battista

*Op. 1.* Balletti, correnti, gighe, e sarabande a violino e violone, overo spinetta, con il seconde violino a beneplacito . . . opera prima. – *Bologna, Giacomo Monti, 1677.* – St.                                       [B 1161
F Pc (vl I) – I Bc (kpl.)

— *ib., Marino Silvani (Giacomo Monti), 1684.*                                 [B 1162
GB Lbm

— Suonate da camera, cioè balletti . . .
– *Venezia, Giuseppe Sala, 1686.* [B 1163
US NYp

*Op. 2.* L'armonia delle sirene, [10] cantate
amorose musicali a voce sola . . . opera
seconda. – *Bologna, Giacomo Monti, 1680.*
– P.                                        [B 1164
I Bc

— *ib., Pier-Maria Monti, 1692.* [B 1165
CH Zz – GB Lcm, Ob – I Bc

*Op. 3.* Il cigno canoro, cantate amorose
. . . libro secondo, opera terza. – *Bologna,*
*Giacomo Monti, 1682.* – P.        [B 1166
I Bc

— Cantate a voce sola . . . opera terza. –
*ib., Marino Silvani, 1699.*        [B 1167
GB Ob (fehlt Titelblatt und S. 1–8) – I Bc

*Op. 4.* La moralità armonica. [12] cantate
a 2 e 3 voci . . . opera quarta. – *Bologna,*
*Giacomo Monti, 1683.* – St.        [B 1168
I Bc

— *ib., Pier-Maria Monti, 1690.* [B 1169
GB Lwa (kpl.: S I, S II, B, bc, vlne/tiorba) –
I ASc (S I, S II, B), Bc, COd, Rli, Sd

— *ib., Marino Silvani, 1700.*        [B 1170
CH Zz (S I, S II, bc [2 Ex.]) – I Rsc (S I)

*Op. 5.* Sinfonie a due, e tre instromenti,
con il basso continuo per l'organo . . .
opera quinta. – *Bologna, Giacomo Monti,*
*1683.* – St.                              [B 1171
GB Ob – I Bc

— *ib., Marino Silvani (Giacomo Monti),*
*1688.*                                        [B 1172
D-brd Rp (vlc) – I Bc

— Suonate a due, tre instrumenti col basso
continuo per l'organo . . . opera quinta. –
*Antwerpen, Hendrik Aertssens, 1691.*
                                              [B 1173
F Pmeyer – GB Lbm, Och (unvollständig) –
US CA

— XII Sonate da chiesa a tre, due violini,
basso e basso continuo . . . opera quinta.
– *Amsterdam, Estienne Roger, No. 9 3.*
                                              [B 1174
GB Cpc, Cu, Lbm – NL DHgm – S Skma – US
Wc

*Op. 6.* Affetti canori, cantate et ariette . . .
[opera sesta]. – *Bologna, Giacomo Monti,*
*1684.* – P.                              [B 1175
F Pn (fehlt Titelblatt) – I Bc

— *Venezia, Giuseppe Sala, 1692.* [B 1176
I Bc

— *Bologna, Marino Silvani, 1697.* [B 1177
I Bc

*Op. 7.* Eco armonica delle muse, cantate
amorose a voce sola . . . opera settima. –
*Bologna, Marino Silvani (Giacomo Monti),*
*1688.* – P.                              [B 1178
F Pc – I Bc

— *ib., Pier-Maria Monti, 1693.*    [B 1179
CH SO – F Pn – GB Lcm, Ob – I Bc, Rlc

*Op. 8.* Metri sacri resi armonici, in [12]
motetti a voce sola con violini . . . opera
ottava. – *Bologna, Marino Silvani (Pier-*
*Maria Monti), 1690.* – St.        [B 1180
D-brd F (kpl.: Cantus, vl I, vl II, bc) – F Pn
(vl I, vl II, bc) – I Bc – NL Usg (Cantus) – US
SFsc (bc)

— Resi armonici . . . opera ottava. – *Ant-*
*werpen, Hendrik Aertssens, 1691.* [B 1181
B Br – F Pc (Cantus), Pthibault – GB Lbm,
Och – NL Usg (vl I, vl II, bc)

— Metri sacri resi armonici . . . opera ottava. – *Bologna, Marino Silvani, 1696.*
                                              [B 1182
CH Zz – D-brd OB (fehlt bc) – I Rsg

— *Amsterdam, Estienne Roger.*    [B 1183
F Pc (Cantus, vl II) – GB Lcm

— Harmonia festiva, being the eighth
opera of divine mottetts . . . for a single
voice with proper symphonies, wherein
are the celebrated mottetts of Quid arma,
quid bella, & Alegeri amores. – *London,*
*William Pearson, for John Cullen, John*
*Young.* – P. und St.                    [B 1184
A Wn (P.) – F Pmeyer (P.) – GB Bu (St., unvollständig), Cfm, Ckc, Cpl, Cpc, CDp, Ge (St.,
unvollständig), Lam, Lbm (St., unvollständig), Lcm, Lgc (2 Ex.) – US AA (P.), BLus (P.),
CHua (St.), NH (P.), Pu (P.), Wc (P.)

— Quid arma quid bella. Bassani's most
celebrated mottet. – *s. l., s. n.* – St.
                                              [B 1185
GB Lbm

*Op. 9.* Armonici entusiasmi di Davide, overo salmi concertati a quatro voci con violini, e suoi ripieni, con altri salmi a due, e tre voci con violini . . . opera nona. – *Venezia, Giuseppe Sala, 1690.* – St.                    [B 1186
**D-brd** F (kpl; I: S, A, T, B; II: S, A, T, B; vl I, vl II, vla, org) – I Bc, Fc, Ls

— *ib., 1695.*                    [B 1187
**CH** Zz – **GB** Lbm (unvollständig), Lwa, Ob (unvollständig) – I Fm (B I, B II), Ls (fehlt S II) – US SFsc (T)

— *ib., 1698 ([A, T:] 1699).*                    [B 1188
**D-brd** OB (fehlt II: S, A, T, B) – **D-ddr** Dlb (fehlt T II, B II) – I Bc (vlne/vla), Bsp (fehlt vlne/vla), Fm (B I, B II), UD (vl I, vl II, vlne/vla)

*Op. 10.* [6] Salmi di compieta a tre e quattro voci concertati, con violini, e ripieni . . . opera decima. – *Venezia, Giuseppe Sala, 1691.* – St.                    [B 1189
**CH** Zz (fehlt vla/vlne) – **GB** Ob (II: S, A, T, B) – I Bc (kpl.; I: S, A, T, B; II: S, A, T, B; vl I, vl II, vlne/vla, org), Sd (fehlt B II) – US Pu (4 St.)

— *ib., 1697.*                    [B 1190
**CH** Zz – **D-brd** WD – F Pn (kpl.; S, A, [2 Ex.]) – I FZd, FEc (S, T, B; T II; vl II, org) – US Wc

*Op. 11.* [12] Concerti sacri, motetti a una, due, tre e quattro voci con violini e senza . . . opera undecima. – *Bologna, Marino Silvani (Pier-Maria Monti), 1692.* – St.                    [B 1191
**D-brd** OB (vl I) – F Pn (kpl.: S, A, T, B; vl I, vl II, vlne/tiorba, org) – I Ac, AGI (T), Bc, LOc (S, A, T, B, vlne/tiorba), Rsg

— *ib., Marino Silvani, 1697.*                    [B 1192
**CH** Zz – **D-brd** OB – **GB** Lwa – I Ac

— *Amsterdam, Estienne Roger (Bologna, Marino Silvani).*                    [B 1193
**D-brd** Mbs (S)

— Melodie moderne in concerti sacri . . . opera undecima. – *Antwerpen, Hendrik Aertssens, 1695.*                    [B 1194
**NL** Usg

*Op. 12.* Motetti a voce sola con doi violini ad libitum . . . opera duodecima. – *Vene-*

*zia, Giuseppe Sala, 1692.* – P. und St.                    [B 1195
**GB** Lbm (cantus, P.) – I Bc (cantus, P.)
— *ib., 1696.*                    [B 1196
**D-brd** OB (cantus)

— Melodie moderne in concerti sacri a una, due . . . opera undecima. – *Antwerpen, Hendrik Aertssens, 1695.*                    [B 1197
**GB** Lbm

— *Amsterdam, Estienne Roger.*                    [B 1198
**D-brd** WD (vl I, vl II, org; fehlt cantus) – **GB** Lcm (4 St.)

*Op. 13.* Armonie festive o siano motetti sacri a voce sola con violini . . . opera terza decima. – *Bologna, Marino Silvani (Pier-Maria Monti), 1693.* – St.                    [B 1199
**D-brd** OB (vl I) – I Bc (kpl.: cantus, vl I, vl II, vlne/tiorba, org)

— *ib., Marino Silvani, 1696.*                    [B 1200
**CH** E (vl I, vl II, org), Zz – **D-brd** OB – I Bc (org)

— *Amsterdam, Estienne Roger.*                    [B 1201
**GB** Lbm (fehlt vlne/tiorba)

— Harmonia festiva, being the thirteenth opera of divine mottetts . . . for a single voice with proper symphonies. – *London, William Pearson, for John Cullen, John Young.* – P. und St.                    [B 1202
**D-ddr** Bds (P.) – F Pmeyer (P.) – **GB** [St.:] Cfm, Ckc, CDp, Lbm (unvollständig), Lam, Lgc (2 Ex.), Lcm, Och – US PHf (P.), Wc (P.)
*Op. 14.* Amorosi sentimenti di [12] cantate a voce sola . . . opera quartadecima. – *Venezia, Giuseppe Sala, 1693.* – P.                    [B 1203
**CH** Zz – I Bc

— *ib., 1696.*                    [B 1204
**GB** Ob (2 Ex.)

*Op. 15.* Armoniche fantasie di cantate amorose a voce sola . . . opera decimaquinta. – *Venezia, Giuseppe Sala, 1694.* – P.                    [B 1205
**F** Pn (unvollständig) – I Bc

— *ib., 1701.*                    [B 1206
**CH** Zz

*Op. 16.* La musa armonica, cantate amorose musicali a voce sola . . . opera XVI.

– *Bologna, Pier-Maria Monti, 1695.* – P.
[B 1207
**GB** Ob – **I** Bc

*Op. 17.* La Sirena amorosa, cantate a voce sola con violini . . . opera XVII. – *Venezia, Giuseppe Sala, 1699.* – St.      [B 1208
**I** Bc (Cantus)

*Op. 18.* [3] Messe concertate à 4. e 5. voci, con violini, e ripieni . . . opera XVIII. – *Bologna, Marino Silvani, 1698.* – St.
[B 1209
**CH** E (org), Zz (I: S, S, A, T, B; II: S, S, A, T, B; vlne/tiorba, org; fehlen vl I, vl II) – **D-brd** OB (I: S, S, A, T, B; vl I, vl II, org) – **F** Pn (S I, A) – **I** Bc (fehlt vlne/tiorba), Rc (vlne/tiorba), Rvat-casimiri (vl I), Sd, UD (I: S, S, T, B; vl I, vl II, org)

— *[mit op. 20]* Messe concertate . . . et messa per li defonti concertata a quatro voci, con viole, e ripieni, opera vigesima. – *Bologna, Marino Silvani; Amsterdam, Estienne Roger.* – St.      [B 1210
**GB** DRc, Lcm – **D-brd** WD

*Op. 19.* Languidezze amorose, [12] cantate a voce sola . . . opera decimanona. – *Bologna, Marino Silvani, 1698.* – P.
[B 1211
**GB** Lbm, Ob – **I** Bc, SPd

*Op. 20 [vgl. auch Op. 18].* Messa per li defonti concertata a quattro voci, con viole, e ripieni . . . opera vigesima. – *Bologna, Marino Silvani, 1698.* – St.      [B 1212
**CH** Bu (I: S, A, T, B; II: S, A, T, B; vla, a-vla, vlne/tiorba; fehlt org), Zz – **D-brd** OB (S, A, T, B; vla, a-vla, org), WD – **D-ddr** Dlb (fehlt S II) – **F** Pn (S, A) – **I** Ac, Bc, COd (fehlen B I, S II, vlne), Rsg, Sd, UD

*Op. 21.* Salmi concertati a 3. 4. e 5. voci, con violini, e ripieni . . . opera XXI. – *Bologna, Marino Silvani, 1699.* – St. [B 1213
**CH** E (org), Zz (kpl.; I: S, S, A, T, B; II: S, S, A, T, B; vl I, vl II, bc, org) – **D-brd** OB (I: S, A, T, B; vl I, vl II, bc, org) – **F** Pn (kpl.; S, A [2 Ex.]), Pc – **I** Bc, Bof, Rc (II: S, A, T), Rsg (2 Ex.), Sd, UD (I: S, S, A, T, B; vl I, vl II, bc, org)

*Op. 22.* Lagrime armoniche o sia il vespro de defonti, a quattro voci con violini, e suoi ripieni . . . opera vigesima seconda. – *Venezia, Giuseppe Sala, 1699.* – St. [B 1214
**CH** Zz – **I** Bc

*Op. 23.* Le note lugubri, concertate ne [9] responsorij dell'ufficio de morti, a quattro voci, con viole, e ripieni . . . opera vigesimaterza. – *Venezia, Giuseppe Sala, 1700.* – St.      [B 1215
**CH** Zz – **I** Bc

*Op. 24.* Davidde armonico, espresso ne [6] salmi di mezzo concertati a due, e tre voci con violini per tutto l'Anno . . . opera XXIV. – *Venezia, Giuseppe Sala, 1700.* – St.      [B 1216
**CH** Zz (kpl.: S, S, A, B; vl I, vl II, org) – **F** Pc (vl I, vl II, org) – **I** Bc, Bsp, FEc, Rli (fehlt org), Sd (fehlt S II)

*Op. 25.* [8] Completory concenti, a 4. voci concertate mancando qual si voglia parte, con violini, e ripieni a beneplacito . . . opera XXV. – *Bologna, Marino Silvani, 1701.* – St.      [B 1217
**CH** Zz (kpl.; I: S, A, T, B; II: S, A, T, B; vl I, vl II, vlne/tiorba, org) – **D-brd** Dlb – **I** Ac (S, org), Bc, SPd (I: S, A, T, B; org), UD (vl I, vl II, vlne/tiorba, org)

*Op. 26.* [4] Antifone sacre a voce sola con violini per tutto l'anno, e due Tantum ergo . . . opera vigesima sesta. – *Bologna, Marino Silvani, 1701.* – St.      [B 1218
**CH** Bu (S/A, vl II, vlne/tiorba), Zz (kpl.: S/A, vl I, vl II, vlne/tiorba, org) – **I** Bc, Rsg (kpl.; bc [3 Ex.]), Sd

— Antifone sacre . . . e mottetti à 1. 2. e 3. voci con 3. e 5. instrumenti. – *Amsterdam, Estienne Roger.*      [B 1219
**US** Wc (7 St.)

*Op. 27.* Motetti sacri a voce sola, con violini . . . opera vigesima settima. – *Venezia, Giuseppe Sala, 1701.* – St.      [B 1220
**CH** Bu (Cantus, vl I, vlne/tiorba), E (org), Zz (kpl.: Cantus, vl I, vl II, vlne/tiorba, org) – **D-brd** OB (vl I, vl II, vlne/vla, org) – **I** Bc – **NL** DHgm (Cantus, org)

*Op. 29.* Corona di fiori musicali. Tessuta d'ariette con varii stromenti . . . opera vigesima nona. – *Bologna, Marino Silvani, 1702.* – P. und St.      [B 1221
**CH** Zz (kpl.: Cantus, vl I, vl II, vlc, P.) – **GB** Lbm (vl II) – **I** Bc

*Op. 30.* [18] Salmi per tutto l'anno, a otto voci reali divise in due chori, con il secondo organo a beneplacito . . . opera

XXX. – *Bologna, Marino Silvani, 1704.*
– St.　　　　　　　　　　　　　　[B 1222
**CH** Zz (kpl.; I: S, A, T, B; II: S, A, T, B; vlne/
tiorba, org I, org II) – **F** C – **GB** T – **I** Ac, Bc,
FZd, LT, Ls (fehlt org II), Rn (fehlt vlne/tior-
ba), Sd – **US** SFsc (T II)

*Op. 31.* [12] Cantate, et arie amorose a
voce sola, con violini unissoni . . . opera
trigesima prima. – *Bologna, Marino Silvani, 1603 [ = 1703 ].* – P. und St. [B 1223
**CH** Zz (vl, P.) – **I** Bc (vl, P.)

*Op. 32.* [4] Messe concertate, a quattro
voci, con strumenti, e ripieni, parte con
strumenti obligati, & altre con strumenti
a beneplacito, con una messa per li defonti,
con li strumenti ad arbitrio . . . opera trigesima seconda. – *Bologna, Marino Silvani, 1710.* – St.　　　　　　　　[B 1224
**CH** Zz (kpl.; I: S, A, T, B; II: S, A, T, B; vl I,
vl II, a-vla, org, bc) – **D-brd** MÜs (I: S, A, T,
B; II: B; vl II, a-vla), WD (2 Ex.; im 2. Ex.
fehlt org) – **F** C – **I** Bc, FEc, PCd (T II, B II),
Plp (vl II [unvollständig]), UD

Acroama missale, complexu suo continens
quatuor voces in concerto et quatuor in
ripieno, associatas duobis violinis et una
viola partim necessariis et partim ad placitum, nec non III. trombon: ripien: una-
cum duplici basso generali. – *Augsburg,
Johann Christoph Wagner, 1709.* – St.
　　　　　　　　　　　　　　[B 1225
**CH** Zz (kpl.; I: S, A, T, B; II: S, A, T, B; vl I,
vl II, a-vla, a-trb, t-trb, b-trb, org, bc) – **D-brd**
Mbs, NBsb (fehlt S II, B II, org), WS (fehlt
a-, t-, b-trb) – **H** PH (I: S, A, T, B; II: S, A, T,
B; a-vla, trb) – **PL** Wu (A I, a-trb, bc)

## BASSANI Paolo Antonio

Le canore armonie rese soavi in [10] can-
tate . . . opera prima. – *Bologna, Marino
Silvani, 1697.* – P.　　　　　　　[B 1226
**CH** Zz – **I** Rsc (2 Ex.)

## BASSANO Christopher

Six select anthems in score. – *London,
Charles & Samuel Thompson.* – P. [B 1227
**GB** Bu, Cpl, Lbm, Lcm

## BASSANO Giovanni

*1585a.* Fantasie a tre voci, per cantar et
sonar con ogni sorte d'istrumenti. – *Venezia, Giacomo Vincenti & Ricciardo Amadino, 1585.* – St.　　　　　　　　[B 1228
**GB** Lbm (B)

*1585b.* Ricercate passaggi et cadentie, per
potersi essercitar nel diminuir terminata-
mento con ogni sorte d'istrumento: et
anco diversi passaggi per la semplice voce.
– *Venezia, Giacomo Vincenti & Ricciardo
Amadino, 1585.*　　　　　　　　[B 1229
SD 1585³⁸
**I** Bc

— *ib., Giacomo Vincenti, 1598.*　[B 1230
SD 1598¹⁶
**I** Fn

*1587.* Canzonette a quatro voci. – *Venezia, Giacomo Vincenti, 1587.* – St. [B 1231
**D-brd** Kl

*1588.* Il fiore dei capricci musicali a quattro voci, per sonar con ogni sorte di stromenti. – *Venezia, Giacomo Vincenti, 1588.*
– St.　　　　　　　　　　　　　[B 1232
**I** Bc (T)

*1598a.* Motetti per concerti ecclesiastici a
5, 6, 7, 8, & 12. voci. – *Venezia, Giacomo
Vincenti, 1598 [Basso per l'organo: 1599].*
– St.　　　　　　　　　　　　　[B 1233
**D-brd** F (S, 5, 6, 8 [nur Titelblatt]) – **I** Bc (S,
A, T, B, 5, 6, 7, 8, bc)

1598b → 1585b

*1599.* Concerti ecclesiastici a cinque, sei,
sette, otto & dodeci voci . . . libro secondo.
– *Venezia, Giacomo Vincenti, 1599.* – St.
　　　　　　　　　　　　　　[B 1234
**I** Bc (kpl.: S, A, T, B, 5, 6, 7, org), Bsp (fehlt B)

*1602.* Madrigali et canzonette concertate
per potersi cantare con il basso, & soprano
nel liuto, & istrumento da pena, con passaggi a ciascuna parte . . . libro primo. –
*Venezia, Giacomo Vincenti, 1602.* – P.
　　　　　　　　　　　　　　[B 1235
**D-brd** Rp

## BASSENGIUS Aegidius

Motectorum quinque, sex, octo vocum, liber primus. – *Wien, Leonhard Formica, 1591.* – St.　　　　　　　　　　[B 1236
A Wn (kpl.: S, A, T, B, 5, 6) – **D-brd** Kl

## BASSEVI Giacobbo → CERVETTO Giacobbo Bassevi

## BASSI Dionisio

Sacrarum cantionum, quinque vocibus, liber primus. – *Venezia, Giacomo Vincenti, 1604.* – St.　　　　　　　　　　[B 1237
I Bc (A, 5)

## BASTINI Vincentio

Il primo libro de madrigali a cinque et a sei voci. – *Venezia, (Claudio Merulo), 1567.* – St.　　　　　　　　　　[B 1238
**D-brd** Mbs – **NL** At (S) – S Uu

Il secondo libro de madrigali a cinque et a sei voci, con uno dialogho a otto a dui cori. – *Venezia, erede di Girolamo Scotto, 1578.* – St.　　　　　　　　　　[B 1239
I MOe (A, T, B, 5)

## BASTON John

Six concertos in six parts for violins and flutes, viz. a fifth, sixth and concert flute. – *London, John Walsh & Joseph Hare.* – St.　　　　　　　　　　[B 1240
**GB** Lbm – **US** Wc

## BATELLO

Canzoni . . . chansons italiennes, ou leçons de musique pour les commençans. – *Paris, aux adresses ordinaires, 1753.* – P. [B 1241
**D-brd** OLl

## BATES William

MUSIK ZU BÜHNENWERKEN

### Flora

A sequel to the opera of Flora, as it is now acted at the Theatre Royal in Lincoln's-Inn-Fields, to which is added the musick. – *London, A. Bettesworth & C. Hitch, T. Wood, 1732.*　　　　　　　　[B 1242
**US** Bp

Songs in the opera of Flora . . . the musick proper for y$^e$ violin, german & common flute, harpsichord or spinet with a new base, & thoro'base to each song. – *London, Cooper (engraved by G. Bickham jun.), 1737.* – P.　　　　　　　　[B 1243
**US** Cn

Flora or Hob in the well . . . the overture, duet and principal songs. – *London, Longman, Lukey & Co.* – KLA.　　　[B 1244
**GB** Lbm – **US** Wc

### The jovial crew (Pasticcio)

The airs in the jovial Crew or Merry Beggars, as perform'd at the theatre in Covent Garden, the overture in score and the accompaniments to the airs. – *London, John Johnson.*　　　　　　　　[B 1245
SD S.213
**GB** Ckc, Ge, Lbm (2 Ex.) – **US** BE, LAuc, NYp

*ib., Samuel & Ann Thompson.*　　[B 1246
SD
**B** Br – **GB** Bp, Lcm – **US** BE, Wc

### The ladies frolick (William Bates und Thomas Augustin Arne)

The Ladies frolick. A comic opera . . . the overture, chorus, vaudville & principal airs composed by Mr. Bates & Dr. Arne. – *London, Longman, Lukey & Co.* – KLA.
SD　　　　　　　　　　　　　　[B 1247
**US** Bp, Wc

The Ladies frolick, a comic opera being the airs, simphonies, overture, duets, & vaudevilles with the words . . . for one, and two guitars. – *London, Longman, Lukey & Co.*
SD　　　　　　　　　　　　　　[B 1248
**GB** Cu, Gm

### Pharnaces

Pharnaces. An English opera. – *London, Welcker.* – KLA.　　　　　　　[B 1249
**GB** Cpl, Lbm, Lcm – **US** Bp, CA, Wc

Overture [to] Pharnaces [pf] – *s. l., s. n.*
　　　　　　　　　　　　　　　[B 1250
**GB** Ckc

The theatrical candidates

The airs, overture &c. in the prelude called the Theatrical Candidates. – *London, John Johnston.* – KLA.          [B 1251
**GB** Lbm, Lcm

SAMMLUNGEN

A collection of [12] new English songs, sung by Mr. Beard & Miss Young at Ranelagh. – *London, John Johnson.*
                                                    [B 1252
**GB** Ckc – **US** Wc

A second collection of new English songs sung by Mr. Beard &c. at Ranelagh. – *London, John Johnson.*          [B 1253
**GB** Ckc – **US** Wc

The favourite songs sung at Vaux-Hall Gardens &c. . . . 1768. – *London, James Longman & Co., (1768).*          [B 1254
**GB** CDp, Lbm

The favourite songs sung at Vaux-Hall Gardens. – *London, James Longman, Lukey & Co., 1770.*          [B 1255
**GB** Mp – **US** Wc

A collection of songs sung at Vauxhall, by Mr. Vernon, Miss Jameson & Mrs. Weichsel. – *London, Longman, Lukey & Co., 1771.*          [B 1256
**GB** Cu, Lbm, Lcm, Lcs, Mp – **US** Wc (fehlt Titelblatt)

A collection of songs sung at Vaux-Hall Gardens. – *London, Peter Welcker.* [B 1257
**US** Wc

Songs sung at the Grotto-Gardens by Mr. Bamshaw, Mr. Smith, Master Suet, Miss Cantril & Miss Dowson, 1771. – *London, Longman, Lukey & Co., (1771).* [B 1258
**GB** Lbm, Lcm, Lcs

The favourite songs sung at Vaux-Hall Gardens . . . 1776. – *London, William Randall, (1776).*          [B 1259
**GB** Cpl (unvollständig), Mp – **US** NYp

The favourite songs sung at Ranelagh by Mr. Meredith and Miss Sharpe . . . 1777. – *London, William Randall, (1777).*
                                                    [B 1260
**GB** Lbm

EINZELGESÄNGE

The Buck's Motto. Be merry and wise. [Song]. *s. l., s. n.*          [B 1261
**GB** Lbm

A new Bucks song. Dedicated to the Agriculturean Lodge by Brother Sherratt. – *s. l., s. n.*          [B 1262
**GB** Lbm

The Butter-Fly [Song], sung by Mrs. Sherborne at Vaux Hall. – *[London], William Randall.*          [B 1263
**GB** Lbm

Fairest daughter of the year. The favourite song, sung by Miss Catley and Mrs. Baker . . . in the Rape of Proserpine. – *s. l., s. n.*          [B 1264
**GB** Lbm – **US** Bp

Let but love and wine be friend me. Bacchanalian song, sung by Mr. Bannister. – *s. l., s. n.*          [B 1265
**GB** Lbm

Lye on, while my revenge shall be. Glee for three voices (in: The Lady's Magazine, Nov. 1794). – *[London, 1794].*    [B 1266
**GB** Lbm

On the origin and improvement of kisses. A genuine recipe [Song], adapted for the harpsichord, german flute or guittar. – *[London], Longman, Lukey & Co.* [B 1267
**GB** Lbm

Sir Hugh, the pitiful fellow, or the three l[or]ds of the adm[ira]lty who have conducted our navy, or knavish affairs. A catch which requires execution, by Jack Catch [W. Bates]. – *s. l., s. n.*          [B 1268
**GB** Cu, Lbm, P

'Tis you Sir (The bad fellow). A favourite catch. – *s. l., s. n.*          [B 1269
**GB** Lbm

With the leaves of the vine. A drinking song, sung by Mr. Bannister at Marybone Gardens. – *[London], Longman, Lukey & Co.*          [B 1270
**GB** Lbm

Ye fam'd witty nine. A drinking song, sung by Mr. Lowe in praise of the Half-Moon Society. – *s. l., s. n.*          [B 1271
**GB** Lbm – **US** PHu

INSTRUMENTALWERKE

Six concertos in ten parts, for two violins, two hautboys obligated, two french horns obligated, two trumpets, one alto viola, a violoncello and thorough bass for the harpsichord . . . opera seconda. – *London, John Johnson.* – St.                    [B 1272
**GB** Lbm, Lcm

Six sonatas's for two violins with a thorough bass for the harpsichord or violoncello. – *London, John Cox, for the author.* – St.                            [B 1273
**GB** Ckc (unvollständig), Lbm, Mp (3 Ex.) – **US** CHua, Wc

Twelve duets for two german flutes, or violins, compos'd in a familiar stile . . . book 3d. – *London, Longman, Lukey & Co.* – P.                                    [B 1274
**GB** Lbm – **US** NYp (unvollständig)

Twelve duettos, composed in a pleasing taste, for two french horns. – *London, Longman, Lukey & Broderip.* – St. [B 1275
**US** NYp (cor I)

Eighteen duettinos for two guittars, two french horns, or two clarinetts. – *London, James Longman & Co.* – P.          [B 1276
**GB** Lbm

## BATESON Thomas

The first set of English madrigales to 3. 4. 5. and 6. voices. – *London, Thomas Este, 1604.* – St.                              [B 1277
**GB** Lbm (unvollständig), Lcm, Ob (unvollständig), Och – **US** CA (A), Cn, Ws (S, A, B, 6)

The second set of madrigales to 3. 4. 5. and 6. partes: apt for viols and voyces. – *London, Thomas Snodham, for Matthew Lownes and John Browne, 1618.* – St.
[B 1278
**GB** Lbm, Lcm, Ob, Och – **US** Ws (S, B)

Sister awake close not your eyes. No. [hs.: 9], vol. [hs.: 2] of a series of Madrigals [for 5 voices]. – *London, W. Hawes, No. 1146.*                                    [B 1279
**CH** E

## BATHENUS Petrus

Symbolum Christo et reipublicae (Christi Gnadenreich auff Erden [a 4 v]) . . . des . . . Herrn Philippi II. Hertzogen zu Stettin, Pommern, der Cassuben und Wenden . . . mit 4. Stimmen gezieret. – *Stettin, Johann Christoph Landtrachtinger (Rhetianis), 1617.*                        [B 1280
**D-brd** W – **D-ddr** Z (Ausgabe ohne Impressum) – **PL** WRu

## BATI Luca

Il primo libro de madrigali a cinque voci. – *Venezia, Angelo Gardano, 1594.* – St.
SD 1594[11]                                        [B 1281
**GB** Lbm – **I** Bc (S), Fm (5), PS (S, B, 5 [unvollständig])

Il secondo libro de madrigali a cinque voci. – *Venezia, Angelo Gardano, 1598.* – St.                                                    [B 1282
SD 1598[11]
**D-brd** Kl (S, B) – **I** Fm (5), Rdp (A, T, B, 5), Vnm (T)

## BATISTIN → STUCK Jean Baptiste

## BATON Charles

Premier œuvre contenant trois suites pour deux vièles, muzettes, flûtes traversières, flûtes à bec, hautbois et trois suites avec la basse continue. – *Paris, auteur, Boivin, Le Clerc (gravé par Mme Leclair), (1733).* – P.                                        [B 1283
**F** AR, Pn, Po (unvollständig) – **GB** Lbm (fehlt Titelblatt)

La Vielle amusante. Divertissement en six suites pour les vièles, musettes, flûtes traversières, flûtes à bec, et hautbois, avec la basse continue . . . œuvre II. – *Paris, auteur, Vve Boivin, Le Clerc (gravée par Mme Leclair).* – P.                    [B 1284
**F** Pc – **GB** Lbm

Six Sonates pour la viela, quatre avec la basse continue et deux en duo, quelques unes de ces sonates peuvent se jouer sur la muzette . . . œuvre III. – *Paris, auteur, Vve Boivin, Le Clerc (gravées par Mme Leclair).* – P.                                    [B 1285
**F** Pc

Recueil de pièces à deux musettes qui conviennent aux vielles et autres instruments. – *Paris, s. n. (gravé par de Gland), (1733).* – P.                                                            [B 1286
F Pc

Les amusements d'une heure, duos pour la vièle et la muzette ... œuvre IVe. – *Paris, auteur, Mme Boivin, Le Clerc (gravés par Mlle Laymon).* – P.  [B 1287
F Pa, Pc, Pn – GB Lbm

## BATTAGLIONI Orazio

Il primo libro de madrigali a cinque et sei voci. – *Venezia, li figliuoli di Antonio Gardano, 1574.* – St.                             [B 1288
US BE (5)

## BATTIFERRI Luigi

Messa et salmi concertati a tre voci cioè alto, tenore, e basso, con motetti, letanie, & Salve Regina à due, & tre voci ... opera seconda. – *Venezia, Alessandro Vincenti, 1642.*                             [B 1289
I Bc (kpl.: A, T, B, bc) – PL WRu

Ricercari a quattro, a cinque, e a sei, con 1, 2, 3, 4, 5, 6 soggetti sonabili ... opera terza. – *Bologna, Giacomo Monti, 1669.* – P.                             [B 1290
D-brd Sl – GB T – I Ac, Bc

Il primo libro de motetti a voce sola ... opera quarta. – *Bologna, Giacomo Monti, 1669.* – P.                             [B 1291
F Pc – I Bc, FEc

Il secondo libro de' motetti a voce sola ... opera quinta. – *Bologna, Giacomo Monti, 1669.* – P.                             [B 1292
F Pc – I Bc, FEc

Il terzo libro de motetti a voce sola ... opera sesta. – *Bologna, Giacomo Monti, 1669.* – P.                             [B 1293
F Pc – I Bc (unvollständig), FEc

## BATTINO

Six sonatas [D, G, G, F, G, A] for two violins. – *London, John Johnson.* [B 1294
GB Lbm

A collection of airs and duets for two german flutes or two violins. – *London, John Johnson.* – P.                             [B 1295
GB Ckc, Lbm, Ooc

## BATTISHILL Jonathan

Almena. An English opera as perform'd at the Theatre Royal in Drury Lane, containing the songs ... adapted for the voice, violin & harpsichord. – *London, Charles & Samuel Thompson.* – P. [B 1296
GB Lbm, Lcm, Ouf – US Bp, NYp, Wc (2 Ex.), Ws

Twelve hymns. The words by ... C. Wesley. – *London, Charles & Samuel Thompson, for the author.* – P.               [B 1297
GB Lbm, Ouf

Two anthems (Call to remembrance, How long how long [4 St., bc]) as they are sung at St Paul's Cathedral. – *London, Charles & Samuel Thompson.* – P.       [B 1298
GB Ge, Lam, Lbm (2 Ex.), Lcm (2 Ex.), LEc, Ouf, T (3 Ex.), Y – US Wc

Psalm 25th. verse 6th. Anthem for seven voices in the key of E. – *s. l., s. n., (1797).* – P.                             [B 1299
US Bu

SAMMLUNGEN

A collection of songs for three and four voices, never before publish'd ... book I (II). – *London, Welcker.* – P.       [B 1300
F Pc (I) – GB Cu (unvollständig), Cpl (unvollständig) H, Lam (2 Ex.), Lbm, Lcm, Ouf – US Bp (I), Wc (I [2 Ex.], II [3 Ex.])

— *ib., Longman & Broderip.*               [B 1301
GB Lam, Ouf (unvollständig) – US Wc (I)

A collection of favourite songs sung at the publick gardens and theatres. – *London, Charles & Samuel Thompson.* – P. [B 1302
GB Ckc, Lbm, Lcm (2 Ex.) – S Skma – US Wc

EINZELGESÄNGE

Amidst the myrtles. Glee [5 St.]. – *[London], Robert Birchall.*               [B 1303
CH E – US Pu

— *ib., Clementi & Co., No. 532.*    [B 1304
CH Zz

At eve with the woodlark I rest [Song]. –
*London, Longman & Broderip.*    [B 1305
GB Gu, Lbm

The Charms of Silvia [Song]. – *s. l., s. n.*
[B 1306
GB Lbm

Come here fellow servant. A song sung by
Mrs. Clive in the farce of High Life below
Stairs. – *London, Thomas Collett.* [B 1307
GB Lbm

— . . . (in: The London Magazine, 1760). –
*[London, 1760].*    [B 1308
GB Lbm

— *s. l., s. n.*    [B 1309
GB Lbm

Gay Damon long study'd my heart to
obtain. A new song. – *s. l., s. n.*    [B 1310
GB Gm, Lbm (6 verschiedene Ausgaben)

Grant me ye pow'rs a calm repose. The
wish. [Song]. – *s. l., s. n.*    [B 1311
GB Lbm    US Cu

I loved thee. Round. – *London, John
Bland.*    [B 1312
US Pu

The kind request [Song]. – *s. l., s. n.*
[B 1313
GB Lbm

The Shepherd & Shepherdess. A favourite
cantata. – *s. l., s. n.*    [B 1314
GB Lbm (2 verschiedene Ausgaben, davon
1 Ausgabe unvollständig)

The silver moon's enamour'd beam. May-
Eve or Kate of Aberdeen; a new song. –
*s. l., s. n.*    [B 1315
GB Lbm (8 verschiedene Ausgaben), Lcm (2
verschiedene Ausgaben), Lcs – US Bp, Pu
(2 verschiedene Ausgaben), U

— *London, H. Fougt.*    [B 1316
S Skma, Sk

— *Dublin, Benjamin Rhames.*    [B 1317
GB Ckc

To yonder beeches [Song]. – *[London]*,
*Longman & Lukey.*    [B 1318
GB Gu, Ouf

What are riches? Song, composed for and
presented to the Juvenile Magazine (In:
The Juvenile Magazine). – *[London], s. n.
(1788).*    [B 1319
GB Lbm

When Damon languish'd. A favourite
song in the tragedy of the Gamester. –
*s. l., s. n.*    [B 1320
GB Lbm

A song in praise of the Albion$^s$. Society. –
*s. l., s. n.*    [B 1321
GB Lbm

## BATTISTINI Giacomo

Motetti sacri a due e tre voci . . . opera
prima. – *Bologna, Marino Silvani, 1698.*
– St.    [B 1322
CH Zz (kpl.: S I, S II, B, org) – F Pn (fehlt B) –
I LOc, NOVg, NOVd (B)

[12] Armonie sagre. Ad 1. 2. e 3. voci,
parte con instromenti, e parte senza . . .
opera seconda. – *Bologna, Marino Silvani,
1700.* – St.    [B 1323
CH Zz (kpl.: S, A, S II/T, B; vl I, vl II, vlne/
tiorba, bassetto, org) – I NOVd (A) – NL
DHgm (8 St.)

— *Amsterdam, Estienne Roger.*    [B 1324
D-brd WD – GB Lbm

## BAUCK Matthias Andreas

Musikalisches Andenken [für Singstimme
und pf]. – *Hamburg, Gottlieb Friedrich
Schniebes, 1798.*    [B 1325
CS K – D-brd LÜh

## BAUDREXEL Philipp Jakob

Pro primitiis musicalibus continentibus:
Te Deum laudamus, missas, requiem, mu-
tettas sedecim de communi, quinque &
octo vocum concertantium, cum duobus
violinis subinde necessariis, saepius ad
libitum, quinis vocibus semper adjuncto
secundo choro cum suo organo, si placet.

– *Innsbruck, Autor (Michael Wagner)*,
*1664.* – St.                                        [B 1326
**D-brd** Mbs (A I, B I) – **F** Pn (kpl.; I: S, A, T,
B; II: S, A, T, B, 5; vl I, vl II, org I, org II)

Psalmi vespertini de dominica, de B. Virgine, apostolis et festis totius anni in pri-
mis et secundis vesperis, cum hymnis de
communi & aliquibus, quos erga sanctissi-
mos fundatores ordinum debita dictavit
devotio, additis pro varietate, quatuor
Magnificat, completorio, & quatuor antiphonis, quae omnia pro felice fine claudit
Te Deum laudamus. Octo, quinque, pler-
umque quatuor vocum concertatarum,
cum duobus violinis, & secundo choro,
cum suo organo ad libitum. – *Kempten,
Rudolph Dreher (Fürstliche Klosterdrucke-
rey), 1668.* – St.                                   [B 1327
**D-brd** Mbs (A I [2 Ex.], A II, vl II), Sl (kpl.;
I: S, A, T, B; II: S, A, T, B; vl I, vl II, org I,
org II), WB (S I, mit handschriftlichen Eintragungen)

## BAUDRON Antoine Laurent

J'ai toujours vendu des chansons. Air . . .
accompagnement de guitare par M.
Chaudet. – *Paris, Imbault.*        [B 1328
**GB** Lbm

Les Trois Cousins, Comédie en deux actes
et en prose [with the music of a vaudeville by A. L. Baudron]. – *Paris, Cailleau,
1792.*                                [B 1329
**GB** Lbm

Simphonies pour deux violons, alto, basse,
hautbois et cors de chasse . . . œuvre I$^{er}$.
– *Paris, Mme Berault.* – St.        [B 1330
**GB** Lbm

## BAUER Georg Christoph

Zwölf Lieder von verschiedenen und un-
genannten Dichtern, für das Klavier gesetzt. – *Hof, Vierlingische Buchhandlung,
1785.*                                [B 1331
**GB** Lbm

## BAUER Joseph

Tré quartetti [I–III, C, F, D] per cimballo
ô harpa con flauto, violino e basso . . .

opera 1$^a$. – *Paris, bureau d'abonnement
musical; Lyon, Castaud & aux adresses
de musique (gravé par Ribière).* – St.
                                      [B 1332
**S** Sk

III Quatuors [G, F, A] pour le clavecin
avec l'accompagnement d'une flûte traversière, violon et violoncelle . . . œuvre
II. – *Mannheim, [Götz], No. 6.* – St.
                                      [B 1333
**CH** N (clav, vl, vlc) – **D-brd** Mbs (clav [unvoll-
ständig], vl, vlc [unvollständig], fl)

—— Tre quartetti [IV–VI, G, F, A] per
cimballo ô harpa con flauto, violino e basso
. . . opera II$^a$. – *Paris, bureau d'abonnement
musical et aux adresses ordinaires de musique; Lyon, Castaud (gravé par Mme Vendôme).* – St.                         [B 1334
**S** Sk

Trois quatuors [C, G, D] pour le clavecin
avec l'accompagnement d'une flûte traver-
sière, violon & violoncelle . . . œuvre III.
– *Frankfurt, Wilhelm Nikolaus Haueisen.*
– St.                                 [B 1335
**D-ddr** Dlb

III Sonates [C, G, F] pour le clavecin avec
l'accompagnement d'une flûte traversière, violon & violoncelle . . . œuvre IV.
– *Frankfurt, Wilhelm Nikolaus Haueisen,
(1775).* – St.                        [B 1336
**D-brd** Mbs – **D-ddr** Dlb

III Sonates [B, A, D] pour le clavecin avec
l'accompagnement d'une flûte traversière,
violon & violoncelle . . . œuvre V. – *Frankfurt, Wilhelm Nikolaus Haueisen.* – St.
                                      [B 1337
**D-ddr** Dlb – **NL** DHgm

## BAUER Peter

Valet-Trauer-Gesang a 4 voc. (Ach! was
fuer Schmertze, in: Die andre Leich Predigt
. . . uber den . . . seligen Abgang . . . Veit
Ludwigs von Hutten . . . gehalten . . . den
1. Augusti Anno 1655). – *Coburg, Johann
Eyrich, (1655).* – P.                 [B 1338
**D-ddr** GOl (2 Ex.)

Trauer-Ode (Ach Gott! was fuer ein elend
Ding [für Alt und Bc] in: Meßianisches

Wunder-Pflaster ... bey ... Leichbegängnis ... Johannis Petri Francken ...
den 3. Iunii 1670). – *Coburg, Johann Konrad
Mönch, 1671.* – P.                    [B 1339
**D-ddr** Bds, GOl

## BAUERSCHMIDT

Six quatuors dialogués [F, Es, D, A, F,
Es] dont deux pour hautbois, ou flûte,
violon, alto, et basse; et quatre pour deux
violons, alto, et basse ... œuvre dernier.
– *Paris, Borrelly.* – St.        [B 1340
**S** Skma – **US** Wc

VI Trio [D, C, F, G, D, B] pour le clavecin
et pour la harpe ... opera V. – *Versailles,
auteur.* – St.                    [B 1341
**F** Pn (cemb/hf, vl)

Six trios pour la harpe, un clavecin et un
violon ... œuvre VIᵉ. – *Paris, Cousineau.*
– St.                            [B 1342
**F** Pn (hf, vl [2 Ex. ])

Six sonates pour la harpe ou clavecin avec
accompagnement de violon et de basson
ad libitum. – *Versailles, auteur, Parison;
Paris, aux adresses ordinaires.* – St.[B 1343
**F** Pn (hf/cemb) – **US** Wc (hf/cemb)

Six sonates pour la harpe dont les deux
dernières sont en trio ... mises au jour
par le Sʳ. Parison. – *Versailles, éditeur;
Paris, aux adresses ordinaires de musique.*
                                  [B 1344
**F** Pc

Six sonates pour la harpe ou clavecin. –
*Versailles, auteur; Paris, aux adresses ordi-
naires (gravées par Huguet).*        [B 1345
**F** Pc

Iᵉʳ Recueil de polonaises, menuets, romances et allemandes pour la harpe ou clavecin. – *Versailles, auteur (gravé par Parison); Paris, aux adresses ordinaires.*
                                  [B 1346
**F** Pc, Pn

## BAUERSCHMITT Franz Ludwig

Sechs Lieder verschiedener Dichter in
Musik gesezt ... herausgegeben von ...

M. B. Bäuml. – *Heilbronn, Johann Amon,
No. 154.*                          [B 1347
**CH** EN

## BAUMANN Erasmus

Traur und Trostgesänglein (Mit Fried wil
ich fahren dahin) zur Leichbestattung der
... Frauen Barbara Amlingin ... mit 4.
Stimmen componirt. – *Coburg, Johann
Forckel, 1633.* – P.              [B 1348
**D-ddr** RÖM

## BAUMBACH Friedrich August

VOKALMUSIK

Choix d'airs et de chansons, mis en musique. – *Leipzig, Breitkopf.*        [B 1349
**D-ddr** WRtl

Gesänge am Clavier oder Pianoforte ...
Ite (IIte) Sammlung. – *Gotha, Karl Wil-
helm Ettinger.*                    [B 1350
**A** Wgm – **CS** K (II) – **D-ddr** Dlb (II)

Lyrische Gedichte vermischten Inhalts,
mit Melodien zum Singen beym Claviere.
– *Leipzig, Breitkopfische Buchhandlung.*
                                  [B 1351
**CS** K – **NL** DHgm – **US** Wc

Drei Canzonette coll'accompagnamento
del pianoforte. – *Gotha, Karl Wilhelm
Ettinger.*                        [B 1352
**CS** K

Duetti notturni coll'accompagnamento
del pianoforte ... libr: I. – *Leipzig, Gerhard Fleischer.*                  [B 1353
**D-ddr** Bds – **S** Skma

Air italien avec accompagnement de violon obligé, pianoforte et violoncell. – *s. l.,
s. n.*                            [B 1354
**CS** K

Alphonso und Zaide, ein Duett mit vier-
händiger Begleitung am Fortepiano zu
singen. – *Leipzig, Wilhelm Heinsius.*
                                  [B 1355
**D-ddr** Dlb, LEm – **GB** Lbm, Lcm – **US** Wc

Gesang (Thräne der Wehmut, gleite sanft des Fühlenden Wange hinab!) bei Charlotte Corday's Urne, fürs Clavier oder Pianoforte, mit willkürlicher Begleitung einer Flöte, Violine und Violoncells. – *s. l., s. n.* – St. [B 1356
**D-brd** DO, LCH

Maria Theresia bey ihrem Abschiede von Frankreich. Rondeau, am Pianoforte zu singen. – *Leipzig, Breitkopf.* [B 1357
**A** Wst – **CS** K – **D-ddr** Dlb – **US** Wc

Theresens Klagen über den Tod ihrer unglücklichen Mutter Maria Antonia, eine Cantate am Fortepiano zu singen. – *Leipzig, Voss & Co.* [B 1358
**A** Wkann, Wn, WIL – **CS** K – **D-brd** KIl, Mbs, Rtt – **D-ddr** Dlb, LEsm

La Fayette's Traum, ein musikalisches Gemaehlde fürs Pianoforte [mit Deklamation]. – *Leipzig, Friedrich August Leo, (1794).* [B 1359
**DK** Kk

INSTRUMENTALWERKE

Sei sonate [G, Es, D, F, A, F] a cembalo, o pianoforte, violino obligato e violoncello. – *Leipzig, Autor (Johann Gottlieb Immanuel Breitkopf), 1780.* – St. [B 1360
**A** Wgm – **D-ddr** Bds – **GB** Lbm

Trois sonates [B, g, Es] pour le pianoforte, violon obligé & violoncelle . . . œuvre 3. – *Bonn, Nikolaus Simrock, No. 417.* – St. [B 1361
**A** Wgm – **D-brd** B

Air (Que le jour me dure [G]) de trois notes, par I. I. Rousseau, avec la parodie allemande par Gotter, et 24. variations pour le clavecin ou le pianoforte, un violon obligé et un violoncell. – *Berlin, Johann Morino & Co.; Leipzig, Breitkopf.* – St. [B 1362
**D-brd** B (kpl.: cemb, vl obl., vlc), KIl (pf,vl obl.), LÜh (pf, vl obl.), Mbs (Etikett: Leipzig, Friedrich Hofmeister) – **D-ddr** Dlb, WRtl – **F** Pc, TLc – **GB** Lbm (unvollständig)

Trois sonates [G, d, C] pour le violon avec accompagnement de basse . . . œuvre 22. – *Bonn, Nikolaus Simrock, No. 382.* – P. [B 1363
**I** Nc – **US** Wc

Variations sur un Allegretto pour le violon avec accompagnement de basse. – *Hamburg, Günther & Böhme.* – P. [B 1364
**A** Wgm (Etikett: Leipzig, Friedrich Hofmeister)

Six sonates [G, Es, C, F, D, A] pour deux violons. – *Dessau, Gelehrtenbuchhandlung.* – St. [B 1365
**GB** Oumc – **S** SK, Uu

Six sonates [G, a, C, B, F, Es] pour le clavecin ou piano forte . . . œuvre premier. – *Berlin-Amsterdam, Johann Julius Hummel, No. 505.* [B 1366
**A** Wgm – **D-ddr** Bds, Dlb

Trois rondeaux [Es, C, F] pour le pianoforte. – *Leipzig, Gerhard Fleischer.* [B 1367
**A** Wgm (Etikett: Friedrich Hofmeister) – **CS** Pk (Etikett: Friedrich Hofmeister)

Russisches Volkslied [C] mit Veränderungen für's Clavier oder Pianoforte. – *Gotha, Karl Wilhelm Ettinger.* [B 1368
**D-brd** DO (unvollständig) – **D-ddr** Dlb

## BAUMBERG J. C.

Six trios à deux flûtes traversières & violoncelle ou fagot . . . œuvre premier. – *Amsterdam, Johann Julius Hummel. No. 169.* – St. [B 1369
**GB** Lbm (fl I, fl II)

—— *Berlin-Amsterdam, Johann Julius Hummel, No. 494.* [B 1370
**DK** Kk

## BAUMER Friedrich

Leichte Zerstreuungen am Clavier, bestehend in [8] Liedern, Romanzen und [5] kleinen Clavierstücken . . . erster Theil. – *Berlin, Autor.* [B 1371
**US** Wc

## BAUMGÄRTNER Johann Baptist

Fuga [C] a violoncello solo. – *Wien, Leopold Koželuch, No. 244 (240).* [B 1372
**A** Wgm

## BAUMGARTEN C. Gotthilf von

Andromeda, ein Monodrama, in Musik gesetzt. – *Breslau, Johann Friedrich Korn d. Ä., 1776.* – KLA.      [B 1373
**A** Wgm – **US** Bp, Wc

Das Grab des Mufti, oder Die beyden Geizigen, eine komische Oper. Aus dem Französischen nach der Umarbeitung des Herrn Meißner. – *Breslau, Johann Ernst Meyer, 1778.* – KLA.      [B 1374
**CH** Bu – **D-brd** EU, Hmb, Hs – **D-ddr** Dlb – **DK** Kk – **GB** Lbm – **PL** WRu – **US** Bp, Wc

Zemire und Azor, eine romantisch-komische Oper, in Musik gesetzt . . . herausgegeben von W[olf]. – *Breslau, Johann Friedrich Korn d. Ä., 1775.* – KLA.      [B 1375
**CH** Zz – **F** Dc, Pc – **GB** Lbm – **PL** Wu, WRu – **US** Bp, NYp

— . . . neue Auflage. – *ib., 1781.*   [B 1376
**D-ddr** HAu, LEm

Dreyssig Aufzüge für eine Principal Trompete, erste und zweyte Ripientrompete und Pauken, zum Gebrauch für Cavalleriregimenter. – *Berlin-Amsterdam, Johann Julius Hummel, No. 1037.* – St.   [B 1377
**S** L

## BAUMGARTEN Georg

Trost und Valetlied (Was erhebt sich doch für grosses Klagen [à 5 v] in: I.N.SS.T.D.A. Jesus vera panacea ad vitam aeternam . . . Christliche Leichpredigt . . . bey . . . Leichbestatung der . . . Frauen Margarethen von und geborner Zabiltitzin . . . welche den 12. April . . . des 1663. Iahrs . . . entschlaffen). – *Berlin, Christoph Runge, 1664.*      [B 1378
**D-ddr** Bds

## BAUMGARTEN Karl Friedrich

EINZELGESÄNGE

Martin Luther's hymn, sung by Mr. Incledon . . . harmonized by Mr. Baumgarten. – *London, Clementi, Banger, Hyde, Collard & Davis.*      [B 1379
**C** Qu

— *ib., George Walker.*      [B 1380
**D-brd** Hs

Charity, an air . . . the words by Prior, sung by Mr. Incledon. – *London, James Longman, Clementi & Co.*   [B 1381
**GB** Lcm

The Sailors Ballad. Sung by M^r. Legar in Perseus and Andromeda. – *s. l., s. n.*      [B 1382
**US** Ws

INSTRUMENTALWERKE

A grand concerto for the hautboy, flute or clarinet obligato, with accompaniments for two violins, two tenors, two flutes, two bassoons, two horns and a violoncello. – *London, Longman & Broderip.* – St.      [B 1383
**GB** Lbm, Ob

Six quartettos [D, F, g–G, D, Es, G], three for a violin, oboe or german flute, tenor & violoncello, and three for two violins, oboe or german flute, and violoncello . . . op. 2^d. – *London, William Forster.* – St.      [B 1384
**D-brd** HEms – **GB** Ckc, Gu, Lbm, Ltc, Mp – **US** Wc

Six quartettos [Es, G, D, G, d, D] three for two tenors, violin & violoncello, & three for two violins, tenor & violoncello . . . op. III. – *London, William Forster, No. 36.* – St.      [B 1385
**D-brd** B – **GB** Ltc

A periodical quartetto for a german flute, or oboe, violin, tenor & violoncello: or a violin, two tenors, & violoncello . . . No. I(–VI). – *London, William Forster.* – St.      [B 1386
**GB** Lbm (I–VI) – **I** Vc (I [fehlt vla obl.] – IV) – **US** BE (I)

Six solos for a violin with a thorough bass for the harpsichord. – *London, John Johnston (engraved by Sarah Phillips).* – P.      [B 1387
**GB** Ckc, Lbm

Three capricios for the piano forte or harpsichord. – *London, Longman & Broderip.*      [B 1388
**GB** Cu, Lbm, Ob

— *ib., Broderip & Wilkinson.*  [B 1389
**GB** Ckc, WO

Three fugues for the organ, harpsichord or piano-forte, each of which has an introductory prelude. – *London, Longman & Broderip (engraved by R. T. Skarratt), 1798.*  [B 1390
**GB** Lbm, Lcm, Mp, T – **US** NYp

A celebrated fuge or voluntary for the harpsichord or organ (No. I [F], II [g], III [d], IV [G], V [F]). – *London, William Forster.*  [B 1391
**GB** (alle Ex. unvollständig:) Lbm, Lcm, Mp, Ob, WO – **US** WGw (I–IV)

Grand march in blue beard [for piano]. – *Dublin, Hime.*  [B 1392
**US** NYp

## BAUR Barthélemy (dit le fils)

Recueil d'ouvertures arrangées en pièces de harpe avec accompagnement de violon et violoncelle ad libitum . . . œuvre I<sup>er</sup>. – *Paris, auteur.* – St.  [B 1393
SD S.338
**F** Pc (2 Ex.)

Trois Sonates pour la harpe avec accompagnement de violon et basse (ad libitum) . . . œuvre II. – *Paris, Cousineau père & fils (gravé par Le Roy l'ainé).* – St. [B 1394
**F** Pn

## BAUR Jean (père)

*Op. 1.* VI Sonates pour le violoncelle avec la basse continue . . . I<sup>er</sup> livre . . . œuvre I<sup>er</sup>. – *Paris, auteur, Mlle Castagnery, Le Clerc (gravé par Mlle Vendôme).* – P.  [B 1395
**F** Pn

*Op. 2.* VI Sonates pour le violoncelle avec plusieurs pièces en sons harmoniques . . . œuvre II<sup>e</sup>. – *Paris, Vernadé, Bayard, Mlle Castagnery (gravés par Mlle Vendôme).* – P.  [B 1396
**F** Pn

*Op. 4.* I<sup>er</sup> Recueil d'ariettes de différents auteurs avec accompagnement de harpe . . . œuvre IV<sup>e</sup>. – *Paris, Le Menu; Lyon, Castaud.* – P.  [B 1397
**F** Pn

*Op. 5.* Deuxième recueil d'airs connus arrangés en pièces de harpe dont plusieurs sont variés, avec quelques préludes et caprices propres à exercer les mains . . . œuvre V<sup>e</sup>. – *Paris, auteur, Mme Baur, M. de Boursière, aux adresses ordinaires; Lyon, Casteau.* – P.  [B 1398
SD S.304
**F** Pa

*Op. 6.* IV Sonates pour la harpe dont deux avec un accompagnement chantant pour le clavecin ou le forte-piano et deux avec un accompagnement de violon ad libitum . . . œuvre VI<sup>e</sup>. – *Paris, auteur, Mme Baur, aux adresses ordinaires; Lyon, Castaud (gravées par Mme Vendôme).* – St. [B 1399
**F** Pa (hf, cemb/vl), Pc (hf, cemb/vl [2 Ex.]) – **US** Wc (hf)

*Op. 7.* IV Sonates pour la harpe dont deux avec un accompagnement chantant pour le clavecin ou le forte-piano et deux avec un accompagnement de violon ad libitum . . . œuvre VII<sup>e</sup>. – *Paris, auteur, Mme Baur, aux adresses ordinaires; Lyon, Castaud (gravés par Mme Vendôme).* – St.  [B 1400
**F** Pc (hf [2 Ex], cemb/vl [2 Ex.]), Pa

*Op. 8.* IV Sonates pour la harpe dont deux avec un accompagnement chantant pour le clavecin ou le forte-piano et deux avec un accompagnement de violon ad libitum . . . œuvre VIII<sup>e</sup>. – *Paris, auteur, Mme Baur, aux adresses ordinaires; Lyon, Castaud (gravées par Mme Vendôme).* – St.  [B 1401
**F** Pa, Pc (hf, cemb/vl [2 Ex.])

Premier recueil d'airs, ariettes, menuets et gavottes, variées et arrangées en pièces de harpe, avec plusieurs caprices. – *Paris, Bordet, aux adresses ordinaires (gravés par Mme Vendôme).*  [B 1402
SD S.301
**F** Pa, Pc (2 Ex.), Pn (2 Ex.)

Six sonates dont quatre à deux violons et deux pour violon et basse. – *Paris, Mme Berault; Metz, Kar.* – St.  [B 1403
**F** Pc (vl I, vl II)

## BAUSSET Alexandre de

Six rondes pour deux [No.1–5] et trois
[No. 6] voix avec accompagnement de
piano forte. – *[London]*, *author*. – P.
[B 1404
GB Gu, Lbm (2 Ex.) – US Wc

Six Italian canzonetts with an accompaniment for the pianoforte. – *London, for the
author*.                            [B 1405
GB Lbm

## BAUSTETTER Johann Konrad

Trois à un violon & un hautbois aveq un
violoncello ou basse-continue . . . opera
prima. – *Amsterdam, Michel Charles Le
Cène, No. 511*. – St.               [B 1406
F Pn (kpl.; bc [2 Ex.]) – S LB

Concerti à sei e sette stromenti, due flauti
traversieri, due violini, alto viola, violoncello e cembalo . . . opera terza. – *Amsterdam, Michel Charles Le Cène, No. 568*. –
St.                                 [B 1407
S LB

VI Suittes pour le clavecin étant des sonates siciliennes, capricos, gigues et des
menuets . . . opera prima. – *Amsterdam,
Gerhard Frederik Witvogel, No. 21*. [B 1408
S LB

## BAYART Konstanz

Gesaenge von Adolph Gröninger mit Melodien [für Gesang, Klavier und Klavier
vierhändig; am Ende Klavierstücke]. –
*Osnabrück, Karl & Co., 1799*.       [B 1409
D-ddr LEm – CS K – DK Kk

## BAYERDÖRFFER Adam Friedrich

Choral-Buch, darinnen die Melodien aller
in dem neuen Schwäbisch-Hällischen Gesang Buch enthaltenen, auch in andern
benachbarten Evangelischen Kirchen zu
gebrauchen beliebten Lieder zu finden. –
*Hall, Autor (Michelfeld, Gottlieb Pfeiffer),
(1768)*.                            [B 1410
D-brd Mbs, Ngm, SCHhv (3 Ex., davon 1 Ex.
unvollständig)

## BAYLEY Daniel, the elder

A new and complete introduction to the
grounds and rules of musick, in two books.
Book I. Containing the grounds and rules
of musick; or An introduction to the art
of singing by note, taken from Thomas
Walter M. A. Book II. Containing a new
and correct introduction, to the grounds
of musick rudimental and practical from
William Tansur's Royal melody: the
whole being a collection of a variety of the
choicest tunes from the most approved
masters. – *Newbury-Port, author, 1764*.
[B 1411
US Bp, PROu, SA

— *ib., Bulkeley Emerson, 1764*.     [B 1412
US WOa

— *Salem, Mascoll Williams, 1764*.
[B 1413
US HO

— *Boston, Thomas Johnston, 1766*. [B 1414
US NH, PROu

— *Newbury-Port, author, 1768*.      [B 1415
US Cn (unvollständig), SA

The Psalm-singer's assistant; containing,
I. an introduction, with such directions
for singing, as are necessary for learners.
II. a collection of choice psalm-tunes, suited to the several measures . . . all being
composed in three parts, collected from
the best masters. – *Boston, W. McAlpine,
1767*.                              [B 1416
US AA (clements library), PROu

— *Newbury-Port, author*.            [B 1417
US (vermutlich verschiedene Ausgaben:) AA
(clements library), Bp, Bu, Cn (2 unvollständige Ausgaben), NH, SA, WEL, WOa

The Essex harmony containing a new and
concise introduction to musick to which is
added a choice and valuable collection of
Psalm tune's suited to the different measures of either version composed in three
and four parts carefully set in score. –
*Newbury-Port, author; Boston, sold by the
most booksellers, 1770*.             [B 1418
US (verschiedene Ausgaben:) Bp (4 Ex.), FW
Cn (2 unvollständige Ausgaben), NYp (2 Ex.),
PROu, WEL, WOa

— *ib., 1771.*                [B 1419
**US** (vermutlich verschiedene Ausgaben:) Bhs, Cn, DM, HO, NYp, Ps, SA, WS, WOa

— The Essex harmony containing a collection of psalm tunes, composed in three & four parts. – *ib., 1772.*      [B 1420
**US AA** (clements library), Bhs, Bp, Cu, NYp (2 Ex.), Pu, PROu, SA, WOa

— The Essex harmony; or musical miscellany; containing in a concise and familiar manner, all the necessary rules of psalmody, to which are annexed, a variety of plain and fugeing psalm and hymn tunes, selected from different authors, both ancient and modern. – *ib., author & son, 1785.*                 [B 1421
**GB** Lbm – **US** Bhs, Ps, PROu, WOa

The American harmony, or Royal melody complete. In two volumes [vol II: A. Williams, The American harmony, or Universal psalmodist]. The sixth edition, with additions. – *Newbury-Port, author, 1771.*
                            [B 1422
**US** PD

— . . . the seventh edition, with additions. – *ib., 1771.*            [B 1423
**US** Bu, NP

— . . . the eighth edition, with additions. – *ib., 1774.*             [B 1424
**US** Bco, NP

The new universal harmony, or A compendium of church-musick: containing, a variety of favorite anthems, hymn-tunes, and carols, composed by the greatest masters, carefully set in score [for four voices]. – *Newbury-Port, author, 1773.* – P.               [B 1425
**US** Bhs, NYp, WOa, WC

The gentleman and lady's musical companion. – *Newbury-Port, author (publisher?).*            [B 1426
**US** SA (unvollständig)

## BAYLEY Daniel, the younger

The new harmony of Zion; or Complete melody. Containing, in a plain and familiar manner, all the necessary rules of

Psalmody, to which is added, a choice collection of a number of the most approved psalm and hymn tunes, selected from various authors, both ancient and modern: also, several anthems. – *Newbury-Port, publisher, 1788.*      [B 1427
**GB** Lbm (unvollständig) – **US AA** (clements library), NP, WOa

## BAYON-LOUIS Mme

Fleur-d'épine. Comédie en deux actes, mêlée d'ariettes, représentée pour la première fois par les comédiens italiens ordinaires du Roi le 22 aoust 1776. – *Paris, Huguet (imprimé par Bernard).*
                            [B 1428
**D-brd** HR – **D-ddr** Bds – **F** Pc (3 Ex.), Pn – **GB** Lbm – **US** Wc

— *ib., Houbaut.*             [B 1429
**A** Wn

— Ouverture . . . arrangée pour le clavecin ou le forte-piano avec accompagnement d'un violon et violoncelle ad libitum par M. Benaut. – *ib., auteur, aux adresses ordinaires.*           [B 1430
**F** Pc (clav, vlc), Pn (clav)

— Airs détachés. – *ib., aux adresses ordinaires de musique (gravés par Huguet).*
                            [B 1431
**F** Pc

— Ariettes. – *ib., Mlle Girard.*    [B 1432
**F** V

Six sonates pour le clavecin ou le piano forte dont trois avec accompagnement de violon obligé . . . œuvre I. – *Paris, auteur, aux adresses ordinaires; Lyon, Castaud (gravée par Mlle Vendôme et Moria).* – P.               [B 1433
**F** Pmeyer – **GB** Lbm

## BAZIAVELLI

Missarum octo brevium facilium suavium quae ad quinque voces in singulis tonis redactae nunc in Germania prodierunt cum basso ad organum. – *Köln, Johann Wilhelm Friess, 1668.* – St.      [B 1434
**F** Pn (kpl.: S, A, T, B, 5, org)

**BAZIN Mlle**

Premier recueil de romances et d'ariettes avec accompagnement de clavecin ou piano-forté . . . deuxième édition. – *Paris, Guenin, No. 9.* – P.　　　　　　　[B 1435
F Pc

**BAZYLIK Cyprian**

Dobrotliwość Pańska (Madrość ojca wszechmocńego, Kristus on wieczny syn jego [a 4 v]). – *Krakau, M. Siebeneicher.* – St.
　　　　　　　　　　　　　　　　　　　[B 1436
PL Wn

Nabożna piosnka a obiecna modlitwa człowieka krześciańskiego do Syna Bożego (Jezu Kryste Boże wieczny a niebieski Panie [a 4 v]). – *Krakau, M. Siebeneicher, 1558.* – St.　　　　　　　　[B 1437
PL Wn

Pieśń nowa krześciańska. Jako mamy szukać łaski pańskiej gdy ja prze grzech utraciemy (Iz to już jest nie tajno każdemu [a 4 v]). – *Krakau, M. Siebeneicher.* – St.　　　　　　　　　　　　　[B 1438
PL Wn

Pieśń nowa w ktorej jest dziękowanie Panu Bogu wszechmogącemu ze malutkim i prostakom raczył objawić tajemnice Krolestwa swego (Z ochotnem sercem ciebie wysławiam [a 4 v]). – *Krakau, M. Siebeneicher, 1558.* – St.　　　　[B 1439
PL Wn

Pieśń o niebezpieczeństwie żywota csłowieczego (Wspominając początek żywota naszego [a 4 v]). – *Krakau, M. Siebeneicher, 1558.* – St.　　　　　　　　[B 1440
PL Wn

Psalm LXXIX. Deus venerunt gentes in haereditatem tuam . . . (Panie Boże wszechmogący toć sroga moc [a 4 v]). – *Krakau, M. Siebeneicher, [15]58.* – St.
　　　　　　　　　　　　　　　　　　　[B 1441
PL Wn

Psalm Dawidów C.XXVII. Beati omnes qui timent Dominum (Wszyscy sąbłogosławieni [a 4 v]). – *Krakau, M. Siebeneicher, 1558.* – St.　　　　　[B 1442
PL Wn

Psalm CXXIX. De profundis clamavi ad te Domine. Argumentum. W tym psalmie Duch Swięty jaśnie okazuje iż żadny człowiek nie może sobie zasłużyć odpuszczenia grzechów swemi uczynki (Z głębokości grzechów moich [a 4 v]). – *Krakau, M. Siebeneicher, 1558.* – St.
　　　　　　　　　　　　　　　　　　　[B 1443
PL Wn

**BAZZINI Natale**

Messe motetti et dialogi a 5.concertati. – *Venezia, Bartolomeo Magni, 1628.* – St.
　　　　　　　　　　　　　　　　　　　[B 1444
F Pthibault (kpl.: S, A, T, B, 5, org) – S Uu (S, A, T, 5; fehlt B)

**BEARD Richard**

A godly psalme of Marye Queene. – *London, Wylliam Griffith, 1553.*　　[B 1445
GB Ctc

**BEAULAIGUE Barthélemy**

Mottetz nouvellement mis en musique à quatre, cinq, six, sept, & huit parties, en quatre livres. – *Lyon, Robert Granjon, 1559.* – St.　　　　　　　[B 1446
F Pn (S, Contra-T, T, B) – GB Lbm (T, B)

Chansons nouvelles . . . mises en musique à quatre parties, et en quatre livres. – *Lyon, Robert Granjon, 1559 ([T:] 1558).* – St.　　　　　　　　　　[B 1447
F Pn (S, Contra-T, T, B) – GB Lbm (B)

**BEAULIEU Girard de**

Balet comique de la Royne, faict aux nopces de monsieur le duc de Joyeuse et madamoyselle de Vaudemont sa soeur par Baltasar de Beaujoyeulx. [Musique de Girard de Beaulieu et Jacques Salmon]. – *Paris, Adrian Le Roy, Robert Ballard & Mamert Patisson, 1582.* – P.
SD　　　　　　　　　　　　　　　　　　[B 1448
A Wn – B Br – F Pc, Pn (4 Ex.) – I Tn – NL DHgm – S Uu – US Lu, U

**241**

## BEAUMARCHAIS Pierre Augustin Caron de

Musique du Barbier de Seville (Banissons le chagrin; Vous l'ordonnez; Quand dans la plaine; Veux tu ma Rosinette; Orage pour l'entr'acte du 3ᵉ au 4ᵉ [pour lv et orch. en part.]). – *Paris, Ruault, 1775.* – P.                                        [B 1449
**D-ddr** SWl – **F** Pc

— *ib., Miroglio, aux adresses ordinaires.*
[B 1450
**F** Pc

Vaudeville 10 du Mariage de Figaro (Coeurs sensibles, coeurs fidèles) . . . accompagnement de harpe ou pianoforte par Mr. Compan. – *s. l., s. n.*      [B 1451
**D-brd** MÜu

## BEAUMESNIL Henriette Adélaïde Villard de

Tibule et Délie, ou Les Saturnales

Tibule et Délie, ou les Saturnales. Opéra en un acte représenté pour la première fois devant leurs Majestés le 16 février 1784 et par l'Académie Royale de Musique le lundy 15 mars suivant. – *Paris, Deslauriers (gravé par Le Roy l'ainé).* – P.
[B 1452
**D-brd** HR – **D-ddr** Bds – **F** Pc (2 Ex.) – **S** Skma – **US** Bp, Wc

Airs détachés de Tibulle et Délie [à 1 et 2 v]. – *Paris, aux adresses ordinaires de musique.* – P.                          [B 1453
**F** V

Dans ces boccages. [Air à 1 v] de Tibulle et Délie. – *s. l., s. n.*             [B 1454
**F** Pn

Dans ces jardins charmans [Air à 1 v] de Tibulle et Délie. – *s. l., s. n.*    [B 1455
**F** Pn

Vainement je voudrois feindre [Air à 1 v] de Tibulle et Délie. – *s. l., s. n.*   [B 1456
**F** Pn

## BEAUMONT John

Four anthems adapted for publick worship . . . with a thorough bass for the organ, to which are added sixteen psalm or hymn tunes. – *London, G. Paramore, for the author.* – P.                     [B 1457
**GB** Lbm (unvollständig), Mp

## BEAUPRÉ de

Je ne soupire plus. Récit de basse (in: Mercure de France, Juillet 1727). – *[Paris], s. n., (1727).*                          [B 1458
**GB** Lbm

## BEAURANS

Le Diable à quatre, ou La double Métamorphose, opéra-comique, en trois actes. – *Paris, Duchesne, 1757.* – P.     [B 1459
**GB** Lbm

— . . . (in: Recueil général des Opéra Bouffons . . . Tom. 2., 1770). – *ib.*
[B 1460
**GB** Lbm (2 Ex.)

## BEAUVARLET-CHARPENTIER Jean Jacques

ORGELWERKE

Six fugues pour l'orgue ou le clavecin . . . œuvre VIᵉ. – *Paris, Le Duc, No. 604.*
[B 1461
**B** Br – **F** Dm, Pc, Pn – **GB** Lbm

III Magnificats pour l'orgue . . . œuvre VII. – *Paris, Le Duc (gravé par Mme Moria), No. 255.*                   [B 1462
**F** Pc – **US** Wc

Douze noëls variés pour l'orgue, avec un carillon des morts qui se joue le jour de la Toussaint après le Magnificat . . . œuvre XIIIᵉ. – *Paris, Le Duc, No. 606.*
[B 1463
**B** Br – **F** Dm, Pc (unvollständig), Pn – **GB** Lbm

Messe en mi mineur (Journal d'orgue à l'usage des paroisses et communautés religieuses . . . No. 1). – *Paris, Le Duc.*
[B 1464
**A** Wgm – **F** Pc – **NL** Uim

Six fugues (Journal d'orgue . . . No. 2). –
*Paris, Le Duc, No. 608.*                    [B 1465
**B** Br – **F** Pc – **GB** Lbm – **NL** Uim

Deux Magnificats, le premier du 2ème ton
en sol mineur; le second du 8e ton en sol
majeur (Journal d'orgue . . . No. 3). –
*Paris, Le Duc, s. No.*                       [B 1466
**A** Wgm – **F** Pc – **NL** Uim

— *ib., No. 609.*                             [B 1467
**F** Pc

Messe en ré mineur (Journal d'orgue . . .
No. 4). – *Paris, Le Duc.*                     [B 1468
**A** Wgm – **F** Pc – **NL** Uim

Quatre hymnes, savoir pour la Circon-
cision, l'Epiphanie, la Purification et
l'Annonciation (Journal d'orgue . . .
No. 5). – *Paris, Le Duc, s. No.*     [B 1469
**B** Br – **F** Pc (2 Ex.) – **NL** Uim

— *ib., No. 611.*                             [B 1470
**A** Wgm – **F** Pc

Messe royal de Dumont (Journal d'orgue
. . . No. 6). – *Paris, Le Duc, No. 612.*
                                              [B 1471
**A** Wgm    **NL** Uim

Quatre hymnes, savoir pour l'Ascencion,
la Pentecôte, la Fête de Dieu et de la dé-
dicacé de l'Eglise (Journal d'orgue . . .
No. 7). – *Paris, Le Duc, s. No.*     [B 1472
**B** Br – **F** Pc (2 Ex.) – **NL** Uim

— *ib., No. 613.*                             [B 1473
**A** Wgm

Plusieurs proses, pour les principales
fêtes de l'année (Journal d'orgue . . . No.
8). – *Paris, Le Duc, No. 614.*    [B 1474
**B** Br – **A** Wgm – **F** Pc – **NL** Uim

Deux Magnificats, le 1er en fa majeur du
6e ton, le 2e en ré majeur du 7e, avec un
Carillon des morts, au Gloria patri du
Magnificat (Journal d'orgue . . . No. 9). –
*Paris, Le Duc, s. No.*                       [B 1475
**F** Pc – **NL** Uim

— *ib., No. 615.*                             [B 1476
**A** Wgm – **F** Pc

Messe en sol mineur du 2e ton (Journal
d'orgue . . . No. 10). – *Paris, Le Duc.*
                                              [B 1477
**F** Pc – **NL** Uim

Deux Magnificats, le 1er en sol majeur du
8e ton, le 2e en ré mineur du 1er ton, où
l'on trouvera des noëls variés (Journal
d'orgue . . . No. 11). – *Paris, Le Duc, s.
No.*                                          [B 1478
**F** Pc – **GB** Lbm – **NL** Uim

— *ib., No. 617.*                             [B 1479
**F** Pc

Trois himnes, celle de la St. Jean Baptiste, de l'Assomption, et de l'Avent; avec
4 grand choeurs que l'on peut employer
aux rentrées de processions pour les jours
de grandes fêtes (Journal d'orgue . . .
No. 12). – *Paris, Le Duc.*        [B 1480
**B** Br – **F** Pc (2 Ex.) – **NL** Uim

WERKE FÜR MEHRERE INSTRUMENTE

*Op. 2.* Six sonates pour le clavecin ou
fortepiano avec accompagnement de violon . . . œuvre IIe. – *Paris, auteur, aux
adresses ordinaires de musique; Lyon,
Castaud (gravé par Mme Oger).* – St.
                                              [B 1481
**F** Pc (clav; Etikett: Paris, Le Menu)

*Op. 3.* Six sonates pour le clavecin ou
forté piano avec accompagnement de
violon obligé dont deux sont dans le goût
de simphonie concertante . . . œuvre III. –
*Paris, Cousineau, auteur, aux adresses
ordinaires; Lyon, Casteaud.* – St.
                                              [B 1482
**F** Pc (clav) – **GB** Lbm (clav)

*Op. 4.* Trois sonates pour le clavecin ou
forté piano avec accompagnement de violon dont la troisième est dans le goût de
simphonie concertante . . . œuvre IVme. –
*Paris, auteur, Cousineau, aux adresses
ordinaires; Lyon, Castaux.* – St.   [B 1483
**F** Lm (vl), Pc (clav) – **GB** Lbm (clav)

*Op. 8.* Trois sonates pour le clavecin dans
le goût de la simphonie concertante avec
accompagnement de violon obligé . . .
VIII œuvre. – *Paris, Le Duc (gravé par
Mme Moria).* – St.                    [B 1484
**GB** Lbm (clav)

*Op. 10.* Deux concertos pour le clavecin ou le forte piano avec accompagnement de deux violons, alto et basse et deux haubois obligés . . . œuvre X. – *Paris, Michaud (gravé par Mlle Michaud).* – St.     [B 1485
F Pn (kpl.: clav, vl I, vl II, vla, b, fl I/ fl II)

SAMMELWERKE

*Op. 3(12).* Six airs choisis et variés. Quatrième recueil pour le clavecin ou forte piano, dont deux sont en duo . . . œuvre IIIe. – *Paris, Le Duc (gravé par Mme Moria).* – St.     [B 1486
SD S. 79
F Pc (op. 12) – GB Lbm

*Op. 5.* Airs choisis variés pour le clavecin ou forte piano . . . œuvre V. – *Paris, Le Duc, No. 522.*     [B 1487
SD S. 80
GB Lbm – US Wc

*Op. 9.* Second recueil de six airs choisis variés pour le clavecin ou la harpe . . . IX œuvre. – *Paris, auteur; Lyon, Castaud (gravé par Mme Moria).*     [B 1488
SD S. 334
F Pc – GB Lbm

*Op. 11.* IIIe Recueil de petits airs choisis et variés pour la harpe, le clavecin, ou forté piano . . . œuvre XIe. – *Paris, Le Duc (gravé par Mme Moria).*     [B 1489
GB Lbm

— *ib. Cousineau, auteur, aux adresses ordinaires; Rouen, Magoy; Lyon, Castaud (gravé par Mme Moria).*     [B 1490
D-brd DO – GB Lbm

*Op. 14.* Airs variés à quatre mains pour le clavecin ou forte-piano . . . œuvre XIV. – *Paris, Le Duc.*     [B 1491
SD S. 82
F Pc

*Op. 16.* 1re recueil d'airs tirés de l'opéra de Renaud [von Sacchini], arrangés pour le clavecin ou piano-forte . . .l'accompagnement de violon est ad libitum. – *Paris, Le Duc (écrit par Ribière).* – St.     [B 1492
GB Lbm

*Op. 17.* Recueil contenant douze noëls en potpourri, ô filii et cinq airs variés, suivis de sept préludes, arrangés pour le clavecin ou piano-forte . . . œuvre XVII. – *Paris, auteur, Cousineau père & fils, Salomon (gravé par Le Roy l'ainé).*     [B 1493
F Pc (3 Ex.) – GB Lbm

Ier(-IIe) Recueil d'ariettes d'opéras bouffons les plus choisies ajustées pour le clavecin avec un accompagnement de violon obligé et de deux cors de chasse ad libitum – *Paris, aux adresses ordinaires; Lyon, Castaud.*     [B 1494
SD S. 321
F Pc

**BEAUVARLET-CHARPENTIER Jacques Marie**

Les Soirées Agréables de la Campagne. (16e – 23e) Recueil de contre-danses et walzes de divers auteurs, arrangées pour le forte-piano. – *Paris, Frère.*
SD     [B 1495
BR Rn (recueil 16, 19, 23) – US Wc (recueil 16–19)

— . . . ([ms.:] 25) Recueil. – *ib., No. 25.*
SD     [B 1496
D-ddr Dlb

Oeuvres diverses de musique pour le forte-piano ou harpe (Le départ du soldat républicain, Hymne à la solitude [1 v, pf/hf]). – *Paris, auteur, Decombe, Huet, aux adresses ordinaires.* – P.     [B 1497
F Pc

L'autre jour j'aperçus. La fuite inutile [1 v, pf/hf]. – *Paris, auteur, No. 3.*     [B 1498
S Skma

Des Bourbons généreux. Le God save the King des Français [1 v, pf/hf]. – *Paris, auteur.*     [B 1499
S St

La paix a chassé la douleur. Hymne à la paix. – *[Paris], Institut national des Aveugles-travailleurs.* – P.     [B 1500
F Pn

Quels accens, quels transports. Hymne des Versaillois, avec accompagnement du clavecin. – *[Paris ]*, *Frère, No. 158.*
[B 1501]
DK Kv

Repose en paix ma Virginie. Paul, au tombeau de Virginie [1 v, pf/hf]. – *Paris, auteur.* [B 1502]
S Skma

Vive Henri-quatre! vive ce Roi vaillant! avec 4 nouveaux couplets [1 v, pf/hf]. – *Paris, auteur.* [B 1503]
S St

Bataille d'Austerlitz, surnommée la journée des trois Empereurs. Pièce militaire et historique pour le forte-piano, avec accompagnement de violon. – *Paris, auteur, chez les marchands de musique.* – St. [B 1504]
D-brd Mbs (Etikett Decombe) – I Sac (pf) – NL DHgm (pf)

— . . . nouvelle édition. – *ib.* [B 1505]
A Wn

Victoire de l'armée d'Italie, ou Bataille de Montenotte, pour le forte piano ou orgue. – *Paris, auteur, aux adresses ordinaires de musique.* [B 1506]
CH Gpu

## BECCARI Fabio

Il secondo libro de sacri concenti à 2.3.4. 5. e 6. voci. – *Milano, Melchiore Tradate, 1611.* – St. [B 1507]
A Wn (B princ.) – D-brd Mbs (B) – I PCd (B princ.)

## BECCATTELLI Giovanni Francesco

Laude e antifone da cantarsi nel pellegrinaggio alla S. Casa di Loreto l'anno 1729. – *Firenze, Michele Nestenus & Francesco Moücke, 1729.* [B 1508]
D-brd Rp – I Bc

## BECCHI Antonio

Libro primo d'intabolatura da leuto . . . con alcuni balli, napolitane, madrigali,

canzon francese, fantasie, recercari. – *Venezia, Girolamo Scotto, 1568.*
SD 1568[22] [B 1509]
A Wn – I Rsc – US Wc

## BECK Franz

Partition de Pandore, melodrame, en vers par M[r]. d'Aumale de Corsenville, représenté à Paris par les comédiens ordinaires de Monsieur pour la première fois le 2 juillet 1789 . . . mis au jour par Mr Durieu. – *Paris, éditeur, aux adresses ordinaires (gravée par Mlle Fleury).* – St. [B 1510]
D-brd HR (vl I, vl II, vla, b, fag I/II, fl I, fl II, cor I, cor II)

Sei overture [g, F, A, Es, G, C] a più stromenti . . . opera prima. – *Paris, aux adresses ordinaires, Venier (gravé par Ceron, imprimerie de Richomme l'aîné).* – St. [B 1511]
CH Bu (vl I) – F BO (vl II, vla, b), Pc (vl I, vl II, vla, b [je 3 Ex.], Pn (vl I, vl II, b [je 2 Ex.]) – GB Ckc, Lbm (unvollständig)

Six simphonies [D, g, A, Es, G, D] à quatre parties et cors de chasses ad libitum . . . opera II[a]. – *Paris, de La Chevardière, aux adresses ordinaires (gravées par Mme Leclair).* – St. [B 1512]
F AG (fehlen vl I, vla), A (fehlt vla), BO (vl II, vla, b, cor I, cor II, Pc (vl I [3 Ex.], vl II, vla, b, cor I, cor II, [je 4 Ex.], Pn (vl I, vl II, cor I, b) – GB Ckc (unvollständig), Ob – S Skma (kpl.: vl I, vl II, vla, b, cor I, cor II)

Sonates pour le clavecin ou le piano-forte . . . œuvre II. – *Paris, de La Chevardière.* [B 1513]
F Pn

Sei sinfonie [F, B, g, Es, d, D] a piu stromenti . . . opera terza. – *Paris, Venier (gravées par Mme Leclair).* – St. [B 1514]
CS KR (kpl.: vl I, vl II, vla, b, ob I/II, cor I, cor II) – D-brd Mbs (ob, cor I, cor II [2 Ex.]), MÜu (fehlt b; ob II zu Sinf. I, II und VI hs) – F A (fehlt cor II), BO (fehlen vl I, ob I/II), Pc (6 Ex.) – GB Lbm (unvollständig), Ob

Six sinfonies [D, B, F, D, G, Es] à plusieurs instruments . . . œuvre IVe. – *Paris,*

*de La Chevardière; Lyon, aux adresses ordinaires.* – St.         [B 1515
CS KR (kpl.: vl I, vl II, vla, b, ob I, ob II, cor I, cor II) – **D-brd** MÜu – **D-ddr** SWl – **GB** Ob

— *ib., de La Chevardière; Bordeaux, Chapuy; Lyon, Le Goux, Castaud.*
                   [B 1516
F Pc (vl I, vl II, vla ([je 4 Ex.], b [5 Ex.], ob I, ob II, cor I, cor II [je 3 Ex.])

— [3] simphonies [D, B, F] pour deux violons, alto, basse, hautbois, cors de chasse . . . œuvre IV<sup>e</sup>. – *ib.*     [B 1517
**D-brd** Mbs (ob I, ob II, cor II)

*Simphonie periodique* [Es] a piu stromenti . . . No. 17. – *Paris, de La Chevardière; Lyon, les frères Le Goux.* – St.
                   [B 1518
F BO (vl II, vla, b), Pc (vl I, vl II, vla, b, cor I, cor II) – **GB** Ckc (unvollständig)

*Six sonates pour le forte-piano ou clavecin* . . . œuvre V<sup>e</sup>. – *Bordeaux, auteur.*
                   [B 1519
F Dc

## BECK Friedrich August

*Sammlung schöner Lieder mit Melodien* [für Singstimme und bc]. – *Frankfurt-Offenbach, André, 1775.*     [B 1520
**GB** Lbm

— *Frankfurt-Hanau-Leipzig, André, 1785.*               [B 1521
**D-brd** B

## BECK Johann Hector

Continuatio Exercitii musici, bestehend in ausserlesenen Allemanden, Balletten, Gavotten, Giquen, Couranten und Sarabanden, welche theils von den besten Violisten dieser Zeit mit Discant und Bass gesetzt, den Liebhabern aber der edlen Music zu gefallen zwey Stimmen und General Bass neben den ersten funffzig Stücken darzu componiert, und also alle mit zweyen Discänten, einer Braccio und zweyen Bässen, herauss gegeben und verfertigt. – *Frankfurt, Balthasar Christoph Wust, 1666.* – St.     [B 1522
S Uu (kpl.: vl I, vl II, braccio, b, bc)

Continuatio Exercitii musici secunda, bestehend in ausserlesenen Paduanen, Intraden, Allemanden, Balletten, Gavotten, Giquen, Couranten und Sarabanden, welche von den besten Violisten dieser Zeit mit Discant und Bass gesetzt . . . mit zweyen Stimmen und General-Bass vermehrt, und also alle mit zweyen Discänten einer Braccio und zweyen Bässen, herausgegeben und verfertigt. – *Frankfurt, Balthasar Christoph Wust, 1670.* – St.
                   [B 1523
S Uu (vl I, vl II/vla I, braccio/vla II/tenor/ vla III, b, bc)

## BECK Paul

(In Christi Wunden schlaf ich ein [à 5] in: Christliche Leichpredigt . . . Johann Andreä . . . den 4. Maji 1659 . . . entschlaffen). – *Erfurt, Christian Lorenz Kempff, (1659).*      [B 1524
**D-ddr** MAl

## BECKER Dietrich

Musicalische Frülings-Früchte, bestehend in drey-vier- und fünff-stimmiger Instrumental-Harmonia nebenst dem Basso continuo. – *Hamburg, Autor (Georg Rebenlein), 1668.* – St.     [B 1525
**D-brd** KIl (kpl.: vl I, vl II; vla, vla da braccio, vlne, bc) – **GB** Lbm – S Uu, V

— Musicalische Lendt-Vruchten bestaende in dry, vier, vyf Instrumentale-Hermoniale stemmen beneffens den bassus continuus. – *Antwerpen, les héritiers de Pierre Phalèse, 1673.* – St.   [B 1526
B Amp (vlne) – **GB** Lbm (kpl.: vl I, vl II, vla, vla da braccio, vlne, bc)

Erster Theil zwey-stimmiger Sonaten und Suiten, nebest einem gedoppelten basso continuo. – *Hamburg, Georg Rebenlein, 1674.* – St.      [B 1527
**DK** Kk (kpl.: vl I, vl II, bc) – **GB** DRc

Traur-und Begrabnüß-Music (Es ist ein grosser Gewinn [für 4 Stimmen: S, A, T, B, und Instrumente: vl fag, braccio I, braccio II, braccio III, bc]) bey . . . Leichbestattigung des . . . Herrn Johann

Helms . . . am 15. Augusti 1678. – *Glück-stadt, Melchior Koch, 1678.* – St.
[B 1528
D-brd KIu, W

**BECKER Johann**

Choral-Buch, zu dem in den Hochfürstl. Hessen-Casselischen Landen eingeführ-ten verbesserten Gesangbuche. – *Kassel, Johann Nikolaus Seibert, 1771.* [B 1529
D-brd Kl (2 Ex.) – GB Lbm

**BECKER Johann Wilhelm**

Lieder mit Begleitung des Claviers in Musik gesetzt . . . erster Theil. – *Braun-schweig, musikalisches Magazin auf der Höhe, No. 381.* [B 1530
D-brd BNba

**BECKER Karl Ludwig**

Arietten und Lieder am Claviere. – *Göttin-gen, Victor Bossiegel, Autor (Kassel, Wai-senhaus-Buchdruckerei), 1784.*
[B 1531
D-brd Gs

Stücke allerley Art für Kenner und Lieb-haber des Claviers und Gesanges, enthal-tend die Entführung, oder Ritter Karl von Eichenhorst und Fräulein Gertrude von Hochburg . . . zweytes Heft. – *Göttin-gen, Vandenhoeck-Ruprechtsche Universi-täts-Buchhandlung.* [B 1532
D-brd MGmi

**BECKER Paul**

E. C. Homburgs Geistliche Lieder ander Theil mit drey-stimmigen Melodeyen ge-zieret. – *Jena, Georg Sengenwald, 1659.*
[B 1533
D-brd As, KIl

Der seelig verstorbenen letztere Glaubens Wort (Mein Jesus bleibet); auff Begehren in die Music übersetzet mit 4. Stimmen (an: Abgrund der seligmachenden Liebe Gottes, bey . . . Leichbestattung, der . . .

Fr. Elisabethen . . . Wegerich). – *Jena, Georg Sengenwald, 1660.* [B 1534
D-brd Gs

**BECKETT J.**

The Toast. A bacchanalian glee. – *Lon-don, author.* [B 1535
GB Gu, Lbm, Ob

**BECKMANN Johann Friedrich Gottlieb**

Trois concerts [F, B, D] pour le clavecin, avec l'accompagnement des deux violons, taille et basse, et deux cors de chasse ad libitum . . . œuvre premier. – *Berlin-Amsterdam, Johann Julius Hummel, No. 392.* – St. [B 1536
D-ddr Dlb – S Skma

Trois concerts [G, c, D] pour le clavecin ou le piano forte accompagnés des deux violons, taille, basse et deux cors de chasse (le dernier est avec deux flûtes) . . . œuvre second. – *Berlin-Amsterdam, Jo-hann Julius Hummel, No. 185.* – St.
[B 1537
D-ddr Dlb – S Skma

Six sonates [D, B, G, Es, C, A] pour le clavecin ou le piano forte, accompagnées d'une flûte, ou d'un violon & violoncelle . . . œuvre troisième. – *Berlin-Amsterdam, Johann Julius Hummel, No. 514.* – St.
[B 1538
D-ddr Dlb – US NYp (clav, fehlen fl und vlc)

**BECKWITH John Christmas**

Six anthems in score [1–5 v,bc] – *London, Longman & Broderip, for the author.*
[B 1539
D-brd Hs – GB Lbm, Lcm, Mp, T – US NH, NYp

The Chimney sweepers. A glee for three voices. – *London, Preston & son., for the author.* [B 1540
GB Lbm

A favorite concerto for the organ, harp-sichord, or piano forte with accompany-ments. – *London, Longman & Broderip.* – St. [B 1541

GB Lbm (kpl.: org, vl I, vl II, vla, b, ob I, ob II, cor I, cor II)

A favorite sonata for the harpsichord or piano forte . . . [op. 3]. – *London, Longman & Broderip; Norwich, author.*
[B 1542
GB Lbm, Ob – US Wc

Six voluntaries for the organ, harpsichord &c. – *London, Longman & Broderip, for the author, 1780.*
[B 1543
GB Lbm – US AA, Cu, NYp

## BECOURT

Ah! ça ira. Dicton populaire ou le carillon national, avec accompagnement de clavecin par Mr. André. – *[Paris], Frère, No. 84.* – P.
[B 1544
F Pn (mehrere Ausgaben) – US Wc

— . . . [for voice, violin and piano]. – *London, G. Astor.*
[B 1545
US Wc

— *ib., Dole.*
[B 1546
S Skma

— *ib., Preston.*
[B 1547
US NYfuld

— Ça ira! A favourite national chanson, sung in the entertainment of Le champ de Mars at Sadler Wells. – *ib., Samuel, Ann & Peter Thompson.*
[B 1548
US Cn

— La Carmagnole. – *Philadelphia, Carr & Co.*
[B 1549
US PHu

Suitte de Ça ira . . . air du Carillon national, 5 (Ah vla qu'est fait), – *[Paris], Frère.*
[B 1550
F Pn

Le Retour du champ de Mars, air du Carillon national, 25 (Ah ça ira . . . nous l'avons juré). – *[Paris], Frère.* [B 1551
F Pn

Chanson des Savoisions . . . air du Carillon national, 62 (Ah! ça ira . . . comme ce refrain). – *Paris, Frère.*
[B 1552
F Pn

La Convention nationale [pf]. – *Paris, Frère.*
[B 1553
GB Lbm

## BECZWARZOWSKY Anton Franz

VOKALMUSIK

Gesänge beim Klavier, in Musick gesetzt . . . erstes Heft. – *s. l., Autor [Offenbach, Johann André, s. No.].*
[B 1554
D-brd B, LÜh

— *Offenbach, Johann André, No. 1222.*
[B 1555
CS K – D-brd BNba, OF

VI Lieder . . . für die spanische Guitarre eingerichtet von Bernard Joseph Mäurer. – *Bonn, Nikolaus Simrock, No. 173.*
[B 1556
D-brd Mbs – D-ddr Dlb

Leyer und Schwerdt, von Theodor Körner (Mein Vaterland – Missmuth – Reiterlied-Trost – Schwerdtlied – Bundeslied). – *Berlin, Adolph Martin Schlesinger, No. 146.*
[B 1557
CS Pk, Pu – D-brd Bim, F (Etikett: Frankfurt, J. C. Gayl), Hmb, LÜh

— . . . für die Guitarre arrangirt von C. Klage. – *ib., No. 159.*
[B 1558
D-brd KNh

Leyer und Schwerdt von Theodor Körner . . . IIter Theil [4 Gesänge; v, pf]. – *Berlin, Autor.*
[B 1559
D-ddr MEIr, SWl – S Skma

— . . . für die Guitarre arrangiert von C. Klage, IItes Heft. – *ib., Adolph Martin Schlesinger, No. 173.*
[B 1560
CS Pk

Abschied vom Leben, von Theodor Körner, mit Begleitung des Pianoforte. – *Hannover, Karl August Kruschwitz, No. 214.*
[B 1561
D-ddr ZI

Nähe des Geliebten von Göthe . . . mit Begleitung des Claviers. – *Braunschweig, Musikalisches Magazin auf der Höhe, No. 210.*
[B 1562
D-brd DÜk

Würde der Frauen, von Schiller, in Musik gesetzt. – *Braunschweig, Musikalisches Magazin auf der Höhe, No. 517.*

[B 1563

**D-ddr** GOl

— *s. l., s. n.*            [B 1564
**D-brd** MB

Werke für mehrere Instrumente

Concerto [F] pour le clavecin ou piano forté avec accompagnement de 2 violons, 2 hautbois, 2 cors, alto et violoncelle . . . œuvre I<sup>r</sup>. – *Offenbach, Johann André, No. 634.* – St.     [B 1565
**D-brd** LCH – **GB** Lbm (pf unvollständig, fehlen b, ob II, cor I)

— . . . 2<sup>de</sup> édition. – *ib., No. 4685.*

[B 1566

**CS** Bu

Concerto en rondo [C] pour le clavecin ou piano-forte, avec accompagnement de deux violons, deux hautbois, deux cors, basson, alto et basso . . . œuvre 2<sup>me</sup>. – *Offenbach, Johann André, No. 736.* – St.

[B 1567

**D-brd** B, BNba (pf), LCH, Rp

— . . . 2<sup>de</sup> édition. – *ib., No. 4686.*

[B 1568

**CS** Bu

Concerto pour le piano-forté avec accompagnement . . . œuvre 5, 2<sup>de</sup> édition. – *Offenbach, Johann André, No. 4606.* – St.

[B 1569

**CS** Bu

Trois sonates [G, F, Es] pour le pianoforte avec violon et violoncelle obligés . . . œuvre 3<sup>me</sup>. – *Offenbach, Johann André, No. 1185.* – St.       [B 1570
**A** Wgm – **CS** Pu (pf) – **D-brd** F – **D-ddr** WRtl – **US** Wc

— . . . seconde édition. – *ib., No. 1752.*

[B 1571

**D-brd** Bhm – **D-ddr** Dlb – **SF** A

— *Bonn, Nikolaus Simrock, No. 238.*

[B 1572

**D-brd** B, WERl – **D-ddr** GOl

Grande sonate [C] pour le pianoforte avec flûte ou violon obligé . . . op. 47. – *Berlin, Adolph Martin Schlesinger, No. 1018.* – St.           [B 1573
**A** Wgm – **CS** Pu (pf)

Rondoletto [Es] für das Pianoforte und Violoncello oder Violine (obligat) . . . op. 48. – *Berlin, Adolph Martin Schlesinger, No. 1024.* – St.      [B 1574
**A** Wgm (2 St.) – **D-brd** B (kpl.: pf, vl oblig., vlc), Bhm

Divertissement [G, B] pour le pianoforte avec accompagnement de violon obligé. – *Berlin, Adolph Martin Schlesinger, No. 37.* – St.          [B 1575
**D-brd** B

Klavierwerke

Vier leichte Sonaten für's Pianoforte zu vier Händen, No. 1 [G] (–2 [F], 3 [F]). – *Braunschweig, G. M. Meyer jun., No. 37 (–38, 39).*          [B 1576
**A** Wgm

Vier leichte Sonatinen für das Pianoforte . . . N<sup>o</sup>. [hs.:] 1 [F] (4 [B]). – *Braunschweig, G. M. Meyer, No. 40 (43).*    [B 1577
**D-brd** LÜh

Sonate facile [G] pour piano-forte. – *Hamburg, Johann August Böhme.*    [B 1578
**S** Skma

— *Mainz, Bernhard Schott, No. 670.*

[B 1579

**CS** Pu – **D-brd** MZsch, OLl – **NL** At

Sonate facile [F] pour piano-forte. – *Hamburg, Johann August Böhme.*    [B 1580
**CS** Pk

— *ib., August Cranz.*          [B 1581
**D-brd** LÜh

Sonates faciles, agréables et progressives pour le piano forte . . . N° 2 [F] (4 [d]). – *Hamburg, August Cranz.*        [B 1582
**D-brd** LÜh (2), WIl (4)

Nouvelle sonatine [G] instructive et progressive pour le piano-forte à quatre mains. – *Berlin, Adolph Martin Schlesinger, No. 41.*        [B 1583
**D-brd** Mbs

Sonate pour le pianoforte . . . op. 40. – *Berlin, Adolph Martin Schlesinger, No. 584.*                    [B 1584
**CS** Pk

Deux thèmes agréables variés à l'usage des amateurs pour le piano-forte. – *Rotterdam, Ludwig Plattner, No. 663.*
[B 1585
**NL** At

Deux polonaises [Es, C] pour le pianoforte. – *Leipzig, C. F. Peters, No. 1568.*
[B 1586
**A** Wgm

Polonoise. – *Berlin, Adolph Martin Schlesinger, No. 132.*                    [B 1587
**D-ddr** Bds

Rondeau [Es] pour le piano-forte. – *Berlin, Adolph Martin Schlesinger, No. 506.*
[B 1588
**A** Wgm

Drey Sieges-Märsche der verbündeten Truppen nach der Völkerschlacht bey Leipzig, für's Pianoforte componirt [Es, B, F]. – *Berlin, Adolph Martin Schlesinger, No. 203.*                    [B 1589
**D-brd** BNba

Instructive Uebungsstücke mit Bezeichnung des Fingersatzes für's Pianoforte . . . 1tes Heft aus der kleinen practischen Klavierschule von Lauska, insbesondere abgedruckt. – *Berlin, Adolph Martin Schlesinger, No. 45 (172).*                    [B 1590
**A** Wgm – **D-brd** BNu

## BEDARD Jean Baptiste

VOKALMUSIK

Amour, chacun adore ton empire. Olric et Alzaide. Romance russe . . . mise en musique avec accompagnement de harpe ou piano. – *Paris, Frère, No. 137.*
[B 1591
**D-brd** Mbs

Couchée, au bort d'un frais ruisseau. Zila. Romance . . . musique et accompagnement de lyre ou guitarre. – *Paris, Corbaux.*                    [B 1592
**D-brd** Mbs

Dans un jeu malin. Le sourire [v, pf]. – *Paris, Corbaux.*                    [B 1593
**D-brd** Mbs

— . . . accompagnement de lyre ou guitarre. – *ib.*                    [B 1594
**A** Wn (Etikett: Frère fils)

Déjà le temps de son aile. Demain. Romance . . . musique et accompagnement de lyre ou guitare. – *Paris, Corbaux.*
[B 1595
**D-brd** Mbs

Hélas! que ferai-je ô mon coeur. Romance, imitée de l'italien . . . accompagnement de lyre ou guitare. – *Paris, Omont.*
[B 1596
**D-brd** Mbs

Je t'aimerai. Mon délire. Air . . . accompagnement de lyre ou guitare. – *Paris, Louis.*                    [B 1597
**D-brd** Mbs

O! toi dont la jeune âme. Le conseil . . . musique et accompagnement de lyre ou guitare. – *Paris, Corbaux.*                    [B 1598
**S** Skma

Parmi les jeux. Le Colin-Maillard . . . musique et accompagnement de lyre ou guitare. – *Paris, Corbaux.*                    [B 1599
**D-brd** Mbs

Le plaisir venait de naître. La naissance du plaisir. Allégorie . . . musique et accompagnement. – *Paris, Corbaux, No. 34.*
[B 1600
**D-brd** Mbs

La promenade nous appelle. La promenade, ou L'heure du Berger . . . mise en musique avec accompagnement de piano ou harpe. – *Paris, Corbaux, No. 26.*
[B 1601
**D-brd** Mbs

Rêve si doux. Romance . . . mise en musique avec accompagnement de harpe ou piano. – *[Paris], Frère, No. 142.*
[B 1602
**D-brd** Mbs

INSTRUMENTALWERKE

N° 1. Simphonie périodique à grand orchestre. – *Paris, auteur, Louis, Decombe (gravée par Michot)*. – St.
[B 1603
**F Pn**

Simphonie facile [Es] pour la harpe, avec accompagnement (non obligé) de deux violons, basse et cor . . . 2e. simphonie, 1ere. de harpe, œuvre XXVe. – *Paris, Ollivier & Godefroy*. – St.       [B 1604
**S Skma**

Pot-pouri d'airs connus, arrangé en harmonie à 6 parties . . . Iere suite. – *Paris, Decombe, No. 152*. – St.       [B 1605
**US Wc** (kpl.: cl I, cl II, cor I, cor II, fag I, fag II)

Deuxième sonate [Es] pour la harpe, avec accompagnement de deux violons . . . œuvre 43e. – *Paris, Mme Duhan & Co., No. 265*. – St.       [B 1606
**S Skma** (hf, vl I, vl II)

Duo concertant [F] pour lyre et violon . . . 1re. suite, œuvre 29eme. – *Paris, Decombe (gravé par Mlle Gilbert), No. 183*. – St.       [B 1607
**D-brd Mbs** (Etikett: Corbaux)

Duo concertant [Es] pour deux harpes avec accompagnement de violon non obligé . . . 5me. suite, œuvre 38me. – *Paris, Corbaux*. – St.       [B 1608
**D-brd Mbs**

La gavotte de vestris [F], variée pour lyre ou guitare, suivie de seize nouvelles variations des Folies d'Espagne, avec accompagnement de flûte ou violon (ad libitum) . . . œuvre 39me. – *Paris, Corbaux, No. 27*. – St.       [B 1609
**D-brd Mbs**

Partant pour la Syrie. Romance, variée pour la harpe, avec accompagnement de violon ad-libit. – *Paris, Imbault, No. 221.* – P.       [B 1610
**D-ddr Bds**

— . . . varié pour le violon avec accompagnement d'un second. – *Leipzig-Berlin, bureau des arts et d'industrie, No. 411.* – St.       [B 1611
**D-ddr Bds**

Variations pour la harpe sur l'air des Tiroliens (Wann i in der früh aufsteh ai ei ei a). – *Paris, Imbault, No. 947*.
[B 1612
**D-brd DO**

Variations pour le violon sur l'air des Tiroliens Wann i in der früh aufsteh. – *Berlin, Adolph Martin Schlesinger, No. 19*.       [B 1613
**D-ddr Bds**

Air hongrois, varié pour violon. – *Berlin, Adolph Martin Schlesinger, No. 284*.
[B 1614
**D-ddr Bds**

Heil dir im Siegerkranz . . . für eine Violine variirt. – *Berlin, Adolph Martin Schlesinger, No. 240*.       [B 1615
**D-ddr Bds**

O nicht zährtliche Liebe. Romance . . . für eine Violine variirt. – *Berlin, Adolph Martin Schlesinger, No. 241*.
[B 1616
**D-ddr Bds**

**BEECKE Notger Ignaz Franz von**

VOKALMUSIK

Friedenscantate (Friede, Gottes bester Segen) für großes Orchester. – *Augsburg, Gombart, No. 104 (204)*. – St.       [B 1617
**A SF** – **D-brd DO** (kpl.: S, A, T, B; vl I, vl II, fl, ob I, ob II, fag I, fag II, cor I, cor II, cl I, cl II, vla, vlc, timp), **HR, Rp** – **NL At** (fehlen fl, ob, fag, cor, cl)

— Friedensgesang . . . [für Singstimme und Klavier]. – *ib., No. 148*.       [B 1618
**CS K** – **D-brd DO, HB, Mbs** – **DK A**

Abschieds Empfindung an Mariane [für Singstimme und Klavier]. – *Mainz, Bernhard Schott, No. 17*.       [B 1619
**CS K**

Les Adieux de la Reine à sa prison du Temple, mis en musique pour une voix avec accompagnement du clavecin. – *Heilbronn, Amon, No. 65*.       [B 1620
**CS K** – **D-brd HB, Rtt** (2 Ex.) – **GB Lbm** – **H Gc**

Six airs françois [für Singstimme und Klavier]. – *Berlin-Amsterdam, Johann Julius Hummel, No. 685.*                    [B 1621
**D-ddr** SWl

Der brave Mann, vom Bürger, in Musick gesetzt [für Soli, Chor und Orchester]. – *Mainz, Bernhard Schott, 1784.* – P.
                    [B 1622
**D-brd** Gs – **D-ddr** Bds (2 Ex.) – **GB** Lbm – **NL** DHgm – **US** Bp

Das Mädel dass ich meine. Deutsche Aria von Bürger [für Singstimme und Klavier] . . . N°. I. – *Heilbronn, Johann Amon, No. 132.*                    [B 1623
**A** Wgm – **CS** K – **D-brd** DO, Rp

— *Mainz, Karl Zulehner, No. 132.*   [B 1624
**D-brd** Gs

Deutsches Lied, vom Clavier begleitet. – *s. l., s. n., No. 19.*                    [B 1625
**CS** K

Elegie von Matthisson, in Musick gesetzt [für Singstimme und Klavier]. – *Augsburg, Gombart, No. 209.*         [B 1626
**D-brd** B, Mbs, Rp – **US** NH

Fischerlied [und Sonate für Klavier]. – *Mainz, Bernhard Schott.*        [B 1627
**GB** Lbm

Klagen über den Tod der grosen Saengerinn Nanette von Gluk [für Singstimme, 2 Violinen, Viola, Baß und Klavier]. – *Augsburg, Konrad Heinrich Stage, 1776.* – KLA und St.                    [B 1628
**A** Wn, Wst – **F** Pc (2 Ex.)

VI. Lieder von Matthisson, in Musik gesezt [für Singstimme und Klavier]. – *Augsburg, Gombart, No. 226.*     [B 1629
**CS** K – **D-brd** Hmb, Kl, Mbs, Sl – **D-ddr** Dlb – **H** Gc – **US** Wc

VI. Lieder von verschiedenen Dichtern, in Musik gesezt [für Singstimme und Klavier] . . . Theil II. – *Augsburg, Gombart, No. 262.*                    [B 1630
**CS** K – **D-brd** B, Mbs – **D-ddr** Dlb – **US** Wc

VI. Lieder von Matthisson, in Musik gesezt [für Singstimme und Klavier] . . . 3ter Theil. – *Augsburg, Gombart, No. 289.*                    [B 1631
**CS** K – **D-brd** Rp – **D-ddr** Dlb – **US** NH, Wc

VI. Lieder von Klopstock, Heerder und Matthison in Musik gesezt [für Singstimme und Klavier] . . . Theil 4. – *Augsburg, Gombart, No. 344.*    .    [B 1632
**D-brd** Rp – **D-ddr** Bds, Dlb – **US** Wc – HGc (mit No. 202)

entfällt                    [B 1633

Louis XVI. à son peuple (O mon peuple, que vous ai-je donc fait ?), mis en musique pour une voix avec accompagnement du clavecin. – *Wien, Artaria & Co.*
                    [B 1634
**A** Wgm, Wn – **CS** K, Pk – **D-brd** Rp – **GB** Lbm – **H** Gc

Musikalische Apotheose des Ritters Gluck, in Musik gesetzt [für Singstimme und Orchester] und der Wittwe Frau von Gluck zugeeignet. – *Mainz, Bernhard Schott, No. 86.* – P.                    [B 1635
**A** Wn – **D-brd** HB, Mbs, Rp – **D-ddr** Dlb – **S** Skma

Tra lyrum larum, in Music gesezt. – *Mannheim, Johann Michael Götz, No. 85.* – St.                    [B 1636
**H** Gc (kpl.: vl I, vl II, vla, b, Gesangsstimme mit Klavier)

INSTRUMENTALWERKE

Six simphonies à grand orchestre pour deux violons, alto, basse, flûtes ou hautbois et cors de chasse. – *Paris, Mme Bérault, aux adresses ordinaires.* – St.
                    [B 1637
**F** Pc, Pn (kpl.; vlc [2 Ex.])

[6] Quartetti per flauto, violino, viola è basso (libro 1: I–III; libro 2: IV–VI). – *Speyer, Heinrich Philipp Bossler.* – St.
                    [B 1638
**CH** Bu (libro 2) – **I** MOe

Quatre duo pour un clavecin et un violon . . . œuvre IIIe. – *Paris, Mme Bérault, aux adresses ordinaires.* – P.     [B 1639
**F** Pmeyer

Six sonates pour le clavecin . . . œuvre II. – *Paris, Mme Bérault, aux adresses ordinaires.* – P.                    [B 1640
**F** Pmeyer

[10] Pièces de clavecin [C, F, B, a, A, D, G, C, F, B]. – *Paris, Mme Bérault, aux adresses ordinaires (gravées par Mme Bérault)*.                    [B 1641
**F** Pc, Pn

Ariette avec 15 variations pour le piano forte. – *Heilbronn, Johann Amon, No. 108.*                                    [B 1642
**D-brd** Mbs, MT

Air [F] avec dix variations pour le piano forte. – *Augsburg, Gombart & Co., No. 212.*                                    [B 1643
**D-brd** DO, Mbs

Marche pour le clavecin. – *Heilbronn, Johann Amon.*                    [B 1644
**CS** Pnm

## BEER Johann (Behr, Baer, Bär, Bähr, Ursus, Ursinus)

Aria (Gleichwie ein Rose in dem Dorn [für A, vl, 2 vla, bc] in: Selige Sterb-Kunst, gezeiget . . . bey . . . Leich-Bestattung des . . . Herrn Michael Sommerls . . . welcher am 13. Octobr. anno 1675 . . . entschlaffen). – *Regensburg, Paul Dalnsteiner, 1675.*                                    [B 1645
**D-ddr** Bds

Aria (Ob schon der Zephir seine Lust [für A und bc] in: Leben und Labung in Creutzes-Tod . . . als der . . . Herr Iohan Georg Würth . . . nachdem er den 19. April dieses 1676ten Iahrs . . . entschlaffen . . . zu . . . Ruhe gebracht wurde . . . betrachtet). – *Regensburg, Paul Dalnsteiner, (1676).*                    [B 1646
**D-ddr** Bds

Aria (Was ist doch bessers als der Todt [für S und bc] in: I. N. J. Gottes Gnaden-Angedencken . . . bey . . . Leich-Bestattung des . . . Herrn Matthaei Schmollii . . . welcher . . . den 30. Julij dises 1675. Iahrs . . . entschlaffen). – *Regensburg, Christoff Fischer, 1675.*                    [B 1647
**D-ddr** Bds

## BEFFROY DE REIGNY, Louis Abel (Cousin Jaques)

MUSIK ZU BÜHNENWERKEN

Les ailes de l'amour

Les ailes de l'amour, comédie en un acte en vers et en vaudevilles, représentée à Paris pour la première fois le mardi 23 mai 1780. – *Paris, Lawalle l'Ecuyer.*                    [B 1648
**US** I

— . . . mêlée d'airs nouveaux . . . pour la première fois, le mardi 23 mai 1786. – *ib.* – P. und St.                    [B 1649
**F** A, R (nur St.: vl I, vl II, vla, b)

— . . . avec les airs nouveaux. – *ib., auteur.*                    [B 1650
**F** Pc

— . . . avec les airs nouveaux. – *ib., Lesclapart.*                    [B 1651
**F** Pc, Pn – **GB** Lbm

Allons, ça va

Air N° 1 (–14) d'Allons, ça va, tableau patriotique. – *Paris, Huet.*                    [B 1652
**GB** Lbm (fehlt N°. 12)

Allons du courage. Air [à 1 v]. – *[Paris], Frère.*                    [B 1653
**F** Pn

Allons gai mes amis. Air [à 1 v]. – *[Paris], Frère.*                    [B 1654
**F** Pn

Autre fois dans l'royaume d'France. Air [à 1 v]. – *[Paris], Frère.*                    [B 1655
**F** Pn

Dans l'temps q'su not'heritage. Air [à 1 v]. – *[Paris], Frère.*                    [B 1656
**F** Pn

Mes chers amis jurons ensemble. Air [à 1 v]. – *[Paris], Frère.*                    [B 1657
**F** Pn

N'est-ce pas t'ici q'log'la maison. Air [à 1 v]. – *[Paris], Frère.*                    [B 1658
**F** Pn

Un forgeron qui prépare les armes. Air [à 1 v]. – *[Paris]*, *Frère.*                    [B 1659
F Pn

Les capucins

Jeun' fillettes, prenais garde. Air des capucins. Chanson paysanne . . . [guitar] accompagnement par Mr Trille Labarre. – *Paris, Leduc.*                    [B 1660
GB Lbm

Le club des bonnes gens

Harmonie à grand orchestre et à huit parties, composée de six morceaux pour deux clarinettes, deux petites flûtes ou hautbois, deux cors, deux Baßons, serpent, trompettes, großecaiße, cymbales et triangles, arrangés par Fs. Devienne [= Ouverture du Club des bonnes gens]. – *Paris, les frères Gaveaux, No. 38.* – St.
                    [B 1661
D-brd AB

Recueil des ariettes. – *Paris, Mlle Borrelly au bureau d'abonnement des lunes, auteur, Mme Borrelly.* – P.                    [B 1662
F Pc

Air 1 (2, 5–14). – *Paris, Imbault.*
                    [B 1663
GB Lbm

Dindon . . . dorido. Duo [à 1 et 2 v]. – *[Paris]*, *Frère.*                    [B 1664
F Pn – NL At

Existe t'il sur la terre. Air . . . avec accompagnement de guitarre. – *Paris, Imbault.*                    [B 1665
D-brd DÜk

Faut chasser la mélancolie [Air]. – *Paris, Frère.*                    [B 1666
F Pn

Plus de peur, allons mesdames. Air . . . avec accompagnement de guittare. – *[Paris]*, *Frère.*                    [B 1667
F Pn

Le temps présent est une fleur [Air]. – *Paris, Frère.*                    [B 1668
F Pn

La vertu seule. Air [pour v, vl, pf], arrangé pour le forté piano (par Mr. Hausmann). – *Paris, Le Duc, No. 35.*
                    [B 1669
S Skma

Ronde . . . avec accompagnement de guittare. – *Paris, Imbault.*                    [B 1670
F Pc

Les deux Nicodèmes

Pouvez-vous oublier qu'un roi. Air des deux Nicodèmes avec accompagnement de guittare. – *Paris, Imbault.*                    [B 1671
GB Lbm

La fête civique

Jadis en France il éxista. Ronde . . . air: Colinette au bois s'en alla. – *Paris, Imbault.*                    [B 1672
GB Lbm

Hurluberlu, ou Le célibataire

Hurluberlu, ou Le Célibataire, poème demiburlesque avec des airs nouveaux en vers et en trois chants . . . avec des notes de M. de Kerkorkurkayladeck. – *London-Paris, libraires qui vendent des nouveautés, 1783.*                    [B 1673
F Pn

Nicodème dans la lune (Pasticcio)

Recueil des ariettes [25]. – *Paris, Mlle Borrelly.*                    [B 1674
S Skma – US Wc

A travailler nous perdons le courage. Choeur des paysans. – *[Paris]*, *Frère.*
                    [B 1675
GB Lbm

Colinette au bois s'en alla. Ronde . . . avec accompagnement de guittare. – *[Paris]*, *Frère.*                    [B 1676
GB Lbm

— Ronde . . . avec accompagnement de guittare. – *Paris, Imbault.*                    [B 1677
F Pc (Titelblatt beschädigt)

La petite Nannette

Ah! morgué quelle jouissance [Air]. – *Paris, Frère.*                    [B 1678
F Pn

A la fin de tant d'allarmes. Trio. – *Paris, Frère.* [B 1679
F Pn

Est-ce par des cris indécens [Air]. – *Paris, Frère.* [B 1680
F Pn

J'aimais surtout à la maison [Air]. – *[Paris], Frère.* [B 1681
GB Lbm

J'eusse en soulageant vos vieux ans. Duo. – *Paris, Frère.* [B 1682
F Pn

Mam'sel si ma constance n'ma pas t'encor quitté [Air]. – *Paris, Frère.* [B 1683
F Pn

Mon enfant, vers l'auteur du monde [Air à 1 et 2 v]. – *Paris, Frère.* [B 1684
F Pn

Nannette aurait elle un secret pour sa mère chérie. Duo. – *Paris, Frère.*
[B 1685
F Pn

Oh t'nez si vous voulicz mam'selle [Air]. – *Paris, Frère.* [B 1686
F Pn

Par ma foi, me vlà ben planté [Air]. – *Paris, Frère.* [B 1687
F Pn

Vous qui de prêcher la raison [Air]. – *Paris, Frère.* [B 1688
F Pn

WEITERE WERKE

Les soirées chantantes, ou Le chansonnier bourgeois . . . tome I(–III). – *s. l., s. n.*
[B 1689
NL At (III)

De l'histoire universelle. Air [1 v, bc]. – *Paris, les frères Savigny.* [B 1690
F Pn

Brave peuple quand tu flattais ton roi. Air. – *Paris, Imbault.* [B 1691
F Pn

## BEHM Martin

Martini Bohemi Lauba-Lusati, centuriae tres precationum rhythmicarum, das ist: Drey Hundert Reim-Gebetlein . . . jetzo auffs neue übersehen, an vielen Orten corrigiret, also daß man sie beten, singen und auff Instrumenten spielen kan. Centuria 1: Über alle Sonn- und Feyertägliche Evangelia, nebenst 13. Monats-Gebetlein [enthält 61 Melodien für Cantus und bc]. – *Breslau, Esaia Fellgiebel, 1658.*
[B 1692
D-brd W

## BEILBY Thomas

The Dying Negro. A song. – *London, Longman & Broderip.* [B 1693
GB Lbm

When stranded on some desert coast. A sea piece. – *London, G. Walker, for the author.* [B 1694
I Rsc

Six sonatas for the harpsichord or forte piano with accompanyments of a violon and violoncello. – *London, Welcker.* – St.
[B 1695
GB Lbm (2 Ex., unvollständig)

## BELCHER Supply

The harmony of Maine: being an original composition of psalm and hymn tunes, of various metres, suitable for divine worship. With a number of fuging pieces and anthems. Together with a concise introduction to the grounds of musick, and rules for learners. For the use of singing schools and musical societies. – *Boston, Isaiah Thomas, Ebenezer T. Andrews; Worcester, said Thomas, 1794.* [B 1696
US AA (clements library), BG, Bhs, CA, Cu, Hm, NH, NYp, Ps, PROu (3 Ex.), Wca, Wc, WOa (2 Ex.)

## BELIN Julien

Premier livre contenant plusieurs motetz, chansons, & fantasies: reduictz en tabu-

lature de leut. – *Paris, Nicolas du Chemin,*
*1556.*　　　　　　　　　　　　　　[B 1697
SD 1556³¹
**D-brd** Mbs


## BELISI Filippo Carlo

Balletti, correnti, gighe, e sarabande, da
camera à due violini, e violoncello, con il
suo basso continuo . . . opera prima. –
*Bologna, Gioseffo Micheletti, 1691.* – St.
　　　　　　　　　　　　　　　　[B 1698
**GB** Ob – **I** Bc


## BELITZ Joachim

Res, mores, amores. Fröliche newe
teutsche lieder . . . zu singen, und auff
allerley Instrumenten zugebrauchen,
nach Art der Villanellen mit vier Stimmen componirt. – *Altstettin, Martin Mül-*
*ler, 1599.* – St.　　　　　　　　　[B 1699
**S** Uu (T)


## BELLA Domenico dalla

Suonate da chiesa à tre, due violini e violoncello obligato col basso per l'organo . . .
opera prima. – *Amsterdam, Estienne*
*Roger.* – St.　　　　　　　　　　[B 1700
**GB** Lbm


## BELLAMY John

A system of divine musick, containing
tunes to all the metres in the new version
of psalms; with chants for Venite exultemus Domino, Te Deum laudamus, Jubilate Deo, Benedictus, Magnificat, Cantate Domine, Nunc dimittis, and a set
tune for Deus misereatur, with select
anthems. – *West-Redford, author*; *Lon-*
*don, Robert Brown, 1745.*　　　[B 1701
**GB** En, Lbm


## BELLAMY Richard

Te Deum for a full orchestre, also a set of
anthems, for 1, 2, 3, and four voices. –
*London, Messrs. Thompson.* – P. [B 1702
**GB** Lam, Lbm, Lcm, Mp, Ouf (2 Ex.), T

A collection of glees for three and four
voices. – *London, author, 1789.* – P.
　　　　　　　　　　　　　　　　[B 1703
**GB** Gu, Lbm, Ob

Two sonatas for the piano-forte or harp-
sichord adapted for the use of schools. –
*London, Longman & Broderip, 1789.*
　　　　　　　　　　　　　　　　[B 1704
**GB** Lbm


## BELLANDA Lodovico

*1593.* Canzonette a tre voci . . . libro
primo. – *Venezia, Ricciardo Amadino,*
*1593.* – St.　　　　　　　　　　[B 1705
**A** Wn – **I** Bc (B)

*1599.* Canzonette spirituali a due voci con
altre a tre, et a quattro da sonare. – *Ve-*
*rona, Francesco dalle Donne & Scipione*
*Vargnano, 1599.* – St.　　　　　[B 1706
SD 1599¹³
**I** VEcap (S, T)

*1602.* Il primo libro de madrigali a cinque
voci con uno a otto. – *Venezia, Ricciardo*
*Amadino, 1602.* – St.　　　　　[B 1707
**I** VEaf

*1604.* Sacrae cantiones ternis, quaternis,
& quinis vocibus decantandae iuxta ac-
ceptiorem, & gratiorem componendi modum nostrae aetatis. – *Venezia, Ricciardo*
*Amadino, 1604.* – St.　　　　　[B 1708
SD 1604³
**I** Bc (T, B)

*1607.* Musiche . . . per cantare sopra il
chitarrone, et clavicimbalo. – *Venezia,*
*Giacomo Vincenti, 1607.*　　　[B 1709
**PL** WRu

*1610.* Le musiche . . . per cantarsi sopra
theorba, arpicordo, & altri stromenti, à
una, & doi voci . . . libro secondo. –
*Venezia, Giacomo Vincenti, 1610.*
　　　　　　　　　　　　　　　　[B 1710
**PL** WRu

*1613.* Sacre laudi a una voce, per cantar
et sonar nel organo, chitarone overo
simili istromenti di corpo. – *Venezia, aere*
*Bartolomei Magni, 1613.*　　　[B 1711
**PL** WRu

## BELLANTE Dionisio

Concerti accademici a una, due, tre, quatro, cinque, & sei voci . . . opera prima. – *Venezia, stampa del Gardano, appresso Bartolomeo Magni, 1629.* – St.
[B 1712
GB Och (kpl.: S, A, T, B, 5, bc) – NL DHgm (5)

## BELLASIO Paolo

*1578.* Il primo libro de madrigali a cinque voci. – *Venezia, erede di Girolamo Scotto, 1578.* – St.               [B 1713
SD 1578[21]
I Bc (S, A), VEaf (2 Ex., im 2. Ex. fehlen B, 5)

*1582.* Il secondo libro de madrigali a cinque voci. – *Venezia, erede di Girolamo Scotto, 1582.* – St.               [B 1714
I Fm (5), MOe (B), Vnm

*1590.* Il primo libro de madrigali a sei voci, con un dialogo à dieci. – *Venezia, Angelo Gardano, 1590.* – St.       [B 1715
I VEaf (A)

*1591.* Madrigali a 3., a 4., a 5., a 6., a 7., & a 8. voci. – *Venezia, Ricciardo Amadino, 1591.* – St.               [B 1716
I VEaf (3 Ex., im 3. Ex. fehlt 5), VEcap

*1592.* Villanelle a tre voci, con la intavolatura del liuto. – *Venezia, Angelo Gardano, 1592.* – St.               [B 1717
GB Lbm (B) – I Bc (S, T, B)

*1595.* Il quinto libro de madrigali a cinque. – *Verona, Francesco dalle Donne, 1595.* – St.               [B 1718
SD 1595[7]
I Vnm (T), VEaf (A), VEcap

## BELLAZZO Francesco

*1618.* Psalmi ad vesperas octonis vocibus. – *Venezia, Bartolomeo Magni, 1618.* – St.               [B 1719
I Bc (kpl.; I: S, A, T, B; II: S, A, T, B; part.) – PL GD (A I, B I, S II, part.)

*1620.* Liber primus sacrorum concentuum 2. 3. 4. & 6. vocibus; ac in calce duo genera litaniarum B. M. V. 5. vocibus; una cum missa 4. vocibus; ac partitione omnium supra scrip. ac usum organi . . . opus secundum. – *Venezia, sub signo Gardani, appresso Bartolomeo Magni, 1620.* – St.               [B 1720
I Bc (S, A, T, B, part.)

*1622.* Messa, motetti, letaniae della B. V., Magnificat et falsi bordoni con il Gloria patri a otto, aggionto al primo choro concerti à 2. 3. & à 4., con una messa, Magnificat & falsi bordoni con il Gloria patri . . . con la partitura per l'organo, opera quarta. – *Venezia, stampa del Gardano, appresso Bartolomeo Magni, 1622.* – St.
[B 1721
I Bc (kpl.; I: S, A, T, B; II: S, A, T, B; part.)

*1623.* Salmi intieri a cinque voci, per li vesperi di tutto l'anno, da capella, e da concerto . . . opera quinta. – *Milano, Filippo Lomazzo. 1623.* – St.       [B 1722
I Bc (kpl.: S, A, T, B, bc)

*1624.* Salmi concertati all'uso moderno, che si cantano nelle compiete à quattro voci pari, ò vero a voce piena, cantando il tenore all' ottava alta, con le antifone della B. Virgine & li salmi di terza à 5. voci, con il basso per l'organo . . . opera VII. – *Venezia, stampa del Gardano, appresso Bartolomeo Magni, 1624.* – St.
[B 1723
D-brd GD (T) – I Bc (kpl.: S, A, T, B, 5, bc)

*1628.* Messe, Magnificat, et motetti concertati e correnti falsi bordoni con Gloria patri, e canzon francese, a otto voci, con partitura . . . opera ottava. – *Venezia, stampa del Gardano, appresso Bartolomeo Magni, 1628.* – St.               [B 1724
SD
D-brd F (kpl.; I: S, A, T, B; II: S, A, T, B; part.) – I Bc – S Uu (S I, A I, T I, S II)

## BELLEVAL Charles

Sonate [F] pour la harpe avec accompagnement de violon et basse. – *Leipzig, Breitkopf & Härtel, No. 38.* – St.   [B 1725
I Rsc – S Sm (hf, fehlen vl und b)

257

Sonate [A] pour deux violons. – *Leipzig, Breitkopf & Härtel, No. 41.* – St.
[B 1726
CS Pnm


## BELLHAVER Vincenzo

Il secondo libro de madrigali a cinque voci. – *Venezia, erede di Girolamo Scotto, 1575.* – St.                                     [B 1727
D-brd Mbs


## BELLI Domenico

Officium defunctorum (4 v, bc). – *Venezia, Ricciardo Amadino, 1616.* – St.    [B 1728
I BRd (A, T I, T II, B, bc)

Orfeo dolente, musica . . . diviso in cinque intermedi con li quali il . . . Ugo Rinaldi ha rappresentato l'Aminta, favola boschereccia del . . . Torquato Tasso. – *Venezia, Ricciardo Amadino, 1616.* – P.
[B 1729
I Tn – PL WRu

Il primo libro dell'arie a una, e a due voci per sonarsi con il chitarrone. – *Venezia, Ricciardo Amadino, 1616.* – P.    [B 1730
B Br – GB Lbm – I Fn


## BELLI Girolamo

GEISTLICHE VOKALMUSIK

Psalmi ad vesperas cum hymnis et Magnificat qui possunt pari voce concini si in subdiapason cantum moduleris quatuor vocibus. – *Venezia, Giacomo Vincenti & Ricciardo Amadino, 1585.* – St.
[B 1731
E Bc (S)

Sacrae cantiones sex vocibus concinendae . . . liber primus. – *Venezia, Giacomo Vincenti & Ricciardo Amadino, 1585.* – St.
[B 1732
I Bc, MOe, Rvat-barberini

Sacrae cantiones quae vulgo mottecta nuncupantur, octo vocibus. – *Venezia, Giacomo Vincenti, 1589.* – St.    [B 1733
D-brd Kl, Rp (A I, T I, B I, S II)

Sacrae cantiones cum B. V. cantico denis vocibus, et in fine, missa octonis tantum vocibus. – *Venezia, Ricciardo Amadino, 1594.* – St.                       [B 1734
D-brd Kl (kpl.; I: S, A, T, B, 5; II: S, A, T, B, 5) – I Bc (T II, B II)

Salmi a cinque voci, con doi Magnificat et letanie della B. Vergine . . . con il suo basso generale, per l'organo . . . opera XX. – *Venezia, Ricciardo Amadino, 1610.* – St.                                     [B 1735
I Bc, PIp (A, T, B, 5)


WELTLICHE VOKALMUSIK

Madrigali a sei voci . . . libro primo. – *Ferrara, Vittorio Baldini, 1583.* – St.
[B 1736
A Wn (fehlt S) – I Bc (A), FEc (B), MOe (T, 6)

I furti . . . il secondo libro de madrigali a sei voci. – *Venezia, Angelo Gardano, 1584.* – St.                       [B 1737
GB Lbm – I MOe (S, A, T, B) – NL DHgm (A) – US Cn (B)

— I furti amorosi a sei voci . . . con nova gionta ristampati et coretti. – *ib., Giacomo Vincenti, 1587.*    [B 1738
D-brd Kl, KNu (S, B) – GB Lbm (S) – I Bc, FEc, MOe (A, T, B, 5) – US Wc (fehlt 6)

Il secondo libro de madrigali a cinque voci, con un dialogo a otto. – *Venezia, Giacomo Vincenzi e Ricciardo Amadino, 1586.* – St.                       [B 1739
A Wn (S, 5) – GB Lbm – I MOe

Il terzo libro de madrigali a sei voci. – *Venezia, Ricciardo Amadino, 1590.* – St.
[B 1740
F Pn

— *ib., 1593.*                          [B 1741
I MOe (S, A, 6)

Canzonette a quattro . . . libro primo. – *Ferrara, Vittorio Baldini, 1596.* – St.
[B 1742
GB Lbm

— *Milano, eredi di Simon Tini & Filippo Lomazzo, 1611.*                       [B 1743
I PAc

258

Il nono libro de madrigali a cinque voci, et nel fine cinque madrigali per cantare & sonare . . . opera XXII. – *Venezia, stampa del Gardano, appresso Bartolomeo Magni, 1617.* – St.        [B 1744
I Bc (S)

## BELLI Giulio

GEISTLICHE VOKALMUSIK

*1586.* Missarum cum quinque vocibus liber primus. – *Venezia, Angelo Gardano, 1586.* – St.        [B 1745
I Bc

— *ib., 1597.*                    [B 1746
D-brd Mbs – I Bc, CEc (A, 5), FEc

— *ib., 1603.*                    [B 1747
I PCd

— *ib., 1604.*                    [B 1748
I PCd

*1595.* Missarum, sacrarumque cantionum octo vocibus, liber primus. – *Venezia, Ricciardo Amadino, 1595.* – St.    [B 1749
I Bc, BRd, FOc, PEc (A I), Rsg, Rvat-casimiri (T II, B II)

— . . . nunc denuò ab ipso autore recognitarum, ac etiam additae partes infimae, ad beneplacitum organum pulsantis. – *ib., 1607.*              [B 1750
I ASc (B I, S II, A II, T II, B II), Bc – PL WRu (fehlt B II) – S Uu (S I, A II, B II)

— Basso generale per l'organo, delle messe et motetti a otto voci. – *ib., 1608.*                      [B 1751
I Bc, BRd – PL WRu

*1596.* Psalmi ad vesperas in totius anni solemnitatibus, octo voc., duoque cantica Beatae Virginis. – *Venezia, Angelo Gardano, 1596.* – St.        [B 1752
E V (A, 5) – I Bc, Bsp, FEc, FOc

— *ib., 1600.*                    [B 1753
I PCd

— Basso generale per l'organo dei salmi a otto voci. Che si cantano in tutte le feste de l'anno. – *ib., Angelo Gardano e fratelli, 1607.*              [B 1754
I PCd, Bsf

— . . . tertia impressione [mit bc]. – *ib., stampa del Gardano, appresso Bartolomeo Magni, 1615.*        [B 1755
GB Lbm (S I, B I, A II, B II) – I Bc (kpl.; I: S, A, T, B; II: S, A, T, B; bc), Bof, FOc (fehlt bc), Ls, PS (bc), Rsg

1597 → 1586

*1598.* Psalmi ad vesperas in totius anni solemnitatibus . . . quinque vocibus, duoque cantica B. Virginis, & in fine addito Te Deum laudamus, secunda impressio. – *Venezia, Ricciardo Amadino, 1598.* – St.        [B 1756
GB Lbm – I Bc (S, B), CEc (A, B, 5)

— . . . tertia editio. – *ib., 1606.*     [B 1757
I Bc, Bsp, FOc (A)

*1599.* Missarum quatuor vocibus liber primus. – *Venezia, Angelo Gardano, 1599.* – St.                    [B 1758
I Bc, FOc – US BE (T, B [unvollständig]), Wc

— . . . & missa pro defunctis, tertia impressione, cum basso continuato. – *ib., stampa del Gardano, appresso Bartolomeo Magni, 1615.*        [B 1759
S Uu (A, B)

— . . . quarta impressione, cum basso continuo. – *ib., sub signo Gardani, appresso Bartolomeo Magni, 1622.*        [B 1760
I Ls

*1600a.* Sacrarum cantionum quatuor, quinque, sex, octo & duodecim voc., cum litanijs Beatae Virginis Mariae, liber primus. – *Venezia, Angelo Gardano, 1600.*
SD                    [B 1761
GB Cu (6), Lbm (T, 5) – I Bc (kpl.: S, A, T, B, 5, 6, 7, 8), FOc

1600b → 1596

*1603a.* Psalmi ad vesperas in totius anni festivitatibus, ac tria cantica B. Virginis Mariae, sex vocibus. – *Venezia, Angelo Gardano, 1603.* – St.        [B 1762
I PCd

— *ib., 1604*                    [B 1763
I Bc, PCd

— Salmi vespertini a sei voci che si cantano in tutte le feste dell'anno [mit bc]. – *ib., Angelo Gardano e fratelli, 1607.*
[B 1764
**GB** Lbm (bc) – **I** Bc, Bsf (bc), Ls (fehlt S)

1603b → 1586

1604a → 1586

1604b → 1603a

*1605.* Compieta, mottetti, & letanie della Madonna a otto voci, falsi bordoni sopra li otto toni a dui chori spezzati, con li Sicut erat interi. – *Venezia, Angelo Gardano, 1605.* – St.        [B 1765
**D-ddr** Bds (T I) – **I** Bc (kpl.; I: S, A, T, B; II: S, A, T, B; bc), CEc (fehlen T I, bc), FEc (fehlt bc), FOc (B I), SPE (bc) – **US** NH

1606 → 1598

*1607a.* Compieta, falsi bordoni, mottetti, et litanie della Madonna a sei voci, co'l basso generale per l'organo. – *Venezia, Alessandro Raverii, 1607.* – St.        [B 1766
**D-brd** Rp (S, T, 5, 6) – **I** Bc (kpl.: S, A, T, B, 5, 6, bc)

*1607b.* Compieta, falsi bordoni, antifone, et litanie della Madonna, a quattro voci, co'l basso generale per l'organo . . . primo choro. – *Venezia, Alessandro Raverii, 1607.* – St.        [B 1767
**I** Bc (kpl.: S, A, T, B, org), FOc (S, A, org)

— . . . a cinque voci . . . secondo choro. – *ib., 1607.*        [B 1768
**I** Bc (kpl.: S, A, T, B, 5, bc), FOc (5)

1607c → 1595

1607d → 1603a

1607e → 1607b

*1608a.* Missae sacrae quae cum quatuor, quinque, sex, et octo vocibus concinuntur, cum basso generali pro organo. – *Venezia, Angelo Gardano e fratelli, 1608.* – St.
[B 1769
**CO** B (B, 5 [beide Stimmen unvollständig]) – **D-brd** Mbs (kpl.: S, A, T, B, 5, 6, 7, 8, bc), Rp (B) – **I** Bc, Bsp, BRd, PCd – **PL** WRu (fehlt 8)

— *ib., aere Bartolomei Magni, 1613.*
[B 1770
**D-brd** Mbs (B, 5, 6, 7, 8 [fehlt Titelblatt]) – **I** FOc (kpl.: S, A, T, B, 5, 6, 7, 8, bc), Mc, Md

1608b → 1595

1608c → 1596

*1613a.* Concerti ecclesiastici a due et a tre voci. – *Venezia, Bartolomeo Magni, 1613.* – St.        [B 1771
SD
**A** Wn (kpl.: S I, S II, B, bc) – **I** Bc, Bsp – **PL** WRu (fehlt bc)

— *Frankfurt, Nikolaus Stein, 1621.*
[B 1772
**D-ddr** Dlb (B, bc) – **F** Pc (S I, S II, org [unvollständig], fehlt B) – **PL** Wu (S II)

1613b → 1608a

1615a → 1596

1615b → 1599

1621 → 1613a

1622 → 1599

### Weltliche Vokalmusik

Canzonette . . . libro primo a quattro voci. – *Venezia, Angelo Gardano, 1584.* – St.        [B 1773
**F** Pc – **I** Bc (T,B) – **PL** GD (T, B)

— *Milano, Francesco & eredi di Simon Tini, 1586.*        [B 1774
**I** Bc, FOc – **NL** At (T)

— . . . aggiontovi due canzonette nove. – *Venezia, Angelo Gardano, 1595.*   [B 1775
**D-brd** Kl – **D-ddr** Dlb (T, B) – **I** Bc, FOc (A)

Il primo libro de madrigali a cinque, et a sei voci. – *Venezia, Angelo Gardano, 1589.* – St.        [B 1776
**GB** Lbm (5)

Il secondo libro de madrigali a cinque et a sei voci. – *Venezia, Ricciardo Amadino, 1592 ([5:] 1593).* – St.        [B 1777
**GB** Lbm (2 Ex., unvollständig) – **I** Bc (fehlt S), MOc (fehlt 6)

Il secondo libro delle canzonette a quatro voci . . . con alcune romane a tre voci. – *Venezia, Ricciardo Amadino, 1593.* – St. [B 1778
D-brd Rp – I Bc (B)


## BELLING Karl Daniel

Lenardo und Blandine. Eine Ballade von Bürger, für das Clavier in Musik gesetzt, in zwei Theilen. – *Berlin, Georg Friedrich Starcke.* [B 1779
D-brd F, Gs – D-ddr SWl


## BELLINZANI Paolo Benedetto

Missae quatuor vocibus concinendae, cum basso pro organo ad libitum . . . opus primum. – *Bologna, Giuseppe Antonio Silvani, 1717.* – St. [B 1780
I Bc (kpl.: S, A, T, B, vlne/tiorba, org), CF (fehlt vlne/tiorba), FEc (fehlt A), PAc, PS, Vlevi (fehlt org), VCd (A, T, B) – US BE, Wc

Salmi brevi per tutto l'anno, a otto voci pieni con violini a beneplacito . . . opera seconda. – *Bologna, Giuseppe Antonio Silvani, 1718.* – St. [B 1781
D-ddr Dlb (kpl.; I: S, A, T, B; II: S, A, T, B; vl I/II, vlne/tiorba, org) – F Pc (S I, T I, S II, B II, vl II) – GB Lbm (A I, B I, S II, A II) – I Ac, ASc (S II, vl I, vl II, org), ARd, Bam, Bc (fehlt org), Bof, CEN, Li, NOVg (fehlen A I, T II), Pca, Rn (fehlt org), Rvat-casimiri (S I, T I, S II, A II, T II, vlne/tiorba), Sd (fehlen vl I, vl II), VCd (fehlt vl II, vlne) – US AA, SFsc (A I, T II)

Sonate a flauto solo con cembalo, o violoncello . . . opera terza. – *Venezia, Antonio Bortoli, 1728.* – P. [B 1782
I Bc

Offertorj a due voci, per tutte le feste solenni dell' anno . . . opera quarta. – *Pesaro, Nicolo Gavelli, 1726.* – St. [B 1783
D-brd MÜs (kpl.: S/T, A/B, org) – I Bc, FEc (fehlt A/B), PESd, Rsc, Rvat-casimiri, SPE, Sac (org), Vnm (S/T, org)

[XII] Duetti da camera [mit bc] . . . opera quinta. – *Pesaro. Nicolo Gavelli, 1726.* – P. [B 1784
D-brd Rp – F Pc – I Ac, Bc, Fc, FEc – US Wc

[XX] Madrigali a due, a tre, quattro, e cinque voci . . . opera sesta. – *Pesaro, Nicolo Gavelli, 1733.* – P. [B 1785
D-brd Rp – I Bc, FEc – US Wc


## BELLIS Giovanni Battista de →
## DE BELLIS Giovanni Battista

## BELLMAN Carl Michael

Bacchi Tempel öpnadt vid en hieltes död [Singspiel mit schwedischem Text]. – *Stockholm, Königliche Druckerei, 1783.* [B 1786
GB Lbm – S Skma

Musiken till Fredmans Epistlar [Singstimme und pf]. – *Stockholm, Anders Zetterberg (Königliche Druckerei), (1790).* [B 1787
D-brd Mbs – DK Kc – GB Lbm, Mp – N Ou – S Skma

Musiken till Fredmans Sänger [Singstimme und pf]. – *Stockholm, Anders Zetterberg (Königliche Druckerei), (1791).* [B 1788
D-brd Mbs – DK Kc – GB Lbm – S Skma, Sm – US NH

Ingrid! hvad befaller frun? Frun och pigan, på morgon stunden nära kl. 11 af Bellman. – *Stockholm, Königliche Druckerei.* [B 1789
S Sk, Skma


## BELLONI Giuseppe

Missarum quinque vocibus liber primus, quibus earundem bassus principalis organo accommodatus, & missa pro defunctis accesserunt, opus primum. – *Milano, eredi di Simon Tini & Filippo Lomazzo, 1603.* – St. [B 1790
D-brd Rp (B) – I Ls (S, A, T, B, 5)

— *ib., 1611.* [B 1791
D-ddr Dlb (S, A, T, B, 5) – I Bc (kpl.: S, A, T, B, 5, b princip.), Bsp, COd (5, b princip.), NOVd (fehlt S)

Psalmi ad vesperas omnium dierum dominicorum, ac festorum B. M. V. iuxta ritum S. R. E., falsis bordonibus conci-

261

nendi, cum quinque vocibus, opus se-
cundum. – *Milano, eredi di Simon Tini &
Filippo Lomazzo, 1604.* – St.      [B 1792
**D-brd** Rp (S, T, B)

Vespertini omnium solemnitatum psalmi
quinque vocibus decantandi, quorum
primi quatuor, sz. Dixit, Confitebor,
Beatus, & Laudate pueri, unà cum duobus Magnificat, integri sunt, reliqui verò
in versiculos divisi, cum basso principali
organo accommodato, opus quartum. –
*Milano, eredi di Simon Tini & Filippo
Lomazzo, 1605.* – St.        [B 1793
**I** Bc

Messa e motetti a sei voci con il basso
principale per l'organo accomodato per
cantare ancora a doi chori distinti, opera
quinta. – *Venezia, Giacomo Vincenti,
1606.* – St.              [B 1794
**A** Wgm

### BELLONI Pierre

Se mi perdi in questo istante. Scène et air
. . . chanté par son épouse à la cour de St.
Petersbourg et par Madame Barilli, dans
son concert donné à l'Odeon, arrangé
pour le piano par l'auteur. – *Paris, auteur,
No. 1.*                  [B 1795
**F** Pn (2 Ex.)

Trionfa o ciel tiranno. Scène et air . . .
chanté par son épouse à la cour de
St. Petersbourg, arrangé pour le piano
par l'auteur. – *Paris, auteur, No. 2.*
                        [B 1796
**F** Pn (2 Ex.)

### BEM Venceslav

Six quartettos for two violins, a tenor and
violoncello, with a thorough bass for the
harpsicord or organ. – *London, Longman,
Lukey & Co.* – St.
                        [B 1797
**GB** Lbm – **US** Wc

Six sonatas [C, F, D, B, C, F] for two vio-
lins and a violoncello. – *London, James
& John Simpson.* – St.        [B 1798
**GB** Ooc – **I** Nc

### BENASSI Giovanmaria

Il primo libro delle napolitane spirituali,
a tre voci. – *Perugia, Pietroiacomo Petrucci, 1577.* – St.          [B 1799
**F** Pc (S)

### BENAUT

Premier livre des pièces de clavecin ou de
piano forte. – *Paris, auteur, aux adresses
ordinaires (gravé par Mme son épouse).*
                        [B 1800
**F** Pc

Aimable et charmante jeunesse. Vers
pour un mariage (in: Mercure de France,
1776). – *[Paris], s. n., (1776).*  [B 1801
**GB** Lbm

Pièces d'Orgue

Pièces d'orgue. Carillon pour les premières vespres des morts. – *Paris auteur.*
                        [B 1802
**F** Pc (2 Ex., davon 1 Ex. unvollständig)

Hymne en la mineur. – *Paris, auteur, aux
adresses ordinaires.*          [B 1803
**F** Pc

— *ib., auteur.*              [B 1804
**F** Pc

Hymne en si majeur. – *Paris, auteur, aux
adresses ordinaires.*          [B 1805
**F** Pc

Hymne en si mineur. – *Paris, auteur, aux
adresses ordinaires.*          [B 1806
**F** Pc

— *ib., auteur.*              [B 1807
**F** Pc

Magnificat en ut majeur. – *Paris, auteur,
aux adresses ordinaires.*        [B 1808
**F** Pc

Magnificat en noëls en re mineur. – *Paris,
auteur, aux adresses ordinaires, (1776).*
                        [B 1809
**F** Pc

Magnificat en mi mineur. – *Paris, auteur, aux adresses ordinaires.*          [B 1810
F Pc (2 Ex.)

Magnificat en noëls avec variations en sol majeur. – *Paris, auteur, aux adresses ordinaires.*          [B 1811
F Pc

Magnificat en sol mineur. – *Paris, auteur, aux adresses ordinaires.*          [B 1812
F Pc

Messe en ut majeur. – *Paris, auteur, aux adresses ordinaires.*          [B 1813
F Pc – US Cn

Messe en ut mineur. – *Paris, auteur, aux adresses ordinaires.*          [B 1814
US Cn

Messe en re majeur. – *Paris, auteur, aux adresses ordinaires.*          [B 1815
US Cn

Messe en re mineur. – *Paris, auteur, aux adresses ordinaires.*          [B 1816
F Pc – US Cn

Messe en noëls avec variations en re mineur. – *Paris, auteur, aux adresses ordinaires.*          [B 1817
F Pc

Messe en fa majeur. – *Paris, auteur, aux adresses ordinaires.*          [B 1818
F Pc – US Cn (unvollständig)

Messe [en noëls à variations] en fa majeur. – *Paris, auteur, aux adresses ordinaires, (1776).*          [B 1819
F Pc – US Cn

Messe en sol majeur. – *Paris, auteur, aux adresses ordinaires.*          [B 1820
US Cn

Messe en sol mineur. – *Paris, auteur, aux adresses ordinaires.*          [B 1821
US Cn

[Messe en sol mineur. – *Paris, auteur, aux adresses ordinaires.*]          [B 1822
US Cn (unvollständig, ohne Titelblatt)

Messe en la majeur. – *Paris, auteur, aux adresses ordinaires.*          [B 1823
US Cn

Messe en la mineur. – *Paris, auteur, aux adresses ordinaires.*          [B 1824
F Pc – GB Lbm – US Cn

Livre de versets en la majeur. – *Paris, auteur, aux adresses ordinaires.*   [B 1825
F Pc

9ème livre, composé de vingt quatre versets pour toutes sortes d'offices d'Eglise en re mineur et majeur. – *Paris, Mlle Le Vasseur (gravé par Mlle Touton).*          [B 1826
F Pc

ARRANGEMENTS

Amusement des dames. 1er recueil des contredanses, allemandes, angloises, menuets . . . arrangées pour le clavecin ou le forte piano. – *Paris, auteur.*          [B 1827
SD S. 87
F Pmeyer

1(–30è) Recueil d'ariettes choisies arrangés pour le clavecin ou le forte-piano avec accompagnement d'un violon ad libitum. – *Paris, auteur [18è recueil ff.: Paris, Mlle Le Vasseur].*          [B 1828
SD S. 317
B Bc (unvollständig) – F AG (1), Pa (5), Pc (1, 8–30), Pn (1, 2)

II(–IIIème) Recueil de duos d'opéra et opéras comiques . . . arrangés pour le clavecin, ou le forte-piano. – *Paris, auteur.*
SD S. 326          [B 1829
F Pc

Recueil de romances, chansons et vaudevilles arrangés pour le clavecin ou le fortepiano avec accompagnement de deux violons et la basse chiffré. – *Paris, auteur, Mlle Castagnery (gravé par Richomme).* – P.          [B 1830
SD S. 333
F Pc, Pn (je 1 vol.) – GB Lbm

Recueil de romances, chansons et vaudevilles arrangés pour la harpe . . . par

Petrini, Meyer, Tissier et Deleplanque. – *Paris, Benaut,*
SD S. 333                                    [B 1831
F Pc

Recueil de rondeaux italiens, romances, chansons et vaudevilles arrangés pour le clavecin ou le forte piano avec accompagnement de deux violons et la basse chiffrée. – *Paris, Mlle Le Vasseur, Mlle Castagnery.* – P.                    [B 1832
SD S. 333
F Pc – US Wc

I(–IIIè) Recueil des vaudevilles des opéras comiques arrangées pour le clavecin ou le forte-piano. – *Paris, auteur.*
SD S. 337                                    [B 1833
F Pc, Pn

Abonnement pour les mois de janvier. Ouverture du Table parlant, arrangée pour le clavecin ou le forte piano avec accompagnement d'un violon et violoncelle ad libitum. – *Paris, auteur.* – St.
[B 1834
**D-ddr** LEmi

Airs du ballet (La chercheuse d'ésprit) arrangés pour le clavecin ou le piano forte avec accompagnement d'un violon et violoncelle ad libitum. – *Paris, auteur, Mlle Castagnery (gravés par Mme Menet).* – St.
[B 1835
**D-ddr** SWl

Air de Malbruck, avec neuf variations, arrangée pour le clavecin ou le forte piano. – *Paris, Mlle Le Vasseur, Mlle Castagnery (gravé par Mlle Vendôme).*
[B 1836
F Pc

Le Curé de Pompone, avec quinze variations, arrangés pour le clavecin ou le forte piano. – *Paris, auteur, aux adresses ordinaires.*                    [B 1837
F Pc, Pn

La Furstemberg, avec 12 variations, arrangées pour le clavecin ou le piano forte . . . seconde édition augmentée de six variations. – *Paris, auteur, aux adresses ordinaires, Mlle Castagnery.* [B 1838
F Pc

O filii et filiae, avec neuf variations, arrangées pour l'orgue. – *Paris, auteur.*
[B 1839
F Pc

Ouverture d'Hellé, arrangée pour le clavecin ou le forte-piano, avec accompagnement d'un violon et violoncelle ad libitum. – *Paris, auteur, Mlle Castagnery, aux adresses ordinaires (gravée par Mlle Demarle).* – St.          [B 1840
F Pc

Un dauphin vient de naître. [Rondeau] sur la naissance de Msr. Le Dauphin, arrangés pour le clavecin ou le forte-piano avec accompagnement de deux violons et la basse chiffrée. – *Paris, Mlle Le Vasseur.* – P.                    [B 1841
F Pc, Pn

## BENDA Franz

Six sonates à violon seul avec basse . . . œuvre I$^{er}$. – *Paris, Huberty, aux adresses ordinaires; Lyon, les frères Le Goux; Rouen, Magoy (gravés par le S$^r$ Hue).* – P.
[B 1842
GB Lbm – US Wc

Trois sonates [F, C, E] pour le clavecin ou pianoforte, accompagnées d'une flûte . . . œuvre V. – *Berlin, Johann Julius Hummel; Amsterdam, au grand magasin, aux adresses ordinaires, No. 604.* – St.
[B 1843
**D-brd** B

Sonata [e] a flauto traverso solo, col basso per violoncello e cembalo. – *Berlin, Georg Ludwig Winter, 1756.* – P.        [B 1844
**D-brd** BE – **DK** Kk – **S** SK

Étude de violon ou caprices; œuvre posthume de messieurs François et Joseph Benda . . . livre I(–livre II). – *Leipzig, Hofmeister und Kühnel, No. 298 (–299).*
[B 1845
F Pc – **I** Nc

— *ib., Carl Friedrich Peters, No. 298 (–299).*                        [B 1846
**D-brd** MT (II) – **NL** At (I, II)

*Franz Lorenz*

## BENDA Friedrich Ludwig

BÜHNENWERKE

Der Barbier von Sevilla

Der Barbier von Sevilla, eine komische
Oper in vier Acten. – *Leipzig, Engelhardt
Benjamin Schwickert (Johann Gottlob
Immanuel Breitkopf), 1779.* – KLA.
[B 1847
A Gk, Wn – CH Bu – D-brd Bhm, DS, Hs,
Mbs, MGmi, Sl – D-ddr LEm, WRh – DK A,
Kk – F Pc (2 Ex.), Sn – GB Lbm – I Nc, Rsc –
H KE – S Skma – US Bp, BE, Wc

Louise

Louise, eine komische Operette in drey
Aufzügen . . . für das Clavier eingerichtet.
– *Königsberg, Friedrich Nicolovius (Breit-
kopfische Notendruckerei).* – KLA.
[B 1848
CS Pk, Pu – D-brd AAst, Bhm, Hs, HR, HEms,
Mbs – D-ddr Dlb, LEm – F Pc – GB Lbm –
US Bp, Cu, Wc

Mariechen

Mariechen, eine komische Operette in
drey Aufzügen . . . für das Klavier einge-
richtet von Johann Wilhelm Schultz. –
*Königsberg, Golllieb Lebrecht Hartung
(Breitkopfische Notendruckerei).* – KLA.
[B 1849
CH Zz – CS K – D-brd LÜh – D-ddr Dlb, HAu
– F Pc – GB Lbm, Lcm – US Wc (2 Ex.)

KANTATEN

Die Religion, eine Cantate von Heinrich
Julius Tode. – *Königsberg, Autor, Friedrich Nicolovius (Breitkopfische Notendruckerei).* – KLA.          [B 1850
DK A – D-ddr LEm – GB Ge – US NYp, Wc

INSTRUMENTALWERKE

III Concerti [Es, C, D] per il violino principale, accompagnati da due corni, due
oboi, due flauti, due violini, due viole,
violoncello obligato, e basso ripieno. –
*Leipzig, Engelhardt Benjamin Schwickert.*
– St.          [B 1851
D-ddr Bds, Dlb – I Nc – S L – US U

*Franz Lorenz*

## BENDA Friedrich Wilhelm Heinrich

BÜHNENWERKE

Orpheus, ein Singspiel in drey Aufzügen. –
*Berlin, Karl Friedrich Rellstab, No. IX.* –
KLA.          [B 1852
A Wgm – CH BEl – CS K, Pk, Pu – D-brd Bim,
Bmi, DS, HEms, Mbs – D-ddr Bds, Dlb, LEm
– DK Kk – F Pc, Sn – GB Lbm – I Nc – S Sk –
US AA, Bp, R, Wc

KANTATEN

Die Grazien, eine Cantate im Clavierauszuge nach der Poesie des Herrn von Gerstenberg. – *Berlin, Bachmann, Hummel
(Johann Gottlob Immanuel Breitkopf),
1789.* – KLA.          [B 1853
D-brd BNu – D-ddr Bds, Dlb, SWl – F Pc –
GB Lbm – US AA, Bp

Pygmalion, eine Kantate im Clavieraus-
zuge. – *Dessau, Verlagskasse für Gelehrte
und Künstler; Leipzig, Buchhandlung der
Gelehrten, 1784.* – KLA.          [B 1854
D-brd B, BNu, Mbs, Sl – D-ddr Dlb, LEm –
GB Ckc, Lbm

— . . . neue unveränderte Auflage. –
*Leipzig, Heinrich Gräff, 1794.*          [B 1855
CH Bu

Recht thun und edel seyn . . . ein Gesell-
schaftslied [für S und 4st. Chor]. – *Leipzig, Breitkopf & Härtel, 1804.* – P.
[B 1856
D-ddr LEm

INSTRUMENTALWERKE

Six trios pour deux violons et basse . . .
œuvre premier. – *Berlin-Amsterdam,
Johann Julius Hummel, No. 159.* – St.
[B 1857
D-ddr Bds – GB Lbm – US AA, Wc

Deux concerts à violino principale, violino primo & secondo, alto & basso, deux
cors de chasse ad libitum . . . œuvre second. – *Berlin-Amsterdam, Johann Julius
Hummel, No. 166.* – St.          [B 1858
D-brd MÜu – GB Lbm – SF A

Trois sonates [G, A, Es] pour le clavecin avec l'accompagnement d'une flûte ou violon . . . œuvre troisième. – *Berlin-Amsterdam, Johann Julius Hummel, No. 187.* – St.                    [B 1859
**B** Bc – **D-ddr** Dlb

Trois concerts pour la flûte traversière avec l'accompagnement de deux violons, alto et basso, deux cors de chasses ad libitum . . . œuvre 4me. – *Berlin-Amsterdam, Johann Julius Hummel, No. 529.* – St.                    [B 1860
**DK** Kk – **I** Bc – **SF** A

Trois sonates pour le clavecin ou pianoforte accompagnées d'une flûte . . . opera 5. – *London, Longman & Broderip.* – St.                    [B 1861
**GB** Gu, Lbm, Ob

Sonate à quatre mains pour le clavecin ou pianoforte . . . op. VI. – *Berlin-Amsterdam, Johann Julius Hummel, No. 1023.*                    [B 1862
**B** Bc – **CS** Bm – **GB** Ckc – **US** Wc

Sonate III. pour la harpe ou pianoforte, avec l'accompagnement d'un violon & flûte ad libitum. – *Berlin, Johann Carl Friedrich Rellstab.* – St.                    [B 1863
**D-brd** BNu

Romance [g] pour le clavecin avec quelques variations. – *Berlin, Friedrich Wilhelm Maaß.*                    [B 1864
**CS** Pk – **D-ddr** WRtl

*Franz Lorenz*


## BENDA Georg

BÜHNENWERKE

Ariadne auf Naxos

Klavierauszug von Ariadne auf Naxos, einem Duodrama. – *Leipzig, Engelhardt Benjamin Schwickert, 1778.* – KLA.                    [B 1865
**A** Sca – **CH** BEk, E, Gpu – **CS** Bm, Pu – **D-brd** Bhm, KNh, Lr, Tu, WÜu – **D-ddr** AG, Bds, Dlb, GOl, LEu, SWl, – **DK** A – **F** Pc, Sn, Sim – **GB** Er, Lbm – **NL** DHgm – **S** Skma, Sk – **US** AA, Bp, NH, NYcu, Wc

— . . . vollständigere und verbesserte Partitur. – *ib., s. d.* – P.                    [B 1866

**A** Gk, Wn – **CH** SO – **CS** Pu – **D-brd** Bhm, DS, KImi, Mbs, Mmb – **D-ddr** AG, Dlb, LEm, HAmi, RUl, SWl, WRdn – **DK** Kv – **F** Dc, Pc, Sn – **GB** Er, Ge, Lbm (2 Ex.) – **I** Nc – **NL** Uim – **S** Skma – **US** STu

— . . . nach der neuesten verbesserten Partitur für das Clavier eingerichtet. – *ib.* – KLA.                    [B 1867
**CS** Pk – **D-brd** BNn Hmb, KNh, LÜh, Mbs (2 Ex.) – **DK** Kk – **GB** Lcm – **S** Skma – **US** AA, Cn, Wc

— . . . zum Gebrauche gesellschaftlicher Theater, auf zwey Violinen, eine Bratsche und ein Violoncell eingerichtet. – *ib.* – P.                    [B 1868
**B** Bc – **D-brd** B – **GB** Lbm – **S** Skma – **YU** Zha

— *Mannheim, Johann Michael Götz, No. 56.* – KLA. [Illegaler Nachdruck].                    [B 1869
**D-brd** F, Kl, Mbs, Sl – **D-ddr** ROu

— *Wien, Artaria & Co. (Huberty), No. 6.* – KLA.                    [B 1870
**A** Wgm (5 Ex.), Wn (2 Ex.) Wdtö – **CH** Bu – **CS** Pu – **D-brd** Bim, HEms, Mbs, Mh, Tu (fehlt Titelblatt) – **S** Skma – **US** Cu, NH, CA (fehlt Titelblatt)

— *ib., Johann Cappi, No. 6.*                    [B 1871
**A** Wgm, Wst – **F** Pmeyer

Ariadne paa Naxos. Et Duodrama af Brandes. – *København, S. Sønnichsen.* – KLA.                    [B 1872
**A** Wn – **DK** A (2 Ex.), Kmk, Kk (3 Ex.), Kc, Sa – **GB** Lbm – **S** L, Skma

Der Dorfjahrmarkt (auch Der Jahrmarkt oder Lucas und Bärbchen)

Der Dorfjahrmarkt, eine komische Oper in zwey Akten. – *Leipzig, Johann Gottfried Dyk (Bernhard Christoph Breitkopf), 1776.* – KLA.                    [B 1873
**A** Wn – **CS** Pu – **D-brd** Bhm, BNu, DS, F, Mbs, Sl – **D-ddr** Bds, Bmi, Dlb, GOl, HAmi, LEm (2 Ex.) – **DK** Kk – **F** Pn, Sn – **GB** Lbm (2 Ex.) – **PL** Tu, WRu – **S** Skma – **US** Bp, Wc

— Lukas und Bärbchen, oder Der Jahrmarkt, eine komische Operette in einem Aufzuge, für das Klavier eingerichtet und von einer Violine begleitet. – *Leipzig, Engelhardt Benjamin Schwickert.* – KLA.                    [B 1874

**D-brd** Mbs – **D-ddr** Bds, LEm (2 Ex.) – **F** Pc
(unvollständig), Pn – **GB** Lbm – **S** Skma – **US**
Bp, Wc

Das Findelkind, oder Unverhofft kömmt
oft

Das Findelkind, oder Unverhofft kömmt
oft, eine Operette aus dem Briefwechsel
der Familie des Kinderfreundes . . . für
das Pianoforte oder Clavier. – *Leipzig,
Engelhardt Benjamin Schwickert.* – KLA.
[B 1875
**A** Wn – **CH** SO – **CS** Pk, Pu – **D-brd** Mbs, Rp –
**D-ddr** Dlb – **F** Pc – **GB** Lbm – **S** Skma – **US**
AA, Bp, BE, Cn, Wc

Der Holzhauer, oder Die drey Wünsche

Der Holzhauer, oder Die drey Wünsche.
Eine comische Operette im Clavieraus-
zuge mit Begleitung einiger Instrumente.
– *Leipzig, Engelhardt Benjamin Schwickert
(Joh. Gottlob Immanuel Breitkopf), 1778.*
– KLA. [B 1876
**A** Wgm – **D-brd** DO, Hs, KNh, Mbs, Rp, Rtt,
Sl – **D-ddr** Bds, GOl, LEm – **DK** A, Ou – **F** Pc,
Pn, Sn – **GB** Lbm – **H** KE

Medea

Medea. Der Dialog von Gotter, in Musik
gesetzt. – *Leipzig, Engelhardt Benjamin
Schwickert (Joh. Gottlob Immanuel Breit-
kopf), 1778.* – KLA. [B 1877
**A** Gk, Wn – **CS** Pk, Pu – **D-brd** Bhm, Bim,
BNms, DS, DT, Hs (2 Ex.), KImi, KNh, Lr,
Mbs, Sl (2 Ex.), Tu – **D-ddr** Bds, Dlb, LEm
(2 Ex.) – **DK** A – **F** Pn – **GB** Er, Lbm (2 Ex.) –
**NL** DHgm – **PL** Wru – **S** Skma – **US** AA, BE,
Bu, Bp, CA, NH, Wc

— . . . neue Ausgabe. – *ib., 1778.* [B 1878
**A** Wgm – **CS** Pk – **D-brd** Bhm, Bmi, BNu,
LÜh, Mbs, Ngm, Rtt – **D-ddr** Bds, BD – **DK**
A, Kk – **S** Skma – **US** Wc

— *Mannheim, Joh. Michael Götz & Co.,
No. 50.* [B 1879
**A** Wgm, Wn – **CH** BEk – **CS** Bm – **D-brd** Bim,
KNh, KNu, Mbs, Mmb, Mh – **D-ddr** Bds, Dlb,
LEm – **F** Pc – **H** Bn – **NL** At – **S** Skma – **US** I

— . . . Et Duodrama af Gotter, sadt i
Musik, og indrettet for Klaveret. –
*København, S. Sønnichsen.* – KLA.
[B 1880
**D-brd** BNu – **DK** A, Kk, Kmm, Kmk, Kv, Sa
– **S** L, Skma – **US** BE

Marsch aus „Medea" [für pf zu 2
Hdn.]. – *Berlin, Schlesinger.* [B 1881
**D-brd** MÜu

Pygmalion

Pygmalion. Ein Monodrama von J. J.
Rousseau, nach einer neuen Übersetzung
mit musikalischen Zwischensätzen . . . für
das Clavier ausgezogen. – *Leipzig, Engel-
hardt Benjamin Schwickert, 1780.* – KLA.
[B 1882
**CS** Bm, Pu – **D-brd** DS, HEms, Mbs, MGmi,
Sl – **D-ddr** Dlb, LEm, WRtl – **DK** A, Kk,
Kmk, Kv – **F** Pc – **GB** Lbm – **NL** Uim – **S**
Skma – **US** Wc

Romeo und Julie

Klavierauszug von Romeo und Julie,
einer Oper in drey Akten, in Musik ge-
setzt. – *Leipzig, Joh. Gottfried Dyk
(Johann Gottlob Immanuel Breitkopf),
1778.* – KLA. [B 1883
**A** Wgm, Wdtö, Wn – **CH** E – **CS** Pk, Pu –
**D-brd** AAst, Bhm, Bim, DS, DO, Hmb, Kl,
Km, Mbs, Mmb, Mhm, MÜu – **D-ddr** Bds, Dlb,
GOl, HAmi, LEm, SWl – **DK** A, Kk – **F**
Pmeyer – **GB** Lbm (2 Ex.) – **I** Nc – **IL** J –
**NL** At, DHgm – **US** Bp, BE, NH, U, Wc, Wf

— . . . zweite Auflage. – *ib., 1784.* [B 1884
**A** Wn – **CH** Bu – **CS** Pk, Pu – **D-brd** Bhm, BNu,
DT, F, Hs, Mbs, Sl – **D-ddr** Bds, Dlb, LEm,
MEIr (2 Ex.) – **F** Pc, R – **GB** Ckc, Lbm – **S** Skma
– **US** Cn, NYp (2 Ex.), Ws

Das tartarische Gesetz

Arien und Duette aus dem Tartarischen
Gesetze, Singspiel von Gotter, für das
Clavier eingerichtet mit Begleitung einer
Violine. – *Leipzig, Engelhardt Benjamin
Schwickert.* – KLA. [B 1885
**A** Wgm – **CH** Bu – **CS** Bm, Pk (2 Ex.) – **D-brd**
Rp – **F** Sn – **GB** Lbm – **US** Bu, Wc – **YU** Zha

Walder

Walder, eine ernsthafte Operette in einem Acte des Herrn Gotters, in Musik gesetzt . . . Clavierauszug nebst Begleitung
einiger Instrumente. – *Gotha, Carl Wilhelm Ettinger (Johann Gottlob Immanuel
Breitkopf), 1777.* – KLA. [B 1886
**A** Wgm, Wn – **CH** Bu – **CS** Bm, Pk, Pu –
**D-brd** AAst, Bhm, Bim, Hs, HR, KNh, Mbs –
**D-ddr** Bds, Dlb, GOl, HAu, LEm, MEIr, SWl
– **DK** A, Kmm, Kv – **F** Dc, Pc, Sn – **GB** Lbm
(2 Ex.) – **S** Skma – **US** BE, Bp, CA, Cu, R, Wc

Kantaten und Arien

Amynts Klagen über die Flucht der
Lalage, eine Cantate für die Discant-
stimme, begleitet von 2 Waldhörnern, 2
Flöten, 2 Violinen, Bratsche und Baß. –
*Leipzig, Bernhard Christoph Breitkopf &
Sohn, 1774.* – St.       [B 1887
**A** Gk, Wn – **D-brd** DO – **D-ddr** Bds, SWl –
**DK** Kv – **F** Pc – **GB** Lbm – **US** Bp, NYp, Wc

Benda's Klagen, eine Cantate, begleitet
von zwey Violinen, zwey Flöten, Bratsche
und Baß. Hiermit endet der Verfasser
seine musikalische Laufbahn im 70ten
Jahre seines Alters. – *Leipzig, Autor,
Johann Gottlob Immanuel Breitkopf.* – St.
          [B 1888
**A** SF – **CH** W (cemb [unvollständig], vl I, vl II,
vla, fl) – **I** Rsc

— . . . Clavierauszug von W. Scheibler. –
*Berlin-Amsterdam, Johann Julius Hum-
mel, No. 1026.*        [B 1889
**GB** Lbm

Cephalus und Aurore. Cantate, aus Herrn
Weißens kleinen lyrischen Gedichten, mit
Begleitung von 2 Flöten, 2 Violinen, Viola,
Violoncell und Clavecin oder Pianoforte. –
*Leipzig, Engelhardt Benjamin Schwickert.*
– St.          [B 1890
**CS** Pu – **D-ddr** Dlb – **F** Pc – **GB** Lbm

Collezione di arie italiane . . . Sammlung
italienischer Arien, mit unterlegtem Cla-
vierauszuge. – *Leipzig, Engelhardt Ben-
jamin Schwickert.* – P.       [B 1891
**A** Wdtö – **B** Bc (2 Ex.) – **CS** Pk – **D-brd** AAst,
Mbs, DO, Sl – **D-ddr** Dlb, PI [unvollständig],
WRgs – **DK** Kk, Kv – **F** Pc (2 Ex.) – **GB** Lbm
– **I** Nc – **US** Wc

— . . . zweyte Sammlung. – *ib.*
          [B 1892
**A** Wdtö – **B** Bc – **D-brd** Mbs, Sl – **D-ddr** SWl,
WRgs – **DK** Kk (2 Ex.), Kv – **F** Pc – **I** MOe,
Nc – **US** Wc

Harmonie. Lied der Schweizer-Musik-
gesellschaft gewiedmet, von . . . Herrn
Decan Häfliger. Neujahrsgeschenk . . .
von der Musik-Gesellschaft zur Deutschen
Schule in Zürich auf das Jahr 1812. –
*s. l., s. n.*           [B 1893
**CH** BEl, BEsu, Zz (6 Ex.) – **GB** Lbm

Instrumentalwerke

Concertino [C] per il cembalo accompagnata da due violini, viola e violoncello. – *Leipzig, Engelhardt Benjamin
Schwickert.* – St.       [B 1894
**US** R, Wc

II Concerti [D, G] per il cembalo accom-
pagnati da due violini, viola e violon-
cello. – *Leipzig, Engelhardt Benjamin
Schwickert, 1779.* – St.      [B 1895
**A** M – **CH** E – **CS** Pk – **D-brd** BNu (cemb) –
**D-ddr** Dlb – **F** Pc – **GB** Ckc – **I** Nc – **S** Uu –
**US** AA

Three duetts for two violins. – *Birmingham, W. Fletcher.* – St.      [B 1896
**GB** Ckc

Sammlung Vermischter Clavierstücke für
geübte und ungeübte Spieler . . . erster
Theil. – *Gotha, Autor, Carl Wilhelm Ettin-
ger, 1780.*        [B 1897
**CS** Bm, Pn, Pu – **D-brd** BNms, Hhm, KNh,
Km, LB, MGmi, Mbs, Rp – **D-ddr** Bds, Dlb,
GOl, LEm (2 Ex.) – **DK** Kk (2 Ex.) – **F** Pc –
**GB** Ckc, Lbm, Lcm – **R** Sb – **US** NH

— . . . erster Theil, neue vermehrte Aus-
gabe. – *Leipzig, Engelhardt Benjamin
Schwickert, (1780).* – St.     [B 1898
**A** Wgm (kpl.: kl, vl I, vl II, vla, vlc) – **CH** Gpu
– **CS** Pk – **D-brd** Bhm, Mbs

— . . . zweyter Theil. – *Gotha, Autor, Carl
Wilhelm Ettinger, 1781.*     [B 1899
**A** KN, Sca, Wgm – **CH** E, Gpu – **CS** Bm, Pk –
**D-brd** Bhm, Km, Mbs, Rp – **D-ddr** Dlb, GOl,
HAu (unvollständig), LB, LEm, SWl – **F** Pc –
**GB** Lbm – **R** Sb – **US** NH, Wc

— Rondeaux und Lieder, auch kleine und
größere Clavierstücke . . . als dritter
Theil. – *Leipzig, Engelhardt Benjamin
Schwickert.* – St.       [B 1900
**A** Wgm (kl) – **CH** Gpu – **CS** Pk (kpl.: kl, vl I,
vl II, vla, vlc) – **D-brd** Bhm (kl), Mbs (kl) –
**D-ddr** WRtl (kl [2 Ex.]) – **DK** Kv – **F** Pc (kl
[2 Ex.]) – **GB** Lbm (kl) – **US** Wc

— Sammlung vermischter Clavier- und
Gesangstücke für geübte und ungeübte
Spieler . . . vierter Theil. – *ib.*    [B 1901
**CH** Gpu – **CS** Pk – **D-brd** Bhm, Mbs – **D-ddr**
BD – **DK** Kmm, Kv – **F** Pc (2 Ex.) – **GB** Lbm
– **US** Wc

— . . . fünfter Theil. – *ib.*     [B 1902
CS Bm, Pk – **D-brd** Bhm – F Pc (2 Ex.) – **GB** Lbm – US Wc

— . . . sechster und letzter Theil. – *ib.*
           [B 1903
CS Pk – **D-brd** Bhm – F Pc – **GB** Lbm – US Wc

Georg Benda's . . . Gesang- und Clavier-stücke verschiedener Art. – *Gotha, s. n., 1782.*           [B 1904
**D-brd** Mbs

Sei sonate [B, G, d, F, g, D] per il cembalo. – *Berlin, Georg Ludwig Winter, 1757.*        [B 1905
A Wn – CH Gpu – **D-brd** AAst, Sl – **D-ddr** Dlb, GOl, LEm, WRtl – F Pc – **GB** Lbm (2 Ex.) – US NH, Wc

*Franz Lorenz*

**BENDA Karl Hermann Heinrich**

Sechs Adagio's für das Pianoforte nebst Bemerkungen über Spiel und Vortrag des Adagio. – *Berlin, Johann Julius Hummel, No. 3153.*      [B 1906
SD S. 74
B Bc – **D-brd** Bhm

*Franz Lorenz*

**BENDINELLO Agostino [I]**

Sacrae modulationes octonis vocibus concinendae . . . liber primus. – *Verona, Sebastiano a Donnis, 1585.* – St.   [B 1907
**GB** Lbm

Sacrarum cantionum quinis vocibus concinendarum, liber secundus. – *Venezia, Ricciardo Amadino, 1588.* – St.   [B 1908
SD 1588[6]
**D-brd** Kl – **GB** Lbm (S)

Sacrarum cantionum quatuor vocibus concinendarum liber primus. – *Venezia, Ricciardo Amadino, 1592.* – St.   [B 1909
I Bc

Sacra omnium solemnitatum vespertina psalmodia, quatuor vocibus concinenda, duoque B. Virginis cantica septem & octo vocibus, decantanda. – *Verona, Francisco a Donnis, 1594.* – St.   [B 1910
F Pthibault (S, A, T, B) – **GB** Lbm

Sacrarum cantionum quatuor et quinque vocibus suavissima harmonia concinendarum, nunc primum in Germania visarum, et maiusculis notulis impressarum, liber primus ([T:] libri duo). – *Frankfurt, Nikolaus Stein (Wolfgang Richter), 1604.* – St.
          [B 1911
**D-brd** Rp (S, T, B) – S Uu (S, A, T, B)

Sacrarum cantionum quinque vocibus suavissima harmonia concinendarum, nunc primum in Germania visarum, et maiusculis notulis impressarum, liber secundus. – *Frankfurt, Nikolaus Stein (Wolfgang Richter), 1604.* – St.   [B 1912
SD 1604[4]
**D-brd** Rp (fehlt A) – S Uu (kpl.: S, A, T, B, 5)

**BENDINELLO Agostino (II)**

Psalmi vespertini ternis, quaternis, quinisque vocibus, ad organum concinendi, una cum litaniis Beatae Mariae Virginis . . . opus primum. – *Bologna, Giacomo Monti, 1671.* – St.       [B 1913
I Bc (kpl.: S I, S II, A, T, B, org), Rc (S I, A)

**BENDUSI Francesco**

Opera nova de balli . . . a quatro accommodati da cantare & sonare d'ogni sorte de stromenti. – *Venezia, Antonio Gardano, 1553.* – St.       [B 1914
A Wgm – **D-brd** Mbs – **GB** Lbm (A, T)

**BENECKEN Friedrich Burchard** →
**BENEKEN Friedrich Burchard**

**BENEDETTI Donato de** → **DE BENEDICTIS Donato**

**BENEDETTI Giovan Tommaso de** →
**DE BENEDICTIS Giovan Tommaso**

**BENEDETTI Pietro (I)**

Musiche . . . [a voce sola e basso continuo]. – *Firenze, eredi di Cristofano Marescotti, 1611.* – P.      [B 1915
SD
PL WRu

Musiche . . . libro secondo [a voce sola e basso continuo]. – *Venezia, Ricciardo Amadino, 1613.* – P.                    [B 1916
SD 1613[11]
F Pc – GB Lcm – PL WRu

Musiche . . . a una, e due voci [e basso continuo] con alcune spirituali nel fine, libro quarto. – *Firenze, Zanobi Pignoni, 1617.* – P.                    [B 1917
F Pc


## BENEDETTI Pietro (II)

Offertorii per tutte le domeniche minori dell'anno a due voci . . . opera prima. – *Bologna, li fratelli Silvani, 1715.* – St.
                    [B 1918
D-brd B (kpl.: S I, S II, org), MÜs (S I, S II, org [unvollständig]) – I Ac, Bc, LOcl, Rsc (S II), Rvat-casimiri (bc)

Messe concertate a quattro voci con violini . . . opera seconda. – *Venezia, Giuseppe Sala, 1715.* – St.                    [B 1919
I Ac (fehlt vl I), Li (kpl.: S, A, T, B, vl I, vl II, org), Ls – NL DHgm (fehlen S, A, T, B)

[12] Antifone della Beata Vergine . . . a solo, a due, e a tre voci, con violini, e senza . . . opera terza. – *Venezia, Giuseppe Sala, 1716.* – St.                    [B 1920
CH Bu (kpl.: S, A, B, vl I, vl II, org) – GB Lcm – I Bc (S, A, B, org)


## BENEDICTUS a Sancto Josepho (Buns)

Missae, litaniae, et motetta IV. V. VI. vocibus cum instrument. et ripienis . . . opus primum. – *Antwerpen, héritiers de Pierre Phalèse, 1666.* – St.        [B 1921
A Wgm (S I, S II, A, T I, T II, B; S rip., A rip., T rip., B rip.; vl I, vl II, fag, bc)

Corona stellarum duodecim serta, I. II. III. IV. vocibus et instrumentis . . . editio secunda aucta et emendata. – *Antwerpen, héritiers de Pierre Phalèse, 1673.* – St.                    [B 1922
NL At (T) – S Uu (S, A, T, B/vla/trb, vl I, vl II, fag, bc)

Musica montana in monte Carmelo composita . . . 1.2.3. vocibus, & unum Tantum ergo. 4. voc. & 2.3. vel 5. instrumentis . . . opus quartum. – *Antwerpen, Lucas de Potter, 1677.* – St.                    [B 1923
CH Zz (S I, A, T, B, vl I, vl II, a-/t-vlno, fag, bc)

Completoriale melos musicum, II. III. & IV. vocibus, II. III. vel V. instrumentis decantandum . . . opus quintum. – *Antwerpen, Lucas de Potter, 1678.* – St.
                    [B 1924
CH Zz (S I, A, T, B, vl I, vl II, a-/t-vla, fag, bc)

Encomia sacra musice decantanda 1.2.3 vocibus et 2.3.4. et 5 instrum. . . . opus sextum. – *Utrecht, Arnold van Eynden, 1683.* – St.                    [B 1925
F Pn (1, 2, 3, vl I, vl II, vl III/IV, fag, bc)

Missa sacris ornata canticis . . . [1.2.3. vocibus et 1.2.3.4. et 5 instrumentis] . . . opus nonum. – *Amsterdam, Estienne Roger.* – St.                    [B 1926
CH Zz (S I, T/S II, B, vl I, vl II, vl III/a-vla/t, b-vla, bc)


## BENEGGER Antonio

Six sonatas or trio's for a german flute, violin and violoncello. – *London, John Johnson.* – St.                    [B 1927
GB Lbm


## BENEKEN Friedrich Burchard

Lieder der Unschuld und Liebe mit Clavierbegleitung. – *Hannover, Gebrüder Hahn (Rinteln, A. H. Bösendahl).*
                    [B 1928
D-brd Gs – D-ddr Dlb

[14] Lieder und Gesänge für fühlende Seelen, nebst sechs Menuetten [D, F, G, D, Es, D]. – *Hannover, Schmidtsche Buchhandlung, 1787.*                    [B 1929
A Wn – D-brd Gs, MÜu – D-ddr LEm – GB Lbm – US Pc

Lieder und kleine Klavierstücke für gute Menschen in den Stunden des Frohsinns und der Schwermuth. – *Hannover, Christian Ritscher, (1794).*                    [B 1930
D-brd Bim, Gs, HVl – D-ddr SWl

Lieder der Religion, der Freundschaft und Liebe, mit Clavierbegleitung . . . neue wohlfeilere Auflage. – *Hannover, Gebrüder Hahn (Rinteln, Bösendahlsche Erben).*
[B 1931
**D-brd** Gs, HVl

Melodieen zu den Liedern für Volksschulen, dritte Ausgabe, ganz umgearbeitet und sehr vermehrt . . . erster Theil. – *Hannover, Gebrüder Hahn (Rinteln, C. A. Steuber), 1809.*
[B 1932
**D-brd** Bhm, Gs – **D-ddr** GERs

Arie (Wie sie so sanft ruhn alle die Seeligen [F]) fürs Forte-Piano. – *Altona, Ludwig Rudolphus.*
[B 1933
**D-brd** Hs, Hmb

— Lied. Wie sie so sanft ruhn. – *Hamburg, Johann August Böhme.*
[B 1934
**D-ddr** LEmi, SWl

## BENEVENTO DI SAN RAFFAELLO

Sei sonate a violino solo con basso . . . opera seconda (Racolta dell' harmonia collezione decima del magazino musicale). – *Paris, bureau d'abonnement musical.* – P.
[B 1935
US Wc

— *ib., Cousineau, Vve Daullé.*
[B 1936
F Pn

Sei sonate [F, g, a, Es, A, B] a violino o cembalo solo. – *Paris, de La Chevardière (gravées par Mme Leclair).* – P.
[B 1937
F Pn – GB Lbm – US Wc

Sei duetti [F, E, C, B, Es, B] per due violini. – *Paris, de La Chevardière; Lyon, Castaud.* – St.
[B 1938
F Pn – GB Ckc

— *London, J. Bremner.*
[B 1939
E Mn – GB Ckc, Lbm – S L

## BENGRAF Joseph

Vokalmusik

XII. Lieder mit Melodien beym Clavier zu singen. – *Pest, Weingand & Köpf, 1784.*
[B 1940
A Wgm – H Bn – US Wc

Sinngedicht auf Joseph und Friedrich, in Music gesetzt. – *Pest, Weingand & Köpf, 1784.*
[B 1941
A Wgm (2 Ex.) – H Bn

Kirchenmusik Gesänge im evangel. Bethause zu Pest, bei der Feier des am 1 May 1791 von den Protestanten in Ungarn gehaltenen Religionsfests, im Clavierauszug. – *Pest, Johann Samuel Liedemann.*
[B 1942
A Wgm

Instrumentalwerke

Trois divertissemens [F, Es, E] pour le clavecin seul avec un ballet hongrois . . . recueil premier. – *Pest, Weingand & Köpf; Wien, Christoph Torricella.*
[B 1943
A Wgm

XII. Magyar tántzok klávikordiumra valók . . . XII. danses hongroises pour le clavecin ou piano-forte. – *Wien, Artaria & Co., No. 308.*
[B 1944
A Wgm – GB Lbm – H Bn – I Mc

## BENHAM Asahel

Federal harmony; containing, in a familiar manner, the rudiments of psalmody, together with a collection of church music (most of which are entirely new). – *New Haven, A. Morse, 1790.*
[B 1945
US BAu, PD, PROhs, SLkrohn, WOa

— . . . the second edition. – *ib., 1792.*
[B 1946
US NH, Wca (unvollständig), WOa

— . . . the third (–sixth) edition. – *Middletown, Moses H. Woodward, [1793–1796].*
[B 1947
GB Lbm (6) – US AA (6), Bhs (5), Cn (5), FW (6), NOR (6), Pu (3–6), Ps (fehlt Anfang)

Social harmony: containing, first, the rudiments of Psalmody made easy; second, a collection of modern music, calculated for the use of singing schools and worshipping assemblies. – *(Wallingford, s. n., 1798).*
[B 1948
GB Lbm – US Bhs (unvollständig) FW, Hm, MI, NH, Wc, Wca, WEL, WOa

— *[New Haven, T. & S. Green, 1798].*
[B 1949
US NYp

— *[Wallingford, s. n., 1799].*    [B 1950
US AA, Hm

### BENN Johann

Missae concertatae trium vocum, adiuncto choro secundo sive ripieni a IV. pro bene-placito, & una missa ab octo. – *Luzern, David Hautt, 1644.* – St.     [B 1951
CH Lz – F Pn

### BENNET John

Madrigalls to foure voyces newly pub-lished . . . his first works. – *London, Wil-liam Barley, the assigne of Thomas Mor-ley, 1599.* – St.        [B 1952
EIRE Dam (unvollständig) – GB Lbm (un-vollständig), Lcm (unvollständig), Och – US CA, Ws (S, A [2 Ex.], T, B)

### BENNETT Charles

Twelve songs and a cantata . . . in score. – *London, John Johnson, for the author.*
[B 1953
GB Lam, Lbm

### BENNETT John

Ten voluntaries for the organ or harp-sichord. – *London, author (William Smith).*            [B 1954
GB Ge, Lbm, Ouf – US Wc

### BENNETT William

Six songs and a glee for three voices with an accompaniment for a piano forte or harp. – *London, Longman, Clementi & Co., for the author.* – P.      [B 1955
GB Gu, Lbm, Ob

Admiral Rodney triumphant. A new song. – *[London], S. A. & P. Thompson.*
[B 1956
GB Lbm

Three grand sonatas for the piano forte with an accompaniment for a violin obli-gato (op. I). – *London, Goulding, Phipps & D'Almaine.* – St.      [B 1957
GB Lbm (pf)

### BENNIGER Josephus

Heliotropium manè oriens, vesperè occi-dens; seu [4] missae solennes et funebres a 5. voc. & 2. violin. necessariis; 2. violis, ac rippien. ad libitum; unàcum duplici basso continuo . . . opus I. – *s. l., typis Maris-Stellanis, 1704.* – St.    [B 1958
CH E (S II, T, A rip., T rip., B rip., vl II, t-vla, org)

### BENOSI Laurent

Six duettos [D, Es, F, B, G, C] for two violoncellos . . . opera I. – *London, Long-man & Broderip, for the author.* – St.
[B 1959
I Vc

### BENSER J. D.

Six sonatas [C, D, G, B, A, F] for the piano forte or harpsichord with an accom-panyment for a violin or german flute . . . opera primo. – *London, Welcker.* – P.
[B 1960
D-ddr GOl (2 Ex.) – GB Lbm

A second sett of six sonatas for the piano forte or harpsichord &c, with an accom-panyment for a violin &c, opera second. – *London, John Welcker.* – P.    [B 1961
GB Ckc, Lbm – US BE

A first sett of three divertimento's in two parts for two performers on one piano forte or the harpsichord . . . opera 3$^d$. – *London, author.*       [B 1962
GB Lbm

Five sonatas & one duetto for the piano forte or harpsichord &c, with an accom-paniment for a violin or german flute . . . opera V. – *London, author.*    [B 1963
GB Lbm

Sonata. The Storm. For the piano forte only. – *[London]*, author.      [B 1964
**GB** Ckc

## BERANGER Louis

Sei duetti a due violini . . . opera prima. – *Paris, Le Clerc, de La Chevardière.* – St.
     [B 1965
**F** Pn

## BERARDI Angelo

VOKALMUSIK

*1663.* Missa pro defunctis cum sequentia, & Resp. Libera me Domine, quinque vocibus. – *Roma, Ignatio de Lazari, 1663.* – St.      [B 1966
**I** Bc (kpl.: S I, S II, A, T, B), Rsmt

*1666.* Sacri concentus binis, ternis, quaternis, quinisque vocibus concinendi . . . liber primus, opus secundum. – *Roma, Ignatio de Lazari, 1666.* – St.    [B 1967
**I** Rsmt (kpl.: S, A, T, B, bc)

*1667.* Salmi vespertini a cinque voci concertati, con una messa sopra l'Ave Maris stella, da cantarsi col'organo, e senza . . . libro primo, opera quarta. – *Roma, Amadeo Belmonte, 1667.* – St.    [B 1968
**I** Rsc (kpl.: S I, S II, A, T, B, org)

*1668.* Salmi concertati a tre voci . . . libro secondo, opera quinta. – *Bologna, Giacomo Monti, 1668.* – St.      [B 1969
SD 1668³
**F** Pn (kpl.: S/A, T/A, B/T, org) – **I** Baf, Bc, FEc, PS, PIa, Rsc, Rsmt

*1669.* Sacri concentus binis, ternis, quaternis, quinisque vocibus concinendi, una cum missa sex vocibus arte elaborata, liber secundus, opus sextum. – *Bologna, Giacomo Monti, 1669.* – St.      [B 1970
**I** Bc (kpl.: S I, S II, A, T, T II, B, org), FEc, Rsmt (2 Ex.)

*1675.* Psalmi vespertini quatuor vocibus concinendi cum organo ad libitum, una cum missa ad organi sonum accomodata . . . opus octavum. – *Roma, Giovanni Angelo Mutii, 1675.* – St.      [B 1971

**D-brd** MÜs (kpl.: S, A, T, B, org) – **I** Bc, Ls (3 Ex., im 3. Ex. fehlt org), Rc (S, A, org,) Rsgf (B), Rsmt

*1682.* Psalmi vespertini ternis, quaternis, quinis, senisque vocibus concinendi ad organi sonum accomodati, una cum missa quinque vocibus . . . opus nonum. – *Bologna, Giacomo Monti, 1682.* – St.      [B 1972
**F** Pn (kpl.: S I, S II, A, T, B, org) – **I** Bc, Rc, (A, B), Rsmt (S I, S II, A, T, B)

*1689.* Musiche diverse, variamente concertate per camera, a due, tre, e quattro voci . . . opera XIII. – *Bologna, Pietro Maria Monti (Marino Silvani), 1689.* – St.      [B 1973
**I** Bc (kpl.: S I, S/A, T, B, bc), Rsmt, Rsc

INSTRUMENTALWERKE

*1670.* Sinfonie a violino solo . . . libro primo, opera settima. – *Bologna, Giacomo Monti, 1670.*      [B 1974
**I** Bc

## BERAULT

Six sonates pour deux bassons ou violoncelles . . . œuvre I. – *Paris, auteur, aux adresses ordinaires (gravées par Mme Berault).* – St.      [B 1975
**F** Pc

Six sonates pour deux flûtes traversières . . . IIème œuvre. – *Paris, auteur, aux adresses ordinaires (gravées par son épouse).* – P.      [B 1976
**F** Pc

## BERCHEM Jachet

Madrigali a cinque voci . . . libro primo. – *Venezia, Antonio Gardano, 1546.* – St.
     [B 1977
**D-brd** Rp (S, A, T, B), W (kpl.: S, A, T, B, 5) – **I** Bc (5, A, T [unvollständig])

Il primo libro degli madrigali, a quattro voci. – *Venezia, Girolamo Scotto, 1555.* – St.      [B 1978
**E** V (kpl.: S, A, T, B) – **GB** Lbm (S, T, B)

— *ib., Antonio Gardano, 1556.*        [B 1979
A Wn – **D-brd** Mbs – I Bc, VEaf

— *ib., Girolamo Scotto, 1560.*        [B 1980
**GB** Och

Primo, secondo, et terzo libro del capriccio
. . . con la musica da lui composta sopra
le stanze del Furioso . . . a quatro voci. –
*Venezia, Antonio Gardano, 1561.* – St.
                                       [B 1981
A Wn (S, T, B) – **D-brd** Mbs (kpl.: S, A, T, B)
– I Bc (S, A, B), Vnm (S), VEcap

## BERCKELAERS Johannes

Cantiones natalitiae IV. vocum et IV. in-
strument. – *Antwerpen, héritiers de Pierre
Phalèse, 1667.* – St.                  [B 1982
**NL** DHgm (B, vl I) – **US** CA (A, T)

Cantiones natalitiae duabus, quatuor &
quinquè tam vocibus, quam instrumentis, decantandae . . . liber secundus. – *Antwerpen, héritiers de Pierre Phalèse, 1670.* –
St.                                    [B 1983
**NL** DHgm (T, B praecentus, vl I) – **US** CA (A)

Cantiones natalitiae, duabus, & quatuor
vocibus decantandae, cum reprisis 4.5.6
voc. & instr. necessariis . . . opus tertium. – *Antwerpen, Lucas de Potter, 1679.*
– St.                                  [B 1984
**US** CA (B praecentus)

Cantiones natalitiae, duabus, & quatuor
vocibus decantandae, cum reprisis a III.
IV. V. vocibus & instrumentis . . . opus
quartum. – *Antwerpen, Hendrik Aertssens,
1688.* – St.                           [B 1985
**B** Br (S II [unvollständig], A)

## BERCKENHOFF Theodor Albertus

Trois duos [C, D, G] à un violon et violoncello ou à deux violons. – *Den Haag, Vve
de Burchard Hummel.* – St.             [B 1986
**NL** At

Six airs français variés pour le violon [et
bc]. – *Den Haag-Amsterdam, Burchard
Hummel & fils.*                        [B 1987
**NL** Uim

Marsch, Ter Magedagtenis van . . . Heere
Samuel van Schenk . . . den 13. Maart
1794, gezet voor hat forte piano of clavier. – *Rotterdam, J. Tours, (1794).*
                                       [B 1988
**US** Wc

entfällt                               [B 1989

## BERENGERI Luigi → BRENGERI Luigi

## BERENGERUS F.

Hertzen-Freud und Seelen-Trost. Das ist:
Himmelische Betrachtungen und . . . Lob-
gesänger . . . auff jeden Tag des gantze
Jahrs eine oder zwey frische Betrachtung
und Gesang sampt eigner Melodey und
Orgel-Baß gerichtet . . . zu lesen, zu beten,
zu betrachten, zu singen und mit allerhand musicalischen Instrumenten auff-
zumachen . . . der erste Theil. – *Passau,
Georg Höller, 1660.* – P.              [B 1990
**D-brd** As

## BERENS Johann

Abend-Tantz (Auff herbey ihr Pierinnen)
. . . bey hochzeitlichem Ehren-Feste des
. . . Herrn M. Jacobi Beselinen . . . und
der . . . Magdalenen . . . Moldenits . . . den
22. Monats Tag Aprilis in Tonnigen im
Jahr 1651. – *Rostock, Johann Richel
(1651).*                               [B 1991
**D-ddr** SWl

## BERESCIOLLO

Simphonie periodique [G] a piu stromenti . . . N°. XI. – *Paris, de La Chevardière, aux adresses ordinaires; Lyon, les
frères Le Goux.* – St.                 [B 1992
**CH** Bu (vl I) – **F** AG (3 St.), Pc (kpl.: vl I, vl II,
vla, b, ob I/ob II, cor I, cor II) – **S** Skma

Simphonie periodique [C] a piu stromenti . . . N°. 13. – *Paris, de La Chevardière, aux adresses ordinaires; Lyon, les
frères Le Goux.* – St.                 [B 1993

CH Bu (vl I) – F AG (3 St.), BO (vl II, vla, b, cor I, cor II), Pc

## BERETTA Bonaventura

Clio sacra Davidicos psalmos vespertinis horis adscriptos, notis musicis decantans. – *Venezia, Alessandro Vincenti, 1635 ([B:] 1636).* – St.        [B 1994
D-brd F (kpl.: S, A, T, B, org) – PL WRu

## BERETTA Lodovico

Partitura del primo libro delle canzoni a quattro & otto voci da suonare. – *Milano, Agostino Tradate, 1604.*        [B 1995
GB Och

## BERETTARI Aurelio

Motetti a voce sola . . . opera prima. – *Venezia, Alessandro Vincenti, 1654.*
       [B 1996
I Bc – PL WRu

Compieta da capella a otto con il basso per l'organo a beneplacito, con le letanie a otto voci concertate con otto istromenti, & ripieni a beneplacito . . . opera terza. – *Venezia, Francesco Magni, 1656.*
       [B 1997
I Bc (kpl.; I: S, A, T, B; II: S, A, T, B; bc)

Liber primus missarum quatuor et quinque vocibus . . . opus quartum. – *Milano, Giovanni Francesco & fratelli Camagni, 1661.* – St.        [B 1998
I COd (kpl.: S [unvollständig]. A, T, B, 5 [unvollständig], org)

## BERETTI Pietro

Six sonatas for two violins, with a thorough bass for the harpsichord or violoncello. – *London, John Walsh.* – St.
       [B 1999
GB Ckc (unvollständig), Lbm – US CHua, Wc

## BERG George

### VOKALMUSIK

A collection of new English songs sung by Mr. Beard & Miss Formentell at Ranelagh . . . book II[d]. – *London, John Johnson, for the author, 1757.*     [B 2000
GB Lbm, Ob

Twelve songs, book III. – *London, John Johnson.*        [B 2001
GB Lbm

A collection of new English songs sung by Mr. Beard & Miss Formentell at Ranelagh . . . book IV. – *London, author, 1758.*
       [B 2002
GB Bu

Twelve songs . . . book V. – *London, John Johnson.*        [B 2003
GB Lbm

A collection of new English songs sung by Mr. Beard & Miss Formentell at Ranelagh . . . book VI. – *London, John Johnson, for the author, 1759.*     [B 2004
GB Lbm

Twelve songs. – *London, John Johnson.*
       [B 2005
GB Lbm, Lcm, Lco, Lcs

The new songs sung by Miss Davis and Mr. Love at Marybone. No. II. – *London, John Johnson.*        [B 2006
GB Lbm

Apollo straight. A new song, as it was sung at publick gardens. – *s. l., s. n. (Benett).*        [B 2007
GB Lcm

Lightly tread, 'tis hallow'd ground. A celebrated glee for three voices. – *Dublin, John Lee.*        [B 2008
GB Lbm

### INSTRUMENTALWERKE

*Op. 1.* Six concertos [D, G, d, a, F, B] in seven parts for four violins, one alto viola, a violoncello, and a thorough bass for a harpsichord . . . opera prima. – *London, John Johnson, for the author.* – St.
       [B 2009
GB Lbm, Lcm – S Skma – US AA, Wc

*Op. 2.* Ten voluntaries for the organ or harpsichord . . . opera seconda. – *London, John Johnson.*        [B 2010
GB Ckc, Lbm, T – US AA

*Op. 3.* Twelve sonatinas or easy lessons for the harpsichord . . . composed in various styles, op. III. – *London, John Johnson, for the author, (1759).* [B 2011
**GB** Ckc (2 Ex.), Lbm (2 verschiedene Ausgaben) – **US** Wc

*Op. 4.* Twelve sonatinas or easy lessons for the harpsichord . . . op. 4th [Fortsetzung von op. 3]. – *London, John Johnson, for the author.* [B 2012
**GB** Lbm

*Op. 5.* Eight suits of lessons for the harpsichord . . . opera Vta. – *London, John Johnson.* [B 2013
**GB** Lbm

*Op. 6.* Twelve sonatinas or easy lessons [G, D, A, D, g, d, B, F, C, G, c, C] for the harpsichord . . . op: [(hs:)VI (Fortsetzung von op. 4)]. – *London, John Johnson, for the author.* [B 2014
**GB** Lbm

*Op. 7.* Ten sonatas for the harpsichord or pianoforte . . . opera VII. – *London, Mrs. Johnson, for the author, (1768).* [B 2015
**GB** Lbm (2 Ex.) – **US** Wc

## BERGER Andreas

Harmoniae seu cantiones sacrae, quaternis, quinis, senis, septenis & octonis tàm humanis, quàm instrumentalibus vocibus decantandae. – *Augsburg, Johann Praetorius, 1606.* – St. [B 2016
SD 1606[1]
**D-brd** As (fehlt 6), W (kpl.: S, A, T, B, 5, 6, 7, 8), WH (5) – **GB** Lbm (fehlt 8)

Threnodiae amatoriae. Das ist: neue teutsche weltliche Traur- und Klagelieder, nach Art der welschen Villanellen, mit vier: dessgleichen ein schöner Dialogus, und Canzon mit acht Stimmen. – *Augsburg, Johann Schultes, 1609. ([T:] 1608).* – St. [B 2017
**GB** Lbm (S, A)

Da pacem Domine, &c., X.voc., Deo ter opt. maximo, regi regum, Domino exercituum, principi pacis devotum. – *Augsburg, Johann Ulrich Schönig, 1635.* – St. [B 2018

**D-brd** F (kpl.: 1, 2, 3, 4, 5 chori superioris; 1, 2, 3, 4, 5 chori inferioris)

## BERGER Joseph

Trois sonates pour violoncelle et basse . . . œuvre Ier. – *Paris, Auguste Le Duc & Co., No. 169.* – P. [B 2019
**GB** Lbm – **US** Wc

[Tre sonate (Nr. 3: A; Nr. 4: G; Nr. 5: a) per il violoncello con accompagnamento di basso. – *s. l., s. n., No. 367.* – St.] [B 2020
**I** Mc (b, fehlt Titelblatt)

Six quatuors variés pour deux violons, alto, et violoncelle sur six Andantes tirés des simphonies de J. Haydn . . . œuvre 31 [A, D, C, F, F, B]. – *Paris, Sieber & fils, No. 1612.* – St. [B 2021
**A** Wgm

## BERGMANN Liborius von

Freimaurerlieder in Musik gesetzt zum Gebrauch einiger Logen in Riga und Livland. – *Riga, s. n., 1785; Leipzig, Johann Gottlob Immanuel Breitkopf.* [B 2022
**US** Wc

## BERGNA Antonio

Ad vesperas omnes psalmi, falso bordodonio concinendi . . . cum quinque vocibus. – *Ferrara, Vittorio Baldini, 1587.* – St. [B 2023
**I** FEc (S, T, B, 5)

## BERGONZI Giuseppe

Divertimenti da camera, a tre, due violini o arcileuto . . . opera prima. – *Bologna, Marino Silvani, 1705.* – St. [B 2024
**I** Bc

Sinfonie da chiesa e concerti a quattro, a due violini concertati, e due ripieni con l'alto viola obbligata col basso per l'organo . . . opera seconda. – *Bologna, Peri, 1708.* – St. [B 2025
**I** Bc (vl I, vl II, vl I rip., vl II rip., a-vla, org)

## BERIA Giovanni Battista

Il primo libro delli Motetti concertati a
una, due, tre, quattro, e cinque voci, con
le letanie della B. Vergine a quattro voci
. . . co'l basso continuo per l'organo. –
*Milano, Giorgio Rolla, 1638.* – St.   [B 2026
**I** Md (fehlt B) – **US** R (fehlt T)

Motetti a due, tre, e quattro voci co'l Te
Deum, le Letanie della B. Vergine con-
certati, et li passij della domenica delle
palme, & del venerdi santo co'l Tantum
ergo sacramentum, Veni creator, Ave
Maris a 4 da capella, et una messa a cin-
que concertata, opera seconda. – *Milano,
Carlo Camagno, (1647).* – St.   [B 2027
**US** R (S [unvollständig], A, T [unvollständig],
B, 5)

Concerti musicali a due, tre e quattro
voci, con una messa a quattro concertata,
et introiti Pange lingua a quattro da capella, opera terza. – *Milano, Carlo Camagno, 1650/51.* – St.   [B 2028
**GB** Lbm (B) – **I** COd (S, A, T, B) – **US** R (kpl.:
S, A, T, B, org)

*1671.* Concerti musicali, messa, salmi a
cinque e a tre voci per le domeniche, feste
della B. V. e delli apostoli con Litanie, e
motetto a 5., libro primo, opera IV. –
*Milano, fratelli Camagni, 1671.* – St.
   [B 2029
**I** COd (kpl.: S, A, T, B, 5, org), NOVd (fehlen
S, 5)

## BERLIN Johan Andreas

Sex Dants-Menuetter til Violin og Bass. –
*København, Paul Herman Höecke, 1766.* –
St.   [B 2030
**DK** Kk

## BERLIN Johann Daniel

Musicalisches Divertissement, bestehend,
aus einer leichten melodieusen u. nach
modernen Gusto für das Clavier gesetzten
Sonatina [d]. – *Augsburg, Johann Christian Leopold.*   [B 2031
**D-brd** Mbs

## BERLS Johann Rudolph

Neue Volkslieder fürs Clavier komponirt
. . . erste Sammlung. – *Leipzig, Gerhard
Fleischer d. Jüngere, (1797).*   [B 2032
**A** Wgm – **D-ddr** GOl, LEm – **H** Bn

## BERNABEI Ercole Giuseppe

Concerto madrigalesco a tre voci diverse.
– *Roma, Amadeo Belmonti, 1669.* – St.
   [B 2033
**D-brd** MÜs (kpl.: S I, S II, B, bc) – **F** Pthi-
bault – **I** Bc, Rli

Sacrae modulationes . . . opus II. – *München, Lukas Straub, 1691.* – St.   [B 2034
**D-brd** DS (org), F (kpl.: S I, S II, A, T, B, vl I,
vl II, org), Rp (S I, S II, T, B, vl II) – **GB**
Lwa – **S** Uu

## BERNABEI Giuseppe Antonio

Sex missarum brevium, cum una pro defunctis, liber I., a 4. vocibus conc., 4. rip.,
2 violinis, 2 violis & violone ad libitum,
cum duplici basso continuo. – *Augsburg,
Georg Schlüter & Martin Happach (Johann
Christoph Wagner), 1710.* – St.   [B 2035
**D-brd** OB (fehlen S rip., A rip., T rip., B rip.,
bc) – **I** Bc (kpl.: S, A, T, B conc.; S, A, T,
B rip.; vl I, vl II, vla I, vla II, fag/vlne, bc,
org)

Orpheus ecclesiasticus. Symphonias va-
rias commentus [12 Sonaten à 4 St.]. –
*Augsburg, Jacob Koppmayr, 1698.* – St.
   [B 2036
**D-brd** WD

## BERNARD

Sei duetti [D, F, B, D, Es, G] per due vio-
lini . . . opera prima. – *Paris, auteur,
Frère.* – St.   [B 2037
**GB** Lbm

Adieu d'Abailard à Héloïse. – *Paris,
Frère, aux adresses ordinaires (gravé par
Mme Frère).* – St.   [B 2038
**F** Pc (kpl.: Singstimme und bc, vl I/vl II), Pn

## BERNARDI Bartolomeo

Sonate da camera a tre, due violini e violoncello col violone, o cimbalo . . . opera
prima. – *Bologna, Pier-Maria Monti,*
*1692.* – St.                                    [B 2039
**GB** Lbm – **I** Bc, Rsc

[10] Sonate a tre, due violini, e violoncello, con il basso per l'organo . . . opera
seconda. – *Bologna, Carlo Maria Fagnani,*
*1696.* – St.                                    [B 2040
**CH** Zz – **GB** Ob – **I** Bc

— *Amsterdam, Estienne Roger & Jean*
*Louis Delorme.*                                 [B 2041
**D-brd** WD – **GB** Lbm

[6] Sonate a violino solo col basso con-
tinuo . . . opera terza. – *Amsterdam,*
*Estienne Roger.* – P.                           [B 2042
**D-brd** WD – **F** Pn – **NL** Uim

## BERNARDI Steffano

GEISTLICHE VOKALMUSIK

*1610.* Motecta binis, ternis, quaternis,
et quinis vocibus concinenda. – *Roma,*
*Giovanni Battista Robletti, 1610.* – St.
                                                 [B 2043
**A** Wn (S I, S II, bc).

*1613a.* Psalmi integri quatuor vocibus
romanis modulati numeris . . . opus quartum. – *Venezia, Giacomo Vincenti, 1613.* –
St.                                              [B 2044
**D-brd** Mbs (B, bc) – **GB** Lbm (S, A, T, B; fehlt
bc) – **I** Bc (T) – **PL** WRu (S, A, T, B; fehlt bc)

— *ib., 1617.*                                   [B 2045
**I** Bc (S, T, bc), Bsp (kpl.: S, A, T, B, bc),
Rvat-casimiri (bc)

— . . . tertia aeditione. – *ib., Alessandro*
*Vincenti, 1621.*                                [B 2046
**I** Bc

— . . . quarta aeditione. – *ib., 1623.*
                                                 [B 2047
**I** Bc (S, B, bc), Sac (T)

— . . . quinta aeditione. – *ib., 1627.*
                                                 [B 2048
**D-brd** F – **F** Pn (A, T) – **I** Bc, Bsp

*1613b.* Motetti in cantilena a quattro
voci, con alcune canzoni per sonare con
ogni sorte di stromenti, con il basso per
l'organo . . . opera quinta. – *Venezia,*
*Giacomo Vincenti, 1613.* – St.       [B 2049
**A** Wn (bc) – **I** FEc (kpl.: S, A, T, B, bc)

— *ib., Alessandro Vincenti, 1623.*
                                                 [B 2050
**D-brd** F – **I** Bc (A, T, B, bc), Rsg, VCd (A, T,
B, bc)

*1615.* Messe a quattro et cinque voci,
parte sono per capella, e parte per concerto con una nel fine da morto con tutti
gli commodi per cantare tutto l'officio del
primo notturno . . . col suo basso continuo per l'organo, libro primo, opera
sesta. – *Venezia, Giacomo Vincenti, 1615.*
– St.                                            [B 2051
**I** Bc (S, T, bc)

— *ib., Alessandro Vincenti, 1624.*
                                                 [B 2052
**GB** Lbm (T, B) – **I** Bc (kpl.: S, A, T, B, 5, bc),
Nf, TRc (A, bc)

— *ib., 1627.*                                   [B 2053
**I** Rsc (S, A, T, 5, bc)

*1616a.* Missae octonis vocibus modulatae
. . . liber primus, opus nonum. – *Venezia,*
*Giacomo Vincenti, 1616.*             [B 2054
**I** FEc (kpl.; I: S, A, T, B; II: S, A, T, B)

*1616b.* Concerti academici con varie sorte
di sinfonie a sei voci . . . libro primo, opera
ottava. – *Venezia, Giacomo Vincenti,*
*1616 [(1615:) T, 5].* – St.          [B 2055
**A** Wn (fehlt T) – **I** FEc (fehlt B), Vnm (fehlt
bc), VEaf (kpl.: S, A, T, B, 5, 6, bc)

1617 → 1613a

*1621a.* Concerti sacri scielti, & traspor-
tati dal secondo, & terzo libro de madrigali a cinque voci, con il basso per l'organo. – *Venezia, Alessandro Vincenti,*
*1621.* – St.                          [B 2056
**D-brd** F (kpl.: S, A, T, B, 5, bc) – **I** Bc, FEc,
VCd, SPE, Sac (S, T)

1621b → 1613a

1623a → 1613a

1623b → 1613b

*1624a.* Psalmi octonis vocibus una cum basso continuo pro organo . . . opus decimum quartum. – *Venezia, Alessandro Vincenti, 1624.* – St. [B 2057
**D-brd** F (kpl.; I: S, A, T, B; II: S, A, T, B; bc) – **F** Pn (A I, T I) – **GB** Lbm (B I) – **I** Bc, CEc (fehlt S I), TRc (B II)

— *ib., 1632.* [B 2058
**F** Pc (T II) – **I** Bc, Nf (unvollständig), Rf, Rsg, Rvat-casimiri (S I, T II, B II), Sac (fehlen A II, T II) – **US** BE (unvollständig)

— *ib., 1641.* [B 2059
**I** Bc (fehlt bc), Bsp (fehlen S I und bc), Fc, Ls, REm, SPd (fehlt bc)

1624b → 1615

1627a → 1613a

1627b → 1615

1632 → 1624a

*1634.* Encomia sacra. Binis, ternis, quaternis, quinis, senisque vocibus concinenda . . . opus decimum quintum. – *Salzburg, Gregor Kyrner, 1634.* – St. [B 2060

**D-brd** Rp

*1637.* Salmi concertati a cinque voci . . . raccolti da Alessandro Vincenti. – *Venezia, Alessandro Vincenti, 1637* – St. [B 2061
**D-brd** F (kpl.: S I, S II, A, T, B, bc) – **I** Bc

*1638.* Messe a otto voci . . . raccolte d'Alessandro Vincenti, libro secondo. – *Venezia, Alessandro Vincenti, 1638.* – [B 2062
**I** Bc (kpl.; I: S, A, T, B; II: S, A, T, B; bc), FEc, Rsg

1641 → 1624a

Weltliche Vokalmusik

*1611a.* Il primo libro de madrigali a cinque voci. – *Venezia, Ricciardo Amadino, 1611.* – St. [B 2063
**F** Pthibault (kpl.: S, A, T, B, 5) – **GB** Lbm

*1611b.* Il primo libro di madrigali a tre voci, opera terza. – *Roma, Bartolomeo Zannetti, 1611.* – St. [B 2064
**GB** Lbm (S, A) – **I** Bc (kpl.: S, A, B), Fn, VEaf

— . . . novamente ristampati, et corretti, con l'aggiunta del basso continuo, opera terza. – *Venezia, Alessandro Vincenti, 1621.* [B 2065
**A** Wn (kpl.: S I, S II, B, bc) – **I** Bc (S II, B, bc), VEcap

*1616.* Secondo libro de madrigali a cinque voci . . . opera settima. – *Venezia, Giacomo Vincenti, 1616.* – St. [B 2066
**A** Wn (fehlt T) – **F** Pthibault (fehlt bc) – **GB** Och (kpl.: S, A, T, B, 5, bc) – **I** Vgc

*1619.* Il terzo libro de madrigali a cinque voci concertati con il basso continuo . . . opera decima. – *Venezia, Giacomo Vincenti, 1619.* – St. [B 2067
**I** TSmt (S)

— *ib., Alessandro Vincenti, 1622.* [B 2068
**I** Bc, VCd (S, A, T, bc)

*1621a.* Madrigaletti a due et a tre voci con alcune sonate a tre per due violini, overo cornetti, & un chitarrone, trombone, overo fagotto . . . opera duodecima . . . libro secondo. – *Venezia, Alessandro Vincenti, 1621.* – St. [B 2069
**A** Wn (kpl.: S I, S II, B, bc)

— *ib., 1627.* [B 2070
**F** Pn – **I** Bc

1621b → 1611b

1622 → 1619

*1624.* Il terzo libro de madrigali a sei voci concertati con alcune sonate accomodate per ogni sorte d'istromenti . . . opera decimaterza. – *Venezia, Alessandro Vincenti, 1624.* – St. [B 2071
**D-brd** Kl (A, T, B, 5, 6, bc; fehlt S), Rp (B)

1627 → 1621a

**BERNARDINI di Capua, Marcello →
MARCELLO di Capua, Bernardino**

**BERNARDY de Valernes, Edouard Joseph**

Concerto [Es] à violon principal, deux violons obligés, deux ripienni, deux hautbois, et violoncelle, les cors ad-libitum . . . opera III. – *Paris, Porro, No. 77.* – St. [D 2072
**D-brd** Mbs

Colection complette des airs ou romances de Gonzalve de Cordone ... arrangés en partition avec des duos, trios ... œuvre VI [II^eme]. – *Paris, Bailleux.* – P. [B 2073
**F** Pc, Pn

Ouverture en simphonie à grand orchestre ... œuvre 19^e. – *Paris, J. B. Viguerie, No. 19.* – St.     [B 2074
**F** A (vl I, vl II, vla, b, ob I, ob II, cor I, cor II)

Symphonie [Es] à grand orchestre ... œuvre 22^e. – *Apt, auteur; Strasbourg, Fr. Reinhard.* – St.     [B 2075
**F** Lm (vl I, vl II, vla, b, contra-b, ob I, ob II, cor I, cor II)

Antoine et Camille. Opéra en un acte, paroles de Madame P. V. ... œuvre 38. – *Paris, aux adresses ordinaires.* – P.     [B 2076
**US** Wc

## BERNDES J. A.

Musik för harpa ... tillägnad, af J. A. Berndes. – *Stockholm, Königliche Notendruckerei, 1793.*     [B 2077
**S** Sk, Skma

## BERNHARD Christoph

Geistlicher Harmonien erster Theil, begreiffende zwanzig deutsche Concerten von 2. 3. 4. und 5. Stimmen, opus primum. – *Dresden, Autor (Wolffgang Seyffert), 1665.* – St.     [B 2078
**D-ddr** Dlb (2 Ex., 1. Ex.: 4 Singstimmen, 1 Instrumentalstimme und bc; 2. Ex.: 1. bis 3. Singstimme) – **GB** Lbm (kpl.: 4 Singstimmen, 2 Instrumentalstimmen und bc) – **S** Uu

Geist- und Lehr-reiches Kirchen- und Hauß-Buch voller ... Syrachischer-, Katechismus-, auch Sonn- und Fest-Tags-Gesänge, nach Ahrt vohrmals edirten Dreßdnischen Hoff-Gesang-Buches für Cantores und Organisten, mit Noten und unterlegtem Bass. – *Dresden, Christoph Mathesius, 1694.*     [B 2079
**D-ddr** Bds, Dlb, KMk, SWl, WA, WF

— Hundert ahnmutig- und sonderbahr geistlicher Arien ... unter Discant und Bass, herausgegeben und dem neuen Ge-

sang-Buche ... als ein Ahnhang beigelegt, 1694. – *Dresden, Christoph Mathesius, (1694).*     [B 2080
**D-ddr** Bds, Dlb, KMk, SWl, WA

Letzter Schwanen-Gesang, so bei Christlicher Beerdigung des ... Johann Risten, gewesenen XXXII. Jährigen ... am 12 ten Tage Septembris, dieses 1667. Jahres ... [für 4 Singstimmen, 2 Violinen, 3 Violen und bc]. – *Hamburg, Georg Rebenlein, 1667.* – St.     [B 2081
**PL** WRu

Traur-Music (Zur selbigen Zeit [für 5 Singstimmen und bc]) bey hochansehentlicher Beerdigung des ... Herrn Barthold Müllers ... Bürgermeisters der Stadt Hamburg. – *Hamburg, Georg Rebenlein, 1667.* – St.     [B 2082
**S** Uu

Letzter Ehren-Nachklang (Ich sahe an alles Thun [für Singstimmen (S, A, T, B) und Instrumente (vl I, vl II, vla I, vla II, vla III, bc)]) dem ... Herrn Hinrich Langebeck ... nachdem er ... endlich 1669 den 28. October seines Alters im 67. Jahre zu Hannover seelig verstorben und den 19. December darauff in Hamburg in der Dohms-Kirchen ... begraben worden. – *Hamburg, Georg Rebenlein, 1669.* – St.     [B 2083
**S** Uu

## BERNHARD Wilhelm Christoph

Simphonie [c] à grand orchestre (op. 1). – *Berlin-Amsterdam, Johann Julius Hummel, No. 624.* – St.     [B 2084
**D-brd** MÜu

Ein Praeludium und drey Sonaten fürs Clavier. – *Leipzig, Autor (Johann Gottlob Immanuel Breitkopf), 1785.*     [B 2085
**CH** Gpu – **D-brd** Bhm, Gs – **US** Wc

## BERNIER Nicolas

GEISTLICHE VOKALMUSIK

Motets. A une, deux, et trois voix, avec symphonie, et sans symphonie, au nombre de vingt six ... première œuvre. –

*Paris, auteur (gravé par H. de Baussen),*
*1703.* – P.                                    [B 2086
**B** Br – **D-brd** B – **GB** Ckc, Ge, Lbm, Lcm –
**US** Bp, Hw, NYp, Wc

— *ib., auteur, Foucault (gravé par H. de*
*Baussen), 1703.*                              [B 2087
**F** Pa, Pc (2 Ex., unvollständig), Pmeyer, Pn,
V – **NL** DHgm – **US** AA, CHH, R

— *ib., auteur, Ballard, Foucault (gravé*
*par H. de Baussen), 1703.*                    [B 2088
**C** Qu – **F** AIXmc, G, LYm, Pc (2 Ex.), Pn, R,
Sgs, Sim, TLc

— *ib., auteur, 1741.*                         [B 2089
**F** Pmeyer

Motets à une, deux, et trois voix avec
symphonie et sans symphonie . . . second
œuvre. – *Paris, auteur, 1713.* – P. [B 2090
**B** Aa, Br – **GB** Lbm – **US** CHH, R, Wc

— *ib., auteur; Foucault, 1713.*              [B 2091
**F** LYm, Pc (3 Ex.), Pn – **NL** DHgm – **US** AA,
NYp

WELTLICHE VOKALMUSIK

Cantates françoises, ou musique de chambre à voix seule, avec simphonie et sans
simphonie avec la basse continue . . . premier livre. – *Paris, Foucault (gravées par*
*H. de Baussen), (1703).* – P.      [B 2092
**D-brd** B, Sl – **D-ddr** Dlb – **F** G, LYm, Mc, Pc
(2 Ex.), Pn (4 Ex.), Sim, V – **US** CHH, NYp,
Wc

— *ib., Vve Boivin.*                           [B 2093
**F** NAm, Pn – **US** Bp

— . . . nouvelle édition . . . 1er livre. – *ib.,*
*Le Clerc, Mme Boivin (gravées par De*
*Gland), 1740.*                               [B 2094
**F** A, Pc, TLc

— *ib., Mme Vanhowe, Mme Boivin, Le*
*Clerc, 1740.*                                 [B 2095
**F** Pc

— *ib., Mme Vanhowe, Poilly, Neuilly,*
*1740.*                                        [B 2096
**F** Pc

Cantates françoises, ou musique de chambre à voix seule et à deux, avec symphonie et sans symphonie avec la basse continue . . . second livre. – *Paris, Foucault*
*(gravées par H. de Baussen), (1703).* – P.
                                              [B 2097
**D-brd** B, Sl – **D-ddr** Dlb – **F** AG, G, LYm, Mc
(2 Ex.), Pc (2 Ex.), Pn (2 Ex.), V – **US** CHH,
NYp, Wc

— *ib., Vve Boivin.*                           [B 2098
**F** NAm, Pn – **US** Bp

— . . . nouvelle édition . . . IIe livre. –
*ib., Le Clerc, Mme Boivin (gravées par*
*De Gland).*                                   [B 2099
**F** A

— . . . nouvelle édition . . . IIe livre. – *ib.,*
*Mme Vanhowe, Mme Boivin, Le Clerc*
*(gravées par De Gland), 1740.*     [B 2100
**F** Pc, TLc

Cantates françoises, ou musique de chambre à voix seulle et à deux, avec symphonie et sans symphonie avec la basse
continue . . . troisième livre. – *Paris,*
*Foucault (gravées par Paulo Angelli),*
*(1703).* – P.                                 [B 2101
**D-brd** B, MÜu, Sl – **D-ddr** Dlb – **F** G (2 Ex.),
LYm (2 Ex.), Mc, Pc, Pn, V – **US** NYp, Wc

— . . . nouvelle édition . . . IIIe livre. –
*ib., Mme Vanhowe, Poilly, Neuilly (gra-*
*vées par De Gland), (1745).*        [B 2102
**F** A, Pc, TLc

Cantates françoises, ou musique de chambre a voix seule et à deux, avec symphonie et sans symphonie avec la basse continue . . . quatrième livre. – *Paris, Fou-*
*cault, (1703).* – P.                          [B 2103
**D-brd** B, Sl – **D-ddr** Dlb – **F** AG, G, LYm, Mc,
Pc, Pn, V – **US** Wc

— . . . nouvelle édition . . . IVe livre. –
*ib., Mme Vanhowe, Poilly, Neuilly (gra-*
*vées par De Gland), (1739).*        [B 2104
**F** A, Pc, TLc

Les nuits de Sceaux, concerts de chambre,
ou cantates françoises à plusieurs voix,
en manière de divertissements, meslez
d'airs de violon et autres symphonies
avec la basse continue . . . cinquième
livre. – *Paris, Foucault (gravé par F. du*
*Plessy), 1715.* – P.                          [B 2105
**D-brd** Sl – **F** Mc, Pc (2 Ex.), Pn – **US** AA, Wc
(2 Ex.)

— *ib., Mme Vanhowe, Poilly, Neuilly (gravé par le S*ʳ*. Hue), (1739).*     [B 2106
**F** A, Pc, TLc

Cantates françoises ou musique de chambre à voix seulle, avec symphonie et sans symphonie avec la basse continue ... sixième livre. – *Paris, Foucault (gravées par F. du Plessy), 1718.* – P.     [B 2107
**F** G, LYm, Pa, Pc, Pn, V

— *ib., Vve Boivin, Le Clerc, Mme Vanhowe.*     [B 2108
**F** Pc

— *ib., Mme Vanhowe, Mme Boivin, Le Clerc, (1739).*     [B 2109
**F** A

Cantates françoises, ou musique de chambre à voix seulle, avec symphonie et sans symphonie avec la basse-continue ... septième livre. – *Paris, Boivin, 1723.* – P.     [B 2110
**F** G, LYm, Pn, TLc – **US** Wc

— *ib., Mme Vanhowe, Mme Boivin, Le Clerc (gravées par le S*ʳ *Hue), (1723).*     [B 2111
**F** A

Les nymphes de Diane, cantate françoise à deux voix et la basse continue. – *Paris, Foucault (gravé par Paulo Angelli), (1703).* – P.     [B 2112
**D-ddr** Dlb – **F** G, Pc (2 Ex.), V – **US** NYp, CHH, Wc

— *ib., Vve Boivin.*     [B 2113
**F** TLc

## BERTANI Lelio

Il primo libro de madrigali a cinque voci. – *Brescia, Pietro Maria Marchetti, 1584.* – St.     [B 2114
**A** Wn (A, B, 5) – **D-brd** AN (S), HR (B), Mbs (kpl.: S, A, T, B, 5) – **F** Pc (A) – **I** MOe, Vnm (5) – **NL** At (S, T)

Il primo libro de’ madrigali a sei voci. – *Venezia, Angelo Gardano, 1585.* – St.     [B 2115
**D-brd** HR (B) – **GB** Lbm (5) – **I** MOe (kpl.: S, A, T, B, 5, 6), Vnm (5) – **NL** At (S, T) – **PL** GD

— *ib., Angelo Gardano & fratelli, 1607.*     [B 2116
**A** Wn (A, B, 5)

## BERTEAU Martin

[10] Sonate da camera a violino solo col basso continuo ... opera seconda. – *Paris, Bailleux, aux adresses ordinaires (gravé par le S*ʳ*. Hue).* – P.     [B 2117
**F** Pc

— *ib., auteur, Mme Boivin, Decaix, Gaviniés, Guersan (gravé par le S*ʳ*. Hue).*     [B 2118
**F** Pmeyer

## BERTEZEN Salvatore

Four songs and two duetts, with an accompanyment for a piano forte. – *London, Thomas Straight, for the author.*     [B 2119
**GB** Lbm

Six songs with an accompaniment for a piano forte. – *London, Straight, for the author.*     [B 2120
**GB** Lbm

## BERTHEAUME Isidore

Deux simphonies concertantes, la première pour deux violons, la seconde pour deux violons et alto ... œuvre VI. – *[Paris], auteur.* – St.     [B 2121
**F** Pn (vl I princip., vl II princip., vl I, vl II, ob I, ob II, cor I, cor II, b, vla, vla princip.)

Deux concerto pour le violon ... œuvre V. – *[Paris], auteur.* – St.     [B 2122
**F** Pn (vl princip., vl I, vl II, vla, b, ob I, ob II, cor I, cor II)

Deux sonates pour le violon ... œuvre IV. – *[Paris], auteur.* – P.     [B 2123
**F** Pn – **US** Wc

Trois sonates pour le clavecin ou forté piano avec accompagnement d’un violon ... œuvre VII [aus op. 6 und op. 4]. – *[Paris], auteur.* – St.     [B 2124
**F** Pn

Six sonates [G, a, E, d, g, Es] à violon seul et basse continue. – *Paris, auteur, Mme Berault, aux adresses ordinaires (gravé par Mme Berault)*. – P.   [B 2125
**GB** Lbm – **F** Pc – **US** Wc

Six duo pour deux violons mellés de petits airs variés . . . œuvre IIIème. – *[Paris ], auteur*. – St.        [B 2126
**F** Pn, R (vl II)

Sonate pour le violon [avec accompagnement d'un second violon] dans le style de Lolly . . . l'instrument doit être accordé par mi, la, ré, on descendra le sol d'une quarte ce qui produira l'octave du ré. – *Paris, auteur, aux adresses ordinaires (gravé par Mme Moria)*. – P.   [B 2127
**F** Pc, Pn – **US** Wc

## BERTHOLDO Sperindio

Il primo libro di madrigali a cinque voci . . . con un'echo a sei voci, & un dialogo a otto. – *Venezia, Antonio Gardano, 1561.* – St.        [B 2128
**D-brd** Mbs (kpl.: S, A, T, B, 5, 6) – **I** Bc (fehlt T), VEaf (fehlen S, 6)

Il secondo libro di madrigali a cinque voci . . . libro secondo. – *Venezia, Antonio Gardano, 1562.* – St.        [B 2129
**D-brd** Mbs (kpl.: S, A, T, B, 5) – **I** Bc (T, B, 5)

Tocate, ricercari et canzoni francese intavolate per sonar d'organo . . . nuovamente stampati. – *Venezia, Giacomo Vincenti, 1591.*        [B 2130
**CH** Bu

Canzoni francese intavolate per sonar d'organo. – *Venezia, Giacomo Vincenti, 1591.*        [B 2131
**CH** Bu

## BERTI Caroli

Psalmi omnes qui in vesperis a romana ecclesia toto anno decantantur, quinque vocibus concinendi. – *Venezia, Angelo Gardano, 1592.* – St.        [B 2132
**D-ddr** Bds (B)

Magnificat octo tonum quinque vocibus concinendi, adest etiam Magnificat supra Vestiva i colli . . . liber primus. – *Venezia, Angelo Gardano, 1593.* – St.        [B 2133
**I** Vnm (kpl.: S, A, T, B, 5)

Motecta octonis vocibus concinenda, liber primus. – *Venezia, Giacomo Vincenti, 1596.* – St.        [B 2134
**D-ddr** Bds (S II) – **I** Ls (kpl.; I: S, A, T, B; II: S, A, T, B)

## BERTI Giovanni Pietro

Cantade et arie ad una voce sola con alcune a doi commode da cantarsi nel clavicembalo, chitarrone & altro simile stromento, con le lettere dell'alfabeto per la chitarra spagnola (libro primo). – *Venezia, Alessandro Vincenti, 1624.* – P.        [B 2135
**D-brd** Hs – **I** Bc

Cantade et arie ad una voce sola commode da cantarsi nel clavicembalo, chitarrone, & altro simile stromento, con le lettere dell'alfabetto per la chitarra spagnola, libro secondo . . . racolte da Alessandro Vincenti. – *Venezia, Alessandro Vincenti, 1627.* – P.        [B 2136
**GB** Lbm – **I** Bc

## BERTIE (WILLOUGHBY) → ABINGDON WILLOUGHBY BERTIE Earl of

## BERTIN G. J.

Six duo concertants pour deux violons... œuvre 2me. – *Lyon, Guera*. – St.   [B 2137
**GB** Lbm

Six duo dialogués [A, F, C, B, G, Es] pour deux violons . . . œuvre 6e. – *Paris, Lobry (Ribière)*. – St.        [B 2138
**CH** Bu

## BERTIN Servais

VOKALMUSIK

Airs sérieux et à boire à une et deux voix [et bc], air pour la vielle et la musette

et vaudevilles ... premier œuvre. – *Paris, auteur, (1736)*. – P.     [B 2139
F Pn – I Bc

— *ib., auteur, Mme Boivin, Le Clerc.*     [B 2140
F Pn

Airs sérieux et à boire à une et deux voix, ronde de table, vaudevilles, tons de chasse et fanfare ... livre second. – *Paris, auteur (gravé par De Gland)*. – P.     [B 2141
F Pn – GB Lbm

— *ib., auteur, Mme Boivin, Le Clerc.*     [B 2142
F Pn

Airs sérieux et à boire, duo pour dessus et basse et à voix égalles, vaudevilles et rondes de tables avec une petite pastoralle en forme de cantatille ... livre troisième. – *Paris, auteur (1736)*. – P.     [B 2143
F Pn

— *ib., auteur, Mme Boivin, Le Clerc; Lyon, de Bretonne, 1739.*     [B 2144
F Pn

Airs sérieux et à boire à une et deux voix, trio bachique et vaudevilles en duo ... livre quatrième. – *Paris, auteur, Mme Boivin, Le Clerc, 1740.* – P.     [B 2145
F Pn

Airs sérieux et à boire à une et deux voix, vaudevilles et ariettes avec accompagnement de flûte ... livre Ve. – *Paris, auteur, Mme Boivin, Le Clerc; Lyon, de Bretonne.* – P.     [B 2146
F Pn

Airs sérieux et à boire à une et deux voix, vaudevilles et ariettes avec accompagnement de flûte ... livre VIe. – *Paris, auteur, Mme Boivin, Le Clerc; Lyon, de Bretonne (gravés par Mlle Bertin), 1743.* – P.     [B 2147
F Pa, Pn

Le Berger amoureux, et l'Adieu du guerrier. Cantatilles avec accompagnement de flûtes et de violons. – *Paris, auteur, Mme Boivin, Le Clerc (gravées par De Gland), (1736)*. – P.     [B 2148
F AG, Pc, Pn – US DN

Le Raccomodement, dessus [paroles de La Bouère], Alcide et Omphale, B. T. [paroles de Bidot]. Cantatilles avec accompagnement de flûtes et de violons. – *Paris, auteur, Mme Boivin, Le Clerc (gravées par De Gland), (1736)*. – P.     [B 2149
F Pn (2 Ex.)

Concert de simphonie [g] pour les violons, flûtes et hautbois ... [première suite]. – *Paris, auteur.* – St.     [B 2150
F Pn (1er dessus, 2d dessus, b)

Concert de simphonies [d] pour les violons, flûtes et hautbois ... [IIe suite]. – *Paris, auteur.* – St.     [B 2151
F Pn (1er dessus, 2d dessus, b)

Concert de simphonies [A] pour les violons, flûtes et hautbois ... [IIIe suite]. – *Paris, auteur.* – St.     [B 2152
F Pn (1er dessus, 2d dessus, b)

XII petits airs mis en variations pour le violon avec accompagnement de basse ... œuvre IIIme. – *Lyon, les marchands de musique; Paris, Le Menu & Boyer.* – P.     [B 2153
F Pmeyer

## BERTIN Thomas de la Doué

OPERN

### Ajax

Ajax, tragédie en musique ... représentée pour la première fois, par l'Académie Royale de Musique le lundy vingtième avril 1716. – *Paris, Jean Baptiste Christophe Ballard, 1716.* – P.     [B 2154
F LYm, Pa, Pc (5 Ex., davon 1 Ex. unvollständig), Pn (2 Ex.), Po (3 Ex.), V – GB Lbm (2 Ex.), T – NL DHgm – S Skma – US NH, Wc

Par vos talens et vos charmes. Air d'Ajax (in: Mercure de France, 1771). – *[Paris], s. n., (1771).*     [B 2155
GB Lbm

### Atys (von Lully)

Airs nouveaux ... ajoutez à l'opéra d'Atys [de Lully] et chantez par Made-

moiselle Dun au mois de décembre 1709.
– *Paris, Christophe Ballard, 1709.* – P.
[B 2156
F Mc, Pa, Pc (2 Ex.), Pn (3 Ex.), Po

Cassandre (von Bertin und François Bouvard)

Cassandre, tragédie en musique, représentée pour la première fois par l'Académie Royale de Musique le mardy vingt-deuxième juin 1706. – *Paris, Christophe Ballard, 1706.* – P. [B 2157
F Pc (3 Ex.), Pn, V – GB Lbm (fehlt Titelblatt)

Diomède

Diomède, tragédie . . . représentée pour la première fois par l'Académie Royale de Musique le lundy vingt-huitième jour d'avril 1710. – *Paris, Christophe Ballard, 1710.* – P. [B 2158
F Lm, Pa, Pc (2 Ex.), Pn, Po, TLc, V – GB T – US AA, BE, Wc

Le jugement de Paris

Le Jugement de Paris, pastorale héroïque . . . représentée pour la première fois par l'Académie Royale de Musique le mardy vingt-unième jour de juin 1718. – *Paris, Jean Baptiste Christophe Ballard, 1718.* – P. [B 2159
A Wn – F AG, Dc, Lm, Pa, Pc (3 Ex.), Pn (2 Ex.), Po (2 Ex.), TLc, TLm, V (2 Ex.) – GB Lbm – US NH, Wc (2 Ex.)

Les plaisirs de la campagne

Extrait de l'opéra des Plaisirs de la Campagne, contenant les airs à chanter, les récits qui se peuvent détacher, quelques scènes, et tous les airs à jouer, ballet représenté par l'Académie Royale de Musique, au mois d'aoust 1719. – *Paris, Jean Baptiste Christophe Ballard, 1719.* – P. [B 2160
F AG, Pa, Pc (3 Ex.), V – GB Lbm – US Wc

## BERTOLA Giovanni Antonio

Salmi intieri che si cantano alli vespri di tutte le feste, e solennità dell'anno, a cinque voci con il basso continuo. – *Venezia, Alessandro Vincenti, 1639.* – St. [B 2161

I Bc (kpl.: S, A, T, B, 5, bc), Rsg – PL WRu (fehlt A)

## BERTOLDO da Castel Vetro

Il primo libro de madrigali . . . a quatro voci. – *Venezia, Antonio Gardano, 1544.* – St. [B 2162
A Wn (kpl.: S, A, T, B) – I VEaf

## BERTOLDO Sperindio → BERTHOLDO Sperindio

## BERTOLI Giovanni Antonio

Compositioni musicali . . . fatte per sonare col fagotto solo, mà che puonno servire ad altri diversi stromenti & delle quali anche le voci possono approfittarsi. – *Venezia, Alessandro Vincenti, 1645.* – P. [B 2163
I Bc

## BERTOLOTTI Bernardino

Missarum ad quinque voces . . . liber primus. – *Venezia, Ricciardo Amadino, 1593.* – St. [B 2164
I Bc (A)

Il primo libro de madrigali a cinque voci. – *Venezia, Ricciardo Amadino, 1593.* – St. [B 2165
I MOe (kpl.: S, A, T, B, 5)

Il terzo libro de madrigali a cinque voci. – *Venezia, Ricciardo Amadino, 1609.* – St. [B 2166
D-brd Rp (kpl.: S, A, T, B, 5)

## BERTOLUSI Vincenzo

Sacrarum cantionum . . . sex, septem, octo, & decem vocibus, liber primus. – *Venezia, Angelo Gardano, 1601.* – St. [B 2167
D-brd Rp (S, A, T, B, 5, 6, 7 [handschriftlich], 8) – S Uu (fehlt A)

## BERTON Henri Montan

BÜHNENWERKE

Aline, reine de Golconde (Pasticcio)

Aline, reine de Golconde, opéra en trois actes. – *Paris, Berton & Loraux; Lyon, Garnier (gravé par Dessaux), No. A. I. – P.*        [B 2168
**A** Wn – **D-brd** BOCHmi (Etikett: Naderman) – **D-ddr** SWtl – **NL** DHgm – **S** Skma – **US** U

— *ib., Mme Duhan & Co., No. A. I.*
       [B 2169
**B** Br – **D-ddr** Bds – **S** Ssr

— Aline, reine de Golconde, ballet-héroique en trois actes . . . représenté pour la première fois par l'Académie Royale de Musique, le mardy 15 avril 1766. – *ib., Claude Hérissant.*        [B 2170
**I** Nc, Rvat

Parties séparées. – *Paris, Berton & Loraux; Lyon, Garnier.*        [B 2171
**D-ddr** SWtl (vl I, vl II, vla, b, fl I, fl II, galoubet, ob I, ob II, cl I, cl II, fag, cor I, cor II, timp) – **S** Skma (fehlt galoubet), St (ohne Titelblatt)

Ausgewählte Stücke aus dem Singspiel Aline, Königin von Golkonda . . . für das Forte-Piano. – *Wien, Thaddé Weigl.* – KLA.        [B 2172
**A** Wgm

— *ib., No. 581–593.*        [B 2173
**CH** Bu – **H** Gc

Ouverture & airs arrangés par M<sup>r</sup> Wolff pour le piano-forte. – *Bonn-Köln, Nikolaus Simrock, No. 66.*        [B 2174
**S** Uu

— *Leipzig, Anton Meysel; Beul, magazin de musique.*        [B 2175
**D-ddr** GOl – **GB** Lcm – **S** Ssr

Ouverture und Favorit-Gesänge . . . fürs Piano-Forte. – *München, Macario Falter, No. 350.*        [B 2176
**A** Sca

Ouverture . . . arrangée pour le fortepiano avec accompagnement d'une flûte ou violon. – *Hamburg, Johann August Böhme.* – St.        [B 2177
**A** Wgm (pf) – **S** Skma (kpl.: pf [2 Ex.], fl, vl.

Ouverture . . . arrangée en quintett pour flûte, 2 violons, viola & basse. – *Hamburg, Johann August Böhme.* – St.        [B 2178
**S** J, Skma

Ouverture [E] (in: Ouverturen für das Pianoforte, aus 70 Opern gewählt . . . Nummer [hs.] 2). – *Leipzig, Friedrich Hofmeister, No. 682.* – KLA.        [B 2179
**D-brd** Km

— Ouverture. – *Leipzig-Berlin, bureau des arts et d'industrie, No. 231.*        [B 2180
**D-ddr** Bds

— Ouverture. – *[Wien, Cappi & Co.], No. 1083.*        [B 2181
**A** Wst

— N° 1. Aline. Erste Ouverture. – *Wien, Thaddé Weigl.*        [B 2182
**D-brd** DO

— Ouverture. – *Beul, Commissionslager, No. 66.*        [B 2183
**S** Skma

Alors dans la Provence ce beau pays. Romance . . . avec accompagnement de forte-piano. – *Hamburg, Johann August Böhme.*        [B 2184
**D-brd** LÜh – **S** Skma, Sm

— An der Durance Gestade hüpft (Alors dans la Provence). Romanze . . . für's Forte-Piano. – *ib.*        [B 2185
**D-brd** LÜh – **S** Skma

— Romance d'Aline . . . arrangée pour le fortepiano . . . N° I. – *Berlin, Karl Friedrich Rellstab.*        [B 2186
**D-brd** Bhm

— Romance d'Aline . . . pour piano forte ou guitarre. – *Berlin, Concha, No. 265.*        [B 2187
**A** Wn – **D-ddr** GOl

An Neapels Höhen wo Citronen stehen. Romance [g] (in: Auswahl der vorzüglichsten Arien . . . Jahrgang 3, Heft 4). – *München, Falter & Sohn.*        [B 2188
**CH** Bu – **D-brd** DO, Mbs

— Romance für das Clavier. – *s. l., s. n.*
[B 2189
D-brd Mbs

A travers ce rempart fragile. Air d'Aline
[pour 1 v, pf ou hf]. – *Paris, H. Berton &
Loraux jeune, No. 34.* – KLA.    [B 2190
D-brd MÜu – S Skma

— *Hamburg, Johann August Böhme.*
[B 2191
D-brd LÜh – S Skma

— *Beul, Commissionslager, No. 66.*
[B 2192
D-brd B

Blondelette joliette. Barcarole d'Aline …
accompagnement de guitare par Borghesi.
– *Paris, Mme Duhan & Cie., No. 87.*
[B 2193
S Skma

— … avec accompagnement de piano. –
*ib., No. 272.*    [B 2194
D-brd Mbs (Etikett: Le Duc)

— … Air de l'opéra Aline … avec accompagnement de forte-piano. – *Hamburg, Johann August Böhme.*    [B 2195
S Sm, Skma

— Blonde Kleine, liebe Meine (Blonde-
lette joliette). Cavatine (in: Auswahl der
vorzüglichsten Arien … Jahrgang 2,
Heft 6). – *München, Macario Falter.* –
KLA.    [B 2196
CH Bu – D-brd Mbs

— Junge Schöne weich von Herzen (Blon-
delette joliette) … für's Forte-Piano. –
*Hamburg, Johann August Böhme.* [B 2197
D-brd Hs – DK Kk – S Skma

— N° 4. Air … arrangé pour le forte-
piano. – *Berlin, Karl Friedrich Rellstab.*
[B 2198
D-brd Bhm

Enfans de la Provence. Rondo [für S,
1st. Chor, pf] … avec accompagnement
de forte-piano. – *Hamburg, Johann August Böhme.* – KLA.    [B 2199
CH BEl – D-brd Hs – D-ddr WRgs – S Skma

— Ariette … arrangée pour le piano-
forte, avec la traduction allemande. –

*Braunschweig, Comptoir de Musique, No.
33.*    [B 2200
D-brd HR

— Rondo … zweite Auflage. – *ib., No.
100.*    [B 2201
S Sm

— Uns Hirten der Provence. Rondo …
für's Forte-Piano. – *Hamburg, Johann
August Böhme.*    [B 2202
D-brd Hs – DK Kk – S Skma

— … [für Guitarre mit pf]. – *Hamburg-
Altona, L. Rudolphus.*    [B 2203
D-brd Hmb

— Verscheucht des Lebens Sorgen … No.
6. – *Beul, Commissionslager, No. 66.* –
KLA.    [B 2204
D-brd LÜh

— Verscheucht des Lebens Sorgen …
Favorit Romance (in: Auswahl der vor-
züglichsten Arien … Jahrgang 1, Heft 2).
– *München, Macario Falter.* – KLA.
[B 2205
D-brd Mbs

Des lieux où la brillante Aurore. Air
d'Aline [für 1 v, Chor, pf oder hf] …
musique et accompagnement de piano. –
*Paris, H. Berton & Loraux jeune, No. 35.*
[B 2206
S Skma

Frühe ward für Heldenthaten. Arie (in:
Auswahl der vorzüglichsten Arien …
Jahrgang 1, Heft 12). – *München, Ma-
cario Falter.* – KLA.    [B 2207
D-brd Mbs

Hinter diesen schwachen Stäben. Aria
(in: Auswahl der vorzüglichsten Arien …
Jahrgang 2, Heft 7). – *München, Macario
Falter.* – KLA.    [B 2208
D-brd Mbs

Honneur honneur aux François. Marche
[A] … pour le forte-piano. – *Hamburg,
Johann August Böhme.*    [B 2209
D-brd LÜh, Mbs – DK Kk – S Skma

— Heil sey Frankreichs tapfern Söhnen.
Marsch [A] … für's Forte-Piano. – *ib.*
[B 2210
D-brd LÜh – S Skma

— No. 2. Marche des Français [A] et marche et choeur des Golcondois [C] . . . arrangée pour le fortepiano. – *Berlin, Karl Friedrich Rellstab.* [B 2211
**D-brd** Bhm

— II Märsche [A, C] für das Pianoforte. – *Braunschweig, Musikalisches Magazin auf der Höhe, No. 34.* [B 2212
**D-brd** Hs

Marche [B] . . . pour le piano-forte à quatre mains. – *Hamburg, August Cranz.* [B 2213
**D-brd** LÜh

— Marsch . . . zu 4 Händen für das Piano-Forte eingerichtet. – *Berlin, Ferdinand Samuel Lischke, No. 1461.* [B 2214
**D-ddr** BD

— Marsch . . . fürs Forte-Piano. – *Altona, Ludwig Rudolphus.* [B 2215
**D-brd** Hs

— Marsch . . . für das Pianoforte. – *s. l., s. n.* [B 2216
**D-brd** Mmb

Il reçut au sein de la gloire. Air . . . pour le forte-piano. – *Hamburg, Johann August Böhme.* [B 2217
**S** Skma

— Il reçut au sein de la gloire. Couplets . . . chantés par Mad^me Gavaudant . . . avec accompagnement de piano par l'auteur. – *Paris, Mme Duhan & Cie., No. 274.* [B 2218
**D-brd** Mbs

— Unter Myrthen ward er gebohren . . . für's Forte-Piano. – *Hamburg, Johann August Böhme.* [B 2219
**D-brd** Hs

Mädchen fürchte Amors Tücke. Walse favorite [G] . . . pour piano forté. – *Mainz, Bernhard Schott, No. 539.* [B 2220
**D-brd** Mbs, MZsch

Tu m'aimeras toute la vie. Duo . . . chanté par M^de. Gavaudan et Baptiste . . . accompagnement de piano. – *Paris, Mme Duhan & Cie., No. 271.* [B 2221
**D-brd** Mbs (2 Ex., 1 Ex. mit Etikett: Auguste Le Duc)

— Duo (Tu m'aimeras) . . . avec accompagnement de forte-piano. – *Hamburg, Johann August Böhme.* [B 2222
**S** Skma, St

— Duo . . . arrangée pour le fortepiano. – *Berlin, Karl Friedrich Rellstab.* [B 2223
**A** Wn

— Duo (Tu m'aimeras . . . du widmest mir) . . . avec accompagnement de forte-piano. – *Hamburg, Johann August Böhme.* [B 2224
**A** Wkann – **CH** BEl – **D-brd** KIl – **S** Skma

— Duo . . . arrangé pour le pianoforte, avec la traduction allemande. – *Braunschweig, Comptoir de musique, No. 35.* [B 2225
**S** Skma

— Du widmest mir dein ganzes Leben. – *Beul, Commissionslager, No. 66.* – KLA. [B 2226
**S** Skma

— Duetto . . . für das Pianoforte. – *Wien, Johann Cappi, No. 1396.* [B 2227
**A** Wgm – **I** MOe

— Duetto . . . für das Piano Forte. – *s. l., s. n., No. 552.* [B 2228
**D-brd** Hs, MZsch

Le concert interrompu

Le concert interrompu. Opéra comique en un acte . . . représenté sur le Théâtre Faydeau le 11 prairial an 10 (31 mai vieux style). – *Paris, les frères Gaveaux.* – P. [B 2229
**A** Wgm (2 Ex.), Wn (2 Ex.) – **D-brd** BOCHmi, F, KNh, Mbs, Mh, MZsch – **DK** Kk – **NL** DHgm – **S** Ssr, St

Craignés, craignés jeunes beautés. Polonaise . . . arrangée pour piano ou harpe, par l'auteur. – *Paris, les frères Gaveaux.* [B 2230
**D-brd** BNu (Etikett: Mme Duhan)

— . . . arrangée pour le forte-piano. – *Hamburg, Johann August Böhme.* [B 2231
**CH** BEl – **S** Sm

— . . . arrangé pour le forte-piano par Mr. St. Léon. – *s. l., s. n., No. 6.* [B 2232
**S** Skma

Oui, fuyez loin. Air [Es], ajouté . . . pour Mademoiselle S$^t$. Aubin . . . arrangé avec accompagnement de piano ou harpe par H. Darondeau. – *Paris, Philippe Petit, No. 7 P.*                     [B 2233
CH Bu

Les créoles

Ouverture de l'opéra Les Créoles, composé et arrangé pour le piano forte avec accompagnement de flûte ou de violon ad libitum. – *Paris, Maurice Schlesinger.* [B 2234
A Wgm

— . . . arrangée pour le piano-forte à 4 mains par Charles Czerny . . . N°. XLII des ouvertures à 4 mains. – *Wien, Anton Diabelli & Co., No. 2517.*             [B 2235
A Wgm

Delia et Verdikan

Delia & Verdikan. Opéra en un acte. – *Paris, Mme Duhan & Cie., No. 147.* – P.
                                            [B 2236
A Wgm – D-brd Mbs – D-ddr Bds

Ange des nuits. Romance . . . avec accompagnement de piano ou harpe par F. Berton fils. – *Paris, Mme Duhan & Cie., No. 293.*                     [B 2237
D-brd Mbs

Transport d'amour. Air de Delia et Verdikan . . . avec accompagnement de piano ou harpe par F. Berton fils. – *Paris, Mme Duhan & Cie., No. 291.*             [B 2238
S Skma

Le délire

Le Délire. Opéra en un acte représenté sur le Théâtre de la rue Favart le 28. brumaire an 8. – *Paris, Des Lauriers.* – P. und St.
                                            [B 2239
B Br (P.) – D-brd Mbs (P., Etikett: Louis) – DK Kk (P.) – F A (P. und 15 St.), Lm (P. und 19 St.), V (St.) – GB Lbm (P., 2 Ex.) – I PAc (P.) – NL At (P.), DHgm (P. [2 Ex.] und St.) – S St (P.) – US AA (P.), NYp (P.), U (P.), Wc (P.)

— *ib., Boieldieu.*                       [B 2240
US R

— *ib., Cochet.*                          [B 2241
B Gc

— *ib., [unvollständig:] Lyon, Rousset.*
                                            [B 2242
US I

[Ouverture du Délire. – s. l., s. n., No. 19]
                                            [B 2243
S Skma (fehlt Titelblatt)

C'est là. Air du Délire . . . arrangé pour piano par le C$^n$. H. Jadin. – *Paris, Imbault, No. 152 (A. #. 401).*        [B 2244
D-brd Mbs

Email des prés. Romance du Délire . . . avec accompagnement de guitarre par Lemoine. – *Paris, Imbault.* – P. [B 2245
F Pc

Jouer toujours, changer d'amour. Air du Délire . . . avec accompagnement de guitarre par Lemoine. – *Paris, Imbault.* – P.                                       [B 2246
F Pc

Les deux mousquetaires, ou La robe de chambre

Les deux Mousquetaires, ou La Robe de Chambre. Opéra comique en un acte . . . représenté sur le Théâtre Royal de l'Opéra comique le 22 décembre 1824. – *Paris, Vve Dufaut & Dubois.* – P. und St. [B 2247
NL DHgm

Françoise de Foix

Françoise de Foix. Opéra en trois actes représenté pour la première fois sur le Théâtre de l'Opéra comique impérial le 28 janvier 1809. – *Paris, Mme Duhan, No. 288.* – P. und St.        [B 2248
A Wn (P.) – D-brd F (P.), Mbs (P.) – NL DHgm (P. und St.) – S Ssr (P.)

— *ib., Dufaut.*                          [B 2249
B Br

Ouverture . . . arrangée à grand orchestre. – *Paris, Mme Duhan & Cie., No. 289.* – St.                                     [B 2250
D-brd AB

— Ouverture aus der Oper Franca de Foix, oder Eifersucht in der Falle . . . Klavierauszug. – *Berlin, Kunst- und Industrie-Comptoir.*                       [B 2251
A Wn

Ah', ah', qu'il me tarde. Air . . . accompagnement de lyre ou guitare par M^r. Meissonnier. – *Paris, Mme Duhan & Cie., No. 245.*                                    [B 2252
S Skma

Ah la solitude a ses charmes. Air . . . accompagnement de piano ou harpe, par F. Berton fils. – *Paris, Mme Duhan & Cie., No. 656.*                                    [B 2253
S Skma

Jamais l'art ne fut mon partage. Duo . . . accompagnement de piano ou harpe par F. Berton fils, deuxième édition. – *Paris, Victor Dufaut & Dubois, No. 654.* [B 2254
S Skma

Un soir après mainte folie le etc. Air . . . pour le piano-forte. – *Hamburg, Johann August Böhme.*                                    [B 2255
D-brd LÜh

Le grand deuil

Le grand Deuil. Opéra en un acte. – *Paris, Pleyel, No. 423.* – P.                    [B 2256
A Wgm – D-brd F – DK Kk – NL DHgm

— Le grand Deuil . . . Die tiefe Trauer. Operette in einem Aufzuge. Klavierauszug. – *Leipzig, Breitkopf & Härtel.* [B 2257
A Wgm, Wn – D-brd B, F (2 Ex.), Hmb, Sl – D-ddr GOl – S Skma

— Le grand Deuil. Opéra en un acte. – *ib.*                                    [B 2258
DK Kv

Ausgewählte Stücke [Ouverture und No. 1–5] . . . im Clavierauszuge. – *Wien, bureau des arts et d'industrie, No. 390 (–395).*                                    [B 2259
A Wgm (kpl.; No. 393, 394, 395, in 2 Ex.) – D-ddr GOl, MEIr

Favorit-Arie (Souvent il veut me faire dire – Ach nur zu oft) und Duett (Dans les liens du mariage – Einst in dem festen Band) . . . im Clavierauszuge mit französischen und deutschen Texte. – *Braunschweig, Musikalienverlage in der Neuenstrasse, No. 87.*                    [B 2260
D-ddr GOl

Souvent il veut me. Romance chantée . . . accompagnement de guitare ou lyre par Lintant. – *Paris, Janet.*                    [B 2261
S Skma

— Le grand Deuil, romance . . . andantino (in: Journal d'Apollon, Jahrgang 6, Nr. 45/46). – *[Hamburg, Mees père & Co., No. 18].*                                    [B 2262
D-ddr SWtl

L'heureux retour (Pasticcio)

Ouverture de l'heureux retour . . . arrangée pour le pianoforte avec violon ad libitum. – *Leipzig, Breitkopf & Härtel, No. 2729.*                                    [B 2263
A Wn

— Ouverture . . . à grand orchestre. – *Paris, Janet & Cotelle.* – St.       [B 2264
D-brd B

Les maris garçons

Les Maris Garçons. Opéra comique en un acte . . . représenté pour la première fois sur le théâtre Feydeau le 14 Juillet 1806. – *Paris, Mme Duhan & Cie. (gravé par Dessaux), No. 192.* – P.       [B 2265
A Wn – D-brd Mbs – S St

— *ib., Vve Dufaut & Dubois, No. 192.* – P. und St.                    [B 2266
NL DHgm (2 Ex.)

Parties séparées. – *Paris, Mme Duhan & Cie., No. 194.*                    [B 2267
S St (vl solo, vl I, vl II, vla, b, petit fl, fl I, fl II, ob I, ob II, cl I, cl II, fag I/II, cor solo, cor I, cor II, timp)

Airs . . . arrangés pour deux violons par Charles Frédéric Kreubé. – *Paris, Duhan & Cie., No. 199.* – St.       [B 2268
S Skma

Air (Pour triompher) . . . arrangé pour le piano par F. Berton fils. – *Paris, Mme Duhan & Cie., No. 461.*                    [B 2269
S Skma

Duo (Quand une belle est infidèle) . . . pour deux s. (Angélique et Florville), piano forté, vl 1, vl 2, fag^i, corn^i, fl^i, A. B. (in: Journal vocal composé d'airs, duos, trios . . . 5^me année d'abonnement, No. 22). – *Breda, s. n.* – St.       [B 2270
I Mc

Romance ... arrangée pour le piano par P. Chancourtoir. – *Paris, Mme Duhan & Cie., No. 459.*                    [B 2271
D-brd Mbs

Rondeau (Mais hélas, je ne sais) ... accompagnement de piano par F. Berton fils. – *Paris, Mme Duhan & Cie., No. 473.*
[B 2272
S Skma

Montano et Stéphanie

Montano et Stéphanie. Opéra en trois actes par le cit. Jauré ... représenté pour la première fois sur le Théâtre de l'Opéra comique National le 26. germinal de l'an 7. – *Paris, Deslauriers (gravé par Huguet), No. 60. ([St:] 61).* – P. und St.    [B 2273
B Br (P., Etikett: Imbault) – CA Vu (P.) – D-brd BOCHmi (P., Etikett: Touchard), Hs (P.), Mbs (P., Etikett: Nadermann) – D-ddr Bds (P.) – F Lm (P. und 19 St.), Pc (P. in 4 Ex., davon 2 def.; 21 St.), Po (P.), V (20 St.) – GB Lbm (P.), T (P.) – I Mc (P., fehlt Titelblatt, 3. Akt handschriftlich) – NL DHgm (P. und St.), Uim (P.) – S Ssr (P.), St (P.) – US AA (P.), Bp (P.) BE (P., Etikett: Imbault), Cn (P.), CA (P.), MSu (P.), NYp (P.), R (P.), Wc (P.)

— ... représenté pour la première fois sur le Théâtre de l'Opéra comique Royale le 15 avril 1799. – *ib., No. 60.* – P. [mit verändertem 3. Akt].          [B 2274
F A (2 Ex.), Pc

— *ib., Boieldieu jeune (Beaublé), No. 60.* – P.                              [B 2275
D-ddr WRdn – DK Kk – S Skma – US I

Airs choisis ... mis en harmonie pour deux clarinettes, deux cors, deux bassons, et deux flûtes ad-libitum par G: Fr: Fuchs. – *Paris, Imbault, No. 796.* – St.
[B 2276
D-brd AB (fl II, cl II) – US Wc

Ouverture et airs ... arrangés pour le piano forte. – *Paris, Imbault.* – P. (pf und vl).                              [B 2277
CS K (2 verschiedene Ausgaben)

Ouverture [D] à grand orchestre. – *Paris, Imbault, No. O. S. 168.* – St.    [B 2278
CH Bu (20 St.) – F Pc (18 St.), Pn (6 St.: cl I, cl II, petite fl I/II, cor I/II, fag I, fag II)

— *Toulouse, Crosilhes-Calvet, No. O. S. 168.*                              [B 2279
I Nc (14 St.)

Infortuné j'ai commandé. Romance ... arrangée pour guitarre par Lemoine. – *Paris, Imbault.*                    [B 2280
S Skma

Oui c'est demain que l'hymenée. Air ... arrangé pour le forte-piano ou clavecin, par Berteau fils.– *Paris, Imbault, No. 465 (A ♯ 364).*                    [B 2281
CS K – DK Kk (Etikett: Sieber) – F Pc (3 Ex.) – S Skma (fehlt Titelblatt)

— *ib., A. Cotelle, No. 465.*        [B 2282
I Mc

— *Neapel, Jouve, No. A. ♯ 364.*    [B 2283
I Mc

— *Hamburg, Johann August Böhme.*
[B 2284
D-brd LÜh – S Skma

Quand on fut toujours vertueux. Air ... arrangé pour le forte-piano ou clavecin, par l'auteur. – *Paris, Imbault, No. A. ♯ 363.*                    [B 2285
CS K – DK Kk (Etikett: Sieber) – F Pc

Venez venez aimable Stéphanie. Duo ... arrangé pour le piano par Hyacinthe Jadin. – *Paris, Imbault, No. A. ♯ 422.*
[B 2286
I Mc

— ... avec accompagnement de piano ou harpe par H. Jadin. – *ib., Janet & Cotelle, No. 339.*                    [B 2287
S Skma

— *Bruxelles, Weissenbruch.*        [B 2288
GB Lbm

Air de Montano et Stéphanie ... arrangé pour le piano, par Berteau fils, élève de l'auteur. – *Paris, Imbault, No. A. ♯ 365.*                    [B 2289
CS K

Ninon chez Mme de Sévigné

Ninon chez Mdme de Sévigné. Opéra en un acte et en vers, représenté ... le 26. Sept. 1808. – *Paris, Mme Duhan & Cie., No. 279.* – P.              [B 2290
A Wgm – I Nc – NL DHgm

Désir leger goût passager. Rondeau ...
arrangé avec accompagnement de piano,
par H. Berton fils. – *Paris, Mme Duhan
& Cie., No. 633.* [B 2291
**D-brd** Mbs

Ecrivez donc sans remise. Duo ... ac-
compagnement de piano, ou harpe par
L. Jadin. – *Paris, Mme Duhan & Cie.,
No. 632.* [B 2292
**D-brd** Mbs – **S** Skma

Non, de ses feux. Duo ... avec accompa-
gnement de piano par M^r. L. Jadin. –
*Paris, Mme Duhan & Cie., No. 631.*
[B 2293
**D-brd** Mbs

Sous un ciel pur et sans nuage. Air ...
accompagnement de piano ou de harpe
par L. Jadin. – *Paris, Mme Duhan & Cie.,
No. 636.* [B 2294
**D-brd** Mbs – **S** Skma

Veuve dès ses premiers beaux jours. Romance ... avec accompagnement de
piano par F. Berton, fils. – *Paris, Mme
Duhan & Cie., No. 634.* [B 2295
**D-brd** Mbs

## Le nouveau d'Assas

Le nouveau d'Assas. Trait civique en un
acte et en prose ... représenté ... en
octobre 1790. – *Paris, Deslauriers.* – P.
und St. [B 2296
**D-ddr** Bds (P.) – **F** Lm (P. und 12 St., davon
vl I, vl II, b, tr II in je 2 Ex.), Pc (P., 3 Ex.),
Pn (P.) – **GB** Lbm (P.) – **S** Skma (P.) – **US** Bp
(P.), Wc (P.)

## Les petits appartements

Les petits Appartements. Opéra comique
en un acte ... représenté sur le Théâtre
Royal de l'Opéra comique, le 9 juillet,
1827. – *Paris, C. Heu, Viguerie.* – P. und
St. [B 2297
**NL** DHgm

## Ponce de Léon

Ponce de Léon. Opéra bouffon en trois
actes ... représenté sur le Théâtre de
l'Opéra comique National ... le 12 ven-
tose an 5. – *Paris, Doisy, No. 35.* – P.
[B 2298

**A** Wgm – **DK** Kk – **F** A, Pc (3 Ex.) – **GB** Lbm
– **S** Skma – **US** NYp (Etikett: Le Duc), R, Wc

Ouverture ... avec accompagnement de
violon arrangée pour le forte piano. –
*Paris, Doisy, No. 19.* – St. [B 2299
**F** Pc (pf)

Ah! du sage Padille écoutez les avis. Rondeau ... avec accompagnement de piano
ou harpe. – *Paris, Doisy, No. 10.* [B 2300
**F** Pc

Il faut garder vôtre savoir. Bolëros, ajouté
dans l'opéra de Ponce de Léon ... arrangé
pour le piano par Tourterelle fils. – *Paris,
Mme Duhan & Cie. (gravé par Mde Dessaux), No. 498.* [B 2301
**S** Skma

— ... arrangé pour la harpe par Xavier
Desargus. – *ib., Mme Duhan (gravé par
Mde Dessaux), No. 61. H.* [B 2302
**S** Sm

Vous avez tous la vanité de lutter. Air ...
avec accompagnement de piano ou harpe.
– *Paris, Doisy, No. 15.* [B 2303
**F** Pc

## Les promesses du mariage, ou La suite de l'épreuve villageoise

Les Promesses du Mariage, ou La Suite de
l'Epreuve villageoise. Opéra bouffon en
deux actes et en vers. – *Paris, Imbault, No.
151.* – P. [B 2304
**A** Wn – **B** Gc – **F** A, Dc, Lm, Pc (2 Ex.), Pn
(2 Ex.) – **I** Rvat – **NL** DHgm – **US** Bp, Wc

— *ib., Lawalle, l'Ecuyer, Imbault.* – St.
[B 2305
**F** Lm (10 St., davon vl I, vl II, b je 2 Ex.)

## Les rigueurs du cloître

Les Rigueurs du Cloître. Drame lyrique en
deux actes et en prose ... représenté pour
la 1^ere fois par les comédiens italiens ordi-
naires le lundy 23 aoust 1790. – *Paris,
Deslauriers (gravé par Huguet).* – P. und
St. [B 2306
**A** Wn (P.) – **B** Br (P.), Gc (P.) – **D-ddr** Dlb
(P.) – **F** A (P.), Lm (P. und 13 St., davon vl I,
vl II, b in je 2 Ex.), NAc (P.), Pc (P., 3 Ex.),
Pn (P.) – **GB** Lbm (P.) – **NL** DHgm – **S** Skma
(P.) – **US** Bp (P.), Cn (P.), NYp (P.), R (P.;
Etikett: Crosilhes-Calvet), Wc (P.)

— *ib.*, *No. 53*                                    [B 2307
F Lm, Pc

Où fuir, ou me cacher. Air. – *Paris, Imbault.*                                    [B 2308
GB Lbm

Pour désarmer celui dont l'injustice [Vaudeville]. – *Paris, Imbault.*    [B 2309
GB Lbm

— *[ib.], Frère.*                                    [B 2310
F Pn

Roger de Sicile, ou Le roi troubadour

Roger de Sicile, ou Le roi troubadour. Opéra en trois actes représenté pour la première fois à l'Académie Royale de Musique le [4 mars] 1817. – *Paris, Mme Benoist, [auf dem Titelblatt:] 95.* – P.
                                    [B 2311
S Skma

Quoi c'est vous? Duo . . . arrangé pour le piano par F. Berton, fils. – *Paris, Mme Benoist.*                                    [B 2312
I Mc

La romance

La Romance. Opéra en un acte. – *Paris, Berton & Loraux; Lyon, Garnier, No. A. 2.* – P.                                    [B 2313
A Wn – D-brd BOCHmi, Mbs (2 Ex., Etikett: Toulouse, Crosilhes-Calvet, und Etikett: Paris, Naderman) – DK Kv – NL At – S Skma, St

Parties séparées. – *Paris, Berton & Loraux; Lyon, Garnier.*                    [B 2314
NL DHgm – S St (16 St.), Uu (15 St.)

Ouverture [D]. – *Paris, H. Berton & Loraux jeune.* – St.                    [B 2315
S V (12 St., unvollständig)

Ah! des beaux arts. Polonaise . . . accompagnement de piano, par H: l'auteur. – *Paris, H. Berton & Loraux jeune.* [B 2316
S Skma

— . . . (in: Journal d'Apollon, Jahrgang 6, Nr. 45/46). – *Hamburg, Mees père & Co., No. 44.*                                    [B 2317
D-ddr SWl

Ah parois a mes yeux aimable objet. Duo . . . accompagnement de piano par l'au-

teur. – *Paris, H. Berton & Loraux jeune, No. B 45.*                                    [B 2318
S Skma

Du tendre amour je chérissois l'empire. Romance . . . Andante [B] (in: Journal d'Apollon, Jahrgang 6, Nr. 45/46). – *[Hamburg, Mees père & Co.], No. 43.*    [B 2319
D-ddr SWl

Et pour mieux l'oublier et la nuit et le jour. Romance . . . arrangée pour le fortepiano. – *Hamburg, Johann August Böhme.*
                                    [B 2320
D-brd FLs, LÜh – S Sk, Skma

— . . . [Rondo] No. 2. – *s. l., s. n., No. 138.* – St.                                    [B 2321
S Skma (fehlt Titelblatt; vl I, vl II, vla, b, cl I, cl II, cor I, fehlt cor II)

Jag låfvade mig vid en. Romance. – *[Stockholm], s. n.*                    [B 2322
S Sk

Mon coeur s'ouvroit. Couplets . . . avec accompagnement de guitare ou lyre par Borghese. – *Paris, H. Berton & Loraux.*
                                    [B 2323
S Skma

— *ib., magazin de musique, H. Berton & Loraux jeune, No. 45.*    [B 2324
CH Bu

— *Hamburg, Johann August Böhme.*
                                    [B 2325
DK Kk – S Skma

— . . . (in: Journal d'Apollon, Jahrgang 6, No. 45/46). – *[Hamburg, Mees père & Co.], No. 42.*                    [B 2326
D-ddr SWl

Oh, soubrette si jolie. Duo . . . accompagnement de piano par l'auteur. – *Paris, magazin de musique et d'instrumens de H. Berton & Loraux jeune.*    [B 2327
D-brd Mbs

— *Hamburg, Johann August Böhme.*
                                    [B 2328
S Sm

— . . . nouvelle édition. – *Paris, Mme Duhan, No. 280.*                    [B 2329
S Skma

Pour entendre chanter, moi. Air . . . accompagnement de piano ou harpe par B. Darondeau. – *Paris, H. Berton & Loraux jeune, No. B 45.*                [B 2330
S Skma

Le souper en famille, ou Le rendez-vous supposé

Nous pouvons aller maintenant . . . accompagnement de piano ou harpe par le C. Pradère fils. – *Paris, Chapelle.* [B 2331
GB Lbm

Le vaisseau amiral

Le Vaisseau Amiral. Opéra en un acte. – *Paris, Mme Duhan & Cie., No. 156.* – P.
                [B 2332
A Wgm – S Skma

Parties séparées. – *Paris, Mme Duhan & Cie., No. 157.*                [B 2333
S Skma (15 St.)

Valentin, ou Le paysan romanesque

Valentin, ou Le Paysan romanesque. Opéra comique en deux actes. – *Paris, Le Duc, No. 1221.* – P. und St.    [B 2334
A Wgm (P.) – NL DHgm (P. und St.)

Virginie, ou les Décemvirs

Virginie, ou Les Décemvirs. Tragédie lyrique en trois actes . . . représentée sur le Théâtre de l'Académie Royale de Musique le 11 juin 1823. – *Paris, Dufaut & Dubois.* – P.                [B 2335
A Wn

WEITERE VOKALWERKE

Recueils, Hymnes, Romances, Cantates, Canons u. a.

Ier Recueil de seize canons grivois à 2 à 3 à 4 à 5 à 6 à 7 et 8 voix. – *Paris, Victor Dufaut & Dubois.*                [B 2336
GB Lbm

Les flammes de l'Étna. Hymne du vingt un janvier. – *[Paris], au magasin de musique à l'usage des fêtes nationales.* [B 2337
F Pn – GB Lbm

Hommage à la pompe rustique. Hymne pour la Fête de l'Agriculture. – *[Paris],*

*au magasin de musique, à l'usage des fêtes nationales.*                [B 2338
F Pa, Pn (3 Ex.) – GB Lbm

— *ib., imprimerie du Conservatoire.* – P. und St.                [B 2339
D-brd AB (Chor-P. und 14 Instr.-St.) – F Pc (Chor-P. und 13 Instr.-St.)

Rondeau (Echos, témoins heureux de mes chants solennels) pour une voix de ténor avec accompagnement de cor obligé & orchestre. – *Paris, Imbault, No. A. S. 30.* – P. und St.                [B 2340
F Lm (kpl.: P. und 8 St.: vl I, vl II, vla, b, fl I, fl II, cor I, cor II), Pn (kpl.; 2 Ex.)

Eginard. Romance à deux voix avec accompagnement de piano ou harpe (in: Journal des Ménestrels et des Trouverres, 2e année N°. 14). – *Paris, Le Mière de Corvey, No. L. M. 2. A. 14.*                [B 2341
I Mc

Le mendiant. Romance (in: No. 14 du Journal de la Lyre d'Orphée). – *s. l., s. n.*
                [B 2342
US Wc

Viens aurore. Romance . . . arrangée en duo avec l'air de Charmante Gabrielle. – *Paris, Mme Duhan & Cie., No. 351.*
                [B 2343
D-ddr SWl

Le chant du retour (Trésaille de plaisir . . . Il revient triomphant en Géant). Cantate . . . exécutée le 27 juillet 1807 sur le Théâtre Impérial de l'Opéra Comique . . . accompagnement de piano ou harpe par H. M. Berton. -- *Paris, Mme Duhan, No. 570.* – St.                [B 2344
D-brd MÜu (pf) – S Sm (10 St.)

Amis sur un ton sérieux. Gaîté patriotique [pour 1 v et bc]. – *[Paris], au magasin de musique à l'usage des fêtes nationales.*
                [B 2345
F Pn – US Wc

A mon âge quel dommage. Chansonnette pour chant et piano ou harpe (in: Journal des Ménestrels et des Trouverres, 2me. année N°. 35). – *Paris, Le Mière de Corvey, No. L. M. 2. A. 35.*                [B 2346
I Mc

Effrayé des maux. L'émigration et le retour du plaisir . . . arrangé pour piano ou
harpe par l'auteur. – *Paris, H. Berton &*
*Loraux jeune, No. B. 13.*                    [B 2347
S Skma

Elégie . . . musique et accompagnement
(in: Le Ménestrel, Journal de chant avec
accompagnement de piano ou harpe . . .
1ʳᵉ. année, N°. 31/32). – *Paris, au méne-*
*strel languedocien, S. Gaveaux.*      [B 2348
I Mc

En affaires comme en voyages. Air . . .
avec accompagnement de guitare ou lyre
par Borghese. – *Paris, H. Berton &*
*Loraux jeune.*                             [B 2349
S Skma

— . . . (in: Journal d'Apollon, Jahrgang 6,
No. 45/46). – *[Hamburg, Mees père & Co. ],*
*No. 47.*                                    [B 2350
D-ddr SW1

Persuadé qu'un journal de chant (in: Journal des dames, contenant des romances,
rondeaux et polonaises, avec accompagnement de piano ou de harpe séparés). –
*Paris, M. Momigny.*                     [B 2351
S Skma

Quel bruit a frappé mes oreilles. Strophes
sur le dévouement des citoyens de la première réquisition. – *[Paris ], au magasin*
*de musique à l'usage des fêtes nationales.*
                                             [B 2352
GB Lbm

Quand on fut toujours. Le réveil de la
nature, air . . . pour le forte-piano. –
*Hamburg, Johann August Böhme.* [B 2353
D-brd LÜh – S Skma

Stances sur la mort de Grétry . . . musique
et accompagnement (in: Le Menestrel,
Journal de chant avec accompagnement
de piano ou harpe . . . 1ᵉʳ. année, N°.1). –
*Paris, S. Gaveaux, No. 148.*         [B 2354
I Mc

Un soir Lise, au dieu de Cythère. Tu vas
aimer, nouvelle tyrolienne [pour 1 v, pf ou
hf). – *Paris, Frère, No. 326.*        [B 2355
S Skma

## BERTON Pierre Montan

BÜHNENWERKE

Originalkompositionen und Bearbeitungen

Cythère assiégée (von Gluck)

IIIᵉᵐᵉ. Recueil d'airs de balets à grand
orchestre . . . ajoutés dans l'opéra de
Cythère assiégée de Mr. le Chˡⁱᵉʳ. Gluck.
– *Paris, Mme Le Marchand.* – St. [B 2356
F A, Lm

Deucalion et Pyrrha (von Berton und
Giraud)

Deucalion et Pirrha. Ballet mis en musique par Messieurs Giraud . . . et Le Berton. – *Paris, Vve Delormel & fils, 1755.*
SD                                          [B 2357
F Pc (2 Ex.), Pn

Erosine

Erosine. Pastorale héroïque, représentée
devant Sa Majesté à Fontainebleau, et à
Paris à l'Accademie Royalle de Musique.
– *Paris, de La Chevardière; Lyon, les*
*frères Le Goux (gravé par Ceron).* – P.
                                             [B 2358
D-ddr SW1 (Etikett: Amsterdam, Johann
Julius Hummel) – F Dc, Lc, Lm, Pa, Pc
(6 Ex.), Pn, Po (2 Ex.) – GB Lbm – US NYp,
Wc

Hippolyte et Aricie (von Rameau)

Ariette (Amour sous ce riant ombrage)
ajoutée dans Hypolite et Aricie, chantée
par Mʳ. Legros sur le Théâtre de l'Académie Royale de Musique avec grande simphonie. – *Paris, de La Chevardière (gravé*
*par Hue).* - St.                          [B 2359
F Pc

Iphigénie en Tauride (von Campra und
Desmarets)

Ariette (C'est par vous puissante déesse)
. . . chantée par Mlle Le Mière dans l'opéra
d'Iphigénie. – *s. l., s. n.* – P.        [B 2360
F AG

Silvie (von Berton und J. C. Trial)

Silvie. Opéra en trois actes avec un pro-
logue, représenté devant leurs Majestés à
Fontainebleau le 17 Octobre 1765 et par

l'Académie Royale de Musique le 18 No-
vembre 1766. – *Paris, Le Marchand.* – P.
[B 2361
F Pc

— *ib., de La Chevardière, Trial, aux adres-
ses ordinaires.*                                    [B 2362
F Pa, Pc – I Nc – NL DHgm

— *ib., Trial, de la Chevardière.*     [B 2363
F Lm, Mc, Pc (2 Ex.), Pn (2 Ex.), Po (2 Ex.), V

— *ib., Trial.*                                    [B 2364
I Rvat

La chasse de Silvie. Contre-danse fran-
çaise [à 1 v], l'air est de l'opéra de Silvie.
– *Paris, Landrin, Mlle Castagnery.*
[B 2365
F Po

VOKAL- UND INSTRUMENTALWERKE

Acis et Galathée. Cantate [pour 3 v] à
l'italienne, parodiée sous la chaconne de
M<sup>r</sup>. Berthon, propre à être exécutée dans
les concerts et même à être représentée sur
des théâtres de société. – *Paris, aux adresses ordinaires de musique (gravée par Mlle
Vendôme et le S<sup>r</sup>. Moria).* – P.     [B 2366
F AG, Pn

A Selma. Romance (in: Le Ménestrel,
Journal de chant avec accompagnement
de piano ou harpe . . . 1<sup>re</sup>. année, N°. 26).
– *Paris, au ménestrel languedocien, S. Ga-
veaux.*                                    [B 2367
I Mc

Duo avec accompagnement. – *Paris, de
La Chevardière.* – St.                    [B 2368
F Pa (vl I, vl II, ob/fl)

— Le jour répand sur la nature. Duo avec
accompagnement . . . seconde édition. –
*Paris, Céron.* – P. und St.             [B 2369
F AG (P., St.: vl I, vl II, ob I/II)

Vous à qui deux beaux yeux assurent la
victoire. Ariette. – *Paris, aux adresses
ordinaires (gravée par Mme Leclair).* – P.
[B 2370
F AG

Recueil de différens airs à grande symphonie composés et ajoutés dans plusieurs

opéras & exécuté au concert français. –
*Paris, de La Chevardière, aux adresses
ordinaires de musique.* – St.           [B 2371
CH Zz (10 St.) – D-ddr Bds (10 St.) – F Pn
(4 St.: vl I, vl II, b, ob/fl) – S Skma (10 St.)

Chaconne. – *s. l., s. n.* – St.        [B 2372
F Lm (vl I, vl II, vla, b, ob/fl, fag, cor I, cor II,
tr, timp)

Nouvelle chaconne. – *Paris, de La Che-
vardière; Lyon, Castaud; Toulouse, Brunet.*
– St.                                    [B 2373
F Lm (11 St., davon vl II unvollständig)

## BERTONI Ferdinando Giuseppe

GEISTLICHE WERKE

Il Miserere concertato a quattro voci [mit
vl I, vl II, vla, org]. – *Venezia, [Sebastiano
Valle],* 1802. – P.                       [B 2374
A GÖ, Wgm, Wn – D-brd TRb – D-ddr Lm –
I Mc, Nc, Plp, Rc, Vsm, Vgc, Vc (5 Ex.),
Vc-correr, Vc-giustiniani, Vnm (2 Ex.), VEc –
S Skma

BÜHNENWERKE

Artaserse

The favourite songs in the opera Artaserse.
– *London, William Napier.* – P.        [B 2375
GB Lbm (2 Ex.), Lcm, Ob – US Wc

Cimene

Cimene. Overture VI [pf, vl] (in: Opera
overtures adapted for the harpsichord . . .
No. 6). – *London, Robert Bremner.* [B 2376
GB Lbm

Cleonice (Pasticcio)

The favourite songs in the opera Cleonice
for the voice and harpsichord. – *London,
Robert Bremner.*                          [B 2377
SD S. 175
F Pc – GB Ckc, Ge, Gu, Lbm (2 Ex.), Lcm, Lgc
– S Skma

Il convito

The favourite songs in the opera Il Convito. – *London, Robert Bremner.* [B 2378
F Pc – GB Ckc, Lbm, Lcm – US NYp, Wc

Demofoonte (Pasticcio)

The favourite songs in the opera Demofoonte. – *London, William Napier.* [B 2379
SD
**D-brd** Mbs – **F** Pc – **GB** Lbm, Ob – **US** Bp, Wc

Non temer bell'idol mio . . . sung by Sig^r. Pacchierotti. – *[London], J. Dale, No. 92.*
[B 2380
**F** Pc – **GB** Bu, BA, Lbm, Ltm – **S** Sm

— *Dublin, John Lee.* [B 2381
**EIRE** Dn

— *ib., Elizabeth Rhames.* [B 2382
**EIRE** Dn – **GB** Lbm

Le devin du village (von Rousseau)

Va crescendo il mio tormento (Je respire après la crainte). Air ajouté au Devin du Village (in: Abonnement. Année 1781. Journal d'ariettes italiennes . . . N°. 65). – *[Paris, Bailleux].* – P. und St. [B 2383
**NL** At (P. und St.: vl I, vl II, a-vla, b)

La governante

The favourite songs in the opera La Governante. – *London, William Napier.*
[B 2384
**GB** Ckc (andere Ausgabe), Lbm, Lgc – **US** BRp

Avete mai sentito. Sung by Sig^ra Sestini. – *[Dublin], Elizabeth Rhames.* [B 2385
**EIRE** Dn

La verginella come la rosa. A favourite song. – *[Dublin], Elizabeth Rhames.*
[B 2386
**EIRE** Dn – **GB** Lbm

— *London, William Napier, No. 96.*
[B 2387
**F** Pc – **US** Pu

— . . . translated and adapted to the same music by Lewis Rossi (Bologna). – *[London], J. G. V[olger].* [B 2388
**GB** Lbm

— . . . Rondo per voce, vl I°, vl II°, bc. – *Edinburgh, for John Corri, C. Elliot.* – P.
[B 2389
**I** Mc

— Tell me, o cruel maid. La Virginella, adapted [with English words] as a lesson for the harpsichord. – *[London], John Dale.* [B 2390
**GB** Lbm, Lcm

— Where, where dear maid. La verginella comme la rosa, with both Italian and English words. – *[Dublin], Anne Lee.*
[B 2391
**EIRE** Dn

— *London, Straight.* [B 2392
**GB** Lcs

— . . . adapted [with English words] as a . . . lesson for the harpsichord. – *s. l., s. n.*
[B 2393
**GB** Lbm

Medonte (Pasticcio)

Medonte (Overture [for vl and hpcd], in: Opera Overtures, No. 1). – *London, Robert Bremner.* – P. [B 2394
**GB** Lbm

L'Olimpiade (Pasticcio)

The favourite songs . . . per voce, due corni, due oboi, due violini, viola e cembalo. – *London, William Napier.* – P.
SD S. 176 [B 2395
**F** Pc – **GB** Ckc, Cpl, Lbm (2 Ex.), LEb – **I** Vc – **US** R

Orfeo

Orfeo. Azione teatrale rappresentata nel nobilissimo, Teatro di S. Benedetto di Venezia nel carnovale dell'anno MDCCLXXVI. – *Venezia, Innocente Alessandri & Pietro Scattaglia.* – P. [B 2396
**A** Wn – **D-brd** Mbs (fehlt Titelblatt), MÜs – **D-ddr** LEm, LEmi – **F** Pc, Pn (fehlt Titelblatt), Po – **GB** Lbm (2 Ex.) – **I** Bc, Fc, Mc, Pca, Rsc, Vc (2 Ex.), Vgc, Vlb – **S** Skma – **US** Bp, Wc

— . . . dell'anno 1783. – *s. l., s. n.* [B 2397
**D-brd** DS – **F** Pmeyer – **GB** Lbm – **I** BRs, Nc, Vc-ospedaletto, Vgc (unvollständig), Vlevi – **S** Ssr – **US** PHu

Sinfonia [B] con oboe e corni di ripieno . . . eseguita nell'Orfeo in Venezia . . . 1776. – *s. l., i due Pagani mercanti di libri (Firenze, Ranieri del Vivo).* – St. [B 2398
**D-ddr** Dlb (kpl.: vl I, vl II, vla, b, ob I, ob II, cor I, cor II) – **I** TSci

Le pescatrici

The favourite songs. – *London, John Walsh.*
– P.                                    [B 2399
**EIRE** Dam – **GB** Ckc, Cpl, Gm, Lbm – **US** Cn,
Ws

Quinto Fabio

The favourite songs [2 books]. – *London,*
*William Napier.* – P.                  [B 2400
**GB** Lbm (unvollständig), Lgc, Ob – **US** NYp

Il soldano generoso (Pasticcio)

The favourite songs. – *London, William*
*Napier.* – P.                          [B 2401
SD
**GB** LEbl

Zemire e Azor (von Grétry)

Senza te bell'idol. The favourite rondeau
... in the opera Zemire e Azor. – *Lon-*
*don, Longman & Broderip.* – P.   [B 2402
**GB** Ckc, Mp

INSTRUMENTALWERKE

Sei quartetti [B, A, c, D, F, Es] a due violini, viola e violoncello ... op. 2. – *Vene-*
*zia, Antonio Zatta & figli.* – St.   [B 2403
**A** Wgm – **I** Nc, Raf, Vc, Vnm

— VI Quartetti per due violini, alto et
violoncello ... opera II, nuovamente
stampata. – *Paris, G. B. Venier.* [B 2404
**A** Wgm

Six quartetto's [F, A, c, D, d, Es] for two
violins, a tenor and violoncello. – *London,*
*author, Robert Bremner.* – St.       [B 2405
**D-brd** MÜs – **E** Mn – **GB** CA – **I** Vgc

Six sonates [C, F, D, A, B, Es] pour le
clavecin, ou piano forte, avec accompagnement d'un violon ... œuvre premier.
– *Berlin, Johann Julius Hummel; Amster-*
*dam, grand magazin de musique, aux*
*adresses ordinaires, No. 405.* – St. [B 2406
**D-brd** LÜh (vl) – **D-ddr** Dlb

— Six sonates pour le clavecin ou le piano-
forte avec accompagnement de violon ad
libitum ... œuvre 1er. – *Paris, Henry.*
                                        [B 2407
**F** Pc (2 Ex.), Pn

— *ib., Imbault, Sieber.*         [B 2408
**F** Pn

— Six sonatas for the harpsichord or
piano forte with an accompaniment for
violin ... opera I. – *London, Longman &*
*Broderip.* – P.                    [B 2409
**GB** Gu, Lbm – **US** Wc

— Sei sonate [C, F, D, A, B, Es] per cembalo o piano forte con accompagnamento
di violino a piacere ... opera XI. – *Vene-*
*zia, Antonio Zatta & figli.* – St.  [B 2410
**GB** Lbm (Etikett: Giuseppe Benzon) – **I** BRs,
Bsf, Nc (pf) – **US** NYp (pf) – **YU** Zha (pf)

## BERTRAND Antoine de

GEISTLICHE VOKALMUSIK

Premier livre de sonets chrestiens mis en
musique à quatre parties. – *[Senlis, Si-*
*mon Goulart (Lyon, Charles Pesnot)],*
*1580.* – St.                       [B 2411
**D-brd** Kl (kpl.: S, Contra – T, T, B), Rp
(fehlt S)

Second livre de sonets chrestiens mis en
musique à quatre parties. – *[Senlis, Si-*
*mon Goulart (Lyon, Charles Pesnot)],*
*1580.* – St.                       [B 2412
**D-brd** Kl, Rp (fehlt S)

Airs spirituels contenant plusieurs hymnes & cantiques mis en musique à quatre
& cinq parties. – *Paris, Adrian le Roy &*
*Robert Ballard, 1582.* – St.       [B 2413
**F** Pn (B)

WELTLICHE VOKALMUSIK

Les amours de Pierre de Ronsard, mises
en musique à III parties. – *Paris, Adrian*
*le Roy & Robert Ballard, 1576.* – St.
                                    [B 2414
**F** Pa (T, B, fehlt S)

Premier livre des amours de P. de Ron-
sard, mis en musique à IIII parties. –
*Paris, Adrian le Roy & Robert Ballard,*
*1578.* – St.                       [B 2415
**F** Pn (S [unvollständig], T [2 Ex.]), Pthibault
(S, A, B), VE (B)

Second livre des amours de P. de Ronsard, mis en musique à IIII parties. – *Paris, Adrian Le Roy & Robert Ballard, 1578.* – St. [B 2416
F Pn (T [2 Ex.]), Pthibault (S, A, B)

— *ib., 1587.* [B 2417
F Pn (S)

Troisième livre de chansons, mis en musique à IIII parties. – *Paris, Adrian Le Roy & Robert Ballard, 1578.* – St. [B 2418
F Pn (T [2 Ex.]), Pthibault (S, A, B)

— *ib., 1587.* [B 2419
F Pn (S)

**BERZENI**

Six quartetto [D, F, B, A, C, D] pour deux violons, alto et basse ... opera I [hs.:] II. – *Paris, Mlle Girard, les marchands de musique de Province (Ribière).* – St. [B 2420
D-ddr Dlb

**BESCHORT Jonas Friedrich**

Lied. An den Mond (Sieh da bist du wieder), für Guittar und Gesang. – *Wien, Johann Traeg, No. 97.* [B 2421
D-brd LÜh

**BESLER Samuel**

*1602a.* Ein schön alt Gottselig Weihnachtlied (Nu last uns zu dieser Frist) ... mit fünff Stimmen componirt. – *Breslau, Georg Baumann, 1602.* – St. [B 2422
PL WRu (S, A, T, B, 5)

*1602b.* Von der frölichen und gnadenreichen Geburt und Menschwerdung unsers Herrn ... ein schön geistlich Lied (Nu last uns alle fröhlich sein) ... mit fünff Stimmen componirt. – *Breslau, Georg Baumann, 1602.* – St. [B 2423
PL WRu (S, A, T I, T II, B)

*1609.* Crepundia angelica, ad Christi cunabula. XX. Gottselige Weihnachtlieder ... deutsch und lateinisch ... vierstimmig componiret. – *Breslau, Georg Baumann, 1609.* – St. [B 2424
PL WRu (B)

*1610.* De gloriosa resurrectione et ascensione D.N.J.C. Hymni et cantus eccles. latino germanici. Zwantzig deutsch und lateinisch geistliche Lieder, von der siegreichen Aufferstehung und Himmelfart ... 4. stimmig componiret. – *Breslau, Autor (Georg Baumann), 1610.* – P. [B 2425
PL WRu

*1611a.* Hymnor. et threnodiarum sanctae crucis in devotam Passionis Jesu Christi Dei et hominis commemorationem fasciculus ad hebdomadam magnam sua que melodia afficta. – *Breslau, Autor (Georg Baumann), 1611.* – P. [B 2426
D-brd Mbs – D-ddr Dlb (unvollständig) – PL WRu – US R

*1611b.* In augustissimum, felicissimumque ... Principis ac Domini, D. Mathiae secundi: Hungariae, Dalmatiae, Croatiae, &c. Regis ... Breslae ... ingressum. Melos harmonicum (In te magna tuis spes est [a 8 v]). – *Breslau, Baumann, (1611).* – St. [B 2427
A Wn (fehlt T II) – GB Lbm (kpl.; I: S, A, T, inferior; II: S, A, T, B) – PL WRu

*1612.* Threnodiarum sanctae crucis in salutiferam passionis ... Das heilige Leyden ... wie es die heiligen vier Evangelisten ... beschreiben, nach gewönlicher Passion Melodey, mit fleiss übersehen, vermehret [mit 4-st. Chören]. – *Breslau, Baumann, 1612.* – P. [B 2428
D-brd BNu, Mbs, Rp (in 4 einzelnen Bänden ohne Impressum) – D-ddr Dlb – PL WRu – US R, Wc

*1613.* Hymnor. et threnodiarum sanctae crucis in salutarem passionis ... pars tertia ad hebdomadam magnam sua cuique melodia afficta [a 4 v]. – *Breslau, Georg Baumann, 1613.* – P. [B 2429
D-brd Mbs – PL WRu – US R

*1614a.* Hymnorum & threnodiarum sanctae crucis in sacratissimum passionis ... primum in ecclesiarum usum. – *Breslau, Georg Baumann, 1614.* [B 2430
US Wc

*1614b.* Peregrinatorium spirituale. XXII. Christselige Wall- und Wolfart Liedlein ... vierstimmig zubereitet. – *Liegnitz,*

*Autor (Nikolaus Schneider), 1614.* – St.
                                   [B 2431
PL WRu (A, T, B; fehlt S)

*1615a.* Delitiarum mensalium apparatus
harmonicus . . . XXX. Tisch benedicite
und gratias . . . meisten theils . . . mit
neuen Melodiis gezieret, 4 stimmig componiret. – *Breslau, Autor (Georg Baumann), 1615.* – St.               [B 2432
PL WRu (S, T, B; fehlt A)

*1615b.* 12. Gottselige Weihnacht Liedlein
. . . 4. stimmig componiret. – *Breslau,
Autor, 1615.* – St.               [B 2433
PL WRu (B; fehlen S, A, T)

*1618.* Concentus ecclesiastico-domesticus.
Kirchen und Hauß Musica geistlicher
Lieder, auf den Choral musicalischer Art,
vierstimmig gesetzt . . . erster (ander)
Theil. – *Breslau, Autor (Georg Baumann),
1618.* – St.                      [B 2434
**D-ddr** Dlb (kpl.: S, A, T, B) – **PL** WRu (A, T,
B)

*1620.* Citharae Davidicae psalmorum se-
lectiorum prodromus [a 8 v]. – *Breslau,
Baumann, 1620.* – St.             [B 2435
F Pc (kpl.; I: S, A, T, B; II: S, A, T, B) – GB
Lbm – **PL** WRu

*1622a.* Votum Davidicum pro auxilio Divino. Ein andächtiges Gebet . . . neben
dem 46. Psalm Ein feste Burg [a 4 v]. –
*Breslau, Georg Baumann, 1622.* – St.
                                   [B 2436
**PL** Wu (S)

*1622b.* Gaudium natalitium aller Christ-
gleubigen Weyhnacht Hertzen [a 4 v]. –
*Breslau, Georg Baumann, 1622.* – St.
                                   [B 2437
**PL** WRu (T, B; fehlen S, A)

*1624.* Heptalogus in cruce pendentis Christi, ad ipsum crucifixum directus voce
sola, cum basso generali pro organo, la-
mentatus. – *Breslau, Autor (Georg Baumann), 1624.* – St.               [B 2438
**PL** WRu (S, fehlt bc)

→ Scandello, Antonio

## BESLER Simon

*1615.* Cantio votiva (Qui dare cuncta
soles). Pro incremento & conservatione
piarum scholarum, quatuor vocibus concinnata. – *Breslau, Baumann, 1615.* – P.
                                   [B 2439
**PL** WRu

*1616a.* Christlicher Weynachtgesang (Von
einer Jungfrau auserkorn), aus dem 9.
Capitel Essaiae. Auff die freudenreiche
Geburt . . . Jhesus Christi . . . zu Lob Ehr
und Preiss. 4 stimmig gesetzt. – *Breslau,
Georg Baumann, 1616.* – P.        [B 2440
**PL** WRu

*1616b.* Lob und Freuden Gesang (Heut
geborn ist uns ein Kindlein klein), unserm
neugebornen König aus Sion, dem Herren
Jhesu Christo zu Ehren . . . 6. stimmig
componiret. – *Breslau, Georg Baumann,
1616.* – P.                       [B 2441
**PL** WRu

*1618.* Schönes und andächtiges Gebet.
Predicatio ad λόγον aeterni patris è vir-
gine natum (O Jesu Christ, gütigster Herr)
. . . vierstimmig gesetzet. – *Brieg, Kaspar
Siegfried, 1618.* – P.            [B 2442
**PL** WRu

*1619a.* Auffmunterung (Da pacem Domine
in diebus nostris) zur Buss und Andacht
. . . vier stimmig übergesetzet . . . kan
auch gesungen werden, in der Melodey:
Hertzlich thut mich verlangen. – *Brieg,
Kaspar Siegfried, 1619.* – P.     [B 2443
**PL** WRu

*1619b.* Neu anmuttig Weyhnacht Lied
(Das Jesulein nun ist geborn) . . . 4 stimmig gesetzet. – *Brieg, Kaspar Siegfried,
1619.* – P.                       [B 2444
**PL** WRu

*1628a.* Trost Gesang: dem . . . Herren
Friedrichen von Bebran und Model . . .
uber dem seligen Abschiede seiner . . .
Frauen Helenae . . . mit 4. Stimmen ge-
stellet. – *Breslau, Georg Baumann, 1628.*
– P.                              [B 2445
**PL** WRu

*1628b*. Nobiliss. sponsor. Dn. Iohannis Hoffman ... ac Mariae Artztiae ... sacris nuptialibus ... votiva cantio (Zu Eurem Ehrenfeste [a 4 v]). – *s. l., s. n. (1628)*. – P.                                          [B 2446
PL WRu

## BESOZZI Alessandro

WERKE MIT OPUSZAHLEN

*Op. 1* [mit Girolamo und Antonio Besozzi]. Six sonates en trio pour deux violons e violoncello. – *Paris, Canavasse cadet, Castagnery, Guersant (gravé par Mlle Estien)*. – St.                                          [B 2447
SD
F Pc (3 Ex.), Pn, TLc (vl II, b) – NL Uim (fehlt vl I) – US CHua

— *ib., Venier, aux adresses ordinaires*.
                                                          [B 2448
F Pn

— Sei trio per due violini e basso. – *ib., Mme Boivin, Leclerc, Mlle Castagnery (gravés par Mlle Estien)*. – St.       [B 2449
F Pc, Pn

*Op. 2* [mit Girolamo und Antonio Besozzi]. XII Sonates à deux violons et violoncelle ... œuvre IIᵉ. – *Paris, Leclerc*. – St.
SD                                          [B 2450
F Pn

*Op. 2*. Six solos for a german flute or violin with a thorough bass for the harpsichord or violoncello ... opera seconda. – *London, John Walsh*. – P.       [B 2451
GB Lbm – US R, WGw

*Op. 3*. VIII Sonatas [G, C, d, a, G, D, D, F] for two german flutes or two violins with a bass for the violoncello or harpsichord ... opera terza. – *London, John Walsh*. – St.                    [B 2452
F Pmeyer – GB Ckc, Gu, Lam (2 Ex.), Lbm (2 Ex.) – S Sm (bc, vl I und vl II fehlen) – US CHua, Wc (2 Ex.), WGw

*Op. 4* [mit Girolamo und Antonio Besozzi]. Six sonates en trio [D, G, d, C, e, B] pour deux violons e violoncello ... IV œuvre. – *Paris, Leclerc, Mme Boivin, Mlle Castagnery*. – St.                    [B 2453
F Pc

— Six sonatas for two violins and a thorough bass for the harpsicord ... opera 4ᵗᵃ. – *London, John Walsh*. – St. [B 2454
D-brd Mbs – GB Ckc, Lbm (2 Ex.) – S Skma

*Op. 5*. Six sonatas for two violins or two german flutes with a thorough bass ... opera Va. – *London, John Cox*. – St.
                                                          [B 2455
GB Lbm – US Wc

*Op. 7*. Sei sonate [G, c, C, B, Es, F] a tre per due violini o oboi con violoncello ... opera VII (in: Racolta dell' harmonia collettione vigesima quinta del magazino musicale). – *Paris, bureau d'abonnement musical, Cousineau, Vve Daullé (gravée par Mme Vendôme)*. – St.       [B 2456
I Nc (bc, fehlen vl I und vl II) – S Skma – US Wc

WERKE OHNE OPUSZAHLEN

Concerto [G] a cinque istromenti. – *s. l., s. n*. – St.                                          [B 2457
D-brd MÜu (kpl.: 1 konzertierendes Instrument, vl I, vl II, vla, b)

VI sonatas in three parts for a german flute, a violin, with a thorough bass for the harpsichord or violoncello [von verschiedenen Komponisten?]. – *London, John Walsh*. – St.                    [B 2458
C Tu – GB Ckc, CDp (unvollständig), Lam (2 Ex.), Lbm (2 Ex.), T – US CHua, WGw

Sei trio [C, F, G, Es, D, C] per due violini e basso, oppure oboe invece del primo violino. – *Venezia, Alessandri e Scattaglia (Luigi Marescalchi e Carlo Canobbio)*. – St.                                          [B 2459
CH Fcu – I Gl – YU Zha

Six solos [D, G, D, G, D, C] for the german-flute, hautboy, or violin, with a thorough bass for the harpsichord. – *London, Edmund Chapman*. – P.       [B 2460
GB Ckc, Lbm (2 Ex.), Lcm (unvollständig), LEc, Ob – I Bc – US WC, WGw

— *ib., David Rutherford*.       [B 2461
US Wc

Six sonates à violon seule et basse que peuvent se jouer sur la flûte. – *Paris*,

*Mme Boivin, Le Clerc, Mlle Castagnery, Mangean (gravée par Mlle Vendôme).* – P.                     [B 2462
A Wn

— *ib., de La Chevardière.*       [B 2463
DK Kk – GB Ckc – US Wc

Six sonatas or duets for two german flutes or violins. – *London, Thomas Straight & Skillern.* – P.             [B 2464
F Pn

## BESSEGHI Angelo Michele

Sonate da camera a violino solo col violine o cembalo . . . opera prima. – *Amsterdam, Estienne Roger, No. 16.* – P.      [B 2465
GB Lbm – NL DHgm (fehlt Titelblatt)

Pièces choisies et très brillantes pour le clavecin ou l'orgue . . . opera IV<sup>a</sup>. – *Paris, Mme Boivin.*               [B 2466
F G

## BESSEL A. M. S. E. von

Concert [D] pour le clavecin ou piano forte, avec l'accompagnement de deux violons, taille, basse, hautbois, trompettes et tympane. – *Lingen, F. A. Jülicher (Rinteln, A. H. Bösendahl).* – St. [B 2467
NL DHgm

Zwölf Menuetten mit Trios für das Clavier. – *Lingen, F. A. Jülicher, 1791.*   [B 2468
NL DHk

## BESSER Theodor Gottlieb

Die Frühlingsfeier (Nicht in den Ocean der Welten alle) vom Herrn Klopstock, in die Musik gesetzt [für Singstimme und Klavier]. – *Kassel, Waysenhaus-Buchdruckerey, 1783.*          [B 2469
D-ddr SWl (2 Ex.)

## BESSON G.

Sonates à violon seul et la basse-continue, livre premier. – *Paris, auteur, Vve Foucault (gravé par F. du Plessy), 1720.* – P.                        [B 2470
F Pc, Pn – US Wc

## BETHIZY Jean Laurent de

Le Transport amoureux. Cantatille pour une basse-taille. – *Paris, auteur, Le Clerc, Boivin (gravé par Joseph Renou).* – P. [B 2471
F Pn

Le Volage fixé. Cantatille avec simphonie. – *Paris, Bayard, Le Clerc (gravée par Labassée).* – P.            [B 2472
F Pn

## BETTELLA Paolo

Messa e salmi a 1. 3. & 4. voci, con violini concertati . . . opera prima. – *Venezia, stampa del Gardano, 1677.* – St.  [B 2473
D-brd OB (kpl.: S, A, T, B, vl I, vl II, org) – I Bc (fehlt org)

## BETTELLI Cesare

Sei quartetti a due violini, viola, e violoncello obligato . . . opera prima. – *Perugia, Carlo Baduel, 1782.* – St.      [B 2474
US Wc

— *ib., Salvatore Cardinalini, 1782.*                        [B 2475
I Fc

## BETTI Martino

A solo in A ♯ for a violon [Teil einer monatlichen Publikation]. – *s. l., s. n.*                                [B 2476
GB DRc

Violino solo in a ♯ . . . perform'd by Sig<sup>r</sup>. Gasperini [Teil einer monatlichen Publikation]. – *s. l., s. n.*          [B 2477
GB DRc

## BETTINO Geronimo

Concerti accademici [a 2–5 v]. – *Venezia, Bartolomeo Magni, 1643.* – St.     [B 2478
PL GD (5)

Messa e salmi concertati a cinque voci. – *Venezia, Stampa del Gardano, 1647.* – St. [B 2479
PL WRu (kpl.: S, A, T I, T II, B, org)

## BETTS Edward

An introduction to the skill of musick . . . anthems, hymns and psalm-tunes, in several parts [a 2–4 v]. – *London, William Pearson, for the author, 1724.* – P. [B 2480
GB Ge, Lbm, Mp (2 Ex.) – US NYp

Cupid Commander. A song. – *s. l., s. n.* [B 2481
GB Cpl, Lbm – US Ws

Lucretia [Song]. – *s. l., s. n.*      [B 2482
GB Lbm

— *[London], Daniel Wright Junior.* [B 2483
GB Gm – US Ws

The Rover [Song]. – *[London], Daniel Wright Junior (engraved by Cross).* [B 2484
GB Lbm

## BEUTLER Johann Georg Bernhard

Kleine musikalische Unterhaltungen für das Klavier oder Pianoforte nebst einigen Gesängen . . . erster Theil. – *Mühlhausen, Autor; Erfurt, G. Keyser, 1788.* [B 2485
D-ddr Bds

## BEVILLE W.

The Hermit. A cantata, the words taken from a ballad in the Vicar of Wakefield by the late Dr. Goldsmith. – *London, John Welcker.* – P. [B 2486
GB Lbm – US Bp

— *ib., Longman & Broderip, 1782.* [B 2487
GB Lbm

— *ib., 1783.*      [B 2488
US Cn

— *ib., s. n, s. d.*      [B 2489
US LAuc

## BEWLAY Henry

Three sonatas for the piano forte with an accompaniment for a violin or german flute ad libitum. – *London, author.* – St. [B 2490
GB Gu (unvollständig), Lbm, Ob

Twelve easy and familiar lessons for the harpsichord or pianoforte . . . op. 2nd. – *London, Culliford, Rolfe & Barrow.* [B 2491
GB Gu, Lbm, Ob

## BEYER Johann Christian

Herrn Professor Gellerts Oden, Lieder und Fabeln, nebst verschiedenen französischen und italiänischen Liedern, für die Laute übersetzt . . . sammt einer Anweisung dieses Instrument auf eine leichte Art stimmen zu lernen, auch zwoen Tabellen in welchen die meisten vorkommenden Stimmungen, nach welcher die Stücke als Exempel der gegebenen Regeln eingerichtet sind, und die bey der Laute vorkommenden Zeichen und Manieren, erkläret werden. – *Leipzig, Johann Gottlob Immanuel Breitkopf, 1760.* [B 2492
SD S. 186/187
B Bc – D-brd Mbs – D-ddr Bds (2 Ex.) – GB Lbm

## BEYER Johann Samuel

Primae lineae musicae vocalis. Das ist: Kurtze . . . Anweisung in Frag und Antwort, wie die Jugend . . . ein Musicalisches Vocal-Stück wohl und richtig singen zu lernen, auffs kürtzte kan unterrichtet werden, mit unterschiedlichen Canonibus, Fugen, Soliciniis, Biciniis, Arien und einem Appendice . . . benebenst einer Vorrede . . . D. Christiani Lehmanns. – *Freiburg, E. N. Kuhfus, 1703.* [B 2493
GB Lbm (2 Ex.)

Musicalischer Vorrath, neu-variirter Fest-Choral-Gesänge, auf dem Clavier, im Canto und Basso . . . erster Theil. – *Freiberg, Autor, (1716).* [B 2494
B Br – D-brd F – D-ddr Bds, Dlb, LEm – F Sn – GB Lbm

— ... ander- und dritter Theil. – *Frei-berg, Autor, 1719.* [B 2495
B Br – **D-brd** F – **D-ddr** Bds, Dlb, LEm – **GB** Lbm

Geistlich-musicalische Seelen-Freude, in 72. Concert-Arien bestehend ... mit 2. Vocal- und 5. unterschiedlichen Instru-mental-Stimmen, benebst dem Basso con-tinuo. – *Freiberg, Christoph Matthäi, 1724.* – St. [B 2496
A Wn (kpl.: v I, v II, vl I, vl II, vla I, vla II, fag, bc) – **CH** Zz – **D-ddr** MÜG (fehlt fag) – **DK** Kk (fehlt vl I)

## BIANCHI Andrea

Motetti, e messe a otto voci ... con dui motetti, a cinque, & uno a dodici, con il basso continuo per l'organo, libro primo. – *Venezia, Ricciardo Amadino, 1611.* – St. [B 2497
**D-brd** Mbs (kpl.; I: S, A, T, B; II: S, A, T, B; bc), Rp (fehlt bc) – **GB** Lbm (A I, S II) – **I** Bc (fehlt S I), Ls, VCd (I: A, T, B; II: S)

Vespertina omnium solemnitatum iuxta rictum S.R.E., quinque vocum, cum basso ad organum. – *Venezia, erede di Angelo Gardano, 1611.* – St. [B 2498
**D-brd** Rp (A, T, B, 5) – **I** Ls (kpl: S, A, T, B, 5), PS (unvollständig)

Bassus ad organum psalmorum omnium solemnitatum quinque vocum. – *Venezia, eredi di Angelo Gardano, 1611.* [B 2499
**I** Bc

Motetti a una, due, tre e quattro voci con il suo basso continuo per sonare ... libro primo. – *Venezia, Giacomo Vincenti, 1612.* – St. [B 2500
A Wn (1, 2, bc) – **GB** Lbm (3)

— *Antwerpen, Pierre Phalèse, 1626.* [B 2501
**GB** Lbm (2, 3, bc)

## BIANCHI Antonio

<small>SAMMLUNGEN</small>

Douze chansons françaises [Lieder mit Klavierbegleitung]. – *Hamburg, Günther & Böhme, No. 30.* [B 2502
A Wgm – **D-ddr** Bds – **DK** A – **S** Sk, Skma

— XII. Chansons françaises. – *Berlin, Autor (Zerbst, C. C. Menzel).* [B 2503
**D-brd** B

— *Darmstadt, Bossler.* [B 2504
**CS** K

Douze chansons italiennes pour le forte-piano ou la guitare. – *Hamburg, Günther & Böhme.* [B 2505
**CS** K – **D-ddr** Dlb, LEm, SWl – **S** Skma

— *ib., Johann August Böhme.* [B 2506
**D-brd** BNba, BNms, F, LCH (unvollständig) – **S** Skma – **US** Cn, NYp

— *Wien, Johann Cappi, No. 1301.* [B 2507
A Wgm (2 Ex.)

Sei canzonette, accompagnato coll piano forte ... lib: I (II). – *Mainz, Bernhard Schott, No. 559 (Titelblatt: 560).* [B 2508
**D-brd** MZsch – **D-ddr** Bds – **DK** A

Drey Arien fürs Forte-Piano oder Gui-tarre. – *Hamburg, Johann August Böhme, s. No.* [B 2509
**D-brd** Mbs – **D-ddr** Bds – **DK** A, Kk

<small>EINZELGESÄNGE</small>

Il distacco (Deh tergi quel pianto). Can-zonetta per la chitarre o piano-forte. – *Hamburg, L. Rudolphus.* [B 2510
**D-brd** Hmb

— *ib., Johann August Böhme.* [B 2511
**DK** Kk

Donne donne. Air dans l'intermezzo Il calzolare ... avec accompagnement du forte piano. – *Berlin, Johann Julius Hum-mel; Amsterdam, grand magazin de musi-que, aux adresses ordinaires, No. 839.* [B 2512
**D-ddr** Bds

Eine liebenswürdige Schöne ... Una vaga Giovinetta ... (Aria) fürs Forte-Piano oder Guitarre. – *Hamburg, Johann August Böhme.* [B 2513
**CH** Bu – **D-brd** Tl – **D-ddr** LEm – **S** Skma

— *Hamburg-Altona, Ludwig Rudolphus; Altona, Cranz.* [B 2514
**D-brd** Hmb

Einladung zur Freude. Mit Begleitung des Claviers. – *s. l., s. n., No. 560.*    [B 2515
**D-brd** MÜs

Le Ménage du garçon (Je loge au quatrième étage). Der junge Herr. Romance [für Singstimme mit Guitarre und Fortepiano]. – *Hamburg, Rudolphus; Altona, Cranz.*    [B 2516
**D-brd** KIl

Nur zärtliches Kosen im blühenden Haine. Aria für's Forte-Piano. – *Hamburg, Johann August Böhme.*    [B 2517
**CH** Bu

Que le jour me dure passé loin de toi! Romance pour le forte-piano. – *Hamburg, Johann August Böhme.*    [B 2518
**D-brd** Hs

Rose d'amour par son brillant contour. Romance pour le forte-piano. – *Hamburg, Johann August Böhme.*    [B 2519
**US** Wc

## BIANCHI Caterino

Missarum quinque et sex vocum . . . liber primus. Missa Vestiva i colli a 5. Missa Pater peccavi a 5. Missa Quam pulchrae sunt a 6. Missa sine nomine a 6. Liber primus. – *Venezia, li figliuoli di Antonio Gardano, 1574.* – St.    [B 2520
**I** FZd (S, A [unvollständig], B, 5)

Missarum quatuor vocibus . . . liber primus . . . Missa Tu es pastor omnium. Missa Hic est vere Martyr. Missa congratulamini. Missa primi toni. – *Venezia, Ricciardo Amadino, 1587.* – St. [B 2521
**I** MOe (kpl.: S, A, T, B)

Primo libro delle canzonette a cinque voci, con una moresca a sei. – *Venezia, Ricciardo Amadino, 1588.* – St.    [B 2522
**I** VEaf (kpl.: S, A, T, B, 5)

## BIANCHI Francesco (III)

MUSIK ZU BÜHNENWERKEN

Aci e Galatea

Del mio bene al seno amato. The favorite

rondo, sung by Sig^{ra}. Banti. – *London, author.* – P.    [B 2523
**GB** Lbm

Alzira

Nel silenzio i mesti passi. The celebrated song. – *London, Robert Birchall.* – P.    [B 2524
**D-brd** MÜu (mit 12 handschriftlichen Stimmen) – **GB** Ob – **US** CA, Wc

Se ancor ti son caro . . . as sung by Sig^{r}. Viganoni . . . and the duet Lumi del ciel beneficio, as sung by Madame Banti, & Sig^{r} Viganoni. – *London, Robert Birchall.* – P.    [B 2525
**GB** Ob

Antigona

Ah! si mio ben. A favorite duett. – *London, Lewis Lavenu, for the author.* – P. [B 2526
**GB** Lbm

Non piangete. A favorite song. – *London, Lewis Lavenu, for the proprietor.* – P.    [B 2527
**GB** Lbm – **P** Ln

Armida

Ah non ferir. A favorite song. – *London, Robert Birchall.*    [B 2528
**DK** Kv

In pace rimanti bell idolo mio. A favorite duet. – *[Etikett:] London, Lavenu & Mitchell.* – P.    [B 2529
**D-brd** Hs

Possenti dei di dite. A favorite song. – *London, Robert Birchall.*    [B 2530
**DK** Kv

Saro qual piu vorrai. A favorite song. – *London, Robert Birchall.*    [B 2531
**DK** Kv

Cinna

Guardami sai chi sono. – *London, Corri, Dussek & Co.* – KLA.    [B 2532
**I** Rsc

Signor a tuoi piede. The celebrated terzetto. – *Edinburgh-London, Corri, Dussek & Co.* – P.    [B 2533
**EIRE** Dn – **GB** Ckc, Lbm (2 Ex.)

Il consiglio imprudente

The celebrated fugue in the finale ...
arranged for the piano forte with a violin
or flute accompaniment ad libitum. –
*London, Lewis Lavenu.* – St.        [B 2534
**GB** H

Il desertore

Caro ben ti rasserena. Duetto per clavi-
cembalo (in: Raccolta d'arie ... No.124).
– *Wien, Artaria & Co.*        [B 2535
**A** Wst – **CH** Fcu – **S** Skma

Caro sposo a te vicino. Duetto per clavi-
cembalo (in: Raccolta d'arie ... No.125).
– *Wien, Artaria & Co.*        [B 2536
**A** Wgm, Wst – **CH** Fcu – **NL** At

Giulio Sabino

Vorrei sprezzar la sorte. Cavatina N° 4.
[für Singstimme und Klavier]. – *Wien,
Hoftheater-Musik-Verlag, No. (op.) 298.*
                                             [B 2537
**A** Wgm, Wst – **CH** Bu

Ines de Castro

The favorite overture ... arranged for the
piano forte. – *London, Lewis Lavenu.*
                                             [B 2538
**GB** Lbm

Ah se re se giusto sei. The favorite trio
... and the favorite song Io parto ti
lascio. – *[London], author.* – P.    [B 2539
**GB** Lbm

A tuoi pie depongo il segno. The favorite
duett. – *London, Lewis Lavenu.* – P.
                                             [B 2540
**GB** Lbm

E non giunge e a me non vola. The favorite duett. – *London, Lewis Lavenu.* – P.
                                             [B 2541
**GB** Lbm, T

Grand dio, che regoli. The favorite prayer,
and the favorite duett Togliti agli occhi
miei. – *London, Lewis Lavenu.* – P. [B 2542
**GB** Lbm – **I** Nc (andere Ausgabe) – **US** PHu

Vorrei sprezzar la sorte. Cavatina con recitativo ... Son felice, amato bene. Duettino con recitativo. – *Napoli, Luigi Marescalchi.*        [B 2543
**I** Bc

La lanterne magique

Partition de La Lanterne magique. Opéra
comique en un acte. – *Paris, Lemoine.* –
P.        [B 2544
**S** St

(Parties séparées). – *Paris, Lemoine (écrit
par Joannes).* – St.        [B 2545
**S** St (vl I, vl II, vla, b, fl I, fl II, cl I, cl II, fag)

La Merope

Chi la man nel colpo arresta. A favorite
trio. – *London, Lewis Lavenu.* – P. [B 2546
**GB** Lbm

Deh non ferite, oh dei. The favorite trio.
– *London, Lewis Lavenu.* – P.        [B 2547
**GB** Lbm

Difendi il caro figlio. A favorite song. –
*London, Lewis Lavenu.* – P.        [B 2548
**GB** Lbm

Tu favor. The favorite recitative and duet.
– *London, Lewis Lavenu.* – P.        [B 2549
**GB** Lbm

Mesenzio

Guardami in volto, ingrata. Aria seria. –
*Napoli, Luigi Marescalchi, No. 38.* – P.
und St.        [B 2550
**D-ddr** WRtl (kpl.: P., ob I/II, cor I/II) – **F** Pc,
Pn – **GB** Lbm – **I** Mc (P.), Nc (P.), Vc-giusti-
niani (P.) – **S** Skma

Ti lascio mio bene. Rondo. – *Napoli, Luigi
Marescalchi, No. 37.* – P. und St. [B 2551
**D-brd** B (P., cor I/II) – **D-ddr** WRtl (kpl.: P.,
fl I/II, cor I/II) – **F** Pc – **GB** Lbm (2 Ex.) –
**I** Mc (P.), Nc (P.) – **S** Sm, Skma (P.)

— *[London], Corri, Dussek & Co.* – P.
                                             [B 2552
**GB** Lbm

La morte di Cleopatra

Della superba Roma. A favorite song. –
*London, Robert Birchall.* – P.        [B 2553
**I** Rsc

L'Orfano cinese

Va crescendo il mio tormento. Rondò che
termina in duetto. – *Venezia, Antonio
Zatta & figli.* – P.        [B 2554
**I** BRs, Nc

Gli schiavi per amore (von Paisiello)

Per pietà padron mio. Sung . . . in the opera of Gli Schiavi per Amore. – *[London]*, *Longman & Broderip*. – P. [B 2555
C Tu – **D-brd** LCH – F V – **GB** Gu, Lbm, Ob

Scipione Africano

Deh per poco o sposo amato. Rondò con recitativo. – *Napoli, Luigi Marescalchi.* – P. [B 2556
A Wn – **D-ddr** WRtl – F Pc, Pn – **GB** Lbm – S Sm

Quel superbo e fiero ciglio. Aria seria. – *Napoli, Luigi Marescalchi.* – P. und St. [B 2557
F Pc (P., cor I/II [2 Ex.]) – **GB** Lbm (P.) – I Mc (P.) – S Sm (kpl.: P., ob I/II, cor I/II)

Sémiramis

A quell' aspetto io tremo. Duo . . . avec accompagnement de piano ou harpe. – *Paris, Carli & Cie. (gravé par Michot).* – KLA. [B 2558
S Skma

Empio domato al fine. Duo (N° 4) . . . avec accompagnement de piano ou harpe. – *Paris, Carli & Cie.* – KLA. [B 2559
CH E

La villanella rapita (Pasticcio)

La villanella rapita, ou La villageoise enlevée. Opéra bouffon en trois actes, représenté au théâtre de Monsieur en 1789. – *Paris, Sieber, No. 1060.* – P. [B 2560
SD S.397
E Mn – F A (2 Ex.), BO, Dc, Pn – **GB** Lbm (2 Ex.) – I Rsc – S St, Skma – US BE, CA, I

Nouvelle suite (3e suitte de La vilanella rapita) Nr. 12 d'harmonie à 8 et 9 parties pour deux clarinettes, deux hautbois, deux bassons, deux cors et serpent ou contrebasse, arrangés par M.-J. Gebauer. – *Paris, Boyer, Lemenu; Bordeaux, Phelippeaux.* – St. [B 2561
**D-brd** MÜu

Ouverture . . . arrangée à huit parties pour deux violons, alto et basse, cor et hautbois ad libitum. – *Paris, Imbault, No. 111.* - St. [B 2562
**D-brd** MÜu

— . . . arrangée en quatuor, pour deux violons alto & basse. – *Paris, Imbault, No. III.* – St. [B 2563
**D-brd** Mbs

— . . . arrangée pour clavecin ou pianoforte. – *ib., No. 273.* [B 2564
**D-brd** Tmi

— . . . avec accompagnement de violon, arrangée par Mr. Mozin le jeune. – *ib., Cousineau.* – St. [B 2565
I Nc

Amate pure quellache amore. Air . . . avec accompagnement de guitarre, N° 3. – *Paris, Imbault.* [B 2566
**D-brd** DÜk

— . . . Rondo (in: Journal d'ariettes italiennes, Abonnement 1789, N° 260). – *Paris, Bailleux, 1789.* – P. [B 2567
**D-brd** MÜu – **NL** At

Caro bene nel solo mirar. Air . . . avec accompagnement de guittare, N° 2. – *Paris, Imbault.* [B 2568
**D-brd** DÜk – **NL** At

Il dubbio, ch'io tengo, sentite qual è. Duetto. – *Venezia, Antonio Zatta & figli.* – P. [B 2569
**GB** Lbm – I Mc, Rsc

Occhietto furbetto che cosa. – *London, Longman & Broderip.* [B 2570
US BE

V'ingannate signori. Aria (in: Journal d'ariettes italiennes, Abonnement 1789, N° 258). – *Paris, Bailleux, 1789.* [B 2571
**D-brd** MÜu

EINZELGESÄNGE

VI. Duettini italiani con il basso continuo, per divertimento delle dame . . . scielti fra quelli, de piu moderni autori e fatti stampare a spese di F. Bianchi. – *Liége, Benoit Andrez.* – P. [B 2572
SD
**GB** Lbm

Four songs with an accompaniment for the piano forte. – *London, Lavenu.* [B 2573
US Bp

Ah qual orrida scena. The favourite recitativo and duetto. – *London, Longman & Broderip.*   [B 2574
**GB** Lbm – **US** BE

Bonheur suprême. Duo de Pasquin et Blaisot. – *Paris, Mme Brunet.* – P. [B 2575
**F** Pn (2 Ex.)

Cara con quelle lacrime. Duetto con recitativo. – *Venezia, Alessandri & Scattaglia.* – P.   [B 2576
**I** Vc-correr

— *ib., Antonio Zatta & figli.*   [B 2577
**I** Nc

Lucido nume ascolta. – *London, Robert Birchall.*   [B 2578
**US** Wc

Tergi ò cara. A periodical Italian song, No. 23. – *[London]*, J. Bland.   [B 2579
**GB** Lgc

INSTRUMENTALWERKE

Sinfonia [B] con violini, viole, oboe, e corni. – *Venezia, Alessandri & Scattaglia,* No. 174. – St.   [B 2580
**S** Skma

N° II Sinfonia [D] . . . con violini, viole, corni, ed oboè. – *Venezia, Antonio Zatti & figli.* – St.   [B 2581
**GB** Lbm

**BIANCHI Gioacchino**

Six ariettes italiennes [für Singstimme mit pf] . . . œuvre IV. – *Wien, bureau d'arts et d'industrie,* No. 182.   [B 2582
**D-brd** Mbs

Six Italian canzonettes with piano forte or harp accompaniment. – *London, Corri, Dussek & Co., for the author.*   [B 2583
**D-brd** F – **GB** Lbm

Six easy Italian canzonetta's with an accompaniment for the harp or piano forte. – *s. l., for the author.*   [B 2584
**GB** Gu

Six duetts for two voices, or a single one, ad libitum with an accompaniment for the piano forte. – *London, author.*   [B 2585
**D-brd** F

**BIANCHI Giovanni**

[12] Sonate [G, a, B, C, D, e, F, g, d, h, c, A] à tre, due violini, e violoncello, col basso per l'organo . . . opera prima. – *Modena, Fortuniano Rosati, 1697.* – St.   [B 2586
**GB** Lbm (vlc, fehlen vl I, vl II, org)

— *Amsterdam, Estienne Roger.*   [B 2587
**F** Pn (kpl.: vl I, vl II, vlc, org) – **GB** Lbm (vl I, vl II) – **US** CHua

Sei concerti di chiesa a quattro, due violini, viola & violoncello col basso per l'organo, e sei sonate a tre, due violini, violoncello e basso per l'organo . . . opera seconda. – *Amsterdam, Estienne Roger, No. 26.* – St.   [B 2588
**F** Pn (org) – **US** NYp (kpl.: vl I, vl II, vla, vlc, org)

**BIANCHI Giovanni Battista (I)**

Madrigali a due, e tre voci con il suo basso continuo . . . opera prima. – *Bologna, Giacomo Monti, 1675.* – St.   [B 2589
**I** Bc (kpl.: S, I, S, II, B, Bc)

**BIANCHI Giovanni Battista (II)**

Six trio à deux violons et basse . . . œuvre 1. - *Lyon, Castaud.* – St.   [B 2590
**GB** Lbm

Trois sonates [D, A, F] pour le piano forte avec accompagnement de violon. – *Paris, de La Chevardière, aux adresses ordinaires (gravées par Huguet).* – P.   [B 2591
**F** Pc, Pn

— *Offenbach, Johann André, No. 51.* – St.   [B 2592
**D-ddr** Dlb

**BIANCHI Pietro Antonio**

Il primo libro delle canzoni napolitane à tre voci. – *Venezia, Girolamo Scotto, 1572.* – St.   [B 2593
SD 1572[10]

**A** Wn (kpl.: S, T, B) – **D-brd** As (S) – **I** Bc, Fn (S) – **H** Bn (B)

Il primo libro de madrigali a quattro voci. – *Venezia, Angelo Gardano, 1582.* – St. SD 1582⁹       [B 2594 **D-brd** Mbs (T, B) – **I** Bc (kpl.: S, A, T, B), Rsc, Vnm (S, T, B)

Sacri concentus octonis vocibus, tum vivae vocis, tum omnium instrumentorum genere decantandi ([org:] Partimento de bassi per l'organo delli motetti a otto voci). – *Venezia, Angelo Gardano & fratelli, 1609.* – St.       [B 2595 **A** Wn (I: S, A, T, B; II: S, A, T, B; fehlt bc) – **D-brd** As, Rp (fehlt bc) – **GB** Lbm (A I, S II) – **I** Bc (fehlt S I), Fn (bc) – **PL** WRu (fehlt bc), Kc (bc)

## BIANCHINI Dominico (detto Rossetto)

Intabolatura de lauto ... di ricercari, motetti, madrigali, canzon francese napolitane, et balli ... libro primo. – *Venezia, Antonio Gardano, 1546.*      [B 2596 SD 1546²⁴ **A** Wn – **D-brd** Ngm – **GB** Lbm – **I** Vnm – **US** Wc

— ... di ricercari, motetti ... novamente ristampati. – *ib., 1554.*      [B 2597 SD **A** Wn – **F** Pn

— ... di ricercari, motetti ... novamente ristampata et corretta. – *ib., Girolamo Scotto, 1563.*      [B 2598 SD **A** Wn – **F** Pc

## BIANCHO Giovanni Battista → BIANCO Giovanni Battista

## BIANCIARDI Francesco

GEISTLICHE VOKALMUSIK

*1596.* Sacrarum modulationum, quae vulgo mottecta, & quatuor, quinis, senis, septem & octonis vocibus concinuntur, liber primus. – *Venezia, Angelo Gardano, 1596.* – St.      [B 2599 **I** Bc (kpl.: S, A, T, B, 5, 6)

*1601.* Sacrarum modulationum, quae vulgo motecta, & quattuor, quinis, senis, & octonis vocibus concinuntur, liber secundus. – *Venezia, Angelo Gardano, 1601.* – St.      [B 2600 **D-brd** Rp (B) – **I** Bc (kpl.: S, A, T, B, 5, 6)

*1604.* Vespertina omnium solemnitatum psalmodia, quatuor vocibus. – *Venezia, Angelo Gardano, 1604.* – St.      [B 2601 **I** Bc (kpl.: S, A, T, B)

*1605.* Missarum quattuor, & octo vocibus, liber primus. – *Venezia, Angelo Gardano, 1605.* – St.      [B 2602 **I** Bc (S, A, T, B)

*1607.* Sacrarum modulationum quae vulgo motecta, & quattuor, quinis, senis, & octonis vocibus concinuntur, liber tertius. – *Venezia, Angelo Gardano & fratelli, 1607.* – St.      [B 2603 SD **I** Bc (kpl.: S, A, T, B, 5, 6)

*1608.* Sacrarum modulationum, quae vulgo motecta, & duabus, tribus, & quatuor vocibus concinuntur, liber quartus. – *Venezia, Angelo Gardano & fratelli, 1608.* – St. SD 1608²      [B 2604 **A** Wn (S I, S II, bc) – **I** Fn (S II, B, bc), Sc (S II)

WELTLICHE VOKALMUSIK

*1597.* Il primo libro de madrigali à cinque voci. – *Venezia, Angelo Gardano, 1597.* – St.      [B 2605 **I** Vnm (T)

*1606.* Canzonette spirituali a tre voci ... libro primo. – *Venezia, Angelo Gardano, 1606 ([S:] 1608, [B:] 1605).* – St.      [B 2606 **GB** Lbm (S, A) – **I** Ls (kpl.: S, A, B) – **PL** WRu

## BIANCO Giovanni Battista

Musica a due voci utilissima per instruir i figliuoli à cantar sicuramente in breve tempo, & commodi per sonar con ogni sorte di strumenti. – *Venezia, Giacomo Vincenti, 1610.* – St.      [B 2607 **A** Wn (kpl.: S, T)

Salmi che si cantano a terza, con una messa à cinque voci, con la parte per l'organo. – *Venezia, Alessandro Vincenti, 1621.* – St. [B 2608
F Pc (kpl.: S, A, T, B, 5, org)

**BIANCO Pietro Antonio → BIANCHI Pietro Antonio**

**BIANDRA' Giovanni Pietro (DE BLANDRATE)**

Il primo libro de madrigaletti a una, doi è tre voci ... opera prima. – *Venezia, stampa del Gardano, appresso Bartolomeo Magni, 1626.* – P. [B 2609
PL WRu

Madrigali a quatro e 5. voci con basso continuo ... opera seconda. – *Venezia, Bartolomeo Magni, 1626.* – St. [B 2610
PL WRu

Sacrae cantiones binis, ternis, atque quaternis vocibus decantandae ... opus tertium. – *Venezia, sub signo Gardani, appresso Bartolomeo Magni, 1627.* – St. [B 2611
I Bc (kpl.: S, B, org), Md – PL WRu

Motectorum binis, ternis, quaternisque vocibus concinendorum liber secundus ... opus quintum. – *Venezia, Bartolomeo Magni, 1629.* – St. [B 2612
I Md (S II, bc)

**BIBER Heinrich Ignaz Franz**

KIRCHENMUSIK

Vesperae longiores ac breviores unacùm litaniis Lauretanis a IV. vocibus, II. violinis et II. violis in concerto, additis 4. vocibus in capellâ, atque tribus trombonis ex ripienis desumendis ad libitum. – *Salzburg, Johann Baptist Mayr, 1693.* – St. [B 2613
A Gmi (in conc.: A, T, B; vl I, vl II, org) – CS K (in cap.: S, A, T, B; in conc.: S, A, T, B; vl II, vla II) – D-brd Mbs (kpl.; in cap.: S, A, T, B; in conc.: S, A, T, B; vl I, vl II, vla I, vla II, org; und 5 handschriftliche Stimmen: canto rip., a-trb, t-trb, b-trb, org), OB (in conc.: S, A, T, B; vl I, vl II, vla I, org) – US NH (9 St.)

SONATEN

Sonatae, tam aris, quam aulis servientes ... pars tertia. – *Salzburg, Johann Baptist Mayr, 1676.* – St. [B 2614
D-brd Bhm (vla I)

Mensa sonora, seu musica instrumentalis, sonatis aliquot liberiùs sonantibus ad mensam. – *Salzburg, Johann Baptist Mayr, 1680.* – St. [B 2615
D-brd Mbs (vl), PA (vl, vla I, vlc, cemb) – US Wc (vl, vla II, cemb)

(8) Sonate, violino solo [mit bc]. – *[Salzburg], s. n., (Thomas Georg Höger), 1681.* [B 2616
D-brd Mbs, PA, WD – D-ddr Dlb, LEm

Fidicinium sacro-profanum, tam choro, quam foro pluribus fidibus concinnatum, & concini aptum [12 vier- bis fünfstimmige Sonaten]. – *Nürnberg, Autor (Wolfgang Moritz Endter), [1681].* – St. [B 2617
CH Zz (kpl.: vl I, vl II, vla I/vla II, vlne, bc) GB DRc – PL Wu (vl II, vlne, org)

Harmonia artificioso-ariosa diversimode accordata et in septem partes vel partitas distributa à 3. instrumentis [d, h, A, Es, g, D, c]. – *Nürnberg, Wolfgang Moritz Endter.* – St. [B 2618
D-brd Gs (kpl.: vl I, vl II, bc), WD – PL Wu (bc)

**BIDELLI Matteo**

Solemnia inter altaris sacrificium tam pro vivis, quam pro defunctis a choro decantanda octonis vocibus, addita partium gravium complexione. – *Antwerpen, Peregrino Bidelli, 1616.* – St. [B 2619
I Bc (I: S, A, T, B; II: A, T, B)

**BIECHTELER Benedictus**

Liturgia musico-sacra, sexies repetita: sive missae sex mediocriter breves: vivorum videlicet quinque defunctorum una. IV. vocibus ordin. II. violin. I. viola, organoque necessariis: IV. vocibus rip. violone, et II. tubis venatoriis ... opus I. – *Ulm, Johann Christoph Bäurleins Erben (Elias Daniel Süss), 1721.* – St. [B 2620

**D-brd** Mbs (kpl.; conc.: S, A, T, B; rip.: S, A, T, B; vl I, vl II, vla, vlne, tuba I/II, org), OB

Vox suprema Oloris Parthenii, quater vigesies Mariam salutantis in voce, chordis, et organo per consuetas ecclesiae antiphonas, videlicet VI. Alma redemptoris ... VI. Ave regina coelorum ... VI. Regina coeli laetare ... VI. Salve regina ... alternatius voce sola a canto, vel alto decantandas, vel cum organo concertante solum, vel cum violino, & basso generali ordinario ... opus II. – *Augsburg, Johann Jakob Lotter, 1731.* – St.            [B 2621
**CH** E (vox cantans, vl solo, org) – **US** R (vox cantans, vl solo, org)

**BIEHLER Gregor → BIHLER Gregor**

entfällt                                          [B 2622

**BIELING Franz Ignaz**

Sacra animae amantis suspiria, seu laus Deo et sanctis: per sequentes X. arias ad modernum stylum elaboratas ... opus I. – *Augsburg, Autor (Johann Jakob Lotter), 1729.* – St.            [B 2623
**CH** SO (instrumentum II), Zz (kpl.: vox cantans, instrumentum I, instrumentum II, instrumentum III, org)

Aerarium Marianum, hoc est: litaniae VI. non nimis longae Lauretanae de B. Virgine Maria sine labe concepta; cum annexis II. Te Deum laudamus. a IV. vocib. ordinariis, partim 2. violinis, partim unisono necess. 2. tubis vel lituis ex diversis clavibus, partim obligat. partim ad placitum producendis, principale & tympano pro libitu interdum adjunctis, cum duplici basso continuo ... opus II. – *Augsburg, Johann Jakob Lotter, 1731.* – St. [B 2624
**CS** N (S, A, T, vl II) – **D-brd** NBss (S, A, T, B; vl II, tuba I, tuba II, timp, org), OB (kpl.: S, A, T, B; vl I, vl II, princ., vlc, tuba I, tuba II, timp, org) – **H** PH (S, A, T, B, vl I, cor I, org)

Lytaniae VI [a 4v e strumenti]. – *[Augsburg, Lotter].* – St.            [B 2625
**H** Bn (lituo I)

**BIERBAUM Chrysant Joseph**

Drei- und vierstimmige Kirchenlieder welche auch einstimmig können gesungen werden; nämlich: 41 für Sopran, Alt, Tenore und Baß, 11 für Sopran, Alt und Baß, 12 für 2 Soprane und 1 Alt oder 2 Tenore und 1 Baß ... drittes Bändchen der Melodien zum Römisch-katholischen Gesangbuche. – *Bonn, Autor (P. Neusser).* – CHb.            [B 2626
**D-brd** As

**BIEREIGEN Johann**

Musicalischer KirchFreud erster Theil, in sich haltend geistliche anmütige neue Fest Gesänge ... mit 5. 6. und 8. Stimmen componirt. – *Erfurt, Johann Birckner (Philipp Wittel), 1622.* – St.            [B 2627
**D-ddr** Dlb (kpl.: S, A [unvollständig], T, B [unvollständig], 5, 6, 7)

**BIFERI (fils ainé)**

Mars et Thétis. Cantate à deux voix. – *[Paris, auteur], (gravé par Bouré).* – P.            [B 2628
**F** Pc, Pn

— *ib., auteur, Bourdon.*            [B 2629
**F** Pn

**BIFETTO Francesco**

Madrigali a quatro voci ... libro primo. – *Venezia, Antonio Gardano, 1547.* – St.            [B 2630
**GB** Lbm (B) – **I** Fc (kpl.: S, A, T, B), Rvat-ross (S, T, B)

Il secondo libro di madrigali a quatro voci. – *Venezia, Antonio Gardano, 1548.* – St.            [B 2631
**I** Bc (S)

**BIFFI Gioseffo**

Il primo libro delle canzonette à sei voci per cantar & sonare, insieme con alcune latine, una todesca, & una battaglia. – *Nürnberg, Paul Kauffmann, 1596.* – St.            [B 2632
**D-brd** F (S, 5,6), W (T) – **PL** WRu (6)

Madrigali a cinque voci, con duoi soprani. – *Milano, Agostino Tradate, 1598.* – St.            [B 2633
**GB** Lbm (B, 5) – **I** Vnm (T)

Madrigali a sei voci ... libro terzo. – *Nürnberg, Paul Kauffmann, 1600.* – St. [B 2634
**GB** Lbm (S, T, 6)

Della ricreatione di Posilipo à tre, à quattro, & à cinque voci, con un madrigale à sei ... libro primo. – *Napoli, Giovanni Battista Sottile, 1606.* – St. [B 2635
**I** Bc (S I, S II)

## BIGAGLIA Diogenio

XII Sonate a violino solo o sia flauto e violoncello o basso continuo ... opera prima. – *Amsterdam, Michel Charles Le Cene, No. 522.* – P. [B 2636
**GB** Lbm

## BIGNETTI Emilio

Novelli fiori di messe a 4 e 5 voci, con violini, e senza. – *Bologna, Giacomo Monti, 1671.* – St. [B 2637
**CH** Zz (kpl.: S I, S II, A, T, B; vl I, vl II, org) – **I** Bc (vl I), Ls, PS, Sd

## BIHLER Gregor

Sonate [Es] pour le clavecin ou pianoforté avec accompagnement de violon et basse ... œuvre 1$^r$. – *Offenbach, Johann André, aux adresses ordinaires, No. 541.* – St. [B 2638
**D-brd** OF

Grand concerto [C] pour le clavecin ou piano-forté avec accompagnement de grand orchestre ... œuvre 3$^{me}$. – *Offenbach, Johann André, No. 711.* – St. [B 2639
**D-brd** OF (14 St.) – **NL** DHgm (kl; Etikett: Amsterdam, J. H. Henning)

Variations à 4 mains pour le clavecin ou forté-piano (Journal de musique pour les dames, No. 73). – *Offenbach, Johann André, No. 827.* [B 2640
**D-brd** OF

## BILDSTEIN Hieronymus

Orpheus christianus, seu symphoniarum sacrarum prodomus 5. 6. 7. & 8. vocum, cum basso generali. – *Ravensburg, Johann Schröter, 1624.* – St. [B 2641
**D-brd** F (kpl.; I: S, A, T, B [A, T, B je 2 ×]; II: S, A, T, B [S, A, T je 2 ×]; bc)

## BILLE P. J.

Duodecim missae et missa pro defunctis, sequuntur quatuor antiphonae de Beata Maria Virgine, et vigintiquatuor modulamina duarum vocum ... pars prima (pars secunda). – *Leuven, Louis Joseph Urban, 1775.* – St. [B 2642
**B** Bc – **GB** Lbm

## BILLI Lucio

Messa e motteti a otto voci ... con il basso generale ... primo libro. – *Venezia, Ricciardo Amadino, 1601.* – St. [B 2643
**GB** Lbm (T I, A II) – **I** Bc (I: A, T, B; II: S, A, T, B; bc; fehlt S I)

Messa e motetti a otto voci ... con un basso generale ... libro secondo. – *Venezia, Ricciardo Amadino, 1603.* – St. [B 2644
**I** NOVd (A II), PCd (kpl.; I: S, A, T, B; II: S, A, T, B; bc)

Il primo libro de madrigali à cinque voci, con un dialogo à otto. – *Venezia, Ricciardo Amadino, 1602.* – St. [B 2645
**B** Gu (A, T, B; fehlen S und 5)

## BILLINGS William

The New-England Psalm-singer, or American chorister. Containing a number of psalm-tunes, anthems and canons, in four and five parts. – *Boston, Edes & Gill (Paul Revere), (1770).* – P. [B 2646
**US** AA, Bhs, Bp, NH, NYp, Wc, WDa

The singing master's assistant, or Key to practical music. Being an abridgement from the New-England Psalm-singer; together with several other tunes ... [for 4 voices]. – *Boston, Draper & Folsom, 1778.* – P. [B 2647
**US** (verschiedéne Auflagen:) Bh, Bhs, Bp (2 Ex.), BU, Cn, CA, Hm, HO, NH (2 Ex.), NYp (unvollständig), PHphs, Ps, PROu (2 Ex.), SA, SM, Wc (2 Ex.), Wca, WOa

— Roxbury (Mass.), author (Benjamin Pierpont), 1778.                    [B 2648
US DB, Wca (fehlt Titelblatt)

— ... the second edition. – Boston, Draper & Folsom, 1779.              [B 2649
US NH

— ... the third edition. – ib., 1781.
                                        [B 2650
US Bhs, Cn, Hm, NH (unvollständig), PROu, PROhs, SA, SM, WOa

— ... 4th edition. – [Boston], E. Russel.
                                        [B 2651
US Wc

Music in miniature, containing a collection of psalm tunes of various metres, set in score. – Boston, author (engraved by B. Johnston), 1779. – P.              [B 2652
US Bp (2 Ex.), NH (unvollständig), PROu, WOa

The Psalm-singer's amusement, containing a number of fuging pieces and anthems. – Boston, author (I. Norman), 1781. – P.                            [B 2653
GB Lbm – US AA, Bhs, Bp, Bh (unvollständig), BU, CA, Cn, MI (unvollständig), NYp (2 Ex., unvollständig), PHr, PROu, SM, WEL, Wc WOa

The Suffolk harmony, consisting of psalm tunes, fuges and anthems. – Boston, J. Norman, for the author, (1786). – P.
                                        [B 2654
US Bhs, Bp, CA, NH, Ps, PROu, WOa, Wc

The continental harmony, containing, a number of anthems, fuges, and chorusses, in several parts ... [for 4 voices]. – Boston, Isaiah Thomas & Ebenezer T. Andrews; Worcester, Andrews, 1794. – P.   [B 2655
US AA (2 Ex., davon 1 Ex. unvollständig), Bco, Bhs, Bp, BApi, Cn, CA, Hm, IO, MSu, NH, NYp (unvollständig), NYts, Ps, Pu, PHphs, PROu, Su, SA, Wc, Wca, WS, WEL, WOa

Peace. An anthem [for 4 voices and instruments]. – s. l., s. n.                [B 2656
US PROu

**BILLINGTON (WEICHSELL) Elizabeth**

Three lessons [D, Es, A] for the harpsichord or piano forte ... by Elizabeth

Weichsell, a child eight years of age. – London, Welcker.                    [B 2657
GB Lbm – US Cn, Wc

Six sonata's [G, A, B, Es, F, G] for the piano forte or harpsichord ... composed ... in the eleventh year of her age, opera 2da. – London, author.              [B 2658
GB Lbm, Lcm

Six progressive lessons for the harpsichord or piano forte ... op.2. – London, John Bland.                              [B 2659
US Wc

**BILLINGTON Thomas**

VOKALMUSIK

Sammlungen

[Works. Selections, bound together: Young's night thoughts; Gray's elegy; Pope's elegy; Maria's evening service to the Virgin; The children in the wood; Prior's Garland; Pope's Eloisa to Abelard; Pope's Messiah; The Te Deum ...; Lavinia, from Thomson's Seasons]. – London, author, [1780 – 1790].                        [B 2660
US R

The Te Deum, Jubilate, Magnificat & Nunc dimittis, set to music for three voices, with instructions to the performers ... opera XI. – London, author. – P.
                                        [B 2661
GB Er, Lbm, Lcm

Shenstone's pastorals, consisting of twenty-four ballads; with an accompaniment for the harp or piano forte. – London, author.                            [B 2662
GB Ge, Lbm

Six pastoral ballads after Shenstone. – London, G. Goulding.              [B 2663
GB Lbm

A first set of glees for 3 and 4 voices, selected from the Scots songs. – London, Thomas Skillern. – P.              [B 2664
GB DU – US Wc

A second set of glees for three, four & five voices, selected from the Scots songs. – London, author. – P.              [B 2665
SD S.103
GB DU, En, Lbm – US Wc

Eight canzonets [for 1–2 v] peculiarly adapted for ladies, with an accompanyment for the piano forte or harp. – *London, Longman & Broderip.*          [B 2666
**GB** Bu, Lbm (2 Ex.) – **US** Wc

A fourth set of twelve love canzonets, peculiarly adapted for ladies, with a harp or piano forte accompaniment ... to which is added a sonata, & a few hints to young vocal performers, opera X. – *London, author.*          [B 2667
**GB** Lbm

Jubilee songs in honor of Handel. – *London, author.*          [B 2668
**GB** Lbm

Einzelgesänge (Songs, Cantatas)

Ah! rose, forgive the hand severe. The Faded Bouquet [Song]. – *London, Preston & son.*          [B 2669
**GB** Lbm

Be it the god's peculiar care. Song on hearing Sig^a Allegranti in the opera of „Il Convito" [by F. G. Bertoni]. – *London, Longman & Broderip.*          [B 2670
**GB** Lbm

Celadon and Amelia, from Thomson's Seasons [Cantata for voices and harpsichord]. – *London, Preston.*          [B 2671
**GB** Lbm – **US** Bp, Wc

The Children in the wood [Cantata]. – *London, author.*          [B 2672
**GB** Gu, Lbm, Ob – **US** Cn, Ws

Damon & Musidora. – *London, Preston & son.*          [B 2673
**US** Wc

Gray's elegy [Cantata for voices and piano accompaniment] ... opera VIII. – *London, author.*          [B 2674
**US** Cn, SA, Wc, Ws

How rapid how fleeting, yet full of delight. Song. – *London, John F [entum].* [B 2675
**GB** Lbm

Laura's wedding day, set for the harp, or piano forte and adapted as a glee. – *London, author.*          [B 2676
**GB** Ge

Lavinia, from Thomson's Seasons [Cantata]. – *London, Samuel, Ann & Peter Thompson.*          [B 2677
**GB** Lbm – **US** Ws

A lovely rose [Song]. – *[London], G. Goulding.*          [B 2678
**GB** BA, Lbm

Maria's evening service to the Virgin. – *London, author.* – P.          [B 2679
**GB** Bp, Cu (2 Ex.), Gu, Lbm

Petrarch's Laura [Song]. – *London, author.*          [B 2680
**GB** Ge

Pope's Dying Christian to his soul [for voice and harp]. – *London, author.* [B 2681
**GB** Lbm

Pope's elegy to the memory of an unfortunate lady. – *London, author.* – P. [B 2682
**GB** Bp, Gu, Lbm, Lcm

Pope's Eloisa to Abelard [Cantata]. – *London, author.*          [B 2683
**GB** Bu, Gu, Lbm, Lcm

Pope's Messiah, set to music ... opera XIII. – *London, author.*          [B 2684
**GB** Lbm, Lcm

Prior's Garland [Song]. – *London, H. Wright.*          [B 2685
**GB** Ge

— *ib., author.*          [B 2686
**US** Ws

The Soldier's farewell on the eve of a battle [Cantata]. – *London, G. Goulding.* – P.          [B 2687
**GB** Lbm – **US** NYp

Sterne's soliloquy on hearing Maria sing her evening service to the Virgin [Song]. – *London, Thomas Skillern.*          [B 2688
**GB** Gu, Lbm

Strephon and Sylvia [Song]. – *[London], P. H [odgson].*          [B 2689
**GB** Lbm

Sylvia. A favorite canzonett. – *s. l., s. n. (engraved by I. Aitken).*          [B 2690
**US** MV

Young's night thoughts, selected and set to music [Cantata]. – *London, author.*
[B 2691
**GB** Bu, Gu, Lbm

— Young's night thoughts, selected and set to music [Cantata for solo voices and chorusses with bc, in three books]. – *ib., author.* [B 2692
**GB** Lbm – **US** NYp


INSTRUMENTALWERKE

Six sonatas for the harpsichord or pianoforte, four with an obligato accompaniment for the german flute, and two for the violoncello ... opera V. – *London, John Preston.* – P. [B 2693
**GB** Lbm – **US** CHH

Three trios for a violin, tenor, and violoncello ... opera VII. – *London, Longman & Broderip, for the author.* – St. [B 2694
**GB** Ckc, Lbm – **US** Wc

Six duets for a violin and tenor ... opera XII. – *London, author.* – St. [B 2695
**US** Wc


**BINAGHI (BINAGO) Benedictus (Benedetto)**

Sacrarum cantionum quinque vocum liber primus. – *Milano, Agostino Tradate, 1598.* – St. [B 2696
**PL** GD (kpl.: S, A, T, B, 5)

Coronae divinarum laudum ... quae tribus concinitur vocibus, liber primus. – *Milano, erede di Simon Tini & Filippo Lomazzo, 1604.* – P. und St. [B 2697
**GB** Lbm (P.; S I, S II, B)


**BINDER Christlieb Siegmund**

Sei sonate a tre [G, D, c, A, e, F] per il clavicembalo con flauto o violino. – *Leipzig, Bernhard Christoph Breitkopf & Sohn, 1763.* – St. [B 2698
**I** Rsc – **S** Sk

— VI Sonate a cembalo obligato con flauto. – *s. l., s. n.* – St. [B 2699
**F** Pmeyer

Sei suonate [F, D, Es, E, a, B] per il cembalo ... opera I^{ma}. – *Dresden, Autor (M. Keyl).* [B 2700
**B** Bc – **D-ddr** Bds, LEm, LEmi – **GB** Lbm – **I** Nc, Rsc, Tn – **NL** DHgm – **US** Wc

Sonata [D] per il clavicembalo solo. – *Dresden-Leipzig, s. n.* [B 2701
**CS** Pnm


**BIONDI Giovanni Battista (CESENA)**

*1605.* Due messe et motetti a quattro voci parte a voce piena, & parte a voce pari, con il suo basso generale per l'organo ... libro primo. – *Venezia, Giacomo Vincenti, 1605.* – St. [B 2702
**I** Bc (kpl.: S, A, T, B, org)

— *ib., 1607.* [B 2703
**PL** WRu (S, B, org)

— *ib., 1610.* [B 2704
**I** Bc (A)

— ... terza impressione. – *ib., 1612.*
[B 2705
**D-brd** Rp (B) – **I** Ac (B), Bc (S, A, T)

*1606a.* Salmi a quattro voci che si cantano alli vespri nelle solennità di tutto l'anno. Con il suo basso generale per l'organo ... libro primo. – *Venezia, Giacomo Vincenti, 1606.* – St. [B 2706
**I** Bc (kpl.: S, A, T, B, org)

*1606b.* Compieta con letanie che si cantano nella S. Casa di Loreto, et motetti a otto voci (con org). – *Venezia, Giacomo Vincenti, 1606.* – St. [B 2707
**I** Bc (kpl.; I: S, A, T, B; II: S, A, T, B; org)

*1606c.* Secondo libro de concerti a due voci per tutte le solennità dell'anno. – *Venezia, Giacomo Vincenti, 1606.* – St.
[B 2708
**I** Bc (kpl.: S, B, org), Rvat (S, org)

*1606d.* Motetti a quattro voci con letanie ... con il basso per l'organo, libro primo. – *Venezia, Giacomo Vincenti, 1606.* – St.
[B 2709
**I** Bc (S, A, T), Rsg (kpl.: S, A, T, B, org)

— *ib., 1610.*                    [B 2710
I Bc, Bsp

*1607a.* Salmi intieri a cinque voci che si cantano alli vespri nelle solennità di tutto l'anno. Con il basso per l'organo ... da Gio: Battista Cesena et Antonio Troilo. – *Venezia, Ricciardo Amadino, 1607 ([org:] 1606). –* St.                    [B 2711
SD 1607³
I Bc

1607b → 1605

*1608.* Messe, letanie, et motetti a cinque voci ... con il basso continuo per sonar nell' organo. – *Venezia, Giacomo Vincenti, 1608. –* St.                    [B 2712
I Bc (kpl.: S, A, T, B, 5, org) – PL WRu (fehlen T, 5)

*1609a.* Li salmi a quattro voci pari, che si cantano alli vesperi nelle solennità di tutto l'anno con il suo basso generale per l'organo ... libro secondo, opera XI. – *Venezia, Giacomo Vincenti, 1609. –* St.
                    [B 2713
D-brd BAs (A) – I Bc (kpl.: S, A, T, B, org) – PL Wu (B, org)

*1609b.* Messe et motetti a tre voci commodissime, con una messa da morto, con il basso per l'organo ... opera XII. – *Venezia, Giacomo Vincenti, 1609. –* St.
                    [B 2714
SD
I Bc (T, B)

— *ib., 1611.*                    [B 2715
I Bc (S)

*1610a.* Li salmi a cinque voci che si cantano alli vesperi nelle solennità di tutto l'anno, con il basso generale per sonar nell'organo ... libro secondo, opera XIII. – *Venezia, Giacomo Vincenti, 1610. –* St.
                    [B 2716
D-brd BAs (A) – I Bc (S, A, B, 5, org), Ls (kpl.: S, A, T, B, 5, org)

1610b → 1605

1610c → 1606d

*1611a.* Il quarto libro delli concerti a una due, tre, & à quattro voci, con il basso generale per sonar nell'organo ... opera XIIII. – *Venezia, Giacomo Vincenti, 1611. –* St.                    [B 2717
D-brd MÜs (kpl.: S, A, T, B, org), Rp (S) – F Pc (S) – I Ls

1611b → 1609b

*1612a.* Due compiete a quattro voci, una a voce piena, & l'altra a voce pari, con il basso per l'organo ... opera XV. – *Venezia Giacomo Vincenti, 1612. –* St. [B 2718
I Bc (kpl.: S, A, T, B, org), PAL (S, A, T, org)

1612b → 1605

*1621.* Il quinto libro delli concerti ... a una, due, e tre voci con il basso per l'organo. – *Venezia, Alessandro Vincenti, 1621. –* St.                    [B 2719
I Bc (kpl.: 4 St.)

*1630.* Salmi intieri concertati a quattro voci che si cantano alli vespri; con il basso continuo ... libro quarto ... opera decima nona. – *Venezia, Alessandro Vincenti, 1630. –* St.                    [B 2720
I Bc (kpl.: S, A, T, B, bc)

## BIRCH John

A choice collection of psalm-tunes, with variety of anthems and hymns in four parts ... with an introduction suited to the capacities of young practitioners. – *London, William Pearson, for the author, 1728. –* P.                    [B 2721
GB Lbm

My gran'nam god rest her old soul often said. The thirsty family. A favorite comic song. – *London, Purday & Button.* [B 2722
I Rsc

## BIRCH William

Constancy ... canzonet, with an accompaniment for the piano forte. – *London, Preston, for the author.*                    [B 2723
GB Lbm

## BIRCK Wenzel Raimund → PIRCK Wenzel Raimund

## BIRCKENSTOCK Johann Adam

Sonate a violino solo e violoncello ò basso continuo . . . opera prima, libro primo. – *Amsterdam, Roger & Michel Charles Le Cene, No. 496.* – P.                    [B 2724
**B** Bc – **D-brd** Ngm – **GB** LVp (unvollständig)

— Sonate di camera a violino solo e violoncello ò basso continuo . . . opera prima, libro secondo. – *Amsterdam, Jeanne Roger, No. 497.* – P.                       [B 2725
**B** Bc – **D-brd** Ngm – **GB** LVp (unvollständig)

— XII Solos for a violon with a thorough bass for the harpsicord or bass violin . . . opera prima. – *London, John Walsh, Joseph Hare.* – P.                       [B 2726
**D-ddr** Dlb, LEm

— *ib., John Walsh, No. 353.*            [B 2727
**D-brd** Bhm – **GB** Ckc, DRc, Lbm – **US** (ohne No.:), NYp, Wc, WGw

Six sonatas for two violins and bass . . . op. I. – *London, Wright.*              [B 2728
**B** Bc

## BIRD William Hamilton

The oriental miscellany; being a collection of the most favourite airs of Hindoostan, compiled and adapted for the harpsichord. – *Calcutta, Joseph Cooper, 1789.*
                                                    [B 2729
✓ **C** Tp – **D-brd** B – **DK** Kk – **GB** Ckc, Er, Lbm (2 Ex.), Lcm – **US** R, Wc

The resolve [Song] . . . with an accompanyment for the lute, harp, or piano forte. – *London, Broderip & Wilkinson.*       [B 2730
**GB** Lbm, Ob

Soft Pity [Song] . . . with an accompanyment for the lute harp, or piano forte. – *London, Broderip & Wilkinson.* [B 2731
**GB** Lbm, Ob

## BIRNBACH Karl Joseph

Concert [D] pour le clavecin avec l'accompagnement de deux violons, deux haut-bois, deux cors de chasse taille et basse. – *s. l., s. n.* – St.               [B 2732
**D-ddr** Dlb

Concert [C] pour le clavecin avec l'accompagnement de deux violons, deux hautbois, deux cors de chasse taille, et basse . . . œuvre II. – *s. l., s. n.* – St.       [B 2733
**D-brd** HR – **D-ddr** Dlb

Trois sonates [D, G, C] pour le clavecin, accompagnées d'un violon obligé. – *s. l., s. n.* – St.                          [B 2734
**D-ddr** Dlb

Six écossoises pour le forte-piano avec la tambourine. – *Berlin, auteur.*    [B 2735
**NL** DHgm

## BIRO Françoise de

IX Variations pour le forte-piano, et violon . . . œuvre II. – *Wien, Franz Anton Hoffmeister, No. 243.* – St.         [B 2736
**A** Wst – **I** Raf (pf, fehlt vl)

## BISCHOFF I. C.

Six sonates, à violoncelle et basse . . . œuvre première. – *Amsterdam, Joseph Schmitt.* – P.                          [B 2737
**D-brd** Tu – **GB** Cfm, Lbm, Lcm

Grande polonoise pour le pianoforte . . . No. I [D] (No. II [B]). – *Leipzig-Berlin, bureau des arts et d'industrie, No. 398 (399).*                                [B 2738
**D-brd** Bim, BNba (I)

Air varié [B] pour le violoncelle . . . N°. II. – *Amsterdam, Joseph Schmitt.* [B 2739
**D-ddr** SWl

## BISCHOFF (Episcopus) Melchior

Christi agonisantis precatio ardentissima, numeris musicis VI. vocum ornata. – *Coburg, Justus Hauck, 1608.* – St.    [B 2740
**GB** Lbm (S, T I, T II, B I, B II)

## BISEGHINI Giovanni

Missarum quaternis vocibus liber primus cum basso ad organum. – *Venezia, Giacomo Vincenti, 1613.* – St.             [B 2741
**I** Bc (B)

## BISHOP Henry

The overture, chorusses, and whole of the music as performed at the Theatre Royal Covent Garden, to The Slave, an opera in three acts composed & adapted, with the accompaniments compressed for the piano forte. – *London, Goulding, D'Almaine, Potter & Co.* [B 2742
**D-brd** Mbs (Etikett: Calkin & Budd)

The overture & songs, in the comic opera of Zuma, or The Tree of Health ... the music composed & arranged for the voice & piano forte ... book 1. – *London, Goulding, D'Almaine, Potter & Co.* [B 2743
**D-brd** Mbs

And has she then fail'd in her truth. Rondo ... in the revived Persian tale of Selima and Azor, also introduced in Love in a village. – *London, Goulding, D'Almaine, Potter & Co.* – KLA. [B 2744
**I** Rsc

Six new minuets and twelve country dances ... for the year 1788. – *London, Longman & Broderip.* [B 2745
**GB** Lbm, Ob, P

Six new minuets and six cotillons ... to which is added a minuet and gavot by Mons^r. Gardel. – *London, Longman & Broderip.* [B 2746
**SD**
**E** Mn

A selection of popular national airs, with simphonies and accompaniments. – *London, J. Power, (1820), No. 356.* [B 2747
**D-brd** Mbs

## BISHOP John

A sett of new psalm tunes, in four parts ... with variety of anthems ... the second edition, with additions. – *London, William Pearson, for the author.* – St. [B 2748
**GB** En, Lbm (2 Ex.)

— A sett of new psalm tunes, in four parts: containing proper tunes to all the different measures of the psalms ... with variety of tunes for the most common

measures ... and may be sung in 1, 2, 3, or 4 parts, with a figured bass for the organ ... with variety of anthems, in four parts ... the third edition, with additions. – *ib., John Walsh.* – St. [B 2749
**CH** E (kpl.: S, Medius, T, B) – **GB** Gtc, Lbm (2 Ex.) – **US** BRc, NH (fehlt B)

A supplement to the new psalm-book, consisting of six new anthems, and six new psalm-tunes. – *London, William Pearson, 1725.* [B 2750
**GB** A, Cu, En, Lbm

A supplement to the new psalm-book, consisting of six anthems and six psalm tunes after a different manner. – *London, William Randall.* [B 2751
**GB** Lbm

The King of France's fleet, a two part song ... within the compass of y^e flute. – *s. l., s. n.* [B 2752
**GB** Mch

## BISHOP S. M.

Here far remote from cities, courts and care. Glee. – *London, Thomas Skillern, for the author.* [B 2753
**GB** Cu, Lbm, Ob

## BISSONI Giovanni Ambrogio

Divertimenti armonici per camera a 3. strumenti ... opera prima. – *Bologna, Pier Maria Monti, Marino Silvani, 1694.* – St. [B 2754
**D-brd** MÜs (kpl.: vl I, vl II, vla)

Messe brevi a otto voci piene ... opera seconda. – *Bologna, Giuseppe Antonio Silvani, 1722.* – St. [B 2755
**D-ddr** Dlb (kpl.; I: S, A, T, B; II: S, A, T, B; vlne/tiorba, org I, org II) – **GB** Lbm (fehlen org II und vlne) – **I** Ac, Bc, NOVd (vlne, org II), NOVg (fehlt org II), Pca, VIb (A II) – **US** AA

Salmi brevi, per tutto l'anno a otto voci pieni, con uno o due organi se piace ... opera terza. – *Bologna, Giuseppe Antonio Silvani, 1724.* – St. [B 2756

I Ac (kpl.; I: S, A, B, T; II: S, A, B, T; org I, org II), CEN (fehlt org I), Bc, Bof, Li (8 St.), LOc, NOVg (fehlt org II), Vnm, VCd

Il secondo libro delle messe brevi a otto voci piene ... opera quarta. – *Bologna, Giuseppe Antonio Silvani, 1726.* – St.
[B 2757
I Ac (fehlt S II), Bam (kpl.; I: S, A, T, B; II: S, A, T, B; org I, org II), Bc, CEN (fehlt org I), FZd, NOVd (fehlt org II), Pca – US BE (fehlt org II), Cn

### BITTI Martino

Sonate a due violino e basso per suonarsi con flauto, o'vero violino. – *London, John Walsh, Joseph Hare.* – P.        [B 2758
GB Lbm, Ob

— Solo's for a flute, with a th[o]rough bass for the harpsicord or bass violin. – *ib.*        [B 2759
GB Lbm

### BITTNER Jacques

Pièces de lut. – *s. l., s. n. (gravées par Gerard de Groos), 1682.*        [B 2760
A Lm – B Br

### BIUMO Giacomo Fillippo

Magnificat ... cum 4, 5, 6, 7 et 8 vocibus, opus primum. – *Milano, Melchior Tradate, 1612.* – St.        [B 2761
I Md (S, A, 5, 7, 8, partitio)

Partito delle canzonni alla francese à 4. et à 8., con alcune aric de correnti à 4 ... libro primo, opera seconda. – *Milano, Gratiano Ferioli, 1627.*        [B 2762
B Br

Concentus musicales unica, duabus, tribus et quatuor vocibus, adduntur praeterea missae duae et Magnificat duo, una cum symphonia ad tonos quatuor vocibus ... opus tertium. – *Milano, Giorgio Rolla, 1629.* – St.        [B 2763
I Md (kpl.: S, A, T, B)

### BIZZARO ... →
### ACCADEMICO BIZZARO CAPRICCIOSO

### BLADWELL C. D.

The fair maniac. A plaintive ballad. – *London, Longman & Broderip, for the author.*        [B 2764
GB Lbm, Ob

### BLAINVILLE Charles-Henri

VOKALMUSIK

1er. Recueil de romances et ariettes à voix seule avec accompagnement de violon ou flûte et basse-continue. – *Paris, Le Menu; Lyon, s. n. (gravé par Ribart).* – P.
[B 2765
F Pa, Pc

Le dépit amoureux. Cantatille à voix seule et accompagnement. – *Paris, auteur, Vernadez, Bayard, Mlle Castagnery, Le Menu.* – P.        [B 2766
F AG, Pn

Jphise. Cantatille [für Solostimme, Instrumente und bc]. – *s. l., s. n.* – P. [B 2767
US Cn (fehlt Titelblatt)

Le serin perdu. Cantatille à voix seul et accompagnement. – *Paris, auteur (gravée par Lesclair).*        [B 2768
US Wc

Venus vengée. Cantatille à voix seule et accompagnement. – *Paris, auteur, Bayard, Le Clerc, Mlle Castagnery, Le Menu (gravée par Mlle Vendôme).* – P.        [B 2769
US Cn

Le bonheur de la vie champêtre. Chanson (in: Mercure de France, Aug. 1754). – *[Paris], s. n., (1754).*        [B 2770
GB Lbm

D'une aimable bergère. Chanson (in: Mercure de France, Juín 1753). – *[Paris], s. n., (1753).*        [B 2771
GB Lbm

Flore en nos champs rétablit son empire. Chanson (in: Mercure de France, 1752). – *[Paris], s. n., (1752).*        [B 2772
GB Lbm

Goutons les douceurs de la vie. Chanson anacréontique (in: Mercure de France, Juillet 1753). – *[Paris]*, *s. n.*, *(1753)*.
[B 2773
**GB** Lbm

Le retour du printems. Chanson (in: Mercure de France, Mars 1754). – *[Paris]*, *s. n.*, *(1754)*.
[B 2774
**GB** Lbm

INSTRUMENTALWERKE

Six simphonie pour deux violons, ou fluttes, alto viola, basson, violle, ou violoncel obligé, avec la basse continue: et peuvent également s'exécuter en trio ... Ier œuvre. – *Paris, auteur, Vve Boivin, Le Clerc.* – St.
[B 2775
**CH** Zz (vl I, vl II, vla, org/vlc)

Six simphonies pour deux violons, flûtes ou hautbois, alto viola, basson ou violoncel obligé et basse continue ... œuvre second. – *Paris, auteur.* – St.
[B 2776
**F** Pn (vl I, vl II, vla, b)

Premier livre de sonates [D, G, F, b, A, G] pour le dessus de violle avec la basse continue. – *Paris, auteur, Vve Boivin, Le Clerc, Mlle Castagnery (gravée par Mme Leclair).* – P.
[B 2777
**GB** Lbm – **NL** DHgm

## BLAISE Adolphe

MUSIK ZU BÜHNENWERKEN

Accajou

Les cinq voyelles. Trio ... on peut exécuter ce trio sans accompagnement. – *s. l.*, *s. n.* – P.
[B 2778
**F** Pc

Les amours champestres (von Rameau)

Les amours champestres, pastorale, parodie de l'acte des sauvages, quatrième entrée des Indes galantes ... avec les airs notés. – *Paris, Delormel & fils, Prault fils, 1751.* – P.
[B 2779
**GB** Lbm (2 Ex., davon 1 Ex. unvollständig)

Annette et Lubin

Annette et Lubin. Comédie en un acte en vers ... mêlée d'ariettes et vaudevilles dont les accompagnements sont de Mr. Blaise. – *Paris, de La Chevardière, aux adresses ordinaires (gravée par Chambon).* – P. und St.
[B 2780

**A** Wn (P., vl I, vl II, vla, b) – **D-ddr** Dlb, ROu, SWl – **DK** Kk – **F** A (P.), AG (P. [2 Ex.]), Dc (P.), Lc, Lm (P. [2 verschiedene Ausgaben]), Pa (P.), Pc (P. [9 Ex.], b), Pn (P. [3 Ex.]), Po (P.), R (P.), TLc (P.), V – **GB** Lbm (P.) – **I** MOe, Rvat (P.) – **NL** DHgm (P. [2 Ex.] und St.), Uim (P.) – **S** KA (vl I, vl II, vla, b), Skma (vl I, vl II, vla, b) – **US** AA (P.), Bp, Cn, (P., fehlt Titelblatt), CA (P.), I (P.), R (P.), Wc (P. [2 verschiedene Ausgaben, 2. Ex.: écrit par Ribière])

— *ib.*, *Duchesne*, *1762.*
[B 2781
**F** Po

— *ib.*, *1763.*
[B 2782
**GB** Ckc

— *s. l.*, *s. n.*
[B 2783
**B** Bc

— [... arrangé en trio pour deux violons et basse]. – *s. l.*, *s. n.* – St.
[B 2784
**D-ddr** Bds

Recueil de toutes les ariettes ... avec accompagnement de clavecin ou violoncelle. – *Paris, de La Chevardière.* – P.
[B 2785
**F** Pc (3 Ex.), Pn, TLm – **GB** Ckc, Lbm (andere Ausgabe) – **H** Bn [unvollständig] – **S** Skma

Ah! que le nom de mère est tendre. – *[Paris]*, *Frère.*
[B 2786
**GB** Lbm

Annette à l'age de quinze ans. – *s. l.*, *s. n.*
[B 2787
**GB** Lbm

— ... avec accompagnement de flûte ou violon. – *[Paris]*, *Frère.*
[B 2788
**GB** Lbm

C'est la fille à Simonette. Chansonnette ... avec accompagnement de guitarre. – *s. l.*, *s. n.*
[B 2789
**GB** Lbm

Ce n'est que dans la retraite . . . (Ah! Monseigneur, tout est chez vous). – *[Paris]*, *Frère*.　　　　　　　　　　　[B 2790
GB Lbm

Chère Annette reçois l'hommage . . . avec accompagnement de flutte ou violon. – *[Paris]*, *Frère*.　　　　　　　[B 2791
GB Lbm

Le cœur de mon Annette . . . avec accompagnement de basse. – *[Paris]*, *Frère*.　　　　　　　　　　　　[B 2792
GB Lbm

Il étoit une fille. – *[Paris]*, *Frère*. [B 2793
GB Lbm

— *s. l., s. n.*　　　　　　　　　[B 2794
D-brd BÜ (fehlt Titelblatt)

Il vous dit qu'il vous aime . . . (Lubin pour me prévenir). – *s. l., s. n.*　　　[B 2795
GB Lbm

J'entens sa voix. – *[Paris]*, *Frère*. [B 2796
GB Lbm

Jeune et novice encore . . . avec accompagnement de basse. – *[Paris]*, *Frère*.　　　　　　　　　　　　[B 2797
GR Lbm

L'orsq'Annette est avec Lubin. – *s. l., s. n.*　　　　　　　　　　　　[B 2798
GB Lbm

Lubin aime sa bergère. Vaudeville. – *s. l., s. n.*　　　　　　　　　　　　[B 2799
GB Lbm

Lubin est d'une figure. Ariette. – *[Paris]*, *Frère*.　　　　　　　　　　[B 2800
GB Lbm

Monseigneur Lubin m'aime . . . avec accompagnement de violon. – *[Paris]*, *Frère*.　　　　　　　　　　[B 2801
GB Lbm

Monseigneur, voyez mes larmes. Ariette. – *[Paris]*, *Frère*.　　　　　[B 2802
GB Lbm

— *s. l., s. n.*　　　　　　　　　[B 2803
CH BEl

Pauvre Annette! Air. – *[Paris]*, *Frère*.　　　　　　　　　　　　　[B 2804
GB Lbm

— *s. l., s. n.*　　　　　　　　　[B 2805
CH BEl

Pour mon Annette formons une maisonnette. Ariette. – *[Paris]*, *Frère*.　　　　　　　　　　　　[B 2806
GB Lbm

Quelle est belle ma cabane. – *[Paris]*, *Frère*.　　　　　　　　[B 2807
GB Lbm

Isabelle et Gertrude, ou Les Sylphes supposés

Isabelle et Gertrude, ou Les sylphes supposés. Comédie en un acte par M. Favart . . . représentée à la Comédie italienne. – *Paris, de La Chevardière; Lyon, les frères Le Goux, Castaud.* – P. und St.　　[B 2808
A Wn (P., vl I, vl II, vla, cor I, cor II, ob/fl, b) – B Bc (P.) Gc (P.) – D-brd KNh (P., fehlt Titelblatt), Rtt (P.) – D-ddr Dlb, LEmi (vl I/ vl II, vla, b, ob, fl, cor I/cor II), LEm, SWl – DK Kk (P.) – F A (P. [2 Ex.]), AG (P.), BO, Dc (P. [3 Ex.]), Lc, Lm (P.), LYc (P.), Pa (P. [2 Ex.], vl I [2 Ex.], vl II, vla, b, ob, fl, cor I/ cor II [2 Ex.]), Pc (P. [4 Ex.], 7 St.), Pn (P. [2 Ex.], 7 St. [3 Ex., zum Teil unvollständig]), Po (P.), R (P.), TLc (P.), V (fehlt b) – GB Lbm (P. [2 Ex.]) – I Gl, Rvat (P.) – NL DHgm (P. und St.), Uim (P.) – S St (P.) – US AA, Bp (P.), BE (P.), Cn (P.), I (P.), NYp (P.), Wc (P.)

— *ib., la Vve Duchesne, 1765.*　　　[B 2809
CH Fcu – US Bp

Menuets nouveaux en concerto. – *Paris, Vve Boivin, Le Clerc (gravé par L. Hue).* – P.　　　　　　　　　　　　[B 2810
F BO

[Parties séparées . . . mise en musique. – *Paris, s. n.].* – St.　　　　　[B 2811
S St (7 St., fehlt Titelblatt)

Airs détachés. – *Paris, de La Chevardière (gravés par Mme de Lusse).* – P. [B 2812
F Pc (2 Ex.) – US CHH

Ariettes [à 1 et 2 v]. – *Paris, s. n.* – P.　　　　　　　　　　　　[B 2813
F V

La rosière de Salenci (Pasticcio)

La Rosière de Salenci. Comédie en trois actes, représentée sur le Théâtre de la Comédie italienne. – *Paris, de La Chevardière; Lyon, Castaud, Sevrières.* – P. und St. [B 2814
SD
F Pc (P. [2 Ex.]), TLm (P.) – I MOe

Ariettes détachées. – *Paris, de la Chevardière, aux adresses ordinaires; Lyon, Castaud (gravées par le S<sup>r</sup>. Dezauche).* – P. [B 2815
F Pa

EINZELNE VOKAL- UND INSTRUMENTAL-WERKE

Le coucher du soleil. Cantatille, chantée dans la pièce des tableaux. – *s. l., s. n.* – P. [B 2816
US Wc (fehlt Titelblatt)

Divin Bacchus, mon cœur soupire. Air à boire (in: Mercure de France, Aug. 1739). – *[Paris], s. n., (1739).* [B 2817
GB Lbm

L'esprit de divorce. Divertissement. – *s. l., s. n.* – P. [B 2818
F Pa

La Felicité. – *s. l., s. n.* – P. [B 2819
F AG

Le feu de la ville. Cantatille. – *(Paris, Prault père, 1739).* – P. [B 2820
F Pa, Pn

Pour toi, belle Cloris. Musette (in: Mercure de France, Jan. 1742). – *[Paris], s. n., (1742).* [B 2821
GB Lbm

La ... divertissement [instrumental, Air und Vaudeville für 1 v und bc]. – *s. l., s. n.* – P. [B 2822
F Pa – US Wc

**BLAKE Benjamin**

Six duets [C, F, D, G, A, Es] for a violin and tenor. – *London, William Napier, No. 76.* – St. [B 2823

D-brd B – GB Ckc, Lam (unvollständig), Lbm, Lcm – I Vc – US Wc

— *ib., Longman & Broderip.* [B 2824
B Bc

— Six duos pour un violon et un alto ... œuvre I<sup>r</sup>. – *Paris, Bailleux (gravé par Mme d'Aussel Olivier).* – St. [B 2825
F Pc

A second sett of six duetts [G, C, A, B, G, Es] for a violin & tenor ... op. II<sup>da</sup>. – *London, James Blundell.* – St. [B 2826
D-brd B – EIRE Dam – GB Lbm – US Wc

A third sett of six duetts [D, F, B, Es, G, A] for a violin and tenor ... op. III. – *London, author.* – St. [B 2827
GB Ckc, Lam (unvollständig), Lbm (2 Ex.) – I Vc – US Wc

— *ib., Preston & son.* [B 2828
S Skma

— *ib., s. n., 1785.* [B 2829
C Mm

Six sonatas for the piano forte with an accompaniment for a violin ... opera 4. – *London, author.* – P. [B 2830
GB Er, Gu, Lbm, Ob

— *ib., Preston & son, for the author.* [B 2831
US HA

Nine divertimentos, for the piano forte, with an accompaniment for a violin ad libitum, op. 5. – *London, Robert Birchall, for the author.* – St. [B 2832
GB Lbm

A duet for a violin & tenor, or violin & violoncello ... op. 7. – *London, Robert Birchall, for the author.* – P. (vl/vla) und St. (vlc) [B 2833
US Wc

Three solos for the tenor with an accompaniment for the violoncello. – *London, Monzani & Hill.* – P. [B 2834
US WC

**BLAKE Richard**

Twelve new country dances for the year 1788. – *London, Longman & Broderip.*
[B 2835
GB Lbm, Ob

Six duets for german flutes. - *London, J. Longman & Co.* [B 2836
GB Lbm

**BLANC**

Colin est sensible et tendre. L'Amant sincère. Romance . . . avec accompagnement de guitare. – *Paris, Toulan.* – P. [B 2837
F Pn

**BLANCHAIS Pietro Antonio → BIANCHI Pietro Antonio**

**BLANCK Nicholaus**

Six solos for the german flute . . . opera terza. – *London, John Johnston, 1770.*
[B 2838
GB Lbm

— *ib., Longman & Broderip, John Johnston.* [B 2839
EIRE Dn

**BLAND Maria Theresa**

'Twas in the solemn midnight hour. A favorite ballad with an accompaniment for the piano forte . . . in the new comedy of Sighs, or The daughter. – *London, Theodor Monzani.* [B 2840
GB Lbm – US Cn

— *Dublin, Hime.* [B 2841
GB Lbm

**BLANDFORD George Spencer**

Twelve glees, ten for three voices, and two for four voices. – *London, s. n., 1798.*
[B 2842
GB Ge – US Wc

Sei duetti con accompagnamento di cembalo o d'arpa . . . (opera prima). – *London, s. n., 1800.* [B 2843
US Wc

Sei arie con accompagnamento. – *London, s. n., 1791.* [B 2844
GB Ge – US Bp

**BLANKENBURG Quirinus Gerbrandt**

Clavicimbel-en orgelboek der gereformeerde Psalmen en kerkzangen, met de zelfde noten die de gemeinte zingt, tot vloeijende maatzangen gemaakt, in styl en hoogte bepaald, met cieraden verzien, en met kunst verrykt. – *Den Haag, Laurens Berkoske, 1732.* [B 2845
F Pc – NL At, DHk, Hs, Lu – US BE, R, Wc

— Livre de clavecin et d'orgues pour les pseaumes et cantiques de l'église réformée . . . cette seconde édition étant augmentée par une instruction . . . clavecimbel en orgelboek der gereformeerde Psalmen en kerkzangen . . . dezen tweeden druk vermeerdert met een instructie. – *ib., 1745.*
[B 2846
GB Lbm – NL At, DHgm, DHk, Lu, Uim – US Wc

Duplicata Ratio Musices, ou La Double Harmonie (La double harmonie d'une musique algébraïque . . . dont la basse et le dessus de concert, produisent des pièces dont la moitié contient le total . . . suivi de quelqu'airs de trompette & de tymbales . . . tous pour le clavecin. – De verdubbelde harmony . . .). – *Den Haag, Laurens Berkoske, 1733.* [B 2847
GB Lbm – NL At

**BLASCO DE NEBRA Manuel**

Seis sonatas para clave, y fuerte piano, obra primera. – *Madrid, s. n.* [B 2848
US Wc

entfällt [B 2849

**BLASIUS Matthäus**

BÜHNENWERKE

L'amour hermite

L'Amour hermite. Pièce anacréontique en un acte mêlée d'ariettes. – *Paris, Sieber. Nr. 1020.* – P. [B 2850
B Bc – F A, Dc, Pc – S St – US Bp

Ouverture . . . à grand orchestre. – *Paris, Sieber, No. 1049.* – St.          [B 2851
F Lm (kpl., 9 St., ob I, ob II, cor I, cor II je 2 Ex.)

VOKALMUSIK

Vive l'amour et la folie. Couplets (in: Lyre d'Orphée, année 3, No. 4). – *Paris, à la nouveauté.*          [B 2852
GB Lbm

INSTRUMENTALWERKE

Sinfonien, Konzerte, Ouverturen

Simphonie concertante [E] pour deux cors. – *Paris, imprimerie du conservatoire de musique, No. 35.* – St.          [B 2853
D-brd HR (kpl., 10 St.), MÜu (kpl., 10 St.) – F Pc (kpl., vl I, vl II, bc je 2 Ex.), Pn (cor II principal, vl II, vla, ob I, ob II, cor I, cor II)

Premier concerto [C] pour clarinette principale, deux violons, alto, basse, cor et hautbois. – *Paris, Cochet.* – St. [B 2854
D-brd AB (kpl., 9 St.)

(2me.) Concerto [C] pour clarinette principale, deux violons, alto, basse, cor et hautbois. – *Paris, Cochet.* – St. [B 2855
D-brd AB (fehlen cor I, cor II)

Troisième concerto [F] pour clarinette, avec accompagnement de deux violons, alto, basse, cors et hautbois. – *Zürich, Johann Georg Nägeli, No. 346.* – St.          [B 2856
D-brd AB (kpl., 9 St.) – I Nc

Deuxième concerto à violon principal. – *Paris, Vogt & Vve Goulden (gravé par Michot).* – St.          [B 2857
F Pn (kpl., 7 St.)

Troisième concerto à violon principal. – *Paris, Erard.* – St.          [B 2858
B Bc

Ouverture pour instrumens à vent . . . N. 8. – *Paris, magazin de musique à l'usage des fêtes nationales.* – St.          [B 2859
F Pc (kpl., 9 St.)

Werke für 4 Instrumente

Quatuors concertants [F, Es, B] pour clarinette ou violon primo, violon second, alto et basse . . . œuvre Ier. – *Paris, Sieber.* – St.          [B 2860
A Wgm – I MOe

Six quatuors concertants [C, G, B, d, F, c] pour deux violons, alto, et violoncelle . . . œuvre 3e. – *Paris, Bouin, Mlle Castagnery; Versailles, Blaisot, les marchands de musique de province (écrit par Ribiere).* – St.          [B 2861
D-brd SPlb – US NYp

Six quatuors . . . œuvre 12e. – *Paris, Sieber.* – St.          [B 2862
B Bc

Trois quatuors [F, c, C] pour deux violons, alto et basse . . . œuvre 19e. – *Paris, magasin de musique à l'usage des fêtes nationales (gravée par Vérâté & Le Blanc).* – St.          [B 2863
CS Pnm (vl II) – D-brd Tu – D-ddr SWl – F Pc

Werke für 3 Instrumente

Trois trios [Es, F, B] pour deux clarinettes et bassons . . . œuvre 2. – *Paris, Porthaux, No. 32.* – St.          [B 2864
A Wgm

Trois trios dialogués pour clarinette, violon et violoncelle ou basson . . . œuvre 31e. – *Paris, les frères Gaveaux, No. 91.* – St.          [B 2865
F BO

Trois trios [F, A, C] pour deux violons et violoncelle . . . œuvre [48]. – *Paris, Bochsa père, auteur, No. 44.* – St.          [B 2866
D-brd B – I Mc

Werke für 2 Instrumente
(mit Opuszahlen)

Six duo pour deux violons . . . œuvre 4. – *Paris, Bouin.* – St.          [B 2867
US Wc

Six duos [B, F, C, G, D, A] pour deux violons . . . œuvre VIII. – *Paris, Imbault, No. 264.* – St.          [B 2868
D-brd B – GB Lbm, Lcm

Six duo concertans pour deux bassons . . . œuvre 27e. – *Paris, B. Viguerie (gravé par Lobry).* - St.                    [B 2869
**D-brd** Bhm

Trois duos [B, F, C] pour deux violons . . . œuvre 28me. – *Offenbach, Johann André, No. 936.* – St.                    [B 2870
**D-brd** OF – **NL** DHgm

— Trois duos [B, F, C] pour deux violons . . . œuvre A. – *Paris, magasin de musique à l'usage des fêtes nationales.* – St. [B 2871
**F** Pc

Trois duos [G, A, Es] pour deux violons . . . œuvre 29me. – *Offenbach, Johann André, No. 937.* – St.                    [B 2872
**D-brd** OF – **I** Vc

— Trois duos [G, A, Es] pour deux violons . . . œuvre B. – *Paris, magasin de musique à l'usage des fêtes nationales.* – St. [B 2873
**F** Pc (vl I)

Trois duos [A, B, F] pour deux violons . . . œuvre 30, livre (1). – *Offenbach, Johann André, No. 1129.* – St.            [B 2874
**D-brd** OF

— Six duo dialogués pour deux violons . . . œuvre 28me, 1re partie [A, B, F]. – *Paris, B. Viguerie; Zürich, Johann Georg Nägeli, No. 20.* – St.                     [B 2875
**A** Wgm – **YU** Zha

Trois duos [D, G, Es] pour deux violons . . . œuvre 30, livre (2). – *Offenbach, Johann André, No. 1130.* – St.           [B 2876
**D-brd** OF

Six duos très faciles [B, Es, B, Es, B, Es] pour deux clarinettes . . . œuvre 39me. – *Offenbach, Johann André, No. 1133.* – St.                    [B 2877
**D-brd** OF

Trois sonates [A, B, Es] pour violon avec accompagnement de violoncelle . . . œuvre 41. – *Paris, Pleyel (gravé par Richomme), No. 224.* – P.                    [B 2878
**A** Wn – **DK** Kk – **I** Nc – **S** Skma

Trois sonates pour le violon avec accompagnement de basse . . . œuvre 43. – *Paris, Mlles Erard, No. 26.* – P.            [B 2879

**DK** Kk – **GB** Lbm – **NL** Uim – **US** Wc (2 Ex., davon 1 Ex. unvollständig; angebunden: Trois grandes sonates pour violon . . . oeuvre 60)

— *ib., Mlles Erard; Lyon, Garnier.*
                                          [B 2880
**F** Pc, Pn

Trois sonatines pour violon, avec accompagnement de basse . . . op. 55. – *Paris, Gaveaux, No. 20.* – P.                  [B 2881
**US** Wc

Six sonates [G, C, F, D, A, C] pour la flûte avec accompagnement de basse, ou Études graduelles pour cet instrument . . . opéra 58, livre [1(–2)]. – *Paris, magasin de musique, No. 454(–455).* – St.       [B 2882
**D-brd** B

Werke für 2 Instrumente
(ohne Opuszahlen)

Six sonates pour le piano-forte avec accompagnement d'un violon. – *[Paris], auteur, aux adresses ordinaires (imprimerie de la société littéraire typographique), 1783.* – St.                    [B 2883
**F** Pc (pf)

Trois sonates [G, D, A] pour le violon avec accompagnement de basse. – *Paris, Sieber, No. 1768.* – P.                    [B 2884
**D-brd** F

Six duos pour deux bassons. – *Paris, Le Duc.* – St.                                      [B 2885
**GB** Lbm

Caprices ou étude du violon. – *Paris, Auguste Le Duc & Co., No. 77(–80).*
                                          [B 2886
**US** NYp (ohne Titelblatt), Wc

— Caprices ou étude du violon . . . No. 18. – *Paris, Cochet.*                             [B 2887
**CS** Pnm


## BLATTMAN P. P.

Heureux l'instant. Duo des Comédiens ambulans, accompagnement par P. P. Blattman (in: Feuille de Terpsichore, année 15, No. 17). – *Paris, Cousineau, No. 259.*                    [B 2888
**DK** Kk

Quand j'entends. Chanson, air et accompagnement par P. P. Blattman. – *s. l., s. n.* [B 2889
**DK** Kk (Etikett: [Paris], Louis)

Si tu veux faire. Air des Comédiens ambulans, accompagnement par P. P. Blattman (in: Feuille de Terpsichore, année 15, No. 14). – *Paris, Cousineau, No. 259.* [B 2890
**DK** Kk

Premières leçons de harpe . . . œuvre VI. – *Paris, auteur (gravé par Le Roy l'aîné).* [B 2891
**GB** Lbm

Trois sonates [B, F, B] pour la harpe avec accompagnement de violon . . . œuvre VII. – *Paris, auteur (gravé par Le Roy l'aîné), No. 7.* – St. [B 2892
**GB** Lbm (hf, fehlt vl)

Trois sonates [Es, F, B] pour la harpe avec accompagnement de violon . . . œuvre 8e. – *Paris, auteur (gravé par Mlle Croisé), No. 8.* – St. [B 2893
**GB** Lbm (hf, fehlt vl)

— Petite sonate [Es] de harpe avec accompagnement de violon ad libitum. – *Paris, auteur (gravée par Le Roy l'aîné), No. 8.* – St. [B 2894
**F** Pn

— Petite sonate [F] de harpe avec accompagnement de violon ad libitum. – *Paris, auteur (gravée par Le Roy l'aîné), No. 8.* – St. [B 2895
**F** Pn

— Petite sonate [B] de harpe avec accompagnement de violon ad libitum. – *Paris, auteur (gravée par Le Roy l'aîné), No. 8.* – St. [B 2896
**F** Pn

## BLAVET Michel

MUSIK ZU BÜHNENWERKEN

Le Jaloux corrigé. Opéra bouffon en un acte avec un divertissement. L'on a parodié dans cet acte, dix ariettes prises de la musique de la Serva padrona, du Gio-

catoré, et de Maestro di Musica, et le récitatif est fait à l'imitation de celuy des italiens. – *Paris, auteur, aux adresses ordinaires.* – P. [B 2897
**DK** Kk – **F** Pa, Pc (3 Ex.), Pn (2 Ex.), Po – **GB** Lbm

Les Moeurs du siècle. Vaudeville . . . avec accompagnement de guitare. – *s. l., s. n., 1779.* [B 2898
**GB** Lbm

— *Paris, Camand.* [B 2899
**GB** Lbm

INSTRUMENTALWERKE

Premier œuvre contenant six sonates pour deux flûtes-traversières sans basse. – *Paris, auteur, Boivin, Le Clerc, 1728.* – P. [B 2900
**F** Pc (2 Ex.), Pn (2 Ex.) – **GB** Lbm – **US** NH

— . . . nouvellement regravées sur la seconde ligne pour l'utilité du public. – *ib., 1741.* [B 2901
**F** Pc

Sonates mêlées de pièces pour la flûte-traversière avec la basse . . . œuvre II. – *Paris, auteur, Mme Boivin, Leclair (gravées par Dumont), 1732.* – P. [B 2902
**F** Pa, Pc (2 Ex.), Pn (2 Ex.) – **I** BGi – **US** NYp

— *ib., auteur, Boivin, Le Clerc (Marin).* [B 2903
**D-brd** KA – **F** Pc, Pn

Troisième livre de sonates pour la flûte traversière avec la basse. – *Paris, auteur, Vve Boivin, Le Clerc, 1740.* – P. [B 2904
**F** Pc, Pn

## BLAZE Henri-Sébastien

Deux concerto pour le clavecin ou le forte-piano avec l'accompagnement de deux violons et basse obligés, deux flûtes et deux cors ad libitum . . . œuvre Iere. – *Paris, Le Duc, Boyer; Lyon, Castaud; Marseille, Charpentier.* – St. [B 2905
**F** Pc (kpl.; clav [2 Ex.])

## BLEOAPS Joan

Simphonie II [B] à deux violons, deux alto et basse, deux hautbois, deux cors. – *Paris, Sieber*. – St.                    [B 2906
I Gl (kpl., 9 St.)

## BLEWITT Jonas

VOKALMUSIK

A collection of favorite ballads. – *London, Longman & Broderip*.                    [B 2907
GB Gu, Lbm, Ob

Einzelgesänge

The bucket of water, an entire new song. – *London, Longman & Broderip*. [B 2908
GB Lbm

Emma. A favorite song, sung by Miss Granger in the new entertainment of Fashionable Rallery. – *[London]*, *Longman & Broderip*.                    [B 2909
GB Gu, Lbm, Ob

For me'tis not to boast of wealth. A favorite pastoral ballad. – *[London]*, *Longman & Broderip*.                    [B 2910
GB Lbm, Ob

Gentle Damon, cease complaining. A favorite pastoral ballad. – *[London]*, *Longman & Broderip*.                    [B 2911
GB Lbm

Had I the pinions of a dove. A favorite ballad. – *[London]*, *Longman & Broderip*.                    [B 2912
GB Lbm, Ob

Hark hark the shrill herald. A favorite hunting song. – *[London]*, *John Bland*.                    [B 2913
US Bh

Hark the woodlark. A canzonet for two voices. – *London, John Carr*.    [B 2914
US Bh

Have you e'er been in love. Wery pekooliar, for the Lisping lover. A comic song ... arranged for the piano forté. – *s. l., John Cole Balto, No. 439*.                    [B 2915
D-brd B

The hopeless maid. A favorite ballad. – *[London]*, *Longman & Broderip*. [B 2916
GB Lbm

How sweet is the morning in spring. A favorite rondo. – *[London]*, *Longman & Broderip*.                    [B 2917
GB Lbm

I could not deny him cou'd you [Song]. – *London, H. Holland*.          [B 2918
GB Lbm

I know a trick worth two of that [Song]. – *London, T. Jones & Co.*    [B 2919
GB Lbm

I must and I will have a youth to my mind. A favorite ballad. – *London, Longman & Broderip*.                    [B 2920
GB Lbm

The joys of the bottle. An entire new song. – *London, Longman & Broderip*. [B 2921
GB Lbm

Julia. A favorite pastoral ballad. – *London, W. Boag*.                    [B 2922
GB Lbm, Ob

The lass of humber side. A favorite ballad. – *[London]*, *Longman & Broderip*.                    [B 2923
GB Lbm, Ob

—– *[ib.]*, *B. Carr*.                    [B 2924
US PHf

Love and War. A favorite song. – *London, William Hodsoll*.               [B 2925
GB Lbm

Loyalty. A favourite song ... in ... Fashionable Rallery. – *[London]*, *Longman & Broderip*.                    [B 2926
GB Gu, Lbm, Ob

The Maid of the Cot. A favorite song. – *[London]*, *Longman & Broderip*. [B 2927
GB Lbm

The nations no longer. A favorite song on peace. – *[London]*, *Longman & Broderip*.                    [B 2928
GB Lbm, Ob

Neptune and Britannia. A favorite canzonet for two voices. – *London, William Hodsoll*. [B 2929
**GB** Lbm

One day as young Harry came whistling along. A favorite ballad. – *[London]*, *Longman & Broderip*. [B 2930
**GB** Lbm, Ob

T'other day 'twas in a mead. Rondo. – *London, F. Linley*. [B 2931
**GB** Lbm

O'er the wide field of fancy to pleasure I haste. A favorite laughing song. – *[London]*, *Longman & Broderip*. [B 2932
**GB** Lbm, Ob – **US** NYp

See Sol sweetly smiles with his gold beaming face. A favorite hunting song. – *[London]*, *Longman & Broderip*. [B 2933
**GB** Lbm

So it came to pass. A favorite song. – *[London]*, *Longman & Broderip*. [B 2934
**GB** Lbm

The Sportsmen are called. A favorite hunting song. – *[London]*, *Longman & Broderip*. [B 2935
**GB** Lbm, Ob

Spring water cresses. A favorite song. – *London, Longman & Broderip*. [B 2936
**US** PHu

Stay, lady, stay, for mercy's sake. The orphan boy's tale ... for the piano forte or harp, with an accompaniment for the german flute. – *London, Edward Riley*.
[B 2937
**US** NYp

There is something so charming in dear London town. The much admired song. ... in the favorite entertainment of the Naval Review. – *[London]*, *Fentum's music warehouse*. [B 2938
**GB** Lbm

They call me a toper. The favorite laughing song. – *[London]*, *Longman & Broderip*.
[B 2939
**GB** Lbm

To woods and dells where echo dwells. A favorite pastoral ballad. – *[London]*, *Longman & Broderip*. [B 2940
**GB** Lbm

The Veil. A favorite song ... in ... Fashionable Rallery. – *[London]*, *Longman & Broderip*. [B 2941
**GB** Gu, Lbm Ob

Was ever poor girl in such trouble as me. By Jove I'll be married, and that very soon. A favorite song. – *New York, G. Gilfert*. [B 2942
**US** Wc

What can a maiden do? A favorite song. – *London, Longman & Broderip*. [B 2943
**GB** Lbm

What pleasures are found when in search of the game. A favorite shooting song. – *[London]*, *Longman & Broderip*. [B 2944
**GB** Lbm

What raptures ring around. A favorite hunting song. – *[London]*, *Longman & Broderip*. [B 2945
**GB** Lbm

When babies cry. Surprising-vocalising. The origin of singing, its progress & development. A song, dedicated to the musical million, in hope of the same number of patrons. – *London, Jacob Beuler, Keith & Prowse, Munro & May, Cramer & Co. and by other music sellers*. [B 2946
**S** Uu

When, dearest Sue, the land I left. A favorite ballad. – *[London]*, *Longman & Broderip*. [B 2947
**GB** Lbm, Ob

When skipping round the May-pole gay. A favorite ballad. – *[London]*, *Longman & Broderip*. [B 2948
**GB** Lbm

Where are my jolly companions gone. A favorite drunken song. – *[London]*, *Longman & Broderip*. [B 2949
**GB** Lbm, Ob

While giddy pride from day to day. Pleasure's in the vale. A favorite song. – *[London]*, *Longman & Broderip*. [B 2950
**US** NYp

Ye lasses so gay who now sport on the plain. A favorite ballad. – *[London]*, *Longman & Broderip*.          [B 2951
GB Lbm, Ob

INSTRUMENTALWERKE

Ten voluntaries for the organ or harpsichord ... op. 2. – *London, Longman & Broderip, for the author*.          [B 2952
GB Ckc

A complete treatise on the organ, to which is added a set of explanatory voluntaries ... op. 4. – *London, Longman & Broderip*.          [B 2953
B Br – GB Cu, Ep, Lbm – US Wc

Ten voluntaries or pieces for the organ in an easy and familiar style for the practice of juvenile performers ... opera V. – *London, Culliford, Rolfe & Barrow*.          [B 2954
GB BRp, Ckc, Gu, Lbm, Omc

Twelve easy and familiar movements for the organ, which may be used either separately or in continuation so as to form one compleat voluntary ... opera 6th. – *London, Culliford, Rolfe & Barrow, for the author*.          [B 2955
GB BRp, Gu, Lbm, Ob, Omc

The favorite Pas seul (G) ... in the Spanish divertisement, the air arranged as a rondo [for pf]. – *London, Lewis Lavenu*.          [B 2956
I Nc

**BLEYER Georg**

Georg Bleyers ... Lust-Music, nach ietziger frantzösischer Manier gesetzet, bestehend von unterschiedlichen Airn, Bourreen, Gavotten, Gagliarden, Giquen, Chansons, Allemanden, Sarrabanden, Couranden &c. à 4. und mit dem Fagotto biß 5. Stimmen. Erster Theil. – *Leipzig, Christian Kirchner, 1670*. – St.     [B 2957
D-brd Mbs (vl)

— Georg Bleyers ... Lust-Music anderer Theil. – *ib*.          [B 2958
D-brd Mbs (vl)

— G. Bleyers ander Theil Zugabe. – *ib*.
[B 2959
D-brd Mbs (vl)

Zodiacus musicus XII. sonatarum, 4 à II., 4 à III., 4 à IV. – *Antwerpen, Vve de Lucas de Potter, 1683*. – St.     [B 2960
GB (vl I, vl II, vla, fehlt b)

**BLEYER Nikolaus**

Erster Theil neuer Paduanen, Galliarden, Balletten, Mascaraden, und Couranten, mit 5. Stimmen neben einem General Bass. – *Hamburg, Michael Hering (Lorentz Pfeiffer), 1628*. – St.          [B 2961
D-brd OLns (S)

Erster Theil neuer Pavanen, Galliarden, Canzonen, Synfonien, Balletten, Volten, Couranten und Sarabanden, mit 5. Stimmen nebenst einem Basso continuo. – *Lübeck, Johann Bremer (Leipzig, Henning Köler), 1642*. – St.          [B 2962
D-brd Kl (T, bc) – D-ddr BD (S II)

**BLIESENER Johann**

*Op. 1*. Trois duos pour deux violons ... œuvre I. – *Berlin, Morino & Co.; Leipzig, Beygang (Berlin, Rellstab)*. – St. [B 2963
D-brd DÜl

*Op. 2*. Trois quatuors concertantes pour deux violons, alto et violoncelle ... œuvre second. – *Berlin, Johann Julius Hummel; Amsterdam, grand magazin de musique, aux adresses ordinaires, No. 687*. – St.
[B 2964
CS Bm (vl I, vl II, fehlen vla und vlc) – D-ddr Bds – NL At (vl I, vl II) – SF A – US AA

— Three quartettos for two violins, a tenor and violoncello obligato ... opera 2. – *London, Longman & Broderip, No. 687*.
[B 2965
GB Ckc, Lbm – US CA, NYp

*Op. 3*. Trois quatuors concertantes pour deux violons, alto et violoncelle ... œuvre III. – *Berlin, Johann Julius Hummel; Amsterdam, grand magazin de musique, aux adresses ordinaires, No. 843*. – St.
[B 2966
D-ddr Bds – SF A – US Wc

329

*Op. 4.* Trois duos concertantes [D, Es, A] pour deux violons . . . œuvre IV. – *Berlin, Johann Julius Hummel; Amsterdam, grand magazin de musique, aux adresses ordinaires, No. 854.* – St.                                    [B 2967
NL DHgm (2 St.) – SF A (fehlt vl II)

*Op. 5.* Trois quatuors concertantes pour deux violons, alto et violoncelle . . . œuvre V. – *Berlin, Johann Morino & Co.* – St.
                                                    [B 2968
**D-ddr** Bds

*Op. 6.* Trois quatuors concertantes [B, A, d] pour deux violons, alto et violoncelle . . . op. 6. – *Berlin, Johann Julius Hummel; Amsterdam, grand magazin de musique, aux adresses ordinaires, No. 1030.* – St.                                    [B 2969
**D-ddr** Bds – NL DHgm – S Skma – SF A

*Op. 7.* Trois duos concertantes pour violon & viola . . . œuvre VII. – *Berlin, Johann Julius Hummel; Amsterdam, grand magazin de musique, aux adresses ordinaires, No. 1048.* – St.                                    [B 2970
**D-ddr** Bds – GB T

*Op. 8.* Concerto [D] pour viola principale accompagné des diverses instruments . . . œuvre VIII. – *Berlin, Johann Julius Hummel; Amsterdam, grand magazin de musique, No. 1050.* – St.                    [B 2971
**D-ddr** SWl (kpl.: 13 St.) – F Pc (fehlen cl I, cl II)

*Op. 9.* Trois quatuors concertantes pour deux violons, alto et violoncelle . . . œuvre IX (livre I–III). – *Berlin, Johann Julius Hummel; Amsterdam, grand magazin de musique, aux adresses ordinaires, No. 1368.* – St.                                    [B 2972
**D-ddr** Bds – NL At (livre I)

*Op. 15.* Trois duos concertans [G, B, C] pour deux violons . . . œuvre 15. – *Leipzig, Breitkopf & Härtel, No. 2333.* – St. [B 2973
NL DHgm

Die Friedensfeier. Eine musikalische Vorstellung als Quartett für zwei Violinen, Bratsche und Baß (nebst Text). – *Berlin, F. A. Bliesener; Potsdam, Königliches Postamt.* – St.                    [B 2974
A Wgm (Etikett: Leipzig, Friedrich Hofmeister) – **D-brd** B (2 Ex.; Etikett: Leipzig, Friedrich Hofmeister)

## BLOCKWITZ Johann Martin

Sechtzig Arien, eingetheilet in funffzehn Suitten vor Violino oder Hautbois absonderlich aber vor Flute traversiere nebst Basse Continue. – *Freiberg, Christoph Matthäi.* – P.                                    [B 2975
S Skma

## BLOIS Charles-Gui-Xavier van Gronnenrade

Les Rubans, ou Le Rendés-vous. Opéra comique en 1 acte en vers représenté pour la première fois par les comédiens italiens ordinaires du roy, le mercredy 11 aoust 1784. – *Paris, Houbaut, aux adresses ordinaires de musique (gravé par Huguet).* – P.                                    [B 2976
F Lm, Pc (2 Ex.), Pn (2 Ex.) – S Skma – US Bp

— ib., Des Lauriers.                                    [B 2977
F Pc – US Wc

Parties séparées des Rubans . . . – *Paris, Lawalle, L'Ecuyer.*                    [B 2978
F Lm (kpl., 10 St., davon vl I, vl II, vla, b, cor I, cor II je 2 Ex.)

Romance sur l'honneur qu'a obtenu le maire de Chantilly de son A. S. Monseigneur le prince de Condé qui a daigné tenir son enfant sur les fonds de baptême avec Madame la comtesse de Rulli, née Bourbon . . . accompagnement de piano de Mr Lichopié. – *s. l., s. n.*                    [B 2979
F Pc

Quatre simfonies à grand orchestre exécutée à la Comédie italienne à la tête de plusieurs opéra comiques. – *Paris, Huguet.* – St.                                    [B 2980
F Pn (kpl.: 9 St.)

Trois simfonies à grand orchestre exécutée à la Comédie italienne à la tête de plusieurs opéra comiques. – *Paris, Huguet.* – St.
                                                    [B 2981
F Lm (kpl.: 8 St.)

## BLONDEL Louis Nicolas

Motets à [une], deux, trois et quatre parties, avec la basse-continue, propres pour les concerts et pour toutes les dames reli-

gieuses. – *Paris, Robert Ballard, 1671.* – St.
[B 2982
F Pn (S, T, B), Psg (kpl.: S, Contra, T, B, bc),
V


## BLONDEL Mlle

Menuets nouveaux pour le violon, flûte,
hautbois, pardessus de viole, violoncelle
et basson avec la basse-continue, ils peuvent aussi se toucher sur le clavecin et sur
la harpe. – *Paris, auteur, aux adresses ordinaires.* – P. [B 2983
F Pc


## BLONDET Abraham

Chocurs de l'histoire tragique Saincte Cé-
cile, vierge-martyre, patrone des musiciens; avec quelques airs, & cantiques,
mis en musique à quatre parties. – *Paris,
Pierre Ballard, 1606.* – P. [B 2984
D-brd MÜs – F Lm, Pc, Pn, V


## BLOW John

LIEDER

Amphion anglicus. A work of many compositions, for one, two, three and four voi-
ces: with several accompagnements of
instrumental musick; and a thorow-bass
to each song: figur'd for an organ, harp-
sichord, or theorboe-lute. – *London, Wil-
liam Pearson, for the author, 1700.* [B 2985
B Bc, Br – DK Kk – F Pc, Pn – GB Bp, Bu,
Cfm, Ckc, Cu (2 Ex.), Er, Eu, Ge, Lam (2 Ex.),
Lbm (3 Ex.), Lcm (2 Ex.), Lgc (2 Ex.), Ltc,
Lu, LVu, Mp, Ob, Och, Oqc, Ouf (2 Ex.), T –
NL DHgm – US AA, Bhs, Bp, BE, CHH, Cn,
CA, IO, LAuc, NYp, Pu, PRu, R, U, Wc, Wgu,
Ws, Wsc, WC, WGw, WI


Boasting fops, who court the fair. A song
(in: The Gentleman's Journal, Sept. 1692).
– *London, R. Parker, (1692).* [B 2986
GB Lbm


Go, perjur'd man. A song for two voices.
– *[London], s. n. (engraved by Thomas
Cross).* [B 2987
GB Ckc, Lbm – US Wc

— . . . A celebrated song for 2 voices,
with violins. – *[London], s. n. (Thomas
Cross junior).* [B 2988
B Bc – GB Lcm


— . . . A song for two voices. – *[London],
s. n.* [B 2989
GB (verschiedene Ausgaben:) CDp, Eu, Gm,
Lbm (2 verschiedene Ausgaben), Mp – US Ws


— . . . A two part song. – *s. l., s. n.* [B 2990
GB Lbm


— . . . A song set for two voices. – *s. l., s. n.*
[B 2991
US Ws


He leaves, he slights his precious rest.
A song (in: The Gentleman's Journal,
January and February, 1694). – *London,
printed for H. Rhodes, 1694.* [B 2992
GB Ep, Lbm


No more the dear, the lovely nymph. A
song (in: The Gentleman's Journal, October, 1692). – *London, printed for R.
Parker, 1692.* [B 2993
GB Lbm


Philander do not think of arms. A song. –
*[London], s. n. (engraved by Thomas
Cross).* [B 2994
GB Ckc, Lbm, Lgc, Mch – US Wc


Thou flask, once fill'd with glorious red.
A song (in: The Gentleman's Journal,
February, 1692–3). – *London, R. Parker,
1693.* [B 2995
GB Lbm (2 Ex.)


— . . . A song in The Committee. –
*[London], s. n. (Thomas Cross).* [B 2996
GB Lbm (2 Ex.), Lgc


— . . . A choice song. – *s. l., s. n.* [B 2997
GB Gm, Lbm, Mch – US Wc, Ws


— . . . set by Dr. John Blow and transposed for the flute. – *s. l., s. n.* [B 2998
D-brd Hs – GB Eu, Lbm (4 Ex.) – US Ws


Thus let departing winter sing. A song
(in: The Gentleman's Journal, December
1692.). – *London, printed for R. Parker,
1692.* [B 2999
GB Lbm

You whom cruel Sylvia charms. A song
(in: The Gentleman's Journal, July 1694).
– *London, printed for H. Rhodes, 1694.*
[B 3000
**GB** Lbm

You wrong me, Silvia, when you cry. A
song (in: The Gentleman's Journal, March
1693). – *London, R. Parker, 1693.* [B 3001
**GB** Lbm

ODEN UND ELEGIEN

An Ode [for 2 countertenors, 2 recorders
and continuo] on the death of Mr. Henry
Purcell. – *London, Henry Playford (J.
Heptinstall), 1696.* – P. [B 3002
**B** Bc – **F** Pc (unvollständig) – **GB** Cfm, Cpl, Ge,
Lbm (2 Ex.), Lcm, Lco, Lu, Mp, Ob, Och, T –
**US** AUS, Cn, LAuc, NH, R (2 Ex.), Ws

A second musical entertainment, performed on St. Cecilia's day ... set to music
in two, three, four, and five parts. – *London, John Playford, 1685.* – St. [B 3003
**GB** Lbm, Lcm, Ob, T – **US** Cn, LAuc, NYp

— *ib., John Carr (John Playford), 1685.*
[B 3004
**US** CA, Wc, Ws

KLAVIERMUSIK

The Psalms ... set full for the organ or
harpsicord as they are play'd in churches
or chapels. – *[London, John Walsh & Joseph Hare], No.184.* [B 3005
**F** Pc – **GB** Ckc (unvollständig), Lbm, Lcm –
**US** Pu

**BLUMENTHAL Christian Adolph Gottfried**

Zwölf Lieder und ein Wechselgesang für
das Klavier. – *Halle, Friedrich Christian
Dreyßig (Johann Christian Bendel), 1789.*
[B 3006
**A** Wst

**BLUMHOFER Maximilian**

Grande sonate pour le clavecin ou piano-
forte accompagnée d'un violon obligé. –
*[Speyer, Bossler].* – St. [B 3007
**NL** DHgm

**BLUNDELL James**

A select collection of French, English
and Scotch airs, taken from the compositions of the most approved authors,
adapted for two violoncellos. – *London,
Longman & Broderip, for the editor.*
SD S. 104 [B 3008
**GB** Lbm, Lcm – **US** Wc

Three duetts for a tenor and violoncello,
and three solos for a violoncello ... op. 3,
to which is added the two favorite glees
„We be three poor mariners" and „How
merrily we live" for two violoncellos. –
*London, John Fentum.* [B 3009
**GB** Lbm (2 Ex.) – **US** R

**BLYMA Franz Xaver**

Grande simphonie ... œuvre 1er. –
*Moskau, Reinsdorp & Lehnhold, (1799).*
[B 3010
**USSR** Mk

Simphonie à grand orchestre [D] ...
œuvre 2. – *Bonn, Nikolaus Simrock;
Paris, H. Simrock, No. 470.* – St. [B 3011
**D-brd** B (17 St.), Mbs (17 St.)

Andante varié pour le violon principal
avec accompagnement d'un second violon et violoncelle, op. 11. – *Leipzig, Breitkopf & Härtel, No. 1633.* – St. [B 3012
**D-brd** MÜu (vl principal, vl, vla, b)

**BOCCALETTI Ippolito**

[12] Sonate a tre, doi violini, e violone, o
arcileuto col basso per l'organo ... opera
prima. – *Venezia, Giuseppe Sala, 1692.* –
St. [B 3013
**D-brd** WD (org) – **F** Pc (org) – **GB** Ob – **I** Bc
(vl I), Rvat-barberini, Tn

**BOCCHERINI Luigi**

*(Die Angaben [G ...] vor den einzelnen
Titeln beziehen sich auf folgenden Katalog:
Thematic, Bibliographical, and Critical
Catalogue of the Works of Luigi Boccherini
compiled by Ives Gérard, London, Oxford
University Press, 1969).*

WERKE FÜR 1 INSTRUMENT (MIT BASS)

Werke für Cello (ohne Opuszahlen)

*[G. 13, 6, 5, 10, 1, 4]*. Six sonatas [A, C, G, Es, F, A] for the violoncello. – *London, J. Bland.*                    [B 3014
**D-brd** Mmb – **US** Wc

— *[G. 13, 6, 5, 10, 1, 4]*. Six sonata's [A, C, G, Es, F, A] pour le violoncelle. – *London, R. Bremner.*          [B 3015
**CH** Gpu – **GB** Lbm – **I** BGi – **US** AA, NH, NYp, WGw

— *[G. 13, 6, 5, 10, 1, 4]*. Six sonatas [A, C, G, Es, F, A] for the violoncello. – *London, W. Campbell.*         [B 3016
**D-ddr** Dlb – **F** Pmeyer – **GB** Lbm – **I** BGi

— *[G. 13, 6, 5, 10, 1, 4]*. Six sonatas [A, C, G, Es, F, A] for the violoncello. – *London, W. Forster, No. 191.*     [B 3017
**GB** Lcm – **S** Skma

Werke für Violine (ohne Opuszahlen)

*[G. 20]*. Six sonates [A, C, G, Es, F, A] à violon seul et basse. – *Paris, de La Chevardière; Lyon, Castaud.*     [B 3018
**B** Bc – **F** Pc, Tlc – **S** L, Skma – **US** R, Wc

— *[G. 20]*. Six sonates [A, C, G, Es, F, A] à violon seul et basse. – *Paris, Imbault.*
[B 3019
**B** Bc – **F** Pn – **I** Mc

— *[G. 20]*. Six sonates [A, C, G, Es, F, A] à violon seul et basse. – *Paris, imprimerie du Conservatoire Impérial de Musique.*                    [B 3020
**B** Bc – **D-brd** B – **I** Nc, Mc

— *[G. 20]*. Six sonates [A, C, G, Es, F, A] à violon seul et basse . . . œuvre 7ème. – *Paris, Janet & Cotelle, No. 156.*   [B 3021
**S** Skma – **US** NYp, Wc

— *[G. 20]*. Six sonates [A, C, G, Es, F, A] à violon seul et basse. – *Paris, Le Duc (gravée par Mme de Lusse), No. 29.*
[B 3022
**GB** Lbm – **US** CHH

WERKE FÜR 2 INSTRUMENTE

Werke für Klavier und Violine (mit Opuszahlen)

*[G. 24]*. Tre sonate (F, Es, D] per il cembalo, violino ad libitum . . . op. I. – *Offenbach, Johann André, No. 40.* – St.
[B 3023
**D-brd** F, OF, Sh – **D-ddr** Dlb

*[G. 25–30]*. Six sonatas [B, C, B, D, g, Es] for the harpsichord or pianoforte with an accompaniment for a violin or a german flute . . . op. 3. – *London, Muzio Clementi.* – St.               [B 3024
**NL** DHgm (pf) – **US** CA, NH, IO

— *[G. 25–30]*. Six sonatas [B, C, B, D, g, Es] for the pianoforte or harpsichord with an accompaniment for the violin or german flute . . . op. 3. – *London, J. Dale.* – St.                     [B 3025
**GB** Lam, Lbm

— *[G. 25–30]*. Six sonatas [B, C, B, D, g, Es] for the harpsichord or pianoforte with an accompaniment for a violin or german flute . . . op. 3. – *London, Longman & Broderip.* – St.       [B 3026
**US** NH

— *[G. 25–30]*. Six sonatas [B, C, B, D, g, Es] for the harpsichord or pianoforte with an accompaniment for a violin or german flute . . . op. 3. – *London, Longman, Clementi & Co.* – St.     [B 3027
**GB** Lbm (hpcd)

— *[G. 25–30]*. Six sonatas [B, C, B, D, g, Es] for the harpsichord or pianoforte with an accompaniment for a violin or german flute . . . op. 3. – *London, Longman, Lukey & Co.* – St.     [B 3028
**CH** Gamoudruz – **D-brd** B, Mbs – **GB** Ckc, Cpl, Cu, Lbm (2 Ex., davon 1 Ex. unvollständig [pf]), Lcm, Lco, Lu – **NL** Uim – **NZ** Ap – **US** NH, NYp (pf), R, Wc (2 Ex.), WGw

— *[G. 25–30]*. Six sonates [B, C, B, D, g, Es] pour le clavecin ou harpe avec accompagnement d'un violon obligé . . . œuvre Vème. – *Mannheim, Götz & Compagnie.* – St.               [B 3029
**A** Wgm (clav) – **B** BRc (clav)

— [G. 25–30]. Six sonates [B, C, B, D, g, Es] pour le clavecin avec l'accompagnement d'un violon . . . œuvre cinquième. – Amsterdam, J. J. Hummel, No. 212. – St. [B 3030
A Wgm – **D-brd** Bhm, B – **D-ddr** Dlb – **DK** Kk, Kv – **NL** Uim – **S** Skma, Ssr

— [G. 25–30]. Sei sonate [B, C, B, D, g, Es] di cembalo e violino obbligato . . . mis au jour par M. Boyer . . . plusieurs de ces pièces peuvent s'exécuter sur la harpe . . . opera V. – Paris, Naderman (Boyer); Lyon, Castaud (gravée par M^me la V^ve Leclair, imprimée par Richomme). – St. [B 3031
C Tu – **CS** Bm (cemb) – **F** Pc – **GB** Ckc, Lbm, Lcm – **PL** KO – **US** AA, CA

— [G. 25–30]. Sei sonate [B, C, B, D, g, Es] di cembalo e violino obbligato . . . plusieurs de ces pièces peuvent s'exécuter sur la harpe . . . opera V. – Paris, G. B. Venier; Lyon, Castaud (gravée par M^me la V^ve Leclair, imprimée par Richomme). – St. [B 3032
A Wgm, Wkann – **B** Bc (cemb) – **F** BO (vl), C (cemb), ML, Pc (3 Ex.), Pn (2 Ex., davon 1 Ex. nur cemb) – **GB** Ckc, Lbm – **I** Bc, Tn – **P** Ln – **S** SK (cemb) – **US** CA (2 Ex., davon 1 Ex. nur cemb), CHum

[G. 34–39]. Six sonates [C, E, B, Es, A, D] pour le clavecin ou pianoforte avec l'accompagnement d'un violon . . . œuvre XIII. – Den Haag-Amsterdam, B. Hummel & fils. – St. [B 3033
**D-ddr** Dlb – **GB** Lbm

[G. 46–51]. Six sonatas [c, D, B, A, Es, E] for the harpsichord or pianoforte with an accompanyment for a violin . . . opera XXXIII. – London, Longman & Broderip. – St. [B 3034
**GB** Lbm (hpcd) – **US** NH, R

— [G. 46–51]. Sei sonate [c, D, B, A, Es, E] per cembalo o pianoforte con violino obligato sielte nelle opere . . . agiustate et messe in ordine da M^lle Le Jeune . . . opera XXXIII libro terzo di sonate. – Paris, G. B. Venier (gravées par Richomme). – St. [B 3035
**B** Br (cemb) – **F** BO (vl), Pn (vl)

WERKE FÜR KLAVIER UND VIOLINE (ohne Opuszahlen)

[G. 52–54]. Three favorite sonatas [B, Es, E] . . . adapted for the harpsichord or pianoforte with an accompanyment for the violin by Mr. Robinson. – London, W. Forster, No. 32. – St. [B 3036
**F** Pc – **I** Pl

[G. 25–30]. Sei sonate [B, C, B, D, g, Es] per il clavicembalo o pianoforte con l'accompagnamento di un violino. – Wien, Artaria. – St. [B 3037
**I** Li

— [G. 25–30]. Sei sonate [B, C, B, D, g, Es] per il clavicembalo e violino obligato. – Riga, F. Hartknoch. – St. [B 3038
**B** Bc (2 Ex.) – **D-brd** Mbs, Tu (cemb) – **D-ddr** LEmi – **GB** Lbm – **S** Skma

— [G. 25–30]. 6 sonates [B, C, B, D, g, Es] pour piano et violon . . . divisées en 2 livres . . . op. 5. – Paris, V^ve Launer. – St. [B 3039
**D-brd** F (liv. 1, 2) – **F** C (liv. 2)

— [G. 25–30]. Six favourite sonatas [B, C, B, D, g, Es] for the pianoforte or harpsichord, with an accompaniment obbligato for a violin . . . transposed, altered, and the fingering and execution rendered more easy by G. Diettenhofer. – London, T. Skillern. – St. [B 3040
**GB** Ckc, Lbm – **DK** Kk (pf) – **US** BE

— [G. 25–30]. Sei trii [B, C, B, D, g, Es] di cembalo e violino obbligato. – Wien, Christoph Torricella, No. 1. – St. [B 3041
**A** Wst – **CH** E (Etikett: Mannheim, Götz)

[G. 34–39]. A third set of six sonatas [C, E, B, Es, A, D] for the harpsichord or pianoforte (and violin) . . . compiled from the quintettos, quartettos and trios . . . adapted by Thomas Billington. – London, Longman & Broderip. – St. [B 3042
**D-brd** F, Hmi (hpcd) – **GB** Cu, Lbm, Lcm, Mp – **P** Ln

[G. 40–45]. Six sonates [C, B, d, c, B, c] pour le clavecin, forte piano ou harpe avec accompagnement de violon obligé, tirées des œuvres de . . . mises au jour par

M. Naderman. – *Paris, Naderman (gravées par M<sup>lle</sup> Fleury).* – St.          [B 3043
**CH** Gpu – **F** Pc

Werke für 2 Violinen (mit Opuszahlen)

*[G. 56–61].* Six sonates [G, F, A, B, Es, D] à deux violons . . . œuvre 3ème. – *Amsterdam, Hummel, No. 201.* – St.          [B 3044
**A** Wgm – **D-brd** F – **DK** Kk – **S** L, Skma, Uu – **USSR** Lsc

— *[G. 56–61].* Six duos [G, F, A, B, Es, D] pour deux violons . . . œuvre 5. – *Paris, Carvin.* – St.          [B 3045
**D-ddr** Bds

— *[G. 56–61].* Six duo [G, F, A, B, Es, D] pour deux violons . . . œuvre V<sup>e</sup>. – *Paris, de La Chevardière (gravé par Huguet).* – St.          [B 3046
**B** Bc – **F** R – **S** Skma – **US** Wc

— *[G. 56–61].* Six duo [G, F, A, B, Es, D] pour deux violons . . . œuvre V<sup>e</sup>. – *Paris, Le Duc.* – St.          [B 3047
**GB** Lcm

— *[G. 56–61].* Six duo [G, F, A, B, Es, D] pour deux violons . . . œuvre 5. – *Paris, Pacini, No. 27.* – St.          [B 3048
**B** Lc – **D-brd** Mmb – **US** Wc

— *[G. 56–61].* Six duos [G, F, A, B, Es, D] pour deux violons . . . œuvre 5. – *Paris, Richault.* – St.          [B 3049
**CH** Gamoudruz

— *[G. 58, 59, 61, 66].* Four duetts [A, B, D, G] for two violins . . . op. X. – *London, Longman, Lukey & Co.* – St.          [B 3050
**GB** Lbm, Lwa – **I** BGi (Etikett: Preston), Vc – **US** SM (vl II)

— *[G. 58, 59, 61, 56, 57, 60].* Six duetts [A, B, D, G, F, Es] for two violins . . . op. X. – *London, Longman & Broderip.* – St.          [B 3051
**E** Mn

*[G. 63–68].* Six duos [G, E, f, C, Es, d] pour deux violons . . . œuvre 46, livre 1(2). – *Paris, Pleyel, No. 161(162).* – St.          [B 3052

**CH** Gamoudruz (liv. 1, 2) – **D-brd** Bhm (liv. 1), Mbs (liv. 2) – **F** C (liv. 1, 2) – **GB** Lbm (liv. 1) – **I** Nc (liv. 1, 2) – **S** Skma (liv. 1, 2), Uu (liv. 2, vl II) – **US** Wc (liv. 1, 2)

Werke für 2 Violinen (ohne Opuszahlen)

*[G. 56–61].* Sei duetti [G, F, A, B, Es, D] per due violini. – *Venezia, Luigi Marescalchi.* – St.          [B 3053
**I** Tco

— *[G. 56–61].* Sei duos [G, F, A, B, Es, D] a dos violines . . . – *Madrid, J. Fernando Palomino.* – St.          [B 3054
**E** Mah

Werke für 2 Celli (ohne Opuszahlen)

*[G. 75].* Trois sonates pour 2 violoncelles par différens autheurs [No. 1, Es]. – *Offenbach, Johann André, No. 1086.* – St.
SD S. 369          [B 3055
**B** Bc – **D-ddr** SWl – **S** Skma

Werke für 3 Instrumente

Streichtrios (mit Opuszahlen)

Opus 2

*[G. 77–82].* Sei trietti [F, B, A, D, G, C] per due violini e basso . . . opera II. – *Paris, Bailleux (gravé par Bouré).* – St.          [B 3056
**B** Ac, Bc – **CH** LAc – **D-brd** B – **E** Mp – **EIRE** Dn – **F** MH, Pc (4 Ex.), Pn, Prothschild, TLc – **GB** Lbm (2 Ex.) – **I** Mc, Nc – **US** R

— *[G. 77–82].* Six sonatas [F, B, A, D, G, C] for two violins and a violoncello obligato . . . opera II. – *London, R. Bremner.* – St.          [B 3057
**D-brd** F – **E** Mn – **GB** Ckc, Lam, Lbm (2 Ex.), Lcm (2 Ex.) – **I** Vc (2 Ex., 2. Ex.: vl II, vlc) – **S** Ss – **US** BE (2 Ex.), NH, R, Wc

— *[G. 77–82].* Sei trietti [F, B, A, D, G, C] per due violini et basso . . . opera II. – *Paris, Imbault.* – St.          [B 3058
**CH** Gamoudruz – **D-brd** BNba – **US** CHH, NH

— *[G. 77–82].* Six sonatas [F, B, A, D, G, C] for two violins and a violoncello . . . opera II. – *London, Preston & son.* – St.          [B 3059
**B** Bc – **US** CA, Wc

Opus 3

*[G. 119–124].* Sei sonate [C, A, A, D, D,
Es] a tre, due violini e basso . . . opera
III. – *Paris, de La Chevardière; Lyon,
Castaud.* – St.                    [B 3060
**B** Bc – **CH** Gamoudruz, Gc, LAc – **D-ddr** Bds –
**EIRE** Dn – **GB** Ckc, Lbm – **I** Fc, Gl, Mc –
**S** Skma – **US** R

— *[G. 119–124].* Six trio [C, A, A, D, D,
Es] pour 2 violons et basse . . . œuvre
IIIème. – *Paris, Le Duc, No. 212.* – St.
                                   [B 3061
**F** Pc – **I** Nc – **NL** Uim

— *[G. 119–124].* Six trio [C, A, A, D, D,
Es] pour deux violons et basse . . . œuvre
IIIème. – *Paris, Sieber, No. 55.* – St.
                                   [B 3062
**D-brd** BNba – **GB** Lbm – **I** Fc

Opus 4

*[G. 77–82].* Six trios [F, B, A, D, G, C] à
deux violons et violoncelle obligé . . .
œuvre quatrième. – *Amsterdam, J. J.
Hummel, No. 202.* – St.            [B 3063
**D-brd** MÜu – **D-ddr** Bds (2 Ex.), Dlb – **GB** Ckc,
Lbm, Mp – **I** Nc – **S** L, Skma, SK – **USSR** Lsc

*[G. 83–88].* Sei sinfonie [Es, B, E, f, D,
F] per due violini e basso . . . opera IV. –
*Liège, B. Andrez (gravé par Me J. Andrez).*
– St.                              [B 3064
**GB** Lbm

— *[G. 83–88].* Sei trio [Es, B, E, f, D, F]
per due violini e basso . . . nuovamente
stampata a spese di G. B. Venier . . .
opera IV. – *Paris, Boyer.* – St.
                                   [B 3065
**GB** Lam, Lwa

— *[G. 83–88].* A second set of six simphonies or sonatas [Es, B, E, f, D, F] for
two violins and a violoncello . . . opera
IV. – *London, R. Bremner.* – St. [B 3066
**E** Mn – **GB** Lbm – **S** Skma – **US** NYcu

— *[G. 83–88].* Sei trios [Es, B, E, f, D,
F] per due violini e basso . . . mis au jour
par M. Boyer . . . opera IV. – *Paris,
Naderman, Mme Le Menu.* – St.    [B 3067
**CH** Gamoudruz – **D-brd** BNba – **F** MH, Pc
(unvollst.), TLc – **US** AA, NH

— *[G. 83–88].* A second set of six simphonies or sonatas [Es, B, E, f, D, F] for
two violins and a violoncello . . . opera
IV. – *London, Preston & son.* – St.
                                   [B 3068
**GB** Lam, Lbm – **US** NYp

— *[G. 83–88].* Sei sinfonie [Es, B, E, f,
D, F] per due violini e basso . . . opera
IV. – *Paris, Venier; Lyon, Castaud (de
l'imprimerie de Richomme, Niquet sculp.) –*
St.                                [B 3069
**B** Bc – **CH** E, Gamoudruz – **EIRE** Dn – **F** C,
Pc (2 Ex.), Pn – **GB** Ckc, Lam, Lbm – **I** Fc, Mc –
**US** BE (2 Ex.), Wc

Opus 6

*[G. 87, 84, 88, 85, 83, 86].* Six trios [D,
B, F, E, Es, f] à deux violons et violoncello obligé . . . œuvre sixième. – *Amsterdam, J. J. Hummel, No. 219.* – St.
                                   [B 3070
**D-ddr** Bds (2 Ex.), Dlb – **DK** Kk – **GB** Lbm,
Mp – **S** Skma, SK – **USSR** Lsc – **US** R, Ufraen-
kel

Opus 7

*[G. 83–88].* A second sett of six sonatas
[Es, B, E, f, D, F] for two violins and a
bass composed by F. Schwindl . . . opera
7. – *London, Longman, Lukey & Co.* – St.
                                   [B 3071
**D-brd** Mbs – **GB** Lbm, Mp – **S** Skma

*[G. 125–130].* Sei conversazioni [c, D,
Es, A, B, F] a tré per due violini e violoncello dedicati a gli amatori della musica
. . . opera VII. – *Paris, bureau d'abonnement musical; Lyon, Castaud (gravé par
Mlle Vendôme et le Sr Moria).* – St.
                                   [B 3072
**CH** Gamoudruz – **DK** Kk – **F** Pc – **I** Mc – **S** Skma

— *[G. 125–130].* Six trio [c, D, Es, A,
B, F] pour 2 violons et violoncelle . . .
œuvre 7ème. – *Paris, Naderman, No.
1003.* – St.                       [B 3073
**CH** Gamoudruz – **F** C, MH, TLc – **NL** Uim –
**US** AA

— *[G. 125–130].* Six conversation pieces or trios [c, D, Es, A, B, F] for two
violins and a violoncello dedicated to all

the lovers of music . . . opera VII. –
*London, W. Napier.* – St.          [B 3074
C Tu – GB Lbm – I Vc – S Skma – US NH,
NYp, R (2 Ex.), WGw, Wc


Opus 9

*[G. 89–94].* Sei trio [B, Es, A, F, g, C] per
due violini e violoncello . . . nuovamente
stampata a spese di G. B. Venier . . .
opera IX. – *Paris, Boyer.* – St.     [B 3075
F MH, Pgérard – GB Lam, Lwa


— *[G. 91, 89, 90, 92, 93, 94].* A third set
of six trios [A, B, Es, F, g, C] for two violins and a violoncello obligato with a
thorough bass for harpsichord . . . op. IX.
– *London, R. Bremner.* – St.       [B 3076
E Mn – GB Lbm – S Skma – US CHua, NH,
NYp, R, WGw


— *[G. 89–94].* Sei trio [B, Es, A, F, g,
C] per due violini e violoncello . . . mis au
jour par M. Boyer . . . opera IX. – *Paris,
Naderman.* – St.               [B 3077
CH Gamoudruz, Gc – F TLc – I PIs – NL Uim –
US CHH


— *[G. 91, 89, 90, 92, 93, 94].* A third set
of six trios [A, B, Es, F, g, C] for two
violins and a violoncello obligato with a
thorough bass for the harpsichord . . .
op. IX. – *London, Preston & son.* – St.
                              [B 3078
GB Ckc, Lam, LVp – US Wc


— *[G. 89–94].* Sei trio [B, Es, A, F, g,
C] per due violini e violoncello . . . opera
IX. – *Paris, Venier.* – St.        [B 3079
B Bc – CH Gamoudruz, Gc, LAc – EIRE Dn –
F C, Pc (2 Ex., 2. Ex.: vl I) – GB Ckc, Lbm –
I Gl – US BE, I, NH


*[G. 95–100].* Six trios [F, c, A, D, Es, F]
à violon, altoviola et violoncello obligé
. . . œuvre neuvième. – *Berlin-Amsterdam, J. J. Hummel, No. 331.* – St.
                              [B 3080
D-ddr Bds (2 Ex.) – F Pmeyer – GB Lbm (2
Ex., 2. Ex.: vl, vlc) – NL At – S SK – USSR
Lsc – US R


Opus 10

*[G. 91, 89, 90, 92, 93, 94].* Six trios [A,
B, Es, F, g, C] à deux violons et violon-

celle obligé . . . œuvre dixième. – *Berlin-
Amsterdam, J. J. Hummel, No. 11.* – St.
                              [B 3081
A Wgm – B Bc – D-ddr Bds (2 Ex.) – GB Lbm –
S L, Skma – SF A (vlc) – USSR Lsc


Opus 14

*[G. 95–100].* Six trios [F, c, A, D, Es, F]
pour violon, alto et violoncelle . . . opera
XIV. – *Paris, Boyer.* – St.        [B 3082
F AU, MH


— *[G. 95–100].* Sei trio [F, c, A, D, Es,
F] per violino, viola e violoncello obligato
. . . opera XIV. – *Paris, de La Chevardière.*
– St.                          [B 3083
CH Gamoudruz, LAc – E Mp – F Pc (2 Ex.,
2. Ex.: vl, vlc), TLc – GB Lbm, Mp – I Gl –
S L – US NH


— *[G. 95–100].* Sei trio [F, c, A, D, Es, F]
per violino, viola e violoncello obligato
. . . opera XIV. – *Paris, Le Duc, No. 213.* –
St.                            [B 3084
I Vc


— *[G. 95–100].* Six trio [F, c, A, D, Es,
F] pour violon, alto et violoncelle . . .
opera XIV. – *Paris, Naderman, No. 1084.*
– St.                          [B 3085
F AU – I Nc – NL Uim – US AA


— *[G. 95–100].* Six trio [F, c, A, D, Es,
F] concertants pour violon, alto et violon-
celle . . . œuvre 14ème. – *Paris, Sieber,
No. 246.* – St.                 [B 3086
B Bc – D-brd BNba – F C – I Fc (Etikett:
Pleyel)


Opus 28

*[G. 131–136].* Six trios [D, Es, c, A, B,
G] for two violins and a violoncello obli-
gato . . . op. XXVIII. – *London, S. Babb.* –
St.                            [B 3087
GB Lbm – I Vc – US NYp


— *[G. 131–136].* Six trios [D, Es, c, A,
B, G] dialogués pour deux violons et un
violoncelle . . . œuvre XXVIII. – *Paris,
Bailleux (gravées par Niquet).* – St.
                              [B 3088
B Bc – CH LAc – D-ddr Bds – E Mn – F Pc –
GB Lbm, Ltc (unvollständig)


Opus 35

337

*[G. 101–106].* Sei trio [f, G, Es, D, C, E] per due violini e violoncello . . . œuvre XXXV. – *Wien, Artaria, No. 37.* – St.
[B 3089
**A** Gk, Wgm – **D-brd** HR, Mmb – **DK** Kk – **GB** Lbm (2 Ex.) – **I** AN (vl I, vl II), Bc, Mc, Nc, Vc (2 Ex.) – **NL** Uim – **SF** A – **USSR** Lsc

— *[G. 101–106].* Six trio [f, G, Es, D, C, E] pour deux violons et violoncelle . . . œuvre 35e. – *Paris, Naderman, No. 94.* – St. [B 3090
**CH** EN, Gamoudruz – **D-brd** Tmi – **F** MH, TLc – **NL** Uim

Opus 38

*[G. 107–112].* Six trios [A, G, B, Es, D, F] pour violon, alto et violoncelle . . . œuvre XXXVIII. – *Paris, Pleyel, No 113.* – St. [B 3091
**A** Wgm – **D-brd** BNba, HEms – **F** MH, Pn – **GB** Lbm – **I** Mc – **P** Ln – **S** Skma – **US** NH, NYp – **YU** Zha

Opus 44

*[G. 116, 118, 117, 102, 103, 113].* Six trios [C, A, d, G, Es, D] pour 2 violons et violoncelle . . . œuvre 44, livre I(II). – *Paris, Pleyel, No. 158(164).* – St. [B 3092
**A** Wn (I) – **B** Ac (I, II) – **CH** Gamoudruz (I, II), N (I, II) – **CS** Bu (II) – **D-brd** BNba (I, II), Mmb (II) – **DK** Kk (I) – **F** MH (I, II), Pn (2 Ex.) – **GB** Lbm (I) – **I** Bc (I), Fc (I), Mc (I, II), Nc (I, II) – **S** L (I) – **US** R (I) – **YU** Zha (I, II)

Streichtrios (ohne Opuszahlen)

*[G. 89, 94, 93, 92, 91, 90].* Sei trio [B, C, g, F, A, Es] per due violini e violoncello obbligato. – *Venezia, L. Marescalchi.* – St. [B 3093
**I** AN, Nc – **US** R

— *[G. 89, 94, 93, 92, 91, 90].* Seys tryo [B, C, g, F, A, Es] a dos violines i baxo. – *Madrid, J. F. Palomino.* – St.     [B 3094
**E** Mn

*[G. 95–100].* Six trios [F, c, A, D, Es, F] for a violin, tenor and violoncello obligato. – *London, Preston & son.* – St. [B 3095
**DK** Kk – **GB** Lam, Lbm, Lcm – **US** NH, Wc

— *[G. 95–100].* Six trios [F, c, A, D, Es, F] for a violin, tenor and violoncello obligato. – *London, J. Welcker.* – St. [B 3096
**E** Mn – **GB** Lam, Lbm, Lcm – **US** AA, NYp (vl, vla)

*[G. 77].* Collection des trios pour deux violons et basse, et pour violon, alto et basse . . . livre 1(–9). – *Paris, Janet & Cotelle, No. 1412–1420.* – St. [B 3097
**B** Bc (1–9) – **D-brd** Mbs (1–9) – **D-ddr** Bds (1–9) – **F** C (1–9) – **GB** Lbm (1–6, 7 (2 Ex.), 8, 9) – **I** Nc (4, 5, 7, 8) – **US** NYp (1–9)

Trios mit Klavier (mit Opuszahlen)

Opus 1

*[G. 149].* Trois sonates [B, d, C] pour le pianoforte, violon et violoncelle tirées des nouveaux quintettis de Boccherini par I. Pleyel . . . œuvre I. – *Paris, Pleyel, No. 115.* – St. [B 3098
**A** Wn (pf, vl) – **D-brd** Mbs (b) – **E** Ma, MO – **F** Lc (pf) – **NL** DHgm – **S** VII (pf) – **US** Bp (pf), IO (pf), STu (pf; Etikett: Paris, Le Duc), Wc (2 Ex., 2. Ex.: vlc)

Opus 12

*[G. 143, 144, 147].* Trois sonates [C, e, B] pour le clavecin avec l'accompagnement d'un violon e violoncelle . . . œuvre XII. – *Mannheim, Götz (gravé par Jos. Abelshauser), No. 67.* – St. [B 3099
**D-ddr** Dlb – **F** Pc – **GB** Lbm, Mp – **USSR** Lsc

*[G. 143–148].* Six sonatas [C, e, Es, D, B, g] pour le clavecin avec l'accompagnement d'un violon et violoncelle . . . œuvre XII. – *Berlin-Amsterdam, J. J. Hummel, No. 409.* – St. [B 3100
**D-brd** HR – **D-ddr** Bds (2 Ex., 2. Ex.: clav), Dlb, SWl (vl) – **GB** Lbm, Lcm (clav) – **P** Ln – **S** Skma, Sm – **US** R (2 Ex.)

Opus 13

*[G. 148, 145, 146].* Trois sonates [g, Es, D] pour le clavecin avec l'accompagnement d'un violon et violoncelle . . . œuvre XIII. – *Mannheim, Götz, No. 172.* – St. [B 3101
**D-ddr** LEb (vl, vlc) – **GB** Mp – **I** Bc

Trios mit Klavier (ohne Opuszahlen)

*[G. 143–148]*. Six sonates [C, e, Es, D, B, g] en trio pour le clavecin ou pianoforte avec accompagnement de violon et basse . . . second livre. – *Paris, Naderman, No. 140*. – St.         [B 3102 **US** Wc

— *[G. 143–148]*. Six sonates [C, e, Es, D, B, g] en trio pour le clavecin ou pianoforte avec accompagnement de violon et basse . . . second livre. – *Paris, De Roullède, de La Chevardière; Lyon, Castaud*. – St.         [B 3103 **CH** Gamoudruz – **F** C, Pc (pf [2 Ex.], vl, vlc), Pn (vl, vlc), V (vl) – **US** Wc (pf[unvollständig])

— *[G. 143–148]*. A second sett of six sonatas [C, e, Es, D, B, g] for the pianoforte or harpsichord with accompaniments for a violin and violoncello. – *London, J. Welcker*. – St.         [B 3104 **D-brd** B, Hs – **GB** Lbm, Mp – **I** Bc – **US** NH, NYp, Wc

*[G. 150]*. Trois sonates pour le pianoforte, avec accompagnement de violon et basse, tirées des nombreux manuscrits de Boccherini par Ignace Pleyel . . . 2ᵉ suite [d]. – *Paris, Pleyel, No. 914*. – St.         [B 3105

**D-brd** HL

*[G. 154]*. Trois sonates [c, Es, D] pour le pianoforte, violon et alto tirées des nouveaux quintettis de Boccherini . . . par Hérold . . . œuvre IIᵐᵉ. – *Paris, Pleyel, No. 153*. – St.         [B 3106 **US** Wc (vla, Etikett: Duhan)

*[G. 152]*. Quintetto [d] . . . arrangé en trio pour piano, violon et violoncelle . . . livraison 1. – *Paris, Mᶜᵉ Schlesinger*. – St.         [B 3107

**US** Bp, Wc

*[G. 153]*. Quintette [g] . . . arrangé en trio pour piano, violon et violoncelle . . . livraison 2. – *Paris, Mᶜᵉ Schlesinger*. – St.         [B 3108

**US** Wc

WERKE FÜR 4 INSTRUMENTE

Streichquartette (mit Opuszahlen)

Opus 1

*[G. 159–164]*. Six quartettos [c, B, D, Es, E, C] for two violins, a tenor and violoncello obligato . . . opera prima. – *London, R. Bremner*. – St.         [B 3109 **GB** Lbm

— *[G. 159–164]*. Six quatuors [c, B, D, Es, E, C] à deux violons, taille et basse obligés . . . opera prima. – *Amsterdam, J. J. Hummel, No. 136*. – St.         [B 3110 **B** Bc – **D-brd** MÜu – **D-ddr** Bds – **DK** Kk – **E** Mn – **GB** Lbm – **I** MOe – **NL** Uim – **PL** Kj – **S** J, Skma – **SF** A – **US** PHci, R, Wc

— *[G. 159–164]*. Sei quartetti [c, B, D, Es, E, C] per due violini, alto e violoncello obbligati . . . mis au jour par M. Boyer . . . opera Iᵃ. – *Paris, Naderman, Mme Le Menu, No. 515*. – St.     [B 3111 **A** Wgm – **B** Bc – **CH** EN – **D-brd** BNba – **D-ddr** Bds – **F** MH, Pc, Rc – **GB** Lam, Lbm – **I** PAc – **NL** Uim – **S** Skma – **USSR** Lsc – **US** DT, NYp (Etikett: Boyer)

— *[G. 159–164]*. Six quartettos [c, B, D, Es, E, C] for two violons, a tenor and violoncello obligato . . . opera prima. – *London, Preston & son*. – St.     [B 3112 **GB** Lbm, Lwa

— *[G. 159–164]*. Sei sinfonie o sia quartetti ([oder:] Sei quartetti . . .) [c, B, D, Es, E, C] per due violini, alto e violoncello obbligati . . . opera Iᵃ. – *Paris, Venier; Lyon, Castaud (de l'imprimerie de Richomme)*. – St.     [B 3113 **A** Wgm (2 Ex.) – **B** Bc – **CH** BEk, Gamoudruz, Gc – **CS** BRnm – **D-ddr** Bds – **DK** Kmm – **F** C, Pc (vl II, vla, vlc [2 Ex.]), Pn – **GB** Ckc, Lbm – **I** Nc (2 Ex.), Vqs – **NL** Uim – **S** J – **US** AA, COu, R

— *[G. 159–164]*. Six quartettos [c, B, D, Es, E, C] for two violins, a tenor and violoncello obligato . . . opera prima. – *London, J. Welcker*. – St.     [B 3114 **B** Bc – **D-brd** Mbs – **D-ddr** Dlb – **GB** Ckc, Lam (2 Ex.), Lbm, Lcm, Lu, Mp – **I** Vc – **S** Skma, SK – **US** NH, PO, R

Opus 2

*[G. 166, 165, 167–170].* Six quatuor [c, D, Es, g, F, A] à deux violons, taille e basse obligés . . . opera seconda. – *Amsterdam, J. J. Hummel, No. 107.* – St.        [B 3115
**D-brd** HVl, Mbs – **D-ddr** Bds (2 Ex.), Dlb – **DK** Kk – **GB** Cpl, Lbm – **NL** Uim – **S** J, Skma, SK – **SF** A – **USSR** Lsc – **US** R

Opus 4

*[G. 166, 165, 167–170].* Six quartettos [c, D, Es, g, F, A] for two violins, tenor and violoncello obligato . . . opera IV. – *London, Longman, Lukey & Co.* – St.
[B 3116
**GB** Ckc, Lam, Lbm (2 Ex.), Lcm

Opus 6

*[G. 166, 165, 167–170].* Six quartettos [c, D, Es, g, F, A] for two violins, tenor and violoncello . . . opera VI. – *London, R. Bremner.* – St.        [B 3117
**D-ddr** Dlb – **E** Mn – **GB** Lbm – **I** Vc – **US** CHua

— *[G. 165–170].* VI Quartetti [D, c, Es, g, F, A] per due violini, alto e violoncello . . . libro secondo di quartetti mis au jour par M. Boyer seul éditeur des dits ouvrages . . . opera VI. – *Paris, Naderman, Mme Le Menu; Lyon, Castaud (gravées par Mme la Vve Leclair), No. 516.* – St.
[B 3118
**B** Bc – **CH** Gamoudruz – **D-brd** BNba – **D-ddr** Bds – **DK** Kmk – **F** MH, Pmeyer – **GB** Lam ( 2 Ex.), Lbm – **I** PAc – **NL** Uim – **S** Skma – **US** AA, DT, R

— *[G. 165–170].* VI Quartetti [D, c, Es, g, F, A] per due violini, alto e violoncello . . . libro secondo di quartetti . . . opera VI. – *Paris, Venier; Lyon, Castaud (gravées par Mme la Vve Leclair, imprimée par Richomme).* – St.        [B 3119
**A** Wgm – **B** Bc – **CH** BEk, EN, Gc (2 Ex., davon 1 Ex. unvollständig), Gpu (vl I) – **CS** Pnm – **D-brd** Mbs – **DK** Kk, Kmm – **F** C, Pc (2 Ex., 2. Ex: vl I, vl II) – **GB** Ckc – **I** Gl, Mc, Nc – **NL** Uim – **S** L, Skma – **US** NH

Opus 7

*[G. 171–176].* Six quatuors [c, d, F, Es, D, E] à deux violons, taille et basse obli-

gés . . . œuvre VII. – *Amsterdam, J. J. Hummel, No. 313.* – St.        [B 3120
**D-brd** F, Mbs – **D-ddr** Bds (2 Ex.), GOl – **F** Pmeyer – **GB** Lbm – **I** Bc – **NL** Uim – **S** Skma – **SF** A (vla) – **USSR** Lsc – **US** R

Opus 8

*[G. 186].* Quatuor périodique [B] N°VIII pour deux violons, alto et violoncello. – *Offenbach, Johann André, No. 115.* – St.
[B 3121
**D-ddr** Dlb – **DK** Kk – **US** PHu

*[G. 178, 179, 181, 180, 177, 182].* Six quartetto ou divertissement [F, E, Es, F, D, c] pour deux violons, taille et basse . . . œuvre VIII. – *Amsterdam, J. J. Hummel, No. 324.* – St.        [B 3122
**B** Bc – **D-ddr** Bds, Dlb – **DK** Kk – **F** Pmeyer – **GB** Lbm – **I** MOe – **S** Uu – **SF** A – **USSR** Lsc – **US** R

Opus 10

*[G. 171–176].* Sei quartetti [c, d, F, Es, D, E] per due violini, alto e violoncello . . . libro terzo di quartetti . . . opera Xᵃ. – *Paris, Boyer (gravés par Mme la Vve Leclair), No. 517.* – St.        [B 3123
**B** Bc – **CH** Gamoudruz – **D-brd** BNba – **D-ddr** Bds – **DK** Kmk – **F** MH, Pc – **GB** Lam (2 Ex.), Lbm – **NL** Uim – **S** Skma – **US** AA, DT, NH, R

— *[G. 171–176].* Sei quartetti [c, d, F, Es, D, E] per due violini, alto e violoncello . . . libro terzo di quartetti . . . opera X. – *London, R. Bremner.* – St.        [B 3124
**D-ddr** Dlb – **DK** Kk – **E** Mn – **GB** Lbm – **US** NH, NYp, WBw

— *[G. 171–176].* Sei quartetti [c, d, F, Es, D, E] per due violini, alto e violoncello . . . libro terzo di quartetti . . . opera X. – *London, T. Preston.* – St.        [B 3125
**F** Prothschild – **GB** Lbm

— *[G. 171–176].* Sei quartetti [c, d, F, Es, D, E] per due violini, alto e violoncello . . . libro terzo di quartetti . . . opera Xᵃ. – *Paris, Venier (gravés par Mme la Vve Leclair).* – St.        [B 3126
**A** Wgm – **CH** BEk, Gc – **DK** Kk, Kmm – **F** Lm, Pc (2 Ex., 2. Ex: vl 1) – **GB** Ckc – **I** Gl, Nc, PAc – **NL** Uim – **S** Skma, Uu – **US** NH, R

## Opus 11

*[G. 177–182]*. Sei divertimenti [D, F, E,
F, Es, c] per due violini, alto e violon-
cello . . . libro quarto di quartetti . . .
opera XI. – *Paris, Boyer, No. 518.* – St.
[B 3127
**B** Bc – **D-brd** Mmb – **D-ddr** Bds – **DK** Kmm,
Kmk – **F** C, MH – **GB** Lam, Lbm, Lcm –
**NL** Uim – **S** Skma – **US** AA, DT, NH, R

— *[G. 177–182]*. Sei divertimenti [D, F,
E, F, Es, c] per due violini, alto e violoncello . . . libro quarto di quartetti . . .
opera XI. – *Paris, Venier.* – St.   [B 3128
**CH** BEk – **CS** BRnm – **D-brd** MÜu – **E** Mp –
**F** AU, Lm (vlc), LYc (vl I, vla, vlc), Pc (vl I,
vla, vlc), Pn – **GB** Lbm (vl I) – **I** Nc, PAc

*[G. 191, 194, 192, 190, 189, 193]*. Six
quatuors [Es, g, C, A, D, c] concertants à
deux violons, alto et basse . . . œuvre XI. –
*Berlin-Amsterdam, J. J. Hummel, No.
170.* – St.                            [B 3129
**B** Ac, Bc – **D-brd** BNba, Mbs – **D-ddr** Bds (2
Ex.) – **F** Pmeyer – **GB** Lbm (2 Ex., 2. Ex.: vl
I, vl II) – **I** Mc, Vc – **SF** A – **USSR** Lsc – **US** R

*[G. 180, 179, 182, 181, 178, 177]*. Six
quatuors [F, E, c, Es, F, D] pour deux
violons, alto et basse . . . opera XI. –
*London, Preston & son.* – St.        [B 3130
**GB** Lbm – **US** NYp

— *[G. 180, 179, 182, 181, 178, 177]*. Six
quatuors [F, E, c, Es, F, D] pour deux
violons, alto et basse. . . opera XI. – *London, Welcker.* – St.                   [B 3131
**D-ddr** Dlb – **E** Mn – **GB** Lbm, Mp – **US** BE

## Opus 26

*[G. 183–188]*. Sei quartetti [C, D, Es, B,
a, C] per due violini, alto e basso . . .
libro quinto di quartetti . . . opera XXVI.
– *Paris, de La Chevardière; Lyon, Castaud;
Bruxelles, Godefroy (gravé par Mme Oger).*
– St.                                  [B 3132
**A** Wgm – **B** Bc – **DK** Kmm – **F** AU, C, MH,
Pn – **GB** Lbm – **I** MOe, Nc – **US** R

— *[G. 183–188]*. Sei quartetti [C, D, Es,
B, a, C] per due violini, alto e basso . . .
libro quinto di quartetti . . . opera XXVI.
– *Paris, Le Duc, No. 279.* – St.     [B 3133
**D-ddr** Bds (Etikett: Imbault) – **I** Mc – **US** R

## Opus 27

*[G. 191, 194, 192, 190, 189, 193]*. Sei
quartetti [Es, g, C, A, D, c] concertanti
per due violini alto e violoncello . . .
op. 27. – *Paris, Sr Sieber [oder Sieber
père]*, s. No. *[oder No. 436]*. – St.
[B 3134
**A** Wgm (2 Ex.) – **B** Bc – **CH** Gamoudruz –
**D-brd** BNba – **D-ddr** Bds, Dlb – **DK** Kmm –
**F** AU, MH, Pc (vl II, vla, vlc) – **GB** Er, Lbm –
**I** Fc, Mc, MOe, PAc – **NL** At, Uim – **S** Skma –
**US** AA, R

## Opus 32

*[G. 195–200]*. Six quatuors [B, g, Es, A,
F, f] à deux violons, viole et basse obligés
. . . œuvre XXXII. – *Wien, Artaria & Co.,
No. 18.* – St.                         [B 3135
**A** GÖ, Wgm (2 Ex.), Wn – **B** Bc – **CS** JI, BRnm
– **D-brd** Bhm, Mbs – **D-ddr** Bds, Dlb – **DK**
Kmm – **GB** Lam – **I** Mc – **NL** Uim – **US** DT,
R, U

— *[G. 195–200]*. Six quartetti [B, g, Es,
A, F, f] pour deux violons, alto et basse
. . . œuvre 32. – *Paris, Le Duc (écrit par
Ribière), No. 18.* – St.               [B 3136
**F** Lm, MH – **I** Bc, Mc – **US** R

— *[G. 195–200]*. Six quatuors [B, g, Es,
A, F, f] à 2 violons, viole et basse obligés
. . . œuvre XXXII. – *Amsterdam, J.
Schmitt.* – St.                        [B 3137
**D-ddr** Dlb – **US** NYp (vlc unvollständig)

## Opus 33

*[G. 201–206]*. Sei quartetti [Es, e, D, C,
g, A] per due violini, viola e violoncello
. . . opera XXXIII. – *Wien, Artaria & Co.,*
s. No. *[oder No. 34]*. – St.          [B 3138
**A** M, Wgm – **B** Bc – **CH** Gamoudruz – **D-brd**
F, Mbs, Mmb – **D-ddr** Dlb – **F** Lm, Pc –
**GB** Lbm – **I** Nc, PAc – **H** KE – **SF** A – **USSR**
Lsc – **US** R

— *[G. 201–206]*. Sei quartetti [Es, e, D,
C, g, A] per due violini, viola e violoncello . . . opera XXXIII. – *Lyon, Castaud
(gravés par Noël).* – St.              [B 3139
**F** Pmeyer

— *[G. 201–206]*. Sei quartetti [Es, e, D, C, g, A] per due violini, viola e violoncello . . . opera XXXIII. – *London, J. Kerpen.* – St.      [B 3140
**D-ddr** Dlb – **GB** Lam (2 Ex. , 1 Ex. mit Etikett: Nezot)

— *[G. 201–206]*. Six quatuors [Es, e, D, C, g, A] pour deux violons, alto et basse . . . œuvre XXXIII. – *Paris, Sieber, s. No. [oder No. 445]*. – St.     [B 3141
**B** Bc – **D-brd** BNba – **D-ddr** Bds – **DK** Kmm – **F** MH – **GB** Lam, Lbm – **NL** Uim – **S** Skma – **US** DT

## Opus 39

*[G. 234]*. Douze quatuors [G, Es, D, C, c-C, A, f-C, g, A] pour deux violons, alto et violoncelle . . . 1ère[-4ème] livraison œuvre 39. – *Paris, Pleyel, No. 125 (134, 151, 178) [Titelbl. 125]*. – St.     [B 3142
**A** Wgm (1) – **B** Ac (4), Bc (1–4 [2 Ex.]) – **CH** Gamoudruz (1–4), LAc (1–4) – **D-brd** BNba (2, 3, 4), Mbs (1–4) – **D-ddr** Bds (1, 2, 3), Dlb (1–4) – **DK** Kk (2, 4), Kmm (1–4), Kmk (1) – **E** Mp (1–4) – **F** C (1 Ex. 1–4; 1 Ex. 1–4 mit Etikett: Decombe), MH (1–4), Pc (1 Ex. 1–4; 1 Ex. 1, 4; 2 Ex. 4), Pn (1, 2, 4), V (1–4) – **GB** Lam (1), Lbm (1–4) – **I** Fc (1–4), Bc (1 [vl I unvollständig]), Nc (1, 3), PAc 1–4) – **NL** Uim (1–4) – **S** Skma (1–4) – **US** AA (1–4), Cn (1–4), PO (1), R (mit Etikett: Le Duc; 1, 2, 3)

## Opus 40

*[G. 240, 236, 237, 238, 241, 239]*. Six quartettino [C, Es, D, C, Es, A] pour deux violons, alto et basse . . . œuvre 40. – *Paris, Pleyel (gravés par Richomme), No. 132*. – St.     [B 3143
**B** Bc (2 Ex.) – **CH** Gamoudruz, LAc, N – **D-brd** BNba, HEms – **D-ddr** Bds, Dlb – **DK** Kmm, Kmk – **E** Mp – **F** MH, V – **GB** Lam, Lbm – **I** Fc, Mc, PAc – **S** Skma – **US** AA, R, Cn

## Opus 58

*[G. 242–247]*. Six quartetti [C, Es, B, h, D, Es] à deux violons, alto et violoncelle . . . en deux livraisons, 1ère [2ème] parties ([oder:] . . . gravés sur le manuscrit de l'auteur, 1e (2e) partie) . . . op. 58. – *Paris, Sieber père, No. 1634 (1635)*. – St.     [B 3144

**B** Bc (1, 2) – **CH** Gamoudruz (1, 2) – **D-ddr** Bds (1, 2) – **DK** Kmm (1, 2) – **E** Mp (1, 2) – **F** MH (1, 2), Pc (2), Pn (1, 2) – **GB** Lam (1, 2), Lbm (1, 2) – **I** PAc (1, 2) – **S** Skma (1, 2) – **US** AA (1, 2)

### Streichquartette (ohne Opuszahlen)

*[G. 180, 179, 182, 181, 178, 177]*. Sei quartetti [F, E, c, Es, F, D] per due violini, viola e violoncello . . . stampata a spese di Luigi Marescalchi e Carlo Canobbio . . . si vendano da Innocente Alessandri e Pietro Scataglia. – *Venezia, Marescalchi & Canobbio; Alessandri & Scataglia.* – St.     [B 3145
**A** Wgm – **CH** Gc – **I** Fc, Gl, MOe (vl I), Nc

— *[G, 180, 179, 182, 181, 178, 177]*. Sei quartetti [F, E, c, Es, F, D] per due violini, viola e basso. – *Venezia, Antonio Zatta & figli*. – St.     [B 3146
**A** Wgm – **I** Nc

### Quartette mit Flöte (mit Opuszahlen)

*[G. 260]*. Trois quatuors [D, G, d] pour flûte, violon, alto et violoncelle . . . œuvre 5. – *Paris, Pleyel, No. 159*. – St.     [B 3147
**B** Bc – **F** AU (Etikett: Sieber) – **USSR** Lsc (fl, vl, vlc) – **US** Cn, Wc

### Quartette mit Flöte (ohne Opuszahlen)

*[G. 261]*. Trois quatuor [d, G, d] pour flûte, violon, alto et basse . . . premier livre. – *Paris, Naderman, Lorry (écrit par Ribière), No. 558*. – St.     [B 3148
**D-brd** F

— *[G. 261]*. Trois quatuor [F, d, F] pour flûte, violon, alto et basse . . . second livre. – *Paris, Naderman, Lorry (écrit par Ribière), No. 559*. – St.     [B 3149
**D-brd** F

### Quartette für Blasinstrumente

*[G. 262]*. Trois quatuors [C, F, C] pour clarinette, flûte, cor et basson extraits . . . par Othon Van den Broek. – *Paris, Pleyel*. – St.     [B 3150
**F** Pn

*[G. 263]*. Six quatuors [Es, F, B] extraits . . . arrangés pour flûte, clarinette, cor et basson par Othon Van den Broek. – *Paris, Hentz Jouve*. – St.     [B 3151
**F** Pn

*[G. 264]*. Trois quatuors [F, C, d] pour flûte, clarinette, cor et basson extraits . . . par Othon Van den Broek . . . livre 3ème. – *Paris, Bouillon.* – St.        [B 3152
**B** Ac

## WERKE FÜR 5 INSTRUMENTE

Streichquintette mit 2 Violoncelli (mit Opuszahlen)

### Opus 12

*[G. 265–270]*. Sei quintetti [A, Es, c, C, Es, D] per due violini, alto et due violoncelli concertanti . . . libro primo di quintetti, opera XII. – *Paris, Boyer.* – St.
                                          [B 3153
**CH** E – **F** MH – **I** PESc

— *[G. 265–270]*. Sei quintetti [A, Es, c, C, Es, D] per due violini, alto et due violoncelli concertanti . . . opera XII. – *London, Robert Bremner.* – St.        [B 3154
**A** Wmi – **D-ddr** Dlb – **E** Mn – **GB** Lbm

— *[G. 265–270]*. Sei quintetti [A, Es, c, C, Es, D] per due violini, alto et due violoncelli concertanti . . . opera XII. – *London, Longman, Lukey & Co.* – St.
                                          [B 3155
**GB** Lam, Lbm, Mp – **I** Mc

— *[G. 265–270]*. Sei quintetti [A, Es, c, C, Es, D] per due violini, alto et due violoncelli concertanti . . . libro primo di quintetti, opera XII. – *Paris, Naderman.* – St.        [B 3156
**CH** Gamoudruz – **D-brd** F (vl I), Mbs (2 Ex.) – **D-ddr** LEm – **F** Pc (2 Ex.: vl I, vl II, vla mit Etikett: Le Duc; 2. Ex. kpl.), Sc – **GB** Mp – **I** AN – **US** CA, l, PHu

— *[G. 265–270]*. Six quintetti [A, Es, c, C, Es, D] pour deux violons, alto et deux violoncelles concertans . . . premier livre de quintetti, 1e (–2e) suite . . . op. 12. – *Paris, Ice Pleyel & fils aîné, No. 1337 (1338).* – St.        [B 3157
**S** Skma

— *[G. 265–270]*. Sei quintetti [A, Es, c, C, Es, D] per due violini, alto et due violoncelli concertanti . . . opera XII. – *London, Preston & son.* – St.        [B 3158
**GB** Lam, Lbm, LEc, Mp – **S** Skma

— *[G. 265–270]*. Sei quintetti [A, Es, c, C, Es, D] per due violini, alto et due violoncelli concertanti . . . libro primo di quintetti, opera XII. – *Paris, G. B. Venier (de l'imprimerie de Richomme).* – St.        [B 3159
**A** Wgm, Wn – **CS** Bm – **D-brd** Bhm, HVs – **E** Mn – **F** AU, BO, C (2 Ex.; 1 Ex. mit Etikett: Sieber), Pc (1. Ex.: fehlt vlc II; 2. Ex.: vlc II; 3. Ex.: vl I, vl II, vla, vlc I), Pn (2 Ex.; 2. Ex.: vla, vlc I, vlc II), Rc, TLc – **GB** Lbm, Lcm – **I** AN, Bc, Gl, Mc, Nc – **S** Skma – **US** Bp (vlc I), NH, R

### Opus 13

*[G. 271–276]*. Sei quintetti [B, A, C, f, E, D] per due violini, alto et due violoncelli concertanti . . . libro secondo di quintetti, opera XIII. – *Paris, Boyer.* – St        [B 3160
**F** MH

— *[G. 271–276]*. A second set of six quintettos [B, A, C, f, E, D] for two violins, a tenor and two violoncellos . . . opera XIII. – *London, R. Bremner.* – St.        [B 3161
**A** Wmi – **D-ddr** Dlb – **E** Mn – **GB** Ckc, Lam, Lbm – **I** Vc

— *[G. 271–276]*. Sei quintetti [B, A, C, f, E, D] per due violini, alto et due violoncelli concertanti . . . libro secondo di quintetti, opera XIII. – *Paris, Naderman, Mme Le Menu.* – St.        [B 3162
**CH** Gamoudruz – **D-brd** F (vl I) – **D-ddr** LEm – **F** AU, Pc (2 Ex.; 2. Ex. vl I, vl II, vla), TLc – **GB** Mp – **US** CA

— *[G. 271–276]*. Six quintetti [B, A, C, f, E, D] pour deux violons, alto et deux violoncelles concertans . . . second livre de quintetti, 1e (–2e) suite, op. 13. – *Paris, Ice Pleyel & fils aîné, No. 1339 (1340).* – St.        [B 3163
**F** C (1) – **S** Skma (1, 2)

— *[G. 271–276]*. A second set of six quintettos [B, A, C, f, E, D] for two violins, a tenor and two violoncellos . . . opera XIII. – *London, Preston & son.* – St.
                                          [B 3164
**GB** Lam, Lbm, LEc, Mp – **S** Skma – **US** R

— *[G. 271–276]*. Sei quintetti [B, A, C, f, E, D] per due violini, alto et due vio-

loncelli concertanti . . . libro secondo di quintetti, opera XIII. – *Paris, G. B. Venier.* – St.                     [B 3165
A Wgm (2 Ex.) – **B** Bc – **D-brd** Bhm – **D-ddr** Bds – **F** BO, C (2 Ex.; 1 Ex. mit Etikett: Sieber), Pc (2 Ex.; 1. Ex.: fehlt vlc II; 2. Ex.: vlc II), Pn – **GB** Lbm – **S** Ssr – US NYfuld (vl I), R

### Opus 17

*[G. 283–288].* Sei quintetti [c, D, Es, C, d, E] per due violini, alto et due violoncelli concertanti . . . libro quarto di quintetti, opera XVII. – *Paris, de La Chevardière; Lyon, Castaud.* – St.        [B 3166
A Wgm (2 Ex.) – **D-brd** Mbs – **D-ddr** LEm (mit Etikett: Janet) – **DK** Kmk – **E** Mn – **F** AU, BO, C (2 Ex.; 2. Ex. mit Etikett: Decombe), MH (Etikett: Le Duc), Pc (1. Ex.: fehlt vlc II; 2. Ex.: vlc II), Pn – **GB** Lbm – **S** Skma

— *[G. 283–288].* Six quintetti [c, D, Es, C, d, E] pour deux violons, alto et deux violoncelles concertans . . . troisième livre de quintetti, 1e (–2e) suite, op. 17. – *Paris, Ice Pleyel & fils aîne, No. 1398 (1399).* – St.               [B 3167
**S** Skma

— *[G. 283–288].* Sei quintetti [c, D, Es, C, d, E] concertanti per due violini, alto et due violoncelli . . . libro quarto di quintetti . . . opera XVII. – *Paris, Sieber, No. 247.* – St.               [B 3168
**CH** Gamoudruz – **D-brd** F (vl I) – **F** C, Pc (2 Ex.; 2. Ex.: vl I, vl II, vla), TLc (fehlt vla) – **GB** Mp – US R

### Opus 20

*[G. 277–282].* Sei quintetti [Es, C, F, d, A, E] per due violini, alto et due violoncelli concertanti . . . libro terzo di quintetti, opera XX. – *Paris, Boyer; Lyon, Castaud.* – St.               [B 3169
**D-ddr** Bds – **F** MH, Pc – **S** Skma

— *[G. 277–282].* Six quintettos [Es, C, F, d, A, E] for two violins, a tenor and two violoncellos . . . being the third set of quintettos, opera XX. – *London, R. Bremner.* – St.               [B 3170
A Wgm, Wmi – **D-ddr** Dlb – **E** Mn – **GB** Lam, Lbm – I Vc

— *[G. 277–282].* Sei quintetti [Es, C, F, d, A, E] per due violini, alto et due vio-

loncelli concertanti . . . libro terzo di quintetti; opera XX. – *Paris, Naderman; Lyon, Castaud.* – St.               [B 3171
**CH** Gamoudruz – **D-brd** F (vl I) – **D-ddr** LEm – **F** C, Pc (2 Ex.; 2. Ex.: vl I, vl II, vla), Sc, TLc (fehlt vla) – US Ca

— *[G. 277–282].* Six quintetti [Es, C, F, d, A, E] pour deux violons, alto et deux violoncelles concertans . . . quatrième livre de quintetti 1e (–2e) suite, op. 20. – *Paris, Ice Pleyel & fils aîné, No. 1407 (1408).* – St.               [B 3172
**S** Skma

— *[G. 277–282].* Six quintettos [Es, C, F, d, A, E] for two violins, a tenor and two violoncellos . . . 3d set ([oder:] being the third set of quintettos), opera XX. – *London, Preston ([oder:] Preston & son).* – St.               [B 3173
**GB** Lam, Lbm, LEc – **S** Skma – US R

— *[G. 277–282].* Sei quintetti [Es, C, F, d, A, E] per due violini, alto et due violoncelli concertanti . . . libro terzo di quintetti, opera XX. – *Paris, G. B. Venier; Lyon, Castaud.* – St.               [B 3174
A Wgm – **CS** Bm – **D-brd** Mbs – **D-ddr** Bds – **DK** Kmk, Kk – **F** BO, C, Pc (1. Ex.: fehlt vlc II; 2. Ex.: vlc II), Pn – **GB** Lbm – **I** Mc – US R

### Opus 23

*[G. 289–294].* Sei quintetti [Es, B, F, G, d, a] per due violini, alto e due violoncelli concertanti . . . libro sesto di quintetti, opera XXIII. – *Paris, Boyer; Lyon, Castaud.* – St.               [B 3175
**CH** Bu – **F** MH

— *[G. 289–294].* Sei quintetti [Es, B, F, G, d, a] per due violini, alto e due violoncelli concertanti . . . libro sesto di quintetti, op. XXIII. – *Paris, Naderman; Lyon, Castaud.* – St.               [B 3176
**CH** Gamoudruz – **D-brd** BNba, F (vl I), HVs, Mbs (Etikett: Louis) – **D-ddr** LEm – **F** Pc (2 Ex.; 2. Ex.: vl I, vl II, vla), Sc, TLc (fehlt vl II) – **GB** Mp – **S** Skma – US Wc

— *[G. 289–294].* Sei quintetti [Es, B, F, G, d, a] per due violini, alto e due violoncelli concertanti . . . libro sesto di quintetti, opera XXIII. – *Paris, Venier; Lyon, Castaud.* – St.               [B 3177

CS Pnm – **D-ddr** Bds – F BO, C, Pc (1. Ex.: fehlt vlc II; 2. Ex.: vlc II), Pn – **GB** Lbm – **I** Mc

## Opus 33

*[G. 301–306].* Sei quintetti [A, G, e, Es, g, h] per due violini, viola e due violoncelli concertanti ([oder:] due violini, due viole concertanti e violoncello) . . . opera XXXIII. – *Venezia, Antonio Zatta & figli.* – St.                    [B 3178
**A** Wgm (2 Ex.), Wn – **F** AU – **GB** Lbm – **I** Bc, Fc, Mc (2 Ex.), Vc (2 Ex.), Vgc

## Opus 36

*[G. 295–297].* Tre quintetti [d, Es, A] per due violini, viola e due violoncelli . . . opera XXXVI. – *Wien, Artaria & Co., No. 40.* – St.                    [B 3179
**A** Wgm – **B** Bc – **CS** JI – **D-brd** Bhm – **F** Pn – **GB** Lbm – **H** SFk (vl I, vl II und vla unvollständig; vlc II) – **US** R (mit Etikett: Longman & Broderip)

— *[G. 295–297].* Trois quintetti [d, Es, A] pour deux violons, alto et deux violoncelles . . . opera XXXVI. – *Paris, Imbault, No. 520.* – St.                    [B 3180
**A** Wgm – **B** LIc (Etikett: Decortis) – **CH** Gamoudruz – **D-brd** F (vl I) – **F** MH, Pc (2 Ex.; 2. Ex.: vl I, vl II, vla mit Etikett: Le Duc) Pn, Sc, TLc – **GB** Mp – **S** Skma – **US** Cn

## Opus 37

*[G. 310, 308, 366, 359, 365, 346].* Six new quintets [C, A, B, B, D, Es] for two violins, tenor and two violoncellos . . . op. 37. *London, J. A. Hamilton.* – St.                    [B 3181
**GB** Lbm

*[G. 358].* Douze ([oder:] Vingt-quatre) nouveaux quintetti [C, g, Es – A, Es, d – C, A, B – B, D, Es – g, F, B – C, D, c – f, B, F – F, D, c] pour deux violons, deux violoncelles et alto . . . la première partie de violoncelle pourra être remplacée par l'alto-violoncelle . . . 1e (–8e) livraison, œuvre 37. – *Paris, Ignace Pleyel (gravés par Richomme, I. Aubert scripsit), No. 101 (102, 146, 147, 261, 648, 837, 924).* – St.                    [B 3182
**A** Wgm (1, 2), Wn (1 [2 Ex.]; 2) – **B** Ac (2) – **CH** Gpu (1–4), N (1, 2, 4), BEk (1, 4, 6), REl (4, 6), Bu (1, 8), E (4 [fehlt vlc II]), Gc (3, 4),

LAc (1–8) – **CS** Bu (1 und 2 [mit Etikett: Breitkopf & Härtel]) – **D-brd** Bhm (1–4, 7), BNba (3, 4, 8 [fehlt a-vlc]), F (nur vl I: 1–6, 7 [mit Etikett: Louis], 8), HVh (1–8), KNmi (1–8), Mbs (1 [3 Ex.], 2 [3 Ex.], 3–5; davon 1–2 ohne a-vla [Etikett: Artaria]), Tmi (2 und 3 mit Etikett: Louis) – **D-ddr** LEm (1–5; 1–8 [nur a-vlc]) – **DK** Kk (1–4 [fehlt vl I und vlc II]; 1–6 [fehlt vlc II]) – **EMp** (2 , 3, 4, 6) – **F** A (3, 4 [fehlen vl I, vl II]; 5, 6 [fehlen a-vlc, vlc]), AU (1, 2), C (1, 2, 4), Pc (1 : 3 Ex.; 2. Ex.: vl I, vl II, vla; 3. Ex.: vlc I, vlc II – 2: 3 Ex.: 1. Ex.: fehlt vlc II; 2. Ex.: vl I, vl II, vla; 3. Ex.: vlc I, vlc II – 3: 3 Ex.: 1. Ex.: vl I, vl II, vla; 2. Ex.: vlc I, vlc II – 4: 3 Ex.: 1. Ex.: vl I, vl II, vla; 2. Ex.: vlc I, vlc II – 5: 3 Ex.; 1. Ex.: vl I, vl II, vla; 2. Ex.: fehlt a-vlc; 6–8), Pn (1, 2 [2 Ex.], 3–7), Prothschild (1–3, 4 [2 Ex.], 5–8), TLc (5 [nur vlc I und vlc II]) – **GB** Lbm (6), Mp (1–8) – **I** Bc (1–8), Fc (5, 6), Mc (3, 5, 6, 7), Tco (1) – **S** Skma (1–8) – **US** CA (1–6 [fehlt a-vlc]), PHu (1, 3), Cn (1–8)

## Opus 47

*[G. 357].* Douze nouveaux quintetti [B, d, F – F, a, Es – Es, C, C – c, Es, D] pour deux violons, alto et deux violoncelles . . . la partie du 1er violoncelle peut être remplacée par l'alto-violoncelle . . . 1e (–4e) livraison, opera 47. – *Paris, Ignace Pleyel (A. Aubert junior scrip.), No. 933 (934, 935, 936).* – St.                    [B 3183
**CH** E (1–4 [fehlt a-vlc]) – **D-brd** BNba (2–4 [fehlt a-vlc]), F (1–4 [fehlt vl I und vl II]), Mmb (1–4), HVh (2) – **D-ddr** LEm (1–4 [nur a-vlc]) – **F** Pc (1–4), Pn (3 und 4 [2 Ex.]) – **I** Fc (1), PEl (2 [vl I unvollständig, a-vlc fehlt]), Sac (1) – **S** Skma (1–4) – **US** Cn (1–4)

## Opus 48

*[G. 314].* Six nouveaux quintetti [c, F, g – F, Es, A] pour deux violons, alto et deux violoncelles . . . 1e (–2e) livraison, op. 48. – *Paris, Pleyel (écrit par Malbeste), No. 1074 (1075).* – St.                    [B 3184
**CH** Bu (1 [nur vlc I]) – **D-brd** BNba (2 [fehlt a–vlc]), F (1 und 2 [je mit 2 Ex. vl II und vlc I]), Mbs (1), HVh (1) – **D-ddr** LEm (1 und 2 [je mit 2 Ex. vla und vlc I]) – **F** C (1), Pc (1, 2), Pn (1, 2) – **GB** Lcm (1) – **S** Skma (1, 2) – **US** Cn (1, 2)

## Opus 49

*[G. 301–306].* Six quintetti [A, G, e, Es, g, h] pour deux violons, alto et deux violoncelles . . . le 1er violoncelle peut être

remplacé par l'alto-violoncelle . . . op. 49.
– Paris, J. Pleyel, No. 1076. – St.
[B 3185
**D-ddr** LEm (nur a-vlc) – **F** Pc, Pn – **I** Mc –
**S** Skma – **US** Cn, Wc

## Opus 50

*[G. 343, 341, 342, 340, 344, 345].* Six
quintetti [C, D, D – A, e, B] inédits pour
deux violons, alto et deux violoncelles
. . . nota le premier violoncelle peut être
remplacé par l'alto-violoncelle . . . 1e
(–2e) livraison, op. 50. – *Paris, Janet &
Cotelle, No. 1038.* – St.          [B 3186
**F** C (1), Pc (1, 2)

## Quintett-Sammlung (Janet & Cotelle)

*[G. 265].* Collection des quintetti . . . pour
deux violons, alto et deux violoncelles
. . . la partie de premier violoncelle peut
être remplacée par l'alto-violoncelle,
tome Ier [liv. 1–9] (tome II, liv. 10–16). –
*Paris, Janet & Cotelle (Aubert junior
scripsit), No. 1037(1038).* – St.  [B 3187
**A** Wgm (I) – **B** Ac, Bc – **CH** Bm, Bu (tome I,
liv. 9, 2e partie), Gamoudruz – **D-brd** Mbs,
Sh – **F** C, MH, Pn (I und II [2 Ex.]), Prothschild – **GB** Lam, Lbm, Lcm (I) – **I** Nc –
**S** Skma – **US** CA, Bp, NH, NYp, Wc

## Streichquintette mit 2 Violen (ohne Opus-zahlen)

*[G. 385–387].* Douze nouveaux quintetti
[d, e, B] pour deux violons, deux alto et
violoncelle composés à Madrid . . . œuvres
posthumes, livraison 1. – *Bordeaux, P. J.
J. Le Duc; Paris, Auguste Le Duc.* – St.
[B 3188
**US** Wc

*[G. 408, 412, 410, 407, 411, 409].* 2e
édition. 6 quintetti [F, a, Es, e, D, C]
pour piano avec accompagnement de
deux violons, alto et basse composés
spécialement pour cet instrument . . .
No 1(–6) op. 46. – *Paris, A. Lavinée,
No. 30(–35).* – St.          [B 3189
**DK** Kk (4, 5) – **F** MH – **US** Wc

— *[G. 408, 412, 410, 407, 411, 409].* Six
quintetti [F, a, Es, e, D, C] pour piano
avec accompagnement de deux violons,
alto et violoncel . . . 1(–6) livre, œuvre 46. –

*Paris, Pleyel (gravés par Richomme), No.
247 (liv. 4–6: No. 1160–1162).* – St.
[B 3190
**D-brd** B (1, 2) – **I** PEl (2, 5, 6) – **S** Skma (1–6) –
**US** Wc (1)

## Quintette mit Pianoforte (ohne Opus-zahlen)

*[G. 413–418].* Six quintetti [A, B, e, d,
E, C] spécialement composés pour le
pianoforte avec accompagnemens obligés
et concertans de deux violons, alto et un
violoncelle . . . œuvre posthume. – *Paris,
Nouzou.* – St.          [B 3191
**DK** Kk (nur Nr. 6 mit Etikett: Lavinée) –
**F** Pn (2 Ex.), Prothschild – **S** Skma

— *[G. 413–418].* Six quintetti [A, B, e,
d, E, C] spécialement composés pour le
pianoforte avec accompagnement de 2
violons, alto et violoncelle obligés et concertans . . . No. 1(–6) œuvre posthume. –
*Bonn-Köln, N. Simrock, No. 1722 (1724,
1725, 1740, 1741, 1742).* – St.   [B 3192
**A** Wgm (4, 5, 6) – **CH** BEsu (1), Bu (1–4),
Gamoudruz (1) – **D-brd** HEms (1, 3, 6), Sh
(1–6) – **D-ddr** Bds (1–4) – **F** MH (1, 2) – **I** Bc (1–
6) – **USSR** Lsc (1–6) – **US** Bp (1, 2, 3), NYp (3,
6), Wc (1–6)

## Quintette mit Flöte (mit Opuszahlen)

## Opus 21

*[G. 419–424].* Sei quintetti [D, C, d, B,
G, Es] per flauto, due violini, alto et violoncelle [oder: flauto, violino, alto et due
violoncelli] concertanti . . . opera XXI. –
*Paris, de La Chevardière; Lyon, Castaud
(Titelblatt: gravés par J. Dezauche; St.:
gravés par le Sr Huguet).* – St.   [B 3193
**D-ddr** Dlb – **DK** Kk – **F** BO, Pc (fehlt vl II;
2. Ex. mit Etikett: Le Duc . . . successeur et
propriétaire du fond de Mr de La Chevardière),
Pn (mit Etikett: Le Duc) – **US** Wc

— *[G. 419–424].* Six quintetti [D, C, d,
B, G, Es] pour flûte, deux violons, alto et
violoncelle . . . œuvre 21e. – *Paris, Le Duc
(gravés par le Sr Huguet), No. 137.* – St.
[B 3194
**F** Pc (vl I, vl II, vla)

— *[G. 419–424].* Six quintetti [D, C, d,
B, G, Es] pour flûte, deux violons, alto et

violoncelle . . . œuvre 21ᵉ. – *Paris, Sieber,
No. 260.* – St.       [B 3195
**NZ** Ap – **US** R

— *[G. 419–424].* Sei quintetti [D, C, d,
B, G, Es] per due violini, flauto, viola e
violoncello concertanti . . . opera XXI. –
*Venezia, (Zatta?).* – St.     [B 3196
**A** SF, Wgm (2 Ex.) – **CH** Gamoudruz, Gc –
**GB** Lbm, Lcm – **I** AN, Bc, Mc, Nc, Vc, VEc
(vla, vlc)

## Opus 25

*[G. 425–430].* Sei quintetti [Es, g, C, D,
B, D] per flauto, due violini, alto e violoncello concertanti . . . opera XXV. – *Paris,
de La Chevardière; Lyon, Castaud (gravés par le Sʳ Huguet).* – St.     [B 3197
**CH** Bu, SO – **DK** Kk – **F** BO, Pc, Pn – **US** Wc

— *[G. 425–430].* Six quintetti [Es, g, C,
D, B, D] pour flûte, deux violons, alto et
violoncelle . . . œuvre 25. – *Paris, Le Duc
(gravés par le Sʳ Huguet).* – St.
                  [B 3198
**B** Bc

— *[G. 425–430].* Six quintetti [Es, g, C,
D, B, D] pour flûte, deux violons, alto et
violoncelle . . . œuvre 25. – *Paris, Sieber
(gravés par le Sʳ Huguet), No. 261.* – St.
                  [B 3199
**F** Pc (vl I, vl II, vla mit Etikett: Auguste Le
Duc) – **I** Mc – **NZ** Ap – **US** R

## Opus 45

*[G. 431–436].* Six nouveaux quintetti
[G, F, D, A, Es, d] pour flûte ou oboe, deux
violons, alto et violoncelle . . . 1ᵉʳ (2ᵉ)
livre, op. 45. – *Paris, Pleyel(gravé par
Richomme), No. 248.* – St.    [B 3200
**CH** E (2) – **GB** Lbm (2), Lcm (2) – **I** Nc (1) –
**US** Wc (1, 2) – **YU** Zha (1)

WERKE FÜR 6 INSTRUMENTE

## Opus 15

*[G. 461–466].* Sei sextuor [D, F, A, Es, A,
C] per due violini, viola, due violoncelli
e flauto . . . opera XV. – *Paris, de La
Chevardière (gravés par le Sʳ Huguet).* –
St.               [B 3201
**CH** Bu, Gamoudruz – **CS** Pnm – **D-brd** MÜu –
**DK** Kk – **F** BO (fehlt vlc II), NS, Pa, Pc (fl,
vla, vlc I, vlc II), Pn (vl I, vl II) – **GB** Ckc, Mp –
**USSR** Mk

— *[G. 461–466].* Sei sextuor [D, F, A,
Es, A, C] per due violini, viola, due vio-
loncelli e flauto . . . opera XV. – *Paris, Le
Duc, No. 280.* – St.       [B 3202
**I** Bc – **S** Skma – **US** R

— *[G. 461–466].* Six sextuors [D, F, A,
Es, A, C] pour flûte, premier et second
violon, alto et violoncelle . . . œuvre 15. –
*Paris, Sieber (gravés par le Sʳ Huguet),
No. 100.* – St.       [B 3203
**D-brd** B, Mmb – **F** AU (mit Etikett: Duhan),
Pc (mit Etikett: Auguste Le Duc)

## Opus 24

*[G. 454, 455, 458, 459, 457, 456].* Six
sestetti [Es, B, D, F, f, E] concertanti per
due violini, due viola e due violoncelli
. . . opera XXIV. – *Paris, Sieber [oder:
Sieber & fils], No. 77.* – St.    [B 3204
**A** M, Wgm – **CH** Gamoudruz – **CS** Bm, Pnm –
**D-ddr** Bds, Dlb (mit Etikett: Janet & Cotelle) –
**F** AU, BO (fehlt vlc II), Pc – **GB** Lbm, Lcm –
**I** Mc, TSmt – **S** Skma – **US** CA, NH

*[G. 471].* Sextuor [Es] pour deux violons,
alto, cor et deux violoncelles . . . op. 42. –
*Paris, Pleyel, No. 141.* – St.    [B 3205
**CH** Gamoudruz – **CS** Bu (mit Etikett: Breit-
kopf & Härtel) – **D-ddr** Bds (mit Etikett:
Louis) – **F** Pc (mit Etikett: Sieber), Pn (2
Ex.) – **GB** Lcm (mit Etikett: Broderip & Wil-
kinson) – **I** Fc – **S** Skma – **US** Wc – **USSR** Mk

*[G. 467].* Second sextuor [Es] pour vio-
lon, viola, fagotti, oboe o flauto, contra-
basso e cor . . . œuvre 42. – *Paris, Pleyel,
No. 173.* – St.       [B 3206
**B** LIc – **CH** Gamoudruz – **CS** Bu (mit Etikett:
Breitkopf & Härtel) – **F** Pn (2 Ex.) – **GB** Lbm,
Lcm – **I** Fc – **S** Skma

KONZERTE FÜR VIOLONCELLO UND
ORCHESTER

*[G. 477].* [1ᵉʳ] Concerto [C] per il violoncello obligato con due violini, alto-viola,
basso e contrabasso. – *Paris, bureau
d'abonnement musical; Lyon, Castaud
(gravé par Mlle Vendôme et le Sʳ
Moria).* – St.       [B 3207
**A** Wgm

— *[G. 477].* 1ᵉʳ Concerto [C] pour le vio-
loncelle. – *Paris, Naderman, No. 1004.* –
St.            [B 3208
**D-ddr** Dlb – **US** Wc

*[G. 479]*. Concerto II [D] per il violoncello obligato con due violini, alto-viola e basso. – *Paris, bureau d'abonnement musical; Lyon, Castaud (gravé par Mlle Vendôme et le Sr Moria)*. – St.     [B 3209
**A** Wgm – **S** Skma (kpl., vlc unvollst.)

— *[G. 479]*. 2ème Concerto [D] pour le violoncelle. *Paris, Naderman, No. 1005*. – St.     [B 3210
**D-ddr** Dlb – **US** Wc

*[G. 480]*. Concerto III [G] per il violoncello obligato con due violini, alto-viola e basso. – *Paris, bureau d'abonnement musical; Lyon, Castaud (gravée par Mlle Vendôme et le Sr Moria)*. – St.     [B 3211
**A** Wgm – **F** Pc

— *[G. 480]*. 3ème Concerto [G] pour le violoncelle. – *Paris, Naderman, No. 1006*. – St.     [B 3212
**I** BGi – **US** Wc

*[G. 481]*. Concerto IV [C] per il violoncello obligato con due violini, alto viola e basso. – *Paris, bureau d'abonnement musical; Lyon, Castaud*. – St.     [B 3213
**A** Wgm (mit 2 cors) – **GB** Lbm (mit 2 cors)

— *[G. 481]*. 4ème Concerto [C] pour le violoncelle. – *Paris, Naderman, No. 1007*. – St.     [B 3214
**I** BGi – **US** Wc

*[G. 483]*. Concerto [D] per il violoncello obligato . . . op. 34. – *Wien, Artaria & Co., No. 52*. – St.     [B 3215
**A** Wgm (vlc, vl I conc., vl I rip., vl II conc.), Wst (kpl.) – **GB** A (unvollständig), Lbm (fehlt vl II rip., vla, b) – **I** BGi (kpl.)

— *[G. 483]*. Concerto [D] per il violoncello obligato . . . op. 34. – *Amsterdam, J. H. Henning, No. 34*. – St.     [B 3216
**US** Wc

SINFONIEN (mit Opuszahlen)

Opus 8

*[G. 491]*. Concerto [C] a piu stromenti concertanti, due violini, obboe, violoncello, alto e basso obbligatti, due violini, fagotti e corni di ripieno . . . opera VIII. – *Paris-Lyon, G. B. Venier*. – St.     [B 3217
**B** Bc – **F** Pc (2 Ex.; im 2. Ex. fehlen 2 cors) – **I** Nc – **US** Wc (mit Etikett: Boyer)

Opus 16

*[G. 503–508]*. [1e–6e] Sinfonie [D, Es, C, d, B, A] à plusieurs instruments récitants . . . œuvre 16. – *Paris, de La Chevardière*. – St.     [B 3218
**A** Wm (1, 4) – **B** Ac (1) – **CH** Bu (3: fehlt vl I und b), SO (6) – **D-brd** MÜu (1–6) – **D-ddr** Bds (1 und 2 mit Titel: Deux sinfonies . . . [vl I, vl II unvollst.], 3–6), SWl (1–6) – **F** Pc (1 Ex. 1 und 2, mit Titel: Deux sinfonies . . . [cor II unvollst.]; 1 Ex. 1–5) – **S** Skma (1) – **US** Wc (1–6)

— *[G. 504, 506]*. Two grand symphonies [Es, d] for violins, oboes, horns, tenors and violoncellos . . . op. XVI. – *London, Longman & Broderip*. – St.     [B 3219
**CH** Zz (fehlt vl I und II rip., vlc II) – **GB** Mp – **I** Nc – **S** Skma

Opus 22

*[G. 493–498]*. Sei sinfonie [B, Es, C, D, B, A] per due violini, viola e basso, oboe o flauti e corni . . . opera XXII. – *Paris, Sieber*. – St.     [B 3220
**B** Ac – **D-ddr** Bds, SWl – **GB** Lbm – **I** Rvat – **US** Wc

Opus 41

*[G. 470]*. Simphonie concertante [G] à huit instruments obligé pour deux violons, deux violoncelles, alto, oboe ou flûte, cor et basson . . . op. 41. – *Paris, Pleyel, No. 140*. – St.     [B 3221
**D-brd** Mbs – **GB** Lbm – **I** Rsc – **S** Skma – **US** Wc (mit Etikett: Sieber)

Opus 43

*[G. 521]*. Ouverture [D] à grand orchestre pour deux violons, deux alto, violoncelle, contrebasse, deux hautbois, deux cors et basson . . . op. 43. – *Paris, Pleyel (écrit par Ribière), No. 142*. – St.     [B 3222
**B** Bc – **D-ddr** Bds – **GB** Lbm

VERSCHIEDENE ORCHESTERWERKE (ohne Opuszahlen)

*[G. 502]*. Raccolta di ventiquattro minuetti composti da varii autori [No. 9: C; No. 19: Es]. – *Venezia, Alessandri & Scattaglia*. – St.     [B 3223
**I** MOe, Nc, Vc

*[G. 494 ]*. The periodical overture [Es] in 8 parts . . . number LIV [oder LV]. – *London, R. Bremner.* – St.          [B 3224 **GB** Lam, Lbm, Mp – **S** Skma (mit Etikett: Preston & son) – **US** NYp

*[G. 500 ]*. Première symphonie [D] à quatre parties obligées, sçavoir deux violons, alto viola et basse continue, deux cors de chasse ad libitum. – *Paris, Grangé.* – St.          [B 3225 **F** Pn

*[G. 501 ]*. Sérénade [D] à deux violons, deux hautbois obligés, deux cors de chasse et basse. – *Lyon, Guerra (gravé par Charpentier fils).* – St.          [B 3226 **B** Bc – **GB** Mp (unvollst.) – **I** Ria – **US** R (mit Etikett: Longman & Broderip)

*[G. 490 ]*. Sinfonia [D] . . . con oboe e corni a piacere. – *[Venezia], Luigi Marescalchi.* – St.          [B 3227 **D-brd** MÜu – **I** AN, Bc, Nc, Vqs (fehlt b; 2. Ex. mit Etikett: Alessandri & Scattaglia, fehlt b) – **S** Skma

*[G. 522 ]*. [1e] Simphonie périodique [d] pour deux violons, alto et basse, 2 oboes, 2 bassons et 2 cors. – *Paris, Pleyel, No. 165.* – St.          [B 3228 **B** Bc – **E** Mp – **S** Skma – **US** NYp, Wc

*[G. 516 ]*. [2e] Simphonie périodique [C] pour 2 violons, alto et basse, 2 oboes, 2 bassons, 2 cors. – *Paris, Pleyel, No. 172 (Titelblatt: 165).* – St.          [B 3229 **B** Bc – **D-brd** B – **GB** Lbm – **US** Wc

VOKALWERKE

*[G. 532 ]*. Stabat Mater a tre voci con il semplice accompagnamento di due violini, viola, violoncello e basso . . . opera 61. – *Napoli, Giuseppe Amiconi.* – P.          [B 3230 **D-ddr** Dlb – **E** Bc, Boc, MO – **GB** Lcm – **I** Fc

— *[G. 532 ]*. Partition du Stabat Mater à trois voix avec deux violons, alto, violoncelle et contrebasse. – *Paris, Sieber père (gravé par Huguet), No. 1692 (Titelblatt: 1685).* – P. und St.          [B 3231 **D-brd** B (P.), F (P.), Mbs (P.) – **F** C (P. mit Etikett: Janet & Cotelle, und St.), Pc (P. [2 Ex.]),

Pn (P.), R (P., mit Etikett: Momigny) – **GB** Lcm (P.) – **S** Skma (P.) – **US** Wc (P.)

*Yves Gérard*

## BOCCHI Lorenzo

A musicall entertainment for a chamber. Sonatas for violin, flute, violoncello, and six string bass with a thorough bass for the harpsicord or bass viol, lastly a Scotch cantata with the instrumentall parts . . . opera prima. – *s. l., s. n.* – P.          [B 3232 **GB** Cu

— *Dublin, John & William Neal.*          [B 3233 **GB** En (unvollständig), Gu

## BODÉ

Six trio à deux violons et basse . . . mis au jour par Mr. Huberty . . . œuvre 1e. – *Paris, Huberty; Lyon, les frères Le Goux, Castaud; Rouen, Magoy (gravé par Ceron).* – St.          [B 3234 **F** Pc

Six simphonies [D, C, Es, G, F, B] à dix parties obligées savoir deux violons, alto, basse et basson, avec flûtes, clarinettes, ou hautbois, et cors de chasses . . . mis au jour par Huberty . . . œuvre II. – *Paris, Huberty.* – St.          [B 3235 **F** Pc (kpl., 8 St.) – **S** Skma (vla, b, cor I, cor II)

## BODE Johann Joachim Christoph

Zärtliche und schertzhaffte Lieder [für Singstimme und Klavier] mit ihren Melodijn 1. (2.) Theil. – *Leipzig, Johann Friedrich Gleditsch (J. C. Krügner), 1754 (1757).*          [B 3236 **B** Bc (kpl.) – **D-brd** Mbs (1. Tl.) – **D-ddr** WRtl (1. Tl.) – **US** Wc (kpl.)

## BODÉ Johann Joseph

Simphonie périodique [g] a piu stromenti . . . N° 15. – *Paris, de La Chevardière, aux adresses ordinaires; Lyon, les frères Le Goux.* – St.          [B 3237 **CH** Bu (vl I) – **GB** Ckc (unvollständig)

## BODENBURG Christophorus

Dein Leiden ach Herr Jesu Christ (à 3, in: Desiderata Sancti Apostoli Pauli Analysis . . . Leich-Predigt . . . Leichbestattung deß . . . Marx Christoff Welsers Rahts Eltern . . . 1649, den 7. Tag Herbstmonats . . . zu Ulm). – *Ulm, Balthasar Kühn, (1649)*. – Chb. [B 3238
**D-brd** WB

Ich weiß daß mein Erlöser lebt (à 3, in: Eine christliche Leichpredigt, bey . . . Leichbestattung deß . . . Herrn M. Iohann Meckels . . . welcher . . . den 17. Tag des Weinmons . . . verschieden). – *Ulm, Balthasar Kühn, 1647*. – P. [B 3239
**D-brd** WB – **D-ddr** Bds

## BODENSCHATZ Erhard

Das schöne und geistreiche Magnificat der hochgelobten Jungfrauen Mariae, wie es in der christlichen Kirchen zu singen breuchlichen, sampt dem Benedicamus, &c. auff die zwölff modos musicales in ihrer natürlichen Ordnung unterschiedlich mit vier Stimmen gesetzt. – *Leipzig, Henning Gross (Berwalds Erben, Jakob Gaubisch), 1599*. – St. [B 3240
**D-brd** Rp (kpl.: S, A, T, B)

Psalterium Davidis, iuxta translationem veterem, una cum canticis, hymnis, & orationibus ecclesiasticis, quattuor vocibus compositum, cum in modum, ut . . . ad octo harmonias, & ad totidem symphonias, hymni subsequentes & orationes, in templis & scholis suavissime decantari possint. – *Leipzig, Abraham Lamberg, 1607*. – P. [B 3241
**D-brd** Nla (unvollständig), W

Harmoniae angelicae cantionum ecclesiasticarum, das ist, Englische freuden Lieder und geistliche Kirchen Psalmen D. Martini Lutheri und anderer . . . mit vier Stimmen componirt. – *Leipzig, Abraham Lamberg, 1608*. – P. [B 3242
**D-brd** BS, DS, W

Bicinia XC. selectissima [a 2 v], accommodata insignioribus dictis evangeliorum dominicalium, & praecipuorum

festorum totius anni. – *Leipzig, Abraham Lamberg, 1615*. – St. [B 3243
**D-ddr** GOl (vox superior), Z (vox superior, vox inferior [beide Stimmen unvollständig]) – **S** Sk (vox superior)

Wol dem, der ein Tugendsam Weib hat [à 3 v.]. – *s. l., s. n.* – St. [B 3244
**D-brd** NAUw (B)

## BODEO Giovanni

Il primo libro de madrigali, a quattro voci. – *Venezia, Antonio Gardano, 1549*. – St. [B 3245
**I** VEaf (S, A, T, fehlt B)

## BODINUS Sebastian

Musicalischen Divertissiments, oder In das Gehör gerichteter Trio, erster Theil, bestehend aus VI. Sonaten [B, D, h, G, e, B] à 2. violini, et cembalo o violoncello. – *Augsburg, Joseph Friedrich Leopold*. – St. [B 3246
**CH** Zz – **D-brd** As, WD – **D-ddr** Bds, ROu, SWl – **F** AG

Musicalischen Divertissiments, oder In das Gehör gerichteter Trio, zweiter Theil, bestehend aus VI. Sonaten [G, D, A, G, e, D] à flûte travers., violino, e cembalo o violoncello. – *Augsburg, Johann Christian Leopold*. – St. [B 3247
**A** LIm (cemb) – **CH** Zz – **D-brd** As, WD – **D-ddr** Bds, ROu, SWl

Musicalischen Divertissiments, oder In das Gehör gerichteter Trio, dritter Theil, bestehend aus VI. Sonaten [F, B, g, a, G, c], à violino, hautbois, et cembalo, o violoncello. – *Augsburg, Johann Christian Leopold*. – St. [B 3248
**CH** Zz – **D-brd** As – **D-ddr** Bds, SWl

Musicalisches Divertissiment, oder in das Gehör gerichteter Trio, vierter Theil, bestehend aus XII. Sonaten, à hautbois, violinis, flûte traversière, et cembalo, o violoncello. – *Augsburg, Johann Christian Leopold*. – St. [B 3249
**CH** Zz (kpl.: vl I/ob I, vl II/ob II, vlc/fag; vl, fl, vlc) – **CS** J – **D-brd** As, PA (fehlt vl II/ob II; vlc unvollständig) – **D-ddr** SWl

Des musicalischen Divertissiments fünfter Theil, bestehend aus III. in das Gehör gerichteten Quadro, oder vierstimmigen Sonaten [D, A, e], deren die I. à. l. corne de chasse, flaute traversiere, violino, cembalo, ò violoncello, II à. violino, flaute traversiere, 1m. et 2do. cembalo, ò violoncello, III. à violino, flaute traversiere, alto viola, cembalo, ò violoncello. – *Augsburg, Johann Christian Leopold.* – St.
[B 3250
**D-brd** As (kpl.: vl, fl, cor, vlc) – **D-ddr** SW1

Des musicalischen Divertissiments sechster Theil, bestehend aus III. in das Gehör gerichteten Quadro, oder vierstimmigen Sonaten [D, G, D] deren die I. à violino, flaute traversiere, 1mo et 2do cembalo, ò violoncello. II. à violino, flaute traversiere, alto viola, cembalo, ò violoncello, III. à violino, flaute traversiere, cornu de chasse, cembalo, o violoncello. – *Augsburg, Johann Christian Leopold.* – St.
[B 3251
**D-brd** As (kpl.: vl, fl, fl II/vla/cor, vlc) – **D-ddr** SW1

Acroama musicum, exhibens in 33. tabellis aeri insculptis VI. sonatas violino solo et clavichordio. – *Augsburg, Johann Christian Leopold.* – P. [B 3252
**D-brd** MÜu – **D-ddr** Dlb

XII Sonate [a, C, D, B, Es, H, D, e, A, F, E, F] à violino solo e basso. – *s. l., s. n.* [B 3253
**D-ddr** Dlb (ohne Titelblatt)

## BOECK F. I. de

Suitte pour le clavecin ou l'orgue . . . op. I. – *Amsterdam, Gerhard Frederik Witvogel, No. 29.* [B 3254
**S** LB

Six suittes pour le clavi-cembalo ou l'orgue, étant des sonates, siciliennes, caprices, muzettes, gigues et des menuets . . . op. II. – *Amsterdam, Gerhard Frederik Witvogel, No. 45.* [B 3255
**S** LB

## BOECK Gebrüder (Anton und Ignaz)

O care selve . . . quartetto a quattro voci coll'accompagnamento di due corni in

Es . . . O Waldnachtgrün . . . vierstimmiger Gesang. – *Leipzig, Breitkopf & Härtel.* – P. [B 3256
**D-brd** KNh

X Pièces pour deux cors et basse . . . œuv. 6. – *Leipzig, Breitkopf & Härtel, No. 146.* – St. [B 3257
**D-ddr** SW1 – **I** Mc

Sestetto [F] pour 2 violons, alto, 2 cors et violoncelle . . . œuvre 7. – *Leipzig, Breitkopf & Härtel, No. 149.* – St. [B 3258
**S** Skma

Sestetto [E] pour 2 violons, alto, 2 cors et basse . . . œuvre 8. – *Leipzig, Breitkopf & Härtel, No. 171.* – St. [B 3259
**S** Skma

## BOECKLIN Franz Friedrich Siegmund August von

XXIV. Lieder [für Singstimme und Klavier] für Junggesellen. – *Freiburg, Johann Andreas Satron, 1775.* [B 3260
**CH** Bu – **D-brd** Mbs – **GB** Lbm

Lieder verschiedener Dichter, in Melodien zum Gesang und Klavier gesetzt. – *Heilbronn, Johann Amon.* [B 3261
**B** Bc – **CS** K

Amusement pour le beau monde, sur le violon avec deux guitarres et violoncell de la composition de Ms. le conseiller intime, op. 35. – *Braunschweig, magasin de musique, No. 807.* – St. [B 3262
**H** SFm

## BOEDDECKER Philipp Friedrich

Sacra partitura. Voce sola cum 2. sonat: violin: et fagott: solis. – *Straßburg, Johann Heinrich Mittel, 1651.* – P.
**SD** [B 3263
**D-brd** Sl

Melosirenicum 2 cant. alt. 2 ten. bass. 2 violin. et fagott. cum 3 tromb. et capella a 6 concinnatum. – *Straßburg, Johann Heinrich Mittel, 1655.* – St. [B 3264
**F** Pn (kpl.: 19 St.)

Trauer-Klang und Trost-Gesang. Das ist: zwey Sterb-Lieder (Oeffnet euch, ihr Hertzens-Kwellen [à 3 mit bc]; Liebster Vatter! trauret nicht [à 2 mit bc]) . . . bey trauriger BeErdigung der . . . Maria Agnes . . . Nicolai Myllers . . . Tochter . . mit 3. und 2. Stimmen componiret . . . 1661. – *s. l., s. n., (1661).* – P.   [B 3265
**D-ddr** Bds

## BOEHM C. G.

Fuga [G] per il clavicembalo. – *s. l., s. n.*
          [B 3266
**D-ddr** Bds (Titelblatt und Kopftitel handschriftlich)

## BOEHM Gottfried

Trois sonates pour la flûte traversière seule et basse continue. – *Nürnberg, Johann Ulrich Haffner, No. 31.* – P.
          [B 3267
**DK** Kk

## BOEHMER Tobias

I. N. I.! Bey denen . . . Exequien der . . . Fr: Hedwig Elisabeth Freyin von Knobelsdorffin . . . welche . . . den 14. Octobr. im Iahr Christi 1708. in Christianstadt gehalten, wurde nachgehendes Concert, und Aria (Das ist meine Freude [S mit bc]) abgesungen und musiciret. – *Breslau, Baumann's Erben (Johann Jancke).* – P.
          [B 3268
**D-ddr** Bds, MAl

## BOEHNER Johann Heinrich

Choral-Buch [für Singstimme mit bc] zum neuen Kurpfälzischen Reformirten Gesangbuch. – *s. l., Autor, 1785.*   [B 3269
**D-brd** DS – **US** NH

## BÖSCH Johann Kaspar

Caeciliae Deo decantantis pars II ariosa a voce sola cum instr. decorata summisque 4 festis per annum incidentibus accomodata [mit 25 einstimmigen deut-

schen und lateinischen Gesängen zu meist vierstimmiger Instrumentalbegleitung]. – *Konstanz, Autor (Leonhard Parcus), 1702.* – St.       [B 3270
**A** N

## BÖSELIUS Christian

Cantilena epithalamii in . . . nuptiarum honorem . . . Petri Smiotanii . . . matrimonium contrahentis, cum . . . Maria . . . Andreae Prademanni . . . octo vocibus. – *Frankfurt, Johann Eichhorn, 1615.* – St.
          [B 3271
**PL** GD (A, B, 8)

## BOESSET Antoine

Airs de cour à quatre et cinq parties [premier livre]. – *Paris, Pierre Ballard, 1617.* – St.        [B 3272
**B** Br (kpl.: dessus, haute-contre, taille, basse-contre [mit 5: luth]) – **F** Pc (dessus [2 Ex.], taille, basse-contre), Pn (5), Psg (dessus, taille, 5), R (taille)

— . . . seconde édition. – *ib., Christophe Ballard, 1689.*       [B 3273
**F** CH (basse-contre), Pc (dessus, taille), Pn (dessus [fehlt Titelblatt], haute-contre, 5)

Second livre d'airs de cour à quatre et cinq parties. – *Paris, Pierre Ballard, 1620.* – St.       [B 3274
**B** Br – **F** Pc (dessus, taille, 5), Pn (dessus, taille, basse-contre), Psg (dessus, taille, 5), R (taille)

— . . . seconde édition. – *ib., Christophe Ballard, 1685.*       [B 3275
**F** CH (basse-contre), Pc (dessus, taille), Pn (dessus [fehlt Titelblatt], haute-contre, taille, 5)

Troisi[esme] livre d'airs de cour à quatre et cinq parties. – *Paris, Pierre Ballard, 1621.* – St.       [B 3276
**B** Br – **F** Pc (dessus, taille, 5), Pn (dessus, taille, basse-contre), Psg (dessus [handschriftlich], taille, 5), R (taille)

— . . . seconde édition. – *ib., Christophe Ballard, (1689).*       [B 3277
**F** CH (basse-contre), Pc (dessus, taille), Pn (dessus [fehlt Titelblatt], haute-contre, taille, 5)

Quatr[iesme] livre d'airs de cour à quatre
et cinq parties. – *Paris, Pierre Ballard,*
*1624.* – St.                            [B 3278
B Br – F Pc (dessus, taille, 5), Pn (dessus,
taille, basse-contre), Psg (dessus, taille, 5), R
(taille)

— . . . seconde édition. – *ib., Christophe*
*Ballard, s. d.*                         [B 3279
F Pc (dessus, taille), Pn (dessus, haute-contre,
taille, 5)

Cinqui[esme] livre d'airs de cour à quatre
et cinq parties. – *Paris, Pierre Ballard,*
*1626.* – St.                            [B 3280
B Br – F Pc (dessus, taille), Pn (dessus, taille,
basse-contre), Psg (dessus, taille)

— . . . seconde édition. – *ib., Christophe*
*Ballard, (1689).*                       [B 3281
F CH (basse-contre), Pc (dessus, taille), Pn
(dessus, haute-contre, taille)

Sixies[me] livre d'airs de cour à quatre
parties. – *Paris, Pierre Ballard, 1628.* –
St.
SD 1628[7]                               [B 3282
B Br – F Pc (dessus, taille, 5)

— . . . seconde édition. – *ib., Christophe*
*Ballard.*                               [B 3283
F Pn (dessus)

VII. Livre d'airs de cour à quatre et cinq
parties. – *Paris, Pierre Ballard, 1630.* –
St.                                      [B 3284
B Br – F Pc (dessus, taille, 5), Psg (dessus,
taille, 5)

— . . . seconde édition. – *ib., Christophe*
*Ballard, (1689).*                       [B 3285
F CH (basse-contre), Pc (dessus, taille), Pn
(dessus, haute-contre, taille, 5)

VIII. Livre d'airs de cour à quatre et
cinq parties. – *Paris, Pierre Ballard,*
*1632.* – St.                            [B 3286
SD 1632[6]
B Br – F Pc (dessus, taille, 5), Pn (dessus,
taille, basse-contre), Psg (dessus, taille, 5)

— . . . seconde édition. – *ib., Christophe*
*Ballard.*                               [B 3287
F Pn (dessus)

IX. Livre d'airs de cour à quatre et cinq
parties. – *Paris, Robert Ballard, 1642.* –
St.                                      [B 3288

B Br – F Pc (dessus, taille, 5), Pn (dessus,
taille), Psg (taille)

— . . . seconde édition. – *ib., Christophe*
*Ballard, (1689).*                       [B 3289
F Ch (basse-contre), Pc (dessus, taille), Pn
(dessus, haute-contre, taille, 5)

Airs de cour mis en tablature de luth . . .
neufiesme livre. – *Paris, Pierre Ballard,*
*1620.*                                  [B 3290
SD 1620[11]
B Br – F Pc

Airs de cour mis en tablature de luth . . .
dixiesme livre. – *Paris, Pierre Ballard,*
*1621.*                                  [B 3291
B Br – F C, Pm, Pc (2 Ex.) – NL DHgm

Airs de cour avec la tablature de luth . . .
douziesme livre. – *Paris, Pierre Ballard,*
*1624.*                                  [B 3292
B Br – F B, C, Pc, Pm – GB Lbm – NL DHgm

Airs de cour avec la tablature de luth . . .
treziesme livre. – *Paris, Pierre Ballard,*
*1626.*                                  [B 3293
SD 1626[12]
B Br – F Pc (2 Ex.) – GB Lbm – NL DHgm

Airs de cour avec la tablature de luth . . .
quatorziesme livre. – *Paris, Pierre Bal-*
*lard, 1628.*                            [B 3294
SD 1628[11]
B Br – F Pc – NL DHgm – S Sk

Airs de cour avec la tablature de luth . . .
quinziesme livre. – *Paris, Pierre Ballard,*
*1632.*                                  [B 3295
SD 1632[7]
B Br – F Pc, Psg – NL DHgm

## BOETTICHER Joseph

Trost Gesang (Herr, wenn ich nur dich
hab [à 8 v]) auss dem 73. Psalm: welchen
dem . . . Herrn Job von Stotterheim . . .
welcher den 10. Martii . . . 1617 . . . verschieden . . . zu Ehren . . . mit 8. Stimmen componiret. – *Erfurt, Martin Span-*
*genberg, (1617).* – P.                   [B 3296
D-ddr EF – GB Lbm

Der 130. Psalm (Aus der Tieffen ruff ich
Herr zu Dir [à 8 v]) zu Ehren . . . deß . . .
Herrn Johann Balthasar von Brettin . . .

mit 8. Stimmen componirt (in: Christliche Leichpredigt . . . bey dem Begräbniß deß . . . Herrn Johann Balthasar von Brettin . . . welcher Anno 1635. den 25. Iul. . . . verblichen). – *[Erfurt], Friedrich Melchior Dedekind, (1635)*. – P.
[B 3297
**D-ddr** EF


## BOETZELAER Josina Anna Petronella

Raccolta d'arie sciolte con sinfonie . . . opera II. – *s. l., s. n.* – St.        [B 3298
US AA

Arie sciolte, e coro con sinfonia . . . opera quarta. – *Den Haag, s. n.* – St.        [B 3299
YU NM


## BOHDANOWICZ Basilius von

Six duos pour deux violons . . . œuvre Ier. – *Wien, Johann Thomas Trattner, 1777.* – St.        [B 3300
**A** Wn – **CS** K – **H** Bn (vl I, fehlt vl II)

Daphnis et Philis [C] avec un Adieu [F] pour le fortepiano à quatre mains. – *Wien, s. n.*        [B 3301
**A** Wn

— *ib., Artaria & Co., No. 694.*        [B 3302
**A** Wgm – **I** Nc

Die musicalische Familie des . . . in Wienn. Große, characteristische Sonate für das Forte-Piano, betitelt Das Andenken des Vaters an seine acht musicalischen Kinder. – *Wien, Artaria & Co., Mollo & Co.*
[B 3303
**A** Wgm, Wst – **NL** DHgm (mit französischem Titel)

Douze polonoises avec trois pièces à la façon des contredanses pour le clavecin ou forte piano. – *Wien, Artaria & Co., No. 54.*        [B 3304
**D-ddr** Dlb, SWl

Polonoise [F] pour le clavecin ou fortepiano. – *Wien, Artaria & Co., No. 729.*
[B 3305
**A** Wgm, Wn


## BOHDANOWICZ Michael von

VIII Variations [E] pour le violon, sur l'air des Tiroliens, tirées de la pièce: Der Lügner; avec accompagnement de la guitarre ou du pianoforte . . . œuv. I. – *Wien, Joseph Eder.* – St.        [B 3306
**A** Wgm – **D-brd** B

Sechs Deutsche Gesänge mit Begleitung der Guitarre oder des Forte-Piano . . . op. 2. – *Wien, Joseph Eder, Nr. op. 2.*
[B 3307
**A** Wgm – **D-brd** B


## BOHEMUS Eusebius

ΑΣΜΑ ΓΑΜΗΑΙΟΝ (Dulcis amica veni). Festivitati nuptiarum . . . Zachariae Limmeri . . . cum . . . Catharina . . . decem vocibus ornatum. – *Leipzig, Johann Glück, 1623.* – St.        [B 3308
**D-ddr** Z (I: S, S, A, B; II: S, A, T, B; 9, 10 ad placitum)

Wem ein tugentsames Weib bescheret ist . . . octo voc. – *s. l., s. n.*        [B 3309
**D-ddr** Z (I: S, A, T, B; II: S/A, T/B)


## BOHLIUS J. F.

Two grand symphonies for the piano forte, or harpsichord, with accompaniments for two flutes and violoncello . . . opera I. – *London, W. Cope.* – St.
[B 3310
**GB** Cu (unvollständig), Gu, Lbm

The favorite hornpipe as danc'd by Madam del Caro . . . with X variations for the piano forte. – *London, Edward Riley.*
[B 3311
**GB** Gu

Myra of the vale. A favorite ballad. – *London, Gladman.*        [B 3312
**GB** Lbm, Ob

The village wake. A new song. – *London, Edward Riley.*        [B 3313
**GB** AB, Lbm

## BOIGELET Charles von

Prince Leopold of Saxe Coburge's grand march, and quick step [pf]. – *London, G. Walker.*                    [B 3314
I Rsc

## BOISMORTIER Joseph Bodin de

MUSIK ZU BÜHNENWERKEN

Daphnis et Chloé. Pastorale, représentée par l'Académie royale de musique; pour la première fois le jeudi 28 septembre 1747 . . . œuvre cent deuxième. – *Paris, auteur, Mme Boivin, Le Clerc.* – P.       [B 3315
F Lm, Pa, Pc (3 Ex.), Pn (2 Ex.), TLc (2 Ex.), V – GB Lbm

—— Les Bergers de Qualité. Parodie de Daphnis et Chloé, avec des divertisse-mens, représentée . . . le lundi 5 juin 1752. – *ib., Vve Delormel & fils, Prault fils, 1752.*                    [B 3316
GB Lbm

Don Quichote [chez la Duchesse]. Ballet comique en trois actes, représenté pour la première fois, par l'Académie royale de musique, le 12e février 1743, œuvre 97. – *Paris, auteur, Mme Boivin, Le Clerc.* – P.                    [B 3317
F Pa, Pc (2 Ex.), Pn, TLc – US Wc

—— . . . nouvelle édition. – *ib., N. B. Duchesne, 1760.*                    [B 3318
GB Lbm

Les Voyages de l'Amour. Ballet en quatre actes . . . représenté pour la première fois par l'Académie royalle de musique le 26 Avril 1736 . . . œuvre soixantième. – *Paris, auteur, Vve Boivin, Le Clerc (gravé par le Sr Hue), 1736.* – P.
                                        [B 3319
B Bc – F Lm, Pa, Pc (3 Ex.), Pn, TLc, V (2 Ex. unvollständig, mit handschriftlichen Korrekturen) – GB T

VOKALMUSIK

Motets à voix seule mêlés de simphonies . . . œuvre vingt-troisème. – *Paris, auteur, Boivin, Le Clerc, 1728.* – P.       [B 3320
F Pc, Pn

— *ib., auteur, Boivin, 1728.*       [B 3321
F Pc (2 Ex.)

Cantates françoises à voix seule, mêlées de simphonies . . . œuvre cinquième. – *Paris, auteur, Boivin, Le Clerc (gravé par Duplessy), 1724.* – P.       [B 3322
F Lm, Pc – GB Lbm

— *ib., auteur, Boivin.*       [B 3323
F Pc

Second livre de cantates (Vertumne. Actéon. Ixion. Les Titans) à voix seule avec simphonie . . . œuvre 67e. – *Paris, auteur, Boivin, Le Clerc (gravé par le Sr. Hue), 1737.* – P.       [B 3324
GB Lbm

Actéon. Cantate à voix seule avec sim-phonie. – *Paris, auteur, Boivin, Le Clerc.* – P.       [B 3325
F Pc

— *ib., (1732).*       [B 3326
B Bc – F Pc

L'Automne. Cantate françoise ou musi-que de chambre à voix seule avec sym-phonie et la basse continue. – *Paris, auteur, Boivin, 1724.* – P.       [B 3327
F Pn

— . . . Cantate de basse taille avec sim-phonie. – *ib., auteur, Mme Boivin, Le Clerc, (1738).*       [B 3328
F Pc (2 Ex.)

L'Eté. Cantate françoise ou musique de chambre à voix seule et la basse-continue. – *Paris, auteur, Boivin, 1724.* – P.
                                        [B 3329
F Pn

L'Hyver. Cantate françoise ou musique de chambre à voix seule avec simphonie et la basse continue. – *Paris, auteur, Boivin, 1724.* – P.       [B 3330
F Pn

Ixion. Cantate à voix seule avec sim-phonie. – *Paris, auteur, Boivin, Le Clerc.* – P.       [B 3331
B Bc (datiert: 1733) – F Pc (2 verschiedene Aus-gaben)

Le Printemps. Cantate françoise ou musique de chambre à voix seule avec
simphonie et la basse-continue. – *Paris,
auteur, Boivin, 1724.* – P.          [B 3332
**F** Pn

Les Titans. Cantate françoise à voix seule,
& simphonie. – *Paris, auteur, Boivin, Le
Clerc, 1726.* – P.                   [B 3333
**B** Bc – **F** Pc – **I** MOe

— *ib., auteur, Boivin, 1726.*       [B 3334
**F** Pc (2 Ex.), Pn

— . . . Cantate de basse taille avec sim-
phonie. – *ib., auteur, Mme Boivin, Le
Clerc.*                              [B 3335
**F** Pc (2 Ex.)

Le Buveur dompté. Cantatille de basse-
taille avec simphonie. – *Paris, auteur,
Mme Boivin, Le Clerc, 1740.* – P.
                                     [B 3336
**F** Pc (2 Ex.)

Hilas. Cantatille à voix seule, accompagnée
d'une musette ou viele avec la basse. –
*Paris, auteur, Boivin, Le Clerc, 1738.* – P.
                                     [B 3337
**GB** Lbm (unvollständig)

Recueil d'airs à boire et sérieux mêlé de
vaudevilles ou brunettes, suivy d'un air
italien . . . œuvre XVI. – *Paris, auteur,
Boivin, (Marin), 1727.* – P.         [B 3338
**F** Pn – **I** MOe

— Air sérieux (Non, rien ne me peut con-
soler [à une voix]). – *s. l., 1748.* [B 3339
**F** Pc

Recueil d'airs à chanter à une, deux et
trois voix, 36e œuvre, la plus grande
partie de ces airs peut se jouer sur la
flûte, ou la musette. – *Paris, auteur,
Boivin, Le Clerc.* – P.              [B 3340
**F** Pthibault, Pn (datiert 1732)

IIIIe Recueil d'airs à chanter à une, deux
et trois voix, mêlé de brunettes, vaudevilles, et musettes, pouvant se jouer sur
toute sorte d'instrumens . . . œuvre 48e. –
*Paris, auteur, Boivin, Le Clerc (gravé par
L. Hue), 1734.* – P.                 [B 3341
**F** Pthibault

Ve Recueil d'airs à chanter à une, deux
et trois voix, mêlé de vaudevilles et de
rondes de table, pouvant se jouer sur
toute sorte d'instruments . . . œuvre 54e. –
*Paris, auteur, Vve Boivin, Le Clerc (gravé
par L. Hue), 1735.* – P.             [B 3342
**F** Pthibault

VI Recueil d'airs à chanter à une, deux
et trois voix, mêlé de musettes, vaudevilles, et rondes de table, pouvant se
jouer sur toute sorte d'instruments . . .
œuvre 58e. – *Paris, auteur, Vve Boivin,
Le Clerc (gravé par L. Hue).* – P.
                                     [B 3343
**F** Pthibault

VIIe Recueil d'airs à chanter à une et
deux voix, suivi des quatre ariettes
chantées au ballet des voyages de l'amour
et qui ne sont pas gravées dans l'opéra
. . . œuvre 62e. – *Paris, auteur, Vve Boivin,
Le Clerc, 1737.* – P.                [B 3344
**F** Pthibault

VIIIe Recueil d'airs à chanter à une,
deux et trois voix, 70e œuvre, la plus
grande partie de ces airs peut se jouer
sur la flûte, ou sur la musette. – *Paris,
auteur, Vve Boivin, Le Clerc, 1738.* – P.
                                     [B 3345
**F** Pthibault

XIIe Recueil d'airs à chanter à une et deux
voix, mêlé de Vaudevilles ou rondes de
table . . . œuvre 93e. — *Paris, auteur,
Mme Boivin, Le Clerc, 1742.* – P.
                                     [B 3346
**US** Wc

INSTRUMENTALWERKE

*Op. 1.* [6] Sonates [D, g, e, A, h, G] à
deux flûtes-traversières sans basse . . .
œuvre premier. – *Paris, auteur, Boivin,
Le Clerc, 1724.* – P.                [B 3347
**F** R, Pc – **US** Wc

— *ib., auteur, Boivin (Marin), 1724.*
                                     [B 3348
**F** Pc (3 Ex., davon 1 Ex. mit abweichender
Verleger-Adresse), Pn (2 Ex.) – **S** L

— VI Duetti a due flauti traversie . . .
opera prima. – *Amsterdam, Gerhard
Frederik Witvogel, No. 14.* – St. [B 3349

US AA (Ex. des musikhist. Museums von Wilhelm Heyer, Köln)

*Op. 2.* [6] Sonates [e, a, G, D, A, c] à deux flûtes-traversières sans basse . . . œuvre II^d. – *Paris, auteur, Boivin, Le Clerc, 1724.* – P.                     [B 3350
F Pc (2 Ex.) – GB Lbm – US Wc

— *ib., auteur, Boivin (Marin), 1724.*
                                          [B 3351
F Pc (2 Ex., davon 1 Ex. mit abweichender Verleger-Adresse), Pn (2 Ex.) – S L

*Op. 3.* Sonates pour la flûte-traversière, avec la basse . . . œuvre troisième. – *Paris, auteur, Boivin, 1726.* – P.   [B 3352
F Pc (2 Ex., davon 1 Ex. mit abweichender Verleger-Adresse), Pn (2 Ex.)

*Op. 4.* Petites sonates en trio pour deux flûtes traversières avec la basse . . . œuvre quatrième. – *Paris, auteur, Boivin, 1724.* – St.                        [B 3353
F LYm (2^d dessus), G (1^er dessus), Pc (kpl.: 1^er dessus, 2^d dessus, b), Pn – US Wc

*Op. 6.* [6] Sonates [G, C, g, D, e, h] à deux flûtes traversières sans basse . . . œuvre sixième. – *Paris, auteur, Boivin, Le Clerc, 1725.* – P.                     [B 3354
F Pc (2 Ex.) – US Wc

— *ib., auteur, Boivin, 1725.*        [B 3355
F Pc, Pn (2 Ex.)

*Op. 7.* Sonates en trio pour trois flûtes traversières sans basse . . . œuvre septième. – *Paris, auteur, Boivin, 1725.* – St.                                     [B 3356
F AG (kpl.: 1^er dessus, 2^d dessus, 3° dessus), G (1^er dessus), LYm (2^d dessus), Pc, Pn – US Wc

*Op. 8.* [6] Sonates [A, e, D, G, h, d] à deux flûtes-traversières sans basse . . . œuvre huitième. – *Paris, auteur, Boivin, Le Clerc, 1725.* – P.                     [B 3357
F Pc (2 Ex., davon 1 Ex. ohne Titelblatt) – US Wc

— *ib., auteur, Boivin, 1725.*        [B 3358
F Pn (2 Ex.)

*Op. 9.* Sonates pour la flûte-traversière avec la basse . . . œuvre neuvième. – *Paris, auteur, Boivin, 1725.* – P.   [B 3359
F Pc, Pn (3 Ex.) – GB Lbm

*Op. 10.* Sonates à deux violes . . . œuvre dixième. – *Paris, auteur, Boivin, Le Clerc, 1725.* – P.                     [B 3360
F Pn (Privileg: 1738)

— *ib., auteur, Boivin, 1725.*        [B 3361
F Pn (2 Ex., ohne Privileg)

*Op. 11.* Unzième œuvre . . . contenant VI Suites de pièces à deux muzettes, qui conviennent aux vielles, flûtes-à-bec, traversières, & haubois. – *Paris, auteur, Boivin, Le Clerc, 1726.* – P.        [B 3362
F Pc (3 Ex.) – GB Lbm

— *ib., auteur, Boivin, 1726.*        [B 3363
F Pc (2 Ex., davon 1 Ex. mit abweichender Verleger-Adresse), Pn (2 Ex.)

*Op. 12.* Sonates en trio pour les flûtes-traversières, violons ou haubois, avec la basse . . . œuvre douzième. – *Paris, auteur, Boivin, 1726.* – St.        [B 3364
F AG, Pc, Pn – US Wc

*Op. 13.* Petites sonates à deux flûtes traversières sans basse . . . œuvre treizième. – *Paris, auteur, Boivin, 1726.* – P.
                                          [B 3365
DK Kk – F Pc, Pn

*Op. 14.* XIV^e œuvre . . . contenant VI Sonates à deux bassons, violoncelles, ou violes. – *Paris, auteur, Boivin (Marin), 1726.* – P.                     [B 3366
F Pn – GB Lbm – I MOe

*Op. 15.* XV^e œuvre . . . contenant VI Concertos [G, a, D, h, A, e] pour 5 flûtes-traversières ou autres instrumens, sans basse, on peut aussy les jouer avec une basse. – *Paris, auteur, Boivin (Marin), 1727.* – St.                     [B 3367
D-ddr SWl (kpl.: fl I/fl II, fl III/fl IV, fl V beziffert) – F AG (fl V), Pc, Pn – S Skma (fl III/ fl IV, fl V) – US R (fl I/fl II)

*Op. 17.* XVII^e Oeuvre . . . contenant VI. Suites à deux muzettes, qui conviennent aux vièles, flûtes-à-bec, traversières, & haubois. – *Paris, auteur, Boivin, Le Clerc, 1727.* – P.                     [B 3368
F Pc – GB Lbm – NL DHgm – US Wc

— *ib., auteur, Boivin, 1727.*        [B 3369
F AI, Pn

*Op. 18.* Sonates en trio pour deux violons avec la basse . . . œuvre dixhuitième. – *Paris, auteur, Boivin, Le Clerc, 1727.* – St.
[B 3370
**F** AG (kpl.: vl I, vl II, bc), Pc, Pn – **US** Wc (bc)

*Op. 19.* Sonates pour la flûte-traversière avec la basse . . . œuvre dixneuvième. – *Paris, auteur, Boivin, 1727.* – P. [B 3371
**F** Pc (2 Ex., davon 1 Ex. mit unterschiedlicher Verleger-Adresse)

— *ib., auteur, Boivin, Le Clerc, 1727.*
[B 3372
**F** Pn

*Op. 20.* Sonates à violon seul avec la basse . . . œuvre vingtième. – *Paris, auteur, Boivin, 1727.* – P. [B 3373
**F** Pmeyer

*Op. 21.* Vingt-et-un$^{ème}$ œuvre . . . contenant six concerto pour les flûtes-traversières, violons, ou haubois, avec la basse, on peut les jouer en trio en obmetant le ripieno, le dessus du 3$^e$ se joue sur la muzette ou sur la flûte-à-bec. – *Paris, auteur, Boivin, 1728.* – St. [B 3374
**F** Pc (rip.)

— *ib., auteur, Boivin, Le Clerc, 1728.*
[B 3375
**F** Pn (rip., vl II, fl I, org) – **GB** Lbm (org)

*Op. 22.* Vingt-deux$^{ème}$ œuvre . . . contenant diverses pièces pour une flûte-traversière seule, avec des préludes sur tous les tons, et des seconds dessus adjoûtés, propres pour ceux qui commencent à jouer de cet instrument, ou pour ceux qui sont dans le goût des Brunettes. – *Paris, auteur, Boivin, Le Clerc, 1728.* – P.
[B 3376
**F** Pc (2 Ex.)

*Op. 24.* Vingt-quatr$^{ième}$ œuvre . . . contenant six concerto pour les flûtes-traversières, violons, ou haubois, avec la basse. – *Paris, auteur, 1729.* – St. [B 3377
**GB** Lbm (org)

*Op. 25.* Vingt-cinq$^{ème}$ œuvre . . . contenant six sonates pour deux flûtes-traversières sans basse. – *Paris, auteur, Boivin, Le Clerc.* – P. [B 3378
**F** Pn – **GB** CDp

*Op. 26.* Vingt-sixie$^{me}$ œuvre . . . contenant cinq sonates pour le violoncelle, viole, ou basson, avec la basse chiffrée, suivies d'un concerto pour l'un ou l'autre de ces instrumens. – *Paris, auteur, Boivin, Le Clerc, 1729.* – P. [B 3379
**F** Pn – **GB** Lbm

*Op. 27.* Vingt sept$^{ème}$ œuvre . . . contenant six suites pour deux vièles, musettes, flûtes-à-bec, flûtes traversières & haubois, suivies de deux sonates à dessus et basse. – *Paris, auteur, Boivin, Le Clerc, 1730.* – P. [B 3380
**F** Pc, Pn (2 Ex.) – **US** Wc

*Op. 28.* Vingt-huit$^{ième}$ œuvre . . . contenant six sonates en trio pour deux haubois, flûtes-traversières ou violons avec la basse, suivies de deux concerto dont le I$^{er}$ se joue sur la musette, la vièle ou la flûte-à-bec. – *Paris, auteur, Boivin, Le Clerc, 1730.* – St. [B 3381
**F** Pn (kpl.: ob I, ob II, org)

*Op. 29.* Vingt-neuvie$^{me}$ œuvre . . . contenant six sonates à deux dessus pour les haubois, flûtes-traversières ou violons, sans basse. – *Paris, auteur, Boivin, Le Clerc, 1730.* – P. [B 3382
**F** Pc

— *ib., auteur, Boivin, 1730.* [B 3383
**GB** CDp

*Op. 30.* Trentième œuvre . . . contenant six concerto pour les flûtes-traversières, violons ou haubois avec la basse. – *Paris, auteur, Boivin, Le Clerc, 1730.* – St.
[B 3384
**F** Pn (org)

*Op. 31.* Trente-et-un$^e$ œuvre . . . contenant diverses pièces de viole avec la basse chiffrée. – *Paris, auteur, Boivin, Le Clerc, 1730.* – P. [B 3385
**F** Pn, Sim

*Op. 33.* Trente-troisième œuvre . . . contenant six gentillesses [C, C, C, C, G, G] en trois parties, pour la musette, la vièle, et la basse; qui peuvent se jouer aussi sur la flûte-à-bec, flûte-traversière, haubois, ou violon, on peut doubler toutes les parties, hors les endroits marqués seul,

et duo. – *Paris, auteur, Boivin, Le Clerc, 1731.* – St.                    [B 3386
F NS (fehlt musette), Pa (vièle, 2^d dessus), Pc (kpl.: musette [2 Ex.], vièle [3 Ex.], b [3Ex.]), Pn – GB Lbm (2 Ex.) – US Wc

— *ib., s. d.*                              [B 3387
F Pc (spätere Ausgabe)

*Op. 34.* Trente-quatrième œuvre . . . contenant six sonates à quatre parties différentes et également travaillées, pour 3 flûtes-traversières, violons, ou autres instrumens, avec la basse, le 1^er dessus peut se jouer sur la flûte-à-bec, en cas de besoin. – *Paris auteur, Boivin, Le Clerc, 1731.* – St.        [B 3388
F Pc (kpl.: vl I, vl II, vl III, org), Pn

*Op. 35.* Trente-cinquième œuvre . . . contenant six suites de pièces pour une flûte – traversière seule avec la basse. – *Paris, auteur, Boivin, Le Clerc, 1731.* – P.
                                            [B 3389
F Pn

*Op. 37.* XXXVII^e Oeuvre . . . contenant V Sonates en trio pour un dessus & deux basses suivies d'un concerto à cinq parties pour une flûte, un violon, un hautbois, un basson, & la basse. – *Paris, auteur, Boivin, Le Clerc, 1738.* – St.        [B 3390
F Pn (ob/vl/fl, b I, org)

*Op. 38.* XXXVIII^ème Oeuvre . . . contenant VI Concerto pour 2 flûtes-traversières ou autres instrumens, sans basse. – *Paris, auteur, Boivin, Le Clerc, 1732.* – P.
                                            [B 3391
F Pc

*Op. 39.* XXXIX^ème Oeuvre . . . contenant II Sérénades ou simphonies françoises en trois parties pour flûtes, violons, & hautbois. – *Paris, auteur, Boivin, Le Clerc, 1732.* – St.        [B 3392
F Pc (kpl.: 1^er dessus, 2^d dessus, b), Pn – US Wc

*Op. 40.* XL^ème Oeuvre . . . contenant six sonates pour deux bassons, violoncelles, ou violes, suivies d'un nombre de pièces qui peuvent se jouer seul, & facilement. – *Paris, auteur, Boivin, Le Clerc, 1732.* – P.
                                            [B 3393
F Pn – GB Lbm

*Op. 41.* Quarante-et-un^ème œuvre . . . contenant VI Sonates en trio pour une flûte-traversière et un violon avec la basse, ces sonates se peuvent jouer également sur deux flûtes-traversières, ou sur deux violons, et la basse. – *Paris, auteur, Boivin, Le Clerc, 1732.* – St.
                                            [B 3394
F Pc (kpl.: fl, vl, org), Pn

*Op. 42.* Oeuvre quarante-deuxième . . . six pastorales pour deux musettes, ou vièles, qui conviennent aux flûtes-à-bec, flûtes-traversières, et hautbois. – *Paris, auteur, Boivin, Le Clerc (Marin), 1732.* – P.                              [B 3395
NL DHgm

*Op. 44.* Oeuvre quarante-quatrième . . . contenant six sonates pour la flûte-traversière, avec la basse. – *Paris, auteur, Boivin, Le Clerc, 1733.* – P.        [B 3396
F Pc, Pn – US Wc

*Op. 45.* Oeuvre quarante-cinquième . . . contenant un second livre de Gentillesses [C, C, C, C, G, G] en trois parties, pour les musettes, vièles, hautbois, violons, flûtes-à-bec, ou traversières, avec la basse. – *Paris, auteur, Boivin, Le Clerc, 1733.* – St.        [B 3397
F Pc (kpl.: I^er dessus, II^d dessus, b) – GB Lbm – US Wc

— . . . [titre sans „flûtes-à-bec"]. – *ib. 1733.*                              [B 3398
F Pc (II^d dessus, b)

*Op. 47.* Oeuvre quarante-septième . . . contenant six sonates pour II flûtes-traversières sans basse. – *Paris, auteur, Boivin, Le Clerc, 1733.* – P.        [B 3399
F Pc

*Op. 49.* Oeuvre quarante-neuvième . . . contenant II Divertissemens de campagne pour une musette ou vièle seule avec la basse qui conviennent aux flûtes-à-bec, flûtes-traversières, violons ou hautbois. – *Paris, auteur, Vve Boivin, Le Clerc, 1734.* – P.                              [B 3400
F AR, Pn – GB Lbm

*Op. 50.* Oeuvre cinquantième . . . contenant VI Sonates dont la dernière est en trio pour les violoncelles, bassons ou

violes avec la basse. – *Paris, auteur, Vve Boivin, Le Clerc, 1734.* – P.        [B 3401
F Pn (2 Ex., mit Privileg: 1738) – GB Lbm

*Op. 51.* Oeuvre cinquante-et-unième . . . contenant VI Sonates pour une flûte traversière, et un violon par accords, sans basse. – *Paris, auteur, Vve Boivin, Le Clerc, 1734.* – P.        [B 3402
F Pc

*Op. 52.* Oeuvre cinquante-et-deuxième . . . contenant IV Balets de village en trio, pour les musettes, vièles, flûtes-à-bec, violons, haubois, ou flûtes-traversières. – *Paris, auteur, Vve Boivin, Le Clerc, 1734.* – St.        [B 3403
F Pc (kpl.: 1er dessus, 2d dessus, b) – US Wc

*Op. 59.* Cinquante-neuvième œuvre . . . contenant quatre suites de pièces de clavecin. – *Paris, auteur, Vve Boivin, Le Clerc, 1736.*        [B 3404
CH Zjacobi – F Pc

*Op. 66.* Petites sonates suivies d'une chaconne pour deux bassons, violoncelles, ou violes . . . œuvre soixante-sixième. – *Paris, auteur, Vve Boivin, Le Clerc (Marin), 1737.* – P.        [B 3405
F Pn (Privileg: 1738) – GB Lbm – US Wc

*Op. 68.* Noels en concerto à 4 parties pour les musettes, vièles, violons, flûtes, et haubois . . . œuvre 68e. – *Paris, auteur, Vve Boivin, Le Clerc (gravé par Hue), 1737.* – St.        [B 3406
F Pc (2e dessus de vl, fl ou ob)

*Op. 69.* Oeuvre soixante-neuvième . . . fragmens mélodiques, ou Simphonies en trois parties mêlées de trio pour les musettes, vièles, flûtes et violons avec la basse, livre IIe. – *Paris, auteur, Vve Boivin, Le Clerc, 1737.* – St.        [B 3407
F Pn (kpl.: 1er dessus, IIe dessus, b)

*Op. 72.* Oeuvre soixante-et-douzième . . . contenant six sonates pour la vièle ou musette avec la basse, de toutes les notes qui se trouveront les unes sur les autres, celles d'en bas serviront pour la musette. – *Paris, auteur.* – P.        [B 3408
F AR

*Op. 78.* Sonates pour deux flûtes-traversières ou autres instrumens, avec la basse . . . œuvre LXXVIIIe. – *Paris, auteur, Mme Boivin, Le Clerc.* – St.        [B 3409
F Pc (kpl.: fl I, fl II, org; Privileg: 1738) – GB Ckc (unvollständig)

*Op. 100.* Nouvelles gentillesses pour une musette ou vièle et un violon ou haubois avec la basse . . . œuvre centième. – *Paris, auteur, Boivin, Le Clerc.* – St.        [B 3410
F Pc (kpl.: musette/vièle, vl, b)

Livre contenant XXIV Menuets pour l'année 1731, convenables aux flûtes-traversières, violons, haubois ou autres instrumens avec la basse. – *Paris, auteur, Boivin, Le Clerc, 1731.* – P.        [B 3411
F AG

Les loisirs du bercail, ou Simphonies pour une musette ou vièle et un violon sans basse. – *Paris, auteur, Mme Boivin, Le Clerc.* – P.        [B 3412
NL DHgm

Quinque sur l'octave, ou Espèce de dictionaire harmonique renfermant tous les acords en plein les plus usités dans la composition de la musique; propre pour ceux qui veulent se fortifier dans l'harmonie . . . ce quinque se peut exécuter sur quatre violons et une basse. – *Paris, auteur, Vve Boivin, Le Clerc, 1734.* – P.        [B 3413
F Pc (2 Ex.) – US NYp

## BOLHAMER Gerrit

O Rome, vol onredlijkheid [Song in two different settings], (in: M. G. Tengnagel „Het leven van Konstance"). – *Amsterdam, Johannes Jacott, 1643.*        [B 3414
GB Lbm (2 verschiedene Ausgaben)

## BOLIS Angelo

Concerti ecclesiastici ad una voce per cantarsi nell organo o chitarone. – *Venezia, stampa del Gardano, appresso Bartolomeo Magni, 1617.* – P.        [B 3415
PL WRu

## BOLOGNINI Bernardo

Madrigali a cinque voci. Il primo libro. –
*Napoli, Giovanni Battista Sottile, 1604.* –
St.                                          [B 3416
SD 1604[15]
GB Lbm


## BOLTON Thomas

Twenty four easy and pleasing lessons for
the guitar or piano forte guitar. – *London,
Longman & Broderip.*              [B 3417
GB Lbm

Six rondeaus, three songs, three preludes
composed; and three songs, selected and
adapted, with an accompaniment for the
guitar or piano forte guitar . . . op. 3. –
*London, Longman & Broderip, for the
author.*                                      [B 3418
GB Lbm

For the piano forte (with accompaniments ad libitum, for the tambourine, tri-
angle & cimbals) consisting of marches,
rondos & other movements. – *London,
Goulding, Phipps & D'Almaine.* [B 3419
GB Lbm

Anacreontic to Bacchus [Song]. – *London, Cahusac & sons, for the author.*
                                              [B 3420
GB Gu, Lbm, Ob

Mary. A favorite ballad. – *London, Longman & Broderip.*                     [B 3421
GB Lbm

Maria, or The beggar girl. A favorite
song. – *London, G. Goulding & Co.*
                                              [B 3422
GB Lbm

Poor Richard. A favorite song. – *[Lon-
don ], Longman & Broderip.*         [B 3423
US Wc


## BON Anna

VI Sonate da camera [C, F, B, D, g, C]
per il flauto traversiere e violoncello o
cembalo . . . opera prima. – *Nürnberg,*

*Balthasar Schmidts Witwe, 1756, No. 46.* –
P.                                            [B 3424
D-brd BE, Rtt – D-ddr GOl

Sei sonate [g, B, F, C, h, C] per il cembalo
. . . opera seconda. – *Nürnberg, Balthasar
Schmidts Witwe, 1757, No. 34.*    [B 3425
D-brd Rtt

Sei divertimenti a tre . . . opera terza. –
*Nürnberg, Balthasar Schmidts Witwe.* – St.
                                              [B 3426
B Bc


## BON Girolamo

Sei facili sonate di violino con il basso. –
*Nürnberg, Balthasar Schmidts Witwe,
No. 60.* – P.                          [B 3427
D-ddr LEm


## BONA Valerio

GEISTLICHE VOKALMUSIK

*1590.* Litaniae et aliae laudes B. Mariae
Virginis, nec non divorum Francisci, ac
Antonii Patavini, quatuor vocibus con-
cinendae. – *Milano, Francisco & eredi di
Simon Tini, 1590.* – St.             [B 3428
SD 1590[8]
I Bc (S, A, T)

*1594.* Missa, et motecta ternis vocibus . . .
quibus in fine accesserunt Magnificat
sexti toni à 6. Et falsi bordoni à 3. omni-
tonum. – *Milano, eredi di Francisco e
Simon Tini ([Kolophon:] Pacifico Pontio), 1594.* – St.                    [B 3429
I MOe (S, T, B)

*1600.* Psalmi omnes ad vesperas per totum
annum . . . quatuor vocibus. – *Venezia,
Giacomo Vincenti, 1600.* – St.      [B 3430
PL GD (S, T, B)

*1601.* Missarum et motectorum duobus
choris, liber secundus. – *Venezia, Ricciardo Amadino, 1601.* – St.        [B 3431
F Sgs (A I, T II, B II)

*1611a.* Li dilettevoli introiti della messa
a doi chori brevi, facili, & ariosi, con il
partito delli bassi modernamente composti, per cantare, & sonare in concerto

nelle solennità maggiori dell'anno . . . opera XVIII. – *Venezia, Giacomo Vincenti, 1611.* – St.                    [B 3432
**D-brd** Rp (I: S, T; II: S, A, T, B) – **I** Bc (B II, partitura)

*1611b.* Messa e vespro a quattro chori con il partito delli bassi ridotti in un solo basso generale, & doi continuati, per il primo, & secundo, & terzo, & quarto choro commodi per li organisti et maestri di capella nelle occasioni delle loro musiche . . . opera decimanona. – *Venezia, Giacomo Vincenti, 1611.* – St.       [B 3433
**GB** Lbm (A I, S II, T IV) – **E** SEG (II: T, B; III: T, B; IV: A, B)

*1616.* Lamentationi della settimana santa con il Benedictus & Miserere per ciascun giorno, et un motetto del S. Sepolcro, co'l versetto, & sua oratione: commode per le semplici voci, & per li istromenti, con il basso continuo per il clavicembalo concertate a doi chori uguali . . . opera vigesima seconda. – *Venezia, Giacomo Vincenti, 1616.* – St.       [B 3434
**I** FEc (I: S, A, T, B; II: S, A, T, B; bc)

*1619.* Otto ordini di litanie della Madonna che si cantano ogni sabbato nella Santa Casa di Loreto, concertate a doi chori, con le sue sinfonie inanzi, accommodate in modo, che le parti de gli instromenti sono per li sonatori, et le parti appartate anco per li cantori, facili et commodissime per sonare, et cantare, et anco per cantare solamente per chi non havrà commodità de stromenti. – *Venezia, Giacomo Vincenti, 1619.* – St.       [B 3435
SD 1619[b]
**I** Bc (bc)

Weltliche Vokalmusik

*1592.* Il secondo libro delle canzonette a tre voci con l'aggionta di dodici tercetti a note. – *Venezia, Ricciardo Amadino, 1592.* – St.                    [B 3436
**A** Wn (S, T, B)

*1599.* Il quarto libro delle canzonette a 3 voci. – *Milano, erede di Simon Tini & Francesco Besozzi, 1599.* – St.  [B 3437
SD 1599[14]
**I** VCd (S, T, B)

*1601.* Madrigali et canzoni a cinque voci . . . libro primo. – *Venezia, Angelo Gardano, 1601.* – St.                    [B 3438
SD 1601[10]
**B** Gu (A, T, B) – **GB** Lbm (A, 5)

*1614.* Sei canzoni italiane da sonare concertate a doi chori in echo, facilissime, & comodissime, il primo choro, a doi soprani, alti, & un tenore per bassetto, il secondo ha un soprano ordinario, un bassetto ordinario, & un contralto . . . opera vigesima prima. – *Venezia, Giacomo Vincenti, 1614.* – St.       [B 3439
**CS** Pu (bc)


## BONACCHELLI Giovanni

Corona di sacri gigli a una, due, tre, quattro, e cinque voci parte con tre instrumenti, e parte senza, con tre sinfonie a tre, e quattro instrumenti solamente . . . opera prima. – *Venezia, Alessandro Vincenti, 1642.* – St.       [B 3440
**I** Bc (T, 5), FZd (kpl.: S, A, T, B, 5, 6, b, bc) – **PL** WRu


## BONAFFINO Filippo

Madrigali concertati a due, tre, e quattro voci, per cantar, e sonar nel clavicembalo, chitarrone, o altro simile instrumento. – *Messina, Pietro Brea, 1623.* – St.
[B 3441
**GB** Lbm (T, bc), Lcm (kpl.: S, A, T, B, bc) – **I** Bc


## BONAGA Paolo

Sei trio [D, A, G, Es, D, F] per violino primo o flauto, violino secondo e violoncello . . . opera I. – *Wien, Artaria & Co.* – St.                    [B 3442
**I** Nc


## BONARDO Francesco Perissone

Il primo libro di madrigali a quatro, a cinque, & a sei voci. – *Venezia, Antonio Gardano, 1565.* – St.       [B 3443
**I** VEaf (kpl.: S, A, T, B, 5)

## BONARDO Iseppo

Il primo libro delle napolitane a tre voci. – *Venezia, Angelo Gardano, 1588.* – SD                                           [B 3444
**A** Wn

## BONAVITA Antonio → BUONAVITA Antonio

## BOND Capel

Six anthems in score, one of which is for Christmas Day. – *London, Longman, Lukey & Co., for the author, 1769.* – P.
[B 3445
**GB** Lbm, Mp (2 Ex.), WO – **US** PHu, Ws

— ... the second edition. – *ib., 1769.*
[B 3446
**GB** Bp

— ... the fourth edition. – *ib., s. d.*
[B 3447
**GB** Mp

— ... the sixth edition. – *ib., Longman & Broderip, for the author.*      [B 3448
**GB** Lbm, Lcm – **US** Pu

— *ib., Clementi & Co., for the author.*
[B 3449
**C** Qu

Six concertos in seven parts, for four violins, a tenor violin, a violoncello, with a thorough bass for the harpsichord ... the first is for a trumpet, the sixth a bassoon concerto. – *London, Mrs. Johnson, Mr. Bond, for the author, 1766.* – St.   [B 3450
**GB** Bu (unvollständig), Ckc, Lbm, Mp, Ob – **US** AA, NYp, R Wc

— ... the second edition. – *ib., 1766.*
[B 3451
**GB** Lcm

## BOND Hugh

Twelve hymns and four anthems, for four voices ... the words ... from Tate and Brady's version of the psalms ... opera prima. – *London, Longman, Lukey & Broderip, for the author.* – P.        [B 3452
**GB** Ge, Lbm, Lcm, Lco

## BONDIOLI Giacinto

Salmi intieri brevemente concertati a capella con l'organo a quattro voci ... con il basso continuo, opera quarta. – *Venezia, stampa del Gardano, appresso Bartolomeo Magni, 1622.* – St.   [B 3453
**D-brd** GD (T) – **I** Bc (kpl.: S, A, T, B, org)

Psalmi tum alterno tum continuo choro canendi cum basso ad organum ... opus octavum, quinque vocum. – *Venezia, sub signo Gardani, appresso Bartolomeo Magni, 1627.* – St.        [B 3454
**D-brd** Tu (T) – **I** Bc (S, T, B, 5, org: fehlt A)

## BONEFONT Simon de

Missa pro mortuis, cum quinque vocibus. – *Paris, Nicolas du Chemin, 1556.* – Chb.
[B 3455
**A** Wn – **CH** E – **F** Pn – **GB** Eu – **I** Bc, Td (unvollständig)

## BONELLI Aurelio

Il primo libro delle villanelle a tre voci. – *Venezia, Angelo Gardano, 1596.* – St.
[B 3456
**GB** Lbm (S I, S II; fehlt B)

Il primo libro de ricercari et canzoni a quattro voci, con due toccate e doi dialoghi a otto. – *Venezia, Angelo Gardano, 1602.* – St.        [B 3457
**D-brd** As (kpl.: S, A, T, B)

Messe e motetti a quattro voci da capella, e da concerto. – *Venezia, Alessandro Vincenti, 1620.* – St.        [B 3458
**I** Bc (org)

## BONESI Benedetto

Opern

Pigmalion

Airs détachés de Pigmalion, drame lyrique en un acte. – *Paris, Bouin, Houbaut.* – P.        [B 3459
**F** Pc

Le rosier

Le rosier. Opéra comique en deux actes. – *Paris, Bouin (gravé par Mme Thurm).* – P.      [B 3460
**D-ddr** Bds – **F** Pc – **GB** Lbm – **US** Wc (Etikett: Emile Lombard)

Qu'il sera beau le jour de d'main. Vaudeville . . . avec accompagnement de guitarre. – *Paris, Imbault.*      [B 3461
**GB** Lbm

Une fille du voisinage. Romance . . . avec accompagnement de guittare. – *Paris, Imbault.*      [B 3462
**GB** Lbm

INSTRUMENTALWERKE

Six quatuors concertans pour deux violons, alto et basse. – *Paris, Boivin, Mlle Castagnery; Versailles, Blaizot.* – St.      [B 3463
**F** Pc, Pn

**BONETTI Angelo**

Motecta quae singulis, binis, ac ternis vocibus concinuntur, una cum basso ad organum accomodata, liber secundus. – *Roma, Luca Antonio Soldi, 1624.* – St.      [B 3464
**I** Bc (S II)

Motecta quae singulis, binis, ac ternis vocibus concinuntur una cum basso ad organum accomodata, liber tertius. – *Roma, Luca Antonio Soldi, 1624.* – St.      [B 3465
**I** Bc (S II)

**BONETTI Carlo**

Mottecta 1. 2. 3. 4. 5. 6. 8. 9. 11. cum litanijs duodecim vocibus. – *Venezia, Francesco Magni, 1662.* – St.      [B 3466
**GB** Lbm (2.) – **I** Ac (S II), Rvat-casimiri (kpl.: S I ,S II, A/T, B, 5, 6, 7, 8, bc) – **PL** WRu

**BONFILIO Paolo Antonio**

Canzonette alla napolitana, a tre voci . . . libro primo. – *Ferrara, Vittorio Baldini, 1589.* – St.      [B 3467
**I** Bc (S)

**BONGARD**

Six romances avec accompagnement de piano-forte. – *Paris, Jean Henri Naderman, No.174.* – P.      [B 3468
**F** Pn (2 Ex.)

**BONHOMME Pierre**

Melodiae sacrae, quas vulgo motectas appellant, iam noviter quinis, senis, octonis et novenis suavissimis vocibus concinnatae, et ad usum cum harmonicarum vocalium, tum omnium generum instrumentorum musicalium convenienter accommodatae. – *Frankfurt, Nikolaus Stein (Wolfgang Richter), 1603.* – St.      [B 3469
**D-brd** As (S, A, T, B, 5, 6), Kl (T, 6, 7, 8), Rp (S, T, B, [2 Ex.], 5, 6 [2 Ex.], 7 [2 Ex.], 8) – **F** Sgs (A, B, 6, 7, 8) – **PL** WRu (S [unvollständig], A, B, 5, 6, 7, 8) – **S** Uu (kpl.: S, A, T, B, 5, 6, 7, 8) – **US** Wc

Missae sex, octo, decem, et duodecim vocum, cum basso continuo ad organum. – *Antwerpen, Pierre Phalèse, 1616.* – St.      [B 3470
**B** Br (5) – **D-brd** PA (12) – **S** Uu (bc)

Harmonia sacra quinis, senis, octonis, novenis, et denis vocibus, editio auctior et correctior, ac basso generali ad organum illustrata. – *Antwerpen, Pierre Phalèse, 1627.* – St.      [B 3471
**B** Br (5) – **GB** Lbm (5, 6)

**BONI Giovanni**

Solos for a german flute, a hoboy or violin, with a thorough bass for the harpsicord or bass violin. – *London, John Walsh, Joseph Hare.* – P.      [B 3472
**GB** Lbm

## BONI Guillaume

*1573.* Primus liber modulorum quinis, senis, & septenis vocibus. – *Paris, Adrian Le Roy & Robert Ballard, 1573.* – St.
[B 3473
B Br (T) – S Uu (A, T, B, 5, 6; fehlen S und 7)

*1576a.* Sonetz de P. de Ronsard mis en musique à IIII. parties . . . premier livre. – *Paris, Adrian Le Roy & Robert Ballard, 1576.* – St. [B 3474
E Mc (S, Contra-T) – F Pa (T, B)

— *ib., 1579.* [B 3475
F R (S)

— *ib., 1584.* [B 3476
GB Ob (S [unvollständig])

— *ib., Adrian Le Roy & Vve Robert Ballard, 1593.* [B 3477
F Pn (T)

— *ib., Pierre Ballard, 1608.* [B 3478
F Pn (T)

— *ib., 1624.* [B 3479
F Pn (Haute-contre)

*1576b.* Sonetz de P. de Ronsard mis en musique à IIII. parties . . . seconde livre. – *Paris, Adrian Le Roy & Robert Ballard, 1584.* – St. [B 3480
F Pa (T, B)

— *ib., 1579.* [B 3481
F R (S)

— *ib., 1584.* [B 3482
GB Ob (S [unvollständig])

— *ib., Pierre Ballard, 1607.* [B 3483
F Pn (T)

*1579a.* Sonets chrestiens mis en musique à quatre parties . . . premier(-second) livre. – *[Genève, Simon Goulart (Pierre de la Rovière) ], 1579.* – St. [B 3484
D-brd Kl (kpl.: S, Contra-T, T, B) – F BO (Contra-T, T)

1579b → 1576a

1579c → 1576b

*1582a.* Psalmi Davidici novis concentibus sex vocibus modulati cum oratione regia 12. voc. – *Paris, Adrian le Roy & Robert Ballard, 1582.* – St. [B 3485
S Uu (A/B II, T/T II, B/A II, 5/S II, 6/T II; fehlt S)

*1582b.* Les quatrains du sieur de Pybrac mis en musique à 3. 4. 5. & 6. parties. – *Paris, Adrian Le Roy & Robert Ballard, 1582.* – St. [B 3486
F Pc (A) – S Uu (S, T, B)

— *ib., 1583.* [B 3487
F BO (contra) – S Uu (A, T, T/B/5)

1583 → 1582b

1584a → 1576a
1584b → 1576b

1593 → 1576a

1607 → 1576b

1608 → 1576a

1624 → 1576a

entfällt [B 3488

## BONI Pietro Giuseppe Gaetano

Sonate per camera a violoncello e cembalo . . . opera prima. – *s. l., s. n.* – P. [B 3489
GB Lbm

Divertimenti per camera a violino, violone, cimbalo, flauto e mandola . . . opera seconda. – *Roma, Antonio Cleton.* – P.
[B 3490
I Bc

Sonate [g, Es, G, f, A, E, e, F, D, B, d, C] a violino e violone o cimbalo . . . opera III. – *Roma, Agostino Fasoli (Antonio Cleton).* – P. [B 3491
A M – US Wc

## BONIFACIUS Pastor di Galatone

Il primo libro di villanelle a tre voci. – *Venezia, Giacomo Vincenti, 1600.* – St.
[B 3492
D-brd PA (S, B)

**BONINI Pietro Andrea**

Il primo libro de madrigali a cinque voci. – *Venezia, Angelo Gardano, 1591.* – St. SD 1591[17]                    [B 3493
**B** Br (kpl.: S, A, T, B, 5) – **I** Fm (5) – **US** CA (5)

**BONINI Severo**

Madrigali, e canzonette spirituali . . . per cantare a una voce sola, sopra il chitarrone, o spinetta, o altri stromenti. – *Firenze, Christofano Marescotti, 1607.* – P. SD 1607[10]                    [B 3494
**GB** Lbm

— *Venezia, Alessandro Raverii, 1608.* SD 1608[5]                    [B 3495
**I** Bc

Il primo libro de motetti a tre voci commodissimi per cantare, e concertare nel organo con ogni sorte di stromenti, con un dialogo della Madonna . . . e con il basso continuato, per maggior commodità . . . opera terza. – *Venezia, Alessandro Raverii, 1609.* – St.        [B 3496
**B** Br (kpl.: S I, S II, B, org) – **PL** WRu (S I, S II, B [unvollständig])

Il secondo libro de madrigali, e mottetti a una voce sola per cantare sopra gravicembalo, chitarroni, et organi, con passaggi, e senza. – *Firenze, Cristofano Marescotti, 1609.* – P.        [B 3497
**GB** Lcm

Lamento d'Arianna cavato dalla tragedia del signor Ottavio Rinuccini . . . posto in musica in stile recitativo. – *Venezia, stampa del Gardano, aere Bartolomeo Magni, 1613.* – P.        [B 3498
**GB** Och – **US** Wc

Affetti spirituali a due voci parte in istile di Firenze o recitativo per modo di dialogo, e parte in istile misto . . . opera settima. – *Venezia, stampa del Gardano, appresso Bartolomeo Magni, 1615.* – St.        [B 3499
**GB** Lbm (bc) – **I** Bc (kpl.: S I, S II, bc)

Serena celeste . . . motetti a una, due, e tre voci . . . opera ottava. – *Venezia,*

*stampa del Gardano, appresso Bartolomeo Magni, 1615.* – P.        [B 3500
**GB** Och

**BONIS Francesco de → DE BONIS Francesco**

**BONIZZI Vicenzo**

Motecta, ut vulgo dicunt, tum quaternis, tum quinis, senis, ac septenis, tum etiam octonis vocibus decantanda, liber primus. – *Ferrara, Vittorio Baldini, 1595.* – St.        [B 3501
**I** MOe (5)

**BONIZZONI Eliseo**

Delli Magnificat a quattro voci . . . libro primo. – *Venezia, li figliuoli di Antonio Gardano, 1574.* – St.        [B 3502
**D-brd** Kl (kpl.: S, A, T, B)

Il primo libro delle canzoni a quattro voci. – *Venezia, Girolamo Scotto, 1569.* – St. SD 1569[25]                    [B 3503
**A** Wn (S, A, T) – **D-ddr** Z (A, B)

**BONJOUR Charles**

Trois sonates en quatuor pour le clavecin ou le forte-piano avec accompagnement de deux violons et basse . . . œuvre Ier. – *Paris, Boyer, Mme Le Menu (gravé par Mme Thurin).* – St.        [B 3504
**F** Pc (kpl.: cemb/pf, vl I, vl II, b)

Trois sonates en trio pour le clavecin ou le forte-piano avec accompagnement de violon et basse . . . œuvre 6e. – *Paris, auteur, aux adresses ordinaires (gravées par Mme Hervillier).* – St.        [B 3505
**F** Pn (kpl.: cemb, vl, b)

Distractions musicales ou préludes suivie d'un caprice pour le clavecin ou le forte-piano . . . œuvre 8e. – *Paris, auteur, aux adresses ordinaires.*        [B 3506
**F** Pn

## BONNAY François

Les Curieux Punis. Comédie en un acte et en prose mêlée d'ariettes, représenté pour la première fois à Paris le 20 novembre 1786. – *Paris, Imbault, No. 161.* – P.
[B 3507
**D-ddr** Bds – **F** Dc, Pc – **GB** Lbm – **I** Rvat – **NL** DHgm

Ne me parle pas de procès. Air des Curieux Punis. – *s. l., s. n.*                       [B 3508
**F** Pn

Six nocturnes pour deux violons et une quinte. – *Paris, auteur, Sieber.* – St.
[B 3509
**F** Pc (kpl.: vl I, vl II, vla)

## BONNAY Mlle

I^er Recueil de XII Romances ou airs avec accompagnement de piano-forte ou harpe. – *Paris, auteur.* – P.                   [B 3510
**F** Pn (2 Ex.)

## BONNEAU Antonio

Sei sonate a tre stromenti, duoi violini e basso . . . opera 1a. – *Paris, auteur (gravé par Mme Béraut).* – St.         [B 3511
**F** Pc (kpl.: vl I, vl II, b)

L'Amante inquiète. Ariette dans le genre italien avec accompagnement de deux violons et basse obligés et deux cors ad libitum. – *Paris, auteur (gravée par Mlle Vendôme et Mr Moria).* – St.    [B 3512
**F** Pc (kpl.: Gesangsstimme/bc, vl I, vl II, cor I, cor II)

## BONNET Jean Baptiste

Symphonie concertante [A] à deux violons principaux et à grand orchestre, op. 2. – *Paris, Pleyel, No. 323.* – St.
[B 3513
**D-brd** MÜu (kpl.: 12 St.) – **I** Mc

Six duos concertans pour deux violons . . . op. I ([hs.:] 1) livraison [F, D, a]. – *Paris, Pleyel, No. 228.* – St.        [B 3514
**A** GÖ – **D-brd** Mbs – **US** STu, Wc

—. . . op. I ([hs.:] 2) livraison [B, Es, E]. – *ib., No. 229.*                             [B 3515
**A** GÖ – **D-brd** Mbs – **F** BO – **S** SK – **US** STu, Wc

Six duos concertans pour deux violons . . . op. 2, 1. livraison [G, Es, F]. – *Paris, Pleyel, No. 428.* – St.            [B 3516
**US** Wc (Etikett: Louis)

—. . . op. 2, 2. livraison [A, C, B]. – *ib., No. 429.*                             [B 3517
**US** Wc

— Trois duos concertans [A, C, B] . . . œuvre 2. – *Hamburg, Johann August Böhme.*                                [B 3518
**S** Uu

Six duos concertans pour deux violons . . . œuvre 9, 3me. livre de duos, 1. partie [D, g, A]. – *Paris, Sieber, No. 388.* – St.
[B 3519
**US** Wc

—. . . œuvre 9, 3me livre de duos, 2. partie [h, Es, a]. – *ib., No. 389.*   [B 3520
**CH** N – **US** Wc

Six grands duos concertans pour deux violons . . . œuvre 10, 4. livre de duos . . . 1. partie [d, Es, f]. – *Paris, Sieber, No. 399.* – St.                        [B 3521
**US** Wc (Etikett: Janet & Cotelle)

—. . . op. 10, 2ème partie [B, a, A]. – *ib., No. 400.*                           [B 3522
**US** Wc (fehlt Titelblatt)

Six duo concertans pour deux violons . . . 5. livre de duo, 1ère partie [B, e, G]. – *Paris, Pleyel, No. 953.* – St.       [B 3523
**US** Wc

— *Leipzig-Berlin, bureau des arts et d'industrie, No. 365.*                      [B 3524
**D-ddr** Bds

—. . . [2^e livraison: B, Es, A]. – *Paris, Pleyel, No. 954.*                       [B 3525
**I** Nc, Sac – **US** Wc

— *Leipzig-Berlin, bureau des arts et d'industrie, No. 366.*                      [B 3526
**D-brd** MÜu – **D-ddr** Dlb

Six duo concertans pour deux violons . . .
6ème livre, 1. partie [As, C, F]. – *Paris,*
*Pleyel, No. 1077.* – St.                    [B 3527
US Wc

— . . . 6ème livre, 2. partie [A, H, f]. – *ib.,*
*No. 1078.*                                  [B 3528
US Wc

## BONNET Pierre

Premier livre d'airs mis en musique à
quatre, cinq et six parties. – *Paris, Adrian*
*Le Roy & Robert Ballard, 1586.* – St.
                                            [B 3529
F Pc (S), Pn (B), Pthibault (T, datiert 1585)

Airs et villanelles mis en musique à 4.
5. & 6. parties. – *Paris, Adrian Le Roy &*
*Robert Ballard, 1588.* – St.        [B 3530
US Cn (haute-contre)

Airs et villanelles mises en musique à 4
et 5 parties. – *Paris, Vve R. Ballard &*
*P. Ballard, 1600.* – St.            [B 3531
F Psg (dessus, haute-contre, taille, 5)

## BONNOR

The Lass' lamentation for the loss of her
lover on board the Royal George. Song
. . . the words and music by Mr. Bonnor. –
*London, Longman & Broderip, 1783.*
                                            [B 3532
GB Bu (unvollständig, nur p. 1 vorhanden)

## BONO Guglielmo

Primus liber modulorum quinis, senis et
septenis vocibus. – *Paris, Adrian Le Roy*
*& Robert Ballard, 1573.* – St.
                                            [B 3533
E Mc

## BONOMI Pietro → BONHOMME Pierre

## BONOMUS Petrus

Ludus Diane in modum comedie coram
Maximiliano Rhomanorum rege kalendis

Martijs, ludis saturnalibus in arce Lin-
siana danubij actus. – *Nürnberg, Hieroni-*
*mus Hölcelius, 1501.* – P. [2 vierst. Ge-
sänge].                                     [B 3534
D-brd Mbs, Ngm

## BONONCINI Antonio Maria

Camilla regina de'Volsci, ovvero Il trionfo
di Camilla

Songs in the new opera call'd Camilla. –
*London, John Walsh & Joseph Hare.* – P.
                                            [B 3535
D-brd B – GB Ge, Lbm (2 Ex.), Lgc – US LAuc,
PRu, R, Wc

— *ib., John Walsh, P. Randall, Joseph*
*Hare.*                                     [B 3536
S Skma – US AA

— *ib., John Walsh.*                        [B 3537
D-brd Hs – F Pc (2 Ex., davon 1 Ex. unvollständig) – GB En, Lbm, Ob, Omc – US Bp
(fehlt Titelblatt), BE, NYp, U, Wc

— . . . the 3rd collection. – *ib., John Walsh*
*& Joseph Hare.*                            [B 3538
GB Ckc, Lcm

— . . . as they are perform'd at the Theatre
Royal, fairly ingrav'd on copper plates,
and more correct than the former edi-
tion. – *ib., John Cullen.*                 [B 3539
GB Cfm, Ckc, Lbm, Lgc – US LAuc

The additionall songs. – *London, John*
*Walsh & Joseph Hare.*                      [B 3540
GB Lbm (2 verschiedene Ausgaben), Ob

— *ib., John Walsh.*                        [B 3541
GB Ob

The opera . . . translated from the Italian
. . . with the overture, symphonyes and
accompanyments to be perform'd either
vocally or instrumentally. – *London,*
*John Walsh & Joseph Hare.* – P. und St.
                                            [B 3542
GB Cfm

The symphonys or instrumental parts. –
*London, John Walsh & P. Randall.* – St.
                                            [B 3543
GB Lbm (kpl.: 1st treble, 2nd treble, t, b)

— *ib., John Walsh, Joseph Hare, P. Randall.* [B 3544
**D-brd** Hs (1st treble, 2nd treble, t) – **EIRE** Dn – **GB** Gu, Lbm (unvollständig) – **US** Wc (3 Ex., davon 2 Ex. unvollständig)

A collection of the song-tunes, duets and ariets in the opera of Camilla contriv'd and fitted for two flutes and a bass. – *[London, John Walsh & Joseph Hare]. –* St. [B 3545
**GB** Gm (b, fehlt Titelblatt)

— . . . contriv'd and fitted to the harpsicord or spinett. – *ib.* [B 3546
**B** Bc – **GB** Ckc

Einzelgesänge aus „Camilla . . .“ (1st. mit fl und bc)

Around her see Cupid flying. A favorite song. – *s. l., s. n.* [B 3547
[verschiedene Ausgaben:] **GB** Lbm, Ob (2 Ex.) – **S** Skma – **US** Ws

Cupid oh, Cupid oh at length reward me. – *s. l., s. n.* [B 3548
**S** Skma

Fair Dorinda happy may'st thou ever be. – *s. l., s. n.* [B 3549
**GB** Lbm – **US** Ws

In vain I fly from sorrow. – *s. l., s. n.* [B 3550
**S** Skma

Revenge I summon . . . Now Cupid or never. – *s. l., s. n.* [B 3551
**GB** Mch

These eyes are made so killing. – *s. l., s, n.* [B 3552
**GB** Ob

Ungratefull you fly me. – *s. l., s. n.* [B 3553
**GB** Mch

## BONONCINI Giovanni Battista

OPERN

Almahide (Zuordnung fraglich)

Songs in the new opera, call'd Almahide, the songs done in Italian & English as they are perform'd at ye Queen's Theatre.

– *London, John Walsh, P. Randall & Joseph Hare. –* P. [B 3554
**NL** DHgm – **US** AA, Bp, I, LAuc, NH, Ws

The symphonies or instrumental parts. – *London, John Walsh, P. Randall, Joseph Hare. –* St. [B 3555
**US** Wc (1st treble, 2nd treble, tenor; 2 verschiedene Ausgaben)

All the song tunes for the flute. – *London, s. n.* [B 3556
**US** LAuc

Astartus

Astartus. An opera as it was perform'd at the Kings Theatre for the Royal Accademy. – *London, John Walsh & Joseph Hare. –* P. [B 3557
**A** Wn – **D-brd** Hs – **GB** Cfm, Ckc (2 Ex.), Cpl, CDp, Lam, Lbm (3 Ex.), Lcm (3 Ex.), Mp (3 Ex.), Ob, T – **US** AA, BE, Cn, MSu, R

— *ib., John Walsh.* [B 3558
**B** Bc – **F** Pc, Pn (2 Ex.) – **I** MOe – **US** Wc

Bononcini's six overtures for violins in all their parts as they were perform'd at the Kings Theatre in the operas of Astartus, Croesus, Camilla, Hydaspes, Thamyris, Elpidia. – *London, John Walsh, No. 410. –* St. [B 3559
SD S. 278
**B** Bc – **GB** Cfm (unvollständig), CDp, En, Lbm (3 Ex.) – **US** NYp, Wc

The song tunes with their symphonys for the flute . . . fairly engraven and carefully corrected. – *London, John Walsh & Joseph Hare.* [B 3560
**GB** Lbm

Amante e sposa. A favorite song. – *s. l., s. n.* [B 3561
**GB** Lcm

L'esperto nocchiero. A favourite song . . . in English and Italian. – *s. l., s. n.* [B 3562
**GB** Gm, Lbm (3 Ex. von 2 verschiedenen Ausgaben) – **US** Wc, Ws

— How curst was the gallop. An answer to the Rumford Ballad . . . adapted to the air L'esperto nocchiero. – *s. l., s. n.* [B 3563
**GB** Ckc, Lbm

369

— With pleasure and comfort. A burlesque [to Transported with pleasure] made to the celebrated aire. – *[London]*, *s. n. (engraved by Thomas Cross)*.
[B 3564
**GB** Lbm (3 Ex. von 2 verschiedenen Ausgaben) – **US** Ws

Mio caro ben. A favourite aire. – *s. l., s. n.* [B 3565
**GB** Cfm (2 verschiedene Ausgaben), Cpl (2 verschiedene Ausgaben), Gm, Lbm (3 Ex. von 2 verschiedenen Ausgaben) – **US** Wc, Ws

No piu non bramo. A favourite song. – *s. l., s. n.* [B 3566
**GB** Cpl

**Astyanax**

The favourite songs in the opera call'd Astyanax. – *London, John Walsh & Joseph Hare (engraved by Thomas Cross)*. – P. [B 3567
**GB** Ckc, Lbm, Mp, Ob (unvollständig)

— *ib., John Walsh* [B 3568
**F** Pc – **US** BE, Wc

The most celebrated aires. – *London, Benjamin Cooke (engraved by Thomas Cross)*. – P. [B 3569
**GB** CDp, Er, Lbm – **US** Ws

— *ib., Richard Meares.* [B 3570
**F** Pc (fehlt Titelblatt)

Ascolsa o figlio (Observe, observe) . . . translated by Mr. H. Carey. – *[London]*, *s. n. (engraved by Thomas Cross)*.
[B 3571
**GB** Cfm – **US** Wc

Render mi vole la pace [Song]. – *[London], s. n. (engraved by Thomas Cross)*.
[B 3572
**GB** Ob

Svenalo, svenalo, traditor [Song]. – *[London], s. n. (engraved by Thomas Cross)*.
[B 3573
**GB** Lbm

**Calfurnia**

The favourite songs in the opera call'd Calphurnia. – *London, John Walsh, John & Joseph Hare.* – KLA. [B 3574

**D-brd** Hs – **GB** Ckc, CDp, Er, Lam (2 Ex.), Lbm, Lcm, Lgc

— *ib., John Walsh* [B 3575
**B** Bc – **F** Pc – **I** Rsc – **US** BE

— *ib., Benjamin Cooke.* [B 3576
**GB** Lbm, Lgc – **US** Wc

Pensa o bella [Song]. – *s. l., s. n.* [B 3577
**GB** Ckc

Se perdo il caro [Song]. – *s. l., s. n.* [B 3578
**GB** Ckc

**Ciro (Zuordnung fraglich)**

The favourite songs in the opera call'd Cyrus. – *London, John Walsh, John & Joseph Hare, 1721.* [B 3579
**D-brd** Hs – **GB** Ckc, Lbm, Lcm

**Crispo**

The favourite songs in the opera call'd Crispus. – *London, John Walsh, John & Joseph Hare.* – P. [B 3580
**D-brd** Gs, Hs – **GB** Ckc, Cpl, Lam, Lbm, Lcm, T – **US** Wc

— *ib., John Walsh.* [B 3581
**I** Rsc

The most celebrated aires. – *London, Richard Meares.* – P. [B 3582
**GB** CDp, Lam (2 Ex.), Lbm – **US** BE

**Erminia**

The favourite songs in the opera call'd Erminia. – *London, John Walsh, John & Joseph Hare.* – P. [B 3583
**D-brd** Hs – **GB** Ckc

— *ib., John Walsh.* [B 3584
**I** Rsc

— *ib., at the musick shops.* [B 3585
**A** Wn (Etikett: John Barret) – **GB** Lbm

**Etearco**

Songs in the opera of Etearco as they are perform'd at ye Queens Theatre. – *London, John Walsh & Joseph Hare.* – P. [B 3586
**US** NYp

— *ib., John Walsh.* [B 3587
**US** Bh, Wc

The symphonys or instrumental parts. –
*London, John Walsh, P. Randall.* – P.
[B 3588
US Wc

Farnace

The favourite songs in the opera call'd
Pharnaces. – *London, John Walsh, John
& Joseph Hare.* – P.        [B 3589
D-brd Hs – GB Ckc, Ge, Lam (Etikett: Micke-
ver Rawlins), Lbm (2 Ex.)

— *ib., John Walsh.*          [B 3590
D-brd Hs – GB Ckc

Griselda

Griselda. An opera as it was perform'd
at the Kings Theatre for the Royal
Accademy. – *London, John Walsh, John
& Joseph Hare.* – P.        [B 3591
B Bc – D-brd Hs – GB Bu, Ckc, Lbm (3 Ex.,
davon 1 Ex. unvollständig), Lcm (unvoll-
ständig), Mp, Ob, T (unvollständig) – US NH,
Ws

— *ib., John Walsh.*          [B 3592
I Rsc

The most favourite songs. – *London,
Richard Meares.*             [B 3593
GB CDp, Lam, Lbm – US Wc

Griselda for a flute, the overture, symphonys and ariets for a single flute and the
duets for two flutes of that celebrated
opera. – *London, John Walsh, John &
Joseph Hare.*                [B 3594
GB Lbm

Cavatina [B] della Griselda . . . variée
pour le piano par F. Fiocchi. – *Paris,
Imbault, No. 257.*            [B 3595
CH EN

T'is my glory to adore you (Per la gloria).
A favourite song . . . in English and
Italian. – *s. l., s. n.*         [B 3596
GB Ckc, Gm, Lbm (2 verschiedene Ausgaben)
– US Ws

VOKALMUSIK

Messe brevi a otto voci col primo, e
secondo organo se piace . . . opera setti-
ma. – *Bologna, Marino Silvani (Giacomo
Monti), 1688.* – St.          [B 3597
B Br (kpl.; I: S, A, T, B, org; II: S, A, T, B, org) –
GB Lwa – I Ac, ARd, Bam, Bc, Bsp, Ls (2
Ex.), LOc (9 St.), NOVd, NOVg, Rvat-capp.
giulia (fehlt org II), Sac (kpl.; S I in 2 Ex.), Sd,
VIb (B I) – US Cn (fehlen org I, org II)

Laudate pueri à voix acc. et choeurs. –
*Paris, Le Clerc, 1733.* – P.  [B 3598
B Bc

The anthem [When Saul was king over
us] which was performed in King Henry
the Seventh's chappel at the funeral of
. . . John Duke of Malborough, the
words taken out of Holy Scripture. –
*London, Richard Meares (engraved by
Thomas Cross).* – P.          [B 3599
F Pc – GB Ckc (2 Ex.), Lbm, Ob, Ouf –
US Wc (2 Ex.)

— *ib., John Walsh, No. 631.*   [B 3600
CH E – D-brd B – GB Cfm (2 Ex.), Ckc, Cu, Ge
(2 Ex.), Lbm (2 Ex.), Lcm (3 Ex.), Lgc, Lwa,
Mp (2 Ex.), Ob – S St – US Bp, BE, Cn, NH, R,
Wc

[14] Cantate e duetti. – *London, s. n.,
1721.*                        [B 3601
A Wn – B Bc (2 Ex.), Br – D-brd Hs, HVl,
WÜu – D-ddr Dlb (2 Ex. mit verschiedenen
Titelblättern), LEm, MEIr – DK Kk – F Pc,
Sim – GB Cfm (unvollständig), Ckc, CDp, En,
Ge, Lam, Lbm (4 Ex.), Lcm, Lco, Mp, Och,
Ouf, T – US LAuc, NH (unvollständig), Nsc,
PO, Wc

Blowzabella my bouncing doxie. The
Lancashire bag-piper and the Pedler
woman his wife. A new dialogue, the
words comically fitted . . . to . . . the
famous Italian sonata call'd Pastorella
[Bononcini]. – *London, s. n. (engraved by
Thomas Cross).*               [B 3602
GB (3 verschiedene Ausgaben:) Ckc, Gm, Lbm
(3 Ex.), Mch – US Ws

Qu'amour et la tendresse [Air] sur un
air del Signor Bononcini (in: Mercure de
France, avril 1776). – *[Paris], s. n.,
1776.*                        [B 3603
GB Lbm

371

INSTRUMENTALWERKE

Trattenimenti da camera a tre, due violini, e violone, con il basso continuo per il cembalo, opera prima. – *Bologna, Giacomo Monti, 1685.* – St.       [B 3604
**GB** Lbm – **I** MOe

Concerti da camera a tre, due violini, e violone, con il basso continuo per il cembalo . . . opera seconda. – *Bologna, Marino Silvani (Giacomo Monti), 1685.* – St.       [B 3605
**I** Bc (vl II)

— *ib., John Walsh, author.*       [B 3606
**D-ddr** Bds, LEm – **F** Pc, Pn – **I** Gl – **US** Bp, Cn, Cu, LAuc, Wc

Sinfonie a 5. 6. 7. e 8. istromenti, con alcune a una e due trombe, servendo ancora per violini . . . opera terza. – *Bologna, Marino Silvani (Giacomo Monti), 1685.* – St.       [B 3607
**I** Bc (11 St., fehlt vl I)

[12] Sinfonie [G, D, g, a, F, e, A, C, c, B, b, D] a tre istromenti, col basso per l'organo . . . opera quarta. – *Bologna, Giacomo Monti, 1686.* – St.       [B 3608
**D-brd** MÜs (vl II) – **GB** Lbm (kpl.: vl I, vl II, vlc, vlne/tiorba, org) – **I** Bc – **US** BE (vlne/tiorba)

Sinfonie da chiesa a quattro, cioè due violini, alto viola, e violoncello obligato . . . opera quinta. – *Bologna, Marino Silvani (Giacomo Monti), 1687.* – St.       [B 3609
**I** Bc

— *ib., 1689.*       [B 3610
**I** Sac (org)

Sinfonie a due stromenti, violino, e violoncello, col basso continuo per l'organo . . . opera sesta. – *Bologna, Marino Silvani (Giacomo Monti), 1687.* – St.       [B 3611
**I** Bc

Sonatas, or chamber aires, for a german flute, violin or common flute; with a thorough bass for the harpsicord, or bass violin . . . opera settima. – *London, John Walsh, No. 494.* – P.       [B 3612
**GB** LEc – **US** Wc

Duetti da camera . . . opera ottava. – *Bologna, Marino Silvani (Pier Maria Monti), 1691.* – P.       [B 3613
**B** Bc – **D-brd** WD – **I** Gl, MOe, Vnm

— *ib., Marino Silvani, 1701.*       [B 3614
**A** Wn – **D-brd** Rp – **F** Pc (2 Ex.), Pn – **I** Ac, Bc, Nc, OS

Divertimenti da camera pel violino, o flauto [col bc]. – *London, at the musick shops, 1722.* – P.       [B 3615
**GB** Lbm – **US** Wc

— *ib., at Mrs. Corticelle's house, 1722.*       [B 3616
**GB** Ckc

— Divertimenti da camera traddotti pel cembalo da quelli composti pel violino, o flauto. – *ib., 1722.*       [B 3617
**D-ddr** Bds – **F** Pc – **GB** Cfm, CDp, Gu, Lbm – **US** Wc

XII Sonatas for the chamber for two violins and a bass doubled. – *London, s. n., 1732.* – St.       [B 3618
**B** Bc (kpl.: vl I, vl II, b [vlc, cemb]) – **F** Pc – **GB** Ckc, Cpc, Cpl, Cu (2 Ex.), Lam, Lbm, LEc – **I** Vnm – **US** CHua, LAuc (fehlt b), Wc

Preludes, allemandes, sarabandes, courantes, gavottes & gigues . . . à 2 flûtes ou violons & une basse. – *Amsterdam, Pierre Mortier.*       [B 3619
**D-brd** W (kpl.: fl I, fl II, org) – **NL** DHgm (fl II)

Ayres in three parts, as almands, corrants, preludes, gavotts, sarabands and jiggs, with a through bass for the harpsicord. – *London, John Walsh & Joseph Hare.* – St.       [B 3620
**B** Bc (kpl.: vl I, vl II, b) – **GB** DRc, Lbm (2 Ex.), LEc, Ob

— *ib., No. 348.*       [B 3621
**GB** Lbm

Aires for two flutes and a bass or two flutes without a bass . . . consisting of allemands, sarabands, corants, preludes, gavots and jiggs, with a through bass for the harpsicord or bass violin. – *London, John Walsh & Joseph Hare.*       [B 3622
**GB** Lbm

A second set of Bononcini's aires, in the three parts for two flutes & a bass . . . never before printed. – *London, L. Pippard, 1711.*                        [B 3623
**GB** Ckc

Suites de pièces pour le clavecin. – *London, John Walsh.*                    [B 3624
**GB** Lbm

## BONONCINI Giovanni Maria

*Op. 1.* Primi frutti del giardino musicale a due violini e basso continuo, op. 1. – *Venezia, Francesco Magni detto Gardano, 1666.* – St.                        [B 3652
**I** Baf (kpl.: vl I, vl II, bc), Bc

*Op. 2.* Delle sonate da camera e da ballo a 1. 2. 3. e 4. . . . opera seconda. – *Venezia, Francesco Magni detto Gardano, 1667.* – St.                        [B 3626
**I** Baf (kpl.: vl I, vl II, spinetta/vlne), FEc

*Op. 3.* Varii fiori del giardino musicale, overo sonate da camera, a 2. 3. e 4. col suo basso continuo, & aggiunta d'alcuni canoni studiosi, & osservati . . . opera terza. – *Bologna, Giacomo Monti, 1669.* – St.                        [B 3627
**GB** Lbm (vl II, vla, vlne) – **I** Bc (kpl.: vl I, vl II, vlne, bc)

*Op. 4.* Arie, correnti, sarabande, gighe, & allemande a violino, e violone, over spinetta, con alcune intavolate per diverse accordature . . . opera quarta. – *Bologna, Giacomo Monti, 1671.* – St.                        [B 3628
**GB** Lbm (vl, vlne) – **I** Bc

— *ib., 1674.*                        [B 3629
**I** Bc

*Op. 5.* Sinfonia, allemande, correnti, e sarabande a 5. e 6. col suo basso continuo; et aggiunta d'una sinfonia a quattro, che si può suonare ancora al contrario rivoltando le parti . . . opera quinta. – *Bologna, Giacomo Monti, 1671.* – St.                        [B 3630
**GB** Lbm (vl I, vl II, a–vla, t–vla) – **I** Bc (kpl.: 6 St.)

*Op. 6.* Sonate da chiesa a due violini (opera sesta). – *Venezia, Francesco Magni detto Gardano, 1672.* – St.                        [B 3631
**I** Baf (kpl.: vl I, vl II, bc), Bc (bc, fehlt Titelblatt)

— (12) Suonate a due violini con il basso continuo per l'organo . . . opera sesta. – *Bologna, Giacomo Monti, 1677.* – St.                        [B 3632
**D-brd** MÜs (kpl.: vl I, vl II, org) – **I** Bc

— *ib., Giacomo Monti, stampa del Gardano, 1677.*                        [B 3633
**I** Bc (vl I, vl II, a–vla)

*Op. 7.* Ariette, correnti, gighe, allemande, e sarabande; le quali ponno suonarsi a violino solo; a due, violino e violone; a tre, due violini e violone; & a quattro, due violini, viola e violone; opera settima. – *Bologna, Giacomo Monti, 1673.* – St.                        [B 3634
**I** Bc (vl I, spinetto/vlne)

— *ib., 1677.*                        [B 3635
**I** Bc (vl I, vl II, vla)

— *Venezia, stampa del Gardano, 1677.*                        [B 3636
**I** Bc (kpl.: vl I, vl II , vla, vlne)

*Op. 9.* Trattenimenti musicali a tre, & a quattro stromenti, opera nona. – *Bologna, Giacomo Monti, 1675.* – St.                        [B 3637
**I** Bc (vl II, bc), MOe (kpl.: 4 St.)

*Op. 10.* Cantate per camera a voce sola, libro primo . . . opera decima. – *Bologna, Giacomo Monti, 1677.* – P.                        [B 3638
**I** Bc, MOe

*Op. 11.* Madrigali a cinque voci sopra i dodici tuoni, o modi del canto figurato, libro primo, opera undecima. – *Bologna, Giacomo Monti, 1678.* – St.                        [B 3639
**D-brd** Rp (B) – **F** Pn (S, A, T, B, 5) – **I** Bc

— Partitura de madrigali a cinque voci . . . – *ib., 1678.*                        [B 3640
**D-brd** Rp – **F** Pc, Pn – **I** Bc

*Op. 12.* Arie, e correnti a tre, due violini, e violone . . . opera duodecima. – *Bologna, Giacomo Monti, 1678.* – St.                        [B 3641

GB Ob (kpl.: vl I, vl II, vlne) – I Bc (vlc), MOe

*Op. 13.* Cantate per camera a voce sola, libro secondo ... opera decimaterza. – *Bologna, Giacomo Monti, 1678.* – P.
[B 3642
I MOe

## BONPORTI Francesco Antonio

*Op. 1.* Suonate a tre, due violini, e violoncello obligato ... opera prima. – *Venezia, Giuseppe Sala, 1696.* – St.
[B 3643
GB Lbm (kpl.: vl I, vl II, vlc, org)

— Sonate a tre ... – *Amsterdam, Estienne Roger, No. 101.*                    [B 3644
CH Zz – GB Ob (unvollständig)

*Op. 2.* Sonate da camera ... opera seconda, impressione seconda. – *Venezia, Giuseppe Sala, 1703.* – St.        [B 3645
D-brd PA (kpl.: vl I, vl II, cemb)

— Bomporti's sonata's or chamber aires in three parts for two violins and a through bass ... opera 2d. – *London, John Walsh, Joseph Hare, P. Randall.* – St.                    [B 3646
GB LVu (unvollständig) – NL Uim (kpl.: vl I, vl II, bc) – US CHua

— Bomporti's sonatas ... – *ib., John Walsh & Joseph Hare.*        [B 3647
GB Lbm (vl I, vl II)

*Op. 3.* Motetti a canto solo, con violini ... opera terza. – *Venezia, Giuseppe Sala, 1701.* – St.        [B 3648
I Lcm

— *ib., 1702.*                            [B 3649
CH Zz (kpl.: canto, vl I, vl II, org, vlne/vla) – D-brd WD

*Op. 4.* Sonate da camera a due violini, violone, cembalo o arcileuto ... opera quarta. – *Venezia, Giuseppe Sala, 1703.* – St.                            [B 3650
CH Zz (kpl.: vl I, vl II, cemb/arcileuto) – D-brd PA

— *Amsterdam, Estienne Roger.*        [B 3651
GB Ob (unvollständig)

— Bomporti's sonatas or chamber aires in three parts for two violins and a through bass ... opera quarto. – *London, John Walsh, Joseph Hare, P. Randall.*
[B 3652
B Bc – GB Ckc, Lbm, LVp (unvollständig), LVu (unvollständig) – NL Uim – US CHua

*Op. 6.* Suonate da camera a due violini, violone, o cembalo ... opera sesta. – *Venezia, Giuseppe Sala, 1705.* – St.
[B 3653
D-brd PA (kpl.: vl I, vl II, cemb)

— Sonate da camera ... – *[Amsterdam, Estienne Roger].*        [B 3654
GB Ob (unvollständig)

*Op. 7.* Suonate da camera a violino, e violone, o cembalo ... opera settima. – *Venezia, Giuseppe Sala, 1707.*    [B 3655
D-brd WD

— Sonate da camera a violino solo col basso continuo ... opera settima. – *Amsterdam, Estienne Roger.* – P.    [B 3656
D-ddr ROu

— Bomporti's solos for a violin with a through bass for ye harpsicord or bass violin, consisting of preludes, allemands, sarabands, &c., opera settima. – *London, John Walsh, Joseph Hare, P. Randall.* – P.                            [B 3657
B Bc – GB Ckc

*Op. 9.* Baletti a violino solo e violoncello o basso continuo ... opera nona. – *Amsterdam, Estienne Roger, No. 413.* – St.
[B 3658
F Pc (vl)

*Op. 10.* Inventioni da camera a violino solo con l'accompagnamento d'un violoncello, e cembalo, o liuto, op. 10. – *Bologna, Giuseppe Antonio Silvani, 1712.* – P.
[B 3659
A Sca – I Fn (unvollständig)

— Invenzioni a violino solo. – *Venezia-Trento, Giovanni Parone, 1713.*    [B 3660
CH A – I Bc

— La Pace. Inventione a violino solo col basso continuo . . . opera decima. – *Amsterdam, Estienne Roger, No. 404.*

[B 3661

**GB** Lbm

— La Pace . . . op. X. – *s. l., s. n.*

[B 3662

**D-brd** WD

*Op. 11.* Concerti a quattro, due violini, alto viola, violone e cembalo, con violino di rinforzo . . . opera undecima. – *Trento, Giambattista Monauni.* – St.      [B 3663
**A** Wn (kpl.: vl I, vl II, vla, cemb, vl di rinforzo) – **D-ddr** Dlb, SWl – **GB** Lbm (vl II) – **I** Bc, Nc

*Op. 12.* Concertini, e serenate con arie variate, siciliane, recitativi, e chiuse a violino, e violoncello, o cembalo . . . opera XII. – *Augsburg, Johann Christian Leopold.* – P.      [B 3664
**B** Gc (ohne Impressum) – **D-brd** As – **I** Bc

## BONTEMPI Giovanni Andrea Angelini

Il Paride. Opera musicale, poesia e musica . . . Der Schäffer Pariß, in einer artlichen Poesi, und lieblichen Musica vorgestellet. – *Dresden, Melchior Bergen, 1662.* – P.      [B 3665
[verschiedene Ausgaben:] **A** Wn – **D-brd** Lr, W (fehlen Titelblatt, Widmung und Vorrede) – **F** Pn – **I** Bc, Fn, Vnm – **PL** GD

Ewiger Freudens-Triumph (Soll ich durch diesen harten Kampff [für Singstimme und bc]) . . . [an:] Aller Gläubigen . . . herrlicher Kampff . . . bey . . . Leichbestattung der . . . Sophien Butschkin. – *Dresden, Wolfgang Seyffert, [1660].* – P.      [B 3666
**D-brd** Gs

## BONUS Joachim

Das Gebet Josaphat II (Wenn wir in höchsten Nöten sein) . . . in Reimsweise vom Herrn D. Paulo Ebero seligen verfasset, item ein Danck und Trostpsalm (Dir sey o lieber Herre Gott gesaget Danck), M. Johannis Cunonis . . . mit

vier stimmen gesetzt. – *[Kolophon:] Ülzen, Michael Kröner, 1581.* – St.      [B 3667
**D-ddr** BD

## BONZANINI Giacomo

Capricci musicali per cantare, e suonare a quattro voci. – *Venezia, Giacomo Vincenti, 1616.* – St.      [B 3668
**I** Bc (T), VEcap (kpl.: S, A, T, B, partitura)

## BORBONI Nicolò

Musicali concenti a una, e due voci . . . libro primo. – *Roma, autor, 1618.* – P.
[B 3669
**GB** Lbm

## BORCHGREVINCK Melchior

Giardino novo bellissimo di varii fiori musicali scieltissimi, il primo libro de madrigali a cinque voci raccolti. – *København, Henrik Waltkirch, 1605.* – St.
SD 1605⁷      [B 3670
**D-brd** Kl (kpl.: S, A, T, B, 5, sowie S und A [handschriftlich: 1606]), Rp (T, B, 5), W (T) – **GB** Lbm

Giardino novo bellissimo di varii fiori musicali scieltissimi, il secondo libro de madrigali a cinque voci raccolti. – *København, Henrik Waltkirch, 1606.* – St.
SD 1606⁵      [B 3671
**D-brd** Kl (S, A), W (T) – **GB** Lbm

## BORDERY P. F.

Les Amours champêtres. IIᵉ Cantatille nouvelle pour un dessus avec accompagnement de violons, flûtes et hautbois. – *Paris, Le Clerc, Mme Boivin (gravé par Mlle Michelon), 1745.* – P.
[B 3672
**F** AG, Pc (2 Ex.) – **I** Vnm – **S** Skma

Journée de Fontenoy, ou La défaite des anglois par Louis Quinze. Cantatille allégorique pour un dessus ou haute-contre. – *Paris, Le Clerc, Mme Boivin, 1746.* – P.
[B 3673
**F** Pn

## BORDERY (fils)

Six sonates pour le violoncelle qui peuvent se jouer sur le violon avec accompagnement de basse continue ... œuvre I<sup>e</sup>, mises au jour par M. Michaud. – *Paris, aux adresses ordinaires de musique (gravées par Mlle Michaud)*. – P.          [B 3674
FPc

## BORDET

Recueil d'airs avec accompagnement de flûte ou violon ou pardessus de viole. – *Paris, aux adresses ordinaires de musique; Rouen, M. Lainé.*          [B 3675
F Pc – S Skma

— *ib., auteur.*          [B 3676
F Pc

Second livre ou recueil d'airs en duo choisis et ajustés pour les flûtes, violons et pardessus de viole dont la plus part peuvent se jouer sur la vielle et la musette ... divisés en sept suites. – *Paris, Bordet.*
SD S. 223          [B 3677
**D-brd** Rp (fehlt Titelblatt) – **F** Pc (2 Ex.) – **GB** Lbm – **NL** DHgm

Ier[-IIIe] Recueil d'airs choisis dans les plus beaux opéra comiques, avec un accompagnement ajusté pour la flûte, le violon ou le pardessus de viole. – *Paris, Bordet.*          [B 3678
SD S. 303
**F** Pn (II) – **NL** DHgm (III) – **US** NYp (I)

Troisième recueil d'airs en duo tirés des opéra de Mrs. Rameau, Rebel et Francœur, et autres; opéra comiques, parodies ... choisis et ajustés pour les flûtes, violons, pardessus de violes et dont la pluspart peuvent se jouer sur la vielle et la musette. – *Paris, Bordet.*          [B 3679
SD S. 308
**F** Pc

Airs variés pour flûte et basse. – *Paris, Sieber.*          [B 3680
**F** Pc

## BORDIER Louis Charles

L'Amour vainqueur. Cantatille à voix seule avec simphonie. – *Paris, M. Daumont (gravé par Mme Leclair)*. – P.          [B 3681
**GB** Lbm

Le rendezvous. Cantatille à voix seule avec simphonie. – *Paris, M. Daumont.* – P.          [B 3682
**US** Wc

J'ai donc perdu Philis. Air sérieux (in: Mercure de France, juin, 1738). – *[Paris], s. n. (1738).*          [B 3683
**GB** Lbm

Me serait-il permis de dire [2 st.] (in: Le Mercure, fevr., 1723). – *[Paris], s. n., (1723).*          [B 3684
**GB** Lbm

## BORELLI Francesco Maria

Il primo libro de madrigali a cinque voci. – *Venezia, Ricciardo Amadino, 1599.* – St.          [B 3685
**A** Wn (S, B; fehlen A, T, 5) – **I** Vnm (T)

## BORGETTI Innocenzo

Salmi intieri per li vespri di tutte le feste dell'anno, a quatro a capella, brevi, e facili, con il basso continuo per potersi cantare anco nel organo. – *Venezia, Alessandro Vincenti, 1640.* – St.          [B 3686
**I** Bc (B), PCd (kpl.: S, A, T, B, org)

## BORGHESE Antonio

Six sonatas for the piano forte or harpsichord, with an accompanyment for a violin ... opera I. – *[London], Longman, Lukey & Broderip.* – St.          [B 3687
**GB** Ckc (unvollständig)

Six sonatas for the harpsichord & 2 violins. – *Edinburgh, s. n. (J. Johnson).* – P.          [B 3688
✓**C** Tu

Six duos [G, A, E, d, C, D] pour deux violons. – *Paris, Jouve, No. 13.*    [B 3689
I Vnm

Douze pièces, ou chansons de table, arrangées en chorus, duos, canoni, madrigali &c. – *s. l., s. n.*    [B 3690
GB Lbm

Douze petits airs connus, arr. pour guitarre ou lyre. – *Paris, Berton & Loraux.*    [B 3691

CS Pnm

## BORGHI Giovanni Battista

Empia mano. Aria seria con recitativo . . . nel Recimero. – *Venezia, Alessandri & Pietro Scataglia, 1773.* – P.    [B 3692
YU Lu

— *s. l., s. n.*    [B 3693
I Nc

Six quatuors concertans pour deux violons, alto, et basso. – *Paris, Bailleux (gravés par Mme Thurin).* – St.    [B 3694
B Bc – US Wc

## BORGHI Luigi

WERKE MIT OPUSZAHLEN

*Op. 1.* Six sonates [B, G, E, D, Es, A] pour violon et basse . . . œuvre Ier. – *Paris, Sieber; Lyon, aux adresses ordinaires.* – P.    [B 3695
D-ddr Dlb – F Pc (unvollständig), Pn

— *ib., Sieber.*    [B 3696
B Bc – F Pc – I Mc – US NYp

— *Amsterdam, Johann Julius Hummel, No. 326.*    [B 3697
A Wn – GB Lbm – NL DHgm – S Skma, Sm, SK (fehlt Titelblatt), Uu – SF A – US Cn, NYp, Pc

— Six solos for a violin and bass . . . opera prima. – *London, William Napier.*    [B 3698
A Wgm – E Mn – GB Lbm (4 Ex., 3 verschiedene Ausgaben, davon 1 Ausgabe ohne Widmung) – US AA, CHH, Wc

— *ib., No. 3.*    [B 3699
F Pc – NL Uim – US BE

— *ib., Longman & Broderip.*    [B 3700
D-brd Mbs

— *ib., Broderip & Wilkinson.*    [B 3701
US R, Wc

— Trois sonates [G, D, A (= Nr. 2, 4, 6)] pour clavecin ou forte piano avec accompagnement d'un violon . . . œuvre IV. – *Paris, Sieber.* – St.    [B 3702
S Skma

*Op. 2.* Six concertos for the violin, in nine parts . . . opera 2d. – *London, William Napier, No. 46.* – St.    [B 3703
E Mn – GB Lbm (2 Ex., unvollständig), Lcm (unvollständig) – I Rsc (cor I, cor II) – US AA, Wc

— Trois concerts [B, Es, D] a violino principale, violino primo & secondo, alto & violoncello, deux hautbois ou flûtes & deux cors de chasse, ad libitum . . . œuvre second. – *Berlin, Johann Julius Hummel; Amsterdam, grand magazin de musique, aux adresses ordinaires, No. 351.* – St.    [B 3704
B Bc – CH Bu – D-brd Mbs – S J (7 St., fehlen cor I, cor II)

— Trois concerts [C, G, E] a violino principale, violino primo & secondo, alto & violoncello, deux hautbois ou flûtes & deux cors de chasse, ad libitum . . . œuvre troisième. – *ib., No. 362.*    [B 3705
GB Lbm – S J (7 St., fehlen cor I, cor II)

— Concerto (I) a violon principal, premier et second violon alto et basse, hautbois et cors. – *Paris, Sieber.*    [B 3706
F BO (fehlt vl princip.)

— Concerto (II) a violon principal, premier et second violon, alto et basse, hautbois et cors. – *ib.*    [B 3707
F BO

— Concerto (III[D]) a violon principal, premier et second violon, alto et basse, hautbois et cors. – *ib.*    [B 3708
F Pc

— Concerto (IV[C]) a violon principal, premier et second violon, alto et basse, hautbois et cors. – *ib.* [B 3709
F BO, Pc

— Concerto (V) a violon principal, premier et second violon, alto et basse, hautbois et cors. – *ib.* [B 3710
F BO

— Concerto (No. 17 [Es]) a violon principal, premier et second violon, alto et basse, hautbois et cors. – *ib.* [B 3711
F Pc

— Concerto [ohne Nummer] a violon principal, premier et second violon, alto et basse, hautbois et cors. – *ib.* [B 3712
US Wc

— Concerto . . . arrangé pour le clavecin ou le forte-piano avec accompagnement de deux violons, alto, basse, cors et hautbois ad libitum par J. S. Schroetter, œuvre X<sup>e</sup>. – *ib., Boyer, Mme Le Menu.*
[B 3713
F Pn

— A favorite concerto . . . adapted for the harpsichord or piano forte by J. S. Schroetter. – *London, William Napier, No. 46.* [B 3714
F Pn – GB Lbm – US Wc

— A favorite concerto (I, II [Es, C]) . . . adapted for the harpsichord or piano forte by J. S. Schroetter. – *ib., Longman & Broderip, No. 46.* [B 3715
A Wgm – US Wc

— Borghi's Rondo, taken from concerto third, adapted for the harpsichord with variations, cadences &c. and a violin accompaniment by Sig<sup>r</sup>. Corri. – *Edinburgh, Corri & Sutherland (J. Johnson).* – P. [B 3716
GB Ckc

*Op. 3.* Sei divertimenti [G, A, B, Es, D, F] per due violini . . . op. III<sup>a</sup>. – *London, William Napier, No. 58.* – St. [B 3717
E Mn – EIRE Dam – D-brd B – F Pc – GB Ckc (2 Ex.), Lbm (2 Ex.), Lcm – I Vc – US BE, Wc

— *ib., Longman & Broderip, No. 58.*
[B 3718

GB Cu (unvollständig), Cpl (unvollständig), Lbm (2 Ex.)

— *ib., Edward Riley.* [B 3719
GB Ckc, Lbm (fehlt vl I)

— Six duo pour deux violons . . . œuvre III. – *Paris, Sieber (gravé par Mme Lamy).* [B 3720
F BO, Pc, Pn

— Six sonates à deux violons . . . œuvre IV. – *Berlin-Amsterdam, Johann Julius Hummel, No. 366.* [B 3721
GB Lbm – NL DHgm – S SK

*Op. 4.* Six solos [D, A, F, g, A, B] for a violin & bass . . . op. 4. – *[London], author, 1783.* – P. [B 3722
E Mn – GB Ckc, Lbm (2 Ex.), Lcm – NZ Ap – US NYp

— *ib., Broderip & Wilkinson.* [B 3723
D-ddr Dlb – GB Lbm

— Six sonates a violon et basse . . . œuvre quatrième. – *Amsterdam, Joseph Schmitt, aux adresses ordinaires.* [B 3724
A Wgm – D-brd Mmb – H KE – NL Uim

— . . . œuvre V. – *Berlin-Amsterdam, Johann Julius Hummel, No. 563.* [B 3725
A Wn – S Skma

*Op. 5.* Six duetts [C, B, D, G, A, Es] for a violin and violoncello or violin and tenor . . . op<sup>a</sup> V. – *London, author, Forster's music shop.* – St. [B 3726
B Bc – D-brd Mbs – D-ddr Bds (vlc) – EIRE Dam – GB Ckc, Lbm (5 Ex., davon 1 Ex. unvollständig), Lcm – I Vc (2 Ex.) – US Wc

— *ib., Preston.* [B 3727
GB Gu – US NYp

— Six sonates pour violon et basse . . . œuvre 5. – *Paris, Sieber.* [B 3728
D-ddr LEm – US Wc

— *ib., Sieber & fils, No. 473.* [B 3729
I Mc

— Six duos pour violon et viola, ou violon & violoncelle . . . œuvre VI. – *Berlin, Johann Julius Hummel; Amsterdam, au grand magazin de musique, aux adresses ordinaires, No. 703.* [B 3730

CH Lz – **D-brd** F – **D-ddr** Bds – **NL** Uim – **S** Skma – **SF** A

— Duetti per violino e viola. – *Venezia, Antonio Zatta & figli.* [B 3731
**I** Mc, Nc (unvollständig, nur Nr. 1 und 5), OS, Vc (3 Ex., 1 unvollständiges Ex.)

*Op. 6.* Six overtures [C, B, Es, G, D, A] in four parts, with hautboys and French horns ad libitum . . . opᵃ VI. – *London, author, 1787.* – St. [B 3732
**D-brd** Mbs – **GB** Ckc, Lbm (3 Ex.) – **US** AA, Wc

— *ib., Thomas Skillern, for the author.* [B 3733
**GB** Cpl (unvollständig), Mp

*Op. 7.* Twelve divertimento's for one, two and three voices, with an accompaniment for the harp, or piano forte . . . opᵃ VII. – *London, for the author, 1790.* – P. [B 3734
**GB** Lbm – **US** Cn

*Op. 10.* Set 1. Three duetts for two violins, selected, arranged . . . op. 10. – *London, Preston.* – St. [B 3735
**A** Wn

*Op. 11.* Sixty-four cadences or solos for the violin, in all the major and minor keys . . . op. 11. – *London, Preston.* [B 3736
**GB** Lbm

Werke ohne Opuszahlen

Concerto [D] a violoncello principal, deux violons, alto et basse, deux hautbois et deux cors. – *Paris, Sieber.* – St. [B 3737
**F** BO, Pc

— *ib., Imbault.* [B 3738
**D-ddr** Dlb

Six trio [D, Es, G, C, F, D] pour deux violons et une basse. – *Paris, Bailleux (écrit par Ribière).* – St. [B 3739
**NL** DHgm – **US** Wc

Three sonatas . . . adapted to the harpsichord or piano forte, with an accompaniment for a violin by an eminent master. – *London, William Napier.* – P. [B 3740
**US** Wc

Six duos pour deux violons . . . [2e. livraison: D, B, Es]. – *Paris, Mlle Erard, No. 247.* – St. [B 3741
**I** Sac – **US** Wc

Six duetts for two violins. – *London, George Walker.* – St. [B 3742
**GB** Lcm

A favorite rondeau [Es] adapted to the piano forte or harpsichord. – *Edinburgh, Neil Stewart.* [B 3743
**GB** Lbm, P

The lovely spring [Song]. – *Dublin, John Lee.* [B 3744
**GB** Lbm

Sospiri del cor. A favorite rondo . . . No. 3 (in: Collection of 24 Italian songs). – *[London], John Bland.* – P. [B 3745
**GB** Lgc

— *s. l., s. n.* [B 3746
**GB** Ckc, LEc

## BORGIA Giorgio

Il primo libro delle canzoni spirituali a tre, quattro, et cinque voci. – *Torino, eredi del Bevil'acqua, 1580.* – St. [B 3747
**I** Bc (kp.1: S, A, T, B, 5), VCd (B)

## BORGIANI Domenico

Sacri concentus a bina ad quinam usque vocem decantandi. – *Roma, Lodovico Grignani, 1646.* – St. [B 3748
**I** Bc (kpl.: S I, S II, A, T/B, org), Rc (S [unvollständig]), Rvat-chigi (org)

L'arpa di David accordata co'sacri concerti composti in musica [a 2, 3, 4 e 5 voci]. – *Roma, Giovanni Angelo Mutij, 1678.* – St. [B 3749
**I** Nc (S, B)

## BORGO Cesare

Missae et Magnificat octo falso bordoni cum Gloria, motecta, & Letaniae Gloriosissime Virginis, quae in ecclesia Sanctae Mariae Lauretanae concinuntur . . . octo

vocibus, liber secundus. – *Venezia, Giacomo Vincenti, 1602.* – St.    [B 3750
**A** Wn (S I) – **D-brd** Rp (B I)

Canzonette . . . libro primo a tre voci. – *Venezia, Giacomo Vincenti & Ricciardo Amadino, 1584.* – St.    [B 3751
**D-brd** HR (B), Mbs (kpl.: S, T, B) – **I** Bc

— . . . ristampato con nuova gionta. – *Milano, erede di Francesco e Simon Tini, 1591.*    [B 3752
**I** Bc (B)

## BORGO Domenico

Lamentationi, Miserere et Improperii a quattro voci, per la settimana santa, con il basso per l'organo. – *Venezia, Alessandro Vincenti, 1622.* – St.    [B 3753
**I** Bc (T)

## BORLASCA Bernardino

Scherzi musicali ecclesiastici sopra la cantica a tre voci . . . appropriati per cantar fra concerti gravi in stile rappresentativo, con il basso continuo per l'organo. – *Venezia, Alessandro Raverii, 1609.* – St.    [B 3754
**I** Bc (kpl.: S I, S II, B, org)

Canzonette a tre voci . . . appropriate per cantar nel chitarrone, lira doppia, cembalo, arpone, chitariglia alla spagnuola; o altro simile strumento da concerto . . . libro secondo. – *Venezia, Giacomo Vincenti, 1611.* – St.    [B 3755
**B** Bc (S) – **I** Bc (kpl.: S I, S II, B)

Cantica divae Mariae Virginis octonis vocibus, & varijs instrumentis concinenda . . . opus quintum. – *Venezia, Giacomo Vincenti, 1615.* – St.    [B 3756
**D-brd** Mbs (I: S, A, T; II: A; org), Rp (I: S, A, T, B; II: S, A, T, B)

Scala Iacob, octonis vocibus, et varijs instrumentis omnibus anni solemnitatibus decantanda . . . opus sextum. – *Venezia, Giacomo Vincenti, 1616.* – St.    [B 3757
**D-brd** Mbs (kpl.; I: S, A, T, B; II: S, A, T, B; org)

Ardori spirituali a due, tre, e quattro voci . . . libro primo, opera settima. – *München, Anna Bergin (Berg's Witwe), 1617.* – St.    [B 3758
**D-brd** Rp (S I, S II, B, org)

## BORNET l'aîné

Le Bonheur. Cantatille à voix seule avec accompagnement. – *Paris, auteur, Le Clerc (gravée par Gerardin).* – P.    [B 3759
**F** Pc

Six sonates d'ariettes d'opéra comiques arrangés pour un violon seul avec la basse chiffrée. – *Paris, auteur, Bouin.* – P.    [B 3760
**F** Pc (2 Ex.) – **GB** Lbm

Nouvelle méthode de violon et de musique, dans laquelle on a observé toutes les gradations nécessaires pour apprendre ces deux arts ensemble, suivie de nouveaux airs d'opéras. – *Paris, Vve Despréaux.*    [B 3761
**F** Pc, Pn

— . . . nouvelle édition. – *ib., Louis, No. 60.*    [B 3762
**F** Pn – **S** Skma

## BORNKESSEL J. G.

Kleine Lieder mit Begleitung eines Claviers oder Pianofortes als Beytrag zur Bildung des Geschmacks im Singen. – *Jena, Voigt, 1799.*    [B 3763
**F** Pn – **US** Wc

Poetisch-musikalische Blumenlese, oder Vierzig Gedichte von Matthison, Goethe . . . in Musik gesetzt. – *Leipzig, Christian Adolph Hempel, 1802.*    [B 3764
**D-brd** DT

## BORNONG-BROS

Six sonates en trio pour deux violon et basse continue . . . œuvre Ie. – *Paris, auteur, Le Clerc, Mme Boivin; Versailles, Le Moine (gravées par Mlle Vendôme).* – St.    [B 3765
**F** Pn

## BORNTRÄGER

Sechs neue Walzer für das Piano-Forte. –
*Heilbronn, Johann Amon, No. 258.*
[B 3766
**D-brd** Mbs

## BORRA

I<sup>er</sup> Concerto à violon principal, premier
et second violon, alto et basse, deux
hautbois, deux cors, ad libitum. – *Lyon,
Guera, No. 71.* – St.                              [B 3767
**GB** Lbm

## BORREMANS Guillaume

Cantiones natalitiae quinque vocum. –
*Antwerpen, héritiers de Pierre Phalèse,
1660.* – St.                                       [B 3768
**B** Br (B) – **GB** Och (S, A, T, bc)

## BORRI Giovanni Battista

Sinfonie a tre, due violini, e violoncello
con il basso per l'organo . . . opera prima. – *Bologna, Gioseffo Micheletti, 1688.*
– St.                                              [B 3769
**F** Pc (vl I, vlc, org) – **GB** Ob (kpl.: vl I, vl II,
vlc, org) – **I** Bc – **YU** Dsmb (vlc)

## BORRONI Antonio

Ouverture [D] . . . No. 12, pour deux
violons, alto, basse, deux hautbois et
deux cors. – *Paris, Bailleux.* – St.
[B 3770
**CH** E

No. XV. Rondeau. – *s. l., s. n.* – St.
[B 3771
**F** AG (vl I, vl II, vla I, vla II, b, cor I, cor II)

## BORRONO Pietro Paolo

Intavolatura di lauto . . . opera perfettis-
sima sopra qualunche altra intavolatura
che da qua indrieto sia stampata, libro
ottavo. – *Venezia, Girolamo Scotto, 1548.*
[B 3772
**I** Vnm

La intabolatura de lauto . . . di saltarelli,
padovane, balli, fantasie, et canzon francese . . . con ogni diligentia ristampata
et corretta. – *Venezia, Girolamo Scotto,
1563.*                                             [B 3773
SD 1563<sup>18</sup>
**A** Wn – **US** Wc

## BORSARO Archangelo

*1587.* Il primo libro delle villanelle . . .
a tre voci. – *Venezia, Ricciardo Amadino,
1587.* – St.                                       [B 3774
**GB** Lbm (B)

*1597.* Pietosi affetti, il primo libro delle
canzonette spirituali, a quattro voci. –
*Venezia, Ricciardo Amadino, 1597.* – St.
[B 3775
**A** Wn (S, A; fehlen T, B)

— Pietosi affetti, canzonette spirituali
a quattro voci . . . novamente da lui
corrette, ampliate, & ornate del basso
continuo, per il clavicembalo, o chitarrone ed altro simile stromento. – *Venezia,
Ricciardo Amadino, 1616.* – St.    [B 3776
**I** Bc (A, T, B)

*1598.* Il quarto libro delle canzonette a
tre, & a quattro voci. – *Venezia, Ricciardo
Amadino, 1598.* – St.                     [B 3777
**A** Wn (S; fehlen A, T, B)

*1602.* Vespertina psalmodia octonis vocibus . . . duoque cantica . . . addito psalmo
139. – *Venezia, Ricciardo Amadino, 1602.*
– St.                                              [B 3778
**A** Wn (S I)

*1605.* Concerti ecclesiastici . . . nelli quali
si contengono mottetti a una, due, tre,
quattro, cinque, sei, sette, & otto voci;
Domine ad adiuvandum, Dixit Dominus;
falsi bordoni; Magnificat a cinque voci;
una compieta a otto voci; messa a otto,
litanie che si cantano nella Santa Casa
di Loreto a otto voci, con il basso continuo per l'organo . . . opera nona. – *Venezia, Ricciardo Amadino, 1605.* – St.
[B 3779
**I** Bc (I: S, T, B; II: S, A, T, B; bc), SPE (B I,
A II, T II), Sac (I: A, T; II: S, B; bc)

*1608.* Sacri sacrificii per gli deffonti . . . a otto voci, primo choro, opera decima. – *Venezia, Ricciardo Amadino, 1608.* – St. [B 3780
I Rn (I: S; II: T, B)

*1611.* Novo giardino de concerti a quattro voci, per cantare a due chori con due voci, e due tromboni, o altri stromenti, o voci, secondo la comodità de cantori . . . nel quale li contengono alquante antifone del cantico della Beata Virgine, di alcune solennità principali del anno, & altri motetti, con il basso principale per l'organo, opera undecima. – *Venezia, Ricciardo Amadino, 1611.* – St. [B 3781
SD
D-brd Mbs (B I) – I Bc (S/T I, B I, T II, org)

*1615.* Odorati fiori, concerti diversi a una, due, et tre voci, con altri da concertate con voci & stromenti, come nella tavola si contiene, con un capriccio da sonare, & il basso per l'organo, opera duodecima. – *Venezia, Ricciardo Amadino, 1615.* – St. [B 3782
D-brd Rp (T, B, org)

*1616a.* Secondo libro dell' odorati fiori, concerti diversi a una, due, & tre voci, con il basso per l'organo, opera terzadecima. – *Venezia, Ricciardo Amadino, 1616.* – St. [B 3783
I Bc (S, B, org)

1616b → 1597

## BORSETTI Carlo

Six quatuors. – *Perugia, Baduel, 1787.* – St. [B 3784
I NT

## BORSI Filippo → BURSIO Filippo

## BOSCH Pieter Joseph van den → VAN DEN BOSCH Pieter Joseph

## BOSCHETTI Giovanni Boschetto

Il primo libro de madrigali, a cinque voci. – *Roma, Giovanni Battista Robletti, 1613.* – St. [B 3785
F Pthibault (kpl.: S, A, T, B, 5) – I Bc (A)

Sacrae cantiones binis, ternis et quaternis vocibus concinendae, liber primus, cum basso ad organum, opus secundum. – *Venezia, Alessandro Vincenti, 1616.* – St. [B 3786
I Bc (kpl.: S, S II, B, bc)

Strali d'amore. Favola recitata in musica per intermedij, con l'occasione d'una comedia fatta in Viterbo li 14. di febraro 1616, con alcuni madrigali, dialoghi, e villanelle a una, due & tre voci . . . opera quarta. – *Venezia, Giacomo Vincenti, 1618.* – P. [B 3787
CS Pu – GB Lbm

Sacrae cantiones, binis, ternis, quaternis, quinis, octonisque vocibus concinendae, liber tertius cum basso ad organum, opus quintum. – *Roma, Luca Antonio Soldi, 1620.* – St. [B 3788
I Bc (kpl.: S, S II, B, bc)

## BOSCHETTI Girolamo

Modulationum sacrarum, seu hymnorum rhythmicorum (vulgo motecta dictorum) anni totius sollemnioribus festis deservientium, atque istae duobus choris ad invicem separatis cum octo vocibus concinuntur. – *Roma, Francesco Coattino, 1594.* – St. [B 3789
D-brd Kl (kpl.; I: S, A, T, B; II: S, A, T, B)

Il secondo libro de madrigali a quattro voci, et doi a sei, con un eco nel fine a 8. – *Venezia, Angelo Gardano, 1593.* – St. [B 3790
B Br (kpl.: S, A, T, B) – I Bc, Bsp

## BOSCOOP Cornelis

Psalmen David, vyfftich, met vier partyen, seer suet ende lustich om singen ende speelen op verscheiden instrumenten gecomponeert. – *Düsseldorf, s. n., 1568.* – St. [B 3791
D-brd Mbs (kpl.: S, Contra-T, T, B)

## BOSSI Carlo

I tentativi dell'italia; cioè Eduigi, Cleonice, Irene, e Don Rodrigo. Tragedie del

conte Alessandro Pepoli [Libretto mit Musik zu einigen Liedern]. – *Parma, stamperia reale, 1783.*     [B 3792
**GB** Lbm

## BOSSO Lucio

Motectorum senis vocibus, liber primus. – *Venezia, Giacomo Vincenti, 1606.* – St.
    [B 3793
**B** Br (kpl.: S, A, T, B, 5, 6)

## BOTTACCIO Paolo

I sospiri con altri madrigali a cinque, & otto voci... libro primo. – *Venezia, Angelo Gardano & fratelli, 1609.* – St.
    [B 3794
**B** Bc (kpl.: S, A, T, B, 5) – **I** Bc

Il primo libro delle canzoni da suonare a quattro, & otto voci. – *Venezia, Angelo Gardano & fratelli, 1609.* – St.   [B 3795
SD
**S** Uu (S, T, B, fehlt A)

Psalmodia vespertina cum tribus canticis B. Mariae V. et Salve Regina octo vocibus decantanda... addita etiam infima pars pro organo alternatim continuata, liber primus, opus IV. – *Milano, Filippo Lomazzo, 1615.* – St.    [B 3796
**I** ASc (kpl.; I: S, A, T, B; II: S, A, T, B; org), NOVd (S I)

## BOTTAZZARI Giovanni

Sonate nuove per la chitarra spagnola. – *(Venezia), s. n., (1663).*     [B 3797
**I** Bc

## BOTTI Antonio

Sei sonate [C, D, B, A, G, F] per cembalo ... opera prima. – *Venezia, Innocente Alessandri & Pietro Scattaglia.*    [B 3798
**B** Bc – **I** Gl – **US** Wc

## BOUIN

Recueil d'ariettes et romances tirées des meilleurs opéras français et italiens ar-

rangées pour le forte-piano. – *Paris, Huet.*     [B 3799
SD S. 321
**F** Pc

## BOUIN François

Les Muses. Suittes à deux vielles ou musettes avec la basse; ces suittes sont gravées de façon qu'elles peuvent se jouer avec agrément sur les violons, flûte, haut-bois et pardessus de viole... œuvre 1$^{er}$, revue, corrigé et augmenté. – *Paris, auteur, Mme Boivin, Le Clerc, Mlle Castagnery (gravé par Joseph Renou).* – P.    [B 3800
**F** Dm, Pa, Pc

Sonates pour la vielle et autres instruments avec la basse continue... œuvre II$^e$. – *Paris, auteur, Louvet, Mme Boivin, Le Clerc, Mlle Castagnery (gravées par Joseph Renou).* – P.    [B 3801
**F** Pa, Pc, Pn

La Vielleuse habile, ou Nouvelle méthode courte, très facile, et très sure pour apprendre à jouer de la vielle... œuvre III$^e$. – *Paris, auteur, Cuissart, Louvet l'aîné, Louvet le jeune, Le Lièvre; Lyon, frères Le Goux (gravée par Joseph Renou).*
    [B 3802
**F** Pc

— ... revue et corrigée. – *ib., auteur, Dufour, Bayard, Mlle Castagnery, de La Chevardière, Le Menu, Le Clerc, Mme Vendôme.*     [B 3803
**F** Pthibault

— ... nouvelle édition ... revue et corrigée. – *ib., Vve Bouin.*    [B 3804
**GB** Lbm (mit handschriftlichen Eintragungen)

Les Amusements d'une heure et demy, ou Les jolis airs variés, contenant six divertissements champêtres pour violons, flûtes, hautbois, pardessus de violle, vielles ou musettes... œuvre 4$^e$. – *Paris, auteur (gravé par Joseph Renou).* – P.     [B 3805
**F** Pn – **US** Wc

— Lindor et Ah! vous dirai-je Maman. 1$^e$. divertissement champêtre ajusté en

duo, avec des variations pour deux violons, flûtes, haut-bois, pardessus de violle,
vielles et musettes. – *[Paris], aux adresses ordinaires. –* P.  [B 3806
**F** Pc

— Le Tambourin Anglois, et autres petits
airs. 3e. divertissement champêtre, ajusté
en duo, avec des variations pour deux
violons, flûtes, haut-bois, pardessus de
violle, vielles et musettes. – *[Paris],
aux adresses ordinaires. –* P.  [B 3807
**F** Pc

— Les folies d'Espagne. Avec 18. variations et autres petits airs. 4e divertissement champêtre, avec la basse continue,
pour un violon, une flûte, un haut-bois,
un pardessus de violle, une vielle ou une
musette. – *[Paris], aux adresses ordinaires. –* P.  [B 3808
**F** Pc – **GB** Lbm

## BOULERON

Recueil d'airs choisis avec accompagnement de guitarre. – *Versailles, Huguet;
Paris, aux adresses ordinaires (gravé par
le Sr Huguet). –* P.  [B 3809
**F** Pc

Trios pour la guitarre, ou recueil de morceaux choisis mis en trio pour une guitarre, un violon et un alto . . . mis au
jour par Mr Parison. – *Paris, aux adresses ordinaires; Versailles, Parison. –* St.
  [B 3810
**F** Pa, Pc

## BOURDANI

Six trios [D, G, C, G, D, G) for three german flutes. – *London, James Longman &
Co. –* St.  [B 3811
**D-brd** B (kpl.: fl I, fl II, fl III) – **GB** Lbm
(fl II)

## BOURGOIN le cadet

VI Sonates à deux flûtes traversières
sans basse . . . œuvre premier. – *Paris,
Le Clerc (gravées par Mlle Louise Roussel). –* P.  [B 3812
**F** Pc

VI Sonates pour la flûte traversière avec
la basse continue . . . IIe œuvre (Comme
la mort de l'auteur a empêché qu'il n'ait
donné la dernière main à ce second œuvre
Mr Boismortier a suplée à ce déffaut tant
pour la satisfaction de la veuve que pour
celle du public). – *Paris, Le Clerc (gravées
par Mme Leclair). –* P.  [B 3813
**F** BO, Pc

## BOURGEOIS Loys

Le premier livre des pseaulmes de David,
contenant XXIIII. pseaulmes . . . à sca-
voir, familière, ou vaude ville: aultres
plus musicales: & aultres à voix pareilles,
bien convenable aux instrumentz. – *Lyon,
Godefroy & Marcelin Beringen frères, 1547.* –
St.  [B 3814
**D-brd** Mbs (kpl.: S/T, A/B)

Pseaulmes cinquante, de David, roy et
prophète, traduictz en vers françois par
Clément Marot, & mis en musique . . . à
quatre parties, à voix de contrepoinct
égal consonante au verbe. – *Lyon, Godefroy & Marcelin Beringen, 1547.* – St.
  [B 3815
**A** Wn (kpl.: S/T, A/B) – **D-brd** Mbs

Pseaulmes LXXXIII. de David, le cantique de Simeon, les commandementz de
Dieu, l'oraison dominicale, le symbole
des apostres, les prières devant & après
le repas . . . entre lesquelz vous en avez
XXXIII. à voix pareilles, le tout à
quatre parties. – *Lyon, Godefroy & Beringen, 1554.* – St.  [B 3816
**GB** Lbm (B)

## BOURGEOIS Louis Thomas

Les amours déguisez. Ballet mis en musique . . . représenté pour la première fois
par l'Académie royale de musique le
mardy vingt-deuxième jour d'aoust 1713.
– *Paris, Christophe Ballard, 1713.* – P.
  [B 3817
**D-brd** F – **F** G, Lm, LYm, Pa, Pc (2 Ex.), Pn
(2 Ex.), Po, TLc – **GB** Lbm, T – **US** AA, BE,
Wc

Les plaisirs de la paix. Balet [3 actes, 1
prolog, 4 intermèdes], mis en musique. –

*Paris, Pierre Ribou, 1715. – P.*   [B 3818
**D-brd** Sl – **F** Lm, Pa, Pc (2 verschiedene Ausgaben), Pn, Po – **GB** Lbm – **US** Wc

Cantates françoises (Borée, Le berger fidèle, Hippomène, Ariane, Les Sirènes, Céphale et l'Aurore) . . . livre premier. – *Paris, auteur.* – P.     [B 3819
**D-brd** Sl – **D-ddr** ROu (2 Ex.) – **F** Pa

— *ib., Foucault, auteur (gravé par Marin).*                     [B 3820
**US** Wc

— *ib., Foucault.*            [B 3821
**F** Pn, SA

— Ariane. III^e Cantate à voix seule et simphonie. – *ib., Le Clerc (gravé par Mlle Michelon).*           [B 3822
**F** Pc

— Le Berger fidel. V^e Cantate françoise à voix seule. – *ib.*      [B 3823
**F** Pc

— Céphale et l'Aurore. VI^ème Cantatille françoise à deux voix sans simphonie, dessus et basse-taille. – *ib.*     [B 3824
**F** Pc

Cantates françoises, ou Musique de chambre (Zephire et Flore, Psiché, Phèdre et Hypolite, L'Amour et Psiché) . . . livre second. – *Paris, Pierre Ribou (gravé par C. Roussel), 1715.* – P.     [B 3825
**D-brd** Sl (Zephire et Flore) – **F** Pa, Pc (Zephire et Flore)

— *ib., 1718.*             [B 3826
**F** Pc

— . . . trois cantates séparée Zephire et Flore . . . Psiché . . . L'Amour et Psiché. – *ib., Le Clerc, 1718.*       [B 3827
**F** Pc

— Zephire et Flore. Cantate à voix seule et simphonie. – *ib., s. d.*     [B 3828
**F** Pc (2 verschiedene Ausgaben), Pn (andere Ausgabe: . . . 1^re cantate . . .)

— *ib., 1718.*             [B 3829
**GB** Ckc

— Psiché. Cantate françoise à voix seule sans simphonie. – *Paris, Le Clerc.*                     [B 3830
**F** Pc (2 verschiedene Ausgaben, im Titel der zweiten Ausgabe: . . . II^e cantate . . .)

— L'Amour et Psiché. Cantates françoises à deux voix sans simphonie, dessus et haute-contre. – *ib.*     [B 3831
**F** Pc

Cantates françoises anacréontiques, ou Musique de chambre avec symphonie de violons, flûte allemande et viole. – *Paris, Boivin.* – P.          [B 3832
**F** Pn (nur 1^ere cantate: La Lyre d'Anacréon)

— L'Amour prisonnier de la beauté. Seconde cantate anacréontique, ou Musique de chambre avec simphonie. – *ib.*          [B 3833
**F** Pn

— Le combat d'Anacréon contre l'amour. Cantate françoise à voix seule avec symphonie. – *ib., 1744.*     [B 3834
**US** Bp

L'Amour médecin. Cantate françoise à voix seule sans symphonie. – *Paris, Mme Boivin, Le Clerc, Mlle Hue (gravé par le Sr Hue), 1742.* – P.     [B 3835
**CH** SO – **F** Pa

L'Amour musicien. Cantate françoise à voix seule avec simphonie. – *Paris, Mme Boivin, Le Clerc, Mme Hue (gravé par le Sr Hue), 1744.* – P.     [B 3836
**CH** SO – **F** Pc – **US** Bp

L'Amour peintre. Cantate françoise à voix seule avec un accompagnement de viole, ou flûte seule. – *Paris, Mme Boivin, Le Clerc, Hue (gravé par le Sr Hue), 1742.* – P.     [B 3837
**F** Pa

Diane et Endimion. Nouvelle cantatille IV^e à voix seule et simphonie. – *Paris, Mme Boivin, Le Clerc, Mme Hue (gravé par le Sr Hue).* – P.     [B 3838
**F** Pc

Pour célébrer la santé de Louis. Air à boire (in: Mercure de France, Oct., 1744). – *[Paris], s. n., (1744).*     [B 3839
**GB** Lbm

## BOURNONVILLE Jacques de

Motets à I et II voix avec et sans instruments et basse-continue... livre premier. – *Paris, Christophe Ballard, 1711.* – P.    [B 3840
F LYm, Pc (3 Ex.), Pn (2 Ex.), TLc

## BOURNONVILLE Jean de

Octo cantica Virginis matris quae vulgo Magnificat dicuntur cum hymnis communiaribus pene totius anni, quibus additae sunt diei dominicae et natalis Domini vesperae secundum ritum romanum ... [a 4 et 5 v]. – *Paris, Pierre Ballard, 1612.* – St.    [B 3841
F Pn (Contra-T, T, B) – I Fn (S, Contra-T, T, B)

Missa quatuor vocum. Ad imitationem moduli Ave maris stella. – *Paris, Pierre Ballard, 1618.* – Chb.    [B 3842
GB Lbm

Missae tredecim IV. V. & VI. vocum quarum ultima pro defunctis. – *Douai, Jean Bogard, 1619.* – St.    [B 3843
F Pn (S, Contra-T, T, B, 5, 6)

Cinquante quatrains du sieur de Pybrac mis en musique à II. III. & IIII. parties. – *Paris, Pierre Ballard, 1622.* – St.    [B 3844
F Pc (haute-contre)

BOURNONVILLE, VALENTINÉ DE
MISSA IV vocum... salve regina Paris 1646 †

## BOUSSET Jean Baptiste de

Iᵉʳ RECUEIL

Recueil d'airs sérieux et à boire. – *Paris, Christophe Ballard, 1690.* – P.    [B 3845
F CH, Pa, Pc (3 Ex.), T – GB Lbm, Ob – S LI – US BE

Premier(-XVIIIᵉ) livre d'airs sérieux et à boire. – *Paris, Christophe Ballard, 1690 (–1694 [im Abstand von 3 Monaten]).* – P.    [B 3846
D-brd Mbs (8–18 [2 Ex.]) – F CH (1–13), Pa (1–18), Pc (1–8 [je 3 Ex.], 9 [4 Ex.], 10 [3 Ex.], 11 [3 Ex.], 12 [4 Ex.], 13 [4 Ex.], 14 [3 Ex.], 15–17 [je 2 Ex.], 18 [3 Ex.]), Pn (9, 15), T (1–18) – GB Lbm (1–9), Ob (1–9) – S LI (1–18) – US BE (1–18)

Eglogue, mis en musique. – *Paris, Christophe Ballard, 1690.* – P.    [B 3847
GB Lbm

— *ib., 1693.*    [B 3848
F Pa, Pc (3 Ex.), Pn, T – S LI – US BE

Premier recueil ... contenant vingt livres d'airs sérieux et à boire qui ont été donnez au public de trois mois en trois mois depuis le commencement de l'année 1690 jusqu'au commencement de l'année 1695 [Nachdruck: Recueil d'airs ... 1690, Eglogue ... 1690, Airs sérieux ... livre I–XVIII, 1690–1694]. – *Paris, Christophe Ballard, 1700.* – P.    [B 3849
B Br (unvollständig) – F Pc (2 Ex.)

IIᵉᵐᵉ RECUEIL

Eglogue bachique... second recueil. – *Paris, Christophe Ballard, 1695.* – P.    [B 3850
F Pn – US BE

Nouveau recueil d'airs sérieux et à boire ... pour le quartier d'avril, may et juin 1695. – *Paris, Pierre Ballard, 1695.* – P.    [B 3851
F Pn – US BE

III. Recueil d'airs sérieux et à boire ... pour le quartier d'octobre, novembre et décembre 1695. – *Paris, Christophe Ballard, 1695.* – P.    [B 3852
F Pn – US BE

VIIᵐᵉ Livre d'airs sérieux et à boire ... pour les mois de juillet, aoust et septembre 1696. – *Paris, Christophe Ballard, 1696.* – P.    [B 3853
F Pn – US BE

VIIIᵐᵉ Livre d'airs sérieux et à boire pour les mois de janvier, février et mars, 1697. – *Paris, Christophe Ballard, 1697.* – St.    [B 3854
D-brd Mbs – US BE

IXᵐᵉ Livre d'airs sérieux et à boire ... pour les mois d'avril, may et juin, 1697. – *Paris, Christophe Ballard, 1697.* – P.    [B 3855
D-brd Mbs – S N – US BE

Xᵐᵉ Livre d'airs sérieux et à boire ... pour les mois de juillet, aoust et septem-

Chb.
Qsl

bre, 1697. – *Paris, Christophe Ballard, 1697.* – St.                         [B 3856
**D-brd** Mbs – **US** Wc – **US** BE

XI^me Livre d'airs sérieux et à boire ... pour les mois d'octobre, novembre et décembre, 1697. – *Paris, Christophe Ballard, 1697.* – P.               [B 3857
**D-brd** Mbs – **US** BE

XII^me Livre d'airs sérieux et à boire ... pour les mois de janvier, février et mars 1698. – *Paris, Christophe Ballard, 1698.* – P.                          [B 3858
**F** Pn – **US** BE

XIII^me Livre d'airs sérieux et à boire ... pour les mois d'avril, may et juin, 1698. – *Paris, Christophe Ballard, 1698.* – P.                                [B 3859
**F** Pn – **US** BE

XIV^me Livre d'airs sérieux et à boire ... pour les mois de juillet, aoust et septembre 1698. – *Paris, Christophe Ballard, 1698.* – P.                          [B 3860
**F** Pn (2 Ex.) – **S** N – **US** BE

XV^me Livre d'airs sérieux et à boire ... pour les mois d'octobre, novembre et décembre 1698. – *Paris, Christophe Ballard, 1698.* – P.                          [B 3861
**F** Pn

XVI^me(–XIX^me) Livre d'airs sérieux et à boire ... pour le premier (-dernier) quartier de l'année 1699. – *Paris, Christophe Ballard, 1699.* – P.               [B 3862
**E** Mn (16) – **F** Pn (16–19)

Second recueil ... contenant une Eglogue et vingt livres d'airs sérieux et à boire qui ont été donnez au public de trois mois en trois mois depuis le commencement de l'année 1695 jusqu'au commencement de l'année 1700 [Nachdruck]. – *Paris, Christophe Ballard, 1700.* – P.                              [B 3863
**B** Br – **F** Mc, Pc (kpl.; 8–9 [je 2 Ex.]), Pn – **I** PAc – **US** Cn

RECUEIL D'AIRS NOUVEAUX

Recueil d'airs nouveaux sérieux et à boire. – *Paris, Foucaut, Damien Beugnié, C. Roussel, 1702.* – P.                          [B 3864
**B** Bc, Br – **F** B, Pa, Pc (2 Ex.), Pn

– *ib., Christophe Ballard, 1705.*         [B 3865
**F** Pc (2 Ex.) – **GB** Lbm

– *ib., auteur, 1707.*                     [B 3866
**F** Pn

– *ib., auteur, Foucaut, Vve Ballard, 1710.*                                     [B 3867
**F** Pc

— *Amsterdam, Pierre Mortier.*     [B 3868
**US** Wc

II^e Recueil d'airs nouveaux sérieux et à boire. – *Paris, Christophe Ballard, 1703.* – P.                                     [B 3869
**B** Bc – **F** Pc (2 Ex.)

— *ib., 1705.*                             [B 3870
**F** Pc – **GB** Lbm

— *ib., 1708.*                             [B 3871
**F** Pc

— *ib., auteur, 1709.*                     [B 3872
**F** Pn

— *Amsterdam, Pierre Mortier.*     [B 3873
**US** Wc

III^e Recueil d'airs nouveaux sérieux et à boire. – *Paris, Christophe Ballard, 1704.* – P.                                     [B 3874
**B** Bc – **F** Pc (2 Ex.), Pn

— *ib., 1705.*                             [B 3875
**F** Pc – **GB** Lbm

— *ib., 1708.*                             [B 3876
**F** Pc, Pn (2 Ex.)

— *Amsterdam, Pierre Mortier.*     [B 3877
**US** Wc

IIII^e Recueil d'airs nouveaux sérieux et à boire. – *Paris, Christophe Ballard, 1705.* – P.                                     [B 3878
**F** Pa, Pc (3 Ex.), Pn – **GB** Lbm

— *ib., 1708.*                             [B 3879
**F** Pc, Pn

— *Amsterdam, Pierre Mortier.*     [B 3880
**US** Wc

V^e Recueil d'airs nouveaux sérieux et à boire. – *Paris, Christophe Ballard, 1705.*                                              [B 3881
**GB** Lbm

— *ib., auteur, Christophe Ballard, 1706.*
[B 3882
F Pc (2 Ex.), Pn (2 Ex.)

— *ib., Christophe Ballard, 1708.*   [B 3883
F Pc, Pn

— *Amsterdam, Pierre Mortier.*   [B 3884
US Wc

VI<sup>e</sup> Recueil d'airs nouveaux sérieux et à boire. – *Paris, auteur, Christophe Ballard, 1707.* – P.   [B 3885
F Pc (2 Ex.)

— *ib., auteur, Foucaut, Vve Ballard, 1707.*   [B 3886
F Pa, Pc

— *ib., Christophe Ballard, 1708.*   [B 3887
F Pn

— *ib., auteur, Foucaut, Vve Ballard, 1709.*
[B 3888
F Pc

— *Amsterdam, Pierre Mortier.*   [B 3889
US Wc

VII<sup>e</sup> Recueil d'airs nouveaux sérieux et à boire. – *Paris, Christophe Ballard, 1708.* – P.   [B 3890
F Pc (2 Ex.), Pn (2 Ex.) – I MOe (kein Impressum angezeigt)

— *ib., auteur, Foucaut, Vve Ballard, 1708.*
[B 3891
F Pc (2 Ex.)

— *Amsterdam, Pierre Mortier.*   [B 3892
US Wc

VIII<sup>e</sup> Recueil d'airs nouveaux sérieux et à boire. – *Paris, Christophe Ballard, 1708.* – P.   [B 3893
F Pc

— *ib., auteur, Foucaut, Vve Ballard, 1709.*
[B 3894
F Pa, Pc (3 Ex.), Pn (3 Ex.)

— *ib., Foucaut, 1709.*   [B 3895
I MOe

— *Amsterdam, Pierre Mortier.*   [B 3896
F Pthibault

IX<sup>e</sup> Recueil d'airs nouveaux sérieux et à boire. – *Paris, auteur, Foucaut, Vve Ballard, 1710.* – P.   [B 3897
F Pa, Pc (5 Ex.), Pn (2 Ex.)

— *Amsterdam, Pierre Mortier.*   [B 3898
A Wn – F Pthibault – US Wc

X<sup>e</sup> Recueil d'airs nouveaux sérieux et à boire. – *Paris, auteur, Foucaut, Vve Ballard, 1711.* – P.   [B 3899
F Pa, Pc (5 Ex.), Pn (2 Ex.)

— *ib., auteur, Foucaut, Vve Ballard, 1717.*
[B 3900
F Pc

— *Amsterdam, Pierre Mortier.*   [B 3901
FP thibault – US Wc

XI<sup>e</sup> Recueil d'airs nouveaux sérieux et à boire. – *Paris, auteur, Foucaut, Vve Ballard, 1712.* – P.   [B 3902
F Pc (4 Ex.), Pn (3 Ex.)

— *ib., 1716.*   [B 3903
F Pc

— *Amsterdam, Estienne Roger.*   [B 3904
F Pthibault – US Wc

XII<sup>e</sup> Recueil d'airs nouveaux sérieux et à boire. – *Paris, auteur, Foucaut, Vve Ballard, 1713.* – P.   [B 3905
F Pc (7 Ex., davon 1 Ex. unvollständig), Pn

— *Amsterdam, Estienne Roger.*   [B 3906
F Pthibault – US Wc

XIII<sup>e</sup> Recueil d'airs nouveaux sérieux et à boire. – *Paris, auteur, Foucaut, Vve Ballard, 1714.* – P.   [B 3907
B Bc – F Pc (4 Ex.), Pn

— *Amsterdam, Estienne Roger.*   [B 3908
US Wc

XIV<sup>e</sup> Recueil d'airs nouveaux sérieux et à boire. – *Paris, auteur, Foucaut, Vve Ballard, 1715.* – P.   [B 3909
B Bc – F Pc (5 Ex.), Pn

— *Amsterdam, Estienne Roger.*   [B 3910
US Wc

XVᵉ Recueil d'airs nouveaux sérieux et à boire. – *Paris, auteur, Foucaut, Vve Ballard, 1716.* – P.                    [B 3911
**B** Bc – **F** Pc (2 Ex.), Pn

— *Amsterdam, Estienne Roger.*    [B 3912
**US** Wc

XVIᵉ Recueil d'airs nouveaux sérieux et à boire. – *Paris, auteur, Foucaut, Vve Ballard, 1716.* – P.                    [B 3913
**F** Pc

— *ib., 1717.*                     [B 3914
**B** Bc – **F** Pc

— *Amsterdam, Estienne Roger.*    [B 3915
**US** Wc

XVII Recueil d'airs nouveaux sérieux et à boire. – *Paris, auteur, Foucaut, 1718.* – P.                          [B 3916
**B** Bc (ohne Datum) – **F** Pc

— *ib., 1719.*                     [B 3917
**F** Pc – **NL** DHk

— *Amsterdam, Estienne Roger.*    [B 3918
**US** Wc

XVIIIᵉ Recueil d'airs nouveaux sérieux et à boire. – *Paris, Christophe Ballard, Vve Foucaut, 1720.* – P.        [B 3919
**F** Pc (3 Ex.), Pn – **NL** DHk

XVIIIIᵉ Recueil d'airs nouveaux sérieux et à boire. – *Paris, Christophe Ballard, Boivin, 1722.* – P.            [B 3920
**F** Pc (2 Ex., davon 1 Ex. ohne Titelblatt) – **NL** DHk

— *Amsterdam, Jeanne Roger.*      [B 3921
**US** Wc

XXᵉ Recueil d'airs nouveaux sérieux et à boire. – *Paris, Christophe Ballard, Boivin, 1723.* – P.               [B 3922
**F** Pc, Pn

XXIᵉ Recueil d'airs sérieux et à boire. – *Paris, auteur, Boivin, 1725.* – P.
                                   [B 3923
**F** Pc, Pn

CANTATES

Cantates françoises (Le Prunier, La Rose, Ixion). – *Paris, auteur.*        [B 3924
**F** Dc, Pn (3 Ex.) – **I** MOe

## BOUSSET René Drouard de

Iᵉ Recueil d'airs nouveaux sérieux et à boire. – *Paris, auteur, 1731.* – P.    [B 3925
**F** Pn (2 Ex.)

IIᵉ Recueil d'airs nouveaux sérieux et à boire. – *Paris, auteur, 1731.* – P.    [B 3926
**F** Pn (2 Ex.)

Cantates spirituelles, tirées des pseaumes, des histoires les plus intéressantes de l'Ecriture Sainte et autres sujets pieux, à voix seule avec symphonie et sans symphonie. – *Paris, auteur, Vve Boivin, Le Clerc (gravé par Baillieux le jeune), (1735).* – P.                  [B 3927
**F** Pc, Pn

IIᵉ Recueil de cantates spirituelles, tirées des histoires les plus intéressantes de l'Ancien Testament, à voix seule et à deux voix avec simphonie et sans simphonie. – *Paris, auteur, 1740.* – P.
                                   [B 3928
**F** Pn

Iᵉʳᵉ Ode de Mʳ. Rousseau, tirée du pseaume XIV, en forme de dialogue à deux voix égalles avec la basse continue. – *Paris, auteur, Boivin, Le Clerc, André de La Guette, 1740.* – P.        [B 3929
**F** Pc (3 Ex.), Pn (2 Ex.)

IIᵉᵐᵉ Ode de Mʳ. Rousseau, tirée du pseaume XVIII à deux voix, dessus et basse chantante avec la basse continue. – *Paris, auteur, Boivin, Le Clerc, André de La Guette, 1740.* – P.        [B 3930
**F** Pc (2 Ex.), Pn

IIIᵉᵐᵉ Ode de Mʳ. Rousseau, tirée du pseaume XLV à deux voix égales, dessus et basse chantante avec la basse continue. – *Paris, auteur, Boivin, Le Clerc, 1741.* – P.               [B 3931
**F** Pc (2 Ex.), Pn

Quatrième Ode de Mʳ. Rousseau, tirée du pseaume XLVII à voix seule avec la basse continue. – *Paris, auteur, Boivin, Le Clerc, 1742.* – P.                  [B 3932
**F** Pc (3 Ex.), Pn

Vᵉ Ode de Mʳ. Rousseau, tirée du pseaume XLVIII à voix seule avec la basse

continue. – *Paris, auteur, Boivin, Le Clerc, 1742.* – P.                    [B 3933
**F Pc** (2 Ex.), **Pn**

VI^eme Ode de M^r. Rousseau, tirée du pseaume XCVI à voix seule et simphonie avec la basse continue. – *Paris, auteur, Boivin, Le Clerc, 1743.* – P.        [B 3934
**F Pc** (3 Ex., davon 1 Ex. ohne Titelblatt), **Pn**

VII^e Ode de M^r. Rousseau, tirée du pseaume CXIX^eme à voix seule et basse continue. – *Paris, auteur, Boivin, Le Clerc, 1744.* – P.        [B 3935
**F Pc** (2 Ex.), **Pn**

VIII^me Ode de M^r. Rousseau, tirée du pseaume CXLV^e à voix seule et basse continue. – *Paris, auteur, Boivin, Le Clerc, 1744.* – P.        [B 3936
**F Pc** (2 Ex.), **Pn**

[6] Concertos [C, C, C, c, C, C,] en trios pour les vieles et musettes, qui se peuvent jouer sur les flûtes traversières et à-bec, hautbois et violon . . . 1^er œuvre. – *Paris, auteur, 1736.* – St.        [B 3937
**GB Lbm**

## BOUTARD

La Récréation espagnole, ou l'Amusement des dames. – *Paris, Bignon (gravé par Beaublé).* – P.        [B 3938
**F A**

## BOUTMONT F.

A new collection of favorite country dances for the violin and german flute. – *London, George Smart.*        [B 3939
**GB Gm**

The Princess Royal's minuet . . . with an explanation of all the steps, and its proper figures. – *[London], Babb.*        [B 3940
**GB Lbm, P**

## BOUTMY Charles Joseph Judocus

Premier livre de pièces de clavecin. – *Paris, Vve Boivin, Le Clerc, 1738.*
        [B 3941
**F Pc, Pn – US Wc**

Second livre de pièces de clavecin contenant six suittes. – *Paris, auteur, Vve Boivin, Le Clerc (gravées par Mme Leclair).*
        [B 3942
**F Pa**

Troisième livre de pièces de clavecin. – – *Bruxelles, auteur, J. J. Boucherie.*
        [B 3943
**US AA**

## BOUTMY Guillaume

Sei sonate [F, D, g, A, C, B] per il cembalo. – *Bruxelles, J. J. Boucherie, van den Berghen; Lüttich, Benoit Andrez, J. F. Bassompiere.*        [B 3944
**D-brd Rtt** (2 Ex.) – **B Bc**

## BOUTMY Jean Baptiste Joseph

Six concertos pour le clavecin, avec l'accompagnement de deux violons, alto viola, et violoncello, les deux parties de hautbois, et cors de chasse ad libitum. – *Amsterdam, S. Markordt.* – St.        [B 3945
**GB Lbm**

Six divertissemens [G, F, C, A, B, D] pour le clavecin avec l'accompagnement d'un violon, ad libitum. – *Den Haag, Burchard Hummel; Amsterdam, Johann Julius Hummel.* – St.        [B 3946
**D-ddr Bds** (clav), **Dlb** (kpl.: clav, vl) – **NL DHgm**

## BOUTROY Zosime

Simphonie à deux violons, alto, basse, deux hautbois et deux cors. – *Paris, auteur.* – St.        [B 3947
**F Pn** (kpl.: 8 St.)

Sonates en pièces de clavecin avec accompagnement d'un violon et d'une basse ad libitum. – *Paris, aux adresses ordinaires (gravé par Labassée).*        [B 3948
**F Pc** (clav)

Six duos agréables et faciles pour un violon et un violoncelle. – *Paris, auteur.* – St.        [B 3949
**F Pn** (vl, b)

## BOUTRY Innocent

Missa quatuor vocum ad imitationem moduli Speciosa facta es. – *Paris, Robert Ballard, 1661.*                    [B 3950
F Pc (keine weiteren Angaben)

## BOUVARD François

OPERN

Cassandre (Bouvard und Bertin, Thomas de la Doué)

Cassandre. Tragédie en musique représentée pour la première fois par l'Académie royale de musique le mardy vingt-deuxième juin 1706. – *Paris, Christophe Ballard, 1706.* – P.          [B 3951
SD
F B, Pa, Pc (2 Ex.), Pn (2 Ex.), Po – GB Lbm (ohne Titelblatt) – I MOe – US BE

Médus

Médus, roy des Mèdes. Tragédie . . . représentée par l'Académie royale de musique, le vingt-troisième jour de juillet 1702. – *Paris, Christophe Ballard, 1702.* – P.                                        [B 3952
F BO, Pa, Pc, Po, V – US BE, Wc

KANTATEN

L'Amour aveuglé par la folie. Cantate à voix seule avec accompagnement de violons et la basse-continue. – *Paris, Jean Baptiste Christophe Ballard, 1728.* – P.                                              [B 3953
B Bc – F Pn

Les Amants heureux et malheureux. Nouvelles cantates à voix seules avec symphonies [mit Buttier fils]. – *Paris, Jean Baptiste Christophe Ballard, 1728.* – P.
SD                                              [B 3954
F Pn

Enigme. Cantate à voix seule avec accompagnement de violon, flûte et la basse-continue. – *Paris, Bayard.* – P.
                                                [B 3955
F Pn

L'Epoux indifférent. Cantate à voix seule avec accompagnement de violon ou flûte et la basse-continue. – *Paris, Boivin.* – P.
                                                [B 3956
F Pn

La Feste de Cloris. Cantate à voix seule, avec accompagnement de violon, de flûte, de hautbois, de basson et la basse-continue, et un air italien. – *Paris, Mme Boivin (gravé par L. Hue).* – P.    [B 3957
GB Lbm

Léandre et Héro. Nouvelle cantate à voix seule, violoncelle et basse-continue. – *Paris, Jean Baptiste Christophe Ballard, 1729.* – P.                              [B 3958
F Pn

Le Retour de tendresse. Cantate à voix seule avec accompagnement de violons et basse-continue. – *Paris, Jean Baptiste Christophe Ballard, 1730.* – P.       [B 3959
B Bc – F Pc (2 Ex.), Pn (2 Ex.)

— . . . nouvelle édition, revue, corrigée et augmentée. – *ib., auteur, Mme Boivin, Le Clerc, Hue, 1742.*              [B 3960
F Pc (2 Ex.), Pn

Le Temple de Bacchus. Cantate à voix seule pour une basse taille. – *Paris, Mme Boivin, Le Clerc, Mme Hue (gravé par le Sr Hue).* – P.                        [B 3961
F Pc – US Wc

SAMMLUNGEN

Les Délices de Comus. Nouveaux amusemens de table, mêlez d'airs sérieux et à boire, duo, ariettes, musettes, vaudevilles, rondes de table . . . première(-Xe) partie. – *Paris, Boivin, Le Clerc, Mme Hue, Mlle Castagnery (Mlle Hue), 1750 (–1752).*                                [B 3962
SD
A Wn – D-brd F (première partie) – GB Lbm

Recueil d'airs sérieux et à boire, meslez de symphonies, contenant duo, brunetes, vaudevilles, rondes de table et air italien, livre I. – *Paris, Jean Baptiste Christophe Ballard (1730).* – P.       [B 3963
F Pc

IIIe Recueil d'airs sérieux et à boire à une et deux voix mêlés d'ariettes, récits de basse, brunettes et vaudevilles, que

l'on peut exécuter sur les musettes et sur les vièles avec un air italien. – *Paris, auteur, Vve Boivin, Le Clerc, Hue (gravée par L. Hue), 1738.* – P.     [B 3964
F Pc

IV<sup>e</sup> Recueil d'airs sérieux et à boire à une et deux voix avec accompagnement de flûte et de violon et la basse-continue, brunettes, musettes, récits de basses, ariettes et vaudevilles. – *Paris, auteur, 1740.* – P.     [B 3965
F Pn

— *ib., auteur, Vve Boivin, Le Clerc, Hue, 1740.*     [B 3966
F Pthibault

V<sup>e</sup> Recueil d'airs sérieux et à boire à une et deux voix avec accompagnement de flûte et de violon et la basse-continue, brunettes, musettes, récits de basses, ariettes et vaudevilles. – *Paris, Vve Boivin, Le Clerc, Hue, 1741.* – P.     [B 3967
F Pthibault

VI<sup>e</sup> Recueil d'airs sérieux et à boire à une, et deux voix ... avec accompagnement de flûte, ou violon, et la basse-continue. – *Paris, Mme Boivin, Le Clerc, Hue, 1742.* – P.     [B 3968
GB Lbm

VII<sup>e</sup> Recueil de cantatille, d'airs sérieux et à boire à I. II. et III. voix mêlés d'accompagnement de flûte et de musette, avec la basse-continue, ariettes, brunettes, récits de basses, ronde de table, vaudevilles et chansons à danser. – *Paris, Mme Boivin, Le Clerc, Mlle Hue, 1743.* – P.     [B 3969
F Pa

IX<sup>e</sup> Recueil d'airs sérieux et à boire. – *Paris, Mme Boivin, 1749.* – P.     [B 3970
B Bc

EINZELGESÄNGE

Ah! qui peut exprimer les mots. Air à boire (in: Mercure de France, nov., 1741). – *[Paris], s. n., (1741).*     [B 3971
GB Lbm

Aimable Babet, en ce jour. Air sérieux (in: Mercure de France, déc., 1742). – *[Paris], s. n., (1742).*     [B 3972
GB Lbm

A l'amitié Corine donne. Air sérieux (in: Mercure de France, déc., 1741). – *[Paris], s. n., (1741).*     [B 3973
GB Lbm

Amis buvons et chantons tous. Duo. Ronde de table (in: Mercure de France, mars, 1741). – *[Paris], s. n., (1741).*     [B 3974
GB Lbm

Amis, le temps s'écoule. Air à boire (in: Mercure de France, mars, 1742). – *[Paris], s. n., (1742).*     [B 3975
GB Lbm

L'Amour dans ce charmant repas. Air à boire (in: Mercure de France, mars, 1740). – *[Paris], s. n., (1740).*     [B 3976
GB Lbm

L'Amour fuit la contrainte. Ariette (in: Mercure de France, oct., 1741). – *[Paris], s. n., (1741).*     [B 3977
GB Lbm

Amour, tendre amour. Air sérieux (in: Mercure de France, mai, 1743). – *[Paris], s. n., (1743).*     [B 3978
GB Lbm

A quoi bon former tant de voeux. Gavotte bacchique (in: Mercure de France, mai, 1740). – *[Paris], s. n., (1740).*     [B 3979
GB Lbm

A tous vos appas précieux. Chansonnette (in: Mercure de France, déc., 1741). – *[Paris], s. n., (1741).*     [B 3980
GB Lbm

Avant que je fusse amoureux. Air à boire (in: Mercure de France, auguste, 1740). – *[Paris], s. n., (1740).*     [B 3981
GB Lbm

Le Badinage. Ariette (in: Mercure de France, janv., 1743). – *[Paris], s. n., (1743).*     [B 3982
GB Lbm

Bannissons de notre séjour. Chanson (in: Mercure de France, juin, 1744). – *[Paris]*, *s. n.*, *(1744)*.                                    [B 3983
GB Lbm

Belle Babet, qui pourroit se défendre. Air sérieux (in: Mercure de France, nov., 1740). – *[Paris]*, *s. n.*, *(1740)*.                                    [B 3984
GB Lbm

Belle Philis, je t'aime. Air sérieux (in: Mercure de France, avril, 1742). – *[Paris]*, *s. n.*, *(1742)*.                                    [B 3985
GB Lbm

Un Berger sincère. Musette (in: Mercure de France, mai, 1740). – *[Paris]*, *s. n.*, *(1740)*.                                    [B 3986
GB Lbm

Le Buveur malade. Air à boire (in: Mercure de France, juillet, 1742). – *[Paris]*, *s. n.*, *(1742)*.                                    [B 3987
GB Lbm

C'est en vain que parmy les pots. Air (in: Mercure de France, mars, 1733). – *[Paris]*, *s. n.*, *(1733)*.                                    [B 3988
GB Lbm

Le Champenois, le Bourguignon. Air bacchique (in: Mercure de France, déc., 1732). – *[Paris]*, *s. n.*, *(1732)*.                                    [B 3989
GB Lbm

Charmante et paisible retraite. Air sérieux (in: Mercure de France, mars, 1743). – *[Paris]*, *s. n.*, *(1743)*.                                    [B 3990
GB Lbm

Cher amant, pour pleurer en ton absence. Air sérieux (in: Mercure de France, avril, 1741). – *[Paris]*, *s. n.*, *(1741)*.                                    [B 3991
GB Lbm

Comme un bon docteur ubiquiste. Air à boire (in: Mercure de France, juin, 1737), – *[Paris]*, *s. n.*, *(1737)*.                                    [B 3992
GB Lbm

Contre les traits de l'amour. Ariette (in: Mercure de France, mai, 1743). – *[Paris]*, *s. n.*, *(1743)*.                                    [B 3993
GB Lbm

Coule, bouteille incomparable. Air à boire (in: Mercure de France, janv., 1742). – *[Paris]*, *s. n.*, *(1742)*.                                    [B 3994
GB Lbm

Dans le fond d'un bocage. Musette (in: Mercure de France, sept., 1740). – *[Paris]*, *s. n.*, *(1740)*.                                    [B 3995
GB Lbm

Dans mon dépit je jurai l'autre jour. Air tendre (in: Mercure de France, sept., 1741). – *[Paris]*, *s. n.*, *(1741)*.                                    [B 3996
GB Lbm

De votre esprit la force est si puissante. Air sérieux (in: Mercure de France, janv., 1740). – *[Paris]*, *s. n.*, *(1740)*.                                    [B 3997
GB Lbm

Eh! comment ne pas me rendre. Menuet (in: Mercure de France, juin, 1744). – *[Paris]*, *s. n.*, *(1744)*.                                    [B 3998
GB Lbm

L'Eloge du vin. Air à boire (in: Mercure de France, mars, 1741). – *[Paris]*, *s. n.*, *(1741)*.                                    [B 3999
GB Lbm

En vain la fortune ennemie. Vaudeville (in: Mercure de France, oct., 1742). – *[Paris]*, *s. n.*, *(1742)*.                                    [B 4000
GB Lbm

Fanchan, l'autre jour dans ce bois. Chansonnette (in: Mercure de France, nov., 1740). – *[Paris]*, *s. n.*, *(1740)*.                                    [B 4001
GB Lbm

L'Hyver. Chanson (in: Mercure de France, févr., 1740). – *[Paris]*, *s. n.*, *(1740)*.                                    [B 4002
GB Lbm

Je fais les délices des filles. Enigme. Récit de basse (in: Mercure de France, nov., 1742). – *[Paris]*, *s. n.*, *(1742)*.                                    [B 4003
GB Lbm

Je n'ai plus le cœur de ma belle. Brunette (in: Mercure de France, oct., 1740). – *[Paris]*, *s. n.*, *(1740)*.                                    [B 4004
GB Lbm

Jeune Manon, qui n'est pas enchanté.
Chansonnette (in: Mercure de France, mai,
1740). – *[Paris]*, *s. n.*, *(1740)*.  [B 4005
GB Lbm

Livrez-vous, belle jeunesse. Chansonnette
(in: Mercure de France, juillet, 1741). –
*[Paris]*, *s. n.*, *(1741)*.               [B 4006
GB Lbm

Livrons-nous à la tendresse. Musette (in:
Mercure de France, nov., 1741). – *[Paris]*, *s. n.*, *(1741)*.          [B 4007
GB Lbm

Lucas, du cabaret sortant la panse pleine.
Air à boire (in: Mercure de France, juillet, 1741). – *[Paris]*, *s. n.*, *(1741)*.
[B 4008
GB Lbm

N'avoir pour objet que sa flâme. Vaudeville (in: Mercure de France, mars, 1743).
– *[Paris]*, *s. n.*, *(1743)*.             [B 4009
GB Lbm

Le Père Sirot. Vaudeville bacchique (in:
Mercure de France, sept., 1732). – *[Paris]*, *s. n.*, *(1732)*.            [B 4010
GB Lbm

Le Plaisir de rire. Vaudeville (in: Mercure de France, avril, 1741). – *[Paris]*,
*s. n.*, *(1741)*.                          [B 4011
GB Lbm

Que chacun de nous se livre. Gavotte (in:
Mercure de France, avril, 1734).– *[Paris]*,
*s. n.*, *(1734)*.                          [B 4012
GB Lbm

Que d'esprit, que d'attraits! Air à boire
(in: Mercure de France, févr., 1743). –
*[Paris]*, *s. n.*, *(1743)*.               [B 4013
GB Lbm

Que l'amour présente de charmes. Gavotte (in: Mercure de France, aug., 1740).
– *[Paris]*, *s. n.*, *(1740)*.             [B 4014
GB Lbm

Quels charmes près de ma bergère. Air
tendre (in: Mercure de France, oct., 1756).
– *[Paris]*, *s. n.*, *(1756)*.             [B 4015
GB Lbm

Que ta liqueur enchanteresse. Hymne à
Bacchus. Gavotte (in: Mercure de France,
oct., 1742). – *[Paris]*, *s. n.*, *(1742)*.
[B 4016
GB Lbm

Quoi! toujours des chansons! Air à boire
(in: Mercure de France, juillet, 1740). –
*[Paris]*, *s. n.*, *(1740)*.               [B 4017
GB Lbm

Le Retour d'Iris. Musette (in: Mercure de
France, avril, 1740). – *[Paris]*, *s. n.*,
*(1740)*.                                   [B 4018
GB Lbm

Le Rhûme guéri par le vin. Air à boire
(in: Mercure de France, févr., 1742). –
*[Paris]*, *s. n.*, *(1742)*.               [B 4019
GB Lbm

Le Soleil trop ardent fait languir la nature. Air sérieux (in: Mercure de France,
auguste, 1742). – *[Paris]*, *s. n.*, *(1742)*.
[B 4020
GB Lbm

Sortez de l'isle de Cythère. Chansonnette
(in: Mercure de France, juillet, 1740). –
*[Paris]*, *s. n.*, *(1740)*.               [B 4021
GB Lbm

Tendresse Bacchique. Menuet (in: Mercure de France, déc., 1742). – *[Paris]*,
*s. n.*, *(1742)*.                          [B 4022
GB Lbm

Un jour je vis une bergère. Ode anacréontique (in: Mercure de France, janv., 1733).
– *[Paris]*, *s. n.*, *(1733)*.             [B 4023
GB Lbm

Venez partager l'allégresse. Air à boire
(in: Mercure de France, sept., 1741). –
*[Paris]*, *s. n.*, *(1741)*.               [B 4024
GB Lbm

Vénus sur la molle verdure. Musette (in:
Mercure de France, sept., 1740). – *[Paris]*, *s. n.*, *(1740)*.            [B 4025
GB Lbm

Vous me quittez, charmante Ismène. Air
sérieux (in: Mercure de France, sept.,
1742). – *[Paris]*, *s. n.*, 1742.  [B 4026
GB Lbm

Vous seule régnez dans mon âme. Air à boire (in: Mercure de France, avril, 1743). – *[Paris ], s. n., (1743).*                [B 4027
GB Lbm

**BOUVARD Comte de Saint-Jean de Latran**

Premier livre de sonates à violon seul et la basse continue. – *Paris, auteur, 1723.* – P.                                        [B 4028
F Pn, TLc (fehlt Titelblatt)

**BOVICELLI Giovanni Battista**

Regole, passaggi di musica, madrigali, e motetti passeggiati. – *Milano, e redi di Francesco & Simon Tini (Venezia, Giacomo Vincenti), 1594.*                [B 4029
I Bc

**BOVIO Alfonso**

Prima (seconda, terza) parte al cantorino olivetano, nuovamente stampato, e regi-strato dalli libri chorali. – *Venezia, Capo Francesco Bodio, 1661.*                [B 4030
GB Lbm

**BOWIE John**

A collection of Strathspey reels & country dances, &c. with a bass for the violoncello or harpsichord. – *Edinburgh, Neil Stewart & Co.* – P.                [B 4031
GB DU, Gu, Lbm

— *ib., Neil Stewart & Co., for the author.*
[B 4032
C Tu – GB En, Gm, Gu (2 Ex.), P

Six favorite new tunes [for pf], four composed by John Bowie. – *Edinburgh, author.*                                        [B 4033
SD
GB P – US Pu

— *London-Edinburgh, Corri, Dussek & Co.*                                            [B 4034
SD
GB En

Four new tunes [for pf] . . . with the addition of the old sett of the Braes of Marr. – *Edinburgh, author.*                [B 4035
GB DU, En, P

**BOWMAN Henry**

Songs for 1. 2. & 3. voices [= Titelblatt] . . . to the thorowbass, with some short symphonies [= 2. Titel]. – *Oxford, s. n., (1677) [= Titelblatt ], Thomas Bowman, 1678 [= 2. Titel ].* – P.        [B 4036
EIRE Dm – F Pthibault (ohne Impressum) – GB Bu, Gm, Lbm (unvollständig), Ob, Och (unvollständig) – US NH, Wc

— . . . the second edition, corrected and amended. – *ib., Richard Davis, 1679.*
[B 4037
GB Ge, Lcm – US LAuc, Ws

**BOWMAN Thomas**

VOKALMUSIK

Vocal Harmony. A collection of new songs. – *London, Robert Thompson.*
[B 4038
GB Lbm, Lgc

A collection of English odes, cantatas, songs. – *London, William Smith.*  [B 4039
GB Lbm, Lam

Two cantatas and eight English songs . . . the whole are proper lessons for the german flute. – *London, John Tyther.*
[B 4040
GB Ckc

Charming Delia [Song]. – *s. l., s. n.*  [B 4041
GB Lbm

The Ladys petition in choice of a husband. A new song. – *s. l., s. n.*    [B 4042
GB CDp, Ge

Of ev'ry sweet that glads the spring. A song. – *s. l., s. n.*                [B 4043
GB Ge

Pearly tear by nature shed. The so much admired musette and minuet. – *s. l., s. n.*                                          [B 4044
GB Lbm – US Cu

— ... (in: Gentleman's Magazine, Vol. XXIV). – *[London], s. n., (1754).*
[B 4045
**GB** Lbm

The Toper [Song]. – *s. l., s. n.*    [B 4046
**GB** Ep, Ge

INSTRUMENTALWERKE

Six sonatas for two violins and a violoncello with a thorough bass for the harpsichord. – *London, Henry Waylett, for the author, 1757.* – St.    [B 4047
**GB** Lbm – **US** Wc

## BOYCE William

GEISTLICHE VOKALMUSIK

Burial service in the key of E with the lesser third (= No. 64 of Page's "Harmonia Sacra"). – *s. l., s. n.*    [B 4048
**GB** Lbm, Ouf – **US** CA

A collection of anthems and a short service in score, for 1, 2, 3, 4, 5 and 8 voices. – *London, the author's widow, 1790.* – P.
[B 4049
**D-brd** B, Hs – **DK** Kk – **EIRE** Dcc – **F** Pc – **GB** BRp, Cjc, Ckc, Cu, Lam, Lbm, Lcm, Lgc, LEbc, Mp, Ob, R, T, WB – **US** AA, Cn, CLp, Pu, R, Wc (2 Ex.), WC

Fifteen anthems, together with a Te Deum, and Jubilate, in score for 1, 2, 3, 4, & 5 voices. – *London, the author's widow and family (T. Bennett), 1780.* – P.
[B 4050
✓ **C** Qu – **D-brd** MÜs – **DK** Kk – **F** Pc – **GB** BRp, Cfm, Ckc, Ctc, Cu, GL, Lam, Lbm (2 Ex.), Lcm, Lgc, Lu, LEbc, Ob, Omc, Onc (4 Ex.), R, RO, T, WC (4 Ex.), WO – **US** BE, Bu, NH, NYp, Pu, R, Wc, WC

Anthem (Blessed is he that considereth the poor). – *London, Bland & Wellers, 1802.* – P.    [B 4051
**D-brd** Hs

Anthem (Lord thou hast been our refuge). – *London, Bland & Wellers, 1802.* – P.
[B 4052
**D-brd** Hs

Solo anthem [Ps. 145] in the key of (F) with the greater third. – *s. l., s. n.*
[B 4053
**US** PHci

WELTLICHE VOKALMUSIK

The chaplet

The Chaplet. A musical entertainment, as it is perform'd at the Theatre-Royal in Drury Lane. – *London, John Walsh.* – P.
[B 4054
✓**C** Mm, Vu – **D-brd** Hs (2 Ex.) – **DK** Kk – **GB** ✓ Bp, Bu, Ckc (2 Ex.), Cpl, Cu, Lam, Lbm (4 Ex., 2 verschiedene Ausgaben), Lcm, Lco, Lgc, Mp, Ob, T – **S** Ssr – **US** Bh, Bp, BE, BLus, Cn, CA, NH, NYp (2 Ex., davon 1 Ex. unvollständig), Pu, R, Wc, Ws, WGw

— ... for the voice, harpsichord, and violin. – *ib., Harrison & Co., No. 7.* – P.
[B 4055
✓**C** L – **D-brd** Hs – **D-ddr** LEm – **S** Skma – **US** ✓ Bp, BE, Wc

— ... composed ... for the german flute. – *ib., s. No.*    [B 4056
**GB** Gm – **NZ** Wt

Boast not mistaken swain. A song (in: The Lady's Magazine, Aug., 1782, Feb., 1797). – *[London], s. n., (1782, 1797).*
[B 4057
**GB** Lbm (2 Ex.)

Contented all day [Song]. – *s. l., s. n.*
[B 4058
**GB** Lbm

Push about the brisk bowl. A drinking song. – *s. l., s. n.*    [B 4059
**GB** Lbm

Harlequin's invasion, or A Christmas gambol (Boyce, M. Arne und Aylward) Come cheer up my lads. – *s. l., s. n.*
[B 4060
**GB** En, Lbm (3 verschiedene Ausgaben) – **S** Skma – **US** Cu

— ... (in: Royal Magazine, vol. II). – *[London], s. n., (1760).*    [B 4061
**GB** Lbm

— ... (in: The Universal Magazine, vol. XXVI). – *[London], s. n., (1760).*
[B 4062
**GB** Lbm

— ... for the harpsichord or guitar. – *London, Longman, Lukey & Broderip.*
[B 4063
**GB** Cpl – **US** Wc

— ... The hardy tars of Old England, or The true hearts of oak. – *[London], Longman & Broderip.*
[B 4064
**GB** Lbm

Thrice happy the nations that Shakespear has charm'd [Song]. – *[London], William Randall.*
[B 4065
**GB** Lbm

— *[London], P. Hodgson.*
[B 4066
**GB** CDp (2 Ex.), Lbm

The secular masque

With horns and with hounds. The song of Diana, in Mr. Dryden's Secular Masque. – *s. l., s. n.*
[B 4067
**GB** Lbm – **S** Skma – **US** Cu, Pu (2 verschiedene Ausgaben), Ws (2 verschiedene Ausgaben)

— *[London], S. Phillips.*
[B 4068
**US** Ws

— ... (in: Hunting songs, a choice collection ..., book I). – *ib., Charles & Samuel Thompson.*
[B 4069
**GB** Lbm

— *Dublin, Elizabeth Rhames.*
[B 4070
**EIRE** Dn

The shepherd's lottery

The Shepherd's Lottery. A musical entertainment, as it is performed at the Theatre-Royal in Drury Lane. – *London, John Walsh (1745).* – P.
[B 4071
**B** Bc – **F** Pc – **GB** Ckc (2 Ex.), Ge, Lam (3 Ex.), Lbm, Lcm, Lco, Mp, T – **US** Bh, Bp, Cu, CA, NYp, Wc

— ... composed ... for the german flute. – *ib., Harrison & Co.*
[B 4072
**NZ** Wt

To dear Amaryllis [Song] (in: London Magazine, 1752, und The Lady's Magazine, June, 1798). – *[London], s. n., (1752, 1798).*
[B 4073
**GB** Lbm (2 Ex.)

Solomon

Solomon. A serenata, taken from the Canticles. – *London, John Walsh, for the author, 1743.* – P.
[B 4074
✓**C** E – **D-brd** Mbs – **F** Pc – **GB** Bp, Bu, Ckc (2 Ex.), Cpl, Ep, Ge (2 Ex.), H, Lam (3 Ex.), Lbm, Lcm (2 Ex.), Ltc, LVp, Mp (2 Ex.), T – **NL** Uim – **US** Bc, BE, Cn, R, U, Wc, Ws

— ... A serenata, in score, taken from the Canticles. – *ib., John Walsh.*
[B 4075
**B** Bc – **D-brd** Hs – **GB** Bp, Cfm, Lcm, Ooc, Ouf – **S** Uu

— ... A serenata in score. – *ib., H. Wright.*
[B 4076
**D-brd** Hs – **GB** Lbm – **US** Bp, R

— ... for the voice, harpsichord, and violin; with the chorusses in score. – *ib., Harrison & Co., No. 64(–66).* – P.
[B 4077
**B** Bc – **D-brd** Hs – **I** Rsc – **NZ** Ap – **S** Uu – **US** Bp, CA, MSu, NH, Wc

— ... composed ... for the harpsichord or piano forte. – *ib., Harrison, Cluse & Co., No. 206(–208).* – KLA.
[B 4078
**D-brd** Mbs

Balmy sweetness ever flowing. – *s. l., s. n.*
[B 4079
**GB** Ckc (2 verschiedene Ausgaben), Lbm (2 verschiedene Ausgaben), Ob, T

The chearful spring begins to-day. A song. – *s. l., s. n.*
[B 4080
**GB** Er, Lbm, Lcm, Ob

Fair and comely is my love. – *s. l., s. n.*
[B 4081
**GB** Lbm (2 verschiedene Ausgaben), Mp (2 verschiedene Ausgaben), Ob, T

Fairest of the virgin throng. – *s. l., s. n.*
[B 4082
**GB** Lbm (2 verschiedene Ausgaben), Mp, Ob

397

On his face the vernal rose. – *s. l., s. n.*
[B 4083
**GB** T – **US** Ws

— ... (in: The Lady's Magazine, Feb.,
1789). – *[London], s. n. (1789).* [B 4084
**GB** Lbm

Softly rise, o southern breeze. A favourite
song and chorus. – *London, Wright & Co.*
[B 4085
**GB** Lcm – **US** Wc, Wsc

— *ib., H. Wright.* [B 4086
**GB** Lbm – **US** PHu

— *ib., Longman & Broderip.* [B 4087
**GB** Cu

— *ib., F. Linley.* [B 4088
**GB** Lbm

— *ib., Goulding, Phipps & D'Almaine.*
[B 4089
**US** Ws

— *ib., George Walker.* [B 4090
**F** Pc

— ... arranged with an accompaniment
for the piano forte. – *ib., Preston & son.*
[B 4091
**D-brd** Hs

Sweet is the breath of morn. A favorite
duet. – *London, George Walker.* – P.
[B 4092
**F** Pc (2 Ex.)

Tell me, lovely shepherd, where. – *s. l.,
s. n.* [B 4093
**GB** CDp, EL, Ge, Lbm (3 Ex., 2 verschiedene
Ausgaben), Mp – **US** Pu, Ws

— *London, Robert Falkener.* [B 4094
**US** U

— *ib., Thomas Skillern.* [B 4095
**GB** Lbm – **US** Pu

Thou soft invader of my soul. A favorite
duet. – *[London], H. Wright.* – P.
[B 4096
**GB** Lam – **I** Rsc

Together let us range the fields. Duet. –
*s. l., s. n.* [B 4097
**GB** Lcm

— ... a favorite duett. – *London, John
Bland.* [B 4098
**GB** Lbm – **EIRE** Dam – **US** R

— *ib., Bland & Weller.* [B 4099
**GB** Lbm

— *ib., J. Longman.* [B 4100
**I** Nc

— *ib., George Walker.* [B 4101
**D-brd** Hs – **F** Pc

— *London-Edinburgh, Corri, Dussek &
Co.* [B 4102
**GB** Lbm

— *Dublin, Hime.* [B 4103
**GB** Lbm – **US** Bu

— *ib., Benjamin Cooke.* [B 4104
**US** PL

Who is thy love. A song. – *s. l., s. n.*
[B 4105
**GB** CDp, Ge, Lbm, Ob

Ye blooming virgins. A song. – *s. l., s. n.*
[B 4106
**GB** CDp, Ge, Lbm (2 verschiedene Ausgaben),
Ob

Oden

An ode perform'd in the Senate-House at
Cambridge on the first of July, 1749, at
the installation of ... the Duke of Newcastle, Chancellor of the University ... to
which is added an anthem, perform'd y^e
following day [book I, 67 p.; book II,
70 p.]. – *s. l., s. n., (1749).* – P. [B 4107
**D-brd** B – **GB** Cfm, Ckc (2 Ex.), Cpl, Cu, DRc,
Gm, Lam (2 Ex.), Lbm, Lcm (2 Ex.), Lco, Ob,
Ouf, T – **US** BLus, Wc (II)

— Ode performed in the Senate-House
at Cambridge. – *Cambridge, J. Bentham,
1749.* [B 4108
**US** I (8 p.)

Here shall soft charity. Duetto from Joseph Craddock, Esq^rs ode for the Leicester
infirmary. – *London, Bland & Weller.*
[B 4109
**D-brd** Hs (2 Ex., 2. Ex. ohne Impressum)

— *ib., G. Walker.* [B 4110
**I** Rsc

— ... a favorite duett ... arranged for the piano forte. – *ib., Bland & Weller.* [B 4111
US PHci

Lieder (Sammlungen und Einzelgesänge)

Lyra Britannica: [book 1–6 (mit unterschiedlichen Titeln)] being a collection of songs, duets and cantatas, on various subjects. – *London, John Walsh.* – P. [B 4112
A Wgm (4, 2 Ex.) – **D-brd** Hs (1, 2) – **GB** [alle Sammlungen unvollständig:] Ckc, Cu, Gm (2 Ex.), Lam, Lbm, Lco, Lgc, Mp, Ouf, T – US Cn, CA, NH (3), NYp, Wc, Ws (kpl., 5 [2 Ex.]), Wsc (4[unvollständig])

— ... a collection of English songs and cantatas ... for the voice, harpsichord, and violin. – *ib., Harrison & Co.* [B 4113
**D-brd** Hs – US Ws

— ... being a collection of songs on various subjects ... for the german flute. – *ib.* [B 4114
**GB** Gm, Lbm, Lcm

Again to the garden. A new ballad. – *[London], s. n., (1756).* [B 4115
**GB** Lbm

Bid me when forty winters more. Song (aus: Lyra Britannica, 5). – *s. l., s. n.* [B 4116
**GB** Lbm

Castalio's complaint [Song]. – *s. l., s. n.* [B 4117
**GB** Gm

Cease vainglorious swain [Song]. – *s. l., s. n.* [B 4118
**GB** Lbm

Come all ye young lovers. A new favourite song. – *[London], John Simpson.* [B 4119
**D-brd** KA – **GB** Lbm (2 Ex.), T

— ... (in: The London Magazine, 1747). – *[London], s. n., (1747).* [B 4120
**GB** Lbm

— *s. l., s. n.* [B 4121
**GB** Lbm

Come mortals, come, come follow me. A song. – *s. l., s. n.* [B 4122
**GB** LEc

The distracted lover [Song]. – *s. l., s. n.* [B 4123
**GB** Ckc, Lbm

Fair Silvia [Song]. – *s. l., s. n.* [B 4124
**GB** Lbm

— *[London], Daniel Wright jun.* [B 4125
US Ws

Goddess of ease, leave Lethe's brink. Idleness. – *s. l., s. n.* [B 4126
**GB** Lbm (2 verschiedene Ausgaben), Ob – US Cu

— ... (in: The London Magazine, 1748). – *[London], s. n., (1748).* [B 4127
**GB** Lbm

— Idleness. A song (in: The Gentleman's Magazine, vol. XV). – *[London], s. n., (1745).* [B 4128
**GB** Ep, Lbm

Heart of oak. – *London, George Walker.* [B 4129
S Ssr

— Bear a hand jolly tars. Keppel's Triumph [Song, to the tune of "Heart of Oak"]. – *s. l., s. n.* [B 4130
**GB** Lbm

The Herefordshire winter [Song]. – *s. l., s. n.* [B 4131
**GB** Lbm

How blest has my time been. Mr. Boyce's 2^d tune to Jessy. – *[London], John Walsh.* [B 4132
**GB** Ge, Lbm – US Ws

— *s. l., s. n.* [B 4133
US Wc

If you my wand'ring heart wou'd find. The constant lover. A new song. – *s. l., s. n.* [B 4134
**GB** Lbm (2 Ex.) – US Ws

— ... [Song] (in: The London Magazine, 1746). – *[London], s. n., (1746).* [B 4135
**GB** Ge, Lbm

— . . . (in: The Universal Magazine, vol. XI). – *[London]*, *s. n., (1752)*. [B 4136
**GB** Lbm

In vain Philander at my feet. Song. – *s. l., s. n.* [B 4137
**GB** [zwei verschiedene Ausgaben:] CDp, Lbm, Ob

— . . . (in: The Universal Magazine, vol. IX). – *[London]*, *s. n., (1751)*. [B 4138
**GB** Lbm

The Invocation to Neptune (written extempore at Calais) requesting him to grant a favourable passage, to a great lady, returning to England. – *s. l., s. n.* [B 4139
**GB** Lbm – **US** Ws

Lady Harriote [Song] (in: The Gentleman's Magazine, vol. XXV). – *[London]*, *s. n., (1755)*. [B 4140
**GB** Lbm

The Lord my pasture shall prepare. A pastoral hymn . . . for two voices (in: Christian's Magazine, May, 1760). – *[London]*, *s. n., (1760)*. [B 4141
**GB** Lbm

The modest petition [Song]. – *s. l., s. n.* [B 4142
**GB** Ge, Lbm – **US** Ws

To Nancy: persuading him to visit Cliften-Wells [Song]. – *s. l., s. n.* [B 4143
**GB** Lbm

Of all the torments, all the care. A song. – *s. l., s. n.* [B 4144
**GB** Lbm

On a bank beside a willow [Song]. – *s. l., s. n.* [B 4145
**GB** Lbm – **US** Ws

O nightingale, that on yon bloomy spray. Sonnet by Milton. – *s. l., s. n.* [B 4146
**GB** Lbm, LEc – **US** Ws

Orpheus and Euridice [Song, the words imitated from the Spanish by S. Lisle]. – *s. l., s. n.* [B 4147
**GB** CDp, Ge, Lbm, Ob – **US** Ws

Palaemon and Pastora. A new song (in: Royal Magazine, vol. XII). – *[London]*, *s. n., (1765)*. [B 4148
**GB** Lbm

Phyllis [Song] (in: Universal Visiter and Monthly Memorialist, June, 1756). – *[London]*, *s. n., (1756)*. [B 4149
**GB** Lbm

The pleasures of yᵉ spring gardens, Vauxhall [Song]. – *s. l., s. n.* [B 4150
**GB** [3 verschiedene Ausgaben:] Cfm, Ge, Lbm (2 Ex.), Mch, Ob

The Protestation [Song]. – *s. l., s. n.* [B 4151
**GB** Lbm (2 verschiedene Ausgaben)

— . . . (in: The London Magazine, 1744). – *[London]*, *s. n., (1744)*. [B 4152
**GB** Lbm

— *London, John Simpson*. [B 4153
**GB** Lbm

Rail no more ye learned. Bacchanalian advice. – *London, H. Fougt*. [B 4154
**S** Skma, Sk

— Rail no more &c. [Song]. – *s. l., s. n.* [B 4155
**GB** Cfm

Saw you Phaebe pass this way. A song (in: Universal Visiter and Monthly Memorialist, Aug., 1756). – *[London]*, *s. n., (1756)*. [B 4156
**GB** Lbm

'Tis on earth (in: The Ladies Companion). – *London, John Bland*. [B 4157
**US** Pu

Tho' Chloe's out of fashion. The Nonpareil. A new song (in: London Magazine, 1749). – *[London]*, *s. n., (1749)*. [B 4158
**GB** Lbm

— *s. l., s. n.* [B 4159
**GB** A, Lbm, Mp

Tho' Chloe's out of fashion [different song]. – *[London]*, *John Walsh*. [B 4160
**GB** Lbm

— *s. l., s. n.* [B 4161
**GB** Ge, Lbm – **US** Ws

— ... (in: The Universal Magazine, vol. V). – *[London]*, *s. n.*, *(1749)*.    [B 4162
GB Lbm

Venus, to sooth my heart to love [Song].
– *s. l.*, *s. n.*    [B 4163
GB Lbm (2 Ex.)

When Fanny, blooming fair. The ravish'd lover [Song], set for the german flute. –
*s. l.*, *s. n.*    [B 4164
GB [4 verschiedene Ausgaben:] Ge, Gm, Lbm (3 Ex.), Ob – EIRE Dn

When Orpheus went down to the regions below. An answer to Orpheus and Euridice [Song]. – *s. l.*, *s. n.*    [B 4165
GB [3 verschiedene Ausgaben:] CDp, Er, Ge, Lbm (2 Ex.), Ob – EIRE Dn

When young and artless as the lamb. The Patriot Fair: A song (in: Gentleman's Magazine, vol. XXIV). – *[London]*, *s. n.*, *(1754)*.    [B 4166
GB Lbm

— ... (in: The Lady's Magazine, 1782, supplement). – *[London]*, *s. n.*, *(1782)*.    [B 4167
GB Lbm

Young Phillis one morning [Song]. – *s. l.*, *s. n.*    [B 4168
GB Lbm

— ... a new song (in: Lady's Magazine, vol. V). – *[London]*, *s. n.*, *(1763)*.    [B 4169
GB Lbm

— ... (in: Royal Magazine, vol. IX). – *[London]*, *s. n.*, *(1763)*.    [B 4170
GB Lbm

— ... (in: Universal Magazine, vol. XXXV). – *[London]*, *s. n.*, *(1764)*.    [B 4171
GB Lbm

INSTRUMENTALWERKE

Eight symphonys in eight parts, six for violins, hoboys, or german flutes, and two for violins, french horns and trumpets, with a bass for the violoncello and harp-

sicord ... opera seconda. – *London, John Walsh*. – St.    [B 4172
GB Cfm (kpl.: 10 St.), Lam, Lbm (3 Ex.), Lcm, Ouf (unvollständig) – S Skma (vl I, vla, ob II) – US AA (fehlen cor I, cor II, tr I, tr II), CHua (fehlen cor I, cor II, timp), Pu (vl I, vl II, ob I, ob II, b), Cu

Twelve overtures in seven, nine, ten, and twelve parts; for violins, hautboys, flutes, horns, trumpets, and drums, a tenor, violoncello or bassoon, and a figured bass for the harpsichord. – *London, s. n., 1770*. – St.    [B 4173
GB Lbm (unvollständig, fehlen fl I, fl II, tr II), Mp (unvollständig)

Twelve sonatas [a, F, A, g, D, B, d, Es, C, e, c, G] for two violins with a bass for the violoncello or harpsicord. – *London, John Walsh, for the author, 1747*. – St.    [B 4174
B Bc – D-brd B – F Pc, Pn – GB Ckc, Cpc, Cpl, Cu (2 Ex.), CDp, Lam (3 Ex.), Lbm, Lcm, Lwa, Mp, Ob, Ooc, T – I Nc, Rsc – US AA, Bp, Cn, CHua, LAuc, NH, NYp, R

— *ib.*, *s. d.*    [B 4175
GB Cfm, Ckc, Lbm, Lcm – US BE, Cu (fehlt vl I), R, Wc, WGw

Ten voluntaries for the organ or harpsichord. – *London, Samuel, Anne & Peter Thompson*.    [B 4176
GB BRp, Lbm, Mp, T – US IO

## BOYD Henry

A select collection of psalm and hymn tunes, adapted to a great variety of measures, to which is prefixed an introduction to the art of singing. – *Glasgow-Edinburgh, s. n., 1793*.    [B 4177
GB Gm, Gu, Lbm – US Bco

— *Glasgow, Mc Fayden's musical circulating library*.    [B 4178
GB DU, Lbm

— *Glasgow, s. n.*    [B 4179
GB Ep, Gu

## BOYER

Les Étrennes de l'Amour, Comédie-ballet en un acte, représentée, pour la première

fois par les Comédiens français ordinaires du Roi, le 1 janvier 1769. – *Paris, Le Jay, 1769.* [B 4180
**CH** Zz – **F** Pc

## BOYER Jean

Airs à quatre parties. – *Paris, Pierre Ballard, 1619.* – St. [B 4181
**F** Pc (kpl.: dessus, taille, haute-contre, basse contre)

Airs . . . mis en tablature de luth par luy mesme. – *Paris, Pierre Ballard, 1621.* – P. [B 4182
**F** C, Pc – **NL** DHgm

Recueil de chansons à boire et dancer [livre I, pour 1 ou 2 v]. – *Paris, Pierre Ballard, 1636.* [B 4183
**F** Pc, Pn (unvollständig) – **I** Lg – **S** N

II. Livre des chansons à danser et à boire [pour 1 ou 2 v]. – *Paris, Robert Ballard, 1642.* [B 4184
**B** Br – **F** Pc, Pn (4 Ex., davon 1 Ex. unvollständig) – **S** N

## BOYLEAU Simon

Motetta quatuor vocum, nunquàm hactenus impressa. – *Venezia, Girolamo Scotto, 1544.* – St. [B 4185
**D-ddr** Z

Modulationes in Magnificat ad omnes tropos . . . quatuor, quinque, ac sex vocibus distinctae, addito insuper concentu, vulgo falso bordon nominato, ad omnes tonos accomodato. – *Milano, Cesare Pozzo, 1566.* – St. [B 4186
**GB** Lbm (kpl.: S, A, T, B, 5) – **I** LOce (5)

Madrigali a quatro voci. – *s. l., s. n., 1546.* – St. [B 4187
**A** Wgm (kpl.: S, A, T, B) – **D-brd** Es (T) – **GB** Lbm

Il secondo libro dei madrigali et canzoni a quattro voci. – *Milano, Francesco Moscheni & Cesare Pozzo, 1558.* – St. [B 4188
**D-brd** Mu (T)

Madri[g]ali, a IIII, V, VI, VII, & VIII voci. – *Milano, Francesco Moscheni, 1564.* – St. [B 4189
**GB** Lbm (kpl.: S, A, T, B, 5, 6, 7/8)

## BOYTON William

VOKALMUSIK

The British Sailor, or Whimsical Ladies. A comic opera . . . written by Mr. Bernard . . . opera II. – *London, Samuel, Anne & Peter Thompson.* – P. [B 4190
**GB** Bu, Lbm

Be still my hearts. A favorite song [with orchestral accompaniment]. – *London, Preston & son.* – P. [B 4191
**GB** Lbm

Diana and Hebe. A favorite hunting song. – *London, Samuel, Anne & Peter Thompson.* [B 4192
**GB** Lbm

— . . . a celebrated hunting song. – *Dublin, Hime.* [B 4193
**GB** Lbm

— Aurora bedapples the gray bending skies. The morning chase [song] . . . the music adapted from the . . . song of Diana and Hebe (in: Hibernian Magazine, Feb., 1797). – *[Dublin], s. n., (1797).* [B 4194
**GB** Lbm

INSTRUMENTALWERKE

A concerto for the harpsichord or organ with accompaniments. – *London, Longman, Lukey & Co.* [B 4195
**US** PHu (hpcd)

A second concerto for the harpsichord or organ with accompaniments. – *London, Longman, Lukey & Co.* [B 4196
**GB** Ojc (hpcd)

## BOYVIN Jacques

Premier livre d'orgue contenant les huit tons à l'usage ordinaire de l'église. – *Paris,*

*De Baussend, Le Maire; Rouen, auteur,*
*(1690).*                                     [B 4197
F BO, Pn

— *ib., Christophe Ballard (gravé par De*
*Baussen), 1700.*                            [B 4198
B Br – F Pc – GB T

Second livre d'orgue, contenant les huit
tons à l'usage ordinaire de l'église. – *Paris,*
*Christophe Ballard (gravé par De Baus-*
*sen), 1700.*                                 [B 4199
B Br – F BO, Pc, Pn

## BOŽAN Jan Jozeff

Slawiček Rágský Na Stromě Žiwota
Sláwu Tworcy Swému Prospěwugjcý To
gest: Kancyonal Anebo: Knjha Pjsebnj
. . . Od Dwogi Cti hodného Kněze [Can-
tional, 1–4st.] – *Königgrätz, Václav Ty-*
*bély, 1719. – P.*                            [B 4200
A Wn – US Cn (unvollständig)

## BOZI Didimo

Nova compieta intiera . . . a cinque voci,
con il basso continuo da cantarsi con
l'organo. – *Venezia, Ricciardo Amadino,*
*1616. – St.*                                 [B 4201
I Bc (S), Ls (kpl.: S, A, T, B, 5, org)

## BOZI Paolo

Il secondo libro de madrigali a cinque
voci. – *Venezia, Ricciardo Amadino, 1587.*
*– St.*                                       [B 4202
I VEaf (kpl.: S, A, T, B, 5)

Canzonette a tre voci. – *Venezia, Ric-*
*ciardo Amadino, 1591. – St.*                 [B 4203
D-brd Kl (kpl.: S, T, B) – I Bc (B)

Il secondo libro de madrigali a sei voci. –
*Venezia, Ricciardo Amadino, 1599. – St.*
                                             [B 4204
A Wn (B) – I VEaf (S)

## BRACHROGGE Hans

Madrigaletti a III voci, libro primo. –
*København, Henrik Waldkirch, 1619. –*
St.                                          [B 4205
SD 1619¹³

DK Kk (kpl.: canto primo, canto secondo,
basso)

## BRADE William

Newe außerlesene Paduanen, Galliarden,
Canzonen, Allmand und Coranten, so zu-
vor niemals in Truck kommen, auff allen
Musicalischen Instrumenten lieblich zu
gebrauchen. – *Hamburg, Michael Hering*
*(Philipp von Ohrs Erben), 1609. – St.*
                                             [B 4206
D-brd W (kpl.: S, A, T, B, 5) – GB Lbm (T) –
PL WRu (B, 5)

Newe außerlesene Paduanen und Galliar-
den mit 6. Stimmen, so zuvor niemals in
Druck kommen, auff allen Musicalischen
Instrumenten und insonderheit auff Fio-
len lieblich zu gebrauchen. – *Hamburg,*
*Michael Hering (Henrich Carstens), 1614.*
*– St.*                                       [B 4207
D-brd W (kpl.: S, A, T, B, 5, 6)

Newe ausserlesene liebliche Branden, Intraden, Mascharaden, Balletten, All'man-
den, Couranten, Volten . . . mit fünff
Stimmen auff allerley Musicalischen Instrumenten, insonderheit auff Fiolen zu
gebrauchen. – *Hamburg, Michael Hering*
*(Lübeck, Hans Witte), 1617. – St.*
SD 1617²⁵                                     [B 4208
D-brd W (A)

Newe lustige Volten, Couranten, Balletten, Padoanen, Galliarden, Masqueraden,
auch allerley arth Newer Frantzösischer
Täntze, mit fünff Stimmen auff allerley
Musicalischen Instrumenten zugebrauchen, zuvor niemahls in druck außgangen.
– *Berlin, Martin Guth (Georg Runge),*
*1621. – St.*                                 [B 4209
D-brd W (kpl.: S, A, T, B, 5)

## BRAETEL Ulrich

Canon (Ecce quam bonum), fuga, octo
vocum. – *Augsburg, Philipp Ulhard,*
*(1548).*                                     [B 4210
D-brd Mbs

403

## BRAIBANZI Francesco da Lonzano

Motetti, et antifone dell'anno, con instrumenti, e senza. – *Wettingen bei Baden, Monastero di Maris-Stella, 1702.* – St.
[B 4211
**D-brd** OB (contralto, vl I, vl II, vlc, org) –
**F** Pc (vl I)

Cantate da camera a canto solo . . . opera seconda. – *Bologna, Marino Silvani, 1703.* – P. [B 4212
**I** Bc (unvollständig), Rc

## BRANCHE Charles-Antoine

Premier livre de sonates [d, F, Es, g, c, A, D, E, D, A, F, h] à violon seul et basse. – *Paris, auteur, (1748).* – P. [B 4213
**F** Pn – **US** Wc

## BRANCOVIUS Simon

Musicalische Christliche Einbildung eines recht beweglichen Clag- und Trost-Gesprächs uff das früzeitige doch selige Absterben . . . Agnae Elisabethen von Breitenbauch . . . des Herrn Melchiorn von Breitenbauchs . . . hertzgeliebten gewesenen Hauszfrawen gerichtet, und bey dero adelichen Leichen Procession, so den 21. Julii Anno 1651. angestellet wurde, uff zwey Chor . . . mit 9. Stimmen componiret, und nunmehro uff Begehren neben beygefügten Basso Continuo zum Druck ausgeantwortet. – *Jena, Kaspar Freyschmied, (1651).* – St. [B 4214
**GB** Lbm (I: S, A, T, B; II: S, S, A, T, B; bc)

## BRAND Aloys Carl

Cavatina con variazione dell opera Axur Ré d'Ormus per il clavicembalo. – *Wien, Artaria & Co., No. 323.* [B 4215
**A** Wn – **CS** KRa – **D-brd** DO

— *München-Mannheim-Düsseldorf, Johann Michel Götz, No. 44.* [B 4216
**A** Wn

VI Walses pour la guitarre seule. – *Mainz, Bernhard Schott, No. 517.* [B 4217
**D-brd** Mmb

## BRANDAU Johann Georg

Psalmodia Davidis in templis Hassiacis usitata tam in duas voces quam partes dispertita. Das ist: Davids-Harffen, erster und ander Theil, in deren ersten Theil alle und jede Psalmen Davids . . . wie sie nach frantzösischer Melodey, gesetzt, in eine richtige zweystimmige partitur gebracht, und die jenige, welche sonst in einem gar zu hohen Thon befindlich, in eine fügliche und zulässige transposition geführt seynd: nebst beygefügtem andern Theil, darinnen alle Psalmen und Gesänge D. Martin Luthers und anderer frommen Christen in eben dergleichen zweystimmige partitur und transposition befindlich . . . verbessert und zum Andermahl in drucke gegeben. – *Kassel, J. Ingebrandt, 1675.* [B 4218
**GB** Lbm

— Renovata Psalmodia Davidis in templis Protestantium . . . wieder nach fleissiger Correctur verbessert zu finden. – *ib., Jost Henrich Dresser, 1702.* [B 4219
**D-brd** DS

## BRANDENSTEIN Caroline von

Clavier Sonate [D] einer Voglerischen Schülerin (aus: Voglers ,,Betrachtungen der Mannheimer Tonschule", Jg. 3, VII.–IX. Lieferung). – *s. l., s, n.* – [cemb mit vl]. [B 4220
**D-brd** HR

## BRANDES Minna

Musikalischer Nachlass [Klavierstücke, Lieder mit Klavier, Cavatina für Orchester, Duett für 2 Soprane, 2 vl und vla, Largo für Streicher und Bläser] . . . herausgegeben von Friedrich Hoenicke. – *Hamburg, Johann Henrich Herold (Gottlieb Friedrich Schniebes), 1788.* – P.
[B 4221
**A** Wn (2 Ex.) – **B** Bc – **D-ddr** Bds, HAu, LEm – **H** Bn

## BRANDI Gaetano

Six trios [D, G, C, D, B, Es] for two german flutes and a violoncello . . . op. IV. –

London, Longman & Broderip, John Fentum, for the author. – St.        [B 4222
D-brd B

Six sonatas for the german flute & bass. –
London, John Fentum. – P.        [B 4223
GB Lbm

Twenty-four Italian & English airs adapted for two german flutes. – London, Preston & son. – P.        [B 4224
GB Ckc

# BRANDL Johann

## OPERN UND MONODRAMEN

### Hanthild, das Mädchen aus Valbella

Ouverture zur Oper Hanthild, das Mädchen aus Valbella, für 2 Violinen, Bratsche, Baß, 2 Flöten, 2 Oboen, 2 Clarinetten, 2 Fagotte, 2 Hörner, 3 Posaunen, Trompeten und Pauken . . . 50tes Werk. – Offenbach, Johann André, No. 4348. – St.        [B 4225
A Wgm – CH E

### Hero

Hero. Monodrama mit Chören, gedichtet von Alois Schreiber, in Musik gesezt, und fürs Klavier eingerichtet . . . opus 57. – Karlsruhe, Johann Velten.        [B 4226
A Wgm – D-brd DO

### Der Triumph des Vaterherzens

Ouverture zur Oper Der Triumph des Vaterherzens, für 2 Violinen, Bratsche, Bass, 2 Flöten, 2 Oboen, 2 Clarinetten, 2 Fagotte, 2 Hörner, Trompeten und Pauken . . . 51tes Werk. – Offenbach, Johann André, No. 4349. – St.        [B 4227
S J (kpl.: 17 St.)

## LIEDER

Zwölf Lieder des Herrn Professor Schneider, zum Singen beim Klavier. – Speyer, Heinrich Philipp Bossler, No. 196.
[B 4228
US Wc

XII. Lieder verschiedener Dichter zum Singen beim Klavier. – Speyer, Heinrich Philipp Bossler, No. 236.        [B 4229
D-brd F, SPlb – US Wc

XII. Lieder zum Singen beim Klavier in Musik gesetzt . . . op. 21. – Heilbronn, Johann Amon, No. 261.        [B 4230
CH E – US Wc

Sechs Lieder von Schubart und andern Dichtern, zum Singen beim Klavier durchaus in Musik gesezt . . . opus VI. – Heilbronn, Johann Amon, No. 51.
[B 4231
A M – CS K – D-brd SPlb – GB Lbm

Drey Gedichte von Franz Schütt für Gesang und Klavier . . . op. 22. – Leipzig, Hoffmeister & Kühnel, No. 312.        [B 4232
A Wn – US Wc (ohne Impressum)

Die Fürstengruft. Aus den Gedichten des Herrn Chr. Dan. Frid. Schubart zum Singen beim Klavier. – Leipzig, s. n.
[B 4233
D-brd Mbs, MB – GB Lbm – NL At

— . . . Gedicht von Schubart, beim Klavier zu singen. – ib., No. 360.        [B 4234
A Wgm, Wst – D-brd Mbs, MB – S Sm

Vergiß mein nicht, durchaus in Musik gesezt . . . op. 8. – Heilbronn, Johann Amon, No. 114.        [B 4235
A Wst – D-brd HR

Der Werth des Weibes, zum Singen beym Klavier durchaus in Musik gesezt. – Darmstadt, Bosslersche Handlung.
[B 4236
CH EN

## INSTRUMENTALWERKE

Le Réveil des Grecs. Ouverture [d/D] à grand orchestre. – Paris, Richault, chez tous les marchands de musique, No. 1411: R. – St.        [B 4237
CH Bu (kpl.: 25 St.)

Sinfonie [Es] à grand orchestre . . . œuvre 12me. – Offenbach, Johann André; Bruchsal, Autor, No. 988. – St.        [B 4238
B Bc – D-brd BE (kpl.; mehrere St. doppelt), HL, LÜh, Sl – D-ddr Dlb – S V

Sinfonie concertante [D] pour violon & violoncelle ou viola à la place du violoncelle, avec accompagnement de grand orchestre ... œuvre 20me. – *Offenbach, Johann André, No. 1592.* – St.     [B 4239 **D-brd** BE (16 St., fehlt vla princ.), LÜh (kpl.: 17 St.), MÜu (2 Ex., 16 und 17 St.), Sl, WERl – **D-ddr** Bds, SWl (vla princ.) – **S** L

Sinfonie [D] pour plusieurs instruments ... œuvre 25. – *Leipzig, Hoffmeister & Kühnel (bureau de musique), No. 313.* – St.              [B 4240 **CS** Pk (kpl.: 15 St.) – **D-brd** LÜh – **D-ddr** SWl (fehlt ob I) – **S** SK

— *Karlsruhe, Karl Schütt, No. 16.*                     [B 4241 **CH** Zz – **D-brd** DO, Mbs (kpl.: mit zusätzlichen handschriftlichen Stimmen), Tes (vl I, vl II, weitere Stimmen handschriftlich), WE (fehlt timp)

Grande simphonie à grand orchestre. – *Speyer, Heinrich Philipp Bossler, No. 227.* – St.               [B 4242 **A** HE (kpl.: 13 St.) – **D-brd** HL, Rtt – **D-ddr** HAmi

Fantaisie & variations sur un thème de l'opéra: Der Freyschütz, pour hautbois ou clarinette avec accompagnement de deux violons, alto, basse, 1 flûte, 2 petites flûtes, 2 clarinettes, 2 bassons, 2 cors, trompettes & timballes ... œuvre 54. – *Offenbach, Johann André, No. 4701.* – St.              [B 4243 **A** Wgm (kpl.: 13 St.)

**Werke für 6 Instrumente**

Sextuor [C] pour violon, hautbois, basson, deux altos et violoncelle ... œuvre 16e. – *Offenbach, Johann André, No. 1223.* – St.              [B 4244 **A** Wgm (kpl.: vl, vla I, vla II, vlc, ob, fag) – **CS** K – **D-brd** OF

**Werke für 5 Instrumente**

Six quintetti [Es, B, F (D, C, G)] pour deux violons, deux alto et violoncelle ... œuvre 11me, livre 1 (2). – *Offenbach, Johann André, No. 951 (952).* – St. [B 4245 **A** HE, M (1), Wgm, Wn (1), SF (1) – **CH** E – **CS** Bm (kpl.; 2 [2 Ex.]), K (2), Pk, Pnm – **D-brd** HL, Mbs, OF, Rtt – **D-ddr** Dlb (1) – **DK** Kk (1) – **F** Pc – **GB** Lbm (2)

Quintetto [F] pour le piano-forte avec accompagnement de violon, alto, basson et violoncelle ... œuvre 13. – *Offenbach, Johann André, No. 1094.* – St.     [B 4246 **A** Wn – **D-brd** BE, F, HEms, OF, WE – **D-ddr** Dlb (pf [unvollständig]) – **GB** Lbm

Quintetto [B] à violon, deux violes, basson et violoncelle ... œuvre 14me. – *Offenbach, Johann André, No. 1112.* – St.             [B 4247 **A** Wn – **D-brd** HEms, Rtt – **D-ddr** Bds – **I** Mc (fehlt fag) – **US** Wc (2 Ex.)

Deux quintetti pour basson, violon, deux altos & violoncelle ... œuvre 52. – *Offenbach, Johann André, No. 4681.* – St.             [B 4248 **CS** Pk (fehlt fag) – **D-ddr** Bds

Quintuor [g] pour flûte, violon, deux altos et basse ... opus 58. – *Karlsruhe, C. F. Müller.* – St.             [B 4249 **A** Wgm – **D-brd** DO

**Werke für 4 Instrumente**

Quatuor [D] pour flûte, violon, viola et violoncelle ... œuvre 15e. – *Offenbach, Johann André, No. 1167.* – St.     [B 4250 **A** Wgm – **CS** Bu – **D-brd** OF, WE – **D-ddr** Dlb – **GB** Ckc (2 Ex.) – **H** SFm (kpl., fl [unvollständig]) – **YU** Zha

Six quatuors pour deux violons, alto & basse ... œuvre XVII, liv: I [C, F, D]. – *Heilbronn, Johann Amon, No. 144.* – St.             [B 4251 **D-brd** HL, Mbs

Grand quatuor [d] pour deux violons, alto & violoncelle ... œuvre 18me. – *Offenbach, Johann André, No. 1227.* – St.             [B 4252 **A** Wgm – **CS** Pnm (vl II) – **D-brd** OF – **I** Mc

Trois quatuors [A, Es, G] pour deux violons, alte & violoncelle concertans ... œuvre 23. – *Augsburg, Gombart & Co., No. 372.* – St.          [B 4253 **A** Wgm, Wn – **CS** K – **D-brd** DO, Mbs – **I** Mc – **S** Skma

Trois quatuors pour flûte ... œuvre 40. – *Offenbach, Johann André, No. 4250.* – St.             [B 4254 **CS** Bu (kpl.: fl, vl, vla, vlc)

Werke für 3 Instrumente

Notturno [Es] pour deux altos & violoncelle . . . œuvre 19ᵐᵉ. – *Offenbach, Johann André, No. 1480.* – St.                    [B 4255
**B** Bc – **GB** Lbm – **S** Skma – **YU** Zha

## BRANDSTETTER Johann

Nymphae duplicium aquarum incolae, binis, ternis, quaternis, quinis, senis, octonis vocibus, una cum fundamento generali. – *s. l., s. n., (1630).* – St.    [B 4256
**D-brd** Rp (kpl.: 8 Stimmbücher)

## BRANDT Jobst vom

Der erste theil Geistlicher Psalmen und teutscher Kyrchengeseng, mit reichem Geist durch hocherleuchte Menner . . . gemacht . . . mit vier, fünff, sechsz, siben, acht und neun stimmen auff Instrumenten, Posaunen und menschlicher Stĩme zu gebrauchen . . . gesetzet. – *Eger, Hanns Bürger, Michael Mülmarckart, 1572 ([T:] 1573).* – St.                    [B 4257
**D-brd** Rp (S, A, T, B) – **D-ddr** SWl (S)

## BRANT Sebastian

Varia Sebastiani Brant carmina [mit 4 Chorsätzen]. – *Straßburg, Johann Grüninger, (14)98.*                    [B 4258
**GB** Lbm

## BRASSAC René de Bearn

Léandre et Héro. Tragédie, mise en musique . . . représenté par l'Académie royale de musique le mardi 21 avril 1750. – *Paris, Mme Boivin, Le Clerc (gravé par Labassée).* – P.                    [B 4259
**A** Wgm – **F** Dc, Mc, Pa, Pc (2 Ex.), Pn, Po (2 Ex.), TLc, TLm – **GB** Lbm, T – **US** BE, Wc

L'Empire de l'Amour. Ballet héroïque, représenté pour la première fois par l'Academy royale de musique le quatorzième d'avril 1733. – *Paris, Jean Baptiste Christophe Ballard, 1733.* – P.        [B 4260
**F** AG, Dc, Pa (andere Ausgabe, 3 Ex., davon 1 Ex. unvollständig), Pc (zwei verschiedene Ausgaben, zusammen 3 Ex., davon 1 Ex. un-

vollständig), Pn (zwei verschiedene Ausgaben, 3 Ex.), Po (zwei verschiedene Ausgaben, 3 Ex., davon 1 Ex. unvollständig), TLc, V – **GB** Lbm, T – **US** BE, Wc

Supplément du ballet de l'Empire et[!] l'amour, contenant les changemens et les additions de ce ballet, remis au théâtre en may 1741. – *[Paris, Jean Baptiste Christophe Ballard, 1741].* – P.    [B 4261
**F** Pa, Pc, Pn

Cantates françoises (L'amour fugitif; La victoire imparfaite; Le triomphe de l'esprit sur la beauté; L'hiver; L'heure du berger; L'amour vainqueur des Parques) à voix seule avec simphonie . . . livre premier. – *Paris, Mme Boivin, Le Clerc (gravé par Labassée), 1741.* – P.
                                                    [B 4262
**F** Pc, Pn

## BRASSART Oliviero

Il primo libro delli soi madrigali a quattro voci. – *Roma, Antonio Barre, 1564.* – St.
                                                    [B 4263
**I** Bc (T)

— *ib., 1574.*                                    [B 4264
**B** Bc (A)

## BRASSICANUS Johannes

Similia Davidica, das ist Gleichnus Text, auß dem Psalter Davids zusammen getragen unnd mit vier Stimmen componiret. – *Nürnberg, Abraham Wagenmann, 1615.* – St.                    [B 4265
**D-brd** Rp (A, T, B; fehlt S)

## BRASSOLINI Domenico

Suonate da camera a tre, due violini, e clavicembalo, o violoncello. – *Bologna, Pier Maria Monti, 1689.* – St.    [B 4266
**D-brd** MÜs (kpl.: vl I, vl II, spinetta) – **GB** Ob

## BRATT Henric

Sex sonater [G, g, D, d, A, a] för violon och basse . . . opera första. – *Stockholm, Kong. privil. Not-Tryckeriet.* – P.  [B 4267
**S** Sk, Skma, SK (15 Ex.) – **SF** A

## BRAUN (I)

Six sonates en trio pour une flûte traversière, un violon et basse continue . . . œuvre premier. – *Paris, auteur, Mme Boivin, Le Clerc, 1771.* – St.          [B 4268
**F** AG, Pn

Six sonates en trio pour une flûte traversière et un violon avec la basse . . . œuvre II. – *Paris, auteur, Mme Boivin, Le Clerc.* – St.          [B 4269
**F** AG, Pn

## BRAUN (II)

VI Sonates à flûte traversière seule et basse . . . premier œuvre. – *Paris, Le Clerc le cadet, Sr Le Clerc, Mme Boivin (gravées par Mlle Michelon).* – P.          [B 4270
**D-brd** MÜs

## BRAUN C. W.

VI. Maersch der K : K : Truppen fürs Clavier gesezt. – *Mannheim, Johann Michael Götz, No. 312.*          [B 4271
**A** Wst – **D-brd** Mbs

## BRAUN F. C.

Die Macht des Glaubens an Unsterblichkeit von Klopstock (Wenn einst ich todt bin) in Musik gesetzt. – *s. l., s. n., No. 1075.*          [B 4272
**D-ddr** SPF

## BRAUN Johann

Trois trios à deux violons et basse . . . œuv: 2^d. – *Berlin, Johann Julius Hummel, No. 181.* – St.          [B 4273
**S** F A

Trois trios [D, C, F] à deux violons et basse . . . œuvre troisième. – *Berlin, Johann Julius Hummel; Amsterdam, grand magazin de musique, No. 552.* – St.          [B 4274
**CH** Fcu – **D-ddr** Bds – **DK** Kk – **S** Skma – **US** PHu

Concerto à violoncelle principale, op. 4, Nr. 1, accompagnée de deux violons, alto & basse, deux hautbois & deux cors de chasse. – *Berlin, Johann Julius Hummel, No. 681.* – St.          [B 4275
**D-brd** MÜu (fehlt vl I)

Concerto à violoncelle principale accompagnée de deux violons, alto & basse, deux hautbois & deux cors de chasse . . . œuvre IV, libro II. – *Berlin, Johann Julius Hummel, No. 696.* – St.          [B 4276
**D-ddr** Bds – **US** CA (kpl.; vl I handschriftlich)

Simphonie concertante [E] pour deux cors principaux, 1^er et 2^d violon, alto e basse, 2 flûtes et 2 cors. – *Zürich, Johann Georg Nägeli, No. 303.* – St.          [B 4277
**CH** E (kpl.: 10 St.) – **D-brd** MÜu

## BRAUN Jean Daniel

*Op. 1.* Sonates pour la flûte-traversière avec la basse, œuvre premier. – *Paris, auteur, Boivin, Le Clerc.* – P.          [B 4278
**F** AG

— *ib., Naudot, Boivin, 1728.*          [B 4279
**F** Pc, Pn

*Op. 2.* Deuxième œuvre . . . contenant six suites à deux muzettes qui conviennent aux vièles, flûtes à bec, traversières et haubois. – *Paris, auteur, Boivin, Le Clerc, (1728).* – P.          [B 4280
**F** Pn

— *ib., Naudot, Boivin, Le Clerc, 1729.*          [B 4281
**F** Pc – **US** Wc

*Op. 3.* Troisième œuvre . . . contenant six sonates en trio pour 2 flûtes-traversières, violons ou haubois avec la basse. – *Paris, auteur, Boivin, Le Clerc.* – St.          [B 4282
**F** Pc

— *ib., Naudot, Boivin, Le Clerc, 1729.*          [B 4283
**F** Pc

*Op. 4.* Quatrième œuvre . . . contenant six sonates à deux flûtes-traversières sans basse, qui peuvent se jouer aussi sur le

haubois, violon, etc. – *Paris, auteur, Boi-*
*vin, Le Clerc, (1728).* – P.          [B 4284
F Pc (2 verschiedene Ausgaben), Pn

*Op. 5.* Cinquième œuvre ... contenant
six sonates pour la flûte-traversière avec
la basse. – *Paris, auteur, Boivin, Le Clerc,*
*(1728).* – P.                        [B 4285
F Pc, Pn

*Op. 6.* Sixième œuvre ... contenant six
sonates pour deux bassons ou II basses. –
*Paris, auteur, Vve Boivin, Le Clerc,*
*(1728).* – P.                        [B 4286
F Pn

*Op. 7.* Septie^me œuvre ... contenant six
sonates pour la flûte-traversière avec la
basse qui peuvent se jouer aussi sur les
violons, haubois, etc. – *Paris, auteur, Vve*
*Boivin, Le Clerc, 1736.* – P.        [B 4287
F AG, Pc – GB Ckc

*Op. 8.* Sonates en trio pour deux flûtes
traversières, violons ou haubois avec la
basse ... œuvre VIII^e. – *Paris, auteur,*
*Vve Boivin, Le Clerc.* – St.         [B 4288
F Pc

— *ib., 1738.*                        [B 4289
F Pc

Sonate ... à flûte-traversière et basse. –
*Paris, auteur, Mme Boivin, Le Clerc*
*(1740).* – P.                        [B 4290
F Pthibault

## BRAUN Johann Georg Franz

Odae sacrae I. II. vocibus & I. II. violinis
... opus primum. – *Innsbruck, Michael*
*Wagner, 1658.* – St.                 [B 4291
D-brd Mbs (kpl.: S I, S II, vl I, vl II, vlne, bc),
Rp (vl II)

## BRAUN Ludwig Freiherr von

Bürger's Lenore in Musik gesezt. – *s. l.,*
*s. n.*                               [B 4292
A Wgm (2 Ex.)

Menuetto e trio poi giga, 'l tutto com-
posto per 'l forte-piano, opera I. – *Wien,*
*Johann Traeg, No. 2.*                [B 4293
I Nc – NL Uim – US Wc

Brillantes Presto componirt für das
Piano-Forte. – *Wien, Tranquillo Mollo,*
*No. 1730.*                           [B 4294
A Wgm

## BRAUNS Friedrich Nicolaus → BRUHNS Friedrich Nicolaus

## BRAYSSING Gregor

Quart livre de tabulature de guitarre contenant plusieurs fantasies, pseaulmes, et
chansons: avec L'Alouette, & la Guerre. –
*Paris, Adrian Le Roy & Robert Ballard,*
*1553.*
SD 1553^35                           [B 4295
F Pm – GB Lbm

## BRECHT Erhard

Zweyfache Trauer- und Trost- Ode Über
das ... Weltverlassen der ... Frauen
Erdmuth Sophia ... Marggräfin zu Brandenburg ... in eine reine Musicalische
Harmoniam mit 1. Voc. und 4. Instrumental-Stimmen gesetzt (Ach mein Bareuth!
nun ist es Zeit; Die Welt-Princessinne). –
*Nürnberg, Christoph Endter, 1670.* – P.
                                     [B 4296
D-brd ERu

M. Gottfried Händels heilige Auffmunterung (Gott hab ehr) zum Danken und
Beten ... wegen deß glüklich angetrette-
nen Neuen 1672sten Christen-Iahrs ...
in gegenwärtigen von ihme verfasten
Lied. – *Onoltzbach, Johann Hornung,*
*(1672).*                             [B 4297
D-ddr Z

## BRECHTEL Franz Joachim

Neue kurtzweilige Teutsche Liedlein mit
dreyen stimmen nach art der Welschen
Villanellen componirt. – *Nürnberg, Katha-*
*rina Gerlach, 1589.* – St.           [B 4298
D-brd Mbs (kpl.: 1., 2., 3. vox) – D-ddr Dlb (3. vox)

Neue kurtzweilige Teutsche Liedlein, mit
vier und fünff stimmen, nach art der
Welschen Canzonetten componirt. – *Nürn-*
*berg, Katharina Gerlach, 1590.* – St.
SD 1590^27                           [B 4299
D-brd DO (T), Gs (S, A) – GB Lbm (S, A, T, B)

Kurtzweilige Neue Teutsche Liedlein mit
vier stimmen nach art der Welschen Canzonetten componirt. – *Nürnberg, Paul
Kauffmann, (Gerlachische Druckerei),
1594.* – St. [B 4300
**D-brd** Gs (S, A) – **GB** Lbm (A) – **PL** Wn (B),
WRu (S, B)

**BRECHTOLD Gottfried Ernst**

Trauer-Musica (Ihr liebsten Freunde [für
Singstimme und bc]) in welcher . . . H. Iohann Brechtold von seinem . . . Eheweib
und Kindern den Abschied . . . nimmet
(in: Aller Gläubig-verstorbenen höchstes
Haupt-Gut . . . als . . . Herrn Iohann
Brechtoldts . . . Leichnam dem III. Sep-
tembr. Anno 1668. . . . beygesetzet wurde). – *Coburg, Johann Konrad Mönch,
(1668).* [B 4301
**D-ddr** GOl

**BREDE Samuel Friedrich**

Lieder und Gesänge. – *Offenbach, Autor,
1786.* [B 4302
**B** Bc

Sechs Sonaten für das Clavier oder Piano
Forte, davon drey mit Begleitung einer
Violine. – *Offenbach, Weiß & Brede.* – St.
[B 4303
**B** Bc – **D-ddr** SWl (vl [unvollständig]) – **US** Wc

**BREIDENBACH**

Quatre sonates pour la harpe avec accompagnement de violon ad libitum . . .
op. IV. – *Paris, Jean Henri Naderman.
No. 148.* – St. [B 4304
**F** Pn

**BREIDENSTEIN Johann Philipp**

XXIV. von herrn Gleims neuen liedern,
auf das clavier gesetzt. – *Leipzig, Bernhard Christoph Breitkopf & Sohn, 1770.*
[B 4305
**B** Bc – **US** Wc

II. Sonates [B, Es] pour le clavessin . . .
œuvre I. – *Nürnberg, Johann Ulrich Haffner, No. 62.* [B 4306
**A** M – **GB** Lbm

III. Sonates pour le clavessin . . . œuvre
II. – *Nürnberg, Johann Ulrich Haffner,
No. 70.* [B 4307
**GB** Lbm

Deux jolies sonates [G, A] pour le clavecin avec le violon. – *Paris, aux adresses
ordinaires.* – P. [B 4308
**F** Pn

**BREITENDICH Christian Friedrich**

Fuldstaendig Choral-Bog som indeholder
alle gamle, saavelsom nye melodier af den
nye Kirke-Psalme-Bog . . . med bass og
behøvende Signaturer forsynet. – *København, J. Boppenhausen, (1764).* [B 4309
**A** Wn (2 Ex.) – **DK** Kc, Kmk

**BREITKOPF Bernhard Theodor**

Neue Lieder in Melodien gesetzt [für
Singstimme und Klavier]. – *Leipzig, Bern-
hard Christoph Breitkopf & Sohn, 1770.*
[B 4310
**B** Bc – **D-brd** DS, DÜk – **D-ddr** LEu (2 Ex.),
WRz – **GB** Lbm (2 Ex.) – **US** NH

Menuetten und Polonoisen für das Clavier. – *Leipzig, Bernhard Christoph Breitkopf, 1769.* [B 4311
**D-brd** DÜk, HEms – **GB** Lbm

**BREITKOPF Christoph Gottlob**

Terpsichore, im Clavierauszuge. Oder
Sammlung von Anglaisen, Deutschen
Tänzen, Françaisen, Quadrillen und Me-
nuetten, nebst einem Ballet. – *Leipzig,
Breitkopfische Buchhandlung.* [B 4312
**D-ddr** LEm – **GB** Lbm

Der Oberons-Tanz nach Wieland [für
Klavier]. – *Leipzig, Johann Gottlob Im-
manuel Breitkopf, (1788).* [B 4313
**B** Bc – **US** Wc

## BREMNER Robert

VOKALMUSIK

Church Harmony: or, psalm-tunes in four parts . . . compiled . . . for the use of the meeting in Swallow-Street, to which are prefixed instructions for singing them. – *London, [Robert Bremner], 1772.*
[B 4314
GB Lbm

The rudiments of music: or, A short and easy treatise on that subject, to which is added, a collection of the best church-tunes, canons and anthems. – *Edinburgh, author, 1756.* [B 4315
GB A, Ckc, En (4 Ex., 2 verschiedene Ausgaben), Ep (2 Ex.), Er, Ge, Gm, Gu (2 Ex.), Lbm (unvollständig), P, T – US G

— . . . the second edition. – *ib., 1762.*
[B 4316
EIRE Duc – GB En, Eu, Lbm, Lsc, LEc, T

— [Separatdruck:] A collection of the best church tunes. – *ib.* [B 4317
GB En (2 verschiedene Ausgaben), Ob

— . . . the third edition. – *London, author, 1763.* [B 4318
GB Cu, En (2 Ex.), Gm, Ge, Lbm

The Church tunes in four parts . . . to which is added a collection of canons, anthems & chants. – *Edinburgh, author.*
[B 4319
US NYp (unvollständig)

Thirty Scots songs adapted for a voice and harpsichord . . . book first. – *London, Robert Bremner.* [B 4320
✓ C L

— Thirty Scots songs for a voice & harpsichord, the music taken from the most genuine sets extant. – *Edinburgh, Robert Bremner (engraved by T. Phinn [book 1], J. Read [book 2]).* [B 4321
GB En, Gm (2 Ex.), Gu, Lbm (unvollständig), Lgc (unvollständig), Mp, P

— Thirty Scots songs adapted for a voice and harpsichord. – *London, Robert Bremner.* [B 4322

✓ C SA – D-brd Mbs (book 1) – EIRE Dn (andere Ausgabe, unvollständig) – F Pc (book 1) – GB A, CDp, DU, En (3 Ex.), Ep (2 verschiedene Ausgaben, davon 1 Ex. unvollständig), Er, Ge, Gm (unvollständig), Gu, Lbm (2 Ex.), LEc (unvollständig), Ob, P (andere Ausgabe) – US BO, Cn (book 1), Cu (book 1), NYp (book 1), Wc

— . . . book first. – *Edinburgh, Neil Stewart.* [B 4323
EIRE Dn

— A second set of Scots songs, adapted for the voice and harpsichord [= book 2].– *London, Robert Bremner.* [B 4324
✓ C L – F Pc – GB DU, Ep – US Cn, Cu, Wc

— Thirty Scots songs, adapted for a voice & harpsichord. – *ib., Preston & son.*
[B 4325
D-brd BNba (book 2) – GB Gu (2 Ex.) – US NYp (book 2), Wc (2 Ex.)

The songs in the Gentle Shepherd, adapted for the guitar. – *Edinburgh, Robert Bremner.* [B 4326
EIRE Dn – GB En, Ep (unvollständig)

Grant us kind heav'n. The Free Masons anthem, for two voices & instruments. – *s. l., s. n.* [B 4327
GB En

INSTRUMENTALWERKE

A collection of airs and marches, for two violins or german flutes, some of which have basses. – *London, Robert Bremner.* SD S. 61. [B 4328
GB BENcoke, DU (unvollständig), Lbm, P (2 Ex.) – US CHua, Wc

Select concert pieces, fitted for the harpsichord or piano forte, with an accompaniment for the violin, number I[–VIII]. – *London, Robert Bremner, 1785.* – St.
SD S. 351 [B 4329
CH AShoboken – GB (alle Ausgaben unvollständig:) Ckc, Cu, Lbm, Ob, T

The opera overtures adapted for the harpsichord, set first [–third]. – *London, Robert Bremner.*
SD S. 273 [B 4330
GB Lbm (fehlt 1) – US PHu

The harpsichord or spinnet miscellany, being a collection of proper lessons . . . to which are prefixed some rules for time . . . [book I]. – *Edinburgh, [Robert Bremner].* SD                                     [B 4331
GB En

— . . . being a gradation of proper lessons. – *London, [Robert Bremner].* SD S. 199                              [B 4332
GB Ckc, DU, Gm, Gu (2 Ex.), Lbm, Mp (2 Ex.) – US NYp, Wc

Instructions for the guitar; with a collection of airs, songs and duets, fitted for that instrument. – *Edinburgh, [Robert Bremner].*                             [B 4333
EIRE Dn – GB CDp, Ep (unvollständig), Gu

— *London, author.*                     [B 4334
GB DU, En, Gm

## BRENGERI Luigi

Sei sonate [G, B, C, D, F, Es] da cembalo, e violino obbligato. – *s. l., s. n.* – P.
                                       [B 4335
A Wgm – I Fc, Nc

Sei sonate [C, G, F, B, D, Es] per pianoforte con violino obbligato . . . opera seconda. – *s. l., s. n.* – P.      [B 4336
F Pc – GB Lbm

Three sonatas for the harpsichord or piano forte with a violin accompaniment. – *Edinburgh, Corri & Sutherland.* – St.
                                       [B 4337
GB Lbm

## BRENI Tomaso

Mottetti a due, tre e sei voci. – *Lucca, Pellegrino Bidelli, 1645.* – St.        [B 4338
GB Lbm (A) – I Lg (T), Ls (S, A, T, bc)

## BRENTNER Joseph

Harmonica duodecatometria ecclesiastica seu Ariae duodecim . . . opus 1. – *Prag, Georg Labaun, 1717.* – P.       [B 4339
PL Wu

Offertoria solenniora sex quatuor vocibus et tribus instrumentis constructa . . . anno millesimo, septingentesimo, decimoseptimo, opus secundum. – *Prag, Georg Labaun, (1717).* – St.               [B 4340
A GÖ (S, A, T, B, vl I, vl II, part.) – CS Pp – D-brd NBss (A, vl II), WD

Concertus cammerales sex . . . op. 4. – *Prag, Autor (Georg Labaun), 1720.* – St.
                                       [B 4341
PL Wu (vl, a-vla, vlc, ob/fl/vl)

## BRESCA Ludovico

Motetti sacri a voce sola. – *Roma, Giacomo Monti.*                              [B 4342
I Rsg (unvollständig)

## BRESCIANELLO Giuseppe Antonio

XII Concerti et sinphonie [F, D, a, G, B, C, c, B, c, F, A, Es] . . . opera prima, libro primo et secondo. – *Amsterdam, Michel Charles Le Cene, No. 527 (528).* – St.
                                       [B 4343
A Wgm (kpl.: vl princip., vl I, vl II, vla, vlc/cemb) – S Skma (fehlt vl princip.)

## BREUNICH Johann Michael

VI. Missae . . . op. 1. – *s. l., s. n.* – St.
                                       [B 4344
GB Lbm (kpl.: S, A, T, B, vl I, vl II, vla, org, clno I, clno II) – PL Wu

## BREUNIG Konrad

Six duo pour deux violons . . . mis au jour par M^r Lemarchand . . . œuvre 1^er. – *Paris, éditeur, de La Chevardière, Le Menu, Cousineau, Houbeaut, Berault (gravé par Mlle Hyver).* – St.                 [B 4345
F Pc

Six sonates pour violon et basse . . . œuvre II^e. – *Paris, Lemarchand.* – P.   [B 4346
B Bc – GB Lbm – US NYp

Six sonates [B, C, Es, F, G, G] pour le clavecin ou le forte piano avec un violon obligé . . . œuvre V. – *Paris, Cornouaille,*

*aux adresses ordinaires (Bruxelles, van Ypen & Pris).* – St.                    [B 4347
**D-brd** WERl

Trois quartetto pour flutte, violon, alto & violoncelle . . . œuvre VI. – *Bruxelles, van Ypen & Pris.* – St.                    [B 4348
**US** Wc (Flötenstimme mit Etikett: London, Longman & Broderip)

Sei duetti per violino e alto viola . . . opera VII. – *Wien, Artaria & Co., No. 3.* – St.                    [B 4349
**A** Wn

## BREVAL Jean Baptiste

BÜHNENWERKE

### Inès et Léonore

Inès et Léonore, ou La sœur jalouse. Comédie en 3 actes, représentée pour la première fois à Versailles devant leurs Majestés le vendredi 14 novembre 1788 et à Paris le 24 décembre de la même année. – *Paris, auteur, aux adresses ordinaires (gravée par Huguet).* – P. und St.                    [B 4350
**B** Gc (P. ohne Impressum angezeigt) – **F** A (P.), G (P.), Lm (P. und 11 St. [je 2 Ex.]), NAc (P.), Pc (P., 3 Ex., davon 2 Ex. unvollständig), Pn (P.) – **GB** Lbm (P.) – **I** Rvat (P.) – **NL** DHgm (P. und St.) – **S** St (P.)

Ouverture . . . arrangé pour le forte piano par J. B. Cramer. – *Paris, auteur (gravée par Richomme).*                    [B 4351
**GB** Lbm

INSTRUMENTALWERKE

*Op. 1.* Six quatuors concertants [d, Es, c, g, F, B,] pour deux violons, alto et basse . . . œuvre 1<sup>e</sup>. – *Paris, de La Chevardière; Lyon, Castaud.* – St.                    [B 4352
**B** Bc – **F** R (vl II) – **S** Skma

*Op. 2.* Six duos [C, B, A, F, G, D] à deux violoncelles . . . œuvre 2. – *Paris, Sieber.* – St.                    [B 4353
**D-brd** Bhm – **F** Pa, Pc – **GB** Ckc

— *ib., No. 468.*                    [B 4354
**S** Skma

— Six duetts for two violoncellos . . . op. 2. – *London, William Forster, No. 166.*                    [B 4355
**GB** Lbm

*Op. 3.* Six trios concertants et dialogués pour un violon, alto, et violoncelle . . . œuvre III. – *Paris, auteur, aux adresses ordinaires (gravés par Mlle Michaud).* – St.                    [B 4356
**F** Pa – **GB** Ckc – **US** Wc

*Op. 5.* Six quatuors, concertants et dialogués [d, G, B, F, Es, g] pour deux violons, alto et violoncel, la première partie peut se jouer sur la flûte . . . œuvre V. – *Paris, auteur, chez tous les marchands de musique (gravé par Mme Annereau; écrit par Ribière).* – St.                    [B 4357
**B** Bc – **D-brd** Mbs – **F** Pc (2 Ex.), Pn – **US** AA, Wc

*Op. 6.* Six duos [G, C, A, F, B, D] à deux violons . . . œuvre VI<sup>me</sup>. – *Paris, auteur, aux adresses ordinaires.* – St.                    [B 4358
**CH** Bu (vl I), D (vl II) – **F** Pc (2 Ex.), Pn

— Six duetts, for two violins or a violin and violoncello . . . op. (6). – *London, William Forster.*                    [B 4359
**GB** Mp (unvollständig)

*Op. 7.* Six quatuors concertants et dialogués pour deux violons, alto et violoncel . . . œuvre VII. – *Paris, auteur, aux adresses ordinaires.* – St.                    [B 4360
**B** Bc – **F** Pc

*Op. 8.* Six trio pour flûte, violon, et violoncelle, ou deux violons et basse . . . œuvre VIII, livre second de trio. – *Paris, aux adresses ordinaires (gravés par Richomme).* – St.                    [B 4361
**F** Pc, Psg (vl)

*Op. 9.* Les Nocturnes, ou Six airs variés pour un violon et un violoncelle . . . œuvre IX. – *Paris, auteur, chez tous les marchands de musique (gravées par Richomme).* – P.                    [B 4362
**F** Pc, Pn

— *ib., Imbault, No. 561.*                    [B 4363
**US** Wc

— Six favorite airs with variations, for a violin and violoncello. – *London, Robert Birchall.*                    [B 4364
**DK** Kk – **GB** Ckc, Lbm

*Op. 10.* Six duo à deux violons . . . œuvre X<sup>e</sup>. – *Paris, auteur, aux adresses ordinaires.* – St.                    [B 4365
**F** Pc

— *ib., Imbault.*                    [B 4366
**GB** Ckc

— Six duetts, for two violins or a violin and violoncello . . . op. 10. – *London, William Forster, No. 137.*                    [B 4367
**US** Wc

*Op. 12.* Six sonates [C, F, g, A, G, D] à violoncel et basse . . . ces sonates peuvent se jouer sur le violon, opera XII. – *Paris, auteur (gravées par Richomme).* – P.                    [B 4368
**GB** Lbm – **US** NYp, Wc

— *ib., Imbault.*                    [B 4369
**B** Bc

— Six solos for the violoncello & bass, opera XII, these solos can be play'd on the violin. – *London, John Preston.*                    [B 4370
**GB** Lbm – **US** Wc

— Six sonates pour le violoncel . . . œuvre II. – *Berlin, Johann Julius Hummel; Amsterdam, grand magazin de musique.*                    [B 4371
**B** Bc – **D-brd** Bhm

*Op. 13.* Air de Malborough arrangé et varié pour violoncel et basse ou violon et violoncel . . . opera XIII. – *Paris, auteur.*                    [B 4372
**US** NYfuld

— . . . varié pour violon et violoncelle. – *s. l., s. n.*                    [B 4373
**B** Bc

*Op. 14.* Premier concerto à violoncel principal avec accompagnement de deux violons, deux altos, basse, deux flûtes et deux cors obligés . . . opera XIV. – *Paris, auteur, chez tous les marchands de musique.* – St.                    [B 4374
**D-ddr** Dlb (vlc solo) – **F** Pc (vl I, vl II, b)

*Op. 15.* Six duo pour violon et alto . . . œuvre XV. – *Paris, auteur.* – St.                    [B 4375
**F** Pn – **US** Wc

— *ib., Imbault.*                    [B 4376
**GB** Ckc

*Op. 16.* Six duo pour deux flûtes . . . opera XVI. – *Paris, auteur, aux adresses ordinaires.* – St.                    [B 4377
**F** BO, Pc

— *ib., Imbault, No. 568.*                    [B 4378
**GB** Lbm

*Op. 17.* Second concerto à violon principal ou violoncel, avec accompagnement de deux violons, alto, et basse . . . opera XVII. – *Paris, auteur, chez tous les marchands de musique.* – St.                    [B 4379
**D-ddr** Dlb (ersetzt durch: Imbault, No. 569) – **US** Wc

*Op. 18.* Six quatuors concertants [B, C, F, G, D, Es] et dialogués pour deux violons, alto, et basse . . . œuvre XVIII, 4<sup>e</sup> livre de quatuors. – *Paris, auteur, chez tous les marchands de musique.* – St.                    [B 4380
**B** Bc (2 Ex.) – **D-brd** Mbs – **F** Lm (vlc) – **I** Tn (vl I, vla, vlc)

*Op. 19.* Six duos [F, G, D, A, B, G] pour deux violons ou un violon et violoncello . . . œuvre XIX. – *Den Haag-Amsterdam, Burchard Hummel & fils.* – St.                    [B 4381
**CH** Feu – **D-ddr** Bds – **US** Wc

— Six duo faciles pour un violon et un violoncel, la partie du violoncel, peut s'exécuter avec le basson . . . œuvre XIX, 7<sup>e</sup> livre de duo. – *Paris, Imbault (gravé par Richomme), No. 573.* – St.                    [B 4382
**GB** Lbm

— Six duetts for a violin and violoncello . . . opera 19. – *London, Longman & Broderip.*                    [B 4383
**C** Tu – **GB** Ckc, Cu, Gu, Lbm, Ob – **I** Vc – **US** I

— *ib., J. Cooper.*                    [B 4384
**DK** Kk – **GB** Lbm – **US** BE

— *ib., Preston & son.*                    [B 4385
**D-brd** F – **GB** Ckc

— *ib., Bland & Weller.*    [B 4386
**GB** Lbm

— *ib., Longman, Clementi & Co.*
      [B 4387
**GB** Lam (unvollständig) – **US** Bp

— Duetti per violino e violoncello [Nr. 2 (G) und Nr. 5 (B)]. – *Venezia, Antonio Zatta.*     [B 4388
**I** Bc – **US** BE

*Op. 20.* Troisième concerto à violoncel principal avec accompagnement de deux violons, alto, basse, deux flûtes, ou hautbois et deux cors … op. XX. – *Paris, auteur.* – St.     [B 4389
**US** Wc

*Op. 21.* Six duo faciles [B, G, C, F, e, D] pour un violon et un violoncel la partie de violoncel peut s'exécuter avec le basson … œuvre XXI, 7ᵉ livre de duo. – *Paris, auteur.*     [B 4390
**YU** Zha

— *ib., Imbault.*     [B 4391
**B** Bc

— Six duetts for a violin and violoncello … op. XXI. – *[London], Preston & son.* – St.     [B 4392
**D-ddr** Dlb

— *ib., William Forster, No. 112.*
      [B 4393
**D-brd** F – **GB** Lbm (kpl.; vl unvollständig)

— *ib., Longman & Broderip*    [B 4394
**GB** Lbm

— *Cambridge, M. Barford.*    [B 4395
**GB** Ckc (2 Ex.)

*Op. 22.* Quatrième concerto à violoncel principal avec accompagnement de deux violons, alto, basse, hautbois et cors. … œuvre XXII. – *Paris, auteur (gravé par Richomme).* – St.     [B 4396
**US** Wc

*Op. 23.* Six duetts for two violins or a violin and violoncello … op. (23). – *London, William Forster.* – St.     [B 4397
**GB** Mp (unvollständig) – **US** CHua

*Op. 24.* Cinquième concerto à violoncel principal avec accompagnement de deux violons, alto, basse et deux cors … opera XXIV. – *Paris, Imbault, No. 576.* – St.
      [B 4398
**D-ddr** Dlb

*Op. 25.* Six duos [B, G, g, a, F, E] à deux violoncelles, pour faciliter l'étude des différents clefs en usage pour cet instrument … opera XXV, 9ᵉ livre de duos. – *Paris, auteur, Imbault, aux adresses ordinaires.* – St.     [B 4399
**D-ddr** Dlb – **F** Pc (vlc I)

— *ib., No. 577.*     [B 4400
**I** Nc – **S** Skma – **US** Wc (kpl.; vlc I mit Etikett: Rotterdam, J. H. Paling & Co.)

— *ib., s. No.*     [B 4401
**GB** Mp

— Six duos for two violoncellos for the easy study of the different cliffs … op. 25. – *London, Longman & Broderip.*
      [B 4402
**GB** Cu, Gu, Lbm (2 Ex.), LEc, Ob – **I** Rsc – **US** Wc

— *ib., William Forster.*    [B 4403
**GB** Mp (unvollständig)

— *ib., Muzio Clementi & Co.*    [B 4404
**US** CHH

*Op. 26.* Sixième concerto à violoncel principal avec accompagnement de violons, altos, basso, hautbois et cors … opera XXVI. – *Paris, auteur (gravé par Richomme).* – St.     [B 4405
**US** Wc

— *ib., Imbault (gravé par Richomme), No. 578.*     [B 4406
**D-ddr** Dlb – **F** Pc

*Op. 27.* Six trio [F, G, Es, B, f, D] à violon, alto, et violoncel concertants et dialogués … opera XXVII. – *Paris, auteur, aux adresses ordinaires (gravés par Richomme).* – St.     [B 4407
**D-brd** B

— *ib., Imbault.*     [B 4408
**A** Wmi (Etikett: Bonn, Simrock)

*Op. 28.* Six sonates à violoncel et basse d'un genre facile et agréable ... opera XXVIII. – *Paris, auteur, aux adresses ordinaires.* – P.                    [B 4409
**F** Pc – **US** AA

— Six solos for the violoncello & bass made easy & agreeable ... op. 28. – *London, Longman & Broderip.*        [B 4410
**GB** Lbm (2 Ex.), Ob

— *ib., William Forster, No. 135.*   [B 4411
**US** Wc

*Op. 31.* Du répertoire de la loge Olympique Simphonie concertante pour une flûte, et un basson avec accompagnement de deux violons, alto et basse, cette simphonie a été arrangée par Mr. Devienne pour les deux instrumens ci dessus ... opera XXXI. – *Paris, auteur, chez tous les marchands de musique (gravé par Richomme).* – St.        [B 4412
**F** Pc

*Op. 32.* Three trios for a violin, viola & violoncello ... op. 32. – *London, editor.* – St.        [B 4413
**GB** Ckc, Lbm – **US** NYp

*Op. 35.* Septième concerto à violoncelle principal avec accompagnement de deux violons, alto, basse et deux cors ... opera XXXV. – *Paris, Imbault (gravé par Mlle Rickert), No. 586.* – St.        [B 4414
**B** Bc – **D-ddr** Dlb – **US** Wc

*Op. 35.* Six duetts for two violins, violin & violoncello, or two violoncellos, op. XXXV. – *London, Robert Birchall.* – St.
[B 4415
**GB** Lbm (unvollständig) – **US** I

*Op. 38.* Simphonie concertante pour une clarinette, un cor et un basson; avec accompagnement de deux violons, alto et basse ... opera XXXVIII. – *Paris, Imbault.* – St.        [B 4416
**GB** Ckc

*Op. 39.* Trois trio pour un violoncel obligé, violon et basse ... opera XXXIX. – *Paris, auteur (gravé par Mlle Rickert).* – St.        [B 4417
**US** Wc

— *ib., Imbault (gravé par Mlle Rickert), No. 591.*        [B 4418
**F** Pc

*Op. 40.* Six sonates [C, F, G, B, A, D] non difficiles pour le violoncelle, avec accompagnement d'une basse ... œuv: 40me. – *Offenbach, Johann André, No. 1317.* – P.
[B 4419
**D-ddr** Dlb – **S** Skma

*Op. 41.* Three duetts [D, G, F] for two violins or a violin & violoncello, op. 41. – *London, Lavenu & Mitchell.* – St. [B 4420
**D-brd** Mbs – **GB** Lbm

*Op. 42.* Traité du violoncelle ... opera 42. – *Paris, Imbault, No. 346.*        [B 4421
**A** Wn – **CH** Gpu – **I** Mc

## BREVI Giovanni Battista

*Op. 1.* Le Forze d'Amore. Cantate a voce sola ... libro primo, opera prima. – *Bologna, Pier-Maria Monti, 1691.* – P.
[B 4422
**I** Bc

*Op. 2.* Metri sacri, motetti a voce sola ... libro primo, opera seconda. – *Venezia, Giuseppe Sala, 1692.* – P.        [B 4423
**D-brd** MÜs – **I** Rc

*Op. 3.* Bizzarie armoniche overo sonate da camera a tre strumenti col suo basso continuo ... libro primo, opera terza. – *Bologna, Pier-Maria Monti, 1693.* – St.
[B 4424
**I** Bc

*Op. 5.* I delirii d'amor divino. Cantate morali a voce sola ... libro primo, opera quinta. – *Modena, Fortuniano Rosati, 1695.* – P.        [B 4425
**I** Bc

— ... seconda impressione con aggionta di due cantate d'altri autori. – *Venezia, Antonio Bortoli, 1706.*        [B 4426
SD S. 151
**I** Bc, Rli, Rsc

*Op. 6.* La Catena d'Oro. Ariette da camera a voce sola ... libro secondo, opera sesta.

– Modena, Fortuniano Rosati, 1696. – P.
[B 4427
I Bc

Op. 7. Cantate, ed' ariette da camera a
voce sola . . . libro quarto, opera settima.
– Modena, Fortuniano Rosati, 1696. – P.
[B 4428
GB Lgc – I Bc

Op. 8. La devotione canora. Motetti a
voce sola . . . libro secondo, opera ottava.
– Modena, Fortuniano Rosati, 1699. – P.
[B 4429
I Bc

Op. 9. Tantum ergo a voce sola . . . libro
primo, opera nona. – Venezia, Fortuniano
Rosati, 1725. – P.                          [B 4430
I Bc, Bsp

## BREWER Thomas

A fig for care. A catch for four voices. –
London, Robert Falkener.            [B 4431
GB Lbm

Great God direct our tongues. A psalme
of thanksgiving. – London, Richard Oulton, 1641.                              [B 4432
GB Lbm

Our hearts we raise. A psalme of thanks-
giving. – London, Richard Oulton, 1641.
[B 4433
GB Lbm

Turn Amaryllis to thy swain. A two part
song. – s. l., s. n.                     [B 4434
GB Lbm (2 Ex.)

— . . . Song [for three voices] (in: The
Lady's Magazine, Nov., 1790). – [Lon-
don], s. n., (1790).                     [B 4435
GB Lbm

## BREWSTER Henry

A collection of songs sung at Vaux-Hall,
Marybone &c. – London, Longman, Lukey
& Co., 1769.                            [B 4436
GB Lbm

Vauxhall and Grotto songs with an ode
to summer . . . 1771. – London, Longman,
Lukey & Co., (1771).                    [B 4437
GB Lbm

1772. Vauxhall and Marybone songs . . .
book 3. – London, Longman, Lukey & Co.,
(1772).                                 [B 4438
GB CDp

Come let's mind our drinking. A favourite
drinking song. – [London], Maurice
Whitaker.                               [B 4439
GB Lbm

Female liberty regain'd. A favourite song.
– [London], Straight & Skillern, 1770.
[B 4440
GB En, Lbm

— London, Robert Falkener.            [B 4441
GB Lbm

The Lady's Play Thing [Song]. – [Lon-
don], Maurice Whitaker.                 [B 4442
GB Lbm

The Sprightly Horn. A favourite new
hunting song. – [Dublin], John Lee.
[B 4443
GB Lbm

The sun his gladsome beams withdrawn.
A new song. – London, Maurice Whitaker.
[B 4444
GB Lbm

A set of lessons for the harpsichord or
piano forte with the grand chorus [Hal-
lclujah] in the Messiah . . . adapted for
the organ . . . op. IV. – London, author.
[B 4445
GB Lbm

## BREYMANN Anton

3 Duos [Es, B, D] pour violon, et alto . . .
op. 1. – Wien, Franz Anton Hoffmeister,
No. 236. – St.                          [B 4446
H KE (kpl.; vl-St. in handschriftlicher Kopie)

Canoni enigmatici musicali . . . a due, tre,
e quattro voci, con un breve discorso
sopra i canoni. – Roma, Paolo Masotti,
1632.                                   [B 4447
I Bc

417

## BRIDAULT Theodore

The royal embarkation at Greenwich. A characteristic sonata for the piano forte. – *London, author.*                      [B 4448
**GB** Gu, Lbm, Ob

## BRIDE Richard

SAMMLUNGEN

Favorite collection of two hundred select country dances, cotillons, and allemands ... adapted to the violin, hautboy, and german flute. – *London, Longman, Lukey & Broderip.*                          [B 4449
**GB** DU (unvollständig)

A collection of songs for two voices ... book I. – *London, author.*        [B 4450
**GB** Lam

EINZELGESÄNGE

Be quiet [Song]. – *[London], author.*
                                            [B 4451
**GB** Er, Lbm

To Celia. A song for two voices. – *[London], author.*                         [B 4452
**GB** Lbm

The contented swain [Song]. – *[London], Longman, Lukey & Co.*        [B 4453
**GB** Lbm

— ... a favorite pastoral ballad. – *ib., Longman & Broderip.*              [B 4454
**US** PHu

Cupid drowned in wine [Song]. – *s. l., s. n.*                                    [B 4455
**GB** Lbm

Hark! hark the joy inspiring horn. A favorite hunting song. – *[London], Charles & Samuel Thompson.*            [B 4456
**GB** Lbm

— *[ib.], author.*                        [B 4457
**GB** Lbm, Lcs – **US** U

— *ib., Robert Falkener.*             [B 4458
**GB** Lbm

— *ib., Longman, Lukey & Co.*      [B 4459
**US** PHu

— *s. l., s. n.*                              [B 4460
**GB** Er, Gu, Lbm (andere Ausgabe)

How d'ye do [Song]. – *s. l., s. n.*   [B 4461
**GB** DU – **US** Ws

Lend your aid now my muse. Taste a-la-mode. – *London, H. Fougt.*        [B 4462
**S** Sk

Phillis [Song]. – *[London], author.*
                                            [B 4463
**GB** Lbm

— ... (in: Royal Magazine, vol. XV). – *[London], s. n., (1766).*         [B 4464
**GB** Lbm

The Span [Song]. – *[London], author.*
                                            [B 4465
**GB** Er, Lbm

Sweet Phillis well met. Amoret and Philiis. – *London, H. Fougt.*        [B 4466
**S** Sk

## BRIEGEL Wolfgang Carl

GEISTLICHE WERKE

*1654.* Der Psalter Davids, in einfältige leichte doch liebliche und anmuthige Melodeyen ... contrapuncts-weise mit 4. Stimmen gesetzt ... Th. 1. – *Gotha, Johann Michael Schall (Reyher), 1654.*
                                            [B 4467
**D-brd** W

*1658.* Geistlichen musicalischen Rosen-Gartens erster Theil, gezieret mit Bet-Lob- und Danck-Blümlein in Concerten, von 1. 2. 3. 4. 5. Vocal-Stimmen, nebenst bey sich habenden Instrumenten. – *Gotha, Autor (Johann Michael Schall, Reyher), 1658.* – St.                            [B 4468
**A** Wgm (kpl.: vox I, II, III, IV, vl I, vl II, bc) – **CH** Zz – **D-ddr** GOl (vox II), FBsk (vox II, III, vl I, bc [alle St. ohne Titelblatt]), SAh (vox I, II, III, IV, vl I, bc) – **GB** Lbm (vox I, III, IV, vl I, bc)

*1660a.* Geistlicher Arien erstes Zehen, von einer und zwey Vocal-Stimmen nebenst beygefügten Ritornellen mit zweyen und mehr Violn, sampt dem Basso continuo

gesetzt. – *Gotha, Autor (Johann Michael Schall), 1660.* – P.                    [B 4469
**D-ddr** GOl – **GB** Lbm – **US** Cu

— Geistlicher Arien anderes Zehen, von einer und zwey Vocal-Stimmen nebenst beygefügten Ritornellen mit zweyen und mehr Violn, sampt dem Basso continuo. – *Mühlhausen, Autor (Johann Hüter), 1661.* – P.                    [B 4470
**D-ddr** GOl – **GB** Lbm – **US** Cu

*1660b.* Erster Theil evangelischer Gespräch, auff die Sonn- und Hauptfestage von Advent bis Sexagesima, mit 5. 6. 7. 8. 9. und 10. Stimmen in heut-gebräuchlicher Concert-art gesetzt. – *Frankfurt, Thomas Mathias Götz (Mühlhausen, Johann Hüter), 1660.* – St.                    [B 4471
**A** Wgm (kpl.: vox I, II, III, IV, instr. I, II, bc) – **CH** Zz – **D-brd** DS, F, FRIts (vox III), W (fehlt bc) – **D-ddr** Bds (vox II [unvollständig], vox IV, bc [unvollständig]), Dlb (vox I, II [unvollständig], vox III), GOL (vox II, IV, V, VI), GOl (bc), SAh (kpl.; vox V [unvollständig]) – **F** Sim, Ssp (vox I, II, III, instrum. I, II) – **GB** Ge, Lbm (unvollständig) – **PL** WRu (vox I, III, instrum. I, II) – **R** Sb (vox I) – **S** Skma (vox I)

— Ander Theil Evangelischer Gespräch, auff die Sonn- und Hauptfestage von Quinquagesima bis Pfingsten, mit 4. 5. 6. 7. 8. 9. und 10. Stimmen in heut-gebräuchlicher Concert-Art gesetzt. – *Frankfurt, Thomas Mathias Götz (Mühlhausen, Johann Hüter), 1662 ([instr. I, II:] 1661).* – St.                    [B 4472
**A** Wgm (fehlt vox IV) – **CH** Zz – **D-brd** DS, F, FRIts (vox III), Mbs, W (fehlt bc) – **D-ddr** Bds (vox I [unvollständig], vox II, vox IV [unvollständig], bc), Dlb (vox I, II, III) – **F** Sim (vox I, II, III, instrum. I, II) – **GB** Ge, Lbm (unvollständig) – **PL** WRu (fehlt vox I) – **S** Skma (vox I)

— Dritter und letzter Theil evangelischer Gespräch, vom ersten Sontag Trinitatis an biß auff den XXVI., mit 5. 6. 7. und 8. Stimmen so wohl vocaliter als instrumentaliter auff heut-gebräuchliche Concerten-Art componiret. – *Darmstadt, Henning Müller, 1681.* – St.                    [B 4473
**CH** Zz (kpl.; bc [2 Ex.]) – **D-brd** Bhm, F, FRIts (vox III), W – **D-ddr** LEm (bc)

1661 → 1660a

1662 → 1660b

*1666a.* Evangelischer Blumengarten, über jede Sonn- Fest- und Apostel-Tage mit 4. Stimmen auff leichte madrigalische Art, sampt einem General-Bass ... I. Theil, von Advent biß auff Quinquagesima. – *Gotha, Salomon Reyher (Johann Michael Schall), 1666.* – St.                    [B 4474
**A** Wgm (kpl.: S, A, T, B, bc) – **D-brd** F – **D-ddr** Dlb (3 Ex., davon 1 Ex. kpl.), GOl (S, B, bc [unvollständig]), PR (A, T) – **GB** Lbm (fehlt bc) – **PL** WRu (fehlt bc), Wu – **S** V (kpl.; A und B ohne Titelblatt)

— Evangelischer Blumengarten ... mit 4. und 5. Stimmen, auff leichte madrigalische Art, sampt einem General-Bass ... ander Theil: Von Quinquagesima biss Trinitatis. – *ib., 1666.* – St.                    [B 4475
**D-brd** F (kpl.: S, A, T, B, 5, bc), Ngm (S, bc) – **D-ddr** Bds (S [unvollständig]), Dlb (3 Ex.: A, T; S, T, B, 5, bc [zum Teil unvollständig]; S, A, T, B, bc), GOl (S [unvollständig]), B, bc [unvollständig]), MÜG (5), PR (A, T) – **PL** WRu (fehlt bc), Wu (S, T, 5) – **S** V (fehlt S)

— Evangelischer Blumengarten ... dritter Theil, von Trinitatis biß auffs Advent. – *ib., 1666.* – St.                    [B 4476
**CH** Zz – **D-brd** DS (S), F, Ngm (S, bc), W – **D-ddr** Bds (S [unvollständig]), Dlb (2 Ex.: B; S, A, B, bc), GOl (S, B, bc [unvollständig]), MÜG, PR (A, T) – **PL** Wu (S, A, B, 5), WRu (S, T, 5) – **S** V (fehlt 5)

— Evangelischer Blumengarten ... vierder und letzter Theil welcher in sich begreiffet die Apostel- und andere Fest-Tage. – *ib., 1668 ([bc:] 1669).* – St.                    [B 4477
**D-brd** DS (T), F (A), Ngm (S, bc) – **D-ddr** Dlb (3 Ex.: B; T; S, T, B, bc), GOl (S, B, bc [2 Ex.]), NA (5 [unvollständig]), PR (A, T), SUa (S [unvollständig]) – **PL** WRu (S, T, 5)

1666b → 1666a
1666c → 1666a

1668 → 1666a

*1670a.* Geistliche Oden Andreae Gryphii, &c., mit Melodeyen beleget so dass zwischen jeden Verß mit zweyen Violn nach Beliebung kan gespielet werden. – *Gotha,*

*Salomon Reyher (Johann Michael Schall),*
*1670.* – St. [B 4478
**D-brd** DS (kpl.: S/bc, vla I, vla II), Gs (S/bc)

*1670b.* Zwölff madrigalische Trost-Ge-
sänge mit 5. und 6. Stimmen bey christ-
lichen Leichbegängnissen zu gebrauchen.
*– Gotha, Salomon Reyher (Johann Michael*
*Schall), 1670 ([bc:] 1671).* – St. [B 4479
**CH** Zz (kpl.: vox I, II, III, IV, V, VI, bc) –
**D-ddr** Dlb (vox VI), WA (vox I, III, IV, VI,
bc) – **F** Ssp (vox I, bc) – **GB** Lbm (vox IV)

*1674.* Geistliche Gespräche und Psalmen,
auff Concerten-Manier, so wol vocaliter,
als instrumentaliter, mit sechs Stimmen,
nebenst dem Basso continuo. *– Gotha*
*Salomon Reyher (Christoph Reyher), 1674.*
– St. [B 4480
**D-brd** DS (vox II) – **D-ddr** GOl (vox I, IV,
instrum. I, II) – **PL** Wu (vox III, instrum. II)

*1677.* Herrn Pfarrers Johann Samuel
Kriegsmanns evangelisches Hosianna, in
geistlichen Liedern, auß den gewohnlichen
Sonn und . . . Fest-Tags Evangelien . . .
in leichter Composition, nach Belieben
mit 1. 2. 3. 4. und 5. Singstimmen beneben
zweyen Instrumenten, und einem Gene-
ral-Baß. *– Frankfurt, Albert Otto Faber*
*(Balthasar Christoph Wust), 1677.* – St.
[B 4481
**A** Wn (fehlt S II) – **D-brd** DS (kpl.: S I, S II,
A, T, B, instrum. I, II, bc), F, Mbs (S I, instrum. I) – **D-ddr** GOl (S I), UDa (instrum. II,
bc), WRiv (S I, S II, A, T, instrum. I), WA
(fehlt S II) – **PL** WRu (fehlt A)

— . . . zum andern mahl heraußgegeben,
und mit einem Anhang von 6. Com-
munion, 6. Hochzeit- und 6. Begräbnüß-
Lieder vermehret. *– Giessen, Albert Otto*
*Faber (Henning Müller), 1690.* [B 4482
**CH** Zz – **D-brd** DS (S I [2 Ex.]) – **D-ddr** Dlb

*1679.* Musicalische Trost-Quelle, auss den
gewöhnlichen Fest- und Sontags-Evan-
gelien auch andern biblischen Sprüchen
geleitet, gesprächsweise mit 4. Sing-
Stimmen, benebenst 2. oder 4. Violn
(nach Belieben), sampt dem General-Bass.
*– Darmstadt, Albrecht Otto Faber (Henning*
*Müller), 1679.* – St. [B 4483
**A** Wgm (2 Ex.: S; S, A, T, B, vl I, vl II, vla I,
vla II, bc), Wn (B, vla II, bc) – **CH** Zz – **D-brd**
DS (S, A, T, B, vl II, vla I, bc), F, Kl (S), Mbs
(S, vl I) – **D-ddr** Bds (3 Ex.: S, A, T, vl I, vla I;

S, A, T, vl I, vl II, vla, bc; S, A, T, vl I, vl II,
vla I, bc), GBB (S), Dlb (T, vl I), LEm, LUC
(vl I, vl II, vla I, vla II, bc) – **F** Sim – **GB** Lbm
(S, A) – **NL** DHk (S, T, B, vl I, vla II, bc) –
**PL** GD (fehlt bc), Tu – **S** Skma (S, A, T [un-
vollständig], vl II, vla I, vla II, bc), STr, Uu,
V – **US** Bp (S)

*1680.* Musicalischer Lebens-Brunn, ge-
quollen aus den fürnehmsten Kern-
Sprüchen Heil. Schrifft . . . meistentheils
Gesprächs-Weise eingerichtet, mit 4. Sing-
Stimmen (auch 4. Instrumenten pro com-
plemento) sambt dem General-Basse,
nebenst einem Anhang etlicher Com-
munion-Hochzeit- und Begräbnis-Stück.
*– Darmstadt, Albrecht Otto Faber (Hen-*
*ning Müller), 1680.* – St. [B 4484
**A** Wgm (S, A, T, B, vl I, vl II, vla I, vla II,
bc) – **D-brd** F, WB (vl II) – **D-ddr** Dlb (T, vl II),
KMs, LUC (vl I, vl II, vla I, vla II, bc), NA
(S, T, B, bc), WA (A, vl II, vla I, bc) – **F** Pn
(S, A, B, vl II, vla I, vla II, bc) – **GB** Lbm (S,
A) – **S** Skma (S, A, T, vl II, vla I, vla II, bc),
Uu – **PL** GD (fehlt vla I), WRu (vl II)

1681 → 1660b

*1684.* Christian Rehefelds evangelischer
Palmen-Zweig, bestehend in biblischen
Kern-Sprüchen, und darauff gesetzten
Oden, über die jährliche Haupt-Feyer-
und Sonntägliche Evangelien, mit 1. 2. 3.
4. und 5. Vocal- wie auch 2. 3. 4. und 5.
Instrumental-Stimmen, nebst dem Gene-
ral-Bass, in leichte Harmonie verfasset. –
*Frankfurt, Johann David Zunner (Darm-*
*stadt, Henning Müller), 1684.* – St.
[B 4485
**D-brd** F (kpl.: S I, S II, A, T, B, vl I, vl II, vla I,
vla II, vlne, bc) – **D-ddr** Bds (S I [unvoll-
ständig], S II [ohne Titelblatt], bc), Dlb (2
Ex., davon 1 Ex. kpl. und 1 Ex.: T, vl I), EIl
(B, vl II), KMs (S, A, T, B, vl I, vla I, vla II,
vlne, bc), LEm (S I, S II, A [unvollständig],
B, vlne), NA (A, T, B, vl I, vla II, bc [unvoll-
ständig]), SAh (S I, A, T, bc) – **S** V (S I, S II,
A, T, B, vl I, vl II, vlne, bc)

*1685.* Iohann-Georg Braunens . . . Ci-
thara Davidico-Evangelica, oder: Davi-
dische Evangelische Harpffen . . . in
leichter Composition mit Sing- und Instrumental-Stimmen beneben einem Ge-
neral-Baß. *– Giessen, Albrecht Otto*
*Faber (Henning Müller), 1685.* – St.
[B 4486

A Wgm (kpl.: S, A, T, B, vl II, bc) – **D-brd** F – **D-ddr** Dlb (T, vl I), GLA (S, B, [beide St. unvollständig]), LEm, WA – **DK** Kk

1690 → 1677

*1692*. Des Königs und Propheten Davids sieben Buß-Psalmen, auff Concerten-Art mit 6. Stimmen, als 4. Sing-Stimmen und 2. Violinen, benebenst dem Basso continuo. – *Giessen, Henning Müller, 1692 ([2. Titel im Cantus:] 1690).* – St.
[B 4487
**CH** Zz (kpl.: S, A, T, B, vl I, vl II, vlne, bc) – **D-brd** FRIts – **D-ddr** Dlb (kpl.; S und vl II unvollständig) – S STr (fehlen A und vl II)

*1697*. I. N. J. Concentus Apostolico-Musicus, oder Apostolische Chor-Music, uber die durchs gantze Iahr gewöhnliche Sonn- und Fest-Tags Episteln . . . mit 3. biß 4. Sing-Stimmen und 2. Violinen, sambt einem doppelten General-Bass. – *Giessen, Henning Müller, 1697.* – St.       [B 4488
**CH** Zz (kpl.: S, A, T, B, vl I, vl II, vlne, bc) – **D-brd** F, FRIts (kpl.; bc in 3 Ex.), Ngm (A, T, B) – **D-ddr** LEm (S, A, T, B, vl I), MEIr – **PL** Tu (vlne)

*1709*. Letzter Schwanen-Gesang, bestehend in zwantzig Trauer-Gesängen mit 4. und 5. Stimmen nebst einem General-Bass ad placitum, bey christlichen Leich-Begängnissen zu gebrauchen. – *Giessen, Henning Müller, 1709.* – St.       [B 4489
**CH** Zz (kpl.: S I, S II, A, T, B, bc) – **DK** Kk – **GB** Lbm

GELEGENHEITSGESÄNGE

*1653a*. Trost-Ode (Immer streiten immer Noth [à 4] in: Vita christianorum militia . . . gezeiget bey . . . Leichbestattung . . . Martini Heckeri . . . welcher am 25. Tage Martii, dieses 1653. Iahrs . . . entschlaffen). – *Gotha, Johann Michael Schall (Reyher), 1653.* – P.       [B 4490
**D-ddr** Bds, GOl (2 Ex.), MAl

*1653b*. Trost-Ode (Wann schon der Fromme [à 4] in: Justa exequialia paedo-militziana . . . uber dem . . . Ableiben Georg Heinrich von Miltitz . . . bey dessen . . . Leichbegängnis am . . . 27. Martii dieses 1653. Iahrs . . . erkläret). – *Gotha, Johann Michael Schall, (1653).* – P.       [B 4491
**D-ddr** Bds, GOl, MAl

*1653c*. Christliche Gedancken (Ein Hertz von Gott erleuchet [für 2 T, 3 Violen, Violon und bc]) von etlichen Tugenden bey frölicher Zusammenkunfft auffgesetzet. – *Gotha, Johann Michael Schall, 1653.* – P.
[B 4492
**D-ddr** WRtl

*1655*. Davidischer Hertzens-Seufftzer (Herr wenn ich nur dich habe) . . . in einem . . . Leich-Sermon bey . . . Leichbegängnis des . . . Herrn Iohann Veit Wildts . . . erkläret . . . Gesangs-weise mit 5. Stimmen gesetzet. – *Gotha, Johann Michael Schall, 1655.* – St.       [B 4493
**D-ddr** Bds, GOl (2 Ex.), Ju, MAl – **GB** Lbm

*1657*. Trauer-Gesang (Nun, nun hab ich mein Lauff erfüllet [à 4] in: Gaudium super gaudium, gezeiget . . . bey . . . Leichbestattung . . . Justinae, des . . . Herrn Johannis Seebachs . . . Töchterleins, welches . . . den 19. Decembr. dieses 1657. Iahrs . . . verschieden). – *Gotha, Johann Michael Schall (Reyher), 1658.* – P.       [B 4494
**D-brd** Gs – **D-ddr** GOl

*1664*. Haupt- und Trost-Spruch (Dein Blut, Herr Christ) . . . der . . . Iungfer Annen Christinen Wildin . . . auff madrigalische Art mit fünff Stimmen gesetzet . . . im Iahr 1664. – *s. l., s. n., (1664).* – P.       [B 4495
**D-ddr** Bds, Ju

*1665*. Trauer-Gesang (Ich hab ritterlich gekämpffet [à 4]) dem . . . Herrn Christoph Brunchorsten . . . mit beygefügt (in: Ardentissimum piorum desiderium . . . bey . . . Begräbnis des . . . Herrn Christophori Brunchorsten . . . welcher den 26. Martii dieses 1664. Iahrs . . . entschlaffen). – *Gotha, Johann Michael Schall (Reyher), 1665.* – P.       [B 4496
**D-ddr** Bds, GOl (6 Ex.)

*1666*. Zwey christliche Trost-Gesänge (Ach wie gar nichts [à 6]; Wenn der gerechte Gott gereizt [à 4]) als . . . Herrn Georg Hessen . . . seine . . . Tochter Iungfer Anna Maria . . . von dieser . . . Welt . . . hingenommen worden. – *(Gotha), s. n., 1666.* – P.       [B 4497
**D-ddr** GOl

421

*1668/1669.* Trost-Lied (Sieht man dich denn so geschwind [à 4]) welches nach seligstem Ableiben Sabinae Elisabethae Aschenbachin ... mitleidentlich überreichet ... 1669 (an: Hertzerquickendes Laab- und Lebens-Trüncklein ... bey ... Leichbestattung Sabinae Elisabethae ... Aschenbachs ... d. 9. Octobr. An. 1668). – *Gotha, Johann Michael Schall (Reyher), (1668).* – P.     [B 4498
**D-brd** Gs – **D-ddr** Bds, GOl

*1669.* Trauer-Gesang (Wie ein Hirsch, der von Hunden) welcher der ... verstorbenen Fr. Margarethen Winterin ... mit 5. Stimmen zu singen auffgesetzt ... 1669. – *s. l., s. n., (1669).* – P.    [B 4499
**D-ddr** GOl

*1670a.* Trauer-Ode (Soll denn, was die Tugend pflanzet [à 4] in: Christiani militis praelium & praemium ... bey ... Leichbegängnis ... Herrn Friedrich Iobsten von Seebach ... welcher den 30. Maji ... des ... 1669sten Iahrs ... sein Leben ... geendiget ... vorgeleget). – *Gotha, Johann Michael Schall (Reyher), 1670.* – P.
                           [B 4500
**D-ddr** Bds, GOl (3 Ex.), Ju

*1670b.* Seliger Abschied (Welt ade! mein Ziel ist kommen) welcher bey ... Leichbestattung der ... Iungfer Catharinen Ottilien Wachlerin ... mit 6. Stimmen componiret ... den 11. Aug. 1669. – *Gotha, Johann Michael Schall (Reyher), 1670.* – P.            [B 4501
**D-ddr** GOl (2 Ex.), MAl

*1670c.* Klage und Trost (O des Schmertzen! O der Plagen [à 5]) bey ... Leichbestattung des ... Herrn Nicolai Krausens ... mit 5. Stimmen ... 1670. – *Gotha, Johann Michael Schall (Reyher), 1670.* – P.        [B 4502
**D-ddr** Bds, GOl, MAl

*1678.* Christlicher Traur-Gesang (Es ist nun auß mit meinem Leben, mit 4. Stimmen, in: Scala Jacobaea ... bey ... Leichbestattung der ... Fr. Annen Elisabethen Fabriciin ... als dieselbe den 9. Tag Maji dieses 1678ten Jahrs ... verschieden). – *Darmstadt, Henning Müller, 1678.* – P.       [B 4503
**D-ddr** MAl

*1679.* Christlicher Trauer-Gesang (Einen guten Kampff hab ich auff der Welt gekämpffet) mit 5. Stimmen ... componirt. – *s. l., s. n., (1679).* – P.     [B 4504
**D-ddr** Bds

WELTLICHE WERKE

*1652.* Erster theil, darinnen begriffen X. Paduanen. X. Galliarden. X. Balleten, und X. Couranten, mit 3. oder 4. Stimmen componirt. – *Erfurt, Johann Birckner (Friedrich Melchior Dedekind), 1652.* – St.             [B 4505
**D-brd** HN (T ad placitum, bc), WIl (S I, S II)

*1672.* Musicalisches Tafel-Confect, bestehend in lustigen Gesprächen und Concerten von 1. 2. 3. und 4. Sing-Stimmen, und zweyen Violinen, nebenst dem Basso continuo. – *Frankfurt, Balthasar Christoph Wust, 1672.* – St.    [B 4506
**D-brd** DS (T, vl I)

## BRILLAT

Romance sur l'assassinat du représentant Féraud [1 v und bc]. – *[Paris], Frère.* – P.             [B 4507
**F** Pn (2 Ex.)

## BRILLE Joachim

Missa quatuor vocum ad imitationem moduli Nigra sum. – *Paris, Robert Ballard, 1668.* – P.         [B 4508
**F** Pn

## BRILLIAUD Peter

The Grinder. A favorite Irish tune, harmonized and set with variations for the 4th Dragoon Guards. – *London, G. Astor.* – P.            [B 4509
**I** Rsc

## BRINGIERI Luigi → BRENGERI Luigi

## BRINZINY J.

Sei trietti per tre flauti. – *Paris, Mme Berault; Metz, Kar.* – St.      [B 4510
**F** Pc, Pn

**BRIOSCHI Antonio**

XII Sonate a due e tre violini col basso
... opera prima. – *Paris, Le Clerc le cadet,*
*Le Clerc, Boivin.* – St.                    [B 4511
F Pa

Sonata [I–VI in G, Es, F, G, Es, B] a
quatro stromenti, due violini, alto viola
e basso ... opera seconda. – *Paris,*
*Maupetit, Mme Boivin, Vernadé, Mlle*
*Castagnery; Lyon, Brotonne (gravé par*
*Mlle Bertin, (1745).* – St.          [B 4512
**D-brd** Mbs (vla, b) – F Pc (kpl.: vl I, vl II, vla,
b), Pn

**BRIOU B. de**

Cantates françoises (Les Sirènes; Le Su-
plice de Cupidon; Le Songe d'Anacréon;
Narcisse; La lire d'Orphée en Astre; Bacchus et l'Amour) à voix seule avec symphonie et sans symphonie. – *Lyon, Tho-*
*mas.* – P.                    [B 4513
F Pc, Pn

**BRIVIO DELLA TROMBA Giuseppe Fer-**
**nando**

XII Sonates en trio pour flûtes traversières, violons ou hautbois avec la basse
... livre premier. – *Paris, Le Clerc*
*(gravées par Mme Leclair).* – St.   [B 4514
F Pn

— *ib., Le Clerc, Vve Boivin (gravées par*
*Mlle Michelon).*                    [B 4515
F Pc

XII Sonates en trio pour les flûtes et
violons avec la basse ... deuxième livre.
– *Paris, Le Clerc le cadet, Le Clerc, Vve*
*Boivin (gravés par Mlle Michelon).* – St.
                                    [B 4516
F Pc

**BROCHE Charles**

Sonates [D, g, F] pour le clavecin ou
pianoforte, avec accompagnement de
violon ad libitum ... œuvre Ier. – *Paris,*
*Bignon.* – St.                    [B 4517
F Pn – **GB** Lbm, Ckc

— *[ib., Le Duc, Le Roy].*          [B 4518
F Pc (fehlt Titelblatt)

III Sonates pour le clavecin ou piano-
forté avec accompagnement de violon ad
libitum ... œuvre IIme. – *Paris, Le*
*Duc, Le Roy (gravées par F. P. Le Roy).*
– St.                    [B 4519
F Pc

Trois Sonates pour le clavecin ou le forte-
piano avec accompagnement de violon ad
libitum ... œuvre 3me. – *Rouen, auteur;*
*Paris, Boyer, Mme Le Menu.* – St.
                                    [B 4520
**CH** Gpu – F Pn

— *Paris, Boyer.*                    [B 4521
**P** Ln

**BROCKLAND Cornelius (Corneille de**
**Montfort)**

Le II. Livre du Jardin de musique semé
d'excellentes & harmonieuses chansons &
voix de ville, mises en musique à quatre
parties. – *Lyon, Jean de Tournes, 1579.* –
St.                    [B 4522
F Pc (S)

**BRODECZKY (BRODSKY) Johann Theo-**
**dor**

Trois sonates [G, F, c] pour le clavecin
ou le piano-forte avec accompagnement
d'un premier et second violon & violoncelle ... œuvre IIme. – *Bruxelles, Van*
*Ypen & Pris; Den Haag, Detune; Amster-*
*dam, Vlam; Paris, Cousineau; Lyon,*
*Castaud; Frankfurt, Otto; Mainz (gravé*
*par Van Ypen & Pris).* – St.    [B 4523
**D-ddr** Dlb – F Pn

Trois sonates pour le clavecin ou le piano-
forte avec accompagnement d'un violon
& violoncelle ad libitum ... œuvre III. –
*Bruxelles, van Ypen & Pris; Paris, Cor-*
*nouaille; Lyon, Castaud; Den Haag,*
*Detune; Frankfurt, Otto; Amsterdam,*
*Vlam.* – St.                    [B 4524
F Pc, Pn

Deux sonates pour le clavecin. – *Bruxelles, Gram & Coulemans.*                    [B 4525
**B** Bc

## BRODERIP John

A new set of anthems and psalm tunes. – *Wells, author.* – P.                    [B 4526
**GB** Lbm

— A new set of anthems and psalm tunes in four parts for the use of parish churches. – *London, John Simpson.* [B 4527
**GB** Mp

A second book of new anthems and psalm tunes. – *Wells, author.*                    [B 4528
**GB** Lbm [unvollständig]

— *London, John Simpson.*                    [B 4529
**GB** Mp

— A second book ... containing a thanksgiving anthem for the peace. – *ib., Charles & Samuel Thompson.*                    [B 4530
**GB** Lbm

Psalms, hymns and spiritual songs for one two three & four voices, adapted to the organ or harpsichord for publick or private use. – *London, Charles & Samuel Thompson, for the author (1769).* – P.
                    [B 4531
**GB** Lbm, Lcm

The flower garden. A collection of songs, duets and cantatas. – *London, John Simpson.* – P.                    [B 4532
**GB** Lbm – **US** Wc

Six glees for three voices ... opera quinta. – *London, Longman, Lukey & Co.* – P.
                    [B 4533
**GB** BA, Cu, CDp, Gm, Lbm

[mit Robert Broderip:] Portions of psalms, selected from the version of Brady and Tate, and adapted to fifty-tunes; in one, two, three and four parts. – *Bath, author.* – P.                    [B 4534
**GB** Lbm – **US** FW, Pu

— *Bristol, Mr. Hosell's music shop.*
                    [B 4535
**US** WC

## BRODERIP Robert

Vokalmusik

Sammlungen und Einzelgesänge

A miscellaneous collection of vocal music ... op. IX. – *[London]*, *Longman & Broderip, for the author.* – P.                    [B 4536
**GB** Ckc, Lbm, Ob – **US** Wc

Black ey'd Susan. A favorite cantata. – *London, Longman & Broderip.*                    [B 4537
**GB** Gu, Lbm

— *Dublin, Elizabeth Rhames.*                    [B 4538
**GB** Mp

Blythe is the bird who wings the plain. A Welsh sonnet. – *London, Broderip & Wilkinson.*                    [B 4539
**GB** Lbm, Ob

Hail bounteous May! A favorite duet, with an accompanyment for the piano forte or harp, the words from Milton. – *London, Broderip & Wilkinson.* [B 4540
**GB** Lbm

How blest the shepherd's peaceful lot ... Canzonet, with an accompaniment for the piano forte or harp. – *London, Broderip & Wilkinson.*                    [B 4541
**GB** Lbm, Ob

The Sailor's Adieu. A favourite English ballad, with an accompanyment for a piano forte. – *London, Longman & Broderip.*                    [B 4542
**GB** Lbm

— *[Dublin], Elizabeth Rhames.* [B 4543
**GB** Lbm

The Sailors return. A favorite ballad with an accompanyment for the piano-forte. – *London, Longman & Broderip.*                    [B 4544
**GB** Lbm, Ob

Smooth as the limpid stream [Song]. – *London, Longman & Broderip.* [B 4545
**GB** Lbm

The Standard of England. A favorite song. – *London, Broderip & Wilkinson.*
                    [B 4546
**GB** Lbm

Swiftly blow ye western breezes. A . . . ballad. – *London, Broderip & Wilkinson.*
[B 4547

**GB** Ob

Thy absence, Delia, from my bow'r. A favourite song, with an accompanyment for the piano forte. – *London, Longman & Broderip.* [B 4548

**GB** Lbm

Turn lovely Gwen, be good and kind. A Welsh sonnet. – *London, Broderip & Wilkinson.* [B 4549

**GB** Lbm, Ob

The western sky was purpled o'er. A favorite song. – *London, Longman & Broderip.* [B 4550

**GB** Gu, Lbm, Ob – **US** PL

While from our looks. Isabel. A favorite song. – *London, Longman & Broderip.* [B 4551

**US** Pu

William and Margaret. A celebrated ballad. – *London, Broderip & Wilkinson.* [B 4552

**GB** Ob

Ye woods with grief. Elegy for three voices. – *London, Broderip & Wilkinson.* [B 4553

**GB** Lbm

INSTRUMENTALWERKE

A favorite concerto [Es] for the harpsichord or piano forte with accompaniments for two violins & a violoncello . . . op. 7. – *London, Longman & Broderip.* – St. [B 4554

**GB** Lbm, Ob – **S** Skma – **US** Wc

Four sonatas for the harpsichord or pianoforte, with an accompagniment for a violin. – *London, Longman & Broderip.* – St. [B 4555

**GB** Mp (unvollständig)

Eight voluntary's for the organ . . . op. V. – *London, Longman & Broderip.* [B 4556

**GB** Lbm

The favorite air "If a body meet a body" arranged as a rondo for the piano forte. – *London, Broderip & Wilkinson.* [B 4557

**GB** Lbm

The favorite overture to the occasional ode on the King's recovery [pf]. – *London, Longman & Broderip, (1788).* [B 4558

**GB** Gu, Lbm, Ob

SCHULWERKE

A short introduction to the art of playing the harpsichord, to which is added a collection of progressive lessons, the whole composed for the use of young performers, opera 6. – *London, Longman & Broderip.* [B 4559

**US** Bp

Plain and easy instructions for young performers on the piano forte or harpsichord, to which are added twelve progressive lessons. – *London, Longman & Broderip.* [B 4560

**GB** DU, Lbm, Ob

**BRODSKY Johann Theodor →**
**BRODECZKY Johann Theodor**

**BROGNONICO Orazio**

Primo libro de madrigali a cinque voci. – *Venezia, Giacomo Vincenti, 1611.* – St. [B 4561

**I** FA (T, 5), VEaf (2 Ex., davon 1 Ex. kpl. und 1 Ex.: S, B)

Terzo libro de madrigali a cinque voci. – *Venezia, Giacomo Vincenti, 1615.* – St. [B 4562

**I** Bc (kpl.: S, A, T, B, 5), VEaf (S, T, 5)

Primo libro de madrigali a tre voci. – *Venezia, Giacomo Vincenti, 1612.* – St. [B 4563

**D-brd** Kl (kpl.: S, A, B) – **GB** Lbm (A, B) – **I** Bc (S, B)

La bocca. Secondo libro de madrigali a tre voci. – *Venezia, Giacomo Vincenti, 1614.* – St. [B 4564

**D-brd** Kl (kpl.: S I, S II, B) – **I** VEaf (B)

Gli occhi. Terzo libro de madrigali a tre voci. – *Venezia, Giacomo Vincenti, 1615.* – St.                                                    [B 4565
I VEaf (S I, fehlen S II, B)


## BRONNEMÜLLER Elias

Fasciculus Musicus sive Tabulae varii generis modorum ac concentuum musicorum notis consignatae et compositae. – *Leuwen, Franciscus Halma (A. Houbraken, M. Pool).*                            [B 4566
NL DHgm


Sonate [g, A, F, B, a, D] a due violini e violoncello col organo, opera prima. – *Amsterdam, Franciscus Halma.* – St.
                                                    [B 4567
GB Lbm, Lcm – NL Lu, Uim


VI Sonates à un haubois ou violon & basse continue dont les deux dernières sont bonnes pour la flûte traversière. – *Amsterdam, Estienne Roger.* – P.   [B 4568
D-brd WD (P. und handschriftliche vl-St.)


## BRONNER Georg

VI. Geistliche Concerten von ein biss zwey Sing-Stimmen und 3. Instrumenten. – *Hamburg, Autor (Nicolaus Spieringk), 1696.* – St.                          [B 4569
S L (S, B [unvollständig], vl I, vl II, fag, bc)


Das von E. Hoch-Edlen und Hoch-Weisen Raht der Stadt Hamburg privilegirt- und vollkommenes Musicalisch-Choral-Buch [für Singstimme mit bc], mit Fleiß eingerichtet nach dem Hamburgischen Kirchen-Gesang-Buch. – *Hamburg, Autor (Friedrich Konrad Greflinger), (1715).*
                                                    [B 4570
A Wgm (2 Ex.) – D-brd As, Bim, Hmb, Hs, LÜh – DK Kk – F Pc – US Bp


— *ib., Philipp Hertel, 1721.*        [B 4571
A Wst


## BROOKS James

VOKALMUSIK

Sammlungen und Einzelgesänge

Twelve glees for three & four voices. – *Bath, author.* – P.                        [B 4572
SD
GB Lcm – US Wc


— *London, F. Linley.*                [B 4573
SD S. 192
GB Lbm, Mp


A second sett of twelve glees. – *London, Lewis Lavenu, for the author.*      [B 4574
GB Lbm – US Wc


— *ib., J. & W. Lintern.*            [B 4575
GB BA, Cu


As when some maiden in her teens . . . in the Lovers Device. – *London, Longman & Broderip.*                             [B 4576
GB Lbm


Damon and Phillis. Pastoral dialogue. – *London, Preston.*                      [B 4577
GB Lbm


Ere my dear laddie gade to sea. A favorite Scotch ballad. – *London, Preston.*
                                                    [B 4578
GB Lbm


Fragrant garlands love shall strew . . . in The Vicissitudes of Harlequin. – *London, Longman & Broderip.*             [B 4579
GB P


How sweetly did the moments pass [Song]. – *London, Preston.*     [B 4580
GB Lbm


Louisa. A favorite song. – *Bath, author.*
                                                    [B 4581
GB Lbm, Ob


— *London, Preston.*                  [B 4582
GB Lbm, Lcm


Now home again from foreign climes. The favourite duett . . . in the Lover's Device. – *London, Longman & Broderip.*
                                                    [B 4583
GB Lbm

The Tambourine. A favorite new song with a tambourine accompaniment. – *Dublin, Hime.*                    [B 4584
GB Lbm

When Britains sons to arms are led [Song]. – *London, William Rolfe.* [B 4585
GB Lbm

William and Ann. A favorite ballad. – *London, Lewis, Houston & Hyde.* [B 4586
GB Lbm

Young Damon was a shepherd boy. A favorite glee. – *London, Lewis Lavenu.*
[B 4587
GB Lbm (2 verschiedene Ausgaben)

INSTRUMENTALWERKE

A concerto for the violin in nine parts . . . No. I. — *London, author.* – St.   [B 4588
GB Lbm, Ob

Thirty six select pieces for a military band consisting of marches, quick-steps, minuets & rondos. – *London, Culliford, Rolfe & Barrow.* – St.              [B 4589
GB Ob

A sonata for the piano forte in which is introduced the . . . air of "When forced from dear Hebe to go" with an accompaniment for the violin. – *London, Bland & Weller.* – St.              [B 4590
GB Lcm (unvollständig)

Favourite sonata for the harpsichord or piano forte, with a violin accompaniment (in: Le Tout Ensemble, No. 31). – *[London, Bland & Weller].* – St.       [B 4591
GB Lcm (unvollständig)

Duetts, two, for one performer on the violin . . . op. 4. – *[London]*, author.
[B 4592
US R

**BROSCHI Carlo (Farinelli)**

Ossequioso ringraziamento (Regal Brittania [recitativo et arie per soprano, e violino e viola d'amore, col basso continuo]) per le cortesissime grazie ricevute nella Britannica Gloriosa Nazione. –

*[London]*, s. n. *(engraved by B. Fortier).*
– P.                             [B 4593
GB Lbm – I Baf

**BROSSARD Sébastien de**

GEISTLICHE VOKALMUSIK

Prodromus musicalis, seu cantica sacra . . . voce sola, cum basso-continuo ad organum . . . opus primum. – *Paris, Christophe Ballard, 1695.* – P.       [B 4594
D-brd WD (mit handschriftlichen Stimmen S, bc) – GB Lbm

— Elévations et motets à voix seule, avec la basse continue. – *ib., 1695.* [B 4595
F Pc, Pn (2 Ex.) – US AA

— *ib., 1695.* – [vermehrte Auflage].
[B 4596
F LYm, Pn

— . . . seconde édition . . . augmentée d'un motet pour une basse-taille . . . livre premier. – *ib., 1702.*          [B 4597
F LYm, Pc (2 Ex.), Pn (2 Ex.) – GB Lcm – US DN, Wc

Elévations et motets à II. et III. voix, et à voix seule, deux dessus de violon, ou deux flûtes, avec la basse-continue [Prodromus musicalis . . . pars II]. – *Paris, Christophe Ballard, 1698.* – P.   [B 4598
D-brd WD – F Pc – GB Lcm

— *ib., 1699.*                    [B 4599
F Pc (3 Ex.), Pn (4 Ex.) – GB Lbm – US Wc

Motets à I. II. et III. voix avec la basse-continue . . . livre premier. – *Paris, Christophe Ballard, 1703.* – P.      [B 4600
F Pc

Les Lamentations du prophète Jérémie, qui se chantent selon l'usage romain aux matines du jeudy, du vendredy et du samedy de la semaine-sainte, mises en musique pour une voix et une basse-continue. – *Paris, Jean Baptiste-Christophe Ballard, 1721.* – P.   [B 4601
F Pn

WELTLICHE VOKALMUSIK

Recueil d'airs sérieux et à boire. – *Paris, Christophe Ballard, 1691.* – P.     [B 4602
F Pn (2 Ex.)

*Vm⁷ 3037*

— *ib., 1692.*     [B 4603
F Pc – GB Lbm

*3032*

Second livre d'airs sérieux et à boire. – *Paris, Christophe Ballard, 1694.* – P.
[B 4604
F Pn (2 Ex.) – GB Lbm

*3033*

IIIᵉ Livre d'airs sérieux et à boire. – *Paris, Christophe Ballard, 1695.* – P.
[B 4605
F Pn (2 Ex.) – GB Lbm

*3034*

IVᵉᵐᵉ Livre d'airs sérieux et à boire. – *Paris, Christophe Ballard, 1696.* – P.
[B 4606
F Pn (2 Ex.) – GB Lbm

*3035*

Vᵐᵉ Livre d'airs sérieux et à boire. – *Paris, Christophe Ballard, 1697.* – P.
[B 4607
F Pn (3 Ex.) – GB Lbm

*3036*

VIᵐᵉ Livre d'airs sérieux et à boire. – *Paris, Christophe Ballard, 1698.* – P.
[B 4608
F Pn (3 Ex.) – GB Lbm

Vous demandez, Iris, pourquoy je vous évite? Air nouveau (in: Nouveau Mercure Galant, Juillet, 1678). – *[Paris], s. n., (1678).*     [B 4609
GB Lbm

**BROU**

Orithie. Cantate à voix seule et symphonie, avec la basse chiffrée, pour l'accompagnement du clavecin ... premier œuvre. – *Paris, auteur, Boivin, Le Clerc, Duval (gravée par Joseph Louis Renou), 1738.* – P.     [B 4610
CH SO

La Noce de village. Ballet pantomime dansée sur le théâtre de l'Opéra Comique foire Sᵗ. Germain, le vingtᵐᵉ février 1741, ce qui peut s'exécuter sur la flûte, vielles musette, avec la basse continue, et pareil-

lement utile pour les troupes de comédie en province. – *Paris, auteur, Mme Boivin, Le Clerc.* – P.     [B 4611
F Pc

Vaudevilles, et airs détachées pour l'ouverture de la foire Saint Laurent, chantés sur le théâtre le premier juillet. – *Paris, auteur.* – P.     [B 4612
GB Lbm

**BROUCK Jacob de**

Cantiones tum sacrae (quae vulgo moteta vocantur) tum profanae, quinque, sex, & octo vocum. – *Antwerpen, Christophe Plantin, 1579.* – St.     [B 4613
A Wn (kpl.: S, Contra-T, T, B, 5, 6) – D-brd KNu (Contra-T, B, 5), Mbs – E V (Contra-T, T, B, 6), Mc – PL GD

**BROWN John**

The cure of Saul. A sacred ode (in: A dissertation on the rise, union and power ... of poetry and music). – *London, L. Davis & C. Reynes, 1763.*     [B 4614
GB Mp

— *Dublin, G. Faulkner, 1763.*     [B 4615
GB Mp

**BROWN Richard**

A Psalm of thanksgiving, to be sung by the children of Christ's-Hospital, on monday, tuesday, and wednesday in Easter-week ... 1688. – *London, Miles Flesher, 1688.*     [B 4616
GB Lbm

— *s. l., E. Jones, for John Carr & Samuel Scot, 1690.*     [B 4617
GB Lbm

Three catches. – *s. l., s. n.*     [B 4618
GB Mch

The Duke Sounds. A catch for 3 voices on the Duke of Marlboroughs late victory over the French and Bavarians in Germany. – *[London], s. n. (Thomas Cross).*     [B 4619
D-brd Hs

If my Sawny thou's but love me. A Scotch song. – *[London]*, *s. n.* *(Thomas Cross).*
[B 4620
GB Lbm (ohne: Thomas Cross), Mch

Let's consecrate a mighty bowl. The Midwifes Christening Song. – *[London]*, *s. n.* *(Thomas Cross).*        [B 4621
D-brd Hs

'Tis musicks sweetest charms. A single verse in a ball-song, made for Camberwell School, together with the musick for two flutes and a curtal preceeding it. – *[London]*, *s. n.* *(Thomas Cross).*
[B 4622
GB Mch

Weep all ye swains. An elegy on the . . . death of M^r Jeremiah Clark. – *[London]*, *s. n.* *(Thomas Cross).*        [B 4623
D-brd Hs – GB Mch

## BROWN T.

Over the water to Charlie. With variations [for pf]. – *London, Straight & Skillern.*        [B 4624
GB Lbm

## BROWN Thomas

A collection of songs and a cantata, for the harpsichord or piano forte. – *London, author, 1774.*        [B 4625
GB Lbm

## BROWN William (I)

The Precentor, or An easy introduction to church music, with a choice collection of psalm tunes, all in three and four parts . . . the sixth edition. – *Glasgow, author, 1799.*        [B 4626
GB En

## BROWN William (II)

Three rondos for the piano forte or harpsichord. – *Philadelphia, author (engraved by J. Aitken).*        [B 4627
US Bp, PHu, Wc

## BROWNSON Oliver

Select harmony. Containing the necessary rules of psalmody together with a collection of approved psalm tunes, hymns and anthems [for 4 voices]. – *[New Haven, Thomas & Samuel Green]*, *(engraved by I. Sanford), 1783.*
SD        [B 4628
US Bhs, NYp, WEL, WOa

## BRUCE Thomas

The common tunes; or Scotland's church musick made plain [for three voices]. – *Edinburgh, author, 1726.*        [B 4629
GB A, DU, En (2 Ex.), Ep, Gm, Ge, GL, Lbm (unvollständig) – US Bp, Nf, PRs

## BRÜCKNER Wolfgang

Zweyfaches Zehen ordentlicher Sonn- und Fest-Täglicher Evangelien . . . mit 4. 5. 6. 7. und 8. Stimmen neben dem Basso continuo beydes vocaliter und instrumentaliter zu gebrauchen. – *Erfurt, Johann Birckner (Friedrich Melchior Dedekind), 1656.* – St.        [B 4630
D-ddr Dlb (2, 3, 4, [unvollständig:] 6, 7, 8), MÜG (kpl.: 1, 2, 3, 4, 5, 6, 7, 8, bc)

## BRÜGGEMANN J. F.

Wenn aus deinen sanften Blicken. Lied fürs Clavier oder Fortepiano. – *Hamburg, Karl Wilhelm Meyn, 1797.*        [B 4631
A Wgm

## BRÜHL Le Comte de

Six sonatas for the piano forte or harpsichord with a violin accompaniment . . . opera prima. – *London, John Welcker.* – P.
[B 4632
GB Lcm

## BRÜNING(S) Johann David

Trois sonates [A, C, Es] pour le clavecin ou piano forte . . . [op. 1]. – *Zürich, Jo-*

*hann Georg Nägeli; Leipzig, Christoph Gottlob Breitkopf.* [B 4633
**CH** Zz

Six sonatines pour le clavecin ou piano-forte . . . œuvre II. – *Zürich, Johann Georg Nägeli; Leipzig, Christoph Gottlob Breit-kopf (Clausner).* [B 4634
**CH** W

Sonate pour le clavecin ou piano-forte avec accompagnement de violon et violon-celle . . . œuvre 3e. – *Paris, Imbault, No. 445.* – St. [B 4635
**F** Pn

## BRUHIER Joseph

Premier recueil d'ariettes choisies dans différens opéras-comiques avec accom-pagnement de harpe ou de piano-forte. – *Paris, de La Chevardière.* [B 4636
SD S. 318
**F** Pc, Pn

## BRUHNS Friedrich Nicolaus

Aria a 3, alto solo, 2. viold'amour, con basso continuo. – *Hamburg, Konrad Neu-mann (1692).* – St. [B 4637
**D-ddr** Dlb

Der Zeiten stetige Veränderung. In einer Aria (Es ist der aller älteste Bund) a 3, alto solo, 2. violin, con continuo. – *Ham-burg, Konrad Neumann, 1693.* – St. [B 4638
**D-ddr** Dlb

## BRUININGK Axel Heinrich von

Sonate für das Clavier [B]. – *Leipzig, [am Schluß:] Breitkopfische Notendruckerei, auf Kosten des Autors.* [B 4639
**D-brd** B

## BRUINSMA Ybe Ages

Nieuwe en eenigen bekenden melodyen met eigen gecomponeerde bassen. – *Am-sterdam, J. W. Wessing, 1774.* [B 4640
**B** Aa – **D-brd** KNh – **GB** Lbm – **NL** DHgm, At, Uim

## BRULART

Les Jardins de St. Cloud. Cantate à voix seule et symphonie. – *Paris, auteur, Mme Boivin, Le Clerc, Mme Hue (gravé par le Sr Hue).* – P. [B 4641
**F** Pa

## BRUMBEY Karl Wilhelm

Das Seelige im Sterben der Gerechten. Cantilene mit Accompagnement. – *Berlin, George Friedrich Starcke.* [B 4642
**D-ddr** Bds

## BRUMEL Antoine

[Missae a 4 v:] Je nay dueil. Berzerette Savoyene. Ut re mi fa sol la. L'homme armé. Victime paschali. – *Venezia, Otta-viano Petrucci, 1503.* – St. [B 4643
**A** Wn (kpl.: S, A, T, B) – **D-ddr** Bds – **I** Mc (T, B), Bc

## BRUNELLI Antonio

*1612.* Prato di sacri fiori musicali, per una voce sola, e per più sino a otto voci per concerti con il basso continuato per sonar nell' organo . . . opera settima. – *Venezia, Giacomo Vincenti, 1612.* – St. [B 4644
**I** Rvat-barberini (kpl.: S I, S II, A, B, bc), P Ip (bc)

*1613.* Arie, scherzi, canzonette, madrigali a una, due, e tre voci per sonare, e can-tare . . . opera nona. – *Venezia, Giacomo Vincenti, 1613.* – P. [B 4645
**I** Rvat-barberini

*1614a.* Scherzi, arie, canzonette, e madri-gali, a una, due, e tre voci per sonare, e cantare con ogni sorte di stromenti . . . libro secondo, opera decima. – *Venezia, Giacomo Vincenti, 1614.* – P.
SD 1614[14] [B 4646
**B** Br – **CS** Pu – **I** Fc, Vnm

*1614b.* Varii esercizii per 1 o 2 voci e per esercizio di cornetti, traverse, violini. – *Firenze, Pignoni, 1614.* [B 4647
**I** Fn

*1616.* Scherzi, arie, canzonette, e madri-gali a una, due, e tre voci, per cantare sul

chitarrone, & stromenti simili ... libro
terzo, opera duodecima. – *Venezia, Giacomo Vincenti, 1616.* – P.
SD 1616[12]                                    [B 4648
CS Pu – I Vnm

*1617.* Sacra cantica ... singulis, binis, ternis, quaternis vocibus modulata, una cum
gravi voce ad organum, in quinque libros
digesta, opus decimum tertium. – *Venezia,
Giacomo Vincenti, 1617.* – St.    [B 4649
I Fn (kpl.: S I, S II, A, B, org)

*1619.* Missae tres pro defunctis quarum
prima, et secunda quaternis vocibus, tertia vero septenis concinuntur, item Improperia senis et Miserere quaternis vocibus;
que omnia, excepta prima, et secunda
missa, sine organo non modulantur, et
simul cum gravi voce ad organum sunt,
in octo libros distributa, opus decimum
quartum. – *Venezia, Giacomo Vincenti,
1619.* – St.                          [B 4650
D-ddr Bds (kpl.: S, A, T, B, 5, 6, bc; B und bc
unvollständig) – I FZd (bc)

*1626.* Prima parte delli fioretti spirituali
a 1. 2. 3. quatro & cinque voci per concertare nell'organo ... con la seconda
parte & basso continuo nel quale saranno
alcuni avvertimenti molto necessarij,
opera XV. – *Venezia, Bartolomeo Magni,
1626.* – St.
SD                                             [B 4651
I Fn (S, A, T B, org), VCd (A, T, B, org)

## BRUNELLI Lorenzo

Concerti ecclesiastici a 1. 2. 3. 4. 5. 6. 7. 8.,
libro primo ... opera prima. – *Venezia,
stampa del Gardano, appresso Bartolomeo
Magni, 1629.* – St.                   [B 4652
I Fn (A, B, 5)

## BRUNET DE MOLAN

Cantates et ariettes françoises (Apollon et
Daphné; Pyrame et Thisbé; Le jugement
de Paris; Le destin de Narcisse; On voit
que toute la nature; L'Amant jaloux; La
sagesse; La puissance de l'amour; La
persévérance; La puissance de Bacchus).
– *Paris, Pierre Ribou (gravées par Roussel), 1708.* – P.                       [B 4653
F B, Pn

## BRUNET Luigi

Concerto [C] per flauto traverso. – *Napoli,
Luigi Marescalchi, No 57.* – St.   [B 4654
I Nc (fl princ., vl I, vl II, vla, b, ob I, ob II,
fag, cor I, cor II)

## BRUNETTI Domenico

L'Euterpe ... opera musicale di madrigali, canzonette, arie, stanze, e scherzi
diversi, in dialoghi, e echo, a una, due, tre,
et quattro voci, da cantarsi in theorba,
arpicordo, & altri stromenti. – *Venezia,
Ricciardo Amadino, 1606.* – P.    [B 4655
F Pthibault (unvollständig) – I Rsc – US Bp

Unica voce, binis, ternis, quaternis, &
pluribus ad usum ecclesie varij concentus,
cum gravi, & acuto ad organum. – *Venezia,
Alessandro Raverii, 1609.* – St.    [B 4656
D-brd Rp (S, T, B) – I Ac (A), Bc (kpl.: S, A, T,
B, org), CEc (T, B [2 Ex.]), Ls (S, A, T, B)

Canticum deiparae virginis octies singulos rhythmorum sacrorum ordines gradatim repetitum, quinis vocibus decantandum, addito proditiori, ac leniori modulamine ad placitum organi basso, opus
tertium. – *Venezia, Alessandro Vincenti,
1621 ([B:] 1610).* – St.              [B 4657
I Bc (kpl.: S, A, T, B, 5, org)

## BRUNETTI Gaetano

Sei sestetti [D, A, Es, C, G, c] per tre
violini, viola, e due violoncelli obligati ...
opera 1ª ... la partie du violoncelle se
pourra exécuter sur l'alto ou un basson. –
*Paris, Venier.* – St.                 [B 4658
CS Pnm (fehlt vl I) – F Pc

Seis trios [C, A, Es, F, E, B] para dos violines y baxo. – *s. l., s. n.* – St.    [B 4659
I Gi (unvollständig)

Sei trio [Es, B, B, F, f, D] per due violini
e violoncello ... opera IIIª, libro secondo
di trio. – *Paris, Venier, aux adresses ordinaires; Lyon, Castaud.* – St.        [B 4660
D-brd B – GB Lbm, Ltc (unvollständig)

Six duos pour deux violons ... œuvre III.
– *Paris, de La Chevardière.* – St.  [B 4661
F Pn

## BRUNETTI Giovanni

Motecta quinque vocum . . . liber primus.
– *Venezia, Alessandro Vincenti, 1625.* –
St. [B 4662
GB Lbm (S, A, T, 5) – I Bc (kpl.: S, A, T, B, 5),
PCd, Rvat-barberini (2 Ex. und part.), VCd
(S, A, T, 5)

Motecta binis, ternis, quaternisque vocibus, una cum basso ad organum . . . liber
primus. – *Venezia, Alessandro Vincenti,
1625.* – St. [B 4663
I Bc, Bsp

Motetti concertati a due, tre, quattro,
cinque, et sei voci, con le letanie della
Madonna a cinque, con il basso continuo
per sonar nell'organo . . . libro secondo. –
*Venezia, Alessandro Vincenti, 1625.* – St.
[B 4664
I Bc (kpl.: S, A, T, B, 5, bc)

Salmi intieri concertati a cinque, e sei
voci . . . con il basso continuo per sonar
nell'organo. – *Venezia, Alessandro Vincenti, 1625.* – St. [B 4665
I Bc (kpl.: S, A, T, B, 5, bc), FEc

## BRUNI Antonio Bartolomeo

MUSIK ZU BÜHNENWERKEN

L'Auteur dans son ménage

L'Auteur dans son ménage. Opéra comique en un acte. – *Paris, Imbault, No. 132.*
– P. [B 4666
B Bc – D-brd BNu – DK Kk – F A, G, Lm, Pc
(2 Ex.), Pn, TLc – S St – US AA, Wc

Il est moins utile. Air . . . accompagne-
ment de piano-forte par B. Viguerie. –
*Paris, Imbault, No. A. 360.* [B 4667
DK Kk (Etikett: Sieber)

Je connais plus d'un auteur . . . accom-
pagnement de guitare par Lemoine. –
*Paris, Imbault.* [B 4668
F Pc

Célestine

Célestine. Comédie lyrique en trois actes
mêlés d'ariettes . . . représentée pour la

première fois, à la Cour & à Paris . . . en
1787. – *Paris, Des Lauriers.* – P. [B 4669
B Bc – D-brd MZsch – D-ddr Bds – F A, Dc,
Pc (2 Ex.), Pn – GB Lbm – I Rvat – NL DHgm
– US Wc

— *ib., No. 44.* [B 4670
F V – GB Lbm (No. nicht angezeigt)

Parties séparées. – *Paris, Lawalle l'Ecu-
yer.* [B 4671
D-brd MZsch (kpl,: 12 St.) – F Lm (2 Ex.) –
NL DHgm

Claudine, ou Le petit commissionaire

Claudine, ou Le petit commissionaire.
Opéra en un acte, représenté sur le
théâtre de la rue Feydeau. – *Paris, Bon-
jour, Le Moine (gravé par Michot).* – P.
und St. [B 4672
B Bc (P.) – F Lm (P. und 12 St.), Pc, Pn – GB
Lbm (2 Ex.) – S St (P. und 13 St.) – US AA, R,
Wc (Etikett: Cousineau père & fils)

Ouverture . . . arrangée pour le clavecin
ou le forte piano avec accompagnement
de violon. – *Paris, Bonjour.* – St. [B 4673
F Pn

— . . . arrangée en duo pour le violon. –
*ib.* – St. [B 4674
F Pn (vl I, vl II)

Ah! fort bien dame. Duetto . . . avec accompagnement de clavecin. – *Paris, Bonjour, No. 8.* [B 4675
F Pc, Pn

De ma tendresse inquiète. Vaudeville . . .
avec accompagnement de clavecin. –
*Paris, Bonjour, No. 10.* [B 4676
F Pn

— . . . avec accompagnement de harpe
par le C[en] Plane. – *ib., No. I.* [B 4677
DK Kk (Etikett: Louis)

Le désespoir qui m'accable. Air . . . avec
accompagnement de clavecin. – *Paris,
Bonjour, No. II.* [B 4678
F Pn

Hélas Jeanette qui chantait si bien. Air
. . . avec accompagnement de clavecin. –
*Paris, Bonjour, No. 2.* [B 4679
F Pc, Pn (s. No.)

— . . . accompagnement de guitare. – *ib.,*
*s. No.*                                    [B 4680
F Pn

— . . . avec accompagnement de harpe
par G. Gelinek. – *ib., Cochet.*    [B 4681
DK Kk (Etikett: Louis)

J'ai ma fois plus de raison. Air . . . avec
accompagnement de clavecin. – *Paris,*
*Bonjour.*                                    [B 4682
F Pn

Il n'en est pas de généreux. Air . . . avec
accompagnement de clavecin. – *Paris,*
*Bonjour, No. 6.*                        [B 4683
F Pn

Je puis d'une ardeur fidèle. Air . . . avec
accompagnement de clavecin. – *Paris,*
*Bonjour, No. 9.*                        [B 4684
F Pn

Je voulais en vain me distraire. Air . . .
avec accompagnement de clavecin. –
*Paris, Bonjour.*                        [B 4685
F Pn

— . . . accompagnement de guitare. – *ib.*
                                              [B 4686
F Pn

— . . . avec accompagnement de harpe
par G. Gelinek. – *ib., Cochet.*    [B 4687
DK Kk (Etikett: Louis)

On riait de ma tournure. Air . . . avec
accompagnement de clavecin. – *Paris,*
*Bonjour, No. 7.*                        [B 4688
F Pn

Ou je t'en donne l'assurance. Duetto . . .
avec accompagnement de clavecin. –
*Paris, Bonjour, No. 5.*             [B 4689
F Pn

Près de vous que votre fille. Duetto . . .
avec accompagnement de clavecin. –
*Paris, Bonjour.*                        [B 4690
F Pn

Quel plaisir pour toi. Vaudeville . . . accompagnement de guitare. – *Paris, Bon-*
*jour.*                                        [B 4691
F Pn

L'Isola incantata, ou L'Isle enchantée

L'Isola incantata, ou L'Isle enchantée.
Opéra bouffon en trois actes, représentée
. . . le 6 août 1789. – *Paris, Le Duc, suc-*
*cesseur de Mr. de La Chevardière, No. 6.*
– P.                                          [B 4692
D-ddr Bds – F Lm, NAc, Pc, Pn – US AA (unvollständig), Bh

— *ib., Boyer (gravée par Mlle Borrelly).*
                                              [B 4693
B Gc – F G – US Wc

Je vivais tranquille et contente. Air. –
*Paris, Imbault.*                        [B 4694
GB Lbm

Le Major Palmer

Le Major Palmer. Opéra en trois actes . . .
représenté pour la première fois sur le
théâtre de la rue Feydeau le 7 pluviose de
l'an 5e, 26 janvier 1797. – *Paris, Imbault*
*(gravé par Huguet), No. 681.* – P. und St.
                                              [B 4695
A Wn (P.) – B Bc (P.) – D-brd MZsch (P. und
17 St.) – D-ddr Dlb (P.) – F A (P.), Dc (P.), Lm
(P. und 17 St.), LYm (P.), Pc (P. und 17 St.),
Pn (P. und 17 St. [in 2 Ex.]), R (P.), TLc (P.)
– GB Lbm (P.) – NL DHgm (P. und St.) – S St
(P. und St.) – US AA (P.), BE (P., Etikett: Le
Duc), Cn (P.), NYp (P.), R (P.), Wc (P.)

— *Lyon, Bauer, 1797.*             [B 4696
F G

— *s. l., s. n.*                        [B 4697
B Gc

Ouverture [e] . . . arrangée pour deux
flûtes. – *Paris, Janet & Cotelle, No. O. F.*
*158.* – St.                            [B 4698
CH E

Ouverture et airs . . . arrangés pour le
pianoforte par J. B. Auvray. – *Paris, Im-*
*bault, No. O ♯ 158 (A ♯ 326–333).*
                                              [B 4699
F Pn

Doux objet de ma tendresse. Duo . . . avec
accompagnement de piano par J. B.
Auvray. – *Paris, Imbault, No. A. ♯ 333.*
                                              [B 4700
F Pc

Le Marquis Tulipano

Ouverture arrangée en quatuor pour deux violons, alto et basse. – *Paris, Imbault, No. Q. 102.* – St.      [B 4701
F Pc

— *ib., Bonjour.*      [B 4702
F Pn

— . . . arrangée pour le clavecin ou le forte-piano avec accompagnement de violon. – *ib., No. O. 6. C.*      [B 4703
F Pn (s. No.) – S Skma (pf, fehlt vl)

— . . . arrangée en duo pour deux violons. – *ib., Imbault, No. 102.*      [B 4704
F Lm (vl I)

L'Officier de fortune

Fidel époux franc militaire sont des titres chers. Vaudeville . . . avec accompagnement de clavecin. – *[Paris], Frère, No. 145.*      [B 4705
CH Zz

— . . . avec accompagnement de guittare. – *[Paris], Frère.*      [B 4706
GB Lbm

Le Règne de douze heures

Le Règne de douze heures. Opéra en deux actes . . . représenté sur le Théâtre royal de l'Opéra comique le 8 décembre 1814. – *Paris, Mme Duhan, No. 470.* – P.      [B 4707
A Wn – B Bc

La Rencontre en voyage

La Rencontre en voyage. Comédie en un acte, en prose . . . représentée pour la première fois sur le théâtre Feydeau le 9 floréal, an 6 de la république. – *Paris, Imbault, No. 712.* – P. und St.      [B 4708
A Wn (P.) – B Bc (P.) – D-ddr Dlb (P., Etikett: Le Duc) – DK Kk (P., [2 Ex., davon 1 Ex. s. No.]) – F A (P.), LYm (P.), Lm (P. [s. No.] und 13 St.), Pc (P. [2 Ex.]), Pn (P. und 13 St. [in 2 Ex.]), R (P.), TLc (P.) – GB Lbm (P.) – NL DHgm (P.) – S St (P. [s. No.] und 13 St.) – US AA (P. [s. No.], Etikett: Toulouse, Crosilhes-Calvet), R (P.), Wc (P.)

Ouverture arrangée pour clavecin ou pianoforte. – *Paris, Imbault, No. 0.* # *160.*      [B 4709
DK Kk

On éprouve en voyage. Air . . . arrangé pour le forte piano par Trial. – *Paris, Imbault, No. A.* # *341.* – P.      [B 4710
F Pc

— . . . Rondo . . . accompagnement de guitarre par Lemoine. – *ib., Frère, No. 3.*      [B 4711
F Pc

Les Sabotiers

Les Sabotiers. Opéra comique en un acte. – *Paris, Imbault, No. 701.* – P.      [B 4712
D-ddr Bds – F A, Pn – S St

Ouverture . . . arrangée en duo pour deux clarinettes. – *Paris, Imbault, No. 0. C. 157.* – St.      [B 4713
F Pn (2 Ex.)

— . . . arrangée en duo pour deux flûtes. – *ib., No. 0. F. 157.*      [B 4714
F Pn (2 Ex.)

— . . . arrangée en duo pour deux violons. – *ib., No. 0. V. 157.*      [B 4715
F Pn

Conservés bien votre chaussure. Vaudeville . . . [No. 4] . . . accompagnement de guittare par le C. Lemoine. – *Paris, Imbault.*      [B 4716
F Pn

Dans un moment d'humeur. Air . . . [No. 5] . . . accompagnement de guitare par le C. Lemoine. – *Paris, Imbault.*    [B 4717
F Pn

Est-il un plus doux métier. Air . . . [No. 3] . . . accompagnement de guitare par le C. Lemoine. – *Paris, Imbault.*      [B 4718
F Pn

Jamais de mélancolie. Air . . . [No. I] . . . accompagnement de guittare par le C. Lemoine. – *Paris, Imbault.*      [B 4719
F Pn

Pour plaire une fillette. Air . . . [No. 2] . . . accompagnement de guittare par le C. Lemoine. – *Paris, Imbault.*      [B 4720
F Pn

— . . . Couplets . . . arrangés pour le piano par J. B. Auvray. – *[Paris]*, *Gaveaux.*
[B 4721
S Skma

Spinette et Marini

Ouverture italienne . . . mise en harmonie pour quatre clarinettes, pour deux cors, deux bassons et trompette par G. F. Fuchs. – *Paris, Jean Henri Naderman, No. 163.* – St.
[B 4722
D-brd Tu (kpl.: 9 St.) – F Pn (kpl. [2 Ex.])

Toberne, ou Le Pêcheur suédois

Toberne, ou Le Pêcheur suédois. Opéra en deux actes . . . représentée sur le théâtre de la rue Feydeau, le 11 frimaire, 4e. année de la Républ. Française. – *Paris, frères Gaveaux (gravé par Vanjxem), No. 5.* – P. und St.
[B 4723
A Wgm (s. No., Etikett: Imbault) – B Bc (s. No.) – D-brd Hs (s. No.) – F A, Dc, Lm (s. No.), LYm, Pc (2 Ex.), Pn, TLc – GB Lbm (2 Ex.), Ltc – NL At, DHgm (P. und St.) – S St (s. No.) – US Cn (s. No.), I, R (s. No.), Wc (s. No.)

Harmonie . . . arrangée pour deux clarinettes, deux cors, deux bassons, une petite et grande flûte ad libitum par M. J. Gébauer. – *Paris, frères Gaveaux, s. No.* – St.
[B 4724
D-brd AB (fl, cl I/II, cor I/II, fag II)

C'est à toi. Duo . . . [No. 2] . . . arrangé pour piano ou harpe par N. Carbonel. – *Paris, frères Gaveaux.*
[B 4725
DK Kv – F Pn

Dans ma retraite obscure. Air . . . [No. 3] . . . arrangé pour piano ou harpe par N. Carbonel. – *Paris, frères Gaveaux.*
[B 4726
F Pn

Depuis ma tendre enfance. Air . . . [No. 4] . . . arrangés pour piano ou harpe par N. Carbonel. – *Paris, frères Gaveaux.*
[B 4727
F Pn

— . . . [avec accompagnement de guitarre]. – *ib., Mme Lebeau.*
[B 4728
D-brd DÜk

Point de mélancolie, bannissons les regrets. Air . . . [No. 6] . . . arrangés pour piano ou harpe par N. Carbonel. – *Paris, frères Gaveaux.*
[B 4729
F Pn

— *ib., Mme Lebeau.*
[B 4730
D-brd DÜk – GB Lbm

Rassurez-vous, séchez vos larmes. Duo . . . [No. 5] . . . arrangés pour piano ou harpe par N. Carbonel. – *Paris, frères Gaveaux.*
[B 4731
F Pn

— *ib., No. 255.*
[B 4732
F Pc

Soins généreux, céleste bien-faisance. Air . . . [No. 7] . . . arrangés pour piano ou harpe par N. Carbonel. – *Paris, frères Gaveaux.*
[B 4733
F Pn – GB Ckc

— *ib., Mme Lebeau.*
[B 4734
F Pn – GB Lbm

Trésor d'une âme, honnête et pure. Air . . . [No. I] . . . arrangés pour piano ou harpe par N. Carbonel. – *Paris, frères Gaveaux.*
[B 4735
F Pn

VOKALMUSIK

O dieu puissant. Hymne à l'Être Suprême chanté par les enfans le 20 prairreal l'an 2me. – *s. l., s. n., 1794.*
[B 4736
F Pn – GB Lbm

— *[Paris], Frère.*
[B 4737
F Pn (3 Ex.)

— . . . avec accompagnement de clavecin. – *Paris, Bonjour.*
[B 4738
F Pn (4 Ex.)

Se meritar potessi. Canzonetta [Es] . . . per il cembalo. – *Dresden, Paul Christian Hilscher, No. 71.*
[B 4739
CH Bu

Le Triomphe de l'amitié. Aria . . . avec accompagnement de deux violons et basse arrangé pour la harpe ou forte piano . . . par Mr Moline. – *Paris, Baillon.* – P.
[B 4740
F Pc

Ariette en rondeau . . . avec accompagnement de deux violons, alto et basse arrangée pour la harpe ou forte-piano. – *Paris, Baillon.*                    [B 4741
F Pc (unvollständig)

Romance en rondeau . . . avec accompagnement de deux violons, alto et basse arrangée pour la harpe ou forte-piano. – *Paris, Baillon.* – P.        [B 4742
F Pc (unvollständig)

INSTRUMENTALWERKE

Für 4 Instrumente

Six quatuors [Es, C, B, D, A, F] pour deux violons, alto et basse. – *Paris, Sieber.* – St.                    [B 4743
CH SO – D-brd Mbs – I MOe – US R

Six quatuors dialogués [F, Es, C, D, B, Es] pour deux violons, alto et basse . . . œuvre III. – *Paris, de La Chevardière; Lyon, Castaud; Bruxelles, Godefroy; Liège, Nicolas Therry; Bordeaux, Bouillon; Lille, Sifflet (gravé par Le Roy l'aîné).* – St.
[B 4744
A Wgm – F Pc – US Wc

Six quatuors concertants pour deux violons, alto et basse. IVme Livre de quatuors. – *Paris, Sieber.* – St.       [B 4745
F Pc – US R

Six quatuors concertants [C, F (d), Es, D, B (g), A] pour deux violons, alto et basse . . . 6me livre de quatuors. – *Paris, Imbault.* – St.               [B 4746
F Pc – I Mc, MOe, Nc (vl II, vla, b) – YU Zha (vl I)

Six quatuors concertants [Es, A, D, B, F, E] pour deux violons, alto et violoncelle . . . 7e livre de quatuors. – *Paris, Boyer, Mme Le Menu.* – St.          [B 4747
A Wgm – F Pn – NL Uim – US R

Six quatuors concertants pour deux violons, alto et violoncelle . . . œuvre VIII. – *Paris, Baillon.* – St.          [B 4748
CH SO – F Pn

— . . . œuvre VIII [1e–2e] partie. – *ib., Bonjour, No. B. 8. 1 – B. 8. 2.* – St.   [B 4749
F Pc

Six quatuors concertants pour deux violons, alto et violoncelle . . . 9e livre de quatuors. – *Paris, Boyer, Mme Le Menu.* – St.
[B 4750
B Bc – F Pn – GB Lbm

Six quatuors concertants [D, B, F, A, C, Es] pour deux violons, alto et violoncelle . . . 10e livre de quatuors. – *Paris, Boyer.* – St.                    [B 4751
F Pc – I Nc (vl II, vla, b), Tn (vl I)

Für 3 Instrumente

Six trios concertants [Es, G, F, B, g, D – in 2 Teilen] pour deux violons et alto ou violoncelle . . . 1er livre de trios. – *Paris, Sieber, No. 449(–450).* – St.        [B 4752
S VII (Nr. 1–6; fehlt vl II) – US STu (Nr. 1–6)

Six trios concertants [F, Es, g, D, c-C, B – in 2 Teilen] pour deux violons et alto ou violoncelle . . . 2e livre de trios. – *Paris, Sieber, No. 463(–464).* – St.
[B 4753
F Pc (Nr. 4–6, fehlt vlc) – I Gl (Nr. 1–3) – S VII (Nr. 1–6) – US R (Nr. 4–6)

Six trios concertants [Es, B, d, F, G, C – in 2 Teilen] pour deux violons et alto ou violoncelle . . . œuvre 36, 3e livre de trios. – *Paris, Pascal Taskin, No. 56(–57).* – St.
[B 4754
I Mc (1–3, 4–6 [2 Ex.])

— *ib., Gambaro, No. 56(–57).*   [B 4755
D-brd F (Nr. 4–6) – I Mc (Nr. 1–3) – S VII (Nr. 1–6)

— *Leipzig, Breitkopf & Härtel, No. 2305 (2323).*                    [B 4756
DK Kmk (Nr. 1–6; livre 1 mit Etikett: Kopenhagen, C. C. Lose) – I Mc (Nr. 4–6), Nc (Nr. 4–6) – S J (Nr. 1–6; fehlt vl I)

Six trios [B, D, g . . . – in 2 Teilen] pour deux violons et alto . . . 4e livre. – *Paris, Janet & Cotelle, No. 998(999).* – St.
[B 4757
D-brd F (Nr. 1–3) – I Mc (Nr. 1–6) – US R (Nr. 1–6)

Six trios concertants [in 2 Teilen] pour deux violons et alto ou violoncello . . . œuvre 34, 5e livre de trios. – *Paris, Janet & Cotelle, No. 1058(–1059).* – St.  [B 4758
B Bc – US R

La petite conversation. Trois trios [B, Es, F] pour deux violons, alto ou basse ad libitum ... 6me livre de trios, œuv. 36, liv. 1. – Leipzig, Breitkopf & Härtel, No. 2765. – St.                    [B 4759
D-brd MÜu – DK Kk, Kmk – S Skma, SK, VII

— ... trois trios [D, G, C] ... œuv. 36, liv. 2. – ib., No. 2762.                    [B 4760
D-brd MÜu – DK Kmk – S SK, VII

Für 2 Instrumente (Sonaten)

Trois sonates pour le clavecin ou forte-piano avec accompagnement de violon. – Paris, Imbault (gravées par G. Magnian). – St.                    [B 4761
F Pn

— ib., de La Chevardière.                    [B 4762
F V (1 St.)

Six sonates [D, G, Es, F, A, B] pour le violon [avec accompagnement d'un se-cond violon] ... 1er livre de sonates. – Paris, Imbault, No. 55. – P.                    [B 4763
F Pn (s. No.) – I Nc – US R, Wc

Six sonates à violon seul et basse ... 2e livre de sonates. – Paris, Imbault, No. 363. – P.                    [B 4764
F Pn (s. No.) – US R, Wc

— Six sonates pour le violon avec basse ad libitum. – ib., Janet & Cotelle.                    [B 4765
B Bc

Trois sonates pour le violon avec accom-pagnement d'un second violon ... 3e livre de sonates pour le violon. – Paris, Sieber, No. 378. – P.                    [B 4766
US Wc

Six sonates pour le violon avec accom-pagnement d'un second violon ... œuvre 38 et posthume, 4e livre, [1ere] partie [B, A, Es]. – Paris, Janet & Cotelle, No. 1480. – P.                    [B 4767
D-brd B – US Wc (ohne Impressum angezeigt)

Trois sonates [C, D, a] pour l'alto avec accompagnement d'alto ou basse ... œuvre 27, 1er livre de sonates pour l'alto. – Paris, Sieber, No. 377. – St.                    [B 4768
D-brd Mbs – F Pc

Trois sonates [Es, C, D] pour l'alto avec accompagnement d'un second alto ... 2e livre de sonates. – Paris, Sieber, No. 472. – P.                    [B 4769
S M

Für 2 Instrumente (Duos)

Six duos [D, Es, B, C, A, F] à deux vio-lons ... œuvre 1er. – Paris, Le Marchand (gravé par G. Magnian). – St.                    [B 4770
CH Bu (vl I) – F Pc (kpl., vl II unvollständig), Pn – S Uu

Six duos faciles pour deux violons ... œuvre IIe. – Paris, Bonjour. – St.                    [B 4771
F Pn

Sei duetti i quali tre sono per due violini et tre per violino e alto ... opera IIIa. – Paris, Baillon. – St.                    [B 4772
F Pn (kpl., vl II unvollständig)

Six duos [C, F, D, G, B, A] pour deux vio-lons d'une difficulté progressive, à l'usage des commençants ... 4e livre de duos. – Paris, M. Boyer. – St.                    [B 4773
I Gl

— Six duos faciles pour deux violons. – ib., Richault & Cie.                    [B 4774
I Nc

VI Duetti pour deux violons à l'usage des commençants ... œuvre 5e. – Paris, Jean Henri Nadermann (gravés par Richom-me). – St.                    [B 4775
I Gl

Six duos [B, C, D, G, Es, F] pour deux violons pour les commençans ... œuv. 6. – Hamburg, Johann August Böhme. – St.                    [B 4776
S Skma

— Duos pour deux violons à l'usage des commençans et des élèves avancés. – Of-fenbach, Johann André, No. 3753.                    [B 4777
D-brd F, MÜu

Six duos dialogués pour deux violons ... 7e livre de duos. – Paris, M. Lobry. – St.                    [D 4778
I Gl

Trois duos [Es, D, B] pour deux violons
... œuvre 8e de duos. – *Paris, Auguste Le
Duc & Cie., No. 105.* – St.          [B 4779
**D-brd** LÜh

— *ib., Cochet (gravés par C. Vératé et Le-
blanc).*                              [B 4780
**I** Gl, Mc

Six duos concertans pour deux violons
... XIe livre de duos. – *Paris, Boyer;
Lyon, Garnier.* – St.                [B 4781
**I** Gl

Six duos [D, C, F, B, A, Es] pour deux
violons ... œuvre 12e. – *Paris, Bonjour
(gravés par Mlle d'Hervillien).* – St.
                                      [B 4782
**F** Pn (2 Ex.) – **I** Gl, Sac

Six duos [G, B, D, F, C, Es] de violons
pour les commençans ... œuvre 13me. –
*Paris, Imbault, No. 658.* – St.     [B 4783
**F** Pn

— ... à l'usage des commençans. – *Hamburg, Johann August Böhme.*          [B 4784
**D-brd** LÜh, Mbs – **S** Skma

Six duos très faciles pour deux violons ...
œuvre XVe. – *Paris, Imbault, No. 676.*
– St.                                [B 4785
**F** Pn – **I** Gl

Six grands duos pour deux violons ...
16e livre. – *Paris, Imbault, No. 679.* – St.
                                      [B 4786
**F** Pn – **GB** Gu – **I** Gl

Six duos [B, C, F, Es, C, A] pour deux
violons ... livre 17me. – *Paris, Imbault,
No. 708.* – St.                      [B 4787
**F** Pn (2 Ex.)

— *ib., Janet & Cotelle, No. 708.*   [B 4788
**D-brd** Mbs

— Three duettos for two violins (2 sets). –
*London, William Napier.*            [B 4789
**GB** Cu, Gu, Lbm, Ob

Six duos [C, D, Es, A, F, g] pour deux violons ... 18e livre de duos. – *Paris, Imbault, No. 755.* – St.               [B 4790
**I** Sac

Six grands duos concertans [C, D, C ...]
pour deux violons ... 20me livre de duos.
– *Paris, Sieber fils, No. 269.* – St.
                                      [B 4791
**CH** Lz – **F** Pn

— ... lib: 1 [Duo Nr. 1–3]. – *Rotterdam,
Ludwig Plattner, No. 608.*           [B 4792
**NL** At

Six duos concertants [A, Es, D, g, C, F]
pour deux violons ... 21me livre de duos.
– *Paris, Sieber, No. 280.* – St.    [B 4793
**CH** Bu (Etikett: Imbault), Lz – **D-brd** Mbs

Trois duos [D, Es, Es] pour deux violons
... œuvre 23me, 1er livraison. – *Paris,
David.* – St.                        [B 4794
**I** Nc

— Trois duos [A, B, F] pour deux violons
... œuvre 23me, 2me livraison. – *ib.*
                                      [B 4795
**I** Nc

Trois [= Six] duos concertants [C, B, D,
A, g, F – in 2 Teilen] pour deux violons
... œuvre 26, liv: 1 (2). – *Offenbach, Johann André, No. 2515 (2516).* – St.
                                      [B 4796
**D-brd** HEms (livre 2), LÜh

— *ib., No. 3760 (3761).*            [B 4797
**CH** Bu – **CS** Bu (livre 1) – **D-brd** MÜu (livre 1)
– **I** Nc – **SF** A (livre 2)

— *Paris, Mme Duhan & Cie. (gravé par
Mlle Garbet), No. 203 (204).*        [B 4798
**S** Skma (livre 2), Uu (fehlt vl II)

Six duos [C, F, B, C, G, D] pour deux vio-
lons ... œuvre 34. – *Offenbach, Johann
André, No. 3762.* – P.               [B 4799
**D-brd** KNh, Tu – **S** Uu

Six duos faciles [D, C, F, G, Es, B] pour
deux violons ... œuvre 35. – *Offenbach,
Johann André, No. 3478.* – P.        [B 4800
**I** Vc-giustiniani

Six duos [Es, F, F, C, B, D] pour violon
et alto ... œuvre 2. – *Paris, Sieber.* – St.
                                      [B 4801
**P** Ln – **US** AA, CHua, Wc

Six duo concertans [Es, g, B, D, c-C, F]
pour violon et alto ... 4e livre de duo

pour violon et alto, 1ʳ (–2ᵉ) partie. – *Paris, Imbault, No. 930 (932). – St.*     [B 4802
**I** Mc

— *ib., Janet & Cotelle, No. 930 (932).*
[B 4803
**CH** E (Nr. 4–6) – **I** Nc (Nr. 1–3) – **US** CHua

— *Berlin, Adolph Martin Schlesinger, No. 13.*     [B 4804
**B** Bc – **D-brd** F (2 Ex.) HEms MÜu – **D-ddr** Bds (Nr. 1–3)

Trois [ = Six] duos concertans [C, F, B, D, G-g, Es] pour violon et alto . . . œuvre 25, 1ʳᵉ (–2ᵐᵉ) livraison. – *Paris, Mme Duhan, No. 187 (188.)* – St.     [B 4805
**I** Mc – **US** CHua

Six duos concertans [c, D, C, G, B, F] pour deux alto. – *Paris, Naderman.* – St.
[B 4806
**D-brd** Mbs – **US** CHua

Six duos concertans pour deux alto . . . 9e livre de duos. – *Paris, Boyer.* – St. [B 4807
**US** Wc

Für 1 Instrument

Six duos [Es, B, D, F, C, A] à violon seul. – *Offenbach, Johann André, No. 2970.*
[B 4808
**A** Wgm

— *Paris, Imbault.*     [B 4809
**CH** N

Etüden und Schulwerke

Caprices et airs variés en forme d'étude pour un violon seul . . . œuvre Iᵉʳ. – *Paris, Baillon.*     [B 4810
**A** Wgm – **F** Pn

— *ib., Imbault, No. 164.*     [B 4811
**B** Bc – **E** Mn – **I** Mc, Nc

Cinquante études pour le violon [avec accompagnement d'un second violon]. – *Paris, Imbault, No. 32.* – St.     [B 4812
**GB** Lbm – **I** Mc – **US** NYp (keine No. angezeigt)

— *Offenbach, Johann André, No. 1378.*
[B 4813
**D-brd** OF – **S** L, Skma

— . . . avec accompagnement d'un second . . . 1ʳᵉ partie. – *ib., No. 3866.*
[B 4814
**D-brd** F – **NL** DHgm – **US** NYp (keine No. angezeigt)

— 36 Etudes pour le violon . . . cahier I des études, nouvelle édition soigneusement revue et doigtée. – *Offenbach, Johann André; London, Augener & Co.; Philadelphia, G. André & Co., No. 1378.*
[B 4815
**CH** LAcu

Cinquante études pour le violon, formant la 2ᵐᵉ partie. – *Paris, Sieber père, No. 1542.*     [B 4816
**F** Pc – **I** Mc (2 Ex.) – **US** IO

— . . . *ib., Sieber & fils*     [B 4817
**GB** Lcm

— *Offenbach, Johann André, No. 2228.*
[B 4818
**D-brd** MÜu

— *ib., No. 3871.*     [B 4819
**D-brd** F

Méthode pour l'alto viola contenant les principes de cet instrument, suivis de vingt-cinq études. – *Paris, Janet & Cotelle, No. 1011.*     [B 4820
**D-ddr** LEmi

— *Mainz, Bernhard Schott, No. 1599.*
[B 4821
**CH** Bu – **GB** Lbm – **NL** At

— *Leipzig, Breitkopf & Hartel, No. 3119.*
[B 4822
**A** Wgm

## BRUNI Domenico

Six Italian ariettes with an accompaniment for the piano forte. – *London, Thomas Skillern.* – P.     [B 4823
**I** Sac

## BRUNINGS C.

Trois sonates pour le piano-forte ou le clavecin avec accompagnement d'un violon et violoncelle . . . œuvre Iᵉʳ. – *Bruxel-*

les, Van Ypen & Pris; Den Haag, Detune;
Amsterdam, Vlam; Paris, Cousineau;
Lyon, Castaud; Lille, Janssens (Bruxelles,
gravé par van Ypen & Pris). – St.

[B 4824

F Pn

**BRUNINGS Johann David → BRÜNINGS
Johann David**

**BRUNNEMANN Petrus**

ΟΔΗ ΓΑΜΙΚΗ in sacram conjugii festi-
vitatem . . . a tribus rusticis decantata
(Godn dach, godn dach, gy leuen lued). –
*Greifswald, Johannes Albino, 1620.* – St.

[B 4825

D-brd LÜh (vox suprema, vox media, vox infima)

**BRUNNER Adam Heinrich**

Teutsch-Marianische Lieder, uber jeden
Titul der Lauretanischen Lytaney mit 2.
3. 4. oder auch ohne Geigen, deren jedes
sein aigenen Melodey. – *Bamberg, Johann
Elias Höffling, 1670.* – St.          [B 4826
D-brd BAs (org)

Eucharistiae divino-humanae epulae sive
verae panis vitae. Das ist: Gott-Mensch-
liche Gnaden-Speiß . . . oder Seraphische
Tafel-Music, vier und sechszig anmuthig
und zu frolockender Beehrung des Hoch-
heiligen Sacraments des Altars lieblich-
anleitende Lob-Lieder [für Singstimme
und org.]. – *Frankfurt, Balthasar Christoph
Wust, 1692.*                           [B 4827
D-brd DS  F – US NH

**BRUSCHI**

XII Sonate a due e tre violini col basso
. . . opera prima. – *Paris, Le Clerc.* - St.

[B 4828

F TLc (vl II, b)

**BRUSCHI Giulio**

Modulatio Davidica ad vesperas, quinque
vocibus concinenda una cum parte infime

ad organum . . . opus primum. – *Venezia,
Alessandro Vincenti, 1622.* – St.   [B 4829
F Pn (A, T)

Liber secundus sacrarum modulationum
binis, ternis, et quaternis vocibus canen-
darum; accessit missa, cum litanijs Dei-
pare Virginis ad quinque vocum modos
concinnata, una cum basso ad organum
. . . opus tertium. – *Venezia, Alessandro
Vincenti, 1625.* – St.               [B 4830
D-brd F (kpl.: S, A, T, B, 5, org) – I Bc (fehlen
T und org)

Completorium cum hymno, antiphonis, et
litanijs B. M. Virginis ad concinendi vices,
quinis vocibus emodulatum, addito altero
completorio cum litanijs B. V. Mariae
senis vocibus, & ijsdem vicibus disposi-
tum, opus quartum. – *Venezia, Alessandro
Vincenti, 1625.* – St.               [B 4831
I Bc (fehlt S)

Missa, et psalmi, cum B. Virginis laudibus, et hymno Te Deum laudamus octonis
vocibus, priore choro concertantibus vocibus disposito . . . opus V. – *Venezia,
Alessandro Vincenti, 1627.* - St.   [B 4832
D-brd F (kpl.; I: S, A, T, B; II: S, A, T  B; bc)
– D-ddr Bds (A II) – I Bc, BRs (B I, B II)

— *ib., 1639.*                        [B 4833
I Bsp

Il terzo libro delli concerti ecclesiastici a
due, tre, & quattro voci, con le laudi della
B. Vergine, et il basso continuo per l'organo . . . opera sesta. – *Venezia, Alessandro Vincenti, 1629.* – St.        [B 4834
D-brd F (kpl.: S, A, T, B, bc)

**BRYAN Cornelius**

A new grand overture . . . composed and
adapted for the piano forte, with an accompaniment for a violin . . . op. I. –
*London, Broderip & Wilkinson.* – St.

[B 4835

GB Lbm, Ob

Six songs . . . op. 2. – *London, Broderip &
Wilkinson.*                            [B 4836
GB Lbm, Ob

Grand march adapted for the piano forte. – *London, Broderip & Wilkinson.*
[B 4837
GB Lbm

Goosey Goosey Gander, with variations for the piano-forte. – *London-Bristol, author.* [B 4838
GB Lbm

## BRYAN Joseph

The Muse's Choice. A favourite collection of songs, set for the violin, german flute & harpsichord . . . book I[st]. – *London, Francis Waylett, 1756.* – P. [B 4839
GB CDp, Lbm, LEc – US NYp

The Muses Choice. A favourite collection of English songs . . . book 2[d]. – *London, Henry Waylett, 1758.* [B 4840
GB Gm

Cleora sat beneath a shade. Dorus & Cleora. A favourite cantata. – *London, Henry Waylett.* [B 4841
GB Cpl, Lbm, Ob (andere Ausgabe) – US Cu, Ws

— *s. l., s. n.* [B 4842
GB Cfm, Lbm (2 verschiedene Ausgaben)

The judicious fair [Song]. – *s. l., s. n.*
[B 4843
GB Lbm

Let ev'ry martial soul advance. A new song in honour of the King of Prussia (in: New Universal Magazine, Dec., 1758). – *[London, s. n., (1758).* [B 4844
GB Gm, Lbm

— *[London ], Henry Waylett.* [B 4845
GB Lbm

— *s. l., s. n.* [B 4846
GB Cpl

Lucinda. A favourite song. – *London, Catherina Fentum.* [B 4847
GB Lbm

Richmond Hill [Song]. – *s. l., s. n.*
[B 4848
GB Lbm

The rejected lover [Song]. – *[London ], Richard Bride.* [B 4849
GB Er, Lbm

## BRYAN M. A.

The Bilberry lass. A pathetic ballad. – *London, F. Bryan.* [B 4850
GB Lbm

The lute of Lisette. An elegiac canzonet for the piano forte, harp or lute. – *London, F. Bryan.* [B 4851
GB Lbm

The maid of Wooburn. A pathetic ballad . . . for the piano forte or pedal harp. – *London, F. Bryan.* [B 4852
US Wc

The peasant's prayer. An elegiac canzonet. – *London, Lewis Lavenu.* [B 4853
GB Lbm

The Sylvan scene of love . . . arietta a la turca. – *London, Lewis Lavenu.* [B 4854
GB Lbm (2 Ex.)

A divertimento [Es] for the piano forte or pedal harp (op. 1st). – *London, Bloomsbury, Bland & Weller.* [B 4855
GB Lbm

## BUCCELLENI Giovanni Nicola

Motetti a voce sola, in partitura per il SS. Sacramento, & uno per la Beatissima Vergine . . . opera prima. – *Roma, Mascardi, 1692.* – P. [B 4856
GB Lgc

## BUCCHIANTI Giovanni Pietro

Arie, scherzi e madrigali a una e due voci, per cantare nel clavicembalo, chitarrone o altro simile istrumento. – *Venezia, stampa del Gardano, appresso Bartolomeo Magni, 1627.* – P. [B 4857
F Pc – I Fn, PIu

## BUCCIONI Francesco

Tre concerti per cimbalo con l'obbligazione di violini, viola, oboè, flauti, corni, e basso . . . opera II. – *s. l., s. n.* – P. [B 4858
I Bc

441

## BUCCIONI Giuseppe

Un concerto per cimbalo con strumenti e due sonate parimente per cimbalo con accompagnamento di violino. – *s. l., s. n.* – P.              [B 4859
I Bc, Fc

## BUCENUS Paulus

Passio Domini nostri Iesu Christi, musicis numeris exornata, in usum ecclesiae rigensis [a 6 v.]. – *Stettin, Andreas Kellner, 1578.* – St.       [B 4860
D-brd W (6, fehlen S, A, T, B, 5) – S Uu (T), V S, A, T, B)

## BUCHNER Adam

Der Thränenreiche Freuden-Ernte, welche dem . . . Georg Adam Strüven . . . bey Beerdigung seines lieben Söhnleins Werthhold Gottfried Strüven . . . abgeleget (Die hier vergießen ihre Tränen [a 4 v]). – *Jena, Johann Nisien, (1677).*
             [B 4861
D-brd Mbs

## BUCHNER Philipp Friedrich

Concerti ecclesiastici . . . concertati a due, tre, quattro, e cinque voci. – *Venezia, Alessandro Vincenti, 1642.* – St.
             [B 4862
I Nf (kpl.: S I, S II, A, T, B, bc) – PL WRu (fehlt S I)

Concerti ecclesiastici . . . concertati a due, tre, quattro, e cinque voci, opera seconda. – *Venezia, Alessandro Vincenti, 1644.* – St.       [B 4863
D-brd Rp (kpl.: S, A, T, B, bc) – PL WRu (fehlt B)

Sacrarum cantionum . . . opus tertium, 2. 3. 4. & 5. vocibus. – *Konstanz, Johann Geng, 1656.* – St.       [B 4864
F Pn (kpl.: S I, S II, A, T, B, org)

Plectrum musicum, harmoniacis fidibus sonorum ad Deum perinde laudandum atque ad hominum animos exhilarandos concinnatum . . . opus quartum [24 So-

naten]. – *Frankfurt, Balthasar Christoph Wust, 1662.* – St.       [B 4865
F Pn (kpl.: vl I, vl II, vla, vla da gamba, fag, b, bc) – PL WRu – S Uu

Harmonia instrumentalis duobus violin. & fagotto cum basso continuo elaborata et concinnata . . . opus quintum. – *Würzburg, Autor (Sylvester Gassner), (1664).* – St.       [B 4866
F Pn (kpl.: vl I, vl II, fag, bc)

Catholische Sonn- und Feyertägliche Evangelia und darauß gezogene Lehrstück: Wie auch Sonn- und Feyertägliche Episteln: Sambt etlichen zu der Christlichen Lehr und Lob Gottes gehörigen am end beygesetzten Gesängen. Alles in teutsche Reymen und Melodey verfasset [Singstimme mit bc]. – *Würzburg, Elias Michael Zinck, 1656.*       [B 4867
D-brd W

## BUCHWIESER Balthasar

Sechs Lieder in Musik gesetzt. – *Mainz, Schott, No. 254.*       [B 4868
D-brd MZsch

## BUCQUET Pierre

Pièces à deux flûtes traversières sans basse divisées en quatre suites. – *Seville, auteur (gravées par Pierre Caillaux), 1734.* – P.       [B 4869
F Pc

## BUDD Thomas

Six favorite new minuets, four cotillons, & four country dances . . . for the harpsichord, harp, & violin (for the year 1781). – *London, John Rutherford, (1781).* – P.
             [B 4870
E Mn – GB Lbm, Ob

Twelve favourite cotillons and country dances with their proper figures (the sixth book). – *London, Iohn Rutherford.*
             [B 4871
GB Lbm

The ninth book for the year 1781. Twelve favorite cotillons and country dances,

with their proper figures. – *London, John Rutherford.*                    [B 4872
GB Lbm

Fourteen favorite cotillons and country dances [for the piano forte]; with their proper figures . . . the tenth book for the year 1782. – *London, John Rutherford, (1782).*                    [B 4873
GB Lbm

The eleventh book for the year 1783. Fourteen favorite cotillons and country dances; with their proper figures. – *London, John Rutherford.*        [B 4874
GB Lbm

Fourteen favourite cotillons & country dances with their proper figures; adapted for the harpsichord or harp . . . the twelfth book for the year 1784. – *London, John Preston, (1784).*             [B 4875
GB Lbm

Fourteen favorite cotillons and country dances, with their proper figures; adapted for the harpsichord, or harp . . . the fifteenth book for the year 1786. – *London, John Preston, (1786).*            [B 4876
GB Gm, Lbm

Fourteen favorite cotillons and country dances, with their proper figures; adapted for the harpsichord or harp . . . the 21st book, for the year 1791. – *London, Preston & son, (1791).*             [B 4877
GB Lbm

Fourteen favorite cotillons and country dances, with their proper figures: adapted for the harpsichord or harp (the twenty-fourth book, for the year 1794). – *London, Preston & son, (1794).*        [B 4878
GB Lbm – US NYp

Fourteen favorite cotillons and country dances, with their proper figures; adapted for the harpsichord or harp (the twenty-fifth book, for the year 1795). – *London, Preston & son, (1795).*    [B 4879
GB Lbm

Twelve favourite cotillons as they are perform'd at the Pantheon. – *London, Welcker.*                    [B 4880
GB Lbm

A collection of divertimentos for the harp, consisting of rondeaus, minuets, gavots, airs with variations, preludes . . . op. 2. – *London, John Preston.*    [B 4881
GB Lbm

— *ib., Robert Birchall.*             [B 4882
US Wc

Duncan Grey, with variations for the harp [from] Budd's Rondos. – *London, Lavenu & Mitchell.*             [B 4883
DK Kk

## BUEL Christoph

Soli Deo Gloria (Wolauff mit lauter stimm [a 5 v]) dem erbarn und fürnemen Herrn Johann Löhner . . . musicirt durch Fortunatum Ridt von Pfaffstetten. – *Nürnberg, Johann Friedrich Sartorius, 1623.* – St.                    [B 4884
D-ddr Bds (S II, A, T, B, fehlt S I)

Magnifici . . . viri, Domini Christophori Füreri ab Hamendorff . . . Μέλος hoc προπε μπλικοτ, nunc renatum & renovatum [a 5 v]. – *Nürnberg, Johann Friedrich Sartorius, (1624).* – St.        [B 4885
D-ddr Bds (S I, A, T, B, fehlt S II)

Janicum Jesu collatio. Dem Edlen . . . Herrn Georg Paulo Nützel . . . zu . . . Ehren, auch Glückwünschung eines . . . guten Neuen Jahrs: Harmonicis numeris auff den contrapunctum simplicem 4. voc. gesetzt. – *Nürnberg, Johann Friedrich Sartorius, 1625.* – St.        [B 4886
B Bc – GB Lbm (S, T, B, fehlt A)

Ein neu Osterlied (Der Tod ist verschlungen [a 4 v]). – *Nürnberg, Johann Friedrich Sartorius, 1625.* – St.        [B 4887
B Bc

## BÜRCKHOFFER J. G.

*Op. 1.* Sei sonate a [violino] solo con basso . . . opera I (Raccolta dell'harmonia, collezione prima del magazino musicale). – *Paris, auteur, Cousineau, Vve Daullé.* – P.                    [B 4888
F Pc, Pn

— *ib., bureau d'abonnement musical (gravé par Moria).* [B 4889
US NYp

*Op. 2.* Six sonates [G, F, E, C, B, Es] à deux violons ... opera II. – *Paris, auteur, Mme Berault.* – St. [B 4890
F V (vl I, vl II) – NL Uim (vl II, fehlt vl I)

— *ib., de La Chevardière; Lyon, Castaud.* [B 4891
D-brd B

*Op. 3.* Sei sonate [D, A, g, C, F, Es] per due violini ... opera terza (Raccolta dell' harmonia, collezione vigesima del magazino musicale). – *Paris, Cousineau, Vve Daullé.* – St. [B 4892
F Pc

— *ib., bureau d'abonnement musical, Cousineau, Vve Daullé (gravée par Mme Vendôme).* [B 4893
D-brd B – F Pa

*Op. 6.* Premier livre de petits airs avec accompagnement de harpe suivies de plusieurs petites pièces et menuets ... œuvre VI. – *Paris, auteur.* [B 4894
SD S. 223
F Pc

*Op. 7.* Sei sonate per l'harpa ... opera VII (Raccolta dell' harmonia, collezione cinquantesima terza del magazino musicale). – *Paris, bureau d'abonnement musical; Lyon, Castaud.* [B 4895
F Pc – US Wc

*Op. 8.* Sei sonate per l'harpa e accompagnamento di violino il quale sepossone exequire con piano-forte ... opera VIII (Raccolta dell' harmonia, collezione cinquantesima quarta del magazino musicale). – *Paris, bureau d'abonnement musical; Lyon, Castaud.* – St. [B 4896
F Pc (hf)

*Op. 9.* Deuxième livre d'ariettes choisies avec accompagnement de harpe suivies de plusieurs petites pièces et menuets ... œuvre IXe. – *Paris, auteur.* – St.
SD S. 222 [B 4897
F Pc – GB Lbm

*Op. 10.* Troisième livre d'ariettes choisies avec accompagnement de harpe suivies

de trois sonates avec accompagnement de violon, pour le même instrument ... œuvre X. – *Paris, auteur (gravé par P. L. Charpentier).* – P. [B 4898
SD S. 222
GB Lbm

— III Sonates de harpe avec accompagnement de violon. – *ib., Cousineau, Salomon, auteur.* – St. [B 4899
F Pn (hf)

*Op. 11.* Quatrième livre d'ariettes choisies avec accompagnement de harpe suivies de plusieurs menuets et petites pièces pour le même instrument ... œuvre XIe. – *Paris, auteur.* – P. [B 4900
SD S. 222
F Pc, Pn – GB Lbm

*Op. 12.* Cinquième livre d'ariettes choisies avec accompagnement de harpe, suivies de deux divertissemens pour la harpe et un violon ... œuvre XIIe. – *Paris, auteur.* – P. und St. [B 4901
SD S. 222
F Pc – GB Lbm (unvollständig)

*Op. 14.* Les Soirées de Chessy, trois sonates pour la harpe suivies d'un menuet et d'une chaconne avec ou sans accompagnement de violon ... œuvre XIV. – *Paris, auteur, bureau d'abonnement musical, Naderman.* – St. [B 4902
F Pc (vl) – GB Lbm (hf, vl)

*Op. 17.* Deuxième divertissement pour la harpe avec accompagnement de violon et violoncelle obligé ... œuvre XVIIe. – *Paris, auteur, Naderman.* – St.
[B 4903
F Pc (hf, vl)

*Op. 21.* Recueil des airs de Blaise et Babet [von Dezèdes] avec un duo du même opéra et un air du Corsaire [von Dalayrac] avec accompagnement de harpe ... œuvre XXI. – *Paris, auteur (gravé par Le Roy l'aîné).* [B 4904
GB Lbm

*Op. 22.* Airs de Richard Coeur de Lion, avec accompagnement de harpe ... œuvre 22me. – *Paris, Imbault.*
[B 4905
US Wc

*Op. 23.* Huitième livre contenant la gamme; la gamme variée formant les premières leçons pour la harpe suivies de différents menuets et petites pièces y relatives d'une difficulté graduelle et de deux grandes sonates avec accompagnement d'un violon ... œuvre 23e. – *Paris, auteur.* – St.                    [B 4906
F Pn (hf, vl)

## BÜTNER Crato

Geistliche Concerte mit zwey Tenören, zweyen Violinen, einer Violdegamm oder Dulcian, und einem Generalbass, nach dem Spruche: Wirff dein Anliegen auf den Herrn ... dem ... Herren Georg Neumarken ... componirt. – *Hamburg, Michael Pfeiffer, 1651.* – St.     [B 4907
GB Lbm (kpl.: T I, T II, vl I, vl II, vla da gamba, bc)

Musicalische Concerto, oder Liebreiche-Ersuchen der geistlichen Braut der Christlichen Kirchen ihres ... Bräutigams Christi Jesu genommen aus dem Hohen Liede Salomonis (Ich suchte des Nachts in meinem Bette) ... die 3. Stimmen als wie einer singenden wie auch 2. Violinen, benebenst dem Basso Continuo ... versetzet. – *Danzig, Philip Christian Rheten, 1652.* – St.               [B 4908
S Uu (S, vl I, vl II, bc)

Musicalische Hertzens-Freude (Nun danket alle Gott) ... genommen aus dem funftzigsten Capittel ... Syrachs: und zu ... Ehren ... Herrn Joachim Dincklern ... mit 6. Stimmen als mit 3. Instrumental, wie auch 3. Vocal-Stimmen zusampt dem Basso Continuo pro Organo componiret. – *Danzig, Philip Christian Rheten, 1653.* – St.               [B 4909
S Uu (S I, S II, B, vl I, vl II, fag, bc [2 Ex.])

Aria Sunamithica, das ist Inbrünstige Anstimmung der geistlichen Sunamithinnen ... auff den hochzeitlichen Freuden-Tag des ... Herren Johannis Eggeberten [1 v, 2 vl, bc]. – *Danzig, Philip Christian Rheten, 1654.* – P.               [B 4910
PL GD

Geistreiche Concerto ... auff den hochzeitlichen Freuden-Tag des ... Herrn

Benjamin Krausen ... mit 4 Stimmen als 2 Violinen und zwo Singenden sampt dem Basso Continuo componiret. – *Danzig, Philip Christian Rheten, 1654.* – P.               [B 4911
PL GD

Anima Christi, a 6., doi violini, e quatro voci ... basso continuo pro organo. – *Danzig, David Friedrich Rheten, 1661.* – St.               [B 4912
D-ddr LEm (kpl.: S, A, T, B, vl I, vl II, bc)

Lobet den Herren, denn unsern Gott loben, das ist ein köstlich ding, Psalme 147, a quatro, doi violini e doi soprani con la viola da gamba ... basso continuo pro organo. – *Danzig, David Friedrich Rheten, 1661.* – St.               [B 4913
D-ddr LEm (kpl.: S I, S II, vl I, vl II, vla da gamba, bc)

Wo der Herr nicht bey uns were, a 6., doi violini, viola e 3. voci ... basso continuo pro organo. – *Danzig, David Friedrich Rheten, 1661.* – St.               [B 4914
D-ddr LEm (kpl.: S I, S II, B, vl I, vl II, vla, vlne, bc)

Te Deum laudamus ... compositum & consecratum 12. vocibus & 8. instrumentis binisque tubis & tympano, una cum basso continuo pro organo. – *Danzig, Ludwig Knaust (David Friedrich Rheten), 1662.* – St.               [B 4915
D-ddr LEm (kpl.: 27 St.)

## BÜTNER Erhard

Der CXXVII. Psalm, zu hochzeitlichen Ehren unnd Glückwünschung des ... Johannis Matthaei Meyfarts ... den 30. Septemb. an. 1617, mit VIII. Stimmen componirt. – *Coburg, Kaspar Bertsch, (1617).* – St.               [B 4916
D-brd Cm (A II, B II)

Teutsches Echo (Wer Gottes Wort fleißig lehret) auff des ... Fürsten ... Herrn Johann Casimirs Hertzogen zu Sachsen ... Geburtstag, so den 12. Junij Anno 1618 ... in dreyen Chören ... zu musiciren. – *Coburg, Kaspar Bertsch, 1618.* – St.               [B 4917

**D-brd** Cm (S/A III, T/B II) – **D-ddr** Bds (T I),
LEm (T I), MÜG (I: T, B; II: S, A, T, B; III:
S, A, T, B)

Echo (Cum bonus Oeconomus) dem . . .
Herrn Johann Ernsten, Hertzogen zu
Sachsen . . . musicaliter componirt. –
*Coburg, Kaspar Bertsch, 1618.* – St.   [B 4918
**D-brd** Cm (T/B II) – **D-ddr** (SAh (B I)

Trostgesänglein (Ach wie elend ist unser
Zeit) dem . . . H. Anthonio Poppen . . .
über den seligen Abschied . . . seiner . . .
HaußEhr Margarethae . . . mit 4. Stim-
men gesetzt unnd gesungen. – *Coburg,
Kaspar Bertsch, (1619).* – P.   [B 4919
**D-ddr** GOl

D. C. F. S. G. Feuriges Stoßgebetlein . . .
mit 4. Stimmen componiret. – *Coburg,
Andreas Forckel, 1622.* – St.   [B 4920
**D-ddr** Bds (T)

Der christliche Gesang, Herr Gott mein
Jammer hat ein End, uff vorgegebene
Melodey gerichtet und mit etzlichen Ge-
setzen vermehret . . . mit 6. Stimmen com-
poniret. – *Coburg, Andreas Forckel, 1623.*
– St.   [B 4921
**D-ddr** Bds (T)

Musicalische Glückwünschung (Komm
mein Freund, laß uns auffs Feld hinauß
gehen) . . . zu hochzeitlichen Ehren . . .
dem . . . Herrn Heinrich Schmieds . . . den 8.
Iulii 1623, mit 4. Stimmen gesetzt. – *Coburg,
Andreas Forckel, (1623).* – St.   [B 4922
**D-ddr** LEm (T)

All meine Zeit, du liebster Gott [Lied] a
5. voc. – *s. l., s. n.* – St.   [B 4923
**D-ddr** Bds (T)

Musica laß dich hören [Lied] 4. vocum. –
*s. l., s. n.* – St.   [B 4924
**D-ddr** Bds (T)

Wohl dem der hier ein Vatter heist [Lied]
4. vocum. – *s. l., s. n.* – St.   [B 4925
**D-ddr** Bds (T)

**BUEX August**

Aes sonorum suavi et facili modulamine
tinniens in cimbalo, parthia I. – *Augsburg,
Mauracher, 1746.*   [B 4926
**B** Bc

Adiaphoron musicum suavi et facili modulamine distrahens animum in cimbalis
benesonantibus, parthia II. – *Augsburg,
Mauracher, 1746.*   [B 4927
**B** Bc – **YU** NM

**BUINI Giuseppe Maria**

Suonate per camera da cembalo, o violino e violoncello . . . opera prima. – *Bologna, s. n., 1720.* – P.   [B 4928
**I** Bc

**BUISSONS Michel Charles des →
DESBUISSONS Michel Charles**

**BUISSON Pierre du → DUBUISSON Pierre**

**BULEMACHUS M. C.**

Odae ac precationes sacrae, pro diversi-
tate temporum & sensuum diversis metris
exarate, & musicis harmoniis donatae. –
*(St. Prossnitz/Mähren), Johannes Gün-
ther, 1553.*   [B 4929
**US** Wc

**BULL Amos**

The responsary; containing a collection
of church musick, set with second trebles,
instead of counters, and peculiarly adapted to the use of Newengland churches,
together with a few useful rules of psalmody. – *Hartford, editor (Worcester,
Isaiah Thomas), 1795.*   [B 4930
**US** Bhs, Bp (fehlt Titelblatt), Ps, PRs, PROu,
WEL, WOa

**BULLANT Antoine**

Duos de clarinette [C, F, F, C, C, F, C]
dans différents tons . . . œuvre 4me. –
*Paris, Le Menu (gravés par Gerardin).* –
St.   [B 4931
**A** Wgm

Quatre sinfonies [Es, B, F, G] à grand
orchestre con oboè, clarinetti o sia flauti,

e corni . . . opera V (Raccolta dell'harmonia, collezione sessentesima decima del magazino musicale). – *Paris, bureau d'abonnement musical, aux adresses ordinaires; Lyon, Castaud.* – St. [B 4932
CH Zz (kpl.: vl I, vl II, a–vla, b, ob I, ob II, cl I, cl II, cor I, cor II) – F Pc (vla, ob II, cor I, cor II)

## BULLE

L'Espérance. Nouvelle cantatille à voix seule et symphonie. – *Paris, Mme Boivin, Le Clerc, Mme Hue, Mlle Castagnery, Decaix (gravé par Mlle Hue).* – P. [B 4933
F Pc

## BUMANN Georg

Ein Musicalisch Weihnachten Gesang, zur Glückwünschung eines Glückseligen und Freudenreichen Neuen Jahres . . . mit VI. Stimmen componiret. – *Magdeburg, Andreas Gehne, 1609.* – St. [B 4934
D-brd W (kpl.: S I/S II, T I/T II, A/B)

## BUNDSCHUH Martin

Ein Hochzeit Gesang (Wer ist die die herauff fehret) auß dem 8. Cap. deß Hohenlieds Salomonis . . . mit 6 Stimmen componirt. – *Onolzbach, Paul Böhem, (1609).* – St. [B 4935
D-ddr Bds (S I, S II, T I, T II, B, fehlt A)

## BUNS → BENEDICTUS a Sancto Josepho

## BUNTE Johann Friedrich

Deux quatuors [Es, D] pour deux violons, viola et violoncelle . . . œuvre III. – *Berlin, Johann Julius Hummel; Amsterdam, au grand magazin de musique, aux adresses ordinaires, No. 1418.* – St. [B 4936
D-brd B

Sonate pour piano avec accompagnement de violon . . . œuvre IV. – *Berlin, Johann Julius Hummel; Amsterdam, grand magazin de musique, aux adresses ordinaires, No. 1488.* – St. [B 4937
NL At (pf, fehlt vl)

Trio [D] pour deux violons et violoncelle . . . oeuvre VI. – *Berlin, Johann Julius Hummel; Amsterdam, grand magazin de musique, aux adresses ordinaires, No. 1541.* – St. [B 4938
D-brd B – NL DHgm

Allegretto [A] con variatione pour le violon avec accompagnement d'un second violon, alto et violoncelle . . . œuvre VII. – *Berlin, Johann Julius Hummel; Amsterdam, grand magazin de musique, aux adresses ordinaires, No. 1542.* – St. [B 4939
D-ddr Bds

Sinfonie [C] à plusieurs parties . . . œuvre IX. – *Berlin, Johann Julius Hummel; Amsterdam, grand magazin de musique, aux adresses ordinaires, No. 1568.* – St. [B 4940
DK Kk (13 St.) – NL At (16 St.) – S L (16 St.)

## BUONA Valerio → BONA Valerio

## BUONAMENTE Giovanni Battista

Il quarto libro de varie sonate, sinfonie, gagliarde, corrente, e brandi per sonar con due violini & un basso di viola. – *Venezia, Alessandro Vincenti, 1626.* – St. [B 4941
PL WRu

Il quinto libro de varie sonate, sinfonie, gagliarde, corrente, & ariette per sonar con due violini, & un basso di viola . . . raccolta da Alessandro Vincenti. – *Venezia, Alessandro Vincenti, 1629.* – St. [B 4942
PL WRu (fehlt b, canto II unvollständig)

Sonate, et canzoni a due, tre, quattro, cinque et a sei voci . . . libro sesto . . . con il suo basso continuo. – *Venezia, Alessandro Vincenti, 1636.* – St. [B 4943
D-brd Kl (kpl.: vl I, vl II, T, B, 5, bc) – GB Ob – PL WRu (fehlt vl II)

Il settimo libro di sonate, sinfonie, gagliarde, corrente, et brandi a tre, due violini, & basso di viola, o da brazzo . . . raccolte . . . da Alessandro Vincenti. – *Venezia, Alessandro Vincenti, 1637.* – St. [B 4944
PL WRu (canto I, fehlen canto II und b)

## BUONAVITA Antonio

Il primo libro de madrigali a quattro voci
con un dialogo a otto nel fine. – *Venezia,
erede di Girolamo Scotto, 1587.* – St. [B 4945
I Bc – US Wc

Il primo libro de madrigali a sei voci con
un intermedio, a dodici, diviso in dui cori
spezzati. – *[Venezia], erede di Girolamo
Scotto, 1591.* – St. [B 4946
**D-ddr** Dlb (kpl.: S, A, T, B, 5, 6)

Hieremiae lamentationes magnam in omnium animis pietatem, & religionem in
deum excitantes: tribus sacro sanctae
hebdomadae diebus . . . partim quatuor
partim quinque et ijs paribus vocibus
perquam flebiliter decantandae. – *Venezia, erede di Girolamo Scotto, 1600.* – St.
[B 4947
I Vnm (kpl.: S, A, T, B) – **PL** GD

## BUONI Giorgio

Divertimenti per camera, a due violini, e
violoncello . . . opera prima. – *Bologna,
Pier Maria Monti, 1693.* – St. [B 4948
**D-brd** MÜs (vl I, vl II, cemb) – **GB** Ob – **I** Bc

Suonate a due violini, e violoncello, col
basso per l'organo . . . opera seconda. –
*Bologna, Pier Maria Monti, 1693.* – St.
[B 4949
**D-brd** MÜs (kpl.: vl I, vl II, bassetto, org) –
**GB** Lcm (unvollständig), Ob

Allettamenti per camera a due violini, e
basso . . . opera terza. – *Bologna, Pier
Maria Monti, 1693.* – St. [B 4950
**D-brd** MÜs (kpl.: vl I, vl II, cemb) – **F** Pc –
**GB** Ob – **I** Bc

## BUONO Giovanni Pietro del →
## DEL BUONO Giovanni Pietro

## BURBIDGE R.

The Engagement. A new sea song. – *London, Bland & Weller.* [B 4951
**GB** Lbm

Sally in our alley, with variations [for the
pf]. – *London, William Hodsoll.* [B 4952
**GB** Lbm

A first sett of three favorite rondos for the
forte-piano . . . op. 1. – *London, W. Cope.*
[B 4953
**GB** Lbm, Ob

## BURCK Joachim a

*1566a.* Harmoniae sacrae tam viva voce
quam instrumentis musicis cantatu iucundae. – *Nürnberg, Ulrich Neuber & Johann von Bergs Erben, 1566.* – St.
[B 4954
**D-brd** B (kpl.: S, A, T, B, Vagans), Lr (A) –
**D-ddr** Dlb (2 Ex., St. zum Teil unvollständig) –
**GB** Lbm (Impressum: Ulrich Neuber & Dietrich Gerlach)

*1566b.* Cantio in honorem nuptiarum . . .
Iohannis Guntheri . . . & nuptae . . .
Annae . . . Antonii. – *Mühlhausen, Georg
Hantzsch, 1566.* – St. [B 4955
**D-brd** B (kpl.: S, A, T, B, 5)

*1567.* Decades IIII. Sententiosorum ver-
suum celebrium virorum germaniae, musicis harmoniis accomodatae. – *Mühlhausen, Georg Hantzsch, 1567.* – St. [B 4956
**D-ddr** Z (T)

*1568.* Die deutsche Passion. Das ist die
Historia des Leidens unsers Herrn Jhesu
Christi, nach dem Evangelisten S. Jo-
hanne in Figural-Gesang bracht. – *Wit-
tenberg, Hans Schwertel, 1568.* – St.
[B 4957
**D-brd** HB (kpl.: S, A, T, B) – **PL** WRu

— *Erfurt, Georg Baumann, 1573.*
[B 4958
**D-brd** Rp (S) – **D-ddr** Ju (T), UDa (T [unvoll-
ständig]) – **PL** WRu (fehlt S)

— *ib., Johann Birckner, 1650.* [B 4959
**D-ddr** EIl (S)

*1569.* Symbolum Apostolicum Nicenum,
et canticum Symbolum Sanctorum Augus-
tini et Ambrosii, ac verba institutionis
coenae dominicae, quatuor vocum har-
monijs reddita. – *Mühlhausen, Georg
Hantzsch, 1569.* – St. [B 4960
**D-brd** B (kpl.: S, A, T, B), HB – **D-ddr** LEm
(S, B)

*1572a.* XX. Odae sacrae, Ludovici Helmboldi Mulhusini, suavibus harmoniis, ad

imitationem italicarum villanescarum
. . . primi libri. – *Erfurt, Georg Baumann,*
*1572.* – St.                            [B 4961
**D-brd** Mbs (kpl.: S [unvollständig], A, T, B) –
**D-ddr** LEm (B)

— . . . secundo impressi et ab authore
correcti. – *Mühlhausen, Georg Hantzsch,*
*1578.*                                  [B 4962
**A** Wgm (B) – **D-brd** B (A, T, B), DÜl (B), Iek
(T), Mbs – **D-ddr** Z (T) – **GB** Lbm (A, T)

— *ib., 1587.*                           [B 4963
**US** Wc (A)

— . . . primi libri quarto impressi: cui secundus, antea scorsim editus, nunc
adiunctus est. – *ib., Hieronymus Rein-*
*hard, 1597.*                            [B 4964
**CS** KR (T) – **D-brd** B, W (B) – **D-ddr** GOl, Z –
**PL** WRu (B)

*1572b.* Genethliakon carmen. In nativita-
tem primogeniti filii . . . D: Guilielmi,
Landgravii Hassiae . . . musicis numeris
ornatum. – *Mühlhausen, Georg Hantzsch,*
*1572.* – St.                            [B 4965
**D-brd** Kl (kpl.: S, A, T, B, 5)

*1573a.* Sacrae cantiones plane novae, ex
Veteri et Novo Testamento, in pium
ecclesiarum usum compositae. – *Nürn-*
*berg, Dietrich Gerlach, 1573.* – St.
                                         [B 4966
**D-brd** B (A, Vagans), Hs (kpl.: S, A, T, B, Vagans, 6), Kl, W – **D-ddr** Z (A, T, B, 6) – **GB** Lbm
(A)

1573b → 1568

*1574a.* Passio Iesu Christi. Im 22. Psalm
des Propheten Davids beschrieben, mit
lieblicher Harmoney gezieret. – *Erfurt,*
*Georg Baumann, (1574).* – St.    [B 4967
**D-brd** Rp (A) – **D-ddr** Dlb (kpl.: S, A, T, B)

*1574b.* IIII. Odae Ludovici Helmboldi,
latinae & germanicae . . . neu Gesänglein'
auff der Schüler Fest an S. Gregorij Tag
gerichtet und in vier Stimmen componiret durch Joachim à Burck, & Johannem
Eccardum. – *Mühlhausen, Georg*
*Hantzsch, 1574.* – St.            [B 4968
SD 1574¹⁰
**D-ddr** Ju (T)

*1575.* Zwantzig deutsche Liedlein mit
vier Stimmen. Auff christliche Reimen
M. Ludovici Helmboldi, lieblich zu sin-
gen und auff Instrumenten zugebrauchen.
– *Erfurt, Georg Baumann, 1575.* — St.
                                         [B 4969
**D-brd** As (kpl.: S, A, T, B), B, HB – **F** Pc (A)

— Viertzig deutsche christliche Liedlein M.
Ludovici Helmboldi, auss schönen tröst-
lichen Texten der heiligen Schrifft, art-
lich und lieblich zu singen, unnd auff
allerley Instrument der Musica zu spielen,
in vier Stimmen abgesetzet, die ersten 22.
durch Ioachimum à Burck, die letzten
18. durch Iohannem Eccardum . . . auffs
neu zusamen gedruckt [vermehrte und
veränderte Auflage]. – *Mühlhausen, An-*
*dreas Hantzsch, 1599.* – St.       [B 4970
SD 1599⁸
**CS** KR (T) – **D-brd** B, Gs (A), W (B) – **D-ddr** Z
(B) – **DK** Kk (A)

*1577.* Lyricorum Ludovici Helmboldi Mulhusini, libri duo, primus et secundus:
cum quadrisonis singularum odarum melodijs [a 4v]. – *Mühlhausen, Georg*
*Hantzsch, 1577.* – P.              [B 4971
**A** Wgm – **D-brd** B, Iek, W

*1578a.* Crepundia sacra, M. Ludovici
Helmboldi . . . christliche Liedlein . . . mit
vier Stimmen zugericht. – *Mühlhausen,*
*Georg Hantzsch, 1578.* – St.       [B 4972
SD 1578⁵
**D-brd** DÜl (B), Iek (kpl.: S, A, T, B), Mbs (A,
T, B)

— *ib., Andreas Hantzsch, 1589.*   [B 4973
SD 1589⁴
**D-brd** BS (B)

— *ib., 1596.*                     [B 4974
SD 1596⁵
**D-brd** B, Hs – **D-ddr** Z (B)

— *ib., Hieronymus Reinhard, 1596.*
SD 1596⁵                            [B 4975
**A** Wgm (B)

— *Erfurt, Jakob Singe (Verlegung Hiero-*
*nymus Reinhard), 1608.*            [B 4976
SD 1608⁶
**D-brd** W (B) – **D-ddr** HAu (S) – **GB** Lbm

449

*1578b.* Secundus liber odarum sacrarum, Ludovici Helmboldi Mulhusini, suavibus harmoniis, ad imitationem italicarum villanescarum, numquam in germania linguae latinae antea accommodatarum. – *Mühlhausen, Georg Hantzsch, 1578.* – St. [B 4977
**A** Wgm (B) – **D-brd** B (A, T), DÜl (B), Iek (T), Mbs (A, T, B) – **D-ddr** Z (T)

1578c → 1572a

*1579.* Ein christlich Lied, und Erinnerung, von bestendigem Anhalten, und Bekentnis der waren Religion, dem . . . Herrn Joachim Ernst, Fürsten zu Anhalt . . . in . . . Mülhausen den 21. Martij Anno 1579. eingezogen, zur Gratulation. – *Mühlhausen, Georg Hantzsch, 1579.* [B 4978
**D-brd** Ga

*1580a.* Officium Sacrosanctae Coenae Dominicae, super cantiunculam: Quam mirabilis . . . ex primo libro odarum . . . compositum. – *Erfurt, Georg Baumann, 1580.* – St. [B 4979
**D-brd** Mbs (kpl.: S, A, T, B) – **GB** Lbm (S, B)

*1580b.* Hebdomas divinitus instituta: sacris odis celebrata, lectionumque scholasticarum intervallis . . . accomodata. – *Mühlhausen, Georg Hantzsch, 1580.* – St. [B 4980
**A** Wgm (B) – **D-brd** B (A, T, B), Mbs (kpl.: S, A, T, B) – **D-ddr** Z (T) – **GB** Lbm (A, ohne Verleger) – **PL** WRu (B)

— *ib., Andreas Hantzsch, 1590.* [B 4981
**CS** KR (T) – **D-brd** B (kpl., St. zum Teil unvollständig), W (B) – **D-ddr** Z (B)

*1581.* Threnodia (Komm wenn du wilt Herr Jesu Christ [a 4 v]) . . . (in: Leichpredigt bey Begräbnuß der . . . Frauwen Clara geborene Brede . . . von Hildessen . . . geprediget . . . 1580., den 1. Novembris). – *Frankfurt, Nikolaus Basse, 1581.* [B 4982
**D-brd** Gs

*1583.* Vom Heiligen Ehstande: Viertzig Liedlein, in lehrhafftige, tröstliche, freudenreiche, und denckwirdige Reymen . . . von M. Ludovico Helmboldo gefasset, und mit vier Stimmen lieblicher

art zusingen, auch auff Instrumenten zugebrauchen, abgesatzt. – *Leipzig, Jakob Apel (Mühlhausen, Georg Hantzsch), 1583.* – St. [B 4983
**D-brd** Mbs (A, T, B, fehlt S)

— . . . libri primi, zum andern Mahl gedruckt. – *Mühlhausen, Andreas Hantzsch, 1595.* [B 4984
**D-brd** B, Gs (A), W (B) – **D-ddr** Z (B) – **DK** Kk (A)

— . . . libri secundi, zum ersten mahl gedruckt. – *ib., 1596.* [B 4985
**D-brd** B, Gs (A), W (B) – **D-ddr** HAu (S), MLHr (S), Z (B) – **DK** Kk (A)

*1585.* Dreissig geistliche Lieder auff die Fest durchs Jahr . . . mit vier Stimmen . . . von M. Ludovico Helmboldo verordente Textus zu singen. – *Mühlhausen, Georg Hantzsch, 1585.* – St. [B 4986
SD 1585³⁶
**D-brd** BS (B)

— *ib., Andreas Hantzsch, 1594.* [B 4987
SD 1594¹⁸
**CS** KR (T) – **D-brd** B – **D-ddr** Z (B) – **DK** Kk (A) – **PL** WRu (fehlt B)

— *Erfurt, Hieronymus Reinhard (Martin Wittel), 1609.* [B 4988
SD 1609¹¹
**D-brd** Gs (A), W (B) – **D-ddr** HAu (S) – **DK** Kk (S) – **GB** Lbm (S)

1587 → 1572a

1589 → 1578a

1590 → 1580b

1594 → 1585

*1595a.* XV Psalmi Graduum. Das ist: Die XV. Lieder im höhern Chor, sampt andern zweyen Psalmen, uñ sonst dreyen Liedern, Rheim uñ Gesangweise, durch M. Cyriacum Schneegass verfasset, und mit 4. Stimmen . . . in mancherley Modis abgesetzt. – *Erfurt, Georg Baumann, 1595.* – St. [B 4989
**D-ddr** GOl (T) – **GB** Lbm (B)

1595b → 1583

1596a → 1578a
1596b → 1578a
1596c → 1583

*1597a.* Die Historia des Leidens Jesu Christi auss dem Evangelisten S. Luca mit funff Stimmen lieblich zu singen. – *Mühlhausen, Hieronymus Reinhard, 1597.* – St.      [B 4990
S Uu (T I)

1597b → 1572a

*1599a.* Quadraginta Odae catecheticae in laudem Dei, et piae iuventutis usum, a M. Ludovico Helmboldo . . . quam omnium modorum musicalium observatione harmonice exornatae. – *Mühlhausen, Hieronymus Reinhard (Andreas Hantzsch), 1599.* – St.      [B 4991
A Wgm (B) – CS KR (T) – D-brd B (kpl.: S, A, T, B), W (B) – D-ddr Z (B)

1599b → 1575

*1604.* Ein schön geistlich Lied, genommen aus dem 19. Capitel des Buchs Jobs, von der . . . Aufferstehung . . . Jesu Christi . . . mit vier Stimmen componiret . . . jetzo aber auffs neu in Druck verfertiget durch Georgium Babst. – *Erfurt, Johann Beck, 1604.* – St.      [B 4002
PL WRu (kpl.: S, A, T, B)

1608 → 1578a

1609 → 1585

*1610a.* Drey christliche Brautlieder [Wer ist der, so uns Menschen] . . . den 23. April. Anno 1610. – *Jena, Johann Weidner, (1610).* – St.      [B 4993
D-ddr MLHr (S, T II, A, B)

*1610b.* Zwey Epithalamia, zu Glückwünschung [zur Hochzeit: Was ist das best in aller Welt] . . . 28. Januarii Anno 1610. – *Erfurt, Martin Wittel, 1610.* – St.      [B 4994
D-ddr MLHr (S)

*1615a.* Schöne Geistliche Lieder über alle Evangelia auff jede Fest unnd Sontage durchs gantze Jahr . . . von dem Herrn Ludovico Helmboldo [mit 4. st. Sätzen]. – *Erfurt, Hieronymus Reinhard (Martin Wittel), 1615.*      [B 4995
D-brd As – D-ddr MLHb

— Das ander Theil der Geistlichen Lieder M. Ludovici Helmboldi auff etliche Psalmen . . . gerichtet [mit zwei 4-st. Sätzen von Burck (Herr Jesu Christ du bist allein; Verleih mir Gnad Herr Jesu Christ)]. – *ib., Martin Wittel, 1615.* [B 4996
D-brd As – D-ddr MLHb

1615b → 1615a

*1626.* Odarum sacrarum M. Ludovici Helmboldi . . . pars prima: complectens: I. Odas sacras . . . [1572a]. II. Hebdomada [1580b] Od. . . . III. Odas catecheticas . . . [1599a]. IV. Od. sacr. de quibusd. creatoris operibus . . . [1572a]. V. Dreyssig geistliche Festlieder [1585]. VI. Crepundia sacra [1578a] suavibus harmoniis, ad imitationem italicarum villanescarum, exornata studio partim Joachimi a Burck . . . partim Johan: Eccardi . . . aliquoties separatim antea; nunc vero etiam conjunctim. – *Mühlhausen, Johann Stange, 1626.* – P.      [B 4997
SD 1626[10]
A Wgm (fehlt V.), Wn (fehlt V.) – D-ddr Bds, CZ, GOl, LEm (2 Ex.), HAu, Z – US Wc

1650 → 1568

## BURCKHARD Georg

Missa sacra quatuor vocum, cui aliquot sacrae accesserunt symphoniae, binis, ternis, quaternis ve vocibus decantandae, cum basso generali organicorum usui accommodato. – *Ravensburg, Johann Schröter, 1623.* – St.      [B 4998
D-brd Sl (A, org)

## BURETTE Bernard

Bachus, et L'Isle de Delos. Cantates françoises à voix seule et simphonie. – *Paris, auteur, Boivin, Le Clerc (gravées par Mlle Louise Roussel).* – P.      [B 4999
F Pc

Le Bal. Cantate à voix seule avec simphonie. – *Paris, auteur, Boivin, 1723.* – P.      [B 5000
F Pa

[Daphné. Cantate à voix seule mise en musique]. – *s. l., s. n.* – P.     [B 5001
F Pa (fehlt Titelblatt), Pc (fehlt Titelblatt)

Le Printemps, et L'Été. Cantates fran-çoises, à voix seule, et avec simphonie. – *Paris, auteur, Boivin, 1722.* – P.
[B 5002
F Pa (2 Ex.)

Sapho. A Phaon ode . . . [traduite du grec par Boileau des Priaux]. – *Paris, auteur, Boivin, Le Clerc, 1729.* – P.     [B 5003
F Pc

## BURGDORFF Zacharias

Magnificat canticum Beatissimae Virginae Mariae quinque vocibus per octo tonos. – *Magdeburg, Andreas Gehen, 1581.* – St.
[B 5004
H Bn (T, B, 5) – PL Wu (T)

## BURGESS Henry (the elder)

Can then a look create a thought. A new song. – *s. l., s. n.*     [B 5005
GB Ckc, Gm, Lbm (2 verschiedene Ausgaben), Mp

The forsaken lover [Song]. – *s. l., s. n.*
[B 5006
GB Lbm, Ob

Love, thou dear, but cruel tyrant. A song. – *s. l., s. n.*     [B 5007
GB Mch – US Ws

O love how pleasing are thy chains. A song. – *s. l., s. n.*     [B 5008
GB Lbm

Phillis taste joy and ne're be coy. A new song . . . within compass of the flute. – *s. l., s. n.*     [B 5009
GB Lbm

The rose [Song], taken from the 9th . . . of the fables for the female sex. – *s. l., s. n.*     [B 5010
GB CDp, Lbm, Ouf

— . . . set by an eminent master (in: Chloe, or the musical magazine, . . . No. 38). – *s. l., s. n.*     [B 5011
GB Lbm

A collection of lessons for the harpsichord, composed in an easy & familiar style. – *London, John Johnson.*     [B 5012
GB Ckc, Cpl, Lbm – US WGw

## BURGESS Henry (the younger)

The Coffee-House. A dramatick piece [the songs set by H. Carey and H. Bur-gess]. – *London, John Watts, 1737.*
SD S. 132     [B 5013
GB DU, Lbm – US SM, Wc

A collection of English songs and cantatas set to musick. – *London, John Walsh.*
[B 5014
A Wgm – GB Lbm, Lcm, Ob

Six concertos [G, B, A, F, g, c] for the harpsicord or organ. – *London, John Walsh, for the author.*     [B 5015
GB Lbm, T – US Cn, Wc, WGw

Six concertos for the organ and harpsi-cord, also for violins & other instruments in 5 parts. – *London, John Walsh, No. 8.* – St.     [B 5016
GB DRc (hpcd, vl I, vl II, vla, b, b ripieno, ob I, ob II), Lbm

Nine sonatas for two violins and a violon-cello with the thorough bass for the harpsichord. – *London, author, 1781.* – St.
[B 5017
GB Lbm (vl I, vl II, vlc, fehlt bc)

## BURGH Cornelius

Liber primus concertuum ecclesiastico-rum ternis vocibus in gratiam omnis ge-neris tam cantorum quam instrumento-rum. – *Köln, Gerhard Grevenbruch, 1626.* – St.     [B 5018
D-brd PA (B) – F Pn (kpl.: S I, S II, B, org)

Hortus Marianus novis ac suavissimis flosculis consitus . . . quatuor vocum. – *Antwerpen, héritiers de Pierre Phalèse, 1630.* – St.     [B 5019
GB Lbm (T, B, bc), Mp (unvollständig), Och

BURGO Cesare → BORGO Cesare

## BURKA F. E.

Die Farben. Fünf Lieder . . . in Musick gesezt von F. E. Burka. – *Berlin, C. E. Himburg, 1795.*                    [B 5020
F G

## BURLINI Antonio

*1612a.* Fiori di concerti spirituali a una, due, tre, e quattro voci, col basso continuo per l'organo. – *Venezia, Giacomo Vincenti, 1612.* – St.                    [B 5021
I Bc (1. parte [unvollständig], 2. parte, 3. parte, org [unvollständig]) – PL WRu

*1612b.* Riviera fiorita di concerti musicali a una, due, tre, e quattro voci con una messa nel fine, il tutto concertato col basso continuo per l'organo, aggiuntevi ancora le parti per uno, e due istrumenti per chi ne hà commodità, come nella tavola si può avvertire, e nelle parti per detti istrumenti è notato . . . opera terza. – *Venezia, Giacomo Vincenti, 1612.* – St.
[B 5022
I Bc (1. 2. 3. 4. parte; parte per istrumento acuto, grave; org), Bsp

*1613.* Salmi intieri che si cantano al vespro in alcune solennità de l'anno, con due Magnificat, il tutto concertato a quattro voci co'l basso continuo per l'organo; aggiuntevi ancora le parti per due istrumenti grave & acuto, per chi ha tal commodità, opera quinta. – *Venezia, Giacomo Vincenti, 1613.* – St.        [B 5023
CO B (keine Stimmen-Angabe) – D-brd Mbs (B, parte per istrumento acuto, parte per istrumento grave, org) – I Fn (parte per istrumento grave), VEcap (kpl.: S, A, T, B; parte per istrumento grave, parte per istrumento acuto; bc)

*1614.* Lamentationi per la settimana santa, a quattro voci, con un Benedictus a cinque, e due Miserere à due chori, il tutto concertato alla moderna co'l basso continuo per il clavicembalo a spinetta, aggiuntovi una parte per un violino . . . opera settima. – *Venezia, Giacomo Vincenti, 1614.* – St.                    [B 5024
D-ddr Bds (kpl.: S, A, T, B, istromento acuto, bc) – I VEcap (2 Ex.)

*1615.* Messa, salmi, et motetti concertati a otto voci in due chori col basso continuo per l'organo, & una parte per un violino . . . opera ottava. – *Venezia, Giacomo Vincenti, 1615.* – St.        [B 5025
I Bc (kpl.; I: S, A, T, B; II: S, A, T, B; istrumento acuto, bc), CEc (I: A, T, B; II: T)

*1617.* Concerti spirituali a due, tre, & quattro voci, con la partitura per l'organo, opera nona. – *Venezia, Giacomo Vincenti, 1617.* – St.        [B 5026
D-brd Rp (1. 2. 3. parte; fehlt partitura) – GB Lbm (partitura) – I VEcap (fehlt partitura)

## BURMANN Gottlob Wilhelm

LIEDER

[Zuordnung fraglich:] Ptolemaeus und Berenice, mit Melodien fürs Clavier. – *Berlin, Christian Moritz Vogel, 1765.*
[B 5027
D-ddr LEb

Verschiedene neue Lieder mit Melodien fürs Clavier. – *Berlin, Christian Moritz Vogel, (1766).*        [B 5028
B Bc – CH SO

Kleine Lieder für kleine Mädchen. – *Berlin-Königsberg, Georg Jakob Decker, Gottlieb Lebrecht Hartung, 1773.* [B 5029
B Bc – NL DHk – US Wc

— *Berlin, C. U. Ringmacher, 1774.*
[B 5030
GB Lbm

Kleine Lieder für kleine Mädchen und Knaben . . . nebst einem Anhang etlicher Lieder aus der Wochenschrift: Der Greis [53 Lieder, 2-st.]. – *Zürich, David Bürckli, 1774.*                    [B 5031
CH Bu – GB Lbm

Kleine Lieder für kleine Jünglinge. – *Berlin-Königsberg, Georg Jakob Decker, G. B. Hartung, 1777.*        [B 5032
B Bc – CH Bu – D-brd Rp – US CA, Wc

Liederbuch fürs Jahr 1787, Freunden und Freundinnen des Klaviers und Gesangs

. . . übergeben. – *Berlin, P. Bordeaux,*
*1787.*                                    [B 5033
**D-brd** Bhm, LB – **US** Cu

KLAVIERWERKE

[Klavierkompositionen und Lied (Trost der
Thränen) in: Blumenkörbchen, Idas. Musi-
kal. Beylage]. – *[Berlin]*, *1793.*  [B 5034
**D-brd** MÜu

Sechs Clavier Suiten [jeweils gefolgt von
einem Lied (1st. mit bc)]. – *Berlin-Leip-*
*zig, Georg Jakob Decker, 1776.*    [B 5035
**DK** Kk – **F** Pc – **GB** Lbm – **US** Wc

Monathliche Clavier-Unterhaltungen. –
*Berlin, s. n., 1779.*                [B 5036
**GB** Ge, Lbm (2 Ex.) – **NL** DHgm

**BURMEISTER Joachim**

Geistlicher Psalmen D. M. L. und anderer gottseligen Menner . . . vierstimmige
Harmonien. – *Rostock, Stephan Myliander,*
*1601.*                                    [B 5037
**DK** Kk

**BURNETT William**

Summer amusement. July 29ᵗʰ 1782.
Twelve country dances and three cotil-
lons, entirely new, for a violin & bass,
harpsichord or harp [zusammen mit
J. Rawlins]. – *London, William Napier,*
*(1782).*                                  [B 5038
SD
**GB** Lbm

The valentine, containing six country
dances and six cottillions entirely new, for
a violin & bass, harpsichord or harp, with
their proper figures. – *s. l., s. n.*  [B 5039
**US** Wc

**BURNEY Charles**

MUSIK ZU BÜHNENWERKEN

Alfred

We've fought, we have conquer'd [Song
in the masque of Alfred]. – *s. l., s. n.*
                                          [B 5040
**GB** Lbm

The cunning man (Bearbeitung von
Rousseau's „Le devin du village")

Had I heard each am'rous ditty. A favourite air. – *s. l., s. n.*                [B 5041
**US** Ws

Robin Hood

As blyth as the linnet sings in the green
wood [Song]. – *s. l., s. n.*             [B 5042
**GB** Cfm, En (2 Ex.), Lbm (2 Ex.), Lcm

— . . . (in: London Magazine, 1755). –
*[London], s. n., (1755).*                [B 5043
**GB** Lbm

I'll sing you a song that shall suit you all
round. A new song [in: The Universal
Magazine, Vol. XIX]. – *[London], s. n.,*
*(1756).*                                  [B 5044
**GB** Lbm

To an arbor of woodbine [Song]. – *s. l.,*
*s. n.*                                    [B 5045
**GB** Cfm (2 Ex.), Cpl, En, Lbm (2 verschiedene
Ausgaben)

— . . . (in: Universal Magazine, Vol. XV).
– *[London], s. n., s. d.*                [B 5046
**GB** Lbm

— . . . (in: New Universal Magazine, 1755
und 1756). – *[London], s. n., (1755/56).*
                                          [B 5047
**GB** Gm, Lbm (2 verschiedene Ausgaben)

VOKALMUSIK

XII Canzonetti a due voci in canone;
poesia dell Abate Metastasio. – *London,*
*Longman & Broderip.*                     [B 5048
**GB** Cu, Lbm, Ob, T – **H** Bn – **US** Wc

Constancy [Song]. – *s. l., s. n.*    [B 5049
**GB** Lbm

Lovely Harriote. A Crambo song. – *[Lon-*
*don], James Oswald.*                     [B 5050
**GB** Lbm

Since wedlock's in vogue. The man to my
mind [Song]. – *s. l., s. n.*             [B 5051
**GB** Lbm

— . . . (in: Universal Magazine, 1755). –
*[London], s. n., (1755).*                [B 5052
**GB** Lbm

INSTRUMENTALWERKE

Für mehrere Instrumente

Six concertos in seven parts for four violins, a tenor, a violoncello, and thorough bass, for the organ, or harpsichord . . . opera quinta. – *London, James Oswald (John Phillips).* – St.    [B 5053
GB Lam, Lcm, Mp (unvollständig) – US Wc

Six sonatas for two violins, with a bass for the violoncello or harpsichord . . . opera prima. – *London, William Smith, for the author.* – St.    [B 5054
C Tu – GB Ckc, Cu

VI Sonatas or duets for two german flutes, or violins . . . opera 3ᵈ. – *London, James Oswald.* – P.    [B 5055
GB CDp

Six sonatas for two violins and a base . . . opera IVᵗᵃ. – *London, John Johnson.* – St.    [B 5056
GB Cu, Lbm, Mp (2 Ex.), Ob

Two sonatas for the harpsichord and forte piano with accompaniments for a violin and violoncello [first set]. – *London, Robert Bremner.* – St.    [B 5057
F Pmeyer – GB T (unvollständig)

— Two sonatas for the harpsichord and forte piano with accompaniments for a violin and violoncello [second set]. – *London, Robert Bremner.* – St.    [B 5058
GB Lbm

Für Pianoforte und Orgel

Four sonatas or duets for two performers on one piano forte or harpsichord. – *London, Robert Bremner, for the author, (1777).* – P.    [B 5059
B Bc – F Pc – GB Cu, Ckc, Lbm, Ltc – I Fn – US CA, NH, PRu, R, Wc, WGw

A second set of four sonatas or duets for two performers on one piano forte or harpsichord. – *London, Robert Bremner, for the author.*    [B 5060
B Bc – D-ddr SWl – GB Cu, Lbm, Lcm – I Fn – US BRp, BU, NH, R, Wc, WGw

[Sonate à trois mains (hpcd)]. – *s. l., s. n.*    [B 5061
GB Lbm (fehlt Titelblatt)

Six Sonatas [A, F, D, B, G, D] for the harpsichord. – *[London], author.*    [B 5062
B Bc – C Tolnick – GB Lbm

— *London, Robert Bremner, for the author.*    [B 5063
D-ddr Dlb – F Pc – GB Lbm – S Skma – US Bp, Wc

VI Cornet pieces with an introduction for the diapasons, and a fugue, proper for young organists and practitioners on the harpsichord. – *London, John Walsh.*    [B 5064
B Bc – D-brd Mbs – F Pc – GB Cu, Lbm, Lcm, Ob – US BE, Cn, NYp, R, Wc (2 Ex.)

Preludes, fugues and interludes for the organ . . . book I. – *London, author.*    [B 5065
GB Lbm, LEc

**BURNEY Charles Rousseau**

Four sonatas for the harpsichord or pianoforte, with an accompanyment for a violin and a duet for two performers on one instrument. – *London, author.* – P.    [B 5066
B Bc – GB Lbm

Two sonatas for the harpsichord or pianoforte; and a duet for two performers on one instrument . . . opera II. – *London, author.*    [B 5067
GB Ckc, Lbm, Lcm

A duett [Es] for two performers on one piano forte with or without additional keys. – *London, Broderip & Wilkinson.*    [B 5068
DK Kv

Air with variations for the piano forte. – *London, s. n.*    [B 5069
GB Gu, Lbm

— *ib., Longman & Broderip.*    [B 5070
F Pc

— *ib., Longman, Clementi & Co.*    [B 5071
GB Ckc

**BURSIO Filippo**

Missae quatuor vocibus concinendae. – *Roma, Vitale Mascardi, 1698.* – St.
[B 5072
**D-brd** MÜs (kpl.: S, A, T, B, org) – **GB** Lbm (T, B) – **I** Bc, Fc (org), Ls, Rli, Vnm

— Messe a quattro voci concertate . . . impressione secunda. – *ib., 1708.*
[B 5073
**I** Ls, Rc (fehlt A)

**BURTON John**

VOKALMUSIK

Twelve Italian canzonetts for the voice and harpsichord . . . opera III. – *London, author.* [B 5074
**GB** Ckc, Lbm, T

— *ib., Robert Birchall, T. Beardmore.*
[B 5075
**GB** Gm, LVu

INSTRUMENTALWERKE

Ten sonatas [D, A, F, G, D, B, C, G, A, F] for the harpsichord, organ, or piano forte. – *London, author, (1766).*
[B 5076
**C** Tu – **D-ddr** LEmi – **F** Pc – **GB** Cfm, Cpl, Lbm, Lcm, Mp, Ob (2 Ex.), Ooc – **US** BE, Cn, Wc

— *ib., Welcker.* [B 5077
**GB** Ckc, Lbm (2 Ex.) – **US** AA, BE (Etikett: Longman & Broderip)

— *ib., s. n.* [B 5078
**US** MSp, U

— Three [4] favourite lessons for the harpsichord, viz.: The courtship, the chace, and Tit for tat [= No. 6: Moderato; No. 1: Allegro; No. 2: Rondo; No. 8: Giga-aus: Ten sonatas . . .]. – *ib., Henry Thorowgood.* [B 5079
**GB** Ckc, CDp, Lbm, Mp – **US** NYp, STu

— *ib., Longman & Broderip.* [B 5080
**GB** Ckc, T – **US** BE

— The courtship . . . three favorite concertos for the piano forte. – *ib., Harrison & Co., No. 49.* [B 5081
**B** Bc – **D-brd** Mbs

— [No. 2 (A):] Sonata [for harpsichord]. – *ib., J. Dale.* [B 5082
**C** Tu – **GB** Lbm

— [No. 6 (B):] A favourite lesson. – *ib., Henry Thorowgood.* [B 5083
**GB** Ouf

— [No. 6 (B):] . . . the courtship. – *ib.*
[B 5084
**GB** Lbm

— [No. 8 (G):] Burton's favorite rondeau. – *ib., J. Dale.* [B 5085
**GB** Lbm

— [No. 8 (G):] . . . rondeau. – *Edinburgh, Neil Stewart & Co.* [B 5086
**GB** En

Six sonatas for the piano forte, harpsichord or organ with an accompanyment for the violin . . . opera seconda. – *London, author.* – St. [B 5087
**GB** Ckc, Lbm (2 Ex.)

Welcome, welcome, brother debtor. With variations . . . transcribed from the original manuscript by M. Cooke. – *London, Robert Birchall.* [B 5088
**GB** Lbm

**BURY Bernard de**

Les Caractères de la Folie. Ballet . . . représenté pour la première fois par l'Académie royalle de musique le mardi 20e jour d'août 1743. – *Paris, auteur, Mme Boivin, Le Clerc (gravé par Hue).* – P.
[B 5089
**F** A, Pa, Pc (3 Ex., 2 verschiedene Ausgaben), Pn, Po, (2 Ex., unvollständig), V (3 Ex., davon 1 Ex. mit handschriftlichen Eintragungen) – **S** Skma – **US** Bp

— *ib., Jean Baptiste Christophe Ballard, 1743.* [B 5090
**F** Pn (Titelblatt handschriftlich) – **US** Wc

Titon et l'aurore. Acte de ballet représenté pour la première fois devant le roy sur le théâtre des petits appartemens à Versailles le 14 janvier 1750, et à l'Académie royalle de musique le jeudy 18 février 1751.

– *Paris, auteur, Mme Boivin, Le Clerc, Mlle Castagnery (gravé par Hue)*. – P.
[B 5091]
F Pa (2 Ex.), Pc (3 Ex.), Pn, Po

La Prise de Berg-op-Zoom. Cantate chantée devant le roy. – *Paris, auteur, Mme Boivin, Le Clerc (gravé par Mlle Hue)*. – P.
[B 5092]
F Pn

Le Retour de Philis. Cantatille à voix seule avec accompagnement de violon seul. – *Paris, auteur, Mme Boivin, Le Clerc, Mlle Castagnery (gravé par Mlle Hue)*. – P.
[B 5093]
F Pc. Pn

L'Automne. Chanson. Ode anacréontique (in: Mercure de France, Mars, 1765). – *[Paris], s. n. (Tournelle), 1765.*
[B 5094]
GB Lbm

La Naissance de Monseigneur le Comte de Provence. Musette (in: Mercure de France, Déc., 1755). – *[Paris], s. n., (1755).*
[B 5095]
GB Lbm

Le Printems. Musette (in: Mercure de France, Sept., 1754). – *[Paris], s. n., (1754).*
[B 5096]
GB Lbm

Premier livre de pièces de clavecin. – *Paris, Vve Boivin, Le Clerc, Mlle Hue (gravé par le Sr Hue), (1736).*    [B 5097]
F Pc

## BURY F. J.

Trois sonates pour le clavecin ou le piano forte avec accompagnement de violon . . . œuvre 1r. – *Paris, auteur, aux adresses ordinaires (gravées par Mlle Rickert)*. – St.
[B 5098]
F Pc (fehlt vl) – US Wc (fehlt vl)

## BUSATTI Cherubino

Arie a voce sola commode da cantarsi nel clavicembalo, chitarone & altro simile stromento, con le lettere dell'alfabeto per la chitarra spagnola. – *Venezia, Alessandro Vincenti, 1688.*    [B 5099]
I Rsc

Compago ecclesiasticorum motectorum unius vocis modulatione confecta . . . opus tertium. – *Venezia, Bartolomeo Magni, 1640.* – P. und St.    [B 5100]
B Bc (kpl.: voce, partitura) – PL WRu

Settimo libro d'ariette a voce sola [accompagnamento per la chitarra alla spagnola]. – *Venezia, Alessandro Vincenti, 1644.* – P.    [B 5101]
PL WRu

## BUSBY Thomas

Let not rage, sung . . . in the celebrated opera of Artaxerxes . . . arranged with an accompaniment for the piano forte from the original score. – *London, W. Rolfe.* – KLA.    [B 5102]
I Rsc

The music in the dramatic romance of Joanna, as performed with universal applause, at the Theatre Royal, Covent Garden. – *London, Goulding, Phipps & D'Almaine.* – KLA.    [B 5103]
GB Lbm, Lcm – US Wc

The overture, marches, dances, symphonies, and song in the melodrame, called A tale of mystery, now performing with universal applause at the Theatre Royal, Covent Garden. – *London, Edward Riley.* – KLA.    [B 5104]
D-brd Mbs

Anthem in the key of Bb [Singstimme mit bc] . . . Pr. 2s. Psalm 63, No. 57. – *[London], Edward Riley, No. (89), (90).*
[B 5105]
D-brd Hs

Love, wine & friendship. A festive song [Singstimme, 2 Violinen und Pianoforte]. – *London, Bland & Weller.* – P.    [B 5106]
D-brd Hs

— *ib., Edward Riley.*
[B 5107]
GB Lbm, Ob

Six sonatas [C, D, G, E, C, A] for the harpsichord or piano forte . . . opera I. – *London, Longman & Broderip, for the author.*                                        [B 5108
**GB** Lbm

— Six sonatas for the piano forte (in: Piano-Forte Magazin, Vol. VII, Nr. 5). – *ib., Harrison, Cluse & Co., No. 100–101.*
                                                    [B 5109
**D-brd** Mbs

Ten original marches for military band or piano (in: The British Military Library or Journal, 2 vol.). – *London, s. n., 1798 (–1801).*                                     [B 5110
**GB** Lbm

**BUSCA Lodovico**

Motetti sacri a voce sola . . . opera prima. – *Bologna, Giacomo Monti, 1672.* – P.
                                                    [B 5111
**I** Bc, Rsg – **US** Wc

Ariette da camera a voce sola . . . opera seconda. – *Bologna, Giacomo Monti, 1688.* – P.                            [B 5112
**I** Bc

**BUSCH Peter Georg**

Samling af Arier og Duetter [von Gluck, Monsigny, Schulz, Paisiello, Dezaides], udsatte til Sang ved Klaveret. – *København, S. Sønnichsen.*                [B 5113
**DK** Kk (2 Ex.), Sa

**BUSCHE Ernst von dem**

Der graue Bruder. Ein nach Veit Webers Sagen der Vorzeit bearbeitetes Gedicht, für eine Singstimme und Klavier gesezet. – *Hannover, Autor (Speier, Bossler).*
                                                    [B 5114
**CS** KR

**BUSCHOP Cornelis** → **BOSCOOP Cornelis**

**BUSSE Godefridus**

Het gheestelyck blom-hofken van Bethleem. Verciert met verscheyde schoone

liedekens . . . op het musieck ghecomponeert met twee stemmen, cantus ende bassus. – *Antwerpen, héritiers de Pierre Phalèse, 1664.*                     [B 5115
**B** Br (fehlt Titelblatt) – **NL** DHk

**BUSSONI Arcangelo**

Fasciculus sacrarum cantionum, quo Beatae Virginis Deiparae, eiusque Filij Redemptoris nostri laudes annexe modulis decantantur, singulis, binis, ternis, quaternisque vocibus, una cum basso ad organum. – *Venezia, Giacomo Vincenti, 1614.* – St.                          [B 5116
**I** Bc (A, T, org)

**BUSTIJN Pieter**

IX Suittes pour le clavessin composées de préludes, allemandes, courantes, sarabandes, gigues, gavottes & autres airs . . . premier ouvrage. – *Amsterdam, Estienne Roger, No. 24.*                       [B 5117
**B** Br – **F** Pc

**BUTERNE**

Six sonates pour la vielle, musette, violon, flûtes, hautbois et pardessus de violles; quatre avec la basse-continue et deux en duo . . . œuvre IIe. – *Paris, auteur, Mme Boivin, Le Clerc, Louvet; Lyon, de Brotonne (gravé par Mlle Bertin).* – P.
                                                    [B 5118
**F** NS, Pc, Pn – **GB** Lbm

**BUTLER Charles**

Duncan Gray. A much admired Scotch air, newly arranged with variations expressly for the harp. – *London, Skillern & Co.*                                [B 5119
**I** Nc

**BUTLER Thomas Haml(e)y**

MUSIK ZU BÜHNENWERKEN

The widow of Delphi, or The descent of the Deities.

The overture, serenade, favorite songs, &c. in The Widow of Delphi. – *London, A. Portal.* – KLA. [B 5120
GB Gu, Lbm, Lcm, Ob – US Wc

— ib., *William Warrell.* [B 5121
GB Lbm

Ah! woe is me. The favourite song. – *[London], William Warrell, Thomas Skillern.* [B 5122
GB Ckc

Fair was the dame [Song]. – *London, William Warrell.* [B 5123
GB Lbm

His form by nature's hand. A favourite song. – *s. l., s. n.* [B 5124
GB Lbm

— *Dublin, John Lee.* [B 5125
GB Lbm – US MV

Wives awake. The Serenade. – *London, William Warrell.* [B 5126
GB Lbm

VOKALMUSIK

A select collection of original Scotish airs, arranged for one and two voices with . . . symphonies and accompanyments for the flute, violin & piano forte . . . also with an additional selection of words from . . . Scotch and English poets. – *Edinburgh, Muir Wood & Co.* – St. [B 5127
GB DU, Er, Gc, Gu, Lbm, Lcm, Mp (2 Ex.) – US Wc

— *Glasgow, Niven, Napier & Khull, 1790.* [B 5128
✓ C SA

You bid me fair conceal my love. A new song [with bc]. – *s. l., s. n.* [B 5129
US Wc

WERKE FÜR KLAVIER

Sonaten (mit und ohne Violinbegleitung)

Six easy sonatas for the piano forte, with an accompanyment for a violin. – *London, author.* – P. [B 5130
GB Lbm – US NYp

Four sonata's [F, D, G, B] for the harpsichord or piano forte [No. 4 mit vl]. – *Edinburgh, Corri & Sutherland.* [B 5131
US BE, R

Four new sonatas [B, D, G, Es] for the piano forte with an accompaniment for the violin or flute. – *Edinburgh, author.* – St. [B 5132
D-brd Mbs (pf)

Butler's favorite sonata in F, in which is introduced Roy's Wife [by J. Watlen], Fischer's minuet and Up and wa' them a' Willie, with an accompaniment for a flute or violin. – *London, John Dale.* – St. [B 5133
GB Lbm, Ob

A 4th sonata for the piano forte in which are introduced the favorite Scotch airs of Lochaber & Duncan Gray. – *London, Goulding, Phipps & D'Almaine.* [B 5134
I Rsc

A new and pleasing sonata for the piano forte. – *Edinburgh, John Brysson.* [B 5135
GB Lbm, Ob

A sonata for the piano forte. – *London, Goulding, Phipps & D'Almaine.* [B 5136
I Rsc

Rondo's

A first sett of rondo's for the piano forte or harpsichord . . . opera VI. – *s. l., s. n.* [B 5137
GB En

A new rondo for the piano forte (Butler's Medley rondo). – *London, John Dale.* [B 5138
EIRE Dn – GB EL, Lbm, Ob

Amo amas. A rondo for two performers on one piano forte or harpsichord. – *Glasgow, James Aird, No. 42.* [B 5139
US BE, NYp

Amo amas, with variations for the piano forte or harpsichord. – *Edinburgh, Stewart & Co.* [B 5140
GB En

A favorite slow movement, No. 2, to which is added Butter'd Peas, a new rondo for the pianoforte. – *London, Goulding & Co.* [B 5141
EIRE Dn – GB Lbm

Corn Riggs. A favorite Scots air, made a rondo for the harpsichord or piano forte. – *s. l., s. n.* [B 5142
GB Mp

The favorite Scots air of The day returns my bosom burns, made a rondo for the piano forte. – *Edinburgh, John Brysson.* [B 5143
GB Lbm, Ob

An Egyptian air. Arranged as a rondo for the piano forte. – *Philadelphia, G. Willig.* [B 5144
US PO

The free mason. A new rondo for the piano forte or harpsichord. – *s. l., author.* [B 5145
GB Mp

Green grow the rushes. A favourite rondo for the piano forte. – *Edinburgh, John Hamilton.* [B 5146
B Bc – EIRE Dn – GB Lbm, Ob

A favorite slow movement, to which is added Ha'd away frae me Donald, a new rondo for the piano forte. – *London, Goulding & Co.* [B 5147
GB Lbm

The haughs of Cromdale. A favourite Scotch air, made into a rondo for the piano forte. – *Edinburgh, William Whyte.* [B 5148
GB Lbm, Ob

The Highland Laddie. A favorite rondo for the piano forte or harpsichord. – *Edinburgh, Corri & Sutherland.* [B 5149
GB Ckc

I'll gang nae mair to yon town. A new rondo for the piano forte. – *Edinburgh, Neil Stewart & Co.* [B 5150
GB En, Lbm – US PHu

The landing of the brave 42nd in Egypt. A military rondo for the piano forte. – *Edinburgh, John Brysson.* [B 5151
GB En, Lbm, Ob

The lass of Paties Mill. A favorite rondo for the piano forte. – *Edinburgh, Gow & Shepherd.* [B 5152
GB Lbm

Lewie Gordon. A favourite rondo for the fortepiano or harpsichord. – *s. l., author.* [B 5153
GB P

— *Edinburgh, Corri & Sutherland.* [B 5154
GB Mp

— *ib., Muir, Wood & Co.* [B 5155
US PHu

— *London, Goulding.* [B 5156
US NYcu, Wc

— *ib., Goulding, D'Almaine, Potter & Co., No. 4926.* [B 5157
US Wc

— *ib., John Dale.* [B 5158
GB Lbm

— *ib., Robert Birchall.* [B 5159
GB Gu

— *ib., Bland & Weller.* [B 5160
GB BA, Cu

— *ib., Corri, Dussek & Co.* [B 5161
GB EL

— *ib., A. Hamilton.* [B 5162
GB Lbm

— *ib., s. n.* [B 5163
GB Lbm

— *Liverpool, H. Hime.* [B 5164
EIRE Dn – US Wc

— *Dublin, Hime.* [B 5165
US Wc

— Bow the head thou lily fair. A dirge or pathetic rondo . . . [words by J. Aikin, adapted to the Scotch air Lewis Gordon]. – *Edinburgh, author.* [B 5166
GB Gu, Lbm

Maggie Lauder. A new rondo for the piano forte. – *London, John Dale.* [B 5167
GB Lbm, Ob

Merrily danced the Quaker's wife. A new rondo, for the piano forte. – *London, John Dale.* [B 5168
EIRE Dn – GB Lbm (2 Ex.), Ob – US NYcu

My Jo Janet. A new rondo for the piano-forte or harpsichord. – *Edinburgh, John Hamilton.* [B 5169
GB Gu, Lbm, Ob

My love is but a lassie yet. A new and cheerful rondo for the piano forte. – *Edinburgh, Muir, Wood & Co.* [B 5170
GB Lbm

Paddy O Rafferty. A favourite Irish air, made into a rondo for the piano-forte. – *Edinburgh, Neil Stewart & Co.* [B 5171
GB En

The route is come. A new & brilliant rondo for the piano-forte. – *London, John Dale.* [B 5172
GB Lbm, Ob

The much admire'd Savage Dance made an easy rondo for the piano forte or harpsichord. – *[Edinburgh], Corri & Sutherland.* [B 5173
B Br

Sir David Hunter Blair's reel, made a rondo for the pianoforte. – *Edinburgh, John Hamilton.* [B 5174
EIRE Dn – GB Lbm

Speed the plough. A new and brilliant rondo for the piano forte. – *Edinburgh, John Brysson.* [B 5175
GB Ob

There's nae luck about the house. A new rondo for the piano forte. – *London, John Dale.* [B 5176
GB Lbm, Ob

Thro' the woods Favie. A new rondo for the piano forte. – *London, John Dale.* [B 5177
GB Lbm, Ob

Tink a Tink. A new rondo for the piano-forte. – *Edinburgh, John Hamilton.* [B 5178
GB Lbm, Ob

Weel may the keel row. An old Scots air, made into a rondo for the piano-forte. – *Edinburgh, Muir, Wood & Co.* [B 5179
GB Lbm – US PHu

The yellow hair'd Laddie, and Willy was a wanton Wag. Two new rondo's for the pianoforte or harp. – *Edinburgh, author.* [B 5180
GB Lbm

A new rondo for the piano-forte. – *Edinburgh, Stewart & Co.* [B 5181
GB Lbm

Ouverturen, Variationen, Divertimenti u. a.

A favourite new medley overture (in which several beautiful airs are interspersed) for the piano-forte. – *Edinburgh, John Hamilton (G. Walker).* [B 5182
GB Lbm

— ib., *William Whyte.* [B 5183
GB Lbm, Ob

A miscellaneous lesson [for pf] (in which are introduced a few Scotch tunes). – *s. l., s. n.* [B 5184
GB Mp – US Pu

The beautiful Scots air of Pinkie House with six variations for the piano forte. – *Edinburgh, author.* [B 5185
GB Lbm, Ob

Nancy Dawson. With variations [for pf]. – *[Edinburgh], Corri & Sutherland.* [B 5186
GB Ckc – US NYfuld

Bonny Dundee. A new divertimento for the piano forte. – *London, Bland & Weller.* [B 5187
US Wc

Calder Fair. A divertimento for the piano forte. – *London, Bland & Weller.* [B 5188
US Wc

Farewell to Lochhaber. A favorite Scots air for the piano forte or harpsichord. – *Edinburgh, Corri & Sutherland.* [B 5189
GB Ckc

461

Mrs. Garden of Troup. A favorite reel, arranged as a divertimento for the piano forte. – *London, Bland & Weller.* [B 5190
US Wc


**BUTTEN Jacob**

Dem Durchlauchtigsten Fürsten . . . Christian . . . zu Sachsen Jülich Cleve . . . wegen . . . erlebten hohen Gebuhrts-Tages . . . 23. Februar, 1702 (Sey willkommen, o du höchst gewünschter Tag [Arie in B für Singstimme, 2 Hautbois & Basson und Cembalo]). – *Kölln a. d. Spree, Ulrich Liebpert, (1702).* – P.               [B 5191
**D-ddr** LEu


**BUTTSTETT Johann Heinrich**

Musicalische Clavier-Kunst und Vorraths-Kammer [Praeludien, Fugen, Ricercar, Canzona, Aria mit Variationen, Suiten]. – *Leipzig, Johann Herbord Kloss (1713).*
[B 5192
**CH** Zz – **D-brd** Mbs – **D-ddr** Bds – **NL** DHgm – **US** Wc


— . . . [2. Auflage]. – *ib., [1716].*
[B 5193
**A** Wn – **B** Bc – **F** Pc – **US** Wc


**BUUS Jacob**

Il primo libro di canzoni francese a sei voci. – *Venezia, Antonio Gardano, 1543.* – St.               [B 5194
**D-brd** LÜh (kpl.: S, A, T, B, 5, 6), Mbs, Rp (fehlt 6, andere Ausgabe), W – **I** VEaf (fehlt B, andere Ausgabe) – **S** Uu (5)


Recercari . . . da cantare, et sonare d'organo & altri stromenti . . . libro primo a quatro voci. – *Venezia, Antonio Gardano, 1547.* – St.               [B 5195
**D-brd** Mbs (kpl.: S, A, T, B), Rp (2 Ex., im 2.Ex. fehlt T) – **I** Bc, Rvat-chigi (A, B)


Il secondo libro di recercari . . . da cantare, & sonare d'organo & altri stromenti. – *Venezia, Antonio Gardano, 1549.* – St.               [B 5196
**D-brd** Rp (2 Ex., im 2. Ex. fehlt T) – **GB** Lbm (fehlt T)


Intabolatura d'organo di recercari . . . novamente stampata con carateri di stagno, libro primo. – *Venezia, Antonio Gardano, 1549.*               [B 5197
**B** Bc (unvollständig) – **GB** Lbm


Primo libro de moteti a quatro voci. – *Venezia, Antonio Gardano, 1549.* – St.
[B 5198
**A** Wn (kpl.: S, A, T, B) – **GB** (S, T) – **I** FA (S, A)


Libro primo delle canzoni francese a cinque voci . . . per cantare & sonare di ogni instrumento. – *Venezia, Girolamo Scotto, 1550.* – St.               [B 5199
**D-brd** Mbs (kpl.: S, A, T, B, 5) – **D-ddr** Bds (S, A, B) – **I** VEaf (T)


**BUXTEHUDE Dietrich**

GELEGENHEITSKOMPOSITIONEN

Fried- und Freudenreiche Hinfarth (Mit Fried und Freud ich fahr dahin [a 4v]) des alten großgläubigen Simeons bey seeligen ableiben des . . . Herrn Johannis Buxtehuden . . . am 22. Januarii des 1674. Jahres allhier zu Lübeck . . . abgeschieden . . . in 2. Contrapuncten abgesungen. – *Lübeck, Ulrich Wettstein, 1674.* – P.               [B 5200
**D-brd** KA


Trost-Lied (Jesu meiner Freuden Meister [für S, A, bassetto, bc]; Christus: liebste Seel [für B, viola I, II, III, violon, bc]) . . . bey Beysetzung . . . Margarita Rachelia . . . figuraliter abgesungen und . . . mit folgenden Stimmen geziert. – *Ratzeburg, Niklas Nissen, 1677.* – P.               [B 5201
**D-brd** Gs


Das Edelste Ritterspiel nemblich die Liebe zu welchem der . . . Herr Achilles Daniel Leopoldi . . . mit der . . . Jgf: Anna Margaretha . . . des Hn. Johannes Ritters . . . Tochter am ersten Tage des Martzmohnts dieses 1675. Jahres . . . eingeweihet (Streuet mit bluhmen den Heid [A, 5 Instrumente, bc]). – *Lübeck, Gottfried Jägers Erben, (1675).* – P.               [B 5202
**S** Uu


Auff das Hochansehnliche Hochzeit-Fest des . . . Herrn Henricus Kirchrink . . . und

der . . . Agneta Kirchrings gebohrnen von
Stiten gehalten den 23. Tag des Herbst-
monats (Aria: Auff! Stimmet die Seiten
[A I, A II, B; tr in sordino I, tr in sordino
II, trb in sordino I, trb in sordino II, fag,
bc]). – *Lübeck, Gottfried Jägers Erben.* – P.
[B 5203
S Uu

INSTRUMENTALWERKE

VII. Suonate a doi, violino & viola da
gamba, con cembalo . . . opera prima. –
*Lübeck, Johann Widemeyer (Hamburg,
Nicolaus Spiering), [1696].* – St.
[B 5204
S Uu

VII. Suonate a due, violino et viola da
gamba con cembalo . . . opera secunda. –
*Lübeck, Johann Widemeyer (Hamburg,
Nicolaus Spiering).* – St.　　　[B 5205
S Uu

## BYRD William

KIRCHENMUSIK

*s. d.* [Mass for three voices]. – *s. l., s. n.* –
St.　　　　　　　　　　　　　　　　[B 5206
GB Lbm (kpl.: S, T, B; 2 Ex.), Ob (unvollstän-
dig), Och – US Wc (B), Ws

*s. d.* [Mass for four voices] – *s. l., s. n.* – St.
[B 5207
GB Cu (unvollständig), Lbm (kpl.: S, A, T, B),
Ob (unvollständig), Och – US Wc (B), Ws

*s. d.* [Mass for five voices]. – *s. l., s. n.* – St.
[B 5208
GB Lbm (kpl.: S, Contra-T, T I, T II, B; 2 Ex.),
Ob (unvollständig), Och – US Wc (B)

*1588.* Psalmes, sonets, & songs of sadness
and pietie, made into musicke of five
parts: whereof, some of them going
abroade among divers. in untrue coppies,
are heere truely corrected, and th'other
being songs very rare and newly composed. – *[London], Thomas East, the assigne
of William Byrd, 1588.* – St.　　[B 5209
GB Ctc (unvollständig), Cu (unvollständig),
Ge (kpl.: S, Medius, T, Contra-T, B), Lbm, Lu,
LI, Mp (unvollständig), Ob, Y (unvollständig) –
US CA (S, B), Wc (B), Ws (fehlt Contra-T)

– *ib., Thomas East, s. d.*　　　　[B 5210
D-brd Hs (fehlt Medius) – F Pn (S, B) – GB Cu
(unvollständig), Eu (unvollständig), Lbm (2
Ex., davon 1 Ex. unvollständig), Lcm, Och –
US Cn, U (Medius), Wc, Ws (B)

*1589a.* Liber primus sacrarum cantionum
quinque vocum. – *London, Thomas East,
the assigne of William Byrd, 1589.* – St.
[B 5211
F Pthibault (kpl.: S, A, Contra-T, T, B) –
GB Cu (unvollständig), Ctc (unvollständig),
Ge, Lbm, Ob (unvollständig), Och, T, Y (2
Ex.) – US WI, Ws (S, Medius, T)

*1589b.* Songs of sundrie natures, some of
gravitie, and others of myrth, fit for all
companies and voyces, lately made and
composed into musicke of 3. 4. 5. and
6. parts. – *London, Thomas East, the
assigne of William Byrd, 1589.* – St.
[B 5212
GB Cu (unvollständig), Ctc (unvollständig),
Ge (kpl.: S. Medius, T, Contra-T, B, 6), Lam,
Lbm (2 Ex.), Lcm, Lu, Och, T – I Rsc (Supe-
rius, Medius [2 Ex.], T) – US CA (6), Sp (B),
Ws (Contra-T, B), Wc (B)

– *ib., 1589.*　　　　　　　　　　[B 5213
GB Ob

– *ib., Lucretia East, the assigne of William
Barley, 1610.*　　　　　　　　　　[B 5214
GB Lbm (fehlen Medius, T), Mp (unvollständig)
– US Ws (B, 6)

– *ib., 1610.*　　　　　　　　　　　[B 5215
GB Lbm (fehlt Contra-T)

1589c → 1589b

*1591.* Liber secundus sacrarum cantio-
num, quarum aliae ad quinque, aliae vero
ad sex voces aeditae sunt. – *London,
Thomas East, the assigne of William Byrd,
1591.* – St.　　　　　　　　　　　[B 5216
GB Cu (unvollständig), Ge (unvollständig),
Lbm (kpl.: S, Medius, T, Contra-T, B, 6), Och,
Ob (unvollständig), Y – US Ws (B, 6)

*1605.* Gradualia: ac cantiones sacrae, quinis, quaternis, trinisque vocibus concinnatae [liber primus]. – *London, Thomas
East, 1605.* – St.　　　　　　　　　[B 5217
GB Y (kpl.: S, Medius, T, Contra-T, B)

— . . . lib. primus . . . editio secunda. –
*ib., Richard Redmer (Humphrey Lownes),
1610.*                                        [B 5218
**GB** Cu (unvollständig), Lbm (2 Ex.), Och

*1607.* Gradualia: seu cantionum sacrarum
quarum aliae ad quatuor, aliae vero ad
quinque et sex voces editae sunt, liber
secundus. – *London, Thomas East, the
assigne of William Barley, 1607.* – St.
                                              [B 5219
**GB** Lbm (S I, S II [unvollständig], Contra-T,
B, 6; fehlt T)

— *ib., Richard Redmer (Humphrey Low-
nes), 1610.*                                  [B 5220
**GB** Cu (unvollständig), Lbm, Lwa, Ll, Och –
**US** Ws (6)

1610a → 1589b
1610b → 1589b
1610c → 1605
1610d → 1607

*1611.* Psalmes, songs and sonnets: some
solemne, others joyfull, framed to the life
of the words: fit for voyces or viols of 3.
4. 5. and 6. parts. – *London, Thomas
Snodham, the assigne of William Barley,
1611.* – St.                                  [B 5221

**GB** Lbm (unvollständig), Lcm (unvollständig),
Ob (kpl.: S I, S II, T, Contra-T, B, 6), Och, Y –
**US** LAuc (fehlt Contra-T), U (6), Ws

KANONS, RUNDGESÄNGE u. a.

A gratification unto Master John Case,
for his learned book, lately made in the
praise of musick [6st. Madrigal]. – *s. l.,
s. n.* – St.                                  [B 5222
**GB** Cu (S II)

Diliges Dominium Deum. Canon, recte et
retro, for 8 voices, revived and published
by J. Alcock. – *s. l., s. n. (Caulfield),
1770.*                                        [B 5223
**GB** Cfm (2 Ex.), Lbm

Non nobis Domine. A canon. – *London,
Cahusac & sons.*                              [B 5224
**GB** Lcm

— . . . a favorite canon. — *ib., Bland &
Weller.*                                      [B 5225
**US** CA

— *ib., Cobb & Watlen.*                       [B 5226
**D-brd** Hs

— *s. l., s. n.*                              [B 5227
**US** PL